Interdisziplinäre Beiträge zur kriminologischen Forschung

Band 43

KfN

Kriminologisches Forschungsinstitut Niedersachsen e.V.
Lützerodestraße 9 – 30161 Hannover

Dirk Baier/Thomas Mößle (Hrsg.)

Kriminologie ist Gesellschaftswissenschaft

Festschrift für Christian Pfeiffer zum 70. Geburtstag

Nomos

Die Deutsche Nationalbibliothek verzeichnet diese Publikation in der Deutschen Nationalbibliografie; detaillierte bibliografische Daten sind im Internet über http://dnb.d-nb.de abrufbar.

Die Deutsche Nationalbibliothek lists this publication in the Deutsche Nationalbibliografie; detailed bibliographic data is available in the Internet at http://dnb.d-nb.de.

ISBN 978-3-8487-1134-5

1. Auflage 2014

Vorwort

Stell dir vor, Christian Pfeiffer wird 70 und es gibt keine Festschrift. Diese Aussage beschreibt am besten die Situation, in der wir, die Herausgeber dieser Festschrift, uns vor etwa einem Jahr befanden. Einerseits wussten wir, dass für Christian Pfeiffer auch zu diesem, seinem Jubiläumstag andere Dinge weit wichtiger sein werden, als das Überreichen einer Festschrift. Andererseits gehört er zweifellos zur Riege Deutschlands wichtigster Kriminologen; und in dieser Zunft ist es nun einmal Usus, dass sich vor dem Lebenswerk eines Wissenschaftlers in solch einer geschriebenen Form verneigt wird.

Ebenso zweifellos ist aber auch, dass Christian Pfeiffer kein typischer Wissenschaftler, kein typischer Kriminologe ist. Dies machte es uns nicht einfach, den Kreis der Personen zu benennen, die als Autoren der Festschrift in Frage kamen. Gewöhnlich sind dies die Wissenschaftlerkolleginnen und -kollegen, d. h. Personen mit vergleichbarem Hintergrund und vergleichbarer Reputation. Im Fall von Christian Pfeiffer erschien dies aber keine befriedigende Lösung. Zwar gibt es eine Reihe solcher Persönlichkeiten; allein diese zu Wort kommen zu lassen hätte aber bedeutet, nur etwa die Hälfte der Person Christian Pfeiffers zu ehren. Neben seinem wissenschaftlichen Engagement ist Christian Pfeiffer auch ein engagierter Bürger, der in Politik und Zivilgesellschaft zahlreiche Kontakte und letztlich auch Freundschaften geknüpft hat. Für eine Festschrift unüblich haben wir uns deshalb entschieden, einige Menschen aus diesem Kreis ebenfalls um einen Beitrag zu bitten.

Wenn der Kreis der Gratulantinnen und Gratulanten in dieser Form ausgeweitet wird, ist es nur stringent, dass den Autorinnen und Autoren eine freiere Hand bezüglich der inhaltlichen Ausgestaltung des eigenen Beitrags eingeräumt wird. In unserer Anfrage an alle Autorinnen und Autoren formulierten wir daher, dass sie selbst entscheiden mögen, ob sie ein genuin wissenschaftliches Thema im Festschriftbeitrag behandeln möchten oder ein angewandtes bis hin zu einem die Person Christian Pfeiffers betreffendes Thema, etwa die Schilderung des gemeinsamen Schaffens oder eines charakteristischen Erlebnisses. Zu unserer Freude wurde dieses Angebot auf sehr unterschiedliche Art aufgegriffen: So gibt es Wissenschaftlerinnen und Wissenschaftler, die persönliche Erlebnisse mit Christian Pfeiffer zu berichten haben ebenso wie Praktikerinnen und Praktiker, die wissenschaftliche Texte verfassten.

Wir haben letztlich darauf verzichtet, die vielen verschiedenen Beiträge unter einem differenzierten Kategorienschema zu subsummieren und damit eine inhaltliche Gliederung der Festschrift vorzunehmen. Wir unterscheiden allein die Bereiche „Kriminologie“ und „Politisches und Persönliches“. Die Beiträge in diesen Bereichen sind alphabetisch entsprechend der Nachnamen der Erstautoren geordnet. Dies schien uns das einzig anwendbare Ordnungssystem zu sein. Den Beiträgen voran gestellt sind zwei Texte: Eine Würdigung Christian Pfeiffers durch die derzeitigen Mitarbeiterinnen und Mitarbeiter des Kriminologischen Forschungsinstituts Niedersachsen sowie ein etwas gekürztes Transkript einer Fernsehsendung mit Christian Pfeiffer. Beide Dokumente sollen eine Art Gesamtbild der Person Christian Pfeiffers vermitteln, etwas, was die Einzelbeiträge naturgemäß nicht beanspruchen; angesichts der Vielseitigkeit des Engagements von Christian Pfeiffer kann dies natürlich nur in Ansätzen gelingen.

Abschließend bleibt uns noch zweierlei zu sagen: Erstens möchten wir uns bei allen Autorinnen und Autoren der Festschrift dafür bedanken, dass sie sich bereit erklärt haben, einen Beitrag beizusteuern. Zweitens möchten auch wir gratulieren: Christian, wir wünschen dir alles Gute zum 70. und noch viele Jahre des wissenschaftlichen wie praktischen Wirkens.

Die Herausgeber
Hannover, im Januar 2014

Inhaltsverzeichnis

Christian Pfeiffer – Eine kurze Würdigung eines einzigartigen Direktors aus Sicht seiner Mitarbeiterinnen und Mitarbeiter

Dirk Baier, Thomas Mößle
(im Namen der KFN-Mitarbeiterinnen und -Mitarbeiter)

Christian[1] ist ein Grenzgänger. Zunächst und in erster Linie ist Christian Wissenschaftler. Zwar hat er in München Rechtswissenschaften studiert und mit dem ersten und zweiten Staatsexamen abgeschlossen, er ist aber treffender als Kriminologe statt als Jurist zu bezeichnen. Dabei lebt er diese Wissenschaft nicht, wie in Deutschland üblich, mit rechtswissenschaftlicher Fokussierung, sondern in ihrer angelsächsischen Tradition, welche er während seines Studienaufenthaltes in London und später durch seine zahlreichen USA-Aufenthalte kennengelernt hat. Kriminologie ist dort eine Sozialwissenschaft, mit starker Verwurzelung in der Psychologie und der Soziologie. Die Theorien und Methoden dieser angelsächsischen Kriminologie sind leitend für Christians wissenschaftliches Wirken.

Zugleich ist Christian nie nur Wissenschaftler. Er ist auch Politiker und engagierter Bürger. Unbestreitbar im Vordergrund stand seine Politiker-Identität in seiner Zeit als niedersächsischer Justizminister, aber auch jenseits dieses Amtes ist Christians „politische Seite" starker Bestandteil der Persönlichkeit. Nicht wegen seiner langjährigen SPD-Mitgliedschaft, sondern weil er politische Debatten initiiert und prägt. Im engen Sinne bedeutet Politik die Macht, kollektiv verbindliche Entscheidungen zu treffen, eine Macht, die er als Einzelperson freilich nicht besitzt. Christian hat allerdings Einfluss: Bevor Politiker kollektiv verbindliche Entscheidungen treffen, muss ihnen klar gemacht werden, dass ein Regelungsbedarf vor-

1 Jede Mitarbeiterin und jeder Mitarbeiter des KFN hat spätestens an ihrem/seinem ersten Arbeitstag von Christian das „Du" angeboten bekommen. „Angebot" ist vielleicht nicht ganz zutreffend, es handelte sich vielmehr um die Aufforderung zum Duzen. Im Falle der wiederholten Nichtbeachtung dieser Aufforderung wurden Sanktionen angedroht, die unseres Wissens aber nie vollstreckt werden mussten. Da Christian also großen Wert auf einen informellen Umgangston legt, wollen wir in diesem Beitrag nur von „Christian" nicht von „Christian Pfeiffer", „Herrn Prof. Pfeiffer" o. ä. sprechen.

handen ist bzw. wie dieser optimal zu beheben ist. Politiker brauchen demnach Beratung, die Christian gerne anbietet. Auf diese Weise nimmt er Einfluss. Insofern ist Christian auch engagierter Bürger. Sein Engagement geht aber weit über die politische Sphäre hinaus. Er setzt sich in ganz unterschiedlicher Weise zivilgesellschaftlich ein und versucht hierüber ebenso wie über seine politische Einflussnahme die Gesellschaft im Kleinen wie im Großen zu verändern und zu verbessern. Dies scheint überhaupt seine ihn antreibende Kraft zu sein: Die Gesellschaft ein wenig besser zu machen.

Das Grenzgängertum von Christian ist für viele Wissenschaftlerinnen und Wissenschaftler, die am KFN in seiner fast 30-jährigen Direktorenschaft gearbeitet haben, eine Herausforderung gewesen. Man muss sich vorstellen, dass diese i.d.R. gerade ihr Studium oder ihre Promotion beendet und bis dahin meist nichts anderes als die universitäre Arbeitsweise kennengelernt hatten, eine Arbeitsweise, in der Prinzipien wie die Distanz zum Forschungsgegenstand, die unbedingte Objektivität u. a.m. als nahezu heilig galten. Und dann trifft man auf einen leidenschaftlichen Menschen, der seine Meinungen und Vorstellungen gern in apodiktischer Weise formuliert (diese aber auch gegebenenfalls auf Basis empirischer Erkenntnisse revidiert), der hitzige Debatten nicht scheut und der Engagement und Subjektivität im Forschungsprozess als keineswegs störend einstuft. Es war mindestens ein kleiner Kulturschock, den viele Mitarbeiterinnen und Mitarbeiter erlebten. Ein Kulturschock, der sich aber für viele als bereichernd darstellte. Wir, die Mitarbeiterinnen und Mitarbeiter, verdanken Christian nicht nur Jahre der materiellen Förderung, sondern auch Jahre der ideellen Bereicherung. Er ist ohne Zweifel ein einzigartiger Direktor und wir sind dankbar für die Zeit, die wir mir ihm verbringen dürfen und durften.

Wir möchten an dieser Stelle vertiefend zu dem bisher Gesagten noch etwas detaillierter darauf eingehen, was für uns die Arbeit von Christian als Direktor ausmacht und was diese als vorbildhaft erscheinen lässt. Vier Punkte sind dabei zentral:

- Christian initiiert kriminologische Forschung, die inhaltlich innovativ und methodisch fortschrittlich ist.
- Christian unternimmt große Anstrengungen, die Ergebnisse der Forschungstätigkeiten des KFN in die Öffentlichkeit zu tragen.

- Christian mischt sich auch unabhängig von konkreten Projektergebnissen auf Basis seines durch langjährige Forschung erworbenen Wissens in öffentliche Debatten ein.
- Christian tritt auf Basis von Forschungsergebnissen, aber auch jenseits eines konkreten Forschungsbezugs, als engagierter Bürger in Erscheinung.

I. Inhaltlich innovative und methodisch fortschrittliche Forschung

Christian hat sich in der Zeit als Direktor des KFN nicht mit einem einzelnen Forschungsthema beschäftigt; stattdessen hat er sich vielfältigen, genuin kriminologischen und auch eher sozialwissenschaftlichen Themen gewidmet. Einige der bearbeiteten Themen erscheinen uns besonders erwähnenswert.

Forschungsthema Jugendkriminalität: Mit der Frage nach dem Ausmaß, der Entwicklung, den Ursachen und der Vorbeugung der Jugendkriminalität beschäftigt sich Christian seit Beginn seiner wissenschaftlichen Laufbahn. In seiner im Jahr 1983 fertiggestellten Dissertation bearbeitete er das Thema der Prävention im Jugendstrafverfahren. Viele Jahre lang war die Polizeiliche Kriminalstatistik die einzige Quelle in Deutschland, um sich über Jugendkriminalität zu informieren. Diese Statistik hat Christian oft zur Grundlage eigener Auswertungen genommen; er hat ihre Aussagekraft aber auch stets kritisch hinterfragt. Es ist ein großer Verdienst von Christian, neben der Polizeilichen Kriminalstatistik eine weitere Datenquelle zur Jugendkriminalität geschaffen zu haben, welche die Kriminalität weitestgehend unverzerrt wiederzugeben imstande ist: die sog. Dunkelfeldstudien. Nach angelsächsischem Vorbild ist es ihm im Jahr 1998 erstmals gelungen, in neun Städten Befragungen von Schülerinnen und Schülern der neunten Jahrgangsstufe zu ihren Erfahrungen mit Kriminalität und Gewalt durchzuführen (sowohl aus Opfer- als auch aus Täterperspektive) sowie zu weiteren, die Ursachen eines solchen Verhaltens umfassenden Themen. Zusammen mit Peter Wetzels hat Christian dabei die Methode der standardisierten, schulklassenbasierten, testleiteradministrierten Befragung zur Anwendung gebracht, von der sich in späteren Studien gezeigt hat, dass sie wie keine andere Befragungsart dazu geeignet ist, zu sensiblen Themenbereichen valide Erkenntnisse zu liefern. Einige wegweisende Befunde dieser Studien waren, dass 1. ein Großteil der sich unter Jugendlichen zutragenden Delikte im Dunkelfeld verbleibt, dass 2. Migranten häufiger Gewaltverhalten zeigen, zugleich aber auch häufiger angezeigt werden (beide Befunde relativieren die Erkenntnismöglichkeiten der Polizeilichen Kriminalstatistik) und dass 3. der innerfamiliären Erziehung und insbesondere den Erfahrungen innerfamiliärer Gewalt ein zentraler Stellenwert in der Verursachung der Jugendgewalt zukommt. Dieser letzte Befund hat Christian zu einem engagierten Mahner gegen familiäre Gewalt und für eine positive, liebevolle Erziehungskultur werden lassen.

In Bezug auf dieses Forschungsthema ist besonders bedeutsam, dass es Christian gelungen ist, eine gewisse Kontinuität dieser Schülerbefragungen zu schaffen: Erstens konnten in ausgewählten Städten mit einigen Jahren Abstand Wiederholungsbefragungen nach demselben Muster durchgeführt werden. Dabei hat sich nahezu überall das gleiche Bild gezeigt: Die Jugendkriminalität und damit auch die Jugendgewalt nehmen ab. Erst deutlich später als in den Befragungen sinken seit dem Jahr 2007 auch die Zahlen der Polizeilichen Kriminalstatistik zur Jugendgewalt. Diese Verzögerungen lassen sich mit einem Anstieg der Anzeigebereitschaft erklären. Zweitens konnte – nachdem auch bereits in den Jahren zuvor einige neue Gebiete (u. a. verschiedene Landkreise) von der Notwendigkeit von Schülerbefragungen überzeugt werden konnten – in den Jahren 2007 und 2008 erstmalig eine bundesweite Dunkelfeldbefragung unter Schülerinnen und Schülern der neunten Jahrgangsstufe mit insgesamt fast 45.000 Befragten durchgeführt werden. Seit 2013 gibt es zudem einen für Niedersachsen repräsentativen KFN-Jugendsurvey, der alle zwei Jahre wiederholt wird. Repräsentative, kontinuierlich erhobene Dunkelfelddaten sind in der Kriminologie eine der wichtigsten Erkenntnisquellen, die dank Christian nunmehr auch in Deutschland Fuß zu fassen beginnen.

Forschungsthema Medienkonsum: Der (problematische) Medienkonsum ist ein kriminologisches Randthema, welches meist nur bzgl. einer Frage relevant ist: Steht, ein problematischer Medienkonsum mit delinquenten Verhaltensweisen in Beziehung? Für den Gewaltmedienkonsum, vor allem für den Konsum gewalthaltiger Computerspiele, kann mittlerweile als belegt gelten, dass dieser das eigene Gewaltverhalten erhöhen kann, und zwar dadurch, dass bei sehr intensivem Konsum die eigene Sensibilität für Gewalt und das Empathievermögen gesenkt wird. Diese Frage nach dem Zusammenhang von Medienkonsum und Gewaltverhalten stand für Christian allerdings nicht im Zentrum. Gemäß dem Grundsatz, sich sozialen, nicht allein kriminologischen Problemen zuzuwenden, war der Ausgangspunkt aller Untersuchungen zum Medienkonsum ein anderer: Seit Anfang der 1990er Jahre ist eine zunehmende Leistungskrise unter männlichen Jugendlichen zu beobachten. Ihr Anteil unter den Abiturienten fällt, während er unter den Schulabbrechern steigt. Christians Verdienst ist es, auf eine wichtige Parallele hingewiesen zu haben: Die positive Entwicklung bei den Mädchen sowie die negative Entwicklung bei den Jungen hat sich in einem Zeitraum zugetragen, der von einer „Freizeitrevolution" geprägt ist. Diese Revolution ist durch einen enormen Anstieg des Konsums von Bildschirmmedien gekennzeichnet, wobei Jungen diesen neuen Medienangeboten deutlich aufgeschlossener gegenüber stehen als Mädchen.

Inwieweit der Medienkonsum tatsächlich Auswirkungen auf die Leistungsfähigkeit und darüber hinaus auf den Schulerfolg hat und damit eine Koinzidenz auch als Kausalität zu deuten ist, wurde am KFN methodisch sehr aufwändig im Rahmen eines eigenen Forschungsprojekts geprüft. Dieses Projekt beinhaltete zum einen ein Experiment, in dem die Probandinnen und Probanden verschiedenen Tätigkeiten nachgehen sollten (von Tischtennis bis hin zu Gewaltcomputerspielen) und danach die kognitive Leistungsfähigkeit über unterschiedliche Aufgaben getestet wurde. Zum anderen wurde in Berlin, beginnend im Jahr 2005, eine Längsschnittstudie durchgeführt, in der Schülerinnen und Schüler von der dritten bis zur neunten Jahrgangsstufe begleitet wurden. Die Ergebnisse dieses Projekts belegen, dass Dauer und Inhalt des Medienkonsums mit Schulleistungen in einer ursächlichen Beziehung stehen. Zusätzlich eingebettet in die Längsschnittstudie war eine Evaluationsstudie. In einem Teil der untersuchten Klassen wurde Interventionsunterricht zum Thema Medienkonsum durchgeführt, im anderen Teil der Klassen (Kontrollgruppe) nicht. Es konnte belegt werden, dass das Mediennutzungsverhalten durch den zusätzlichen Unterricht positiv beeinflusst wurde.

Die Berliner Studie ist in einer weiteren Hinsicht paradigmatisch für Christians Arbeit: Es wird nicht nur stringent einer Forschungsfrage auf methodisch angemessener Weise nachgegangen, sondern eine Studie bildet auch immer den Ausgangspunkt für Nachfolgestudien – in diesem Fall gleich in doppelter Hinsicht: In einer ersten Folgestudie wurden die Altereinstufungen von Computerspielen überprüft, wobei sich zeigte, dass diese alles andere als angemessen sind. Eine zweite Folgestudie widmete sich einem immer präsenteren Störungsbild, der Computerspielabhängigkeit.

Dieses Phänomen wird dabei sowohl mit längsschnittlichen, standardisierten Befragungen als auch mit qualitativen Befragungen (z. B. intensive Einzelinterviews mit Aussteigern) näher betrachtet. Verschiedene methodische Herangehensweisen werden somit kombiniert, um den Forschungsgegenstand so umfangreich wie möglich untersuchen zu können. Dies ist bei weitem keine Selbstverständlichkeit: Vor allem in den Sozialwissenschaften werden häufig noch „Glaubenskämpfe" zwischen quantitativen und qualitativen Forscherinnen und Forschern geführt. Christian hat sich nie an solchen Kämpfen beteiligt. In der Zeit seiner Direktorenschaft hat er immer sowohl qualitative als auch quantitative Projekte initiiert, die z. T. eine gemeinsame Themenstellung bearbeiteten und so in beispielhafter Weise geeignet waren, über monokausale Erklärungsansätze hinaus komplexe Wirkgefüge zu beschreiben.

Forschungsthema Strafeinstellungen: Christians Interesse gilt nicht nur den Kindern und Jugendlichen; auch der Erwachsenenbevölkerung hat er sich in verschiedenen Projekten gewidmet. Eine erste, bis dahin einzigartige Studie hat er im Jahr 1992 auf den Weg gebracht, den sog. Victimsurvey. Dabei wurden für Deutschland repräsentativ über 15.000 Menschen zu ihren Opfererfahrungen im Bereich der Eigentums- wie auch der Gewaltdelikte befragt. Ein Schwerpunkt dieser Studie lag auf innerfamiliären Gewalterfahrungen (inkl. sexuellen Übergriffen), die sich z. T. in der Kindheit, z. T. aber auch in späteren Beziehungen im Erwachsenenalter ereignen. Zu diesem sensiblen Thema lagen bis zur Durchführung des Victimsurvey keine verlässlichen Zahlen vor. Mit dieser Befragung konnte zum einen gezeigt werden, dass Formen der innerfamiliären Gewalt noch immer recht verbreitet sind. Zum anderen konnte die nachhaltig schädigende Wirkung entsprechender Erfahrungen belegt werden. Im Jahr 2011 wurde diese Studie mit 11.500 Befragten wiederholt, mit dem Ergebnis, dass der sexuelle Missbrauch sowie die Misshandlung von Kindern deutlich rückläufig sind.

Viktimisierungserfahrungen können sich auf verschiedene Einstellungen und Wahrnehmungen auswirken. Sie prägen z. B. die Kriminalitätsfurcht und Strafeinstellungen. Dieser subjektiven Seite der Kriminalität kommt in unserer Gesellschaft ein immer wichtigerer Stellenwert zu: Politische Entscheidungen richten sich nicht nur daran aus, wie objektiv sicher eine Gesellschaft ist, sondern wie die Kriminalität von der Bevölkerung eingeschätzt wird. Neben eigenen Kriminalitätserfahrungen spielen für die Entstehung dieser Einstellungen und Wahrnehmungen auch medial vermittelte Erfahrungen eine Rolle. Ein Interesse der Forschungstätigkeit von Christian lag darin, diesen Medieneinfluss sichtbar zu machen. Hierzu hat Christian im Jahr 2004 ein eigenes Projekt ins Leben gerufen, in dessen Rahmen deutschlandweit mehrere tausend Menschen befragt wurden; bis heute werden die unter dem Begriff „Dämonisierung des Bösen“ betitelten Befragungen in unregelmäßigen Abständen wiederholt.

Bereits mit der ersten Befragung konnte belegt werden, wie dramatisch sich die Menschen bzgl. des Ausmaßes und der Entwicklung der Kriminalität in Deutschland verschätzen, vor allem bei jenen Delikten, denen in den Medien eine besondere Aufmerksamkeit zu Teil wird (z. B. Mord, Kindstötung, Jugendgewalt). Durch eine Wiederholungsbefragung im Jahr 2006 konnte die kausale Beziehung zwischen den Wahrnehmungen und Einschätzungen auf der einen und dem Medienkonsum auf der anderen Seite aufgezeigt werden. Je häufiger eine Person ihre Informationen aus Nachrichten privater TV-Sender bezieht und je seltener sie deutschlandweite Tageszeitungen liest, desto stärker wird ein Kriminalitätsanstieg perzipiert. Und Personen, welche die Auffassung teilen, die Straftaten in Deutschland nähmen zu, fordern zugleich höhere Strafen, um dem ihrer Meinung nach immer stärker um sich greifenden Problem zu begegnen. Für viele Straftaten weist die Polizeiliche Kriminalstatistik aber einen Rückgang aus. Diese Nachricht kommt in der Bevölkerung allerdings nicht an, insbesondere bei jenen Menschen nicht, die ihre Informationen hauptsächlich aus Nachrichten privater TV-Sender oder aus Boulevardzeitungen beziehen.

An dieser Stelle könnten noch viele weitere Forschungsthemen Christians vorgestellt werden. Beispielhaft sollen hier jedoch nur noch zwei Bereiche Erwähnung finden. Im Bereich der Untersuchung von Präventionsmaßnahmen kriminellen Verhaltens hat Christian durch das Modellprojekt „Pro Kind“ Maßstäbe gesetzt. Dieses Projekt begleitete sozial benachteiligte, schwangere Erstgebärende während des Zeitraums von vor der Geburt bis mindestens zum zweiten Geburtstag des Kindes. Die Implementierung wurde durch ein Kontrollgruppendesign mit mehreren Messzeitpunkten evaluiert, d. h., ein Teil der Mütter erhielt spezifische Fördermaßnahmen, ein anderer Teil der Mütter nicht. Die Ergebnisse zeigen, dass sich die Kinder in den betreuten Familien besser entwickeln als die Kinder in den nicht betreuten Familien. Ein weiterer Forschungsbereich von Christian ist die Institutionenforschung. In mehreren Forschungsprojekten hat er sich der Frage der Gewalt gegen Polizeibeamte, der Entwicklung, der Ursachen und der Folgen gewidmet. Im Bereich der Institutionenforschung ist es Christian zudem gelungen, eine Befragung unter Gefangenen in fünf Bundesländern durchzuführen, die der Frage nachging, wie verbreitet unterschiedliche Formen der Gewalt in Gefängnissen sind.

In der Gesamtschau aller Forschungsaktivitäten lässt sich sagen, dass es Christian gelungen ist, die verschiedenen Akteure in den Blick zu nehmen, die an der Entstehung bzw. der Verhinderung von Kriminalität sowie anderer sozialer Probleme beteiligt sind. Die Opfer werden genauso untersucht wie die Täterinnen und Täter, die Sozialisationskontexte ebenso wie die verschiedenen Institutionen. Christian hat so ein eigenständiges, umfangreiches kriminologisches Forschungsprogramm auf den Weg gebracht und begleitet.

Auf einen letzten, unseres Erachtens ebenfalls vorbildhaften Aspekt seiner wissenschaftlichen Arbeit soll an dieser Stelle noch hingewiesen werden. Christian verkörpert nicht nur die kriminologische Forschung nach angelsächsischem Typus. Auch bei der Finanzierung seiner wissenschaftlichen Arbeit geht er für den deutschen Wissenschaftsbetrieb ungewöhnliche, im angelsächsischen Raum aber durchaus verbreitete Wege. Wer in Deutschland die Finanzierung einer Projektidee wünscht, wendet sich i.d.R. an die Deutsche Forschungsgemeinschaft. Auch das KFN hat dies in der Vergangenheit getan. Christian konzentriert seine Akquise-Tätigkeit aber nicht auf diese Fördereinrichtung. Viele Projekte werden durch andere Quellen finanziert. Zu nennen sind hier verschiedene Bundes- wie Landesministerien, zahlreiche Stiftungen, Gewerkschaften, Städte und Landkreise sowie Privatpersonen. Nur auf diese Weise gelingt es, großangelegte, langfristige und kostspielige Forschung ebenso zu finanzieren wie kleinere, kurzfristige Projekte. Nur so kann die Vielzahl an wissenschaftlich zu prüfenden Ideen und Hypothesen am KFN untersucht werden. Und nur auf diesem Wege ist es Christian gelungen, eine für ein Institut von eher geringer Größe außergewöhnlich hohe Drittmittelquote über Jahre hinweg zu gewährleisten.

Finanzielle Mittel bei anderen Fördereinrichtungen einzuwerben, geht keinesfalls mit dem Verlust der Unabhängigkeit der Forschung einher. Dieses Vorurteil ist nicht selten im Wissenschaftsbetrieb zu finden. Das KFN führt ausschließlich eigenständige Forschung, nie Auftragsforschung durch. Es hat nie den Fall gegeben, dass eine Fördereinrichtung Ergebnisse bzw. die Veröffentlichung von Ergebnissen beeinflusst hat. Und in dem einen Fall, in dem dies versucht wurde, blieb Christian ein Verfechter der

Forschungsfreiheit und die Kooperation wurde letztlich aufgelöst; dies geschah nicht einfach so, sondern nach langen, zähen und aufreibenden Verhandlungen mit dem Ziel, die Forschung im Sinne des KFN doch noch realisieren zu können, getrieben von dem Motor des genuinen Interesses am Thema bzw. des Wissens um die Wichtigkeit des Themas. Seine Idee der Verknüpfung von Wissenschaft und Öffentlichkeit war schließlich mit diesem Kooperationspartner nicht zu realisieren.

Eine Mischfinanzierung, wie sie am KFN gang und gäbe ist, hat zugleich einen entscheidenden Vorteil: Sie führt dazu, dass Forschung anwendungsbezogen gestaltet werden muss. Ministerien, Stiftungen, Städte usw., die Forschung finanzieren, möchten nicht nur wissen, was der Status Quo ist, sondern auch, was zukünftig getan werden kann. Es ist daher nur folgerichtig, dass Christian bei der Vorstellung von Ergebnissen in der Öffentlichkeit den Anwendungsaspekt in Form von Handlungsempfehlungen stets berücksichtigt.

II. Öffentliche Vorstellung von Projektergebnissen

Gewöhnlich präsentieren Wissenschaftler ihre Forschungsergebnisse in Fachjournalen. In diesen erreichen sie aber nur ein ausgewähltes Fachpublikum. Auch Christian hat in Fachjournalen publiziert. Um aber ein weitaus größeres Publikum zu erreichen, beschreitet er zahlreiche andere Wege der Veröffentlichung von Forschungsbefunden. Er verfasst Beiträge in Zeitschriften angrenzender Wissenschaften oder in Zeitschriften mit Praxisbezug, er nimmt Angebote für Beiträge in Herausgeberbänden an und er führt die KFN-Buchreihe „Interdisziplinäre Beiträge zur kriminologischen Forschung“ fort. Hervorzuheben ist, dass unter seiner Leitung im Jahr 1990 die KFN-Forschungsberichtsreihe ins Leben gerufen wurde, in der Ergebnisse aus aktuellen Projekten vorgestellt werden. Die Berichte sind zum Großteil frei im Internet zugänglich, jeder Interessierte kann also auf sie zugreifen; derzeit liegen über 120 solcher Berichte vor.

Die Forschungsberichtsreihe ist hier zu erwähnen, weil Christian auf ihrer Grundlage eine breite Öffentlichkeit über zentrale Forschungsbefunde zu informieren versucht. Dabei greift er auf direkte und indirekte Vermittlungswege zurück. Der direkte Weg ist der persönliche Kontakt mit der interessierten Öffentlichkeit. Vortrags- oder Diskussionsveranstaltungen bieten hierfür einen geeigneten Rahmen. Christian hält jährlich mehr als

100 Vorträge (bei deutlich mehr Vortragsanfragen), wobei er damit jährlich mehrere tausend Menschen erreicht – und über die jeweils erfolgende Medienberichterstattung noch einmal deutlich mehr. Das Spektrum der Zuhörerschaft ist dabei enorm: Christian hält an Schulen vor Lehrkräften, vor Eltern sowie vor Schülerinnen und Schülern ebenso Vorträge wie bei städtischen Veranstaltungen, Wirtschaftsorganisationen, Ärztetagungen, kirchlichen Veranstaltungen, bei Parteien und Ministerien, in Universitäten oder Fachhochschulen. Er lässt im Anschluss an die Vorträge jeweils viel Raum für Diskussionen, um sich mit den Ideen und Interpretationsangeboten der Zuhörerschaft zu den Forschungsbefunden auseinander zu setzen. Nicht selten nimmt er auch an reinen Diskussionsveranstaltungen teil, bei denen er mit ausgewiesenen Kritikerinnen und Kritikern der eigenen Forschungsbefunde zusammen trifft. In jüngster Zeit waren dies u. a. Veranstaltungen zum Thema Medienkonsum oder zum Thema Religiosität. Er schreckt nicht davor zurück, sich direkt seinen Kritikerinnen und Kritikern zu stellen.

Der indirekte Weg, die breite Öffentlichkeit über Forschungsbefunde zu informieren, besteht darin, auf die Massenmedien zurückzugreifen. Christian nutzt hierfür die „klassischen“ Medien Zeitung/Zeitschrift, Rundfunk und Fernsehen ebenso wie das „neue“ Medium Internet (z. B. Teilnahme an Chats). Zwischen den Medien macht Christian keinen Unterschied: So kommt er Interviewanfragen von deutschlandweiten Zeitungen genauso nach wie von Lokalzeitungen, von Rundfunksendern ebenso wie von privaten oder öffentlichen Fernsehsendern. Zur Anzahl seiner Medienauftritte wird am KFN keine Statistik geführt; dass es sich um eine hohe Anzahl handelt, belegt aber ein Ranking der Zeitschrift „Cicero“, welches ihn als einen der einflussreichsten Sozialwissenschaftler Deutschlands ausweist. Besondere Beachtung verdienen jene Auftritte, bei denen er potenziell ein Millionenpublikum erreichen kann. Hierzu gehören die Teilnahme an verschiedenen Talkshows ebenso wie Beiträge in ausgewählten Zeitungen, so z. B. der „Süddeutschen Zeitung“ oder der „Frankfurter Allgemeinen Zeitung“. Seit Juni 2009 verfasst Christian zudem Gastbeiträge für den „Centaur“, dem Kundenmagazin der Drogeriemarktkette Rossmann. Dieses Magazin lesen weit über eine Million Kundinnen und Kunden. Die Zielgruppe dieses Magazins dürfte sich zudem von der Zielgruppe der genannten deutschlandweiten Zeitungen unterscheiden, so dass alles dafür spricht, dass es Christian tatsächlich gelingt, die breite Öffentlichkeit und nicht nur eine selektive Öffentlichkeit zu informieren.

Christian erreicht mit seinen Auftritten aber nicht nur die deutsche Öffentlichkeit. Über Pressekonferenzen und andere Wege werden die Forschungsbefunde auch im Ausland rezipiert. Berichte in „Der Standard" oder der „Neuen Züricher Zeitung" belegen dies. Zudem reist Christian mehrere Male im Jahr zu Vorträgen ins Ausland, meist auf Einladung von Regierungen, Ministerien oder anderen politischen Akteuren. Im Jahr 2009 referierte er bspw. in London auf Einladung des House of Lords bzw. des House of Commons als einziger Sachverständiger in den Rechtsausschüssen des Ober- und Unterhauses. Daneben führten ihn Vortragsreisen in der jüngeren Vergangenheit nach Russland, Paraguay oder Japan. Diese Reisen fördern die internationale Vernetzung des Instituts beträchtlich.

Aus Christians zahlreichen Medienauftritten sticht einer besonders heraus. Am 20.02.2009 war Christian einziger Gast in der Sendung „alpha-Forum" des Bayerischen Rundfunks („BR-Alpha"), moderiert von Jochen Kölsch. Das Besondere dieser Sendung liegt darin, dass Christian hier Zeit erhielt, sehr ausführlich über erstens seine Forschungsergebnisse und zweitens seine Person zu sprechen. Wir haben uns dazu entschlossen, das Transkript zu dieser Sendung im nachfolgenden Beitrag zu veröffentlichen. Diese Sendung zeichnet letztlich besser als jede Würdigung in den eigenen Worten des Jubilars ein Gesamtbild seiner wissenschaftlichen Arbeit ebenso wie seines praktischen Wirkens, eingebettet in persönliche Informationen zur eigenen Biografie.

III. Einmischen in öffentliche Debatten

Die Verbindung zwischen Wissenschaft und Öffentlichkeit kann nicht nur derart erfolgen, dass Studien durchgeführt und der Öffentlichkeit vorgestellt werden. Es ist ebenso möglich, dass es in der Öffentlichkeit aufgrund aktueller Ereignisse einen Bedarf nach Erkenntnissen und Informationen gibt, der unter Rückgriff auf vorhandenes Wissen befriedigt werden kann. Gerade im Bereich der Kriminalität ist dies häufig der Fall, da – wie der Volksmund weiß – „das Verbrechen niemals schläft". Kriminelles oder in anderer Hinsicht auffälliges Verhalten gibt es in jeder Gesellschaft und zu jeder Zeit. Entsprechendes Verhalten kann daher immer wieder in den Fokus der medialen und öffentlichen Aufmerksamkeit rücken und nach Kommentierungen, Deutungen und Erklärungen verlangen, die in erster

Linie von Kriminologen erwartet werden. Christian wird bei verschiedenen Ereignissen von den Medien als Ansprechpartner gesucht oder er meldet sich selbst zu Wort. In der jüngeren Vergangenheit war dies u. a. bei folgenden Ereignissen bzw. Themen der Fall: Sexueller Missbrauch an Kindern (u. a. in Schulen und Bistümern), Rechtsextremismus, sog. Amokläufe, spektakuläre Jugendgewalttaten wie der Mord an Dominik Brunner, Debatte um Integration von Migranten, Aktivitäten der Hells Angels, Kindstötungen und Wohnungseinbruch.

Christian hat Interviews zu diesen Ereignissen bzw. Themen gegeben oder selbst Beiträge verfasst. Er hat dabei z. T. auf Befunde aus der Polizeilichen Kriminalstatistik, aus den Schülerbefragungen oder aus weiteren Studien (des KFN ebenso wie anderer Einrichtungen) zurückgegriffen und dabei eine klare Position bezogen. Stellvertretend für diese Aktivität des „Einmischens" soll an dieser Stelle nur auf ein Ereignis eingegangen werden: Den Angriff zweier jugendlicher Migranten auf einen älteren Mann in der Münchener U-Bahn und die sich daraufhin entwickelnde Diskussion im Hessischen Landtagswahlkampf 2007/2008.

Am 20.12.2007 filmte eine Überwachungskamera, wie zwei junge Migranten einen Rentner niederschlugen und auf den am Boden liegenden Mann eintraten. In der Folge setzte eine Debatte zur Jugend- und Migrantenkriminalität ein, die der damalige hessische Ministerpräsident Roland Koch aufgriff und zur zentralen Frage seines Landtagswahlkampfs machte. Er vertrat dabei u. a. die These, dass die Hälfte aller Gewalttaten von Migranten begangen würde und forderte, erstens das Jugendstrafrecht zu verschärfen und zweitens Intensivtäter mit Migrationshintergrund in die Heimatländer zurück zu schicken. Mittels am KFN durchgeführter Analysen, die in Auszügen in der „Süddeutschen Zeitung" veröffentlicht wurden, konnte Christian zeigen, dass einige der öffentlich diskutierten Thesen und die sich daraus ergebenden Forderungen falsch waren. Migranten treten zwar häufiger als Gewalttäter in Erscheinung, ihr Anteil unter allen Gewalttätern ist aber nicht so hoch, wie dies kolportiert wurde. Zudem war ein Anstieg der Gewaltbereitschaft gerade bei deutschen Jugendlichen auszumachen. Diese Befunde galten insbesondere für Hessen. Forderungen nach einer Verschärfung des Jugendstrafrechts erteilte Christian konsequenterweise eine klare Absage. Die öffentliche Diskussion über die Thesen Kochs blieben in der Bevölkerung Hessens nicht ohne Wirkung: Am Wahltag gab es einen drastischen Stimmeneinbruch der CDU.

IV. Gesellschaftliches Engagement

Bei den bisherigen Ausführungen kam es schon zur Sprache: Christian „mischt" sich nicht nur ein, er bezieht auch eine Position, aus der heraus die Formulierung von Forderungen zur Veränderung gegenwärtiger Umstände stringent ist. Forderungen zur flächendeckenden Einführung von Ganztagsschulen (um die Nachmittage von Kindern und Jugendlichen medienfrei zu gestalten), nach der Auflösung von Hauptschulen (um eine Zusammenballung problembelasteter Schülerinnen und Schüler zu vermeiden), nach der Reform der Unterhaltungssoftware Selbstkontrolle (um zu altersgerechten Einstufungen von Computerspielen zu gelangen) oder nach bereits im Kindergarten einsetzenden Maßnahmen zur Vernetzung von einheimischen Deutschen und Migranten (um eine bessere Integration zu gewährleisten) mögen als Beispiele hierfür dienen. Diese Forderungen sind umstritten, viele andere Wissenschaftlerinnen und Wissenschaftler zögern davor, sie so klar zu benennen. Sie lassen sich aber aus den empirischen Befunden ableiten. Und nur das Aussprechen der Forderungen ermöglicht es, dass die Gesellschaft in einen Diskussions- und Entscheidungsprozess eintritt.

Christian hat sich darüber hinaus in der Vergangenheit wiederholt für verschiedene Gesetzesänderungen stark gemacht – und dies ebenfalls auf Basis von empirischen Befunden. Er hat sich dezidiert für die Strafbarkeit der Vergewaltigung in der Ehe ausgesprochen, für das elterliche Züchtigungsverbot sowie für die Strafbarkeit jeglicher innerfamiliärer Gewalt. Entsprechende Gesetzesänderungen sind dann auch in den Jahren 1997 (Strafbarkeit der Vergewaltigung in der Ehe), 2000 (Aufhebung des elterlichen Züchtigungsrechts) und 2002 (Gewaltschutzgesetz) in Kraft getreten.

Folgende weitere Beispiele für sein praktisches Wirken sollen hier ebenfalls Erwähnung finden:

- Nach seinem Studium hat Christian ehrenamtlich als Bewährungshelfer gearbeitet.
- Er hat in dieser Zeit eine Initiative gestartet, in der den Gefangenen ein Zeitungsabonnement vermittelt wurde. Hieraus entwickelt sich der Verein „Brücke e.V.".
- Christian hat maßgeblichen Anteil an der Einführung des Täter-Opfer-Ausgleichs.

- Er hat sich über Jahre hinweg im Rahmen seiner Tätigkeit als 1. Vorsitzender der „Deutschen Vereinigung für Jugendgerichte und Jugendgerichtshilfen e.V." für die Belange der verschiedenen Akteure eingesetzt, die am Jugendstrafverfahren beteiligt sind.
- Im Jahr 1997 hat Christian die erste „Bürgerstiftung" in Hannover gegründet, die inzwischen Vorbild für mehr als 300 Stiftungen in anderen Städten ist. Mehrmals jährlich hält er Vorträge bei Neugründungen von Bürgerstiftungen.
- Nicht zuletzt konnte Christian während seiner Amtszeit als Justizminister Niedersachsens praktisch tätig sein (u. a. Einführung des Opferfonds).

Es sind diese Tätigkeiten, die Christian zu einem Vorbild für nachfolgende Generationen von Wissenschaftlerinnen und Wissenschaftlern machen. Er schafft es, die wissenschaftlichen Maßstäbe der Objektivität und Differenziertheit mit den Ansprüchen der Öffentlichkeit nach Verständlichkeit und Eindeutigkeit zu verbinden und die Ergebnisse seiner Forschung zugleich zu Maximen seines Handelns zu machen.

Nicht immer liegt Christian mit seinen Einschätzungen richtig, nicht immer schafft er es, mit seinen Meinungen und Argumenten zu überzeugen. Und auch nicht jeder derzeitige oder ehemalige Mitarbeiter bzw. jede derzeitige oder ehemalige Mitarbeiterin des KFN dürfte die Dinge so positiv beschreiben, wie wir dies hier getan haben. Der ein oder andere Mitarbeiter bzw. die ein oder andere Mitarbeiterin dürfte ein negatives Erlebnis, einen Konflikt mit Christian beschreiben können. Es wäre auch verwunderlich, wenn dies in einer fast 30-jährigen Geschichte nicht der Fall wäre. Trotzdem dürften die Mitarbeiterinnen und Mitarbeiter, die von einem eher schwierigen Verhältnis zu Christian berichten würden, seine Einzigartigkeit, seine wissenschaftliche Tatkraft und seinen Veränderungswillen nicht in Zweifel ziehen. Dass durch Christian und sein KFN primär ein produktives, konstruktives und kein negatives, erschwerendes Arbeitsumfeld geschaffen wurde, belegt in objektiver Weise eine Zahl – und dies ist wahrscheinlich der Grund, warum Christian Zahlen so sehr mag (und zu jeder Gelegenheit Zahlen als Argumente in Diskussionsprozessen präsent hat), weil sie eben objektiv sind: Während seiner Zeit als KFN-Direktor sind 24 Mitarbeiterinnen und Mitarbeiter auf eine Professur berufen worden (Christian würde an dieser Stelle immer sofort die noch höhere Zahl der Babys als weiteren Beleg der Produktivität mit anführen). Viele weitere ehemalige Mitarbeiterinnen und Mitarbeiter arbeiten in anderen anspruchsvollen beruflichen Positionen. Und viele dieser Menschen tragen das, was Christian verkörpert, in der einen oder anderen Weise weiter. Auch die derzeitige KFN-Wissenschaftlergeneration, für die wir hier stellvertretend schreiben, wird dies ganz sicher tun.

Christian Pfeiffer im Gespräch mit Jochen Kölsch

Am 20.2.2009 war Christian Pfeiffer einziger Gast in der Sendung „alpha-Forum" des Bayerischen Rundfunks („BR-Alpha"), moderiert von Jochen Kölsch. Das Besondere dieser Sendung lag darin, dass Christian Pfeiffer hier Zeit erhielt, sehr ausführlich über seine Forschungsergebnisse und seine Person zu sprechen. Wir haben uns dazu entschlossen, das Transkript zu dieser Sendung an dieser Stelle abzudrucken, weil es weit besser als es jede von Dritten verfasste Würdigung vermag, einen Eindruck zum Wirken und Leben Christian Pfeiffers zu vermitteln.

Jochen Kölsch: Ich begrüße Sie, verehrte Zuschauerinnen und Zuschauer, bei unserer Sendung alpha-Forum. Unser heutiger Gast ist ein Phänomen an Initiative, Wissenschaftlichkeit und gesellschaftlicher Wirkung. Er ist Jurist, leitet ein hoch renommiertes wissenschaftliches Forschungsinstitut, war einige Jahre Landesminister, hat eine ganze Reihe vitaler bundesweiter Initiativen gegründet, hält Vorträge in großer Zahl an Schulen, Universitäten, vor Stiftungen und Bürgern, ist häufiger Gast in Talk-Shows. Diese Aufzählung ließe sich lange fortsetzen, wollte man vollständig sein. Ich begrüße Professor Christian Pfeiffer, Kriminologe aus Hannover. Über sich selbst sagten Sie einmal: „Ich bin schon eine Ausnahme in der wissenschaftlichen Landschaft." Warum?

Christian Pfeiffer: Na ja, es wäre mir zu langweilig, nur Wissenschaft zu betreiben. Ich achte schon auch immer darauf, dass sich die Erkenntnisse, die wir gewinnen, auch in praktischen Erprobungen umsetzen, in Modellversuchen, in Initiativen, in Politikberatung usw. Dann wird es interessant, dann wird es spannend. Insoweit bin ich in der Tat kein typischer Akademiker.

Kölsch: In den letzten Jahren ziehen Sie durch die Lande, durch die Schulen mit dem Thema „Killerspiele und ihre verhängnisvollen Auswirkungen auf vor allem männliche Jugendliche". Wie kamen Sie auf dieses Thema?

Pfeiffer: Ausgangspunkt war, dass die Mädchen in der Gewaltkriminalität zwar durchaus zugelegt haben, die Jungen aber noch sehr viel stärker. Das

Ergebnis ist, dass man 2007 den größten Abstand in der Gewaltbelastung von Jungen und Mädchen gemessen hat, den es je gegeben hat.

Kölsch: Was meinen Sie mit „Gewaltbelastung"?

Pfeiffer: Damit sind die Taten pro 100.000 der Altersgruppe gemeint. Und dann haben wir uns angeschaut, wie die Zahlen bei den Schulabbrechern oder beim Abitur aussehen. Überall ergab sich dasselbe Bild: Von den Schulabbrechern sind heute fast zwei Drittel männlich und nur ein Drittel weiblich. Früher lag diese Zahl noch dicht beieinander [...]

Kölsch: Das war der Anfang der Überlegung für Sie, denn dann haben Sie sich gefragt, warum das so ist.

Pfeiffer: Genau, ich habe mich gefragt, was sich nach 1990 geändert hat. Wir haben dann herausgefunden, dass zu Beginn der 90er Jahre der Siegeszug der Bildschirmgeräte eingesetzt hat: Die Kinder bekamen eigene Geräte. Über die Forschung haben wir erfahren, dass das wiederum massiv von der Schicht abhängt. Wenn beide Eltern Abitur haben, dann bekommen 10-Jährige zu elf Prozent eine Playstation und zu 16 Prozent einen eigenen Fernseher. Wenn beide Eltern einen Hauptschulabschluss haben, dann bekommen 43 Prozent der Kinder eine Playstation und 57 Prozent einen eigenen Fernseher. Das hat zur Folge, dass der Nachmittag der Kinder von der sozialen Schicht abhängt. Die Mittelschicht ist noch „gut unterwegs" mit Ski fahren und Fußball und mit Reiten für die Mädchen usw. und natürlich auch mit Lernen. In der sozialen Unterschicht gibt es hingegen fast drei Mal so viel an Fernsehkonsum. Und warum? Weil Deutschland nun einmal ein Halbtagsschulland ist. Nach 13.00 Uhr gehen die einen Kinder und Jugendlichen in ihren gut gestalteten und von den Eltern ordentlich vorbereiteten Nachmittag hinein: mit viel Entertainment und Kreativitätsförderung und anderen guten Dingen. Und die anderen versacken hinter den „Kisten". Wir nennen das „Medienverwahrlosung"[...]

Kölsch: Mit diesem Thema sind Sie nun bereits jahrelang unterwegs: Sie sind quasi eine Ein-Mann-Aufklärungstruppe, die durch die Schulen zieht und Eltern, Lehrer und Schüler anspricht. Wie lange machen Sie das bereits und wie häufig machen Sie das?

Pfeiffer: Ich mache das einmal in der Woche irgendwo in Deutschland: immer mit Pressebegleitung. Am liebsten gehe ich dorthin, wo ich noch nie gewesen bin. Auf einer Landkarte sähe das so aus, dass da übers ganze Land verteilt Fähnchen stecken: Jedes Mal, wenn irgendwo ein Regionalbericht erschienen ist, wird ein Fähnchen gesteckt. Auch meine Mitarbeiter machen da mit, allerdings nicht ganz in dem gleichen Umfang wie ich selbst. Ich habe damit jedenfalls in den letzten Jahren so ungefähr 40000 Kinder und Jugendliche direkt erreicht und eine wesentlich größere Zahl von Erwachsenen. Auf die Dauer wirkt das einfach. Und wir schreiben natürlich auch noch Artikel in Fachzeitschriften. Ich schreibe allerdings auch selbst gut verständliche Texte für Alltagszeitungen und -zeitschriften [...]

Kölsch: Man kann dieses Thema wohl nur durch solche persönlichen Aktionen so richtig „rüberbringen", denn über die Medien funktioniert das nicht so gut. Sie möchten jedenfalls den Eltern bzw. der Gesellschaft vermitteln, dass solche Killerspiele, dass solche Anreize für Kinder und Jugendliche vielleicht etwas weiter aus deren Reichweite geschoben werden sollten.

Pfeiffer: Es gibt hier durchaus eine Doppelstrategie. Wir schreiben ja auch Beratungstexte für Eltern und Lehrer [...] Denn wir müssen feststellen, dass von 100 Jungen acht bis neun massiv computerspielsüchtig sind oder stark gefährdet sind, computerspielsüchtig zu werden. Bei den Mädchen betrifft das nur ein Prozent. In Südkorea gibt es mittlerweile 96 Kliniken mit Spezialabteilungen für Computerspielsüchtige. Dort sind über 1000 Menschen hauptberuflich nur damit beschäftigt, Eltern und Schülern und anderen zu erzählen, wie gefährlich das Ganze ist. Man gibt dort also inzwischen wahnsinnig viel Geld gegen die Computerspielsucht aus. Bei uns steckt das hingegen noch in den Anfängen. Von daher meine ich, dass auch bei uns die Politik in dieses Thema einsteigen müsste. Denn das können wir nicht alles durch Aufklärung lösen: Da wird es eben auch mal nötig sein, so ein Spiel wie „World ofWarcraft" anders einzustufen. Das wurde bisher unter die Kategorie „harmlos" eingestuft und daher ab 12 Jahren freigegeben. Es hat jedoch den größten Suchtfaktor aller Spiele. Ich fände es sinnvoll, so ein Spiel für Jugendliche auch mal völlig vom Markt zu nehmen.

Kölsch: Oder eben die Ganztagsschule einzuführen.

Pfeiffer: Das wäre die Rettung. Es wäre wirklich die Rettung, wenn wir Ganztagsschulen hätten, die nicht nur Kinderbewahranstalten sind mit Suppenküchen zwischendurch, sondern die nachmittags die Lust der Kinder und Jugendlichen auf Leben wecken mittels Sport, Musik, Theater, sozialem Lernen, mittels Anregungen, die spannend sind für die Kinder, sodass sie richtig ins Leben hineinwachsen. Wenn in unserer Gesellschaft so etwas endlich Realität wäre, dann könnte man sich entspannt zurücklehnen, denn dann sind diese Kinder quasi „schutzgeimpft" und die Dinge werden besser.

Kölsch: Hier könnte also die Politik Ihrer Meinung nach durchaus etwas tun. Herr Pfeiffer, Sie sind häufiger Talk-Show-Gast, und zwar zu ganz verschiedenen Themen. Ich finde das wirklich phänomenal: Sie können etwas sagen zu Killerspielen und Rechtsextremismus, zu Kriminalität, Ausländern, Strafvollzug, zu Mediennutzung, Erziehungsfragen, Bürgerstiftungen usw. Wo sind denn die Wurzeln für solche Fähigkeiten und Begabungen? Wo kommt die Kraft für so vielfältige Aktivitäten her?

Pfeiffer: Das kommt zuerst einmal von zwei tollen Eltern. Ich bin als Flüchtlingskind auf einem Bauernhof aufgewachsen: Geld hatten wir keines, aber wir haben sehr viel Zuwendung bekommen – und verhungern kann man auf dem Bauernhof ja auch nie. Dadurch entstand erst einmal eine gute Substanz. Darüber hinaus hatte ich engagierte und sehr politisch denkende Geschwister: Wir haben immer politisiert miteinander, immer miteinander debattiert. Das Mittagessen bei uns zu Hause in der Familie war eine Freude – und Fernsehen gab es überhaupt nicht. Wenn Olympische Spiele waren, konnten wir zum Nachbarn gehen und da mal was gucken. Das war also eine Kindheit, die insoweit sehr gesund war, die aber leider auch mit sehr viel Arbeit verbunden war. Die Freizeit im eigentlichen Sinn war etwas schmal bemessen, weil eben auch in den Ferien die Kühe morgens um fünf Uhr gemolken werden mussten. Aber das war, wie gesagt, eine gute Basis. Danach habe ich Jura studiert und der tatsächliche Einstieg in alles war dann eigentlich in England. Ich hatte nämlich, nachdem mein erstes Studium beendet war, die Chance, für ein Jahr in London an der LSE, also an der London School of Economics zu studieren. Wenn ich heute zurückschaue, dann muss ich sagen, dass dort alles angefangen hat [...] In England war dann zum ersten Mal kein Mensch da, der etwas von mir erwartete: Ich war dort völlig alleine. Dieses Alleinsein hat mich zuerst einmal erschreckt, weil ich merkte, dass es ja überhaupt niemanden interessiert, ob ich in die Vorlesung gehe, ob ich meine Doktorarbeit schreibe oder nicht, wegen der ich nach London gekommen war. Und dann habe ich ganz behutsam angefangen zu überlegen: Was will ich eigentlich? Und alles, was ich heute mache, ist ansatzweise damals in England entstanden, weil eigentlich erst dort die Geburt meiner Person geschah: indem ich begriff, was ich wirklich selbst entwickeln möchte. Ich habe dann statt Jura Psychologie und Sozialpsychologie gemacht, bin in die Sozialwissenschaften und in die Kriminologie eingestiegen. Nach meiner Rückkehr aus England wurde ich dann ehrenamtlicher Bewährungshelfer [...] Das war enorm wichtig für mich in meiner Entwicklung und hat dann zu weiteren praktischen Aktivitäten geführt: Ich habe eine Bürgerinitiative gegründet, eine Initiative, die dafür kämpfte, dass Gefangene in den deutschen Gefängnissen Zeitungsabos bekommen usw. Das war zwar alles noch weit weg von Wissenschaft und Theorie, sondern es ging darum, dass ich das, was ich in England theoretisch gelernt habe, praktisch umsetzen wollte.

Kölsch: Aber dann haben Sie trotzdem erst einmal Ihre Dissertation geschrieben – neben den Bürgerinitiativen, die Sie gegründet haben.

Pfeiffer: Ja, das kam durch einen glücklichen Zufall zustande. Über eine dieser Bürgerinitiativen hat damals die „Zeit“ berichtet, was wiederum ein Professor von mir gelesen hat. Er hat mich dann auch irgendwo live erlebt und meinte anschließend, dass er mich als Assistent haben möchte. Dieser Professor, nämlich Horst Schüler-Springorum, war für mich der große Glücksfall. Er war ein unglaublich liebevoller und engagierter und liberaler Chef, der uns hat machen lassen, was wir wollten. Ich konnte dort z. B. ein Projekt gründen und so sind diese Dinge allmählich ins Laufen gekommen.

Kölsch: Sie haben ihre Dissertation über „Kriminalprävention im Jugendgerichtsverfahren“ geschrieben. Es ging darin um einen Vergleich zwischen milden Richtern und strengen Richtern und darum, wie sich das auf die jugendlichen Straftäter auswirkt.

Pfeiffer: Das war eine sehr spannende Sache. In München hatte man damals die Zufallszuweisung: Der erste Richter hatte die Anfangsbuchstaben A bis B, der nächste C bis D usw. Die Folge war, dass wir sehr gut vergleichen konnten, und zwar 500 Jugendliche, die von verschiedenen Richtern verurteilt worden waren. Sie wurden höchst unterschiedlich bestraft, obwohl es jeweils dieselben Taten waren. Wir haben dann die harten Richter statistisch in eine Gruppe gelegt und die milden in eine andere. Zwei Jahre später haben wir dann geschaut, wie es um die Rückfallquote stand. Es kam heraus, dass die harten Richter eine viel höhere Rückfallquote hatten als die milden. Dies konnten wir wirklich zweifelsfrei beweisen. Die Richter selbst haben sich diese Ergebnisse ebenfalls angeschaut. Das Ganze hat dann jedenfalls sehr viel Aufregung ausgelöst: Der „Spiegel" hat das Buch besprochen, die Auflage war sofort verkauft und meine Karriere war gemacht.

Kölsch: Genau, denn Sie sind dann nach einiger Zeit Leiter des berühmten Kriminologischen Forschungsinstituts in Hannover geworden. Das war im Grunde genommen eine logische Fortsetzung dieser Dissertation und Ihrer vorherigen Arbeit als Bewährungshelfer.

Pfeiffer: Dazu brauchte ich schon auch wieder Glück. Engagierte Kollegen, Professoren haben sehr wohl auch mit dazu beigetragen, dass das geklappt hat. Man merkt nämlich: Die eigene Tüchtigkeit reicht nie aus, dass man den Erfolg erzwingen könnte. Stattdessen braucht man immer engagierte Helfer, die mal ein gutes Wort für einen einlegen, die sich für einen einsetzen usw. Und auf einmal hat man dann in der Tat so eine großartige Spielwiese wie dieses Institut.

Kölsch: Hatten Sie denn schon früher das Gefühl, ein Senkrechtstarter zu sein, denn das waren Sie später ja in der Tat?

Pfeiffer: Nein, ich weiß noch gut, dass ich mit 26 Jahren in mein Tagebuch geschrieben habe: „Ich glaube, ich bin eine gescheiterte Existenz." Ich hatte große Ängste und war keineswegs ein strahlender Siegertyp. Erst im Laufe der Zeit ist das alles dann schrittweise entstanden: Da ist was gelungen und hier und dort. Die verrückteste Geschichte war wirklich, dass uns diese Abonnementsinitiative gelungen ist. Mit einem anderen jungen Mann hatte ich gemeinsam die Idee, die Gefängniswelt ändern zu wollen:

„Wir sorgen dafür, dass jeder Gefangene eine Zeitung seiner Wahl bekommt!“ Das war zunächst nur ein verrückter Traum, aber dann ist es uns gelungen, den Bundespräsidenten als Partner zu gewinnen, und u. a. Heinrich Böll und Günter Grass, zwei zukünftige Nobelpreisträger. Auf einmal klappte also dieser Traum und alles wurde so, wie wir uns das gedacht hatten: Es wurden 4000 Abos gespendet! Wir hatten wirklich wahnsinnig viel Arbeit, aber wenn es einmal gelingt, dass man einen Traum in die Tat umsetzen kann, wenn einem viele dabei helfen – Journalisten, Fernsehsender und Zeitungen, die kostenlos unsere Anzeigen schalteten –, dann denkt man sich, man könnte vielleicht auch größere Dinge ausprobieren.

Kölsch: Daraus entwickelten Sie dann ja sozusagen eine Brücke für jugendliche Straftäter: Sie konnten eine milde Form des Umgangs mit diesen Straftätern etablieren und auch den Täter-Opfer-Ausgleich. Das hieß, Sie wollten, soweit es möglich war, entkriminalisieren und das Ganze trotzdem in der Gesellschaft und für die Gesellschaft erträglich gestalten.

Pfeiffer: Das war ein wichtiger Schritt, mit dem wir nachweisen konnten, dass das funktioniert, dass also diejenigen Richter, die intensiv Gebrauch gemacht haben von diesen ambulanten und scheinbar nicht sehr strafenden Sanktionen, geringere Rückfallquoten hatten als die anderen, die gesagt haben: „Ab mit denen in den Jugendarrest!“ Dabei weiß doch schon der Volksmund: „Und ist der Ruf erst ruiniert, so lebt sich's gänzlich ungeniert!“ Das heißt, wer aus dem Knast kommt, hat es immer doppelt schwer. Er wird abgelehnt, weil er das Stigma des Gefängnisses auf der Stirn trägt. Diese Menschen sind dann auch zutiefst verunsichert. Aus diesem Grund bestand unser Bestreben darin, die Gefängnisstrafen auf das absolut Nötige zu reduzieren. Gut, ganz ohne Gefängnisstrafen wird es nie gehen.

Kölsch: Und dann führten Sie eben auch diesen Täter-Opfer-Ausgleich ein: Jugendliche Täter, die der alten Oma die Handtasche entrissen hatten und dann geschnappt wurden, mussten sich hinterher um diese Opfer kümmern.

Pfeiffer: Sie mussten einfach begreifen, dass sie die Suppe, die sie sich selbst eingebrockt hatten, auch selbst auslöffeln müssen. Sie müssen, so gut es geht, wiedergutmachen, was sie an Schaden angerichtet haben. Das überzeugt pädagogisch ohnehin mehr als das sture Strafen, das Opfer aber außen vor zu lassen.

Kölsch: Es kann aber sein, dass das für die Gesellschaft ein bisschen schwieriger ist. Auch das Thema der männlichen jugendlichen Ausländer ist ja so ein schwieriges Thema. Sie sagten ja zunächst, dass diese Gruppe gar kein so anderes Kriminalitätsverhalten aufweist als die deutschen Jugendlichen. Mit der Zeit kristallisierte sich dann aber doch heraus, dass die nachwachsenden Generationen aus Migrationsfamilien erheblich machohafter, gewaltbereiter usw. sind. Sie haben aber auch noch andere Probleme, die sie in diese schlechte Rolle bringen.

Pfeiffer: Ja, das ist leider wahr. Wir können das auch durchaus beim Namen nennen. Die absolute Nummer-1-Gruppe waren die jungen Türken: Sie haben mit Abstand die meisten Gewalttaten begangen und waren vor allem am häufigsten als Intensivtäter aktiv. Die deutschen männlichen Jugendlichen erscheinen in dieser Statistik erst ganz hinten. Aber das alles hat eben auch seine Ursachen. Es gibt bei den Türken z. B. viel mehr innerfamiliäre Gewalt, sie leiden unter einer miserablen Integration ins Bildungswesen, sie glauben nicht an den schönen Satz: „Jeder ist seines Glückes Schmied“ usw. Und dann kommen eben diese Machokultur und diese Filme und diese Computerspiele dazu und all diese kaputten Nachmittage. Es lag also auf der Hand: Wenn wir es schaffen, die türkischen männlichen Jugendlichen in andere Lebensbedingungen zu bringen, dann könnten sie auch anders werden.

Kölsch: Da hat also zuerst einmal der Wissenschaftler Pfeiffer den Tatbestand erhoben: „So könnten die Hintergründe für ein Verhalten aussehen!“ Und dann kam sozusagen der Pragmatiker Pfeiffer und sagte, was nun zu tun sei.

Pfeiffer: Wir hatten da einfach Glück. In Hannover entstand auf meine Initiative hin eine Bürgerstiftung. Kurz gesagt ist es so, dass sich in ihr die Zeitreichen, die Geldreichen und die Ideenreichen einer Stadt zusammentun und sagen: „Wir gestalten etwas für die Jugendkultur, für das soziale Leben in unserer Stadt!“ Das geschah vor 12 Jahren in Hannover, andere Städte haben sich mittlerweile ein Beispiel daran genommen: Inzwischen gibt es davon 237 in Deutschland. Ein Schwerpunkt bestand von Anfang an bei uns darin, diesen Jugendlichen in sozialen Randlagen zu helfen. Wir hatten das Glück, dass wir eine Partnerschaft mit einem großen Buchhändler aufbauen konnten: Er hat selbst eine Initiative mit dem Namen „Mentor e. V." gegründet. Das waren am Anfang nur 20 Leute, heute sind da 1000 Leute engagiert. Das sind also 1000 Menschen, die kleinen Türken, Russen und anderen, die das brauchen, kostenlos Nachhilfe in der Grundschulzeit geben. Das Ergebnis war, dass sich mit einem Schlag die schulische Integration der jungen Türken in Hannover radikal verbessert hat [...]

Kölsch: Im Grunde lag das aber doch am gesellschaftlichen Engagement und nicht primär an der Politik, die hier etwas verändert hätte: Das war tatsächlich ein Bürgerengagement, bei dem die Leute ihr Geld zusammengetragen und gemeinsam eine Stiftung gegründet haben.

Pfeiffer: Einmal im Monat halte ich als Hobby einen Vortrag: Da habe ich dann immer so zwischen 50 und 100 Leute vor mir, denen ich erkläre, wie man so eine Bürgerstiftung gründet. Da bringt jeder z. B. 1.000 Euro ein und diejenigen, die diese Bürgerstiftung gründen, wählen einen Aufsichtsrat, der wiederum den Vorstand wählt. Dieser gibt dann das Geld mitsamt Spenden usw. aus.

Kölsch: Das Ganze aber immer mit einem bestimmten Ziel.

Pfeiffer: Es geht immer um Jugend, Kultur und Soziales. Wenn man solche Erfolge wie in Hannover hat, wenn es sich also wirklich lohnt, weil die Menschen merken, dass sie da selbst etwas gestalten konnten, dann entsteht noch mehr Power, dann kommt noch mehr Geld rein. Damals in Hannover haben wir ganz bescheiden bei mir im Wohnzimmer mit vier Leuten angefangen: Jeder brachte 3.000 bis 5.000 Mark mit ein. Gegründet haben wir uns dann mit 31 Leuten und 150.000 Mark. Heute haben wir über drei Millionen und haben über 750.000 Euro für mehr als 200 Jugendprojekte und andere Projekte ausgegeben. Das freut die Beteiligten natürlich ungemein und macht auch Lust auf mehr. Das wird auch tatsächlich immer mehr, denn inzwischen gibt es in ganz Deutschland insgesamt 237 Initiativen in dieser Richtung. Überall blüht und gedeiht das Ganze. Wir sind optimistisch, dass wir irgendwann einmal die Milliarde Euro erreichen werden für Jugend-, Kultur- und Sozialprojekte – nur von Bürgern gestaltet.

Kölsch: Es ist ja schon bemerkenswert, dass die Menschen bei uns zunehmend das Gefühl haben, die Welt würde immer schlimmer und krimineller werden und man könne deswegen nicht mehr aus dem Haus gehen. Das ist das Lebensgefühl von vielen Menschen bei uns, dessen Zunahme in den letzten 50 Jahren sich vermutlich auch ganz gut wissenschaftlich untersuchen lässt.

Pfeiffer: Ja, das ist leider so. Wir haben da einen ganz einfachen „Trick", wie man das aufdecken kann. Wir stellen zu Beginn des Jahres, wenn wir die Kriminalstatistiken des Vorjahres selbst noch gar nicht kennen, einem repräsentativen Querschnitt von Bürgern folgende Frage: „Vor zehn Jahren gab es in ganz Deutschland ungefähr 600 Morde pro Jahr. Wie viele werden es Ihrer Meinung nach wohl letztes Jahr gewesen sein?" Die Leute sagen dann meistens: „Na, so um die 800 werden das heute schon sein!" Wir müssen ihnen dann aber sagen, dass diese Zahl inzwischen bis auf 350 gesunken ist [...] Wenn wir das den Menschen sagen, dann sind sie völlig verwirrt und fragen, wie das möglich ist. Ich sage dann immer als erste Antwort: „Die Vergreisung der Republik fördert die innere Sicherheit!" Nach so einer Antwort wird das jedem klar und jeder lacht erleichtert: „Na klar, in jeder Gesellschaft sind die jungen Männer das Gefährliche und davon haben wir immer weniger, während es so ältere und völlig harmlose Herrschaften wie uns selbst immer mehr gibt. Das muss sich ja auch auswirken." Hinzu kommt, dass wir hier in Deutschland heute die beste Polizei haben, die wir je hatten. Das ist ganz wichtig: Die Polizei trägt nämlich einen großen Anteil dazu bei, dass auch die Jugendgewalt gar nicht mehr so steigt, dass die Raubüberfälle sogar rückläufig sind. Warum? Weil die Opfer immer mehr lernen, der Polizei zu vertrauen. In den Schulen erstatten die Schüler z. B. auch wirklich eine Anzeige, wenn sie bedroht oder ausgeraubt wurden [...] Der dritte Faktor ist, dass es heutzutage nicht mehr in dem Maß Zuwanderung von armutsbetroffenen Menschen aus Flüchtlingsregionen oder auch von Aussiedlern gibt, die bereits am Anfang hier bei uns als Habenichtse z. B. sehr oft Ladendiebstahl begangen haben. Das waren keine schlimmen Taten, aber sie kamen eben vor und wurden erfasst. Auf jeden Fall ist das Ganze ein Gebiet, bei dem man den Menschen sehr schnell klar machen kann, dass sie sich täuschen.

Und woher es kommt, dass sie sich so täuschen, wissen wir ebenfalls. Je mehr die Menschen Privatfernsehen schauen, umso mehr verschätzen sie sich auf dem Gebiet der Kriminalität. Ein Beispiel dafür: Die Berichterstattung über Sexualmorde hat sich in den letzten zehn Jahren beim Privatfernsehen pro Fall versechsfacht, bei den öffentlich-rechtlichen Anstalten „nur" verdreifacht. Es ist logisch, dass der Mensch, der vor allem Privatfernsehen sieht, glaubt, dass es immer mehr Morde mit diesem Hintergrund gibt in Deutschland, weil er ja ständig dieses Thema serviert bekommt. Dabei hat diese Kriminalität real gar nicht zugenommen. Nur die gefühlte „Kriminalitätstemperatur" ist heute eine andere. Das hat dann aber wiederum eine fatale Konsequenz, wir haben nämlich Folgendes herausgefunden: Wenn Menschen glauben, alles wird immer nur schlimmer, dann wollen sie härtere Strafen. Es ist aber bereits seit 20 Jahren so, dass die Menschen glauben, alles werde immer schlimmer hinsichtlich der Kriminalität – und die Verbesserungen auf diesem Gebiet nehmen sie überhaupt nicht wahr. Die Politik sagt dann natürlich: „Ja, was machen wir denn, damit wir die Wahlen gewinnen? Die Bürger wollen offensichtlich härtere Strafen, diesen Gefallen können wir ihnen tun!" An 43 Stellen ist daher seit 1990 das Strafrecht verschärft worden. Die Folge davon ist: Die Gefängnisse sind übervoll, denn es gab einen 40-prozentigen Anstieg der Gefangenen, obwohl sich die Kriminalität gar nicht dahin entwickelt hat. Erst jetzt so langsam wird das alles ein bisschen moderater.

Kölsch: Sie waren ab 2000 für drei Jahre Landesjustizminister in Niedersachsen. Da hat man ja zu tun, wenn die Gesetze scharf sind und die Gefängnisse voll. Da ist man dann eine wichtige Persönlichkeit als Justizminister. Oder sehe ich das in meiner Ironie doch etwas falsch?

Pfeiffer: Man hat nur begrenzte Möglichkeiten, daran als Landesjustizminister viel zu ändern. Aber es war mir wirklich ein riesengroßes Anliegen, diese Zeit dafür zu nutzen, dass die Opfer besser geschützt werden, denn oft sind sie gleich in mehrfacher Hinsicht die Verlierer. Das haben wir wunderbar einrichten können dank des Engagements der Mitarbeiter im eigenen Haus, die für diese Idee super gekämpft haben. Aber auch die Praxis draußen hat hier mit uns an einem Strang gezogen. Wir haben z. B. in jedem Landgerichtsbezirk aus Bußgeldern einen Opferfonds eingerichtet, damit die Opfer sofort Geld bekommen können, wenn es ein Problem gab. Auch der Weiße Ring hat im Hinblick auf die ehrenamtliche Betreuung großartig mitgemacht. Von meinen Nachfolgern ist dieses Projekt dann zu meiner großen Freude engagiert weitergeführt worden. Auch „Schlichten statt Richten" war mir ein wichtiges Anliegen, damit wir wegkommen von dieser ewigen Gerichtsrennerei, nur weil man eine Versicherung hat, die einem das Ganze bezahlt. Nur wegen der Rechthaberei der Leute haben wir einen aufgeblähten Rechtsstaat bekommen. Dabei wäre es doch so einfach, mit einem geschickten Vermittler jeweils selbst die Lösung zu erarbeiten. Auch dieses Element konnte also verankert werden. Das sind so zwei Dinge, die es auch heute noch gibt, und deswegen freue ich mich auch, dass es sich gelohnt hat, drei Jahre lang Minister zu sein [...]

Kölsch: Was waren denn die großen Themen, die Sie angegangen sind? Und wo haben Sie dann gemerkt, dass Sie bestimmte Dinge auch als Politiker nicht ändern können? Das bedeutet ja auch zu lernen, dass man von der Politik nur begrenzt Dinge fordern kann. Diese Erkenntnis ist Ihnen ja offensichtlich auch gekommen im Laufe Ihrer Amtszeit.

Pfeiffer: Ja, das stimmt. Nehmen wir als Beispiel das Thema „Schule". Am liebsten wäre ich damals ja Kultusminister geworden, aber dieses Amt war leider bereits vergeben. Aber in diesem Bereich endlich voranzukommen, wäre mir sehr, sehr wichtig. Man merkt einfach, dass auf diesem Gebiet der Föderalismus manchmal auch eine Bremse darstellt. Es ist leider nicht so, dass es da einen Wettbewerb der Besten gäbe, sodass man im Laufe der Zeit bei den PISA-Studien doch wieder an der Spitze wäre. Nein, wir dümpeln immer noch irgendwo hinten rum, weil wir es nicht geschafft haben zu begreifen, was den Kindern eigentlich geboten werden muss. Im Augenblick werden z. B. alle Kreativitätsfächer vernachlässigt, weil alle nur möglichst gute Testergebnisse bei PISA erreichen wollen. Das heißt, es wird nur noch gepaukt und gepaukt. Aber das ist der falsche Weg! Es geht viel mehr darum, die Persönlichkeit der Kinder zu stärken, sie zum eigenständigen Lernen zu befähigen, sie zu motivieren, eigenständig zu lernen. Das geht nicht ohne Musik- und Kunstunterricht und ohne Theater usw. Diese Elemente wieder zu stärken, wird eine ganz entscheidende Aufgabe der nächsten Zeit sein. Die Lehren aus PISA lauten also nicht nur, dass die Kinder bestimmte Sachen auswendig lernen und besser werden bei der Wiedergabe von eingepauktem Wissen. Nein, die Lehre aus PISA lautet doch, dass gerade diejenigen Länder dort besonders gut abschneiden, die an den Nachmittagen ihren Kindern diese Kreativitätsspielräume anbieten, sie damit schutzimpfen gegen Medienverwahrlosung und sie zu sozial kompetenten Menschen heranreifen lassen [...]

Kölsch: Ich habe bei Ihnen eine interessante Untersuchung über Jurastudenten gelesen, die Sie mit einem Fragebogen befragt haben. Sie wollten wissen, wer von den Jurastudenten schon einmal kriminell gewesen ist. Sie haben herausgefunden, dass jeder Jurastudent irgendwann in seinem Leben schon einmal irgendeine Art von kriminellem Akt vollbracht hat. Meistens waren das selbstverständlich keine gravierenden Dinge. Das hat zu tun mit dem Thema „verständnisvoller bzw. starker Staat" und mit der Frage: Wie geht man mit diesem Grundton an leichter Kriminalität in jedem Menschen um?

Pfeiffer: Indem man den Menschen genau dieses bewusst macht. Ich frage Sie jetzt nicht, was Sie persönlich in Ihrer Jugend alles so gemacht haben.

Kölsch: Ich kann ohne Weiteres zugeben, dass auch ich schon einmal schwarzgefahren bin – allerdings liegt das länger als 25 Jahre zurück.

Pfeiffer: Ganz im Ernst, es ist einfach wichtig, den Menschen bewusst zu machen, dass wir alle durch bestimmte Phasen hindurchgehen. Es gehört einfach zu dieser Raupenphase, bis man ein Schmetterling wird, mit dazu, dass man über die Regeln hinausgeht, dass man über die Stränge schlägt, dass man wilde Sachen macht, dass man bestimmte Dinge ausprobiert. Und genau deswegen darf man das den Menschen nicht ewig als deren Jugendsünden vorhalten. Stattdessen muss man einfach akzeptieren, dass das mit zur Persönlichkeitsreifung dazugehört. In diesem Sinne muss also der Staat einfach lernen, gelassen zu sein, nicht immer alles perfekt kontrollieren und im Griff haben zu wollen. Er muss stattdessen Spielräume eröffnen, damit Kinder und Jugendliche Selbsterfahrungen machen können, die sie dann zu eigenen und manchmal auch schmerzhaften Einsichten führen. Das heißt, der Staat muss das non-destruktiv begleiten. Die Gefängnisstrafe ist hier also bereits eine sehr, sehr problematische Reaktion. Es geht hier also immer noch darum, Alternativen zu entwickeln. Das Draufhauen ist populär beim Volk – aber nicht unbedingt der richtige Weg.

Kölsch: Auf der anderen Seite leiden die jungen Menschen heute ja eher an diesen zerfallenen Strukturen im kirchlichen, gewerkschaftlichen, familiären Bereich usw. Dort gibt es heute immer mehr Atomisierung und Abwesenheit von Strukturen. Insofern stellt sich doch die Frage: Wo sollen die Strukturen überhaupt noch herkommen, an denen die Jugendlichen etwas lernen können?

Pfeiffer: Ich nenne Ihnen mal ein radikales Beispiel: Wir wissen, dass Kinder große Schwierigkeiten mit Strukturen haben, die bei völlig überforderten jungen Müttern aufwachsen, die zum ersten Mal schwanger waren und überhaupt nicht wissen, wo es langgeht, weil sie Hartz-IV-Empfängerinnen sind, weil sie keine familiäre Unterstützung erfahren usw. Die Amerikaner haben hierzu einen großartigen Modellversuch gemacht, bei dem sie nachgewiesen haben: Strukturen entstehen, indem man diesen hoch gefährdeten jungen Frauen eine Beraterin an die Seite stellt, die dieses zarte Pflänzchen Mutterliebe stützt und stärkt und sagt: „Durch dick und dünn bin ich an deiner Seite, bis das Kind zwei Jahre alt ist; wir schaffen das gemeinsam." Die jungen Frauen lassen sich darauf ein und gewinnen Vertrauen. In Deutschland machen wir das inzwischen über die „Stiftung Pro Kind". In 13 Orten entsteht also auch in Deutschland diese Idee. Da entstehen wirklich auf einmal an der kaputtesten Stelle der Gesellschaft Strukturen von Geborgenheit und Liebe und Verlässlichkeit. Die Kinder sind weniger oft krank, sind also gesünder, werden leistungsfähiger usw. Und der Staat spart dabei auch noch Geld. In den USA ist es so, dass jeder Dollar, der in diese Art von Frühförderung bis zum zweiten Lebensjahr ausgegeben wird, dem Staat bis zum 20. Lebensjahr dieses Kindes vier Dollar spart […]

Kölsch: Das setzt aber auch hier im Grunde genommen eine Bürgeraktivität voraus.

Pfeiffer: Klar.

Kölsch: Das war also in diesem Fall erneut nicht der Staat. Denn die Politik muss zwar ihren Job machen, aber genau diese kreativen gesellschaftlichen Entwicklungen brauchen andere Initiativen.

Pfeiffer: Das war gemischt. Ich gehe in so einem Fall zur AOK und sage, ich hätte gerne für dieses Projekt Räume. Und am Ende dieses Gesprächs über mehrere Stunden sagte die AOK zu mir: „Sie bekommen von uns die Räume und 500.000 Euro, weil das einfach eine ganz tolle Sache ist.“ Oder eine Bank ruft an und sagt, man wolle dort etwas Gemeinnütziges tun. Ich erzähle dann, was wir gerade vorhaben, und am Ende bekomme ich auch von dieser Bank 500.000 Euro. Es war dann aber auch Frau von der Leyen, die gesagt hat: „Wenn ich Bundesministerin werde, dann bekommen Sie zwei Millionen Bundesmittel, weil das so ein tolles Projekt ist.“ Das ist also immer eine Kombination von bürgerschaftlichem Engagement, Unternehmensengagement wie z. B. der TUI-Stiftung, die uns die Forschung finanziert, und politischer Initiative. Oder denken Sie an diese beiden Einzelpersonen, die jeweils eine Stiftung gegründet haben und uns die ganze Begleitforschung finanzieren. Sie engagieren sich also als Einzelmenschen dafür. Das ist ein tolles Beispiel für die Kombination aus zivilgesellschaftlichem Engagement und der partnerschaftlichen Arbeit mit der Politik. Auf einmal entsteht dann so etwas, das in 13 Orten in Deutschland erprobt und von Forschung begleitet werden kann. Am Ende haben wir dann hoffentlich ein Konzept, das wir bundesweit verbreiten können.

Kölsch: Ihr Ausgangs- und Kernpunkt ist im Grunde genommen immer die Wissenschaft, auch bei solchen Projekten. Sie wollen also einerseits eine positive Entwicklung in Gang setzen und auf der anderen Seite wollen Sie das Ganze dann auch wissenschaftlich begleiten, um herauszufinden, ob das auch wirklich stimmt, ob das auch wirklich funktioniert.

Pfeiffer: Man erlebt einfach zu oft, dass man sich täuscht. Nur die Wissenschaft bringt einem dann auf einmal die Erkenntnis, dass man sich möglicherweise doch zu früh auf eine Hypothese eingelassen hat, dass wir noch einmal neu nachdenken müssen, dass wir noch einmal von vorne anfangen müssen. Dieses nüchterne Abwägen und Kontrollieren durch die Wissenschaft ist einfach unerlässlich. Und wenn man sich selbst Projekte ausdenkt, dann darf man nie selbst derjenige sein, der die entsprechende Forschung dazu macht: Denn die eigenen Kinder sind immer die schönsten! Man muss stattdessen jemanden nehmen, der neutral an die Sache herangeht. Das ergibt dann eine sichere wissenschaftliche Leitschnur. Ich bin der Überzeugung, dass wir hier bei uns noch viel mehr Forschung bräuchten: Ich bin sehr traurig darüber, dass in Deutschland zwar oft gute Ideen entwickelt werden, aber dann die Forschung am Projekt vergessen wird. Das ist ein Grundelement, das in anderen Ländern doch stärker ausgeprägt ist: die Wissenschaft ernst zu nehmen. Bei uns ist es leider so, dass wir als Wissenschaftler im Parlament in aller Regel quasi nur Produzenten von Hintergrundgeräuschen sind: Wir dürfen für fünf Minuten zu einer ganz komplexen Sache etwas sagen. Und dann gibt es anschließend noch drei, vier Fragen. Das Ganze nennt sich dann Sachverständigenanhörung. Das ist aber ein falscher Einsatz von Wissenschaft. Ich wünsche mir stattdessen einen konzentrierten Dialog, der offen ist, der nicht zeitlich derart eng bemessen ist wie diese Anhörungen, damit die Chance, mit Wissenschaft voranzukommen, besser genutzt werden kann [...]

Kölsch: Von welchen Ergebnissen waren Sie denn als Wissenschaftler am meisten überrascht? Sie haben ja sicherlich auch immer Ihre eigenen Thesen und Vorannahmen. Wo hat es für Sie wirklich überraschende Forschungsergebnisse gegeben, die dann womöglich auch zu einer neuen Bürgerinitiative führten?

Pfeiffer: Das gilt schon für diese jüngsten Ergebnisse zu männlichen Jugendlichen: Wir hatten nicht in dieser Deutlichkeit erwartet, wie stark die Leistungsfähigkeit der Jungen durch diesen Medienzirkus bestimmt ist. Und wir waren überrascht, dass dahinter noch etwas anderes derart deutlich zutage tritt: dass nämlich die Jungen heutzutage ihren Standort nicht mehr richtig definieren können.

Kölsch: Sie meinen die jungen Männer?

Pfeiffer: Genau. Sie wissen gar nicht mehr so richtig, was sie in dieser Gesellschaft überhaupt sollen. Mit den Machowerten machen sie sich lächerlich, mit denen können sie höchstens noch in irgendwelchen kleinen Zirkeln Eindruck schinden, aber wirklich landen können sie damit nicht mehr. Was steht also hinter diesem Phänomen? Die Sehnsucht, eine Identität zu finden, die wieder trägt, nachdem die Frauen überall an einem vorbeiziehen. Auch im Bundeskabinett darf man heute keinen Flunsch mehr ziehen, weil plötzlich eine Frau die Vorgesetzte ist. Das Problem dieses Neuen, das die Männer verunsichert, ist noch nicht wirklich gelöst. Diese Computergeilheit, nicht mehr aufhören zu können mit diesen brutalen

Spielen, ist nur ein Ausdruck dieses dahinterliegenden Problems. Letztlich geht es also darum, den Buben, den männlichen Jugendlichen, den jungen Männern Lebensinhalte zu bieten, die sie wieder fordern und auf die sie sich mit Leidenschaft einlassen können. Schulen müssen also auch lernen, Abenteuer zu inszenieren für Jungen, damit sie in ihrer Männlichkeit auch wirklich abgeholt werden können. Aber hier stehen wir erst noch am Anfang. Ich habe z. B. in Neuseeland gesehen, dass dort Rugby der Sport für Jungs schlechthin ist. Warum? Weil sie dabei ihre Männlichkeit ganz anders ausleben können als in anderen Sportarten wie meinetwegen beim Fußball, der in diesem Sinne wirklich nicht vergleichbar ist mit Rugby.

Kölsch: Im Grunde genommen geht es also darum, dass hier mehr Aktivitäten und Möglichkeiten angeboten werden, damit die Krise der Männer – die es ja weltweit gibt, die aber auch und gerade bei uns in Deutschland sehr stark spürbar ist – zu einer guten Weiterentwicklung führen kann.

Pfeiffer: Das ist richtig. In diesem Bereich aktiver zu werden, ist eine zentrale Aufgabe für unsere Gesellschaft.

Kölsch: Herr Professor Pfeiffer, ich bedanke mich bei Ihnen sehr herzlich für das Gespräch. Ich hoffe, dass Sie auch in Zukunft, wie bisher auch, viele, viele Aktivitäten entfalten können.

Quelle:
http://www.br.de/fernsehen/br-alpha/sendungen/alpha-forum/christian-pfeiffer-gespraech100.html

I.
Kriminologie

Krisenverhandlungen – Rückblick und Ausblick

Wolfgang Bilsky

> „Das LKA NRW erfasste 1996 und 1997 für Nordrhein-Westfalen 70 Fälle dieser [...] als 'Bedrohungslagen' klassifizierten Taten [...] Alle Täter waren männlich. Als Opfer kamen meist Familienangehörige in Betracht (Frauen und/oder Kinder). Ein besonderes Problem bei dieser Art von Geiselnahmen stellt die hohe Suizidneigung des Geiselnehmers dar. 1996 äußerten ein Fünftel der Täter Suizidabsichten, 1997 lag dieser Wert bei einem Viertel. In diesen beiden Jahren haben drei Täter tatsächlich im Verlaufe der Tat Suizid begangen, ebenfalls drei Täter verletzten ihre Geiseln schwer. Betrachtet man dieses hohe Gefährdungspotenzial, so muss man sagen, dass diese Art der Geiselnahme für Täter und Opfer besonders gefährlich ist." (von Groote, 2002, S. 22)

Forschungsvorhaben verlaufen nicht immer geradlinig und zielorientiert. So verhielt es sich auch mit den Münsteraner Arbeiten zu Krisen- und Geiselnahmeverhandlungen, die Ende der neunziger Jahre letztlich durch den hartnäckig vorgetragenen Wunsch einer Studentin, ihre Diplomarbeit im Bereich der Polizeiforschung schreiben zu wollen, angestoßen wurden. Unsere ursprünglich an der psychologischen Stressforschung orientierte Themensuche wurde seinerzeit durch Kollegen des Polizeifortbildungsinstitutes (PFI) in Neuß allerdings sehr schnell in eine andere Richtung gelenkt. Ausgangspunkt für diesen Richtungswechsel war die Tatsache, dass es in NRW in den vorausgegangenen Jahren erhebliche Probleme mit sogenannten „Bedrohungslagen" gegeben hatte und offensichtlich Bedarf an einer praxisnahen und gleichzeitig wissenschaftlich fundierten Verhandlungsforschung bestand. Auf unsere unbedarfte Nachfrage, worum es sich bei Bedrohungslagen handle, erfuhren wir, dass damit typischerweise innerfamiliäre Konflikte bezeichnet werden, bei denen, ähnlich wie bei Geiselnahmen und Entführungen, die eine Seite der anderen durch Freiheitsentzug eine ihr genehme Lösung aufzuzwingen versucht.[1] Verhandlungen

1 Unter polizeitaktischen Gesichtspunkten wird, in Abhängigkeit von der Bekanntheit/Nicht-Bekanntheit des Aufenthaltsortes der Beteiligten, zwischen Entführungen und Geiselnahmen unterschieden. Diese werden wiederum von Bedrohungslagen abgegrenzt, bei denen im Unterschied zu den zuvor genannten Lagen vom Täter in der Regel keine Forderungen gegenüber Dritten gestellt werden (Gatzke, 1996).

zur gewaltfreien Lösung derartiger Lagen erwiesen sich regelmäßig als außerordentlich belastend und risikoreich.

Nun hat die wissenschaftliche Auseinandersetzung mit Konflikten und deren Lösung eine durchaus lange Tradition (vgl. z. B. Journal of Conflict Resolution, 1957ff). Die Psychologie ist hier mit unterschiedlichsten Beiträgen vertreten; diese reichen von grundlagenwissenschaflichen Arbeiten (vgl. Rubin et al., 1994) über beratungsorientierte Standardwerke (z. B. Glasl, 1997) bis hin zur politischen Psychologie (z. B. White, 1986). Auch eigene, überwiegend am KFN realisierte Arbeiten weisen Querverbindungen zur Konfliktforschung auf (Bilsky, 1989, 1990, 1999b; Bilsky et al., 1995; Bilsky et al., 1991). Schließlich existieren eine Reihe grundlegender und richtungsweisender Arbeiten aus der Kommunikations- und Verhandlungsforschung (z. B. Fisher/Ury, 1981; Watzlawick et al., 1967; siehe auch Putnam/Roloff, 1992), auf die in diesem Anwendungskontext Bezug genommen werden kann.

Dennoch überwog bei uns zunächst die Skepsis, sich mit diesem hoch brisanten, der akademischen Psychologie eher fernen Thema auf das gefährliche Terrain des Theorie-Praxis-Transfers zu begeben (vgl. Bilsky, 1999a, zum „impact" psychologischen Arbeitens). Dass wir uns für diesen Schritt schließlich dennoch entschieden, war zum einen der Hartnäckigkeit der Neußer Kollegen geschuldet, zum anderen dem eigenen, latent schlechten Gewissen, sich im Elfenbeinturm der akademischen Forschung vor heiklen Anwendungsfragen zu verstecken. Aus dieser Entscheidungergab sich eine bis heute andauernde Zusammenarbeit zwischen Mitarbeitern und Studierenden der Westfälischen Wilhelms-Universität (WWU) Münster und Kollegen des PFI Neuß, des IAF/LAFP Selm-Bork, der Spezialeinheiten / VG Münster, der DHPol Münster-Hiltrup sowie des Landeskriminalamtes NRW[2], aus der – neben gemeinsamen Lehr- und Fortbildungsveranstaltungen – unter anderem zwölf Diplom-, sieben Bachelorarbeiten, zwei Master- und drei Doktorarbeiten resultierten. Der nachfolgende Bericht soll einen kleinen Einblick in den fachlichen und methodischen Hintergrund dieser Arbeiten gewähren und Voraussetzun-

2 Besonderer Dank gilt an dieser Stelle Stefan von Beesten, Maria Fiedler, Everhard von Groote, Bernd Heinen, Ralf Jostes, Axel Kalus, Karl-Heinz Munka, Bodo Pohlmann, Norbert Richter, Norbert Schoen, Gunnar Thon und Ralf Ziegler.

gen für den gewünschten Theorie-Praxis-Transfer der Forschungsergebnisse aufzeigen.

I. Rückblick

Ausgangslage

Die wissenschaftlich einschlägige, auf Bedrohungslagen, Geiselnahmen und Entführungen unmittelbarbezogene Literatur erwies sich bis Anfang der neunziger Jahreals eher begrenzt. Ausnahmen bildeten beispielsweise Arbeiten von Donohue und Mitarbeitern (z. B. Donohue et al., 1991; Donohue et al., 1991). Einen Überblick über die damalige Forschungslage vermitteln auch die Arbeiten McMains und Mullins (1996) und Rogan et al. (1997). Die nur begrenzte wissenschaftliche Auseinandersetzung mit diesem Themenbereich ist nicht zuletzt darauf zurückzuführen, dass Bedrohungslagen, Geiselnahmen und Entführungen eher seltene Ereignisse sind. Darüber hinaus sind sie einer wissenschaftlichen Erforschung nur bedingt zugänglich. Die Gründe hierfür reichen von der Unkontrollierbarkeit ihres Auftretens und einer für wissenschaftliche Zwecke daher vielfach unzureichenden Dokumentation bis hin zur Unzugänglichkeit grundsätzlich auswertbarer Daten aufgrund des Datenschutzes.

Hinzu kommt, dass seitens der Strafverfolgungsbehörden lange Zeit die notfalls auch gewaltsame Durchsetzung (straf-) rechtlicher Interessen das (in der internationalen Literatur auch als „contending“ oder „tactical assault“ bezeichnete) Handeln bestimmte. Erst in den siebziger Jahren setzte ein Umdenken bezüglich alternativer Interventionsstrategien in derartigen Lagen ein. Als Wendepunkt wird allgemein die Geiselnahme israelischer Sportler durch eine Einheit der palästinensischen Terrororganisation „Schwarzer September“ während der Olympischen Spiele in München 1972 genannt, im Verlaufe derer bei einem missglückten Geiselbefreiungsversuch zahlreiche Beteiligte getötet wurden (z. B. McMains/Mullins, 1996). Zur Vermeidung ähnlich desaströser Folgen gewannen erst in der Folgezeit Verhandlungsansätze zunehmend an Bedeutung. Dabei wurden Lagen zunächstvor allem danach unterschieden, ob instrumentelle, an inhaltlichen Zielen orientierte, oder expressive, durch Machtansprüche und Affekt gekennzeichnete, Handlungen die Konfliktdynamik dominierten. Diese Dichotomisierung erwies sich jedoch für die Analyse des Einzelfalls und eine hierauf aufbauende Verhandlungsführung als wenig tragfähig (vgl. Hammer/Rogan, 1997).

Das S.A.F.E.-Modell

Mit der Entwicklung eines kommunikationsbasierten Modells zur Dynamik von Krisenverhandlungen durch Rogan und Hammer (1994, 1995, 2002) erhielt die Forschung Ende der neunziger Jahre einen deutlichen Anschub. Diese Autoren gingen bei ihren Arbeiten von einer interaktionistischen Sicht von Krisen aus, der zufolge menschliche Kommunikation als ein transaktionales Phänomen zu betrachten ist, das vor allem durch reziproke dynamische Beziehungen zwischen den Akteuren und den gegenseitigen Austausch von Botschaften und Bedeutung gekennzeichnet ist. Damit rückten die Funktion kommunikativer Symbole und metakommunikative Aspekte bei der Analyse von Krisenverhandlungen in das Blickfeld der Forschung (Hammer/Rogan, 1997; Hammer, 2001).

Als Krisen werden in diesem Zusammenhang solche Konflikte bezeichnet, die selten und unerwartet eintreten, häufig mit der Androhung von Gewalt verbunden sind, innerhalb eines begrenzten Zeitraums bewältigt werden müssen, für alle Beteiligten verhängnisvolle Konsequenzen haben können und mit einem hohen Maß an Stress verbunden sind (Hammer, 2001). Typischerweise sind dies Entführungen, Geiselnahmen, Bedrohungslagen, Verbarrikadierungen, terroristische Anschläge, Suizidlagen und häusliche Gewalt.

Für die kommunikative Dynamik von Verhandlungen sind instrumentelle und nicht-instrumentelle Faktoren gleichermaßen von Bedeutung. Nicht-instrumentelle Faktoren beziehen sich dabei auf (1) die Beziehung zwischen den verhandelnden Parteien, (2) mögliche Konsequenzen, die sich aus der Bedrohung des Selbstwertes der Beteiligten ergeben können, und (3) Emotionen und Emotionsschwankungen im Verlaufe der Verhandlungen.

Interessensebenen. Diese Annahmen führen zur Unterscheidung von vier Interessen, die den interpretativen Rahmen (frame) von Krisenverhandlungen bilden und den Diskurs zwischen den Konfliktparteien (bei Geiselnahmen: zwischen Verhandler und Geiselnehmer) strukturieren (Rogan/Hammer, 2002). Sie werden von den Autoren als Substantive Frame (Inhaltsebene), Attunement Frame (Beziehungsebene), Face Frame (Identitätsebene) und Emotion Frame (emotionale Ebene) bezeichnet (Rogan/Hammer, 2002). Aus den Anfangsbuchstaben dieser „Frames“ ergibt sich das Akronym S.A.F.E., unter dem das Modell in der aktuellen Literatur diskutiert wird:

Die Inhaltsebene (substantive frame) umfasst den Bereich konkreter inhaltlicher Wünsche oder Forderungen und weist Parallelen zu dem an den sozialen Austauschtheorien orientierten Aushandlungsansatz auf. Wichtig ist auf dieser Ebene die Trennung zwischen zentralen und peripheren Interessen. Nach Hammer (2001) besteht ein Zusammenhang zwischen Anzahl und Art der geäußerten Forderungen einerseits und der Eskalation oder Deeskalation im Verlaufe der Verhandlungen andererseits.

Auf der Beziehungsebene (attunement frame) werden Probleme von Macht, Kontrolle, Nähe, Vertrauen und Verständnis thematisiert (Rogan/Hammer, 2002). Im Unterschied zu anderen Interaktionen kann insbesondere bei Geiselnahmen, Entführungen und Bedrohungslagen nicht davonausgegangen werden, dass sich die Beteiligten mit dem für eine erfolgreiche Verhandlung erforderlichen Vertrauensvorschuss begegnen. Dadurch entsteht eine paradoxe Situation, in der die Konfliktparteien einerseits um die prinzipielle Unvereinbarkeit ihrer zentralen Ziele wissen, andererseits jedoch darauf angewiesen sind, sich auf die Einhaltung getroffener Absprachen verlassen zu können. Vertrauensbildende Maßnahmen sind insofern für den Aufbau und die Stabilisierung der Beziehung zwischen ihnen von zentraler Bedeutung.

Die Identitätsebene (face frame) betrifft die persönliche und soziale Identität der Beteiligten, d. h., das jeweilige Selbstbild, das Bild vom Anderen und die Art und Weise, wie man glaubt, vom Anderen wahrgenommen zu werden (Hammer/Rogan, 1997). Die Berücksichtigung von Identität, Ansehen und Reputation ist bei der Analyse sozialer Interaktionen deshalb wichtig, weil Gesichtsverlust und Gesichtswahrung maßgeblichen Einfluss auf Eskalation und Deeskalation im Verlaufe von Verhandlungen haben.

Die Berücksichtigung der emotionalen Ebene (emotion frame) bei Krisenverhandlungen ist schließlich wichtig, weil der Abbau von Affekten auf Seiten des Konfliktpartners vorteilhaft für den Übergang zu einer rationalen Problemlösung ist. Neuere Forschungsarbeiten zum Affektverlauf haben beispielweise gezeigt, dass sprachliche Indikatoren von Emotionalität sich bei einem suizidalen Ausgang deutlich von denen bei einem nicht suizidalen unterscheiden (Rogan/Hammer, 2002).

Mit der Differenzierung zwischen diesen vier Ebenen wird deutlich, dass die Konfliktdynamik einer Krise nicht zwangsläufig und ausschließlich durch Interessenkonflikte auf ein und derselben Ebene beeinflusst wird. Vielmehr können Krisen auch deshalb eskalieren, weil die Konfliktparteien Forderungen und/oder Verhalten auf unterschiedlichen Ebenen interpretieren – also beispielsweise selbstwertdienliche Forderungen als inhaltlich motivierte Ansprüche missverstehen.

Grundannahmen und empirische Überprüfung. Der dem S.A.F.E.-Modell zugrunde liegende kommunikationsbasierte Verhandlungsansatz fußt auf der interaktiven Erfassung und Analyse von Krisensituationen, so wie sie sich aus dem Diskurs zwischen Geiselnehmer und Verhandler entwickeln; besonderes Augenmerk gilt dabei der Interaktionsdynamik (Hammer/Rogan, 1997). Seine Grundannahmen lassen sich wie folgt charakterisieren (Hammer, 2001):

(1) Im Vordergrund der Analysen stehen die den jeweiligen Interaktionen zugrunde liegenden Aussagen (message system). Diesem Vorgehen liegt die Annahme zugrunde, dass Aussagensysteme einen kohärenten Interpretationsrahmen bilden, aus dem sich die von den Parteien geteilten und nicht geteilten Interpretationen und unterstellten Bedeutungen sowie das jeweilige Verhalten gleichermaßen erschließen (Putnam/Roloff, 1992).

(2) Die Analysen gründen auf einem interaktiven Assessment der verbalen und nonverbalen Interaktionsinhalte; sie gehen insofern über die Erfassung von dispositionellen Charakteristika und Verhaltensmerkmalen der einzelnen Parteien hinaus.

(3) Die Verhandlungsdynamik wird auf der Grundlage von Micro-Elementen verbaler Äußerungen und nonverbaler Cues untersucht. Aus diesen Micro-Elementen lassen sich Bedeutung und Zusammenhänge des jeweiligen Diskurses rekonstruieren.

(4) Verhandlungen werden als Prozess analysiert, in dem sich Bedeutungen und Handlungen in Abhängigkeit von Eskalation und Deeskalation verändern.

Zur empirischen Überprüfung des Modells werden von den Autoren sowohl quantitative, als auch qualitative Methoden eingesetzt. Die quantitativen diskursanalytischen Verfahren basieren auf Transkripten von authentischen Audiomitschnitten, die in Anlehnung an die bei Schenkein (1978) dargestellten Transkriptionsrichtlinien von Jefferson erstellt werden. Analyseeinheit sind hierbei Sprechakte (speaking turns), die mit Hilfe unterschiedlicher Kodierschemata analysiert und statistisch ausgewertet werden. Die qualitative Diskursanalyse von Rogan und Hammer lehnt sich an die Action Implicative Discourse Analysis (AIDA) von Tracy (1995) an (vgl. Hammer, 2001).

Das hier nur ansatzweise skizzierte, auf Arbeiten von Donohue aufbauende und von Rogan und Hammer kontinuierlich weiterentwickelte Modell zur Analyse von Geiselnahmen kann heute als der differenzierteste und gleichzeitig wissenschaftlich am besten begründete anwendungsorientierte Ansatz in diesem Bereich betrachtet werden (Bilsky et al., 2008; Bilsky et al., im Druck). Es unterscheidet sich einerseits von den vielfach lediglich auf (eigenen) Verhandlungserfahrungen gründenden Berichten und Empfehlungen von Praktikern, die aufgrund fehlender Evaluationskriterien eine wissenschaftlich tragfähige Validierung nicht bzw. nur eingeschränkt zulassen. Andererseits geht er aufgrund der gleichberechtigten Einbeziehung unterschiedlicher Verhandlungsfacetten deutlich über traditionelle Verhandlungsansätze hinaus. Aus diesem Grund haben wir das S.A.F.E. Modell als Grundlage für die in Münster durchgeführten Untersuchungen von Krisenverhandlungen gewählt.

„Vertrauensbildende Maßnahmen" zwischen Forscher und Praktiker – ein gemeinsames Lehr-Lern-Projekt

Nichts ist einer konstruktiven Zusammenarbeit von Praktikern und Forschern abträglicher als der (oft berechtigte) Verdacht, der Andere habe von dem gemeinsam zu lösenden Problem eigentlich keine Ahnung. Um derartigen Vermutungen vorzubeugen, haben wir von Beginn unserer Kooperation an darauf geachtet, unsere Arbeit für alle Beteiligten so transparent und nachvollziehbar wie möglich zu gestalten. Während anfangs noch der Austausch von Informationsmaterialien und die gemeinsame Beratung über die Planung und Realisierung von Qualifikationsarbeiten dominierten, erfolgte die gegenseitige Information später auch auf der Ebene universitärer Lehr- und polizeilicher Fortbildungsveranstaltungen.

Ein „Decision Support System" zur Prognose von Täterverhalten. Eine der ersten abgeschlossenen Arbeiten war die von Grootes (2002), der sich in seiner Dissertation mit der Prognose von Täterverhalten bei Geiselnahmen auseinandersetzte. Dabei standen Probleme der Gewaltanwendung gegen Geiseln und eines möglichen (erweiterten) Suizids im Vordergrund. Die Tätereinschätzung wurde in diesem Zusammenhang als ein Sonderfall des psychologisch-diagnostischen Prozesses betrachtet (Westhoff/Kluck, 1991). Ziel der Arbeit war es, vorhandenes polizeiliches und psychologisches Fachwissen zu den Themen „Gewaltbereitschaft" und „Suizidneigung" systematisch aufzubereiten und zusammenzuführen, um die für eine Verhaltensprognose relevanten Variablen identifizieren zu können. Neben der einschlägigen Literatur stützte von Groote sich hierbei auch auf Stellungnahmen von Experten. Die als relevant identifizierten Variablen wurden von ihm in ein PC-gestütztes „Decision Support System" integriert. Dieses System soll dem Entscheidungsträger (Polizeiführer) relevante, systematisch aufbereitete und gewichtete Informationen über das zu erwartende Täterverhalten zur Verfügung stellen. Es kann jedoch keine Handlungsempfehlungen geben. Vielmehr müssen die Gesamtsituation und mögliche Handlungsalternativen vom Polizeiführer auf dem Hintergrund eines strategischen Gesamtkonzeptes bewertet werden. Das vom Autor vorgestellte Entscheidungs-Unterstützungs-System in Geiselnahmen (EUSiG) ist nicht als ein fertiges Produkt zu verstehen. Vielmehr handelt es sich um ein vorläufiges, aber voll funktionsfähiges Programm, das vor dem Hintergrund neuer Erkenntnisse weiterzuentwickeln ist und insofern weiterer Erprobung und Validierung bedarf.

Forschungsorientierte Vertiefung. Die Behandlung sozialer Konflikte und deren Lösung nimmt einen wichtigen Platz im Studium Psychologie ein, und daher bot es sich an, das Thema „Krisenverhandlungen" auch in die universitäre Lehre zu integrieren. So wurden am Psychologischen Institut der WWU unter anderem im Zeitraum von 2002 bis 2005 zwei zweisemestrige Veranstaltungen zur Forschungsorientierten Vertiefung (FOV) angeboten, die den Studierenden in jeweils acht Semesterwochenstunden ausführlich Gelegenheit boten, sich mit den im Verlauf von Bedrohungslagen und Geiselnahmen auftretenden Problemen theoretisch und praktisch auseinanderzusetzen. Die Konzeption beider Veranstaltungen erfolgte in Zusammenarbeit mit Kollegen des IAF Selm-Bork, die auch an mehreren Sitzungen der FOVs aktiv teilnahmen. Neben wichtigen Hintergrundinformationen stellten sie auch unterschiedliche Audiomitschnitte zur Verfügung, die als Trainingsmaterial für Fortbildungsveranstaltungen polizeilicher Verhandler dienten. Transkripte dieser Mitschnitte wurden von den Studierenden auf der Grundlage des S.A.F.E.-Modells von Rogan und Hammer daraufhin analysiert, ob sprachliche Indikatoren geeignet sind, die affektive Dynamik im Verlaufe der Verhandlung zu erfassen, umso eskalative und de-eskalative Phasen identifizieren zu können. Kriterien für die erfolgreiche Identifizierung wurden sowohl aus der einschlägigen Forschung als auch aus Erfahrungsberichten polizeilicher Verhandler abgeleitet.

Fortbildungsveranstaltungen für Verhandler. Neben den universitären-Veranstaltungen waren es vor allem die in Selm-Bork durchgeführten Fortbildungsveranstaltungen und Übungen für Verhandler, an denen wiederholt auch die mit der Analyse von Krisenverhandlungen befassten Mitarbeiter und Studierenden der WWU teilnehmen konnten. Diese Veranstaltungen waren einerseits für letztere ein wichtiges Korrektiv für die medienvermittelten Vorstellungen von Geiselnahmen, Entführungen und ähnlichen Krisen. Sie boten andererseits aber auch Gelegenheit, mit den Mitgliedern der Verhandlungsgruppen Möglichkeiten einer systematischen, an wissenschaftlichen Kriterien orientierten Supervision der Fortbildungsmaßnahmen zu diskutieren.

Einzelfall- und Mehrebenen-Analysen

Diese „vertrauensbildenden Maßnahmen" waren die Grundlage für eine bis heute andauernde, kontinuierliche Zusammenarbeit, für die seitens der Polizei authentisches Fallmaterial (Audioaufzeichnungen) in dem für unsere Forschung erforderlichen Umfang zur Verfügung gestellt wurde.

Die große Unterschiedlichkeit der Fälle[3] stellt die Forschung zu Krisenverhandlungen ganz allgemein vor erhebliche Probleme bei der Wahl eines angemessenen Forschungsdesigns. Grundsätzlich ist es zwar wünschenswert, unterschiedliche Fallgruppen miteinander zu vergleichen, um aus ihrer Unterschiedlichkeit Rückschlüsse auf zu erwartende Verhandlungsausgänge ziehen zu können (z. B. Donohue et al., 1991; Taylor, 2002). Die große Varianz innerhalb derartiger Fallgruppen, ihr geringer

3 In der angloamerikanischen Literatur werden beispielsweise folgende Kategorien unterschieden: hostage takings by mentally / emotionally disturbed individuals, hostage takings occurring during the commission of crime, terrorist hostage takings, and hostage takings during prison uprisings (vgl. McMains/Mullins, 1996; Rogan/Hammer, 2002). Ganz ähnlich differenziert von Groote (2002) zwischen ungeplanten Geiselnahmen, Geiselnahmen im familiären Bereich, geplanten Geiselnahmen in Justizvollzugsanstalten, mobilen Geiselnahmen zur Sicherung der Flucht, Geiselnahmen in entführten Flugzeugen und terroristischen Geiselnahmen.

Umfang und die Schwierigkeit, potentielle Kontext- und Störvariablen zu identifizieren und zu kontrollieren, werfen jedoch Probleme hinsichtlich der Generalisierbarkeit derartiger Forschungsbefunde auf.

Nun gibt es vonseiten der sozialpsychologischen Konfliktforschung theoretisch gut begründete und empirisch abgesicherte Hinweise, dass sich Verhandlungsverläufe fallübergreifend als Abfolge mehrerer Konfliktphasen beschreiben lassen, die sich bezüglich Thematik und Interaktion der Konfliktparteien voneinander unterscheiden (Rubin et al., 1994). Die Identifikation derartiger Konfliktphasen ist nicht nur aus Sicht der Forschung sondern auch für die konkrete Verhandlungspraxis von Bedeutung. Daher haben wir uns schwerpunktmäßig auf regelhafte Veränderungen im Verhandlungsablauf von Einzelfällen konzentriert und die Analysen dabei zunächst auf jeweils eine der vier im S.A.F.E.-Modell unterschiedenen Interessenebenen beschränkt (Bilsky et al., 2005; Bilsky/Kürten, 2006; Bilsky, 2007; Bilsky et al., 2010).

Wie schon erwähnt, beschränkt sich die Dynamik einer Krise jedoch nicht zwangsläufig und ausschließlich auf eine dieser Interessensebenen. Aus diesem Grund wurden unsere Untersuchungen später auch auf Mehrebenenanalysen ausgeweitet. Ziel der von Weßel-Therhorn (2011) durchgeführten Analysen war es in diesem Zusammenhang, die von Rogan und Hammer angenommenen Beziehungen zwischen Interaktionsgestaltung und Verhandlungsverlauf unter Berücksichtigung von Sachinformationen (substantial frame), Beziehungsgestaltung (attunement frame), Identität (face frame) und Gefühlslage (emotional frame) zu überprüfen und typische Interaktionsmuster zu identifizieren, die den Verhandlungsverlauf eskalativ und de-eskalativ beeinflussen. Hierbei waren auch die auf Seiten der Verhandler gegebenen individuellen und strategischen Rahmenbedingungen zu berücksichtigen (Weßel-Therhorn, 2009; Weßel-Therhorn/Bilsky, 2013).

Auch wenn man die für explorative Einzelfallanalysen generell geltenden Einschränkungen in Rechnung stellt, so erweisen sich die hier nur selektiv und grob skizzierten Ergebnisse unserer Untersuchungen dennoch in mehrfacher Hinsichtals heuristisch interessant. Demnach ist es nicht nur theoretisch sinnvoll sondern auch grundsätzlich möglich, eskalative und de-eskalative Phasen im Verhandlungsverlaufauf der Grundlage von Micro-Elementen verbaler Äußerungen und nonverbaler Cues zu identifizieren. Darüber hinaus zeigen unsere Ergebnisse, dass sich diese Phasen auf ganz unterschiedlichen Ebenen der Kommunikation widerspiegeln.

Schließlich lassen sich auch zwischen den Konfliktparteien (Verhandler und Geiselnehmer) Unterschiede in der Kommunikation identifizieren, die weitgehend theoretischen Erwartungen entsprechen. Bemerkenswert ist in diesem Zusammenhang, dass die beobachteten Unterschiede auf Daten basieren, die mittels unterschiedlicher Instrumente erhoben wurden. Die wiederholte Beobachtung erwartungskonformer und mit Hilfe unterschiedlicher Instrumente ermittelter Ergebnisse lässt insofern ein zufälliges oder methodenbedingtes Zustandekommen der dargestellten Effekte unwahrscheinlich erscheinen. Sie spricht vielmehr für die praktische Relevanz der in den von Rogan und Hammer (2002) unterschiedenen Ebenen der Konfliktkommunikation in Krisensituationen.

II. Ausblick

Der mit den zuvor skizzierten Analysen verbundene Arbeitsaufwand wäre kaum zu rechtfertigen, wenn die erzielten Ergebnisse dieser und ähnlicher Studien keinen Niederschlag in der Verhandlungspraxis fänden. Dass ein solcher Theorie-Praxis-Transfer grundsätzlich möglich ist, hat eine kürzlich abgeschlossene Evaluationsstudie von Kalus (2013) gezeigt, deren Konzeption für weitere Studien durchaus wegweisend sein kann.

Beispiel für einen Theorie-Praxis-Transfer

Kalus (2013) evaluierte während einer Fortbildungsveranstaltung für Verhandler die Wirksamkeit zweier Trainingsformen im Rahmen eines quasiexperimentellen Pre-Post-Designs mit einer Kontrollgruppe. Ziel war die Verbesserung der Verhandlungsführung in Geiselnahmen mit Schwerpunkt auf eskalativen und de-eskalativen Gesprächstechniken. Während die erste, kognitive Trainingsform auf einer am S.A.F.E.-Modell orientierten retrospektiven Analyse und Diskussion authentischer Geiselnahmeverhandlungen basierte, umfasste die zweite, kognitiv-behaviorale darüber hinaus realitätsnahe, stressbesetzte Übungssituationen. Hierbei interessierte vor allem, ob und in welchem Maße eine Kombination zwischen kognitiver Wissensvermittlung und einer „Einübung unter Stressimpfung“ zu einem messbaren Lerneffekt führt.

Beide Trainingsgruppen zeigten gegenüber der Kontrollgruppe einen deutlichen Trainingseffekt. Ein direkter Vergleich zwischen ihnen ergab jedoch keinen signifikanten Unterschied. Dieser letzte Befund dürfte allerdings unter anderem auf den organisatorisch bedingten, nur zwei Tage umfassenden Zeitrahmen für dieses Training zurückzuführen sein (vgl. beispielsweise die Effekte der zweiwöchigen National Crisis Negotiation Courses der FBI Academy; van Hasselt et al., 2006). Dessen ungeachtet macht die Studie von Kalus deutlich, dass für einen effektiven Theorie-Praxis-Transfer drei Komponenten von Bedeutung sind: Wissensvermittlung, Training und Supervision. Auf sie soll an dieser Stelle abschließend eingegangen werden.

Wissensvermittlung. Seitdem in den letzten Jahrzehnten verhandlungsbasierte Lösungen von Krisensituationen an Bedeutung gewonnen haben, sind auch zunehmend Ansätze aus der Kommunikations- und Verhandlungsforschung in den Fortbildungsveranstaltungen polizeilicher Verhandler behandelt worden. Hierzu gehören beispielsweise die klassischen Arbeiten von Watzlawick et al. (1967) oder von Fisher und Ury (1981) und mit Einschränkungen vielleicht auch die von Donohue et al. (1991) oder Hammer und Rogan (1997). Weniger bekannt sind demgegenüber neuere Publikationen, wie die von Taylor und Donald (2006), Vecchi et al. (2005), Royce (2005), Michaud et al. (2008) oder aber aktuelle Sammelwerke wie das von Rogan und Lanceley (2010). Dieser Umstand ist zumindest teilweise darauf zurückzuführen, dass aktuelle Publikationen für Praktiker weniger leicht zugänglich sind. Eine verstärkte Kooperation mit universitären Einrichtungen könnte hier jedoch leicht Abhilfe schaffen.

Training. Das Wissen über unterschiedliche Formen des Verhandelns ist zwar eine notwendige aber keineswegs hinreichende Voraussetzung für eine kompetente, situationsangemessene Verhandlungsführung. So zeigt sich immer wieder, dass bereits dem Novizen die grundsätzliche Bedeutung von aktivem Zuhören, Empathie und Rapportbildung bestens vertraut ist. Aber selbst gestandene Verhandler tun sich vielfach schwer, Aussagen zu spiegeln oder zusammenfassen, zu paraphrasieren, Pausen und Verstärker zu setzen, eine dem jeweiligen Kontext angemessene Frageform zu wählen, Emotionen zu benennen, oder je nach Situation Ich-Botschaften zu verwenden oder zu vermeiden (vgl. Vecchi et al., 2005). Insbesondere die in stressgeladenen Situationen zu beobachtenden Unterschiede zwischen individuellem Wissen, Kompetenz und Performanz machen deutlich, dass der strategisch angemessene Einsatz von Verhandlungstaktiken erheblicher Übung und Erfahrung bedarf (Rubin et al., 1994).

Evaluation und Supervision. Die Frage, ob das jeweilige Verhandlungstraining erfolgreich war, setzt allerdings voraus, dass sich das neu erworbene oder modifizierte Verhaltensrepertoire dem anvisierten Zielverhalten tatsächlich angenähert hat. Um sie beantworten zu können, bedarf es entsprechender Messinstrumente, die trainingsbedingte Verhaltensänderungen zuverlässig und valide zu erfassen gestatten. Hier schließt sich der Kreis, denn wenn das betreffende Training auf einem wissenschaftlich begründeten und empirisch überprüften Ansatz (wie beispielsweise dem von Rogan und Hammer) aufbaut, dann liegt auch ein in der Regel breites Spektrum von Messinstrumenten vor. Diese müssen zwar den Gegebenheiten des jeweiligen Trainings angepasst werden, so dass sie von Trainern und Teilnehmern ohne unverhältnismäßig aufwendige Instruktionen und Schulungen eingesetzt werden können. Bei derartigen Anpassungen handelt es sich aber zumeist um Vereinfachungen (z. B. die Überführung komplexer Kategoriensysteme in globalere Verhaltensratings), die von Forschern und Praktikern (Trainern) gemeinsam ohne allzu großen Arbeitsaufwand geleistet werden können (entsprechende Beispiele finden sich bei Weßel-Therhorn, 2011).

Das Potential der Verhandlungsforschung liegt heute vor allem in ihrer mittelbaren Bedeutung für die Praxis. So bietet sie nicht nur die Grundlage für eine wissenschaftlich fundierte Konzipierung von Trainingsprogrammen sondern ermöglicht durch eine systematische, theoriebasierte Supervision des kommunikativen Verhaltens von Verhandlern während ihrer Aus- und Weiterbildung die für erfolgreiches Verhandeln erforderliche Sensibilisierung für die unterschiedlichen Ebenen von Krisenverhandlungen. Darüber hinaus bietet sie einen theoretischen Rahmen für die Integration der von gestandenen Verhandlern berichteten Praxiserfahrungen (vgl. Bilsky et al., im Druck).

III. Nachsatz

Nicht immer führen die eingangs erwähnten Richtungswechsel zum gewünschten Erfolg. Insbesondere bei interdisziplinären und angewandten Arbeiten ist der Weg vom Start zum Ziel meist steinig und voller Fußangeln und Fallgruben. Umso mehr freut es uns, dass unsere Forschungsarbeiten von Praktikern nicht nur angeregt sondern über fünfzehn Jahre begleitet, vielfältig unterstützt, nachgefragt und so auch in ihren Arbeitsalltag integriert wurden. All dies wäre nicht ohne das große Engagement unserer Studierenden möglich gewesen. Ihnen allen gilt unser ausdrücklicher Dank.

Literatur

Bilsky, W. (1989). Psychologische Beiträge zur Friedensforschung? (Antrittvorlesung 12/1987). In: B. Wurth, W. Bilsky (Hrsg.), Psychologische Beiträge zur Friedensforschung? Überlegungen - Anregungen - Arbeitsmaterialien (Forschungsberichte des Psychologischen Instituts, Nr. 56). Freiburg i.Br.: Albert-Ludwigs-Universität.

Bilsky, W. (1990). Extrajudicial mediation and arbitration: Evaluation of German Victim-Offender-Reconciliation Programs. The International Journal of Conflict Management, 1, 357-373.

Bilsky, W. (1999a). Berufsfeldsuche: Einige Anmerkungen zum 'impact' psychologischen Arbeitens. Psychologische Rundschau, 49, 225-227.

Bilsky, W. (1999b). Conflict management. Some considerations from a psychological perspective. In: H.I. Sagel-Grande, M.V. Polak (Eds.), Models of conflict resolutions (pp. 45-59). Antwerpen: Maklu.

Bilsky, W. (2007). Krisenverhandlungen - Verhandlungen bei Geiselnahmen. Möglichkeiten und Grenzen eines Theorie-Praxis-Transfers. In: C. Lorei (Hrsg.), Polizei & Psychologie 2006. Kongressband der Tagung „Polizei & Psychologie“ 2006 (S. 11-39). Frankfurt/M.: Verlag für Polizeiwissenschaft.

Bilsky, W., Borg, I., Wetzels, P. (1995). Assessing conflict tactics in close relationships: A reanalysis of a research instrument. In: J. J. Hox, G. J. Mellenbergh & P. G. Swanborn (Eds.), Facet Theory. Analysis and design (pp. 39-46). Zeist: SETOS.

Bilsky, W., Kürten, G. (2006). "Attack" or "Honour"? Face message behaviour in crisis negotiation: A case study. In:M. Ioannou & D. Youngs (Eds.), Explorations in investigative psychology and contemporary offender profiling (pp. 91-100). London: IA-IP Publishing.

Bilsky, W., Liesner, B., Weßel-Therhorn, D. (2010). Escalation and deescalation in hostage negotiation. In: R. Rogan & F. Lanceley (Eds.), Contemporary Theory, Research, and Practice of Crisis and Hostage Negotiations (pp. 119-139). Cresskill, NJ: Hampton Press.

Bilsky, W., Müller, J., Voss, A., von Groote, E. (2005). Affect assessment in crisis negotiation: An exploratory case study using two distinct indicators. Psychology, Crime and Law, 11, 275-287.

Bilsky, W., Niehaus, S., von Groote, E. (2008). Verhandlungen bei Geiselnahmen. In: R. Volbert, M. Steller (Hrsg.), Handbuch der Rechtspsychologie (S. 264-274). Göttingen: Hogrefe.

Bilsky, W., Pfeiffer, H., Trenczek, T. (1991). New forms of conflict management in juvenile law: A comparative evaluation of the Brunswick Victim-Offender-Reconciliation-Project. In: G. Kaiser, H. Kury, H. J. Albrecht (Eds.), Victims and criminal justice. Victims and the criminal justice system. Kriminologische Forschungsberichte Bd.51 (pp. 507-539). Freiburg: Max-Planck-Institut für ausländisches und internationales Strafrecht.

Bilsky, W., Weßel-Therhorn, D., Kalus, A. (im Druck). Krisenverhandlungen. In: T. Bliesener, G. Koehnken, F. Lösel (Hrsg.), Lehrbuch der Rechtspsychologie. Bern: Huber.

Donohue, W.A., Ramesh, C., Borchgrevink, C. (1991). Crisis bargaining: Tracking relational paradox in hostage negotiation. The International Journal of Conflict Management, 2, 257-274.

Donohue, W. A., Ramesh, D., Kaufman, G., Smith, R. (1991). Crisis bargaining in hostage negotiations. International Journal of Group Tensions, 21, 133-154.

Fisher, R., Ury, W. (1981). Getting to Yes. Boston: Houghton Mifflin & Co.

Gatzke, W. (1996). Geiselnahmen, Entführungen, Bedrohungslagen. In: Kniesch, M. (Ed.), Handbuch für Führungskräfte der Polizei (pp. 427-449). Lübeck: Schmidt-Römhild.

Glasl, F. (1997). Konfliktmanagement. Bern: Haupt.

Groote, E. von (2002). Prognose von Täterverhalten bei Geiselnahmen. Frankfurt/M.: Verlag für Polizeiwissenschaft.

Hammer, M.R. (2001). Conflict negotiation under crisis conditions. In: W.F. Eadie, P.E. Nelson (Eds.), The language of conflict and resolution (pp. 57-80). Thousand Oaks: Sage.

Hammer, M.R., Rogan, R.G. (1997). Negotiation models in crisis situations. The value of a communication-based approach. In: R.G. Rogan, M.R. Hammer, C.R. Van Zandt (Eds.), Dynamic processes of crisis negotiation (pp. 9-23). Westport, CT: Praeger.

Hasselt, V.B. van, Baker, M.T., Romano, S.J., Schlessinger, K.M., Zucker, M., Dragone, R., Perera, A.L. (2006). Crisis (Hostage) Negotiation Training: A Preliminary Evaluation of Program Efficacy. Criminal Justice and Behavior, 33, 56-69.

Kalus, A. (2013). Evaluation eines stressinduzierten Verhandlungstrainings für polizeiliche Verhandler in Fällen von Geiselnahmen. Unveröffentlichte Dissertation. Berlin: Humboldt-Universität.

McMains, M.J., Mullins, W.C. (1996). Crisis negotiations. Cincinnati, OH: Anderson Publishing.

Michaud, P., St-Yves, M., Guay, J.-P. (2008). Predictive Modeling in Hostage and Barricade Incidents. Criminal Justice and Behavior, 35, 1136-1155.

Putnam, L.L., Roloff, M.E. (Eds.) (1992). Communication and negotiation. Newbury Park: Sage.

Rogan, R.G., Hammer, M.R. (1994). Crisis negotiation: A preliminary investigation of facework in naturalistic conflict. Journal of Applied Communication Research, 22, 216-231.

Rogan, R.G., Hammer, M.R. (1995). Assessing message affect in crisis negotiations: An exploratory study. Human Communication Research, 21, 553-574.

Rogan, R.G., Hammer, M.R. (2002). Crisis/hostage negotiations: A communication-based approach. In: H. Giles (Ed.), Law enforcement, communication, and community (pp. 229-254). Amsterdam: John Benjamins.

Rogan, R.G., Hammer, M.R., van Zandt, C.R. (Eds.) (1997). Dynamic processes of crisis negotiation. Westport, CT: Praeger.

Rogan, R.G., Lanceley, F. (Eds.) (2010). Contemporary Theory, Research, and Practice of Crisis and Hostage Negotiations. Cresskill, NJ: Hampton Press.

Royce, T. (2005). The Negotiator and the Bomber:Analyzing the Critical Role of ActiveListening in Crisis Negotiations. Negotiation Journal, 21, 5-27.

Rubin, J.Z., Pruitt, D., Kim, S.H. (1994). Social Conflict. New York:McGraw-Hill, Inc.

Schenkein, J. (1978). Studies in the organization of conversational interaction. New York: Academic Press.

Taylor, P.J. (2002). A Partial Order Scalogram Analysis of communication behavior in crisis negotiation with the prediction of outcome. The International Journal of Conflict Management, 13, 4-37.

Taylor, P.J., Donald, I. (2006). The Structure of Communication Behavior in Simulated and Actual Crisis Negotiations. Human Communication Research, 30, 443–478.

Tracy, K. (1995). Action-implicative discourse analysis. Journal of Language and Social Psychology, 14, 195-215.

Vecchi, G.M., Hasselt, V.B. van, Romano, S.J. (2005). Crisis (hostage) negotiation: current strategies and issues in high-risk conflict resolution. Aggression and Violent Behavior, 10, 533–551.

Watzlawick, P., Beavin, J.H., Jackson, D.D. (1967). Pragmatics of human communication. New York: Norton.

Weßel-Therhorn, D. (2009) Polizeiliche Alltagstheorien zu Eskalation und Deeskalation in Geiselnahmen und Bedrohungslagen (Bochumer Masterarbeiten) Holzkirchen: Felix-Verlag

Weßel-Therhorn, D. (2011). Mehrebenenanalyse von Verhandlungsgesprächen in Fällen von Geiselnahmen und Bedrohungslagen. Frankfurt/M.: Verlag für Polizeiwissenschaft.

Weßel-Therhorn, D., Bilsky, W. (2013). Empathie als Strategie zur Ausgestaltung von Verhandlungsgesprächen in Fällen von Geiselnahmen und Bedrohungslagen. In: A. Dessecker, W. Sohn (Hrsg.), Kriminologie und Praxis (S. 517-538). Wiesbaden: KrimZ.

Westhoff, K., Kluck, M.L. (1991). Psychologische Gutachten schreiben und beurteilen. Berlin: Springer.

White, R.K. (Ed.) (1986). Psychology and the Prevention of Nuclear War. New York: New York University Press.

Auswirkungen gewalthaltiger Computerspiele auf Kognitionen und Verhalten junger Spieler

Thomas Bliesener, Lars Riesner, Frithjof Staude-Müller

I. Vorbemerkung

Christian Pfeiffer hat bereits früh die Gefahren erkannt, die von einem ungezügelten Konsum gewalthaltiger Computerspiele auf junge Konsumenten ausgehen können. In seiner für ihn typischen Art hat er hier eindeutig Position bezogen und sowohl in wissenschaftlichen Publikationen und Vorträgen, als auch in zahlreichen Interviews, Kommentaren und Feuilletonbeiträgen in regionalen und überregionalen Medien diese Zusammenhänge analysiert und auf das Gefahrenpotential dieses Medienangebots hingewiesen. Im vorliegenden Beitrag liefern wir einen stützenden Befund für die von Christian Pfeiffer seit langem vertretene These der Gefahr durch gewalthaltige Computerspiele.

II. Einführung

Computerspiele sind seit ihrem Auftauchen in den 1970er und 1980er Jahren zu einem festen Bestandteil der Jugendkultur geworden. Die belegen z. B. repräsentative Umfragen zum Medienkonsum (Feierabend/Rathgeb, 2009), aber auch die enormen Umsätze der Software-Anbieter. Dabei sind gerade gewalthaltige PC-Spiele besonders populär (Vorderer et al., 2006) und selbst in Spielangeboten, die für Kinder konzipiert sind, ist der Anteil aggressiver Aktionen substantiell (Smith et al., 2003). Die höchsten Anteile und Formen aggressiver Spielaktionen finden sich gleichwohl in altersbeschränkten Spielen für ältere Jugendliche oder Erwachsene (Thompson et al., 2006). Wie Nutzungsstudien allerdings zeigen, sind bei Kindern und Jugendlichen jedoch gerade altersbeschränkte Spiele sehr beliebt (Mößle et al., 2012; Nikken/Jansz, 2007), dies gilt besonders für Jungen (Möller/Krahé, 2009).

Angesichts der weiten Verbreitung von PC-Spielen unter Kindern und Jugendlichen, die für ihr Alter noch nicht zugelassen sind (Pfeiffer, 2011), sowie den hohen Spielintensitäten stellt sich die Frage, welche Auswirkungen die Beschäftigung mit diesen altersunangemessenen Spielen auf das Denken, Erleben und Verhalten der jungen Konsumenten hat.

Die Wirkmechanismen medial vermittelter Gewalt auf den Konsumenten beschreibt das General Learning Model (GLM) (Gentile et al., 2009), das auf dem General Aggression Model (GAM; Anderson/Bushman, 2002) basiert. Letzteres integriert verschiedene aggressionstheoretische Ansätze und beschreibt, wie aggressives Verhalten in einer sozialen Situation entsteht. Dabei bedingen individuelle Merkmale (z. B. genetische Dispositionen und Entwicklungsbedingungen), Wissensbestände und -strukturen sowie Merkmale der sozialen Situation den aktuellen inneren Zustand der handelnden Person. Dieser innere Zustand umfasst die kognitive, affektive und Erregungskomponente und bestimmt, inwieweit sich die Person in der konkreten sozialen Situation eher kontrolliert und geplant oder spontan und unkontrolliert und damit zumeist aggressiv verhält.

Gewalthaltige Medien nehmen in der Weise Einfluss, als sie aggressionsrelevante Schemata und Verhaltensscripts voraktivieren[1], so dass sie leichter verfügbar sind und schneller abgerufen und verarbeitet werden können. Derartige Scripte werden von Huesmann (1988) zur Erklärung aggressiven Verhaltens sowie individueller und situativer Unterschiede in der Aggressionsneigung herangezogen. Huesmann geht davon aus, dass diese sozialen Blaupausen durch persönliche Erfahrungen und Beobachtung gelernt werden und Wahrnehmung und Verhalten steuern. In konkreten Situationen werden vor dem Hintergrund der wahrgenommenen Umweltreize und des internen Stimmungs- und Erregungszustands passende Scripts aus dem Gedächtnis abgerufen. Der Abruf ist ein heuristischer Such- und Evaluationsprozess, bei dem die Angemessenheit in der gegebenen Situation sowie die zu erwartenden Resultate bewertet werden. Durch die wiederholte (multiepisodische) Aktivierung gewaltassoziierter bzw. empathiereduzierender Schemata und Scripts kommt es schließlich zur Verfestigung dieser Gedächtnisinhalte (Anderson et al., 2004).

Derartige Scripts spielen auch in dem Modell der sozialen Informationsverarbeitung von Crick und Dodge (1994, 1996) eine zentrale Rolle.

1 Wie Bösche (2010) zeigen konnte, scheint dies allerdings auch für spielbezogene positive Konzepte zu gelten.

Sie postulieren einen Verarbeitungszyklus mit sechs Schritten (Situationswahrnehmung und -interpretation, Festlegung eigener Ziel, Handlungsauswahl, -bewertung und -initiierung), der beginnt, wenn eine Person in eine soziale Interaktion gerät. Dabei verläuft die Informationsverarbeitung automatisiert, unbewusst und außerhalb der direkten Kontrolle ab. Die Verarbeitung ist kapazitär begrenzt, läuft vor dem Hintergrund eigener Erfahrungen, Erinnerungen und Wissensstrukturen (Schemata, Scripts) ab und kann u. a. durch Primingprozesse beeinflusst werden. Besteht ein elaboriertes kognitives Netzwerk aggressiver Wissensstrukturen, steigt die Wahrscheinlichkeit einer feindseligen Informationsverarbeitung und aggressiven Verhaltens.

Zur Analyse kurzfristiger Verarbeitungsvorteile für aggressive Inhalte durch den Konsum gewalthaltiger PC-Spiele wurden u. a. mittels Wortvervollständigungsaufgaben der Aktivierungsgrad aggressiver Wissensstrukturen geprüft (z. B. Barlett et al., 2008) oder die Verarbeitungsgeschwindigkeit aggressiver Reize (Anderson/Dill, 2000) ermittelt. Ein anderer Ansatz untersucht unter Einsatz ambivalenter Konfliktvignetten feindselige Interpretationstendenzen in Abhängigkeit vom Gewaltspielkonsum (z. B. Kirsh/Mounts, 2007).

Eine integrierende Betrachtung der experimentellen Untersuchungen ergibt, dass von den circa zwanzig Studien zu Auswirkungen des Gewaltgehalts auf die Aktivierung aggressiver Wissensstrukturen und feindselige Wahrnehmungs- und Interpretationstendenzen, gut zwei Drittel einen aggressionssteigernden Einfluss nachweisen konnten (Staude-Müller, 2010). Am klarsten zeigte sich der Effekt hinsichtlich lexikalischer Aktivierungsmaße, wo in sechs von sieben Untersuchungen signifikante Gruppenunterschiede auftraten. Somit kann durchaus von einem „hostile perception bias“ durch den Konsum gewalthaltiger PC-Spiele gesprochen werden.

Die Frage, inwieweit diese kognitiven Effekte der PC-Spiel-Gewalt tatsächlich auch verhaltenswirksam werden, wurde ebenfalls mehrfach untersucht. Angesichts der Palette der natürlichen Erscheinungsformen aggressiven Verhaltens erscheint die Bandbreite der verwendeten Operationalisierungen jedoch eingeschränkt. Nur in bislang zwei Untersuchungen wird das Verhalten in Freispielsituationen beurteilt (Irwin/Gross, 1995; Polman et al., 2008). Dabei zeigt sich zumindest bei Jungen ein signifikanter, steigernder Einfluss des Gewaltspiels auf nachfolgendes aggressives Verhalten.

Werden dagegen Verhaltenstendenzen mit Fragebogenskalen und Vignetten erhoben, sind die Befunde weniger konsistent. Teilweise ergeben sich zwar Effekte durch Gewaltspiele (z. B. Frindte /Geyer, 2007), sie sind aber nur bei bestimmten Aggressionsformen (z. B. bei verbaler Aggression) oder unter bestimmten Voraussetzungen (z. B. bei hoher Trait-Aggression, Frindte/Obwexer, 2003) festzustellen.

In der Mehrzahl der Experimente zum Verhalten kommen Variationen der Competitive Reaction Time Task (CRTT, vgl. Anderson/Dill, 2000) zum Einsatz. Dabei wird den Versuchspersonen suggeriert, sie wetteiferten gegen eine andere Person darum, am Computer möglichst schnell auf einen visuellen Reiz mit einem Tastendruck zu reagieren. Der Gewinner eines jeden Durchgangs kann den unterlegenen Gegner mit einem unangenehmen Reiz bestrafen. Als abhängige Maße werden die Stärke der gewählten Strafreize oder deren Dauer erhoben. Dieses Paradigma zeigt meist, dass es bei höherem Gewaltgehalt des zuvor gespielten PC-Spiels zu stärkerem aggressiven Verhalten der Spieler kommt.

Die Befunde dieser Studien scheinen von einigen weiteren Variablen moderiert zu werden. Effekte treten besonders dann auf, wenn Männer untersucht wurden, wenn ein hohes Vergeltungsmotiv vorliegt oder wenn der vermeintliche Gegner ein ambivalentes Provokationsmuster zeigt (Anderson et al., 2004). Wie Anderson u. a. (2010) in einer Meta-Analyse zeigen konnten, moderiert auch die methodische Qualität der einzelnen Studien die Höhe der nachgewiesenen Effekte. Bei Best-Practice-Studien allerdings fallen demnach die Effekte deutlich größer aus.

Gleichwohl weisen auch die qualitativ guten Studien methodische Probleme auf, welche die Generalisierbarkeit der Befunde infrage stellen.

Die meisten experimentellen Untersuchungen werden mit leicht rekrutierbaren studentischen und überwiegend weiblichen „convenient samples" durchgeführt. Wegen der positiven Selektion hinsichtlich kognitiver Fähigkeit, dem vergleichsweise höheren Alter und eher geringen Spielaktivität entsprechen diese Stichproben kaum den typischen Spielerpopulationen.

Üblicherweise basieren die untersuchten Effekte auf dem Vergleich zwischen gewalthaltigen und gewaltfreien Spielen. Dabei wurden die Konfundierungen des Gewaltgehalts mit anderen Spielmerkmalen wie Geschwindigkeit, Schwierigkeitsgrad, Aufforderungscharakter und Involviertheit des Spielers wiederholt kritisiert (z. B. Klimmt/Trepte, 2003).

Schließlich wird die moderierende Rolle persönlicher Merkmale des Spielers nur selten berücksichtigt. Da aggressivere Spieler offenbar einen aggressiveren Spielstil mit mehr Konfrontation und Gewaltakten haben (Peng et al., 2008), können Effekte des Gewaltgehalts auch über den Spielstil vermittelt werden (Markey/Markey, 2010). Einige Studien kontrollieren die Aggressionsneigung statistisch (z. B. Barlett et al., 2008; Eastin/Griffiths, 2009), nur in wenigen Untersuchungen werden jedoch Gruppen mit unterschiedlichem Aggressionsniveau systematisch verglichen (Giumetti/Markey, 2007). Auch die Spielerfahrung und -kompetenz können einen Einfluss auf das Spielerlebnis und die Folgen haben, indem Effekte der Computerspielgewalt eventuell nur bei einer gewissen Mindestkompetenz und sich daraus ergebenden Spielfortschritten auftreten (Lang et al., 2012). Wobei in bisherigen Studien die Spielerfahrung zumeist als Kovariate analysiert wird, wodurch mögliche systematische nichtlineare Zusammenhänge nicht erkannt werden können.

Unser Ziel war es nun, die unmittelbaren Effekte des Gewaltgehalts eines Computerspiels auf die frühen Stufen der sozialen Informationsverarbeitung unter Berücksichtigung der dargestellten Forschungsdesiderata zu überprüfen. Werden Wahrnehmungs- und Interpretationsprozesse durch die Gewalt in Computerspielen in Richtung Feindseligkeit verzerrt, d. h., zeigt sich ein Verarbeitungsvorteil aggressiver Hinweisreize gegenüber nicht aggressiven Hinweisreizen (hostile perception bias, H1) sowie eine feindseligere Interpretation ambivalenter Reize (hostile interpretation bias, H2). Und führt der Konsum von Computerspielgewalt zu einer Förderung aggressiven Verhaltens (H3). Dabei werden die interindividuellen Unterschiede im Aggressivitätsniveau der Probanden berücksichtigt. Da aggressivere Personen ein elaborierteres Netzwerk aggressiver Wissensstrukturen aufweisen, sollten auch die Effekte des Gewaltgehalts bei ihnen größer sein. Bei aggressiveren Personen wird ein größerer spielinduzierter hostile perception bias (H4) und ein größerer spielinduzierter hostile interpretation bias (H5) sowie einer größere spielinduzierte Steigerung aggressiven Verhaltens (H6) vermutet als bei weniger aggressiven Personen.

III. Methode

Material

PC-Spiel: Den Empfehlungen von Hartig et al. (2003) folgend, wurden Modifikationen (mods) und zusätzliche Module des first-person action shooters „Unreal Tournament" verwendet, um unterschiedliche Niveaus des Gewaltgehalts (UV 1: hoch vs. niedrig) zu generieren (vgl. Staude-Müller et al., 2008). Im Spiel traten die Spieler in einem virtuellen Team in einer Winterlandschaft gegen eine gegnerische Gruppe an. In der Bedingung mit hohem Gewaltgehalt standen verschiedene Feuerwaffen zur Verfügung, um gegnerische Spielfiguren zu töten. In der Variante mit niedrigem Gewaltgehalt, ging es darum die gegnerischen Spieler mit Schneebällen zu treffen, wodurch sie eingefroren wurden. Der Gewaltgehalt variierte auch deutlich in der Darstellung (Sichtbarkeit von Waffen, Wunden und Blut, Geräusche von Schüssen und Opfern etc.).[2]

Die Pbn wurden einzeln an einem PC in einem neutralen Raum untersucht. Sie wurden vorab über den Ablauf der Untersuchung informiert und darüber, dass in der Untersuchung die Auswirkungen des PC-Spiels auf die Reaktionszeit untersucht würden. Die Spielzeit betrug 30 Minuten, nach 17 Minuten wurde eine erste Messung durchgeführt, nach weiteren 13 Minuten die zweite Messung. Die Reihenfolge beider Messungen wurde zufällig variiert.

Aggressivität: Die Aggressionsneigung der Pbn (UV 2) wurde anhand der Skala „Aggression" des Freiburger Persönlichkeitsinventars (FPI-R, Fahrenberg et al., 2001) erfasst (Cronbachs $\alpha = .75$).

Stichprobe

In einer Screening-Erhebung füllten zunächst 527 nicht studentische, junge Männer im Alter zwischen 18 und 23 Jahren ($M = 19.8$, $SD = 1.47$) einen Fragebogen aus, der auch die FPI-R-Skala „Aggression" enthielt. Für das Experiment wurden dann 134 Personen ($M = 19.78$, $SD = 1.52$) mit

2 Wie ein Vortest ($N = 39$) zeigte, wurden Realitätsgehalt, Stimulation, Unterhaltungswert und Schwierigkeit beider Varianten ähnlich ($p > .2$), der Gewaltgehalt jedoch unterschiedlich beurteilt ($p < .01$).

niedrigen, mittleren und hohen Aggressionswerten ausgewählt und zufällig einer der beiden Stufen der UV 1 (Gewaltgehalt des Spiels) zugewiesen. 27 dieser Pbn verfügten über ein (Fach-)Abitur, 73 Pbn hatten einen Realschulabschluss, die übrigen 34 Pbn einen Hauptschulabschluss oder keinen Schulabschluss.

Instrumente

Lexikale Entscheidungsaufgabe: Zur Messung der Verarbeitungsgeschwindigkeit aggressiver Reize wurde eine lexikalische Entscheidungsaufgabe verwendet. Dabei sollten die Pbn möglichst schnell sinnlose Buchstabenreihen von sinnvollen Wörtern unterscheiden. Das Stimulusmaterial bestand aus je 20 aggressiven Wörtern (Beispiele: ANBRÜLLEN, KÖPFEN, KRIEG) und 20 nicht aggressiven Wörtern (Beispiele: ELEGANT, GUTARTIG, GLÜCK) sowie 40 sinnlosen Buchstabenfolgen. Als Indikator für einen kurzzeitigen hostile perception bias (AV 1) wurde die Reaktionszeitdifferenz zwischen korrekt erkannten aggressiven und nicht aggressiven Wörtern erfasst.[3]

Mimische Entscheidungsaufgabe: Die zweite Aufgabe bestand darin, 60 sehr kurz (100 ms) dargebotene Fotos von Gesichtern schnellstmöglich per Tastendruck als ärgerlich oder fröhlich zu kategorisieren. Die Stimuli setzten sich aus 20 Fototripeln zusammen, auf denen frontale männliche Porträtaufnahmen mit eindeutig ärgerlichem, eindeutig fröhlichem und emotionsambivalentem Gesichtsausdruck gezeigt wurden. Die eindeutigen Gesichter stammten aus der Datenbank Karolinska Directed Emotional Faces (KDEF; Lundqvist et al., 1998). Die ambivalenten Bilder wurden durch ein Morphing-Verfahren erzeugt und in einem Vortest (N = 25) nach Itemschwierigkeit und Fehlerrate selektiert. Mit der Reaktionszeitdifferenz zwischen korrekt erkannten eindeutig ärgerlichen und eindeutig fröhlichen Gesichtsausdrücken (AV 2) wird ebenfalls ein hostile perception bias gemessen. Dieses Maß dürfte gegenüber der etablierten lexikalischen Aufgabe (AV 1) inhaltsvalider sein.

3 Die Messwerte wurden innerhalb der VPn z-standardisiert, um interindividuelle Unterschiede im allgemeinen Reaktionsvermögen auszugleichen. Es wurde die Differenz der mittleren z-Werte für die beiden Kategorien gebildet: $\Delta RZ = zRZnicht\text{-}aggr - zRZaggr$

Als Indikator für einen hostile interpretation bias wurde die relative Häufigkeit erhoben, mit der die ambivalenten Gesichter als aggressiv kategorisiert wurden (AV 3).

CRTT: Zur Erfassung aggressiven Verhaltens wurde das bereits häufig eingesetzte CRTT-Paradigma verwendet. In 22 Durchgängen des fingierten Reaktionsspiels in randomisierter Gewinn-Verlustfolge konnten die Pbn nach eigenem Gewinn Lautstärke und Dauer eines Straftons für ihren vermeintlichen Gegner auf einem Kontinuum mit fünf Ankerpunkten festlegen. Nach eigenem Verlust hörten die Pbn einen unangenehmen, aber zumutbaren 1000 Hz-Sinuston (70 dB – 95 dB) mit einer Länge von 1 bis 5 Sekunden. Lautstärke und Dauer des Tons wurden zudem auf dem Bildschirm visualisiert.

Als Indikatoren aggressiven Verhaltens wurden die durchschnittlich gewählte Lautstärke (AV 4) und die durchschnittlich gewählte Dauer der Straftöne (AV 5) erfasst. Da das Zusammenspiel von Intensität und Länge für die Aversivität eines Tons noch unklar war, wurde in einer Vorstudie (N = 38) eine geeignete Funktion zur Vorhersage der Aversivität eines Tons bestimmt.[4] Dieser Aversivitäts-Index bildete einen weiteren Indikator aggressiver Verhaltenstendenzen (AV 6).

Kovariaten: Im Fragebogen der Screeninguntersuchung wurden neben soziodemografischen Daten auch Aspekte des Computerspielkonsums erfragt. Die Angaben zum Alter, in dem mit Computerspielen begonnen wurde, zum durchschnittlichen Computerspielkonsum (h/Woche) und zur Präferenz gewalthaltiger Genres wurden zum Index für den Gewaltspielkonsum aggregiert (vgl. Staude-Müller 2010). Als Indikator für Spielkompetenz wurde die Leistung während der experimentellen Spielsituation herangezogen (Anzahl getroffener Gegner).

IV. Ergebnisse

Hostile perception bias

Die Mittelwerte aller Reaktionszeitdifferenzen (ΔRZ) lagen im negativen Bereich. Die Reaktionslatenz war also für AV 1 und AV 2 bei aggressiven Reizen durchschnittlich größer als bei nicht aggressiven Reizen (Tabelle

4 Aversivität = -8.660 + (0.570 x Lautstärke des Tons + 0.450 x Dauer des Tons)

1). Entgegen der Erwartung reagierten Pbn, die einem niedrigen Gewaltgehalt ausgesetzt waren, in der lexikalischen Entscheidungsaufgabe schneller auf die aggressiven Hinweisreize als die Personen, die mit sehr viel Gewalt konfrontiert waren. Die statistische Prüfung ergab allerdings weder einen Haupteffekt Gewaltgehalt bzw. Aggressionsneigung noch einen Interaktionseffekt beider Faktoren (F-Werte < 1). Analysen ohne Kovariaten führten zum gleichen Ergebnis (Tabelle 2).

Tabelle 1: Mittelwerte und Standardabweichungen der AV 1 bis 3 nach Faktorstufen der UVn

AV	UV 2 Aggressions-neigung	UV1 Gewaltgehalt des Computerspiels								
		wenig Gewalt			viel Gewalt			gesamt		
		M	*SD*	*n*	*M*	*SD*	*n*	*M*	*SD*	*n*
Hostile perception bias (lexikal. Aufgabe)	Niedrig	-0.29	0.31	20	-0.32	0.21	15	-0.31	0.23	35
	Mittel	-0.43	0.32	19	-0.28	0.33	20	-0.35	0.33	39
	Hoch	-0.23	0.31	18	-0.37	0.24	19	-0.30	0.28	37
	Gesamt	-0.32	0.32	57	-0.32	0.27	54	-0.32	0,29	111
Hostile perception bias (Gesichter)	Niedrig	-0.34	0.36	20	-0.10	0.43	16	-0.23	0.41	36
	Mittel	-0.13	0.54	19	-0.10	0.44	21	-0.11	0.48	40
	Hoch	-0.17	0.40	18	-0.10	0.47	19	-0.13	0.43	37
	Gesamt	-0.22	0.440	57	-0.10	0.44	56	-0.16	0.44	113
Hostile interpretation bias	Niedrig	0.37	0.18	20	0.40	0.23	16	0.38	0.20	36
	Mittel	0.37	0.24	19	0.38	0.14	21	0.37	0.19	40
	Hoch	0.37	0.16	18	0.38	0.16	19	0.37	0,16	37
	Gesamt	0.37	0.19	57	0.39	0.17	56	0.38	0,18	113

Bei den sozialen Stimuli (Gesichter) zeigte sich der erwartete Haupteffekt der Gewaltspielbedingung. Der Verarbeitungsvorteil für aggressive soziale Stimuli war gegenüber nicht-aggressiven sozialen Stimuli größer, wenn zuvor die gewalthaltige Variante gespielt worden war. Die Effektstärke war allerdings gering. Ein Haupteffekt der Aggressionsneigung konnte weder insgesamt noch beim Vergleich der einzelnen Aggressionsgruppen untereinander nachgewiesen werden. Auch eine Interaktion trat nicht auf (F- bzw. t-Werte < 1).

Der gefundene Haupteffekt des Gewaltgehalts könnte sowohl durch eine Verringerung der Enkodierzeit für aggressive Gesichter als auch durch eine erhöhte Enkodierzeit für die Referenzkategorie (fröhliche Gesichter) entstanden sein. Entsprechende Kovarianzanalysen ergaben, dass beide Prozesse auftraten (für ärgerliche Gesichter: $F(1,108) = 4.04$; $p = .024$ einseitig; $eta^2 = .036$ / für fröhliche Gesichter: $F(1,108) = 3.74$; $p = .028$ einseitig; $eta^2 = .033$).

Hostile interpretation bias

In der mimischen Entscheidungsaufgabe zeigte sich zunächst eine Tendenz, die ambivalenten Bilder als fröhlich zu kategorisieren. Sowohl der Gesamtmittelwert als auch die Mittelwerte aller Faktorstufen der UVn lagen signifikant unter dem Erwartungswert von 0.50 (Tabelle 1). Hinsichtlich der UVn waren die Gruppenunterschiede jedoch sehr gering und statistisch nicht bedeutsam (F-Werte < 1).

Tabelle 2: Ergebnisse der ANCOVAS zu den AVn 1 - 6

AVn	UVn	*F*	*Df*	*p*	*eta²*	Kovariaten
Hostile perception bias (lexikalische Aufgabe)	Gewaltgehalt	0.11	1,102	.742	.001	längste Spielzeit: $F_{1,102}$ = 6.03, p = .016
	Aggressionsneigung	0.69	2,102	.933	.001	Gewaltspielkonsum: $F_{1,102}$ = 0.00, p = .967
	Interaktion	2.57	2,102	.081	.048	Einstiegsalter: $F_{1,102}$ = 0.00, p = .987
Hostile perception bias (Gesichter)	Gewaltgehalt	3,80	1,104	.054*	.035	längste Spielzeit: $F_{1,104}$ = 1.56, p = .214
	Aggressionsneigung	0.58	2,104	.564	.011	Gewaltspielkonsum: $F_{1,104}$ = 2.21, p = .140
	Interaktion	0.61	2,104	.543	.012	Einstiegsalter: $F_{1,104}$ = 0.81, p = .370
Hostile interpretation bias	Gewaltgehalt	0.15	1,104	.697*	.001	längste Spielzeit: $F_{1,104}$ = 0.27, p = .604
	Aggressionsneigung	0.01	2,104	.993	.000	Gewaltspielkonsum: $F_{1,104}$ = 0.41, p = .522
	Interaktion	0.12	2,104	.886	.002	Einstiegsalter: $F_{1,104}$ = 0.16, p = .686
Aggressives Verhalten (Lautstärke CRTT)	Gewaltgehalt	5.72	1,100	.019*	.054	längste Spielzeit: $F_{1,100}$ = 6.66, p = .011
	Aggressionsneigung	2.63	2,100	.077*	.050	Gewaltspielkonsum: $F_{1,100}$ = 0.10, p = .755
	Interaktion	1.31	2,100	.274	.026	Einstiegsalter: $F_{1,100}$ = 3.29, p = .073
Aggressives Verhalten (Dauer CRTT)	Gewaltgehalt	5.11	1,100	.026*	.049	längste Spielzeit: $F_{1,100}$ = 7.63, p = .007
	Aggressionsneigung	1.42	2,100	.247*	.028	Gewaltspielkonsum: $F_{1,100}$ = 0.00, p = .987
	Interaktion	0.09	2,100	.911	.002	Einstiegsalter: $F_{1,100}$ = 2.71, p = .103
Aggressives Verhalten (Aversivität CRTT)	Gewaltgehalt	6.10	1,100	.015*	.057	längste Spielzeit: $F_{1,100}$ = 7.91, p = .006
	Aggressionsneigung	2.31	2,100	.104*	.044	Gewaltspielkonsum: $F_{1,100}$ = 0.04, p = .844
	Interaktion	0.68	2,100	.508	.013	Einstiegsalter: $F_{1,100}$ = 3.40, p = .068

* Mittelwertverläufe gehen konform mit den gerichteten Hypothesen. Die p-Werte können daher halbiert werden.

Aggressives Verhalten

Auf der Verhaltensebene zeigten sich für die UV 1 wie erwartet für alle drei AVn durchschnittlich höhere Werte in der Bedingung viel Gewalt (Abbildung 1). Diese Unterschiede erwiesen sich als statistisch signifikant auf mindestens dem 5%-Niveau. Die Effektstärken deuteten dabei auf kleine bis mittlere Effekte hin.

Auch für die UV 2 „Aggressionsneigung" deutete sich ein Haupteffekt hinsichtlich aggressiven Verhaltens zumindest an. Die Länge der eingestellten Töne variierte zwar nicht systematisch mit der Aggressionsneigung, jedoch verabreichten aggressivere Personen ihren Kontrahenten lautere Straftöne. Bezüglich des Aversivitäts-Index verfehlte der Unterschied nur marginal die Signifikanzgrenze.

Abbildung 1: Mittelwerte und Standardfehler der Verhaltensmaße in den Versuchsgruppen (N = 109)

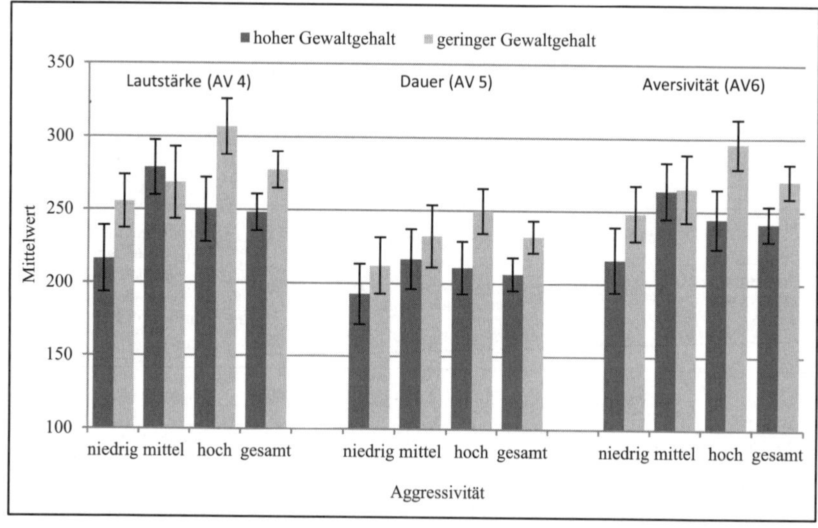

Spielkompetenz

Zur Prüfung des Einflusses der Spielkompetenz wurden die Pbn nach ihrer Spielkompetenz in fünf Gruppen eingeteilt. Abbildung 2 zeigt die Effektstärken (Cohens d) in den Gruppen. Es zeigte sich ein kurvilinearer Zusammenhang des Gewaltspieleffekts mit der Spielkompetenz, wonach Effekte lediglich im mittleren Kompetenzbereich festzustellen sind, bei geringer oder hoher Spielkompetenz dagegen kaum Effekte auftreten.

V. Diskussion

Das Experiment sollte den kurzfristigen Einfluss von PC-Spielgewalt auf verschiedenen Stufen der sozialen Informationsverarbeitung untersuchen. Auf der Ebene der Enkodierung und der Interpretation von Hinweisreizen sowie auf der Verhaltensebene wurden etwaige aggressive Verzerrungen geprüft. Da angenommen wird, dass sich die soziale Informationsverarbeitung an Wissensstrukturen orientiert, die in kognitiven Netzwerken organisiert sind, und die aggressionsassoziierten kognitiven Strukturen bei Personen mit hoher Aggressionsneigung elaborierter sind, wurde auch geprüft, ob bei höherer Aggressionsneigung möglicherweise stärkere Effekte auftreten.

Abbildung 2: Effektstärke des Gewaltgehalts auf die Verhaltensmaße in Abhängigkeit von der Spielkompetenz (N = 109)

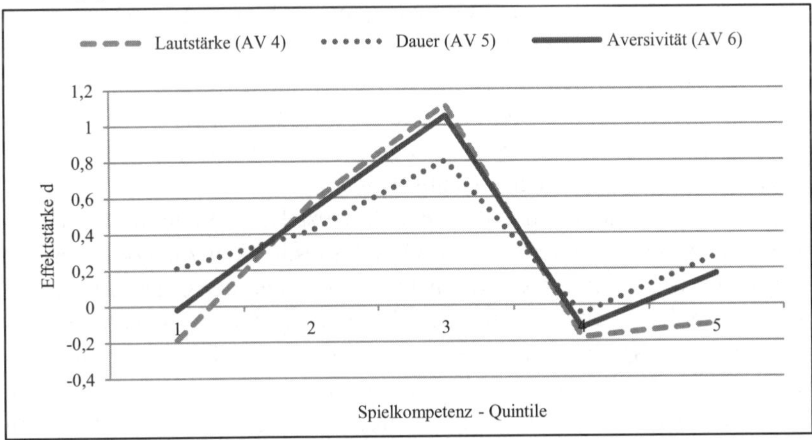

Dazu wurde wurde ein Paradigma eingesetzt, das es durch die Verwendung von Spielmodifikationen (Mods) erlaubt, den Gewaltgehalt isoliert und ohne Konfundierungen mit anderen relevanten Spielmerkmalen zu untersuchen.

Weiterhin wurde zur Sicherung der externen Validität eine Gruppe junger Männer mit geringerer Bildung untersucht, die eine höhere Spiel- und Aggressionsaffinität aufweist als studentische Stichproben.

Für die verwendeten Maße zum hostile perception bias wurden unterschiedliche Ergebnisse gefunden. Mit lexikalischen Reizen konnte die vermutete Enkodierungsverzerrung durch das Gewaltspiel nicht nachgewiesen werden, mit mimischen Reizen dagegen sehr wohl. Es zeigte sich eine Reduktion des als „happy face advantage" bekannten Verarbeitungsvorteils positiver gegenüber negativen Gesichtsausdrücken (vgl. z. B. Leppänen/Hietanen, 2004).

Eine Erklärung für die Ergebniskonstellation mag im höheren Abstraktionsgrad verbalen Materials liegen. Das Messverfahren hatte sich in einer früheren Studie als Maß für durch Mediengewalt voraktivierte aggressionsassoziierte Wissensstrukturen bewährt (Zollinger, 2007) und auch in anderen Studien wurde der Gewaltspieleffekt z. B. bei Wortergänzungen (z. B. Markey/Scherer 2009) festgestellt. Im Unterschied dazu wurden in der aktuellen Studie jedoch Personen mit geringerem Bildungsgrad untersucht, durch deren eventuell niedrigere Lesekompetenz das verwendete Maß evtl. insensitiv geworden sein könnte. Zwar wurden allgemeine Sprachkenntnisse vorab geprüft und auch zwei Personen nach dem Screening aus diesem Grund ausgeschlossen, Wortschatz und Lesekompetenz konnten jedoch im Speziellen nicht berücksichtigt werden. Gleichwohl kann die Annahme der feindseligen Wahrnehmungsverzerrung aufrechterhalten werden, da die externe Validität der Mimischen Entscheidungsaufgabe im Hinblick auf reale soziale Konfliktsituationen deutlich höher einzuschätzen ist als die der lexikalischen.

Um einen hostile interpretation bias festzustellen, sollten die Versuchspersonen Bilder von ambivalenten Gesichtsausdrücken kategorisieren. Es kam dabei weder zu aggressiveren Interpretationen der Gesichter bei aggressiveren Personen noch zu einer Verzerrung durch den höheren Gewaltgehalt des Spiels. Es mag sein, dass das neu entwickelte Messverfahren nur bedingt geeignet war, die Verzerrung zu erfassen. Das dichotome Antwortformat zwingt die Pbn, sich trotz konfligierender Informationen für eine Kategorie zu entscheiden, was zu Reaktanzen bei der Bearbeitung führen könnte. Gleichwohl hat sich die Morph-Technik in anderen Studien bereits bewährt (z. B. Kirsh/Mounts, 2007).

Den inkonsistenten Befunden zur Reizwahrnehmung und -interpretation steht das Ergebnis einer eindeutigen Steigerung aggressiver Verhaltenstendenzen gegenüber. Im Einklang mit der überwiegenden Mehrheit der Forschungsliteratur führte auch in dieser Untersuchung der Konsum von mehr PC-Spielgewalt zu heftigerem Bestrafungsverhalten (Lautstärke, Dauer und Aversivität der Straftöne im CRTT). Eine Moderation des Einflusses der PC-Spielgewalt auf die Aggressionsneigung durch eine vorliegende Disposition zur Aggressivität (Frindte/Obwexer 2003) konnte nicht nachgewiesen werden (ähnlich Giumetti/Markey, 2007). Damit wird allerdings der vielfach postulierte Wirkungsmechanismus in Frage gestellt, nach dem durch die PC-Spielgewalt bereits vorhandene aggressive, kognitive Netzwerke aktiviert werden.

Der Befund, dass die Effekte in Abhängigkeit von der Spielkompetenz einen umgekehrt U-förmigen Verlauf nehmen, könnte für die experimentelle Forschung in diesem Bereich von besonderer Bedeutung sein, lässt er doch eine Unterschätzung der Effekte in vielen Studien vermuten, in denen eher Personen mit einem unterdurchschnittlichen Spielkonsum und eher geringeren Spielfertigkeiten untersucht wurden.

Aber auch bei Personen mit hoher Spielkompetenz waren Effekte des Gewaltgehalts nicht mehr feststellbar. Ob nun die Befriedigung über ein gutes Spielergebnis einem aggressionssteigernden Einfluss entgegenwirkt oder ob diese Personen ein grundlegend anderes Spielerlebnis haben, weil sie die Eigenschaften der Spiele anders verarbeiten, bleibt zu klären[5].

Wenngleich in der vorliegenden Studie einige der üblichen methodischen Probleme der einschlägigen Forschung vermieden werden konnten, weist auch diese Studie Beschränkungen auf. So entspricht das verwendete PC-Spiel schon nicht mehr dem aktuellen Stand, z. B. hinsichtlich Realitätsnähe der Darstellung, narrativer Einbettung und emotionaler Ausarbeitung der Gewalthandlungen. Die Verfügbarkeit von Programmerweiterungen, die eine weitgehende Isolation des Gewaltgehalts durch Schaffung zweier paralleler Spielvarianten ermöglichte, bestimmte jedoch die Wahl des Spiels. Dieser methodische Vorteil wurde mit einer möglichen Unterschätzung der Effekte erkauft. Daher sollten die ermittelten Effektstärken eher als eine Mindest-Schätzung verstanden werden.

Des Weiteren konnten nur kurzfristige Auswirkungen des Gewaltgehalts überprüft werden. Ob die gefundenen Effekte auch über Stunden oder sogar Tage anhalten, ließ sich mit der Untersuchung nicht feststellen (hierzu Willoughby et al., 2012).

Die Stichprobe bestand aus volljährigen jungen Männern, obwohl gravierendere Folgen der Spielgewalt für Kinder und Jugendliche befürchtet werden. Diese können jedoch aus gesetzlichen und ethischen Gründen

5 Berichte passionierter Spieler, die bislang wenig Eingang in die Wirkungsforschung zu Videospielgewalt gefunden haben, geben Hinweise auf letzteres.

nicht mit gewalthaltigen Spielen konfrontiert werden. Junge Erwachsene sind daher ein vernünftiger Kompromiss. Auch wurde durch die ausschließlich männliche Stichprobe eine eingeschränkte Generalisierbarkeit in Kauf genommen. Es gibt jedoch keinen Grund zur Annahme, dass sich die Spielgewalt bei jungen Frauen mit entsprechenden Spielfertigkeiten prinzipiell weniger auswirken sollte.

Trotz dieser Einschränkungen ergeben sich aus diesem Experiment weitere Hinweise auf die Richtung des Zusammenhangs zwischen Computerspielgewalt und aggressionsassoziierten Variablen. Die Untersuchung ist als ein Beleg für die Annahme zu werten, dass Gewaltspielkonsum feindselige Verzerrungen der sozialen Informationsverarbeitung sowie aggressive Verhaltenstendenzen fördert.

Die bislang uneinheitlichen Forschungsergebnisse zur moderierenden Rolle der Aggressivität lassen bedeutsame Fragen hinsichtlich der Wirkungsprozesse offen. Die generelle aggressionssteigernde Wirkung gewalthaltiger Spiele ist hinlänglich belegt, gleichwohl werden die Wirkmechanismen und moderierenden Prozesse noch nicht hinreichend verstanden. Studien, die z. B. das Präsenzerleben als vermittelnden Prozess untersuchen (Persky/Blascovich, 2008), sind hier auf dem richtigen Weg. Von Bedeutung sind aber ebenso medienbezogene Eigenschaften des Spielers. In der vorliegenden Untersuchung wurde die Spielkompetenz zwar berücksichtigt, jedoch nicht systematisch untersucht. Offensichtlich hat aber auch sie einen mitbestimmenden Einfluss auf den Wirkungsprozess, den es zu verstehen gilt.

Literatur

Anderson, C.A., Bushman, B.J. (2002). Human Aggression. Annual Review of Psychology, 53, 27–51.

Anderson, C.A., Carnagey, N.L., Flanagan, M., Benjamin, A.J., Eubanks, J., Valentine, J.C. (2004). Violent Video Games: Specific Effects of Violent Content on Aggressive Thoughts and Behavior. Advances in Experimental Social Psychology, 36, 199–249.

Anderson, C.A., Dill, K.E. (2000). Video games and aggressive thoughts, feelings, and behavior in the laboratory and in life. Journal of Personality and Social Psychology, 78, 772–790.

Anderson, C.A., Shibuya, A.,Ihori, N., Swing, E.L., Bushman, B.J., Sakamoto, A. et al. (2010). Violent video game effects on aggression, empathy, and prosocial behavior in eastern und westen countries: A meta-analytic review. Psychiatric Bulletin, 136, 151–173.

Barlett, C.P., Harris, R.J., Bruey, C. (2008). The effect of the amount of blood in a violent video game on aggression, hostility, and arousal. Journal of Experimental Social Psychology, 44, 539–546.

Bösche, W. (2010). Violent video games prime both aggressive and positive cognitions. Journal of Media Psychology: Theories, Methods, and Applications, 22, 139–146.

Crick, N.R., Dodge, K.A. (1994). A review and reformulation of social information-processing mechanisms in children's social adjustment. Psychological Bulletin, 115, 74–101.

Crick, N.R., Dodge, K.A. (1996). Social information-processing mechanisms on reactive and proactive aggression. Child Development, 67, 993–1002.

Eastin, M.S., Griffiths, R.P. (2009). Unreal: hostile expectations from social gameplay. New Media and Society, 11, 509–531.

Fahrenberg, J., Hampel, R., Selg, H. (2001). Freiburger Persönlichkeitsinventar in revidierter Fassung (FPI-R). 7. Aufl. Göttingen: Hogrefe.

Feierabend, S., Rathgeb, T. (2009). KIM-Studie 2008 Kinder und Medien Computer und Internet Basisuntersuchung zum Medienumgang 6- bis 13-Jähriger in Deutschland. Medienpädagogischer Forschungsverbund Südwest. Stuttgart.

Frindte, W., Geyer, S. (2007). Aggression, Aggressivität und Computerspiele. In: Witte, E. H. (Hg.), Sozialpsychologie politischer Prozesse: Beiträge des 22. Hamburger Symposions zur Methodologie der Sozialpsychologie. Lengerich: Pabst - Verlag.

Frindte, W., Obwexer, I. (2003). Ego-Shooter - Gewalthaltige Computerspiele und aggressive Neigungen. Zeitschrift für Medienpsychologie, 15, 140–148.

Gentile, D.A., Anderson, C.A., Yukawa, S., Ihori, N., Saleem, M., Ming, L.K. et al. (2009). The effects of prosocial video games on prosocial behaviors: International evidence from correlational, longitudinal, and experimental studies. Personality and Social Psychology Bulletin, 35, 752–763.

Giumetti, G.W., Markey, P.M. (2007). Violent video games and anger as predictors of aggression. Journal of Research in Personality, 41, 1234–1243.

Hartig, J., Frey, A., Ketzel, A. (2003). Modifikation des Computerspiels Quake III Arena zur Durchführung psychologischer Experimente in einer virtuellen 3D-Umgebung. Zeitschrift für Medienpsychologie, 15, 149–154.

Huesmann, L.R. (1988). An information processing model for the development of aggression. Aggressive Behavior, 14, 13–24.

Irwin, A.R., Gross, A.M. (1995). Cognitive tempo, violent video games, and aggressive behavior in young boys. Journal of Family Violence, 10, 337–350.

Kirsh, S.J., Mounts, J.R.W. (2007). Violent video game play impacts facial emotion recognition. Aggressive Behavior, 33, 535-358.

Klimmt, C., Trepte, S. (2003). Theoretisch-methodische Desiderata der medienpsychologischen Forschung über die aggressionsfördernde Wirkung gewalthaltiger Computer- und Videospiele. Zeitschrift für Medienpsychologie, 15, 114–121.

Lang, A., Bradley, S.D., Schneider, E.F., Kim, S.C., Mayell, S. (2012). Killing is positive! Journal of Media Psychology: Theories, Methods, and Applications, 24, 154–166.

Leppänen, J.M. & Hietanen, J.K. (2004). Positive facial expressions are recognized faster than negative facial expressions, but why? Psychological Research, 69, 22–29.

Lundqvist, D., Flykt, A., Öhman, A. (1998). Karolinska Directed Emotional Faces (KDEF). Stockholm: Karolinska Institute.

Markey, P.M., Markey, C.N. (2010). Vulnerability to violent video games: A review and integration of personality research. Review of General Psychology, 14, 82–91.

Markey, P.M., Scherer, K. (2009). An examination of psychoticism and motion capture controls as moderators of the effects of violent video games. Computers in Human Behavior, 25, 407–411.

Möller, I., Krahé, B. (2009). Exposure to violent video games and aggression in German adolescents: A longitudinal analysis. Aggressive Behavior, 35, 75–89.

Mößle, T., Roth, C., Rehbein, F., Pfeiffer, C. (2012). Gewalt und Medien. In: C. Möller (Hrsg.), Internet- und Computerspielsucht. Ein Praxishandbuch für Therapeuten, Pädagogen und Eltern (S. 45-54). Stuttgart: Kohlhammer.

Nikken, P., Jansz, J. (2007). Playing restricted videogames. Relations with game ratings and parental mediation. Journal of Children and Media, 1, 227–243.

Peng, W., Liu, M., Yi, M. (2008). Do Aggressive People Play Violent Computer Games in a More Aggressive Way? Individual Difference and Idiosyncratic Game-Playing Experience. CyberPsychology & Behavior, 11, 157–161.

Persky, S., Blascovich, J. (2008). Immersive virtual video game play and presence: influences an aggressive feelings and behavior. Presence, 17, 57–72.

Pfeiffer, C. (2011). Computerspielen als Ursache von Schulversagen? Was ist zu tun? In: R. Wernstedt, M. John-Ohnsorg (Hrsg.), Hätte Kant gesurft? Wissen und Bildung im Internet-Zeitalter (S. 22-34). Berlin: Friedrich-Ebert-Stiftung.

Polman, H., Orobio de C., Bram, D., van Aken, M.A.G. (2008). Experimental study of the differential effects of playing versus watching violent video games on children's aggressive behavior. Aggressive Behavior, 34, 256–264.

Smith, S.L., Lachlan, K., Tamborini, R. (2003). Popular Video Games: Quantifying the Presentation of Violence and Its Context. Journal of Broadcasting and Electronic Media, 47, 58–76.

Staude-Müller, F. (2010). Gewalthaltige Computerspiele und Aggressionsneigung. Längsschnittliche und experimentelle Betrachtung konkurrierender Zusammenhangsannahmen. Dissertation. Christian Albrechts-Universität zu Kiel.

Staude-Müller, F., Bliesener, T., Luthman, S. (2008). Hostile and hardened? an Experimental Study on (De-)Sensitization to Violence and Suffering Through Playing Video Games. Swiss Journal of Psychology, 67, 41–50.

Thompson, K.M., Tepichin, K., Haninger, K. (2006). Content and Ratings of Mature-Rated Video Games. Archives of Pediatrics and Adolescent Medicine, 160, 402–410.

Vorderer, P., Bryant, J., Pieper, K., Weber, R. (2006). Playing video games as entertainment. In: P. Vorderer, J. Bryant (eds.), Playing video games—Motives, responses, and consequences (pp. 1-7), Mahwah, NJ.

Willoughby, T., Adachi, P.J.C., Good, M. (2012). A longitudinal study of the association between violent video game play and aggression among adolescents. Developmental Psychology, 48, 1044–1057.

Zollinger, S. (2007). Die Wirkung von Gewaltdarstellung auf Aggression: Eine Studie zum medialen Primingeffekt. Diplomarbeit. Christian-Albrecht-Universität zu Kiel.

Für eine stärkere Beteiligung des KFN an der Evaluierung neuer Sanktionen im Strafrecht

Axel Boetticher

I. Einleitung

1. Das Kriminologische Forschungsinstitut Niedersachsen e.V. (KFN) hat den Auftrag des Bundesamtes für Justiz erhalten, die seit dem 7.3.2013 im Jugendstrafrecht geltende Vorschrift über den „Warnschussarrestes" nach § 16a JGG zu evaluieren.[1] Zentrales Anliegen des Projekts ist die Klärung der Frage, wie die neue Vorschrift von den Jugendstaatsanwaltschaften und Jugendgerichten angewendet wird und welchen Einfluss und welche Bedeutung die neue Norm auf das gesamte Sanktionsgefüge des JGG haben wird. Das ist zu begrüßen!!

Aber weshalb ist eine solche Evaluierung eines umstrittenen rechtspolitischen Projekts in den letzten Jahren ein Einzelfall unter den vielen Projekten des KFN? Warum bemüht sich das KFN mit seinem unbestrittenen Renommee und seiner Erfahrung – auch in Abstimmung bzw. Kooperation mit der Kriminologischen Zentralstelle (KrimZ) in Wiesbaden – nicht grundsätzlich und verstärkt um die Evaluierung weiterer rechtspolitisch umstrittener Gesetzesvorhaben. Seit 1998 gab es in regelmäßigen Abständen neue Vorschriften über die Sicherungsverwahrung. Diese sind mehr oder weniger erfolgreich und niemand unter den Rechtspolitikern gesteht das ein, geschweige denn, spricht es offen aus. Offensichtlich war der Gesetzgeber nicht – wie jetzt zum „Warnschussarrest" – an einer Evaluation über die Wirksamkeit der Vorschriften über die Sicherungsverwahrung interessiert. Und es wird weiter so gehen. Wie es der Koalitionsvertrag 2013 zwischen CDU/CSU und SPD unter Ziffer 5.1. ausweist soll „zum Schutz der Bevölkerung vor höchstgefährlichen, psychisch gestörten Gewalt- und Sexualstraftätern, deren besondere Gefährlichkeit sich erst während der Strafhaft herausstellt, [...] die Möglichkeit der nachträglichen

1 Gesetz zu Erweiterung der jugendgerichtlichen Handlungsmöglichkeiten vom 4.9.2012 (BT-Drucks. 17/9389, BGBl I Nr. 41 v. 7.9.2012).

Therapieunterbringung“ geschaffen werden. Es drohen weitere gesetzliche Einzelmaßnahmen ohne Rücksichtnahme auf das gesamte Straf- und Maßregelrecht, die unbedingt evaluiert werden müssen!

2. Weshalb wurde der nun vom KFN übernommene Auftrag nicht vom Deutschen Bundestag oder vom Bundesministerium der Justiz bereits im Gesetzgebungsverfahren, also vor dem Gesetzesbeschluß, vergeben? Wollte man um jeden Preis Stärke zeigen, ohne – wie bei der Sicherungsverwahrung – darauf zu schauen, ob dem Vorhaben überhaupt Erfolg beschieden werden würde. Man führte lieber eine heftige parteipolitische Debatte, die zum Teil öffentlich und auf Stammtischniveau, bevor der Deutsche Bundestag am 14.6.2012 mit den Stimmen der Koalitionsfraktionen und gegen die Stimmen der Opposition das so liberal-neutral klingende „Gesetz zur Erweiterung der jugendgerichtlichen Handlungsmöglichkeiten“ beschloss. Nunmehr sollen die Jugendgerichte nach § 16a JGG Jugendarrest neben der Jugendstrafe anordnen können.

3. Es besteht der Verdacht, dass es mit der Aufhebung des bisher unumstößlichen Koppelungsverbots von Jugendarrest und Jugendstrafe in § 8 Abs. 2 JGG um eine generelle Verschärfung des Jugendstrafrechts gehen sollte. Denn gleichzeitig wurde mit der Veränderung des § 105 Abs. 3 JGG ein weiterer Tabubruch begangen: „Das Höchstmaß der Jugendstrafe für Heranwachsende (beträgt) zehn Jahre. Handelt es sich bei der Tat um Mord und reicht das Höchstmaß nach Satz 1 wegen der besonderen Schwere der Schuld nicht aus, so ist das Höchstmaß 15 Jahre“. Nach der Änderung des § 7 Abs. 2 JGG im Jahre 2008 und der darin beschlossenen Einführung der nachträglichen Sicherungsverwahrung für nach Jugendstrafrecht Verurteilte ist dies ein neuer Schritt zur weiteren Angleichung des Jugendstrafrechts an das Erwachsenenstrafrecht. An der Änderung des § 105 JGG und der regelhaften Anwendung des Erwachsenenstrafrechts und der nur in Ausnahmefällen anzuwendenden Jugendstrafrechts wird weiter gearbeitet. So hatten die meisten Parlamentarier offensichtlich auch keine Bedenken, dass der Deutsche Bundestag wiederum in derselben Sitzung in erster Lesung den Gesetzentwurf der Bundesregierung zur „bun-

deseinheitlichen Umsetzung des Abstandsgebots im Recht der Sicherungsverwahrung (BT-Drucks. 17/9874) beraten hat.[2]

Das vorliegende rechtspolitische Paket ist ein weiterer Mosaikstein der seit Jahren betriebenen Rechtspolitik der permanenten „Schließung von Schutzlücken", ohne überprüft zu haben, ob es für die Vorschriften in der Praxis tatsächlich einen Bedarf gibt und welche Folgen die neuen Regeln für das auch am Verhältnismäßigkeitsgrundsatz ausgerichtete Gesamtsystem des Jugendstrafrechts, des Strafrechts und des Maßregelrechts haben.

4. Die Befürworter der neuen Sanktionsform[3] sehen für den „Warnschussarrest" ein Bedürfnis der Praktiker, die Lücke zwischen Arrest und Jugendstrafe zu schließen. Den Richtern werde eine weitere jugendgerichtliche Handlungsmöglichkeit an die Hand gegeben. Die Bewährungsstrafe allein werde in vielen Fällen von den Beschuldigten als Freispruch missverstanden. Die Gegner sehen dagegen keinen Bedarf für die „Knast auf Probe"-Sanktion (Vorbewährung, Weisungen; Widerspruch zur positiven Prognose bei Bewährung; hohe Rückfallquoten; schädliche Wirkungen: Stigma, Subkultur, Hafterfahrung; zu langer zeitlicher Abstand zwischen Urteil und Arrestantritt). Insbesondere wurde schon jetzt die unzureichende erzieherische Ausgestaltung des Arrests befürchtet.[4]

2 Es wurde aus der Fraktion Die Linke die Frage aufgeworfen, „warum zwei so unterschiedliche Themen in einem Tagesordnungspunkt zusammengefasst und behandelt" würden. Das sei „Stammtischpolitik".

3 Die Vorschrift des § 16a JGG lautet: (1) Wird die Verhängung oder die Vollstreckung der Jugendstrafe zur Bewährung ausgesetzt, so kann abweichend von § 13 Absatz 1 daneben Jugendarrest verhängt werden, wenn1. dies unter Berücksichtigung der Belehrung über die Bedeutung der Aussetzung zur Bewährung und unter Berücksichtigung der Möglichkeit von Weisungen und Auflagen geboten ist, um dem Jugendlichen seine Verantwortlichkeit für das begangene Unrecht und die Folgen weiterer Straftaten zu verdeutlichen, 2. dies geboten ist, um den Jugendlichen zunächst für eine begrenzte Zeit aus einem Lebensumfeld mit schädlichen Einflüssen herauszunehmen und durch die Behandlung im Vollzug des Jugendarrests auf die Bewährungszeit vorzubereiten, oder 3. dies geboten ist, um im Vollzug des Jugendarrests eine nachdrücklichere erzieherische Einwirkung auf den Jugendlichen zu erreichen oder um dadurch bessere Erfolgsaussichten für eine erzieherische Einwirkung in der Bewährungszeit zu schaffen. (2) Jugendarrest nach Absatz 1 Nummer 1 ist in der Regel nicht geboten, wenn der Jugendliche bereits früher Jugendarrest als Dauerarrest verbüßt oder sich nicht nur kurzfristig im Vollzug von Untersuchungshaft befunden hat

4 Zusammenfassung bei Breuer, M.M., Endres, J. (Kriminologischer Dienst des bayerischen Justizvollzugs); vorgestellt auf der Forensischen Herbsttagung der LMU München am 11.10.2013.

5. Als Ausgangspunkt für ihr Projekt haben Christian Pfeifer, Dirk Baier und Tillmann Bartsch für das KFN und Theresia Höynck von der Universität Kassel als Kooperationspartnerin in ihrer ausführlichen und sehr detaillierten Forschungsskizze festgehalten, dass für und wider den „Warnschussarrest“ zahlreiche Argumente geltend gemacht worden seien. Welche davon stichhaltig seien, könne erst im Rahmen einer empirisch-kriminologischen Analyse des nunmehr erstmals in Deutschland eingeführten Instruments eruiert werden.[5] Weder fand im Rechtsausschuss des Deutschen Bundstages eine der vom KFN vorgelegten Forschungsskizze vergleichbare thematische oder statistisch abgesicherte Beratung durch Fachleute aus der jugendrichterlichen Praxis oder der Wissenschaft statt, noch änderten die in der kontrovers gebliebenen Anhörung von Experten vor dem Rechtssauschuss am 24.5.2012 geäußerten Zweifel an dem neuen Instrument etwas an dem Gesetzesbeschluss. Bedauerlicherweise kommt der Deutsche Bundestag seinen Pflichten zur Einbeziehung von Expertenwissen seit Jahren nicht mehr nach. Die Anhörungen zu äußerst strittigen Gesetzen – dies soll weiter unten an Hand der zahlreichen Änderungsgesetze zur Sicherungsverwahrung weiter ausgeführt werden – werden im Gesetzgebungsverfahren offensichtlich bewusst so gelegt, dass sie reine Alibi-Veranstaltungen zur Bekräftigung der Meinung der Regierungsmehrheit oder Feigenblatt für die von der jeweiligen Opposition sind. Es liegt doch auf der Hand, dass die Äußerungen der Experten am 24.5.2012 nicht mehr in das Gesetzesvorhaben einfließen können, wenn bereits am 14.6.2012 – also nicht einmal einen Monat später – das Gesetz endgültig beschlossen wird!!!

6. Es ist verfassungsrechtlich nicht zu bestreiten, dass der Gesetzgeber über die Tauglichkeit von Gesetzen eine sog. „Einschätzungsprärogative“ über die zukünftigen Auswirkungen der von ihm geschaffenen Regelungen hat.[6] Wie Regina Michalke auf dem 62. Anwaltstag 2011 eindrucksvoll vorgetragen hat, hat aber der Gesetzgeber, der – wie hier - ein Gesetz auf einer unsicheren Prognose der Wirksamkeit der neuen Regelungen erlässt, von Verfassungswegen sicherzustellen, „dass die Wirksamkeit und

5 Evaluation des neu eingeführten Jugendarrestes neben der Jugendstrafe, § 16a JGG („Warnschussarrest“ S. 5/6, http://www.kfn.de/versions/kfn/assets/warnschussarrest.pdf).

6 BVerfGE 50, 250 ff.; 56, 54, 78; Bizer, KrimJ 2003, 280ff

Effektivität der entsprechenden Regelungen nach deren Inkrafttreten laufend beobachtet und evaluiert (wird)“.[7] Michalke bedauert, dass es weder im Grundgesetz – wie etwa in Art. 170 der Schweiz. Bundesverfassung – noch in den meisten Polizei- und Sicherheitsgesetzen einen Auftrag des Gesetzgebers gibt, die eigenen Gesetze darauf zu überprüfen, „ob die ihnen zugedachte Zielsetzung mit den gesetzlich vorgesehenen Mitteln überhaupt erreicht werden kann“.[8] Nur einige dieser Gesetze enthalten Evaluierungsklauseln.[9] Die gängige Evaluierungsklausel lautet allenfalls wie die für das BKA-Gesetz „Die §§ 4a, 20j und 20k ist fünf Jahre nach dem Inkrafttreten unter Einbeziehung eines wissenschaftlichen Sachverständigen, der im Einvernehmen mit dem Deutschen Bundestag bestellt wird, zu evaluieren.“[10] Eher selten wird die Evaluation indes tatsächlich durchgeführt. Auch gibt es bisher für das Strafrecht keine ausgeprägte „Evaluierungs-Kultur“. Soweit z. B. zu den deutschen Terrorbekämpfungsgesetzen Zweifel an deren Qualität geäußert wurden, wurden sogar die Ergebnisse einer ausnahmsweise veranlassten Evaluierung durch die 79. Konferenz des Datenschutzbeauftragten des Bundes und der Länder gerügt, sie sei eine “inhaltlich und methodisch defizitäre Selbsteinschätzung“.[11]

Michalke stellt für die Evaluierung von Sicherheitsgesetzen u. a. folgende – auch für den „Warnschussarrest“ und die seit 1998 beschlossenen Änderungsgesetze/Gesetze zur Sicherungsverwahrung gültige – Mindestanforderungen auf:

1. Die Evaluierung muss sich an der Verfassung orientieren. Die Verfassung verbietet nun einmal jegliche Grundrechtseingriffe, deren Erforderlichkeit, Angemessenheit und Verhältnismäßigkeit offen bleiben.

7 Michalke, R., Evaluierung der Polizei- und Sicherheitsgesetze, Vortrag auf dem 62. Anwaltstag in Strassburg, S. 6, http://www.hammpartner.de/data/veroeffentlichungen/Evaluierung_von_Sicherheitsgesetzen_2011-06-03.pdf

8 Michalke a.a.O, S. 9.

9 vgl. die Antwort der Bundesregierung auf die Kleine Anfrage der Fraktion Die Linke vom 1910.2010 (BT-Drucks. 17/3335).

10 Beschlussempfehlung und Begründung zur Änderung des Art. 6 des Gesetzes zur Abwehr von Gefahren des internationalen Terrorismus durch das BKA vom 25.12.2008 (BT-Drucks. 16/10822), zitiert nach Michalke a.a.O., S. 10.

11 Entschließung der 79. Konferenz vom 17./18.3.2010, http://www.lfdi.saarland.de/images/stories/pdf/aktuell_Datenschutz/entschl_evaluierung

2. Von Verfassungswegen besteht die Pflicht der Evaluierung immer dann, wenn ein Gesetz auf Prognosen aufbaut, die sich bestätigen können oder nicht.
3. Die effektive Evaluierung beginnt bereits mit der Begründung des Gesetzes.[12]

II. Die Forschungsskizze des KFN zum „Warnschussarrest“

An den von Regina Michalke aufgestellten Grundsätzen kann sich die vorgelegte Forschungsskizze des KFN für die Evaluierung des gerade vom Gesetzgeber beschlossenen „Warnschussarrest“ durchaus messen lassen. Die darin vom Team des KFN ausgearbeiteten Module für diese neue Untersuchung könnten nach erster Durchsicht auch auf andere Untersuchungsgegenstände übertragen werden. Dies gilt insbesondere für die wiederum im Schnellschussverfahren beschlossene und im Wesentlichen ohne fachliche Beratung zum 1.6.2013 in Kraft gesetzte fundamentale Vorschrift des § 66c StGB über die „Ausgestaltung der Unterbringung in der Sicherungsverwahrung und des vorhergehenden Strafvollzugs“.[13] Darauf soll genauer unter III. eingegangen werden.

1. Nachdem sich der Bundesgesetzgeber im Gesetzgebungsverfahren zum „Warnschussarrest“ mit der erst unmittelbar vor dem Gesetzesbeschluss durchgeführten Experten-Anhörung im Rechtsausschuss dokumentiert hat, dass er offensichtlich den Einstieg der neuen Vorschrift dem allseits bekannten Süd-Nord-Gefälle überlassen will, ist es dringend notwendig, dass die Evaluation schon kurz nach Inkrafttreten des § 16a JGG beginnt. Das nicht vom Deutschen Bundestag, sondern vom nachrangigen Bundesamt für Justiz auf den Weg gebrachte Projekt startet im Januar 2014 und wird im Dezember 2015 beendet sein. Als Erhebungszeitraum für die Befragungen und die Aktenanalyse wurde die Zeit vom 1.10.2013 bis 30.9.2014 gewählt (Modul 1). Etwa 6 Monate vor Ende des Projekts sollen im Juli 2015 zu allen im Wege der Aktenanalyse erfassten Fällen Auskünfte aus

12 Michalke a.a.O, S. 11 und 12.

13 Gesetz zur bundesrechtlichen Umsetzung des Abstandsgebotes im Recht der Sicherungsverwahrung vom 6.12.2012, BGBl I S. 2425.

dem Bundeszentralregister eingeholt werden, um erste Einblicke zu möglichen Rückfällen zu erlangen (Module 5 und 6).

2. Dem KFN gelingt nach einer bereits erfolgreich durchgeführten Dunkelfeldbefragung eine repräsentative Stichprobe aus den 115 Landgerichtsbezirken zu generieren. Ausgangspunkt ist eine Einteilung in eher ländlich geprägte Bezirke (unter 100.000 Einwohner) eher städtische Bezirke 100.000 bis 500.000 Einwohner) und Großstädte (ab 500.000 Einwohner) und fünf unterschiedliche Gebietskategorien. Pro Gruppe sollen möglichst zwei Bezirke einbezogen werden, um auszuschließen, dass bei der Auswahl zufällig ein Bezirk mit besonderer Struktur in die Stichprobe gerät (S. 14). Damit werden in sehr aussagekräftiger Weise 26 Landgerichtsbezirke in die Aktenauswertung einbezogen, die gewährleisten, dass die Rechtspraxis von ganz Deutschland repräsentativ abgebildet wird. Wird in diesen Bezirken nur in 10 % der Fälle ein „Warnschussarrest" angeordnet, kann die Analyse von 300 Akten zu einem repräsentativen Ergebnis führen.

3. Von der standardisierten Befragung von Praktikern bei Gericht, Staatsanwaltschaft, Bewährungshelfern, Jugendgerichtshilfe (Modul 2) und Vollzugsleitern (Modul 3), sind ebenso wichtige Aussagen zu erlangen wie aus der Befragung der Warnschussarrestanten (Modul 4).

Die Themenschwerpunkte sind differenziert erarbeitet und werden einen tiefen Einblick in die jeweilige Praxis und die ersten Erfahrungen ermöglichen. Um aus dem reichhaltigen Katalog nur einige Fragen herauszugreifen: Fragen nach der Praxis, nach der Aus- und Fortbildung der Jugendstaatsanwälte und Jugendrichter für dieses neue Instrument sollen genauso gestellt werden wie solche nach den baulichen und personellen Gegebenheiten in den Arrestanstalten und den Konzepten für die effektive Durchführung des „Warnschussarrestes". (S. 8-11). Einen Gesetzesbeschluss zu fassen ist das eine, die Erarbeitung von Konzepten und die Bereitstellung von Personal ist das weitaus schwierigere Problem für die Berufsgruppen, die das Gesetz ausfüllen sollen.

4. Schließlich ist als Modul 4 eine ausführliche Befragung der „Warnschussarrstanten" vorgesehen, die kurz nach dem Vollzug durchgeführt werden soll. Die Befragungsbögen sollen in den Räumen der Bewährungshelfer ausgefüllt werden. Mit detaillierten Fragen soll erkundet wer-

den, wie der Vollzug ausgestattet war und welche Wirkungen er auf die Probanden gehabt hat (S.11).

5. Im Ergebnis legt das KFN eine sehr differenzierte Forschungsskizze für den „Warnschussarrest“ vor, die mit den notwendigen Anpassungen auf die seit 1998 laufend beschlossenen „Experimente“ zur Regelung des Rechts der Sicherungsverwahrung zu übertragen wäre und bei entsprechender Evaluation den Gesetzgeber des Bundes und der Länder sowie die betroffenen Praktiker vor manchem Irrtum hätten bewahren könnten. Auch bei der vom grünen Tisch geplanten Vorschrift des § 66c StGB und der Ausgestaltung des Strafvollzuges und der Sicherungsverwahrung weiß heute noch keine Vollzugsbehörde und keine Strafvollstreckungskammer, wie sie die neuen Aufgaben bewältigen sollen.

III. Der (bewusste) Verzicht auf jede Evaluation im Recht der Sicherungsverwahrung

1. Immer wieder neue, die Anordnungsvoraussetzungen der Sicherungsverwahrung herabsetzende Anlass-Gesetze sind mit Unterstützung der großen Parteien seit 1998 über die Strafrechtspraxis gekommen. Es gibt für diesen Bereich kein verlässliches, dauerhaftes Recht mehr. Die Flut der Gesetze bedeutete nicht etwa, dass die Einzelgesetze jeweils auf ihre Wirksamkeit überprüft worden sind. Das scheint auch nicht gewollt zu sein. Es gibt keine Evaluation über die Auswirkungen des nachträglichen Wegfalls der 10-Jahresfrist für die erste Sicherungsverwahrung in § 67d Abs. 3 StGB und die Folgen der nachträglichen Unterbringung auf der Grundlage des Therapieunterbringungsgesetzes vom 22.12.2010 (ThUG). Es gibt auch keine Untersuchungen über die Wirksamkeit der vorbehaltenen und der nachträglichen Sicherungsverwahrung sowohl im Allgemeinen Strafrecht als auch im Jugendstrafrecht. Dabei wären die notwendigen empirischen Daten leicht zu haben, sind doch die Zahlen im Vergleich zu der übrigen Gefangenenzahl im Regelvollzug vergleichsweise übersichtlich.

2. Die rot-grüne Koalition versuchte es im Jahr 2002 mit einer ersten „vorbehaltenen Sicherungsverwahrung“.[14] Der Vorbehalt sollte Warnung sein, der Verurteilte sollte sich aktiv an seiner Rehabilitation beteiligen. Die vorbehaltene Sicherungsverwahrung sollte aber auch dazu dienen, die als noch stärkeren Eingriff in das Schuldstrafrecht angesehene „nachträgliche Sicherungsverwahrung“ als Nachfolgerin der Straftäterunterbringungsgesetze der Länder (StrUBG) zu verhindern. Die alte vorbehaltene Sicherungsverwahrung hielt aber der Prüfung des Bundesgerichtshofs nicht stand. Die fünf Strafsenate verlangten – wie bei der primären Sicherungsverwahrung – das Vorliegen des „Hanges zu erheblichen Straftaten“ nach § 66 Abs. 1 Nr. 3 StGB, der als Filter gegen eine zu weite Anwendung dient.

3. Erfolgreich schloss der Gesetzgeber in diesem Gesetz noch rasch eine andere „Schutzlücke“. Durch die Streichung des kleinen Wörtchens „zeitiger“ in § 66 Abs. 1, Abs. 2 und Abs. 3 Satz 1 und 2 StGB ermöglichte er es, dass neben einer Verurteilung zu lebenslanger Freiheitsstrafe als Einzelstrafe die Anordnung der Sicherungsverwahrung möglich wurde. In spektakulären Fällen (wie im Fall des Maskenmannes), sehen es heute Staatsanwaltschaften als Erfolg an, diese doppelte Sicherung bei Gericht durchzusetzen, obwohl die zusätzliche Sicherungsverwahrung in diesen Fällen nur symbolischen Charakter hat. Nach § 57a StGB kann aus lebenslanger Freiheitsstrafe ohnehin niemand entlassen werden, der weiterhin als gefährlich angesehen werden muss.[15] Eine Evaluierung hat es nicht gegeben.

4. Der Bundesgesetzgeber verstand vielmehr das Urteil des Bundesverfassungsgerichts vom 10.2.2004 als „Auftrag“ für eine bundesweite „nachträgliche Sicherungsverwahrung.“ Das Gesetz wurde 23.7.2004 – wieder ohne nachhaltige Beratung durch die Fachleute und die Praxis – beschlossen.[16] Mit diesem Instrument sah sich die Politik der „Schließung von

14 Gesetz zur Einführung der vorbehaltenen Sicherungsverwahrung vom 21.8.2002 (BGBl I S. 3244).

15 Dies ist erst durch die neuere Rechtsprechung des BGH im Urteil vom 10.1.2013 – 3 StR 330/12 – geändert worden. Der Senat hatte die Unerlässlichkeit der Sicherungsverwahrung verneint.

16 Gesetz zur Einführung der nachträglichen Sicherungsverwahrung vom 23.7.2004 (BGBl I S. 1838).

Schutzlücken" kurz vor ihrem Ziel, die Entscheidung über eine sich an die Vollstreckung einer zeitigen Freiheitsstrafe anschließende Sicherungsverwahrung erst zum Ende des Strafvollzugs zu treffen. Zu diesem Zeitpunkt – und nicht schon zum Zeitpunkt der Hauptverhandlung – sei es doch aufgrund einer Gesamtschau der bereits in der Hauptverhandlung erkannten Tatsachen und der im Strafvollzug entstandenen neuen Tatsachen („nova") möglich, noch einmal, nunmehr aufgrund einer breiteren Tatsachengrundlage über die weiterhin bestehende Gefährlichkeit oder über die Entlassung zu entscheiden. Allein die Rechtskraft des erstinstanzlichen Urteils störte wiederum noch, weshalb die Justizvollzugsanstalten fleißig nach „nova" suchen mussten. Insbesondere die Staatsanwaltschaften aus Bayern wurden angewiesen, möglichst viele Fälle ins Rechtsmittel zu bringen, damit das neue Instrument durch die höchstrichterliche Rechtsprechung überhaupt erst einmal Konturen bekam.

Das Gesetz erreichte das von der Politik gesetzte Ziel ebenso wenig wie die Straftäterunterbringungsgesetze der Länder. Dafür gab es eine Vielzahl von Gründen: Das Gesetz war wegen seines weiten Anwendungsbereichs nicht in der Lage, die wirklich „hochgefährlichen" Täter herauszufiltern und führte in den Justizvollzugsanstalten zu einer hektischen Suche nach potentiell gefährlichen Verurteilten, die zur Entlassung anstanden. Völlig unklar blieb auch das Verhältnis zur Maßregel nach § 63 StGB und zu den Landesunterbringungsgesetzen der Länder, die bei psychisch auffälligen Verurteilten als Alternative in Betracht hätten kommen können. Die für die Durchbrechung der Rechtskraft des erstinstanzlichen Urteils notwendigen „nova" waren in der Regel nicht aussagekräftig über die wirkliche Gefährlichkeit insbesondere von Sexualstraftätern. Auch die Anforderungen an die Prüfung des Merkmals der „Erkennbarkeit" bereits bestehender Gefährlichkeitsmerkmale zum Zeitpunkt der Hauptverhandlung waren so hoch, dass es kaum Fälle gab, in denen „neue" Tatsachen für die Gefährlichkeitsprognose vorhanden waren. Die fünf Strafsenate des Bundesgerichtshofs zeigten sich wiederum gegenüber der missglückten polizeipräventiven Vorschrift des § 66b StGB standhaft. Es bestand Einigkeit, dass jede weite Auslegung der neuen Vorschriften mehr als eine Herausforderung für den Rechtsstaat und seine grundlegenden Prinzipien darstellte.[17]

17 Rissing-van Saan, R., Vorbehaltene und nachträgliche Anordnung der Sicherungsverwahrung als Bewährungsproben des Rechtsstaates; in: Festschrift für Kay Nehm zum

5. Unumstrittene statistische Zahlen zur nachträglichen Sicherungsverwahrung und ihrer Wirksamkeit zum Schutz der Allgemeinheit gibt es nicht. Das liegt natürlich an der fehlenden Evaluation zur Anwendungspraxis der Staatsanwaltschaften und der Gerichte und der Wirkungen auf die Probanden, die in der Mehrzahl entlassen wurden. Weder das Bundesjustizministerium noch der Deutsche Bundestag gaben einen Auftrag zur Evaluation dieses Gesetzes, noch wurde es zeitlich befristet. Dabei geht das Gesetz wegen seines weiten Anwendungsbereichs und seinen Auswirkungen auf den Rechtsstaat weit über das Gewohnheitsverbrechergesetz vom 24.11.1933 hinaus.

a) Zum Bundesgerichtshof gelangten nach einer mit dem Kollegen Wolfgang Pfister gemeinsam erstellten internen Statistik bis 2012 58 Verfahren in die Revisionsinstanz. In nur 17 Fällen wurde die Anordnung der nachträglichen Sicherungsverwahrung bestätigt, weil es im Vollstreckungsverfahren „erhebliche" (freilich waren auch diese neuen Tatsachen höchst umstritten) „neue Tatsachen" für die weitere Gefährlichkeit gab. Der überwiegende Teil der Sicherungsverwahrten wurde entlassen, ohne dass sich die Zahl erheblicher Rückfälle dramatisch erhöht hätte und die Allgemeinheit sich über das übliche Maß hätte sorgen müssen.[18] Das Bundesjustizministerium ist diesem schlechten Ergebnis seines eigenen Bundesgesetzes nicht nachgegangen, hat weder die Anträge der Staatsanwaltschaften und die Entscheidungen der Gerichte analysiert, noch hat es den Verbleib der inzwischen Entlassenen, die in vielen Fällen in den Prognosegutachten weiterhin als gefährlich angesehen wurden, eruiert. Die Gründe für das überwiegende Scheitern der Vorschrift sind daher im Dunklen geblieben.
b) Prof. Jörg Kinzig aus Tübingen hat die Bundeszentralregisterauszüge von 22 Personen ausgewertet, die trotz schlechter Prognose nach zehn Jahren Sicherungsverwahrung aus der Maßregel nach den §§ 67d Abs. 1 Satz 1 (15 Personen wegen Erreichen der damaligen

65. Geburtstag, 2005, S. 191, 195; Streng, F., „Erkennbar gewordene Tatsachen" und rechtsstaatliche Anforderungen an die nachträgliche Sicherungsverwahrung, StV 2006, 92 ff.

18 Unveröffentlichte Statistik Pfister/Boetticher, Entscheidungen des BGH zu § 66b StGB von 2005 bis 2012.

Höchstfrist) oder § 67d Abs. 3 StGB (7 Personen wegen Beweislastumkehr) entlassen worden sind. Rückfällig wurden nur acht Personen, also etwas mehr als ein Drittel. Nur zwei Personen, also etwas mehr als 10 %, begingen schwere Straftaten.[19] Sofort wurde Kinzig vorgehalten, die Zahl der untersuchten Probanden sei zu klein und es habe teilweise ein zu kurzer Legalbewährungszeitraum zur Verfügung gestanden. Dabei wäre ein Auftrag an den Lehrstuhl Kinzigs an der Uni Tübingen zu einer umfangreichen Untersuchung durchaus sinnvoll gewesen.

c) Überwiegend bestätigt wurden die Ergebnisse Kinzigs durch zwei Untersuchungen von Michael Alex vom Lehrstuhl des Kriminologen Prof. Feltes an der Ruhr-Universität in Bochum.[20] Bis zum 31.12.2006 sollten bundesweit etwa 115 vermeintlich hoch gefährliche Gefangene aus dem Strafvollzug entlassen werden. Alex erhob von 77 Haftentlassenen im August 2008 die BZR-Auszüge. Es ging um die Probanden, bei denen die nachträgliche Sicherungsverwahrung angestrebt wurde, die aber letztlich – wie in zahlreichen Revisionsfällen beim BGH – entlassen wurden. In einer Ergänzungsuntersuchung überprüfte Alex zusätzlich die Rückfallhäufigkeit von 54 Verurteilten nach der Entlassung im Zeitraum vom 1.1.2007 bis zum 31.12.2009. Hierzu standen ihm BZR-Auszüge von August 2012 zur Verfügung.

Die Untersuchungen zeigen, dass nur 15,7 % der Entlassenen mit einer von den Sachverständigen versehenen schlechten Prognose mit erheblicher Gewalt- oder Sexualdelinquenz rückfällig wurden. Dies entspricht in etwa dem Ergebnis von Kinzig. Von den übrigen Haftentlassenen fielen 47,9 % überhaupt nicht oder mit nur geringfügiger Delinquenz auf, die bei 20,7 % nicht zu erneuter Inhaftierung führte. 17 weitere Probanden (14 %) wurden wegen gewaltloser Delinquenz zu unbedingter Freiheitsstrafe verurteilt, vier von ihnen zu Freiheitsstrafen von mehr als zwei Jahren. Nach dem inzwischen mehr als 6 ½ Jahren andauernden Beobachtungszeitraum fielen damit nur 9 Haftentlassene mit schweren Gewalt- oder Sexualdelikten auf, dass gegen

19 Kinzig, J., Die Legalbewährung gefährlicher Rückfalltäter, Berlin 2. Auflage, 2010, S. 196ff.

20 Alex, M., Nachträgliche Sicherungsverwahrung – ein rechtsstaatliches und kriminalpolitisches Debakel, 2. Aufl. Holzkirchen, 2013.

sie bei erneuter Verurteilung zusätzlich die vorbehaltene Sicherungsverwahrung angeordnet werden musste. Acht Entlassene waren im Beobachtungszeitraum verstorben.

d) Zu einem ähnlichen Ergebnis kamen die Göttinger Psychiater Müller und Stolpmann bei der Auswertung der BZR-Auszüge von 25 Probanden, bei denen der BGH die Anordnung der nachträglichen Sicherungsverwahrung abgelehnt hatte. Sie kamen zum Ergebnis, dass 7 von 25 Probanden (28 %) der von den psychiatrischen Sachverständigen als gefährlich eingestuften Haftentlassenen innerhalb des untersuchten Bewährungszeitraums von mindestens 24 Monaten weder einschlägig noch schwerwiegend rückfällig wurden. 32 % wurden mit Rechtsverstößen auffällig, die mit Geldstrafe oder Freiheitsstrafe nicht über 6 Monate geahndet wurden. Das bedeutet, dass etwa 70 % der als gefährlich angesehenen Probanden tatsächlich nicht mit den geforderten schwersten Delikten rückfällig wurde.[21]

e) Alle vorgelegten Untersuchungen sind Beleg dafür, dass der Gesetzgeber es bewusst unterlässt, die eigene hochbrisante Vorschrift der nachträglichen Sicherungsverwahrung evaluieren zu lassen. Die Untersuchungen waren dem Vorwurf der Politiker ausgesetzt, Aussagen über zu wenig Probanden zu machen und zu kurze Beurteilungszeiträume überprüft zu haben. Gleichzeitig haben die Untersucher über Schwierigkeiten berichtet, für ihre semi-offiziellen Erhebungen die erforderlichen Auskünfte, Strafakten und BZR-Registerauszüge zu erhalten. Wichtig wäre es, wie beim „Warnschussarrest“, dass das KFN oder die KrimZ politische Unterstützung erhalten, damit sie vollständige Aktenanalysen und Auskünfte bei den beteiligten Staatsanwälten, Richtern und Vollzugsleitern über die Praxis erlangen können.

6. Im Jahr 2008 machte die Politik der „Schließung von Schutzlücken“ auch vor dem Jugendstrafrecht nicht halt. Ein klassisches, nach dem Grundgesetz verbotenes Einzelfallgesetz wurde verabschiedet. Nur die üblichen Verdächtigen wehrten sich, wurden aber nicht gehört. Bei dem am 30.11.1999 vom Landgericht Regensburg wegen Mordes an einer Joggerin verurteilten 19 ½ Jahre alten D. I. endete im September 2008 die Höchst-

21 Müller, J.L. et al., Legalbewährung nach nicht angeordneter nachträglicher Sicherungsverwahrung, Der Nervenarzt, 2013, S. 340, 346

Jugendstrafe von zehn Jahren. Auf Betreiben des Freistaates Bayern führte der Gesetzgeber für diesen Einzelfall mit Gesetz vom 8.7.2008, unter Abkürzung aller sonst üblichen Verfahrensabläufe, in Kraft gesetzt am 12.7.2008, die nachträgliche Sicherungsverwahrung bei Verurteilungen nach Jugendstrafrecht ein.[22] Gerade noch rechtzeitig! Die nachträgliche Anordnung der Sicherungsverwahrung soll nun nach der Vollstreckung von mindestens 7 Jahren Jugendstrafe möglich sein, ohne dass es der bei der nachträglichen Sicherungsverwahrung hinderlichen „nova" bedarf. Die deterministische, genetisch bedingte „Unverbesserlichkeit" bereits bei einem sich in der Regel verändernden jungen Menschen hatte obsiegt. Alle grundlegenden Einwände[23] der kurz vor Ende des Gesetzgebungsverfahrens geladenen Anhörpersonen im Rechtsausschuss wurden nicht zur Kenntnis genommen. Dabei ist es dringend notwendig die wenigen Fälle und die Wirksamkeit der Vorschrift des § 7 Abs. 2 JGG mit den gleichen oder ähnlichen Forschungsskizzen und den im Fall des „Warnschussarrestes" gewählten Fragestellungen von Anfang an wissenschaftlich zu begleiten

7. Das Urteil des EGMR vom 17.12.2009 setzte die Justizministerien des Bundes und der Länder – diese sind ab September 2006 für den Strafvollzug zuständig – so unter Druck, wie ihn die inländischen Mahner und Warner nie haben aufbauen können. Offensichtlich tut der Druck von außen gut!

Zum 1.1.2011 trat das Gesetz vom 22.12.2010 (BGBl I S. 2300) in Kraft. Die Sicherungsverwahrung in den Varianten primärer Sicherungsverwahrung nach § 66 StGB (mit Einschränkungen), vorbehaltener Sicherungsverwahrung nach § 66a StGB (mit erheblichen Erweiterungen) und nachträglicher Anordnung der Sicherungsverwahrung nach § 66b StGB (unter Entfallen der jetzigen Abs. 1 und 2) ist im Grundsatz erhalten geblieben. Ergänzt wurde die Neuordnung der Sicherungsverwahrung durch begleitende Regelungen wie die Einführung einer Weisung zur elektronischen Aufenthaltsüberwachung im Rahmen der Führungsaufsicht (§ 68b Abs. 1 Nr. 12 StGB) mit zahlreichen Folgeregelungen, die Übergangsre-

22 BGBl I S. 1212, vgl. BT-Drucks. 16/9643 S. 6.

23 Schriftliche Stellungnahmen zur öffentlichen Anhörung des Rechtsausschusses des Deutschen Bundestag zu dem Gesetzentwurf der Bundesregierung Entwurf eines Gesetzes zur Einführung der nachträglichen Sicherungsverwahrung bei Verurteilungen nach Jugendstrafrecht (BT-Drucks. 16/6562).

gelungen in Art. 316e EGStGB (Übergangsvorschriften für die Anwendung des alten und des neuen Systems), und insbesondere die Schaffung eines Therapieunterbringungsgesetzes (ThUG) für eine kleine Gruppe von zu entlassenden oder bereits entlassenen Sicherungsverwahrten, gegen die bereits die Maßregel über die 10 Jahres-Frist vollstreckt worden war. Keines dieser „Reformgesetze" sollte evaluiert werden.[24]

8. Gar als „Wohltat" bezeichnet Peglau[25] den mit dem Gesetz vom 5.12.2012[26] eingefügten neuen § 66c StGB, mit dem die Forderungen des Bundesverfassungsgerichts im Urteil vom 4.5.2011 für eine individuelle therapeutische Ausgestaltung des vorangehenden Strafvollzugs und der Unterbringung selbst erfüllt werden soll. Beide Urteile hatten für die Behandlung der zumeist persönlichkeitsgestörten Sicherungsverwahrten verlangt, „ein hohes Maß an Betreuung durch ein multidisziplinäres Team sowie intensive und individuelle Arbeit mit den Gefangenen sicherzustellen; [...] dies muss in einem kohärenten Rahmen stattfinden, der Fortschritte in Richtung Entlassung ermöglicht, wobei die Entlassung eine realistische Möglichkeit sein soll".

a) Die Expertenanhörung zu diesem neuen Gesetz vor dem Rechtsausschuss geriet vollends zur Farce. In seiner Stellungnahme an den Rechtsausschuss vom 26.6.2013 zum Entwurf des Gesetzes zur bundesrechtlichen Umsetzung des Abstandsgebots im Recht der Sicherungsverwahrung beklagte sich Jörg Kinzig zu Recht.[27] Die Bitte um Stellungnahme war bei ihm am 21.6.2012 eingegangen, die Anhörung fand statt am 27.6.2012. Deutlicher kann der Mangel an Interesse an fachlicher Beratung nicht ausgedrückt werden!
b) Das mit § 66c StGB vorgegebene Programm ist mit den herkömmlichen Mitteln des Strafvollzuges nicht zu bewältigen. Nach § 66c Abs. 1 Nr. 1 StGB soll dem Untergebrachten sowohl in der Sicherungsverwahrung und im vorhergehenden Strafvollzug eine individuelle und intensive Betreuung angeboten werden, die geeignet ist, seine

24 Jetzt für vereinbar erklärt mit dem GG und der EMRK durch den Beschluss des Zweiten Senats des BVerfG vom 11.7.2013 – 2 BvR 2302/11 und 2 BvR 1279/12.

25 Peglau, NK 2012, 146ff, mit Antwort Boetticher, NK 2013, 149ff.

26 BGBl. I S. 2425.

27 http://www.bundestag.de/bundestag/ausschuesse17/a06/anhoerungen/archiv/24_Sicherungsverwahrung/04_Stellungnahmen/Stellungnahme_Kinzig.pdf

Mitwirkungsbereitschaft zu wecken und zu fördern, insbesondere eine psychiatrische, psycho- oder sozialtherapeutische Behandlung, die auf den Untergebrachten zugeschnitten ist und die nach § 66c Abs. 1 Nr. 2 StGB den Untergebrachten so wenig wie möglich belastet. Zur Erreichung dieser Ziele soll es nach Abs. 1 Nr. 3 „vollzugsöffnende Maßnahmen" und Entlassungsvorbereitungen geben, die in enger Zusammenarbeit mit staatlichen oder freien Trägern gewährt werden sollen und eine nachsorgende Betreuung in Freiheit ermöglichen.

c) Bisher einmalig ist der den Justizverwaltungen auferlegte Druck durch den Bundesgesetzgeber, den Untergebrachten die oben beschriebenen therapeutischen Angebote auch tatsächlich anzubieten. Diese Regelung zeigt aber auch, dass der Bundesgesetzgeber dem nun mehr in der Regie der Länder liegenden Strafvollzug selbst nicht traut! Nach § 67c Absatz 1 Nr. 2 StGB setzt das Gericht wegen Verstoßes gegen den Verhältnismäßigkeitsgrundsatz die Vollstreckung der Unterbringung zur Bewährung aus, wenn die Unterbringung in der Sicherungsverwahrung unverhältnismäßig wäre, weil dem Täter bei einer Gesamtbetrachtung des Vollzugsverlaufs ausreichende Betreuung im Sinne des § 66c Absatz 2 in Verbindung mit § 66c Absatz 1 Nummer 1 nicht angeboten worden ist. Gleiches gilt nach § 67d Abs. 2 Satz 2 StGB, wenn das Gericht nach Beginn der Unterbringung in der Sicherungsverwahrung feststellt, dass dem Untergebrachten „ausreichende Betreuung" im Sinne von § 66c StGB nicht angeboten worden ist. Die Durchsetzung dieser Angebote im Strafvollzug bzw. in der Unterbringung in der Sicherungsverwahrung sollen nach § 119a StVollzG die Strafvollstreckungskammern sicherstellen. Welche Justizverwaltung und welcher Therapeut werden bei dieser Sachlage eingestehen, dass dem noch gefährlichen Verurteilten keine ausreichenden therapeutischen Angebote gemacht worden sind? Wie sollen die Strafvollstreckungskammern diesen schwierigen, möglicherweise langjährigen Prozess verfolgen und bewerten? Eine endgültige Anordnung der Sicherungsverwahrung aus Umständen, die in der Person des Verurteilten liegen, wird die regelmäßige Folge sein.

IV. Ausblick

Es darf kein Zweifel bestehen, dass die neue Vorschrift des § 66c StGB und das gesamte neue Verfahren der Ausgestaltung des Vollzug vor und in der Sicherungsverwahrung sofort nach den Maßstäben des „Warnschussarrestes" evaluiert werden muss! Zwar hat immerhin der Strafvollzugsausschuss der Länder auf seiner 118. Tagung im Oktober 2013 den vom Niedersächsischen Ministerium der Justiz vorgelegten Beschlussvorschlag angenommen, demzufolge „die Ergebnisse der Länderarbeitsgruppe unter Federführung der Kriminologischen Zentralstelle zur Neuausrichtung der länderübergreifenden Erhebung im Vollzug der Sicherungsverwahrung zustimmend zur Kenntnis genommen und die neu entwickelten Erhebungsbögen als eine geeignete Grundlage für die Neuausrichtung gesehen werden". Der Strafvollzugsausschuss hat der KrimZ den Auftrag erteilt, eine Stichtagserhebung mit neuen Erhebungsbögen erstmals zum Stichtag 31. März 2014 durchzuführen. Die Stichtagserhebung ist sicher eine gute Beurteilungsgrundlage für den aktuell bestehenden Kreis von rund 1.000 Probanden, die unter vorbehaltener, angeordneter oder gerade vollstreckter Sicherungsverwahrung stehen und sich entweder im Strafvollzug oder in der Vollstreckung der Sicherungsverwahrung befinden. Nach der Forschungsskizze der KrimZ ist aber aus ökonomischen und praktischen Gründen nur eine begrenzte Erhebung der Erfahrungen mit der neuen Ausgestaltung des Vollzuges möglich, also eine Basisevalution. Dies umso mehr, als die Falldatenerhebung mit der Entlassung der Untergebrachten endet, so dass wie bei der nachträglichen Sicherungsverwahrung keine Daten über Erfolg oder Misserfolg vorliegen werden. Da die von der KrimZ erstellten Module aber erweiterungsfähig sein werden, könnte das KFN in Zusammenarbeit mit der KrimZ nach dem Vorbild der Forschungsskizze zum „Warnschussarrest" durchaus eine umfangreichere Evaluierung anschließen. Hierum sollten sich das KFN und die KrimZ einverständlich bemühen.

Text oder Leben? Was erfahren wir in Forschungsinterviews über das Leben und Handeln der Befragten?

Andreas Böttger

Besonders in Panel-Studien, die mit qualitativen Interviews arbeiten, wird deutlich, dass die Inhalte, die uns die Interviews liefern, unter anderem abhängig sind vom Zeitpunkt ihrer Erhebung, also der Durchführung der Interviews. Und dies bezieht sich nicht nur darauf, dass zu verschiedenen Zeitpunkten über verschiedene Ereignisse gesprochen wird, sondern auch darauf, dass dieselben Ereignisse in Interviews, die zu verschiedenen Zeitpunkten geführt werden, unterschiedlich dargestellt werden.

Das folgende Beispiel aus einem qualitativen Interview der (sowohl qualitativ als auch quantitativ durchgeführten) Fünf-Wellen-Panel-Studie „Berufsbiographie und Delinquenz" des Sonderforschungsbereichs „Statuspassagen und Risikolagen im Lebensverlauf" der Universität Bremen (vgl. auch Böttger, 2001; Schumann, 2003, 2003a) zeigt einen solchen Effekt sehr deutlich. Eine der Befragten erzählt im Interview der vierten Welle über eine Zeit in ihrem Leben, in der sie mehrere Betrugsdelikte beging und auch mit kleineren Mengen harter Drogen handelte, Folgendes:

> „B[1]: Schlimm oder so hab' ich eigentlich nichts empfunden so. ... Aber das war ja für mich – also ich musste ja – ich musste ja an mich denken, und wie's den anderen geht, war mir eigentlich – ehrlich gesagt so, wenn ich die nicht kannte, war's mir eigentlich völlig egal, ne. Und ich musste ja an mich denken, dass ich irgendwas zu essen hab' oder so oder Geld oder so."

Zwei Jahre später, im Interview der fünften Welle, kommt das Gespräch erneut auf diese Phase ihrer Biographie. Was sie zu diesem Zeitpunkt berichtet, unterscheidet sich wesentlich von der früheren Version, und zwar

1 Bei Zitaten aus Interviews steht die Abkürzung „B" für die Befragte bzw. den Befragten, „I" für die Interviewerin bzw. den Interviewer. Das Symbol „..." kennzeichnet Auslassungen bis zur Länge eines Satzes, „(...)" solche, die eine Satzlänge überschreiten.

vorrangig hinsichtlich der Bewertung und Bedeutung für das eigene Selbstkonzept, die eigene Identität der Interviewpartnerin:

„B: Mein Leben wär' zu Ende gewesen, hätten die mich bei irgend so'm Scheiß (erwischt), ne. Ich hätt's nie wieder in'n Griff gekriegt, wahrscheinlich mit 'ner Vorstrafe oder so, da hätt' ich nicht als Kellnerin mit Geld arbeiten dürfen, das hätten die gleich (verhindert), ne. Also von daher denk' ich, war's wirklich gut für mich, dass die mich nicht erwischt haben, ne. So hab' ich's alleine wieder geregelt gekriegt, ne. Und ich hab' da vielleicht jemandem Schaden zugefügt, aber jetzt keiner bestimmten Person, ne. Wir haben viel Kreditkartenbetrug gemacht und auch, äh, Scheckbetrug, und (Firmenname) hab' ich hoch angeschissen, ne. Als ich da als Kassiererin war, das war der größte Fehler des Unternehmens (lacht), aber ja, wir haben das aber auch so (Firmenname-)mäßig voll aufgebaut, ne. (Name eines Einkaufszentrums) und so, überall saßen unsere Leute so, da haben wir alles so durch die Kasse gejagt, und da haben wir richtig Mist gemacht, ne."

Aus traditioneller Sicht der standardisierten Forschung läge hier ein Validitätsproblem vor (in mindestens einem Interview wird nicht das erhoben, was zu erheben beabsichtigt war, nämlich der „tatsächliche" Lebenslauf der Befragten) bzw. ein Reliabilitätsproblem (die Instrumente erheben den Lebensverlauf nicht zuverlässig mit immer denselben Ergebnissen).

Eine genauere Analyse kann jedoch Gründe für solche Unterschiede bei der Darstellung ein und derselben biographischen Phase liefern, die ebenfalls mit dem Lebenslauf der Befragten zu tun haben: Sie liegen in dem zitierten Fall u. a. darin, dass die Befragte in der Zeit zwischen den beiden Interviews von delinquenten Handlungen Abstand nahm und eine Stelle antrat – ein „Ausstieg" aus der Delinquenz, der über lange Zeit bis zur letzten Befragung anhielt. Zur Zeit des ersten Zitats hat die Befragte nur eine geringe zeitliche Distanz zu ihren delinquenten Handlungen und nimmt eine starke Verharmlosung des Erlebten vor, um ihre Identität vor eigenen und fremden Schuldzuweisungen zu schützen. Im letzten Interview hat sie dagegen das Selbstkonzept der „Aussteigerin" entwickelt und es erfolgt eine nachträgliche Umdeutung ihrer delinquenten Phasen, die sie einerseits retrospektiv als weitaus gefährlicher für die Realisierung ihrer Zukunftspläne einschätzte als in dem früheren Interview, andererseits aber auch als weniger schädlich für konkrete andere Personen und als weniger belastend für das neue Selbstkonzept. Möglich wäre darüber hinaus, dass die Darstellung des höheren Grades der früheren Delinquenz auch den Effekt haben sollte, den Weg aus der Delinquenz hinaus als schwieriger darzustellen, und damit die Tatsache, es geschafft zu haben, als verdienstvoller.

Methodisch – bzw. methodologisch – bedeutet dies, dass das, was wir in einem Interview erheben, nicht die Version der biographischen Ereignisse ist, wie sie von unseren Interviewpartner/innen zur Zeit ihres Geschehens erlebt wurde, und schon gar nicht der „objektive“ Verlauf der Lebensereignisse, wie er sich ohne Verzerrungen durch subjektive Wahrnehmungen vollziehen würde. Der Grund dafür besteht allerdings nicht darin, dass qualitative Forschung mit nicht oder nur wenig standardisierten Methoden arbeitet. Wir finden solche Unterschiede – wie noch zu zeigen sein wird – auch bei Panel-Studien mit standardisierten Instrumenten. Der Grund liegt vielmehr darin, dass sich Forschungsinterviews unter Umständen auf Erkenntnisse und Erkenntnisebenen sehr unterschiedlicher Art beziehen (vgl. Böttger/Strobl, 1997). Denn Gegenstand der Forschung können

1) Ereignisse oder Sachverhalte sein, wie sie in einer Gesellschaft „objektiv“ verlaufen bzw. bestehen – also unabhängig von der subjektiven Wahrnehmung und Interpretation ihrer Mitglieder, es können
2) die subjektiven Wahrnehmungen solcher Ereignisse oder Sachverhalte durch die an ihnen beteiligten oder sie beobachtenden Individuen sein, die ja nie vollständig kongruent sind mit den „Ereignissen selbst“, und es können schließlich
3) Erinnerungen an früher erlebte Ereignisse oder früher beobachtete Sachverhalte sein, die zu einem späteren Zeitpunkt aktualisiert werden, z. B. in einem Forschungsinterview.

Nun wurde der im Positivismus noch diskutierte Anspruch, eine „objektive” Realität unverzerrt erkennen und erklären zu können, bereits im kritischen Rationalismus, der zumeist als wissenschaftstheoretische Basis quantitativer Empirie angeführt wird, aufgegeben (vgl. Popper, 1971), da grundsätzlich jedes Erkennen durch Subjekte mit Interpretationen und Filterungen verbunden ist.

Die erste Ebene als „Welt, wie sie wirklich ist“, ist also für die Forschung letztendlich nicht mehr zu rekonstruieren. Was wir von der „objektiven Wirklichkeit“ wahrnehmen und wissen, sind immer Ausschnitte, subjektive Interpretationen. Um dies zu veranschaulichen, ließ ein amerikanischer Soziologe während einer seiner Lehrveranstaltungen den Hausmeister im Seminarraum eine Glühbirne auswechseln. Als dies geschehen war, bat er anschließend die Studierenden aufzuschreiben, was genau der

Hausmeister getan habe. Er erhielt als Resultat verschiedene Geschichten, die davon zeugen können, wie unterschiedlich dieses Ereignis von einzelnen Personen wahrgenommen wurde. Freilich gibt es Methoden, mit denen wir uns in der Forschung der „objektiven" Ebene des Geschehens, ich bezeichne sie kurz als Verlaufsebene, weiter annähern können als durch die Befragung einer einzelnen Person. Wir können im Rahmen einer „Methodentriangulation" mehrere Personen befragen, können zusätzlich Beobachtungen durchführen oder Dokumente sichten. Aber bei vielen Forschungsfragen ist die Verlaufsebene gar nicht das Ziel der Erkenntnis. Wenn es zum Beispiel um Sozialisationsprozesse devianter Jugendlicher geht, so ist es genauso wichtig zu erfahren, wie die biographischen Ereignisse von diesen Personen selbst erlebt wurden.

Gerade für die qualitative Sozialforschung steht meistens die soziale Welt aus der Sicht der Handelnden bzw. der „Forschungssubjekte" im Blickpunkt (vgl. Nießen, 1977), die auf der zweiten und dritten Ebene in der oben getroffenen Unterscheidung zu verorten wäre. Nun sind diese beiden Ebenen – bei strenger Betrachtung – jedoch aus der Perspektive der Forschung nicht vollständig voneinander zu trennen, da es sich bei der zweiten, also dem subjektiven Erleben sozialer Ereignisse und Tatbestände zur Zeit ihres Geschehens, quasi um „Momentaufnahmen" handelt, die unmittelbar nach diesem Zeitpunkt bereits Erinnerung sind und damit den Prozess ihrer Erforschung auf die dritte Ebene verweisen.

Dennoch dient die zweite Ebene, die ich kurz Erlebensebene nenne, der qualitativen Forschung häufig als Ziel, dem sie sich so weit wie möglich annähern will. Bei genauer Betrachtung sind es sogar die meisten Untersuchungen, die im Sinne einer Zielrichtung auf die Erlebensebene bestrebt sind, sich soweit wie möglich den Realitätsdeutungen der Forschungssubjekte zu nähern, wie sie zur Zeit des Erlebens dieser Realität erfolgten, die also das frühere Erleben rekonstruieren wollen. Alle empirischen Studien, die Gegenwärtiges mit einer Entwicklung erklären wollen, die in der Vergangenheit liegt, sind hierzu zu rechnen.

Zur dritten Ebene schließlich zählen empirische Projekte, die die Aktualisierung des Erlebens durch die Befragten zu einer bestimmten Zeit zum Gegenstand haben. Ich bezeichne diese Ebene kurz als Aktualisierungsebene. Diese Aktualisierung unterscheidet sich mitunter erheblich von der Wahrnehmung zur Zeit des Erlebens selbst. Auch dies kann mit einem Experiment klar veranschaulicht werden. Wir können Personen bitten, schriftlich festzuhalten, wie sie ein bestimmtes Ereignis aus ihrer Biographie damals erlebt haben. Wenn wir dieselben Personen nach längerer Zeit erneut auffordern, dieses Ereignis darzustellen, ohne dass sie den zuvor verfassten Text zwischenzeitlich noch einmal lesen, so erhalten wir in dieser zweiten „Welle" der Befragung mitunter Geschichten, die erheblich von den zuerst präsentierten abweichen. Erzählungen, die „aus der Erinnerung heraus" konstruiert werden, sind nicht identisch mit dem früheren Erleben. Sie enthalten Verdrängungen, Ergänzungen und Umstrukturierungen, die in der Zwischenzeit erfolgt sind und die jeweils in der Interaktionssituation der Erhebung selbst erfolgen – ein Prozess, dem sich grundsätzlich niemand entziehen kann. Auch diese Geschichten sind jedoch für die Forschung interessant, denn sie zeugen von dem aktuellen Selbstkonzept einer Person, das maßgeblich ist für ihr aktuelles Denken und Handeln.

Dadurch dass nun in Panel-Studien dieselben Personen jeweils zu verschiedenen Zeitpunkten befragt werden, kann es – wie eingangs gezeigt – bei Fragen (oder Leitfadenpunkten), die sich in verschiedenen Wellen auf dieselben in der Vergangenheit liegenden Ereignisse, Einstellungen oder Handlungen beziehen, zu Angaben der Befragten kommen, die sich scheinbar widersprechen, da sie ein und dasselbe biographische Ereignis in zwei (oder mehreren) Befragungswellen unterschiedlich beschreiben.

Hierzu ein weiteres Beispiel: In der Studie „Berufsverlauf und Delinquenz" wurden die Jugendlichen bzw. jungen Erwachsenen in verschiedenen Wellen sowohl der quantitativen als auch der qualitativen Untersuchung nach ihrem „Wunschberuf" gefragt, dem Beruf, den sie sich aussuchen würden, wenn sie die freie Wahl hätten. Dem lag die theoretische Annahme zugrunde, dass für eventuell zu identifizierende Beziehungen zwischen Berufsausbildung bzw. Berufstätigkeit einerseits und dem Begehen delinquenter Handlungen andererseits weniger die Tatsache entscheidend ist, ob die betroffenen Jugendlichen und jungen Erwachsenen irgendeinen Beruf erlernen bzw. ausüben, sondern vielmehr die Frage, ob dieser Beruf gegebenenfalls ihren subjektiven Berufswünschen entspricht oder nicht (wobei es im negativen Fall sowohl zu einer erfolgreichen Anpassung an den „Misserfolg" im Sinne eines „Cooling-Out-Prozesses" (Goffman, 1962) kommen kann, jedoch auch zu Widerständen gegen eine solche Entwicklung).

Bei den quantitativen Befragungen änderte sich die Angabe dieses Wunschberufes bei vielen Interviewten von Welle zu Welle, was zunächst als nachvollziehbar erscheint, da es ja durchaus vorstellbar ist, dass ein solcher Berufswunsch im Kindes- und Jugendalter häufiger wechselt. In der zweiten Befragungswelle wurde nun allerdings noch einmal nach dem Wunschberuf gefragt, den die Jugendlichen zur Zeit der ersten Befragung hatten, die drei Jahre zurück lag. Und auch hier ergaben sich zum Teil erhebliche Abweichungen in den Antworten derselben Personen zu ihren Berufswünschen zu einer bestimmten Zeit. So gaben in der ersten Welle zehn Jugendliche an, dass Koch bzw. Köchin ihr Wunschberuf höchster Priorität gewesen sei, in der zweiten Welle dagegen sagten nur drei dieser Befragten, dass sie den Berufswunsch des Kochs bzw. der Köchin zur Zeit der ersten Befragung gehabt hätten.

Nach traditioneller Sichtweise könnte auch dies als ein Validitäts- bzw. Reliabilitätsproblem gedeutet werden, diesmal bezogen auf die standardisierten Erhebungen. Bei einer Studie, die qualitative und quantitative Erhebungen einander ergänzend einbezieht, besteht jedoch die Möglichkeit, den im Rahmen der standardisierten Erhebung auftretenden „Widerspruch“ anhand des qualitativ erhobenen Materials empirisch genauer auszuleuchten, sofern auch dieses Bezug nimmt auf die zunächst widersprüchlich erscheinenden Inhalte.

Zu dem hier vorgestellten Beispiel verschiedener Angaben über den „Wunschberuf“ zu einem bestimmten Zeitpunkt erbrachte die Sichtung des qualitativen Materials zunächst, dass es auch dort Fälle gibt, in denen sich die Ausführungen zu der Frage, was früher einmal der „Wunschberuf“ gewesen sei, erheblich voneinander unterscheiden. So erzählte einer der befragten Jugendlichen in dem qualitativen Interview der zweiten Welle, dass sein Wunschberuf in seiner Kindheit der des Piloten gewesen sei. Er erinnerte sich in diesem Interview an ein konkretes Erlebnis, das mit diesem Wunsch in Zusammenhang stand:

> „B: Ich wollte früher mal Flugzeugflieger werden. Ja, das war irgendwie – bin früher mit meinen Eltern mal nach Iran gefahren, weil mein Vater da auf dem Schiff gearbeitet hat. ... Dann bin ich nach vorne ins Cockpit gegangen und dann durft' ich mich bei dem auf den Schoß setzen.“

Im Interview der fünften Welle, sieben Jahre später, spielte diese Kindheitserinnerung keine Rolle mehr. Der Befragte hatte in der Zwischenzeit eine Ausbildung zum Dachdecker begonnen und berichtete nun, dass dies auch in seiner Kindheit bereits sein Wunschberuf gewesen sei. In diesem Zusammenhang beherrschte offenbar eine ganz andere Kindheitserinnerung die Rekonstruktion seiner früheren Biographie:

„B: Und der Beruf Zimmermann hat mir eigentlich ganz gut gefallen, weil meine Eltern ja auch gebaut haben so, und daher hab' ich – da hab' ich dann ja auch ´n bisschen mitgeholfen so, ja, da hab' ich dann noch ´n bisschen mehr Spaß dran gehabt auf so was, Zimmermann oder Dachdecker so, ne, in der Art. Ja und seitdem mach' ich das jetzt."

Eine erste Erklärung für diese Veränderung liefert der Befragte selbst: Der Kindheitswunsch, Pilot zu werden, sei nicht sehr realistisch gewesen, eher ein für die Kindheit typischer „Traum". In seiner Kindheit habe er viele Träume gehabt, einige davon seinen in Erfüllung gegangen, die meisten jedoch nicht. Aber diejenigen Träume, die in seinem weiteren Leben tatsächlich noch eine Rolle spielten (sei es, weil sie sich erfüllt hatten, sei es, weil der Alltag aus anderen Gründen noch viel mit ihnen zu tun hatte), erwiesen sich als sehr viel anschlussfähiger an das spätere Selbstkonzept des Befragten als solche, zu denen das spätere Leben keinerlei Bezug mehr hatte und die aus diesem Grund mitunter nicht mehr erinnert wurden.

Damit wird deutlich, dass es von den Bezugsebenen empirisch-sozialwissenschaftlicher Erkenntnis abhängt, ob die hier aufgezeigten Unterschiede in den Darstellungen des Befragten hinsichtlich seines Wunschberufes als Validitäts- bzw. Reliabilitätsproblem zu werten sind – was auch in der qualitativen Forschung durchaus diskutiert wird (vgl. z. B. Eckert et al. 2000, S. 29 f.) – oder ob sich komplexere Interpretationsmuster identifizieren lassen.

Ist es die Erlebensebene, über die mit der Interpretation der Interviews (und der standardisierten Daten, in denen diese Unterschiede ja ebenfalls enthalten sind) Erkenntnisse gewonnen werden sollen, so ist die Verwertung der „widersprüchlichen" Informationen aus den beiden Wellen in der Tat bedenklich. Denn wenn es darum geht herauszukristallisieren, welcher Wunschberuf zur Zeit der Kindheit des oben zitierten Jugendlichen in seinem Erleben dominierte, ist hier kaum eine Entscheidung möglich, die empirisch begründbar wäre. Denkbar sind vielmehr verschiedenste Versionen: Sowohl der eine als auch der andere Berufswunsch können in der Kindheit bestanden haben, beide können aber auch Produkt retrospektiver Umdeutungen sein. Auch ist vorstellbar, dass beide Berufswünsche gleichzeitig oder nacheinander in der Kindheit des Befragten dominiert haben, jedoch lässt sich auch dies nicht empirisch erhärten, da der Befragte, jeweils nach seinem Wunschberuf befragt, in beiden Interviews nur einen nennt und diesen als einzigen für seine Kindheit darstellt (wie jeweils aus dem Kontext der zitierten Interviewpassagen hervorgeht).

Sollen jedoch mit der Auswertung des Materials Erkenntnisse über die Aktualisierungsebene gewonnen werden, also über das Selbstkonzept des Befragten jeweils zur Zeit der Interviews in den verschiedenen Wellen, lässt sich der „Widerspruch" anders interpretieren. In diesem Fall ist es unbedeutend, welcher Wunsch im Erleben der Kindheit dominiert hat. Wird vorausgesetzt, dass die beiden Episoden, die der Befragte im Zusammenhang mit seinem jeweiligen Berufswunsch schilderte (Aufenthalt im Cockpit eines Flugzeugs und Mithilfe beim Bau des Hauses der Eltern), tatsächlich von ihm in der dargestellten oder einer ähnlichen Weise erlebt wurden, so lässt sich schließen, dass der Stellenwert der Erinnerung an diese Erlebnisse und damit auch an die damit verknüpften Berufswünsche zu den verschiedenen Zeiten der beiden Interviews unterschiedlich war. Im Interview der zweiten Welle, als der Jugendliche noch keine Berufsausbildung begonnen hatte, dominierte offensichtlich die Erinnerung an den Aufenthalt im Flugzeug-Cockpit, ein seltenes und außergewöhnliches Erlebnis. Im Interview der fünften Welle dagegen erscheint das Erlebnis, beim Bau des Hauses der Eltern mitgeholfen zu haben, und in diesem Zusammenhang der Berufswunsch des Zimmermanns bzw. Dachdeckers als anschlussfähiger an das Selbstkonzept, da der Befragte zu dieser Zeit tatsächlich eine entsprechende Ausbildung begonnen hatte und seine veränderte Retrospektion zu einer Biographie führt, in der er seinen damaligen Wunschberuf nun tatsächlich erlernt.

Hier zeigt sich der besondere Erklärungswert von Panel-Studien hinsichtlich einer Differenzierung in Erlebens- und Aktualisierungsebene: Erst bei der Auswertung von zwei (oder mehreren) Interviews mit einem/einer Befragten, die in einem größeren zeitlichen Abstand geführt wurden, wird deutlich, dass sich die jeweils retrospektiven „Realitätskonstruktionen" zu verschiedenen Zeiten des Lebenslaufs voneinander unterscheiden können (und das insgesamt ausgewertete empirische Material zeigt, dass Unterschiede dieser Art die Regel sind) und dass damit die Erinnerung an früheres Erleben (und an frühere Wünsche) von den Erlebnissen bzw. Ereignissen selbst in der Interpretation zu trennen ist. Mit dem sich verändernden Selbstkonzept im Sinne einer lebenslang „balancierenden Identität" (Krappmann, 1969) der in einer empirischen Studie befragten Person ändert sich zugleich die Retrospektion auf den eigenen Lebenslauf.

Dieser Umstand kann besonders bei einer Integration qualitativer und quantitativer Methoden fruchtbar zur Interpretation von anfangs „widersprüchlich“ erscheinenden Informationen herangezogen werden. So lassen sich in der Konsequenz auch die im quantitativen Material unterschiedlichen Angaben zum Wunschberuf in der Kindheit zu verschiedenen Erhebungszeiten dahingehend auswerten, dass die Erinnerung an einen früheren Berufswunsch als Variable über die Zeit des Beobachtungsfensters zu behandeln ist, deren Ausprägung sich in Abhängigkeit von dem jeweils vertretenen Selbstkonzept ändert. Die genauere Analyse des qualitativen Materials kann es dabei gestatten, den Prozess dieser Veränderung, der ja mit weiteren biographischen Phasen und Erlebnissen in komplexen Zusammenhängen steht (im gezeigten Beispiel etwa mit dem Beginn der Dachdeckerlehre), näher zu beleuchten.

Viele der in der zitierten Untersuchung interviewten Jugendlichen berichteten nun über einzelne Phasen ihres Lebenslaufs, die sich durch häufige und regelmäßige delinquente Handlungen auszeichneten. Die Delinquenz blieb bei ihnen jedoch auf diese Phasen ihrer Biographie beschränkt, wurde während des Verlaufs der Studie wieder aufgegeben und unterblieb nach Angaben der Interviewpartner/innen dann bis zur letzten Welle der Erhebungen. Diese Jugendlichen berichteten – oft nicht ohne Stolz –, sie seien aus delinquentem Handeln „wieder ausgestiegen“, was im amerikanischen Sprachraum unter dem Begriff „desistance“ diskutiert wird (vgl. z. B. Warr, 1998). Dieses Phänomen zeigte sich sowohl bei den quantitativen als auch bei den qualitativen Analysen im Rahmen der Studie.

Für die weitere Entwicklung der Jugendlichen, die eine Abkehr von deviantem Handeln realisiert hatten, war unter anderem von Bedeutung, auf welche Weise sie die früheren devianten Episoden retrospektiv in das eigene Selbstkonzept und damit in die eigene Biographie integrierten. Der oben bereits angesprochenen interaktionistischen Annahme folgend, dass das Selbstkonzept eines Individuums als Bestandteil seiner Identität nicht als statisches oder zu einem bestimmten Zeitpunkt „abgeschlossenes“ Phänomen zu begreifen ist, sondern dass personale und soziale Identität als „balancierende“ Konstrukte immer wieder neu in Interaktionen ausgehandelt und realisiert werden (vgl. Krappmann, 1969; Mead, 1974), muss auch die Integration devianter Phasen in das Selbstkonzept als Prozess begriffen werden, der einer andauernden Dynamik unterliegt, die sich auf Identität und Selbstkonzept auswirkt und damit ebenfalls auf die Rekonstruktion der eigenen Biographie zu verschiedenen Zeiten im Lebensverlauf.

Unsere qualitative Panel-Studie gestattete es auch in diesem Zusammenhang, unterschiedliche Biographieversionen der Befragten, die im Rahmen der verschiedenen Befragungswellen rekonstruiert wurden, vergleichend aufeinander zu beziehen und damit Aufschlüsse über die Dynamik zu erhalten, der die retrospektive Deutung devianter Phasen im Lebensverlauf unterliegt.

Das zu Beginn des Textes zitierte Beispiel konnte zeigen, dass delinquente Episoden unter Umständen in größerer zeitlicher Distanz zu den abweichenden Handlungen als gefährlicher dargestellt werden, da inzwischen ein Ausstieg aus der Delinquenz erfolgte und diese Handlungen deshalb als weniger belastend für die interviewte Person erschienen. Jedoch war dies nicht immer der Fall. In einigen Interviews war zu beobachten, dass mit einer fortschreitenden Zeit, die durch konformes Handeln geprägt ist, die frühere deviante Phase mehr und mehr verharmlost wird und subjektiv an Bedeutung verliert. Es überwiegt dann in der größeren zeitlichen Distanz zu den Ereignissen eine verharmlosende Darstellung, was z. B. für den im Folgenden zitierten Befragten zutrifft, der sich zu früherer Zeit als Mitglied einer rechtsextremistisch eingestellten Jugendgruppe zum Teil massive Schlägereien mit türkischen Gleichaltrigen lieferte, die er nach einem Ausstieg aus dieser Szene sowie aus delinquentem Handeln generell als „jugendliche Spiele" beurteilt:

> „B: Es waren, wie man wirklich so schön sagt, jugendliche Spiele, jugendlichen Misten, den man gebaut hat. Das hat man – war man denn besoffen oder so und man hat dann – irgendwo ist man in 'ne Schlägerei geraten oder man hat mal hier – 'n Gartenzaun ist da kaputtgegangen. Es waren, wie man vielleicht sagen könnte, Kleinigkeiten. Und wenn man das denn mal hochspielt, gut, kann natürlich auch zu – zu teuren Sachen kommen."

Ob nun eine deviante Phase oder Handlung im Nachhinein als schwerwiegend oder eher harmlos dargestellt wird, dürfte neben dem jeweils aktuellen Selbstkonzept der Befragten auch davon abhängen, wie diese Phase bzw. Handlung zur Zeit ihres Ausübens erlebt wurde. Ein als solcher verübter und auf diese Weise erlebter jugendlicher „Streich" mag auch zu späterer Zeit eher in dieser Form dargestellt werden. Eine „harte" delinquente Handlung oder Phase dagegen, die mit Etikettierungs- und Stigmatisierungsprozessen, häufig mit Unsicherheit und Selbstzweifeln verbunden ist, unterliegt offensichtlich selbstschutzbedingten Verharmlosungstendenzen bei einer Darstellung, die in geringer zeitlicher Distanz erfolgt, während diese Tendenzen bei späteren Interviews nach einer erfolgreichen

Abkehr von der Devianz unter Umständen nicht mehr oder nur in geringerem Maße wirksam sind.

Das qualitative Material gestattet also insgesamt den Aufweis biographischer Bedingungen und Muster, die verschiedene Rekonstruktionen derselben devianten Phasen zu unterschiedlichen Zeiten erklären können. Mit diesen Ergebnissen ließen sich nun für eine quantitative Untersuchung des Phänomens der Erinnerung an deviante bzw. delinquente biographische Phasen relevante Variablen identifizieren (etwa ein „Ausstieg" aus devianten Handlungen zu späterer Zeit), was eine Analyse der Häufigkeit und Verbreitung der entsprechenden Zusammenhänge in einer größeren Stichprobe bzw. in der Grundgesamtheit ermöglichte. Die Erinnerung an die frühere Devianz hätte ihrerseits wiederum den Charakter einer Variablen, deren Ausprägung sich in den verschiedenen Wellen der Erhebung ändern kann, in Abhängigkeit von anderen Ereignissen in der Biographie.

Freilich werden bei einem solchen Vorgehen nun zwei der oben dargestellten Ebenen empirisch-sozialwissenschaftlicher Erkenntnis gleichzeitig bemüht: Die unterschiedlichen Darstellungen der devianten Phase werden auf verschiedene Deutungs- und Erinnerungsprozesse zurückgeführt, also auf der Aktualisierungsebene behandelt, während das „Aussteigen" aus der Devianz auf die Erlebensebene verweist. Dies ist jedoch nur dann möglich, wenn es Kriterien gibt, nach denen bestimmte Teile des Interviewtextes als (verzerrte) Erinnerungen, andere als so oder ähnlich erlebte Ereignisse gewertet werden. Einige solcher Kriterien gehen bei dialogisch geführten Interviews auf die Art der Gesprächsführung zurück: Je genauer etwa die dialogische Rekonstruktion devianter Phasen mit Hilfe bestimmter Gesprächstechniken erfolgt, desto eher kann von Inhalten ausgegangen werden, die der Erlebensebene zugerechnet werden können (vgl. Böttger, 1996; 1999). Das Hauptkriterium jedoch liegt in der Konsistenz (oder Inkonsistenz) der Darstellungen eines biographischen Ereignisses in verschiedenen Interview-Wellen: Je weniger sich die Rekonstruktionen im gesamten Beobachtungsfenster voneinander unterschieden, desto eher kann davon ausgegangen werden, dass das Rekonstruierte in der dargestellten Form auch erlebt wurde und von nachträglichen Verdrängungs- oder Umdeutungsprozessen nicht oder nur wenig betroffen ist (vgl. hierzu auch Böttger, 2001a). Erst Panel-Studien also ermöglichen es im letzten Schritt, Unterschiede in der Rekonstruktion früherer Realität als biographische Prozesse in eine empirische Analyse einzubeziehen. Und Erkenntnisse über die Abhängigkeiten solcher Rekonstruktionsprozesse von anderen biographischen Ereignissen sind hinsichtlich ihrer Art und Komplexität und gleichzeitig ihrer Häufigkeit bzw. Verteilung in größeren Populationen nur dann möglich, wenn innerhalb des Panel-Designs qualitative und quantitative Methoden einander ergänzend eingesetzt werden.

Literatur

Böttger, A. (1996). „Hervorlocken“ oder Aushandeln? Zu Methodologie und Methode des „rekonstruktiven Interviews“ in der Sozialforschung. In: R. Strobl, A. Böttger, (Hrsg.), Wahre Geschichten? Zu Theorie und Praxis qualitativer Interviews. Baden-Baden: Nomos.

Böttger, A. (1999). Das rekonstruktive Interview. Methodologischer Hintergrund, methodische Konzeption und Möglichkeiten der computergestützten qualitativen Auswertung. In: D. Bolscho, G. Michelsen (Hrsg.), Methoden in der Umweltbildungsforschung. Opladen: Leske und Budrich.

Böttger, A. (2001). „Das ist schon viele Jahre her ... “. In: S. Kluge, U. Kelle (Hrsg.), Methodeninnovation in der Lebenslaufforschung. Weinheim: Juventa.

Böttger, A. (2001a). „Da haben wir richtig Mist gemacht.“ Zu Beginn und Ende „devianter Sequenzen“ in den Lebensgeschichten Jugendlicher. In: R. Sackmann, M. Wingens (Hrsg.), Strukturen des Lebenslaufs. Weinheim: Juventa.

Böttger, A., Strobl, R. (1997). Rekonstruktion und Fremdverstehen im qualitativen Interview. In: K.-S. Rehberg (Hrsg.), Differenz und Integration. Die Zukunft moderner Gesellschaften. Opladen: Westdeutscher Verlag.

Eckert, R., Reis, C., Wetzstein, T.A. (2000). „Ich will halt anders sein wie die anderen!” Abgrenzung, Gewalt und Kreativität bei Gruppen Jugendlicher. Opladen: Leske und Budrich.

Goffman, E. (1962). On Cooling the Mark Out: Some Aspects of Adaption to Failure. In: A.M. Rose (Hrsg.), Human Behavior and Social Processes. Boston: Mifflin.

Krappmann, L. (1969). Soziologische Dimensionen der Identität. Stuttgart: Klett-Cotta.

Mead, G.H. (1974). Geist, Identität und Gesellschaft. Frankfurt am Main: Suhrkamp.

Nießen, M. (1977). Gruppendiskussion. München: Wilhelm Fink.

Popper, K.R. (1971). Logik der Forschung. Tübingen: J. C. B. Mohr.

Schumann, K.F. (Hrsg.) (2003). Berufsbildung, Arbeit und Delinquenz. Bremer Längsschnittstudie zum Übergang von der Schule in den Beruf bei ehemaligen Hauptschülern, Band 1. Weinheim: Juventa.

Schumann, K.F. (Hrsg.) (2003a). Delinquenz im Lebensverlauf. Bremer Längsschnittstudie zum Übergang von der Schule in den Beruf bei ehemaligen Hauptschülern, Band 2. Weinheim: Juventa.

Warr, M. (1998): Life-Course Transitions and Desistance from Crime. Criminology 2.

Was muss eigentlich ein Jugendrichter wissen und können? Versuch einer Vergewisserung zu einer Profession

Klaus Breymann

I. Einleitung

Wegen der Besonderheiten des Erziehungsauftrags des Jugendgerichtsgesetzes bestimmt § 37 JGG für die Auswahl der Jugendrichter bzw. Jugendstaatsanwälte[1] eine erzieherische Befähigung und Erfahrung in der Jugenderziehung. Zur inhaltlichen Konkretisierung ordnen die bundeseinheitlichen Richtlinien Nr. 3 zu § 37 JGG u. a. an, dass Jugendrichter bzw. Jugendstaatsanwälte über Kenntnisse auf den Gebieten der Pädagogik, der Jugendpsychologie, der Jugendpsychiatrie, der Kriminologie und der Soziologie verfügen sollen und eine entsprechende Fortbildung zu ermöglichen ist. Der BGH hat § 37 JGG zu einer reinen Ordnungsvorschrift[2] erklärt, deren Verletzung im Jugendstrafverfahren ohne prozessuale Folgen bleibt.

Mit der Untersuchung von Adam[3] lag erstmals ein weitgreifender „Bericht zur Lage der Jugendrichter/-Staatsanwälte“[4] vor. Zuvor hatte sich der 18. Deutsche Jugendgerichtstag 1980 mit dem Problem „Jugendrichterliche Entscheidungen – Anspruch und Wirklichkeit“ befasst und deutlich gemacht, dass zur Zentralfigur des Jugendstrafrechts und seines Erziehungsanspruchs nur karge Informationen zu dieser Berufsgruppe[5] und den

1 Die Benennung als Sachform bezeichnet die weibliche wie die männliche Form.
2 BGH NJW 2008, 909.
3 Adam, H., Albrecht, H.-J., Pfeiffer, C. (1986). Jugendrichter und Jugendstaatsanwälte in der Bundesrepublik Deutschland. Forschungsbericht.
4 Schüler-Springorum, H. (1986). Vorwort. In: Adam, H., Albrecht, H.-J., Pfeiffer, C. (1986). Jugendrichter und Jugendstaatsanwälte in der Bundesrepublik Deutschland. Forschungsbericht, S. V.
5 Hauser, H. (1980). Die Jugendrichter – Idee und Wirklichkeit. Göttingen. Langer, A.-M., Tausch, I. (1971). Soziales Verhalten von Richtern gegenüber Angeklagten; Merkmale, Auswirkungen sowie Änderungen durch ein Selbsttraining, Zeitschrift für Entwicklungspsychologie und Pädagogische Psychologie, 283-303. Neuland, G. (1979). Gesprächsführung mit Jugendlichen im Gerichtsverfahren. In: Wassermann, R. (Hrsg.), Menschen vor Gericht Luchterhand. Pommerening, R. (1982). Das Selbstbild der deut-

besonderen persönlichen Eignungen, wie sie in § 37 JGG geregelt sind, vorlagen. Erstaunlich deshalb, weil die herausgehobenen Anforderungen an Jugendrichter gegenüber den allgemeinen Strafrichtern seit Beginn der gesonderten Jugendstrafrechtspflege immer wieder Gegenstand von Qualifizierungsforderungen gewesen waren.[6] Diese wurden dann auch von Schüler-Springorum im Vorwort der obigen Untersuchung wiederholt und als Aufgabe insbesondere der berufsbegleitenden Fortbildung („in-service-training") neu formuliert.[7]

Weitere Wissenschaftler haben die Bestandsaufnahme ergänzt durch eine Vielzahl zusätzlicher Untersuchungen, die sich dem Thema aus unterschiedlichen Perspektiven näherten.[8] Die Ergebnisse lassen sich mit einem Wort wiedergeben: Das geforderte fachliche Niveau in den außerstafrechtlichen Disziplinen: unzulänglich. Inhaltlich bedeuten die Befunde, dass Jugendrichter und Jugendstaatsanwälte wohl die einzige Berufsgruppe in Deutschland sind, die einen Beruf mit Erziehungsanspruch ausüben ohne Ausbildung und nachweisbarer Qualifikation, sogar ohne zertifizierungsfähige Weiterbildungsprogramme und –Institute, wie sie in der allgemeinen beruflichen (Weiter-) Bildung seit langem Standard sind.[9]

Nach diesem Höhepunkt an Untersuchung herrschte für längere Zeit relative Ruhe im Forschungsfeld „Jugendrichter". Man hatte den Eindruck, dass neue Forschungsinitiativen schwer begründbar erschienen. Nach dem Forschungsboom der 70er/80er Jahre hatte man einen wohl hinreichenden Überblick gewonnen. In der Justizpraxis blieb der Forschungsstand aber

schen Jugendrichter, Monatsschrift für Kriminologie und Strafrechtsreform, 193-199. Reichertz, J. (Hrsg.) (1984). Sozialwissenschaftliche Analysen jugendgerichtlicher Interaktion. Tübingen. Cremers, E. (1984). Typen der Rechtsprechung – oder: Das Gericht als moralische Anstalt betrachtet. Überlegungen zu einer soziologischen Theorie der Gerichtskommunikation. In: Reichertz, J. (Hrsg.), Sozialwissenschaftliche Analysen jugendgerichtlicher Interaktion. Tübingen.

6 Bovensiepen, R. (1923). Das Jugendgerichtsgesetz, S. 12: „Die 3. Lesung erfolgte am 31. Januar, und am 1. Februar 1923 wurde das Gesetz mit großer Mehrheit angenommen. Gleichzeitig nahm der Reichstagfolgende, ihm von seinem 22. (dem Rechts-) Ausschuss vorgelegte Entschließung an: „Die Reichsregierung wird ersucht, dahin zu wirken, dass für das Amt des Jugendrichters [...] die bestbefähigtsten Richter herangezogen werden"

7 FN 4.

8 FN 38-48.

9 Siehe §§ 176 ff SGB III – Arbeitsförderung, 54 ff Berufsbildungsgesetz siehe auch beispielhaft Deutsche Hochschule der Polizei mit Studienfächern Kriminologie, Psychologie u. a. (Modulhandbuch 2013/1015).

weitgehend unbeachtet und wo sich nichts verändert, gibt es wenig zu forschen.

Das änderte sich mit der neueren Untersuchungen von Simon.[10] Diese Untersuchungen bestätigten die weiterhin bestehende Gültigkeit der älteren Forschungen in den zentralen Fragen der jugendrichterlichen Kompetenz in außerjuristischen Bereichen.

Zwar mögen die neueren Forschungen (noch) nicht alle Aspekte abbilden, die in den älteren Untersuchungen bearbeitet worden sind. Da es aber an Hinweisen fehlt, dass es allein durch das Nachrücken jüngerer Juristenjahrgänge oder durch den sich erhöhenden weiblichen Anteil an Jugendrichtern/-Staatsanwälten zu nachhaltigen Veränderungen in der jugendstrafrechtlichen Praxis gekommen ist, wird hier deshalb insgesamt davon ausgegangen werden, dass die neueren Forschungen, ergänzt durch die älteren Befunde (nach wie vor) die aktuelle Justizwirklichkeit zutreffend beschreiben.

Bereits 2009 hatte die der 2. Jugendstrafrechtsreformkommission der DVJJ[11] aus dem Dilemma weitgehende Forderungen abgeleitet, die aber weder politisch noch von den für Fortbildungsfragen zuständigen Justizverwaltungen aufgegriffen wurden.

An der Juristischen Fakultät der Universität Hamburg gründete sich mit der AIJ („Akademie Integrierte Jugendstrafrechtswissenschaften“) eine Initiative von Wissenschaftlern und Praktikern, die 2010 einen berufsbegleitenden Studiengang zur Qualifizierung und Professionalisierung von Jugendrichtern/–Staatsanwälten entwickelt hat.[12] Der Vorschlag, zunächst

10 Simon, K.(2003). Der Jugendrichter im Zentrum der Jugendgerichtsbarkeit, Schriftenreihe der DVJJ , Band 35, Mönchengladbach: Forum Verlag. Drews, N. (2005). Die Aus- und Fortbildungssituation der Jugendrichter und Jugendstaatsanwälte der Bundesrepublik Deutschland – Anspruch und Wirklichkeit von § 37 JGG. Aachen. Bockold, O. (2009). Die Zumessung der Jugendstrafe. Eine kriminologische-empirische und rechtsdogmatische Untersuchung, Baden-Baden.

11 2. Jugendstrafrechtsreformkommission 2002: Vorschläge für die Reform des Jugendstrafrechts, Abschlussbericht 2002, DVJJ Extra Nr. 5, S. 19 f. § 2a, JGG (neu): Grundsätze des Jugendstrafverfahrens: Nr. 7 – Grundsatz der Fachlichkeit; § 37 JGG Abs. 1 (neu): Als Richter bei den Jugendgerichten darf nur eingesetzt werden, wer Grundkenntnisse in der Kriminologie und dem Jugendstrafrecht nachweist […]. Abs. 2: Im Übrigen sind regelmäßige Fortbildungen verpflichtend.

12 Breymann, K., Dick, M. (2008). Professionalitätsentwicklung im Jugendstrafrecht – Wissenschaft und Erfahrung als Säulen jugendrichterlicher Autonomie. ZJJ, S. 289. Dick, M. (2005). Erwachsenenbildung, Arbeitsforschung, Professionsentwicklung – Ein Ansatz zur Förderung jugendrichterlicher Kompetenz. ZJJ, S. 290. Breymann, K.

einen Pilotstudiendurchgang mit jeweils zwei Jugendrichtern bzw. Jugendstaatsanwälten aus jedem Bundesland durchzuführen, wurde bei Anerkennung der Notwendigkeit und der Qualität der Studieninhalte sowohl auf der Programmkonferenz der Deutschen Richterakademie, als auch im Rechtsausschuss der Justizministerkonferenz aus Kostengründen und im Hinblick auf die angespannte Personalsituation abgelehnt. Eigene Initiativen einer umfassenden strukturierten Weiterbildung dieser Institutionen im jugendrichterlichen Bereich sind nicht bekannt.

Das Bundesjustizministerium hat 2011 auf Grund der neueren Forschungen die Initiative ergriffen und im Entwurf eines Gesetzes zur Stärkung der Rechte von Opfern sexuellen Missbrauchs (STORMG) ebenfalls weit reichende Qualifizierungsverpflichtungen für Jugendrichter bzw. Jugendstaatsanwälte vorgeschlagen.[13] Im verabschiedeten Text des Gesetzes[14] findet sich davon nichts wieder. Die Landesjustizveraltungen und der Deutsche Richterbund hatten sich mit ihren Bedenken aus Kosten- und Organisationsgründen im Gesetzgebungsverfahren durchgesetzt.

Das Kompetenzdilemma betrifft aber nicht nur Fragen des richterlichen Selbstverständnisses, des Verhältnisses von Jugendrichtern bzw. Jugendstaatsanwälten zu jungen Straftätern oder der Pflichten von Justizverwaltungen aus § 37 JGG, sondern es hat darüber hinaus eine gesellschaftliche Dimension.

Es geht auch um die Frage, ob Jugendrichter und Justiz eigentlich der gesellschaftlichen Verantwortung ihrer Profession ausreichend gerecht werden. Zweifel sind erlaubt. Der Hinweis auf die professionelle Verantwortung verweist auf den Zusammenhang, dass Autonomie und Unabhängigkeit der Profession in eigenen Angelegenheiten sich aus der Übertragung einer besonderen gesellschaftlichen Verantwortung begründen.

Oder anders gefragt: Welche Konsequenzen für sie Autonomie der Profession hat es eigentlich, wenn sie dieser Verantwortung (hier die gesetzlich geforderte Qualifikation ihrer Professionellen) nicht in der zu erwartenden – und in diesem Falle gesetzlich geforderten – Weise gerecht wird. Die weitreichenden verpflichtenden Regelungen im STORMG-Entwurf

(2005). Jugendakademie – zu den Grundlagen der Weiterbildung für Jugendrichter und Jugendstaatsanwälte. ZJJ, S. 185.

13 Deutscher Bundestag Drucksache 17/6261; 17. Wahlperiode 22. 06. 2011; Gesetzentwurf der Bundesregierung eines Gesetzes zur Stärkung der Rechte von Opfern sexuellen Missbrauchs (STORMG).

14 Bundesgesetzblatt Teil I, Nr. 32 v. 29. Juni 2013.

zum Erwerb von jugendrichterlichen Qualifikationen als Voraussetzung zur Ausübung des jugendrichterlichen (und -staatsanwaltlichen) Amtes sind als ein erster Anlauf zu sehen, dort gesetzliche Verpflichtungen zu normieren, wo die Selbstregulierungsverantwortung der Justiz versagt.

Aber auch wegen des hohen öffentlichen Interesses an Jugend-(gewalt-) Kriminalität bleibt es ein aktuelles Bedürfnis, einen Blick auf die professionell Handelnden zu werfen und zwar nicht nur im Hinblick auf professionelle Kompetenz, Einstellungen und Handlungsstile, sondern auch unter Berücksichtigung der sozialen Herkunft, der Rekrutierung und dem Selbstbild von Jugendrichtern.[15]

II. Aufgabenbeschreibung

Der Erziehungsauftrag, ist im Gesetz – über § 2 Abs. 1 JGG[16] hinaus – nicht definiert, durchzieht aber das gesamte Jugendstrafverfahren und seine gesetzlichen Regelungen wie ein roter Faden. So bestimmt § 38 Abs. 1-3 JGG die Beteiligung der Jugendgerichtshilfe[17] im gesamten Verfahren („so früh wie möglich").

Am Beginn des justiziellen Verfahrens steht das staatsanwaltschaftlichen Ermittlungsverfahren mit der Anzeigeerstattung und erforderlichenfalls mit Entscheidungen u. a. über „Vorläufige Anordnungen über die Erziehung", „Anregungen zur Gewährung von Leistungen nach SGB VIII (§ 71 Abs. 1 JGG) und der „einstweiligen Unterbringung in einem Heim der Jugendhilfe (§ 71 Abs. 2 JGG). Schließlich steht auch die Verhängung von Untersuchungshaft (§ 72 JGG) unter dem (pädagogisch begründeten) Vorbehalt der Subsidiarität zu den Maßnahmen nach § 71 JGG. Für einen Haftbefehl besteht eine spezielle richterliche Begründungspflicht unter Berücksichtigung der besonderen Belastungen des Vollzuges für die Entwicklung des Jugendlichen. Vom Jugendstaatsanwalt verlangt § 45 JGG eine besondere Prüfung, ob von weiterer Verfolgung abzusehen ist (d. h. Einstellung des Verfahrens), wegen Geringfügigkeit § 45 Abs. 1 JGG oder weil erzieherische (auch außerjustitielle) Maßnahmen bereits durchgeführt

15 Simon, FN 10, S. 18.

16 § 2 Abs. 1 JGG „Rchtsfolgen […] und […] das Verfahren am Erziehungsgedanken auszurichten".

17 Jugendhilfe im Jugendstrafverfahren i.S.d. §§ 2 Abs. 2 Nr. 8, 52 Abs. 1- 3 SGB VIII.

oder eingeleitet sind oder sich der jugendliche Beschuldigte um einen Ausgleich mit dem Verletzten bemüht. Diese Beispiele aus dem Ermittlungsverfahren mögen ausreichen und zeigen, wie pädagogische Anforderungen das Verfahren durchziehen bis zum endgültigen Abschluss (ggf. Ende der Vollstreckung eines Urteils). Die Vorschriften des materiellen und prozessualen Strafrechts bilden nur den rechtlichen Rahmen und die Rechtsgrundlage für den justitiellen Eingriff. Inhaltlich sind die staatsanwaltlichen und richterlichen Entscheidungen und damit auch die Art und Weise ihres Zustandekommens erzieherische Initiativen.

Was Erziehung aber sei und was sie im Verfahren praktisch ausmacht, regelt das Jugendgerichtsgesetz nicht. In Deutschland steht der Erziehungsbegriff in einer langen Tradition, in der Konditionierungsthesen Formen und Inhalte bestimmen und insbesondere das strafrechtliche Erziehungsdenken maßgeblich geprägt haben. „Erziehung durch Strafe" galt traditionell als der Leitgedanke des Jugendstrafrechts, der bis zum 1. JGG-Änderungsgesetz 1990 die Praxis geprägt hat. Das Änderungsgesetz war begleitet von einem wissenschaftlich-theoretischen Diskurs, der die Gegenthesen von „Erziehung statt Strafe" und schließlich von „Erziehung zur Befähigung" begründete. Es hielt damit Anschluss an die Entwicklung: Das SGB VIII und die Neufassung des § 1631 BGB haben ab 1990 dem Strafdenken eine deutliche Absage erteilt und mit den Kategorien „Persönlichkeitsförderung" (§ 1 Abs. 1 Sozialgesetzbuch VIII) und „gewaltfreie Erziehung" (§ 1631 Abs.2 S. 1 BGB: „Kinder haben das Recht auf gewaltfreie Erziehung") einen grundlegenden Wechsel der Denkstile zum vormaligen allgemeinen Strafverständnis durchgesetzt (im beabsichtigten Gegensatz zum Jugendwohlfahrtsgesetz[18] von 1921/1991). Mit der ausdrücklichen Benennung neuer und insbesondere ambulanter Maßnahmen als Reaktion auf Straftaten verfolgte das Änderungsgesetz die Absicht, die freiheitsentziehenden Entscheidungen zurück zu drängen, hatte damit aber nur mäßigen Erfolg.[19]

Der Wandel im allgemeinen pädagogischen Verständnis muss im Jugendstrafrecht nicht nur die verhängten erzieherischen Maßnahmen im engeren Sinne betreffen, sondern insbesondere auch deren Zustandekom-

18 Plewig, H.-J. (2013). Das Strafproblem in der Erziehung. ZJJ, S. 241.

19 Franz Streng hat darauf hingewiesen, dass in der jugendrichterlichen Praxis, die helfend intendierten neuen ambulanten Maßnahmen oftmals gegensinnig punitiv interpretiert und angewandt werden (Referat auf dem 29. Deutscher Jugendgerichtstag 2013: „Punitive Strategien im Jugendstrafrecht – Hintergründe und Strategien").

men im Verfahren. D. h. über die Qualifikationen i.S.d. § 37 JGG hinaus, muss die geforderte fachliche Kompetenz von Jugendrichtern bzw. Jugendstaatsanwälten auch gerade deren kommunikative Fähigkeiten in erzieherisch heiklen Situationen mit einer schwierigen Klientel umfassen.

III. Jugendrichterliche Kompetenzen

Nimmt man den Erziehungsauftrag des Jugendstrafrechts ernst, so ist unter jugendrichterlicher Kompetenz eben mehr zu verstehen, als nur reine juristisch- fachlichen Qualifikation angereichert durch einige außerjuristische Basiskenntnisse, nämlich das Wissen und Können und die Fähigkeiten und Fertigkeiten zur Lösung konkreter Probleme mit straffälligen Jugendlichen in deren familiären, sozialen und entwicklungspsychologischen Bezügen. Der Frage der fachlichen Qualifikation zu den außerjuristischen Anforderungen sind vielfältige Forschungen nachgegangen:

In der Untersuchung von Adam[20] gaben weniger als 20 % der Jugendrichter an, während des Studiums Veranstaltungen in Soziologie, Entwicklungspsychologie oder Pädagogik besucht zu haben, nur ca. 40 % hatten überhaupt Veranstaltungen zum Jugendstrafrecht besucht (hohe regionale Unterschiede).

Pommerenings[21] Nachfrage, wo diese praktischen Erfahrungen gesammelt wurden, ergab: Im Rechtskundeunterricht an Schulen, im Jugendwohlfahrtsausschuss, in Sportvereinen und Kirchen, also dort, wo ein direkter Kontakt mit sozial und kriminell gefährdeten Jugendlichen und deren Lebenswelten allenfalls zufällig ist. Richter, die in Straffälligenprojekten mitarbeiten, waren offenbar die so seltene Ausnahme, dass sie keine Nennung fanden. Schließlich fand Pommerening[22] bei der überwiegenden Mehrheit der antwortenden Jugendrichter kaum Besuche universitärer Veranstaltungen zum Jugendstrafrecht oder zu Kriminologie pp.

Bemerkenswert erscheint nicht nur die hohe Quote der Richter, die die Ausfüllung des Fragebogens ablehnten, sondern die Protesthaltung einiger

20 FN 3, S. 53 ff., 145 f.
21 Pommerening, FN 5, S.195.
22 Pommerening, FN 5, S.195.

Richter, die den Fragebogen, dessen kritischer Grundtenor unverkennbar war, demonstrativ unausgefüllt zurücksandten[23] (39 von ca. 500).

Zwar findet sich bei Jugendrichtern eine allgemein geäußerte Ablehnung der Strafprinzipien des allgemeinen Strafrechts[24] zugunsten pädagogisch orientierter Reaktionsansätze. Eine wissenschaftlich-rationale Untermauerung dieser Position fand sich jedoch kaum. Es erstaunt deshalb nicht, dass die verbal abgelehnten punitiven Prinzipien auf der Handlungsebene gleichwohl die Denkmuster darstellten. Insbesondere wenn es pädagogisch „eng" wird (z. B. mehrfacher Rückfall trotz wohlmeinender Vorentscheidungen) bestimmen Strafprinzipen die, Denk- und Handlungsstile auf denen dann die Entscheidungen letztlich basieren. Die Ursächlichkeit erneuter Straffälligkeit wird demgemäß weniger in den eigenen Entscheidungen gesucht, sondern im Jugendlichen selber.

Simon[25] fand immerhin bei ca. 50 % der befragten Jugendrichter/-Staatsanwälte eine universitäre Ausbildung in der Wahlfachgruppe zum Jugendstrafrecht, aber bis auf einzelne Ausnahmen keine nennenswerte Ausbildung in den Bezugswissenschaften. Der Anteil von pädagogisch vorgebildeten Jugendrichtern soll bei 3-4 % liegen. Simon[26] ermittelte weiterhin, dass ca. 60 % der befragten Jugendrichter in den letzten zwei Jahren vor der Befragung eine Fortbildung besucht hatten, aber weniger als die Hälfte dieser Veranstaltungen hatten sich mit speziellen jugendkriminalrechtlichen Themen befasst.

In einer Untersuchung von Drews[27] wurden Jugendrichter bzw. Jugendstaatsanwälte nach ihrer Kompetenz zu Beginn des Amtes in der Selbsteinschätzung befragt. Die Richter befanden sich zu 16,5 % hinreichend und zu 83,5 % unzureichend ausgebildet. Bei den Staatsanwälten betrug das Verhältnis 32,6 % (hinreichend ausgebildet) zu 67,4 % (unzureichend ausgebildet). Befragt nach den Quellen ihrer Kompetenz nannten: Familie und Kinder (Jugendrichter 18,9 %, Jugendstaatsanwälte 18,6 %), durch die Praxis (23,5 %, 15,3 %), Lebenserfahrungen (11,4 %, 8,5 %), Interesse an jungen Menschen (8,3%, 16,9 %).

23 Pommerening, R. (1982). Pädagogisch relevante Dimensionen des Selbstbildes von Jugendrichtern Frankfurt/M.

24 Pommerening, FN 5, S. 196.

25 Simon, FN 10, S. 88.

26 Simon, FN 10, S. 93.

27 Drews, FN 10.

Das bedeutet zusammengenommen, dass 61,9 % der Richter und 59,3 % der Staatsanwälte ihre Kompetenz aus sog. Alltagserfahrungen ableiten. Es wurden auch Quellen genannt, die der professionellen Praxis zugehören: Fortbildung (14,4 %, 10,2 %), Jugendarbeit (7,6 %, 8,5 %), Kollegialer Austausch (3,0 %, 1,7 %), Interdisziplinärer Austausch (1,5 %, 10,2 %), Studium (3,8 %, 0,0 %), Kontakt zur JGH und Einrichtungen (6,0 %, 3,9 %).

Insgesamt beziehen Richter also nur zu 36,3 % (Staatsanwälte zu 34,5 %) ihre Kompetenz aus beruflichen Erfahrungen bzw. professionellen Anlässen. Von einer systematischen Ausbildung, wie in allen anderen Erziehungsberufen vorgeschrieben, findet sich nichts. Auch nach dieser Untersuchung agieren Jugendrichter/-Staatsanwälte weitgehend auf der Basis von Alltagstheorien und nicht auf der Grundlage gesicherter Kompetenz.

Mit den Begriffen der erzieherischen Befähigung und Erfahrung in § 37 JGG ist mehr gemeint, als sich im eigenen Erleben („durch die Praxis") üblicherweise vermittelt. Mit den Berufsjahren stellt sich keineswegs die notwendige Erfahrung wie von selbst ein. Das persönlich Erlebte bleibt eine individuell beliebige und zufällige Größe, die nach biographischen Bedingungen subjektiv variiert, wenn es sich nicht vor einem wissenschaftlich gesicherten Hintergrund abbilden, überprüfen und verarbeiten lässt. Ratio erfordert, dass Erfahrungen objektivierbar sind, d. h. sich vor einer Folie von Wissen und Wissenschaft einordnen, kontrollieren und bewerten lassen. Nur so wird Erfahrung zu einem objektiven Beurteilungskriterium in neuen Situationen und zu einer Ressource für das eigene berufliche Können. Fehlt dieser fachliche Hintergrund, oder ist durch die Erfahrung mit eigenen Kindern (die häufigste genannte Quelle der Kompetenz) ersetzt, werden jugendrichterliche Erziehungsinterventionen gerade in sog. Problemfällen die Dinge oft nicht verbessern sondern eher kriminogen verschlechtern.[28]

Hauser[29] hat bei einer Mehrheit befragter Jugendrichter gefunden, dass sie nach eigener Einschätzung die Anforderungen des § 37 JGG erfüllten. Doch nur ca. ein Drittel von ihnen wiesen tatsächliches Wissen zu konkreten psychologischen, pädagogischen und kriminologischen Fragen nach oder konnten auf praktische Jugendarbeit als Erfahrungsfeld verweisen.

28 Zu modernen Möglichkeiten reflektierender Weiterbildung vgl. Breymann/Dick, FN 12.
29 Hauser, FN 5, S. 1 ff.

Burgbacher[30] stellte in einer Befragung fest, dass Mängel in der vorberuflichen Bildung im Alltag der juristischen Berufe regelmäßig selbstkritisch wahrgenommen werden. Er fand bei einer Befragung von Verwaltungs- und Wirtschaftsjuristen sowie Rechtsanwälten und Notaren eine häufig ausgedehnte (z. T. bis zu 2 Jahren) postassessorale Ausbildung für die speziellen Aufgabenbereiche, nicht allerdings bei den „Gerichtsjuristen", offenbar unabhängig von ihrer speziellen Aufgabe.

Pommerening kommt zu dem Schluss, dass JugRi offenbar ein idealisiertes Richterbild so verinnerlicht haben (ähnlich Rogge[31]), dass ihnen der distanziert kritische Blick für die tatsächlichen Wirkungen ihres Handelns fehle. Da Selbstbild und Handlungsattitüden nicht rational abgesichert sind, blieben sie zwangsläufig oberflächlich als Imageanteil des „guten Jugendrichters". Das könnte erklären, warum unter punitivorientiertem öffentlichem und medialem Druck Erziehungsgrundsätze zuweilen schnell zugunsten (der doch eigentlich abgelehnten) Straforientierungen aufgegeben werden.[32]

Diese Befunde beschreiben, dass die kritische Selbstsicht von Berufseinsteigern sich mit zunehmender Praxis nach und nach auflöst. Gleichwohl haben Jugendrichter ganz überwiegend eine positive Einstellung zu ihrem Beruf und äußern hohe Zufriedenheit (bei Pommerening, Hauser). Ihr Status erlaubt ihnen ein Selbstbild, von dem, der am besten weiß, was zum Wohle der straffälligen Jugendlichen nötig und Erfolg versprechend ist. Die fachlich nicht reflektierte Leitformel „Erziehung" verführt dazu, dass fast beliebig Sanktionen als „erzieherisch" gedeutet werden können und die Form des Zustandekommens ebenfalls. Folgerichtig werden die auftauchenden Mängel in der erzieherischen Wirkung des Verfahrens von ihnen in der Schwäche der Gesetze und im mangelhaften Vollzug ihrer Urteile gesehen. Jugendrichter beurteilen sich nach der Untersuchung von

30 Burgbacher, H.G. u. a. (1976). Juristische Berufspraxis – Eine empirische Untersuchung. Kronberg. S. 14, 16 .

31 Rogge, H. (1991) So werden Juristen. Genese, Struktur und Dynamik affektiv-kognitiver Bezugssysteme von Juristen, beschrieben nach Gesprächen mit sieben Juristinnen und Juristen; unveröffentlichte Diplomarbeit Universität Hamburg, FB Psychologie.

32 Zum Zusammenhang zwischen politisch-medialer Kriminalitätsdiskussion und richterlicher Tatbewertung: Suhling, S., Schott,T. (2001). Der Anstieg der Gefangenenzahlen in Deutschland, Folge der Kriminalitätsentwicklung oder wachsender Strafhärte? Forschungsberichte Nr. 84.

Hauser[33]: Begabt im Umgang mit Jugend, Einfühlungsvermögen, verständnisvoll und nachsichtig, jugendgemäßer Verhandlungsstil; bei Pommerening: kommunikativ, aufgeschlossen, an den Bedürfnissen von Jugendlichen orientiert, die Sozialisation fördernd. Diese Einschätzung wird in den Untersuchungen von Sozialpädagogen/ Jugendgerichtshelfern nicht geteilt, sie urteilen: Justiz fördere negative Einstellungen zu Justiz und Gesellschaft, erreiche aber kaum erzieherische Förderung.[34]

Unter dem Leitgedanken der Erziehung, spielt die Hauptverhandlung eine tragende Rolle, weil der Anspruch besteht, dem Abgeklagten in dieser Situation „Lehrreiches" zu vermitteln. Die Hauptverhandlung wird vielfach als pädagogisches Instrument angesehen, in der die richterliche Autorität pädagogisch wirksam werden soll. Der Annahme, in der Praxis werde die Hauptverhandlung in ein pädagogisches Setting[35] umgestaltet, stehen wesentliche Befunde entgegen.

Die zentrale Aufgabe des Jugendrichters im Gerichtssaal ist, für eine pädagogisch nutzbare Kommunikation zu sorgen, durch die die Erreichbarkeit des Jugendlichen hergestellt wird. Zweifellos sind dafür die Möglichkeiten in Gerichtssälen beschränkt.[36] Dass aber trotzdem Einiges möglich ist, beweisen Einzelbeispiele und Pilotprojekte, die auf ungenutzte Chancen hinweisen.[37] Ist aber bereits die Kommunikation gestört (es werden verschiedene Sprachen gesprochen; es herrschen formale Regeln vor; die Beteiligten fühlen, denken und reden vielfach aneinander vorbei[38]), ist die erzieherische Chance vertan.

33 Hauser, FN 5, S. 1 ff.; Pommerening, FN 23, S. 196.

34 Hauser, FN 5, S. 1 ff..

35 Die Hauptverhandlung als Teil eines kontradiktorischen Verfahrens ist gerade konzipiert für ein Austragen von Gegensätzen, für Angriff und Verteidigung. Die freie Wahrnehmung von rechtsstaatlichen Verteidigungspositionen darf durch pädagogische Intentionen nicht verstellt werden. Das ist durch die juristische Kompetenz sichergestellt. Die verbleibenden Spielräume pädagogisch zu nutzen bleibt die jugendrichterliche Kommunikationsaufgabe.

36 Verfremdungseffekte durch Roben, Sitzordnung, Handlungsabläufe und Sprachstile, u. a. m.

37 So schon Schreiber H.-L., Schöch, H., Bönitz D. (1981). Die Jugendgerichtsverhandlung am „Runden Tisch", Göttingen, S. 261 ff. Schropp, K. (1986). Zur Kommunikation am Jugendgericht, Zentralblatt für Jugendrecht, 73, S. 339 ff.

38 Kovács , T. (2008). Die jugendrichterliche Hauptverhandlung aus pädagogischer Sicht; unveröffentlichte Magisterarbeit (MA). Otto-v.-Guericke-Universität Magdeburg, Institut für Erziehungswissenschaften, S. 47.

Eine gute und kontrollierte Selbsteinschätzung gilt als Grundvoraussetzung für pädagogische Kommunikationsprozesse. Langer und Tausch[39] weisen darauf hin, dass das soziale Verhalten von Lehrern Schüler entscheidend (positiv oder negativ) beeinflusst. Diese Erkenntnis gilt auch in der Laiensphäre als so gesichert, dass sie gewiss auch von Juristen allgemein geteilt wird, wenn danach gefragt würde. Dass Gleiches für die Hauptverhandlung gelten müsste, ist kaum in Zweifel zu ziehen. Aber auch für die anschließende Vollstreckung des Urteils und die Umsetzung seiner erzieherischen Intentionen ist die Art des Zustandekommens und dessen Akzeptanz durch den Jugendlichen von essentieller Bedeutung. Es ist gerade nicht so, dass nur wichtig sei, was im Urteil steht, fast wichtiger ist es wie eine Entscheidung zustande kommt.

Dass die Betroffenen auf diesen Zustand mit besonderem Fortbildungsinteresse reagierten, findet sich in keiner Studie. Für Pommerening[40] spiegelt sich im defizitären Fortbildungsverhalten die geringe Wertschätzung der pädagogischen Prinzipien des § 37 JGG bei Jugendrichtern und deren Einstellung zu den Sozialwissenschaften wider; sie messen überwiegend Alltagsverständnis, „Menschenkenntnis“, Intuition und persönlichem Geschick größere Bedeutung zu.

IV. Fremdbild – Sicht der Jugendlichen und der JGH

Von den jugendlichen Angeklagten werden die Richter häufig anders wahrgenommen, als sie selbst sich sehen.

Kühling[41] fand in einer Befragung von jungen Häftlingen Charakterisierungen von Jugendrichtern (60 % der Befragten) als voreingenommen, beeinflusst, zu streng, zu hart, ungerecht, ohne Verständnis. Auch die von Eilsberger[42] befragten Gefangenen (zu 60 %) fühlten sich nicht ernst genommen, nicht verstanden und beurteilten ihre Richter als voreingenom-

39 Langer/Tausch, FN 5, S. 283 ff.

40 Pommerening, FN 5, S. 195.

41 Kühling, P. (1970). Richter und Strafvollzug aus der Sicht junger Gefangener. Monatsschrift für Kriminologie und Strafrechtsreform, S. 270.

42 Eilsberger, R. (1969). Die Hauptverhandlung aus der Sicht jugendlicher und heranwachsender Angeklagter. Monatsschrift für Kriminologie und Strafrechtsreform, S. 304.

men. Neuland[43] weist darauf hin, dass die Kommunikation im Gerichtssaal nicht gelingen kann, wenn, wie Schönfelder bestätigt, „charakteristische Äußerungen“ von Jugendlichen lauten: „Wir haben an einander vorbeigeredet.“, „Er hat mich selten zu Wort kommen lassen.“, „Er hat mich nicht ernst genommen.“, „Ich fühlte mich überfahren.“, „Er war voreingenommen.“, „Er hat so gefragt, dass das herauskam, was er schon wusste.“

Die von Hauser[44] befragten Jugendgerichtshelfer stimmten in ihren Beurteilungen über die Richter mit den Beurteilungen der angeklagten Jugendlichen weitgehend überein: Routinemäßige Verhandlung, steif und formal. Ob sich hier graduell oder grundsätzlich etwas geändert hat, müssten neue Studien zeigen, von denen wenig vorliegen. Kovács[45] zeigt in Interaktionsanalysen, dass die jugendrichterliche Hauptverhandlung stark auf die Person des Richters zentriert ist, sowie eher sachlich statt rücksichtsvoll und beziehungsorientiert verläuft.

In Fortbildungstagungen bestätigen sich Jugendgerichtshelfer wiederkehrend in ihren Erfahrungen aus Hauptverhandlungen, an deren Ende ein gerade Verurteilter auf dem Gerichtsflur nachfragt, was denn nun eigentlich herausgekommen sei.

Jugendrichter nehmen dieser Diskrepanz zwischen Selbstbild und Fremdwahrnehmung selten war, weil es an kritischer Rückmeldung und damit an einer Voraussetzung für kritische Reflektion des eigenen Handelns fehlt. Für die dienstlichen Beurteilungen der Juristen stehen deren juristische Qualitäten im Vordergrund, z. B. ob Urteile in der Rechtsmittelinstanz gehalten oder aufgehoben werden. Urteile etwa einer regelmäßigen kritischen pädagogischen Diskussion zu unterziehen (Was war an vorangegangenen Urteilen erzieherisch offensichtlich falsch oder unzureichend, wenn es zu Wiederholungstaten kommt?), hat in der Justizpraxis keinen Raum. Das wiederholte Scheitern delinquenter Jugendlicher gilt eher als Indiz für einen Mangel an gutem Willen und Aufsässigkeit gegen die wohlmeinenden Intentionen des Richters. Strafeskalationen als Folgen dieses Denkens sind dann die selbstgemachten kriminogenen Konsequenzen.

43 Neuland, G. (1979). Gesprächsführung mit Jugendlichen im Gerichtsverfahren. In: Wassermann, R. (Hrsg.), Menschen vor Gericht. Luchterhand, S. 145.

44 Hauser, FN 5, S. 1 ff.

45 Kovács , T., FN 38.

Dass die Betroffenen auf diesen Zustand mit besonderem Fortbildungsinteresse reagierten, findet sich in keiner Studie. Für Pommerening[46] spiegelt sich im defizitären Fortbildungsverhalten die geringe Wertschätzung der pädagogischen Prinzipien des § 37 JGG bei Jugendrichtern und deren Einstellung zu den Sozialwissenschaften wider; sie messen überwiegend Alltagsverständnis, „Menschenkenntnis", Intuition und persönlichem Geschick größere Bedeutung zu.

In der Untersuchung von Adam[47] sticht als eines der Ergebnisse hervor, dass die Sanktionsvorstellungen von Jugendrichtern/-Staatsanwälten wenig mit der Sanktionswirklichkeit zu tun haben. Als Erklärung vermuten die Autoren, dass die wirklichkeitsfernen Vorstellungen durchgehalten werden, um die Berufszufriedenheit nicht zu stören. Die Problematisierung des eigenen Handelns, seiner Rationalität und Effizienz, aber auch seiner Moralität wird vermieden, um ein konfliktfreies Selbstbild durchzuhalten

Die Diskrepanz zwischen Selbst- und Fremdwahrnehmung, die fehlende fachliche Ausbildung, der Mangel an Sachkritik und Reflektion irritieren das System Justiz aber nicht. Soweit sozialwissenschaftliche Untersuchungen diese Mängel thematisieren, bleiben diese in der Justiz unbekannt[48] und ohne Konsequenzen.

Die durchgängige Verletzung der gesetzlichen Pflichten aus § 37 JGG bleibt auch ohne Auswirkungen. Weder die für die Geschäftsverteilung in den Gerichten zuständigen Präsidien noch die zur dienstlichen Regelbeurteilung („Überhörungen") verantwortlichen Vorgesetzten überprüfen die Geeignetheit auf konkrete pädagogische und sozialwissenschaftliche Kompetenz. Ihnen dürften wohl letztlich auch selbst die inhaltliche Beurteilungskompetenz fehlen. Eine berufsbegleitende Zusatzausbildung liegt auch nicht im Interesse der Justizverwaltungen. In den stark belasteten Gerichten sind Fortbildungszeiten schwer aufzufangen und spezialisierte Richter stehen dem Wunsch nach vielseitig einsetzbaren Richtern/Innen entgegen (Rotationsprinzip). Die Güte richterlicher Entscheidungen be-

46 Pommerening, FN 5, S. 195.

47 FN 3, S.110.

48 Schropp, K. (1986) – Zur Kommunikation am Jugendgericht, Zentralblatt für Jugendrecht, 73, S. 339 ff – hat über seine Erfahrungen mit einem Fortbildungsprojekt berichtet, in dem JugRi sich gegenseitig in Hauptverhandlungen besuchten und diese gemeinsam auswerteten. Er stellte Kritikängste fest, die nicht thematisierbar waren, und die Lernprozesse hemmten.

misst sich in der Praxis weitgehend daran, ob diese in den Rechtsmittelinstanzen Bestand haben. In der Berufungsinstanz findet aber eine Diskussion und Überprüfung der pädagogischen Grundlagen des erstinstanzlichen Urteils regelmäßig nicht statt. Auch Berufungsrichter sind nicht entsprechend qualifiziert.

Es gibt eine vereinzelte obergerichtliche Entscheidung (OLG Schleswig[49]), die den Stand der kriminologischen Forschung zusammengetragen hat und zu dem Fazit kommt: „Wo der Anpassungsversager zur Durchbrechung weiteren Abgleitens aufbauender Unterstützung bedürfe, bietet ihm die Jugendstrafe [...] genau wieder das, wodurch er bisher vor den Richter geraten ist: Zurückversetzung, Erniedrigung, Abwertung, Abschreibung. Statt um ein Arrangement mit der nun einmal vorhandenen Ordnung zu werben, werde ihm gezeigt, wer der Stärkere sei. Strafe lege es nicht darauf an, ihm Kraft für den Lebenskampf zu vermitteln, sondern ihm das Rückgrat zu brechen.“

V. Fazit

Die Wirkungen mangelnder Fachlichkeit sind weit reichend über die bereits genannten Beispiele hinaus. An einer Vielzahl von Belegen ließe sich zeigen, dass die erzieherisch-präventiven Intentionen des Gesetzgebers in der Jugendstrafrechtpraxis unterlaufen und abgeschwächt werden, statt sie mit pädagogischem Leben zu erfüllen.

Mit dem 1. JGG-Änderungsgesetz 1990 wurde ein hoffnungsvoller Versuch unternommen eine pädagogisch orientierte Praxis zu stärken.[50] In der Gesetzesbegründung wurde dazu ausdrücklich auf „neuere kriminologische Forschungen“ verwiesen, insbesondere auf die „schädlichen Nebenwirkungen für die Entwicklung Jugendlicher“ von freiheitsentziehenden Maßnahmen. Dazu wurden die Möglichkeiten informeller Verfahren (Diversion) gestärkt und neue (ambulante) Maßnahmen (alternative Heimunterbringung statt Untersuchungshaft, Einzelbetreuung, soziale Gruppenarbeit und insbesondere Täter-Opfer-Ausgleich), die in kleinen reformorientierten Zirkeln bereits gut erprobt waren, gesetzlich verankert.

49 OLG Schleswig: Strafverteidiger 1985, S. 420.

50 Beschlussempfehlung und Bericht des Rechtsausschusses (6. Ausschuss), Deutscher Bundestag Drs. 11/7421 S. 1.

Die erzieherisch orientierten Jugendrichter/-Staatsanwälte fühlten sich ermutigt, aber eine allgemeine Umorientierung der Jugendstrafrechtspraxis blieb aus.[51] Den Abgeordneten des Bundestages müssen die Zusammenhänge wohl vor Augen gestanden haben, denn in einer Beschlussempfehlung[52] wird die Regelung der „Aus- und Fortbildung von Richtern, Staatsanwälten und Rechtsanwälten in Bezug auf die jugendstrafrechtlichen Besonderheiten in einem weiteren Reformgesetz“ (bis zum 1. Okt.1992) angekündigt.[53] Dieses Gesetz ist nicht erfolgt.

Die Justizverwaltungen der Bundesländer haben auch keine Anstrengungen unternommen, um eine strukturierte fachlich qualifizierte Aus- und Weiterbildung von Jugendrichtern/-Staatsanwälten zu organisieren (Einzelveranstaltungen z. B. an der Deutschen Richterakademie thematisieren allenfalls Einzelaspekte, erfüllen die Anforderungen nach fachlicher Qualifizierung aber nicht). Mit dem Gesetz zur Stärkung der Rechte von Opfern sexuellen Missbrauchs (STORMG) v. 26. Juni 2013 hatte die Bundesregierung ursprünglich den Versuch unternommen mit umfangreichen Neuregelungen zu §§ 36, 37 JGG die erforderlichen Qualifizierungsvorschriften verbindlich (!) gesetzlich zu normieren.[54] Auch dieses Vorhaben ist am Widerstand der Landesjustizverwaltungen und der Richterschaft gescheitert. Die tragenden Gegenargumente waren dabei nicht inhaltlicher sondern formaler Natur (Finanz- und Organisationsprobleme).

Ebenso gescheitert ist die Praxisinitiative der AIJ (Universität Hamburg) ein anwendungsreifes Qualifizierungsprogramm berufsbegleitend zu organisieren, das an der Juristischen Fakultät der Universität Hamburg Wissenschaftler, Richter und Staatsanwälte entwickelt haben.[55] Die Ab-

51 Bockold, O. (2009) – Die Zumessung der Jugendstrafe, eine kriminologische-empirische und rechtsdogmatische Untersuchung, Nomos – weist den Einfluss von Aus- und Fortbildung auf die Einstellung von Jugendrichtern und die Bemessung der jugendstrafrechtlichen Konsequenzen nach.

52 FN 50, S. 3.

53 FN 50, S. 3.

54 Bundesrat Drucksache 213/11, 15.04.11, Gesetzentwurf der Bundesregierung Entwurf eines Gesetzes zur Stärkung der Rechte von Opfern sexuellen Missbrauchs (StORMG).

55 Aus der gemeinsamen Erklärung von Deutschen Richterbund, Deutsche Vereinigung für Jugendgerichte und Jugendgerichtshilfen, Neue Richtervereinigung, Bundesfachausschuss Richter, Richterinnen, Staatsanwälte Staatsanwältinnen in der vereinigten Dienstleistungsgewerkschaft (ver.di): „Als Berufsfachverbände auch für die jugendstrafrechtliche Praxis haben wir uns der Akademie Integrierte Jugendstrafrechtswissenschaften angeschlossen, um die notwendige Professionsentwicklung im Jugendstrafrecht, insbesondere die Weiterbildung in Bezugswissenschaften wie Pädagogik, Ent-

lehnung erfolgte durch die Programmkonferenz der Deutschen Richterakademie und den Strafrechtsausschuss der Justizministerkonferenz und aus gleichen formalen Gründen Auch die Durchführung nur eines Pilotstudienganges für jeweils zwei Jugendrichter/-Staatsanwälte aus jedem Bundesland war nicht realisierbar.

Niemand wird behaupten, dass es Jugendrichter/-Staatsanwälte mit einer besonders einfachen Klientel zu tun haben. Aber es bleibt dabei: Jugendrichter/-Staatsanwälte bleiben die einzige Berufsgruppe mit pädagogischem Anspruch ohne qualifizierende Aus- und Weiterbildung.

Reden wir über Kriminalprävention im Jugendstrafverfahren auch im Opferinteresse, dann geht es wesentlich um Eingriffe in lebensweltliche Dynamiken (um die Stärkung von Stablitäts- und Schutzfaktoren und die Verminderung von Risikofaktoren) bei jungen Straftätern, um weitere Straftaten zu verhindern. Dass das nicht ohne theoretische und praktische Fachkompetenzen möglich ist, bedarf keiner Begründung, ebenso wenig, wie das Fehlen dieser Kompetenzen, Justiz selbst zum Sicherheitsrisiko machen kann.

Ihre Autonomie ist der Kernbestandteil einer Profession, die ihr gesellschaftlich zugesprochen wird, um eine besondere soziale Aufgabe in erfahrene und kompetente Hände zu legen. Die Verpflichtung zu einer erzieherischen Reaktion „aus Anlass einer Straftat eines Jugendlichen" (§ 2 Abs. 1, 5 Abs. 1 JGG) konkretisiert diese Aufgabe für die Profession Jugendrichter und –Staatsanwälte. Stellt sich aber heraus, dass die Profession die ihr zugewiesene Aufgabe nicht ausreichend erfüllen kann, stellt sie ihre Autonomie selbst in Frage und rechtfertigt damit die Forderung nach gesellschaftlicher und politischer Kontrolle. Der Gesetzgeber ist gefordert die gesellschaftlichen Erwartungen zu konkretisieren. Das gescheiterte STORMG war ein richtiger erster Schritt Verbindlichkeiten zu schaffen.

wicklungspsychologie, Kriminologie u. a.m., zu fördern und um für weiteres Interesse und Unterstützung zu werben."

„Gewaltlos glücklich“ Ein Projekt zur Prävention jugendlicher Gewaltdelinquenz

Dieter Dölling

Ein Schwerpunkt des Werks des Jubilars liegt bei der Jugendkriminalität. Der vorliegende Beitrag befasst sich deshalb mit einem Thema aus diesem Gebiet. Es wird ein in Heidelberg durchgeführtes Projekt dargestellt, das sich um die Prävention jugendlicher Gewaltdelinquenz bemüht.[1] Das Projekt heißt „Gewaltlos glücklich“, weil es an das in der Heidelberger Willy-Hellpach-Schule angebotene Fach „Glück“ anknüpft. Dieses von dem damaligen Rektor der Schule, Ernst Fritz-Schubert, im Jahr 2007 eingeführte Fach soll es den Schülerinnen und Schülern ermöglichen, Orientierung, Lebensfreude und soziale Verantwortung zu entwickeln.[2] Das Projekt „Gewaltlos glücklich“ wird von dem Verein „Sicheres Heidelberg (SicherHeid)“, dem Kinder- und Jugendamt der Stadt Heidelberg, der Heidelberger Polizei sowie der Willy-Hellpach-Schule getragen und vom Heidelberger Institut für Kriminologie evaluiert. In dem Verein „Sicheres Heidelberg“ haben sich die Stadt Heidelberg, die Heidelberger Polizei, Heidelberger Unternehmen und gesellschaftliche Gruppen sowie Bürgerinnen und Bürger zusammengefunden, um die Kriminalprävention in Heidelberg zu fördern. Insbesondere werden Präventionsprojekte finanziell unterstützt. An der Willy-Hellpach-Schule bestehen ein dreijähriges Wirtschaftsgymnasium, eine zweijährige Berufsfachschule für Wirtschaft und eine kaufmännische Berufsschule. Die Finanzierung des Projekts „Gewaltlos glücklich“ und der Begleitforschung erfolgt durch die Manfred-Lautenschläger-Stiftung.

1 Zur Bedeutung und Problematik der Gewaltprävention siehe allgemein Meier, B. (2010). Kriminologie, 4. Aufl., S. 270 ff.; Neubacher, F. (2011). Kriminologie, S. 121 ff.; zur Gewaltprävention bei Kindern und Jugendlichen vgl. Bannenberg, B., Rössner, D. (2006). Erfolgreich gegen Gewalt in Kindergärten und Schulen.

2 Siehe dazu Fritz-Schubert, E., Schulfach Glück. Wie ein neues Fach die Schule verändert, 2011.

Ziel des Projekts „Gewaltlos glücklich" ist es, Jugendlichen soziale Kompetenzen zu vermitteln und dadurch einen Beitrag dafür zu leisten, dass sie nicht in gewalttätiges Verhalten abgleiten. Mit dem Projekt sollen sowohl Jugendliche erreicht werden, die noch nicht strafrechtlich sanktioniert, aber gefährdet sind, als auch Jugendliche, die bereits verurteilt worden sind. Das Projekt besteht aus praktischen Übungen mit den Jugendlichen, die anschließend reflektiert werden, wobei das Gelernte auf Alltagssituationen übertragen werden soll. Durchgeführt wird es von dem Erzieher und Anti-Aggressivitäts- und Coolness-Trainer Rainer Frisch von der Gesellschaft für Konfliktmanagement. Das Programm ist in der Weise aufgebaut, dass an einem ersten Kurs Schülerinnen und Schüler der Willy-Hellpach-Schule teilnehmen. Der zweite Kurs ist dann für Jugendliche bestimmt, die durch Sozialarbeiter in das Projekt vermittelt werden oder vom Jugendgericht die Weisung erhalten, an dem Projekt teilzunehmen. In diesem Kurs wirken die Schülerinnen und Schüler der Willy-Hellpach-Schule, die den ersten Kurs absolviert haben, als Unterstützer für den Trainer mit. Die Begleitforschung bestand darin, dass die ersten beiden Kurse, die von Oktober 2008 bis Juli 2009 stattfanden, beobachtet wurden und mit den Jugendlichen, die an diesen Kursen teilnahmen, Gespräche geführt wurden.[3] Außerdem wurden Jugendliche, die an einem Kurs teilnahmen, am Beginn und am Ende des Kurses schriftlich befragt. Diese Befragungen wurden bisher bis zum Jahr 2013 durchgeführt.

In dem Projekt geht es darum, den Jugendlichen eine realistische Selbsteinschätzung und Selbstsicherheit zu vermitteln. Sie sollen lernen, sich eigene Ziele zu setzen, und Anstrengungsbereitschaft entwickeln, um die Ziele zu verwirklichen. Mit dem Projekt soll erreicht werden, dass sich die Jugendlichen in andere hineinversetzen, deren Gedanken, Gefühle und Handlungsmotive verstehen und einander achten. Die Jugendlichen sollen die Wichtigkeit der Kooperation im menschlichen Zusammenleben erkennen, die Fähigkeit zur Zusammenarbeit entwickeln, Verantwortung für die Gruppe übernehmen und wechselseitiges Vertrauen aufbauen. Ihnen soll vermittelt werden, dass Gewalt abzulehnen ist, und es sollen gewaltfreie Handlungsalternativen entwickelt werden.

In den Kursen beginnt jeder Termin mit einem „Blitzlicht". Dazu setzt sich die Gruppe im Kreis. Jeder erzählt kurz über „seine Woche" und be-

3 Die Beobachtungen und Gespräche erfolgten durch die Erziehungswissenschaftlerin Dr. Ulrike Hoge.

schreibt die wichtigsten Erlebnisse sowie was ihn geärgert oder gefreut hat. Zum Schluss jeder Stunde wird wiederum der Sitzkreis gebildet und jeder benotet mit den Fingern (ein Finger steht für die Note 1, zwei Finger für die Note 2 etc.) auf ein Kommando hin die Stunde. Anschließend begründet jeder kurz seine Note. Hierdurch wird ein klarer Anfang und ein klares Ende jeder Stunde markiert und den Beteiligten damit Sicherheit geboten. Außerdem muss jeder Teilnehmer etwas von sich preisgeben und etwas von anderen annehmen, wodurch zur Entstehung eines Gemeinschaftsgefühls in der Gruppe beigetragen werden kann. In den ersten beiden Terminen findet eine Selbstvorstellung statt. Jeder Teilnehmer gestaltet ein Plakat über sich, in dem er seine Familie vorstellt, seine Lebenssituation schildert, sich jeweils mit drei positiven und drei negativen Eigenschaften beschreibt, die „mieseste Tat“, die er begangen hat, darstellt und seine Hobbies auflistet. Bei den Hobbies wird ein „falsches“ Hobby aufgeführt, das die Gruppe erraten muss. Die Gruppenmitglieder können Fragen stellen oder Kritik äußern. Durch die Selbstvorstellung wird jeder gezwungen, über sich nachzudenken und seine Stärken und Schwächen zu reflektieren. Die Gruppenmitglieder nehmen wechselseitig Anteil aneinander, müssen aber auch Kritik ertragen.

Welche Übungen im Verlauf des Kurses durchgeführt werden, soll im Folgenden am Beispiel des ersten Kurses dargestellt werden. In der Trainingseinheit „Würfel“ wird die Gruppe geteilt und der eine Teil wird hinausgeschickt. Die Teilnehmer, die im Zimmer bleiben, sitzen in einer Reihe auf Stühlen. Diese Teilnehmer bekommen jeweils einen Würfel und die Erläuterung, dass die anderen nun mit allen Mitteln versuchen werden, die Würfel zu erlangen, dass sie selbst aber über ihre Würfel entscheiden. Nun wird der andere Teil der Gruppe hereingeholt und bekommt die Aufgabe, dass jeder einen Würfel von einem der anderen bekommen muss, wobei alle Mittel erlaubt sind, abgesehen von brutaler Gewalt. In dieser Übung sollen die Teilnehmer erkennen, dass nicht der gewalttätige Weg zum Ziel führt, sondern das Gespräch und das „Bitte“ der erfolgreiche Weg sind. – Bei der Übung „Tischtennisball von der Flasche stoßen“ wird ein Tischtennisball auf eine Flasche gelegt. Die Jugendlichen bekommen die Aufgabe, den Ball mit zwei Fingern (Daumen und Zeigefinger) „herunter zu schnipsen“. Dabei müssen die Jugendlichen zügig auf das Ziel zulaufen, der Ball muss aus dem Fluss des Laufens heraus getroffen werden und darf kein zweites Mal „geschnipst“ werden. Jeder Teilnehmer muss vor dem ersten Versuch in der Gruppe einschätzen, ob er die Aufgabe bewältigen wird oder nicht. Mit dieser Übung soll eine realistische Selbsteinschätzung vermittelt werden (die Aufgabe ist schwieriger, als viele Teilnehmer zunächst meinen), und es soll das Einhalten von Regeln eingeübt werden.

Bei der „Statuswippe" wird den Jugendlichen im Gespräch veranschaulicht, wie Gewalt durch gegenseitiges Hochschaukeln entstehen kann. Ähnlich wie bei der Wippe auf dem Spielplatz, bei der einer oben sitzt, zeigt ein „Herausforderer" seine höhere Position, indem er den anderen erniedrigt und damit provoziert. Der andere möchte nun selbst in die höhere Position kommen und versucht, durch sein Verhalten wiederum den anderen zu erniedrigen. Dies kann bis zur Gewaltanwendung eskalieren. Die Teilnehmer sollen diese Hintergründe von Gewalteskalationen erkennen, es als Schwäche auffassen, auf der „Statuswippe" aufzusteigen, und auf diese Weise lernen, Provokationen zu ignorieren. – Bei der Trainingseinheit „Stäbe" bekommt jeder Teilnehmer einen Holzstab (Länge ca. 80 cm). Die Gruppe stellt sich in einen engen Kreis und jeder stellt seinen Holzstab vor sich auf und hält ihn mit dem Zeigefinger fest. Auf ein Kommando des Trainers muss dann der eigene Holzstab losgelassen werden und der Stab des linken (oder rechten – je nach Vereinbarung –) Nachbarn übernommen werden. Dabei darf nur eine Hand zum Einsatz kommen. Auf ein weiteres Kommando muss dann wieder der eigene Stab übernommen werden. Ziel der Übung ist es, dass bei der gegenseitigen Übernahme keiner der Stäbe fällt und die Gruppe drei Mal einen vollständigen Wechsel schafft. Anschließend wird das Niveau immer weiter angehoben, zum Beispiel wird der Wechsel nicht mehr vom Trainer, sondern von einem Teilnehmer der Gruppe angekündigt oder der Wechsel wird nicht verbal angekündigt, sondern vom Trainer einfach durchgeführt. Durch diese Übung soll das gegenseitige aufeinander Achten eingeübt und ein Gemeinschaftserleben hergestellt werden.

Bei der Übung „Bauklötze" werden zwei Teilnehmer mit den Rücken zueinander an jeweils einen Tisch gesetzt. Beide bekommen gleiche Sätze mit verschiedenen Bauklötzen. Einer baut nun ein „Bauwerk" aus einem Teil seiner Klötze. Dabei beschreibt er dem Partner genau, was er baut, während der Partner versucht, aufgrund der Anweisungen und Rückfragen ein identisches Gebilde zu bauen. Die beiden Teilnehmer, die bauen, werden jeweils durch ein weiteres Gruppenmitglied abgelenkt. Schließlich werden die Ergebnisse miteinander verglichen. Dann wird der Schwierigkeitsgrad gesteigert, zum Beispiel dadurch, dass keine Rückfragen gestellt werden dürfen. Durch diese Trainingseinheit soll die Wichtigkeit von Kooperation veranschaulicht werden: Die Teilnehmer müssen gegenseitig genau zuhören, sich verbal präzise ausdrücken und sich in den anderen hineinversetzen. Außerdem müssen die Teilnehmer sich auf die Aufgabe konzentrieren und Störungen ausblenden. – Bei der Übung „Vertrauensfall" finden sich die Teilnehmer in Dreiergruppen zusammen. Zwei Teilnehmer stellen sich in einem Abstand von ca. 1,5 m gegenüber, der dritte Teilnehmer stellt sich dazwischen. Mit verschränkten Armen lässt er sich nach hinten fallen und wird aufgefangen und wieder nach vorne gekippt, um auf der anderen Seite aufgefangen zu werden. Mehrmals wird er so zwischen seinen Partnern „hin- und hergekippt". Anschließend werden die Positionen gewechselt. Die Übung wird gesteigert, indem sich die Teilnehmer in einem engen Kreis aufstellen und einer in der Mitte steht und auf gleiche Weise aufgefangen wird. Eine weitere Steigerung besteht im „Sich-Fallen-Lassen" von einer Erhöhung (z. B. einem Tisch) in die ausgestreckten Arme der Gruppe. In dieser Übung sollen die Teilnehmer erfahren, dass sie anderen vertrauen können. Die Gruppengemeinschaft und die Bereitschaft des Einzelnen, Verantwortung für andere zu übernehmen, werden gestärkt.

Die Trainingseinheit „Samurai" entspricht dem Knobeln mit Fingern („Schnick, Schnack, Schnuck"), nur dass nicht die Finger eingesetzt, sondern die Symbole mit dem Körper dargestellt werden (Tiger, Samurai und Hexe; der Samurai schlägt den Tiger, der Tiger die Hexe und die Hexe den Samurai). Die Gruppe wird in zwei Kleingruppen geteilt, die gegeneinander spielen. Wichtig ist, dass sich die Teilnehmer innerhalb der Gruppe absprechen und auf ein Signal hin alle die gleiche Figur darstellen. Jeweils die Kleingruppe, deren Figur die andere überboten hat, gewinnt. Durch diese Übung soll gelernt werden, Absprachen innerhalb der Gruppe zu treffen und Niederlagen gemeinsam zu ertragen, ohne den anderen verantwortlich zu machen. – In der Trainingseinheit „Boxgymnasium" lernen die Teilnehmer Grundbegriffe und Techniken des Kickboxens. Außerdem werden Rollenspiele durchgeführt, bei denen jeder Teilnehmer Wegstrecken bewältigen muss, auf denen er von anderen sowohl verbal als auch körperlich provoziert wird. Jeder ist dabei aufgefordert, Strategien für sich zu finden, um angemessen mit diesen Provokationen umzugehen. Ziel dieser Übung ist es, bei den Teilnehmern Selbstsicherheit aufzubauen.

In der Übung „Evolution" durchleben die Teilnehmer symbolisch die Evolutionsstufen „Amöbe", „Fisch", „Affe" und „Mensch". Für jede dieser Stufen gibt es spielerische Bewegungen. Alle Teilnehmer bewegen sich frei im Raum und beginnen mit der Stufe „Amöbe“. Auf ein Kommando sucht jeder einen Partner und knobelt mit den Fingern um seine Weiterentwicklung. Der Sieger erreicht die nächste Evolutionsstufe, während der Verlierer auf seiner Stufe bleibt. In der nächsten Runde sucht wiederum jeder einen Partner, der auf gleicher Stufe ist, und knobelt um seinen „Aufstieg“. Beendet ist die Übung, wenn kein Partner mehr zu finden ist, d. h. ein Teil der Gruppe die Stufe des Menschen erreicht hat, während auf den anderen Stufen jeweils höchstens eine Person zurückbleibt. Die Übung geht davon aus, dass es einen Peinlichkeitsfaktor hat, im Beisein anderer Amöben, Fische oder Affen zu spielen. Ziel der Übung ist es, dass die Teilnehmer dieses Gefühl überwinden, zu sich selbst stehen und Urteile anderer ignorieren. – In der Trainingseinheit „Heißer Stuhl“ verlässt ein Teilnehmer, der sich freiwillig gemeldet hat, zunächst den Raum. Die verbliebenen Teilnehmer bilden einen Sitzkreis. Dann wird der hinausgegangene Teilnehmer „besprochen“. Jeder gibt eine Einschätzung über diesen Teilnehmer ab und es werden Fragen formuliert, die man an den Teilnehmer hat. Sodann werden gemeinsame Ziele für den „Heißen Stuhl“ unter Moderation des Trainers besprochen. Danach wird der draußen Stehende hereingeholt und setzt sich auf einen Stuhl in die Mitte des Kreises. Jeder kann nun Fragen an ihn stellen und seine Meinung sagen. Je nach Zielsetzung kann der Ablauf sehr verschieden sein. In der Übung wird jeder Teilnehmer durch die Verpflichtung, individuelle Ziele zu setzen und Fragen zu stellen, gezwungen, sich mit den Problemen eines anderen auseinanderzusetzen. Für den Teilnehmer, der auf dem „Heißen Stuhl“ sitzt, bietet sich die Möglichkeit, sich selbst ein Stück weit aus der Perspektive der anderen wahrzunehmen. Er kann lernen, sich der Kritik durch andere zu stellen und damit umzugehen.

Bei der Übung „Quadrat auf dem Boden“ wird aus Klebeband ein Quadrat auf den Boden geklebt. Die Gruppe stellt sich um das Quadrat herum und fasst sich an den Händen. Die Aufgabe besteht darin, andere in die Figur am Boden hineinzudrängen und sich selbst von niemandem hineindrängen zu lassen. Wer in die Figur hineintritt, scheidet aus, sodass der Teilnehmerkreis immer kleiner wird. Mit dieser Übung soll vermittelt werden, dass die Kooperation mit anderen hilfreich sein kann. Es stellt nämlich eine effektive Strategie dar, mit mehreren gemeinsam in eine Richtung zu ziehen. Da Partner und Gegner in der Übung wechseln, ist die Erkenntnis möglich, dass derjenige, der eben noch ein Gegner war, schnell zu einem Partner werden kann. – In der Trainingseinheit „Eigene Ziele“ formuliert jeder Jugendliche auf einem Bogen Papier drei eigene Ziele, die ihm wichtig sind, und benennt, was ihm bei der Erreichung dieser Ziele im Weg steht. Anschließend wird er hinausgeschickt. Seine Ziele werden an die Wand geheftet und drei Schüler bekommen die Aufgabe, symbolisch eines der Hindernisse zu spielen, die den Zielen im Weg stehen. Der hinausgeschickte Schüler wird nun wieder hineingebeten und bekommt die Aufgabe, seinen Zettel zu erreichen. Dabei steht er etwa 10 m von diesem Zettel entfernt. Auf seinem Weg stellen sich ihm die „Hindernisse“ immer wieder in den Weg und lassen sich nur mit Anstrengung wegschieben oder umgehen. Anschließend wird der Teilnehmer aufgefordert, sein Erleben zu schildern und den Weg symbolisch mit seinem eigenen Leben in Verbindung zu bringen. Durch diese Übung sollen sich die Teilnehmer ihrer Ziele bewusst werden und erkennen, dass der Weg zu den Zielen Anstrengungen kostet, diese Anstrengungen sich aber lohnen.

Zu den Kursen für die Jugendlichen, die durch Sozialarbeiter in das Projekt vermittelt oder durch das Jugendgericht zugewiesen werden, gehört auch eine Einheit, in der Polizeibeamte die Konsequenzen von Fehlverhalten im Straßenverkehr, insbesondere Fahren unter Alkoholeinfluss, veranschaulichen, eine Übung in einem Hochseilgarten, in der die Teilnehmer Verantwortung für die Gruppe übernehmen müssen, und ein Erste-Hilfe-Kurs, in dem die Folgen von Gewalthandlungen verdeutlicht werden sollen und die Kompetenz geschaffen werden soll, im Ernstfall Hilfe zu leisten und damit Verantwortung zu übernehmen. Am Ende jeden Kurses steht ein gemeinsames Abschlussessen.

Die Beobachtung der ersten beiden Kurse ergab, dass sich bei den Teilnehmern ein Gemeinschaftsgefühl herausbildete. Es entstand zunehmend gegenseitiges Vertrauen, und die von den Teilnehmern über sich gegebenen Informationen wurden persönlicher. Soweit zwischen einzelnen Teilnehmern zunächst eine ablehnende Haltung bestand, wurde diese anscheinend im Lauf des Kurses überwunden. Wenn die Teilnehmer aneinander Kritik übten, geschah dies in fairer Weise. Gewalthandlungen wurden von den Teilnehmern zunehmend negativ bewertet. Die Jugendlichen konnten in den Reflexionen der Übungen teilweise Schlüsse auf die eigene Lebensführung ziehen.

Die durch die Beobachtung und Einzelgespräche erhobenen Befunde wurden durch eine schriftliche Befragung von Jugendlichen, die an einem Kurs teilnahmen, ergänzt. Die Jugendlichen wurden am Beginn und am

Ende des Kurses gebeten, einen gleichlautenden Fragebogen auszufüllen. Hierdurch sollte ermittelt werden, ob es im Kursverlauf zur Veränderung von Einstellungen kam, die für konformes Verhalten von Bedeutung sind.[4] Im Folgenden werden erste Auswertungen der Befragung dargestellt. 39 Jugendliche aus vier Kursen füllten den Fragebogen zu beiden Zeitpunkten aus. Von diesen Jugendlichen waren 19 männlich und 20 weiblich. Zwei waren 14 Jahre und sechs 15 Jahre alt, 18 waren 16 Jahre alt, acht waren 17 Jahre und fünf 18 Jahre alt. 24 Jugendliche hatten die deutsche und sieben die türkische Staatsangehörigkeit. Sieben Jugendliche waren Staatsbürger anderer Länder und bei einem Jugendlichen war die Staatsangehörigkeit unbekannt.

Zur Erfassung der Normakzeptanz wurden den Jugendlichen 13 Beschreibungen von Verhaltensweisen vorgelegt, die einen Normbruch darstellten. Die Jugendlichen sollten auf einer Skala von 1 bis 7 einschätzen, wie schlimm das Verhalten nach ihrer Ansicht ist. Hierbei bedeutet der Wert 1, dass das Verhalten überhaupt nicht schlimm ist, und der Wert 7, dass das Verhalten sehr schlimm ist. Ein höherer Wert zeigt also eine stärkere Normakzeptanz an. Ist der Wert, der in der Befragung am Endes des Kurses angekreuzt wurde, höher als der Wert, der bei der Befragung am Beginn des Kurses angekreuzt wurde, spricht dies für eine Verbesserung der Normakzeptanz während des Kurses. Wie Tabelle 1 zeigt, sind überwiegend keine Veränderungen der Normakzeptanz festzustellen. Bei allen Verhaltensweisen treten bei einer Reihe von Jugendlichen Verbesserungen der Normakzeptanz auf. Es gibt aber bei allen Verhaltensweisen auch Jugendliche, die den Normbruch am Ende des Kurses als weniger schlimm einschätzen als am Anfang. Verschlechterungen der Normakzeptanz kommen aber seltener vor als Verbesserungen. Bei 10 der 13 Delikte überwiegen die Verbesserungen die Verschlechterungen. Am deutlichsten ist der Unterschied bei der Körperverletzung und damit bei einem Delikt, das für die Gewaltprävention besondere Bedeutung hat. Hier ist bei 12 Jugendlichen eine Verbesserung und bei drei Jugendlichen eine Verschlechterung zu verzeichnen. Bei 24 Jugendlichen blieb die Einschätzung unverändert.

4 Zur Relevanz von Einstellungen für konformes Verhalten siehe Hermann, D. (2003). Werte und Kriminalität.

Tabelle 1: Veränderungen der Einschätzungen, wie schlimm bestimmte Verhaltensweisen sind (absolute Zahlen)

Verhaltensweise	Verschlechterung	keine Veränderung	Verbesserung
In öffentlichen Verkehrsmitteln kein Fahrgeld zahlen	8	25	6
In einem Kaufhaus Waren im Wert von etwa 25 Euro einstecken, ohne zu bezahlen	6	24	9
Mit mehr Alkohol als erlaubt am Straßenverkehr teilnehmen	4	26	9
Jemandem die Handtasche entreißen	5	25	9
Kokain einnehmen	3	29	7
Haschisch einnehmen	4	28	6
Jemand schlagen oder prügeln, ohne in einer Notwehrsituation zu sein	3	24	12
Bei einer Telefonzelle die Scheiben einschlagen	10	18	11
Steuern hinterziehen	7	23	8
Krankengeld, Arbeitslosenunterstützung oder andere soziale Vergünstigungen in Anspruch nehmen, obwohl man kein Anrecht darauf hat	9	21	9
Ein Auto, das einem nicht gehört, öffnen und damit eine Spritztour machen	7	26	5
Schmiergelder annehmen	7	20	11
Einen Schaden, den man an einem parkenden Auto verursacht hat, nicht melden	9	19	11

Weiterhin wurden den Jugendlichen zur Erfassung ihrer Gewaltbereitschaft sechs Behauptungen vorgelegt, z. B. „Ich bin bereit, mich mit körperlicher Gewalt gegen anderen durchzusetzen".[5] Die Jugendlichen sollten auf einer fünfstufigen Skala angeben, inwieweit sie der jeweiligen Behauptung zustimmen. Hierbei bedeutete der Wert 1, dass die Behauptung völlig stimmt, und der Wert 5, dass die Behauptung gar nicht stimmt. Höhere Werte indizieren also eine geringere Gewaltbereitschaft. Wie aus Tabelle 2 hervorgeht, ist überwiegend keine Veränderung in den Stellungnahmen zu den Behauptungen festzustellen. Bei fünf der sechs Behaup-

5 Die Behauptungen wurden dem Instrument „Gewaltbefürwortende Einstellungen" entnommen, siehe dazu Ulbrich-Herrmann, M., Gewaltbefürwortende Einstellungen, in: Glöckner-Rist, A. (Hrsg.), Zusammenstellung sozialwissenschaftlicher Items und Skalen. ZIS Version 14.00, 2010.

tungen überwiegt die Zahl der Jugendlichen, die am Ende des Kurses eine stärkere Ablehnung von Gewalt zum Ausdruck bringen als am Kursanfang, die Zahl der Jugendlichen, bei denen sich die Ablehnung von Gewalt im Kursverlauf abschwächt. Besonders deutlich ist der Unterschied bei der Behauptung „Körperliche Gewalt gegen andere gehört ganz normal zum menschlichen Verhalten, um sich durchzusetzen". Diese Behauptung wird von 14 Jugendlichen am Kursende stärker abgelehnt als am Kursanfang, während bei zwei Jugendlichen die Ablehnung geringer wird. Bei 23 Jugendlichen ändert sich die Stellungnahme nicht. Nach diesen Befunden könnte der Kurs bei einigen Jugendlichen zu einer Stärkung der Normakzeptanz und einer Verringerung der Gewaltbereitschaft geführt haben. Wegen der kleinen Fallzahl müssen die Daten jedoch sehr vorsichtig interpretiert werden.

Tabelle 2: Veränderungen bei den Behauptungen zur Gewaltbereitschaft (absolute Zahlen)

Behauptung	Verschlechterung	keine Veränderung	Verbesserung
Ich bin bereit, mich mit körperlicher Gewalt gegen andere durchzusetzen.	2	27	6
Ich würde selbst nie körperliche Gewalt anwenden. Aber ich finde es gut, wenn es Leute gibt, die auf diese Weise für Ordnung sorgen.	4	26	9
Körperliche Gewalt gegen andere gehört ganz normal zum menschlichen Verhalten, um sich durchzusetzen.	2	23	14
Ich bin in bestimmten Situationen durchaus bereit, auch körperliche Gewalt anzuwenden, um meine Interessen durchzusetzen.	4	26	7
Man muss leider zu Gewalt greifen, weil man nur so beachtet wird.	4	30	5
Selber würde ich nie Gewalt anwenden. Aber es ist schon gut, dass es Leute gibt, die mal ihre Fäuste sprechen lassen, wenn es anders nicht mehr weitergeht.	8	25	6

Insgesamt deuten die Beobachtung der Trainingseinheiten, die Einzelgespräche mit den Jugendlichen und die Befragung darauf hin, dass das Training geeignet sein könnte, die sozialen Kompetenzen von Jugendlichen (insbesondere die Fähigkeiten zur Kommunikation und Kooperation) und die Ablehnung von Gewalt zu stärken. Als schwierig erwies es sich allerdings, Jugendliche für das Programm zu gewinnen, bei denen sich eine Gewaltproblematik abzeichnet, die aber noch nicht verurteilt sind und bei denen mangels gerichtlich auferlegter Verpflichtung zur Teilnahme an dem Kurs mit einer Nichtteilnahme keine unmittelbaren Nachteile verbunden sind. Insofern sind weitere Anstrengungen geboten, um Jugendliche, für die das Programm indiziert ist, zu einer Teilnahme zu motivieren. Fraglich ist auch, ob mit dem Projekt, das sich über einige Monate erstreckt, dauerhafte Wirkungen erzielt werden können. Insbesondere bei stärker gefährdeten Jugendlichen könnte eine längerfristige Begleitung, die u. a. auch die Bereiche Ausbildung und Beruf umfasst, angezeigt sein. Insofern ist zu überlegen, ob das Projekt mit anderen Maßnahmen zur Förderung junger Menschen koordiniert werden kann.

Rechtsextremistisches und fremdenfeindliches Gefährdungspotential in peripheren ländlichen Räumen. Eine Forschungsskizze

Frieder Dünkel, Bernd Geng

Der Jubilar hat – wie kaum ein anderer – die kriminologische Forschung in Deutschland voran gebracht und neue Perspektiven entwickelt. Das Kriminologische Forschungsinstitut Niedersachsen (KFN) in Hannover ist unter seiner Leitung auch international sichtbar geworden. Insbesondere mit der Dunkelfeldforschung und den Schülerbefragungen, die zahlreiche Facetten der Kriminalitätsentstehung und Viktimisierung im Jugendalter abdecken,[1] hat Deutschland Anschluss an die kriminologische Forschung im anglo-amerikanischen Bereich gefunden. Wir danken von Seiten des Lehrstuhls für Kriminologie dem Jubilar und seinen Mitarbeiterinnen und Mitarbeitern für vielfältige Unterstützung bei den von uns initiierten regionalen Befragungen in Mecklenburg-Vorpommern.[2]

I. Peripherisierung ländlicher Räume und die Folgen

In den letzten Jahren rückt der „Ländliche Raum" wieder verstärkt in den Forschungsfokus unterschiedlichster Disziplinen. Das Spektrum reicht von der Demografie, der Sozial-/Wirtschaftsgeografie und Ökologie über die Soziologie, Politikwissenschaft, den Agrarwissenschaften, Gesundheitswissenschaften (für die beiden letzteren insbesondere auch deren

1 Vgl. Pfeiffer et al. (1998), Pfeiffer und Wetzels (1997, 1999), Wetzels et al. (2000), Wetzels et al. (2001), Baier et al. (2006), Baier et al. (2006a), Baier (2008), Baier et al. (2009), Baier et al. (2010).

2 Dies gilt insbesondere für die anfängliche Anregung der Greifswalder Schülerbefragungen 1998, 2002 und 2006 sowie auf der Insel Usedom 2002 und 2006 auf Grundlage des vom KFN ursprünglich entwickelten Erhebungsinstrumentes und die Überlassung von umfangreichen Materialien und Ergebnissen der vom KFN durchgeführten Studien seit 1998 in anderen bundesdeutschen Landkreisen und Städten, die uns wichtige Vergleichsperspektiven ermöglicht haben.

ökonomische Teildisziplinen Agrarökonomie und Gesundheitsökonomie) bis hin zur Psychiatrie und Theologie. Die Kriminologie befindet sich demgegenüber noch in einer Art Wartestellung, da deren wissenschaftliche Zuwendung i. d. R. einerseits stark von den gesellschaftlichen Veränderungen und deren Problemanalysen durch andere Sozial- und Verhaltenswissenschaften (jüngst auch den Lebenswissenschaften) und andererseits durch die medial verbreiteten öffentlichen Skandalisierungsdiskurse beeinflusst wird.

Es gehört allerdings zum gesicherten Kenntnisstand der Kriminologie, dass hinsichtlich ihres zentralen Gegenstandes, dem Verbrechen, ländliche Räume im Allgemeinen sehr viel geringer mit Kriminalität belastet sind als Großstädte und urbane Agglomerationen einschließlich ihrer suburbanen Randzonen. Ein Blick auf die regionalen Statistiken der PKS verdeutlicht denn auch, dass, mit wenigen deliktischen Ausnahmen, beispielsweise in grenznahen ländlichen Regionen, etwa zu Polen oder Tschechien (z. B. Fahrzeugdiebstahl, Wohnungseinbruch, Ladendiebstähle, Schleuserkriminalität, Drogentransit), das bekannte Stadt-Land-Gefälle in der Kriminalitätsbelastung nach wie vor zutrifft.

Die jüngste Hinwendung der genannten Disziplinen zum „Ländlichen Raum" als Forschungsgegenstand findet ihren Grund in einer zunehmend verbreiteten Peripherisierung[3] ländlicher Regionen mit ihren – empirisch nicht mehr zu leugnenden – vielfältigen negativen Folgen für die darin lebende Bevölkerung vor dem Hintergrund immer knapper werdender finanzieller Ressourcen der zuständigen Landkreise und Gemeinden.

Zu den wesentlichen Voraussetzungen, die eine Peripherisierung in Gang setzen, gehören eine ökonomische Strukturschwäche und eine geringe Bevölkerungsdichte. Regionen, in denen beide Bedingungen zusammentreffen, geraten immer häufiger in eine Abwärtsspirale kumulierender negativer Entwicklungen. In der Mehrzahl der Fälle trifft dies auf ländliche Regionen mit dörflicher Siedlungsstruktur zu.[4] Charakteristisch

3 Zum Begriff der Peripherisierung vgl. des Essay von Keim (2006), in dem er auf die Prozessbegriffsbildungen innerhalb der Soziologie Norbert Elias' als Bezugsrahmen für die Erforschung gesellschaftlicher Verhältnisse rekurriert. Peripherisierung bezeichnet nach Keim einen sozial-räumlichen Prozessbegriff, der zusammenfassend die Dynamik einer „graduelle[n] Schwächung und/oder Abkopplung sozial-räumlicher Entwicklungen gegenüber den dominanten Zentralisierungsvorgängen" beschreibt (S. 3). Vgl. aus der Perspektive der soziologischen Ungleichheitsforschung auch Neu (2006).

4 Natürlich sind auch städtische (Teil-)Regionen von Peripherisierung betroffen. Ferner betreffen solche Schrumpfungs-, Entleerungs- und Abstiegsprozesse sowohl ostdeut-

für diese ländlichen Räume sind: Eine geringe ökonomische Wettbewerbsfähigkeit, ein defizitärer Arbeitsmarkt mit überdurchschnittlich hoher Arbeitslosigkeit, ein weit unterdurchschnittlicher Wohlstand aufgrund eines deutlich niedrigeren Haushaltseinkommens und geringer Kaufkraft, eine niedrige Steuereinnahmekraft der Gemeinden und eine starke ökonomische Abhängigkeit von Entscheidungen in städtischen Zentren fernab der Region, ein anhaltender Rückgang der Bevölkerungszahlen, verstärkt durch die Abwanderung der gut ausgebildeten jungen Menschen bei gleichzeitig geringen Zuwanderungsraten und eine Zunahme des Anteils älterer Menschen.

Durch die Abwanderung vor allem der jungen, meist gut ausgebildeten Frauen potenzieren sich demografische und ökonomische Probleme, und das Verhältnis der Geschlechter gerät aus dem Gleichgewicht. So spricht Weiß (2006) bereits von einer „Residualbevölkerung“ in einigen Regionen Mecklenburg-Vorpommerns.[5]

In diesem mehrdimensionalen „Peripherisierungsprozess“ verstärken sich ökonomischer Strukturwandel und demografischer Wandel wechselseitig, was u. a. auch dazu führt, dass die infrastrukturelle Tragfähigkeit der öffentlichen und privatwirtschaftlichen Daseinsvorsorge in der bisherigen Form nicht mehr gewährleistet werden kann und sich die allgemeinen Lebensbedingungen zunehmend erkennbar verschlechtern.

„Fatal ist, dass durch diese systemische Negativentwicklung die Spielräume und Chancen für den Einzelnen in der Region und für die Region insgesamt deutlich geringer werden. Finanzielle, personelle und ökonomische Ressourcen werden weniger. Das System der Kommunalfinanzen ist nicht auf die spezifischen Probleme eines sich entleerenden Raumes ausgerichtet. Der Kreis der kreativen und innovativen Menschen wird kleiner.

sche als auch westdeutsche Räume, wenn auch in unterschiedlichen Formen. Ohne hier auf die Heterogenität und Differenziertheit räumlicher Entwicklungsprozesse eingehen zu können, handelt es sich bei den betroffenen Räumen typischerweise um: Regionen in relativ entfernter räumlicher Lage zu den Zentren der wirtschaftlichen Entwicklung, grenz- oder küstennahe Regionen oder Berggebiete bzw. Mittelgebirgslagen ohne funktionale Kompensationsmöglichkeiten (z. B. Tourismus mit entsprechender Infrastruktur), ländliche Regionen, die sich einem radikalen ökonomischen Strukturwandel ausgesetzt sehen, bzw. „deindustrialisierte“ ländliche Regionen wie die monostrukturierten Agrargebiete in Ostdeutschland, altindustrielle bzw. altgewerblich geprägte Regionen, Bergbaugebiete sowie alt-touristische Gebiete in Westdeutschland, vgl. Mose (2005), Akademie für Raumforschung und Landesplanung (2008), Arbeitsgruppe Regionale Standards/GESIS 2013.

5 Vgl. auch Dienel (2005), Mai (2006), Kröhnert (2009).

Und die geringe Bevölkerungsdichte verschlechtert die Basis für den Absatz von Produkten und Dienstleistungen und damit die Chancen, Geschäftsideen umzusetzen. Die mit dem Gleichwertigkeitspostulat verbundene Chancengleichheit zur Teilhabe an wirtschaftlichen und gesellschaftlichen Entwicklungen kann somit nicht mehr gewährleistet werden. Damit drohen diesen Regionen Marginalisierung und Abkopplung von der gesellschaftlichen Entwicklung" (Akademie für Raumforschung und Landesplanung, 2008, S.4).[6]

6 So ist beispielsweise die Gewährleistung von medizinischen Dienstleistungen (ärztliche und psychotherapeutische Versorgung, Krankenhaus der Grundversorgung), Schulen, Krippen und Kindergärten, Jugendarbeit, Jugendhilfe, Sicherheit und Rechtspflege, Telekommunikationsdiensten, Strom, Wasser, Verkehrswegen und öffentlichem Nahverkehr bis hin zur kirchlichen Versorgung abhängig von der Bevölkerungszahl im Einzugsbereich des jeweiligen Leistungsanbieters. Da bestimmte Maximaldistanzen nicht überschritten werden können und die meisten öffentlichen und privaten Dienstleister der Daseinsvorsorge fixkostenintensiv sind, impliziert eine geringe Bevölkerungsdichte, dass diese Gebiete tendenziell schlechter versorgt sind als Zentren. Hinzu kommen der Rückzug öffentlicher Strukturen aus der Fläche sowie eine Betrachtung ländlicher Räume mit städtischen Standards. Die Mitversorgung der peripheren ländlichen Räume von den urbanen Zentren aus scheitert häufig an der eingeschränkten Erreichbarkeit zentralisierter Dienstleistungen. Damit gerät die staatliche Verantwortung für „die Fläche" als ein Kernelement des Sozialstaates (Art. 20 GG) in Verbindung mit der Forderung der Herstellung „gleichwertiger Lebensverhältnisse", wie diese im Übrigen auch durch den Gesetzgeber vorgegeben ist, unter Druck. Für die „Herstellung gleichwertiger Lebensverhältnisse" wurde dem Bund Gesetzgebungsrecht in bestimmten Bereichen eingeräumt (Art. 72 GG). Länderfinanzausgleich und Bundesergänzungszuweisungen (§ 106 GG) wahren die „Einheitlichkeit der Lebensverhältnisse im Bundesgebiet", indem auch finanzschwache Länder die notwendige Infrastruktur vorhalten können. Schließlich konkretisiert das Raumordnungsgesetz des Bundes in den Grundsätzen der Raumordnung § 2 Abs. 2 Nr. 1-8 diesen Anspruch. Etwa in Nr.1: „Im Gesamtraum der Bundesrepublik Deutschland und in seinen Teilräumen sind ausgeglichene soziale, infrastrukturelle, wirtschaftliche, ökologische und kulturelle Verhältnisse anzustreben. Dabei ist die nachhaltige Daseinsvorsorge zu sichern, nachhaltiges Wirtschaftswachstum und Innovation sind zu unterstützen, Entwicklungspotenziale sind zu sichern und Ressourcen nachhaltig zu schützen. Diese Aufgaben sind gleichermaßen in Ballungsräumen wie in ländlichen Räumen, in strukturschwachen wie in strukturstarken Regionen zu erfüllen." Jenseits der rechtlichen und normativen Interpretationen der Begriffe „Herstellung gleichwertiger Lebensverhältnisse" – auch im Hinblick auf die Novellierung des Art. 72 GG im Jahr 1994 und des Raumordnungsgesetzes im Jahr 1998 (in der bis zum 14.11.1994 geltenden alten Fassung des Art. 72 GG wurde auf die „Wahrung der Einheitlichkeit der Lebensverhältnisse" abgestellt) – tangiert der Gleichwertigkeitsgrundsatz unter einer gesellschaftspolitischen Perspektive grundsätzliche Vorstellungen über soziale Gerechtigkeit. Mit Blick auf die geschilderten Verhältnisse kann damit die mit dem Gleichwertigkeitspostulat verbundene Chancengleichheit zur Teilhabe an wirtschaftlichen und gesellschaftlichen Entwicklungen nicht mehr gewährleistet werden.

Leerstehende Gebäude, baulicher Verfall und brachliegende Standorte sind sichtbare Zeugnisse des Verfalls der Immobilienwerte und drohender örtlicher bzw. regionaler Entleerung. Von außen werden diese Regionen als „Abstiegs-Regionen", als „Verlierer-Regionen" und damit als „nicht lebenswert" wahrgenommen. Das damit verbundene schlechte Image, ein beeinträchtigtes Lebensgefühl in Teilen der Bevölkerung und eine sinkende Bereitschaft, in diese Regionen zu ziehen, sind weitere Folgen.

Darüber hinaus ist im Bereich der mentalen Folgen eine allgemein zunehmende Politikverdrossenheit und Demokratieskepsis sowie eine verstärkte Anfälligkeit für extreme Positionen und Gruppierungen in der „Residualbevölkerung" zu beobachten. Dies trifft insbesondere für ostdeutsche periphere ländliche Räume (und generell für ökonomische Krisenregionen in Ostdeutschland) zu.

Die dargestellten Phänomene entsprechen damit recht genau denjenigen gesellschaftlichen Prozessen und sozialen wie psychologischen Folgen, die durch das „Desintegrationstheorem" von Raimund Anhut und Wilhelm Heitmeyer (2000, 2002, 2005) beschriebenen werden, das als Erklärungsmodell für „Gruppenbezogene Menschenfeindlichkeit" (GMF) im Rahmen der „GMF-Surveys" des Bielefelder IKG zwischen 2002 und 2012 empirisch untersucht wurde. Auf einer Ideologie der Ungleichwertigkeit basierend umfasst das GMF-Syndrom mittlerweile zwar ein breites Einstellungs- und Verhaltensrepertoire[7], im Kern fokussiert der spezifische Erklärungsgegenstand der Desintegrationstheorie allerdings auf „die Phänomenbereiche Gewalt(-kriminalität), Rechtsextremismus sowie ethnisch-kulturelle Konflikte in der Form der Abwertung und Abwehr ethnisch Anderer" (Anhut/Heitmeyer, 2007, S. 55; vgl. auch Anhut, 2002).

Vgl. hierzu aus sozialwissenschaftlicher Sicht Barlösius (2006), Neu (2006) und aus rechtswissenschaftlicher Sicht Brandt (2006).

7 Das erweiterte Syndrom „Gruppenbezogener Menschenfeindlichkeit" umfasst zuletzt 12 Elemente: Fremdenfeindlichkeit, Rassismus, Antisemitismus, Islamfeindlichkeit, Etabliertenvorrechte, Sexismus, Homophobie, Abwertung von Menschen mit Behinderung, Abwertung von Obdachlosen, Abwertung von Langzeitarbeitslosen, Abwertung von Sinti und Roma, Abwertung von Asylbewerbern (vgl. Zick et al. 2012, S. 64 ff.).

II. Rechtsextremistische Bedrohung

Es ist daher wenig überraschend, wenn die beschriebenen Krisenlagen in den von Peripherisierung betroffenen ländlichen Räumen einen Resonanzboden bilden, dessen prekäre Grundstimmung gezielt von rechtsextremen Gruppierungen und Parteien (insbesondere der NPD) aufgegriffen und für ihre Absichten und Agitation genutzt wird. So ist die NPD bei den jüngsten Landtagswahlen erneut in zwei Bundesländern in ein Landesparlament eingezogen. In Sachsen schaffte es die NPD 2004 (9,2 %) und 2009 (5,6 %) über die Fünfprozenthürde, in Mecklenburg-Vorpommern im Jahr 2006 (7,3 %) und 2011 (6,0 %) ebenfalls wieder in Folge. Grundlage der NPD-Wahlerfolge waren dabei die besonders hohen Stimmenanteile in ländlichen Regionen. Ein besonders differenziertes und ausgeprägtes Bild ergibt sich auf der regionalen Ebene beispielsweise bei den letzten Kreistagswahlen in Mecklenburg-Vorpommern, die zeitgleich mit den Landtagswahlen am 4.9.2011 aufgrund der Kreisgebietsreform stattfanden. In den nunmehr insgesamt sechs Landkreisen konnte die NPD 23 Mandate erringen, hinzukommen drei Mandate aus Schwerin (1 Mandat) und Rostock (2 Mandate), ferner 34 NPD-Mandatsträger in den Gemeindevertretungen aus den Kommunalwahlen von 2009 (z. B. Anklam, Uecker-Randow oder Stralsund), die nicht neu gewählt wurden. Vor allem in den ländlichen Räumen in den östlichen Landesteilen hat die NPD dabei besonders hohe zweistellige Stimmenanteile erzielt.[8] Vergleicht man am Beispiel Mecklenburg-Vorpommerns – dem Bundesland das wir aufgrund unseres Universitätsstandortes Greifswald am besten überschauen – die Indikatoren Bevölkerungszahl und Steuereinnahmekraft als Grobindikatoren für bevölkerungsarme und strukturschwache ländliche Regionen mit den NPD-Stimmenanteilen in den Gemeinden bei den letzten Kreistagswahlen 2011, so zeigt sich eine beachtliche Korrespondenz auf kommuna-

8 Im Wahlkreis Ostvorpommern I waren es 10,4 % der Zweitstimmen, im Wahlkreis Ostvorpommern II 11,3 %, im Wahlkreis Uecker-Randow II 12,0 % und im Wahlkreis Uecker-Randow I sogar 15,4 %. In sieben Gemeinden holten die Rechtsextremen mehr als 25 %, darunter das „bekannte“ Dorf Postlow (28,9 %). Hier hatte die NPD 2006 ihr deutschlandweites Rekordergebnis von 38 % erreicht. Aktuell „brauner Spitzenreiter“ ist das Dorf Koblentz, wenige Kilometer von der polnischen Grenze entfernt – jeder Dritte wählte hier die NPD.

ler Ebene vor allem in den Gemeinden des an der Grenze zu Polen gelegenen neuen Großkreises Vorpommern-Greifswald (vgl. Abbildung 1-3).[9]

Abbildung 1: Größen- und Funktionsklassen der Städte und Gemeinden nach Bevölkerungszahlen 2010 im Landkreis Vorpommern-Greifswald

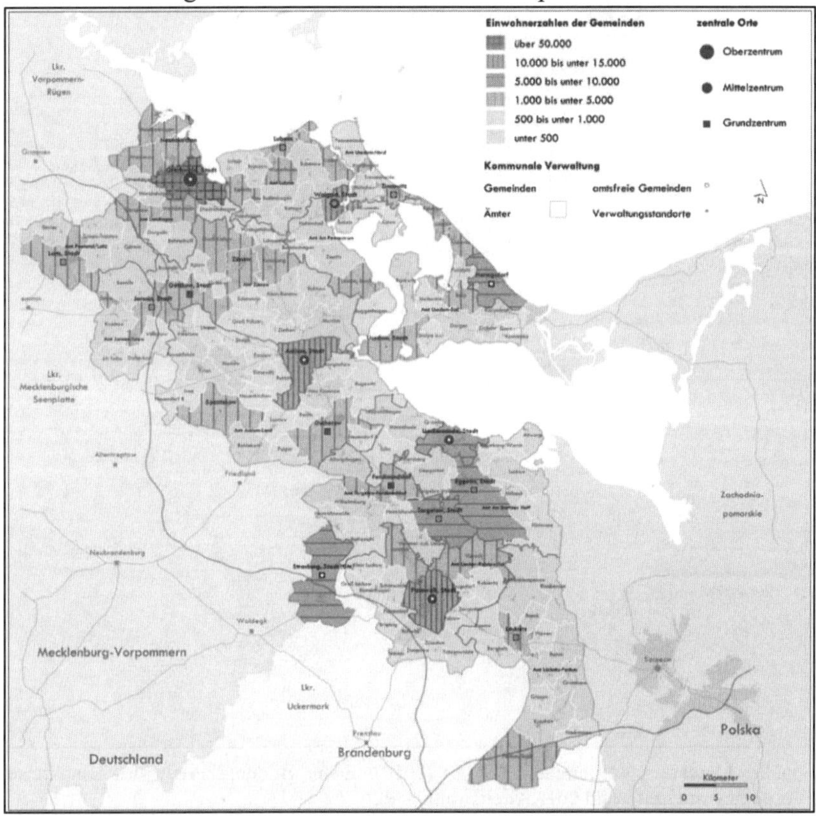

Quelle: Landkreis Vorpommern (Hrsg.) (2012). Erster Bildungsbericht des Landkreises Vorpommern-Greifswald 2012. Greifswald, S. 21.

9 Übereinstimmend finden sich Korrespondenzen mit weiteren Indikatoren zur regionalen Bevölkerungs- (etwa Abwanderung nach Altersgruppen, Altersstrukturentwicklung) und Arbeitsmarktentwicklung (etwa Arbeitslosigkeit nach Altersstruktur, sozialversicherungspflichtige Beschäftigung, Kaufkraft), die auf eine verstärkte Peripherisierung ländlicher Siedlungsräume insbesondere in den Altkreisen Uecker-Randow und Ostvorpommern hindeuten, auf die wir aus Platzgründen an dieser Stelle nicht weiter eingehen können. Ferner spielen hier Ressentiments gegenüber Polen (Kriminalität, Arbeitsplatzverlustängste etc.), die von der NPD gezielt forciert werden, eine besondere Rolle.

Abbildung 2: Steuereinnahmekraft der Städte und Gemeinden im Landkreis Vorpommern-Greifswald in Euro/Einwohner 2010

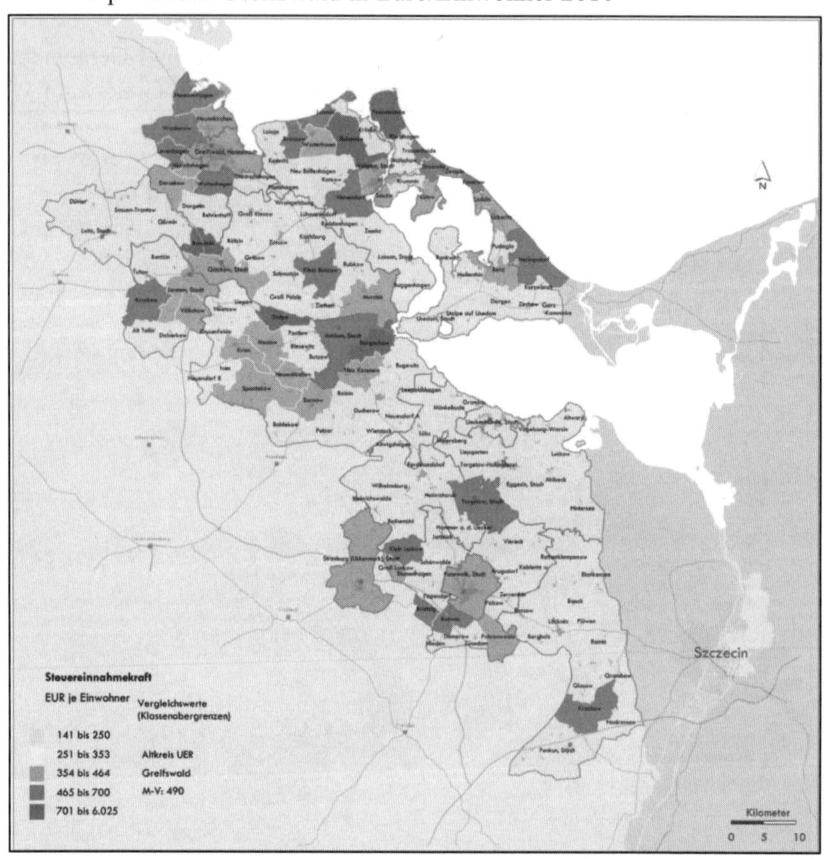

Quelle: Landkreis Vorpommern (Hrsg.) (2012). Erster Bildungsbericht des Landkreises Vorpommern-Greifswald 2012. Greifswald, S. 22.

Abbildung 3: NPD-Zweitstimmenanteile auf Gemeindeebene bei den jüngsten Wahlen der Kreistage in Mecklenburg-Vorpommern am 4.9.2011

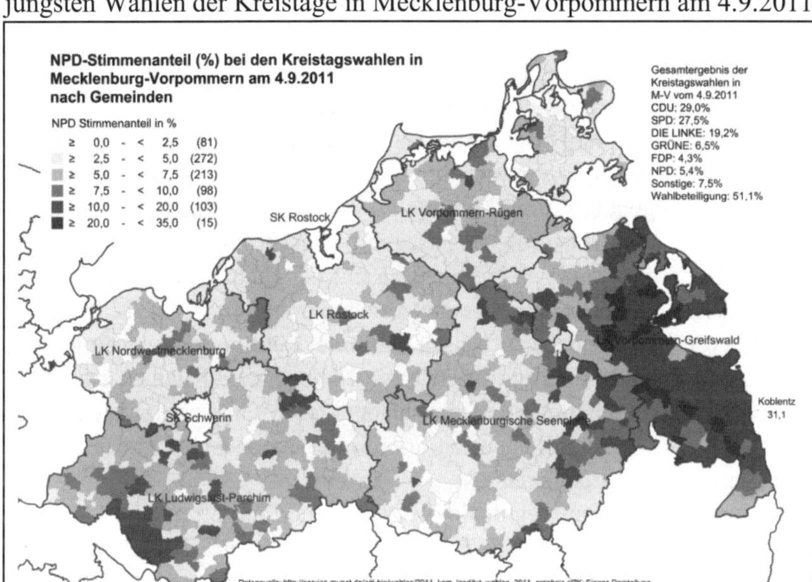

Allgemein kann angenommen werden, dass mit wiederholten lokalen und regionalen Wahlerfolgen der NPD – und dies umso mehr, je größer diese ausfallen – in der Bevölkerung sich ein „Normalisierungsprozess" vollzieht, indem die NPD – unabhängig von ihren menschenverachtenden Aussagen, ihrer Gewaltakzeptanz oder Gewaltausübung von Teilen ihrer Mitglieder oder Anhänger – als eine ganz normale Partei wie jede andere betrachtet wird (vgl. Zick et al., 2009, S. 181).

Auch ist zu beobachten, dass ländliche Räume aufgrund dieser spezifischen Kohärenz verstärkt von Rechtsextremisten als Rückzugsorte genutzt werden, da Rechtsextreme dort weniger Gegenwehr erfahren als in Städten, wo vielfach bereits gut etablierte zivilgesellschaftliche Gegenstrukturen wirksam vorhanden sind. Ländliche Räume können damit als Kristallisationskerne für rechtsextreme Strukturen fungieren. Rechtsextremisten bemühen sich dabei besonders um die Rekrutierung von Kindern und Jugendlichen in verschiedenster Weise. Hierbei profitieren sie in besonderem Maße von einem Rückzug der Jugendarbeit und Jugendsozialarbeit aus der Fläche, von der schwindenden Attraktivität der Angebote anderer

Vereine, Verbände und Parteien und einer gleichzeitigen Kommerzialisierung jugendspezifischer Freizeitangebote. Dabei wird auch das zur Jugend per se gehörende Provokationspotenzial genutzt. Infiltrationsmöglichkeiten für Rechtsextreme in ländlichen Siedlungsräumen bieten ferner noch bestehende Sportvereine und freiwillige Feuerwehren.

Das rechtsorientierte Spektrum jugendsubkultureller Formationen ist dabei sehr vielfältig. Es reicht von einer ideologisch eher unbedarften rechten „Verlegenheitskultur" bis hin zu ideologisch geschulten Parteianhängern und -unterstützern. Überwiegend typisch sind lose Cliquen und Kameradschaften, häufig in Verbindung mit der Etablierung einer rechten Musikszene, die mehrheitlich einen erlebnisorientierten, in Teilen auch gewaltbereiten, Charakter aufweisen. Mitunter gelingt der Aufbau logistischer Zentralpunkte (häufig internetbasiert über Szene-Kneipen oder Szene-bekleidungsgeschäfte und Militarialäden) oder – im schlimmsten Fall – eine Vernetzung von rechtsextrem orientierter Jugendsubkultur und organisiertem Rechtsextremismus.

Dadurch geschaffene regionale Netzwerke und die offen oder kaschierten Aktivitäten rechtsextremer Protagonisten, die – u. a. begünstigt durch den Vertrauensverlust und die gefühlte Einflusslosigkeit hinsichtlich der etablierten demokratischen Parteien verbunden mit deren Rückzug aus ländlichen Gemeinden – als „Kümmerer" vor Ort auftreten, führen zu einer verstärkten Präsenz der extremen Rechten im Alltag, was schließlich zu einer weiteren „Normalisierung" rechtsextremer Anschauungen und Verhaltensweisen in der übrigen Bevölkerung führt. Diese alltäglichen „Normalisierungsgewinne" führen dann zu einer Art Immunisierung, die eine Problematisierung solcher Orientierungen zusätzlich erschwert.

III. Kriminologische Bedeutung

Die kriminologische Relevanz des Phänomenbereichs Rechtsextremismus liegt auf der Hand: Für den Rechtsextremismus, der auf einer Ideologie der Ungleichwertigkeit von Menschen und Gruppen beruht, ist zur Erreichung und Durchsetzung seiner ideologisch-politischen Zielstellungen (d. h. letztlich die Beseitigung der freiheitlich demokratischen Grundordnung und die Errichtung einer wie auch immer gearteten völkisch-nationalsozialistischen Diktatur) Gewaltakzeptanz und Gewaltanwendung ein wesentlicher „Regelungsmechanismus gesellschaftlicher Verhältnisse und Konflikte", wie dies Heitmeyer in einem Vortrag zu „Rechtsextremismus im ländlichen Raum" in Greifswald am 25.10.2012 zutreffend formuliert hat.[10]

Der Lehrstuhl für Kriminologie hat u. a. zum Zusammenhang von rechtsextremen Einstellungen und Gewalt bei Jugendlichen selbst mehrere Schülerbefragungen zwischen 1998 und 2006 in Greifswald und auf der Insel Usedom sowie in einigen Ostseeanrainerstaaten durchgeführt.[11] Die Greifswalder Schülerbefragungen wurden inhaltlich und methodisch durch Kollegen des Kriminologischen Forschungsinstituts Niedersachsen (KFN) in Hannover unterstützt und basieren auf den vom KFN ursprünglich entwickelten Erhebungsinstrumenten, um eine möglichst große Vergleichbarkeit mit den umfangreichen, vom KFN in mehreren bundesdeutschen Städten durchgeführten Schülerbefragungen zu ermöglichen.[12]

Ferner haben wir verurteilte inhaftierte Straftäter und Untersuchungshäftlinge in den fünf Justizvollzugsanstalten Mecklenburg-Vorpommerns u. a. auch zu diesem Gegenstand mittels Befragungen untersucht (vgl. Dünkel/Geng, 2012, vgl. zu dieser besonderen Gruppe u. a. auch Wahl, 2003).

Heitmeyer hat in dem erwähnten Vortrag in Greifswald richtigerweise von einer Korrespondenz zwischen rechtsextremen Einstellungen und Gewaltakzeptanz bzw. Gewaltanwendung gesprochen. D. h. es handelt sich um eine Korrelation und nicht wie dies oft fälschlich dargestellt wird

10 Der Vortrag von Wilhelm Heitmeyer erfolgte im Rahmen eines internationalen Symposiums der Universität Greifswald „Think rural – Dynamiken des Wandels in peripheren ländlichen Räumen und ihre Implikationen für die Daseinsvorsorge" vom 25.-27.10.2012 im Alfried Krupp Wissenschaftskolleg Greifswald. Der Tagungsband mit dem Vortrag Heitmeyers wird Anfang des Jahres 2014 im Springer VS-Verlag erscheinen, vgl. Dünkel et al. (2014).

11 Vgl. Geng (1999), Dünkel und Geng (2003), Dünkel und Geng (2007), Dünkel et al. (2007), Dünkel et al. (2008).

12 Der ursprünglich 1998 verwendete Fragebogen basiert auf einer Entwicklung und Zusammenstellung von theoretisch geleiteten Themenstellungen des Kriminologischen Forschungsinstituts (KFN) in Hannover (vgl. Wetzels et al., 2000, Wetzels et al., 2001). Der KFN-Erhebungsbogen wurde von uns an die regionalen Gegebenheiten in Greifswald und Usedom angepasst und um einige relevante Themen (insbesondere jugend(sub)kulturelle Freizeitstile und gesellschaftspolitische Orientierungen, etwa Einstellungen gegenüber Polen) erweitert. Vergleichsmöglichkeiten für unsere bislang letzte Schülerbefragung in Greifswald und auf der Insel Usedom 2006 bildeten die Schülerbefragungen des KFN im Jahr 2005 in mehreren bundesdeutschen Städten und Landkreisen sowie in Thüringen, die von Dirk Baier geleitet wurden (vgl. Baier et al., 2006, Baier et al. 2006a).

– zum Teil auch von Wissenschaftlern – um eine kausale Verknüpfung derart, dass die Ursache von Gewaltbereitschaft oder gar Gewalttäterschaft die rechtsextremen Einstellungen sind. Sicherlich trifft dies auf der Ebene der Durchsetzung der politisch-ideologischen Zielstellungen des bewegungsförmigen Rechtsextremismus und seiner Akteure zu, wie dies Heitmeyer anhand der Interaktionsformen im Kampf um den öffentlichen Raum über die Handlungsvarianten „Provokationsgewinne", „Räumungsgewinne", „Raumgewinne" und „Normalisierungsgewinne" ausgeführt hat.[13]

Auf der individuellen Ebene und vor allem der Entstehung und Entwicklung rechtsextremer Orientierungen, insbesondere bei Kindern und Jugendlichen, sind die Verhältnisse – also die Beziehungen zwischen Aggression, Gewaltakzeptanz und Gewalthandeln auf der einen und etwa der Herausbildung von fremdenfeindlichen und rechtsextremen Einstellungen auf der anderen Seite – sehr viel komplexer und keinesfalls einfacher kausaler Natur.

In unseren Greifswalder und Usedomer Erhebungen 1998, 2002 und 2006 – jeweils eine Totalerhebung aller Schüler der 9. Jahrgangsstufe an allgemeinbildenden öffentlichen Schulen, mit insgesamt über 3.700 befragten Jugendlichen, hatten wir erhebliche Akzeptanzraten hinsichtlich der Verbreitung von fremdenfeindlichen und rechtsextremen Einstellungen unter den befragten Jugendlichen festgestellt. Noch in der letzten Erhebung 2006 äußerte sich jeder dritte Usedomer und Greifswalder Jugendliche tendenziell zustimmend gegenüber fremdenfeindlichen und rechtsextremen Aussagen (Usedom: 39,4 %, Greifswald 37,1 %), etwa jeder

13 Gewalt als Mittel zur Durchsetzung von Zielen stellt insbesondere bei terroristischen Gruppierungen ein zentrales Definitionsmerkmal dar. So etwa zuletzt in Deutschland die rechtsextremistische Terrorzelle „Nationalsozialistischer Untergrund" (NSU). Erinnert sei diesbezüglich an die in (West-)Deutschland seit den 1960er Jahren agierenden rechtsterroristischen Gruppen, denen u. a. Mord-, Bomben- und Brandanschläge nachgewiesen wurden. Zur Historie des rechtsextremen Terrorismus in Deutschland vgl. Fuchs/Goetz (2012), Pfahl-Traughber (2012). Ferner sei an die vielen Gewaltopfer durch rechtsextremistische Täter in Deutschland erinnert. Die überwiegende Mehrzahl dieser rechtsextremen Täter gehörte allerdings keiner rechtsterroristischen Gruppierung an. Bis Ende 2012 erkennt die Bundesregierung nur 63 Todesopfer rechter Gewalt offiziell an, während die Amadeu Antonio Stiftung mindestens 183 Todesopfer zählt – wobei eine noch höhere Dunkelziffer zu befürchten ist (vgl. http://www.mut-gegen-rechte-gewalt.de/news/chronik-der-gewalt/todesopfer-rechtsextremer-und-rassistischer-gewalt-seit-1990/, zur Problematik vgl. auch Jansen, 2012).

siebte bis achte Jugendliche verfügte diesbezüglich über ein sehr extrem ausgeprägtes Einstellungsmuster (Usedom: 12,3 %, Greifswald: 13,8 %).

Ferner stimmten rund 12 % der Jugendlichen auf der Insel Usedom und rd. 10 % in Greifswald gewaltaffinen Einstellungen in der Verknüpfung mit fremdenfeindlichen/rechtsextremen Orientierungen zu, 3,4 % auf Usedom und 3,3 % in Greifswald in extremer Weise.

Diese Akzeptanzwerte liegen im Vergleich mit anderen hier herangezogenen repräsentativen regionalen Untersuchungen in westdeutschen Städten und Landkreisen – je nach Operationalisierung der verwendeten Skalen – um das 2,3- bis 3-fache höher. Allerdings weisen andere repräsentative Untersuchungen in ostdeutschen Städten und Regionen oder Studien, die einen Bundesländer- bzw. Ost-West-Vergleich ermöglichen, in der Mehrzahl auf eine diesbezüglich generell höhere Belastung in den neuen Bundesländern hin, so dass die weite Verbreitung solcher Einstellungen, wie wir sie unter den Usedomer und Greifswalder Jugendlichen ermittelt haben, unter ostdeutschen Jugendlichen leider einen „normalen“ Befund darstellt (vgl. Abbildung 4).[14]

Abbildung 4: Fremdenfeindliche/rechtsextreme und gewaltaffine Einstellungen bei Jugendlichen auf der Insel Usedom (2002 und 2006) und in Greifswald (1998, 2002 und 2006) im Vergleich mit KFN-Erhebungen (2005)

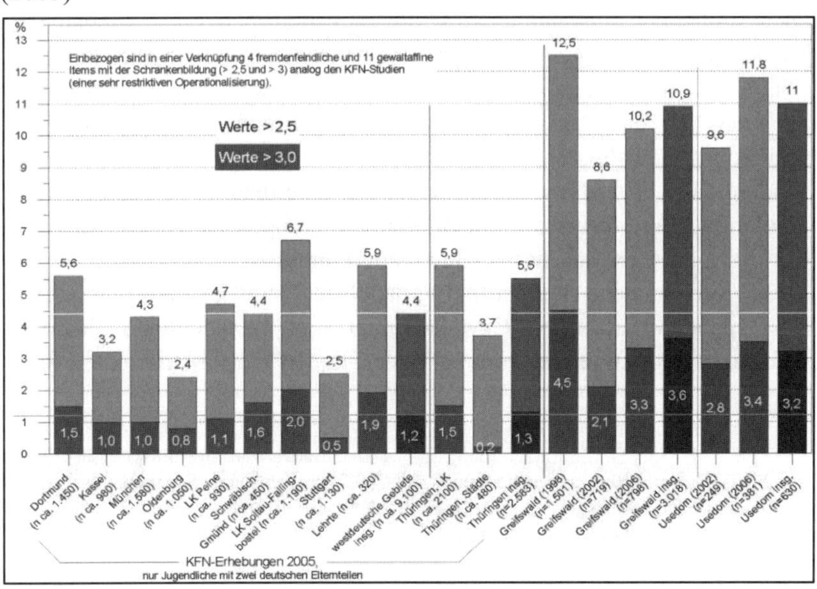

Darüber hinaus verdeutlicht aber u. a. die DFG-Langzeitstudie zur „Gruppenbezogenen Menschenfeindlichkeit" (GMF-Survey: vgl. Heitmeyer, 2002-2012), dass fremdenfeindliche oder rechtspopulistische Einstellungen nicht nur ein jugendspezifisches Problem darstellen, sondern solche Einstellungen bei älteren Erwachsenen zum Teil noch sehr viel ausgeprägter verbreitet sind – bei wiederum deutlich höheren Zustimmungsquoten in den neuen Bundesländern. Altersbedingt stellt allerdings die Konnektivität von Gewaltakzeptanz, Gewaltbereitschaft und rechtsextremer/fremdenfeindlicher Einstellung bei Jüngeren im Unterschied zu Älteren eine besonders brisante Problemkonstellation dar.[15]

Im Hinblick darauf, welche Rolle solche fremdenfeindlichen und rechtsextremen Einstellungen für eine aktive Gewalttäterschaft spielen, zeigte sich auch in unseren Daten, dass ohnehin gewaltbereite Jugendliche auch sehr viel eher fremdenfeindlich/rechtsextrem eingestellt sind als umgekehrt. So waren jeweils nicht ganz die Hälfte der deutlich gewaltakzeptierenden Jugendlichen gleichzeitig stark ausgeprägt fremdenfeindlich und rechtsextrem orientiert (Insel Usedom: rd. 45 %; Greifswald: rd. 48 %).

Umgekehrt verhält sich diese Beziehung aber anders: Etwa ein Viertel der fremdenfeindlich und rechtsextrem eingestellten Usedomer und nur etwa ein Fünftel der Greifswalder Jugendlichen verfügt auch zugleich über eine ausgeprägt hohe Gewaltakzeptanz (26,6 % bzw. 19,1 %). D. h., fremdenfeindliche und rechtspopulistische Einstellungen unter den Jugendlichen sind nicht notwendigerweise mit gewaltaffinen Einstellungen verbunden, was im Übrigen für Jungen und Mädchen gleichermaßen zutrifft.

Die sich in unseren Analysen ergebenden Beziehungen machen aber auch deutlich, dass vor allem die Verknüpfung beider Orientierungen ein sehr hohes Gewaltpotential in sich birgt. Diese Verbindung wird insbesondere dann brisant und gefährlich, wenn sich dieses Potenzial in fremdenfeindlich und rechtsextrem eingestellten Gruppen sozusagen „vergeselligt" bzw. „vergemeinschaftet" und damit kumuliert.

Wie verschiedene Studien und Fallanalysen zeigen, steigert diese enge Korrespondenz zwischen Gewaltaffinität und Fremdenfeindlichkeit in rechtsextrem orientierten Gruppen oder Cliquen – etwa bei rechten Skin-

15 Vgl. GMF-Survey: Endrikat (2006, S. 101 ff.), Babka von Gostomski et al. (2006, 2007), Borstel (2011); oder gleichfalls seit 2002 im zwei Jahres Rhythmus die „Mitte-Studien" der Arbeitsgruppe um Elmar Brähler und Oliver Decker an der Universität Leipzig (zuletzt Decker et al., 2013).

heads und Kameradschaften – unter den Bedingungen einer ausgeprägten „negativen Exklusivität“ und internen „negativen sozialen Identität“ (Gaßebner, 2003, S. 186 ff.) das Gewaltrisiko erheblich. Der Schritt hin zur Instrumentalisierung solcher Gruppen vor Ort durch ideologisch geschulte Kader des bewegungsförmigen Rechtsextremismus ist dann naheliegend.

Anders formuliert: Auch wenn Trendstudiendaten keine echte Kausalanalytik erlauben, ergaben unsere vertiefenden multivariaten Analysen doch Hinweise dafür, dass gewaltaffine Einstellungen der Jugendlichen aufgrund ihrer hohen Konstrukt-Spezifität einen deutlich stärkeren (proximalen) Einfluss auf das Gewalthandeln der Jugendlichen ausüben als fremdenfeindliche/rechtsextreme Orientierungen. Ferner, dass die Entwicklung gewaltaffiner Einstellungen unter den Jugendlichen eine längere Sozialisationsbiografie (entwicklungspsychologische Ontogenese) aufweist und daher einen höheren Erklärungsbeitrag für fremdenfeindliche/rechtsextreme Einstellungen und Gewalt liefert als umgekehrt. Unter dieser biographischen Entwicklungsperspektive gehen wir auch von einem eigenständigen Effekt innerfamiliärer Gewalterfahrungen aus, der sich aber auch mittelbar in der Verknüpfung mit gewaltaffinen Einstellungen und den Bildungsaspirationen ungünstig auf die Gewaltdelinquenz der Jugendlichen auswirkt. In einem entsprechend formulierten Modell (vgl. Abbildung 5, ferner Beelmann/Raabe, 2007) konnten diese Hypothesen empirisch bestätigt werden.

Bzgl. der abhängigen Variablen Fremdenfeindlichkeit/Rechtsextremismus und Gewaltakzeptanz besitzt das Bildungsniveau für sich genommen eine starke prädiktive Relevanz. Bildung erweist sich – zum wiederholten Male – als besonders bedeutsamer Resistenz- und Resilienzfaktor gegenüber solchen Einstellungen. Einschränkend muss aber hierbei die vergleichsweise starke Korrespondenz zwischen der sozialen Herkunft und dem Bildungsniveau berücksichtigt werden. Diese starke Verknüpfung bleibt auch dann bestehen, wenn die Förderschüler in den Pfadanalysen nicht einbezogen werden. Der Einfluss der sozialen Herkunft auf das Bildungsniveau hat in unseren Daten den stärksten direkten Einfluss von allen im Modell ausgewiesenen direkten Einzeleffekten. Knapp 50 % der Varianz des Bildungsniveaus der Jugendlichen wird allein durch die sozioökonomische Lage der Eltern erklärt. Dementsprechend erklärt die soziale Herkunft mittelbar in der Verzahnung mit dem Bildungsniveau der Jugendlichen auch einen beachtlichen Anteil Varianz der fremdenfeindlichen und rechtsextremen Einstellungen, der Gewaltakzeptanz und der aktiven Gewaltdelinquenz.[16]

Abbildung 5: Pfadmodell zum Einfluss von gewaltaffinen und fremdenfeindlichen/rechtsextremen Einstellungen auf Jugendgewalt unter Kontrolle der sozio-ökonomischen Lage der Familie, der innerfamiliären Gewalt und Bildung bei Jugendlichen in Greifswald

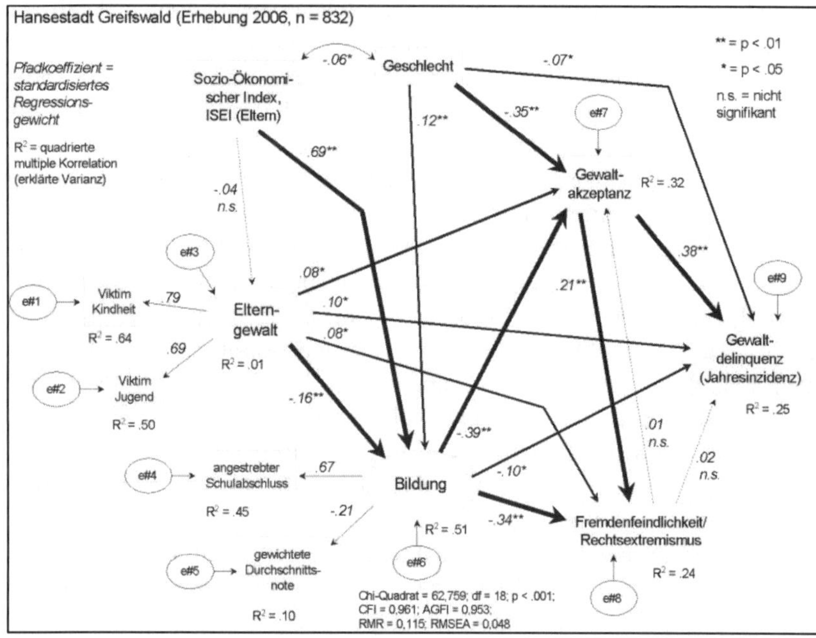

Übereinstimmend mit Befunden aus vielen anderen Studien zeigte sich auch in unseren Analysen, dass unabhängig von der sozialen Herkunft, die erfahrenen Gewaltviktimisierungen durch die Eltern oder Erziehungsberechtigten beträchtliche negative psychische Auswirkungen für die betroffenen Jugendlichen haben, in deren Folge eine erhöhte Gewaltakzep-

16 Auch unsere biografischen Interviews mit inhaftierten jungen rechtsextremen Gewalttätern im Vergleich mit solchen jungen Gewalttätern ohne eine rechte Gesinnung bestätigen unsere Schülerbefragungsbefunde zu den Zusammenhängen zwischen Gewaltakzeptanz, fremdenfeindlichen/rechtsextremen Einstellungen und Gewalt (vgl. Dünkel/Geng, 2012; so auch Wahl, 2003).

tanz, aggressive Verhaltensweisen und Gewaltdelinquenz wahrscheinlicher werden.

Auch für das Geschlecht ergaben sich erwartungskonforme Befunde. Für die Mädchen zeigte sich hinsichtlich der gewaltaffinen Einstellungen und der Gewaltdelinquenz ein deutlich reduzierender Einfluss. Ebenso, wenn auch etwas schwächer ausgeprägt, scheinen Mädchen für fremdenfeindliche und rechtsextreme Ansichten und Parolen weniger anfällig zu sein (vgl. ausführlich Dünkel et al., 2008, S. 248 ff.).

IV. Prävention, Intervention und Forschungsbedarf

Mit Blick auf ländliche Räume und die beschriebenen Peripherisierungsprozesse ergeben sich für präventive Strategien und ein zivilgesellschaftliches Engagement gegen Rechtsextremismus spezifische Herausforderungen in den unterschiedlichsten Handlungsfeldern von Politik, Wirtschaft, Bildung und auch der Forschung. Heitmeyer hat in seinem Greifswalder Vortrag deutlich gemacht, dass es keine einfachen Lösungen oder Patentrezepte gibt, um entstehende oder vorhandene rechtsextreme Bedrohungen einzudämmen oder gar vollständig zurückzudrängen. Diese Feststellung einer per se schwierigen Aufgabenstellung bzgl. der Bekämpfung rechtsextremer Erscheinungsformen scheint zunächst allgemein zuzutreffen: Also sowohl für urbane Agglomerationen (Städte oder städtische Siedlungsregionen) als auch in ländlichen Räumen. Allerdings gestaltet sich ein solches Vorhaben in ländlichen Regionen aufgrund der besonderen sozialen und ökonomischen Charakteristik peripherer ländlicher Siedlungsstrukturen sehr viel schwieriger. Hier stellt sich vor allem das Problem des Zugangs und der Erreichbarkeit im Sinne einer Ansprechbarkeit von „außen“.

Diesbezüglich hat eine Arbeitsgruppe um Thomas Olk in einer aktuellen Studie der Akademie für Sozialpädagogik und Sozialarbeit e.V. am Institut für Pädagogik der Martin-Luther-Universität Halle-Wittenberg[17]

17 Neben Thomas Olk gehören der Arbeitsgruppe an: Susanne Beyer, Thomas Stimpel, Andreas Pautzke und Ansgar Klein. Das Modellprojekt „Zivilgesellschaft stärken. Handlungsstrategien gegen Rechtsextremismus im strukturschwachen ländlichen Raum“ wurde durch das Bundesministerium für Familie, Senioren, Frauen und Jugend (BMFSF) im Rahmen des Bundesprogramms „kompetent. für Demokratie“ von No-

sehr anschaulich die besondere sozialpsychologische Charakteristik ländlicher Räume beschrieben, die eine Rechtsextremismus-Bekämpfung zusätzlich besonders erschweren. Zu den bereits oben unter Punkt 1 und 2 aufgeführten Merkmalen und Aspekten sind darüber hinaus die große Überschaubarkeit des sozialen Zusammenlebens und die engen sozialen Nahbeziehungen in dörflichen Lebensräumen besonders wirksam, da diese in aller Regel – und im Unterschied zu städtischen Sozialräumen – mit einem höheren Grad sozialer Anpassung und Kontrolle, insbesondere unter der alteingesessenen Bevölkerung, verbunden sind. Sozialpsychologisch geht damit auch eine geringere Bereitschaft einher, Probleme und Konflikte innerhalb des dörflichen Gemeinwesens offen anzusprechen und zu hinterfragen. „Hinzu kommen ein im Verhältnis zu urbanen Räumen relativ geringes Spektrum an (jugend-) subkulturellen Ausdrucksformen und ein vergleichsweise geringer Anteil von Menschen mit Migrationshintergrund unter der lokalen Bevölkerung. Ländliche Räume sind meist durch weniger Vielfalt geprägt, als es bspw. in größeren Städten der Fall ist. Insbesondere Jugendliche sind deshalb einem größeren Anpassungsdruck an vorhandene Cliquenstrukturen ausgesetzt. Des Weiteren kann die geringere Vielfalt eine Distanz gegenüber Neuem und Unbekanntem mit sich bringen, so dass es Mitbürger/-innen mit nicht-deutscher Herkunft oder auch gegenüber neu Hinzugezogenen schwer fällt, sich in die örtlichen Strukturen zu integrieren.“[18] In Verbindung mit den eingangs beschriebenen ökonomischen und infrastrukturellen Problemlagen machen diese vielschichtigen Rahmenbedingungen es nahezu unmöglich, periphere ländliche Räume „in Hinblick auf Problemlösungen als eine einheitliche Kategorie zu begreifen, in der stets dieselben Mechanismen greifen. Insofern kann ebenso wenig davon ausgegangen werden, dass Strategien, die in einer bestimmten Region bereits erfolgreich waren, grundsätzlich auch andernorts eine Problemlösung herbeiführen. Dies kann zwar unter Umständen gelingen, allerdings müssen die jeweiligen Rahmenbedingungen

vember 2008 bis Dezember 2010 gefördert. Internet: http://www.b-b-e.de/index.php?id=publikationen-sonstige.

18 Akademie für Sozialpädagogik und Sozialarbeit e.V./Bundesnetzwerk Bürgerschaftliches Engagement (2010, S. 10). Zur sozialpsychologischen Wirksamkeit eines starken Konformitätsdrucks in unterschiedlichen sozialräumlichen Kontexten vgl. auch Petzke et al. (2007).

einer Gemeinde bei der Problemanalyse und -definition sowie bei der Suche nach Lösungsstrategien ganz individuell berücksichtigt werden“[19]

Um geeignete Formen der lokalen Auseinandersetzung mit rechtsextremen Aktivitäten vor Ort anzustoßen, muss daher jeweils die besondere Situation der Gemeinde analysiert werden, denn die zu wählende Strategie des Umgangs mit Rechtsextremismus ist stets abhängig von der spezifischen Lage und den Gegebenheiten vor Ort. Ein erster wichtiger Schritt bei der Analyse lokaler Gegebenheiten ist daher, sich möglichst gut über den Vorfall, die Situation und die Akteure zu informieren und eigene Hinweise über die Aktivitäten von Rechtsextremen oder den spezifischen Vorfall zu sammeln, um ein konkretes Lagebild für sich zu entwickeln. Auf diese Weise kann gegebenenfalls auch auf die Argumentation reagiert werden, das Problem käme von außen und müsse außerhalb der eigenen Gemeinde gelöst werden.

Ähnlich wird dies auch in den Evaluationsberichten zum Bundesprogramm „CIVITAS – initiativ gegen Rechtsextremismus“ beurteilt, das zwischen 2001 und 2006 eine Vielzahl von Projekten zur Auseinandersetzung mit Rechtsextremismus und Fremdenfeindlichkeit in den neuen Bundesländern gefördert hat. Unterstützt wurde in diesem Programm vor allem die Entwicklung kommunaler zivilgesellschaftlicher Projekte und Initiativen. Im Rahmen der wissenschaftlichen Begleitforschung des CIVITAS-Programms wurde in mehr als vier Jahren unter der Leitung von Heitmeyer am Institut für Interdisziplinäre Konflikt- und Gewaltforschung (IKG, Bielefeld) eine Vielzahl von Projekten begleitet, Einschätzungen von Experten aus Wissenschaft und Praxis aufbereitet und die Resonanz von Adressaten der Projektarbeit eingeholt und analysiert. Das Kernstück dieser Evaluationsstudien bildeten die kommunalen Kontextanalysen, die nicht nur die Wirkungschancen und Grenzen der Projektarbeit in spezifischen Arbeitsfeldern beschreiben, sondern auch das Handlungsfeld Kleinstadt und die strukturellen Bedingungen des ländlichen Raumes einbeziehen. Diesbezüglich wird von den Experten hervorgehoben und betont, dass politische und soziale Präventions- und Interventionsmaßnahmen sehr viel stärker sozialräumlich auszurichten sind. Dies kann am ehesten über zivilgesellschaftliche Akteure vor Ort („Autoritäten“) und mit sozialräumlich verankerten kommunalen Netzwerkstellen gelingen, in einem

19 Akademie für Sozialpädagogik und Sozialarbeit e.V./Bundesnetzwerk Bürgerschaftliches Engagement (2010, S. 10).

Rahmen also, um mit Heitmeyer zu sprechen, „den die Menschen noch ansatzweise in ihren Zuständen, Wirkungszusammenhängen, wichtigen Akteuren, mobilisierbaren Gruppen etc. überschauen – und wo sie am ehesten noch Selbstwirksamkeitserfahrungen machen können" (Heitmeyer, 2006, S. 272; vgl. dazu auch Dünkel, 2005; Strobl et al., 2003).

Die Erkenntnisse dieser Evaluationsstudien zusammenfassend kann gesagt werden, dass Aktivitäten gegen Rechtsextremismus dann erfolgreich sein können, wenn es den Projektakteuren gelingt, die kommunalen Bedarfs- und Problemlagen aufzugreifen und an den Kommunikationsstrukturen und -inhalten der lokalen Akteure anschlussfähig zu bleiben. Die Ergebnisse machen aber grundsätzlich deutlich, dass ohne funktionierende Regelstrukturen insbesondere der Jugend- und Sozialarbeit und deren Verzahnung mit zivilgesellschaftlichem Engagement nur von einer geringen Nachhaltigkeit der Arbeit gegen Rechtsextremismus auszugehen ist. Es wird von den Evaluationsexperten eine kommunal (sozialräumlich orientierte) verstetigte und kontextualisierte Förderstrategie empfohlen, die unterschiedliche Projektformate bündelt und so in stärkerem Maße der Komplexität der Problemlagen in den Kommunen (und kommunalen Sozialräumen) gerecht werden kann.[20]

Im Anschluss an diese Empfehlungen liegen mittlerweile eine Reihe von qualitativen kommunalen Fallanalysen vor, die die lokalen Kontexte kleinerer Kommunen in ländlichen Regionen berücksichtigen.[21] Auch im Rahmen des GMF-Surveys wurden quantitative Sozialraumanalysen durchgeführt, die unterschiedliche Regionaltypen (aufwärtsstrebende, gleichbleibende und abwärtsdriftende Regionen) und deren Kontexteffekte, etwa in Hinblick auf Orientierungslosigkeit (Anomia), vertiefend un-

20 Vgl. Lynen von Berg et al. (2007); siehe auch Deutsches Forum Kriminalprävention (2005), Schindler und Baier (2008); Akademie für Sozialpädagogik und Sozialarbeit e.V./Bundesnetzwerk Bürgerschaftliches Engagement (2010).

21 Erwähnt sei hier etwa die exzellente Einzelfallstudie von Bianca Richter (2008), die auf der Grundlage des Reproduktionsmodells von Heitmeyer (2007) den „rechten Alltag" und die Selbststabilisierung von feindseligem Klima in der Gemeinde Reinhardtsdorf-Schöna und Kleingießhübel darstellt. Ferner etwa für die Gemeinde Anklam und die Region Ostvorpommern in Mecklenburg-Vorpommern: Borstel (2007, 2009 2010, 2010a), Borstel und Heinrich (2010), Borstel (2011, 2011a), oder für Zossen/Brandenburg, Borstel (2010). Zu weiteren Fallanalysen vgl. Strobl et al. (2003), Grau und Heitmeyer (2013). Zur Arbeit der kommunalen Präventionsräte in Mecklenburg-Vorpommern vgl. exemplarisch Hannuschka (2009).

tersucht haben.[22] In den Schülerbefragungen des KFN wurden ebenfalls sozialräumliche Kontexteinflüsse mittels Mehrebenanalysen einbezogen (vgl. Baier 2012).

Auch wenn diese Studien ausgehend von spezifischen Problemlagen wie Rechtsextremismus/Fremdenfeindlichkeit oder Jugendkriminalität wichtige Erkenntnisse hinsichtlich der Bedeutung der verschiedenen sozialräumlichen Kontexte und deren Einflüsse geliefert haben, so fehlen aus unserer Sicht doch Untersuchungen, die sich grundlegend auf spezifisch sozialräumliche Kontexte konzentrieren – hier „Ländlicher Raum" – und, davon ausgehend, diesen in seiner Vielschichtigkeit sowie besonderen sozialräumlich/-strukturellen Entwicklung und möglichen Peripherisierung empirisch zureichend erfasst.

Die hier angeführten empirischen (Teil-)belege und Beobachtungen plausibilisieren zunächst die allgemeine Hypothese, dass die sozioökonomischen, demografischen und infrastrukturellen Problemlagen in peripheren ländlichen Räumen die Verbreitung und Verankerung rechtsextremistischer Denk- und Verhaltensweisen in der (Residual-)Bevölkerung in besonderem Maße begünstigen. Gleichwohl fehlen aber Untersuchungen, die Varianzanteile in den abhängigen Variablen (etwa Rechtsextremismus/Fremdenfeindlichkeit, Anomia/Orientierungslosigkeit, relative Deprivationen, Jugendkriminalität etc.) multivariat auf differenzielle Effekte verschiedener Kontext- und Peripherisierungsmerkmale des ländlichen Raums zurückführen lassen. Wie beispielsweise aus den aggregierten Kommunaldaten in Abbildungen 1-3 ersichtlich ist, gibt es auch bevölkerungsarme und strukturschwache ländliche Siedlungsräume, die einen geringen NPD-Stimmenanteil aufweisen.

Eine wissenschaftliche Auseinandersetzung mit diesem Thema erfordert nach unserer Auffassung daher einen mehrdimensionalen empirischen Forschungszugang, welcher den sozialstrukturellen und sozialökologischen Charakteristiken peripherer ländlicher Räume auf der Makro- und Mesoebene und den lebensweltlichen Erfahrungen und Bedürfnislagen der in ländlichen Räumen lebenden Bevölkerung in ihrer Gesamtheit wie in ihrer jeweiligen Besonderheit auf der Mikroebene angemessen Rechnung trägt.

22 Vgl. etwa Hüpping und Reinecke (2007), Petzke et al. (2007), Babka von Gostomski et al. (2007), Marth et al. (2010); zu weiteren quantitativen sozialräumlichen Vergleichsanalysen vgl. Grau und Heitmeyer (2013).

Aus diesem Grund hat sich der Lehrstuhl für Kriminologie mit anderen Wissenschaftlern aus der Volkswirtschaftslehre und Landschaftsökonomie, der Versorgungsepidemiologie (Community Health), der Allgemeinmedizin, der medizinischen Psychologie und der betriebswirtschaftlichen Gesundheitsökonomie, den Agrarwissenschaften, der Politikwissenschaft, der regionalen Geographie und Theologie zu einem transdisziplinären Forschungskonsortium „Think rural" an der Universität Greifswald zusammengeschlossen, um sich interdisziplinär und multimethodisch dem Forschungsfeld „periphere ländliche Räume" hinsichtlich der vielfältigen Problemlagen zuzuwenden.[23]

Geplant ist ein vom Lehrstuhl Kriminologie unter Beteiligung der andern Konsortiumswissenschaftler konzipiertes Bevölkerungssurvey (Haushaltsbefragung) in der Anlage einer Panelstudie mit einer Auswahl von ländlichen Gemeinden aus dem Großkreis Vorpommern-Greifswald (vgl. Abbildung 1 und 2). Umfänglich erfasst werden sollen dabei die Lebensverhältnisse, Bedürfnis- und (relative) Deprivationslagen bzgl. aller zentralen Lebensdimensionen sowie mögliche zivilgesellschaftliche (Entwicklungs-) Potenziale der Bevölkerung in (peripheren) ländlichen Räumen.

Neben der Erfassung klassischer sozialräumlicher Kontextmerkmale (Arbeitslosigkeit, Steueraufkommen etc.) wird der „Basissurvey" konzeptionell ergänzt bzw. „gespiegelt" mit Erhebungen bei unterschiedlichen öffentlichen und freien Trägern sowie privaten Dienstleistern, die für die Sicherheit, Infrastruktur sowie die allgemeine und gesundheitliche Versorgung der ländlichen Bevölkerung von zentraler Bedeutung sind. Des Weiteren sind zusätzlich vertiefende „Drop-off" Erhebungen zu spezifischen Fragestellungen bei Teilpopulationen (z. B. bestimme Erwerbsgruppen, Erwerbslose, Rentner, Jugendliche) vorgesehen.

Darüber hinaus planen wir für 2014 eine erneute Schülerbefragung in Mecklenburg-Vorpommern, die in der Großstadt Rostock, im westlichen Großkreis Nordwestmecklenburg und im östlichen Großkreis Vorpommern-Greifswald durchgeführt werden soll. Eine Pilotstudie in der Hansestadt Stralsund hierzu wird gegenwärtig vorbereitet. Die Angaben dieser Schülerbefragung sollen gleichfalls mit sozialräumlichen Kontextmerkmalen verknüpft werden, um empirisch entsprechende Einflüsse zu ermit-

23 Vgl. http://www.uni-greifswald.de/forschen/forschungsleistung/forschungskonsortium-think-rural.html

teln.[24] Durch eine Erhebung in derselben Region (Vorpommern-Greifswald) ergeben sich zusätzlich empirische Vergleichsmöglichkeiten zwischen den Schülerbefragungs- und den Bevölkerungssurveydaten.

Dem Jubilar ist an dieser Stelle erneut zu danken, dass er wichtige Impulse und Anregungen für die Weiterentwicklung von Jugendkriminalitätssurveys – auch für die von uns durchgeführten und geplanten Schülerbefragungen – gegeben und über nunmehr lange Zeiträume konsequent diesen Forschungsbereich unterstützt hat. Die deutsche Kriminologie verdankt ihm und seinem Institut daher viel.

Literatur

Akademie für Raumforschung und Landesplanung (ARL) (Hrsg.) (2008). Politik für periphere, ländliche Räume: Für eine eigenständige und selbstverantwortliche Regionalentwicklung. Positionspapier aus der ARL, Nr. 77. Hannover.

Akademie für Sozialpädagogik und Sozialarbeit e.V., Bundesnetzwerk Bürgerschaftliches Engagement (Hrsg.) (2010). Gemeinsam handeln: Für Demokratie in unserem Gemeinwesen! Handlungsempfehlungen zum Umgang mit Rechtsextremismus im ländlichen Raum.“ Martin-Luther-Universität Halle-Wittenberg. Internetpublikation: http://www.b-b-e.de/index.php?id=publikationen-sonstige.

Anhut, R. (2002). Die Konflikttheorie der Desintegrationstheorie. In: Bonacker, T. (Hrsg.): Sozialwissenschaftliche Konflikttheorien. Eine Einführung. Opladen: Leske + Budrich, S. 381-407.

Anhut, R., Heitmeyer, W. (2000). Desintegration, Konflikt und Ethnisierung. Eine Problemanalyse und theoretische Rahmenkonzeption. In: Heitmeyer, W., Anhut, R. (Hrsg.), Bedrohte Stadtgesellschaft. Soziale Desintegrationsprozesse und ethnisch-kulturelle Konfliktkonstellationen. Weinheim/München: Juventa, S. 17-75.

24 Auch hier schulden wir wiederum den Kollegen aus dem KFN in Hannover, insbesondere Dirk Baier, für die Überlassung der Erhebungsinstrumente der aktuellen KFN-Schülerbefragung in Niedersachsen sowie der älteren Schülerbefragung in Rostock unseren Dank. Ebenfalls danken wir den Kollegen und Kolleginnen aus dem Institut für Kriminalwissenschaften, Abt. Kriminologie an der Universität Hamburg (Peter Wetzels, Dirk Enzmann und Katrin Brettfeld) für die Zurverfügungstellung der Erhebungsinstrumente zur Evaluation des Niedersächsischen Modellprojektes gegen Schulschwänzen (ProgeSs) und den zugehörigen Abschlussbericht. Eine Replikation der zentralen Operationalisierungen der KFN- und Hamburg-Studien eröffnet einen interessanten interregionalen Vergleich mit unseren in Mecklenburg-Vorpommern erhobenen Daten.

Anhut, R., Heitmeyer, W. (2005). Desintegration, Anerkennungsbilanzen und die Rolle sozialer Vergleichsprozesse für unterschiedliche Verarbeitungsmuster von Prekarität. In: Heitmeyer, W., Imbusch, P. (Hrsg.), Integrationspotenziale moderner Gesellschaften. Wiesbaden: VS Verlag für Sozialwissenschaften, S. 75-100.

Anhut, R., Heitmeyer, W. (2007). Desintegrationstheorie – ein Erklärungsansatz. In: BI.research. Forschungsmagazin der Universität Bielefeld, Heft 30. Schwerpunktthema Konflikt und Gewaltforschung. Bielefeld, S. 55-58.

Arbeitsgruppe Regionale Standards und GESIS (Hrsg.) (2013). Regionale Standards. Ausgabe 2013. GESIS-Schriftenreihe Band 12. Eine gemeinsame Empfehlung des ADM Arbeitskreis Deutscher Markt- und Sozialforschungsinstitute e. V., der Arbeitsgemeinschaft Sozialwissenschaftlicher Institute e. V. (ASI) und des Statistischen Bundesamtes. GESIS – Leibniz-Institut für Sozialwissenschaften. Köln.

Babka von Gostomski, C., Küpper, B., Heitmeyer W. (2006). Internetpublikation: „Fremdenfeindlichkeit in den Bundesländern“, www.uni-bielefeld.de/ikg/Feindseligkeit/Ergebnisse_Fremdenfeindlichkeit_Ost_2006.pdf.

Babka von Gostomski, C., Küpper, B., Heitmeyer, W. (2007). Fremdenfeindlichkeit in den Bundesländern. Die schwierige Lage in Ostdeutschland. In: Heitmeyer, W. (Hrsg.), Deutsche Zustände. Folge 5. Frankfurt am Main: Suhrkamp, S. 102-128.

Baier, D. (2008). Entwicklung der Jugenddelinquenz und ausgewählter Bedingungsfaktoren seit 1998 in den Städten Hannover, München, Stuttgart und Schwäbisch Gmünd. KFN Hannover: Forschungsbericht Nr. 104.

Baier, D. (2009). Aktuelle Erkenntnisse einer Dunkelfeldstudie. In: Hochschule der Polizei Hamburg (Hrsg.), Aktuelle Entwicklungen im Rechtsextremismus. Frankfurt: Verlag für Polizeiwissenschaft, S. 14-41.

Baier, D. (2012). Die Schulumwelt als Einflussfaktor des Schulschwänzens. In: Ricking, H., Schulze, G. C. (Hrsg.), Schulabbruch – ohne Ticket in die Zukunft? Bad Heilbrunn: Verlag Julius Klinkhardt, S. 37-62.

Baier, D., Pfeiffer, C., Rabold, S., Simonson, J., Kappes, C. (2010). Kinder und Jugendliche in Deutschland. Gewalterfahrungen, Integration, Medienkonsum. Zweiter Forschungsbericht zum gemeinsamen Forschungsprojekt des Bundesministeriums des Innern und des KFN. KFN Hannover: Forschungsbericht Nr. 109.

Baier, D., Pfeiffer, C., Simonson, J., Rabold, S. (2009). Jugendliche in Deutschland als Opfer und Täter von Gewalt. Erster Forschungsbericht zum gemeinsamen Forschungsprojekt des Bundesministeriums des Innern und des KFN. KFN: Forschungsbericht Nr. 107.

Baier, D., Pfeiffer, C., Simonson, J., Rabold, S. (2009a). Ergänzungstext „Rechte Gruppen – Kameradschaft“ zum KFN Forschungsbericht Nr. 107. KFN Hannover.

Baier, D., Pfeiffer, C., Windzio, M., Rabold, S. (2006). Schülerbefragung 2005: Gewalterfahrungen, Schulabsentismus und Medienkonsum von Kindern und Jugendlichen. Abschlussbericht über eine repräsentative Befragung von Schülerinnen und Schülern der 4.

und 9. Jahrgangsstufe. Hannover: KFN Internetpublikation: http://www.kfn.de/versions/kfn/assets/schuelerbefragung.pdf.

Baier, D., Rabold, S., Pfeiffer, C., Windzio, M. (2006a). Schülerbefragung 2005: Gewalterfahrungen, Schulabsentismus und Medienkonsum von Kindern und Jugendlichen in Thüringen. Abschlussbericht über eine repräsentative Befragung von Schülerinnen und Schülern der 4. und 9. Jahrgangsstufe. Hannover: KFN Internetpublikation: http://www.kfn.de/versions/kfn/assets/schuelerthueringen.pdf.

Barlösius, E. (2006). Gleichwertigkeit ist nicht gleich. APuZ 37, Schwerpunktheft Ländlicher Raum, S. 16-23.

Beelmann, A., Raabe, T. (2007). Dissoziales Verhalten von Kindern und Jugendlichen: Erscheinungsformen, Entwicklung, Prävention und Intervention. Göttingen: Hogrefe.

Borstel, D. (2007). Heimat und Zukunft in Ueckermünde. Ein Essay. In: Heitmeyer, W. (Hrsg.), Deutsche Zustände: Folge 5. Frankfurt am Main: Suhrkamp, S. 197-206.

Borstel, D. (2009). Braun gehört zu Bunt dazu. Ein Bericht aus Anklam und Umgebung. In: Heitmeyer, W. (Hrsg.), Deutsche Zustände. Folge 8. Frankfurt am Main: Suhrkamp, S. 245-258.

Borstel, D. (2010). Zwischen Idyll und Asche. Das brennende Haus der Demokratie in Zossen. In: Heitmeyer, W. (Hrsg.), Deutsche Zustände: Folge 10. Frankfurt am Main: Suhrkamp, S. 190-201.

Borstel, D. (2010). Zivilgesellschaft in dörflichen Kontexten. In: Becker, E., Gualini, E., Runkel, C., Graf Strachwitz, R. (Hrsg.), Stadtentwicklung, Zivilgesellschaft und bürgergesellschaftliches Engagement. Stuttgart: Lucius, S. 85-98.

Borstel, D. (2010a). Region Anklam. In: Buchstein, H., Heinrich, G. (Hrsg.), Rechtsextremismus in Ostdeutschland. Demokratie und Rechtsextremismus im ländlichen Raum. Schwalbach: Wochenschau Verlag, S. 67-144.

Borstel, D. (2011). „Braun gehört zu bunt dazu!“. Rechtsextremismus und Demokratie am Beispiel Ostvorpommern. Münster: MV-Wissenschaft.

Borstel, D. (2012). Rechtsextremismus und Demokratieentwicklung in Ostdeutschland. Eine Zwischenbilanz nach zehn Jahren. In: Heitmeyer, W. (Hrsg.), Deutsche Zustände: Folge 10. Frankfurt am Main: Suhrkamp, S. 246-260.

Borstel, D., Heinrich, G. (2010). Möglichkeiten erfolgreicher Auseinandersetzung mit dem Rechtsextremismus im ländlichen Raum. In: Buchstein, H., Heinrich, G. (Hrsg.), Rechtsextremismus in Ostdeutschland. Demokratie und Rechtsextremismus im ländlichen Raum. Schwalbach: Wochenschau Verlag, S. 507-520.

Brandt, E. (2006). Gleichwertige Lebensverhältnisse als Rechtsproblem. Berlin-Brandenburgische Akademie der Wissenschaften. Berlin.

Decker, O., Kiess, J., Brähler, E. (2013). Rechtsextremismus der Mitte - Eine sozialpsychologische Gegenwartsdiagnose. Gießen: Psychosozial-Verlag.

Deutsches Forum Kriminalprävention (2005). Impulse für das Kommunale Präventionsmanagement. Erkenntnisse und Empfehlungen zu Organisation und Arbeit kriminalpräventiver Gremien auf kommunaler Ebene – Ein Leitfaden für die kommunale Praxis. Internetpublikation: www.krimi-nalpraevention.de.

Dienel, C. (Hrsg.) (2005). Abwanderung, Geburtenrückgang und regionale Entwicklung. Ursachen und Folgen des Bevölkerungsrückgangs in Ostdeutschland – interdisziplinäre und vergleichende Perspektiven. Wiesbaden: VS Verlag.

Dünkel, F, Herbst, M., Schlegel, T. (Hrsg.) (2014). Think rural! Wandel und Daseinsvorsorge in peripheren ländlichen Räumen. Wiesbaden: Springer VS Verlag für Sozialwissenschaften (in Vorbereitung).

Dünkel, F. (2005). Präventionsprogramme gegen Rechtsextremismus und Fremdenfeindlichkeit. Was hat sich bewährt? Eine Bestandsaufnahme. In: Arnold, J., Burkhardt, B., Gropp, W., Heine, G., Koch, H.-G., Lagodny, O., Perron, W., Walther, S. (Hrsg.), Menschengerechtes Strafrecht, Festschrift für Albin Eser zum 70. Geburtstag. München: C. H. Beck, S. 1293-1309.

Dünkel, F., Gebauer, D., Geng, B. (2008). Jugendgewalt und Möglichkeiten der Prävention. Gewalterfahrungen, Risikofaktoren und gesellschaftliche Orientierungen von Jugendlichen in der Hansestadt Greifswald und auf der Insel Usedom. Ergebnisse einer Langzeitstudie 1998 bis 2006. Mönchengladbach: Forum Verlag Godesberg.

Dünkel, F., Gebauer, D., Geng, B., Kestermann, C. (2007). Mare-Balticum-Youth-Survey – Gewalterfahrungen von Jugendlichen im Ostseeraum. Mönchengladbach: Forum Verlag Godesberg.

Dünkel, F., Geng, B. (1999). Schlussfolgerungen. In: Dünkel, F., Geng, B. (Hrsg.), Rechtsextremismus und Fremdenfeindlichkeit – Bestandsaufnahme und Interventionsstrategien. Mönchengladbach: Forum Verlag Godesberg, S. 367-400.

Dünkel, F., Geng, B. (2003). Gewalterfahrungen, gesellschaftliche Orientierungen und Risikofaktoren bei Jugendlichen in der Hansestadt Greifswald 1998-2002. In: Dünkel, F., Geng, B. (Hrsg.), Jugendgewalt und Kriminalprävention. Mönchengladbach: Forum Verlag Godesberg, S. 1-55.

Dünkel, F., Geng, B. (2012). Abschlussbericht der Evaluation des XENOS-Projektes „Ein Me(h)er von Toleranz in Mecklenburg-Vorpommern“ im Auftrag des BilSE-Instituts für Bildung und Forschung GmbH. Berichtszeitraum: 1.1.2010 bis 31.12.2011. Greifswald: Eigenverlag.

Endrikat, K. (2006). Jüngere Menschen. Größere Ängste, geringere Feindseligkeit. In: Heitmeyer, W. (Hrsg.), Deutsche Zustände. Folge 4. Frankfurt am Main: Suhrkamp, S. 101-114.

Fuchs, C., Goetz, J. (2012). Die Zelle: Rechter Terror in Deutschland. Reinbek: Rowohlt.

Gaßebner, M. (2003). Gruppen, Szenen, Parteien. In: Wahl, K. (Hrsg.): Skinheads, Neonazis, Mitläufer. Täterstudien und Prävention. Opladen: Leske + Budrich, S. 177-200.

Geng, B. (1999). Fremdenfeindliche und rechtsextreme Orientierungen, Gewaltakzeptanz und Gewalterfahrungen – Befunde einer Schülerstudie in der Hansestadt Greifswald. In: Dünkel, F., Geng, B. (Hrsg.), Rechtsextremismus und Fremdenfeindlichkeit – Bestandsaufnahme und Interventionsstrategien. Mönchengladbach: Forum Verlag Godesberg, S. 237-264.

Grau, A., Heitmeyer, W. (Hrsg.) (2013). Menschenfeindlichkeit in Städten und Gemeinden. Weinheim, Basel: Beltz Juventa.

Hannuschka, E. (2009). Kommunale Kriminalprävention in Mecklenburg-Vorpommern. Eine empirische Untersuchung der Präventionsgremien. Mönchengladbach: Forum Verlag Godesberg.

Haus, F., Land, R., Willisch, A. (2006). Zerfall der ländlichen Gesellschaft. APuZ 37, Schwerpunktheft Ländlicher Raum, S. 31-38.

Heitmeyer, W. (2007). Unthematisierte Reproduktionsprozesse: Zur Selbststabilisierung eines feindseligen Klimas. In: Heitmeyer, W. (Hrsg.), Deutsche Zustände: Folge 5. Frankfurt am Main: Suhrkamp, S. 281-294.

Heitmeyer, W. (2014). Rechtsextremismus im ländlichen Raum. In: Dünkel, F, Herbst, M., Schlegel, Th. (Hrsg.), Think rural! Wandel und Daseinsvorsorge in peripheren ländlichen Räumen. Wiesbaden: Springer VS Verlag für Sozialwissenschaften (in Vorbereitung).

Heitmeyer, W. (Hrsg.) (2002-2012). Deutsche Zustände. Folge 1-10. Frankfurt am Main: Suhrkamp.

Heitmeyer, W., Grau, A. (2013). Gruppenbezogene Menschenfeindlichkeit im lokalen Raum und bürgerschaftliches Engagement. In: Grau, A., Heitmeyer, W. (Hrsg.), Menschenfeindlichkeit in Städten und Gemeinden. Weinheim, Basel: Beltz Juventa, S. 11-33.

Hüpping, S. Reinecke, J. (2007). Abwärtsdriftende Regionen. Die Bedeutung sozioökonomischer Entwicklungen für Orientierungslosigkeit und Gruppenbezogene Menschenfeindlichkeit. In: Heitmeyer, W. (Hrsg.), Deutsche Zustände: Folge 5. Frankfurt am Main: Suhrkamp, S. 77-101.

Jansen, F. (2012). Opfer rechtsextremistischer Gewalt. Eine Bilanz zur Schicksalsvergessenheit seit der Wiedervereinigung. In: Heitmeyer, W. (Hrsg.), Deutsche Zustände: Folge 10. Frankfurt am Main: Suhrkamp, S. 261-274.

Keim, K.-D. (2006). Peripherisierung ländlicher Räume. APuZ 37, Schwerpunktheft Ländlicher Raum, S. 3-7.

Kröhnert, S. (2009). Ausprägung und Ursachen geschlechtsselektiver Abwanderung aus den neuen Bundesländern. Dissertation. Humboldt-Universität Berlin.

Lynen von Berg, H., Palloks, K., Steil, A. (2007). Interventionsfeld Gemeinwesen. Evaluation zivilgesellschaftlicher Strategien gegen Rechtsextremismus. Weinheim: Juventa.

Mai, R. (2006). Die altersselektive Abwanderung aus Ostdeutschland. In: Raumforschung und Raumordnung, 64, 355-369.

Marth, J. (2013). Strukturbeschreibung der Untersuchungsgebiete. In: Grau, A., Heitmeyer, W. (Hrsg.), Menschenfeindlichkeit in Städten und Gemeinden. Weinheim, Basel: Beltz Juventa, S. 34-57.

Marth, J., Grau, A., Legge, S. (2010). Fremdenfeindlichkeit: Warum der lokale Kontext einen Unterschied macht. In: Heitmeyer, W. (Hrsg.), Deutsche Zustände: Folge 9. Frankfurt am Main: Suhrkamp, S. 61-81.

Mose, I. (2005). Ländliche Räume. In: Akademie für Raumforschung und Landesplanung (Hrsg.), Handwörterbuch der Raumordnung. Hannover, S. 573-579.

Neu, C. (2006). Territoriale Ungleichheit – eine Erkundung. APuZ 37, Schwerpunktheft Ländlicher Raum, S. 8-15.

Petzke, M., Endrikat, K., Kühnel, S. M. (2007). Risikofaktor Konformität. Soziale Gruppenprozesse im kommunalen Kontext. In: Heitmeyer, W. (Hrsg.), Deutsche Zustände: Folge 5. Frankfurt am Main: Suhrkamp, S. 52-76.

Pfahl-Traughber, A. (2012). Geschichte des Rechtsterrorismus in der Bundesrepublik Deutschland. Eine Analyse zu Entwicklung, Gruppen und Vergleich. In: Einsichten und Perspektiven, 1/2012, S. 16-31.

Pfeiffer, C., Delzer, I., Enzmann, D., Wetzels, P. (1998). Ausgrenzung, Gewalt und Kriminalität im Leben junger Menschen: Kinder und Jugendliche als Opfer und Täter. Sonderdruck der DVJJ zum 24. Deutschen Jugendgerichtstag. Hannover: DVJJ.

Pfeiffer, C., Wetzels, P. (1997). Kinder als Täter und Opfer. Eine Analyse auf Basis der PKS und einer repräsentativen Opferbefragung. DVJJ-Journal, 8 (4), S. 346-366.

Pfeiffer, C., Wetzels, P. (1999). Zur Struktur und Entwicklung der Jugendgewalt in Deutschland. APuZ B26/99, S. 3-22.

Richter, B. (2008). Rechter Alltag – Ein Bericht über die „deutschen Zustände" in Reinhardtsdorf-Schöna und Kleingießhübel. Berlin: Amadeu Antonio Stiftung.

Schindler, V., Baier, D. (2008). Gewalterfahrungen von Kindern und Jugendlichen. Ergebnisse von Schülerbefragungen im Jahr 2005 und Möglichkeiten erfolgversprechender Prävention. Polizeiliche Kriminalprävention der Länder und des Bundes. Stuttgart. Broschüre zugänglich unter: http://www.polizei-beratung.de/mediathek/kommunikationsmittel/broschueren/.

Strobl, R., Würtz, S,. Klemm, J. (2003): Demokratische Stadtkultur als Herausforderung. Stadtgesellschaften im Umgang mit Rechtsextremismus und Fremdenfeindlichkeit Weinheim, München: Juventa Verlag.

Wahl, K. (2007). Vertragen oder schlagen? Biografien jugendlicher Gewalttäter als Schlüssel für eine Erziehung zur Toleranz in Familie, Kindergarten und Schule. Berlin, Düsseldorf, Mannheim: Cornelsen Scriptor.

Wahl, K. (Hrsg.) (2003).Skinheads, Neonazis, Mitläufer. Täterstudien und Prävention. Opladen: Leske + Budrich.

Weiß, W. (2006). Zur Entwicklung einer Residualbevölkerung infolge lang anhaltender selektiver Abwanderung in Mecklenburg-Vorpommern. Auswirkungen der Bevölkerungsalterung unter besonderer Berücksichtigung regionaler Aspekte. Zeitschrift für Bevölkerungswissenschaft, 31, 469-506.

Wetzels, P., Enzmann, D., Mecklenburg, E., Pfeiffer, C. (2001). Jugend und Gewalt. Eine repräsentative Dunkelfeldanalyse in München und acht anderen deutschen Städten. Baden-Baden: Nomos.

Wetzels, P., Wilmers, N., Mecklenburg, E., Enzmann, D., Pfeiffer, C. (2000). Gewalterfahrungen, Schulschwänzen und delinquentes Verhalten Jugendlicher in Rostock. Abschlussbericht über die Ergebnisse einer repräsentativen Befragung von Schülerinnen und Schülern der 9. Jahrgangsstufe. Hannover: KFN Forschungsbericht.

Zick, A., Hövermann, A., Krause, D. (2012). Die Abwertung von Ungleichwertigen. Erklärung und Prüfung eines erweiterten Syndroms Gruppenbezogener Menschenfeindlichkeit. In: Heitmeyer, W. (Hrsg.), Deutsche Zustände. Folge 10. Berlin: Suhrkamp, S.64-86.

Zick, A., Küpper, B., Legge, S. (2009). Nichts sehen, nichts merken, nichts tun oder: Couragiertes Eintreten gegen Rechtsextremismus in Ost und West. In: Heitmeyer, W. (Hrsg.), Deutsche Zustände: Folge 7. Frankfurt am Main: Suhrkamp, S. 168-189.

Konsensdruck als Fehlerquelle. Warum ist der Rechtsterrorismus falsch eingeschätzt worden?

Roland Eckert

I. Persönliches

Vor über dreißig Jahren erreichte mich ein Anruf aus München: Für eine Tagung der DVJJ werde ein Referent über die Entstehungsbedingungen von Gewalt bei Demonstrationskonflikten gesucht. In einem langen Telefongespräch stimmten wir überein: es reicht nicht, Generationenkonflikte zu diagnostizieren oder eine „Schuld" bei der einen oder der anderen Seite zu suchen, sondern es muss darum gehen, den Interaktionszusammenhang von Politik und Protest, von Polizei und Demonstranten zu erforschen und herauszufinden, auf welchen Wegen die Eskalation zur Gewalt voranschreitet. Dies war der Beginn der freundschaftlichen Kooperation mit Christian Pfeiffer. Sie intensivierte sich, als er am Kriminologischen Forschungsinstitut Niedersachsen (KFN) das Instrument der Dunkelfeldforschung ausbaute und damit in der Jugendforschung eine neue Grundlage legte: Selbstberichtete Handlungen und Erfahrungen von Jugendlichen lieferten fortan Erkenntnisse, die in ihrer Verlässlichkeit weit über die üblicherweise erhobenen „Einstellungen" hinausgingen.

II. Berichterstattung im Schnittpunkt von Politikwissenschaft, Soziologie und Kriminologie

Lange Zeit hatte kaum jemand damit gerechnet, dass in der „Wohlstandsgesellschaft" jenseits des Parteienwettbewerbs grundlegende Differenzen aufbrechen und die Nachkriegsordnung erschüttern könnten. Seit den Protestbewegungen der siebziger und achtziger Jahre aber wuchs der Informationsbedarf der Öffentlichkeit und der Politik stark an. Angesichts des Linksterrorismus wurde von der Bundesregierung 1978 eine Reihe wissenschaftlicher Gutachten in Auftrag gegeben. Das Parlament setzte 1981 eine Enquetekommission „Jugendprotest im demokratischen Staat“ ein; das Familien- und Jugendministerium unterstützte und präsentierte erste empirische Forschungen. Als dann 1987 an der Startbahn – West zwei Polizeibeamte durch Heckenschützen ermordet wurden, beschloss die Bundesregierung, eine sogenannte „Unabhängige Regierungskommission zur Verhinderung und Bekämpfung von Gewalt“ einzusetzen, an der 37 Wissenschaftler und Praktiker aus unterschiedlichen Disziplinen beteiligt wurden.

Ihre Arbeit sollte mit der „Delphi-Methode“ ohne die Möglichkeit von Sondervoten zu einem Gesamtergebnis führen. Acht fachspezifisch zusammengesetzte Unterkommissionen hatten sich intern zu einigen und schließlich gemeinsam mit dem Organisationsteam einen Gesamtbericht über Ausmaß, Ursachen und Präventionsstrategien von Gewalt zu verabschieden. Angesichts der Widersprüche zwischen dem normativen Paradigma der Rechtswissenschaften einerseits und der empirischen Ausrichtung der Sozialwissenschaften andererseits war das eine kaum zu lösende Aufgabe. Den Kriminologen fiel die Rolle der Übersetzer zu. Christian Pfeiffer hat sich mit der ihm eigenen Verve darum bemüht. Die Vorschläge, soweit sie in der Gesamtkommission mehrheitsfähig waren, sowie die Ausgangsgutachten der Unterkommissionen und die extern eingeworbenen Zusatzgutachten konnten im Herbst 1989 präsentiert werden.[1] Das geschah gerade in dem Augenblick, als die Mauer um Berlin gefallen war und die öffentliche Agenda von ganz anderen Themen dominiert wurde. Später erst zeigten sich Wirkungen des Berichts - allerdings eher im Familienrecht (Strafbarkeit der Vergewaltigung in der Ehe; Abschaffung des elterlichen Züchtigungsrechts) als im Hinblick auf die Demonstrationskonflikte, die zur Einsetzung der Kommission geführt hatten.

Gegen Ende der neunziger Jahre führten die Debatten über Kriminalität von Jugendlichen und speziell über Gewalt an und von Zuwanderern zum Beschluss der Bundesregierung, in „periodischen Sicherheitsberichten“ den Stand der kriminologischen und soziologischen Forschung umfassend dokumentieren zu lassen. Dieses Mal waren es nur fünf Wissenschaftler, die den Stand der Forschung mit Vertretern der federführenden Ministe-

1 Schwind, H.-D., Baumann, J. (Hrsg.) (1990). Ursachen, Prävention und Kontrolle von Gewalt. Analysen und Vorschläge der Unabhängigen Regierungskommission zur Verhinderung und Bekämpfung von Gewalt (Gewaltkommission). Berlin: Duncker & Humblot.

rien des Innern und der Justiz sowie mit Fachleuten des Bundeskriminalamtes, des statistischen Bundesamtes und der Zentralstelle für kriminologische Forschung abgleichen sollten. Die Vertreter der Ministerien sollten die Erkenntnisse der verschiedenen Abteilungen in ihren Häusern (und soweit relevant, auch in anderen Ministerien) einholen. Die Bundesregierung bezog sich im Vorwort zum 1. Periodischen Sicherheitsbericht auf die Konsensarbeit im Gremium: „Stets war ein grundlegender Konsens im gesamten Gremium ausschlaggebend für die endgültige Fassung der jeweiligen Beiträge. Selbstverständlich bewerten jedoch Politik und Wissenschaft bestimmte deliktspezifische Entwicklungen und ihre Ursachen nicht immer übereinstimmend. Dies spiegelt sich bisweilen in Einzelbeiträgen wider“ (S. XXIV).[2]

III. Welche Folgen hat Konsensdruck in berichterstattenden Gremien?

So sehr die interne Debatte zunächst durch das vorgegebene Ziel der Konsensbildung befördert wird, so kann dieses schließlich zu Kompromissformeln führen, in denen ein Bild der Wirklichkeit gezeichnet wird, das eindeutiger ist als es durch den Stand der Forschung gerechtfertigt wäre. Der faktische Dissens bleibt dann durch die vertraglich vereinbarte Vertraulichkeit der Beratungen verborgen. Dieses immer wieder auftretende Problem hat in den vergangenen Jahrzehnten mehrfach zu der Anregung geführt, in Analogie zum Bericht der Wirtschaftssachverständigen auch in der Berichterstattung über die Kriminalitätsentwicklung die wissenschaftliche Analyse einerseits und die politische Bewertung durch die staatlichen Instanzen andererseits voneinander zu trennen. Bereits 1994 sind Christian Pfeiffer und Peter Wetzels nach einer Analyse von Fehlern der amtlichen Kriminalstatistik zu dem Ergebnis gekommen: „Unseres Erachtens sollte die Beantwortung der Frage, wie sich die Kriminalität von einem Jahr zum nächsten entwickelt hat, einer Sachverständigenkommission übertragen werden […] deren Gutachten neben eine Unterrichtung durch

2 Für kritische Kommentare danke ich Wolfgang Heinz, der unter den Vertretern der Wissenschaft eine inoffizielle Sprecherrolle ausübte.

den Bundesminister tritt."[3] Im gleichen Sinne hatte schon die Gewaltkommission 1990 votiert.[4] Verständlicherweise geht es der praktischen Politik mit der Vergabe von Gutachten und der Beauftragung von Gremien auch darum, die Unsicherheit zu reduzieren, in der sie Entscheidungen treffen muss. Insofern ist für sie erst einmal eine Arbeit sinnvoll, die zu einem und nicht zu mehreren Ergebnissen kommt. Es müsste gleichwohl möglich sein, die Widersprüche zu dokumentieren, die aus der Mehrdeutigkeit der verfügbaren Daten resultieren.

IV. Sicherheitsbehörden und Rechtsterrorismus

Die Frage nach den Kosten institutionalisierter Konsensbildung ist auch für die behördeninterne Berichterstattung von Bedeutung, wie sich in der erwähnten Kritik von Pfeiffer und Wetzels 1994 gezeigt hatte. Sie hat sich seit dem November 2011 erneut gestellt, als die Fehlinterpretation der Sicherheitsbehörden in der Einschätzung des Rechtsterrorismus zwischen 1995 und 2011 offenkundig wurde. Noch im Zweiten Periodischen Sicherheitsbericht (2006, S. 148) wurde der Einschätzung des Verfassungsschutzes dahingehend Glauben geschenkt, dass neben der gerichtsbekannten bayrischen Gruppe um Martin Wiese und dem „Freikorps Havelland" in Deutschland keine rechtsterroristischen Strukturen erkennbar seien. Die neuerdings geführte Debatte über die Ursachen der 2011 zutage getretenen Erkenntnisfehler setzt bisher vor allem auf die mangelnde Koordination und Kooperation unterschiedlicher Polizei - und Verfassungsschutzbehörden. Die Aufarbeitung der verfügbaren Daten[5] legt jedoch nahe, dass die Einschätzungsfehler nicht nur auf Ermittlungspannen und Kommunikationsprobleme zwischen den Sicherheitsbehörden, sondern auch und vor allem auf Prozesse der Meinungsbildung in der Auswertung der Ämter zurückzuführen sind. Dieser Meinungsbildung dürfte umso mehr Gewicht zukommen, je trüber die Quellen im sumpfigen Gelände der V-Leute sind, aus denen die Ämter schöpfen müssen.

3 Pfeiffer, C., Wetzels, P. (1994). „Die Explosion des Verbrechens?" Zu Missbrauch und Fehlinterpretation der polizeilichen Kriminalstatistik. Neue Kriminalpolitik, 32-39.

4 Schwind, H.-D., Baumann, J., a.a.O.

5 Eckert, R. (2013). Rechtsterrorismus und Sicherheitsbehörden – eine Zwischenbilanz. Verdikt – Mitteilungen der Fachgruppen Richterinnen und Richter, Staatsanwältinnen und Staatsanwälte, 4-11.

V. Information und Desinformation durch V-Leute

Die Praxis der Arbeit des Verfassungsschutzes mit V-Leuten ist bereits 1997 durch das Bundeskriminalamt in einem als geheim klassifizierten, aber mittlerweile öffentlich gewordenen Papier scharf kritisiert worden. Allerdings ging es dabei weniger um die Validität der Resultate als um die Behinderung der Strafverfolgung: V-Leute des Verfassungsschutzes stimulierten sich wechselseitig als „Brandstifter"; Informationen des Verfassungsschutzes würden die Polizei so spät erreichen, dass rechtsextreme Aktionen nicht mehr verhindert werden könnten; die „Quellen" würden oft vor Durchsuchungen des Staatsschutzes gewarnt, sodass sie ihre Unterlagen vorher vernichten könnten; festgestellte Straftäter unter ihnen würden strafrechtlich nicht belangt; rechtsextreme „Quellen" glaubten daher, unter dem Schutz des VS ungestraft handeln zu können und die Exekutive nicht ernst nehmen zu müssen.[6] Die Führungsebene der Verfassungsschutzämter hat sich noch im gleichen Jahr 1997 mit den Vorwürfen befasst, ohne dass diese Kritik zu einer nennenswerten Änderung der Praxis geführt hat – wie z. B. in NRW der Schutz eines V-Mannes vor Strafverfolgung im Jahre 2007 zeigte, der mit Drogen und mit Sprengstoff für die rechtsextreme Szene in Deutschland und Belgien handelte.[7] Im vorliegenden Beitrag soll es allerdings nicht um die Behinderung oder Vereitlung von Strafverfolgung gehen, sondern um die Konsequenzen, die die vom BKA kritisierte Praxis letztendlich für die inhaltliche Einschätzung des rechtsextremen Terrorismus gehabt haben dürfte. Dabei soll nicht über Handelnde von Gestern mit dem Wissen von Heute geurteilt werden. Vielmehr sind Strukturen und Mechanismen zu identifizieren, die auch weiterhin die Aufklärung politisch motivierter Gewalt behindern dürften.

Die Qualität der über die V-Leute vom Verfassungsschutz erlangten oder bestätigten Informationen scheint in einzelnen Fällen durchaus zuverlässig gewesen zu sein – so konnte der geplante Bombenanschlag auf die Grundsteinlegung des jüdischen Kulturzentrums in München 2003 verhindert werden. Die Bedeutung von tatsächlich zutreffenden Informationen über die thüringisch-sächsische Terrorzelle wurden aber in der Aus-

6 vgl. Baumgärtner, M. u.a (2012). Der Brandstiftereffekt, Der Spiegel, H. 45/2012, S. 39.

7 Brahms, R. (2012). Ein Seemann als V-Mann. RechtsRock, V-Mann, Krimineller. DERRECHTERAND, H. 134, S. 13.

wertung verkannt – auf eine Weise, die zum Kern des Problems führen könnte. Beispielhaft für die Fehlinterpretation verfügbarer Daten dürfte das mittlerweile „geleakte“ BfV Spezial Rechtsextremismus Nr. 21 sein, das zunächst „die Gefahr eines bewaffneten Kampfes deutscher Rechtsextremisten – Entwicklungen von 1997 bis Mitte 2004“ detailliert schildert, dann aber in offensichtlichem Widerspruch zu den zuvor dargestellten Fakten interpretiert. Die Bagatellisierung der Daten beginnt, wenn nicht alle von den Sicherheitsbehörden erwarteten Merkmale erfüllt sind. Diese sind erkennbar an den hierarchischen und zentralisierten Strukturen der RAF und der frühen Al Kaida orientiert, so als habe es weder die Roten Zellen noch den rechten Kleingruppenterrorismus in den achtziger Jahren gegeben – und schon gar nicht die explizite Kleingruppenstrategie des „leaderless resistance“ von „combat 18“, dem militanten Flügel der Neonaziorganisation „Blood and Honour“, die im Jahre 2000 verboten wurde. Nur so konnte das Papier zu dem Ergebnis kommen: „Derzeit sind in Deutschland keine rechtsterroristischen Organisationen und Strukturen erkennbar“ (BfV Spezial 2004, S. 29). Die Interpretation der von Polizei und Verfassungsschutz ermittelten Daten wurde offenbar Opfer von Wahrnehmungsschemata, die sich auch durch entgegenstehende Fakten nicht in Frage stellen ließen. So wurde behauptet: „Die Aufrufe zum bewaffneten Kampf stammen meist von Einzelpersonen ohne organisatorischen Hintergrund“ (BfV Spezial 2004, S. 28). Die zuvor eigens dargestellte Verbindung zwischen dem „Thüringer Heimatschutz und Combat 18“ wurde – ohne Beleg – herabgespielt: „Dabei diente der szeneinterne Bezug auf C18 in der Regel der eigenen Aufwertung und sollte nach außen den Eindruck einer gewissen Gefährlichkeit und Entschlossenheit vermitteln“ (BfV Spezial 2004, S.19). Das Fehlen von Detailinformationen über die Unterstützerszene wurde offenbar als Hinweis auf das Nichtbestehen derselben gedeutet. In Unkenntnis oder ohne Würdigung der am 26.01.98 in seiner Jenaer Garage gefundenen Telefonkladde von Mundlos mit 53 Telefonnummern[8] wurde erklärt: „Ungeachtet der Tatsache, dass es den Bombenbastlern von Jena jahrelang gelungen war, sich ihrer Verhaftung zu entziehen, gibt es keine wirkungsvolle Unterstützerszene, um einen nachhaltigen Kampf aus dem Untergrund heraus führen zu können“ (BfV Spezial 2004, S. 29). Diese Fehlinterpretationen sind offenbar auf

8 Fuchs, C., Götz, J. (2012). Die Zelle. Rechter Terror in Deutschland, S. 22.

der Auswertungsebene des Bundesamtes für Verfassungsschutz (vermutlich in Absprache mit den Landesämtern) vorgenommen worden.

Diese Entwertung der zuvor gewonnen Daten kann paradoxerweise durchaus mit der V-Leute-Praxis selbst zusammenhängen. Wenn man einmal korrekte Informationen erhalten hat, glaubt man möglicherweise, dass das Fehlen von weiteren Informationen auf das Fehlen von Strukturen hinweist. Thomas Kuban, der undercover auf Neonazikonzerten gefilmt hat, stellt dazu fest: „V-Leute sind halt Neonazis, die vom Staat bezahlt werden, um Informationen zu liefern. Allerdings haben sie es selber in der Hand, welche Informationen sie liefern [...] Wenn ich mit den Neonazis nur geredet hätte, dann wüsste ich nur einen Bruchteil von dem, was ich heute weiß, dadurch, dass ich in der Szene drin war. Deswegen bin ich der Meinung, dass Verfassungsschutz und Polizei im Schwerpunkt oder ausschließlich auf verdeckte Ermittler setzten sollten."[9] Ein prominentes Beispiel für Information und Nichtinformation dürfte der V- Mann „Tarif" sein (Michael See, verh. v. Dolsberg), der von Marcus Weller im ARD-Magazin FAKT am 01.10.13 enttarnt wurde und zum Umfeld der Terrorzelle gerechnet werden kann. Er hatte Beziehungen zu combat 18, rief in seiner rassistischen Kampfschrift „Sonnenbanner – nationales sozialistisches Monatsblatt", die in der Jenaer Garage des Terrortrios gefunden wurde, zu autonomen Zellenstrukturen und zum Weg in den Untergrund auf, kandidierte gleichwohl im Jahre 2001 für die NPD. Welche Informationen er über das Trio weitergegeben hat und welche nicht, würde näheren Aufschluss über Information und Desinformation durch V-Leute ermöglichen. Genau dieser Aufschluss ist durch die Vernichtung der Akten, insbesondere der Treffberichte mit ihm, verhindert worden.[10]

9 Becker, J. (2012). Nazis undercover. Interview mit Thomas Kuban, http://www.getaddicted.org/artikel/items/interview-thomas-kuban-blut-muss-fliessen-undercover-unter-nazis.html (Abruf: 22.09.2013)

10 Er galt im Verfassungsschutz als „besonders zuverlässige und redselige Quelle" (FAKT am 1.10.2010). Dass die Schredderaktion im Bundesamt für Verfassungsschutz (neben einigen Akten der Anwerbeaktion „Operation Rennsteig") speziell der Akte „Tarif" gegolten hat, (die nicht zum Rennsteigkomplex gehörte), wird in dem Abschussbericht der parlamentarischen Untersuchungskommission des deutschen Bundestages (17/14600, S. 760ff) deutlich. Ein vormals für Beschaffung zuständiger Abteilungsleiter, der auch persönlich V-Leute geführt hat, hat sie am 11. November 2011 gegen wiederholte Bedenken einer Sachbearbeiterin durchgesetzt. Dies legt den Schluss nahe, dass dieser (2011 formal unzuständige) Beamte sich nach dem Tod von Böhnhardt und Mundlos über die Bedeutung der Akte von „Tarif" im Klaren war. Er lehnt es (mit Hinweis auf mögliche Verfahren gegen ihn) bis heute ab, sich zu seinen Motiven zu äußern, ebenso

VI. Konsensdruck, Opportunitäten und Gefährdungserwartungen?

Die Entwertung vorhandener Informationen könnte indessen auch durch politische Opportunitäten und administrativen Druck in der Endredaktion der Berichte zustande gekommen sein. In den neunziger Jahren ist deutlich geworden, dass viele Politiker wenig Neigung verspürten, die Ausbreitung der Neonaziszene als Problem anzuerkennen. Das hat sich zeitweise geändert, wie sich z. B. an den zahlreichen Programmen – insbesondere für Jugendliche und Heranwachsende – ablesen lässt, die auf die Wirksamkeit von pädagogischer Betreuung setzten.[11] Bei der Erfassung politisch rechts motivierter Kriminalität durch die Staatsschutzbehörden in vielen Bundesländern zeigte sich gleichwohl dauerhaft eine Tendenz, Gewalttaten eher als gruppendynamisch bedingt oder alkoholinduziert denn als genuin politisch motiviert zu rubrizieren. Dabei dürfte das Interesse von Städten, Regionen und Bundesländern eine Rolle spielen, nicht durch hohe Zahlen fremdenfeindlicher Gewalttaten ins Scheinwerferlicht zu geraten und dadurch mögliche Investoren abzuschrecken und damit die Lage zu verschlimmern.

Zu vermuten ist ferner, dass die Schlussfolgerungen, die aus verfügbaren Daten gezogen wurden, über solch praktische politische Opportunitäten hinaus von den generalisierten Gefährdungserwartungen der in den Sicherheitsbehörden und Ministerien arbeitenden Personen beeinflusst wurden. Der generelle Gefahrenhorizont war in den Zeiten des Ost/West-Konflikts und erst recht seit der Mordserie der Rote-Armee-Fraktion durch die extreme Linke bestimmt, was zu Beginn der siebziger Jahre zur Regelanfrage an den Verfassungsschutz bei Einstellungen im öffentlichen Dienst geführt hat. Diese wiederum hat dem Verfassungsschutz die Rekrutierung von Mitarbeitern außerhalb des rechten politischen Spektrums überaus erschwert (wie u. a. durch Studentenproteste gegen Werbeaktionen des Verfassungsschutzes deutlich wurde). Nach dem Zwischenspiel der neunziger Jahre, in denen die fremdenfeindliche Bedrohung der im Grundgesetz festgeschriebenen Menschenrechte durch das völkische Revival nicht mehr zu übersehen war, konzentrierte sich der Verfassungs-

dazu, ob der V-Mann Tarif zu den von ihm geführten Quellen gehört habe (ebenda, S. 773).

11 Weil diese Betreuung bei bereits radikalisierten Jugendlichen erfolglos blieb, wurde sie letztendlich durch ein Konzept zivilgesellschaftlicher Gegenwehr und Ausgrenzung ergänzt oder ersetzt.

schutz seit dem 11. September 2001 auf den islamistischen Jihadismus, der gewissermaßen die Nachfolge des Kommunismus im globalen Konfliktszenario angetreten hatte. Es ist nicht auszuschließen, dass dies dazu geführt hat, fremdenfeindliche und rechtsextreme Ideologien aus dem Blick zu verlieren und ihre unmittelbare Herausforderung der Menschenwürde, wie sie im Grundgesetz verbrieft ist, nicht ernst zu nehmen. Das würde natürlich der Bedeutung und den künftigen Wirkungschancen von nationalistischen und rassistischen Bewegungen im Zeitalter von Globalisierung und Migration in keiner Weise gerecht. Allerdings tat sich auch die Wissenschaft lange schwer, den Konflikt um Einwanderung als den Kristallisationspunkt fremdenfeindlicher und rassistischer Gewalt zu begreifen.[12]

Etwa seit 2007 wurden in Berliner Ministerien verstärkt die klassischen Gefährdungserwartungen gegenüber „links“ wieder aufgenommen. Ob dafür die unfriedlich verlaufenen Demonstrationen anlässlich des G8-Gipfels in Rostock und Heiligendamm 2007, die wachsende Zustimmung in der Bevölkerung zu den Protesten gegen „Globalisierung“ und die Macht spekulativen Finanzkapitals, die zunehmende Konfrontationsgewalt zwischen „rechten“ und „linken“ Demonstranten eine Rolle gespielt haben, oder ob letztendlich die generalisierten Gefährdungserwartungen von Politikern und Beamten in die überkommenen Traditionen aus den siebziger oder achtziger Jahre zurückgependelt sind, ist von außen schwer zu klären. Wie auch immer es sich damit verhält – die „Vorfeldüberwachung“ durch einen Inlandsgeheimdienst war als Frühwarnsystem zumindest bei der islamistischen Terrorzelle von Hamburg, die den 11.09.01 plante, ebenso erfolglos wie bei dem Terrortrio aus Thüringen, wobei offen bleiben muss, ob einem anders aufgestellten Geheimdienst der Einblick in die terroristischen Pläne gelungen wäre.

VII. Strukturelle Verselbständigung der Geheimdienste?

Das strukturelle Problem der Sicherheitsbehörden geht jedenfalls über handwerkliche Fehler, wie sie immer vorkommen können, hinaus. Dabei dürfte es gar nicht so sehr um die defizitäre Kommunikation zwischen den

12 Eckert, R. et al. (1996). Erklärungsmuster fremdenfeindlicher Gewalt im empirischen Test. Politische Vierteljahresschrift, Sonderheft 27 „Rechtsextremismus“, 152-167.

Behörden gehen, die nun hart am Rand des Trennungsgebots für Geheimdienste und Polizei behoben werden soll. Bedeutsamer für die Organisationskultur ist vermutlich die Ausweitung der Beobachtung auf immer mehr Personengruppen, selbst wenn bei diesen keine aktiven Bestrebungen gegen die verfassungsmäßige Ordnung zu erkennen sind. Die Eigenlogik des Verdachts treibt die Ausweitung voran und beansprucht damit einen immer größer werdenden Teil der Ressourcen. Wie alle Geheimdienste kann der Verfassungsschutz Gefährdungsszenarien generieren, ohne sie im Einzelnen in der Abwägung von Pro und Contra belegen zu müssen. Er ist weitgehend Herr der Daten, deren Quellen er nicht offenlegen muss. Auf diesem Wege ist aus der „Vorfeldüberwachung" aktiver Bestrebungen, die ihm als Aufgabe zugewiesen war, ein wirkungsvolles Instrument der Stigmatisierung von kulturell oder politisch gegenüber einer „Leitkultur" abweichenden, gleichwohl „legalistischen" (d. h. gesetzeskonform handelnden) Gruppen geworden. Bereits der Beobachtungsstatus begründet dabei eine Rechtsauslegung zum Nachteil von Menschen, die diesen Gruppen zugerechnet werden. Diese Praxis wiederum kann als solche ein unkalkulierbares Radikalisierungspotential bei Überwachten und Überwachern entstehen lassen.[13] Die Routine der „Kontaktschuldvermutung"[14] führt dazu, dass immer weitere Personenkreise unter Beobachtung gestellt werden. Wenn gleichzeitig die Tatsache der Beobachtung für die Beobachteten in ihren beruflichen und privaten Kontakten erhebliche Konsequenzen hat, wächst dem Verfassungsschutz eine zunächst unkontrollierte Deutungsmacht zu (z. B. wenn es um Niederlassungsrechte, Einbürgerung, Einstellung im öffentlichen Dienst und die steuerliche Anerkennung der Gemeinnützigkeit von Vereinen geht). Wenn nicht einmal zwischen Verdachtsfällen und Fällen erwiesener Verfassungswidrigkeit unterschieden wird[15], dann wird diese zunächst unkontrollierte „Spezialjustiz" at-

13 Die Ausweitung von Verdachtsmomenten wurde sogar höchstrichterlich gestützt. Nach der (mittlerweile am 09.10.13 vom Bundesverfassungsgericht korrigierten) Rechtsprechung des Bundesverwaltungsgerichts vom 21.07.2010 (Az.: 6 C 22.09) war es für die Beobachtung durch den Verfassungsschutz nicht einmal erforderlich, dass eine beobachtete Person selbst verfassungswidrige Ansichten vertritt. Bereits Kontakte zu Personen oder Organisationen, bei denen Anhaltspunkte für solche Bestrebungen erkennbar seien, reichten zur Begründung der Beobachtung aus.

14 Hannover, H. (1962). Politische Diffamierung der Opposition im freiheitlich demokratischen Rechtsstaat.

15 Murswiek, D. (2009). Die meistern Verfassungsschutzberichte sind verfassungswidrig. Ergebnisse einer Studie am Institut für Öffentliches Recht der Albert-Ludwigs-

traktiv für Gesinnungsmotive und politische Instrumentalisierungen. Regierungen können kontroverse Entscheidungen an den Verfassungsschutz auslagern und sich dann zirkulär auf dessen scheinbar unparteiische Sachkompetenz berufen.

Zu welchem politischen Realitätsverlust die Kombination von Ausweitung der Befugnisse einerseits, Verselbständigung und Instrumentalisierung von Geheimdiensten andererseits, führen kann, hat – unter anderen Ausgangsbedingungen – die Begründung des Irakkriegs in den USA und Großbritannien mit ihrem Verweis auf angebliche Geheimdienstinformationen gezeigt. Dieselben Missweisungen sind auch in Deutschland bei der parlamentarischen Entscheidung über die Beteiligung am Irakkrieg – allerdings erfolglos – ins Spiel gebracht worden.

VIII. Demokratische Kontrolle?

Demgegenüber ist die Kontrolle der Geheimdienste durch Parlamentsausschüsse solange trügerisch, wie diese die Quellen selbst nicht prüfen können und Gesichtspunkte der Selbstdarstellung oder der politischen Opportunität in den Ämtern die Auswahl der Informationen bestimmen, die überhaupt zur Vorlage kommen. Die serielle Aktenvernichtung nach dem Auffliegen der Terrorzelle bis in den Sommer 2012 könnte darauf hinweisen, dass die systemimmanente Infragestellung rechtsstaatlicher Legalität nicht nur zum Schutz der Informanten vor strafrechtlicher Verfolgung wirksam wird, sondern auch zum Schutz der Kontrolleure vor Kontrolle. Die Unwilligkeit, den durch Regierungen oder Parlamente eingesetzten Untersuchungskommissionen und Parlamentsausschüssen die relevanten Unterlagen zu geben, macht deutlich, dass die Dienste dazu tendieren, Eigensicherung als oberstes Gebot zu verstehen. Es hat den Anschein, dass viele Beamte den Auftrag ihrer Organisation dahingehend verstehen, grundsätzlich Subjekt, aber keinesfalls Objekt von Kontrolle zu sein. Eine solche Mentalität dürfte sich auch durch den erfolgten Wechsel an den Spitzen der Behörden kaum ändern. Vermutlich haben wir es mit einer in Jahrzehnten sedimentierten Organisationskultur zu tun, deren eigenständige Definitionsmacht kontinuierlich angewachsen ist. Ihr gegenüber dürfte

Universität Freiburg, www.pr.uni-freiburg.de/pm/2009/pm.2009-12-04.420 (Abruf April 2013).

auch ein Geheimdienstbeauftragter des Parlaments nur wenige Chancen haben.

IX. Ein wissenschaftliches Institut?

Neuerdings hat der ehemalige Datenschutzbeauftragte Hans Peter Bull[16] den Vorschlag von Rolf Gössner[17] wieder aufgegriffen, den Verfassungsschutz durch ein wissenschaftliches Institut zu ersetzen. Dies würde allerdings den Verzicht auf geheimdienstliche Informationsgewinnung bedeuten, weil die Ethik der wissenschaftlichen Forschung die Anonymisierung der Daten von Personen verlangt, die befragt werden.[18] Damit würde die geheimdienstliche Informationsgewinnung über kurz oder lang als Teil der Gefahrenabwehr dem polizeilichen Staatsschutz zufallen und dann entgegen dem Trennungsgebot mit exekutiven Befugnissen verbunden sein. Obendrein ist die Missweisung durch generalisierte Gefährdungsüberzeugungen kein spezielles Problem des Verfassungsschutzes, sondern hat sich gleichermaßen bei der Polizei (wie etwa bei der Soko „Bosporus" in Bayern) gezeigt.

X. Konsensdruck als Fehlerquelle?

Eine Zentralisierung der Befugnisse, die gegenwärtig diskutiert wird, dürfte das Problem eher verschärfen. Wenn alle geheimdienstlichen und polizeilichen Akteure in Bund und Ländern eingebunden werden, können deren Datenbestände gewiss leichter zusammengeführt und die Monopolisierung von Daten in einzelnen Ämtern erschwert werden. Die Nichtinformation durch V-Leute könnte aber weiterhin als das Nichtvorhandensein von Strukturen gedeutet werden. Mehr noch: vorhandene Daten könnten ge-

16 Prantl, H. (2013). Der Verfassungsschutz wäre dann kein Geheimdienst mehr, http://www.sueddeutsche.de/politik/neuorganisation-des-sicherheitsapparats-der-verfassungsschutz-waere-dann-kein-geheimdienst-mehr-1.1766696 (Abruf September 2013).

17 Gössner, R. (2003/2012). Geheime Informanten – Leute des Verfassungsschutzes – Neonazis im Dienste des Staates 2003/2012, München.

18 Bei Forschungen im rechtsextremen Feld musste der Verfasser schon einmal zu dem Mittel eines anonymen Anrufs bei der Polizei greifen, um den Schutz eines Asylbewerberheimes zu erwirken, ohne das Risiko einzugehen, Informanten benennen zu müssen.

meinsam für irrelevant erklärt werden, sobald sie dem Gefährdungshorizont nicht entsprechen, auf den man sich zuvor geeinigt hat. Verbleibende Kritiker könnten dann umso weiträumiger als Außenseiter abgestempelt werden, die man nicht ernst zu nehmen brauche, so wie es bisher schon in der Abwehr externer wissenschaftlicher Kritik allzu leicht erfolgt. Es könnte also sein, dass durch bloße administrative Änderungen, wie sie jetzt vor dem Untersuchungsausschuss des deutschen Bundestages vorgeschlagen worden sind, die Chancen, Dissens in den Organisationen zur Geltung zu bringen, weiter behindert oder gar verhindert würden. Diese wären aber eine wichtige Vorrausetzung für einen nachhaltigen Erkenntnisgewinn. Sowohl die Monopolisierung der Informationen als auch die Vereinheitlichung der Schlussfolgerungen sind Kennzeichen der Verselbständigung von Institutionen. Ein gemeinsames Abwehrzentrum von Geheimdienst und polizeilichem Staatsschutz könnte den Blick nur dann öffnen, wenn die an ihm Beteiligten nicht unter Einigungsdruck gestellt werden. Delphi-Methoden oder Protokollkompromisse sind dagegen Instrumente, welche die Beteiligten auf eine und nur eine Linie führen. Damit wird zwar die Legitimierung praktischer Maßnahmen erleichtert, zugleich aber der Lichtkegel verengt, sodass Fakten, die nicht ins Bild passen, nicht wahrgenommen oder gar retuschiert werden. Die „Wehrhaftigkeit" der Demokratie hängt jedoch davon ab, dass auch neu entstehende und unerwartete Gefährdungen sichtbar werden und in den zuständigen Gremien kontrovers diskutiert werden können – und die unvermeidliche Unsicherheit der Ergebnisse nicht geleugnet wird.

Die Gefahr der Vereinheitlichung der Schlussfolgerungen ist keine deutsche Spezialität. Seit dem 11.9.2001 und den häufiger werdenden Cyberattacken suchen sogar Konzerne und Geheimdienste in den USA der hausgemachten Desinformation durch die Einrichtung von „red teams" zu begegnen, deren Aufgabe es sein soll, „ to institutionalize sustained, collaborative efforts by analysts to question their judgements and underlying assumptions, employing both critical and creative modes of thought".[19] Wie erfolgreich diese Versuche zu einem „alternative sense-making" sind, ist nicht klar. Die Autoren lassen bereits 2004 Skepsis anklingen: „For this approach to be effective, significant changes in the cultures and business

19 Fishbein, W., Treverton, G. (2004). Rethinking „Alternative Analysis" to Adress Transnational Threats. The Sherman Kent Center for Intelligence Analysis. Occasional Papers: Vol. 3, Nr. 2.

processes of analytic organizations will be required“. Hinzuzufügen wäre allerdings, dass solche Teams nur funktionieren würden, wenn ihre Mitarbeiter dem unweigerlichen Konsensdruck in den Gremien widerstehen können. Wahrscheinlich müssten sie dazu einer anderen Organisation angehören und nur auf Zeit entsandt worden sein. Hier allenfalls könnte die akademisch verfasste Wissenschaft hilfreiche Dienste leisten.

XI. Schlussfolgerung

Als Nachrichtendienst ohne exekutive Befugnisse legitimiert sich der Verfassungsschutz als Frühwarnsystem, das dem exekutiven Staatsschutz vorgelagert sein soll. Seine faktische Wirkung ist dagegen gegenwärtig weniger in zielführenden Erkenntnissen über konkrete, die Verfassungsordnung gefährdende Bestrebungen als vielmehr in einer weiträumigen Etikettierung, Ausgrenzung und damit auch tendenziellen Radikalisierung der gesellschaftlichen Gruppen zu sehen, deren Beobachtung öffentlich verkündet wird und Folgen in der Rechtsauslegung hat. Der flächendeckende Einsatz von V-Leuten in der extrem rechten Szene hat darüber hinaus zum Schutz der dortigen Akteure vor Strafverfolgung, zur Finanzierung der extremistischen Aufbauarbeit und zur Abwendung eines Parteiverbots geführt. Die Nebenfolgen haben damit die deklarierten Ziele in Frage gestellt. Eine Organisationsreform, die lediglich die Strukturen effizienter machen will, ohne die Ziele auf ihren Kern, die Aufklärung „kämpferischer Bestrebungen“ zurückzuführen und obendrein eine kontroverse Diskussion der gewonnenen Daten sicherzustellen, würde die „Kontrollmacht ohne Kontrolle“ weiter auf ihrem schon allzu lange eingeschlagenen Kurs bestärken. Dann wäre der Entwicklungspfad eines Nachrichtendienstes ohne exekutive Befugnisse, aber mit rechtsstaatlicher Kontrolle, vertan, in dem ein Beitrag der Bundesrepublik zur weiteren Evolution des Rechtsstaats liegen könnte.

Punitive reactions to deviant behaviour. Driven by or detached from anger?

Ute Gabriel, Rebecca Löbmann

I. Introduction

Spectacular crimes often seem to fuel quite affect-driven demands of very harsh penalties. Correspondingly, research has found that people often react affectively to the violation of norms (e.g., Krehbiel/Cropanzano, 2000; Scher, 1997). Literature on "moral outrage" assumes that people are engaged in a continual struggle to protect their private selves and public identities from moral contamination by impure thoughts and deeds (Belk et al., 1989) and therefore distance themselves from normative transgressions by ways of cognitive reactions (harsh character attributions to those who endorse proscribed thoughts), affective reactions (anger and contempt) and behavioural reactions (support for punishing deviant others) (Tetlock, 1999).

In contrast, the traditionally dominant theory of moral judgment claims that moral judgments are the outcome of conscious reasoning and reflection processes that involve the weighing of different moral considerations such as harm, rights, justice, and fairness. This "rationalist model" has been researched and supported by the vast majority of moral psychologists and was made famous by Kohlberg (Kohlberg, 1976; Kohlberg et al., 1983) and recently defended by Pizarro and Bloom (2003). The rational approach is supported by the fact that the majority of crime vignette studies finds that legal criteria (severity of offences, criminal record, etc.) are taken into account by laypeople in a quite rational way when they are asked to assign a penalty to the offender (e.g., Applegate et al., 1996a, 1996b; Darley et al., 2000; Jacoby/Cullen, 1999; Mattinson/Mirrlees-Black, 2000; Robbenolt/Studebaker, 1999; Rossi/Berk, 1997). For example, participants assign higher sentences to offenders with a prior record, or for offences with greater damage. These results seem to fit with the intuitive scientist tradition in social cognition research that depicts people as decision makers whose central objective is to understand underlying patterns of causality (cf. Kelley, 1967). People in the aforementioned studies seem to be moral reasoners who judge by performing a conscious mental activity that consists of transforming given information about people in order to reach a moral judgment.

However, on the other hand, several researchers have argued that the primary and fundamental reaction to external stimuli is not a rational but an emotional reaction (e.g., Damasio, 1994; Epstein, 1994; Pyszczynski/Greenberg, 1987; Zajonc, 1980). In addition, research over the past 20 years has vastly added to psychologists' knowledge of emotion's role in judgment and decision-making (e.g., Forgas, 1995; Petty/Cacioppo, 1986; Schwarz/Clore, 1983). As for norm violations, anger reactions and not a calm and rational behaviour seem to be quite common (Mikula 1986, 1987; Pruitt/Carnevale, 1993; Pruitt/Rubin, 1986; Tedeschi/Felson, 1994; Weber, 1994). Anger further gives rise to aggressive action tendencies that may be expressed as wishes for more severe punishment (Lerner et al., 1998). Nevertheless, surprisingly little research has been done on the role of affect in punishment reactions (for an overview see Feigenson/Park, 2006; Feigenson, 2010; Gabriel, 2009).

Due to these recent developments in moral psychology, social intuitionists have contested the rational approach to moral decision-making. Among these contributions, Jonathan Haidt has developed the so-called "social intuitionist model" that incorporates different intuitive, social, and cognitive links into a sophisticated theory of moral decision-making (Haidt, 2001). Haidt states that moral intuitions including moral emotions come first and directly cause moral judgment. They are defined as "the sudden appearance in consciousness of a moral judgment including an affective valence (good-bad, like-dislike), without any conscious awareness of having gone through steps of search, weighing evidence, or inferring a conclusion" (Haidt, 2001, p. 818). These intuitions are to some extent the products of a Darwinian "moral sense" that has evolved through natural selection, but they are also shaped by the cultural context in which an individual is raised, and, in particular, by the beliefs and practices of the individual's peer group. Moral reasoning is according to Haidt an ex-post facto process in which a person searches for arguments that will support an already-made judgment and which is announced when one is faced with the social demand for a verbal justification.

If affect is as important in punitiveness as suggested by the social intuitionist model, it should also be considered in criminal research (see also

Maroney, 2006; Rogerson et al., 2011). Decision makers, for example in juries in the Anglo-American law system, would then rather follow their moral intuitions then rational thoughts that may often be non-optimal. A correct understanding of the basis of moral judgment may therefore be useful in helping decision makers avoid mistakes. Moreover, public opinion may be based largely on moral intuition - as national polls often find a general dissatisfaction of people with court sentences and a wish for harsher penalties (e.g., Baier et al., 2011; Hough et al., 1989; Skovron et al., 1988; Windzio et al., 2006). Penal practices may in part be a judicial response to public opinion: The criminal justice system may not only intend to rehabilitate offenders or deter them from re-offending. It may also aim at assigning punishments that fit a popular sense of justice, because only when citizens feel that judges give appropriate penalties, they will maintain confidence in the fairness and effectiveness of the sentencing system and hence abide by the law themselves (see Tyler/Boeckmann, 1997). The law in democratic Western societies is thus in a continuous adaptation process towards societal norms and vice versa (Adenaes, 1977). Therefore, the criminal justice system and society may benefit from a more in-depth understanding of the formation of public opinion towards sanctioning.

The present study aims at contributing to determining whether affect should be taken into account when measuring punitiveness by further exploring the link between emotional reactions and punishment demands in a typical crime vignette study-design. We report two experiments in which participants read the description of a handbag snatch (vignette) and subsequently were asked to report their emotional (anger), cognitive (guilt related moral reasoning) and behaviour related reactions, i.e. the intention to punish the norm-violating behaviour. In addition, they gave their moral judgment. However, before (Experiment 1) or while (Experiment 2) doing so, we sought to manipulate participants' emotional state in addition, but independent of the emotion-raising content of the vignette. In line with a moral intuition approach, differences in the strength of the emotional reactions between experimental conditions should be mirrored both in the intention to punish the behaviour and in guilt related judgments as reasoned explanations are thought to primarily serve to support the already-made affect-based moral judgment. However, if the rational approach held true, differences in the emotional reactions should not be mirrored in guilt related judgments, as this line of theorizing assumes us to refrain from spontaneous judgments.

In Experiment 1 anger was activated prior to reading the vignette and half of the participants were additionally instructed to dissociate from the previously induced anger. By means of additional instruction to half of the participants we sought to dissociate them from the induced anger by manipulating the attentional focus. In Experiment 2 half of the participants were instructed to read the vignette under the load of a second motoric task intended to *not* hinder their processing of the information, but intended to interfere with their emotional reaction to the offence described in the vignette. This should establish a rather affect-dissociated reaction towards the offence described in the vignette.

II. Experiment 1

The aim of Experiment 1 was to manipulate the spontaneous reaction towards a deviant behaviour presented in a crime vignette by amplifying the negative emotional reaction. To this, an emotion congruent with the affect expected to be elicited by the vignette, namely anger, was induced prior to the judgmental task. Furthermore, before reading the vignette half of the participants were instructed to not let themselves get distracted by their current emotions and thoughts. We expected those who got this additional instruction to dissociate from the prior induced anger and in general to carefully edit their answers. Furthermore, we expected those who did not receive such additional instruction to more strongly react emotionally to the offence described in the crime vignette. Within the framework of the social intuitionist model those differences in the anger-related reaction towards a crime should also show up in other more reasoning related measures. Whereas, within the framework of a rationalist model, the differences in the anger related reaction should not be found in reasoning related measures.

Method

All participants saw an anger evoking film sequence and later read and responded to the description of a (fictitious) criminal act (181 words). To render current emotions salient half of the sample received additional instruction before filling out the questionnaire. The criminal act presented to the participants characterized the violent theft of a handbag. The offender was described as being unrepentant and needing the money out of selfish motives (i.e. needed the money to buy a new DVD-player). Furthermore, the offender was described as having a criminal record and that he was known as being violent. By this information we wanted to keep readers from trivializing the incident as a one-time blunder. The case description had been previously used in a large survey of judges and attorneys (Schott et al., 2004).

Participants and Design

A total of 41 students at the University of Bern (N = 19), the University of Fribourg (N = 8) and the University of St. Gall (N = 14) whose mean age was 25 years took part in the study. The Bernese participants were students of psychology that received credits for participating. At the other two universities students of different subjects took part. Each of them received a drink voucher; furthermore, five cinema vouchers were raffled among those participants.

The 21 female and 20 male participants were quasi-randomly assigned to the experimental conditions (additional instruction: yes vs. no). Three participants had to be excluded from the sample as they had guessed the hypothesis (N = 2) or had outlier values in combination with suspicious answers in the post-experimental assessment (N = 1).

Materials

Emotion induction. To induce anger a film clip taken from a TV documentation film on the animal rights situation in Germany ("Mit Herz für Tiere", from the serial "37 Grad", ZDF, 2005) was made. A coherent cut-out (4 min 51 sec) had been chosen that presents scenes and comments on colt and chicken breeding in Germany illustrating the very rough handling of the animals. To guarantee the participants' inviolacy an impact scale of the scenes to follow was shown throughout the film. This scale had been employed by the filmmakers to offer recipients the possibility to eventually close their eyes and solely follow the film acoustically. A melodious sound hinted at the end of an irksome scene.

To improve the cover story and to check the manipulation participants had to evaluate the film clip by six attributes. On 6-point rating scales they had to respond to the question: I found the clip that I have seen to be ... amusing, boring, depressing, outrageous, suspenseful, stimulating. The rating scale was labelled (1) "is not true at all" to (6) "is completely true".

Anger dissociating instruction. To manipulate the influence of the anger inducing film on the later reaction to the vignette after the first part (watching a film and evaluating it), half of the participants received the following request within the instruction for the vignette and the questionnaire: "Before you continue, take a deep breath and make sure that present thoughts, moods, unclarities and so forth do not distract you." The other half of participants received no such request.

Dependent measures. After the participants had read the vignette, they completed a brief questionnaire that assessed their emotional reaction towards the offence, the guilt-related evaluation of the offence (offender's responsibility, severity and victim's contribution) as well as the moral judgment and the sentence related reaction to the offence.

Anger related judgment. The anger related judgment was assessed by the following items: (1) I am outraged with the behaviour of Michael S.; (2) I am enraged with the behaviour of Michael S.; (3) I am indignant over the incident; and (4) I am angry at Michael S. In order not to highlight the focus of our research, the emotion-related items were spread among four other items tapping further affective reactions (i.e., The behaviour of Michael S. makes me sad; This story makes me fear that something like that could happen to me or to someone close to me; I am sorry that this happened to Claudia M.; I can well put myself in the position of Claudia M.).

All items had to be answered on 6-point rating scales that were anchored by the terms "do not agree at all" (1) and "agree completely" (6). The mean score was computed across the four items resulting in a scale anger related judgment ($\alpha = .81$; M = 4.5, SD = .99).

Guilt related and moral judgment. The following items were used to assess: (1) offender's responsibility: Michael S. is completely responsible for what he did (M = 5.2, SD = 1.1); (2) severity: Claudia M. will suffer from the consequences of this incident for a long time (M = 3.8, SD = 1.4); and (3) victim's contribution: (3a) Claudia M. has contributed to what has happened, and (3b) Claudia M. could have been more cautious ($r(36) = .50$, $p = .001$; M = 2.0, SD = 1.0). The moral judgment was assessed by "I consider the behaviour of Michael S. to be very objectionable" (M = 4.6, SD = 1.0). All items had to be answered on 6-point rating scales that were anchored by the terms "do not agree at all" (1) and "agree completely" (6).

Sentence related reaction. To measure the wished for sentence severity the participants learned that Michael S. had been sentenced by the court to two years' unsuspended imprisonment, and were asked "How appropriate do you consider this sentence?" The question had to be answered on an 11-point rating scale that was anchored by endpoints labelled "much too lenient" and "much too harsh", the midpoint was labelled "appropriate". Answers were coded (1-11) such that higher values indicate a wish for more severe punishment (M = 4.4, SD = 1.8).

Additionally, for the evaluation of the specified sentence subjects were asked to state what they themselves viewed as an appropriate sentence. To ensure a one-dimensional scale their only means of punishment was to fine the culprit in terms of imprisonment without probation (self-assigned sentence: M = 465 days of imprisonment, SD = 529). As this measure was heavily skewed and not normally distributed (KS Z = 1.3, $p = .07$) the values were log-transformed (KS Z = .85, $p > .20$). Two participants, who had refused to assign an imprisonment, were set to "missing value". (To avoid zero-values alternatively a constant could have been added to all values; but as the refusal here means something qualitatively different than just "less punishment", we decided against this possibility.)

Finally, participants' affective state was assessed applying the German adaptation of the PANAS (Krohne et al., 1996). The scale consists of 21 affect describing adjectives, 10 of which tap positive affect ($\alpha = .85$; M = 1.9, SD = .58) and 11 of which tap negative affect ($\alpha = .88$; M = 2.1, SD = .68). On 5-point rating scales (labelled 1 "not at all" and 5 "extremely") participants had to respond to "Right now I feel (…)".

Procedure

Participants were tested individually. Except for the general information all instructions were given in written form. The experimenter welcomed the participants and explained the procedure of the experiment. He pointed out that before the main experiment would start they would have to do a film-evaluation in the context of an independent investigation on media consumption. Furthermore the experimenter stated that the film to be shown might contain irksome content. During the general instruction as well as immediately before starting the film, participants were informed that they could abandon the experiment at any time.

The film was presented via computer screen. Afterwards, a short questionnaire to evaluate the film was handed out. Next participants were given a second questionnaire and the experimenter informed them that now the second experiment (titled as "person judgment") would start. At the end of the experiment the participants filled in the PANAS and were questioned for suspicion, debriefed, thanked and dismissed.

Results

a) Manipulation Check

Film evaluation. On the rating scales ranging from 1 to 6, participants reported the animal rights film to be neither amusing (M = 1.1, SD = .36) nor boring (M = 1.5, SD = .60). Rather they described the film to be depressing (M = 5.2, SD = 1.1) and outrageous (M = 5.3, SD = 1.3). Furthermore, they rated the film to be neither suspenseful nor not suspenseful (M = 3.7, SD = 1.3) as well as not especially stimulating (M = 2.7, SD = 1.5). The results affirm that the film clip had been apprehended in the intended way.

PANAS. The two subscales were analysed applying two t-tests. Although none of the tests reached statistical significance, on a descriptive level it shows that participants who were not instructed to pay attention to their current emotions (no instruction: M = 2.2) reported slightly more negative affect compared to those who received the instruction (with instruction M = 2.0; t(36) = .84, p = .40). This was reversed for the positive affect (no instruction: M = 1.8; with instruction M = 2.0; t(36) = -1.2, p = .24).

Anger related judgment. According to the intended manipulation the statistical analysis revealed that those who did not get further instruction reported significantly more anger (M = 4.9, SD = .74; t(36) = 2.8, p < .01) than those who received the additional instruction (M = 4.0, SD = 1.1). A multivariate analysis employing the four anger unrelated items as dependent variables revealed no systematic influence of the manipulation (F(4, 33) < 1), but those who received the additional instruction agreed more strongly with the statement that they were sorry for what has happened to Claudia M. (F(1, 36) = 4.0, p = .05).

b) Dependent Variables

To test the influence of the instruction manipulation on the dependent variables, (1) the guilt related judgments and (2) the moral and sentence related judgments were analysed using MANOVAs with instruction (yes vs. no) as between subject factor.

In reference to the guilt related judgments (responsibility, severity, victim contribution) no influence of the instruction manipulation was found ($F(3, 34) < 1$, $eta^2 = .02$). With reference to the moral judgment and the sentence related judgment as dependent variables the combined F was significant ($F(2, 35) = 4.8$, $p = .01$, $eta^2 = .22$). More specifically those participants who did not receive the additional instruction reacted more punitively ($F(1, 36) = 7.2$, $p = .01$; $M = 5.2$, $SD = 1.7$) than those who had received the instruction ($M = 3.7$, $SD = 1.5$; moral judgment: $F(1, 36) = 1.5$, $p = .24$). This was further confirmed by a t-test on the self-assigned sentence ($t(30.1) = 2.9$, $p < .01$), which on average was higher for those who did not receive additional instruction ($M = 6.2$, $SD = .88$) compared to those who did ($M= 5.1$, $SD = 1.3$).

Discussion

The manipulation check revealed that the instruction manipulation had the intended effect: Participants who did not receive the instruction to not get distracted by their emotions and thoughts after watching the anger inducing film clip report that they are angrier about the offence described in the vignette than those who did receive such an instruction. This difference in the anger reaction also shows in the punitiveness measure but it does not show in the guilt related judgments: Although both groups hold the offender comparably responsible, rate the consequences for the victim comparably severe and judge the behaviour of Claudia M. as comparably cautious, one group demands a higher punishment of the offender than the other. This can be interpreted as a hint that anger expresses itself in punitiveness (e.g., Lerner et al., 1998), but it argues against an attempt to rationalize the emotion-driven reaction, i.e. to edit the guilt related judgments in a way to fit with the emotional reaction as suggested by the social intuitionist model.

As we did not employ a control group, one could argue against this conclusion that those receiving the additional instruction in their attempt to not being influenced by the film clip might have specifically overcorrected their anger related and their sentence related judgment. That would mean that they "selectively rationalized" their responses. But if that would hold true, they should have also overcorrected their responses on the other affect-related measure, such as reporting to be less sad or less sorry for what has happened. But this was not the case.

Furthermore, one could argue that in Experiment 1 we simply established an affect priming effect that appears in concepts that are sufficiently related to the primed affect, namely anger related judgments and sentence related reactions, given that punishment can be interpreted as the "move against another person" that is considered to be the action tendency (Frijda, 1986) connected to anger. Therefore, in Experiment 2 instead of manipulating the emotional state before reading the vignette, we tried to manipulate the emotional reaction while reading the vignette. We wanted to narrow the focus of the participants on the pure information by establishing a second task that does not interfere with the information processing but with the arousal and the affect elicited by this information.

III. Experiment 2

Our aim for Experiment 2 was to replicate the findings of Experiment 1 but now manipulating the emotional state while reading the offence vignette by employing a dual task paradigm. We chose a motoric task in combination with acoustic signals as a second task aimed to distract the participants from their vignette-related emotional experience (as it interfered with the arousal caused by the second task). Thus, participants in the dual task condition should report less anger about the described offence. Within the framework of the social intuitionist model those differences in the anger related reaction towards a crime should also show up in other more reasoning related measures. Whereas, within the framework of a rationalist model, the differences in the anger related reaction should not be found in reasoning related measures.

Method

Participants read the description of a (fictitious) criminal act that had already been used in Experiment 1. While reading the information half of the participants simultaneously had to perform a tapping task (dual task). Subsequently, participants completed the same questionnaire as in Experiment 1. In contrast to Experiment 1, sentence was not assessed in an open format. Furthermore, participants' mood was assessed before and after the experiment and finally, participants were instructed to recall and report what they had read.

Participants and Design

A total of 32 introductory psychology students at the University of Bern whose mean age was 24 years took part in the study. After the experiment the participants were offered a chocolate bar; however, participation was not further rewarded. The 26 female and 6 male participants were pseudo-randomly assigned to the experimental conditions (task format: single task vs. dual task).

Materials

Manipulation of the task format: Single vs. dual task. The tapping task consisted of reacting to a regular acoustic signal by pressing the space bar of a keyboard. The interval between two signals was 600 ms. This interval had shown the smallest standard deviation of intertapping intervals in preliminary tests. Subjects were asked to perform the tapping task with the hand they normally used for writing to reduce effects of handedness. As this second task is a motoric task it should bind attention but not dramatically hinder the solving of the verbal task (reading and comprehending a text).

Dependent Measures

Applying the same questionnaire as in Experiment 1, the anger related judgment ($\alpha = .87$; $M = 4.5$, $SD = 1.1$), guilt related judgment (responsibility: $M = 5.3$, $SD = 1.4$; severity: $M = 3.5$, $SD = 1.3$; victim's contribution: ($r(30) = .40$, $p = .02$; $M = 2.0$, $SD = .89$), the moral judgment ($M = 4.7$, $SD = 1.2$) and the sentence related reaction ($M = 4.8$, $SD = 1.5$) were assessed. Additionally a free recall task was applied and participants' mood was assessed before and after the experiment.

Free recall. In order to perform a manipulation check participants were asked to (orally) answer: (a) What was this story about?; (b) What is told about the offender?; and (c) What is told about the victim? The experimenter coded the answers with reference to whether nine critical items were mentioned or not. Four of these items referred to the offence and five items referred to the information provided about the offender. Participants recalled on average 3.4 of the 4 offence related items (SD = .8) as well as 4.3 of the 5 offender related items (SD = .9).

Mood assessment. Participants had to indicate on a single 5-point rating scale, ranging from 1 ("very bad") to 5 ("very good"), how they actually felt before the experiment started (M = 4, SD = .84), as well as after they had finished (M = 4, SD = .94).

Procedure

The participants were tested individually. The procedure started with four trials of tapping to reduce effects by rote. Next, participants in the experimental group practiced the combined task, using an exercise text on a fraud that was set up analogous to the target text. Finally, the target text was presented. Participants in the control group also started with four trials of tapping to control for effects of fatigue but read the exercise text and the target text without tapping simultaneously. Following the trials, the self-report measures were administered. After that, the experimenter conducted the free recall task. Except for the free recall all tasks were run on a laptop and instructions were given via screen. To assure that individuals carefully read the text, they were instructed to read aloud into a microphone. At the end of the experiment, the participants were carefully debriefed, thanked and dismissed.

Results

a) Manipulation Check

Our aim was to manipulate the anger reaction on the presented offence by establishing a dual task, while holding constant the amount of information processed across the experimental conditions.

Free recall. Although on a descriptive level the analysis showed that in the single task ($M_{offence}$= 3.5; $M_{offender}$= 4.5) slightly more items were recalled than in the dual task ($M_{offence}$= 3.2; $M_{offender}$= 4.1), neither the difference in the recall of offender items ($t(30) = 1.2$, $p = .25$) nor that of offence items ($t(30) = 1.3$, $p = .20$) became significant.

Mood. Participants in both experimental groups reported a similar mood before the experiment started ($t(30) = .07$, $p = .50$). Furthermore, employing an ANCOVA revealed the best predictor for the mood after finishing the experiment to be the pre-measure ($F(1, 22) = 26$, $p < .001$) whereas the experimental condition had no influence ($F(1, 22) < 1$).

Anger related judgment. In accordance with our manipulation the reported anger reaction was lower in the dual task ($M = 4.2$, $SD = 1.3$) than in the single task condition ($M = 4.8$, $SD = .76$; $t(30) = 1.78$, $p < .05$, one-sided). A multivariate analysis employing the four anger unrelated items as dependent variables revealed no systematic influence of the manipulation ($F(4, 27) < 1$).

In sum, the manipulation check revealed that the dual task did not significantly influence the performance of the free recall, thus indicating that all information given in the vignettes was processed. But at the same time the dual task influenced the emotional experience in a way that participants report less anger about the offence presented.

b) Dependent Variables

To test the influence of the task manipulation on the dependent variables, (1) the guilt related judgments and (2) the moral and sentence related judgments were analysed applying MANOVAs with task format (single vs. dual) as between subject factor.

With reference to the offence evaluating items (responsibility, severity, victim contribution) no influence of the task manipulation was found ($F(3, 28) = 1.1$, $eta^2 = .10$). In reference to the moral judgment and the sentence related judgment as dependent variables again no influence of the task manipulation was found ($F(2, 28) < 1$, $eta^2 = .03$).

Discussion

The manipulation check revealed that the manipulation of the task format had the intended effect: Participants who simultaneously had to perform a second task reported that they were less angry about the offence described in the vignette than those who did not perform a second task. As in Experiment 1 this difference in the anger reaction did not appear in the guilt related judgments, but this time the difference in the anger reaction did not even appear in the punitiveness measure. So again, we found no support for anger-driven reactions.

IV. General Discussion

Haidt (2001) stated that people attempt to support already-made emotion-based moral judgments by rational arguments. In line with this, our aim was to explore within the paradigm of a crime vignette study, whether manipulations in the anger reaction towards a norm-violating behaviour are reflected in moral reasoning and punitiveness. When the anger reaction had been amplified (Experiment 1), we found an effect on punitiveness but not on moral reasoning. When the anger reaction had been attenuated (Experiment 2) we found neither an effect on punitiveness nor on moral reasoning.

With reference to methodological issues it could be argued that the manipulations employed were not strong enough or the sample sizes were too small and the measures not sensitive enough to monitor weak but maybe relevant differences in the moral reasoning. However, the manipulations were strong enough and the measures sensitive enough to substantiate differences in the anger-related judgments. But of course, this only holds if it can be assumed that the self-reported anger reaction is a valid and reliable measure for the spontaneous affective reaction while reading about the handbag snatch.

With reference to the punitiveness measures the results suggest that heightened anger gives rise to more severe punishment, whereas dampened anger does not inhibit the punitive reaction. This can be interpreted as punishment serving different needs: On the one hand, demands for punishment are rather emotionless responses to norm-deviating behaviour, and on the other hand, demands for punishment are additionally fuelled by an emotion-related need. Thus, punitiveness depends on the presence of anger, not on its absence.

With reference to the moral reasoning measures we found no support for Haidt's (2001) social intuitionist model. From this it cannot be derived that the model in general is inadequate, but it seems as if it is not the adequate model to describe moral reasoning and sentence related judgment within the context investigated in the experiments at hand.

One reason might be that Haidt explained his model relating to behaviours such as incest or disregarding the national flag where reacting in line with moral instincts seems to be more plausible. Our moral instinct would also tell us that in general the snatching of someone else's handbag is morally wrong, but it might not help us further on when reacting to a specific case. It is when, instead of focussing on a behaviour in general, we address the specific behaviour of a specific individual.

In a similar vein, a second reason could be seen in the crime vignette paradigm used. Advantages of such case scenarios are among others, behavioural proximity of answering reactions and the suitability for experimental designs (see also Suhling et al., 2005). Furthermore, because of their structure or because participants are usually asked to take over the role of a judge who has to assign a penalty, crime vignettes might bring into mind a social norm of fairness and of not judging emotionally. As the legal system aims at an affectless, i.e. fair or rational treatment of offenders, vignettes containing the respective demand characteristics might encourage rational judgement. It is open to discussion whether this heightens or lowers the validity of the results gained by vignette studies, but with reference to our research question this would lower the likelihood to find support for the social intuitionist model.

A third reason could be seen in the offence selected. Handbag snatching in general is not a spectacular crime and thus not very likely to elicit very strong emotional reactions, as further corroborated by the fact that reading and responding to the vignette did not significantly alter participants' affective state as assessed by the PANAS in Experiment 1 and the pre-post single-item measure in Experiment 2. Maybe we are intuitionists only when our emotions are so strong that we cannot refrain from emotion-driven reactions, such as in cases of child molestation or brutal murder. But if this explanation holds true it constricts the notion of the social intuitionist model to narrow confines.

To summarize, within the paradigm of crime vignette studies and employing a common crime, we found no support for a particular influence of anger on moral reasoning. Thus, future research should focus on further specifying the framework within which the assumptions of the social intuitionist model can successfully be applied.

References

Adenaes, J. (1977). The moral or educative influence of criminal law. In J. L. Trapp (Ed.), Law, justice, and the individual in society: Psychological and legal issues (pp. 50-59). New York, NY: Rinehart & Winston.

Applegate, B. K., Cullen, F. T., Link, B. G., Richards, P. J., Lanza-Kaduce, L. (1996a). Determinants of public punitiveness toward drunk driving: A factorial survey approach. Justice Quarterly, 13, 57-79.

Applegate, B. K., Cullen, F. T., Turner, M. G., Sundt, J. L. (1996b). Assessing public support for three-strikes-and-you're-out-laws: Global versus specific attitudes. Crime and Delinquency, 42, 517-534.

Baier, D., Kemme, S., Hanslmaier, M., Döring, B., Rehbein, F. Pfeiffer, C. (2011). Kriminalitätsfurcht, Strafbedürfnisse und wahrgenommene Kriminalitätsentwicklung: Ergebnisse von bevölkerungsrepräsentativen Befragungen aus den Jahren 2004, 2006 und 2010 (KFN-Forschungsbericht, Nr. 117). Hannover.

Belk, R. W., Wallendorf, M., Sherry, J. F. (1989). The sacred and the profane in consumer behaviour: Theodicy on the Odyssey. Journal of Consumer Research, 16, 1-37.

Damasio, A. (1994). Descartes' error: Emotion, reason, and the human brain. New York, NY: G. P. Putnam's Sons.

Darley, J. M., Carlsmith, K. M., Robinson, P. H. (2000). Incapacitation and just deserts as motives for punishment. Law and Human Behaviour, 24, 659- 683.

Epstein, S. (1994). Integration of the cognitive and the psychodynamic unconscious. American Psychologist, 49, 709-724.

Feigenson, N., Park, J. (2006). Emotions and attributions of legal responsibility and blame: A research review. Law & Human Behavior, 30, 143-162.

Feigenson, N. (2010). Emotional influences on judgments of legal blame. How they happen, whether they should and what to do about it. In B. H. Bornstein, R. L. Wiener (Eds.), Emotion and the law: Psychological Perspectives. New York, NY: Springer Sciences + Business Media; US.

Forgas, J. P. (1995). Mood and judgment: The affect infusion model (AIM). Psychological Bulletin, 117, 39–66.

Frijda, N. H. (1986). The emotions. Cambridge: Cambridge University Press.

Gabriel, U. (2009). Emotions and legal judgments: Normative issues vs. empirical findings. In M. E. Oswald, S. Bieneck, J. Hupfeld (Eds.), Social Psychology of Punishment of Crime (pp. 157-172). Chichester, UK: Wiley.

Haidt, J. (2001). The emotional dog and its rational tail: A social intuitionist approach to moral judgment. Psychological Review, 108, 814-834.

Hough, M., Lewis, H., Walker, N. (1989). Factors associated with "punitiveness" in England and Wales. In M. Hough, N. Walker (Eds.), Public attitudes to sentencing – surveys from countries (pp. 203-217). Aldershot, UK: Gower.

Jacoby, J. E., Cullen, F. T. (1999). The structure of punishment norms: Applying the Rossi-Beck model. Journal of Criminal Law & Criminology, 89, 245-312.

Kelley, H. H. (1967). Attribution theory in social psychology. In D. Levine (Ed.), Nebraska Symposium on Motivation. Lincoln, NE: University of Nebraska Press.

Kohlberg, L. (1976). Moral stages and moralization: The cognitive-developmental approach. In T. Lickona (Ed.), Moral development and behavior: Theory, research and social issues (pp. 31-53). New York, NY: Holt.

Kohlberg, L., Levine, C., Hewer, A. (1983). Moral stages: A current formulation and a response to critics. Basel, NY: Karger.

Krehbiel. P. J., Cropanzano, R. (2000). Procedural justice, outcome favorability and emotion. Social Justice Research, 13, 339-360.

Krohne, H. W., Egloff, B., Kohlmann, C.-W., Tausch, A. (1996). Untersuchungen mit einer deutschen Version der "Positive and Negative Affect Schedule" (PANAS). Diagnostica, 42, 139-156.

Lerner, J. S., Goldberg, J. H., Tetlock, P. E. (1998). Sober second thought: The effects of accountability, anger, and authoritarianism on attributions of responsibility. Personality and Social Psychology Bulletin, 24, 563-574.

Mattinson, J., Mirrlees-Black, C. (2000). Attitudes to crime and criminal justice: Findings from the 1998 British Crime Survey. London, UK: Home Office.

Maroney, T. (2006). Law and emotion: A proposed taxonomy of an emerging field. Law & Human Behavior, 30, 119-142.

Mikula, G. (1986). The experiences of injustice. Toward a better understanding of its phenomenology. In H. W .Bierhoff, R. L. Cohen, J. Greenberg (Eds.), Justice in social relations (pp. 103-123). New York, NY: Plenum.

Mikula, G. (1987). Exploring the experience of injustice. In G. Semin, B. Krahé (Eds.), Issues in Contemporary German Social Psychology (pp. 74-96). London, UK: Sage.

Petty, R. E., Cacioppo, J. T. (1986). Communication and persuasion: Central and peripheral routes to attitude change. New York, NY: Springer.

Pizarro, D. A., Bloom, P. (2003). The intelligence of moral intuitions: Comment on Haidt. Psychological Review, 110, 193-196.

Pruitt, D. G., Carnevale, P. J. (1993). Negotiation in social conflict. Buckingham, UK: Open University Press.

Pruitt, D. G., Rubin, J. Z. (1986). Social conflict. Escalation, stalemate, and settlement. New York, NY: Random House.

Pyszczynski, T., Greenberg, J. (1987). Toward an integration of cognitive and motivational perspectives on social inference: A biased hypothesis-testing model. Advances in Experimental Social Psychology, 20, 297-340.

Robbennolt, J. K., Studebaker, C. A. (1999). Anchoring in the courtroom: The effects of caps on punitive damages. Law and Human Behaviour, 23, 353- 373.

Rogerson, M. D., Gottlieb, M. C., Handelsman, M. M., Knapp, S., Younggren, J. (2011). Nonrational processes in ethical decision making. American Psychologist, 66, 614-623.

Rossi, P. H., Berk, R. A. (1997). Just punishments. Federal guidelines and public views compared. New York, NY: De Gruyter.

Scher, S. J. (1997). Measuring the consequences of injustice. Personality and Social Psychology Bulletin, 23, 482-497.

Schott, T., Suhling, S., Görgen, T., Löbmann, R., Pfeiffer, C. (2004). Der Anstieg der Belegung im Justizvollzug Niedersachsens und Schleswig-Holsteins: Folge der Kriminalitätsentwicklung oder gerichtlicher Strafhärte? Eine Analyse der Strafverfolgungspraxis auf Grundlage der amtlichen Rechtspflegestatistiken 1990 bis 2002, einer Aktenanalyse 1991, 1995 und 1997 und einer Justizpraktikerbefragung 2002. Hannover.

Schwarz, N., Clore, G. L. (1983). Mood, misattribution, and judgments of well-being: Informative and directive functions of affective states. Journal of Personality and Social Psychology, 45, 513–523.

Skovron, S. E., Scott, J. E., Cullen, F. T. (1988). Prison crowding: Public attitudes toward strategies of population control. Journal of Research in Crime and Delinquency, 25, 150-169.

Suhling, S., Löbmann, R., Greve, W. (2005). Zur Messung von Strafeinstellungen: Argumente für den Einsatz von fiktiven Fallgeschichten. Zeitschrift für Sozialpsychologie, 36, 203-213.

Tedeschi, J. T., Felson, R. B. (1994). Violence, aggression, and coercive actions. Washington, DC: American Psychological Association.

Tetlock, P. E. (1999). Coping with trade-offs: Psychological constraints and political implications. In S. Lupia, M. McCubbins, S. Popkin (Eds.), Political reasoning and choice. Berkeley, CA: University of California Press.

Tyler, T. R., Boeckmann, R. J. (1997). Three strikes and you are out, but why? Law and Society Review, 31, 237- 265.

Weber, H. (1994). Ärger. Psychologie einer alltäglichen Emotion. Weinheim, München: Juventa.

Windzio, M., Simonson, J., Pfeiffer, C., Kleimann, M. (2007). Kriminalitätswahrnehmung und Punitivität in der Bevölkerung - Welche Rolle spielen die Massenmedien? Ergebnisse der Befragungen zu Kriminalitätswahrnehmung und Strafeinstellungen 2004 und 2006 (KFN-Forschungsbericht; Nr.: 103). Hannover.

Zajonc, R. B. (1980). Feeling and thinking: Preferences need no inferences. American Psychologist, 35, 151-175.

Alkoholkonsum unter Jugendlichen. Gesellschaftliche Ambivalenzen im Umgang mit einem legalen Suchtmittel

Thomas Görgen, Sabine Nowak, Anabel Taefi

I. Einleitung

Früher und intensiver Alkoholkonsum wird seit langem als Element und Risikofaktor vielfältiger problematischer Entwicklungen im Jugendalter identifiziert und untersucht; dies betrifft so unterschiedliche Bereiche wie Gesundheit, neuronale Entwicklung, Schul- und Berufserfolg, Delinquenz und Gewalt (vgl. u. a. Brown et al., 2000; Squeglia et al., 2009; Staff et al., 2008; Stein et al., 1993; Wells et al., 2004). Auch in den Schülerbefragungen des KFN ist jugendlicher Substanzkonsum eine bedeutsame Variable, die enge Bezüge zu delinquentem Verhalten und insbesondere zu Gewalttaten aufweist (z. B. Baier/Pfeiffer, 2011; Baier et al., 2010; Baier et al., 2009).

Zugleich hat Alkohol im Vergleich zu anderen stark psychoaktiven, berauschenden und potenziell suchterzeugenden Substanzen in Deutschland wie vielen Ländern insofern eine Sonderstellung, als Konsum und Vertrieb relativ geringen Reglementierungen unterworfen sind (vgl. Room, 2013). Alkohol ist nahezu überall und jederzeit verfügbar – in Supermärkten, Gaststätten, Kiosken und sogar an Tankstellen. Sperrzeitregelungen für die Gastronomie wurden in den zurückliegenden Jahren zunehmend liberalisiert (Kraus et al., 2008). Rechtliche Einschränkungen beziehen sich vornehmlich auf das Alter der Käufer und Konsumenten sowie auf die Teilnahme am Straßenverkehr; auch der Konsum von Alkohol am Arbeits- oder Ausbildungsplatz ist reglementiert.

Alkohol ist in Deutschland zudem günstig erhältlich. Verbrauchsteuern auf Bier, Schaumwein und Branntwein werden im europäischen Vergleich in eher geringem Umfang erhoben und dienen keinem expliziten Steuerungszweck (Kraus et al., 2002; Lehner/Kepp, 2013). Bezogen auf die Entwicklung des allgemeinen Preisniveaus sind die Realpreise für alkoholische Getränke seit den siebziger Jahren gefallen Alkoholkonsum ist gesellschaftlich akzeptiert und ritualisiert. Das Ablehnen eines angebotenen alkoholischen Getränks geht in vielen Situationen mit Erklärungsbedarf einher; lediglich exzessiver Konsum erfährt eine gewisse Missbilligung (Kraus et al., 2002).

Im Folgenden werden Befunde aus Studien präsentiert, die in der Zusammenschau eben dieses Spannungsfeld – Alkohol als Alltagsdroge und als Element gesellschaftlich weit verbreiteter Lebensstile einerseits, als möglicher Risikofaktor problematischer Verhaltensweisen und Entwicklungsverläufe andererseits – erkennbar werden lassen.

II. Jugendlicher Alkoholkonsum

Befunde zur Verbreitung von Alkoholkonsum unter jungen Menschen liegen vor allem aus Befragungsstudien vor. Die deutsche ESPAD-Teilstudie 2011 (Kraus et al., 2011) fand, dass 58,9 % der befragten Schülerinnen und Schüler aus 9. und 10. Klassen bereits mindestens einmal betrunken waren; der Anteil der Jungen liegt mit 62,9 % etwas höher als der der Mädchen (55,2 %). Für die vergangenen 30 Tage gaben 26,3 % der Jungen und 17,4 % der Mädchen Trunkenheitserfahrungen an. Die bundesweite Repräsentativbefragung neunter Klassen durch das KFN (Baier et al., 2009) ergab, dass 30,3 % aller Jungen und 15,3 % aller Mädchen in den vergangenen 12 Monaten mindestens einmal wöchentlich Alkohol konsumiert hatten; es zeigten sich enge Bezüge zwischen Substanzkonsum und Gewalttäterschaft.

Auch aus der YouPrev-Studie („Youth deviance and youth violence: A European multi-agency perspective on best practices in prevention and control"; vgl. Görgen et al., 2013; Taefi/Görgen, 2013) liegen aktuelle Daten zum Trinkverhalten Jugendlicher vor. Befragt wurden 2.186 Schülerinnen und Schüler der 8.-10. Klassen in einer nordwestdeutschen Großstadt und einem Landkreis. Die Befragten besuchten Gymnasien, Real- und Hauptschulen und waren im Mittel 14,8 Jahre alt. In einer Altersgruppe, an die laut Jugendschutzgesetz zum großen Teil Alkohol nicht verkauft und ausgeschenkt werden darf, finden sich hohe Prävalenzen intensiver Alkoholerfahrung. Während 52,1 % der Befragten angaben, noch nie stark betrunken gewesen zu sein, berichteten 28,1 %, dass sie in den vergangenen 30 Tagen mindestens einmal volltrunken waren. 5,8 % gaben an, in diesem Zeitraum drei- bis fünfmal volltrunken gewesen zu sein, 4,7% sogar mindestens sechsmal. Volltrunkenheit ist auch dieser Befragung zufolge bei Jungen weiter verbreitet als bei Mädchen (vgl. Tabelle 1).

Tabelle 1: Erfahrungen mit Volltrunkenheit; Selbstauskünfte von Schülerinnen und Schülern nach Altersgruppen (YouPrev-Schülerbefragung 2011/2012; * p < .05; ** p < .01; *** p < .001)

Prävalenz von Volltrunkenheitserfahrungen	Mädchen %	Jungen %	χ^2-Wert	p
Unter 16-Jährige (1.479 ≤ n ≤ 1.563)				
Lebenszeit	33,7	47,4	30.212	***
12 Monate	32,6	45,3	26.655	***
30 Tage	18,3	28,3	20.676	***
16 J. oder älter (501 ≤ n ≤ 534)				
Lebenszeit	63,7	72,8	5.049	*
12 Monate	60,7	70,5	5.438	*
30 Tage	30,9	50,0	18.778	***

In der Altersgruppe unter 16 waren in den vergangenen 30 Tagen 8,3 % der Befragten mindestens dreimal volltrunken, unter denjenigen ab dem vollendeten 16. Lebensjahr sogar 16,2 %.

Alkoholkonsum ist somit unter jungen Menschen weit verbreitet; häufigen oder intensiven Konsum gibt eine bedeutsame Minderheit an. Was unterscheidet Jugendliche, die wenig oder selten trinken, von jenen, die häufiger bzw. sehr häufig volltrunken waren? Zum Zwecke einer differenzierenden Betrachtung wurden die befragten Schülerinnen und Schüler in drei Gruppen eingeteilt:

1) Häufige Volltrunkenheit (n = 241): In den vergangenen 12 Monaten mind. 20-mal oder in den vergangenen 30 Tagen mind. dreimal volltrunken.
2) Gelegentliche Volltrunkenheit (n = 696): 1-19-mal in den vergangenen 12 Monaten und gleichzeitig höchstens zweimal in den vergangenen 30 Tagen volltrunken.
3) Ohne Volltrunkenheit (n = 1.087): Keine berichtete Volltrunkenheit für den Zeitraum der letzten 12 Monate.

Wie Tabelle 2 zeigt, sind in der Gruppe der häufig Volltrunkenen die Jungen und die Hauptschüler überrepräsentiert. Nach der Urbanität des Wohnortes unterscheiden die drei Gruppen sich kaum; auch der Anteil von Jugendlichen mit Migrationshintergrund ist überall etwa gleich hoch.

Tabelle 2: Merkmale dreier Gruppen mit unterschiedlicher Häufigkeit von Volltrunkenheit, YouPrev-Schülerbefragung, $1.841 \leq N \leq 2.024$

Merkmal	Häufig volltrunken ($172 \leq n \leq 241$)	Gelegentlich volltrunken ($607 \leq n \leq 696$)	In den letzten 12 Monaten nicht volltrunken ($1.062 \leq n \leq 1.087$)
Geschlecht: männlich	71,7 %	54,6 %	42,6 %
Alter ø	15.25 J.	15.12 J.	14.42 J.
Wohnort der Schüler:			
Großstadt	30,1 %	29,9 %	35,1 %
Kleinstadt	37,3 %	38,8 %	37,4 %
Land/ Dorf	32,6 %	31,2 %	27,5 %
Schultyp			
Gymnasium	27,0 %	31,5 %	45,1 %
Realschule	41,1 %	46,0 %	34,1 %
Hauptschule	32,0 %	22,6 %	20,8 %
Migrationshintergrund	25,0 %	25,5 %	23,8 %
Schulschwänzen (mind. 3x letzte 12 Mon.)	18,6 %	6,6 %	2,6 %
Delinquenzbelastung letzte 12 Mon.[1]			
Mehrfachgewalttäter	12,9 %	2,0 %	0,4 %
Sonstige Täter	52,3 %	35,2 %	14,1 %
Nichttäter	34,9 %	62,8 %	85,6 %
Freunde mit Eigentums- oder Gewaltkriminalität	84,2 %	66,1 %	34,4 %
Freunde mit Drogenkonsum	80,1 %	62,6 %	21,1 %
Eigener Drogenkonsum (inkl. Cannabis)	65,3 %	29,4 %	8,9 %
Eigener Drogenkonsum (exkl. Cannabis)	52,3 %	20,9 %	7,6 %
Viktimisierungserfahrungen letzte 12 Mon.	48,3 %	44,5 %	33,0 %

Die Verbreitung von Merkmalen abweichender Lebensstile steigt von der Gruppe ohne Volltrunkenheit in den letzten 12 Monaten zu jenen mit häufigen Trunkenheitserfahrungen deutlich an. Dies gilt für Schulschwänzen, Drogenkonsum und das wiederholte Begehen von Gewalttaten ebenso wie für Kontakte zu Freunden, die Eigentums- oder Gewaltdelikte begehen

1 Mehrfachgewalttäter: Schüler, die für die letzten zwölf Monate mindestens fünf Gewalttaten berichtet haben (2,8 %, n = 59); sonstige Täter: Schüler, die mindestens ein Delikt (nicht berücksichtigt: illegale Downloads aus dem Internet), zugleich aber weniger als fünf Gewaltdelikte berichtet haben (25,9 %, n = 556); Nichttäter: Schüler, die für die vergangenen zwölf Monate keine delinquenten Verhaltensweisen oder lediglich illegale Downloads aus dem Internet angegeben haben (71,4 %, n = 1.561).

oder Drogen konsumieren. Viktimisierungserfahrungen sind unter den in den letzten 12 Monaten nicht volltrunkenen Jugendlichen deutlich seltener als unter ihren in dieser Hinsicht erfahreneren Altersgenossen.

Wie Tabelle 3 zeigt, unterscheiden sich die nach Trinkverhalten differenzierten Gruppen auch in Merkmalen der Person, der Familie und des so-zialen Umfeldes. Die Zustimmung zu gesellschaftlichen Normen ist umso geringer, je mehr Volltrunkenheitserfahrungen die Schüler angaben. Hoch signifikant unterschieden sich alle drei Gruppen hinsichtlich der elterlichen Supervision und Kontrolle Die trunkenheitserfahrenen Jugendlichen beschrieben zudem ihre Wohngegenden in etwas stärkerem Maße als so-zial desorganisiert. In der Stärke der Impulskontrolle unterschieden sich die Gruppen hingegen nicht; die Skala wies insgesamt in der Stichprobe nur eine geringe Varianz auf.

Tabelle 3: Merkmale in Person, Familie und Nachbarschaft: Mittelwertsvergleiche nach Trinkverhalten der Befragten, YouPrev-Studie, $1.995 \leq N \leq 2.020$

Merkmal	Häufig volltrunken ($238 \leq n \leq 240$)	Gelegentlich volltrunken ($682 \leq n \leq 695$)	In den letzten 12 Monaten nicht volltrunken ($1.075 \leq n \leq 1.083$)	F	p
Moral / Normakzeptanz (1 = niedrig, 4 = hoch)	3.05	3.35	3.52	188.927	***
Selbstkontrolle (1 = hoch, 4 = niedrig)	2.49	2.52	2.48	.752	.471
soziale Desorganisation der Nachbarschaft (1 = niedrig, 4 = hoch)	1.81	1.78	1.73	6.089	**
elterliche Supervision (1 = hoch, 5 = niedrig)	2.77	2.38	2.00	184.324	***

Werden einige Prädiktoren für Delinquenz in einem multivariaten Modell betrachtet, wird deutlich (Tabelle 4), dass Volltrunkenheit in den vergangenen 30 Tagen in einem deutlichen Zusammenhang mit Delinquenz steht und zugleich andere Faktoren noch bedeutsamer sind. Die größten Effekte gehen von den Freunden und den eigenen moralischen Überzeugungen bzw. der Normakzeptanz aus, auch der eigene Cannabiskonsum hat eine leicht höhere Effektstärke als die Volltrunkenheit. Männliches Geschlecht und elterliche Supervision und Kontrolle erweisen sich darüber hinaus als signifikante Prädiktoren, wahrend der städtische oder ländliche Charakter des Wohnorts, Selbstkontrolle und soziale Desorganisation der Nachbarschaft multivariat ohne Bedeutung sind.

Tabelle 4: Binär-logistische Regression der 12-Monats-Prävalenz selbstberichteter Delinquenz auf Merkmale der Person und des sozialen Umfelds, N = 1.756, R^2 (Nagelkerke) =0.453, YouPrev-Schülerbefragung

Prädiktor	p	Exp(B)
Region (Ref. = Stadt)	.857	1.025
Geschlecht (Ref. = männlich)	**	0.671
Alter	.055	0.880
Moral / Normakzeptanz	***	0.241
Niedrige Selbstkontrolle	.516	1.083
Soziale Desorganisation der Nachbarschaft	.193	1.256
Geringe elterliche Supervision	***	1.638
Volltrunkenheit (letzter Monat)	***	1.436
Cannabiskonsum (letzter Monat)	**	1.560
Drogenkonsumierende Freunde	***	2.229
Delinquente Freunde (Eig. & Gew.)	***	3.834
Konstante	.045	13.666

Verschiedene Studien zeigen somit, dass nicht nur Alkoholerfahrung sondern auch mindestens episodischer intensiver Konsum unter jungen Menschen weit verbreitet ist. Derartiger Konsum geht mit Formen abweichenden Verhaltens und mit Merkmalen einher, die zugleich als kriminogene Faktoren gelten. Dies weist darauf hin, dass exzessiver Alkoholkonsum bei jungen Menschen zum einen ein Element abweichender Lebensstile sein kann, zum anderen auf Bedingungsfaktoren zurückgeht, die im näheren sozialen Umfeld wie auch im gesamtgesellschaftlichen Umgang mit dem Suchtmittel Alkohol anzusiedeln sind.

III. Alkohol in Deutschland – gesellschaftliche Folgen und Grundlinien der Prävention

Alkoholkonsum – auch in exzessiver Form - ist unter Jugendlichen weit verbreitet und zugleich eine Facette eines insgesamt problematischen gesellschaftlichen Trinkverhaltens. Der Anteil der Menschen mit riskantem Alkoholkonsum[2] wird in Deutschland in der Altersgruppe 18-64 Jahre auf 16,5 % der Bevölkerung (18,5 % bei den Männern, 14,3 % bei den Frauen) geschätzt, ihre Zahl auf 8.5 Millionen (Kraus/Pabst, 2010). Obgleich der durchschnittliche Alkoholkonsum im langfristigen Verlauf zurückgegangen ist, liegt er mit jährlich 9,6 l Reinalkohol pro Kopf aller Altersgruppen deutlich über den empfohlenen Grenzwerten für risikoarme Konsummengen (Gaertner et al., 2013). Der Epidemiologische Suchtsurvey 2006 (vgl. Pabst/Kraus, 2008) schätzt die Prävalenz von Alkoholabhängigkeit in der Altersgruppe 18-64 Jahre auf 3,4 % bei Männern und 1,4 % bei Frauen. Den Befunden des Bevölkerungssurveys DEGS1 (Studie zur Gesundheit Erwachsener in Deutschland; vgl. Hapke, v. d. Lippe/Gärtner, 2013) zufolge gaben 10,8 % der befragten Frauen und 31 % der Männer (Altersgruppe 18-79 Jahre) an, in den letzten 30 Tagen zu mindestens einem Anlass fünf oder mehr alkoholische Getränke konsumiert zu haben. Dabei sind die Prävalenzen für beide Geschlechter in der Altersgruppe 18-29 Jahre am höchsten und nehmen mit steigendem Alter ab; selbst in der Altersgruppe ab 65 Jahren berichteten aber noch 7,5 % der Frauen und 21 % der Männer von mindestens einer Rauschepisode in den letzten 30 Tagen.

Die individuellen und gesellschaftlichen Folgen dieses Konsums sind beträchtlich. In Deutschland wurde die Zahl der Todesfälle, die allein durch Alkohol verursacht werden, für das Jahr 2002 auf 48.571 und damit auf 5,5 % der Gesamtmortalität geschätzt (Konnopka/König, 2007). Adams und Effertz (2011) veranschlagen die direkten und indirekten ökonomischen Kosten alkoholbedingter Morbidität und Mortalität (zurückgehend vor allem auf Produktivitätsausfälle durch vorzeitiges Versterben, Frühberentung und Arbeits- und Erwerbsunfähigkeit sowie auf medizinische Behandlungskosten) für das Jahr 2007 auf 26,7 Milliarden €. Zudem steht Alkoholkonsum in enger Beziehung zu kriminellem Verhalten und insbesondere Gewaltkriminalität. Für das Jahr 2012 weist die Polizeiliche Kriminalstatistik einen Anteil von 13,4 % aller bekannten Tatverdächtigen als unter Alkoholeinfluss stehend aus. Die Täter von aufgeklärten Gewaltdelikten hatten in 32,1 % aller Fälle zum Tatzeitpunkt unter Alkoholeinfluss gestanden, und Delikte der schweren und gefährlichen Körperverlet-

2 Unter riskantem Konsum wird bei Männern ein täglicher Konsum von mehr als 24 g Reinalkohol verstanden; bei Frauen liegt die Grenze bereits bei 12 g.

zung wurden zu 35,2 % von alkoholisierten Tätern begangen (Bundesministerium des Innern, 2013).

Die strategischen Programme zur Prävention alkoholbedingter und gesellschaftlicher Schäden der Weltgesundheitsorganisation (WHO) und die Empfehlungen der Deutschen Hauptstelle für Suchtfragen zielen in erster Linie auf eine Reduktion des Konsums der Gesamtbevölkerung ab (vgl. etwa Babor et al., 2005; Byrne, 2002; Deutsche Hauptstelle für Suchtfragen, 2008). In der deutschen Alkohol- und Suchtpolitik stehen die Vermeidung des Alkoholkonsums durch Kinder und Jugendliche sowie die Verminderung alkoholassoziierter Gewalt im Vordergrund. Es dominiert die Verhaltens- gegenüber der Verhältnisprävention. Insbesondere Maßnahmen zur Nachfragereduktion, wie sie sich in Bezug auf die Regulierung des Tabakmarktes als wirksam erwiesen haben (Besteuerung, Werbeeinschränkungen, Verbraucherinformationen etc.), spielen im Hinblick auf den Alkoholmarkt bislang allenfalls eine geringe Rolle (vgl. u. a. Hanewinkel/Morgenstern, 2013).

IV. Tendenzen der Re-Skandalisierung von (nicht nur jugendlichem) Alkoholkonsum im öffentlichen Raum

Alkoholkonsum in Restaurants, Gaststätten, Diskotheken und nächtlichen Unterhaltungsbezirken ist ein Element gesellschaftlich etablierter und akzeptierter Formen der Freizeitgestaltung, die auch einen Beitrag zur Wirtschaftskraft und touristischen Attraktivität vieler Städte leisten. Auch das Trinken im öffentlichen Raum – bei Volksfesten, auf so genannten Freischankflächen, aber auch etwa in Parks, auf öffentlichen Plätzen und in den Straßen vieler Alt- und Innenstädte – ist weit verbreitet. Diese Form des Alkoholkonsums wird zunehmend als soziales Problem definiert und mit Gewaltvorkommnissen sowie mit vielfältigen Störungen der öffentlichen Ordnung (Lärm, Müll, Verunreinigungen durch Urinieren und Erbrechen, Beschädigungen an Gebäuden, Grundstücken, Fahrzeugen etc.) in Verbindung gebracht. Derartige Problemfelder werden in der öffentlichen Wahrnehmung vor allem mit „feiernden" Jugendlichen und Jungerwachsenen einerseits, mit sozialen Randgruppen („Trinkerszene") andererseits assoziiert.

Auf der Suche nach Instrumenten zur Bewältigung dieser Probleme haben etliche Städte (u. a. Freiburg i.Br., Marburg, Magdeburg, Kassel, Bamberg) in den letzten Jahren zeitlich und örtlich umgrenzte Alkoholkonsumverbote für den öffentlichen Raum erlassen. Solche Verbote wurden bislang meist mit Erfolg gerichtlich angefochten (vgl. Albrecht/Hatz, 2012). Zentrale Argumente hierfür sind der Charakter des Alkoholkonsums als zulassungsfreier Allgemeingebrauch von öffentlichen Straßen und Plätzen (vgl. etwa Finger, 2006; Hecker, 2012) und der Umstand, dass das Niederlassen auf öffentlichen Straßen und Plätzen zum Zwecke des Trinkens an sich keine Störung oder Gefährdung der öffentlichen Sicherheit und Ordnung darstellt (Strohs, 2013; vgl. auch Thurn, 2012). Eine Ausnahme bildet die Göttinger Nikolaistraße, für die ein Konsumverbot zum Schutz der Anwohner vor einer gesundheitsgefährdenden Störung der Nachtruhe als Gefahrenabwehrverordnung erlassen und obergerichtlich bestätigt wurde[3]. Empirisch mangelt es bisher an Belegen für die gewaltpräventive Wirksamkeit von Alkoholverbotszonen. Entsprechende Studien aus angelsächsischen Ländern erbringen gerade im Hinblick auf Gewaltdelikte sehr inkonsistente Befunde. Sie deuten darauf hin, dass entsprechende Verbote das subjektive Sicherheitsempfinden der Allgemeinbevölkerung stärken und das wahrgenommene Erscheinungsbild des jeweiligen städtischen Bereichs verbessern, zugleich vor allem marginalisierte Gruppen treffen und mit Verdrängungseffekten einhergehen (vgl. den Review von Pennay/Room, 2012).

In einer 2013 durchgeführten Befragung (Görgen/Fisch, 2013) von 2.137 Bewohnern zweier Innenstadtbereiche der baden-württembergischen Städte Heidelberg und Ravensburg, die sich aus polizeilicher Perspektive als „alkoholbedingte Problemlagen" darstellen, wurde Alkoholkonsum im öffentlichen Raum als ein lokal bedeutsames Problem wahrgenommen. In beiden innerstädtischen Bezirken stimmten jeweils rund 40 % der Befragten einer entsprechenden Aussage voll und ganz zu. Die Intensität des Problemerlebens nimmt mit dem Alter der Befragten zu und ist bei Frauen etwas stärker als bei Männern. Viele Bürgerinnen und Bürger in beiden Städten sehen sich durch öffentlichen Alkoholkonsum, vor allem aber durch mögliche Begleit- und Folgeerscheinungen wie Lärm, Müll, Verunreinigungen durch Urin und Erbrochenes, aber auch Schlägereien und Sachbeschädigungen in ihrer Lebensqualität beeinträchtigt. In beiden Städten sprechen die Befragten sich vor allem für eine verbesserte Kontrolle der Abgabe von Alkohol an Minderjährige und für eine vermehrte Polizeipräsenz im Stadtteil aus. Ebenso werden bessere Maßnahmen der

3 OVG Lüneburg 11. Senat, Urteil vom 30.11.2012, 11 KN 187/12.

informierenden Suchtprävention für junge Menschen und der Beratung für Suchtgefährdete stark befürwortet. In Heidelberg wie in Ravensburg unterstützen jeweils etwas mehr als 50 % der Befragten zeitlich begrenzte Aufenthaltsverbote für alkoholisierte „Störer". In der Befragung wurden auch drei Items verwendet, die sich auf ein mögliches lokales Alkoholkonsumverbot bezogen. Diese betrafen ein generelles Verbot im öffentlichen Raum („auf öffentlichen Plätzen, Straßen etc.") im Stadtteil, ein zeitlich eingegrenztes Konsumverbot sowie eines, das selektiv auf bestimmte Orte im Stadtteil beschränkt ist. Während jede der Varianten für sich genommen jeweils nur von – allerdings beträchtlichen – Minderheiten unterstützt wurde, befürworteten in Heidelberg insgesamt 56 % und in Ravensburg 63 % der Befragten in wenigstens einer der genannten Varianten die Einführung von Regelungen, welche den Alkoholkonsum im öffentlichen Raum beschränken. Rund 17 % der Befragten in Heidelberg und 13 % derjenigen in Ravensburg sahen im Hinblick auf den Alkoholkonsum auf öffentlichen Plätzen und Straßen hingegen keinen Handlungsbedarf („Alles ist gut so, wie es ist.").

Der öffentliche Diskurs macht sich – darauf weisen auch diese Befragungsergebnisse hin - längst nicht nur an Straftaten und der Furcht vor Kriminalität im engeren Sinne fest. Öffentliches Trinken und damit einhergehende Verhaltensweisen gehören zu einer Klasse von Alltagsirritationen, die natürlich erscheinende Grenzen akzeptierten Verhaltens übertreten und in Frage stellen (Dixon et al., 2006). Innes (2005) spricht in diesem Zusammenhang auch von „fear of disorder" anstatt von „fear of crime".

Gerade in der Diskussion um Konsumverbote im öffentlichen Raum treffen auch jenseits unmittelbarer rechtlicher Fragen politische und gesellschaftliche Positionen aufeinander, bei denen es auch um die Abwägung zwischen Unsicherheitsempfinden und erlebter Beeinträchtigung der Lebensqualität auf Seiten der Bevölkerungsmehrheit auf der einen Seite und Freiheitsrechten von Nutzern des öffentlichen Raumes und hier insbesondere von sozialen Randgruppen auf der anderen Seite geht (vgl. dazu etwa Hecker, 2012; Böhmer, 2013). Pointiert kommt der letztgenannte Aspekt in Gusys Verständnis des öffentlichen Raumes als eines „Raum der Zumutung" zum Ausdruck, in dem „abweichende Lebensformen und Formen der Freiheitsausübung" (Gusy 2001, S. 344) hingenommen werden müssen (ähnlich auch Ernst, 2011).

Obwohl sich die Besorgnisse der Bürger mehrheitlich auf Alltagsirritationen richten, werden Abhilfe versprechende Maßnahmen derzeit in erster Linie als kriminalpräventive Instrumente diskutiert (so bereits Bösebeck, 2002). Die Skandalisierung insbesondere des jugendlichen Trinkens an bestimmten Orten im öffentlichen Raum erfolgt in der Regel – und teilweise weitgehend unabhängig von auch kriminalstatistisch sich niederschlagenden Gefährdungen – unter Rückgriff auf ein Konzept „alkoholbedingter" Gewalt.

V. Bilanz

Die im vorliegenden Beitrag versammelten Befunde und Argumente lassen folgende Schlussfolgerungen zu:

- Der Konsum von Alkohol und der Einsatz von Alkohol als Mittel zur Berauschung sind unter Jugendlichen in Deutschland weit verbreitet. So gaben in einer Stichprobe durchschnittlich knapp 15-Jähriger rund 28 % an, mindestens einmal im letzten Monat stark betrunken gewesen zu sein; mehr als 10 % waren in dieser kurzen Spanne dreimal und öfter in starkem Maße alkoholisiert.
- Intensiver Alkoholkonsum ist bei männlichen Jugendlichen stärker verbreitet als bei weiblichen. Er steht mit einer Vielzahl weiterer Merkmale in Verbindung und kann häufig als Teil eines insgesamt zu Devianz neigenden Lebensstils aufgefasst werden. Jugendliche, die häufig Alkohol bis zur Trunkenheit konsumieren, berichten tendenziell auch mehr anderen Rauschmittelkonsum, mehr Gewalt- und Eigentumsdelikte, haben mehr Kontakt zu Peers, die ihrerseits Rauschmittel konsumieren und Gewalt- oder Eigentumsdelikte begehen und zeigen ein geringeres Maß an Normakzeptanz.
- Alkoholkonsum ist in Deutschland insgesamt sowohl durch gesetzliche Einschränkungen als auch durch Marktmechanismen relativ wenig reguliert und reglementiert. Zwar gelten für Kinder und Jugendliche besondere Einschränkungen und Schutzvorschriften, doch können diese angesichts der nahezu ubiquitären Verfügbarkeit alkoholischer Getränke und des im Vergleich mit vielen anderen Ländern geringen Preises nur begrenzte Wirksamkeit entfalten. Alkohol nimmt

damit im Vergleich mit anderen gesundheitsschädlichen, suchterzeugenden und berauschenden Substanzen eine Sonderstellung ein.

- Zugleich entzünden sich an lokalen „Brennpunkten“ kollektiven Alkoholkonsums vor allem junger Menschen im öffentlichen Raum inzwischen mannigfaltige Besorgnisse und Diskussionen. Diese richten sich teilweise auf als Störungen der öffentlichen Ordnung wahrgenommene und als Begleiterscheinungen bzw. Folgen intensiven Alkoholkonsums interpretierte Phänomene, zum Teil auch auf damit in Verbindung gebrachte Straftaten. Hier werden Forderungen nach Maßnahmen bis hin zum Erlass von Konsumverboten im öffentlichen Raum laut und teilweise in politisches Handeln umgesetzt.
- Zwei lokale Bevölkerungsbefragungen in Baden-Württemberg ermöglichen eine Beschreibung der Wahrnehmung von mit Alkoholkonsum in Verbindung stehenden „Problemlagen“ durch die potenziell unmittelbar betroffene Wohnbevölkerung. Es wird deutlich, dass die Bevölkerung – und hier insbesondere die mittleren und höheren Altersgruppen – kollektiven öffentlichen Alkoholkonsum und mögliche Folgen und Begleiterscheinungen wie Lärm, Müll und Verunreinigungen durch Ausscheidungen als bedeutsame Probleme wahrnimmt. Sie unterstützt in starkem Maße eine Intensivierung des Jugendschutzes und Maßnahmen der Suchtprävention, wünscht mehr lokale Polizeipräsenz und spricht sich für zeitlich begrenzte Aufenthaltsverbote für alkoholisiert auffällig gewordene Personen aus. Auch lokale, auf die jeweiligen örtlichen Problembereiche zugeschnittene Alkoholkonsumverbote finden beträchtlichen Rückhalt. Aus anderen Ländern vorliegende Studien zu Effekten von Alkoholverbotszonen sind im Hinblick auf gewaltpräventive Wirkungen inkonsistent und weisen primär auf eine Reduktion von incivilities, zugleich aber auch auf eine verstärkte Ausgrenzung marginalisierter Gruppen und auf Verdrängungseffekte hin.

Es kann festgehalten werden, dass problematischer und riskanter Konsum von Alkohol nicht nur unter Jugendlichen weit verbreitet ist. Er ist Gegenstand gesellschaftlicher Besorgnis, doch bleiben insgesamt vor allem marktregulierende Eingriffe (Besteuerung, Verkaufseinschränkungen, Sperrzeiten in der Gastronomie etc.) schwach. Die sich in starkem kollektivem Konsum äußernde leichte und jederzeitige Verfügbarkeit wird vor allem auf lokaler Ebene – dort in medialen und politischen Diskursen primär an als alkoholbedingt wahrgenommenen Gewaltvorkommnissen festgemacht – als Problem skandalisiert. Kritisch zu hinterfragen sind die Anteile von Gewaltstraftaten einerseits und von Alltagsirritationen andererseits als Bezugspunkte dieser Diskurse. Eine substantielle Minderung als kritisch zu betrachtender Konsummuster in der – jüngeren wie älteren – Bevölkerung dürfte letztlich nicht ohne Handlungsansätze erfolgreich sein können, die auch die Verfügbarkeit der „Ware Alkohol" in den Blick nehmen. Die Erfolge bei der Reduktion des Tabakkonsums können hier mindestens als Anregung dienen.

Literatur

Adams, M., Effertz, T. (2011). Die volkswirtschaftlichen Kosten des Alkohol- und Nikotinkonsums. In M.V. Singer, A. Batra, K. Mann (Hrsg.), Alkohol und Tabak: Grundlagen und Folgeerkrankungen (S. 57-62). Stuttgart: Thieme.

Albrecht, F., Hatz, A. (2012). Die Dosis macht das Gift: (Polizei-)Rechtliche und kriminologische Aspekte der Alkoholverbote im öffentlichen Raum. Zeitschrift für Verwaltungsrecht Online, 13/2012. Verfügbar unter http://www.zvr-online.com/index.php?id=100.

Babor, T., Caetano, R., Casswell, S., Edwards, G., Giesbrecht, N., Graham, K., Grube, J., Gruenwald, P., Hill, L., Holder, H., Homel, R., Osterberg, E., Rehm, J., Room, R., Rossow, I. (2003). Alkohol – Kein gewöhnliches Konsumgut: Forschung und Alkoholpolitik. Göttingen: Hogrefe.

Baier, D., Pfeiffer, C. (2011). Jugendliche als Opfer und Täter von Gewalt in Berlin (KFN-Forschungsbericht; Nr. 114). Hannover: Kriminologisches Forschungsinstitut Niedersachsen e.V.

Baier, D., Pfeiffer, C., Rabold, S., Simonson, J., Kappes, C. (2010). Kinder und Jugendliche in Deutschland: Gewalterfahrungen, Integration, Medienkonsum: zweiter Bericht zum gemeinsamen Forschungsprojekt des Bundesministerium des Innern und des KFN (KFN-Forschungsbericht Nr. 109). Hannover: Kriminologisches Forschungsinstitut Niedersachsen e.V.

Baier, D., Pfeiffer, C., Simonson, J., Rabold S. (2009). Jugendliche in Deutschland als Opfer und Täter von Gewalt: Zwischenbericht zum gemeinsamen Forschungsprojekt des Bundesministerium des Innern und des KFN (KFN-Forschungsbericht Nr. 107). Hannover: Kriminologisches Forschungsinstitut Niedersachsen e.V.

Böhmer, A. (2013). Prekäre Sozialräume: Daten für Fragen der öffentlichen Steuerung von Marginalisierungsprozessen im Innenstadtbereich Ravensburgs. Weingarten: Hochschule Ravensburg-Weingarten.

Bösebeck, U. (2002). Stadtluft macht frei – und unsicher: Innere Sicherheit, Randgruppen und Stadtentwicklung. In G. Munier (Hrsg.), Kriminalität und Sicherheit: neue Herausforderungen für Städte und Gemeinden in der Präventions- und Polizeiarbeit (S. 119-133). Berlin: Heinrich-Böll-Stiftung.

Brown, S.A., Tapert, S.F., Granholm, E., Delis, D.C. (2000). Neurocognitive functioning of adolescents: Effects of protracted alcohol use. Alcoholism: Clinical and Experimental Research, 24, 164–171.

Bundesministerium des Innern (2013). Polizeiliche Kriminalstatistik 2012 - IMK-Bericht. Berlin: Bundesministerium des Innern.

Byrne, S. (2002). Foreword. In E. Österberg, T. Karlsson (Eds.), Alcohol policies in EU member states and Norway. A collection of country reports (pp. 13-14). Helsinki: Stakes.

Dixon, J., Levine, M., McAuley, R. (2005). Locating impropriety: Street drinking, moral order and the ideological dilemma of public space. Lancaster, UK: Lancaster University.

Deutsche Hauptstelle für Suchtfragen (2008). Aktionsplan Alkohol der DHS 2008. Hamm: Deutsche Hauptstelle für Suchtfragen.

Ernst, C. (2011). Der öffentliche Raum und seine Bedeutung für das demokratische Gemeinwesen. In U. Schliesky, C. Ernst (Hrsg.), Die Freiheit des Menschen in Kommune, Staat und Europa. Festschrift für Edzard Schmidt-Jortzig (S. 79-97). Heidelberg: C.F. Müller.

Finger, T. (2006). Die offenen Szenen der Städte: Gefahrenabwehr, kommunal-und straßenrechtliche Maßnahmen zur Wahrung eines integren öffentlichen Raumes. Berlin: Duncker & Humblot.

Gaertner, B., Meyer, C., John, U., Freyer-Adam, J. (2013). Alkohol - Zahlen und Fakten zum Konsum. In Deutsche Hauptstelle für Suchtfragen (Hrsg.), Jahrbuch Sucht 2013 (S. 36-66). Lengerich: Pabst.

Görgen, T., Fisch, S. (2013). „Lebenswerter öffentlicher Raum" – Eine Befragung von Bürgerinnen und Bürgern in Heidelberg und Ravensburg. Münster: Deutsche Hochschule der Polizei.

Görgen, T., Taefi, A., Kraus, B., Wagner, D. (Hrsg.) (2011). Jugendkriminalität und Jugendgewalt: empirische Befunde und Perspektiven für die Prävention. Frankfurt/M: Verlag für Polizeiwissenschaft.

Gusy, C. (2001). Polizei und private Sicherheitsdienste im öffentlichen Raum. Verwaltungsarchiv, 92, 344-367.

Hanewinkel, R., Morgenstern, M. (2013). Prävention in Deutschland: Was wir haben, was wir brauchen. In Deutsche Hauptstelle für Suchtfragen (Hrsg.), Jahrbuch Sucht 2013 (S. 252-258). Lengerich: Pabst.

Hapke, U., v. d. Lippe, E., Gaertner, B. (2013). Riskanter Alkoholkonsum und Rauschtrinken unter Berücksichtigung von Verletzungen und der Inanspruchnahme alkoholspezifischer medizinischer Beratung. Bundesgesundheitsblatt - Gesundheitsforschung - Gesundheitsschutz, 56, 809-813.

Hecker, W. (2012). Die neuere Rechtsprechung zu den Themen Alkoholkonsum, Betteln, Lagern und Nächtigen im öffentlichen Raum. In S. Gillich, R. Keicher (Hrsg.), Bürger oder Bettler: Soziale Rechte von Menschen in Wohnungsnot im Europäischen Jahr gegen Armut und soziale Ausgrenzung (S. 121-137). Wiesbaden: VS Verlag für Sozialwissenschaften..

Innes, M. (2005). Why disorder matters? Antisocial behaviour and incivility as signals of risk. Guildford, UK: University of Surrey.

Konnopka, A., König, H. H. (2007). Direct and indirect costs attributable to alcohol consumption in Germany. Pharmacoeconomics, 25, 605-618.

Kraus, L., Kümmler, P., Jünger, S., Karlsson, T., Österberg, E. (2002). Germany. In E. Österberg, T. Karlsson (Eds.), Alcohol policies in EU member states and Norway: A collection of country reports. (pp. 189-216). Helsinki: Stakes.

Kraus, L., Müller, S., Pabst, A. (2008). Alkoholpolitik. Suchttherapie, 9, 103-110.

Kraus, L., Pabst, A. (2010). Epidemiologischer Suchtsurvey 2009: Repräsentativerhebung zum Gebrauch und Missbrauch psychoaktiver Substanzen bei Erwachsenen in Deutschland. Sucht, 56, 315-326.

Kraus, L., Pabst, A., Piontek, D. (2011). Europäische Schülerstudie zu Alkohol und anderen Drogen 2011 (ESPAD): Befragung von Schülerinnen und Schülern der 9. und 10. Klasse in Bayern, Berlin, Brandenburg, Mecklenburg-Vorpommern und Thüringen. München: IFT Institut für Therapieforschung.

Lehner, B., Kepp, J. (2013). Daten, Zahlen und Fakten. In Deutsche Hauptstelle für Suchtfragen (Hrsg.), Jahrbuch Sucht 2013 (S. 11-35). Lengerich: Pabst.

Pabst, A., Kraus, L. (2008). Alkoholkonsum, alkoholbezogene Störungen und Trends: Ergebnisse des Epidemiologischen Suchtsurveys 2006. Sucht, 54, S36-S46.

Pennay, A., Room, R. (2012). Prohibiting public drinking in urban public spaces: A review of the evidence. Drugs: Education, Prevention and Policy, 19, 91-101.

Room, R. (2013). Alcohol as a public health risk: New evidence demands a stronger global response. International Journal of Alcohol and Drug Research, 2, 7–9.

Squeglia, L.M., Jacobus, J., Tapert, S.F. (2009). The influence of substance use on adolescent brain development. Clinical EEG and Neuroscience, 40, 31-38.

Staff, J., Patrick, M.E., Loken, E., Maggs, J.L (2008). Teenage alcohol use and educational attainment. Journal of Studies on Alcohol and Drugs, 69, 848–858.

Stein, J.A., Smith, G.M., Guy, S.M., Bentler, P.M. (1993). Consequences of adolescent drug-use on young-adult job behavior and job-satisfaction. Journal of Applied Psychology, 78, 463–474.

Strohs, M. (2013). Abwehr alkoholbedingter Gefahren: Handlungsbedarf und Gestaltungsspielraum bei der Gesetzgebung der Länder. Hamburg: Kovač.

Taefi, A., Görgen, T. (2013). Schülerbefragung – lokale Dunkelfeldbefragungen in Schulen. In T. Görgen, A. Taefi, B. Kraus, D. Wagner (Hrsg.), Jugendkriminalität und Jugendgewalt: empirische Befunde und Perspektiven für die Prävention (S. 64-97). Frankfurt/M: Verlag für Polizeiwissenschaft.

Thurn, J. P. (2012). „Randgruppenvertreibung" durch kommunale Trinkverbote – Hintergrund, Ablauf und Folgen des Rechtsstreits um eine Freiburger Polizeiverordnung. In S. Gillich, R. Keicher (Hrsg.), Bürger oder Bettler: Soziale Rechte von Menschen in Wohnungsnot im europäischen Jahr gegen Armut und soziale Ausgrenzung (S. 139-150). Wiesbaden: VS Verlag für Sozialwissenschaften.

Wells, J.E., Horwood, L.J., Fergusson, D.M. (2004). Drinking patterns in mid-adolescence and psychosocial outcomes in late adolescence and early adulthood. Addiction, 99, 1529–1541.

Wertfrei oder wertlos? Zur Spannung zwischen Neutralität und Relevanz von Wissenschaft

Werner Greve

„Eine empirische Wissenschaft vermag niemanden zu lehren, was er soll, sondern nur, was er kann und – unter Umständen – was er will." Ausgehend von dieser These hatte vor gut einem Jahrhundert Max Weber (1904/1973, S. 151) die Forderung der Wertfreiheit der Wissenschaften erhoben: Sie solle konsequenterweise weder den Anspruch erheben noch den Anschein erwecken, sie könne allein aufgrund ihrer Ergebnisse Entscheidungen legitimieren, Wertpräferenzen begründen oder Sollsätze rechtfertigen. An dieser Forderung hat sich vor allem in den 60er Jahren eine teilweise heftig geführte Diskussion entzündet (Albert/Topitsch, 1971). Die Hitzigkeit der Debatte innerhalb der Wissenschaften selbst ist jedoch seit langem abgeklungen (die Diskussion bei Chalmers, 1999, um nur ein Beispiel zu nennen, enthält kaum neue Aspekte). Jedoch sind die praktischen Dilemmata, die mit Webers These von der Wertfreiheit der Wissenschaften verbunden sind, aktueller als je zuvor.

Denn Wissenschaftler und Wissenschaftlerinnen werden heute mehr denn je als Experten gebeten, zu aktuellen Themen Stellung zu nehmen. Das kann positiv sein, wenn die verfügbare Expertise in Entscheidungen einfließt, die sonst stärker auf Vorurteilen oder Mutmaßungen basieren würden, und es trägt auch dazu bei, der Öffentlichkeit das, was sie in die Wissenschaft (via Steuern) investiert, in Form von Informationsrenditen zurückzuerstatten (Greve, 2011). Jedoch ist bei öffentlichen (insbesondere massenmedialen) Anfragen häufig weniger an bloße Information, sondern vorrangig an eine Bewertung der berichteten Fakten gedacht. Nachgefragt wird vor allem der Rat der Fachleute: „Was sollen wir tun?". Wer sich dazu, aus welchen Gründen auch immer, außerstande sieht, wird kaum ein zweitesmal gefragt werden, wer sich dagegen nicht schwer damit tut (oder wem dies gar liegt), der wird nicht nur häufiger zu diesem, sondern bald auch zu anderen Themen gefragt werden, verbunden mit dem Problem eines möglichen Missbrauchs (z. B. Instrumentalisierung durch selektive

Zitierung im Sinne einer von der Redaktion präferierten Position oder einer Authentisierung einer ohnedies vertretenen Meinung). Experten haben in der öffentlichen Debatte heute mehr Funktionen denn je. Ihnen wird zunehmend auch eine Entscheidungsrolle zugeschrieben: Der Experte soll raten, was zu tun ist – wer, wenn nicht er oder sie? Die folgenden Überlegungen sollen dabei nicht beklagen, ob die fachliche Qualität des jeweiligen Rates zureichend geprüft wird (entscheidet nicht öfter das Renomme, oder womöglich auch nur die Verfügbarkeit und Auskunftsbereitschaft?), sondern vor allem die Frage diskutieren, inwieweit Wissenschaftler/innen (als solche) hier überhaupt etwas zu raten haben (oder gar: sich politisch engagieren dürfen oder sollen).

Zudem hat sich seit dem Ende des zwanzigsten Jahrhunderts die Tendenz spürbar verschärft, dass sich Wissenschaft über ihre Nützlichkeit legitimieren muss. Vordergründig ist die wachsende Knappheit von Förderungsressourcen hierfür ein wichtiger Grund: Wem sollen wir das wenige Geld geben, das wir für Wissenschaft zu investieren bereit sind? Bei genauerem Besehen jedoch liegen hinter diesem Punkt tieferliegende Tendenzen: Reine Neugier (oder gar: Wahrheitssuche) ist offenbar heutzutage überhaupt kein legitimes und insbesondere kein zureichendes Motiv mehr. Forschung, die nicht schon vorher sagen kann, wozu sie führen wird (wem sie einmal nützen könnte), hat um ihre Daseinsberechtigung zu kämpfen (das gilt, nebenbei bemerkt, zunehmend auch für andere Bereich von Kultur). Die Verteidiger der Genforschung müssen vor ihren Kritikern belegen, welche Krankheiten sie bis wann heilen können, um ihre Forschung zu rechtfertigen. Umgekehrt gilt, wenn sie dies tun, dies dann ihren Befürwortern schon als zureichendes Argument dient. Bedrohlicherweise ist dies nicht nur Ausdruck einer absolutistischen Demokratie (die alles und jedes zur Volksabstimmung freigeben möchte), sondern auch eine sich zunehmend verbreitende Haltung innerhalb der Wissenschaften. Gesellschaftliche Verantwortung (und verwandte Begriffe) darf nicht mehr bloß durch Vermehrung von Einsichten und Erkenntnissen entstehen, sondern muss durch einen konkreteren (anwendbaren, womöglich auch ökonomisch nützlichen) Nutzen realisiert werden. Wertfrei heißt eben auch in diesem Sinne zunehmend: wertlos – Forschung, die es einfach nur wissen will, setzt sich dann dem Verdacht aus nicht legitim zu sein.

Die folgenden Überlegungen wollen an einige Aspekte des hier angesprochenen Problemkreises erinnern. Es ist wohl sinnvoll, die verschiedenen Probleme und Schwierigkeiten, die sich in Abhängigkeit vom Verständnis der Weberschen Forderung wie auch ihrer Begründung bzw. Voraussetzungen ergeben, nach Möglichkeit separat zu diskutieren. „Wertfreiheit“ ist offenbar ein missverständlicher Terminus (ausführlicher dazu Greve, 1991[1]); für die hier zu führende Argumentation lohnt es sich, mehrere Gesichtspunkte zu unterscheiden:

(1) Wertungen als Gegenstand empirischer Wissenschaft sind unproblematisch (das war mit „Wertfreiheit“ auch nie gemeint).
(2) Entscheidungen und damit auch Wertungen sind als Voraussetzung jeden (also auch: wissenschaftlichen) Handelns unumgänglich (auch dies aber war mit „Wertfreiheit“ nicht gemeint).
(3) Wertungen können nicht Ergebnis empirischer Wissenschaft sein oder durch empirische wissenschaftliche Ergebnisse allein zureichend gerechtfertigt werden.
(4) Wertungen in der Gewinnung und Darstellung der Ergebnisse der Wissenschaft können und sollen vermieden werden, und insbesondere dürfen derartige Wertungen nicht selbst als Ergebnisse der Wissenschaft dargestellt werden. (Gleichwohl können Ergebnisse der Wissenschaft bei Wertentscheidungen nicht nur faktisch eine Rolle spielen, sondern von entscheidender Bedeutung sein: Ein wissenschaftlicher Beitrag zu Wertungen und Entscheidungen ist meist möglich, oft sinnvoll und mitunter notwendig.)

Das Wertfreiheitspostulat entspricht im Kern der in (4) erhobenen Forderung (Stegmüller, 1979). Selbstverständlich war Wertfreiheit niemals in dem Sinne gefordert, dass sie Wertungen nicht zum Gegenstand ihrer wissenschaftlichen Bemühungen machen dürfe (1): Mehrere Disziplinen untersuchen Wertungen und ihre Folgen empirisch. Zumindest in Hinsicht auf diesen Punkt dürfte ein Konsens vermutlich leicht erreichbar sein.

Es ist wichtig zu betonen, dass die Forderung nach Wertfreiheit (im Sinne von 4) nicht die Voraussetzung macht, menschliches Handeln (und damit auch wissenschaftliche Praxis) könnten voraussetzungsfrei, ohne vorgängige Entscheidungen und in diesem Sinne wertfrei sein (2); bereits Max Weber selbst hatte diesen Punkt betont. Gewiss sind die Ergebnisse

1 Die vorliegende Arbeit schließt sich in einigen Punkten an diese Argumentation an (für weiterführende Literaturhinweise auf die Debatte vor 1990 sei daher auf diesen Text verwiesen).

der Wissenschaft nicht voraussetzungslos und in diesem Sinne wertfrei. Die Frage ist, in welchem Sinne und an welchen Punkten Wertungen in die Gewinnung und Beschreibung der Ergebnisse einfließen; möglicherweise verschleiert der Begriff der „Wertung" den Sachverhalt eher.

Eine entscheidende Voraussetzung der Forderung (4), zum einen bei der Gewinnung und Darstellung wissenschaftlicher Ergebnisse wertfrei zu bleiben und zum anderen vor allem derartige Wertungen nicht als Ergebnis von Wissenschaft darzustellen, ist die Behauptung (3), dass Wertungen nicht das Ergebnis von Wissenschaft sein können. Es ist vielleicht nicht überflüssig, hier ausdrücklich klarzustellen, dass sie sich auf empirische Wissenschaften bezieht, also nicht (z. B.) auf Philosophie, Rechtswissenschaften oder Mathematik. Und selbstverständlich behauptet diese These auch nicht, dass wissenschafticHes Handeln, wissenschaftliche Befunde oder ihre Veröffentlichungen keine Folgen haben (das haben sie sehr häufig), sondern nur, dass sie keine normativen (z. B. moralischen) Implikationen haben. Und es ist schließlich wichtig zu betonen, dass These (3) nicht bestreitet, dass es keine rationale Begründung für Wertungen geben könnte (dies ist eine gänzliche andere Frage).

Aber selbst mit dieser Klärung ist Behauptung (3) nicht unstrittig: Der kategorische Dualismus von Sein und Sollen, die Nichtableitbarkeit präskriptiver Sätze aus rein deskriptiven Prämissen, die Unmöglichkeit der Begründung von Soll-Sätzen durch Seins-Sätze ist keineswegs unbezweifelbar (ausführlicher dazu Greve, 1991). Auch wenn hier nicht alle Aspekte dieser teilweise technischen Diskussion behandelt werden können, so lässt sich allerdings festhalten, dass einstweilen kein konsensfähiger Weg gefunden wurde, auf der Basis wissenschaftlicher (empirischer) Befunde allein Forderungen (Wertungen) zu legitimieren. So lange dies aber nicht gezeigt ist, lässt sich die Forderung (4) weiter verteidigen. Der Zweck der vorliegenden Überlegungen ist es, einige Gedanken über die Reichweite und Grenzen dieser Forderung anzustellen.

I. Wertungen als Voraussetzung jeder Praxis

Ein großer Teil der Werturteilsdebatte drehte sich um die Frage, ob der Wissenschaftler sich – als Wissenschaftler – in seinen Äußerungen überhaupt jeglicher Werturteile enthalten kann, obwohl das wohl kaum mehr als ein (auf einer Äquivokation beruhendes) Missverständnis sein dürfte.

In der Tat setzt menschliches Handeln und also auch jede wissenschaftliche Praxis Entscheidungen, Absichten und damit Wertungen voraus. In diesem Sinne ist Wertfreiheit nicht zu erreichen. Dieses Zugeständnis ist häufig als Argument dafür eingesetzt worden, dass die Forderung nach Wertfreiheit der Wissenschaft unmöglich erfüllbar sei. Der zentrale Aspekt dieser Forderung wird jedoch von diesem Zugeständnis nicht entscheidend berührt, oder anders gesagt: ein wichtiger Aspekt dieser Forderung kann unabhängig von dieser Einsicht aufrechterhalten werden.

Dazu ist es notwendig, genauer zu betrachten, an welchen Punkten wissenschaftlichen Handelns Wertungen eine relevante oder sogar tragende Rolle spielen. So könnte die Forderung nach Wertfreiheit auf die Wahl des Forschungsgebietes oder Themas bezogen werden: sie ist notwendigerweise wertend. Da diese Entscheidung unumgänglich ist, wäre eine Wertfreiheit der Wissenschaft in diesem Sinne nicht erreichbar. Solange aber diese Entscheidung nicht durch äußere Instanzen vorgegeben, beeinflußt oder diktiert wird, ist darin kaum ein gravierendes Problem zu entdecken, solange Wissenschaft (zu welchem Thema auch immer) im Sinne des state of the art und wertfrei (im hier zu klärenden Sinne) praktiziert wird. Wertfreiheit wird in diesem Kontext vielmehr Pluralismus der Themen und Interessen bedeuten (eben dies ist der Sinn des Art. 5 GG). Zwar soll Wissenschaft relevante Probleme bearbeiten, aber es ist unglücklicherweise nicht nur schwer festzustellen, welches die relevanten Probleme sind, sondern überdies kaum entscheidbar, welche Forschung zur Lösung dieser Probleme etwas beitragen könnte. Für die Klärung der damit verwandten Frage der Finanzierung des gewählten Forschungsgebietes ist die Forderung nach Wertfreiheit (der Wissenschaftsförderung) besonders relevant. Das Problem des „pecunia non olet“ (stimmt das generell? Falls nicht: wann?) kommt hier mitunter verschärfend hinzu: Es mag Geldquellen geben, die individuelle Wissenschaftler/innen selbst bei unbezweifelt edlen Zwecken nicht in Anspruch nehmen möchten. Aber auch hier gilt, dass dies eine individuelle Entscheidung des jeweiligen Forschers ist, die pluralistisch zur Kenntnis zu nehmen und jedenfalls nicht mit rein wissenschaftlichen Argumenten zu kritisieren ist. Und allemal betrifft diese Frage (wie auch die Frage des Themas generell) nicht den Punkt, auf den die Forderung der Wertfreiheit vor allem zielt: Die (wertfreien) Befunde von (empirischer) Forschung werden (wenn sie lege artis gemacht ist) durch die (wertende) Themenwahl nicht präjudiziert.

Neben der Wahl des Themas sind aber für das wissenschaftliche Handeln noch weitere Entscheidungen konstitutiv. So kommen Wertungen in der Wahl der Methoden zum Ausdruck, mit denen man untersucht. Zwar kann über sie sachlich-rational (wissenschaftlich) diskutiert werden, aber natürlich wiederum nur vor dem Hintergrund von konstitutiven Standards (z. B. Reliabilität, Validität, Objektivität, Generalisierbarkeit, Genauigkeit und vor allem unter Voraussetzung der Logik[2]). Wertfreiheit meint sicher nicht die Freiheit von den Normen korrekten Denkens, korrekten Forschens, Argumentierens, Interpretierens, etc. (vgl. Stegmüller, 1979). Die Transparenz dieser Voraussetzungen ermöglicht die Kritik an ihnen und die Entwicklung von Alternativen. Wertfreiheit meint gewiss nicht Voraussetzungslosigkeit.

Eine der zentralen Entscheidungen (und damit: Wertungen) der Wissenschaft ist in diesem Zusammenhang natürlich das Wertfreiheitspostulat selbst. Die Forderung, die Wissenschaft dürfe nicht den Anspruch erheben oder den Anschein erwecken, sie könne allein aufgrund ihrer Ergebnisse Sollsätze begründen, ist selbst ein Sollsatz. Auch dies ist mitunter gegen das Wertfreiheitspostulat eingewendet worden. Sicher ist das Wertfreiheitspostulat sinnvollerweise auch so nicht aufzufassen. Es geht nicht darum, keine (wertenden) Entscheidungen zu treffen, sondern darum, diese Entscheidungen nicht als durch Wissenschaft vollständig legitimiert bzw. begründet darzustellen.

Schließlich ist der wichtige Punkt anzusprechen, dass bereits elementare Wahrnehmungsprozesse immer Selektion und (aktive) Ordnung beinhalten. Dies ist ein wichtiger, freilich ganz anderer Sinn von „Bewertung". Objektivität im Sinne einer vollständigen Unabhängigkeit von derartigen Voraussetzungen ist ebenfalls ein unerreichbares Ziel. Jedenfalls dürfte die Theorieabhängigkeit von Erfahrung in diesem erkenntnistheoretischen Sinne (vgl. hierzu z. B. die Einführung bei Carrier, 2006) im großen und ganzen derzeit konsensfähig sein; auch Vertreter des Wertfreiheitspostulats haben sie nicht in Abrede gestellt. Der Begriff der Wertung wird jedoch in dieser Anwendung offenbar überdehnt; eben hier liegt die oben angesprochene Äquivokation: mit „Wertung" war bei Weber nicht dieser

2 Nach einer Bemerkung Poppers ist die Entscheidung zur Rationalität selbst dabei irrational. Über die Logik selbst kann wohl entweder nur unter der Voraussetzung ihrer Gültigkeit oder gar nicht diskutiert werden; die Alternativen, sich anzubrüllen oder zur Klärung eine Prügelei anzuberaumen, bestehen dabei natürlich immer.

weite, sondern ein deutlich spezifischer, nämlicher normativer (z. B. moralisch wertender) Sinn gemeint. Die menschlicher Kontrolle, ja vielfach schon menschlicher Erkenntnis unzugängliche bzw. unüberwindliche Verschränkung von Erkennendem und Erkanntem (sagen wir: Wertung[I]) wird hier in einen konzeptuellen Topf geworfen mit bewußter, systematischer, jedenfalls aber prinzipiell diskutier- und kritisierbarer aktiver und normativer Bewertung (Wertung[II]) eines zum Bewußtsein gekommenen (und dabei bewerteten[I]) Sachverhaltes. Eine Wert[I]freiheit ist mit dem Wertfreiheitspostulat jedenfalls nicht gemeint (und wäre gewiss unerreichbar gewesen).

Stegmüller (1979, S. 198ff.) weist darüber hinaus auf eine grundsätzliche Schwierigkeit hin, die sich für die Vertreter einer derartigen These der Unvermeidlichkeit von Wertungen ergibt. Wissenschaftler, die Erkenntnis und Interesse als derart verknüpft ansehen, geraten in folgendes Dilemma: Entweder sie betrachten dies als empirische Hypothese; dann muss sie wissenschaftlich, also unabhängig vom Interesse, sie für wahr zu halten, überprüft werden können, was jedoch, wenn sie wahr sein sollte, unmöglich wäre. Oder sie wird zur Religion: man muss sie glauben. Die Konsequenz kann sinnvollerweise nur darin bestehen, die These einer Verschränkung von Erkenntnis und Interesse auf bestimmte Fälle bzw. Bereiche einzuschränken, um so mindestens sie selbst aus ihrem Anwendungsbereich herauszuhalten. „Der Befund wurde ja nicht erzielt, weil diese Wertung bestand, in welchem Falle das Resultat vielmehr vollkommen entwertet würde, sondern er musste unabhängig und auf einem Wege, der den Kriterien rationaler Wissenschaft genügte, gewonnen worden sein, um diese Wertung überhaupt zu ermöglichen.“ (Stegmüller, 1979, S. 198)

II. Wertungen können durch empirische Befunde nicht hinreichend begründet werden

Der Kern der Begründung von Webers Wertfreiheitspostulat ist die Behauptung, Ergebnisse der (empirischen) Wissenschaft könnten ausschließlich deskriptive Sätze sein, jedoch in präskriptiven Sätzen weder bestehen noch sie zureichend begründen. Will man Ziele oder Normen begründen oder rechtfertigen, verläßt man demnach die Domäne empirischer Wissenschaft. Die Behauptung dieser kategorischen Grenze stützt sich vor allem darauf, dass es zwischen deskriptiven und präskriptiven Sätzen fundamentale logische Unterschiede gebe: Während deskriptive Sätze empirisch begründbar (oder evident) seien, gebe es eine letzte Begründung, d. h. einen Endpunkt des Begründungsregresses, der selber nicht begründungsbedürftig ist, im Falle präskriptiver Sätze nicht („Münchhausen"-Trilemma: Albert, 1968; vgl. hierzu auch Brandtstädter, 1986). Auch wenn diese These ihrerseits nicht unumstritten ist (Greve, 1987, 1991), kann man Vollmer (1988; s. etwa S. 190) wohl folgen, wenn er vorschlägt, das Scheitern aller bisherigen entsprechenden Versuche zu akzeptieren und die Idee der Letztbegründung durch die Idee der kritischen Prüfung zu ersetzen. Im Kontext konkreter Diskussionen wird es in aller Regel ausreichen, unbezweifelbare oder mindestens unbezweifelte Ausgangspunkte für den jeweiligen Diskurs zu finden (z. B. das Widerspruchsfreiheitspostulat; vgl. Brandtstädter, 1980a, 1985).

Allerdings ist die Behauptung, aus deskriptiven Sätzen ließen sich präskriptive Sätze nicht ableiten, der Schluß vom „Sein" auf „Sollen" sei ein (oft als „naturalistisch" bezeichneter) Fehlschluss, wiederholt kritisiert worden (ausführlicher dazu Greve, 1991). Mindestens weist die Tatsache, dass es immer wieder Versuche gegeben hat, eine solche Ableitung vorzulegen (auch wenn diese Versuche nicht ohne Kritik geblieben sind), darauf hin, dass es sich um eine „diskussionsfähige These" (Stegmüller, 1979), nicht um eine a priori gewisse Wahrheit handelt. Vorläufig steht der Beweis der Unmöglichkeit eines derartigen Schlusses noch aus. Die These der Artverschiedenheit deskriptiver und präskriptiver Sätze, die im Anschluß an David Hume (1739-40/1978) davon ausgeht, dass nur Seinssätze Wahrheitswerte annehmen, d. h. wahr oder falsch sein können, etwa kann mit den gängigen Argumenten nicht gezeigt, sondern muss für sie vielmehr vorausgesetzt werden (Greve, 1991).

Indessen wäre sogar mit einer unstreitigen Ableitung eines präskripven Satz aus einer Prämissenmenge von Sätzen, die als deskriptiv bezeichnet werden könnten, nur dann etwas gewonnen, wenn alle notwendigen Elemente dieser Menge ihrerseits unbezweifelt (oder gar: wahr) wären. Dies zu zeigen aber dürfte eine noch größere (einstweilen unübersteigbare) Hürde sein. Vielleicht muss daher tatsächlich die Nichtableitbarkeitsthese epistemologisch anstatt logisch aufgefaßt werden: Sie würde dann eine These darüber sein, was wir wissen (beweisen) können, anstatt darüber, was woraus ableitbar ist. Zudem sind in allen bislang vorgelegten Versuchen die Prämissen, auch wenn sie unter bestimmten Voraussetzungen deskriptiv genannt werden können, gewiss nicht ausschließlich empirische Prämissen. Die entscheidende Voraussetzung von Webers Argument wäre damit für die Frage, ob empirische Wissenschaften (wie z. B. die Kriminologie oder die Psychologie) allein aus ihren Befunden präskriptive Sätze, beispielsweise moralische oder politische Forderungen ableiten dürfen, weiterhin unbezweifelt – und die Forderung (4), Wertungen nicht als Ergebnis von Wissenschaft (oder als Ausdruck wissenschaftlicher Expertise) darzustellen, bliebe in Bezug auf diesen Punkt bis auf weiteres haltbar.

Mindestens soviel kann man einstweilen festhalten: Falls so etwas wie „Erfahrung“ Sollsätze begründen könnte (Sokrates: „Tugend ist Wissen“), muss diese Erfahrung wohl anderer Art sein, als das empirisch bewährte Wissen, das eine Wissenschaft wie die Psychologie oder die Kriminologie liefern kann. Möglicherweise ist empirisches Wissen nicht das einzige Wissen. Die Frage welche andere Formen (mit welchen Graden an Gewissheit) es geben könnte, muss für den hier verfolgten Zweck nicht geklärt werden; es genügt festzuhalten, dass es nicht die Form sein wird, die empirische Forschungsmethoden liefern – mithin das, was die Wissenschaftlicheit von Wissenschaft ausmacht. Eben dies aber war der Kern der Weber'schen Forderung (4): Wertungen nicht als das Ergebnis von (empirischer) wissenschaftlicher Forschung (oder aus diesen beweisbar) darzustellen. Die Forschung zeigt das Machbare (vielleicht auch seine Folgen), aber sie zeigt nicht, dass gemacht werden soll (oder nicht gemacht werden darf).

III. Moralisches Handeln von Wissenschaftlern

Die kritische Frage wäre dann, ob aus dieser Forderung Gewissenlosigkeit von Wissenschaft folgt. Auch wenn man einwenden würde, dass abstrakte Institutionen („die“ Wissenschaft) ohnehin nicht handeln und gewiss kein Gewissen haben, hilft dies dem konkreten Wissenschaftler nicht: Er muss handeln, er hat ein Gewissen. Da aber Handeln unvermeidlich ist (denn auch Unterlassen ist eine Handlung), wirft dies die Frage auf, welche Form (oder auch: Begründung) von moralischen oder ethischen Gewissheiten welches praktische (insbesondere Andere beeinflussende) Handeln legitimieren können.

Auch hier wird es nützlich sein, zunächst unstreitige Punkte (und einfach zu klärende Missverständnisse) zu identifizieren. Unstreitig ist, dass Wissenschaftler/innen als die Personen, die sie jeweils sind, moralische Verantwortung für ihr Tun tragen. Unmoralische Handlungen, wie z. B.

unterlassene Hilfeleistung oder Beihilfe zu unerlaubten Handlungen anderer, sind für sie wie für alle anderen Menschen natürlich unzulässig. Wenn ihre Expertise ihnen hilft, Unrecht zu entdecken oder zu verhindern, wenn ihre spezifische Kompetenz dazu beitragen kann, Richtiges oder Hilfreiches zu tun, gelten für Wissenschaftler/innen selbstverständlich die gleichen Verpflichtungen wie für alle anderen Menschen: sich nach ihren (ggf. besonderen) Kräften und im Rahmen des ihnen jeweils (ggf. besonders gut) Möglichen darum eben zu bemühen. Wissenschaftler/innen dürfen also ihre Expertise für moralisches Handeln nicht nur nutzen, sie sollen es (sonst würden sie Dinge, die im Rahmen ihrer Möglichkeiten liegen, unterlassen).[3]

Unstreitig ist auch, dass man als Bürger/in moralische oder politische Projekte auch dann verfolgen darf (dann allerdings auch verantworten muss), wenn sie nicht moralisch geboten sind, sondern vielleicht nur im Lichte der je eigenen Überzeugungen als hilfreich oder naheliegend erscheinen. All dies ist von Webers Verdikt (auch wenn es uneingeschränkt gültig sein sollte) nicht berührt.

Webers Verdikt betrifft die dabei zulässigen Mittel, insbesondere der sozialen Durchsetzung: Wertfreiheit ist bei der Gewinnung (mit den oben kurz angedeuteten Einschränkungen), insbesondere aber bei der Darstellung von empirischen Ergebnissen gefordert. Diese Wertfreiheit bezieht sich auf die Frage, welche Ergebnisse wie selegiert, interpretiert und präsentiert werden. Man kann Tatsachen verschweigen, ihren Eindruck durch einseitige Auswahl bzw. einseitigen Kontext verändern und beeinflussen (etwa indem man wesentliche Einwände verschweigt oder nicht beachtet), man kann sie durch Darstellungsweisen (Stil, Präsentation) systematisch färben. Man kann Ergebnisse gezielt im Dienst moralischer Intentionen berichten und man kann den Status der eigenen Profession nutzen, um bestimmte Absichten durchzusetzen. Bei alldem ist natürlich „die ‚mittlere Linie' [...] um kein Haarbreit mehr wissenschaftliche Wahrheit als die extremsten Parteiideale von rechts oder links.“ (Weber, 1973, S. 154).

Unstrittig dürfte es sein, dass Wissenschaftler/innen über ihre Befunde unparteilich berichten sollen, d. h. sich bei der Darstellung auf die Standards beziehen, die von Vertretern unterschiedlicher Interessen (und Wer-

3 Für dieses Argument muss nicht geklärt werden, welche Handlungen jeweils tatsächlich (in welchem Maße) moralisch geboten sind. Das wäre eine eigene und durchaus komplexe Untersuchung – aber welche auch immer: Sie muss man nach Kräften verfolgen!

te) akzeptiert werden. Dazu gehört es insbesondere, Einwände gegen eigene Befunde oder Alternativinterpretation eigener Befunde sine ira et studio zu berücksichtigen und insbesondere dann explizit zu benennen, wenn man davon ausgehen muss, dass das jeweilige Publikum sie nicht kennt. Diese Forderung ist grundsätzlich erfüllbar, und die Tatsache, dass sie gelegentlich nicht erfüllt wird, darf uns nicht nur nicht verleiten, sie aufzugeben, sondern eher dazu veranlassen, sie erneut und vielleicht nachdrücklicher zu erheben. „Ein Mißbrauch der Autorität [der Wissenschaft; WG] liegt dann vor, wenn wissenschaftliche Aussagen benutzt werden, etwas zu belegen, was sie nicht belegen, oder wenn Wissenschaftler als Wissenschaftler Zeugnis für etwas ablegen sollen, was sie nicht besser bezeugen können als jeder andere auch“ (Tschiedel, 1987, S. 87). Wenn ich als Experte gefragt werde, darf ich als dieser nicht unbedingte Empfehlungen (geschweige denn weitergehende Wertungen) aussprechen. (Bedingte Wertungen dagegen durchaus: „Wenn sie dies erreichen wollen, dann ist jenes Mittel nach gegenwärtigen Stand dafür untauglich.“)

Der Unterschied zwischen wissenschaftlichem und politischem Handeln ist klein, aber er ist moralisch wichtig. Dies gilt vor allem dann, wenn die eingangs formulierte Vermutung zutreffen sein sollte, dass Wissenschaftler/innen zunehmend eben um ihren Rat, ihre Empfehlung, ihre Bewertung gebeten werden. Wenn Wissenschaftler/innen mithilfe medialer Multiplikatoren öffentlich Position beziehen, dann sind beide Instanzen nicht (demokratisch) zu einer besonderen Einflussnahme legitmiert, haben aber aufgrund von Status einerseits und Kommunikationsmacht andererseits möglicherweise mehr Einfluss, als andere (nicht demokratisch in Einflussrollen gewählte) Individuen normalerweise.

Das heisst nicht, dass die Nutzung eines solchen Einflusses nicht begründbar sein könnte, aber es bedeutet, dass sie begründungspflichtig ist. Die Sicherheit der individuellen Überzeugung kann dabei das Kriterium nicht sein, denn diese Sicherheit haben auch Menschen mit falschen Überzeugungen. Das verpflichtet gerade Wissenschaftler zu Sorgfalt und Vorsicht, nicht zu Tatenlosigkeit. Es bleibt die Verantwortung des handelnden Individuums, sich dem Unrecht entgegenzustellen, Gutes zu tun, wo immer es ihm möglich ist. Aber es bleibt seine Pflicht, dazu nur erlaubte Mittel einzusetzen.

Literatur

Albert, H. (1968). Traktat über kritische Vernunft. Tübingen: Mohr

Albert, H., Topitsch, E. (Hrsg.) 1971. Werturteilsstreit. (Wege der Forschung, Bd.175). Darmstadt: Wissenschaftliche Buchgesellschaft

Brandtstädter, J. (1980). Vom Sein zum Sollen in der Theorie des moralischen Urteils: Wege, Schleichwege, Irrwege. In: Eckensberger, L.H., Silbereisen; R.K. (Hrsg.) Entwicklung sozialer Kognitionen (S.133-144). Stuttgart: Klett-Cotta.

Brandtstädter, J. (1986). Normen und Ziele in der Entwicklungsintervention: Probleme der Konstruktion und Kritik. In K.H. Wiedl (Hrsg.), Rehabilitationspsychologie (S. 194-206). Stuttgart: Kohlhammer.

Carrier, M. (2006). Wissenschaftstheorie. Hamburg: Junius

Chalmers, A.F. (1999). Grenzen der Wissenschaft. Berlin: Springer.

Greve, W. (1987). Therapieziellegitimation im rationalen Diskurs. Trierer Psychologische Berichte, 13.

Greve, W. (1991). Kann und soll die Psychologie wertfrei sein? Vorsichtiger Versuch einer neuerlichen Annäherung an eine alte Frage. Trierer Psychologische Berichte, 18.

Greve, W. (1993). Ziele therapeutischer Intervention: Probleme der Bestimmung, Ansätze der Beschreibung, Möglichkeiten der Begründung und Kritik. Zeitschrift für Klinische Psychologie, 22, 347-373.

Greve, W. (2011). Aus der Deckung! Argumente für eine offensivere Selbstpräsentation der Psychologie in der Öffentlichkeit. Psychologische Rundschau, 62, 239-240.

Hume, D. (1739-40/1978). A treatise of human nature (ed. by L.A. Selby-Bigge). Oxford: Clarendon (dt. (1978). Hamburg: Meiner).

Stegmüller, W. (1979). Wertfreiheit, Interesse und Objektivität. In W. Stegmüller (Hrsg.), Rationale Rekonstruktion von Wissenschaft und ihrem Wandel (S. 177-203). Stuttgart: Reclam.

Tschiedel, R. (1987). Die mißbrauchte Autorität der Wissenschaft. In A.-A. Guha, S. Papcke (Hrsg.), Entfesselte Forschung. Die Folgen einer Wissenschaft ohne Ethik (S. 87-105). Frankfurt a.M.: Fischer.

Weber, M. (1973; orig. 1904). Die Objektivität sozialwissenschaftlicher und sozialpolitischer Erkenntnis. In M. Weber, Gesammelte Aufsätze zur Wissenschaftslehre (S. 146-214). Tübingen: Mohr.

Weber, M. (1917/1973). Der Sinn der "Wertfreiheit" der soziologischen und ökonomischen Wissenschaften. In M. Weber, Gesammelte Aufsätze zur Wissenschaftslehre (S. 489-540). Tübingen: Mohr.

Alte Menschen als Tatverdächtige und als Opfer. Ergebnisse einer Sonderauswertung der neuen Polizeilichen Kriminalstatistik

Wolfgang Heinz

I. Folgen des demografischen Wandels: Mehr alte und hochaltrige Menschen als Tatverdächtige und als Opfer

In Deutschland leben rund 82 Millionen Menschen, von denen jeder Vierte, nämlich knapp 22 Millionen, 60 Jahre oder älter (≥ 60 J.) ist. Als Folge von anhaltend niedrigen Geburtenraten bei gleichzeitig steigender Lebenserwartung wird die Bevölkerungszahl zurückgehen und werden sich die Alters- und Geschlechtsstrukturen verschieben: Der Anteil älterer Menschen wird gegenüber dem Anteil Jüngerer steigen, der Anteil der Männer unter den alten Menschen wird zunehmen. Zuzüge von Migranten werden zwar den Bevölkerungsrückgang mindern und auch zu einem „Verjüngungseffekt" führen, die erwarteten Zuzüge dürften jedoch zu gering sein, um Schrumpfung und Alterung der Gesamtbevölkerung insgesamt zu kompensieren. Nach der mittleren Variante der 12. koordinierte Bevölkerungsvorausberechnung (1-W1[1]) wird der Anteil älterer Menschen bis 2030 auf 36 %, bis 2050 gar auf 40 % steigen (vgl. Tabelle 1). Als Ergebnis von Wanderungsgewinnen werden die Anteile von Migranten zunehmen. Dieser demografische Wandel wird auch die Kriminalitäts-, die Täter- und die Opferstrukturen beeinflussen. Es werden weniger junge Men-

1 Geburtenhäufigkeit: annähernde Konstanz bei 1,4, Basisannahme zur Lebenserwartung (85,0 Jahre für Männer und 89,2 Jahre für Frauen), Wanderungssaldo von 100.000 ab 2014 (vgl. Statistisches Bundesamt: Bevölkerung Deutschlands bis 2060. Ergebnisse der 12. koordinierten Bevölkerungsvorausberechnung., Wiesbaden 2009 (https://www.destatis.de/DE/Publikationen/Thematisch/Bevoelkerung/VorausberechnungBevoelkerung/BevoelkerungDeutschland2060.html). Zu den sich aus den insgesamt 12 Varianten ergebenden Berechnungen sowohl der Bevölkerungs- als auch – bei Extrapolation der jeweiligen Häufigkeitszahlen – der Tatverdächtigen-, Opfer-, Verurteilten- und Gefangenenzahlen vgl. Heinz, W. (2013). „Wir werden weniger und die Wenigen werden immer älter". In: Dessecker, A., Sohn, W. (Hrsg.), Festschrift für Rudolf Egg. Wiesbaden, S. 261 ff.

schen, aber mehr alte, und zwar sowohl rüstige als auch hilfsbedürftige Menschen als Zeugen, als Täter oder Opfer, als Verurteilte oder Gefangene in Erscheinung treten.

Mit zeitlicher Verspätung gegenüber der Diskussion, z. B. in den USA[2], wurden in den letzten Jahren auch in Deutschland vermehrt Studien zu Erscheinungsformen und Ausmaß von Opfererfahrungen älterer Menschen durchgeführt.[3] Dem Jubilar, dem dieser Beitrag gewidmet ist, kommt hierbei das Verdienst zu, bereits Anfang der 1990er Jahre in Deutschland sowohl die erste, für ältere Menschen bis 75 Jahre repräsentative nationale Opferbefragung initiiert zu haben[4], als auch 2004 die zweite Untersuchung zu Gefährdungen älterer und pflegebedürftiger Menschen angestoßen zu haben[5], nicht zuletzt auch die speziellen Studien zu älteren Menschen als Opfer sexueller Gewalt[6] oder als Opfer polizeilich registrierter Straftaten[7]

2 Vgl. Kreuzer, A, Hürlimann, M. (Hrsg.) (1992). Alte Menschen als Täter und Opfer. Freiburg i.Br., S. 22 f.

3 Vgl. die Nachweise in Bundesministerium für Familie, Senioren, Frauen und Jugend (Hrsg.) (2009). „Sicherer Hafen“ oder „gefahrvolle Zone“? Kriminalitäts- und Gewalterfahrungen im Leben alter Menschen. Ergebnisse einer multimethodalen Studie zu Gefährdungen älterer und pflegebedürftiger Menschen. Berlin, S. 33 ff.

4 Die Studie wurde 1991 durch das BMFS in Auftrag gegeben, Anfang 1992 wurden die Daten erhoben, der Abschlussbericht wurde 1995 veröffentlicht (Wetzels, P., Greve, W., Mecklenburg, E., Bilsky, W., Pfeiffer, C. (1995). Kriminalität im Leben alter Menschen. Schriftenreihe des Bundesministeriums für Familie, Senioren, Frauen und Jugend, Bd. 105, Stuttgart). In dieser Publikation werden auch die zuvor bereits veröffentlichten, teils spezielleren Forschungsberichte und Einzelpublikationen nachgewiesen.

5 Görgen, T., Greve, W., Tesch-Römer, C., Pfeiffer, C. (2004). Kriminalität und Gewalt im Leben alter Menschen: Opfererfahrungen, Sicherheitsgefühl und Kriminalitätsfurcht älterer Menschen im alltäglichen Lebensumfeld und in häuslichen Pflegekontexten. Antrag an das Bundesministerium für Familie, Senioren, Frauen und Jugend auf Förderung eines Forschungsprojekts. KFN-Forschungsbericht Nr. 94. Hannover. Der Schlussbericht wurde publiziert in BMFSFJ (FN 3). Vgl. ferner die Zusammenfassung: Bundesministerium für Familie, Senioren, Frauen und Jugend (Hrsg.) (2012). Kriminalitäts- und Gewalterfahrungen im Leben älterer Menschen. Zusammenfassung wesentlicher Ergebnisse einer Studie zu Gefährdungen älterer und pflegebedürftiger Menschen. Berlin. Görgen, T. (Hrsg.) (2010). „Sicherer Hafen“ oder „gefahrvolle Zone“? Kriminalitäts- und Gewalterfahrungen im Leben alter Menschen. Frankfurt a.M..

6 Görgen, T., Nägele, B. (2003). Ältere Menschen als Opfer sexualisierter Gewalt. KFN-Forschungsberichte Nr. 89. Hannover; Görgen, T., Newig, A., Nägele, B., Herbst, S. (2005). „Jetzt bin ich so alt und das hört nicht auf“: Sexuelle Viktimisierung im Alter. KFN-Forschungsberichte Nr. 95. Hannover; Görgen, T., Nägele, B., Herbst, S., Newig, A. (2006). Sexuelle Viktimisierung im höheren Lebensalter. In: Informationszentrum Sozialwissenschaften (Hrsg.), Kriminalsoziologie + Rechtssoziologie, S. 9 ff.

7 Görgen, T. (2004). Ältere Menschen als Opfer polizeilich registrierter Straftaten. KFN-Forschungsberichte Nr. 93. Hannover.

bzw. als Tatverdächtige.[8] Seit einigen Jahren zählt schließlich der demografische Wandel zu einem der Forschungsschwerpunkte des KFN.[9]

Tabelle 1: Altersdifferenzierung in Deutschland bis 2050 (Variante 1-W der 12. koordinierten Bevölkerungsvorausberechnung)

	1990 m		2010 m		2030 m		2050 m	
	N	%	N	%	N	%	N	%
insg.	38.109.738	100	40.070	100	38.123	100	34.147	100
60 b.u. 80	5.094.099	13,4	7.981	19,9	10.587	27,8	8.598	25,2
80++	826.011	2,2	1.310	3,3	2.477	6,5	4.262	12,5
	1990 w		2010 w		2030 w		2050 w	
	N	%	N	%	N	%	N	%
insg.	41.003.093	100	41.665	100	39.536	100	35.741	100
60 b.u. 80	8.054.985	19,6	9.051	21,7	11.389	28,8	9.179	25,7
80++	2.107.386	5,1	2.823	6,8	3.818	9,7	5.934	16,6

Quelle: Statistisches Bundesamt: Bevölkerung Deutschlands bis 2060 (https://www.destatis.de/DE/Publikationen/Thematisch/Bevoelkerung/VorausberechnungBevoelkerung/BevoelkerungDeutschland2060.html), eigene Berechnung

Die KFN-Opferstudie der 1990er Jahre war zwar repräsentativ für die Altersgruppe bis 75 Jahre, nicht aber für Hochaltrige.[10] Die 2004 begonnene Studie ging deshalb inhaltlich wie methodisch darüber hinaus, um auch die Viktimisierung hochaltriger und pflegebedürftiger Menschen zu erfassen, namentlich in häuslichen Pflegebeziehungen. Aufgegriffen wurde damit die seit Mitte der 1990er Jahre in der Gerontologie getroffene qualitative Unterscheidung zwischen „drittem" (junge Alte) und „viertem Alter" (Hochaltrige). Diese Differenzierung weist auf medizinische und psychologische Merkmale hin, unter denen sich die jungen Alten von hochaltrigen Menschen unterscheiden, wobei die Grenzen fließend sind. Wäh-

8 Vgl. nur Kemme, S., Hanslmaier, M., Stoll, K. (2011). Kriminalitätsentwicklung 1995 bis 2008. Ergebnisse einer Expertenbefragung. Zwischenbericht des Projekts „Auswirkungen des demografischen Wandels auf die Kriminalitätsentwicklung sowie die Arbeit der Polizei, der Strafjustiz, des Strafvollzugs und der Bewährungshilfe". KFN-Forschungsberichte Nr. 112. Hannover.

9 Hanslmaier, M., Kemme, S., Stoll, K., Baier, D. (2014). Kriminalität im Jahr 2020. Erklärung und Prognose registrierter Kriminalität in Zeiten demografischen Wandels, Wiesbaden; Baier, D., Hanslmaier, M. (2013). Demografische Entwicklung und Prognose der Kriminalität. Kriminalistik, S. 587 ff.

10 BMFSFJ, FN 3, S. 36.

rend sich die jungen Alten eher in guter psychischer und körperlicher Verfassung befinden, zeichnet sich das „vierte Alter" aus durch altersbedingte körperliche Einschränkungen (Multimorbidität, Pflegebedürftigkeit, Demenz), die zu Anpassungen des Alltagslebens zwingen. Vor allem das „dritte Alter", das pragmatisch zumeist auf den Zeitraum zwischen dem 60. und dem 79. Lebensjahr eingegrenzt wird, ist ein relativ neues Phänomen. Für diese beiden Gruppen sind die folgenden Veränderungen in der Bevölkerungsstruktur erwartbar (vgl. Tabelle 1):

Die Zahl der im „dritten Alter" befindlichen Männer wird danach von 13,4 % (1990) auf 25,2 % (2050) steigen, die der Frauen von 19,6 % auf 25,7 %. Noch stärker ansteigen wird der Anteil der im „vierten Alter" befindlichen Personen, und zwar bei den Männern von 2,2 % auf 12,5 %, bei den Frauen von 5,1 % auf 16,6 %.

Angesichts des engen Zusammenhangs zwischen Alter/Geschlecht und Kriminalitätsentwicklung/Viktimisierungswahrscheinlichkeit sind in den nächsten Jahren und Jahrzehnten erhebliche Veränderungen erwartbar.[11] Die seit Jahrzehnten unveränderten Altersklassen (vgl. Tabelle 2) in der Polizeilichen Kriminalstatistik (PKS) und in den Personenstatistiken der Strafrechtspflege (Strafverfolgungsstatistik – StVerfStat; Bewährungshilfestatistik – BewHiStat; Strafvollzugsstatistik – StVollzStat) lassen freilich die im Hellfeld erwartbaren Änderungen nicht erkennen. Derzeit (noch) enthält insbesondere die PKS „im Hinblick auf die breite (und perspektivisch für einen wachsenden Teil der Bevölkerung immer breiter werdende) Lebensspanne ab dem vollendeten 60. Lebensjahr keine Differenzierung."[12]

Noch defizitärer ist die Datenlage hinsichtlich der Opfersituation. Opferbezogene Daten werden seit 1971 für die PKS erhoben, die bundesweite Opfererfassung beschränkt sich aber noch auf Delikte, bei denen Leib oder Leben bzw. die Gesundheit eines Menschen unmittelbar gefährdet bzw. geschädigt wurde. Eigentums- und Vermögensdelikte werden nicht erfasst. Aufbereitet werden diese Daten der PKS derzeit aber nur in groben Altersklassen, und zwar „21 < 60 J.", „≥ 60 J.". Von den Personenstatistiken der Strafrechtspflege werden lediglich für die StVerfStat die wegen Straftaten an Kindern Abgeurteilten/Verurteilten bei einigen Deliktsgruppen erhoben. Befunde zur Viktimisierung alter Menschen stehen da-

11 Vgl. mit Nachweisen Baier/Hanslmaier, FN 9; Hanslmaier et al., FN 9; Heinz, FN 1.
12 BMFSFJ, FN 3, S. 68.

nach, von Dunkelfeldforschungen abgesehen, überhaupt nur in der PKS zur Verfügung, und hier unter den erwähnten Einschränkungen.

Tabelle 2: Altersdifferenzierung ab 50 Jahren in PKS und Strafrechtspflegestatistiken

	50 b.u. 60			60 und älter				
	insg.	50 b.u. 55	55 b.u. 60	insg.	60 b.u. 70			70 und älter
					insg.	60 b.u. 65	65 b.u. 70	
PKS – Standardtabellen Tatverdächtige	x	-	-	x	-	-	-	-
PKS – Standardtabellen Opfer	(nur 21 b.u. 60)			x	-	-	-	-
StVerfStat	x	-	-	x	x	-	-	x
BewHiStat	x	-	-	x	-	-	-	-
StVollzStat	x	x	x	x	x	x	x	x

Eine wesentliche, in ihrer Bedeutung für kriminalstatistische Analysen nicht zu überschätzende Neuerung ist freilich vor kurzem durch PKS-neu erfolgt.[13] 2009 wurden u. a. neue Merkmalskataloge im Bereich der Opfererfassung (u. a. Beziehung von Opfern zum Tatverdächtigen hinsichtlich Aspekten räumlich-sozialer Nähe, Geschädigten-Spezifik, wie z. B. Beruf oder Hilflosigkeit infolge von Drogen- oder Medikamteneinfluss)[14], ein 6-stelliger Straftatenschlüssel sowie die Einzeldatensatzanlieferung an das BKA eingeführt. Seitdem erstellt das BKA die Standardtabellen selbständig, wobei derzeit noch die bisherige Altersdifferenzierung beibehalten wird. Die Einzeldatensätze bieten freilich sämtliche denkbaren Auswertungsmöglichkeiten, insbesondere auch nach Altersjahren. Für den vorliegenden Beitrag hat das BKA für den Verfasser die Altersgruppe der „≥ 60 J." alten Personen weiter differenziert, und zwar sowohl für die Tatverdächtigen als auch für die Opfer, so dass es erstmals möglich ist, bundesweit die Hellfelddaten für ältere Menschen hinreichend differenziert darzustellen.[15]

13 Vgl. Mischkowitz, R., Becker, H. (2011). Die neue Polizeiliche Kriminalstatistik. Kriminalistik, S. 308 ff.

14 Verbindlich eingeführt wurden diese Opfermerkmale erst zum Berichtsjahr 2011.

15 Dem BKA sei auch dieser Stelle für diese Sonderauswertung gedankt.

II. Alte Menschen als Tatverdächtige

Ungeachtet aller methodischen Probleme, die mit Aussagen über die „Hellfeldkriminalität“[16] verbunden sind, ist im Grundsatz (und ohne deliktspezifische Differenzierung) nach einem steilen Anstieg bis in das Heranwachsenden- oder Jungerwachsenenalter hinein ab dem mittleren Erwachsenenalter ein sich bis ins höhere Alter fortsetzender Rückgang der Kriminalitätsbelastung zu verzeichnen.[17] Mit zunehmendem Alter nimmt in der Regel nicht nur die Tatbegehungshäufigkeit ab, es ändert sich auch die Deliktstruktur.[18] In welchem Ausmaß und mit welchen strukturellen Änderungen sich dies innerhalb der Altersgruppe „≥ 60 J.“ vollzieht, war bislang mangels Daten unbekannt.

Die Gegenüberstellung der undifferenzierten TVBZ[19] der Altersgruppe „≥ 60 J.“ mit den in 5-Jahres-Gruppen gegliederten TVBZ zeigt, jedenfalls für das Hellfeld, ein großes Maß an Binnendifferenzierung (vgl. Schaubild 1):

- Die TVBZ der 60- bis unter 65-Jährigen ist zwar fast doppelt so hoch wie die der Gesamtgruppe „≥ 60 J.“, aber immer noch deutlich niedriger als in der Vergleichsgruppe der 50- bis unter 60-Jährigen.[20]

16 In diesem Beitrag zu erläutern, dass die „Hellfeldkriminalität“ nicht mit „Kriminalitätswirklichkeit“ gleichgesetzt werden kann, weil sie nicht nur durch die Tatbegehung, sondern auch durch Anzeigebereitschaft, Aufklärungsquote, Registrierungsgenauigkeit, Kontrollintensität usw. bestimmt wird, hieße Eulen nach Athen tragen.

17 Vgl. Heinz, W. (o. J.). Jugendkriminalität. Mythen und Fakten, S. 33 ff, http://www.uni-konstanz.de/rtf/kis/Heinz_Jugendkriminalitaet_Stuttgart.pdf>.

18 Erst durch Dunkelfelduntersuchungen kann letztlich geklärt werden, ob und inwieweit damit nicht eine Verschiebung der Grenze zwischen Hell- und Dunkelfeld einhergeht, wenn und soweit die Änderung der Deliktstruktur auch bedeuten sollte, dass der Anteil der entdeckungs- und anzeigeschwachen Delikte zunimmt, dass der Anteil der Delikte mit eher unterdurchschnittlicher Aufklärungsquote steigt usw.

19 Infolge der Einzeldatensatzanlieferung handelt es sich nunmehr auch auf Bundesebene um eine sog. „echte“ Tatverdächtigenzählung. Die Überschätzung der TVBZ wegen unterschätzter Bevölkerungszahlen (Touristen, Durchreisende, Berufspendler, Illegale usw.) dürfte bei den alten Tatverdächtigen geringer sein als bei den jüngeren Jahrgängen. Die inzwischen übliche Lösung, um zu valideren TVBZ zu gelangen, nämlich die Berechnung der TVBZ auf deutsche Tatverdächtige zu beschränken, ist bei den Opferzahlen nicht möglich. Die Opfer werden nicht nach Staatsangehörigkeit erfasst/ausgewiesen. Deshalb wurde der Fehler auf beiden Seiten in Kauf genommen.

20 In der PKS wird jeder Tatverdächtige, dem im Berichtszeitraum Straftaten zur Last gelegt werden, die verschiedenen Schlüsselzahlen zugeordnet werden (z. B. gefährliche/schwere Körperverletzung, leichte vorsätzliche Körperverletzung, Raub, Diebstahl),

- Die TVBZ der Frauen sind, wie auch sonst, deutlich niedriger als die der Männer. Diese Unterschiede bleiben auch in den höheren Altersgruppen erhalten.
- Die TVBZ der einzelnen Altersgruppen nehmen in jeder Gruppe stärker ab als im Vergleich zur jeweils vorherigen, ausgenommen die 75- bis unter 80-Jährigen.

Schaubild 1: Alte Menschen als Tatverdächtige nach Geschlecht, Alters- und Deliktsgruppen, TVBZ, Deutschland 2012

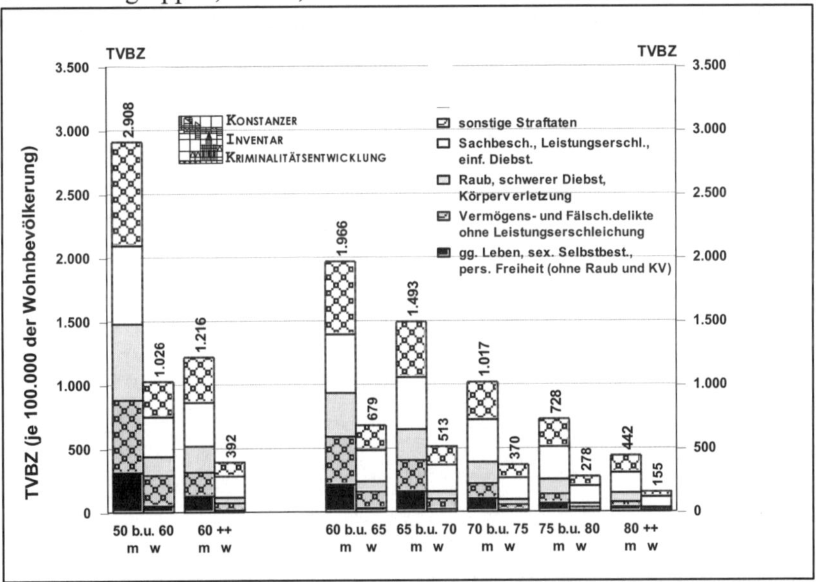

Mit zunehmendem Alter erhöht sich der Anteil minder schwerer Delikte, hier: Sachbeschädigung, Leisungserschleichung, einfacher Diebstahl (vgl.

in jeder Gruppe gesondert erfasst, in der übergeordneten bzw. der Gesamtzahl der Straftaten aber nur einmal gezählt. Die Summe der Tatverdächtigen der Straftatengruppen ist deshalb größer als die Gesamtzahl der (insgesamt nur einmal erfassten) Tatverdächtigen. Diese Überhöhung ergibt sich also durch Deliktsvielfalt der Einmal- oder Mehrfachauffälligen. Eine Differenzierung der Tatverdächtigen nach Straftatengruppen ergibt deshalb in der Summe eine höhere TVBZ als die sich aus der Zahl der insgesamt nur einmal erfassten Tatverdächtigen ergebende TVBZ. In Schaubild 1 sind die addierten TVBZ der hier dargestellten 5 Straftatengruppen nachgewiesen, im Datenblatt zu Schaubild 1 im Anhang 1 auch die berechnete TVBZ für die „echte" Tatverdächtigenzählung, so dass die Überhöhung durch Deliktsvielfalt bestimmt werden kann.

Schaubild 2). Bei Frauen ist dieser Bedeutungszuwachs deutlich ausgeprägter als bei Männern. Deutlich wird diese Veränderung der Deliktstruktur, wenn die Gruppe der als minder schwer zusammengefassten Delikte nach Einzeldelikten differenziert wird (vgl. Schaubild 3). Erkennbar wird hier, innerhalb einer deutlich zurückgehenden Kriminalitätsbelastung, die zunehmende Dominanz des Ladendiebstahls.

Im Unterschied zur PKS werden in der StVerfStat auch die Vergehen im Straßenverkehr erfasst. Diese nehmen danach anteilsmäßig zu, wobei es sich vor allem um Delikte aus Unachtsamkeit handeln dürfte. Anhand der PKS-Daten lässt sich hierzu, trotz Einzeldatensatzanlieferung, keine Aussage treffen.[21]

21 In der PKS werden seit 1963 keine Straßenverkehrsvergehen (ausgenommen §§ 315, 315b StGB, § 22a StVG) erfasst; ein Fünftel der polizeilich registrierten Kriminalität dürfte deshalb, geschätzt auf der Grundlage der Verurteiltenzahlen, nicht ausgewiesen werden. Im Zweiten Periodischen Sicherheitsbericht der Bundesregierung wurde diesbezüglich kritisch angemerkt: „Die Datenlage über Vorkommen und zeitliche Entwicklung der Straßenverkehrsdelikte ist im Vergleich zu anderen Deliktgruppen lückenhaft. [...] Das ist bedauerlich, weil gegen Leib und Leben gerichtete Delikte sowie andere Gewaltdelikte (z. B. Nötigung), aber auch Gefährdungsdelikte von vielen Menschen als Bedrohung aufgefasst werden. [...] Man ist daher in Praxis, Politik und Wissenschaft darauf angewiesen, sich aus anderen Quellen zu bedienen und Näherungswerte zu schätzen, namentlich aus dem Abgleich mit Daten zu den Unfällen im Straßenverkehr oder mit Daten des Kraftfahrt-Bundesamtes (KBA) [...] Mit den Daten des KBA lässt sich die Lücke zwischen StVerfStat und polizeilich erfassten (wenn auch nicht in der PKS ausgewiesenen) Normbrüchen nicht schließen" (Bundesministerium des Innern, Bundesministerium der Justiz (Hrsg.) (2006). Zweiter Periodischer Sicherheitsbericht, S. 321, 336).

Schaubild 2: Alte Menschen als Tatverdächtige nach Geschlecht, Alters- und Deliktsgruppen, bezogen auf alle Straftaten, Deutschland 2012

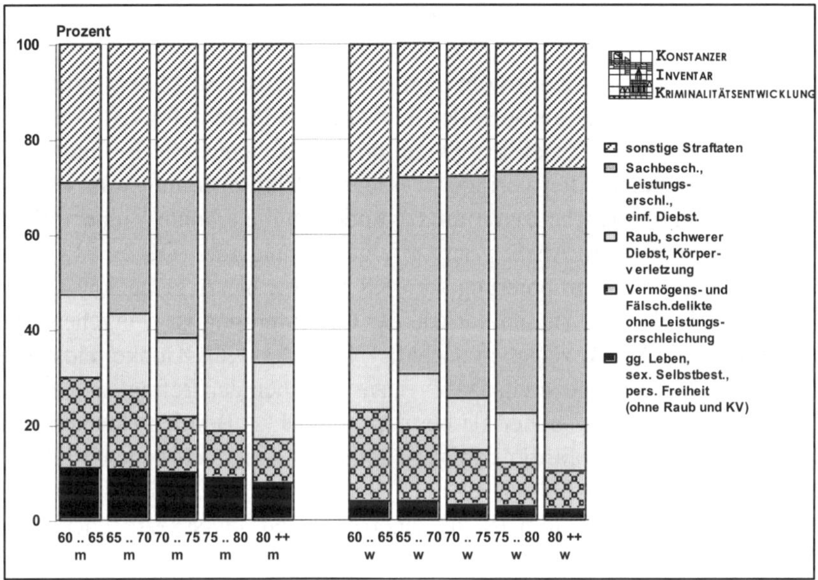

Schaubild 3: Alte Menschen als Tatverdächtige nach Geschlecht und Altersgruppen bei minder schweren Delikten, TVBZ, Deutschland 2012

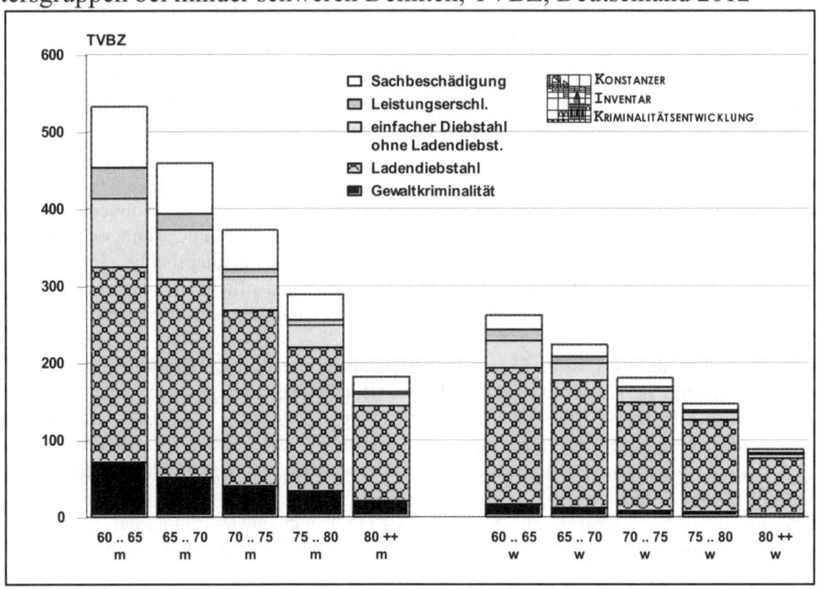

III. Alte Menschen als Opfer

Alte Menschen als Opfer von Gewalttaten

Mit zunehmendem Alter erhöht sich die Verletzbarkeit, sowohl hinsichtlich der Tatbegehung als auch der Schwere und Dauerhaftigkeit von Tatfolgen. Deshalb stellt sich die Frage, ob sich der generelle Befund einer mit zunehmendem Alter geringer werdenden Viktimisierungswahrscheinlichkeit auch bei Hochaltrigen fortsetzt oder ob die erhöhte Vulnerabilität einhergeht mit einem Anstieg der Opfergefährdungszahl (OGZ).[22] Die undifferenzierte Altersgruppierung der PKS erlaubte hierzu keine Antwort.

Das Hellfeld der Kriminalität wie der Opferwerdung ist weitgehend eine Funktion der Anzeigebereitschaft. Nach der KFN-Dunkelfeldstudie 1992 war die Anzeigebereitschaft – nach Angaben der Befragten – in der Gruppe der „≥ 60 J." höher als bei den „< 60 J."[23] Bei den Hochaltrigen dürfte dagegen sowohl die Fähigkeit reduziert sein, sich gegen Viktimisierungsversuche zu wehren als auch Bereitschaft und Fähigkeit zur Anzeigeerstattung.[24] Insofern ist mit einer gewissen altersspezifischen Verzerrung zu rechnen.

Bisherige Auswertungen der PKS-Daten zur Viktimisierung ergaben, dass die OGZ der Gruppe der „≥ 60 J." deutlich geringer ist als diejenige der 21- bis unter 60-Jährigen. Ausnahmen bildeten lediglich Handtaschenraub, Misshandlung Schutzbefohlener, der Raubmord sowie die fahrlässige Tötung. Im Unterschied zu Jugendlichen, Heranwachsenden und Erwachsenen bis unter dem 60. Lebensjahr zeigte sich auch kein oder nur ein unwesentlicher Anstieg der OGZ.[25]

22 Wie die TVBZ so sind auch die OGZ etwas überschätzt, weil die Wohnbevölkerung unterschätzt wird. Als Opfer werden Personen auch dann gezählt, wenn sie nicht zur Wohnbevölkerung gemeldet sind, weil sie entweder nicht meldepflichtig sind (Touristen, Durchreisende, Berufspendler) oder aber der Meldepflicht nicht nachgekommen sind (z. B. Illegale). Die OGZ überschätzt deshalb das Risiko der hier lebenden Wohnbevölkerung.

23 Wetzels et al., FN 4, S. 90. Dies galt freilich nur für die alten Bundesländer; in den neuen Bundesländern war die Anzeigebereitschaft in beiden Altersgruppen gleich hoch.

24 Ebenso Görgen, T. (2010). Viktimisierung von Senioren – empirische Daten und Schlussfolgerungen für eine alternde Gesellschaft. In: Frevel, B., Bredthauer, R. (Hrsg.), Empirische Polizeiforschung XII: Demografischer Wandel und Polizei. Frankfurt a. M., S. 133.

25 Vgl. Ahlf, E.-H. (2003). Alte Menschen als Opfer von Gewaltkriminalität. In: Landeskommission Berlin gegen Gewalt (Hrsg.), Schwerpunkt: Opfer von Gewalt und Krimi-

Die Gegenüberstellung der jeweils pro 100.000 der Wohnbevölkerung berechneten Häufigkeitszahlen für Tatverdächtige (TVBZ) und Opfer (OGZ) zeigt, dass ältere Männer bei vollendeten Gewaltdelikten in gleichem Maße Opfer wie Tatverdächtige sind. Frauen sind dagegen bei den gleichen Delikten wesentlich häufiger Opfer denn Täter (vgl. Schaubilder 4 und 5). Da die Einzeldatensätze nicht verknüpft sind, lässt sich aber keine Aussage darüber treffen, ob und in welchem Maße die Tatverdächtigen- und die Opfereigenschaft auf dieselbe Altersgruppe beschränkt ist.

Schaubild 4: Männer als Opfer und als Tatverdächtige bei ausgewählten vollendeten Delikten mit Gewaltkomponente, TVBZ und OGZ, Deutschland 2012

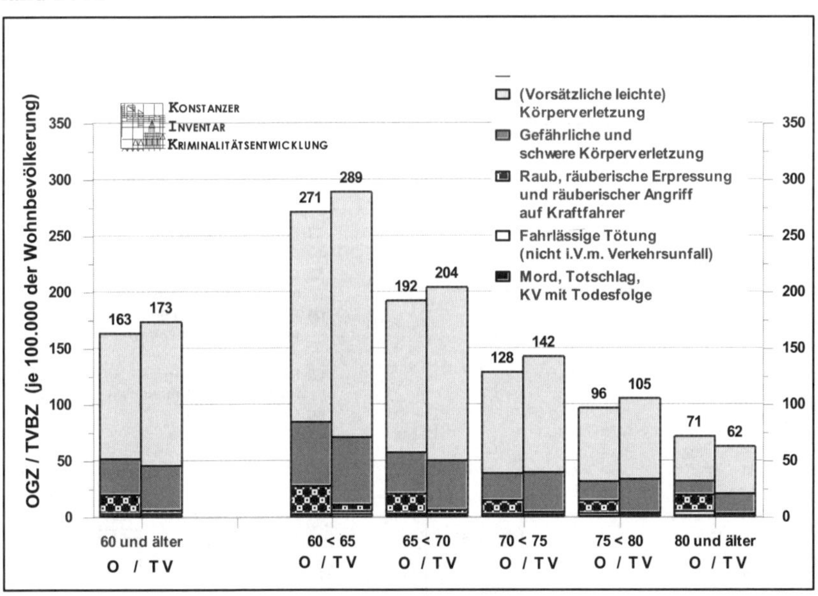

nalität, Berliner Forum Gewaltprävention, Nr. 12. Berlin, S. 32 ff; BMFSFJ, FN 3, S. 67 ff.; Görgen, FN 7; Görgen, T., Hüneke, A. (2005). Ältere Menschen als Opfer von Tötungsdelikten: Analysen auf der Basis der Polizeilichen Kriminalstatistik. In: Informationszentrum Sozialwissenschaften (Hrsg.), Kriminalsoziologie + Rechtssoziologie, S. 9 ff; Landeskriminalamt Nordrhein-Westfalen (2004). Senioren und Kriminalität. Eine Analyse unter Berücksichtigung demographischer Faktoren. Kriminalistisch-kriminologische Forschungsstelle.

Die OGZ für vollendete Delikte mit Gewaltkomponente (vgl. Schaubild 6) zeigen:

- Die Altersgruppen unterscheiden sich stark, mit zunehmendem Alter nimmt die OGZ deutlich ab.
- Männer weisen, wie bei den Tatverdächtigen, insgesamt eine höhere OGZ auf. Diese Unterschiede verschwinden aber mit zunehmendem Alter, was freilich Folge des bei hochaltrigen Frauen deutlich erhöhten Risikos des Handtaschenraubs ist.
- Während bei Männern die OGZ für Körperverletzungsdelikte in allen Altersgruppen höher sind als bei den weiblichen Opfern, weisen diese mit zunehmendem Alter eine höhere OGZ bei Raubdelikten auf.
- Mit zunehmendem Alter nehmen die OGZ für vorsätzliche und fahrlässige Tötungsdelikte zu.

Schaubild 5: Frauen als Opfer vollendeter Delikte und als Tatverdächtige bei ausgewählten vollendeten Delikten mit Gewaltkomponente, TVBZ und OGZ, Deutschland 2012

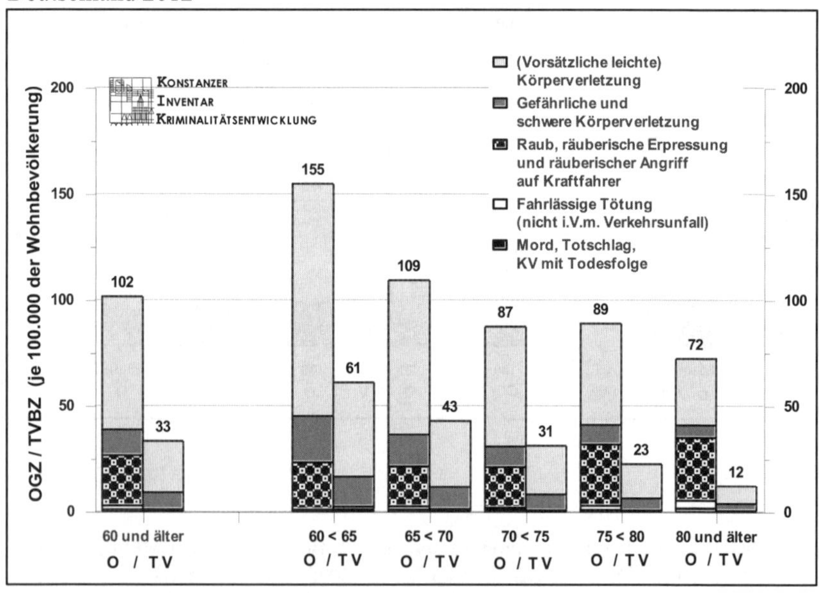

Schaubild 6: Alte Menschen als Opfer nach Geschlecht, Alters- und (vollendeten) Delikten mit Gewaltkomponente, Deutschland 2012

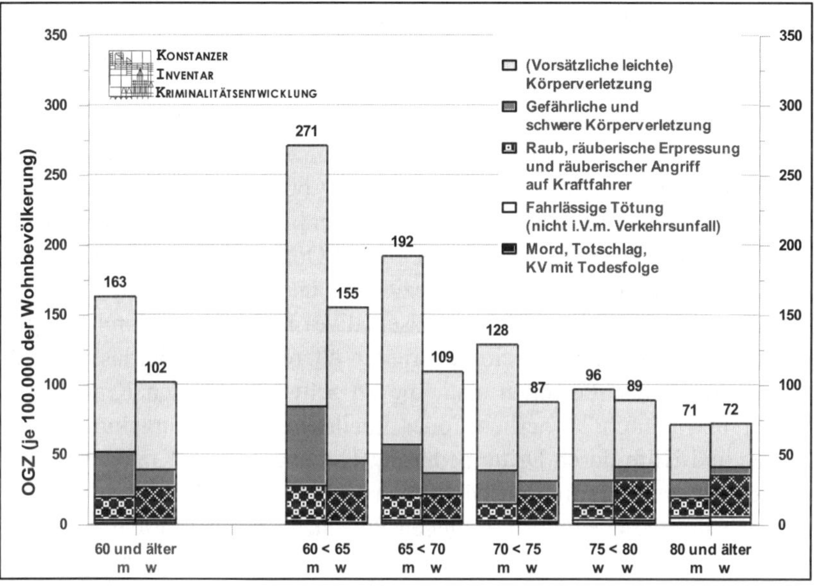

Das Risiko, im Alter Opfer eines Gewaltdeliktes zu werden, ist gegenüber den 21- bis unter 60-Jährigen deutlich geringer (vgl. die Auszüge aus dem Datenblatt zu Schaubildern 5 und 6 in Anhang 2). Dieses Risiko sinkt mit zunehmendem Alter insgesamt weiter ab, von einigen deliktspezifischen Ausnahmen abgesehen.

Es gibt nur wenige in der PKS erfasste Delikte mit einem höheren Opferrisiko im Vergleich mit jungen Erwachsenen, hierzu zählen fahrlässige Tötung sowie Handtaschenraub bei alten, insbesondere hochaltrigen Frauen. Der Befund, ältere Menschen seien auch in den Deliktsbereichen „Misshandlung von Schutzbefohlenen“ sowie „Mord im Zusammenhang mit Raubstraftaten“ überrepräsentiert im Vergleich zum jüngeren und mittleren Erwachsenenalter,[26] ist zwar bei Betrachtung der OGZ zutreffend.[27] Die absoluten Zahlen sind aber extrem klein: 2012 wurden bun-

26 BMFSFJ, FN 3, S. 34, 80 ff., 90; Görgen/Hüneke, FN 23, S. 23.

27 Die OGZ bei vollendetem § 225 StGB betragen bei den 21 bis unter 60 Jahre alten Opfern 0,23 (m) bzw. 0,22 (w), bei den 60 Jahre alten und älteren Opfern dagegen 0,53 (m) bzw. 1,72 (w). Zum Vergleich: Jugendliche 14,7 (m) bzw. 23,4 (w). Bei vollende-

desweit 5.167 Opfer beim vollendeten Delikt „Misshandlung von Schutzbefohlenen“ registriert, davon waren 259 Opfer „≥ 60 J.“.[28] Von den 21 Opfern eines vollendeten Raubmordes waren 8 Opfer „≥ 60 J.“.

Mit zunehmendem Alter steigt die OGZ für fahrlässige Tötung, und zwar sowohl bei Männern wie bei Frauen (vgl. Schaubild 7). Die OGZ ist bei den Hochaltrigen mehr als doppelt so hoch wie bei den 60- bis unter 70-Jährigen. Von den 870 im Jahr 2012 polizeilich registrierten Opfern vollendeter fahrlässiger Tötung waren 419 ≥ 60 J. Das Merkmal „im Gesundheitswesen“ als Bezeichnung der räumlich-sozialen Opfer-Tatverdächtigen-Beziehung lag bei insgesamt 262 Opfern vor. Eine Auswertung nach der Opfer-Tatverdächtigen-Beziehung und dem Opferalter liegt allerdings nicht vor. Eine (nicht repräsentative) Fallsichtung durch Görgen ergab, dass „unter polizeilich registrierten älteren Opfern fahrlässiger Tötungsdelikte viele Personen sind, die an schwerwiegenden Krankheiten leiden bzw. durch körperliche oder intellektuelle Einschränkungen der Pflege und Hilfe durch Dritte bedürfen (Heimbewohner, Krankenhauspatienten, Pflegebedürftige im häuslichen Umfeld). […] Ermittlungen richten sich in diesen Fällen u. a. gegen Personen, die in Einrichtungen der stationären Altenhilfe Leitungsverantwortung tragen, Pflegekräfte, Ärztinnen und Ärzte sowie Familienangehörige der Opfer. Vom Tatgeschehen her geht es häufig um fahrlässige Tötung durch Unterlassen bzw. um ärztliche Behandlungsfehler oder die unsachgemäße Ausführung pflegerischer Handlungen.“[29]

tem Raubmord sind die OGZ noch geringer. Bei den 21 bis unter 60 Jahre alten Opfern 0,040 (m) bzw. 0,018 (w), bei den 60 Jahre alten und älteren Opfern dagegen 0,021(m) bzw. 0,049 (w).

28 In den von Görgen ausgewerteten Fällen aus der Gerichtsberichterstattung zeigte sich, „dass es sich – soweit ältere und pflegebedürftige Personen von den Delikten betroffen sind – vielfach um Handlungen bzw. Unterlassungen in stationären Pflegeeinrichtungen handelt. Dabei steht teils Fehlverhalten einzelner Mitarbeiterinnen und Mitarbeiter im Vordergrund, teils geht es – und hier richten sich die Verfahren dann meist gegen die Leitungsebene – um grundsätzliche und systematische Missstände im Umgang der Institution mit den Bewohnerinnen und Bewohnern“ (BMFSFJ, FN 3, S. 83).

29 BMFSFJ, FN 3, S. 82 f.; Görgen/Hüneke, FN 23, S. 33 ff.

Schaubild 7: Alte Menschen als Opfer von vollendeten Tötungs- und Vergewaltigungsdelikten nach Altersgruppen, OGZ, Deutschland 2012

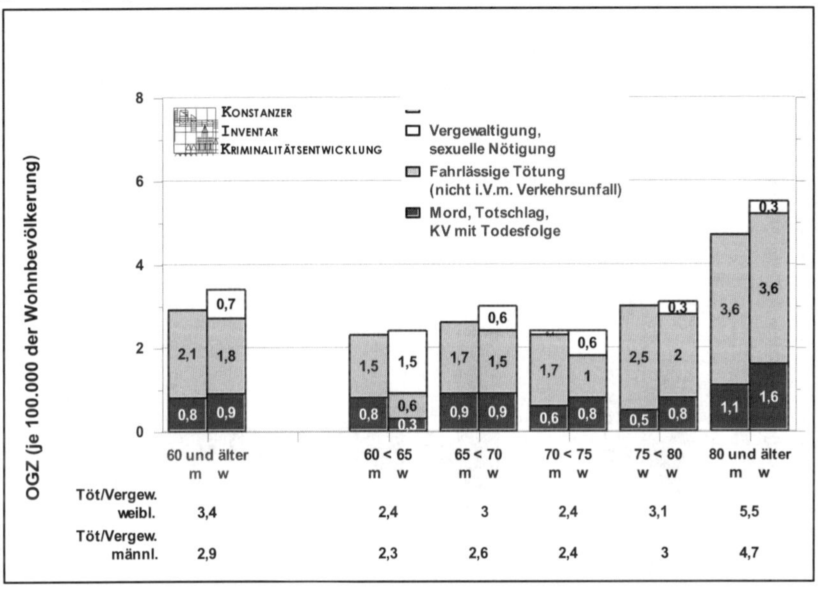

Bei Frauen steigt mit zunehmendem Alter insbesondere das Risiko, Opfer eines Handtaschenraubs zu werden. Ältere Männer wie Frauen werden ferner von Altersgruppe zu Altersgruppe zunehmend häufiger Opfer von Raubüberfällen in Wohnungen (vgl. Schaubild 8).

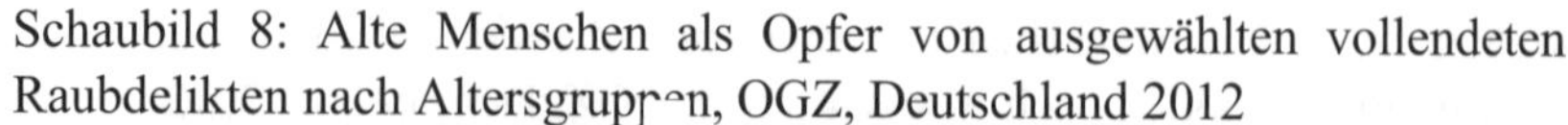

Schaubild 8: Alte Menschen als Opfer von ausgewählten vollendeten Raubdelikten nach Altersgruppen, OGZ, Deutschland 2012

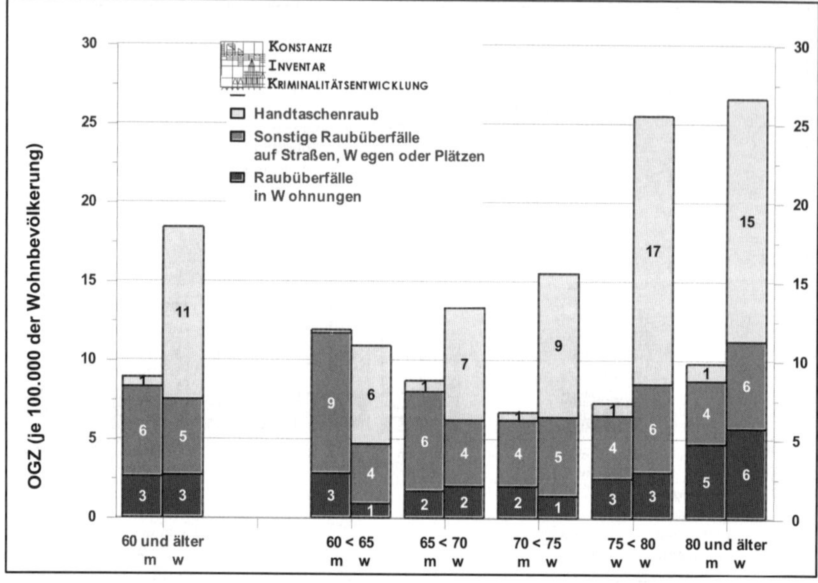

Alte Menschen als Opfer von Eigentums- und Vermögensdelikten

Für die PKS Rheinland-Pfalz werden seit 2010 über die bundesweite Erfassung der Opfer bei Gewaltdelikten i.w.S. hinaus auch für alle anderen Delikte statistische Angaben über Geschädigte registriert. Die Geschädigten werden unterschieden in natürliche Personen, Staat/ Allgemeinheit, Firmen und andere juristische Personen, unbekannt.

Die Aufbereitung nach Altersgruppen erfolgt entsprechend dem bundesweiten Standardprogramm. Erst für das kommende Jahr ist eine dem demografischen Wandel Rechnung tragende Auswertung nach jeweils fünf Altersjahrgängen geplant.[30]

30 Das LKA Rheinland-Pfalz hat dem Verf. die aggregierten Daten zur Verfügung gestellt, die in dieser Differenziertheit im Berichtsband des LKA nicht veröffentlicht worden sind. Dem LKA danke ich auch an dieser Stelle für die Datenüberlassung sowie für die Zusage, ab dem kommenden Jahr eine differenzierte Altersklassenauswertung vorzunehmen.

Auch bei den Eigentums- und Vermögensdelikten haben ältere Menschen im Vergleich mit jüngeren Erwachsene ein geringeres Risiko, Opfer dieser Delikte zu werden. Relativ hoch ist aber das Opferrisiko bei einfachem Diebstahl und bei Betrug. Dies erklärt sich vor allem durch Trickdiebstähle und Trickbetrug.[31] Es steht zu vermuten, dass die künftige differenzierte Altersgruppenauswertung zeigen wird, dass hier vor allem Hochaltrige betroffen sind.

Tabelle 3: Opfer vollendeter Delikte gegen das Leben, Raubdelikte, Diebstahl sowie Vermögensdelikte nach Alter und Geschlecht, OGZ, Rheinland-Pfalz 2012

vollendet	50-60 männlich	60++ männlich	50-60 weiblich	60++ weiblich
Straftaten insgesamt	5.072,1	3.004,0	3.351,6	1.890,6
Straftaten gegen das Leben	1,3	3,1	1,0	2,7
Raub, räuberische Erpressung und räuberischer Angriff auf Kraftfahrer (§§ 249-252, 255, 316a StGB), darunter	25,5	12,3	27,2	15,3
Handtaschenraub	0,0	0,6	3,3	5,9
Raubüberfälle in Wohnungen	0,7	1,7	0,3	1,2
Diebstahl ohne erschwerende Umstände (§§ 242, 247, 248a-c StGB)	900,6	705,4	802,1	698,4
Diebstahl unter erschwerenden Umständen (§§ 243-244a StGB)	777,4	499,6	465,9	261,0
Diebstahl insgesamt in/aus Warenhäusern, Verkaufsräumen, Selbstbedienungsläden von unbaren Zahlungsmitteln	2,9	7,5	30,1	36,7
Diebstahl insgesamt in/aus Wohnungen	223,9	213,8	198,0	220,2
Tageswohnungseinbruch	71,6	64,6	73,8	48,6
Taschendiebstahl insgesamt	24,8	41,0	91,4	119,9
Vermögens- und Fälschungsdelikte	678,7	399,8	383,8	244,3
Betrug mittels rechtswidrig erlangter unbarer Zahlungsmittel	56,6	36,9	49,3	44,0
Betrug mittels rechtswidrig erlangter Debitkarte mit PIN	9,5	17,7	26,2	33,5

31 Vgl. zu einem vergleichbaren Befund Görgen, der hierzu Daten aus dem Vorgangsverwaltungssystem der Polizei des Landes Bremen auswertete (vgl. BMFSFJ, FN 3, S. 92 ff.; Görgen, FN 22, S. 136 f.).

IV. Zusammenfassung

1. Derzeit sind knapp 27 % der Bevölkerung 60 Jahre alt oder älter. Dieser Anteil wird zunehmen; aktuellen Bevölkerungsvorausberechnungen zufolge bis 2030 auf 36 %, bis 2050 auf 40 %. Die seit Jahrzehnten unveränderten Altersklassen der Standardtabellen in der PKS wie den Strafrechtspflegestatistiken tragen diesem demografischen Wandel nicht hinreichend Rechnung. Gefährdung wie Gefährlichkeit von Menschen im Alter von 60 Jahren und älter werden in der PKS nicht differenziert. In der StVerfStat wird immerhin zwischen den 60 bis unter 70 Jahre alten sowie den ab 70 Jahre alten Verurteilten unterschieden, zu den Opfern in diesem Alter erfolgen keine Erhebungen. Die PKS-Erhebungen zu den Opfern beziehen zwar alle Altersklassen ein, sie sind aber auf Gewaltdelikte i.w.S. beschränkt.

2. Aufgrund der seit 2009 erfolgten Einzeldatensatzanlieferung an das BKA ist es seitdem möglich, die Altersgruppen der PKS sowohl für Tatverdächtige als auch für Oper bundesweit über die bisherigen Standardtabellen hinaus zu differenzieren. Sonderauswertungen bestätigen, dass das Risiko, im Alter Opfer eines Gewaltdeliktes zu werden, gegenüber jungen Erwachsenen insgesamt deutlich geringer ist. Es gibt nur wenige Delikte mit einem höheren Opferrisiko im Vergleich mit jungen Erwachsenen, insbesondere fahrlässige Tötung sowie – bei Frauen – Handtaschenraub.

3. Die Differenzierung nach Altersgruppen ergibt den erwartungsgemäßen Befund, dass die Gruppe der 60 Jahre alten und älteren Menschen sehr heterogen ist. Insgesamt zeigt sich, dass die Tatbegehungswahrscheinlichkeit mit zunehmendem Alter insgesamt zurückgeht und sich die Deliktstruktur in Richtung auf minder schwere Delikte verändert. Während ältere Frauen in allen Altersgruppen deutlich geringer mit Kriminalität belastet sind als ihre männlichen Altersgenossen, ist dies bei den Opfern nicht der Fall. Die Belastung gleicht sich mit zunehmendem Alter an. Ältere Frauen werden sehr viel häufiger als Männer Opfer von (vor allem) Handtaschenraub, während Männer häufiger Opfer von Körperverletzungsdelikten sind.

4. Über das bundesweite Erfassungsprogramm hinaus werden seit 2010 in Rheinland-Pfalz für alle Delikte statistische Angaben über Geschädigte registriert. Die Auswertung der einschlägigen Tabellen zeigt, dass es eini-

ge auf Hochaltrige ausgerichtete Eigentums-/Vermögensdelikte gibt, insbesondere Trickdiebstähle und Trickbetrug. Dies zeigt sich z. B. in den deutlich erhöhten Anteilen von Diebstahl aus Wohnungen sowie beim Taschendiebstahl ferner beim Betrug mit rechtswidrig erlangten, unbaren Zahlungsmittel bzw. Debitkarten mit PIN.

5. Die derzeit auf Gewaltdelikte i. w. S. beschränkte Erfassung der Opfer in der PKS ist defizitär, weil beträchtliche Risiken im Bereich der Eigentums- und Vermögensdelikte nicht registriert werden. Die Aufbereitung der Daten in den Altersklassen 21- bis unter 60 Jahren sowie 60 Jahre und älter fasst heterogene Gruppen zusammen und wird weder der beträchtlichen Binnendifferenzierung dieser Altersgruppen noch dem demografischen Wandel gerecht. Deshalb ist die Opfererfassung zu erweitern auf alle personalen Opfer, die Altersdifferenzierung sollte in jeweils 5-Jahresklassen erfolgen.

6. Es gibt aber auch Gefahrenzonen, über die derzeit wenig gesicherte Erkenntnisse vorliegen, nämlich

- Misshandlung / Vernachlässigung Pflegebedürftiger sowie[32]
- unerkannte Tötungsdelikte an Älteren.[33]

Derartige Gefährdungen werden auch durch besser erhobene und aufbereitete Statistiken nicht erfasst werden können. Hierzu wird es multimethodischer Ansätze bedürfen.

32 Vgl. die Nachweise in BMFSFJ, FN 3, S. 175 ff. zur häuslichen Pflege, S. 480 ff. zu stationären Einrichtungen; Görgen, FN 22, S. 137 ff.

33 Vgl. die Nachweise in BMFSFJ, FN 3, S. 34. „Ein erhöhtes Morbiditätsniveau im Alter und entsprechende Erwartungen einer erhöhten Mortalität bringen die Gefahr mit sich, dass Tötungen als solche nicht erkannt, sondern vor dem Hintergrund tatsächlichen oder vermeintlichen Krankheitsgeschehens interpretiert werden“ (Görgen, FN 24, S. 135).

Anhang 1: Auszug aus Datenblatt zu Schaubild 1

	50 b.u.60	**60 ++**	**60 b.u. 65**	**65 b.u. 70**	**70 b.u. 75**	**75 b.u. 80**	**80++**
				TVBZ männlich			
Straftaten insgesamt	2.524,9	1.108,4	1.759,0	1.360,3	939,7	679,9	421,1
gg. Leben, sex. Selbstbest., pers. Freiheit (ohne Raub und KV)	312,0	125,7	216,0	159,6	101,5	64,7	34,4
Vermögens- und Fälsch.delikte ohne Leistungserschleichung	568,8	189,1	374,5	246,2	120,3	72,1	40,1
Raub, schwerer Diebst, Körperverl	598,6	203,7	342,6	241,4	168,0	118,1	71,7
Sachbesch., Leistungserschl., einf. Diebst.	613,7	341,5	461,4	408,3	332,6	255,5	160,8
sonstige Straftaten	815,2	355,8	571,6	437,7	294,5	217,4	134,6
				TVBZ weiblich			
Straftaten insgesamt	948,2	373,7	639,4	490,2	353,4	269,2	150,8
gg. Leben, sex. Selbstbest., pers. Freiheit (ohne Raub und KV)	49,0	13,9	27,5	20,3	11,9	8,2	3,4
Vermögens- und Fälsch.delikte ohne Leistungserschleichung	242,7	56,8	129,9	79,4	42,1	25,2	12,6
Raub, schwerer Diebst, Körperverletzung	145,5	43,8	81,3	57,4	40,7	29,1	14,5
Sachbesch., Leistungserschl., einf. Diebst.	310,0	167,9	245,7	211,6	172,4	140,7	84,1
sonstige Straftaten	278,3	109,5	194,4	144,5	103,0	74,9	40,8

Anhang 2: Auszug aus Datenblatt zu Schaubild 5 und 6

	21 < 60	60 ++	60 b.u. 65	65 b.u. 70	70 b.u. 75	75 b.u. 80	80++
			OGZ männlich				
Straftaten insgesamt	1.657,78	295,86	487,81	355,80	242,70	169,88	116,83
Mord, Totschlag, KV mit Todesfolge (§§ 211, 212, 213, 216, 227 StGB)	0,98	0,76	0,79	0,87	0,56	0,47	1,15
Fahrlässige Tötung (§ 222 StGB) - nicht i.V.m. Verkehrsunfall -	1,10	2,09	1,50	1,75	1,72	2,54	3,64
Raub, räuberische Erpressung und räuberischer Angriff auf Kraftfahrer (§§ 249-252, 255, 316a StGB)	79,32	16,69	25,09	17,80	12,14	10,95	14,55
Gefährliche und schwere Körperverletzung (§§ 224, 226, 231 StGB)	323,04	31,88	56,79	36,58	24,03	17,30	12,40
(Vorsätzliche leichte) Körperverletzung (§ 223 StGB)	691,37	111,54	186,78	134,89	89,96	65,18	39,68
			OGZ weiblich				
Straftaten insgesamt	1.143,01	179,13	287,43	205,85	155,13	141,52	114,36
Mord, Totschlag, KV mit Todesfolge (§§ 211, 212, 213, 216, 227 StGB)	0,64	0,89	0,32	0,86	0,78	0,77	1,58
Fahrlässige Tötung (§ 222 StGB) - nicht i.V.m. Verkehrsunfall -	0,42	1,80	0,64	1,53	1,01	1,96	3,60
Raub, räuberische Erpressung und räuberischer Angriff auf Kraftfahrer (§§ 249-252, 255, 316a StGB)	44,71	23,95	22,41	18,99	19,30	28,95	29,76
Gefährliche und schwere Körperverletzung (§§ 224, 226, 231 StGB)	106,69	12,14	21,85	14,98	9,74	9,22	5,93
(Vorsätzliche leichte) Körperverletzung (§ 223 StGB)	522,69	62,81	109,63	72,81	56,59	47,86	31,27

Dämonisierung in der Berichterstattung über Gewaltverbrechen. Die Gespenster sind unter uns

Thomas Hestermann

Wir leben in einer rational durchdrungenen Welt. Die Wissenschaft spielt eine gewichtige Rolle dabei, die gesellschaftlichen Verhältnisse zu erhellen. Die Kriminologie nimmt selbst dem Verbrechen den Schrecken des Unerklärlichen. Und doch sind wir umgeben von Gespenstern.

Christian Pfeiffer beschreibt die „Dämonisierung des Bösen" (2004): Eine Kriminalitätsberichterstattung, die auf gravierende Delikte fokussiert und vor allem Gefühle statt den Verstand bedient. Gestützt auf eine Analyse aus drei Fernsehprogrammwochen der Jahre 1985, 1995 und 2003 (Lehnert, 2004), kommt Pfeiffer zu dem Schluss, dass sich seit dem Start privater Fernsehsender das deutsche Fernsehen sehr viel umfangreicher als zuvor dem Thema Kriminalität zugewandt hat – eine Entwicklung, die mit dem über die Jahre weiter gewachsenen Konkurrenzdruck am Fernsehmarkt sowohl private wie öffentlich-rechtliche Sender erfasst hat (Pfeiffer et al., 2005; vgl. Bruns, 1998, S. 259). Die mediale Beschreibung von Gewalt und Verbrechen gleicht einer Geisterbahn. Wer sie erlebt, ahnt zwar, an einer Inszenierung teilzuhaben – und kann sich gleichwohl dem Grauen kaum entziehen.

I. Die Wucht der Bilder ist stärker als die Statistik

Als die elfjährige Lena am 25. März 2012 in einem Parkhaus in Emden ermordet aufgefunden wird, verbreitet sich die Nachricht von dem Gewaltverbrechen bundesweit innerhalb weniger Stunden. Die Massenmedien tragen zur Vergesellschaftung von Angst und Mitgefühl bei. In zahlreichen Fernsehbeiträgen zoomt die Kamera auf eine Blutlache am Tatort heran. Zu sehen ist ein Blumenmeer der Trauer, und Eltern bekunden, wie sehr sie um ihre Kinder fürchten, solange der Täter noch frei herumläuft.

Es ist ausgerechnet der Beitrag eines quotenstarken Boulevardmagazins im öffentlich-rechtlichen Fernsehen, der Öl ins Feuer gießt und Selbstjustiz zum Thema macht. Fernsehprofis sprechen von der „Weiterdrehe“ – um ein stark beachtetes Thema in der Berichterstattung zu halten, auch wenn es inhaltlich kaum noch Neues zu vermelden gibt, wird es durch ein früheres Ereignis aufgeladen: „Dass die Eltern von Lena gerade unvorstellbar schreckliche Stunden und Tage durchleben, ist wohl jedem klar. Aber wie schlimm das alles sein muss, das können nur wenige wirklich nachvollziehen. Nora M. weiß genau, wie sich das anfühlt. Sie hat 2004 ihre kleine Tochter auf ähnliche Weise verloren.“ So heißt es im ARD-Boulevardmagazin Brisant.

Die Mutter des ermordeten Mädchens habe sich „eine Art Trost“ verschafft. Sie schlug den Täter noch im Gerichtssaal blutig, bevor er rechtskräftig verurteilt war. „Die Gefühlstat einer verletzten Mutter“, wird Nora M. zugebilligt, denn „ein Mörder hat ihrer Tochter das Recht genommen zu leben“ (Brisant, ARD, 31.3.2012).

II. Bildern lässt sich nicht widersprechen

Es ist ein privater TV-Sender, der einen ungewöhnlichen Akzent gegen die Furcht setzt. RTL-Korrespondent Kai Reuker berichtet in einem Nachrichtenbeitrag: Die Zahl der Morde an Kindern habe sich von 1993 bis 2010 halbiert, auch die Fälle von sexuellem Missbrauch seien zurückgegangen. Der Kriminologe Christian Pfeiffer kommt zu Wort: „Die Kinder hatten noch nie so viel Sicherheit wie heute.“ (RTL Aktuell, RTL, 27.3.2012) Doch diese Relativierungen dringen kaum durch. Was sind abstrakte Zahlen angesichts der Wirkungsmacht des sichtbaren Grauens?

Die statistischen Fakten wirken wie papierne Theorie, die dem Augenschein nicht gerecht wird. Christian Pfeiffer spricht von einer „emotionalen Vergewaltigung“ durch die Bilder von Verbrechen. Aus dieser medialen Wirkungsmacht heraus könne das Fernsehen womöglich viel stärker emotionalisieren als große Boulevardblätter wie die Bild (Pfeiffer, 2012, S. 125). „Die Medien spielen als Vermittler zum Beispiel zwischen den virtuellen Sphären des Fernsehens und des Internets, aber auch den Abgründen der Gewaltkriminalität und dem Alltag des Normalbürgers eine wichtige Rolle“, schreibt Gisela Friedrichsen, Gerichtsreporterin des Spiegels. Aus ihrer Sicht haben bildgestützte Informationen eine ganz besondere Dynamik. „Die blanke Information kommt gedruckt oft dröge und spröde daher, ein Text ist bisweilen schwer verständlich und langatmig.

Worten lässt sich widersprechen, nicht aber Bildern." (Friedrichsen, 2012, S. 45f.)

Wie bewusst aber setzen Fernsehprofis diese Macht der Bilder ein? Ist die Dämonisierung des Bösen ein mediales Erfolgskonzept? Folgt sie persönlichen Haltungen? Stimmt die Faustregel „Rotlicht und Blaulicht gehen immer", garantieren „sex and crime" hohe Einschaltquoten? Dies waren die Ausgangsfragen eines Forschungsprojektes, das ich am Kriminologischen Forschungsinstitut Niedersachsen (KFN) in enger Zusammenarbeit mit Christian Pfeiffer verantwortet habe.

Um journalistische Mechanismen in der Fernsehberichterstattung über Gewaltkriminalität empirisch zu erklären, wurden Programmverantwortliche selbst gefragt. 33 Männer und Frauen aller Altersgruppen vom Reporter bis zur Redaktionsleiterin, die in öffentlich-rechtlichen und privaten Sendern für Fernsehformate von RTL explosiv bis zur Tagesschau tätig sind, gaben unter dem Schutz der Anonymität Einblick in ihre Deutungs- und Handlungsmuster. Was sie in qualitativen Forschungsinterviews sagten, wurde abgeglichen mit den Ergebnissen einer standardisierten Programmanalyse von 216 Nachrichtensendungen und 128 Ausstrahlungen von Boulevardmagazinen aus vier Programmwochen im Jahre 2007, die 264 Beiträge über Gewaltkriminalität im Inland enthalten.

Die Verknüpfung dieser beiden Methoden zeigt erstaunliche Übereinstimmungen. Erstaunlich insofern, als die Medienwissenschaft skeptisch ist gegenüber journalistischen Selbstaussagen und vielfach davon ausgeht, dass Medienschaffende aus dem Bauch heraus agierten und ihr Handeln selbst kaum verstünden. Und wenn sie es ausnahmsweise doch könnten, würden sie ihre Einsichten verweigern (Kepplinger, 2004, S. 90). Richtig daran ist, dass Journalistinnen und Journalisten regelgeleitet, aber oft nicht regelbewusst handeln. Daher lassen sich journalistische Handlungsmuster nur bedingt standardisiert abfragen. Wenn Medienschaffende sich aber in qualitativen Interviews in ihrer eigenen Sprache entfalten können, offenbaren sie Muster, die in hoher Präzision ihr Handeln widerspiegeln und mithilfe standardisierter Inhaltsanalysen bestätigt werden.

III. „Wir brauchen Helden, wir brauchen Täter"

So werden die Strategien einer Dämonisierung offenkundig – sie zeigen sich etwa darin, das Leid von Opfern in den Vordergrund zu rücken und

Tatverdächtige im medialen Schattenreich zu belassen. Das Verbrechensopfer soll als Lichtgestalt der medialen Inszenierung dienen, bekundet ein Magazinredakteur des Privatfernsehens. „Wir brauchen einen Hauptdarsteller, wir brauchen einen Nebendarsteller: Wir brauchen einen Helden, wir brauchen einen Täter."

So ist zu erklären, dass sich das journalistische Interesse vor allem im Boulevardjournalismus darauf richtet, Verbrechensopfer – oder andere, die für sie sprechen – vor die Kamera zu bekommen. So kommt in 75 von 264 Beiträgen (28,4 %) die Opferseite zu Wort, sei es durch die Opfer selbst, nahe Angehörige oder ihr weiteres Umfeld einschließlich Anwältinnen und Anwälten. Seltener, in 50 Beiträgen (18,9 %), ist die Tatverdächtigenseite mit Interviewpassagen vertreten. In 14,8 % der Beiträge ist ausschließlich die Opferseite, in nur 5,3 % der Beiträge ist ausschließlich die Tatverdächtigenseite präsent. Wenn also nur eine der beiden Konfliktseiten zu Wort kommt, ist es dreimal so häufig die Position der Opfer wie jene der Tatverdächtigen.

IV. Kein Mitleid mit dem Täter

Das Handeln der Programmmacher zielt auf die Personalisierung des Leids der Opfer – und wie dieses Leid zu lindern ist. Denn einen Menschen zu sehen, der seine Gefühle offenbart, bringt ihn dem Publikum näher, zeigen sich die befragten Journalistinnen und Journalisten überzeugt. Was für die Verbrechensopfer und die ihnen nahe stehenden Menschen als erwünscht gilt, entfaltet allerdings auch Wirkung, wenn Tatverdächtige Gestalt gewinnen. Eine Identifikation mit dem Täter soll aber nicht angeboten werden. Sie bleiben schemenhaft, Dämonen im Wortsinne.

In den Slang einer Fernsehredaktion übersetzt, wird dies beispielsweise „Spooky-Faktor" genannt: Unschärfen in der Darstellung des Täters machen einen Fall gruseliger und schüren die Angst vor gespenstischer Bedrohung. Damit treffen in der Kriminalitätsberichterstattung des Fernsehens bemitleidenswerte, gute Menschen auf Schatten des Bösen. Dieses Klischee hat zwar wenig mit der tatsächlichen Gewaltkriminalität zu tun, in der vielfach Tatverdächtige und Gewaltopfer in einer Beziehung zueinander stehen, und die vielfach aus dieser Beziehungsdynamik heraus zu erklären ist. Doch Unschärfen in der Betrachtung gelten als spannungssteigernd.

Gespenstische Gewalt bleibt unfassbar und von allumfassender Bedrohlichkeit. Die Magazinredakteurin eines Privatsenders beschreibt dieses Moment des medialen Spuks: „Damit ich eine Geschichte spannend finde, sollte sie spooky sein (...). Wenn man keinen Täter hat, macht es das allein schon spooky, wenn also jemand gestorben ist, wahrscheinlich durch Gewalteinwirkung, aber der Täter irgendwo hier herumläuft und vielleicht unser Nachbar ist. Dann hat das auch schon einen Spooky-Faktor."

Eine Berichterstattung, die auf Empathie beispielsweise mit einem Täter setzt, der zuvor selber Gewaltopfer war, könnte das Publikum irritieren. Dass ein Beschuldigter selbst als Kind von seinen Eltern missbraucht wurde, das würde er niemals texten, sagt ein Fernsehredakteur. „Niemals! Das kracht ja nicht mehr. Wir würden ja dann Mitleid für den Täter erwägen." Ambivalenzen beeinträchtigen den Befragten zufolge die Wirkung der Berichterstattung und werden zugunsten einer vorrangigen Personalisierung der Opferseite gemieden. Die Befragten äußern die Befürchtung, sie könnten die Schuld des Täters schmälern, indem sie seine Beweggründe und sein Vorleben beleuchteten: Erklärung wird mit Entschuldigung gleichgesetzt. Damit scheitert das Angebot von Erklärungen nicht in erster Linie daran, dass sie nicht verfügbar sind, sondern dass sie gar nicht erst gesucht werden.

Dies ist eines der Hindernisse, kriminologisches Wissen in die aktuelle Berichterstattung über Gewaltkriminalität einzubringen und einer Dämonisierung des Bösen entgegenzutreten – neben dem Umstand, dass nur wenige Forschende geübt darin sind, ihre Erkenntnisse anschaulich und präzise zu portionieren. Medienprofis verlangen der Wissenschaft keine Vorträge ab, sondern sekundenlange „Originaltöne". Auch „Soundbites" werden sie genannt, Tonhäppchen.

Zugleich erteilen die Befragten eine klare Absage an stark wertende Begriffe, wie sie gelegentlich in Boulevardzeitungen stehen, und wie sie einige Journalisten selber verwenden, wenn sie über Beschuldigte sprechen. „Das Fernsehen bemüht sich im Augenblick sehr, erwachsen zu werden, auch das Privatfernsehen. Und da gibt es schon das Bemühen um große politische Korrektheit", sagt ein Privat-TV-Macher. „Wir erstatten Bericht, aber wir sagen nicht ‚die Bestie', ‚die Sex-Bestie' und so weiter, ‚das Monster', ‚der Drecksack'."

Die interviewten Fernsehjournalistinnen und Fernsehjournalisten offenbaren andere Strategien der Polarisierung. Keineswegs geht es ihnen darum, so betonen sie, spiegelbildlich zum Leid der Opfer Tatverdächtige,

Täter bzw. Täterinnen als Akteure des Schreckens darzustellen. Dass das dämonisierte Böse unpersönlich bleibt, hat auch einen schlicht handwerklichen Grund. Denn es sind nicht Frankensteins Monster, die auf der Anklagebank sitzen, sondern meist unscheinbare Gestalten – sie taugen also kaum als Sinnbilder des Grauens. Bleiben sie schemenhaft, lassen sich Furcht und Mitgefühl viel besser erregen.

Die Dämonisierung des Bösen verfolgen selbst boulevardeske Fernsehformate ganz anders als etwa die Bild-Zeitung, die über einen Mann, angeklagt wegen zweifachen Kindsmords, titelte: „Da sitzt die fette Bestie." In der Fernsehberichterstattung gilt als tabu, Tatverdächtige derart herabzuwürdigen. Inhaltsanalytisch lässt sich belegen, dass in keinem einzigen der untersuchten Nachrichten- und Magazinbeiträge über Gewaltkriminalität in Deutschland Begriffe wie „Bestie" oder „Monster" verwendet werden. Wertende Formulierungen sind zwar zahlreich – negative Deutungen wie „grausam" oder „brutal" tauchen 403-mal in den untersuchten Beiträgen auf. Doch soweit Negativbegriffe verwendet werden, beziehen sie sich in aller Regel auf das Tatgeschehen, nicht auf die Handelnden selbst.

Zu den häufigsten Begriffen gehört die Brutalität (42 Textstellen). In der großen Mehrzahl wird von der Brutalität der Tat gesprochen, etwa so: „Ein brutaler Polizeimord am helllichten Tag, mitten in der Stadt." (hallo deutschland, ZDF 26. April 2007) Nur in drei Textpassagen richtet sich der Vorwurf unmittelbar an Personen, beispielsweise: „Sie sorgte damals dafür, dass der brutale Familienvater auszog." (RTL explosiv, RTL 25.4.2007) Grausamkeit wird 30-mal thematisiert, doch wird nur einmal von grausamen Tätern gesprochen. Um schreckliche Details, einen schrecklichen Fund oder die schreckliche Bluttat geht es 29-mal – nie aber werden Menschen selbst als schrecklich charakterisiert.

V. Kinderschänder am Pranger

Viele Journalistinnen und Journalisten unterscheiden nicht feinsinnig zwischen Tatverdächtigen und Verurteilten. Vielfach kommen sie zu Schuldsprüchen lange vor den Gerichten und auch dann, wenn Tatverdächtige die Vorwürfe abstreiten. „Die Leute, die so was machen, sollen sich nie sicher sein", sagt ein Fernsehreporter, der mit einem Teenager als Lockvogel mutmaßliche Pädosexuelle vor die Kamera lockte. In solchen

Fällen heißen es einige der Befragten für gut, im Wortsinne anzuprangern – also Verdächtige zu bestrafen, indem sie bloßgestellt und öffentlichen Angriffen ausgesetzt werden. Die Phantasien reichen so weit, Beschuldigte in den Selbstmord zu treiben.

Ausgelebt werden diese Phantasien allerdings nur selten. Fernsehschaffende in Leitungsfunktion halten die Realisierung von Straflust für unakzeptabel. Offene Angriffe und eine sichtbare Bloßstellung gelten als tabu. Wird journalistische Straflust sichtbar, tilgen dies Interviewte in Leitungsfunktion ihrem Bekunden nach aus dem Sendematerial. „Das nehmen wir alles raus“, sagt ein Magazinredakteur, „weil wir da plötzlich in der Rolle eines Scharfrichters sind – und das wollen wir nicht sein.“

Die Furcht des Publikums vor dem Verbrechen ist von zentraler Bedeutung für die befragten Fernsehprofis, wenn sie über kriminelle Gewalt berichten. Dennoch, verstören wollen sie ihr Publikum nicht. Die Furcht bedarf ihrer Auflösung, um das Publikum nicht nachhaltig zu belasten und wieder Offenheit zu schaffen für neue Aufregung. Und auch das Mitleid des Fernsehpublikums mit leidenden Menschen gilt als endlich. „Wir müssen den Zuschauer am Ende versöhnlich hinauslassen“, heißt es in einem der Forschungsinterviews, „damit er nicht die Lust am Leben verliert. Der muss morgen wieder einschalten.“

Um die Grenzen der Polarisierung auszuloten, wurde in den Forschungsinterviews die Äußerung eines Mannes aus einem Fernsehbeitrag zur Diskussion gestellt. Der Vater eines getöteten Mädchens sagt: „Das tut natürlich sehr weh, dass so ein Mensch wie sie einfach ausgelöscht wird, und im Endeffekt dieser Mörder, dieser Schlächter in Person weiterleben [darf].“ (hallo deutschland, ZDF 21.7.06) Einig sind sich die Befragten darin, dass ein polarisierender Begriff wie „Schlächter“ die Grenze des Erlaubten markiert.

Keiner der Befragten hält die zitierte Brandmarkung eines mutmaßlichen Täters als „Schlächter“ für einen Nachrichtenbeitrag für tauglich. Für boulevardeske Magazine erachten die Interviewten dagegen eine stärkere Polarisierung als angemessen. Ihr Publikum, so vermuten sie, hat ein eher flüchtiges Interesse an den jeweiligen Beitragsthemen. Daraus folgern die Befragten, dass bei Boulevardmagazinen eine deutlichere Zuspitzung erforderlich ist, damit das Publikum mitfühlt oder sich ängstigt. Der Magazinredakteur eines öffentlich-rechtlichen Senders liefert dafür die Begründung: „Oft ist Fernsehen eine Nebentätigkeit. Das heißt, im Boulevardmagazin ist es sehr wichtig, sehr klar Dinge darstellen zu können. (…) heiß und kalt, gut und böse." Vermutet wird, dass mit einem insgesamt unaufmerksamer werdenden Sehverhalten dieses Bedürfnis nach einer emotionalen Lenkung durch Polarisierung wächst. Eine unklare Rollenzuweisung sei kaum vermittelbar.

Darin unterscheidet sich der Journalismus von der Literatur. Wenn ein Autor frei modellieren kann, hat das Böse seine Bühne. So schemenhaft die Akteure des Grauens im Journalismus bleiben, so detailreich erscheinen sie in der Fiktion. Kaum ein zweiter Autor verknüpft derart erfolgreich reale Welt und dunkle Ängste zu einem Gewebe des Grauens wie Stephen King. In seinem aktuellen Werk „Doctor Sleep" nutzt der US-amerikanische Autor die kollektive Angst vor dem gewaltsamen Tod von Kindern als Folie, um seine Phantasie einer Schar von mörderischen Wesen zu entfalten. Sie jagen, quälen und töten Kinder – und tarnen sich als rührige Alte, die in Wohnmobilen durch die USA fahren. Aber sie sind keine Menschen. Sie sind Dämonen.

„Und falls ihr zu den unglückseligen Menschen gehören solltet, die ein Kind verloren haben – nichts mehr da als ein Fahrrad auf dem unbebauten Grundstück am anderen Ende der Straße oder eine kleine Mütze, die zwischen den Sträuchern am Ufer eines nahen Flusses liegt –, habt ihr wahrscheinlich nicht an die gedacht." (King, 2013, S. 202).

Gegen diese Kinder verschlingenden Dämonen, und darin ist Kings Roman sehr amerikanisch, helfen keine Justiz und keine Polizei, sondern allein mörderische Gegenwehr. Denn man kann sie töten. Und im Sterben lösen sie sich in Luft auf.

Aus journalistischer Sicht gilt es, den Fokus anders auszurichten und vor allem zu den Personen vorzudringen, die am stärksten und möglichst unmittelbar von der Gewalt erfasst sind, und dies sind die Verbrechensopfer und ihre Angehörigen. Als eigentliches Thema wird betrachtet, die emotionalen Folgen von Gewalt zu beleuchten, weil sich in ihr die Wucht von Gewaltkriminalität am deutlichsten zeigt. Und darüber kann im Idealfall niemand ausdrucksstärker Auskunft geben als die Gewaltopfer selbst und ihr nächstes Umfeld.

Angenommen wird, dass das Publikum grundsätzlich parteilich mit dem Opfer empfindet und daher eine Berichterstattung erwartet, die vorrangig die Emotionen der Opferseite vermittelt und eine Anteilnahme mit den unmittelbar und mittelbar Gewaltbetroffenen ermöglicht. „Opfer interessieren mich mehr, weil man sich damit ja als Zuschauer identifiziert", sagt der Magazinredakteur eines öffentlich-rechtlichen Senders.

Dem liegt die Erwartung zu Grunde, dass eine Emotionalisierung – sei es, um die Furcht der zuschauenden Personen um sich selbst und ihr Umfeld, oder ihr Mitgefühl mit den Protagonisten eines Beitrags zu wecken – primär an das Opfer geknüpft ist: Die Empathie mit dem Opfer ist entscheidend, nicht die Aversion gegen den Täter oder die Täterin.

Unterscheiden sich die Muster der Dämonisierung nach Sender und Sendung? Lange galt die Gewaltberichterstattung als Domäne der Privatsender. Vielfach ist von der „Boulevardisierungskluft" zwischen öffentlich-rechtlichem und privatem Fernsehen die Rede (Krüger und Zapf-Schramm 2001). Richtig daran ist: Die Nachrichten im Privat-TV berichten fünfmal so ausführlich über Gewaltkriminalität im Inland wie ihre öffentlich-rechtliche Konkurrenz. Die Tagesschau berichtet selbst über öffentlich stark beachtete Gewalttaten in der Regel nicht, bzw. erst dann, wenn sich an Verbrechen politische und gesellschaftliche Debatten entzünden. Ein völlig anderes Bild aber ergibt sich, wenn man die quotenstarken Boulevardmagazine betrachtet – kein Format enthält im Untersuchungszeitraum so viel Gewaltberichte wie die öffentlich-rechtlichen Magazine Brisant (ARD) und hallo deutschland (ZDF). Die Anteile der Gewaltberichterstattung nach Sendern und Formaten lauten (Hestermann, 2010a, S. 173f.):

- Nachrichten öffentlich-rechtlich: 1,3 %
- Nachrichten privat: 6,4 %
- Boulevardmagazine öffentlich-rechtlich: 15,4 %
- Boulevardmagazine privat: 6,9 %.[1]

VI. Im Fokus: Mord, Totschlag und sexuelle Gewalt

In Anlehnung an die Nachrichtenwerttheorie lässt sich aus den Aussagen der befragten Fernsehprofis herausfiltern, dass eine Reihe von Nachrichtenfaktoren in der Gewaltberichterstattung bedeutsam ist, etwa die Folgen-

1 N = 310; Ausstrahlungen der Hauptabendnachrichten (ohne Wetter) bzw. 128 Ausstrahlungen von Boulevardmagazinen der acht reichweitenstärksten Fernsehsender Deutschlands aus vier Kalenderwochen im März, April, Mai und Juni 2007, bei der Tagesschau über die kompletten Monate. Angegeben ist die anteilige Länge der Berichte über Gewaltkriminalität im Inland.

schwere einer Gewalttat. Das angenommene Publikumsinteresse an Gewaltkriminalität verknüpfen Medienschaffende eng mit drastischen Formen der Gewalt, vor allem dem Bruch des Tötungstabus. Die Redakteurin einer öffentlich-rechtlichen Nachrichtensendung ist überzeugt, „Mord ist einfach ein Thema für alle", erst recht aus verwerflichen Motiven wie sexueller Lust.

Tatsächlich sind 72 Prozent aller im Untersuchungszeitraum berichteten Gewalttaten Tötungsdelikte. Über Sexualmorde wird, gemessen an der polizeilich erfassten Fallzahl, zehnmal so umfangreich berichtet wie über sonstige tödliche Gewalt. So kommt es zu einer drastischen Verzerrung. Sexualmorde machen in der Gewaltberichterstattung einen mehr als 6.000-mal so hohen Anteil aus wie an der polizeilichen Gewaltstatistik (Tabelle 1).

Tabelle 1: Wie verzerrt das Fernsehen Gewalt darstellt

Delikt	PKS n	PKS %	TV n	TV %	Faktor
Sexualmorde	11	0,001	23	8,9	6.450
Tötungsdelikte ohne Sexualmorde	807	0,1	164	63,3	627
Sexualdelikte	53.233	6,7	16	6,2	0,9
Körperverletzungen ohne Raub	523.504	65,5	20	7,7	0,1
Sonstige Gewaltdelikte	221.557	27,7	36	13,9	0,5
Gesamt	799.112	100,0	259	100,0	

Quelle: BKA (2008, S. 268-291, Tabellenanhang: 1-2). TV N = 259 Fernsehbeiträge, die sich im Untersuchungszeitraum (vier Programmwochen im Jahr 2007) auf einzelne Gewaltdelikte im Inland beziehen (Hestermann, 2010a, S. 177)

Vor allem die gefühlte Kriminalität bestimmt, wie berichtet wird. Nicht die Zahlen der Polizei oder der Kriminologie sind entscheidend, sondern die Zahlen der Sehbeteiligung. Darum ist die explosionshaft gestiegene Berichterstattung über Sexualmorde an Kindern (Schneider et al., 2005) durch die hohe Anteilnahme des Fernsehpublikums zu erklären, während diese extrem seltenen Delikte im Langzeitvergleich weiter zurückgegangen sind. „Ich bediene nur einen Markt", erklärt dazu ein Reporter – wer sich der medialen Aufregungsmaschinerie verweigere, weil er keine grundlosen Ängste schüren wolle, würde in den Redaktionen ausgelacht.

Gravierende Straftaten erreichen hohe Aufmerksamkeit, während die alltägliche Gewalt, die eine hohe Reichweite hat und damit als reales Geschehen und Risiko viele Menschen unmittelbar betrifft, medial kaum vorkommt. Auf den ersten Blick im Widerspruch dazu steht, dass Journalistinnen und Journalisten in einer Online-Befragung den Nachrichtenfaktor Reichweite als wichtigstes Kriterium ihrer Nachrichtenauswahl nannten (Ruhrmann/Göbbel, 2007, S. 41-43). Doch offenbar ist Reichweite im Sinne von gefühlter Bedrohung bedeutsam. So diktiert das Ausmaß der (vermuteten) Ängste des Publikums die journalistischen Auswahl- und Thematisierungsstrategien.

„Eine Relevanz, eine Daseinsberechtigung hat eine Geschichte dann, wenn sie bei Dir und mir spielen könnte“, sagt ein Magazinredakteur des Privatfernsehens. Gefühlte Reichweite nimmt aus Sicht der Befragten zu, wenn das Abseitige auf der Folie des Vertrauten geschieht, wie der Reporter eines öffentlich-rechtlichen Senders offenbart: „Familiendramen sind spannend, weil man denkt, das könnte möglicherweise in meiner Familie passieren, möglicherweise bei meinem Nachbarn direkt um die Ecke.“

Daraus folgt nicht nur, bestimmte Delikte bevorzugt zu zeigen, sondern das Alltägliche der Szenerie zu betonen – eine Strategie der Entgrenzung des Schreckens. So wird der Tatort zur Chiffre eines ganz normalen Heims, in dem dennoch Schreckliches geschieht. Die Ähnlichkeit der äußeren Umstände nährt die Angst, dass damit auch die Grenzen verwischen zwischen der sicheren Zone vor dem Fernseher und dem gefährlichen Ort, der im Fernsehen gezeigt wird.

Die Spannung entlädt sich, wenn der Täter oder die Täterin aus dem Dunkel vertrieben und schließlich gefasst wird. Eine wesentliche Rolle spielt es, Polizei und Justiz als letztlich machtvoll gegenüber der Gewalt zu erleben. Hierbei verbindet sich das journalistische Interesse an einem guten Ende mit dem Drang nach polizeilicher Selbstdarstellung. „Das ist ein sehr bigottes System“, kritisiert ein Magazinredakteur, wenn etwa die Polizei ganz bewusst einen festgenommenen Verdächtigen an den Journalisten vorbeiführe, „um denen den Abschuss zu ermöglichen, weil man Fahndungserfolge präsentieren will“ (Hestermann, 2010b).

VII. „Deutscher Täter, deutsches Opfer ist am besten“

Statistik ist kaum ein Maß journalistischer Auswahlentscheidung, betonen die Befragten. Selbst die in öffentlich-rechtlichen Nachrichtenredaktionen Tätigen sehen sich unter Druck, auch statistisch irrelevante Themen abzubilden, von denen sie annehmen, dass sie ein großes Publikum bewegen.

Denn subjektive Reichweite ist aus journalistischer Sicht bedeutsam, um das Publikum zu erreichen und zu binden. Subjektive Reichweite wird dadurch gesteigert, dass Personen im Mittelpunkt des Interesses stehen, die von ihren äußeren Lebensumständen her der Zielgruppe entsprechen. Entsprechend wird ein geringes Interesse des Zielpublikums angenommen, wenn über Menschen fremder Kulturen berichtet wird. Ein Redakteur eines öffentlich-rechtlichen Fernsehmagazins bringt es auf die prägnante Formel: „Deutscher Täter, deutsches Opfer ist am besten." Dieser Annahme entspricht ein stark unterproportionaler Anteil explizit ausländischer Opfer von 3,2 % an den untersuchten Fernsehbeiträgen. Da Eigenschaften der Tatverdächtigen weniger stark auf die Auswahlentscheidung durchschlagen, ist der Anteil der ausländischen Tatverdächtigen mit 12,5 % in geringerem Ausmaß unterproportional, jeweils verglichen an Polizeistatistiken.

Mit der Ausblendung von Ausländerinnen und Ausländern vor allem als Gewaltopfer ergibt sich ein diskriminierender Effekt: In der Berichterstattung treten Nichtdeutsche fast viermal so häufig als Tatverdächtige wie als Opfer von Gewalttaten in Erscheinung. Die Polizeistatistiken dagegen – soweit sie vergleichbar sind – weisen jeweils etwa gleich hohe Anteile auf. Diese Diskriminierung widerspricht Ansprüchen an die Integrationskraft des Fernsehens (vgl. ZDF, 2008).

Ein weiterer Nachrichtenfaktor von zentraler Bedeutung in der Gewaltberichterstattung ist die Polarität zwischen Verbrechensopfer und Täter, gelegentlich auch Täterin. Seit Mitte der 80er Jahre sind Verbrechensopfer in den Mittelpunkt des medialen Interesses gerückt, in den USA früher als in Deutschland (Baurmann, 2004; Hestermann, 1997). Opfer gelten als Schlüsselfiguren furchterregender Berichte über Gewalt, als symbolhaft für die Herausforderung kollektiver Identität (Katz, 1987, S. 52; Garland, 2002, S. 11).

Diese Tendenz lässt sich im modernen Fernsehjournalismus klar nachweisen. Das Opfer steht im Mittelpunkt der Gewaltberichterstattung – soweit es bestimmte Erwartungen erfüllt. Das aus journalistischer Sicht ideale Opfer ist kindlich, weiblich und deutsch. Und natürlich ist es unschuldig. Was einem solchen Opfer geschieht, so nehmen die Fernsehschaffenden an, geht dem Publikum nahe. Als entscheidend gilt, Emotionen bei den Zuschauenden zu wecken, vornehmlich das Mitgefühl mit dem idealisierten Opfer und die Furcht um sich selbst und nahestehende Menschen.

VIII. Gewalt an Kindern als Verkaufsware

„Wenn man das Thema Gewalt an Kindern als Ware, als Verkaufsware sieht, verkauft es sich sehr gut, da es immer einen gewissen Gesprächsstoff liefert, einen emotionalen Stoff und einfach Drama“, sagt ein Redakteur. Eine Erfassung zahlreicher soziodemographischer Merkmale der im Fernsehen dargestellten Personen zeigt die Idealisierung des Opfers. Bei gleich viel polizeibekannten Gewaltdelikten wird über Kinder zwischen 6 und 13 Jahren 43-mal so oft berichtet wie über Gewaltopfer, die älter als 60 Jahre sind (Abbildung 1).

Abbildung 1: Kinder als Gewaltopfer werden stark beachtet, Ältere ausgeblendet

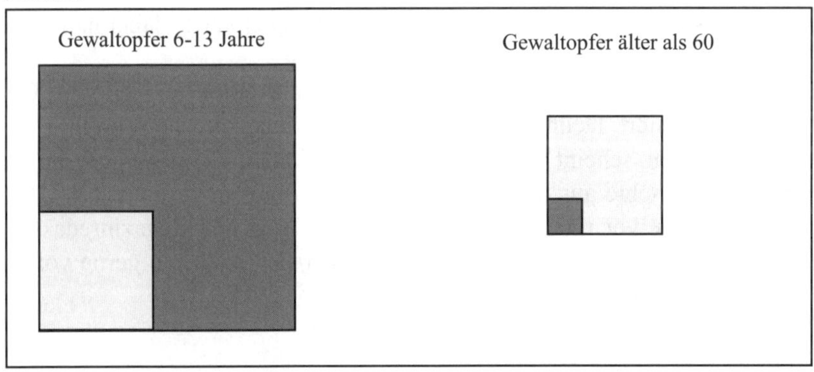

Zahl der polizeibekannten Fälle: hellgrau, Anteil an der Gewaltberichterstattung: dunkelgrau; n = 203 Gewaltopfer aus 259 Fernsehbeiträgen, die sich im Untersuchungszeitraum (vier Programmwochen im Jahr 2007) auf einzelne Gewaltdelikte im Inland beziehen. Der Anteil von Kindern zwischen 6 und 13 Jahren an den Opfern der berichteten Delikte beträgt nach Polizeistatistiken 5,1 %, an der Berichterstattung aber 25,6 %. Der Anteil von Gewaltopfern über 60 Jahren beträgt nach den Statistiken 25,1 %, im Fernsehen nur 2,9 % (Hestermann (2010a, S. 187)

Ausnahmslos sprechen die Befragten, sofern sie allgemein über Opfer als Leitfiguren der Berichterstattung sprechen, von weiblichen Personen. „Schlimm ist, wenn das Opfer unsympathisch aussieht“, sagt ein Reporter, „wenn jemand seine Frau umbringt, und die sieht aus wie ein Drachen.“ Oder es werden die traurigen Augen eines malträtierten Mädchens als zentrales Motiv beschrieben – in jedem Fall aber ist von Mädchen und Frauen die Rede. Tatsächlich bestätigt die Inhaltsanalyse, dass auch dieses Muster messbar handlungsrelevant ist. Während Polizeistatistiken zufolge die Opfer der berichteten Gewaltdelikte mehrheitlich Männer (55,6 %) sind, ist im Fernsehen nur jedes dritte Gewaltopfer ein Mann (34,0 %).

Das idealisierte Opfer ist unschuldig an der Gewalttat – bei Kindern wird dies per se angenommen. Dagegen werden Fälle gemieden, die nicht eindeutig erscheinen. So werden Gewalttaten im Rotlichtmilieu kaum aufgegriffen, da bestenfalls eine ambivalente Haltung des Publikums zu den Gewaltopfern angenommen und eine Empathiebildung ausgeschlossen wird, wie ein Magazinredakteur des Privatfernsehens erläutert: „Was dann oft gesagt wird, wer hat schon Mitleid mit einer, die jeden Tag mit zwanzig Männern schläft." (Hestermann, 2009)

Garantiert nun Gewalt hohe Einschaltquoten, wie gelegentlich vermutet wird? Nur bedingt, sagen Fernsehschaffende – eben nur dann, wenn sie zur Emotionalisierung tauge. Dafür müsse man die Gewalt „homöopathisch dosieren", meinen Verantwortliche des Privatfernsehens, „wie Chili". In den Redaktionen der öffentlich-rechtlichen Nachrichten überwiegt die Auffassung, dass ihr Publikum Zurückhaltung erwarte, daher halten sie den Anteil der Gewaltberichte besonders niedrig.

Lediglich bei den öffentlich-rechtlichen Boulevardmagazinen wird Gewalt hoch dosiert. Denn das Publikum dieser Magazine, im Schnitt in den Mittsechzigern, scheint vermehrt zur Kriminalitätsfurcht zu neigen und die zahllosen Berichte aus der grausigen Welt da draußen zu goutieren. „Die Menschen, die vor irgendetwas Angst haben", sagt ein Magazinredakteur des öffentlich-rechtlichen Fernsehens, „lassen sich natürlich gerne von so etwas inspirieren".

IX. Das Wichtige interessant machen

Die Spiegel-Gerichtsreporterin Gisela Friedrichsen (2012) kritisiert eine zunehmende Emotionalisierung in der Darstellung von Verbrechen, die vor allem um die Opfer kreise. Sie würden von sogenannten Opferanwälten vermarktet und als Ikonen der Verletzung missbraucht, um Stimmung gegen die Angeschuldigten zu schüren. Bereits vor dem Gerichtsverfahren tobe die Schlacht um die öffentliche und veröffentlichte Meinung. Doch die Medien dürften nicht der Versuchung erliegen, sich als Pranger zu gerieren.

Diese Frage nuanciert der Fernsehmoderator Ulrich Meyer anders, Moderator der Magazinreihen Akte – Reporter kämpfen für Sie und Ermittlungsakte – dem Verbrechen auf der Spur: „Polarisierung heißt für uns heute: Menschen, denen das Leben Gewalt angetan hat, wollen sich im

Fernsehen als Opfer, zumindest aber als Betroffene, wieder finden, und sie wollen sehen: Wer trägt hier Verantwortung? Wer ist eigentlich der Mistkerl, der dahinter steckt, wer ist der Täter? Wenn ein Fernsehbeitrag dieser Art für Zuschauer funktionieren soll, dann brauchen wir einen Verantwortlichen, einen Täter." (Meyer, 2012, S. 62f).

Für die frühere Justizministerin Sabine Leutheusser-Schnarrenberger (2012, S. 8) dagegen ist die Funktionalisierung der Medien als Pranger unvereinbar mit der journalistischen Verantwortung für das öffentliche Diskursgefüge. Die Macht der Medien, die sich aus dem Grundrecht auf Pressefreiheit speise, sei kein Selbstzweck. „Durch die Art und Weise, wie über Straftaten berichtet wird, wird die dargestellte Wirklichkeit mitgestaltet. Die Medien tragen Verantwortung." Aber wie werden die Medienschaffenden dieser Verantwortung gerecht?

Es gibt zwei Arten, journalistisch zu scheitern: Zum einen ist es die unbedingte Gefallsucht, ohne jeden inneren Maßstab und ohne jedes Verständnis von Relevanz Medieninhalte zu produzieren, solange die Einschaltquoten stimmen. Dafür steht der legendäre Satz des früheren RTL-Chefs Helmut Thoma: „Der Wurm muss dem Fisch schmecken und nicht dem Angler" (Stolle/Volz, 1990, S. 165). Gleichsam fatal ist es, sich selbst zum Maßstab zu machen und dem Publikum eine Statistenrolle zuzuweisen. Dafür steht die Bemerkung des ehemaligen ARD-Vorsitzenden Friedrich Nowottny zur Gewichtung von Nachrichten: „Es kommt nicht darauf an, was die Leute sehen wollen. Es kommt darauf an, welches Ereignis mitteilungswert ist" (Bartel, 1997, S. 91).

Die eigentliche schöpferische Leistung des Journalismus liegt aber darin, zu vermitteln, was aus journalistischer Sicht die Menschen etwas angeht, auch wenn es sie nicht von vornherein interessiert. Es geht darum, das Wichtige interessant zu machen, wie es der frühere Präsident von CNN International Networks, Chris Cramer, fordert (Scheithauer, 2001).

Wie in einer Geisterbahn ziehen Menschen, die Gewalt erlebt oder ausgeübt haben, als Figuren eines fernen Grauens am Publikum vorbei. Wozu? Verfolgt die Berichterstattung keinen weiteren Zweck als eine hohe Sehbeteiligung, wenn sie in den untersuchten 264 Beiträgen nur an zwei Stellen Hinweise zur Verbrechensverhütung gibt? Wäre mehr schon zu viel des Guten? Wie ist zu verantworten, dass Gewaltopfer ausländischer Herkunft und Menschen älter als 60 Jahre rigoros ausgeblendet werden, weil sie als nicht „zielgruppig" gelten?

Für den Journalismus tragen aber nicht nur diejenigen Verantwortung, die ihn produzieren, sondern alle, die ihn konsumieren. Die Dämonisierung des Bösen folgt Marktstrategien. Sekundengenau wird erfasst, was Menschen sehen und was sie abschalten. Daraus werden künftige Programmentscheidungen abgeleitet. Insofern spiegelt das Fernsehen das Nutzungsverhalten wider. Wenn das Publikum stärker nach einer Berichterstattung verlangt, die rationaler Betrachtung folgt, wird sich etwas ändern.

Dabei kommt es darauf an, der Rationalisierung des Bösen eine Stimme zu geben. Christian Pfeiffer hat in zahllosen Interviews wissenschaftliche Argumente anschaulich und prägnant gegen die verstörende Macht der Bilder gestellt. Ihm ist es gelungen, das Wichtige interessant zu machen. Die Kriminologie hat sich weiter öffentlich zu erklären. Wer Gespenster bannen will, muss hartnäckig sein.

Literatur

Bartel, R. (1997). Fernsehnachrichten im Wettbewerb. Die Strategien der öffentlich-rechtlichen und privaten Anbieter. Köln, Weimar, Wien: Böhlau.

Baurmann, M.C. (2004). Monster und Supermänner? Mythen und Realitäten über Tatverdächtige, Straftäter und die polizeiliche Ermittlungsarbeit. In: Michael, W., Kania, H., Albrecht, H.-J. (Hrsg.), Alltagsvorstellungen von Kriminalität. Individuelle und gesellschaftliche Bedeutung von Kriminalitätsbildern für die Lebensgestaltung (Kölner Schriften zur Kriminologie und Kriminalpolitik, Band 5). Münster: Lit, S. 435-455.

Friedrichsen, G. (2012). Wie die Medien Emotionen schüren: Kriminalität als Nervenkitzel. In: Hestermann, T. (Hrsg.), Von Lichtgestalten und Dunkelmännern. Wie die Medien über Gewalt berichten. Wiesbaden: Springer VS, S. 43-57.

Garland, D. (2002). The Culture of Control: Crime and Social Order in Contemporary Society. Oxford: Oxford University Press.

Hestermann, T. (1997). Verbrechensopfer – Leben nach der Tat. Reinbek bei Hamburg: Rowohlt Taschenbuch.

Hestermann, T. (2009). Das ideale Opfer: jung, weiblich, deutsch. Wie das Fernsehen Gewaltkriminalität darstellt und warum es kaum über Menschenhandel berichtet. Politische Studien, 60, 47-53.

Hestermann, T. (2010a). Fernsehgewalt und die Einschaltquote: Welches Publikumsbild Fernsehschaffende leitet, wenn sie über Gewaltkriminalität berichten. Baden-Baden: Nomos-Verlag.

Hestermann, Thomas (2010b): Das Fernsehen, die Angst und die Polizei als Retter: Wie wirklich ist die Medienwirklichkeit? Deutsche Polizei, 59, S. 14-17.

Hestermann, T. (2012) (Hrsg.). Von Lichtgestalten und Dunkelmännern. Wie die Medien über Gewalt berichten. Wiesbaden: Springer VS.

Katz, J. (1987). What Makes Crime News? Media, Culture and Society, 9, 47-75.

Kepplinger, H. M. (2004). Problemdimensionen des Journalismus. Wechselwirkung von Theorie und Empirie. In: Löffelholz, M. (Hrsg.), Theorien des Journalismus: Ein diskursives Handbuch. 2. Auflage. Wiesbaden: VS, S. 87-106.

King, S. (2013). Doctor Sleep. 4. Auflage. München: Heyne.

Krüger, U.M., Zapf-Schramm, T. (2001). Die Boulevardisierungskluft im deutschen Fernsehen. media perspektiven, 46, 326-344.

Leutheusser-Schnarrenberger, S. (2012). Die Macht der Medien ist kein Selbstzweck. In: Hestermann, T. (Hrsg.), Von Lichtgestalten und Dunkelmännern. Wie die Medien über Gewalt berichten. Wiesbaden: Springer VS, S. 7-9.

Meyer, U. (2012). Das Privatfernsehen als Opfer-TV. In: Hestermann, T. (Hrsg.), Von Lichtgestalten und Dunkelmännern. Wie die Medien über Gewalt berichten. Wiesbaden: Springer VS, S. 50-64.

Pfeiffer, C. (2004). Dämonisierung des Bösen. Frankfurter Allgemeine Zeitung, 5. März, S. 9.

Pfeiffer, C. (2012). Verbrechensfurcht und eine Kriminalpolitik des rauchenden Colts. In: Hestermann, T. (Hrsg.), Von Lichtgestalten und Dunkelmännern. Wie die Medien über Gewalt berichten. Wiesbaden: Springer VS, S. 125-138.

Ruhrmann, G., Göbbel, R. (2007). Veränderung der Nachrichtenfaktoren und Auswirkungen auf die journalistische Praxis in Deutschland. Erhältlich: www.netzwerkrecherche.de/docs/ruhrmann-goebbel-veraenderung-der-nachrichtenfaktoren.pdf.

Scheithauer, I. (2001). Wir sind weder Bote noch Botschafter: CNN-International-Chef Chris Cramer über das Selbstverständnis des weltweiten Nachrichtensenders. Frankfurter Rundschau, 20. September.

Schneider, B., Arnold, A.-K., Greve, W. (2005). Exponentieller Anstieg. Neue Studie zur Berichterstattung über Sexualmorde an Kindern: mehr Beiträge, weniger Emotionen. Message, 7, 97.

Stolle, P., Volz, H. (1990). „Der Wurm muss schmecken“: RTL-plus-Programmchef Helmut Thoma über Erfolge und Miseren des Privatfernsehens. Der Spiegel, 42, 162-170.

ZDF (2008). Die Darstellung von Migration und Integration in den ZDF-Programmen: Status quo und Perspektiven. Mainz: Zweites Deutsches Fernsehen.

„Lust auf Leben wecken"
Eine geeignete Strategie zur Kriminalprävention?

Daniela Hosser

Während meiner langjährigen Tätigkeit am Kriminologischen Forschungsinstitut Niedersachsen (KFN), wurde der Slogan „Lust aufs Leben wecken!" im Kontext verschiedener Forschungsprojekte (z. B. Stauer et al., 2011) und Vortragsveranstaltungen von Christian Pfeiffer wiederholt als Motto kriminalpräventiver Initiativen angeführt. Würde man eine solche Stoßrichtung von Psychologen und (Sozial-)Pädagogen, die ressourcenorientiert arbeiten (Auhagen, 2008; Steinebach et al., 2012), vielleicht noch erwarten, fällt eine solche Äußerung, von einem Juristen und Kriminologen in einen direkten Sinnzusammenhang mit Kriminalpolitik gestellt, aus dem Rahmen. Mühelos lassen sich die kritischen Gegenstimmen antizipieren, die darauf hinweisen, dass insbesondere kriminelle Kinder und Jugendliche nur allzu häufig dem Prinzip des Hedonismus und der eigenen Lustbefriedigung frönen und anstelle des Allgemeinwohls primär das eigene Wohlergehen im Sinn haben. Behandlungsmodule vieler kriminalpräventiver Programme sind deshalb darauf ausgerichtet, die Übernahme sozialer Verantwortung und das moralische Bewusstsein zu fördern. Die Frage, ob und inwiefern der dabei mahnend erhobene Zeigefinger bei den Teilnehmern die Lust aufs Leben weckt, spielt keine Rolle. Vielmehr sollen nicht wenige kriminalpräventive Maßnahmen, wie zum Beispiel der umstrittene Warnschussarrest (Heinz, 2008), den Verurteilten doch vor allem verdeutlichen, dass bald „Schluss mit lustig ist", wenn nicht rasch eine nachhaltige Verhaltensänderung erfolgt.

Die implizit dahinter stehenden Annahmen, dass Lernen Disziplin und Arbeit voraussetzt, ein Leben in sozialer Verantwortung kein Zuckerschlecken ist, Medizin bitter schmeckt und Strafe wehtun muss und deshalb Spaß im Zusammenhang mit Kriminalprävention bestenfalls als zu vernachlässigendes Nebenprodukt zu betrachten ist, dürften auch viele aufgeschlossene Geister teilen. Dementsprechend ist der Begriff der „Spaßgesellschaft" auch eindeutig negativ konnotiert (Boberski, 2004) und wird mit einer Haltung in Verbindung gebracht, die dem Bemühen um individuelle und gesellschaftliche Veränderung und Verantwortungsübernahme konträr gegenübersteht (Wunsch, 2007).

Im Unterschied dazu, betont die Resilienzforschung (Boss, 2006) die Relevanz einer optimistischen Grundhaltung, der Freude am Leben, für die physische und psychische Gesundheit. Aktuelle neurowissenschaftliche Befunde weisen ebenfalls daraufhin, dass positiver Affekt, Begeisterung und Spaß am Leben das Lernen erleichtern und zum Lernen motivieren. Der prominente Neurowissenschaftler Gerald Hüther (2011) schreibt hierzu: „Alles, was Menschen hilft, was sie einlädt, ermutigt und inspiriert, eine neue, andere Erfahrung zu machen als bisher, ist gut für das Hirn und damit gut für die Gemeinschaft. [...] Menschen, die sich noch einmal mit Begeisterung für etwas öffnen, was ihnen bisher verschlossen war, praktizieren dieses wunderbare Selbstdoping für das eigene Gehirn. Die Wissenschaft nennt diesen Prozess Potenzialentfaltung. Es ist das genaue Gegenteil von dem, was die meisten Menschen gegenwärtig betreiben: bloße Ressourcennutzung."

Welche Rolle kommt nun der Lust am Leben bzw. dem Erleben von Spaß und Freude im Bereich der Kriminalprävention zu? In drei Studien, die von der Abteilung für Entwicklungs-, Persönlichkeits- und Forensische Psychologie der Technischen Universität Braunschweig in den vergangenen drei Jahren durchgeführt wurden und nachfolgend kurz vorgestellt werden, wurde versucht, dieser Frage empirisch nachzugehen. Zielgruppe waren dabei jeweils Kinder im Grundschulalter, die unter externalisierenden Verhaltensstörungen, d. h. Aufmerksamkeitsdefizit-/Hyperaktivitätsstörungen (ADHS) und/oder Störungen des Sozialverhaltens (SSV), litten und in der Schule auffällig waren. Obwohl sich bei nicht wenigen Kindern mit entsprechenden Auffälligkeiten, das Problemverhalten im Entwicklungsverlauf wieder normalisiert, gehen diese Störungsbilder mit einem insgesamt erhöhten Risiko für die Entwicklung psychischer Störungen und delinquentem Verhalten im Jugendalter einher. Therapeutische, und in diesem Sinne auch kriminalpräventive Maßnahmen, sind daher bei dieser Zielgruppe möglichst früh indiziert.

Allerdings treffen solche Maßnahmen gerade bei diesen Kindern nicht selten auf das Problem einer mangelnden Behandlungsmotivation. Meist werden die Kinder von ihren Eltern oder den Sorgeberechtigten in die Therapie gebracht, es fehlt jedoch an Eigenantrieb (Mempel, 1985). Insbesondere bei Kindern mit externalisierenden Störungen ist die Diskrepanz zwischen der Selbst- und Fremdwahrnehmung der Symptomatik oft hoch.

Mangelnde Problemeinsicht und fehlender Leidensdruck („Nicht ich, sondern die anderen sind an den Problemen schuld.") fördern die Entstehung von Zielkonflikten zwischen Patient, Erziehungsberechtigten und Therapeut, die eine erfolgreiche Behandlung erschweren. Komorbide Depressionen und/oder Angststörungen reduzieren die Therapiemotivation mitunter zusätzlich. Hinzu kommt, dass im Umgang mit Kindern eine rein verbale Kommunikation schwierig ist. Scham, Autokratiestreben oder negative Gefühle gegenüber den Eltern erschweren es den Kindern, über ihre Probleme zu sprechen (Liechti, 2009). Das Risiko für einen Abbruch der Therapie oder Maßnahmen ist daher bei Kindern mit ADHS und SSV außerordentlich hoch (Scheithauer/Petermann, 2000). Laut Johnson et al. (2008) schwankten die Abbruchraten bei Kindern mit ADHS zwischen 50 % bis 63 %. Da Kinder bei einem frühzeitigen Therapieabbruch in der Folge oft noch stärker psychisch belastet sind, ist diesem Problem bei der Konzeption und Implementation von Maßnahmen besondere Aufmerksamkeit zu widmen (Scheithauer/Petermann, 2000).

I. „Spaß ...? Was ist das?"

In einer kleinen Pilotstudie, die im Rahmen einer Masterarbeit am Institut für Psychologie der TU Braunschweig entstand, untersuchte René Schmidt (2012) die Bedeutung des Spaßfaktors in der Psychotherapie von Kindern mit ADHS. Spaß, vom italienischen „spasso" abgeleitet, meint soviel wie Vergnügen, Zeitvertreib und ist als eine Aktivität zu verstehen, die Freude bereitet bzw. gern gemacht wird. Während „Spaß haben" die Bespaßung von außen meint, zielt die aktive Seite des Spaßes darauf ab, durch das eigene Handeln und Gestalten Erfolge zu erzielen, die eine Stärkung des Selbstbewusstseins der Person bewirken. Spaß gilt dabei als besonders motivationsfördernd, wenn sowohl die aktive als auch die passive Komponente zum Tragen kommen und wenn die Situationsanforderungen und die Fähigkeiten einer Person miteinander im Einklang stehen. Bei perfekter Passung kann es dann sogar zum Flowerleben kommen, einem emotionalen Zustand, der das vollkommene Aufgehen in der momentanen Tätigkeit bezeichnet (Rheinberg, 2006).

Ob und in welchem Ausmaß Kinder mit ADHS während einer Therapie Spaß erleben und inwieweit Zusammenhänge zwischen dem erlebten Spaß in der Therapie und der Symptombelastung und Lebenszufriedenheit der

Patienten bestehen, war Fragestellung der Arbeit. Verglichen wurde dazu der Spaßfaktor während a) einer Neurofeedbackbehandlung, bei der im Rahmen einer Computersimulation spielerisch Kontrolle über Aufmerksamkeitsprozesse trainiert wurde, und b) dem eher klassisch aufgebauten, kognitiv verhaltenstherapeutischen Gruppenprogramm ATTENTIONER (Jacobs/Petermann, 2008). Die Untersuchungsgruppen bestanden aus jeweils vier Jungen im Alter von 10-12 Jahren. Es wurden unterschiedliche Fragebögen und Testverfahren eingesetzt, um Spaß, Stimmungen und Maße des Therapieerfolgs zu erfassen. Die Ergebnisse zeigen, dass sich die beiden Gruppen stark bezüglich des erlebten Spaßes unterschieden, wobei das Biofeedback mit deutlich mehr Spaß verbunden war. Trotz vergleichbarer Effektivität beider Behandlungsverfahren bei der Symptomreduktion, trug der Spaßfaktor hier positiv zum Durchhalten der Therapie bei und ging mit geringeren Fehlzeiten einher. Das Spaßerleben während der Therapiesitzungen korrelierte außerdem positiv mit Kompetenzsteigerung und Lebenszufriedenheit. Der Autor wertet dies in Übereinstimmung mit Bräutigam (1994) als Zeichen dafür, dass Spaß auch Selbstheilungspotential besitzt. Spaß begünstigt das Kompetenzerleben, was wiederum den Spaß an der ausgeübten Tätigkeit erhöht. Allerdings sind aufgrund der sehr kleinen und selektiven Stichprobe sowie fehlender statistischer Signifikanz die Ergebnisse nicht verallgemeinerungsfähig und können lediglich als Anstoß für weitere Untersuchungen dienen.

II. „Das Glück der Erde liegt auf dem Rücken der Pferde“

Das Zitat aus dem Volksmund aufgreifend, wurde im Rahmen des Modellprojekts „Jim Knopf“, das von der Volkswagen Financial AG gefördert wurde, anhand eines randomisierten Kontrollgruppendesigns untersucht, inwieweit eine Reittherapie bei Kindern mit ADHS und/oder einer Störung des Sozialverhaltens zur Symptomreduktion und einem besseren Wohlbefinden beiträgt (Hosser, 2012). In den Ergebnissen zeigte sich nicht nur eine deutliche Verbesserung der Störungssymptomatik, sondern auch eine deutliche Überlegenheit der Reittherapie im Hinblick auf die Therapiemotivation.

Therapeutisches Reiten umfasst ein breites Anwendungsspektrum und kann nicht nur bei Kindern, sondern auch bei Jugendlichen oder Erwachsenen mit körperlichen, psychischen und psychosozialen Störungen, Behinderungen oder Erkrankungen eingesetzt werden. Neben der Förderung sozialer Kompetenzen sowie motorischer, kognitiver und emotionaler Fähigkeiten sollen die Tiere Interesse und Lebensfreude vermitteln (Greiffenhagen, 2009; Stoffl, 2007). Durch den Aufbau einer Beziehung zum Tier, verbessert das therapeutische Reiten im sozialen Bereich die Fähigkeiten zum Beziehungsaufbau und Beziehungserhalt und die Verantwortungsübernahme, was auch den Zugang des Therapeuten zu den Klienten erleichtert (Stoffl, 2007). Im kognitiven Bereich sollen sich durch das therapeutische Reiten Wahrnehmung, Lern- und Leistungsbereitschaft sowie Konzentrationsfähigkeit und Durchhaltevermögen steigern und Frustrationstoleranz (Steiner, 2008), Selbstwirksamkeitserwartung und Selbstkontrolle verbessern. Darüber hinaus soll das therapeutische Reiten die Wahrnehmung und Regulation von Emotionen, die Empathiefähigkeit und die soziale Informationsverarbeitung fördern. Ein weiterer Effekt ist die Befriedigung emotionaler Bedürfnisse durch das Pferd, beispielsweise nach Wertschätzung und Zuneigung, was zu einer Steigerung des Selbstwertgefühls und der subjektiven Lebenszufriedenheit führt (Steiner, 2008; Vorsteher, 2003). Wegen ihrer positiven motivationalen Effekte gilt die Reittherapie als besonders geeignet für Kinder mit externalisierenden Verhaltensstörungen, die Schwierigkeiten mit dem Beziehungsaufbau und Bindungsverhalten sowie dem Sozialverhalten in der Gruppe haben.

Bei dem Projekt handelte es sich um eine Längsschnittstudie über 40 Wochen mit randomisiertem Kontrollgruppendesign (vgl. Hosser, 2012). Dafür wurden 40 deutschsprachige Kinder (32 Jungen und 8 Mädchen) mit ADHS und/oder SSV im Alter von 6 bis 12 Jahren zufällig der Experimentalgruppe (EG) oder der Kontrollgruppe (KG) zugelost. Das Durchschnittsalter zu Behandlungsbeginn betrug 9,5 Jahre. Fünfundvierzig Prozent der Kinder wiesen eine ärztlich diagnostizierte psychische Störung auf und nahmen Medikamente ein, die bei ADHS üblicherweise verschrieben werden. In der Experimentalgruppe besuchten die Kinder, die ebenso wie die Kinder der KG nochmals in Kleingruppen mit 4-6 Kindern eingeteilt wurden, einmal wöchentlich eine sechzigminütige Reittherapie. Die zu bewältigenden Aufgaben umfassten hierbei nicht nur das Reiten und Voltigieren, sondern auch Gruppenübungen wie gemeinsame Pferdepflege, das Bemalen des Pferdes, gegenseitiges Führen des Pferdes sowie Basteln. Die einmal wöchentlich stattfindende Sitzung der Kontrollgruppe umfasste ein neunzigminütiges erlebnispädagogisch orientiertes soziales Training. Dieses beinhaltete u. a. auch Spiel- und Kletterübungen im

Freien, Basteln sowie spielerische Beobachtungsübungen. Vor Beginn der Behandlung, währenddessen (nach 20 Wochen) und nach Abschluss der Behandlung fand eine Befragung der Kinder und Erziehungsberechtigten anhand standardisierter Interviews statt. Für die Verlaufsbefragung nach 20 Behandlungswochen standen die Daten von 33 Familien, davon 19 aus der Reittherapie (100 %) und 14 aus dem sozialen Training (70 %) zur Verfügung. Für die Nachbefragung nach Ablauf der 40 Behandlungswochen konnten allerdings insgesamt nur noch 25 Familien erreicht werden: 56 % aus der EG und, 44 % aus der KG. Im Verlauf der Behandlung schied aus der Reittherapie jedoch lediglich ein Kind (5 %) aus, das angab, keinen Spaß am Reiten zu haben und sich in der Gruppe nicht wohlzufühlen. In der KG hingegen waren bereits nach 20 Wochen 14 Kinder (70 %) ausgeschieden. Davon waren 25 % der Abbrüche durch externe Faktoren wie Umzug oder stationärer Unterbringung erklärbar, 25 % der Kinder gaben explizit Unzufriedenheit mit der Maßnahme als Ausscheidungsgrund an, bei weiteren 20 % blieb der Grund für den Abbruch offen.

Mittels einer multivariaten Varianzanalyse mit Messwiederholung wurden Veränderungen der ADHS-Symptomatik untersucht. Insgesamt ergab sich ein signifikanter positiver Gesamteffekt, sowohl im Hinblick auf den ADHS-Gesamtwert als auch in Bezug auf die Unterbereiche Aufmerksamkeit und Impulsivität waren starke, signifikante positive Veränderungen in erwarteter Richtung erkennbar. Hinsichtlich der Symptomatik der Hyperaktivität war bei der Reittherapie ein positiver Entwicklungstrend erkennbar, der jedoch knapp die statistische Signifikanz verfehlte. Bezüglich der Störung des Sozialverhaltens ergibt sich multivariat ebenfalls ein positiver Gesamteffekt, welcher hauptsächlich auf die signifikante Reduzierung von oppositionellem Verhalten zurückzuführen ist. Bei Vorliegen einer stärker ausgeprägten dissozialen Störung des Sozialverhaltens konnten allerdings keine signifikanten Effekte erzielt werden, wohl aber zeigte sich ein Entwicklungstrend in erwarteter Richtung, welcher allerdings nur bei der Reittherapie auftrat. Eltern und Kinder berichteten zudem übereinstimmend, eine stark verbesserte psychosoziale Anpassung nach der Therapie, die in erster Linie auf eine Reduzierung der Hyperaktivität zurückzuführen war. Nach Beendigung der Therapie wies keines der Kinder, die an der Reittherapie teilgenommen hatten, noch Werte im klinisch auffälligen Bereich auf.

Zusammenfassend belegen die Befunde, dass Reittherapie eine wirksame therapeutische Maßnahme bei der Behandlung von Kindern mit ADHS darstellt. Bereits nach 20 Wochen war eine starke Verbesserung der ADHS-Symptomatik zu beobachten, die bis zum Ende der Therapie nach 40 Wochen anhielt. Auch medikamentös und therapeutisch bereits behandelte Kinder konnten von der Reittherapie in ihrer Entwicklung noch weiter profitieren. Neben der ADHS-Symptomatik konnten auch die Symptome einer oppositionell-aggressiven Störung des Sozialverhaltens signifikant reduziert werden. Die Reittherapie war in ihrer Effektivität dabei mit verhaltenstherapeutischen Behandlungsprogrammen vergleichbar, die Kinder in der Reittherapie wiesen allerdings durchweg eine hohe Teilnahmemotivation auf. Sie berichteten in ihren Tagebüchern von großem Spaß beim Reiten und im Umgang mit dem Pferd. Die Reittherapie wurde zudem auch von den Eltern überaus positiv wahrgenommen. Eltern, die auf dem Reiterhof gemeinsam auf ihre Kinder warteten, konnten sich untereinander austauschen und die Fortschritte ihrer Kinder unmittelbar beobachten; ein großer Vorteil, der bei herkömmlichen Gruppenprogrammen entfällt. Hinzu kam, dass selbst hoch aggressive Kinder in die Reitgruppen mühelos integriert werden konnten, während es bei alternativen Beschäftigungen ohne Pferd schwer war, Streitereien und körperliche Übergriffe in den Kleingruppen zu unterbinden. Die Anwesenheit der Pferde bewirkte eine starke Dämpfung des aggressiven Affektes, selbst wenn die Kinder vorher hoch erregt waren.

III. „Im Wesen der Musik liegt es, Freude zu machen...“

Das obige Zitat, das Aristoteles zugeschrieben wird, verweist auf das Glückpotential, das die Musik birgt und das in der Musiktherapie zum Tragen kommt. Die Wirksamkeit der Musiktherapie bei der Behandlung von Kindern mit Aufmerksamkeitsdefizit-/Hyperaktivitätsstörung und Verhaltensauffälligkeiten wurde anhand des Musikalischen Konzentrationstrainings mit Pepe (MusiKo mit Pepe; vgl. Hillmer/Rothmann, 2010; Hillmer/Rothmann, im Druck) mit Fördermitteln der Heidehof-Stiftung evaluiert. Vorteile der Musiktherapie sind das motivierende spielerische Vorgehen ohne Leistungsdruck, die Möglichkeit des sprachfreien Umgangs sowie die Nutzung von kindlichen Ressourcen wie Bewegungsfreude, Kreativität und Offenheit, die gerade auch Kinder mit ADHS auszeichnen (Neuhaus, 2009). Hinzu kommt, dass die aktive Musiktherapie die Konzentrationsfähigkeit fördert, da die motorischen Handlungen beim

Musizieren Top-Down-Aufmerksamkeitsprozesse und damit die Exekutivfunktionen des Frontalhirns beanspruchen, die bei externalisierenden Störungen ursächlich beeinträchtigt sind (Bundesärztekammer, 2005; Castellanos et al., 2002). Zugleich wird über die Musik eine Fokussierung der Aufmerksamkeit erreicht, die besonders für die Aufmerksamkeitsmodulation bei Kindern mit ADHS eine große Rolle spielt.

Bei dem Musikalischen Konzentrationstraining mit Pepe handelt es sich um ein von Hillmer und Rothmann (2010) entwickeltes Gruppentraining für jeweils vier bis sechs Kinder, das sich über einen Zeitraum von 18 Wochen erstreckt. Ergänzend werden ein Elterntraining sowie optionale Lehrergespräche angeboten. Die Kindersitzungen setzen sich aus spielerisch angelegten Bewegungs- und Rhythmusaufgaben zusammen, die mit einfachen Percussioninstrumenten (Handtrommeln, Triangeln, Klangstäbe etc.) durchgesetzt werden. Sie fördern die verschiedenen Aufmerksamkeitsbereiche und das Arbeitsgedächtnis ebenso wie die Emotionsregulation und Impulskontrolle. Zur Effektivitätsprüfung wurde ein Prä-Post-Kontrollgruppendesign gewählt. Die Stichprobe setzte sich aus 108 Kindern im Alter von fünf bis zehn Jahren zusammen. Die Hälfte aller Kinder wies einen Migrationshintergrund auf, keines der Kinder wurde während der Musiktherapie pharmakologisch behandelt. Neben der Experimentalgruppe (EG) mit 62 Teilnehmern gab es eine Wartekontrollgruppe (KG) mit 46 Teilnehmern. Die Aufmerksamkeitsleistung wurde mittels der Testbatterie zur Aufmerksamkeitsprüfung für Kinder (KiTAP, Zimmermann et al., 2002) überprüft, zusätzlich wurden bei den Kindern, Eltern und Lehrern standardisierte Interviews bzw. Fragebögen eingesetzt.

Mittels einer multivariaten Varianzanalyse mit Messwiederholung konnte ein deutlicher positiver Gesamteffekt des Musikalischen Konzentrationstrainings mit Pepe im Vergleich zur Wartekontrollgruppe sowohl auf die Aufmerksamkeitsleistungen als auch die Lebensqualität der Kinder nachgewiesen werden. Dies bestätigte sich sowohl im kindlichen Selbsturteil als auch in der Fremdbeurteilung durch die Eltern. Die Effektstärken waren dabei moderat bis stark ausgeprägt und unabhängig von Alter, Geschlecht, Intelligenzquotienten und dem Migrationshintergrund der Kinder. Zudem war die Compliance unter den Teilnehmern der Musiktherapie außerordentlich hoch, kein Kind fehlte häufiger als dreimal. Darüber hinaus brach kein Kind oder dessen Familie die Behandlung im Verlauf ab, was besonders angesichts der sozial deutlich benachteiligten Herkunft der Stichprobe bemerkenswert war und im Vergleich zu den üblichen Abbruchraten von 40 bis 60 % in der ambulanten Kinder- und Jugendpsychiatrie (Di Gallo et al., 2002; Scheithauer/Petermann, 2000) positiv auffällt. Die hohe Teilnahmebereitschaft und Akzeptanz bestand dabei nicht nur auf Seiten der Kinder, sondern auch in der Eltern- und Lehrerschaft.

IV. Fazit: „Wir streben mehr danach, Leid zu vermeiden als Freude zu gewinnen“

Keine der drei skizzierten Untersuchungen erhebt einen Anspruch darauf, repräsentativ zu sein, alle Untersuchungen haben Pilotcharakter und beziehen sich auf eine jeweils sehr spezifische Zielgruppe. Zusammenfassend betrachtet, verdeutlichen sie dennoch Folgendes: Nachhaltige (Verhaltens-)Veränderungen können bei Kindern spielerisch und ohne direkten Bezug zu den negativen und veränderungsbedürftigen Handlungsmustern erreicht werden, was den Spaßfaktor bei der Behandlung fördert. Das Erleben von Spaß und Freude im Behandlungsverlauf aktiviert, vermutlich vermittelt über eine gesteigerte Selbstwirksamkeit, die Selbstheilungskräfte und erleichtert Therapeuten und Bezugspersonen den Zugang zu den Betroffenen. Es darf darüber spekuliert werden, ob nicht einige dieser Kinder aufgrund biologischer, reife- oder sozialisationsbedingter Faktoren zu früh mit Anforderungen konfrontiert wurden, die sie überforderten, was ihre natürliche Spiel- und Experimentierfreude, die nicht zuletzt der Selbstbestätigung dient, beeinträchtigt und stabilen Misserfolgserwartungen den Weg bereitet hat. Möglicherweise dienen sogar einige der an den Tag gelegten negativen Verhaltensweisen dem eigentlichen Zweck der Reinszenierung versäumter Kindheits- bzw. Spielerfahrungen. Zumindest würde dies erklären, warum sich die negativen Verhaltensmuster leichter durchbrechen lassen, wenn Freude mit ins Spiel kommt und damit der Grund zur Reinszenierung entfällt. Die Effekte alternativer Behandlungsmethoden, die sich in hohem Umfang spielerischer und nonverbaler Elemente bedienen, sind daher nicht zu unterschätzen. Sie können, sofern die Maßnahmen entlang dem Bedürfnis- und Ansprechbarkeitsprinzip (Andrews/Bonta, 2010) geplant sind, durchaus den Effekten konventioneller Therapie- und Behandlungsprogramme gleichen. Sie bieten jedoch, zumindest bei Kindern mit externalisierenden Verhaltensstörungen, den Vorteil, mit mehr Freude und einer höheren Therapiemotivation einherzugehen, was sie auch für Kinder, die zuvor bereits negative Therapieerfahrungen gemacht haben, zur ernstzunehmenden Alternative macht. Bei der

Evaluation kriminalpräventiver Maßnahmen im Kinder- und Jugendbereich sollte der Spaßfaktor daher künftig mehr Berücksichtigung finden. „Lust auf Leben wecken“ ist als eine durchaus erfolgversprechende, (Lebens-)Freude und (Lebens-)Sinn stiftende Strategie zur Kriminalprävention betrachten.

Literatur

Andrews, D. A., Bonta, J. (2010). The psychology of criminal conduct (5th Ed.). New Providence, NJ: LexisNexis.

Auhagen, A. E. (2008). Positive Psychologie: Anleitung zum" besseren" Leben. Weinheim: Beltz.

Bundesärztekammer (2005). Stellungnahme zur „Aufmerksamkeitsdefizit-/ Hyperaktivitätsstörung“. Zugriff am 26.10.2012 http://www.bundesaerztekammer.de/downloads/AD HSLang.pdf.

Boberski, H. (2004). Adieu, Spaßgesellschaft: Wollen wir uns zu Tode amüsieren? Eine Recherche. Klosterneuburg: Edition va bene.

Boss, P. (2006). Loss, trauma and resilience: Therapeutic work with ambiguous loss. New York: Norton.

Bräutigam, M. (1994). Spaß als Leitidee jugendlichen Sportengagements. Konsequenzen für die Sportdidaktik? Sportunterricht, 43, 236-244.

Castellanos, F. X., Lee, P. P., Sharp, W., Jeffries, N. O., Greenstein, D. K., Clasen, L. S. et al. (2002). Developmental trajectories of brain volume abnormalities in children and adolescents with attention-deficit/hyperactivity disorder. Journal of American Medical Association, 288, 1740-1748.

Di Gallo, A., Amsler, F., Bürgin, D. (2002). Behandlungsabbrüche in einer kinder- und jugendpsychiatrischen Ambulanz in Basel: eine Evaluation im Rahmen der Qualitätssicherung. Praxis der Kinderpsychologie und Kinderpsychiatrie, 51, 92-102.

Greiffenhagen, S. (2009). Tiere als Therapie. Nerdlen: Kynos.

Heinz, W. (2008). „Bei der Gewaltkriminalität junger Menschen helfen nur härtere Strafen!“ Fakten und Mythen in der gegenwärtigen Jugendkriminalpolitik. Neue Kriminalpolitik, 20, 50-59.

Hillmer, J.-M., Rothmann, K. (2010). Konzentrieren durch Musizieren? - Ein empirischer Vergleich zwischen dem neuropsychologischen Gruppenprogramm Attentioner und dem neu entwickelten musiktherapeutischen Aufmerksamkeitstraining „Pepe“. Unveröffentlichte Diplomarbeit. Technische Universität Braunschweig.

Hillmer, J.-M., Rothmann, K. (im Druck). Das Musikalische Konzentrationstraining mit Pepe: Vorstellung des Konzeptes mit seinen Wirkfaktoren. Musik-, Tanz- und Kunsttherapie.

Hosser, D. (2012). Modellprojekt „Jim Knopf“. Evaluation der Wirksamkeit von Reittherapie bei Kindern mit ADHS und/oder einer Störung des Sozialverhaltens. Abschlussbericht zum Förderzeitraum 01.08.2010 bis 31.01.2012. Braunschweig.

Hüther, G. (2011). Begeisterung ist Doping für Geist und Hirn. Lebensart, 1/2011, 64.

Jacobs, C., Petermann, F. (2008). Training für Kinder mit Aufmerksamkeitsstörungen. Das Neuropsychologische Gruppenprogramm ATTENTIONER (2. überarbeitete Auflage). Göttingen: Hogrefe.

Johnson, E., Mellor, D., Brann, P. (2008). Differences in dropout between diagnosis in Child and Adolescent Mental Health Services. Clinical Child Psychology and Psychiatry, 13, 515-530.

Liechti, J. (2009). Dann komm ich halt, sag aber nichts. Motivierung Jugendlicher in Therapie und Beratung. Heidelberg: Carl-Auer-Systeme.

Mempel, S. (1985). Therapiemotivation bei Kindern. Unveröffentlichte Dissertation, Technische Hochschule Darmstadt.

Neuhaus, C. (2009). ADHS bei Kindern, Jugendlichen und Erwachsenen. Symptome, Ursachen, Diagnose und Behandlung (2., aktualisierte Auflage). Stuttgart: Kohlhammer.

Rheinberg, F. (2010). Intrinsische Motivation und Flow-Erleben. In J. Heckhausen, H. Heckhausen (Hrsg.), Motivation und Handeln (4. Bd.) (S. 365-388). Berlin: Springer.

Scheithauer, H.,, Petermann, F. (2000). Therapieabbrüche von aggressiven und dissozialen Kindern. Kindheit und Entwicklung, 9, 14-19.

Schmidt, R. (2012). Spaß? Was ist das? – Ein vernachlässigtes Konstrukt in der Psychotherapieforschung. Vergleich zweier Therapien zur Behandlung von ADHS: Neurofeedback vs. ATTENTIONER. Unveröffentlichte Masterarbeit an der Technischen Universität Carolo-Wilhelmina zu Braunschweig.

Stauer, M., Waltinger, M., Mößle, T., Rehbein, F., Bleckmann, P., Pfeiffer, C. (2011). Lust auf Leben wecken. Medienkonsum, Freizeitverhalten und Schulleistungen von Viertklässlern im Landkreis Reutlingen. Hannover: KFN:

Steinebach, C., Jungo, D., Zihlmann, R. (Hrsg.) (2012). Positive Psychologie in der Praxis: Anwendung in Psychotherapie, Beratung und Coaching. Weinheim: Beltz.

Steiner, S. (2008). „Kinderflüsterer“ Pferd. Heilpädagogisches Voltigieren und Reiten, eine multifunktionale Förderungsmaßnahme u. a. bei Lernstörungen. Saarbrücken: VDM Verlag Dr. Müller.

Stoffl, R. (2007). Mit Pferden erziehen. Wissenschaftliche Begründung und Evaluation des heilpädagogischen Reitens in der Kinder- und Jugendhilfe. Saarbrücken: VDM Verlag Dr. Müller.

Vorsteher, B. (2003). Reittherapie - eine andere Art von Kindertherapie? Zeitschrift Therapeutisches Reiten, 2, 4-10.

Wunsch, A. (2007). Abschied von der Spaßpädagogik. Für einen Kurswechsel in der Erziehung. 4. Auflage. München: Kösel.

Zimmermann, P., Gondan, M., Fimm, B. (2002). Testbatterie zur Aufmerksamkeitsprüfung für Kinder KITAP. Herzogenrath: Psytest.

Monstermütter, Horrorväter, schwierige Jungen? Geschlechtsrollenstereotype bei Tötungsdelikten an Kindern

Theresia Höynck

I. Einleitung

Christian Pfeiffer ist ein Mann der starken Bilder. Vielen sind diese geläufig: „Die Leistungskrise der Jungen", „Max und Mehmet" oder die provokant gestellte Frage: „Gefährdet die Dominanz der Männer das Überleben der Menschheit?". Nicht selten sind diese Bilder mit einem Geschlecht verknüpft – wie in der Kriminologie erwartbar, häufig mit dem männlichen. Aus vielen Befunden, die der (einmal muss der Begriff sein) verehrte Jubilar im Laufe der letzten rund 35 Jahre generiert hat, lassen sich sprechende Bilder dieser Art gut zeichnen und diese Möglichkeit hat er meist genutzt. Oft stammen die Bilder aus großen Datensätzen, etwa den KFN-Schülerbefragungen, die neben der Macht der Bilder auch die Macht der vielen Befragten auf ihrer Seite haben. Natürlich sind es Vereinfachungen, aber sie fassen den Kern in einer Weise zusammen, die verstanden wird, auch in den Medien, um deren Versorgung mit kriminologischen Befunden sich Christian Pfeiffer wie wohl kein anderer verdient gemacht hat und verdient macht.

Manchmal lassen sich einfach Bilder zeichnen, manchmal ist es schwieriger, manchmal werden die Bilder auch deshalb gut verstanden, weil sie allgemeinen Wahrnehmungen entsprechen. Befunde, die irritieren, müssen häufig gegen mächtige Bilder bestehen – die Erfahrungen aus dem KFN-Projekt zu Tötungsdelikten an Kindern zeigen dies immer wieder. Hier gibt es die öffentlichen, auf Einzelfälle bezogenen Bilder, genannt seien nur Kevin und Lea-Sophie, es gibt aber auch die „Monstermütter, die kaltblütig ihre Kinder töten", seltener die entsprechenden „Horrorväter". Medienanfragen zu dem Thema werden sehr häufig auf die Mütter bezogen formuliert: Es soll um Kindstötungen gehen, also um Mütter, die töten. Was unter Kindstötungen verstanden wird, ist dann geprägt vom Fall, der Anlass für die Recherche ist: Eine Neugeborenentötung, ein verhungertes

Kind oder ein Kind, das von einem Elternteil getötet wurde, bevor sich dieser selbst getötet hat.

Dieser Beitrag ist Christian Pfeiffer, dem ich viel verdanke, zu seinem 70. Geburtstag gewidmet. Er soll der Frage nachgehen, welche auf das Geschlecht von Tätern bzw. Täterinnen und Opfern bezogenen Bilder sich in einem sehr kleinen Deliktsbereich, den Tötungsdelikten an Kindern unter sechs Jahren, auf der Grundlage der quantitativen Daten aus einem am KFN durchgeführten Forschungsprojekt zeigen und welche weiteren Forschungsfragen sich aus dieser Perspektive ergeben. Dass das Geschlecht der Täterinnen und Täter von Tötungsdelikten eine Bedeutung hat, ist keine ganz neue Erkenntnis, „the gendered nature of child homicide“ (Alder/Polk, 2001) liegt nahe, die Einzelheiten sind aber weder eindeutig noch in ihrer gesamten Bedeutung geklärt.

II. Allgemeines zum Projekt „Tötungsdelikte an Kindern“

Das Projekt „Tötungsdelikte an Kindern“ (gefördert von der Fritz Thyssen Stiftung) füllt eine Lücke in der in diesem Bereich mageren Forschungslage in Deutschland (Höynck/Görgen, 2006). Zentrales Element war eine bundesweite Vollerhebung aller Fälle aus dem Zeitraum 1997-2006, bei denen der polizeiliche Verdacht eines vorsätzlichen, vollendeten Tötungsdelikts (einschließlich der erfolgsqualifizierten Delikte) an Kindern zwischen 0 und unter sechs Jahren bestand. Grundlage der Aktenanalyse war die Auswertung der jeweiligen vollständigen Strafakten[1], soweit sie zugänglich waren.[2] Im Ergebnis konnten Daten zu 535 Opfern ausgewertet werden. Das sind knapp 60 % der für diesen Zeitraum in der Polizeilichen Kriminalstatistik verzeichneten Opfer (N = 911). Maßgeblich für die Definition als „Opfer“ war der polizeiliche Tatverdacht eines vollendeten, vorsätzlichen Tötungsdelikts (einschl. erfolgsqualifizierte Delikte) zum Zeitpunkt des Abschlusses der Ermittlungen. Die auswertbaren Fälle streuen relativ gleichmäßig über Regionen und Jahre, so dass jedenfalls

1 In einem gesonderten Projektmodul wurden Interviews mit Täterinnen und Tätern geführt (für den Abschlussbericht siehe Kroetsch, 2011). Ein weiteres, noch nicht abgeschlossenes Projektmodul befasst sich mit der Rolle von Jugendämtern in Fällen, bei denen Kinder zu Tode kamen.

2 Zur Rücklaufproblematik sowie zu einigen der methodischen Herausforderungen siehe Höynck (2011).

insoweit von einem nicht systematischen Ausfall ausgegangen werden darf. Das bedeutet, dass bei den vorhandenen Daten erwartet werden kann, dass sie die Bandbreite und Merkmalsverteilung der tatsächlichen Fälle recht gut abbilden. Nicht möglich sind hingegen genaue Rückschlüsse auf die „wahre" Anzahl der Fälle, da die PKS als Verdachtsstatistik eine Tendenz zur Übererfassung hat, die auffindbaren Akten aber sicher eine Untererfassung darstellen.

Den Opfern, zu denen Daten verfügbar sind, stehen 354 Täter bzw. Täterinnen gegenüber. Als „Täter" bzw. „Täterin"[3] bezeichnen wir nur rechtskräftig wegen der Tötungshandlung an dem Kind verurteilte Täterinnen und Täter, sowie Personen, die allein aufgrund von Schuldunfähigkeit freigesprochen wurden, und Personen, die die Tötung des Kindes im Rahmen eines vollendeten erweiterten Suizids begangen, sich selbst also gleichzeitig mit dem Kind getötet haben[4]. Die Zahl der Täterinnen und Täter, über die Zahlen vorliegen, ist damit nicht unwesentlich geringer als die der Opfer. Dies liegt daran, dass bei einer nennenswerten Zahl von Fällen, vor allem in der Gruppe der Neonatizide, kein Tatverdächtiger ermittelt werden konnte. Bei anderen Fällen ließ sich der Tatverdacht nicht in der Weise erhärten, dass eine ausreichende Grundlage für eine Anklage bzw. Verurteilung bestand.

III. Fallgruppen

Tötungsdelikte an Kindern unter sechs Jahren sind eine kleine, dennoch sehr heterogene Deliktsgruppe. Es wurden daher, anknüpfend Kategorisierungen anderer Studien, auch im Projekt Tötungsdelikte an Kindern Fallgruppen gebildet, die sich stark am äußeren Erscheinungsbild des Deliktes orientieren. Die folgende Tabelle 1 fasst die Fallgruppeneinteilung sehr

3 Die Reihenfolge, in der die männliche oder weibliche Form genannt wird, ist im gesamten Text ohne Bedeutung. Es werden, wenn Merkmale männlicher und weiblicher Täter/innen beschrieben werden, trotz möglicherweise schlechterer Lesbarkeit ausdrücklich beide Geschlechterformen verwendet. Grund hierfür ist, dass gerade Tötungsdelikte dazu verleiten, geschlechterspezifisch zu lesen.

4 Mit dieser eher engen Definition fällt eine kleine Gruppe (n = 11), die insoweit zu den Tätern zählt, als an der Tathandlung keine ernsthaften Zweifel bestehen, heraus. Dabei handelt es sich hauptsächlich um Personen, gegen die das Ermittlungsverfahren nach § 170 Abs. 2 StPO wegen Schuldunfähigkeit und mangels Vorliegens der Voraussetzungen des § 63 StGB eingestellt wurde.

knapp zusammen (genauer: Höynck, 2010): Sie zeigt, wie unterschiedlich stark die einzelnen Fallgruppen vertreten sind. Es dominieren ganz eindeutig die Neonatizide, gefolgt von Misshandlungstötungen und erweiterten Suiziden (vgl. auch Abbildung 1). Die restlichen Fallgruppen weisen nur kleine Fallzahlen auf. Bei der Fallgruppe „natürlicher Tod/unklar" handelt es sich letztlich nicht um Tötungsdelikte, bei der Gruppe „plötzlicher Kindstod unklar" ist die Frage, ob es sich um einen natürlichen Tod handelt, ebenfalls nicht aufzuklären gewesen. Diese beiden Gruppen, ebenso wie die Gruppe „Sonstiges" werden daher bei einem Teil der weiteren Analysen nicht einbezogen.

Tabelle 1: Beschreibung der Fallgruppen

	Anzahl Opfer	Prozent	Kurzbeschreibung der Fallgruppe
Neonatizid	199	37,2	Fälle, bei denen die Mutter das Kind gleich nach der Geburt aktiv oder durch Nichtversorgen tötet.
Misshandlung	137	25,6	Fälle, bei denen der Tod des Kindes durch Gewalt mit oder ohne Gegenstände, durch reines Schütteln, oder (selten) auch Substanzverabreichung verursacht wurde.
Vernachlässigung	20	3,7	Fälle, bei denen die Kinder ausschließlich starben, weil sie nicht oder nicht ausreichend mit Nahrung und/oder Flüssigkeit versorgt wurden, oder (selten) weil eine notwendige medizinische Behandlung unterblieb.
Psych. Erkrankung	33	6,2	Fälle ohne suizidale Komponente, bei denen die Tötung dominierend ausgelöst wurde durch eine akute Phase einer schweren psychischen Erkrankung.
Erweiterter Suizid	68	12,7	Vollendete und versuchte (also aus welchen Gründen auch immer gescheiterte) Suizide, bei denen das Kind unmittelbar vor dem Suizid(versuch) getötet wurde.
Zielgerichtete Tötung	33	6,2	Fälle, bei denen die Täter/innen die Tötung zielgerichtet in klarer Tötungsabsicht mittels einer relativ sicher zum Tode führenden Tötungshandlung/Tötungsart vornahmen, ohne dass eine der anderen Kategorien (insbes. Mitnahmesuizid oder psychische Erkrankung) vorlag.
Sonstiges	8	1,5	Restkategorie (z. B. Kind Zufallsopfer eines Geisterfahrers)
Plötzl. Kindstod unklar	8	1,5	Fälle, bei denen letztlich ein Tötungsdelikt trotz entsprechender Indizien nicht nachgewiesen werden konnte und von einem plötzlichen Kindstod ausgegangen wurde.
Nat. Tod/Unfall	29	5,4	Fälle, bei denen sich im Laufe der Ermittlungen sicher herausstellte, dass das Kind eines natürlichen Todes gestorben war, oder bei denen es sich eindeutig um ein Unfallgeschehen handelte.
Gesamt	535	100,0	

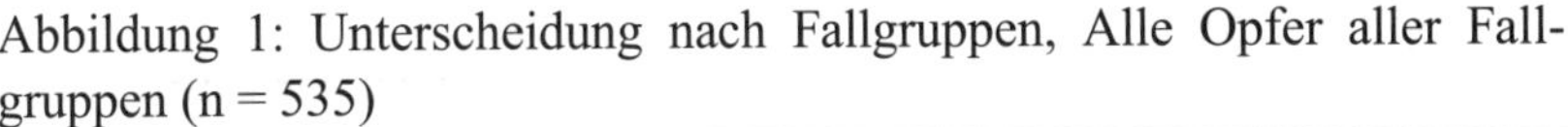

Abbildung 1: Unterscheidung nach Fallgruppen, Alle Opfer aller Fallgruppen (n = 535)

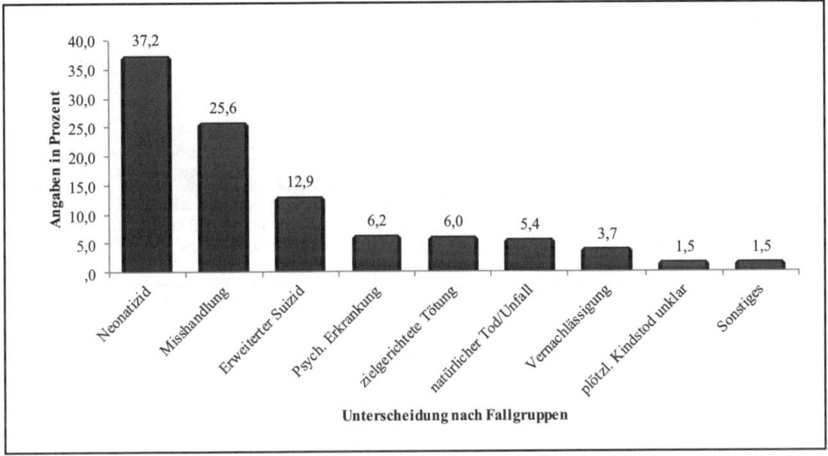

IV. Geschlecht der Opfer

Betrachtet man zunächst alle Opfer der Untersuchungsgruppe, so zeigt sich in den meisten Altersgruppen eine leichte Höherbelastung der Jungen (Abbildung 2), insgesamt wurden 292 Jungen und 238 Mädchen Opfer. Damit waren 54,6 % der Opfer männlich, 44,5 % waren weiblich. In 5 Einzelfällen ließ sich das Geschlecht aufgrund des Zustands der Leiche nicht mehr bestimmen.

Differenziert man die Opfer nicht nach Alter, sondern nach Fallgruppen, zeigt sich ein interessanter Befund (Abbildung 3): Die Höherbelastung der Jungen geht ganz wesentlich auf die Fallgruppe der Misshandlungstötungen zurück.

Abbildung 2: Opferalter in Quartalen, Unterscheidung nach Geschlecht der Opfer (n = 535)

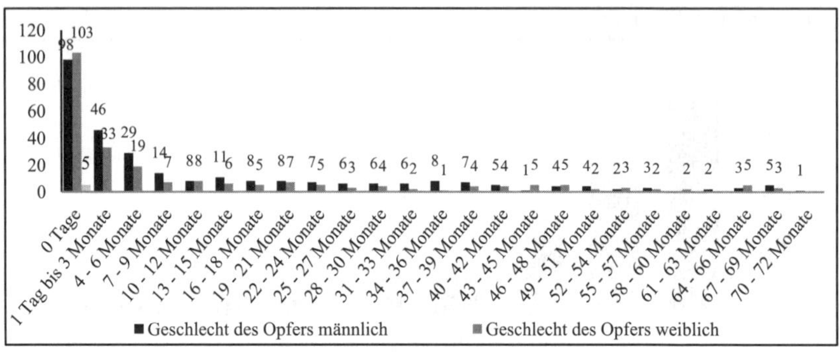

Abbildung 3: Opfergeschlecht innerhalb der einzelnen Fallgruppen ohne Fallgruppen „nat. Tod/Unfall", „plötzl. Kindstod unklar", „Sonstige" (n = 490)

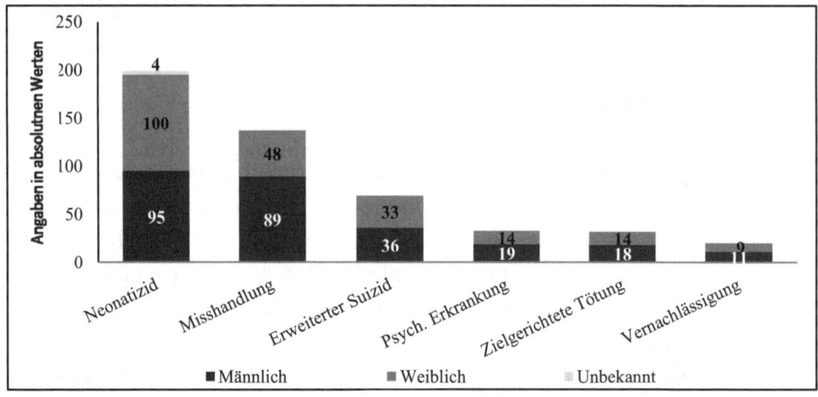

V. Geschlecht der Tätern und Täterinnen

Auch bei den Täter und Täterinnen findet sich eine Ungleichverteilung der Geschlechter, die noch klarere Bilder produziert, wenn man nicht nur das Geschlecht der Täter und Täterinnen betrachtet, sondern auch ihre Rolle bezogen auf das Kind (biologische Mutter bzw. Vater, soziale Mutter bzw.

Vater[5], Sonstige Personen[6]). Betrachtet man alle Täterinnen und Täter insgesamt, zeigt sich eine Dominanz der Frauen mit 58,7 % (n = 208). Diese Frauen sind mit wenigen Ausnahmen die biologischen Mütter der Opfer. Die biologischen Mütter machen einem Anteil von rund 56 % an allen Täterinnen und Tätern und damit eindeutig die größte Gruppe aus (Abbildung 4). Geht man davon aus, dass bei den nicht aufgeklärten Neonatiziden die Täterinnen in aller Regel die Mütter waren, dürfte der Anteil noch höher sein. Insofern ist die häufig anzutreffende Annahme, bei Tötungen von Kindern seien meist Mütter die Täterin, richtig. Bei den männlichen Tätern fällt zunächst auf, dass die biologischen Väter nur etwa die Hälfte des Anteils der biologischen Mütter ausmachen (28,8 %; n = 102). Besonders wichtig erscheint darüber hinaus, dass die Gruppe der sozialen Väter mit einem Anteil von 8,8 % (n = 31) an allen Täterinnen und Tätern eine nicht zu vernachlässigende Rolle spielt, während soziale Mütter nur 6 mal (1,7 %) als Täterinnen verurteilt wurden.

Dieses Bild klärt sich weiter, sobald man nach Fallgruppen differenziert (Tabelle 2): Bei den Neonatizieden sind fast alle Täterinnen die biologischen Mütter (die jeweils verurteilten anderen Personen wurde immer wegen Unterstützungshandlungen bei dem durch die Mutter verübten Delikt verurteilt). Bei den beiden nächstgrößeren Fallgruppen, nämlich den Misshandlungen und erweiterten Suiziden, machen die biologischen Mütter nur noch 34 % bzw. 43 % der Täter/innen aus. Bei den Misshandlungstötungen findet sich ein etwa gleich großer Anteil biologischer Väter als Täter, besonders auffallend ist der Anteil der sozialen Väter mit 21 %. Bei den erweiterten Suiziden machen die biologischen Väter rund die Hälfte der Täter aus, soziale Väter und Mütter spielen nur eine sehr geringe Rolle. Bei den drei kleineren Fallgruppen sind die Verhältnisse ebenfalls unterschiedlich: Während bei den psychischen Erkrankungen und Vernachlässigungen die biologischen Mütter dominieren, sind es bei den zielgerichteten Tötungen die biologischen Väter.

5 Als soziale Eltern werden solche Personen gewertet, die über einen gewissen Zeitraum faktisch die Elternrolle übernommen haben.

6 Die „sonstigen" Täterinnen und Täter gehörten bis auf einen Einzelfall (Geisterfahrer tötet vorsätzlich ihm unbekannte Familie mit Kind) dem unmittelbaren sozialen Nahraum, meist der Familie der Opfer an. 13 dieser Personen waren männlich, 2 weiblich.

Abbildung 4: Alle Täterinnen und Täter aller Fallgruppen, Verhältnis zum Opfer (n = 354)

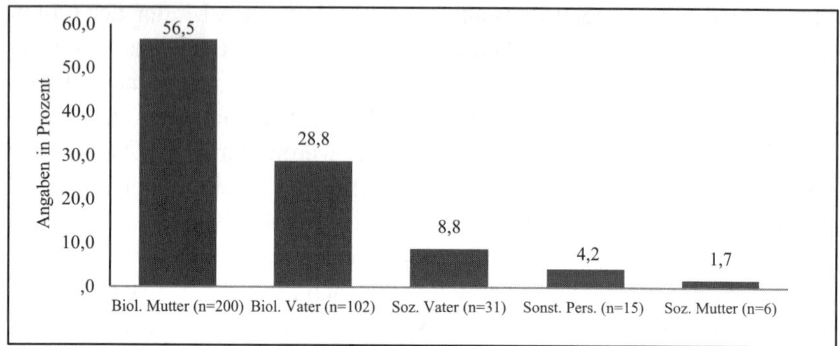

Tabelle 2: Anteil der Tätergruppen innerhalb der jeweiligen Fallgruppen, alle Täterinnen und Täter ohne Fallgruppe „Sonstige" (n = 349)

	Biologische Mütter	Biologische Väter	Soziale Mütter	Soziale Väter	Sonstige Person
Neonatizid (n=96)	95,8 %	1,0 %			3,1 %
Misshandlung (n=125)	34,4 %	35,2 %	4,8 %	21,6 %	4,0 %
Erweiterter Suizid (n=53)	43,4 %	50,9 %		3,8 %	1,9 %
Psych. Erkrankung (n=24)	75,0 %	25 %			
Zielgerichtete Tötung (n=27)	29,6 %	59,3 %		3,7 %	7,4 %
Vernachlässigung (n=24)	66,7 %	29,2 %			4,2 %

Für die drei größten Fallgruppen, Neonatizide, Misshandlungstötungen und erweiterte Suizide, soll der Frage nach der Bedeutung des Geschlechts von Opfern und Tätern bzw. Täterinnen im Folgenden anhand von einigen Daten genauer nachgegangen werden. Weiter untersucht wird zunächst die Frage der Verteilung des Geschlechts bei Opfern und Tätern und den jeweiligen Täter-Opfer-Konstellationen (biologische/soziale Väter/Mütter). Hier interessiert insbesondere die Frage, ob es eine Risikoerhöhung bestimmte Täter-Opfer-Kombinationen gibt. Die zweite Fragestellung betrifft mögliche Sanktionsunterschiede bei männlichen und weiblichen Tätern.

Neonatizide

Wie bereits erwähnt, ist bei den Neonatiziden die Geschlechterverteilung unter den Opfern in etwa ausgeglichen. 50,3 % der Opfer waren weiblich, 47,7 % männlich.[7] Dieser Befund lässt sich plausibel damit erklären, dass es sich bei den Neonatiziden um einen Deliktstypus handelt, bei dem die Interaktion mit dem Opfer keine Rolle spielt. In aller Regel ist das Geschlecht des Opfers den Täterinnen vor der Geburt nicht bekannt und wird auch nach der Geburt offenbar nicht zur Kenntnis genommen. Das wesentliche Charakteristikum von Neonatiziden ist die Tatsache, dass die Schwangerschaften verdrängt bzw. verheimlicht werden, die Geburten relativ überraschend erfolgen und ohne jede Betreuung von der Mutter allein bewältigt werden.[8] Täterinnen waren immer die biologischen Mütter (Abbildung 5), nur in wenigen Einzelfällen wurden zusätzlich der Vater oder eine sonstige Person wegen Unterstützungshandlungen für den Neonatizid verurteilt.

Abbildung 5: Täterinnen und Täter, alle Täter/innen von Neonatiziden, Verhältnis zum Opfer (n = 96)

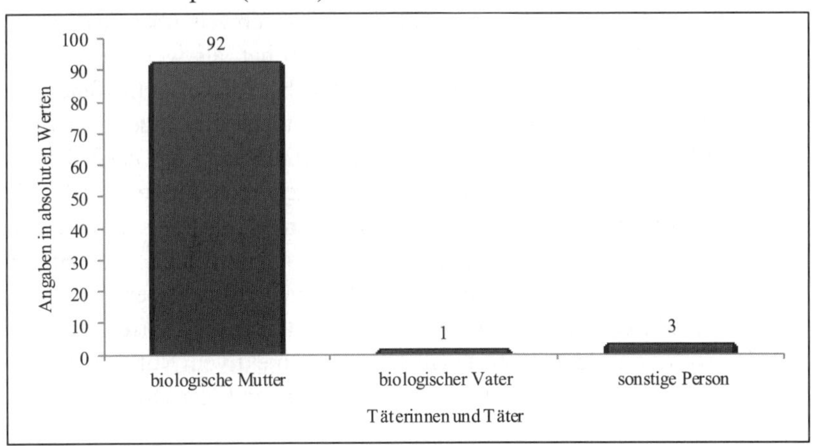

7 Bei den übrigen Opfern konnte das Geschlecht aufgrund von langen Liegezeiten der Leichen nicht mehr bestimmt werden.

8 Ausführlich zu Neonatiziden Höynck et al. (2012).

Bezogen auf die Sanktionierung der Täterinnen und Täter von Neonatiziden soll hier wegen der extrem geringen Zahl anderer Personen nur die Sanktionierung der biologischen Mütter (n = 92) betrachtet werden. Zunächst fällt auf, dass trotz der Tatsache, dass es um ein Tötungsdelikt geht, rund 36 % der Täterinnen eine Bewährungsstrafe erhielten (Abbildung 6). Auch innerhalb der nicht zur Bewährung ausgesetzten Freiheits- und Jugendstrafen[9] dominieren niedrige Strafhöhen von bis zu 4 Jahren (Abbildung 7). Gleichzeitig ist die Bandbreite der Sanktionshöhen durchaus hoch. Zwar sind acht der Täterinnen, die Strafhöhen von über 6 Jahren (einschließlich der lebenslänglichen Strafe) erhielten, wegen der Tötung von mehr als einem Neugeborenen verurteilt worden, aber immerhin sechs Verurteilungen zu Freiheitsstrafen von über sechs Jahren erfolgten bei Fällen, in denen „nur" ein Kind getötet wurde. Eine genaue Analyse der Strafzumessungsfrage in diesen Fällen ist schwierig und aktuell Gegenstand einer Dissertation. Sie ist deshalb besonders interessant, weil das Deliktsgeschehen und seine Hintergründe im Vergleich zu den anderen Fallgruppen relativ homogen sind. Dennoch ist die Bewertung angesichts der Individualität der Fälle und Verfahrensverläufe sowie der unterschiedlichen Praxis der Urteilsabfassung nicht einfach. So ist z. B. die Situation eine völlig andere, wenn das Gericht einen Tatnachweis über das von der Beschuldigten bestrittene Geschehen zu führen hat, als wenn es sich mit der subjektiven Situation einer von der Tat selbst schwer getroffenen, geständigen und reuigen Beschuldigten auseinandersetzen muss. Wesentlichen Einfluss auf die Erwägungen zur Strafzumessung hat nach den aus der Analyse der Akten zu gewinnenden Eindrücken die Frage, wie das Gericht die subjektive Verstrickung der Täterinnen würdigt. Je stärker auf die objektiv letztlich immer mögliche andere „Problemlösung" in Bezug auf die ungewollte Schwangerschaft abgestellt wird, umso härter fällt (wenn nicht andere Faktoren in die andere Richtung wirken) das Urteil aus. Umgekehrt werden mildere Urteile oft mit der subjektiven Notlage der ihre Schwangerschaft verheimlichenden Täterinnen und der überraschenden Geburt begründet.

9 Die Bemessung von Jugendstrafen erfolgt nach anderen Kriterien als die von Freiheitstrafen (§ 17 JGG vs. § 46 StGB). Dennoch erfolgt hier keine weitere Differenzierung, da auch im Jugendstrafrecht die Bemessung der Jugendstrafe letztlich nicht völlig abgekoppelt ist vom angenommenen Schuldgehalt.

Abbildung 6: Rechtskräftige Verurteilung der biologischen Mütter beim Neonatizid, Straf-/Maßregelausspruch (n = 92)

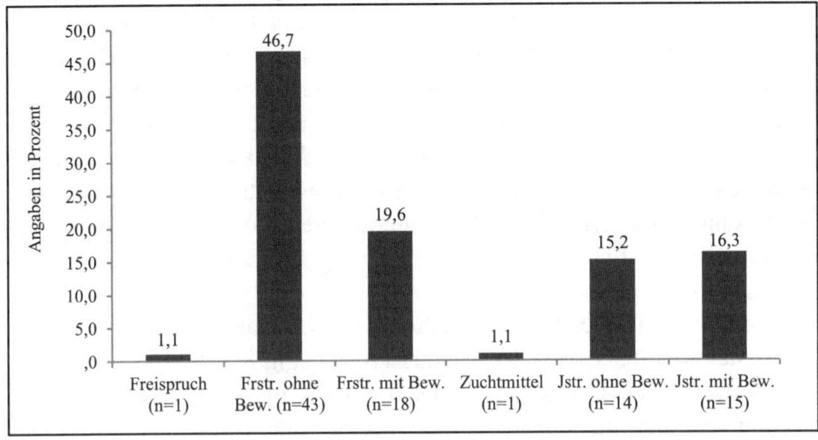

Abbildung 7: Strafhöhe bei Neonatiziden, Freiheits- und Jugendstrafen ohne Bewährung (nur biologische Mütter ohne Ausfallwerte, n = 57).

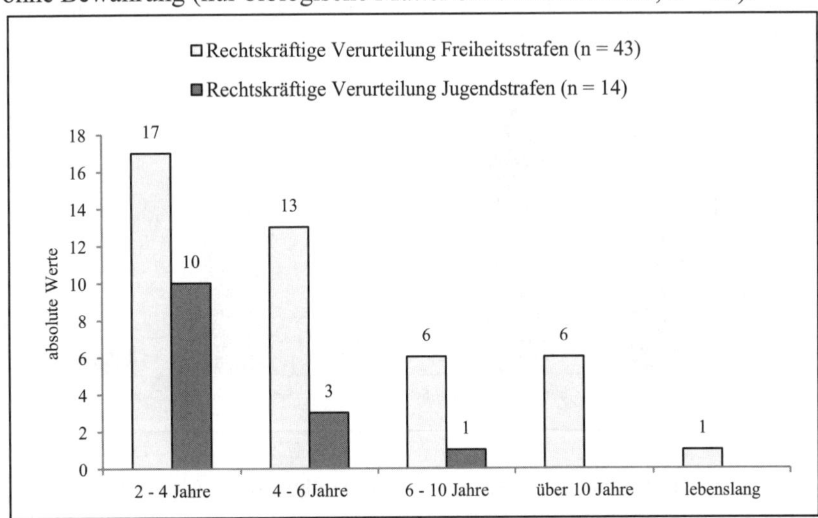

Misshandlungstötungen

Bei der Fallgruppe der Misshandlungstötungen zeigt sich als einzige eine deutliche Höherbelastung der männlichen Opfer. Fast zwei Drittel (65 %, n = 89) waren männlichen Geschlechts, nur etwa ein Drittel (35 %, n = 48) weiblich. Die Höherbelastung war dabei in allen Altersgruppen der Opfer in etwa gleich hoch. Hierbei ist zu beachten, dass deutlich über die Hälfte der Fälle im Opferalter von bis zu sechs Monaten stattfindet, mehr als ein weiteres Viertel der Fälle zwischen sechs Monaten und einem Jahr. Misshandlungstötungen finden also vor allem an sehr kleinen Kindern, insbesondere an kleinen Jungen statt. Ob hierfür die häufig als Problem von männlichen Säuglingen beschriebenen Dreimonatskoliken oder andere Anpassungsstörungen bzw. Erkrankungen, die zu elterlichem Stress führen können, möglicherweise einen Erklärungsansatz bieten, bedarf weiterer Untersuchungen.

Auch bei den Täterinnen und Tätern von Misshandlungstötungen zeigt sich eine Höherbelastung der Männer (Abbildung 8): Biologische Mütter und Väter stellen je gut ein Drittel der Täter und Täterinnen, über ein Fünftel sind aber die sozialen Väter. Soziale Mütter und andere Personen treten demgegenüber nur selten als Täterinnen oder Täter in Erscheinung.

Abbildung 8: Täterinnen und Täter, alle Täter/innen von Misshandlungstötungen, Verhältnis zum Opfer (n = 125).

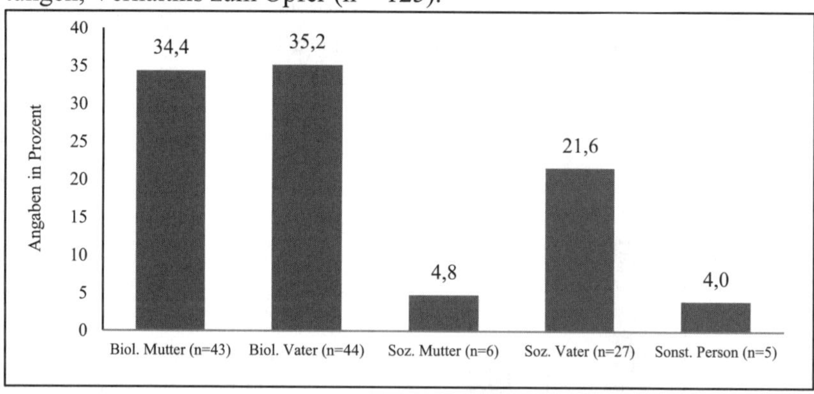

Interessant sind auch die Täter-Opfer-Konstellationen (Abbildung 9). Sowohl bei den leiblichen als auch bei den sozialen Vätern entspricht das Verhältnis mit etwa einem Drittel weiblicher und zwei Drittel männlicher Opfer der Gesamtgruppe der Misshandlungstötungen. Bei den biologischen Müttern sind hingegen die Söhne mit etwa 77 % gegenüber den Töchtern noch stärker überrepräsentiert. Betrachtet man zusätzlich das Alter des Opfers, so wird das Bild noch etwas schärfer. Die leiblichen Mütter misshandelten in den von uns untersuchten Fällen häufiger ihre Söhne im Alter von einem Tag bis drei Monaten (11 männliche und 2 weibliche Opfer) tödlich. In den anderen Altersgruppen war das Geschlechterverhältnis demgegenüber nicht so eindeutig. Dieser trotz kleiner Zahlen interessante Befund spitzt die Frage nach den Gründen für die häufigere Viktimisierung von Jungen in die Richtung möglicher Unterschiede in den Beziehungen von Eltern zu sehr kleinen Söhnen und Töchtern zu.

Abbildung 9: Alle Täter und Täterinnen von Misshandlungstötungen, Verhältnis zum Opfer und Opfergeschlecht (n = 125)

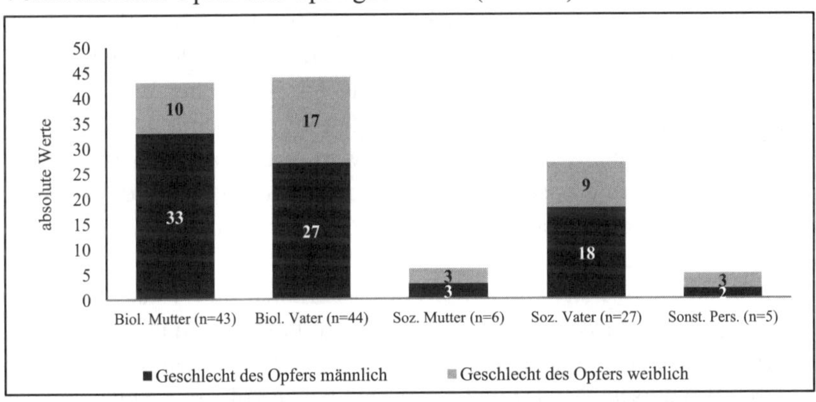

Bei den Vätern zeigte sich eine andere Auffälligkeit bezogen auf das Alter der Opfer. Die leiblichen Väter treten vor allem bei Kindern, die maximal 21 Monate alt sind als Täter in Erscheinung. Bei den älteren Kindern waren die leiblichen/sozialen Mütter bzw. die sozialen Väter Täter bzw. Täterin. Bei den sozialen Vätern ist im Gegensatz zu den leiblichen Eltern keine Häufung an tödlichen Misshandlungen in den ersten Lebensmonaten des Opfers erkennbar war. Vielmehr misshandelten diese Kinder unterschiedlichsten Alters tödlich.

Bei diesen Befunden liegt auf der Hand, dass die auf das Kind bezogenen Lebenssituation von Männern und Frauen, biologischen und sozialen Müttern und Vätern erstens nicht gleich verteilt sind und zweitens wahrscheinlich in sehr unterschiedlicher, geschlechts- bzw. geschlechtsrollenspezifischer Weise zu den Drucksituationen führen, die als Risikofaktoren für schweren Kindesmisshandlungen gelten. So ist davon auszugehen, dass es bedeutend mehr soziale Väter als soziale Mütter kleiner Kinder geben dürfte, jedenfalls ist das für Deutschland im Untersuchungszeitraum

1997-2006 anzunehmen. Die Konstellation, dass eine Frau soziale Mutter von Kindern unter sechs Jahren ist, wird ohne Zweifel weitaus seltener sein, als dass ein Mann sozialer Vater von Kindern dieses Alters ist. Die Frage, ob Kinder mit Stiefeltern in besonderer Weise einem Misshandlungs- bzw. Tötungsrisiko ausgesetzt sind, ist viel und kontrovers unter dem Stichwort „cinderella effect" diskutiert worden (z. B. einerseits Daly/Wilson, 1996 sowie Schnitzer/Ewigman, 2005, anderseits Temrin et al., 2004, differenzierend Alder/Polk, 2001). Abgesehen von dem Problem der Rolle von Stiefeltern bzw. sozialen Eltern bedarf die Situation von gemeinsam das Kind versorgenden biologischen Eltern oder allein erziehenden Eltern sorgfältiger Analyse bei der Frage, woraus sich die besonderen Risiken für Kinder ergeben. Umfang und Art von mit den Kindern verbrachter Zeit unterscheiden sich in geschlechtsspezifischer Weise. Mütter verbringen typischerweise weitaus mehr Zeit jedenfalls mit ihren sehr jungen Kindern als die Väter. Die Rollenerwartungen an Mütter und Väter, deren Nichterfüllung krisenhaft sein kann, die Bilder von „guten" Müttern und Vätern unterscheiden sich von einander aber auch zwischen sozialen Gruppen erheblich.

Bezogen auf die Sanktionierung der Täterinnen und Täter von Misshandlungstötungen ist zunächst festzustellen, dass der Anteil an Bewährungsstrafen mit 18 % deutlich geringer ist als bei den Neonatiziden (36 %). Biologische Mütter und Väter sind bei zu vollstreckenden und zur Bewährung ausgesetzten Strafen jeweils zu gleichen Anteilen vertreten (Abbildung 10). Auffallend ist, dass bei den Bewährungsstrafen die sozialen Väter stark unterrepräsentiert, bei den nicht ausgesetzten Strafen hingegen überrepräsentiert sind. Die Beobachtung, dass die sozialen Väter zu härtere Sanktionen verurteilt wurde, ist ebenso deutlich innerhalb der zu vollstreckenden Freiheits- und Jugendstrafen. Sie sind kaum repräsentiert bei niedrigeren Strafen, dominieren aber eindeutig bei den sehr hohen Strafen über 10 Jahren (Abbildung 11). Am unteren Ende der Sanktionshärte finden sich die biologischen Mütter: Ihr Anteil ist am höchsten bei den niedrigen Strafen, er sinkt, je höher die Strafen sind, keine Verurteilung zu lebenslanger Freiheitsstrafe wurde gegenüber einer biologischen Mutter ausgesprochen. Bei den biologischen Vätern verhält es sich teilweise umgekehrt. Zwar wurde nur ein kleiner Teil zu mehr als 10 Jahren Freiheitsentzug verurteilt, aber auch bei den sehr niedrigen Strafhöhen sind sie unterrepräsentiert, mit steigender Strafhöhe hingegen steigt ihr Anteil. Die wenigen Fälle, in denen soziale Mütter (eine Pflegemutter, eine Stiefmutter, drei Freundinnen des biologischen Vaters) Täterinnen waren, wurden hohe Strafen von über 6 Jahren ausgesprochen.

Die Sanktionsunterschiede dürften wesentlich auf unterschiedliche Tatbeiträge zurückzuführen sein: In 21 Fällen der Misshandlungstötungen wurden zwei Personen gemeinsam als Täterin oder Täter verurteilt. Dabei handelte es sich entweder um beide biologischen Eltern (10 Fälle) oder um die biologische Mutter zusammen mit dem sozialen Vater (10 Fälle). In einem Fall waren die sozialen Eltern die Täter. In fast allen diesen Fällen hatte nur ein Elternteil, in der Regel der biologische/soziale Vater, das Kind aktiv misshandelt. Auch in den Fällen (8 Fälle), bei denen neben dem verstorbenen Kind auch die Partnerin misshandelt wurde, waren Täter die Väter. Auch hier bedarf die Strafzumessung weiterer Untersuchungen. Neben den Arten der Tathandlungen, die zwischen einmaligem Schütteln und mehrfachen, teilweise sehr brutalen Misshandlungen rangieren, kommen als Einflussfaktoren auch hier mit dem vorhandenen Datenmaterial schwer zu untersuchende Wertungen von Rollenentgleisungen oder Überforderungssituationen in Frage.

Abbildung 10: Freiheits- und Jugendstrafen ohne bzw. mit Bewährung bei Misshandlungstötungen nach Tätergeschlecht (n = 120).

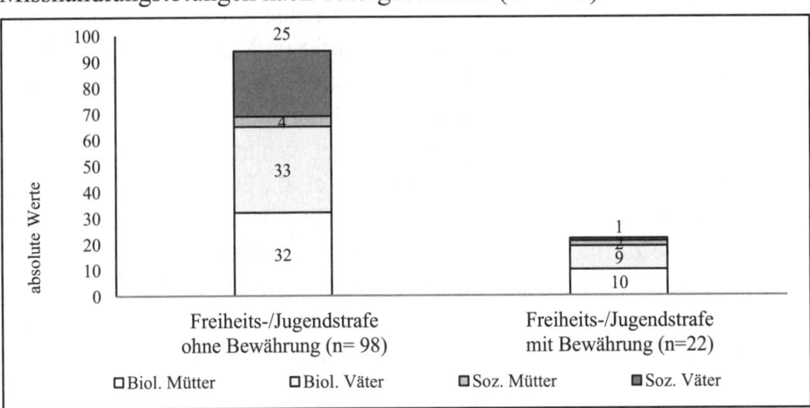

Abbildung 11: Strafhöhe bei Misshandlungstötungen, Freiheits- und Jugendstrafen ohne Bewährung, rechtskräftige Verurteilung (n = 102).

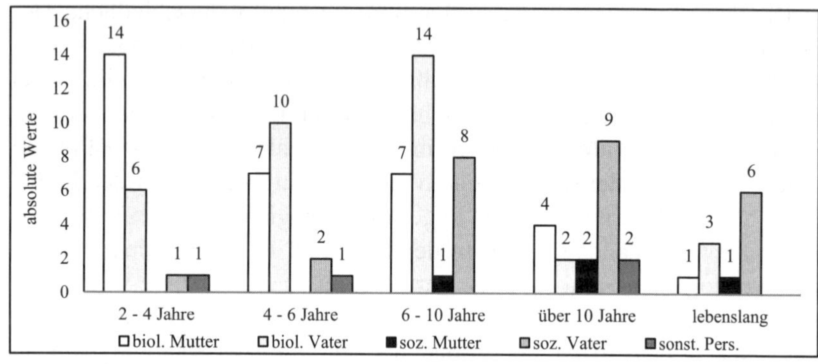

Erweiterte Suizide

Bei den Opfern erweiterter Suizide ist eine geschlechterspezifische Risikoerhöhung bei 36 (52,2 %) männlichen und 33 (47,8 %) weiblichen Opfern nicht festzustellen. Dies passt zu dem Eindruck, dass bei diesem Delikt die Opfer insofern eher zufällig sind, als es sich um die (jeweils anwesenden) Kinder handelt und es in der Regel keine mit der Tat unmittelbar zusammenhängende Interaktion mit dem Opfer im Vorfeld der Tat gibt.

Unter den Täterinnen und Tätern dominieren eindeutig die biologischen Eltern (Abbildung 12), dabei ist der Anteil der biologischen Väter etwas erhöht. Dieser etwas höhere Wert ist aber bei weitem nicht so stark[10], wie die offenbar häufig angenommen (Yardley et al., 2013[11]; Vanamo et al., 2001), medial jedenfalls scheinen die Fälle mit männlichen Tätern weitaus mehr Interesse zu finden. Dieses Bild verändert sich auch nicht, wenn man ausschließlich die Täterinnen und Täter versuchter erweiterter Suizide betrachtet. In 10 Fällen überlebte die Mutter, in 12 Fällen der biologische Vater den Selbstmordversuch. Die beiden Täter, die soziale Väter waren,

10 Dies könnte mit der untersuchten Fallgruppe zusammenhängen, die nur Fälle mit Opfern im Alter unter 6 Jahren einbezieht. Es ist nicht ausgeschlossen, dass erweiterte Suizide, bei denen ältere Kinder getötet werden, häufiger durch Väter verübt werden.

11 Interessant ist, das Yardley et al. die erweiterten Suizide durch Männer in den Kontext anderer Mehrfachtötungen durch Männer, wie Amok- oder Serientäter stellen. Sie wählen den Begriff „family annihilators", definiert als Männer, die absichtlich ihre Kinder töten unabhängig davon, ob auch die Partnerin/Mutter der Kinder getötet wird (familicide) und ob eine Selbsttötung versucht oder durchgeführt wird (filicide-suicide).

hatten eine sehr enge Bindung zum Kind, einer der Täter hielt sich bis kurz vor der Tat für den biologischen Vater. Der Einzelfall einer sonstigen Person als Täter war ein atypischer Fall, dessen Hintergründe letztlich nicht aufgeklärt werden konnte, mit einem vollendeten Suizid des Täters, der auch die Mutter des Kindes tötete.

Abbildung 12: Täterinnen und Täter, alle Täter/innen erweiterter Suizide (n = 53).

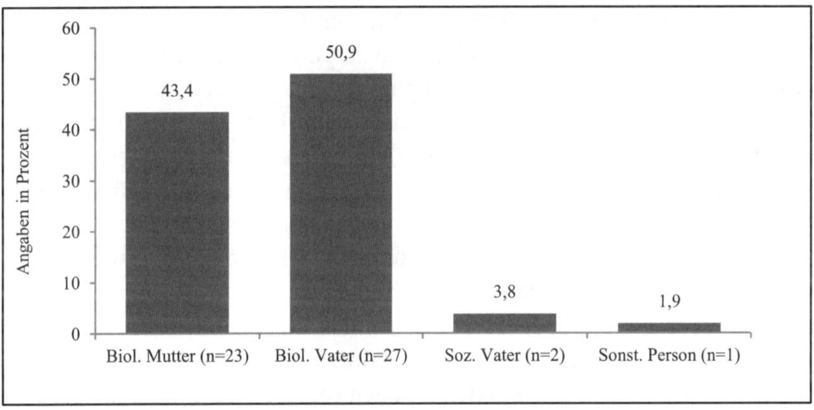

Abbildung 13: Alle TäterInnen von Erw. Suizid-Tötungen, Verhältnis zum Opfer und Opfergeschlecht (n = 53)

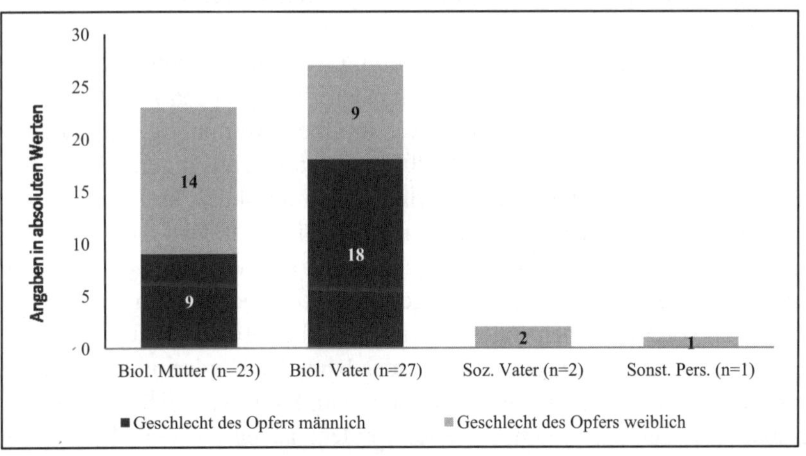

Die Tatsache, dass bei den Vätern als Täter ein höherer Anteil männlicher Opfer zu verzeichnen ist als bei den Täterinnen, erscheint angesichts der niedrigen absoluten Zahl ein zufälliger Effekt (Abbildung 13). Nachgehen könnte man hier allenfalls der Hypothese, ob dies mit stärkeren Bindungen an jeweils gleichgeschlechtliche Kinder zu tun haben könnte.

Bezogen auf die Sanktionierung der Täterinnen und Täter ist zunächst festzustellen, dass deren Anzahl sehr gering ist, da ein größerer Teil verstorben ist. Das Sanktionsniveau ist insgesamt eher hoch (Abbildung 14).

Nur in einem Fall wurde eine Bewährungsstrafe bei einer biologischen Mutter ausgesprochen, in 18 Fällen eine zu vollstreckende Freiheitsstrafe, in drei Fällen wurde die Unterbringung in einem psychiatrischen Krankenhaus angeordnet. Interessant ist, dass auch hier das Sanktionsniveau bezogen auf die biologischen Väter höher ist als bei den Müttern (Abbildung 15). Freiheitsstrafen unter sechs Jahren erhielten nur Mütter, Freiheitsstrafen über 10 Jahren neun Väter gegenüber zwei Müttern.

Wie bei den Neonatiziden gibt es für einen Teil dieser Beobachtung eine einfache Erklärung. Auch bei den Mitnahmesuiziden gab es einige Fälle mit mehreren Opfern. In 11 Fällen wurden zwei Kinder aus der Untersuchungsgruppe getötet. Hierbei war häufiger der Vater der Täter als die Mutter (7 vs. 4 Fälle). In 14 anderen Fällen sollte grundsätzlich die gesamte Familie, d. h. neben dem Opfer bzw. dessen Geschwistern auch die Mutter mit in den Tod genommen werden. Täter waren hier ausschließlich die Väter. Es gibt keinen Fall, in dem die Mutter auch den Vater tötete bzw. töten wollte.

Ob darüber hinaus die Sanktionierung von geschlechtsspezifischen, nicht unmittelbar äußerlichen Tatmerkmalen abhängt, bedarf weiterer Untersuchungen. Auslöser der Taten war in Übereinstimmung mit anderen Untersuchungen (z. B. Alder/Polk, 2001) in den von uns untersuchten Fällen fast immer ein Trennungskonflikt. Trennungskonflikte können geschlechtsspezifische Krisensituationen auslösen. So ist etwa die Konstellation, dass die Kinder bei der Mutter leben und den Vater nur gelegentlich sehen, weitaus häufiger als die umgekehrte. Dies bedeutet unterschiedliche Arten von möglichen Belastungen für die betroffenen Mütter und Väter: Die alleinige Versorgung des Kindes bzw. der Kinder oder die Trennung von dem Kind bzw. den Kindern. Ob und ggf. wie solche Tathintergründe von den Gerichten bewertet werden, ist eine offene Frage, die wahrscheinlich auch über die bisher noch nicht auswertbaren in den Urteilen genannten Stafzumessungsgesichtspunkte hinausgehende Datenquellen erfordert.

Abbildung 14: Straf- und Maßregelausspruch bei erweiterten Suiziden (überlebende Täterinnen und Täter ohne Ausfallwerte), rechtskräftige Verurteilung (n = 22).

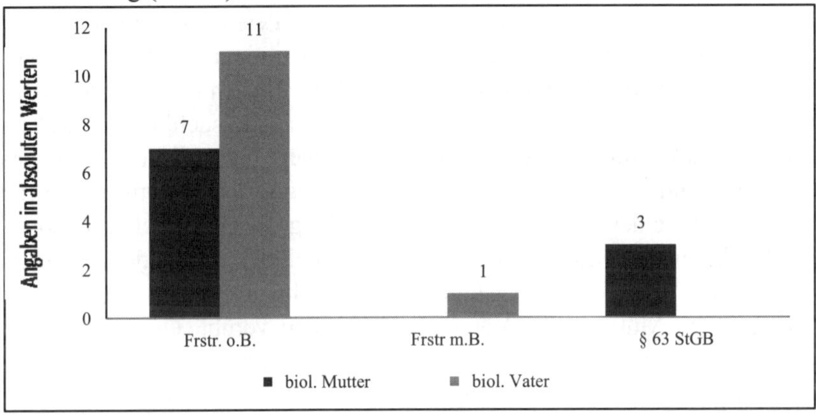

Abbildung 15: Strafhöhe bei erweiterten Suiziden: Freiheitsstrafen ohne Bewährung (überlebende Täter und Täterinnen ohne Ausfallwerte), rechtskräftige Verurteilung (n = 18).

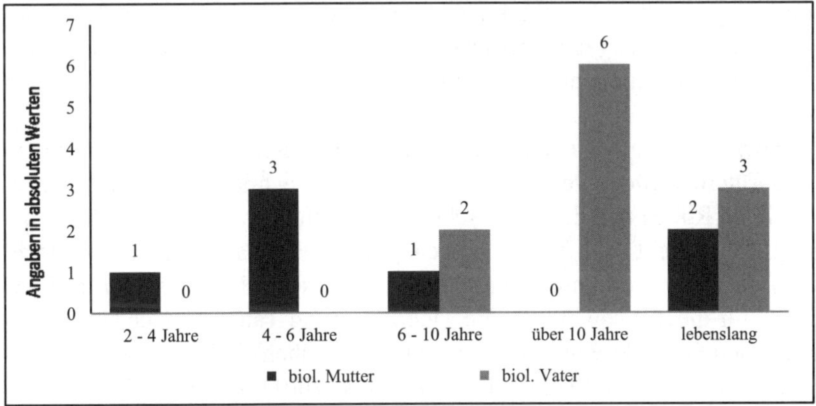

VI. Fazit

Der vorliegende Beitrag sollte der Frage nachgehen, welche auf das Geschlecht von Täterinnen und Tätern und Opfern bezogenen Bilder sich zu Tötungsdelikten an Kindern unter 6 Jahren auf der Grundlage der quantitativen Daten aus dem Projekt Tötungsdelikte an Kindern zeigen und welche weiteren Forschungsfragen sich aus dieser Perspektive ergeben. Bereits die wenigen berichteten Daten zeigen, wie unterschiedlich relevant das Geschlecht von Täterinnen und Tätern bzw. Opfern in den verschiedenen Fallgruppen ist. Alles spricht dafür, dass Tötungsdelikte an Kindern ohne Berücksichtigung des Faktors Geschlecht nur unzureichend beschrieben und verstanden werden können. Dies gilt schon auf einer sehr simplen Ebene der unterschiedlichen Verteilung der Geschlechter: Neonatizide, die größte Gruppe unter den Tötungsdelikten an Kindern, werden von Frauen bzw. Mütter begangen. Misshandlungstötungen werden von biologischen Müttern und Väter gleichermaßen verübt, eine zusätzliche relevante Tätergruppe sind die sozialen Väter. Erweiterte Suizide sind kein Männerdelikt – sie werden, jedenfalls wenn kleine Kinder die Opfer sind, fast ebenso häufig von Frauen begangen. Das Viktimisierungsrisiko unterscheidet sich nach dem Geschlecht nur bei den Misshandlungstötungen, dort allerdings nicht unwesentlich. Männliche Täter von Tötungsdelikten an Kindern werden tendenziell härter bestraft. Ob dies an mehr als eindeutigen äußeren Tatmerkmalen liegt oder an dem gelegentlich vermuteten Frauenbonus (zu dieser Debatte Köhler, 2013), ist eine offene Frage, deren Klärung allein auf der Grundlage einer Aktenanalyse kaum möglich erscheint.

Soweit eine gleichmäßige Verteilung der Geschlechter bei Täterinnen und Tätern vorliegt, verdeckt dies, dass die tatsächliche Häufigkeit der jeweiligen Rollen und deren typische wahrscheinlich tatrelevanten Probleme ungleich verteilt sind. Vieles verweist gleichzeitig darauf, dass Geschlecht und die damit verbundene geschlechtsspezifische Rolle bezogen auf das Kind für die Tat sowohl für die Täterinnen und Täter als auch für die urteilenden Gerichte von Bedeutung sind und daher die Diagnose der „gendered nature of child homicide (Alder/Polk, 2001) sehr zutreffend ist. Für die Täterinnen und Täter zeigt sich dies auch eindeutig in den qualitativen Daten aus dem Projekt, die auf der Grundlage von 24 Interviews mit Tätern und Täterinnen gewonnen wurden (Kroetsch, 2011).

Was bedeutet dies nun für die Ausgangsüberlegung bezogen auf den Wunsch nach klaren und starken Bildern? Es lassen sich zu Tötungsdelikten an Kindern auf der Grundlage der verfügbaren Daten durchaus einige auch allgemein verständliche Falltypen zeichnen, die ein Geschlecht und eine Geschlechtsrolle haben. Die einer solchen Typenbildung innewohnende Vereinfachung hat dabei im besten Falle gleichzeitig den Effekt, für die Öffentlichkeit vermittelbar zu sein und den Fokus auf für die Forschung offene Fragen zu richten. Einem, der in diesem Spannungsfeld ein echter Meister ist, gilt es, mit dieser Schrift zu gratulieren: Herzlichen Glückwunsch, Christian!

Literatur

Alder, C. M., Polk, K. (2001). Child Victims of Homicide. Cambridge, Cambridge University Press.

Daly, M., Wilson, M. (1996). Evolutionary psychology and marital conflict: the relevance of stepchildren. In: Buss, D., Malamuth, N. (Hrsg.), Sex, power, conflict: feminist and evolutionary perspectives. New York: Oxford University Press, S. 9-28.

Höynck, T., Zähringer, U., Behnsen, M. (2012). Neonatizid. Expertise im Rahmen des Projekts „Anonyme Geburt und Babyklappen in Deutschland – Fallzahlen, Angebote, Kontexte“, München: Eigenverlag des DJI.

Höynck, T. (2010). Das KFN-Forschungsprojekt „Tötungsdelikte an Kindern“: Erste Eindrücke zu Opfermerkmalen und Fallgruppen. In: Meier, B.-D. (Hrsg.), Kinder im Unrecht. Junge Menschen als Täter und Opfer, Berlin, LIT-VERlag, S. 39-61.

Höynck, T. (2011). Tötungsdelikte an Kindern – erste Ergebnisse einer bundesweiten Studie, insbesondere zu Neonatiziden. In: Bannenberg, B., Jehle, J.-M. (Hrsg.),. Gewaltdelinquenz. Lange Freiheitsentziehung. Delinquenzverläufe. Mönchengladbach, Forum Verlag, S. 33-52.

Höynck, T., Görgen, T. (2006). Tötungsdelikte an Kindern. In: sofid Kriminal- und Rechtssoziologie, S. 9-42.

Kroetsch, M. (2011). Tötungsdelikte an Kindern unter 6 Jahren - Modul „Interviews mit TäterInnen“. Forschungsbericht Nr. 111. Kriminologisches Forschungsinstitut Niedersachsen e.V., Hannover.

Köhler, T. (2012). Straffällige Frauen. Eine Untersuchung der Strafzumessung und Rückfälligkeit. Universitätsverlag Göttingen 2012.

Schnitzer, P., Ewigman, B. (2005). Child deaths resulting from inflicted injuries: household risk factors and perpetrator characteristics. Pediatrics, 116, 687-693.

Temrin, H., Nordlund, J., Stemrin, H. (2004). Are stepchildren overrepresented as victims of lethal parental violence in Sweden? Proceedings of the Royal Society, 271, 124-126.

Vanamo,T., Kauppi, A., Karkola, K., Merikanto, J., RaÈsaÈnen, E. (2001). Intra-familial child homicide in Finland 1970-1994: Incidence, causes of death and demographic characteristic. Forensic Science International. 117, 199-204.

Yardley, E., Wilson, D., Lynes, A. (2013). A Taxonomy of Male British Family Annihilators, 1980–2012. The Howard Journal.

Wie Menschen so werden, wie sie sind

Gerald Hüther

Erkenntnisse und Beobachtungen aus der Entwicklungsbiologie und der Neurobiologie legen es nahe anzunehmen, dass jeder Mensch mit zwei elementaren Grundbedürfnissen auf die Welt kommt. Das eine Grundbedürfnis äußert sich in dem Wunsch nach Verbundenheit, einer Verbundenheit mit anderen Menschen und mit der unmittelbaren Lebensumwelt, während das andere Grundbedürfnis in dem Streben nach Wachstum und Entwicklung zum Ausdruck kommt, einem Streben nach Wachstum und einer Entwicklung sowohl für sich selbst, als auch für die Gemeinschaft, in welche die betreffende Person hineingeboren wurde. Diese beiden Grundbedürfnisse sind jedoch nicht in Form eines genetischen Programmes vorgezeichnet, sondern sie werden auf der Grundlage tiefgreifender körperlicher und emotionaler Erfahrungen herausgebildet. Sie haben ihren Ursprung in der biologischen Entwicklung im Mutterleib und der besonderen Form der Ausdifferenzierung unseres einzigartigen, ein Leben lang lern- und anpassungsfähigen Gehirns.

Die frühesten Erfahrungen von inniger Verbundenheit sowie von Wachstum und Entwicklung werden bereits im Mutterleib gemacht und vorgeburtlich im Gehirn verankert. Nach der Geburt kommen dann, neben der Mutter, noch weitere Bezugspersonen dazu, die es dem Säugling ermöglichen, seine Bedürfnisse zu stillen. Die Erfahrungen von inniger Verbundenheit sowie von Wachstum und Entwicklung sind personalisierte Erfahrungen, d. h. sie können nur durch eigenes Erleben und in Resonanz mit anderen Menschen gemacht werden. Deshalb kann auch die Stillung der sich aus diesen Erfahrungen herausgebildeten Grundbedürfnisse nur dann gelingen, wenn ein ausreichend verlässliches und beziehungsfähiges soziales Umfeld vorhanden ist. Das ist auch deshalb von besonderer Bedeutung, weil der Mensch, im Vergleich zu allen übrigen Spezies, die längste Kindheits- und Jugendphase durchlaufen muss, bis er zunächst seine Geschlechtsreife erlangt und, noch ein paar Jahre später, die nötige soziale Reife erwerben kann, um als eine erwachsene Person in eine entsprechende soziale Gemeinschaft aufgenommen zu werden.

Diese, in jedem Menschen schon bei der Geburt vorhandenen Grundbedürfnisse bilden die treibende Kraft für den heranwachsenden Menschen, den lang andauernden und komplexen Prozess des Heranwachsens und der Reifung zu durchschreiten, in dem er immer und immer wieder versucht, aus eigenem Antrieb heraus diese beiden Grundbedürfnisse zu stillen. Dies wird ihm umso besser gelingen, je mehr er die Gelegenheit bekommt, seine Bedürfnisse auszudrücken und zu zeigen was er kann. Wir können also davon ausgehen, dass prinzipiell jeder heranwachsende Mensch aus sich selbst heraus danach strebt, immer wieder neue Erfahrungen zu machen, die ihn in seiner Kompetenz bestätigen sich in der Welt zu recht zu finden, und dass er nach Vorbildern sucht und nach Menschen, mit denen er sich verbunden fühlen und an denen er sich orientieren kann.

Dass dem Erfahrungslernen im sozialen Kontext eine so entscheidende Bedeutung zukommt, merken wir leider auch dadurch, dass in unserer heutigen Zeit, trotz allgemein gestiegenen Wohlstandes und immer zahlreicher werdender Bildungsangebote, die Zahl der „Verweigerer", der „Gescheiterten", der sozial auffälligen Jugendlichen und Erwachsenen erschreckend hoch ist und sich offensichtlich auch durch noch so gut gemeinte administrative Maßnahmen nur wenig beeinflussen lässt.

Die Beobachtung, dass ein ausreichendes Erfahrungslernen im sozialen Kontext die notwendige Voraussetzung für die Entwicklung und den Erwerb sozialer Kompetenzen ist, wird auch durch die Erkenntnisse der psychologischen, sozialwissenschaftlichen und neurobiologischen Forschung bestätigt. Wenn es jungen Menschen, aus welchen Gründen auch immer, nicht gelingt, oder sie nur wenig Gelegenheiten dazu hatten, günstige Erfahrungen in der Beziehung zu anderen Personen zu machen und auf diese Weise ihre sozialen Kompetenzen zu entwickeln, so heißt das nicht, dass es nun für den Erwerb dieser Kompetenzen zu spät wäre. Solche Personen, ob Jugendliche oder Erwachsene, benötigen dazu aber geeignete Gelegenheiten, um neue, andere, günstigere Erfahrungen in der Beziehung zu anderen Menschen machen zu können. Und zwar solche, die ihnen das Gefühl vermitteln und ihnen letztlich die Gewissheit verschaffen, mit anderen Menschen verbunden zu sein, in einer Gemeinschaft willkommen zu sein und eigene Fähigkeiten und Stärken leben und entfalten zu dürfen.

Das worauf es ankommt, lässt sich nicht unterrichten

Um ihr Leben eigenverantwortlich gestalten und ihre Potenziale in sozialen Gemeinschaften entfalten zu können, müssen alle Menschen lernen, nicht nur die Signale ihres Körpers und die damit einhergehende Gefühle wahrzunehmen, sie richtig zu verstehen und der Situation angemessen zu regulieren. Sie müssen auch vorausschauend denken und planen können. Sie müssen lernen zu erkennen, wie ihre Mitmenschen „drauf" sind, welche Wünsche und Bedürfnisse sie haben. Nur so können sie die Folgen ihres Handelns einschätzen. Menschen müssen auch lernen, Probleme und Schwierigkeiten in ihrer ganzen Komplexität zu erkennen, d. h. subjektive Einschätzungen und objektive Sachverhalte als voneinander unterscheidbar wahrzunehmen, um beide Aspekte in ihre Handlungsplanung integrieren zu können.

Als hochentwickelte Sozialwesen müssen wir Menschen offensichtlich eine ganze Menge von andern lernen, wenn die Problemlösung fruchtbar, und unser Handeln verantwortungsvoll sein soll, um unser Leben erfolgreich meistern zu können. Diese Fähigkeiten sind uns nicht automatisch in die Wiege gelegt worden. Sie werden Metakompetenzen genannt. Und genau betrachtet, erlernen Kinder und Jugendliche diese Metakompetenzen auch nicht. Sie lassen sich deshalb auch nicht unterrichten, sondern können nur durch eigene Erfahrungen erworben werden.

Deshalb brauchen Heranwachsende möglichst vielfältige Gelegenheiten, um am eigenen Leib spüren zu können, wie es sich einerseits anfühlt, eine Herausforderung zu meistern, seine eigenen Ängste zu „besiegen", mit Geduld und Ausdauer bei „der Sache" zu bleiben, Niederlagen zu ertragen und Fehler zu akzeptieren. Und andererseits brauchen sie die Erfahrung, was es bedeutet – und wie sich das anfühlt – miteinander etwas zu entdecken und zu gestalten, füreinander einzustehen und aufeinander Rücksicht zu nehmen. Wenn sie dann noch die Gelegenheit bekommen die Erfahrung zu machen, als eine „einzigartige Person" gesehen und wertgeschätzt zu werden, dann wäre das Fundament für ein gelingendes Leben gelegt.

Für das Verständnis der menschlichen Persönlichkeitsentwicklung ist es von Bedeutung zu verstehen, dass diese Lernprozesse nur dann die Qualität einer Erfahrung bekommen können, wenn sie über eigenes Erleben, also selbstgewollt, selbstgesucht oder sozusagen „selbstorganisiert" gemacht wurden. Wem also die Entwicklung dieser „Lebenskompetenzen" am

Herzen liegt, der erkennt sofort, dass es hierfür, neben liebevollen und respektvollen Vorbildern und Begleitern vor allem Räume braucht, in denen diese Erfahrungen gemacht werden können. Erlebnisräume und Freiräume. Deshalb besteht die größte Herausforderung für Eltern, Lernbegleiter und alle therapeutisch tätigen Erwachsenen darin, zur richtigen Zeit und in angemessenem Umfang „loszulassen", damit solche Freiräume für das Erfahrungslernen auch wirklich entstehen können.

Das Gehirn organisiert sich selbst

In den letzten zehn Jahren ist es den Hirnforschern vor allem mit Hilfe der sog. bildgebenden Verfahren gelungen nachzuweisen, welch nachhaltigen Einfluss frühe Erfahrungen darauf haben, welche Verschaltungen zwischen den Milliarden Nervenzellen besonders gut gebahnt und stabilisiert, und welche nur unzureichend entwickelt und ausgeformt werden

Neue Erfahrungen die ein Mensch im Laufe seines Lebens macht – und dafür haben die Molekularbiologen inzwischen zahlreiche Belege zusammengetragen – wirken bis auf die Ebene der Gene. Sie führen dazu, dass z. B. Nervenzellen damit beginnen, neue Gensequenzen abzuschreiben und andere stillzulegen. Neue Erfahrungen verändern also die Genexpression. Im Gehirn geschieht das bis in hohe Alter und bildet die Grundlage für die lebenslange Plastizität und Lernfähigkeit dieses Organs. Allerdings machen wir die meisten Erfahrungen nicht am Ende, sondern am Anfang unserer Entwicklung. Während dieser Phase ist die erfahrungsabhängige Neuroplastizität – und damit die erfahrungsabhängige Modulation der Genexpression – zumindest im Gehirn am stärksten ausgeprägt.

Diejenige Hirnregion, in der sich während der frühen Kindheit so besonders intensive Nervenzellkontakte herausbilden und darauf warten, dass sie möglichst komplex benutzt und stabilisiert werden, ist beim Menschen die Hirnrinde, und hier ganz besonders der vordere, zuletzt ausreifende Bereich, der sogenannte Stirnlappen. Die in dieser Region herausgeformten Verschaltungsmuster nutzen wir, wenn wir uns ein Bild von uns selbst und unserer Stellung in der Welt machen wollen (Selbstwirksamkeitskonzepte), wenn wir unsere Aufmerksamkeit auf bestimmte Wahrnehmungen richten, Handlungen planen und die Folgen von Handlungen abschätzen (Motivation, Impulskontrolle), wenn wir uns in andere Menschen hineinversetzen und Mitgefühl entwickeln (Empathiefähigkeit, soziale und emotionale Kompetenz). Genau diese Fähigkeiten brauchen

Kinder mehr als alles andere, wenn sie sich später in der Schule und im Leben zurechtfinden, lernbereit, wissensdurstig und neugierig bleiben und mit anderen gemeinsam nach brauchbaren Lösungen suchen wollen. Und diese Fähigkeiten braucht jeder Erwachsene, wenn er als aktives Mitglied einer Gemeinschaft, das Leben gestalten will, und anstehende Probleme lösen muss. Die für diese Fähigkeiten verantwortlichen hochkomplizierten Nervenzellverschaltungen in ihrem Hirn und dort speziell im Frontallappen stabilisieren sich jedoch nicht von allein. Sie müssen durch eigene Erfahrungen anhand entsprechender Vorbilder herausgeformt und gefestigt werden.

Wenn sich Beziehungen verändern, verändert sich auch das Gehirn

Wenn das Leben als erkenntnisgewinnender Prozess verstanden wird, so ist jeder Mensch auch ein Lernender solange er lebt. Und wenn es beim Lernen, wie die Hirnforscher inzwischen belegen konnten, um die Verankerung von individuell gemachten Beziehungserfahrungen in Form struktureller Beziehungsmuster auf der Ebene neuronaler Netzwerke geht, ist jeder Lernprozess Ausdruck und Resultat einer von einem Menschen gemachten Beziehungserfahrung. Wer sich nicht zu sich selbst, zu anderen Menschen, zu anderen Lebewesen, zu den natürlichen und kulturellen Phänomenen seiner jeweiligen Lebenswelt in Beziehung setzt, kann weder etwas Lernen noch zu irgendeiner Erkenntnis über sich selbst oder die ihm umgebende Welt gelangen. Umgekehrt ist das Ausmaß an Wissen, an Erfahrungen, an Fähigkeiten und Fertigkeiten, die ein Mensch in Form komplexer Netzwerkstrukturen in seinem Gehirn verankern kann, um so größer, je umfassender und vielfältiger das Spektrum all dessen ist, mit dem sich der betreffende Mensch in Beziehung setzt. Weil dieses Spektrum an Beziehungserfahrungen, die ein Mensch beim Hineinwachsen in seine jeweilige Lebenswelt macht oder zu machen in der Lage ist, individuell sehr unterschiedlich ist, entwickeln Menschen auch zwangsläufig mehr oder weniger komplex vernetzte Gehirne.

Mit einem relativ gering vernetzten, relativ einfach strukturierten Gehirn wird ein Mensch kaum in der Lage sein, sich in komplexen Lebenssituationen zurechtzufinden und vielfältige und unterschiedliche Herausforderungen zu meistern. Primäre Aufgabe jeder unterstützender Maßnahme muss es daher sein, solche Menschen einzuladen, zu ermutigen und zu inspirieren, sich wieder neuen Herausforderungen zu stellen, sich wieder neues Wissen und neue Fähigkeiten anzueignen, sich vor allen wieder auf neue Beziehungserfahrungen einzulassen. Nur auf diesem Wege wird er neue Erfahrungen sammeln können, die dann in Form zunehmend komplexer werdender neuronalen Netzwerkstrukturen in seinem Hirn verankert werden. Damit ein Mensch solche neuen, und für ihn günstigen Beziehungserfahrungen machen kann, braucht er andere Menschen, die bereits über ein breites Spektrum an selbst gemachten Erfahrungen verfügen und mit denen er sich emotional verbunden fühlen, die er wertschätzen und die er als orientierung-bietende Vorbilder für seine eigene Weiterentwicklung akzeptieren kann.

Jeder Mensch entwickelt und erlernt im Laufe seines Lebens seine eigenen Strategien zur Lösung von Problemen. Je vielfältiger die Probleme sind, für die eine Lösung gefunden werden muss, desto reichhaltiger können werden die Fähigkeiten und Fertigkeiten entwickelt werden, die dieser Mensch zur Lösung zukünftiger Probleme zur Verfügung hat. Immer dann, wenn ein Problem auftritt, kommt es zur Störung des emotionalen Gleichgewichts. Die Person erlebt ein Gefühl von Betroffenheit, ist innerlich aufgewühlt, vielleicht verunsichert. Was im Zuge einer solchen Störung des emotionalen Gleichgewichts passiert und welche langfristigen neuronalen Veränderungen dadurch ausgelöst werden, hängt davon ab, wie die betreffende Person aus ihrer subjektiven Perspektive die jeweilige Belastungssituation bewertet, d. h. welche Vorerfahrungen beim Versuch der Bewältigung ähnlicher Probleme bereits gemacht worden sind. Entscheidend ist daher weniger das Problem an sich, vielmehr entscheidet die subjektive Einschätzung darüber, ob es in der Folge zu einer kontrollierbaren oder unkontrollierbaren Stressreaktion kommt.

Zu einer kontrollierbaren Stressreaktion kommt es immer dann, wenn die bisher angelegten Verschaltungen im Gehirn zwar prinzipiell zur Beseitigung der Störungen geeignet, aber einfach noch nicht effizient genug sind, diese vollständig und gewissermaßen routinemäßig zu beantworten. Eine derartige Belastung ist besser mit dem Begriff „Herausforderung" zu beschreiben. Vor allem die verstärkte Ausschüttung sog. neuroplastischer Botenstoffe trägt dazu bei, dass es zu einer Stabilisierung und einer Verbesserung der Effizienz der in die Antwort involvierten neuronalen Verschaltungen kommt. Wiederholt auftretende, kontrollierbare Belastungen führen so zu einer sukzessiven Stabilisierung, Bahnung und verbesserten Effizienz der in die Antwort involvierten neuronalen Netzwerke und Verbindungen.

Die Erfahrungen, z. B. erfolgreich eine Herausforderung bewältigt zu haben, werden also in Form bestimmter neuronaler Verschaltungsmuster in unserem Gehirn verankert. Wichtige und häufig gemachte Erfahrungen hinterlassen so eingefahrene Spuren im Gehirn, die unsere Wahrnehmung, unser Denken, Fühlen und Handeln bestimmen und uns auf diese Weise immer wieder zu einer ganz bestimmten Art und Weise der Benutzung unseres Gehirns zwingen. Durch das, was die Hirnforscher „nutzungsabhängige Plastizität" nennen, entstehen so aus anfänglich noch sehr labilen Nervenwegen allmählich immer breitere Straßen und – wenn man nicht aufpasst – womöglich gar fest betonierte Autobahnen. Auf denen kann man dann u. U. mit rasanter Geschwindigkeit vorankommen, aber leider führen sie bisweilen in die falsche Richtung.

Wenn eine Belastung auftritt, für die eine Person keine Möglichkeit einer Lösung durch ihr eigenes Handeln sieht, an der sie mit all ihren bisher erworbenen Reaktionen und Strategien scheitert, so kommt es zu einer sog. „unkontrollierbaren Stressreaktion". Sie ist durch eine langanhaltende Aktivierung kortikaler und limbischer Strukturen sowie des zentralen und peripheren noradrenergen Systems gekennzeichnet, und hat weitreichende Konsequenzen auf die im Gehirn angelegten Verschaltungen. Beobachtungen an Versuchstieren deuten darauf hin, dass die mit unkontrollierbaren Belastungen einhergehenden massiven und langanhaltenden Erhöhungen der Cortisolausschüttung zur Destabilisierung bereits angelegter synaptischer Verbindungen und neuronaler Netzwerke beitragen.

Nicht jede Lösung ist eine gute Lösung

Um den Einklang zwischen sich und der ihn umgebenden Welt herzustellen, kann ein Mensch versuchen, nicht mehr so viel an störenden Einflüssen aus dieser Welt wahrzunehmen. Dazu muss er sich stärker verschließen, sich abwenden und unsensibler gegenüber allem werden, was auf ihn einstürmt und was er zu bewältigen außerstande ist. Er wird so in sich gekehrt, der Welt zunehmend fremd und gerät in Gefahr, das zu verlieren, was er für sein Überleben ebenfalls braucht: Die Beziehung zu einer sich immer wieder verändernden Außenwelt, damit die Regelmechanismen zur Aufrechterhaltung seiner inneren Ordnung nicht verkümmern. Er kann auch versuchen, diese ihn störenden und ihn in ihrer Veränderlichkeit immer wieder bedrohenden Einflüsse aus seiner ihn umgebenden Welt unter Kontrolle zu bringen. Dazu muss er diese seine Welt – und das sind immer die andern Menschen, die ihn durch ihre Aktivitäten, ihre Wünsche, Forderungen und Wirkungen bedrohen – zu beherrschen suchen. Er muss Macht ausüben, die anderen zwingen oder sie mit subtileren Mitteln dazu zu bringen, sich so zu verhalten wie es ihm gefällt. Er wird auf diese Weise hart und rücksichtslos und unsensibel und gerät ebenfalls in Gefahr, in der von ihm nach seinen Maßstäben geschaffenen Welt den lebenswichtigen Kontakt und Austausch mit anderen Menschen zu verlieren.

Personen, die solche einfachen einseitigen Lösungen gefunden haben, halten ihre einmal entwickelten Strategien für allgemeingültiger, als sie in Wirklichkeit sind, und neigen dazu, neue Herausforderungen immer wieder mit den alten, gebahnten Strategien bewältigen zu wollen. Menschen, bei denen solche Autobahnen im Hirn entstanden sind, werden in ihren Haltungen immer rigider, verlieren zunehmend an Flexibilität und stehen sich immer stärker selbst im Wege, wenn es darum geht, nach neuen Lösungen zu suchen.

Wenn ein Gerät nicht richtig funktioniert, ein Dach Löcher hat, die Farbe der Tapeten unpassend erscheint, die Musik zu laut ist … all das können wir ändern, verbessern, reparieren, bis es so wird, wie wir uns das wünschen, wie es uns gefällt.

Menschen jedoch, kann man nicht ändern. Man kann ihnen auch nicht wirklich etwas beibringen, sie belehren oder gar so formen, wie man sie gerne hätte. Bestenfalls „spielen sie mit", tun so „als ob", weil sie keinen anderen Ausweg sehen, oder weil ihnen dieses Wohlverhalten am ungefährlichsten erscheint. In ihrem Inneren bleiben sie „die Alten", die sie auch bisher waren.

Mit anzusehen, vor allem aus dem Blickwinkel eines erfahrenen Beobachters, wie manche Menschen so sehr an falschen Vorstellungen festhalten, sich immer tiefer in ihre unheilvollen Verstrickungen verlieren, kann manchmal geradezu unerträglich sein. Und wenn dann der „rettende Ausweg" für den Betrachter so einfach und naheliegend erscheint, dann wächst die Versuchung, die betreffende Person vielleicht doch mit einer kleinen, gutgemeinten und schnellen Hilfe auf die richtige Bahn bringen zu wollen.

Wir wissen jetzt, dass es so nicht geht, das die oft so notwendigen Veränderungen in der „Tiefe" eines Menschen, in seinem Inneren stattfinden müssen, und dieser Weg braucht Zeit, Geduld und ganz besonders eines, Beziehung. Nur mit dem Angebot dieser mitmenschlichen, freundschaftlichen Beziehung wird jemand den Mut und die Zuversicht finden können, sich selbst auf den Weg zu machen um neue Erfahrungen zu sammeln, wie es geht, wieder selbst für sein Leben und das Zusammenleben mit anderen Menschen Verantwortung zu übernehmen.

Zwingen kann man dazu niemanden, nur einladen, ermutigen und inspirieren, es zu versuchen.

Noch einmal: Werden Heranwachsende nach Jugendstrafrecht härter sanktioniert?

Jörg-Martin Jehle, Nina Palmowski

I. Ist das Jugendstrafrecht eine Strafe für die Jugend?

Mit dem Artikel „Und wenn es künftig weniger werden“[1] ist es Christian Pfeiffer Ende der 1980er Jahre gelungen, schlaglichtartig auf das Problem aufmerksam zu machen, dass die demographisch bedingte Abnahme der Jugendkriminalität zu einer verstärkten Konzentration auf junge Straftäter und folgerichtig zu deren verschärfter Sanktionierung führen könne. Bald darauf hat er einen Aufsatz nachgelegt, der den schlagwortartig zugespitzten Titel „Unser Jugendstrafrecht – eine Strafe für die Jugend?“[2] trägt und intensive Diskussionen ausgelöst hat, welche bis heute nachwirken.[3]

Ist der Haupttitel noch in Frageform gekleidet, gibt der Untertitel sogleich die Antwort mit der These: „Die Schlechterstellung junger Straftäter durch das JGG“. Diese These steht in einem klaren Gegensatz zur Auffassung der höchstrichterlichen Rechtsprechung; nach ständiger Rechtsprechung des Bundesgerichtshofs[4] ist das Jugendstrafrecht das mildere Recht und deshalb anzuwenden, wenn z. B. bei einem Heranwachsenden nicht sicher ist, ob er in seiner Entwicklung einem Jugendlichen gleichsteht und eine Reifeverzögerung im Sinne von § 105 Abs. 1 Ziffer 1 JGG aufweist.[5]

Die These von Pfeiffer widerspricht auch starken kriminalpolitischen Strömungen, die für Heranwachsende die Anwendung des Jugendstraf-

1 Pfeiffer, in: DVJJ (Hrsg.), Tagungsband zum 20. Deutschen Jugendgerichtstag, 1987, S. 53 ff.

2 Pfeiffer, DVJJ-Journal 1991, 114 ff.

3 Vgl. zuletzt Heinz, ZJJ 2012, 129 ff.; Spiess, BewHi 2012, 17 ff.; Kemme/Stoll, MschrKrim 2012, 32 ff.

4 BGHSt 12, 116, 119; 36, 37, 40.

5 Anders dagegen die Literatur, die keine pauschale Bewertung des Jugendstrafrechts als das mildere Recht zulassen möchte, sondern darauf abstellt, was im Einzelfall das mildere Recht ist: Remschmidt/Rössner, in: Meier/Rössner/Trüg/Wulf, HK-JGG, 2011, § 105 Rn. 32; Kinzig, in: FS Eisenberg, 2009, S. 396.

rechts begrenzen oder ganz ausschließen wollen. So haben derartige Gesetzgebungsinitiativen stets betont, dass heranwachsende Täter Erwachsene seien, denen gegenüber nicht mehr das mildere Jugendstrafrecht, sondern – jedenfalls regelmäßig – die Härte des allgemeinen Strafrechts angebracht sei.[6] Auch hier wird unterstellt, dass das Jugendstrafrecht dogmatisch wie in der Strafrechtspraxis mildere Sanktionen bereithält.

Bereits die Andersartigkeit der Reaktionen und die durchgehend erzieherische Ausrichtung des Jugendstrafrechts erlaubt es nicht, einen schlichten quantitativen Vergleich im Sinne einer milderen bzw. strengeren Sanktionierung vorzunehmen. Insbesondere konnten sich die rechtspolitischen Forderungen nicht auf Ergebnisse empirischer Analysen stützen, im Gegenteil. Die der These von Pfeiffer zugrunde liegende Auswertung von Daten der Strafverfolgungsstatistik und die späteren Analysen, z. B. von Heinz, zeigen klar in die andere Richtung.[7] Indessen sind die Daten der Strafverfolgungsstatistik, wie diese Autoren selbst deutlich machen[8], für einen Strafzumessungsvergleich nur bedingt geeignet (s. u. II.). Deshalb wird im Folgenden versucht, mit einer besser geeigneten Datenquelle (s. u. III.) die Beschränkungen der Strafverfolgungsstatistik soweit wie möglich zu überwinden. Freilich kann es sich nicht um eine umfassende Analyse handeln; vielmehr zwingt der verfügbare Umfang dazu, sich auf ein aussagekräftiges Beispiel zu konzentrieren (s. u. IV.).

II. Beschränkungen der Strafverfolgungsstatistik

Wer Aussagen darüber treffen will, ob die nach Jugendstrafrecht Sanktionierten schlechter „wegkommen" als nach allgemeinem Strafrecht Behandelte, muss zunächst geeignete Vergleichsgruppen auswählen. Bekanntermaßen ist das Alter einer der wichtigsten kriminologischen Faktoren[9];

6 Gesetzesentwürfe des Bundesrates, BT-Drs. 15/5909 und 16/1027; sowie Gesetzesentwurf der CDU-Fraktion, BT-Drs. 14/3189.

7 Pfeiffer, (FN 2), 114 ff.; Heinz, (FN 3), 136 ff.; Spiess, (FN 3), 26 ff.; Kemme/Stoll, (FN 3), 36 ff.

8 S. näher Heinz, Das strafrechtliche Sanktionensystem und die Sanktionierungspraxis in Deutschland 1882 – 2010, Konstanzer Inventar Sanktionsforschung, Version: 1/2012, http://www.uni-konstanz.de/rtf/kis/Sanktionierungspraxis-in-Deutschland-Stand-2010.pdf, S. 45 ff.

9 Sogenannte age-crime-Kurve; vgl. zu Tatverdächtigenbelastungszahlen nach Altersgruppen: Spiess, Jugendkriminlität in Deutschland – zwischen Fakten und Dramatisie-

deshalb sollte das Alter möglichst konstant gehalten oder es sollten zumindest adäquate Altersgruppen gewählt werden. Indessen weist die amtliche Strafverfolgungsstatistik nur pauschal die Altersgruppe der Heranwachsenden aus; in der Spanne zwischen 18 und 20 Jahren dürfte jedoch der Anteil strafrechtlicher Vorbelastungen wachsen; und umgekehrt dürfte der Anteil der nach JGG sanktionierten Heranwachsenden in dem Maße abnehmen, wie die Altersgrenze von 21 Jahren näher rückt. Sonderauswertungen[10] erlauben allerdings, einzelne Altersjahrgänge zu isolieren, wie dies Pfeiffer und Heinz auch getan haben.[11]

Des Weiteren werden nicht alle justiziell Behandelten in der Strafverfolgungsstatistik registriert. Nicht erfasst ist der weite Bereich staatsanwaltschaftlicher Einstellungen aus Opportunitätsgründen. Dies gilt sowohl für das Jugendstrafrecht – hier sind §§ 45 Abs. 1 und Abs. 2 JGG nicht erfasst – als auch für das allgemeine Strafrecht, wo die Einstellung vor Anklageerhebung durch die Staatsanwaltschaft – ob mit oder ohne Zustimmung des Gerichts – keinen Eingang in die Statistik findet. Diese Lücke lässt sich auch nicht schließen, indem man die Einstellungen nach der StA-Geschäftsstatistik ergänzt, weil dort die Erhebungsmodalitäten differieren und eine Unterscheidung nicht nach Alter und Delikt, sondern nur nach Deliktskategorien (Sachgebieten) möglich ist. Immerhin zeigen die StA-Statistik und die Strafverfolgungsstatistik, dass die staatsanwaltschaftliche Diversion gemäß § 45 JGG im Jugendstrafrecht eine deutlich größere Bedeutung hat als die Einstellung nach §§ 153, 153a StPO im allgemeinen Strafrecht.[12] Damit ist der Input in die Strafverfolgungsstatistik sehr verschieden, d. h. bei den nach JGG behandelten Tätern kleiner als bei denen nach allgemeinem Strafrecht – mit der Folge, dass etwa die Anteile von Jugendstrafen überhöht erscheinen. Solche Verzerrungen lassen sich zu einem gewissen Teil vermeiden, wenn man auf schwere Deliktsformen abstellt, bei denen in der Regel eine Einstellung bzw. ein Absehen

rung, Konstanzer Inventar Kriminalitätsentwicklung, Bearbeitungsstand: 2/2012, http://www.uni-konstanz.de/rtf/gs/G.Spiess-Jugendkriminalitaet-2012.pdf, Schaubild 16

10 Möglich ist z. B. eine Auswertung der Strafverfolgungsstatistik anhand von Einzeldatensätzen der Forschungsdatenzentren der Länder; so z. B. bei Heinz, (FN 3), 137.

11 Pfeiffer, (FN 2), 118 f.; Heinz, (FN 3), 137 ff.

12 Nach Berechnungen von Heinz, (FN 8), Schaubilder 10 und 56, beträgt der Anteil von staatsanwaltschaftlichen Einstellungen nach §§ 153, 153a, 153b StPO an allen im Jahr 2010 nach StGB (formell und informell) Sanktionierten etwa 45%, der Anteil der Diversion gemäß § 45 JGG an allen nach JGG (formell und informell) Sanktionierten dagegen fast 60% (wobei der Anteil von § 45 Abs. 3 JGG kaum eine Rolle spielt).

von Verfolgung nicht in Frage kommt. Deshalb haben etwa Heinz schwere Körperverletzungsformen bzw. Raubdelikte und Pfeiffer daneben auch schwere Diebstahlsformen nach §§ 243, 244 StGB herangezogen.[13]

Ein weiterer bedeutsamer Faktor für die Strafzumessungen im weiteren Sinne ist die strafrechtliche Vorbelastung.[14] Hierzu bietet die Strafverfolgungsstatistik zwar die Kategorie „Zahl der früheren Verurteilungen". Wie aber einschlägige Studien[15] gezeigt haben, sind diese – für den für die Erfassung zuständigen Sachbearbeiter beim Gericht nicht ohne weiteren Aufwand sauber zu ermittelnden – Angaben nicht verlässlich.

Schließlich gibt es bei der Gesamtstrafenbildung bedeutsame Unterschiede: Nach § 55 StGB ist es nur möglich, eine frühere Verurteilung in das neue Urteil (bzw. nach § 460 StPO in einen nachträglichen Beschluss) mit einzubeziehen, wenn die jetzt abzuurteilende Straftat vor der früheren Verurteilung lag; demgegenüber erlaubt § 31 Abs. 2 JGG die Einbeziehung der alten Verurteilung in eine neue einheitliche Sanktion auch dann noch, wenn die neue Straftat nach der ersten Verurteilung geschehen ist. Dies kann etwa während der Dauer der Leistung gemeinnütziger Arbeit und typischerweise während der Strafaussetzung zur Bewährung der Fall sein. Auf diese Weise kommt es vor, dass zwei zur Bewährung ausgesetzte Jugendstrafen in eine neue Verurteilung einbezogen werden und nun die neu festgesetzte Strafdauer erheblich länger ausfällt, als es der jetzt abzuurteilenden Straftat isoliert entsprochen hätte. Dazu gibt die Strafverfolgungsstatistik keinerlei Auskunft; stattdessen muss hier auf eine andere Datenquelle, das Bundeszentralregister, zurückgegriffen werden.

III. Das Bundeszentralregister als Datenquelle

Anders als bei den Rechtspflegestatistiken sind im Bundeszentralregister nicht nur Querschnittsdaten eines Jahrgangs vorhanden, vielmehr werden für eine Person sämtliche strafrechtlichen Reaktionen registriert und für eine bestimmte Zeit vorgehalten, sodass man von einem Bezugsjahr aus-

13 Heinz, (FN 3), 137 ff.; Pfeiffer, (FN 2), 118 ff.

14 Höfer, Sanktionskarrieren. Eine Analyse der Sanktionshärteentwicklung bei mehrfach registrierten Personen anhand von Daten der Freiburger Kohortenstudie, 2003, S. 107, 121 f.

15 Z. B. Pfeiffer/Strobl, in: BMJ/KrimZ (Hrsg.), Die Zukunft der Personenstatistiken im Bereich der Strafrechtspflege, 1992, S. 107 ff.

gehend die strafrechtliche Vorbelastung einschließlich einbezogener Verurteilungen ersehen kann. Eine zwischenzeitliche Tilgung früherer Eintragungen dürfte bei Heranwachsenden kaum je eintreten: Die Eintragungen im Erziehungsregister, welche im Wesentlichen die Diversionsentscheidungen nach §§ 45, 47 JGG und die Verurteilungen zu Erziehungsmaßregeln und Zuchtmitteln betreffen, bleiben bis zur Vollendung des 24. Lebensjahres erhalten und Jugendstrafen, die im Zentralregister eingetragen werden, können frühestens nach fünf Jahren getilgt werden, sofern keine weitere Eintragung erfolgt ist.

Darüber hinaus lässt sich nach Altersjahrgang, Delikt und Sanktion genau differenzieren. Lediglich in einem Punkt ist das Bundeszentralregister als Datenquelle der Strafverfolgungsstatistik nicht überlegen: Zwar erfasst das Erziehungsregister auch sämtliche Diversionsentscheidungen nach §§ 45, 47 JGG; jedoch bleiben alle Einstellungen gemäß §§ 153, 153a StPO außer Betracht, sodass sich bei einem Vergleich auch hier die Frage des unterschiedlichen Inputs von Straftätern nach JGG und allgemeinem Strafrecht stellt (s. genauer unten IV.).

Die einzigartige Datenquelle des Bundeszentralregisters kann für Forschungszwecke nach § 42a BZRG genutzt werden, indem die Registerauszüge für spezifische Fallgruppen ausgewählt und analysiert werden.[16] Für die Zwecke dieser Abhandlung kann auf die bundesweite Auswertung eines kompletten Bezugsjahrgangs zurückgegriffen werden, welche die Legalbewährung nach strafrechtlichen Sanktionen zum Gegenstand hat.[17] Für das Bezugsjahr 2007 sind sämtliche Eintragungen im Zentralregister und Erziehungsregister personenbezogen vorhanden. Insofern lassen sich nicht nur über Rückfälligkeit bzw. Legalbewährung Aussagen treffen, sondern auch über die bundesweite Strafzumessung im betreffenden Jahr.[18] Auf diese Weise können – unter Konstanthaltung des Alters zur

16 Dies ist in vielen kriminologischen Untersuchungen die klassische Herangehensweise, so z. B. bei Quenzer, Jugendliche und heranwachsende Sexualstraftäter, 2010, S. 114; und könnte auch für die Zwecke dieser Fragestellung angewandt werden.

17 S. näher Jehle/Albrecht/Hohmann-Fricke/Tetal, Legalbewährung nach strafrechtlichen Sanktionen. Eine bundesweite Rückfalluntersuchung 2007 bis 2010 und 2004 bis 2010, 2013.

18 Dies ist in der Gesamtveröffentlichung im Hinblick auf Bewährungsstrafen geschehen, siehe Jehle/Albrecht/Hohmann-Fricke/Tetal, (FN 17), S. 62 ff.; wurde aber auch bezogen auf spezielle Täter- und Tatgruppen in Einzelstudien durchgeführt; siehe Harrendorf, Rückfälligkeit und kriminelle Karrieren von Gewalttätern. Ergebnisse einer bun-

Zeit der Tat – die strafrechtlichen Reaktionen nach JGG und allgemeinem Strafrecht, differenziert nach Deliktsgruppe und strafrechtlicher Vorbelastung einschließlich einbezogener Urteile miteinander verglichen werden.

IV. Sanktionenvergleich nach allgemeinem und Jugendstrafrecht

Die für den Vergleich herangezogenen Zahlen entstammen dem Datenpool der Legalbewährungsstudie für das Bezugsjahr 2007.[19] Als Bezugsentscheidungen erfasst werden dabei alle im Jahr 2007 ergangenen Entscheidungen, die im Erziehungs- oder Bundeszentralregister eingetragen wurden.[20] Die Analyse wird hier[21] aus Platzgründen beschränkt auf schwere Diebstahlsformen; bei ihnen dürften einerseits Verfahrenseinstellungen aus Opportunitätsgründen vergleichsweise selten sein, andererseits ist ihre Anzahl groß genug, um Differenzierungen zu erlauben.

Bei einem Vergleich von Jugend- und Erwachsenenstrafrecht ist es entscheidend, aussagekräftige Sanktionskategorien zu bilden.[22] Deshalb wird im Folgenden nicht nur zwischen ambulanten und stationären Sanktionen unterschieden, vielmehr werden die unterschiedlichen Sanktionsspektren möglichst detailliert abgebildet. Um einstellungsbedingte Verzerrungseffekte erkennbar zu machen, werden Entscheidungen nach §§ 45, 47 JGG gesondert aufgeführt. Der Jugendarrest wird ebenfalls als eigene Sankti-

desweiten Rückfalluntersuchung, 2007; Köhler, Straffällige Frauen. Eine Untersuchung der Strafzumessung und Rückfälligkeit, 2012.

19 Jehle/Albrecht/Hohmann-Fricke/Tetal, (FN 17).

20 Als Bezugsentscheidung erfasst werden damit z. B. auch Einstellungen nach §§ 45, 47 JGG, später durch andere Entscheidungen einbezogene Urteile sowie Entscheidungen nach § 460 StPO oder § 66 JGG; vgl. zu der Auswahl von Bezugsentscheidungen in der Rückfallstatistik Jehle/Albrecht/Hohmann-Fricke/Tetal, (FN 17), S. 14 ff. Maßgeblich ist das erstinstanzliche Entscheidungsdatum. Sind für einen Probanden im Bezugsjahr 2007 mehrere Entscheidungen vorhanden, so wird lediglich die Erste ausgewählt (anders dagegen in der Strafverfolgungsstatistik sowie bei der Auswertung der Rückfallstatistik in Bezug auf Bewährungsstrafen; siehe Jehle/Albrecht/Hohmann-Fricke/Tetal, (FN 17), S. 62). Entscheidungen, die isolierte Maßregeln betreffen, wurden insgesamt nicht in dieser Auswertung berücksichtigt. Dies betrifft 0,2 % (n = 6) der Entscheidungen in den für diese Untersuchung ausgewählten Delikts- und Alterskategorien bzw. 0,2 % (n = 2.349) des gesamten Entscheidungsdatensatzes.

21 Diese Analyse ist Teil einer umfassenderen Untersuchung der Sanktionierung Heranwachsender.

22 Bei mehreren Sanktionen in einer Entscheidung wird nur die schwerste berücksichtigt, vgl. hierzu auch Jehle/Albrecht/Hohmann-Fricke/Tetal, (FN 17), S. 16.

onskategorie erfasst, da er nur eine kurze bis sehr kurze stationäre Intervention darstellt[23] und keine Entsprechung im Erwachsenenstrafrecht besitzt. Zu der Gruppe der Geldstrafen werden auch Verwarnungen mit Strafvorbehalt gemäß § 59 StGB gezählt. Zur Kategorie Jugendstrafe/Freiheitsstrafe mit Bewährung werden auch Schuldsprüche nach § 27 JGG hinzugezählt, da das Konzept mit dem der zur Bewährung ausgesetzten Jugendstrafe vergleichbar ist. Durch eine Unterscheidung zwischen Jugendstrafen/Freiheitsstrafen ohne Bewährung bis 2 Jahre und solchen ab 2 Jahre können die Anteile der aussetzungsfähigen Strafen abgebildet und die Strafdauer als zusätzliches Vergleichskriterium herangezogen werden.

Vergleich von nach JGG und nach StGB sanktionierten 20-Jährigen

Die alternative Anwendung von Jugend- oder Erwachsenenstrafrecht bei Heranwachsenden gemäß § 105 JGG schafft die Möglichkeit, die Sanktionierung nach JGG und StGB in einer homogenen Altersgruppe zu vergleichen. Zur Vermeidung altersbedingter Verzerrungen (s. o. II.) wird nicht die gesamte Gruppe der Heranwachsenden untersucht, sondern der Altersjahrgang der 20-Jährigen[24] ausgewählt. Um einstellungsbedingte Verzerrungseffekte erkennbar zu machen, wird die jugendstrafrechtliche Sanktionierung sowohl mit als auch ohne Diversionsentscheidungen nach §§ 45, 47 JGG dargestellt:

Wie Tabelle 1 zeigt, ist der Anteil der unbedingten Jugendstrafen bei den nach JGG Sanktionierten deutlich höher als der von unbedingten Freiheitsstrafen nach StGB, und zwar auch dann, wenn §§ 45, 47 JGG als Sanktion berücksichtigt wird. Zählte man den Jugendarrest als stationäre Sanktion hinzu, so wäre die Internierungsrate sogar über viermal so hoch wie bei den nach StGB Sanktionierten. Der Anteil der Jugend-/Freiheitsstrafen insgesamt (mit und ohne Bewährung) ist dagegen relativ ähnlich, aber die Aussetzungsrate ist bei den nach JGG sanktionierten 20-Jährigen deutlich geringer.

Tabelle 1 macht auch deutlich, dass die Ergebnisse unterschiedlich ausfallen, je nachdem, ob man die Diversionsentscheidungen berücksichtigt

23 Für eine Vergleichbarkeit des Jugendarrestes mit Freiheitsstrafen ohne Bewährung Heinz, (FN 3), 135.

24 Maßgeblich ist das Alter zum Zeitpunkt der Tat und nicht zum Zeitpunkt der Entscheidung.

oder nicht. Lässt man sie außer Betracht, erhöhen sich die Anteile der übrigen Sanktionen, sodass der Anteil der unbedingten Jugendstrafen im Verhältnis zu den unbedingten Freiheitsstrafen noch größer ist. Berücksichtigt man hingegen §§ 45, 47 JGG, so wird der Anteil der Freiheitsstrafen im Vergleich zu den Jugendstrafen bei einstellungsfähigen Delikten überschätzt, da Einstellungen nach §§ 153 ff. StPO im Gegensatz zu §§ 45, 47 JGG nicht im Datensatz enthalten sind. Eine saubere Lösung ist nicht in Sicht. Ganz grundsätzlich divergiert die Einstellungspraxis erheblich zwischen dem Jugendstrafrecht und dem allgemeinen Strafrecht.[25] Zwar sind Einstellungen nach §§ 153, 153a StPO auch bei schweren Diebstahlsformen nicht völlig ausgeschlossen, jedoch dürfte der Anteil der Einstellungen bei diesen Delikten recht gering sein. Man darf also plausibel annehmen, dass im allgemeinen Strafrecht nahezu alle anklagefähigen schweren Diebstahlsformen zu einer Verurteilung führen. Umgekehrt erhalten von den nach Jugendstrafrecht sanktionierten 20-Jährigen aufgrund dieser Deliktsgruppe immerhin noch 17,7 % eine Einstellung nach §§ 45, 47 JGG. Es scheint deshalb vertretbar, den Sanktionen nach allgemeinem Strafrecht sämtliche jugendstrafrechtlichen Reaktionen einschließlich §§ 45, 47 JGG gegenüberzustellen. Auch dann verbleiben wesentliche Unterschiede: Vor allem liegt der Anteil vollstreckbarer Freiheitsstrafen (mit 7,1 %) deutlich unter dem vollstreckbarer Jugendstrafen (20 %).

Tabelle 1: Sanktionierung von 20-Jährigen nach JGG (mit und ohne §§ 45, 47 JGG) und StGB aufgrund von §§ 243, 244, 244a StGB[26]

	Jugendstrafrecht (n = 1.268)	Jugendstrafrecht (ohne §§ 45, 47 JGG) (n = 1.043)	Allgemeines Strafrecht (n = 253)
Einstellung nach §§ 45, 47 JGG	17,7 %	0,0 %	0,0 %
ambulante Sanktionen JGG	26,5 %	32,2 %	0,0 %
Geldstrafe	0,0 %	0,0 %	50,2 %
Jugendarrest	12,9 %	15,6 %	0,0 %
JS/FS m. Bew.	22,9 %	27,9 %	42,7 %
JS/FS o. Bew. bis 2 Jahre	11,6 %	14,1 %	5,1 %
JS/FS o. Bew. ab 2 Jahre	8,4 %	10,2 %	2,0 %

25 Jehle/Albrecht/Hohmann-Fricke/Tetal, (FN 17), S. 19.

26 Nicht enthalten sind Fälle ohne Alters- oder Deliktsangabe. Dies betrifft 3,1 % aller Entscheidungen (n = 32.796). Häufig sind dies Fälle von nachträglicher Gesamtstrafenbildung gemäß § 460 StPO (Anteil von 1,2 % (n = 12.946) an allen Entscheidungen), wodurch die Anteile der Freiheitsstrafen bei den nach Erwachsenenstrafrecht Sanktionierten leicht unterschätzt werden; siehe IV. 3., FN 34.

Es spricht allerdings viel dafür, dass die bestehenden Sanktionierungsunterschiede zumindest auch damit zusammenhängen, dass die Gruppen unterschiedlich zusammengesetzt sind. Denn es ist nicht zufällig, ob ein Beschuldigter nach allgemeinem oder Jugendstrafrecht behandelt wird. Vielmehr geht die Feststellung einer Reifeverzögerung i.S.v. § 105 Abs. 1 Ziff. 1 JGG in der Regel mit erheblichen Sozialisationsdefiziten einher, welche zugleich ein Indiz für schädliche Neigungen und eine schlechte Legalprognose sein können. Dies lässt sich mit dem Zahlenmaterial nicht überprüfen. Aber immerhin kann die strafrechtliche Vorbelastung untersucht werden. Dabei zeigt sich, dass der Anteil der Probanden mit mehr als 4 Voreintragungen bei den nach JGG Sanktionierten größer ist (27,4 % gegenüber 12,6 %).[27] Entsprechend ist der Anteil der Probanden ohne Voreintragungen bei den nach JGG Sanktionierten kleiner (22,3 % gegenüber 32,8 %).[28] Dafür, dass die Gruppen hinsichtlich täterspezifischer Faktoren ungleich verteilt sind, spricht auch ein Vergleich mit Tabelle 2 (s. u.): Bei den 21-Jährigen sind die Anteile der Freiheitsstrafen mit und ohne Bewährung deutlich höher als bei den nach Erwachsenenstrafrecht sanktionierten 20-Jährigen.

Vergleich von 20-Jährigen und 21-Jährigen

Der mit § 105 JGG verbundende Selektionseffekt lässt sich vermeiden, wenn man die Jahrgänge unmittelbar an der Grenze zwischen Heranwachsenden und Erwachsenen vergleicht, nämlich die sowohl nach JGG als auch nach StGB sanktionierten 20-Jährigen und die 21-Jährigen, die nur nach allgemeinem Strafrecht behandelt werden. Auch hier wird wegen

27 Zu den Voreintragungen zählen alle zuvor ergangenen Entscheidungen, einschließlich später einbezogener Entscheidungen und Entscheidungen nach § 460 StPO/§ 66 JGG; vgl. zur Berechnung der Voreintragungen in der Rückfallstatistik Jehle/Albrecht/Hohmann-Fricke/Tetal, (FN 17), S. 84. Durch die Miterfassung von Entscheidungen nach § 460 StPO/§ 66 JGG wird die Anzahl der Voreintragungen bei den nach StGB Sanktionierten etwas überschätzt (hier ergeben sich ohne § 460 StPO/§ 66 JGG bei den nach StGB Sanktionierten Anteile von 11,9 % statt 12,6 % mit mehr als 4 Voreintragungen; dagegen bestehen hier keine Unterschiede bei den nach JGG Sanktionierten).

28 Diese Unterschiede sind noch deutlicher, wenn man auf die Gruppe ohne §§ 45, 47 JGG abstellt. Dann betragen die Anteile von Probanden mit mehr als 4 Voreintragungen 31,8 % (JGG) gegenüber 12,6 % (StGB) und ohne Voreintragungen 16 % (JGG) gegenüber 32,8 % (StGB).

einstellungsbedingter Verzerrungseffekte die Sanktionierung der 20-Jährigen mit und ohne Entscheidungen nach §§ 45, 47 JGG dargestellt:

Stellt man in Tabelle 2 auf die Gruppe einschließlich §§ 45, 47 JGG ab, so sind die Anteile von unbedingter Jugend-/Freiheitsstrafe der 20-Jährigen und der 21-Jährigen vergleichbar. Nur wenn man den Jugendarrest zu den stationären Sanktionen zählte, wäre die Internierungsrate bei den 20-Jährigen deutlich höher. Allerdings fällt auf, dass der Anteil an Strafen über 2 Jahre bei den 20-Jährigen höher ist. Die Anteile der Jugend-/Freiheitsstrafen insgesamt (mit und ohne Bewährung) und die Aussetzungsrate sind dagegen bei den 21-Jährigen größer. Auch in Tabelle 2 wird die einstellungsbedingte Verzerrung deutlich: Wenn Diversionsentscheidungen nach §§ 45, 47 JGG nicht berücksichtigt werden, erhöhen sich die Anteile der übrigen Sanktionen, sodass die Internierungsrate bei den 20-Jährigen auch ohne Jugendarrest ein wenig größer als bei 21-Jährigen ausfällt.[29]

Tabelle 2: Sanktionierung von 20-Jährigen (mit und ohne §§ 45, 47 JGG) und 21-Jährigen aufgrund von §§ 243, 244, 244a StGB[30]

	20 Jahre (n = 1.521)	20 Jahre (ohne §§ 45, 47 JGG) (n = 1.296)	21 Jahre (n = 1.064)
Einstellung nach §§ 45, 47 JGG	14,8 %	0,0 %	0,0 %
ambulante Sanktionen JGG	22,1 %	25,9 %	0,0 %
Geldstrafe	8,3 %	9,8 %	30,7 %
Jugendarrest	10,7 %	12,6 %	0,0 %
JS/FS m. Bew.	26,2 %	30,8 %	50,9 %
JS/FS o. Bew. bis 2 Jahre	10,5 %	12,3 %	14,1 %
JS/FS o. Bew. ab 2 Jahre	7,3 %	8,6 %	4,2 %

29 Vgl. oben zur Problematik der Vergleichbarkeit im Zusammenhang mit §§ 45, 47 JGG.

30 Es gibt auch einige Fälle, bei denen zur Tatzeit 21-Jährige nach JGG bestraft werden, denn das BZR registriert je Entscheidung nur das Alter zum Zeitpunkt der letzten Tat. Mehrere Taten in unterschiedlichen Altersstufen werden gemäß § 32 JGG einheitlich nach JGG abgeurteilt, wenn das Schwergewicht bei den Straftaten liegt, die nach Jugendstrafrecht zu beurteilen wären. Dies betrifft in dieser Deliktskategorie 6,3 % der 21-Jährigen (n = 72), diese Fälle werden hier nicht berücksichtigt. Da der Anteil der Jugendstrafe o. Bew. ab 2 Jahren bei diesen Probanden hoch ist (15,3 %), kommt es zu einer leichten Unterschätzung des Anteils der entsprechenden Kategorie bei den 21-Jährigen (4,2 % statt 4,9 %). Für Fälle ohne Alters- oder Deliktsangabe gilt das zu Tabelle 1 Gesagte.

Die Altersjahrgänge der 20- und der 21-Jährigen sind nicht nur hinsichtlich der Sanktionierung mit freiheitsentziehenden Sanktionen ähnlich; es finden sich auch wenig Unterschiede hinsichtlich der Voreintragungen, vor allem wenn man die Gruppe der 20-Jährigen ohne §§ 45, 47 JGG mit den 21-Jährigen vergleicht.[31] Auch die Kriminalitätsstruktur dieser Altersgruppen ist erwartungsgemäß ähnlich: Die Delikte der §§ 243, 244, 244a StGB haben einen Anteil von 3,5 % (bzw. 4,7 % in der Gruppe ohne §§ 45, 47 JGG) bei den 20-Jährigen und von 3,4 % bei den 21-Jährigen.[32]

Berücksichtigung von Einbeziehungen

Begründet hat Pfeiffer[33] vermutet, dass die Einbeziehung gemäß § 31 Abs. 2 JGG zu einer höheren Rate an vollstreckbaren und längeren Freiheitsentziehungen führen könne. Wie stark wird nun die Härte der Sanktionierung im Jugend- und Erwachsenenstrafrecht von der Einbeziehung anderer Entscheidungen beeinflusst? In der folgenden Tabelle werden den Ergebnissen aus Tabelle 2 Gruppen gegenübergestellt, die lediglich Entscheidungen ohne Einbeziehungen aufweisen. Die Darstellung bezieht sich dabei nur auf jugendstrafrechtliche Einbeziehungen nach § 31 Abs. 2 JGG und auf die nachträgliche Gesamtstrafe gemäß § 55 StGB, nicht jedoch auf nachträgliche Gesamtstrafenbeschlüsse nach § 66 JGG und nach § 460 StPO, die zwar im Erziehungs- bzw. Bundeszentralregister eingetragen werden, jedoch aus registerrechtlichen Gründen keine Delikts- und Altersangaben enthalten.[34]

31 Die Anteile der Probanden ohne Voreintragungen weichen bei den 21-Jährigen mit 20,1 % nur leicht von denen der 20-Jährigen ab (24,1 %; bzw. 19,3 % in der Gruppe ohne §§ 45, 47 JGG). Die 21-Jährigen haben mit 36 % nur einen etwas höheren Anteil von Probanden mit mehr als 4 Voreintragungen als die 20-Jährigen (25 %; bzw. 28,1 % in der Gruppe ohne §§ 45, 47 JGG). Die Berücksichtigung von § 460 StPO/§ 66 JGG als Voreintragung führt zu keinen bzw. nur sehr geringen Abweichungen (bis 0,2 Prozentpunkte).

32 Auch die Anteile der 20- und der 21-Jährigen an allen Probanden innerhalb dieser Deliktsgruppe unterscheiden sich nicht maßgeblich. Der Altersjahrgang der 20-Jährigen hat in der Deliktsgruppe der §§ 243, 244, 244 a StGB einen Anteil von 5,7 %, der Altersjahrgang der 21-Jährigen 4,2 %. Diese Anteile sind leicht höher, wenn §§ 45, 47 JGG nicht berücksichtigt wird (5,9 % (20) und 5,2 % (21)).

33 Pfeiffer, (FN 2), 116.

34 Der Anteil von § 460 StPO an allen Entscheidungen nach StGB beträgt 1,9 %, die unbedingten Freiheitsstrafen weisen dabei die größten Anteile von § 460 StPO auf

Wie Tabelle 3 zeigt, sind die Auswirkungen von Einbeziehungen bei den (überwiegend nach Jugendstrafrecht sanktionierten) 20-Jährigen deutlich größer als bei den 21-Jährigen. Besonders auffällig ist, dass die Anteile der unbedingten Jugend-/Freiheitsstrafen bei den 20-Jährigen (mit 6,8 %) deutlich geringer ausfallen, wenn nur die Entscheidungen ohne Einbeziehungen betrachtet werden. Dagegen bleibt der Anteil der unbedingten Freiheitsstrafen bei den 21-Jährigen (mit 17,4 %) nahezu konstant, wenn Einbeziehungen außer Betracht bleiben. Nur wenn man den Jugendarrest hinzuzählt, kommt man bei den 20-Jährigen auf eine knapp höhere Internierungsrate von 19,5 %.[35]

Eine Erklärung für dieses veränderte Bild liegt darin, dass – wie die absoluten Zahlen zeigen – bei den 20-Jährigen eine bedeutsame Gruppe Einheitsjugendstrafen erhält, die frühere Entscheidungen gemäß § 31 Abs. 2 JGG mit einbeziehen, während bei den nach StGB Sanktionierten bzw. bei den 21-Jährigen Verurteilungen, die frühere Entscheidungen gemäß § 55 StGB einbeziehen, vergleichsweise selten sind. Es ist aber zu vermuten, dass der Anteil der (unbedingten) Jugendstrafen durch die Auswahl von Entscheidungen ohne Einbeziehungen nun unterschätzt wird: Es erscheint plausibel, dass ein wohl nicht unerheblicher Teil der so ausgeschlossenen Probanden auch ohne Berücksichtigung des einbezogenen Urteils eine unbedingte Jugendstrafe für die Bezugstat erhalten hätte.[36]

(4,6 %). Der Anteil von § 66 JGG an allen Entscheidungen nach JGG beträgt dagegen nur < 0,1 % (n = 27).

35 Es ist zu vermuten, dass auch eine Berücksichtigung von Entscheidungen nach § 460 StPO/§ 66 JGG die aufgezeigten Tendenzen kaum verändern würde. Insgesamt gesehen sind Einbeziehungen vor allem bei unbedingten Jugendstrafen deutlich häufiger als bei unbedingten Freiheitsstrafen: Nur 14,3 % aller Freiheitsstrafen ohne Bewährung haben eine Einbeziehung (32 % hiervon sind ein Fall von § 460 StPO). Dagegen beziehen 71,1 % aller Jugendstrafen ohne Bewährung eine andere Entscheidung mit ein (nur 0,4 % hiervon sind ein Fall von § 66 JGG).

36 Dies bedarf einer weitergehenden Untersuchung. Als Indiz kann aber herangezogen werden, dass hier der Anteil von Probanden mit mehr als 4 Voreintragungen bei den 20-Jährigen, deren Bezugsentscheidung eine andere Entscheidung mit einbezieht, mit 62,8 % deutlich höher ist als bei der Gruppe der 20-Jährigen ohne Einbeziehungen (nur 16,1 %).

Tabelle 3: Sanktionierung von 20-Jährigen und 21-Jährigen (ursprüngliche Gruppe und ohne Einbeziehungen) aufgrund von §§ 243, 244, 244a StGB

	20 Jahre (n = 1.521)	20 Jahre (ohne Einbeziehungen) (n = 1.231)	21 Jahre (n = 1.064)	21 Jahre (ohne Einbeziehungen) (n = 1.014)
Einstellung nach §§ 45, 47 JGG	14,8 %	18,3 %	0,0 %	0,0 %
ambulante Sanktionen JGG	22,1 %	27,0 %	0,0 %	0,0 %
Geldstrafe	8,3 %	10,2 %	30,7 %	31,7 %
Jugendarrest	10,7 %	12,7 %	0,0 %	0,0 %
JS/FS m. Bew.	26,2 %	25,0 %	50,9 %	50,9 %
JS/FS o. Bew. bis 2 Jahre	10,5 %	5,0 %	14,1 %	13,7 %
JS/FS o. Bew. ab 2 Jahre	7,3 %	1,8 %	4,2 %	3,7 %

V. Fazit

Die Frage, ob das Jugendstrafrecht eine Strafe für die Jugend oder im Gegenteil das mildere Recht sei, erlaubt keine einfache und eindeutige Antwort. Der Vergleich zwischen dem Jugend- und dem Erwachsenenstrafrecht ist schon deshalb schwierig, weil die Sanktionsarten nicht identisch sind und die Auswahl und Bemessung der Sanktionen entsprechend dem Gesetzesprogramm unterschiedlichen Rationalitäten folgt. Am ehesten vergleichbar sind deshalb freiheitsentziehende Sanktionen, auf die sich hier der Vergleich konzentriert hat, wobei freilich die Höhe der sog. Internierungsrate davon abhängig ist, ob der Jugendarrest als mit einer Freiheitsstrafe vergleichbar eingestuft und dazugerechnet wird oder nicht. Beschränkt auf einen Bereich mittlerer Kriminalität, die schweren Diebstahlsformen, lassen sich einige differenziertere Thesen ableiten: Die vordergründige Ungleichbehandlung von Heranwachsenden, die nach allgemeinem und Jugendstrafrecht sanktioniert werden, beruht maßgeblich auf einer ungleichen Zusammensetzung dieser Gruppen, hervorgerufen durch die Entscheidungskriterien des § 105 JGG. Der Vergleich der Sanktionierung von 20- und 21-Jährigen zeigt darüber hinaus, dass bei der Bewertung der Sanktionierung nach JGG auch die Einbeziehung von anderen Entscheidungen gemäß § 31 Abs. 2 JGG berücksichtigt werden muss: Selbst wenn die dargestellten Auswirkungen von § 31 Abs. 2 JGG überschätzt werden sollten, trägt die Einbeziehung wohl nicht unerheblich zu dem Anteil und der Dauer von vollstreckbaren Jugendstrafen bei.

Mit diesem Fokus auf vollstreckbare Freiheitsentziehungen bleiben indes die dominierenden ambulanten Sanktionen völlig außer Betracht. Hier dürften die jugendstrafrechtlichen Sanktionen die größere Eingriffsintensität aufweisen: Die zur Bewährung ausgesetzte Jugendstrafe mit der obligatorischen Unterstellung unter Bewährungsaufsicht gegenüber der zur Bewährung ausgesetzten Freiheitsstrafe; die bei den Zuchtmitteln und Erziehungsmaßregeln (sowie bei den Auflagen nach §§ 45 Abs. 2 und Abs. 3 JGG) vorherrschende gemeinnützige Arbeit gegenüber der Geldstrafe. Nach alledem wäre es zur Beantwortung der Ausgangsfrage wünschenswert, einen umfassenden Strafzumessungsvergleich durchzuführen, der indessen nicht nur auf Zahlenverhältnisse abstellen darf, vielmehr zugleich auch die unterschiedlichen Rationalitäten des Jugendstrafrechts und des allgemeinen Strafrechts mit ins Kalkül zu ziehen hat.

Das Modellprojekt Pro Kind. Ein Rückblick aus interdisziplinärer Perspektive

Tanja Jungmann, Peter F. Lutz

I. Die Anfänge von Pro Kind

Auf einer Reise in die USA Anfang des Jahres 2005 wurde Christian Pfeiffer auf Hausbesuchsprogramme für sozial benachteiligte Familien aufmerksam, die sich dort immer weiter ausbreiteten. Mit dem Nurse-Family Partnership National Service Office hatte sich eine große gemeinnützige Organisationen gebildet, die Hausbesuchsprogramme entwickelte und als Dienstleister bei der Durchführung dieser Programme in interessierten Städten und Gemeinden mitwirkte. Christian Pfeiffer beeindruckte vor allem, wie rigoros diese Programme auf ihre Wirksamkeit hin untersucht wurden und werden. So wurde bereits im Jahr 1977 in der Vorstadt Elmira eine Feldstudie im randomisierten Parallelgruppen-Design durchgeführt, in der die Wirksamkeit eines Hausbesuchsprogramms für die Zielgruppe der geringverdienenden, alleinstehenden Erstgebärenden überprüft wurde. Da die Ergebnisse dieser Studie ermutigend waren, gab es mehrere Nachfolgestudien, aus denen letztlich das evidenzbasierte Hausbesuchsprogramm Nurse-Family Partnership (NFP) hervorging, das das besondere Interesse Christian Pfeiffers auf sich zog. In den USA konnte gezeigt werden, dass mithilfe dieses Programms das Risiko des Auftretens von Kindesmisshandlungen verringert und die Kindesentwicklung gefördert werden können. Auf der Ebene der Eltern konnte darüber hinaus auch die Transferabhängigkeit und Berufstätigkeit positiv beeinflusst werden, so dass sich das Programm für den Staat schnell amortisiert.

Im Laufe des Jahres 2005 reifte in Christian Pfeiffer die Idee, ein solches evidenzbasiertes Hausbesuchsprogramm auch für Deutschland zu entwickeln und ebenso rigoros auf seine Wirksamkeit und Effizienz hin zu überprüfen. Hierbei handelte es sich aus verschiedenen Gründen um eine „Mammutaufgabe“. Zum einen musste eine forschungsunabhängige Organisation geschaffen werden, die die Entwicklung des Programmes, die Ausbildung der Familienbegleiterinnen und die Durchführung des Programmes an verschiedenen Standorten gewährleistete. Dies war die ursprüngliche Aufgabe der heutigen Stiftung Pro Kind. Zum anderen waren Studien im randomisierten Parallelgruppen-Design in Deutschland zwar im klinischen Bereich allgemein anerkannt, im sozialen Bereich aber durchweg unüblich. Hier musste viel Überzeugungsarbeit geleistet werden. Außerdem erforderte die umfassende Evaluierung des Programms ein multidisziplinär besetztes Forschungsteam. Da sich die einzelnen Disziplinen teilweise auch dem gleichen Gegenstand, nämlich der Verbesserung der Eltern-Kind-Interaktion und darüber hinaus auch der kindlichen Entwicklung, zuwandten, ergaben sich schnell auch interdisziplinäre Ansätze. Zeitlich parallel zu der Projektarbeit fand – insbesondere durch die Arbeit des Nobelpreisträgers James Heckman – auch eine konzeptuelle Annäherung von Psychologie und Ökonomie statt. Diese konzeptuelle Annäherung wurde teilweise innerhalb von Pro Kind nachvollzogen, sodass Pro Kind somit auch als ein Experimentierfeld für interdisziplinäres Arbeiten betrachtet werden kann. Inhaltlich geht es dabei z. B. um den Begriff der nicht-kognitiven Fähigkeiten, der für Ökonomen zentral ist, aber möglicherweise nicht hinreichend den Stand der Psychologie beachtet. Umgekehrt kann der ökonomische Ansatz der „Technologie“ der Fähigkeitsbildung sicher auch für Psychologen interessante Ergebnisse liefern, da die Ökonomen hier ihr weitentwickeltes mathematisches Instrumentarium einsetzen. Beides spielte auch im Rahmen von Pro Kind eine Rolle, worauf im Folgenden näher eingegangen wird.

II. Pro Kind und Interdisziplinarität

Die Ausgangslage

Interdisziplinäres Vorgehen wird oft als sinnvoll erachtet und häufig, zum Beispiel in der universitären Entwicklungsplanung, gefordert. In der wissenschaftlichen Praxis dominiert aber nach wie vor die strikt nach den Zielen und Methoden der jeweiligen Einzeldisziplin ausgerichtete Arbeit. Bei Pro Kind wurde ein erster Schritt zur Überwindung dieser Trennung durch die Zusammenstellung eines multidisziplinären Forschungsteams durch Christian Pfeiffer am Kriminologischen Forschungsinstitut Niedersachsen (KFN e.V.) gemacht. Die theoretische Fundierung des NFP-Programms und die Ergebnisse der Begleitforschung in Amerika sprachen für die Berücksichtigung von mindestens drei Forschungsbereichen in der summativen und formativen Evaluation des Modellprojektes Pro Kind.

Entwicklungspsychologie: Entwicklungen auf der Individualebene (z. B. das Kind oder die Mutter, die am Hausbesuchsprogramm teilnimmt) werden maßgeblich durch die Qualität von Interaktionen mit anderen Individuen bestimmt. Diese sind wiederum von ihrer Einbettung in größere Systemzusammenhänge beeinflusst bzw. abhängig (z. B. sozial-kulturelle Lebensbedingungen im Makrosystem Gesellschaft). In einem breit angelegten bio-psycho-sozialen Untersuchungsansatz wurde eine Fülle von Daten über psychologische Konstrukte, wie zum Beispiel die Mutter-Kind-Bindung, die psychische Belastung der Mütter durch Angst, Stress und Depression, aber auch ihre Selbstwirksamkeitserwartung, ihr Gesundheitsverhalten und ihre Coping-Strategien erhoben. Vermittelt über die positive Veränderung des mütterlichen Verhaltens sollten auch indirekte Effekte auf das Erreichen der frühen Meilensteine der kindlichen Entwicklung erkennbar sein, vor allem sollte aber das Risiko für Kindeswohlgefährdung vermindert werden. Aufgrund der Bedeutung und Sensibilität dieses Bereichs wurden zur Erfassung neben anderen Entwicklungstests für die Bereiche Sprache und sozial-emotionale Entwicklung die recht aufwändigen Bayley Scales of Infant Development eingesetzt, die dem Goldstandard in der frühen Entwicklungsdiagnostik entsprechen. Dieser Bereich der Begleitforschung wurde projektintern entsprechend der Breite seines Ansatzes biopsychosoziale Evaluationsforschung genannt.

Soziologie/Sozialwissenschaften: Die Erfassung der Verhältnisse in den teilnehmenden Familien allein reicht jedoch nicht aus, um ein klares Bild von der Wirkungsweise eines Hausbesuchsprogramms zu bekommen. Es muss auch untersucht werden, ob und wie das Programm in den einzelnen Familien tatsächlich umgesetzt wurde. Dies fängt damit an, Daten über die eingesetzten Familienbegleiterinnen, zum Beispiel deren Ausbildungsstand, zu erheben, geht über eine genaue Erhebung der in den Familien behandelten Themenbereiche, bis hin zu einer Befragung der Familien selbst im Hinblick auf die Zufriedenheit mit dem Programm. Dieser recht gut abgrenzbare Forschungsbereich wurde intern Implementationsforschung genannt und durch einen Soziologen vertreten.

Ökonomie: Die große Akzeptanz und Verbreitung von Hausbesuchsprogrammen in den USA gründet sich vor allem auf die durch sie erzielten Einsparungen bei öffentlichen Ausgaben und andere gesellschaftliche Nutzen. Daher war es Christian Pfeiffer von Anfang an ein Anliegen, die ökonomischen Auswirkungen des Programmes in die Begleitforschung mit einzubeziehen. Wenn sich die recht kurzfristige Amortisation der Programme in den USA auch für Deutschland zeigen ließe, wäre dies ein zusätzliches Argument für ihre Einführung in Zeiten starker Konkurrenz um öffentliche Mittel. Deshalb wurden Ökonomen in die Begleitforschung einbezogen, ihr Forschungsbereich wurde Kosten-Nutzen-Analyse genannt.

Interdisziplinäres Arbeiten bedeutet aber mehr, als die Forschungsergebnisse anderer Disziplinen nur zur Kenntnis zu nehmen. Vielmehr geht es darum, inhaltlich zusammenzuarbeiten. Der Zufall wollte es, dass fast zeitgleich zum Start des Projektes Pro Kind durch den Nobelpreisträger James Heckman ein starkes Interesse der Wirtschaftswissenschaft an Frühen Hilfen ausgelöst wurde. Bei der Analyse der Faktoren für den beruflichen und sozialen Erfolg US-amerikanischer Erwerbspersonen USA fiel Heckman und Carneiro (2003) auf, dass sich sozioökonomischen Unterschiede in kognitiven und nicht kognitiven Fähigkeiten bereits früh im Leben zeigen und sich über die Lebensdauer verstärken. Sie stellten damals auch fest, dass die exakten Wirkungszusammenhänge, die zu diesen Unterschieden führen, noch weitgehend unbekannt sind:

„Yet the policy intervention indicated by this evidence is far from obvious, because the exact causal mechanisms through which good families produce good children are not yet well understood" (ebd., S. 163).

In der Begleitforschung des Perry Preschool Projects, die über einen Zeitraum von über 40 Jahren angelegt war, fanden sie Hinweise auf eine vergleichsweise hohe Effizienz von frühen Hilfen und Vorschulprogrammen im Vergleich zu kompensatorischen Förderprogrammen, die erst im Schulalter oder sogar noch später einsetzen (ebd., S. 164ff.). Dies gab dem politischen und ökonomischen Interesse an Frühen Hilfen, aber auch an der Entwicklungspsychologie des frühen Kindesalters allgemein weiteren Auftrieb, was nicht zuletzt auch damit zu begründen ist, dass die Beseitigung oder Minderung von Ungleichheit seit jeher das Interesse von Ökonomen weckt.

Statt sich aber den bestehenden Konzepte der Entwicklungspsychologie anzulehnen und die dort bereits seit mehreren Jahrzehnten gewonnenen Erkenntnisse zu berücksichtigen, gibt es in der Wirtschaftswissenschaft die Tendenz, mit den eigenen Modellen und Ansätzen auf das Gebiet anderer Wissenschaften vorzudringen. Hierfür wurde sogar ein eigener Begriff geschaffen, der „ökonomische Imperialismus". Wie der Begriff bereits nahelegt, sind hiermit auch Probleme verbunden, die z. B. dann auftreten, wenn die bereits vorhandenen Erkenntnisse auf dem anderen Gebiet von den Ökonomen nicht ausreichend gewürdigt werden. Auch im Fall des ökonomischen Vordringens auf das Gebiet der Entwicklungspsychologie gab es solche Probleme. Da im Rahmen von Pro Kind ein intensiver Austausch zwischen Psychologen und Ökonomen stattfindet, soll hier einmal die Gelegenheit genutzt werden, ein solches Problem näher zu betrachten. Es geht dabei um die Bedeutung der so genannten nichtkognitiven Fähigkeiten.

Das Konzept der non-kognitiven Fähigkeiten

Die große Bedeutung, die der Begriff der non-kognitiven Fähigkeiten in der ökonomischen Diskussion der ersten Dekade des neuen Jahrtausends einnahm, lässt sich wohl am besten mit dem grundsätzlich quantitativen Ansatz der Ökonomie erklären. Die Forscher um James Heckmann waren in dieser Zeit intensiv auf der Suche nach den Faktoren für berufliche und soziale Erfolge in den Vereinigten Staaten. Dabei lagen für die kognitiven Fähigkeiten meist Messgrößen in Form des Intelligenzquotienten (IQ) vor. In dem sehr bekannten Papier von Heckman und Rubinstein aus dem Jahr 2001 konnten zum Beispiel die Ergebnisse des Armed Forces Qualifying Tests als Messgröße für die kognitiven Fähigkeiten herangezogen werden. Die non-kognitiven Fähigkeiten sind in dieser Arbeit die ungemessenen Faktoren, die erklären sollen, warum die Teilnehmer am Schulabbrecher-Programm (GED) in ihrem Berufsleben auch bei gleichen kognitiven Fähigkeiten weniger verdienen als Arbeitnehmer mit unauffälliger Schulkarriere (ebd., S. 146). Non-kognitive Fähigkeiten waren für Ökonomen zunächst also ein Sammelsurium von Residualgrößen, die erklären sollten, was durch die leichter messbaren kognitiven Fähigkeiten nicht erklärt werden konnte.

Entsprechend vielfältig und gleichzeitig unpräzise fiel daher die Definition oder besser Umschreibung dieser non-kognitiven Fähigkeiten in der darauf folgenden ökonomischen Literatur aus. Heckman und Rubinstein selbst führten in ihrem Artikel unter anderem Motivation, Zähigkeit (tenacity), Vertrauenswürdigkeit (trustworthiness) und Beharrlichkeit (perseverance) als non-kognitive Fähigkeiten an. Hinter diesen leicht daher gesagten Begriffen finden sich jedoch verschiedene psychologische Konstrukte mit eigener Forschungshistorie und Forschungsstand (z. B. die

Motivationspsychologie, die Emotionspsychologie oder die Neuropsychologie, die sich vor allem mit den exekutiven Funktionen, zu denen die Selbstregulationsfähigkeiten und die zielgerichtete Handlungssteuerung zählen, beschäftigt).

Auch bei der Analyse der Befunde des Perry Preschool Projects wurden die non-kognitiven Fähigkeiten von Ökonomen als Erklärungsgröße für die bekanntlich großen Effekte auch noch im Alter der geförderten Kinder von 40 Jahren herangezogen (Heckman et al., 2006, S. 414f.), ohne sie aber messen oder genau definieren zu können. Dennoch war man in dieser Zeit überzeugt, mit diesen Fähigkeiten einen zentralen Baustein für die zukünftige ökonomische Forschung gefunden zu haben. Als Indiz dafür mag gelten, dass die Leibniz Gemeinschaft im Jahr 2008 eine auf Jahre angelegte Konferenzreihe „Non-Cognitive Skills: Acquisition and Economic Consequences" startete.

Die die häufige und inhaltlich nicht wesentlich weiter reflektierte Verwendung des Begriffs non-kognitive Fähigkeiten als ein Schlüsselbegriff für die Erforschung der menschlichen Fähigkeiten muss auf Psychologen, die sich seit jeher wesentlich intensiver mit diesem Bereich beschäftigten, ein wenig anmaßend gewirkt haben und hat die interdisziplinäre Zusammenarbeit möglicherweise erschwert.

Denn was sind non-kognitive Fähigkeiten übersetzt in entwicklungspsychologische Termini überhaupt? Und: Ist dieser Terminus überhaupt notwendig? Wenn damit die Gesamtheit der Motive in Handlungen gemeint sein sollte, dann ließen sich non-kognitive Fähigkeiten mit Volition oder Handlungskompetenz, die zum Konstrukt Motivation verdichtet werden können, bezeichnen. Hiermit beschäftigt sich bereits seit einem Jahrhundert eine eigene psychologische Teildisziplin, die Motivationspsychologie, die Richtung, Ausdauer und Intensität von Verhalten erforscht. Motivation ist dabei der allgemeine Begriff für alle Prozesse, die der Initiierung, der Richtungsgebung und der Aufrechterhaltung von Handlungen dienen.

Ein anderer Kandidat für eine geteilte Bedeutung mit non-kognitiven Fähigkeiten wären die exekutiven Funktionen. Darunter werden in der Psychologie mentale Funktionen verstanden, mit denen höhere Lebewesen ihr Verhalten unter Berücksichtigung von Umweltbedingungen steuern. Dazu zählen Zielsetzungs-, Planungs- und Entscheidungsprozesse für Prioritäten, Impulskontrolle, Emotionsregulation, Aufmerksamkeitssteuerung, zielgerichtete Initiieren von Handlungen, motorische Steuerung und

Selbstkorrektur. Allerdings werden diese Prozesse durchaus als kognitiv übergeordnet betrachtet, d. h. es bedarf durchaus der allgemeinen kognitiven Fähigkeiten als Grundlage für die Selbstregulation und die zielgerichtete Handlungssteuerung des Individuums in seiner Umwelt. Exekutive Funktionen und Motivation sind darüber hinaus auch nicht klar voneinander abgrenzbar, denn motivationale Faktoren werden in der Neuropsychologie den exekutiven Funktionen zugeordnet. Auf jeden Fall stellt sich die berechtigte Frage, wie unabhängig denn eigentlich die non-kognitiven Fähigkeiten vom kognitiven Funktionsniveau sind.

Weiterhin stellt sich die Frage, inwieweit non-kognitive Fähigkeiten mit sozial-emotionalen Fähigkeiten gleichzusetzen sind. Mit diesen beschäftigt sich wiederum eine Teildisziplin der Psychologie, die Emotionspsychologie, seit Ende des 19. Jahrhunderts, ohne dass die umfangreiche Forschung und deren Befunde bisher das Interesse der Wirtschaftswissenschaft geweckt haben.

Die Probleme, und vermutlich auch die Kritik, die die Ökonomen durch die häufige und zentrale Verwendung des Begriffs der non-kognitiven Fähigkeiten einstecken mussten, führten zu einer intensiveren interdisziplinären Ausrichtung. Schon in der Arbeit von Heckman et al. (2006) wurde neben non-kognitiven Fähigkeiten verstärkt der Begriff der der Persönlichkeitsmerkmale (personality traits) verwendet. In der Arbeit „The Economics and Psychology of Personality Traits" von 2008 setzte sich eine interdisziplinäre Forschergruppe um James Heckman dann grundlegend mit Erkenntnissen der Persönlichkeitspsychologie auseinander (Borghans et al., 2008). In diesem Papier wird intensiv die Frage diskutiert, inwieweit man kognitive Fähigkeiten und Persönlichkeitsmerkmale überhaupt sinnvoll trennen kann. Die Autoren zeigen an vielen Beispielen, dass diese Trennung durchaus schwierig ist. So sind auf der rein empirischen Ebene die berühmten fünf Hauptdimensionen[1] (Big Five) des Faktorenmodells der Persönlichkeitspsychologie auf denen sich alle Menschen einordnen lassen, mit der Intelligenz korreliert. Außerdem beeinflussen Persönlichkeitsmerkmale wie Motiviertheit, aber auch Ängstlichkeit die Leistung in Intelligenztests. Umgekehrt verleiht Intelligenz wiederum die Fähigkeit zu strategischen Antworten bei Persönlichkeitstest. Auf einer ganz anderen Ebene sprechen auch die von den Autoren referierten Erkenntnisse der

1 Dabei handelt es sich um Neurotizismus, Extraversion, Offenheit für Erfahrungen, Verträglichkeit und Gewissenhaftigkeit.

Hirnforschung dafür, dass kognitive und eher persönlichkeitsbezogene Hirnfunktionen auch organisch nicht getrennt ablaufen. Dennoch möchten die Autoren an der Trennung zwischen kognitiven und nicht kognitiven Fähigkeiten festhalten:

„Cognitive and personality traits are conceptually distinct if one defines cognitive traits to mean general intelligence and specific cognitive abilities. Aspects of personality – shyness, sociability, time preference, impulsivity, extraversion, agreeableness, empathy, sense of humor, and so on – involve cognitive processes but can be separated from raw problem solving abilities for abstract problems." (ebd, S. 1035).

Angesichts der vorher aufgezeigten Probleme erscheint das Festhalten an der Trennung am ehesten historisch verständlich. Es fußen praktisch alle bisherigen Papiere und quantitativen Ergebnisse zur ökonomischen Theorie der Fähigkeitsbildung auf dieser Trennung, so dass ein Festhalten Kontinuität bedeutet. Es fragt sich allerdings, ob man hier nicht einen Schritt weitergehen und auch in den ökonomischen Modellen einfach auf die schon etablierten Konstrukte aus der Psychologie zurückgreifen sollte.

Die Autoren regen dies auch in ihren Schlussfolgerungen an, indem sie die Verwendung von Messinstrumenten aus dem Bereich der Persönlichkeitspsychologie für ökonomische Studien empfehlen (ebd, S. 1037). In der Folge sind bereits einige ökonomische Studien entstanden, in denen die in der Persönlichkeitspsychologie entwickelten Konstrukte und Messinstrumente Verwendung fanden (für einen Überblick Thiel/Thomsen, 2013, S. 191ff.). Ob allerdings die großen Fünf der Persönlichkeitseigenschaften tatsächlich die non-kognitiven Fähigkeiten umfänglich abbilden können, bleibt eine empirische Frage. Ein konsequent interdisziplinäres Vorgehen lässt es unumgänglich erscheinen, diese Frage auch durch sorgfältig durchgeführte Forschung – und dazu gehört auch eine sorgfältige Operationalisierung der Konstrukte, die sich hinter dem Begriff der non-kognitiven Fähigkeiten verbergen – zu beantworten. Neben Instrumenten aus der Motivations-, der Emotions- und Neuropsychologie zur Erfassung von motivationalen, emotionalen Faktoren und den exekutiven Funktionen sollte auch eine konsequent entwicklungspsychologische Perspektive eingenommen werden, um die Wirkzusammenhänge im Entwicklungsverlauf zu beleuchten.

Im Rahmen des Forschungsdesigns von Pro Kind, das in den Jahren 2005/2006 entwickelt wurde, kann sicherlich ein erster Schritt zur Aufklärung dieser Wirkzusammenhänge im Entwicklungsverlauf bis zum Alter von zwei Jahren unternommen werden. Dies ist aber sicherlich eher eine Frage der Grundlagenforschung als eine der mit dem Modellprojekt intendierten Anwendungsforschung. Zur Erfassung der non-kognitiven Fähigkeiten wäre weiterhin eine Fortsetzung der Begleitforschung bis ins Jugendalter angezeigt, da Motivations- und Persönlichkeitsfragebögen erst für Kinder ab dem Schulalter, für Jugendliche und Erwachsene existieren. Auch exekutive Funktionen lassen sich erst ab dem späteren Vorschulalter sinnvoll messen. Hier ist für die Follow-up-Studie z. B. geplant, Persönlichkeitsmerkmale (Zeitpräferenz, Vertrauen) der Kinder aus Treatment- und Kontrollgruppe zu vergleichen.

Die „Technologie" der Fähigkeitsbildung (technology of skill formation)

Das ökonomische Denken ist sehr von Produktionstechnologie geprägt, durch die aus verschiedenen Inputs ein oder mehrere Output generiert werden. In mehreren Arbeiten verfolgt Heckman die Idee, mit diesem Ansatz auch die Bildung menschlicher Fähigkeiten zu erklären. Schon der Begriff Technologie im Zusammenhang mit der Bildung menschlicher Fähigkeiten dürfte dabei einige Sozialwissenschaftler irritieren. Dazu muss man jedoch wissen, dass der Begriff aus der mathematischen Wirtschaftswissenschaft stammt und die mathematischen Beziehungen zwischen Input und Output bezeichnet. Die Anwendung von Mathematik dient dabei letztlich nur dazu, ein Bild von den komplexen Beziehungen der Inputfaktoren zu den Outputfaktoren zu bekommen, um die Inputfaktoren möglichst gut einsetzen zu können.

Diese Überlegungen sind recht abstrakt und sollen einmal anhand der letzten Ergebnisse dieses Ansatzes, die die Autorengruppe Cunha, Heckman und Schennach im Jahr 2010 veröffentlichte, illustriert werden. Als Inputfaktoren werden hier zunächst einmal so genannte „elterliche Investitionen" (parental investments) betrachtet. Da der Arbeit der umfangreiche Datensatz des National Longitudinal Survey of Youth zu Grunde liegt, können eine ganze Reihe von elterlichen Investitionen in die Entwicklung ihrer Kinder in das Modell einbezogen werden. Als Beispiele seien genannt, wie oft die Eltern sich mit ihrem Kind im Freien aufhalten, wie viel Bücher das Kind hat, wie oft und in welcher Art und Weise dem Kind vorgelesen wird, wie viele Kuscheltiere das Kind hat, wie oft Mahlzeiten gemeinsam eingenommen werden, ob das Kind ein Musikinstrument spielt, ob die Eltern ein Zeitungsabonnement haben, wie oft das Kind gelobt wird, wie oft Familientreffen mit dem Kind stattfinden usw. (Genaueres bei Cunha et al., 2010, S. 913ff.)

Als weitere Inputfaktoren werden nun die kognitiven und die non-kognitiven Fähigkeiten der Eltern einbezogen. Wie schon oben erwähnt, halten die Ökonomen an der Trennung von kognitiven und non-kognitiven Fähigkeiten fest. Daher ist interessant, welche Entsprechung diese Trennung im National Longitudinal Survey of Youth hat. Als kognitive Fähigkeiten werden hier die Ergebnisse des ASVAB Test genommen, mit den Unterdimensionen wie – etwas frei übersetzt – Arithmetik, schriftliche Ausdrucksfähigkeit, Codierungsgeschwindigkeit und mathematische Kenntnisse. Bei den non-kognitiven Fähigkeiten werden offensichtlich gebräuchliche persönlichkeitspsychologischen Konstrukte wie Selbstbewusstsein und Kontrollüberzeugung (Locus of Control) erhoben (ebd., S. 910f.).

Als Outputvariablen dienen nun die kognitiven und non-kognitiven Fähigkeiten des Kindes. Auch hier werden offensichtlich Standard-Testverfahren eingesetzt (PIAT, Behavior Problem Index). Hierbei ist erstaunlich, dass die non-kognitiven Fähigkeiten in ihrer Operationalisierung mit sozial-emotionalen Kompetenzen bzw. Auffälligkeiten gleichgesetzt werden. Im Modellprojekt Pro Kind wurden die Verhaltensoutcomes mit der Child Behavior Checklist für 1,5 bis 5jährige (CBCL 1 ½-5) erfasst. Entwicklungspsychologen und klinische Psychologen würden aber entweder dieser Gleichsetzung wiedersprechen oder aber die Verwendung des Begriffs sozial-emotionale Kompetenzen bzw. sozial-emotionales Problemverhalten vorschlagen. Die Ökonomie tut gut daran, bei einem Festhalten an dem Begriff der non-kognitiven Fähigkeiten zu betonen, dass es sich hierbei um ein breiteres Konzept handelt, das Persönlichkeit, sozial-emotionale Kompetenzen, Motivation und exekutive Funktionen umfasst. Der empirische Nachweis hierfür steht allerdings noch aus.

Sowohl die Input- wie auch die Outputvariablen werden dabei zu verschiedenen Zeitpunkten im Leben des Kindes erhoben. Hierdurch erhalten die Autoren nun eine Mehrebenen-Produktionsfunktion, um bestimmte ökonomische Konzepte zu untersuchen, die für die Gestaltung und Unterstützung der kindlichen Entwicklung von Bedeutung sein können.

Der erste und einfachste dieser Ansätze ist die Selbstproduktivität eines Skills. Sie bedeutet, dass das Niveau einer bestimmten Fähigkeit des Kindes positiv mit dem Niveau derselben Fähigkeit in der Vorperiode korreliert ist. Diese Selbstproduktivität kann bewirken, dass eine Steigerung der

Fähigkeiten in der frühen Kindheit Auswirkungen auf das gesamte spätere Leben hat. In der Studie von wird nun festgestellt dass diese Selbstproduktivität mit zunehmendem Alter des Kindes zunimmt (Cunha et al., 2010, S. 921). Dies könnte bedeuten, dass eine Erhöhung des Fähigkeitsniveaus im frühen Kindesalter sich im Laufe des Lebens immer weiter verstärkt.

In der Psychologie ist dieses Phänomen als „Matthäus-Effekt“ relativ gut beschrieben. Dieser Effekt besagt, dass denen, die haben, gegeben wird. Übersetzt auf die kindliche Fähigkeitsentwicklung bedeutet dies, dass Kinder mit hohem Intelligenzniveau sich mit zunehmendem Alter Umwelten suchen, die ihrer Neugierde, ihrem Wissensdurst und der Geschwindigkeit ihrer Informationsverarbeitung entsprechen. Ähnliches gilt für Kinder mit sehr guten Lesefähigkeiten: diese werden mehr Interesse und Freude an Büchern und am Lesen entwickeln und daher ihre Lesefähigkeiten immer weiter steigern, während schlechten Lesern das Lesen so viel Mühe bereitet, dass sie diese Tätigkeit eher vermeiden werden, obwohl nur ein vielfaches mehr an Übung den Leistungsabstand zu den guten Lesern verringern könnte.

Auch im Rahmen von Pro Kind wurde die Selbstproduktivität untersucht und eine positive und mit dem Lebensalter steigende Selbstproduktivität sowohl für den MDI wie auch für den PDI der Bayley Scales of Infant Development gefunden (Sandner, 2013, S. 65ff.).

III. Ausblick

Das Modellprojekt Pro Kind lieferte Daten und Erkenntnisse zu vielen Themen, die auch international im Fokus der interdisziplinären Arbeit von Psychologen und Ökonomen stehen. Christian Pfeiffer, dem interdisziplinäres Arbeiten immer ein großen Anliegen war, bewies mit der Initiierung des Projektes im Jahr 2005 wieder einmal sein Gespür für innovative Zukunftsthemen. Mit dem umfangreichen Datensatz, der bisher im Projekt gewonnen wurde, könnten noch weitere neue interdisziplinäre Ansätze überprüft werden. Durch das geplante Follow-up würde der Datensatz um weitere zeitliche Ebenen und auch Persönlichkeitsmerkmale der teilnehmenden Kinder erweitert, was wieder eine noch genauere empirische Spezifikation der interdisziplinären Theorie der Fähigkeitsbildung erlauben würde.

Literatur

Borghans, L., Duckworth, A.L., Heckman, J.J., Bas ter Weel (2008). The Economics and Psychology of Personality Traits. Journal of Human Resources, 43.

Carneiro, P., Heckman, J.J. (2003). Human Capital Policy. In: Heckman, J.J., Krueger, A.B., Friedman, B.M. (Eds.), Inequality in America: What Role for Human Capital Policies? Cambridge, MA: MIT Press.

Cunha, F., Heckman, J.J., Schennach, S. (2010). Estimating the Technology of Cognitive and Noncognitive Skill Formation. Econometrica, 78, 883-931.

Heckman, J.J., Stixrud, J., Urzua, S. (2006). The Effects of Cognitive and Noncognitive Abilities on Labor Market Outcomes and Social Behavior. Journal of Labor Economics, 24, 411-482.

Heckman, J.J., Rubinstein, Y. (2001). The Importance of Noncognitive Skills: Lessons from the GED Testing Program. American Economic Review, 91, 145-149.

Sandner, M. (2013). Economic Evaluation of an Early Childhood Intervention and a Student Mentoring Program" (im Druck).

Thiel, H., Thomsen, S.L. (2013). Noncognitive skills in economics: Models, measurement, and empirical evidence. Research in Economics, 67, 189-214.

Klimawandel oder bloß Ausnahme-Wetter? Trendwende in der Kriminalpolitik der USA[1]

Susanne Karstedt

1. Ein historisches Jahr? Trendwenden und professioneller Pessimismus in der Kriminologie

Das Jahr 2009 wird mit Sicherheit in die Geschichte der Kriminaljustiz eingehen, und auch die der Kriminologie. Es war das Jahr, in dem die Zahl der Strafgefangenen in den Gefängnissen der US-Staaten zum ersten Mal leicht abnahm (Abbildung 1). Das war deshalb so bemerkenswert, weil es ebenfalls das erste Jahr war, in dem die Zahl und Rate nach nahezu 40 Jahren ungebrochenen Wachstums nicht mehr zunahm. In diesen vier Dekaden hatten sich die USA weltweit an die Spitze für Zahl und Rate der Gefängnisinsassen gesetzt, noch vor Russland und anderen Ländern, die sonst eher für eine harsche Justiz und nicht immer für Rechtsstaatlichkeit bekannt sind. Das Missverhältnis von Population und Gefangenenrate, das von dem konservativen und den Republikanern nahestehenden Think Tank Right on Crime als „exzessive Kriminalisierung" (overcriminalization) bezeichnet wird, verdient diese Bezeichnung voll und ganz: die USA sind die Heimat von ca. 5 % der Weltbevölkerung, aber ihre Gefängnisse beherbergen ca. 25 % aller Strafgefangenen weltweit. David Garland hat diesen Zustand 2001 als „mass imprisonment" bezeichnet, zu einem Zeitpunkt, als diese Spitzenposition von den USA bereits seit gut einem Jahrzehnt erreicht worden war. Er hat damit eine Debatte initiiert, die Kriminologen und Kriminologinnen seitdem weltweit fasziniert und beschäftigt hat. 2009 war das erste Jahr, in dem dieser Trend gebrochen wurde, und

1 Dieser Artikel beruht auf zwei englischen Publikationen (Karstedt, 2008; Karstedt, 2013a), von denen einige Teile frei übersetzt oder paraphrasiert wurden. Ich danke Diplomsoziologin Stephanie Moldenhauer, Universität Osnabrück, ganz herzlich für Recherchearbeiten und die Umsetzung der Graphiken. Der Australian National University gilt mein besonderer Dank für einen Aufenthalt als Visiting Fellow vom Januar bis April 2013, während dessen die Recherchen durchgeführt und die ersten Veröffentlichungen vorbereitet wurden.

seither (bis 2012) hat es keine Rückkehr zu einem erkennbaren Wachstum gegeben. Ganz im Gegenteil: nicht nur die Gefangenenzahlen zeigen weiter nach unten (Pew Center on States, 2013), sondern Politiker auf beiden Seiten des politischen Spektrums plädieren eindeutig und öffentlich für eine Abkehr von der bisherigen Justizpolitik und für eine Kehrtwende, so im August der demokratische Justizminister Eric Holder und der republikanische Gouverneur von Texas, Rick Perry (Economist vom 17. August 2013). Das gemeinsame Ziel lautet: Die Zahl der Strafgefangenen muss weiter und deutlich sinken, Alternativen zur Freiheitsstrafe müssen entwickelt werden, und vor allem müssen Gesetze abgeschafft und geändert werden, auf Grund derer exzessiv lange Strafen – oft lebenslänglich ohne Möglichkeit der Entlassung bevor nicht mindestens 15 Jahre und mehr verbüßt worden sind (New York Times/Tierney, 2012) – die Zahl der Menschen in den Gefängnissen der USA in die Höhe schnellen liessen.

Umso erstaunlicher ist es, dass nur wenige Kriminologinnen und Krimnologen dieses Ereignis im Jahr 2009 wahrgenommen oder kommentiert haben (vgl. Karstedt, 2013a). Eine der Ausnahmen ist Jonathan Simon: er hat das politische Spiel mit der Strafjustiz, das seit der Präsidentschaft von Reagan in den 1980er Jahren begann, in seinem Buch „Governing through Crime“ (2007) brilliant beschrieben. Derzeit beobachtet und kommentiert er in seinem Berkeley Blog (www.berkeley.edu/author/jsimon) diese Entwicklung. Im Dezember 2012 stellte er mit einiger Genugtuung fest, dass ein renommierter Autor der New York Times nicht nur den Ausdruck „mass imprisonment“ zum ersten Mal ins Blatt gehievt hatte, sondern auch gleichzeitig deren Ende ausgerufen hatte (http://blogs.berkeley.edu/2012/12/14/put-a-fork-in-it-paper-of-record-declares-mass-imprisonment-dead/). Wenige Tage vorher hatte er einen skeptischen Kommentar eingestellt (http://blogs.berkeley.edu/2012/11/29/penal-trends-strange-weather-or-climate-change/) in dem er fragte, ob es sich bei diesem neuen Trend eher um Ausnahme-Wetter oder tatsächlich um Signale eines Klimawandels handelt. Er kann und will diese Frage noch nicht beantworten, und vor allem weist er die raschen und simplifizierenden Erklärungsmuster für die Entwicklung der exzessiven Nutzung von Freiheitsstrafen zurück, die so lange und unhinterfragt unter Kriminologen kursierten. Neoliberale Politik und Neoliberalismus waren hier die Schlagworte, die diesen historisch einmaligen Exzess innerhalb eines rechtsstaatlichen Justizsystems – sieht man einmal von den Lagersystemen im 20. Jahrhundert unter dem Nazi-Regime und in der UdSSR unter Stalin ab – erklären sollten. Der Neoliberalismus diente als konzeptionelles Fundament für eine Perspektive, aus der die Punitivität der Bevölkerung und des Justizsystems, manifestiert in der Entwicklung der exzessiven Freiheitsstrafe in den USA, hegemonial und daher unangreifbar erschien („hegemonic punitive worldview", Listwan et al., 2008); diese Perspektive hat die kriminologische Imagination während der vergangenen Jahrzehnte dominiert, und möglicherweise auch gelähmt.

„Klimawandel?" oder „Ausnahme-Sommer?" sind Fragen, die Meteorologen und Klimaforschern bestens vertraut sind. Sie sind Kriminologen in der einen oder anderen Form ebenfalls gut bekannt. Unsere Probleme allerdings mit Prognosen, mit einem unerwarteten Umkippen von Trends und überraschenden Entwicklungen, kurz mit den sogenannten „tipping points" (Karstedt, 2008) sind dagegen spezifischer Art. Kriminologen sind selten zögerlich, wenn es darum geht, einen Trend zum Schlimmeren – zu mehr Kriminalität, zu mehr Gewalt, zu immer steigender Punitivität oder Kriminalitätsfurcht in der Bevölkerung, zu mehr Eliten- und Finanzkriminalität, zu mehr Menschenhandel und sexueller Ausbeutung zu prognostizieren. In der Regel sind es einzelne Ereignisse – von einer besonders schrecklichen Gewalttat bis hin zur Finanz- und Wirtschaftskrise –, oder generelle gesellschaftliche Entwicklungen wie z. B. Globalisierung, die sie ihrem Impuls und ihrer „deformation professionelle" nachgeben lassen, grundsätzlich von solchen Ereignissen auf schlimme Ursachen zu schließen, und diesen dann ebenso schlimme Folgen in Form von steigender Kriminalität, gewalttätigen Jugendlichen, oder eben einem insgesamt punitiveren Klima zuzuschreiben. Vor diesem Verfahren hatte der US-amerikanische Soziologe C.W. Mills schon frühzeitig gewarnt: „bad causes, bad outcomes" ist eine Sichtweise, die gerade in unserem Gebiet, der Kriminologie, oft in die Irre führt, aber darum nicht weniger beliebt ist.

Ein besonders schlagendes Beispiel für eine solche Prognose war die 1995 von John DiIulio vorhergesagte Welle von Jugendgewalt, ausgeübt von „super predators" („Raubtieren"), die bereits im Jahre 2000 weitere „30.000 Mörder, Vergewaltiger und Strassenräuber" generieren werde. DiIulio konzedierte in seiner Prognose, dass die Kriminalitätsrate in den USA, und vor allem die Gewaltkriminalität bereits seit einiger Zeit abnahmen. Wie Zimring (2007) später feststellte, waren es genau die von DiIulio genannten Delikte, die in der gesamten Dekade und bis in das 21. Jahrhundert hinein sanken. Derzeit hat New York eine Homizidrate ungefähr wie in den 1960er Jahren (Zimring, 2012). In jedem Fall erregte DiIulio die Aufmerksamkeit von Politkern und Medien, auch diesseits des Atlantiks. Tatsache ist, dass die Kriminologen aufgrund ihres professionellen Pessimismus erst sehr spät bemerkten, dass die Kriminalität zumindest in allen westlichen Ländern seit ca. Anfang der 1990er Jahre abgenommen hatte. Dieser Trend hat sich zwar inzwischen stabilisiert, aber ist keineswegs umgeschlagen; über die Ursachen rätseln wir derzeit noch. Ebenso ist derzeit auch global eine Abnahme der Massengewalt, von Kriegsverbrechen und anderen Verbrechen gegen die Menschlichkeit zu beobachten: verlässliche Berichte und Daten bezeugen einen Abwärtstrend, der ungefähr in der Mitte der 2000er Jahre eingesetzt hat (Karstedt, 2013b; Human Security Report, 2012).

Es fällt Kriminologen offensichtlich schwer, den Zeitpunkt und die Anzeichen einer Trendwende zum Besseren zu erkennen. An den sogenannten „tipping points" (Gladwell, 2002) beginnt ein am Anfang minimaler Wandel weitere Wandlungsprozesse anzustossen und damit den Veränderungsprozess insgesamt zu beschleunigen. Bis ein tipping-point erreicht ist, sind Veränderungen oft inkrementell und langsam, und nehmen erst dann an Dynamik und Kraft zu. Sie entwickeln sich zunächst im Unsichtbaren und werden oft von dem, was alle sehen, sehen wollen und was weithin Allgemeingut ist, verdeckt. Der Wandel kann seinen Ausgang in gesellschaftlichen Gruppen oder von ideologischen Positionen nehmen, wo man ihn am wenigsten vermuten würde. Während wir oft von der einen und alles erklärenden Ursache oder dem einen theoretischen Rahmen ausgehen, kann eine Trendwende viele Väter (und Mütter) haben, und mancherlei Kehrtwenden in sich zusammenschließen. Wenn es Kriminologen und Kriminologinnen gelänge, ihren professionellen Pessimismus ein wenig abzulegen, würden sie solche Trendwenden nicht nur leichter erkennen, sondern würden auch Vorboten und erste Signale eher wahrnehmen.

Es ist daher kein Zufall, dass sich in der Autorengruppe, die 2008 die ersten Risse in der so festgefügten Weltsicht von hegemonialer Punitivität ausmachte, der Kriminologe Francis Cullen befand, ein notorischer Optimist (Listwan et al., 2008).[2] Sie zeigten, dass die (US-amerikanische) Öf-

2 Francis Cullen gehörte unter anderen gemeinsam mit Friedrich Lösel zu der kleinen Gruppe von Kriminologen, die dem (oft falsch verstandenen) pessimistischen Fazit „nothing works" die unbeirrte Überzeugung entgegensetzten, dass Rehabilitation möglich und nötig sei – und sie behielten Recht.

fentlichkeit deutlich weniger punitiv war als Kriminologen und Politiker in seltener Übereinstimmung geglaubt hatten, und stellten eine zunehmend skeptische Haltung bei Think Tanks und Politikern aller Schattierungen gegenüber der Effizienz von immer härteren Strafen fest. Zugleich konstatierten sie eine Reihe neuartiger Programme zur Rehabilitation sowohl innerhalb wie auch ausserhalb des Gefängnisses; schliesslich war der Second Chance Act von Präsident Busch, der vor allem entlassenen Strafgefangenen den Wiedereintritt in die Gesellschaft erleichtern sollte, 2007 mit einer soliden Mehrheit von Republikanern und Demokraten angenommen worden. Hier hatte ein anderer Kriminologe den Weg bereitet, und zwar paradoxerweise mit einer pessimistischen und warnenden Prognose. Jeremy Travis und seine Kollegen hatten 2001 den Amerikanern vorgerechnet, dass jedes Jahr ca 700.000 Strafgefangene in ihre Gemeinden zurückkehren würden, zumeist Menschen, die intensiver Hilfen zur Wiedereingliederung nach den langen Haftstrafen bedürfen. Die Risse, die die Autoren in der scheinbar unangreifbaren Bastion der hegemonialen Punitivität ausgemacht hatten, liessen sich aus einer Vielfalt von unterschiedlichen Beobachtungen und Daten rekonstruieren, die sich erst in der Summe und Zusammenschau als eine oppositionelle Bewegung erkennen liessen, die das Potential zu einer wirklichen Trendwende in sich barg.

Eine solche eher kleinteilige und mosaikartige Übersicht steht in deutlichem Gegensatz zu den Konstruktionsprinzipien der Perspektive hegemonialer Punitivität. Kriminologen haben hier ähnliche Fehler begangen wie die Ökonomen vor der Finanzkrise. Der Statistiker und Prognoseforscher Nat Silver (2012) benennt sie: ein Bündel unrealistischer Annahmen, falsche übergreifende Perspektiven („master narrative“) und Interpretation von Ereignissen, und die Nutzung von einer magischen einzigen, alles erklärenden Variablen oder Formel („magic bullet variable“). Dies trifft vergleichbar auf die Kriminologie und die vorherrschende punitive Weltsicht zu. So wurden zunächst der von den USA ausgehende Sog zu härteren Strafen, und die Ausbreitung und Diffusion exzessiver Freiheitsstrafe massiv überschätzt. Auch wenn es in einer Reihe von westlichen Demokratien (Australien, Neuseeland, Grossbritannien, Niederlande) zum Teil zu einem erheblichen Anstieg der Gefängnispopulationen kam, so haben Sonja Snacken und Els Dumortier (2012) festgestellt, dass Europa der punitiven Strömung im wesentlichen widerstanden hat, ebenso wie Kanada, und dass die USA die Ausnahme und der exzeptionelle Fall in jeder Hinsicht geblieben sind. Weiterhin wurde dem Neoliberalismus – d. h. dem

Bündel aus marktorientierter Wirtschaftspolitik, Deregulation und Wohlfahrtsabbau – eine übertrieben zentrale und kausale Rolle zugeschrieben. Dabei ist anzunehmen, und dies wird in den nächsten Abschnitten demonstriert, dass die Diffusion neoliberaler Wirtschaftspolitik weltweit und die Entwicklung exzessiver Freiheitsstrafen in einem Land, den USA, wahrscheinlich allenfalls eine Koinzidenz und kaum ein kausaler Zusammenhang war. Schliesslich wurden soziale und wirtschaftliche Gegenkräfte wie steigende Kosten oder die Abkehr der öffentlichen Meinung von exzessiver Bestrafung kaum beachtet.

Im folgenden Abriss der Trendwende in den USA werde ich die wesentlichen Entwicklungen, die Akteure und ihre politisch-ideologischen Positionen, und die öffentliche Meinung exemplarisch vorstellen. Welches sind die Kräfte hinter der Trendwende und dem Umschlagspunkt?

II. Trendwende in der Kriminalpolitk: Daten, Akteure, Moralpolitik

Die Daten

In der Tat hatten die US-Staaten bei der Annahme von strafverschärfenden Gesetzen kaum den Kosteneffekt bedacht; im Gegenteil waren beispielsweise im kalifornischen Parlament und Senat Gesetze durchgenickt worden, ohne die verfassungsmäßig notwendige Expertise zu den finanziellen Folgen einzuholen (Nicholson-Crotty, 2009). Das hatte zur Folge, dass bereits zu Beginn der 2000er Jahre, als die steigenden Kosten der exzessiven Freiheitsstrafen auf das Budget drückten, in New York und anderen Staaten die drakonischsten Gesetze zurückgenommen wurden, in der Hoffnung, dass sich damit die Kosten des Strafvollzugs senken lassen würden. Jedoch nicht nur in Staaten in einer Finanzkrise, sondern auch in den reichen wie Texas setzte ein Umdenken ein. So entschieden sich die (republikanischen) Parlamentarier bereits 2005 gegen den Bau von neuen Gefängnissen und stattdessen für Investitionen in Rehabilitation. Generell scheinen jedoch die Finanz- und die folgende Budgetkrise seit 2008 erheblich zur Wende-Dynamik beigetragen zu haben (Brown, 2012), indem sie eine Chance boten und Druck ausübten, die Politik der Massen-Einkerkerung zu überdenken und die Kriminalpolitik neu zu strukturieren.

Die Signale einer solchen Wende sind unübersehbar, und die Anzeichen für eine wirkliche Trendwende und einen „Klimawandel“ mehren sich.

2009 sank die Zahl der Strafgefangenen zum ersten Mal seit 38 Jahren um 0,3 %, und das nach einer unablässigen Zunahme von Jahr zu Jahr um insgesamt 708 % (Abbildung 1). Das sieht zunächst keineswegs nach einer Trendwende aus, aber in absoluten Zahlen waren das immerhin ca 6.000 Strafgefangene weniger in staatlichen Gefängnissen.

Abbildung 1: Population in den Gefängnissen der US-Staaten (Quelle: Pew Center on the States, 2010, S. 1)

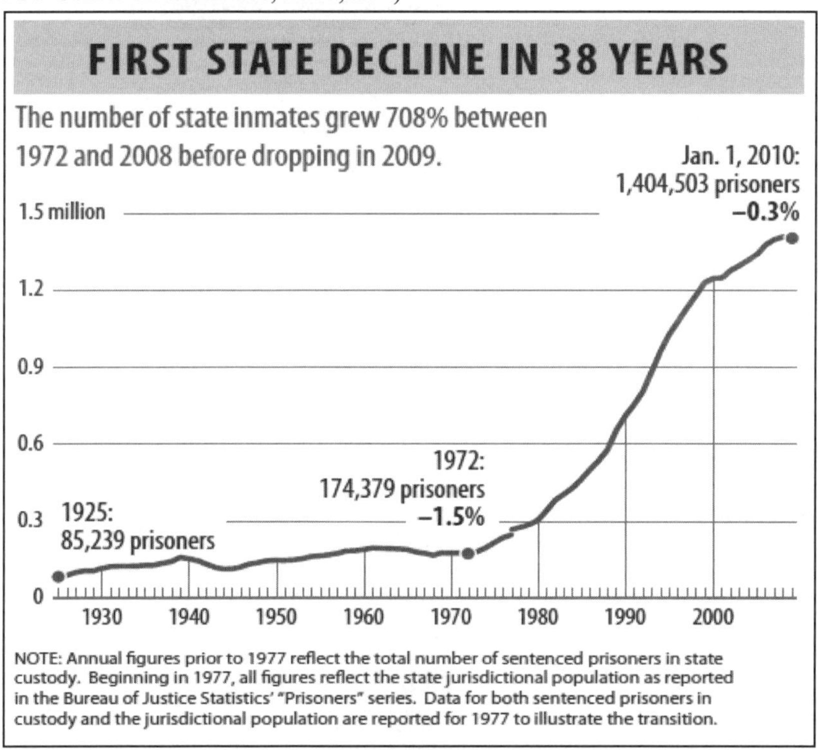
FIRST STATE DECLINE IN 38 YEARS
The number of state inmates grew 708% between 1972 and 2008 before dropping in 2009.
Jan. 1, 2010:
1,404,503 prisoners
–0.3%
1.5 million
1.2
0.9
0.6
0.3
0
1972:
174,379 prisoners
–1.5%
1925:
85,239 prisoners
1930
1940
1950
1960
1970
1980
1990
2000
NOTE: Annual figures prior to 1977 reflect the total number of sentenced prisoners in state custody. Beginning in 1977, all figures reflect the state jurisdictional population as reported in the Bureau of Justice Statistics' "Prisoners" series. Data for both sentenced prisoners in custody and the jurisdictional population are reported for 1977 to illustrate the transition.

Wie Abbildung 2 zeigt, führte Kalifornien diese Bewegung mit einer Reduktion um 4.000 Strafgefangene an, gefolgt von Michigan mit 3.000, und dann einer Reihe von Staaten, die jeweils die Zahl der Gefängnisinsassen um ca. 1.000 reduzierten, darunter Texas. Insgesamt nahm in 26 Staaten die Zahl der Strafgefangenen ab, während sie in 24 zunahm, jedoch in keinem Staat mehr als 2.200 (Pew Center on the States, 2010). Trotz seiner hohen Anzahl an Strafgefangenen nimmt Kalifornien mit 17 % auch die Spitzenposition bei der prozentualen Reduktion zwischen 2006 und 2011 ein (Pew Center on the States, 2013).

Abbildung 2: Zu- und Abnahme der Strafgefangenen in Gefängnissen der US-Staaten 2008 bis 2009 (absolute Zahlen; Quelle: adaptiert von Pew Center on the States, 2010, S. 5)

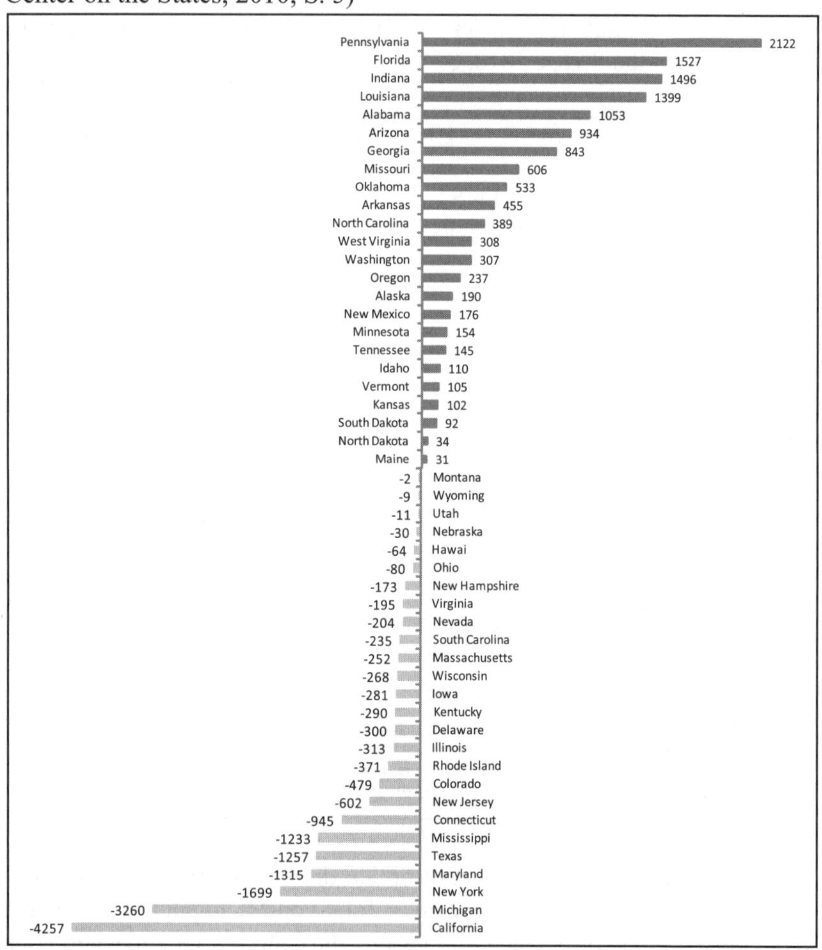

Insgesamt hat sich der Trend verstärkt: Zwischen 2006 und 2011 haben insgesamt 29 Staaten die Zahl ihrer Strafgefangenen reduziert, also eine knappe Mehrheit. Entsprechend hat sich zwischen 2010 und 2011 auch der Rückgang auf 15.000 erhöht, insgesamt eine Absenkung um 0,9 %, und die Entlassungen aus dem Gefängnis lagen über der Zahl der Neuzugänge (US Bureau of Justice, 2012a). Allein für 2011 wird ein Rückgang um 1,1 % festgestellt (Porter, 2012). Auch hier nimmt Kalifornien eine Spitzenposition ein, die jedoch wohl teilweise dadurch erzielt wurde, dass Strafgefangene in örtliche Gefängnisse geschickt wurden, die auf deren Aufnahme keineswegs vorbereitet sind (Public Policy Institute of California, 2012). Mit dieser Politik versucht Kalifornien, einem Urteil seines obersten Gerichtshofes nachzukommen, in dem der Staat aufgefordert wurde, die Überbelegung in seinen Gefängnissen abzubauen.

Entscheidend für eine Trendwende, die zum Klimawandel werden kann, ist die Schließung von Gefängnissen bzw. ein Baustopp für neue, wie bereits 2007 in Texas praktiziert. Zu Recht vermerkt Tonry (2011), dass dies eine der wesentlichen Voraussetzungen für eine Trendwende ist. Die ersten Gefängnisse wurden in Kalifornien, Nebraska, New York und Michigan geschlossen, insgesamt acht. Diese Bewegung hatte 2011/2012 an Dynamik gewonnen. 17 US-Staaten von Rhode Island im Norden bis zu Louisiana schlossen oder planten die Schliessung von Gefängnissen, von grossen mit 4.000 Plätzen in Kalifornien bis hin zu mittleren und kleineren, insgesamt 28.500 Plätze. Florida mit zwölf Gefängnissen, New York mit sieben, und Texas mit sechs. Tabelle 1 zeigt die realisierten und geplanten Schliessungen für 2012, sowie die projektierte Budgetentlastung. Für 2012 sollen insgesamt 14.000 Plätze geschlossen werden, mit einer projektierten Ersparnis nur im 1. Jahr von ca. 340 Millionen US Dollar. Alleine für Florida belaufen sich die geschätzten Ersparnisse auf 65 Millionen US Dollar. Dies ist umso bemerkenswerter, als Florida noch 2008/2009 mit 1.500 Strafgefangenen den zweitgrößten Zuwachs von allen Staaten hatte: ein Staat, der im Prinzip an harscher Bestrafung festhält, schliesst sich der Bewegung zur Trendwende in der Gefängnispolitik an.

Zugegeben, die Trendwende zeigt sich vorerst nur in schmalen Einschnitten in die Gefängnispopulation. Dies können die ersten Resultate einer Rücknahme der drakonischen Drogengesetze sein, die zu Beginn des „Krieges gegen die Drogen“ erlassen wurden, sowie aller Gesetze, die lange und lebenslängliche Strafen für Gewaltdelikte forderten, wie z. B. die „Three Strikes Laws“ in Kalifornien und ca 50 % aller Staaten in den USA, die bei einem dritten Delikt für Gewalttäter zwingend lebenslänglich vorsahen. Eine nachhaltige Trendwende erfordert daher die Rücknahme dieser Gesetze, und damit eine Aufgabe des „punitiven Konsensus“ zwischen Politikern und Bevölkerung. In der Tat hat diese Rücknahme von Gesetzen schon vor 2009 eingesetzt, als sich eine mögliche Trendwende zum ersten Mal abzeichnete. Bereits 2002 wurden in Michigan, dem Staat, der an siebenter Stelle hinsichtlich des proportionalen Ausmaßes seiner Gefängnispopulation stand, und einer der vier Staaten (u. a. Kalifornien), die mehr für Gefängnisse als für Bildung ausgaben, diese Gesetze deutlich abgemildert. New York folgte 2003 und 2004 nach. Auf der Ebene des Bundes eliminierte der Fair Sentences Act 2010 die gröbsten Ungleichgewichte und vor allem die zwingend vorgeschriebenen Mindeststrafen für Drogendelikte. Im November 2012 votierten die Wähler in Kalifornien, sonst eher dafür bekannt, dass sie ohne Zögern für besonders harte Strafen in Referenden optierten, für eine Abmilderung der „Three Strikes" Gesetzgebung, zugleich mit der Zustimmung zu einer Steuererhöhung, um die Budgetkrise des Staates abzuwenden. Offensichtlich wollten die Wähler auf keinen Fall ihre Steuergroschen für immer mehr Strafgefangene ausgeben. Derzeit setzt sich der amtierende Justizminister Eric Holden, so mit einer vielbeachteten Rede im August 2013, für eine Reduktion der Gefängnispopulation auf Bundes- und staatlicher Ebene, und für die Gesetze und Gesetzesänderungen ein, die dieses Ziel am besten erreichen können (Economist vom 17. August 2013). Entscheidend und von Signalwirkung ist, dass er das wagen kann, ohne sogleich den Zorn des Wahlvolks fürchten zu müssen. Das US Magazin American Prospect stellte im August 2013 fest, dass das Thema Gefängnisreform keineswegs mehr „Gift" für Politiker sei („Prison Reform: No Longer Politically Toxic", American Prospect 2013). Das Blatt fand mit Erstaunen keinen Aufschrei auf der Rechten, undenkbar wenige Jahre vorher. In der Tat hatten gerade konservative und republikanische Politiker in den staatlichen Parlamenten diese Trendwende vorbereitet, wie z. B. in Texas.

Tabelle 1: Schließung von Gefängnissen in US Staaten: Realisiert und geplant (Quelle: adaptiert von Porter, 2012, S. 2)

Staat	Typ	Kapazität	Geschätzte Ersparnis (1. Jahr)
California	California Rehabilitation Center	3.900 Plätze	$160.000.000
Colorado	Colorado State Penitentiary II	316 Plätze	$4.500.000
Florida	Broward Correctional Institution	611 Plätze	$2.523.371
Florida	Caryville Work Camp	133 Plätze	$1.728.792
Florida	Demily Correctional Institution	342 Plätze	$6.068.260
Florida	Gainesville Correctional Institution	507 Plätze	$9.038.845
Florida	Hendry Work Camp	280 Plätze	$4.028.832
Florida	Hillsborough Correctional Insitution	431 Plätze	$8.314.653
Florida	Indian River Correctional Institution	381 Plätze	$8.027.931
Florida	Levy Forestry Camp	292 Plätze	$3.886.263
Florida	New River Correctional Institution	1.363 Plätze	$17.644.740
Florida	River Junction Work Camp	736 Plätze	$4.268.454
Illinois	Dwight Correctional Center	1.212 Plätze	$36.900.000
Illinois	Joliet Renaissance Center – Youth Center	344 Plätze	$11.700.000
Illinois	Murphysboro Youth Prison	156 Plätze	$6.000.000
Illinois	Tamms Super Maximum – Security Correctional Center	700 Plätze	$25.600.000
Kentucky	Otter Creek Correctional Center	656 Plätze	$9.450.000
Louisiana	C. Paul Phelps Correctional Center	942 Plätze	$12.000.000
Louisiana	Forcht-Wade Correctional Center	498 Plätze	$2.700.000
Louisiana	J. Levy Dabadie Correctional Center	300 Plätze	$3.000.000
Kapazität und geschätzte Ersparnis gesamt		14.100 Plätze	$337.380.141

Die Akteure

Die in den US Staaten bereits Anfang der 2000er Jahre einsetzende Fiskalkrise gab den Weg frei für eine Reihe von Akteuren auf allen Seiten des politischen Spektrums, von sehr unterschiedlicher ideologischer Herkunft, die bei dem Unterfangen, die Gefängnispopulation in den USA zu reduzieren, trotz ihrer unterschiedlichen ideologischen Orientierung nicht nur Gemeinsamkeiten entdeckten, was das Ziel betraf, sondern auch in ihrer Argumentation. Entscheidend ist, dass vor allem konservative Politiker, Republikaner sowie die evangelikale Rechte eine Kehrtwende in der Kriminalpolitik vornahmen (Green, 2013). Die bis dahin besonders konservativen Think Tanks wie Right on Crime, die Texas Policy Foundation oder der American Legislative Exchange Council (ALEC) machten eine Kehrtwende in der Kriminalpolitik, und übernahmen hier die Führung vor den entsprechenden demokratischen Organisationen. Das Parteiprogramm der Republikaner für die Wahl 2012 enthielt den Aufruf, mit der unfairen „Überkriminalisierung“ Schluss zu machen.

Exemplarisch für diese Kehrtwende des konservativen Amerika steht der ehemalige Führer der Republikaner im Kongress, Newt Ginrich, ein Politiker mit ehemals Ambitionen auf das Präsidentenamt. 1994 hatte er in seinem „Contract with America" massive Freiheitsstrafen gefordert. 2011 stellte er die „dringende Notwendigkeit (fest), das astronomische Wachstum der Gefängnispopulation zu stoppen, mit seinen riesigen Kosten an Geld und an verlorenem menschlichen Potential." (zitiert in Dagan/Teles, 2012). Der American Legislative Exchange Council, ein Netzwerk von republikanischen und konservativen Politkern in den Parlamenten der US-Staaten, machte eine ebensolche Kehrtwende. Hatten sie in den 1990er Jahren noch zwingende Mindeststrafen, Gefängnisprivatisierung und andere punitive Massnahmen gefordert, so propagieren sie nunmehr Reformen, die geeignet sind, das Wachstum nicht nur zu stoppen, sondern die Zahlen auf Dauer und erheblich zu reduzieren. In ihren „10 Tips for Tough Budget Times" schlagen sie eine Revision der harschen Gesetze vor und fordern auf, der „Versuchung (zu widerstehen), Strafgefangene einfach wegzusperren" („warehousing", ALEC, 2010).

Auch wenn die Konservativen hier die Führung übernommen haben, so scheuen sie doch das Risiko, von demokratischen Politikern eines zu weichen Umgangs mit Kriminalität und Kriminellen geziehen zu werden. Daher kommt es bei Gesetzesänderungen vor allem auch auf die Zusammenarbeit mit den Demokraten an und insofern auf deren Stärke in den staatlichen Parlamenten (Brown, 2012). Gerade auf diesem Gebiet funktioniert die Zusammenarbeit, die sonst eher zusammengebrochen zu sein scheint. Wichtige Gesetzesvorhaben wie der Second Chance Act 2007, oder solche, die Strafgefangene vor Gewalt im Gefängnis schützen sollen wie der Prison Rape Elimination Act 2003 (erst unter Präsident Obama in Kraft gesetzt, US Department of Justice, 2012b), wurden alle von beiden Parteien getragen und mit grosser Mehrheit verabschiedet, genau wie entsprechende Gesetzesvorhaben in den einzelnen Staaten. Diese neue und überraschende Koalition gegen exzessive Freiheitsstrafen vereint fiskalische Hardliner, Konservative, Ölbarone aus Texas und Evangelikale von der religiösen Rechten (Dagan/Teles, 2012).

Moralpolitik und Öffentlichkeit

Die Kehrtwende in der Politik wäre wahrscheinlich nicht möglich ohne entsprechende Signale aus der Bevölkerung. Der von Recht und Ordnung dominierte Diskurs ist nicht gänzlich aus der Öffentlichkeit verschwunden, aber er steht nicht mehr im Zentrum, wenn es um Kriminalpolitk geht. Immer mehr kreisen die Debatten um Fairness und Gerechtigkeit, und die Medien veröffentlichen herzzerreißende Fälle, um die ungerechte Behandlung anzuklagen (New York Times/Tierney, 2012). Die vom Obersten Gerichtshof in Kalifornien ausgelöste Diskussion um Überbelegung und entsprechende Verhältnisse in den staatlichen Gefängnissen stellt die Menschenwürde in den Mittelpunkt, der Prison Rape Elimination Act ist Ausdruck eines wachsenden Gefühls der Verantwortung und Fürsorge für die Menschen in Gefängnissen und der Second Chance Act appelliert an einen zentralen Wert der Amerikaner, dass jeder neu beginnen darf. In diesem Diskurs sind die fundamentalen Werte der Amerikaner präsent und sie werden zumeist in einer moralisch religiösen Rhetorik propagiert. David Green beschreibt dies als „penal optimism“, der seine Wurzeln in religiösen Überzeugungen hat, aber auch generell die Menschen anspricht. Es gibt jedoch einen moralischen Konsensus, getragen von unterschiedlichen Gruppierungen im politischen Spektrum, dass exzessive Freiheitsstrafen und das massenhafte Wegsperren zumeist junger Menschen nicht mit den Werten vereinbar ist, für die Amerika steht – seien diese religiöser Natur, auf Menschenrechten gründend oder in anderen moralischen Standards verankert.

Information der Bevölkerung über das Versagen der Politik der exzessiven Freiheitsstrafen und die enormen Kosten, die sie verursacht, wird daher von Politikern weniger als Bedrohung denn als Bestätigung der eigenen Werte und Überzeugungen gesehen. Politiker jeglicher Couleur können sich hier auch auf einen Meinungsumschwung in der Bevölkerung stützen. Eine Bevölkerungsumfrage, die 2012 vom Pew Center durchgeführt wurde, zeigte, dass die Botschaft angekommen war: die größte Gruppe der Befragten, mit 45 % knapp unter der Hälfte, war der Meinung, dass zu viele Menschen in Haft sind. Dabei gibt es keine Unterschiede zwischen Opfern von Gewaltdelikten und anderer Kriminalität (Abbildung 3 und 4). Entsprechend ist knapp die Hälfte (48 %) der Meinung, dass es wichtig ist, die Gelder für Gefängnisse zu reduzieren und woanders einzusetzen, vor allem in Alternativen zur Gefängnisstrafe. Diese finden breite Unterstützung (82 %), allerdings ebenso die Freiheitsstrafe für Gewalttäter (84 %). Bisher allerdings hat sich noch nicht durchgesetzt, dass die Gefängnisstrafen grundsätzlich kürzer werden müssen, um die Zahl der Gefängnisinsassen zu reduzieren.

Abbildung 3: Öffentliche Meinung zur Zahl der Strafgefangenen 2012 (Quelle: adaptiert aus PEW Center, 2012)

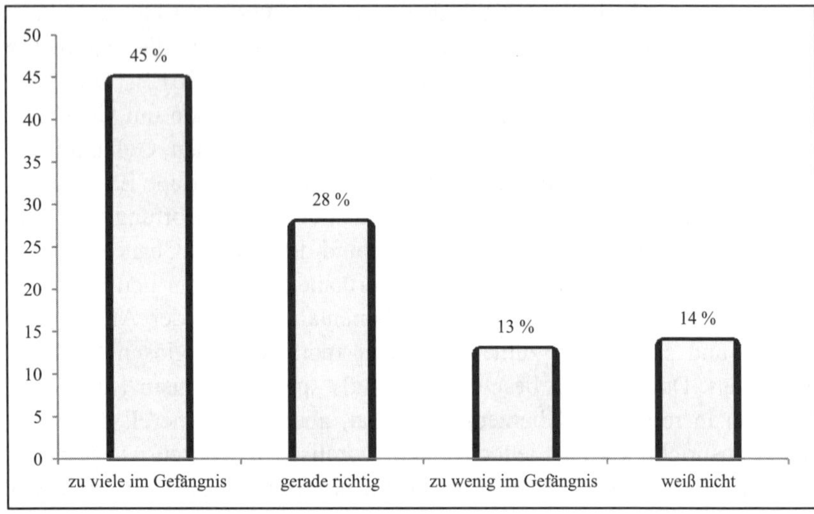

Abbildung 4: Einstellung zu Alternativen zum Gefängnis in Haushalten mit und ohne Opfer von Gewalt (Quelle: adaptiert von PEW Center, 2012)

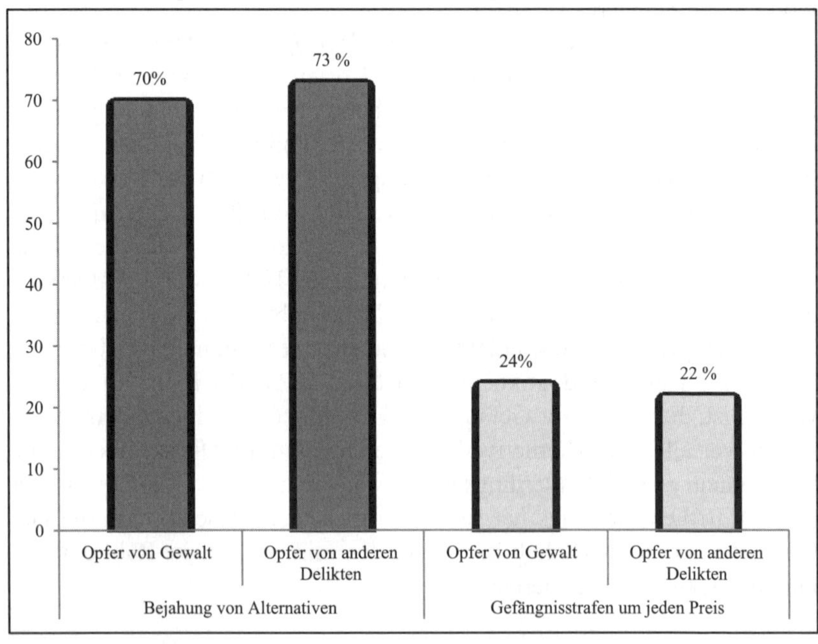

III. Lehren für die Kriminologie

Es ist vielleicht die überraschendste Eigenschaft dieser Trend- und Kehrtwende, dass der neue Optimismus in der Kriminalpolitik, wie David Green ihn beschreibt, von demselben ideologischen Fundament, denselben moralischen und religiösen Überzeugungen getragen wird, die in den Jahren zuvor den Treibstoff für eine immer stärker punitive Kriminalpolitik, und für eine Kriminalpolitik geliefert hatten, die reflexartig auf Freiheitsstrafen zurückgriff. Wir können hieraus lernen, dass ideologische Positionen in ihren Folgerungen keineswegs eindeutig sind, und sie selbst mit einem gehörigen Ausmass an Wandlungsfähigkeit und Fluidität einherkommen. Es kann kein Zweifel bestehen, dass fiskalischen Krisen diesen Wandel eingeleitet und befördert haben. Wie nachhaltig er sein wird, und ob es ein Klimawandel werden wird, hängt allerdings von einer Verankerung eben des „kriminalpolitischen Optimismus" ab. Wenn Kriminologen und Kriminologinnen ihren professionellen Pessimismus ablegen und ihre Perspektive aufgeben, dass man einer punitiven Zukunft nicht entrinnen könne, wenn sie statt dessen realisieren, dass man der Punitivität widerstehen und ihr etwas entgegensetzen kann, wie Sonja Snacken und Els Dumortier (2012), dann gibt es Grund, an einen Klimawandel zu glauben.

Literatur

American Legislative Exchange Council (ALEC). Getting Corrections Policy Right. 10 Tips for Tough Budget Times. Washington DC http://www.alec.org/publications/getting-corrections-policy-right/

American Prospect, Rapoport, A. (2013). Prison Reform: No Longer Politically Toxic. 26 august 2013.

Brown, E.K. (2012). Foreclosing on Incarceration? State Correctional Policy Enactments and the Great Recession. Criminal Justice Policy Review.

Dagan, D., Teles, S.M. (2012). The Conservative War on Prisons. The Washington Monthly, November/ December 2012 http://www.washingtonmonthly.com/magazine.

DiIulio, J. (1995). The Coming of Super-Predators. The Weekly Standard, 27 November.

Garland, D. (ed.) (2001). Mass Imprisonment. Social Causes and Consequences. London: Sage.

Gladwell, M. (2002). The Tipping Point. New York, Boston: Little, Brown and Company.

Green, D. (2013) Penal Optimism and Second Chances: The Legacies of American Protestantism and the Prospects for Penal Reform. Punishment and Society, 15, 123-146.

Human Security Report Project (2012). Human Security Report 2012. Simon Fraser University, Canada.

Karstedt, S. (2008). In search of the tipping point. The Criminologist, 33, 1 – 5.

Karstedt, S. (2013a). Never waste a good crisis. Fiscal crises and crime policies in the US and Europe. Newsletter of the European society of Criminology, 1, 5-12.

Karstedt, S. (2013b). Global Hot spots of Violence: Exploring the Paradox of State Strength and Weakness. Annual Nigel Walker Lecture. Institute of Criminology, University of Cambridge, 13 June 2013.

Listwan, S.J., Jonson, C.L., Cullen, F.T, E.J, Latessa (2008). Cracks in the Penal Harm Movement: Evidence from the Field. Criminology and Public Policy, 7, 423-465.

New York Times, Tierney, J. (2012). For Lesser Crimes, Rethinking Life Behind Bars. 11 December 2012.

Nicholson-Crotty, S. (2009). The Politics of Diffusion: Public Policy in the American States. The Journal of Politics, 71, 192-205

Pew Center on the States (2010). Prison Count 2010. Washington DC.

Pew Center on the States (2012). Public Opinion on Sentencing and Corrections Policy in America. Washington DC.

Pew Center on the States (2013). U.S. Prison Count Continues to Drop. Washington DC, 8 March 2013.

Porter, D.D. (2012). On the Chopping Block 2012: State Prison Closings. The Sentencing Project, Washington DC.

Public Policy Institute of California (2012). Capacity Challenges in California's Jails. San Francisco.

Silver, N. (2012). The Signal and the Noise. New York: Allen Lane.

Simon, J. (2007). Governing through Crime. New York: Oxford University Press.

Simon, J. (2012a). Weather Report: Strange weather or climate change? 28 November 2012, http//governingthroughcrime.blogspot.co.uk.

Simon, J. (2012b). Put a fork in it: Paper of record declares mass incarceration dead. 14 December 2012, http//governingthroughcrime.blogspot.co.uk.

Snacken, S., E. Dumortier (2012). Resisting punitiveness in Europe. An introduction. In: S. Snacken, E. Dumortier (eds.), Resisting Punitiveness in Europe. London: Routledge.

Texas Public Policy Foundation (2010). 2009 Annual Report. Austin.

The Economist (2013). An unlikely alliance of left and right. 17 August 2013.

Tonry, M. (2011). Making peace, not desert. Penal reform should be about values not justice reinvestment. Criminology and Public Policy, 10, 637-649

Travis, J., Solomon A., Waul, M. (2001). From Prison to Home. The Dimensions and Consequences of Prisoner Reentry. Urban Institute. Justice Policy Center. Washington DC.

US Department of Justice (2012a). Prisoners in 2011. Bureau of Justice Statistics. Washington DC.

US Department of Justice (2012b). National Standards to Prevent, Detect, and Respond to Prison Rape. Washington DC.

Zimring, F. (2007). The Great American Crime Decline. Oxford: Oxford University press.

Zimring, F. (2012). The City that Became Safe. New York's Lessons for Urban Crime and its Control. Oxford: Oxford University Press.

Mediengewaltkonsum und aggressives Verhalten im Jugendalter. Ein Beitrag aus sozialpsychologischer Sicht

Barbara Krahé

Wenn Jugendliche und junge Erwachsene durch schwere Gewalttaten, wie etwa Amokläufe an Schulen, auffallen, wird beinahe reflexartig in der öffentlichen Diskussion der Vorliebe für gewalthaltige Medien, insbesondere gewalthaltige Computerspiele, eine ursächliche oder zumindest verstärkende Rolle zugeschrieben. Gleichzeitig gibt es vonseiten der Medienindustrie sowie der NutzerInnen eine Tendenz, die aggressionsfördernde Wirkung medialer Gewaltdarstellungen kategorisch in Abrede zu stellen, die auch bei einigen ForscherInnen zu erkennen ist. Die vorliegenden Forschungsergebnisse zur aggressionsfördernden Wirkung medialer Gewaltdarstellungen und den zugrunde liegenden psychologischen Prozessen in dieses Spannungsfeld einzuordnen, ist das Ziel des vorliegenden Beitrags. Aggression wird dabei als Verhalten definiert, das mit der Absicht ausgeführt wird, eine andere Person zu schädigen und sowohl die körperliche Schädigung (physische Aggression) als auch die Schädigung der sozialen Beziehungen (relationale Aggression) der Zielperson umfasst (Krahé, 2013a). Mediengewalt wird in Anlehnung an diese Definition als die zielgerichtete, direkte Schädigung von Menschen (oder menschenähnlichen Wesen) durch Menschen (oder menschenähnliche Charaktere) in der virtuellen Realität von Medien bezeichnet. Der Schwerpunkt der vorliegenden Analyse wird auf das Jugendalter gelegt. Diese Entwicklungsphase ist gekennzeichnet durch eine hohe Präferenz für mediale Gewaltdarstellungen einerseits und eine Zunahme aggressiven Verhaltens andererseits (Kirsh, 2012), gleichzeitig nehmen elterliche Möglichkeiten der Kontrolle und Begrenzung des Medienkonsum stetig ab. Mediale Gewaltdarstellungen bieten Jugendlichen die Möglichkeit, in der Realität tabuisierte Verhaltensweisen zu zeigen, Nervenkitzel und Risiko ohne reale Gefahr zu erleben und – vor allem bei Jungen – Geschlechtsrollenidentitäten zu erproben.

Nach einer knappen Darstellung der inhaltsanalytischen Arbeiten zu Ausmaß und Art der Darstellung von Gewalt in den Medien sowie der Nutzungsmuster von Jugendlichen in Deutschland werden einige Befunde aus dem Forschungsprogramm der Arbeitsgruppe Sozialpsychologie an der Universität Potsdam berichtet. Dabei geht es zum einen um die Frage nach der Stärke und Wirkrichtung des Zusammenhangs zwischen Mediengewaltkonsum und Aggression im Jugendalter, zum anderen sollen die psychologischen Prozesse analysiert werden, die der Wirkung medialer Gewaltdarstellungen auf die Aggressionsbereitschaft zugrunde liegen.

I. Präsenz und Nutzung von Gewalt in Film, Fernsehen und Bildschirmspielen

Inhaltsanalysen aus verschiedenen Ländern zeigen, dass Gewaltinhalte in Filmen, Fernsehprogrammen und Computerspielen eine prominente Stellung einnehmen Eine Analyse von 855 Bestseller-Filmen zwischen 1950 und 2005 zeigte, dass 89 % Gewalt enthielten (Bleakley et al., 2012), und eine Auswertung des Gewaltgehalts von Filmen mit Altersfreigabe ab 13 belegte eine zunehmende Prominenz von Gewaltinhalten über den Zeitraum von 1993 bis 2005 (Potts/Belden, 2009). Eine Auswertung von 1.162 Programmstunden in 10 Fernsehkanälen in Deutschland ergab, dass 58 % aller Sendungen mindestens eine Gewaltdarstellung enthielten und 33 % Gewalt aus sozial akzeptierten Motiven darstellten (Grimm et al., 2005).

Inhaltsanalysen zur Bestimmung des Gewaltgehalts von Video- und Computerspiele gibt es nur vereinzelt. Smith, Lachlan und Tamborini (2003) klassifizierten 68 Prozent der von ihnen analysierten Spiele (für verschiedene Altersgruppen empfohlene meist verkaufte Titel zum Zeitpunkt der Untersuchung) als gewalthaltig. Die Ergebnisse von Smith et al. sind für Deutschland relevant, da viele der erfassten Spiele auch hier weithin genutzt werden. Eine Auswertung der USK-Einstufungen von Computerspielen von Höynck et al. (2007) zeigte ebenfalls, dass auch für Kinder und Jugendliche frei gegebene Spiele substantielle Gewaltinhalte enthielten. Nach den Ergebnissen der neuesten JIM-Studie (Jugend, Information, (Multi-) Media) haben fast zwei Drittel aller Nutzer von Computer-, Konsolen- und Onlinespielen zwischen 12 und 19 Jahren bereits Spiele gespielt, für die sie nach der Alterseinstufung noch zu jung waren (Jungen: 83 %; Mädchen: 34 %; Medienpädagogischer Forschungsverbund Süd-

West, 2012). Auch die Repräsentativ-befragung des KFN ergab, dass etwa ein Viertel der befragten SchülerInnen der 4. bis 9. Jahrgangsstufe Gewaltspiele und First- bzw. Third-Person-Shooter nutzten (Baier et al., 2010).

Auch in Musikvideos und Comics sind Gewaltdarstellungen in nennenswertem Ausmaß zu finden (Kirsh/Olczak, 2002; Smith/Boyson, 2002). Neuere Studien belegen zudem, dass auch die Darstellung relationaler Aggression in verschiedenen Medien (z. B. Fernsehen, Bücher) verbreitet ist (Coyne et al., 2010; Stockdale et al., 2013). Damit ist festzuhalten, dass die Darstellung von physischer Aggression in unterschiedlichen Medientypen sowie die aktive Ausführung gewaltsamer Handlungen in der virtuellen Realität des Computerspiels im Freizeitverhalten von Kindern und Jugendlichen eine prominente Rolle spielen.

II. Forschungsdesigns und meta-analytische Befunde

Zur Untersuchung der kurz- und langfristigen Auswirkungen des Konsums von Gewaltmedien auf aggressionsbezogene Kognitionen, Affekte und Verhaltensweisen werden verschiedene Methoden herangezogen. Zum Nachweis kurzfristiger Effekte ist das Laborexperiment die Methode der Wahl. Eine Experimentalgruppe sieht einen Gewaltfilm bzw. spielt ein gewalthaltiges Spiel, eine Kontrollgruppe sieht einen gewaltfreien Film bzw. spielt ein gewaltfreies Spiel. Im Anschluss werden Maße der Verfügbarkeit aggressiver Kognitionen, des Ärger-Affekts, der physiologischen Erregung und/oder des aggressiven Verhaltens erhoben. Beziehungen zwischen habituellem Gewaltkonsum und Aggression werden häufig in Korrelationsstudien untersucht, in denen Auskünfte der NutzerInnen bezüglich des Ausmaßes des Gewaltmedienkonsums mit aggressiven Gedanken, Gefühlen und Verhaltensweisen in Beziehung gesetzt werden. Während Korrelationsstudien keine Schlussfolgerungen über die Wirkrichtung zulassen, erlauben Längsschnittstudien, d. h. wiederholte Befragungen derselben Personen mit den gleichen Instrumenten, den Nachweis von Veränderungen sowohl des Medienkonsums als auch der Aggression im zeitlichen Verlauf, wobei überprüft werden kann, inwieweit der Gewaltkonsum zu einem frühen Zeitpunkt aggressive Einstellungen, Normen und/oder Verhaltensweisen zu einem späteren Zeitpunkt vorhersagen kann. Ein methodischer Ansatz, der die Ergebnisse zahlreicher Einzelstudien in ein gemeinsames Bezugssystem integriert, ist schließlich die Meta-Analyse. Hier wird auch den in einzelnen Studien gefundenen Zusammenhänge ein Gesamtmaß des Effekts des Mediengewaltkonsums berechnet. Die Effekte jeder Einzelstudie werden dabei mit der Zahl der VersuchsteilnehmerInnen gewichtet, so dass größere und damit weniger messfehleranfällige Stichproben mit einem höheren Gewicht in das Gesamtmaß eingehen.

Hinsichtlich der Operationalisierung der Kernkonstrukte des Mediengewaltkonsums und des aggressiven Verhaltens finden sich in der Literatur verschiedene Zugangsweisen. Die Intensität der Nutzung gewalthaltiger Medien wird z. B. über die Nennung der Lieblingsspiele oder die Häufigkeit der Nutzung vorgegebener Genres erfasst, deren Gewaltgehalt von den NutzerInnen selbst oder unabhängigen ExpertInnen eingeschätzt wird. In einer methodenvergleichenden Studie über drei Länder hinweg wurde eine hohe Übereinstimmung der unterschiedlichen Erfassungsmethoden ermittelt (Busching et al., im Druck). In experimentellen Studien werden die ProbandInnen per Zufall einer gewalthaltigen Film- oder Computerspielbedingung oder einer gewaltfreien Vergleichsbedingung zugewiesen, die sich auf anderen Dimensionen (z. B. Spannung oder Schwierigkeitsgrad) nicht unterscheiden sollten. Aggressives Verhalten wird vorrangig über Selbsteinschätzungen erfasst, bei denen die Befragten angeben, wie häufig sie verschiedene aggressive Verhaltensweisen in einem definierten Zeitraum, etwa im letzten Schuljahr oder in den letzten sechs Monaten gezeigt haben (z. B. physische Aggression: „Ich habe jemanden geschlagen", relationale Aggression: „Ich habe Gerüchte über jemanden verbreitet"; Krahé/Möller, 2010). In einigen Studien werden Einschätzungen von Lehrern, Mitschülern oder Eltern herangezogen (z. B. Krahé/Möller, 2011). Es ist also festzuhalten, dass es in der Forschung zur aggressionsfördernden Wirkung von Mediengewalt um den Einfluss auf aggressives Verhalten im Alltag geht, nicht um schwere kriminelle Gewalttaten. Bei diesen handelt es sich um seltene Ereignisse, zu deren Entstehung eine Vielzahl spezifischer Einflussfaktoren zusammen kommen müssen, unter denen dem Mediengewaltkonsum nur eine vergleichsweise geringe Rolle zukommt (Savage/Yancey, 2008).

Meta-Analysen können ein umfassendes Bild des aktuellen Erkenntnisstandes zur Stärke des Zusammenhangs zwischen Mediengewaltkonsum and Aggression liefern. Ergebnisse aus drei ausgewählten Meta-Analysen sind in Tabelle 1 dargestellt.

Tabelle 1: Auswirkung gewalthaltiger Medien auf aggressives und hilfreiches Verhalten nach Ergebnissen ausgewählter Meta-Analysen

	Bushman/Huesmann (2006): *Filme, Fernsehen, Computerspiele, Musik und Comics*	Ferguson (2007): *Computerspiele (Experimentelle Studien)*	Anderson et al. (2010): *Computerspiele (Experimente, Querschnitts- und Längsschnittstudien)*
Zahl der Stichproben	431	14	381
Zahl der TeilnehmerInnen	68.463	1.189	130.296
Zusammenhang* von Medienengewalkonsum mit:			
- Aggressiven Gedanken	.18	.25	.16
- Körperlicher Erregung	.26	.27	.14
- Aggressiven Gefühlen	.27	-	.14
- Aggressivem Verhalten	.19	.29	.19
- Hilfreichem Verhalten	-.08	-.30	-.10

* Die Werte geben den gewichteten Korrelationskoeffizienten an. Wertebereich: -1 bis +1, - = kein Zusammenhang

Die ermittelten Effektstärken des Zusammenhangs von Gewaltkonsum und aggressiven Affekten, Kognitionen und Verhaltensweisen bewegen sich in einer geringen bis mittleren Größenordnung. Das bedeutet, dass Unterschiede in der Nutzung von Gewaltmedien einen Teil der Unterschiede im aggressiven Verhalten erklären können, jedoch weitere Einflussvariablen wirksam sind, die neben dem Mediengewaltkonsum für die beobachteten Unterschiede in der Aggression verantwortlich sind. Angesichts der hohen Zahl der NutzerInnen von Mediengewalt weltweit können aber auch schon geringe Effektstärken eine hohe praktische Bedeutsamkeit haben. Insgesamt zeigen die Ergebnisse der mehr als 15 derzeit vorliegenden Meta-Analysen, dass die Nutzung von Mediengewalt nicht nur aggressives Verhalten in verschiedenen Erscheinungsformen hervorrufen kann. Vielmehr können auch aggressive Gedanken und Gefühle sowie körperliche Erregung gesteigert und die Bereitschaft zu hilfreichem Verhalten herabgesetzt werden.

III. Psychologische Wirkmechanismen von Mediengewalt

Neben dem Nachweis, dass Gewalt in den Medien die Neigung zu aggressivem Verhalten beeinflussen kann, ist es wichtig, zu verstehen, wie dieser Effekt zustande kommt. Basierend auf sozialpsychologischen Modellen der Entstehung aggressiven Verhaltens (vgl. Krahé, 2013a) wurden mehrere ineinander greifende Mechanismen identifiziert, die Mediengewalt als Eingangsvariable (input) mit aggressivem Verhalten als Ergebnis (outcome) in Zusammenhang bringen:

1) Der Konsum von Mediengewalt erhöht die Abrufbarkeit von aggressiven Gedanken und Gefühlen („accessibility"). Bushman und Geen (1990) zeigten ihren ProbandInnen entweder ein gewalthaltiges oder ein gewaltfreies Video und baten sie anschließend, ihre Gedanken zu notieren. Sie fanden, dass die Teilnehmer, die das gewalthaltige Video gesehen hatten, mehr aggressive Gedanken berichteten als die, die das gewaltfreie Video gesehen hatten. In der Studie von Krahé et al. (2011) wurde gezeigt, dass ProbandInnen, die mehr Mediengewalt konsumierten, aggressive Wörter in einer Reaktionszeitaufgabe schneller erkannten als ProbandInnen mit geringem Mediengewaltkonsum.
2) Die Beobachtung aggressiven Verhaltens in den Medien kann soziale Lernprozesse auslösen, die über direkte Verstärkung oder Nachahmung zum Erwerb neuer Verhaltensweisen führen (Gentile/Gentile, 2008). Ein Großteil der medial gezeigten Aggression wird belohnt (z. B. in Form vom Bonuspunkten für das Überfahren eines blinden Fußgängers im Rückwärtsgang, wie etwa in dem Rennspiel Carmageddon II) oder bleibt zumindest ohne negative Folgen (z. B. wenn eine Zeichentrickfigur in tausend Stücke zerrissen wird und im nächsten Moment wieder intakt ist). Zudem wird aggressives Verhalten gerade von attraktiven Medienfiguren gezeigt, mit denen sich die Zuschauer identifizieren. Nach der Theorie des sozialen Lernens ist Modell-Lernen unter diesen Bedingungen besonders wahrscheinlich (Bandura, 1979).
3) In Bezug auf die affektiven und physiologischen Reaktionen auf Gewaltstimuli in den Medien muss zwischen kurzfristigen und langfristigen Effekten unterschieden werden. Kurzfristig führen gewalthaltige Medienstimuli zu erhöhter Feindseligkeit, was über die erleichterte Zugänglichkeit aggressiver Kognitionen zu erklären ist (Bushman/Geen, 1990). Außerdem können sie einen Anstieg körperlicher Erregung auslösen, der die Ärgererregung aus anderer Quelle, z. B. aufgrund einer Provokation, auf dem Wege der Erregungsübertragung verstärken kann (Zillmann, 1979). Der langfristige Konsum von Mediengewalt führt dagegen zur Abstumpfung oder Habituation, die

wiederum das Mitgefühl gegenüber den Leiden der Opfer verringert. Habituation bezeichnet die mit zunehmender Darbietungshäufigkeit nachlassende Fähigkeit eines Stimulus, eine Erregung auszulösen. Die Person gewöhnt sich an den Stimulus, so dass er seine Wirkung verliert. Die Abnahme der physiologischen Erregung bei wiederholter Konfrontation mit Gewalt ist gut dokumentiert (s. Krahé, 2013b). In der Studie von Krahé et al. (2011) zeigten Personen umso weniger Angst und umso mehr positive Erregung beim Anblick gewalthaltiger Filmszenen, je höher ihr habitueller Mediengewaltkonsum war. Für traurige und lustige Filmszenen ergab sich kein entsprechender Zusammenhang, was theoriekonform nahelegt, dass die Habituation spezifisch an den Gewaltgehalt des Medienkonsums gekoppelt ist.

4) Der Konsum von Mediengewalt wirkt sich außerdem indirekt auf aggressives Verhalten aus, indem er die normative Akzeptanz von Gewalt und die Entstehung eines feindseligen Attributionsstils begünstigt. Je häufiger Menschen in der virtuellen Realität der Medien Aggression als Mittel der Konfliktlösung sehen, je eher nehmen sie an, dass Aggression ein angemessenes und akzeptables Verhaltensmuster darstellt. Der häufige Konsum von Mediengewalt fördert darüber hinaus die Wahrnehmung als bedrohlich und gefährlich, was die Ausbildung des feindseligen Attributionsstils begünstigt (Krahé/Möller, 2004).

IV. Zwei eigene Untersuchungen

Auf der Basis des skizzierten Erkenntnisstandes wird in unserer Potsdamer Arbeitsgruppe seit einigen Jahren ein Forschungsprogramm zum Nachweis des Zusammenhangs zwischen Gewaltmedienkonsum und Aggressionsbereitschaft im Jugendalter bearbeitet, aus dem im Folgenden die Ergebnisse von zwei Studien vorgestellt werden (für einen umfassenden Überblick s. Krahé, 2013c).

Studie 1: Beziehungen zwischen Mediengewaltkonsum und aggressivem Verhalten über 30 Monate: Sozialisation oder Selektion? (Möller/Krahé, 2009)

Im Hinblick auf die Richtung des Zusammenhangs zwischen Mediengewaltkonsum und Aggression werden in der Forschung zwei Thesen diskutiert. Die Sozialisationsthese nimmt an, dass der Medienkonsum zu einer erhöhten Aggression führt, weil er sie in Richtung auf eine positive Bewertung und erhöhte Salienz von Gewalt sozialisiert. Demgegenüber nimmt die Selektionsthese an, dass der Zusammenhang dadurch zustande kommt, dass sich aggressivere Personen in stärkerem Maße zu gewalthaltigen Medien hingezogen fühlen. Eine empirische Prüfung dieser beiden Möglichkeiten ist im Rahmen von Längsschnittuntersuchungen möglich, in denen sowohl der Mediengewaltkonsum als auch die Aggression zu mindestens zwei Zeitpunkten gemessen werden. Wenn die Beziehung zwischen Mediengewaltkonsum zum 1. Zeitpunkt und Aggression zum 2. Zeitpunkt stärker ist als die Beziehung zwischen Aggression zum 1. und Mediengewaltkonsum zum 2. Zeitpunkt, spricht das für die Sozialisationsthese, im umgekehrten Fall würde die Selektionsthese gestützt. Beide Pfade schließen sich nicht gegenseitig aus, sondern können parallel oder auch zeitversetzt wirken. Der Längsschnittstudie von Möller und Krahé (2009), in der Jugendliche zweimal im Abstand von 30 Monaten befragt wurden, lag ein solcher Untersuchungsansatz zugrunde.

Zum ersten Messzeitpunkt (MZP1) nahmen 295 SchülerInnen der siebten und achten Klassen (153 Mädchen, 142 Jungen) an der Befragung teil (mittleres Alter = 13.3 Jahre). Dreißig Monate später konnten 143 Jugendliche (72 Jungen, 71 Mädchen) erneut befragt werden. Der Gewaltspielkonsum wurde über die Kombination von selbstberichteten Nutzungshäufigkeiten und Experteneinschätzungen des Gewaltgehalts operationalisiert. Das aggressive Verhalten (sowohl körperlich als auch relational) wurde über Selbstauskünfte mittels einer deutschen Übersetzung des Aggression Questionnaire von Buss und Warren (2000) gemessen (z. B. „Ich prügele mich oft mit anderen“; Ich habe schon einmal Gerüchte über einen Mitschüler/eine Mitschülerin verbreitet, um mich an ihm/ihr zu rächen“; 5-stufiges Antwortformat: von „trifft gar nicht zu“ bis „trifft genau zu“).

Der wechselseitige Einfluss von Gewaltspielkonsum und aggressivem Verhalten wurde mithilfe eines Kreuzpfad-Designs untersucht. Hierbei wurde der Pfad vom Gewaltspielkonsum zu MZP1 auf das aggressive

Verhalten zu MZP2 30 Monate später mit dem Pfad vom aggressiven Verhalten zu MZP1 auf die Gewaltspielnutzung zu MZP2 verglichen. Abbildung 1 zeigt die Zusammenhänge für das Maß der körperlichen Aggression.

Abbildung 1: Zusammenhang zwischen Gewaltspielkonsum und aggressivem Verhalten über 30 Monate nach Möller und Krahé (2009; gestrichelte Linie = nicht signifikant)

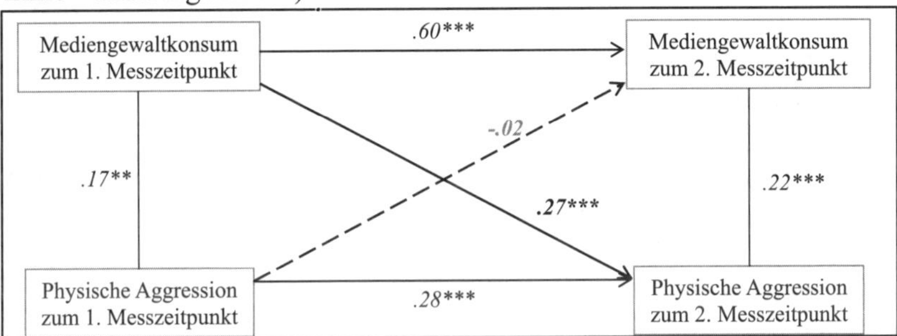

Der signifikante Pfad vom Mediengewaltkonsum zu MZP1 auf die Aggression zu MZP2 stützt die Sozialisationsthese: Je mehr Gewaltspielkonsum die Befragten zu MZP1 berichteten, je mehr körperliche Aggression berichteten 30 Monate später. Für die umgekehrte Wirkrichtung von der Aggression zu MZP1 zum Mediengewaltkonsum zu MZP2 fand sich in den vorliegenden Daten keine Evidenz. Zwischen dem Konsum von Mediengewalt und der relationalen Aggression fanden sich ebenfalls keine Zusammenhänge. Hierbei ist zu bedenken, dass der Mediengewaltkonsum über die Nutzung von Medien erfasst wurde, die körperliche Gewalt darstellten, was einem Transfer auf aggressives Verhalten, das in der absichtlichen Schädigung der sozialen Beziehungen einer anderen Person besteht, eher entgegen steht. Studien, die die Nutzung von Medien untersuchten, die relationale Aggression beinhalteten, konnten auch Zusammenhänge mit relational aggressivem Verhalten der NutzerInnen nachweisen (Coyne et al., 2004).

Trotz einiger Einschränkungen, insbesondere der relativ kleinen Stichprobe und des Rückgriffs auf Selbstberichtsdaten, ergänzt die Studie die nach wie vor geringe Zahl vorliegender Längsschnittuntersuchungen zu Auswirkungen von Gewaltdarstellungen im Medium der Bildschirmspiele und repliziert zugleich US-amerikanische Befunde (z. B. Anderson et al.,

2007) für deutsche Jugendliche. Der ermittelte Pfad vom Mediengewaltkonsum zur Aggression ist zwar nach den herkömmlichen Standards als eher schwach zu bewerten, allerdings ist dabei der lange Zeitraum von 30 Monaten zu berücksichtigen, der zwischen den beiden Messungen lag. In einer veränderungsintensiven Phase wie dem Jugendalter, in dem der Mediengewaltkonsum nur eine Facette darstellt, ist der Nachweis eines statistisch signifikanten Zusammenhangs in dieser Größenordnung auch praktisch als bedeutsam anzusehen.

Studie 2: Das Potsdamer Programm zur Förderung der Medienkompetenz im Umgang mit Gewaltdarstellungen (Möller/Krahé, 2013)

Obwohl die Zugänglichkeit gewalthaltiger Medieninhalte für Kinder und Jugendliche in Deutschland durch gesetzliche Regelungen eingeschränkt wirkt, haben – wie Nutzerbefragungen auch des KFN regelmäßig zeigen, bereits Jugendliche Zugriff auf Medieninhalte, die für sie nicht freigegeben sind. Die Einflussnahme der Eltern auf Konsumintensität und Inhalte ist zudem oft schwach ausgeprägt und mit zunehmendem Alter der Kinder schwerer realisierbar. Deshalb sind vor allem solche Interventionsansätze Erfolg versprechend, die sich an die NutzerInnen selbst wenden und sowohl die Intensität des Konsums als auch die positive Wahrnehmung und Interpretation der Gewaltszenen zu modifizieren versuchen. Das von uns entwickelte Programm zur Förderung der Medienkompetenz im Umgang mit Gewaltdarstellungen von Möller und Krahé (2013) ist darauf ausgerichtet, das Ziel der Konsumreduktion mit der Förderung der kritischen Reflexionsfähigkeit im Umgang mit gewalthaltigen Medien zu verbinden. Das Programm, das speziell auf Jugendliche als Zielgruppe ausgerichtet ist, wurde im Rahmen eines Projekts zu Auswirkungen des langfristigen Konsums gewalthaltiger Medieninhalte im Jugendalter theoriegeleitet entwickelt und empirisch evaluiert. Das Training basiert auf den Annahmen der sozial-kognitiven Lerntheorien und aktuellen Erkenntnissen der internationalen Aggressions- und Mediengewaltwirkungsforschung (ausführlicher s. Möller/Krahé, 2013). Es handelt sich um ein fokussiertes Training, das spezifisch darauf ab zielt, den Konsum gewalthaltiger Medieninhalte zu reduzieren und die kritische Auseinandersetzung mit diesen Inhalten zu fördern, um so den Einfluss auf aggressionsbegünstigende Einstellungen und aggressives Verhalten zu reduzieren (etwa im Unterschied zu umfassenderen Interventionsprogrammen des KFN für das

Grundschulalter, wie Media Protect, Bleckmann et al., 2013, oder Medienlotsen, Kleinmann, 2011). Damit bezieht es sich auf einen Aspekt, den sowohl breit angelegte Medienkompetenztrainings als auch Anti-Gewalt-Programme im Allgemeinen vernachlässigen. Es ist vorrangig für den Einsatz im Unterricht in der Sekundarstufe I konzipiert, kann aber auch in der außerschulischen Jugendarbeit Anwendung finden.

Das Training umfasst zwei Module. Modul A bezieht sich auf die Auseinandersetzung mit dem eigenen Medienkonsum mit dem Ziel der Konsumreduktion insbesondere gewalthaltiger Medien, Modul B hebt auf die kritische Reflexion medialer Gewaltdarstellungen ab. Das Programm ist untergliedert in 7 Einheiten von 45 bzw. 90 Minuten Dauer, in denen jeweils beide Module bearbeitet werden. Weiterhin werden auch die Eltern der TeilnehmerInnen durch Elternabende in das Programm eingebunden und über die Inhalte des Trainings sowie weiterführende Themen (z. B. Mediensucht) informiert. Die Module und Ziele des Trainings sind in Tabelle 2 zusammengefasst.

Tabelle 2: Module des Potsdamer Programms zur Förderung der Medienkompetenz im Umgang mit Gewaltdarstellungen (Möller/Krahé, 2013)

Modul A: Medienkonsum
Analyse des Ausmaßes des eigenen Medienkonsums, insbesondere der Nutzung gewalthaltiger Medien
Reduktion des Bildschirmmedienkonsums sowie Vermeiden von Gewaltmedien durch Förderung der Selbstregulation
Anregung zu alternativen Freizeitbeschäftigungen ohne Bildschirmmedien
Reflexion über die durch das Training veränderten Medienkonsumgewohnheiten
Modul B: Mediengewalt
Erkennen von Gewalt in den Medien in der Vielfalt der Darstellungsformen
Reflexion der Gründe für den Konsum gewalthaltiger Medieninhalte
Wissenserwerb bzgl. der aggressionsfördernden kurz- und langfristigen Wirkungen von Mediengewalt
Wissensvermittlung über Regelungen zum Schutz von Kindern und Jugendlichen vor altersunangemessenen Medieninhalten

Das Ziel der Konsumreduktion wird mittels Übungen im Unterricht und Hausaufgaben (z. B. Führen eines Medientagebuchs, Erkunden des eigenen Stadtteils im Hinblick auf alternative Freizeitmöglichkeiten) erreicht. Ein Schwerpunkt der Arbeit an der Konsumreduktion liegt in der detaillierten Vorbereitung und Durchführung eines medienfreien Wochenendes. Im Modul B werden Wirkmechanismen von Mediengewalt erarbeitet und. kurzfristige Effekte des Mediengewaltkonsums anhand eines Assoziationsexperiments demonstriert. Langfristige Wirkmechanismen im Sinne der Lerntheorie und Desensibilisierung werden vermittelt sowie durch die SchülerInnen selbst durch das Schreiben von Kurzgeschichten oder Zeichnen von Comics mit Alltagsbeispielen verknüpft. Die Wahrnehmung von Gewalt in Filmen, Serien und Spielen wird durch die Analyse altersgerechter Medienbeispiele geschult und kritisch diskutiert.

Die Zusammenführung beider Module erfolgt durch folgende zwei Aktivitäten am Ende des Trainings: (1) Die SchülerInnen gestalten eigene Filmszenen, die sich mit den Themen Konsumreduktion und kritische Reflexion von Gewaltmedien beschäftigen. (2) Um den neu gewonnenen Expertenstatus der trainierten SchülerInnen innerhalb der Schule nutzbar zu machen, erfolgt eine Poster-Erstellung, mit deren Hilfe Kleingruppen sich verschiedenen Aspekten der beiden Module zuwenden und diese in kreativer Weise für andere Klassen aufbereiten und sich auf diesem Wege selbst noch einmal vertieft mit den Trainingsmaterialien auseinandersetzen. In der Entwicklungs- und Erprobungsphase wurden die Trainingssitzungen und die Elternabende von speziell ausgebildeten Trainerinnen in Anwesenheit der Lehrkräfte durchgeführt.

Die Wirksamkeit des Trainings wurde mithilfe eines experimentellen Evaluationsdesigns überprüft (Möller/Krahé, 2013). In die Evaluationsstudie wurden insgesamt 683 Schülerinnen und Schüler (342 Mädchen und 341 Jungen) der siebten und achten Klassenstufe verschiedener Schulformen einbezogen, von denen 349 Jugendliche die Trainingsmaßnahme durchliefen. Die verbleibenden 334 Jugendlichen nahmen nur an den Befragungen teil und bildeten die Vergleichsgruppe. Drei Monate vor Beginn des Trainings (MZP1) wurden die SchülerInnen zu ihrer Mediennutzung sowie zu ihrem aggressiven Verhalten befragt. Etwa sieben Monate nach dem Trainingsende (MZP2) wurden diese Variablen erneut erfasst. In der Messung zu MZP2 berichteten die TrainingsteilnehmerInnen geringere Nutzungszeiten für gewalthaltige Medieninhalte als die Vergleichsgruppe, wie in Abbildung 2 dargestellt.

Im Hinblick auf aggressives Verhalten als kritischem Erfolgsmaß zeigte sich zu MZP2, dass von dem Training vor allem die Jugendlichen profitierten, die bereits mit einem vergleichsweisen hohen Ausgangsniveau aggressiven Verhaltens in das Training gingen, wie aus Abbildung 3 ersichtlich.

Abbildung 2: Unterschiede im Mediengewaltkonsum vor dem Training und 7 Monate nach dem Training (Wertebereich: 0-20; * = statistisch signifikanter Unterschied; Möller/Krahé, 2013, S. 32)

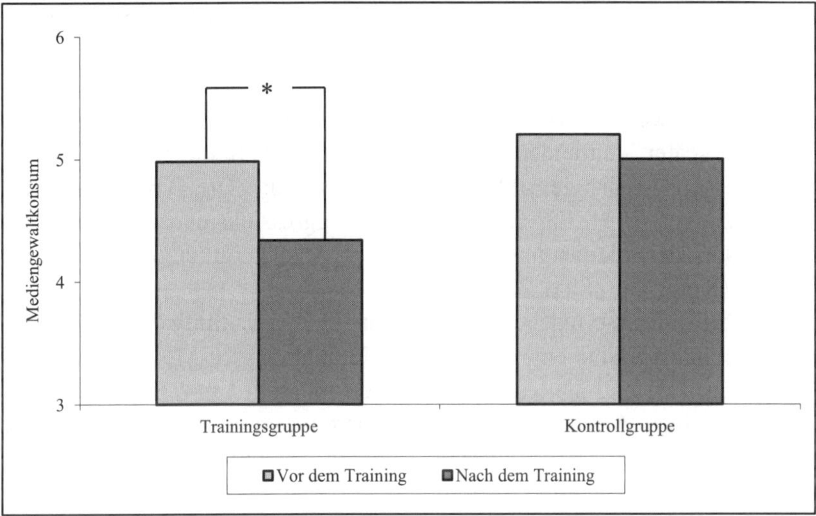

Abbildung 3: Trainingseffekte auf aggressives Verhalten in Abhängigkeit vom Ausgangsniveau der Aggression (Wertebereich: 0-4; * = statistisch signifikanter Unterschied; Möller/Krahé, 2013, S. 33).

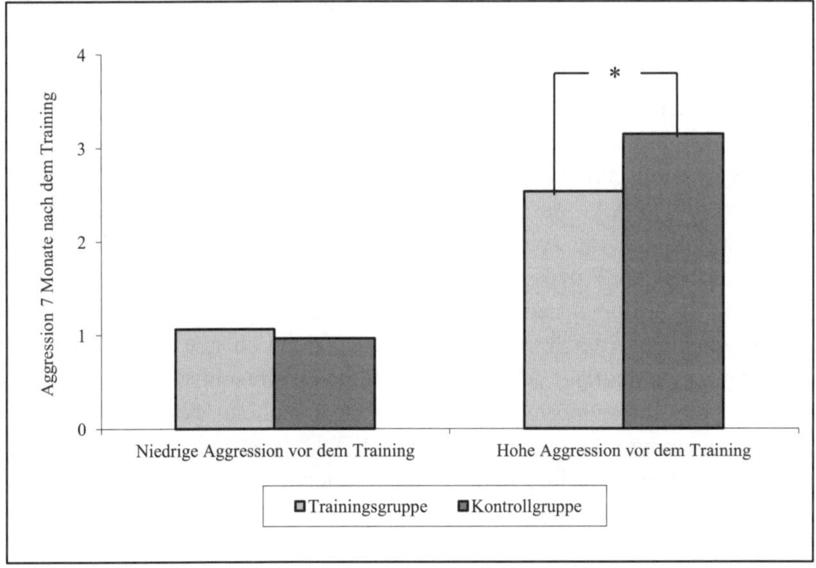

Sie wiesen im Vergleich mit den ebenfalls aggressiveren SchülerInnen der Kontrollklassen nach dem Training geringere Werte auf dem Maß des selbstberichteten aggressiven Verhaltens auf. Zudem ergaben sich positive Effekte des Trainings in Bezug auf die Förderung der Selbstregulationskompetenz sowie die Verringerung der normativen Akzeptanz von Aggression.

Auch zu zwei weiteren Messzeitpunkte, die 12 (MZP3) und 24 Monate (MZP4) später stattfanden, ließen sich Trainingseffekte im Sinne eines verringerten Mediengewaltkonsums nachweisen. Die Trainingsgruppe zeigte zudem zu MZP3 ein verringertes Aggressionsniveau, das auf die Reduktion des Mediengewaltkonsums zu MZP2 zurückgeführt werden konnte (Krahé/Busching, 2013).

Diese Ergebnisse machen deutlich, dass eine nur fünfwöchige theoriebasierte Intervention eine nachhaltige Reduktion der Mediengewaltnutzung bewirken und aggressives Verhalten mindern kann. Sie zeigen beispielhaft einen Ansatz auf, Interventionsprogramme zur Förderung der Medienkompetenz im schulischen Rahmen zu implementieren und mit nachhaltiger Wirkung durchzuführen.

V. Zusammenfassung und Ausblick

Über die potentiell aggressionsfördernde Wirkung des regelmäßigen Konsums gewalthaltiger Medieninhalte wird in der Öffentlichkeit intensiv diskutiert, wobei das Spektrum der vertretenden Positionen von der monokausalen Verursachung extremer Gewalttaten, etwa von Amokläufen an Schulen, bis hin zur Leugnung jeder Beziehung zwischen Gewaltkonsum und Aggressionsbereitschaft reicht. Der vorgelegte Forschungsüberblick hat einerseits gezeigt, dass es mittlerweile eine Vielzahl von Belegen für einen Zusammenhang zwischen Gewaltkonsum und Aggression gibt und die vermittelnden Prozesse, insbesondere die erhöhte Verfügbarkeit aggressiver Kognitionen und die emotionale Abstumpfung, zunehmend klarer hervortreten. Gleichzeitig ist aber auch deutlich geworden, dass der Konsum gewalthaltiger Medien nur eine von verschiedenen Variablen darstellt, die mit aggressivem Verhalten in Beziehung stehen oder es gar kausal bestimmen. Die nachgewiesenen Effektstärken sind von moderater Größenordnung, und die Frage, welche anderen Variablen in der Person oder dem sozialen Umfeld die Effekte des Gewaltspielkonsums verstärken oder abmindern können, ist noch nicht hinreichend geklärt. Angesichts der weltweiten Verbreitung gewalthaltiger Medien und der hohen Nutzungsintensität gerade im Jugendalter ist die Größenordnung der Effekte allerdings als bedeutsam anzusehen und wirft die Frage nach wirksamen Interventionsansätzen auf. Jenseits der Konsumreduktion sind solche Ansätze Erfolg versprechend, die die Fähigkeit der NutzerInnen zur Selbstregulation und eine kritische Reflektion der Darstellung und Bewertung von Gewalt in der fiktionalen Realität der Medien fördern.

Literatur

Anderson, C. A., Gentile, D. A., Buckley, K. E. (2007). Violent video game effects on children and adolescents: Theory, research, and public policy. Oxford University Press.

Anderson, C. A., Shibuya, A., Ihori, N., Swing, E. L., Bushman, B. J., Sakamoto, A., Saleem, M. (2010). Violent video game effects on aggression, empathy, and prosocial behavior in Eastern and Western countries: A meta-analytic review. Psychological Bulletin, 136, 151-173.

Baier, D., Pfeiffer, C., Rabold, S., Simonson, J., Kappes, C. (2010). Kinder und Jugendliche in Deutschland: Gewalterfahrungen, Integration, Medienkonsum. KFN-Forschungsbericht Nr. 109. Hannover: Kriminologisches Forschungsinstitut Niedersachsen e.V.

Bandura, A. (1979). Aggression. Eine sozial-lerntheoretische Analyse. Stuttgart: Klett-Cotta.

Bleakley, A., Jamieson, P. E., Romer, D. (2012): Trends of sexual and violent content by gender in top-grossing U.S. Films, 1950-2006. Journal of Adolescent Health, 51, 73-79.

Bleckmann, P., Seidel, M., Pfeiffer, C., Mößle, T. (2013). Media Protect. Medienpädagogische Elternberatung in der Grundschule. Forschungsbericht Nr. 121. Hannover: Kriminologisches Forschungsinstitut Niedersachsen.

Busching, R., Gentile, D. A., Krahé, B., Möller, I., Khoo, A., Walsh, D. A., Anderson, C. A. (in press). Testing the reliability and validity of different measures of violent video game use in the USA, Singapore, and Germany. Psychology of Popular Media Culture.

Bushman, B. J., Geen, R. G. (1990). Role of cognitive-emotional mediators and individual differences in the effects of media violence on aggression. Journal of Personality and Social Psychology, 58, 156-163.

Bushman, B. J., Huesmann, L. R. (2006). Short-term and long-term effects of violent media on aggression in children and adults. Archives of Pediatrics and Adolescent Medicine, 160, 348-352.

Buss, A. H., Warren, W. L. (2000). Aggression Questionnaire. Manual. Los Angeles: WPS.

Coyne, S. M., Archer, J., Eslea, M. (2004). Cruel intentions on television and in real life: Can viewing indirect aggression increase viewers' subsequent indirect aggression? Journal of Experimental Child Psychology, 88, 234-253.

Coyne, S. M., Robinson, S.L., Nelson, D. A. (2010). Does reality backbite? Physical, verbal, and relational aggression in reality television programs. Journal of Broadcasting & Electronic Media, 54, 282- 294.

Ferguson, C. J. (2007). Evidence for publication bias in video game violence effects literature: A meta-analytic review. Aggression and Violent Behavior, 12, 470-482.

Gentile, D. A., Gentile, J. R. (2008). Violent video games as exemplary teachers: A conceptual analysis. Journal of Youth and Adolescence, 37, 127-141.

Grimm, P., Kirste, K., Weiß, J. (2005). Gewalt zwischen Fakten und Fiktion. Eine Untersuchung von Gewaltdarstellungen im Fernsehen unter besonderer Berücksichtigung ihres Realitäts- bzw. Fiktionalitätsgrades. Berlin: Vistas.

Höynck, T., Mößle, T., Kleimann, M., Pfeiffer, C., Rehbein, F. (2007). Jugendmedienschutz bei gewalthaltigen Computerspielen: Eine Analyse der USK-Alterseinstufungen. KFN-Forschungsbericht Nr. 101. Hannover: Kriminologisches Forschungsinstitut Niedersachsen.

Kirsh, S. J. (2012). Children, adolescents, and media violence (2nd ed.). Thousand Oaks, CA: Sage.

Kirsh, S. J., Olczak, P. V. (2002). The effects of extremely violent comic books on social information processing. Journal of Interpersonal Violence, 17, 1160-1178.

Kleimann, M. (2011). Medienlotsen gesucht. Baden-Baden: Nomos.

Krahé, B. (2013a). The social psychology of aggression (2nd ed.). Hove: Psychology Press.

Krahé, B. (2013b). Desensitization effects of media violence on society. In M. Eastin (Ed.), Encyclopedia of media violence (pp. 113-118). Thousand Oaks, CA: Sage.

Krahé, B. (2013c). Media violence use as a risk factor for aggressive behaviour in adolescence. European Review of Social Psychology (im Druck).

Krahé, B., Busching, R. (2013). Breaking the vicious cycle of media violence use and aggression: A test of intervention effects over 30 months. Zur Veröffentlichung eingereichtes Manuskript.

Krahé, B. Möller, I. (2004). Playing violent electronic games, hostile attributional style, and aggression-related norms in German adolescents. Journal of Adolescence, 27, 53-69.

Krahé, B., Möller, I. (2010). Longitudinal effects of media violence on aggression and empathy among German adolescents. Journal of Applied Developmental Psychology, 31, 401-409.

Krahé, B., Möller, I. (2011). Links between self-reported media violence exposure and teacher ratings of aggression and prosocial behavior among German adolescents. Journal of Adolescence, 34, 279-287.

Krahé, B., Möller, I., Huesmann, L. R., Kirwil, L., Felber, J., Berger, A. (2011). Desensitization to media violence: Links with habitual media violence exposure, aggressive cognitions and aggressive behavior. Journal of Personality and Social Psychology, 100, 630-646.

Medienpädagogischer Forschungsverbund Südwest (Hrsg.) (2012). JIM 2012. Jugend, Information, (Multi-)Media. Stuttgart: MPFS. Verfügbar unter: http://www.mpfs.de/?id=527

Möller, I., Krahé, B. (2009). Exposure to violent video games and aggression in German adolescents: A longitudinal analysis. Aggressive Behavior, 35, 75-89.

Möller, I., Krahé, B. (2013). Mediengewalt als pädagogische Herausforderung. Ein Programm zur Förderung der Medienkompetenz im Jugendalter. Göttingen: Hogrefe.

Potts, R., Belden, A. (2009). Parental guidance: A content analysis of MPAA motion picture rating justifications 1993-2005. Current Psychology: A Journal for Diverse Perspectives on Diverse Psychological Issues, 28, 266-283.

Savage, J., Yancey, C. (2008). The effects of media violence exposure on criminal aggression. A meta-analysis. Criminal Justice and Behavior, 35, 772-791.

Smith, S. L., Boyson, A. R. (2002). Violence in music videos: Examining the prevalence and context of physical aggression. Journal of Communication, 52, 61-83.

Smith, S. L., Lachlan, K. Tamborini, R. (2003). Popular video games: Quantifying the presentation of violence and its context. Journal of Broadcasting & Electronic Media, 47, 58-76.

Stockdale, L. A., Coyne, S. M., Nelson, D. A., Padilla-Walker, L. M. (2013). Read anything mean lately? Associations between reading aggression in books and aggressive behavior in adolescents. Aggressive Behavior, 39, 493-502.

Zillmann, D. (1979). Hostility and aggression. Hillsdale, NJ: L. Erlbaum.

Gewalt in der Haft und gewaltpräventive Haftvollzugsgestaltung

Arthur Kreuzer

Vorwort

Einige eher anekdotische Reminiszenzen an Begegnungen des Verfassers mit dem Geehrten seien vorangeschickt. Sie deuten eigene Eindrücke von Facetten der Persönlichkeit des Jubilars und seines beruflichen Wirkens an.

Bald nach seiner preisgekrönten Dissertation[1] wurde ihm eine Heisenberg-Professur zuerkannt, noch ehe er die Hannoveraner Stelle – zunächst als Stellvertretender Direktor des KFN – außerdem die Professur an der rechtswissenschaftlichen Fakultät der Leibniz-Universität antrat. Ganz am Rande hatte der Verfasser zu dieser Entwicklung beigetragen: Durch eine öffentliche Würdigung der grundlegenden Arbeit zur Diversion im Jugendstrafrecht[2] und durch ein externes Fachgutachten im Berufungsverfahren.

Später gehörte der Verfasser dem neu begründeten wissenschaftlichen Beirat des KFN an. Hier erlebte er das ungeheure persönliche und fachliche Engagement des Jubilars. Christian Pfeiffer kann man bewundernd geradezu als Meister darin bezeichnen, vorzügliche Mitarbeiter zu gewinnen, Forschungsprojekt-Aufträge einzuwerben samt der Mittel zu ihrer Finanzierung, ferner ihre Erkenntnisse in Medien und Politik zu verbreiten, um nicht zu sagen zu vermarkten. Dabei ist er, über die Grenzen seiner Partei hinweg, in der Politik vernetzt und nutzt sehr persönliche Kontakte zu Schlüsselpersonen im In- und Ausland. Manche kritisieren das. Aber hätte er es anders gemacht, wäre die Kriminologie in Deutschland weit weniger in Medien, Kriminalpolitik und Praxis beachtet worden, der Einfluss auf die Kriminalpolitik deutlich geringer geblieben, „sein" Institut

1 Pfeiffer, Kriminalprävention im Jugendgerichtsverfahren, 1983.
2 Verf., DIE ZEIT v. 08.06.1984, S. 68.

wohl nicht erhalten worden. Solche „Einmischung" ist unverzichtbar.[3] Sein Wirken erschien dem Beiratsmitglied meist verbindlich und sehr kooperativ, selbst dort, wo Einwände laut wurden. Nur gelegentlich gab es Spannungen, wenn er Kritik als ungerechtfertigt, ja als persönlichen Angriff empfand. Dazu kam es etwa, wenn öffentliche Präsentationen vorläufiger Daten und Interpretationen von Institutsstudien als vorschnell beurteilt wurden. Solche Spannungen erscheinen indes unvermeidbar angesichts des Dilemmas zwischen dem Selbstverständnis des Wissenschaftlers und seinem Bestreben, zu Evidenz-basierter Praxis wirksam beizutragen. Als Wissenschaftler bevorzugt man gemeinhin abgesicherte, rundum diskutierte Interpretationen, ehe man die Öffentlichkeit – wenn überhaupt – informiert, während der kriminalpolitisch Engagierte um die Notwendigkeit jeweils schneller, punktgenau in die politische Diskussionslandschaft passender Einmischung weiß.

Das KFN ist unter Pfeiffers Leitung zugleich Kaderschmiede für den Nachwuchs kriminologischer Hochschullehrer und Hochschullehrerinnen geworden. Das muss ihm die in ihrem Bestand gefährdete Disziplin der kriminologischen Wissenschaft und Forschung danken.[4] Der Jubilar hat Geschick in der Förderung seiner Mitarbeiterschaft bewiesen. Viele dadurch interdisziplinär und vielfältig in Methodik und Organisation kriminologischer Forschung geschulte Jungwissenschaftler sind später an Hochschulen im In- und Ausland berufen worden. Der Verfasser schätzt sich glücklich, unter ihnen auch ehemalige Mitarbeiter des Gießener Kriminologischen Instituts zu wissen.

Pfeiffer kann bekanntlich Publikums-Magnet bei fachlichen Veranstaltungen sein. So trug er durch ein gerade auch Praktiker beeindruckendes erstes Referat über die „Brücke-Modelle" wesentlich dazu bei, dass das „Gießener Kriminologische Praktikerseminar" im Juni 1984[5] sogleich und dann anhaltend Zuspruch in der Region fand und zum Entstehen ähnlicher Projekte beitrug.

3 Dazu Verf., FS Müller-Dietz, 2001, S. 385 ff; ders., Gießener Universitätsblätter 40, 2007, S. 41 ff.

4 Dazu H.-J. Albrecht, S. Quensel, K. Sessar, Hrsg., Freiburger Memorandum – Zur Lage der Kriminologie in Deutschland, 2012; Schwerpunktheft „Zur Lage der Kriminologie in Deutschland", MSchrKrim, Heft 2/3, 96, 2013; Verf., in: FS Kühne, 2013 (im Druck).

5 Vgl. Gießener Allgemeine und Gießener Anzeiger v. 29.06.1984.

Sein engagiertes, geradezu leidenschaftliches Argumentieren in Beratungsgremien konnte der Verfasser in der gemeinsamen Arbeit der Anti-Gewalt-Kommission und in Gremien der kriminalpolitischen Arbeitsgruppe des Hessischen Justizministeriums in den 1980er Jahren spüren. Dass er in seiner Leidenschaftlichkeit mitunter auch seine Position überpointierte, mag diese Erinnerung zeigen: Das Plädoyer des Richters „Pullover-Schmidt" für den Jugendarrest rief die heftige Reaktion Pfeiffers hervor, er hätte nicht gedacht, in einem Gremium mitzuwirken, in dem solche Meinung noch vertreten werde. Es bedurfte diplomatischen Geschicks, wieder zueinander zu finden.

Solche gelegentliche Schärfe korrespondiert andererseits mit einem hohen Maß an sozialem Einsatz und großer Sensibilität. Auch dafür ganz wenige Beispiele. Auf der Rückfahrt von einem Forschungsgespräch in Hamburg mit dem Rechtsmediziner Püschel sinnierte Pfeiffer darüber, dass er sich klare Lebensaufgaben setzen wolle in der Überzeugung, der Menschheit, dem gesellschaftlichen Wohl verpflichtet zu sein. Es ging um Projekte wie die von ihm später zu großer Blüte geführten Bürgerstiftungen und um solche künftiger Umwelt- und Klimapolitik. Seine Sensibilität zeigte sich, als nach einer Sitzung die erwähnte hessische Arbeitsgruppe das Kleinod der Gotik im Rheingau, die zugleich durch ihre besondere gregorianische Chorschule bekannte Kiedricher St. Valentins-Kirche, besuchte, der Kirchenführer bekannte, selbst nicht solchen Gesangs mächtig zu sein und der Verfasser ein neunmaliges gregorianisches Kyrie sang. Pfeiffer schien ergriffen, nicht so sehr wegen der Qualität dieser Laiendarbietung, sondern wegen ihrer Spontaneität und ihres Nachhalls in des Wortes doppelter Bedeutung. Noch lange danach kam er darauf wieder zu sprechen.

Sensibilität und nachhaltige menschliche Zuwendung zeigten sich dem Verfasser schließlich in der gemeinsamen, von Christian Pfeiffer indes unvergleichlich intensiver gepflegten Freundschaft zu der Altmeisterin der Rechtspsychologie, Elisabeth Müller-Luckmann. Sie selbst sprach gegenüber dem Verfasser liebevoll und wertschätzend bei einem letzten Besuch in ihrer abschließenden Berliner Bleibe, dem Rosenhof, über diese Freundschaft der Beiden. Pfeiffer erfüllte bald darauf ihren letzten Willen. Unvergessen bleibt die von ihm ergriffen und würdig gestaltete akademische Gedenkfeier für die Freundin in Braunschweig.

I. Entwicklung der Forschung zu haftinterner Gewalt hierzulande

Der dem Jubilar gewidmete Beitrag knüpft an eine von ihm geleitete, im KFN 2011/2012 durchgeführte empirische Untersuchung zur Gewalt im deutschen Strafvollzug an. Die Untersuchung beruht auf einer Vollerhebung bei 11.911 Gefangenen (Fragebogenrücklauf: n = 7.041, verwertbar n = 6.384) in 48 Strafvollzugsanstalten von fünf Bundesländern. Sie trägt der besonders in Haftanstalten anzutreffenden Vielfalt sozio-kultureller Herkunft durch Fragebögen in vielen Sprachen Rechnung.[6] Sie ist ein wertvoller Beitrag zu dem für Kriminalpolitik und Haftforschung außerordentlich bedeutsamen Thema. Der Blick zurück in die Geschichte dieser Forschung zeigt einen steinigen Weg.[7]

Nach Wiederbeginn ernsthafter kriminologisch-empirischer Forschung in den 1960er Jahren stieß solche Forschung auf wissenschaftliche und institutionelle Hindernisse. Immer wieder waren es dann Gefängnisskandale, die dazu führten, dass derartige Forschung in Politik und beteiligten Institutionen als unumgänglich angesehen wurde. Es begann mit amerikanischen Studien theoretischer und praktischer Art, die in Deutschland Aufsehen erregten. Steffen Harbordt hatte – fußend auf US-amerikanischer Forschung – Resozialisierungschancen im Blick auf subkulturelle Strukturen in der Haft kritisch beurteilt.[8] Ihm wurde schnell – auch von Wissenschaftlern – entgegengehalten, amerikanische Verhältnisse seien nicht auf Deutschland übertragbar, zumal es hier keine entsprechenden Gruppierungen organisierter Gangs unter Gefangenen gebe. In der Politik hört man immer wieder das beschwichtigende Argument, die Skandalfälle seien seltene, nicht verallgemeinerbare Ausnahmen. Spätestens mit Bekanntwerden des Stanford-Prison-Experiments von 1971 auch in Deutschland[9] hätte man allerdings erkennen können, dass jede geschlossene Institution subkulturelle Strukturen mit sich bringt und Gewalt begünstigen kann, selbst wenn es an „importierter Gewalt", also Manifestation mitgebrachter Gewaltneigung, fehlt. In gleiche Richtung hätte die Arbeit von Goffman über totale Institutionen von 1961 weisen können.[10] Und auch hierzulande hät-

6 Insb.: S. Bieneck, C. Pfeiffer, Viktimisierungserfahrungen im Justizvollzug, KFN-Forschungsbericht Nr. 119, Hannover 2012; D. Baier, M. C. Bergmann, FS 2013, 76 ff.

7 Vgl. dazu auch F. Dünkel, Empirische Forschung im Strafvollzug, 1996.

8 S. Harbordt, Die Subkultur des Gefängnisses, 1967, 2. Aufl. 1972.

9 P. Zimbardo, Das Stanford Gefängnis Experiment, deutsche Übers., 3. Aufl. 2005.

10 E. Goffman, Asyle, deutsche Übers. 1973.

ten literarische Selbstzeugnisse ehemals Inhaftierter Einblicke in Haftwirklichkeit, Haftsubkultur und Haftgewalt geben können.[11] Schon Gustav Radbruch und Rudolf Sieverts hatten grundlegende Arbeiten zur Haftpsychologie ganz wesentlich auf derartiges Erkenntnismaterial gestützt.[12] Zwar zeigen Haftmemoiren wegen Befangenheit und mangelnder Distanz ihrer Autoren nicht ohne weiteres ein Abbild der Wirklichkeit. Sie liefern indes dem Wissenschaftler und Politiker hinreichend Anlass, ernst genommen zu werden und den Gegenstand wissenschaftlich genauer zu analysieren. Aber erst der Hamburger („Glocke"), dann der Kölner Gefängnisskandal („Klingelpütz") mit zunächst vertuschten Tötungen Gefangener durch Mitarbeiter ließen Wissenschaftler und Politiker aufhorchen, an systemische Bedingungen für Gewalt und an Gefängnisreformen denken, auch ansatzweise Haftforschung entstehen.[13]

So wurde im kriminologischen Institut des Verfassers ein umfassendes Projekt zur Delinquenz und Delinquenzkontrolle in staatlichen und gesellschaftlichen Subsystemen konzipiert. Wegen defizitärer Ressourcen und Schwierigkeiten des Zugangs bei einigen Institutionen konnte es nur bruchstückhaft verwirklicht werden in einzelnen Studien zu Einrichtungen der Bundeswehr, des Zivildienstes, der Polizei und der Haftanstalten. In der Haftforschung wurden eingehend der Aspekt haftinterner Subkulturen im Zusammenhang mit Drogen, u. a. der des wechselweisen Einflusses extramuraler und intramuraler Drogen-Subkulturen[14], außerdem der Aspekt informeller Führer in Subkulturen junger Gefangener[15], jeweils gestützt auf Befragungen Gefangener und Bediensteter, beleuchtet. Ein weiteres Projekt, in dem es um mögliches subkulturelles Unterlaufen von generellen Urintests zur Feststellung unerlaubten Drogenkonsums in stillschweigendem Einverständnis von Kontrolleuren und Kontrollierten ging, war nicht erwünscht. Dies und die permanenten neuen Meldepflichten für Gefangene bezüglich Gefahren und besonderer Vorkommnisse in Landes-

11 Z. B. G. Machura, H. Stirn, Eine kriminelle Karriere, 1978; M. Heise, A. Lloyd-Jones, Wege nach Georgia, 1999; analytische Reflexionen bei: Verf., UJ 1979, S. 59 ff.

12 G. Radbruch, ZStW 32, 1911, S. 351 ff; R. Sieverts, Die Wirkungen der Freiheitsstrafe und Untersuchungshaft auf die Psyche der Gefangenen, 1929.

13 Dazu mit Beiträgen von Wissenschaftlern, Gefangenen, Praktikern und Politikern sowie Ergebnissen eines parlamentarischen Untersuchungsausschusses: D. Rollmann, Hrsg., Strafvollzug in Deutschland, 1967.

14 Insb. Verf., Drogen und Delinquenz, 1965, S. 319 ff; ders. et al., Drogenabhängigkeit und Kontrolle, 1989, S. 270 ff.

15 M. Hürlimann, Führer und Einflussfaktoren in der Subkultur des Strafvollzugs, 1993.

gesetzen zu unterschiedlichen Haftformen zeigen, dass in der Rechtspolitik Erfahrungsgut der Subkulturforschung noch immer nicht zur Kenntnis genommen und umgesetzt wird oder werden soll. Die gesetzliche Meldepflicht überfordert Gefangene drastisch, weil sie ihnen etwas zumutet, was gegen die grundlegende informelle Norm der Gefangenensubkultur verstößt, nie Mitgefangene zu verraten. „Verräter" oder „Zinker" unter Inhaftierten setzen sich einer realen Gefahr für Leib und Leben aus. Sich dabei auf die allgemeine Hilfeleistungspflicht in § 323 c StGB zu stützen, ist verfehlt, weil selbst dort das Zumutbarkeitsregulativ Grenzen setzt. Dieses fehlt in den Meldepflicht-Normen für Gefangene.[16]

Dunkelfeldbefragungen größeren Ausmaßes mit Täter- und Opferfragen zur Delinquenz in Haftanstalten waren bis zum Ende des vergangenen Jahrhunderts noch nicht möglich. Abermals bedurfte es eines Gefängnisskandals, um letzte Widerstände der Justizverwaltungen zu überwinden. Es war der zu trauriger Berühmtheit gewordene Fall des Mordes an einem Mitgefangenen in der Jugendstrafabteilung der Siegburger Strafanstalt 2006. In personell hoffnungslos unterbesetzter Situation einer Nacht am Wochenende hatten drei 17- bis 20-jährige Mitgefangene ihren Zellengenossen sexuell anhaltend missbraucht, vielfach physisch und psychisch gedemütigt, mehrmals versucht, ihn aufzuhängen und wieder zum Bewusstsein zu bringen, und getötet, um „mal einen Menschen sterben" zu sehen. Die wiederholt alarmierte Aufsicht hatte sich allzu leicht von den Tätern hinters Licht führen lassen.[17]

Da offenkundig schwerste Versäumnisse vorlagen, die nicht einmalig erschienen, wurde außer einer Untersuchungskommission der Strafvollzugsdienst von NRW damit betraut, eine Aktenuntersuchung bei allen bekannt gewordenen Gewaltfällen durchzuführen.[18] Der nämliche Dienst in Niedersachsen führte eine Aktenuntersuchung zu erkannten Selbsttötungen in der Haft durch.[19] Wegen der bekannten Schwächen und Selektivität solcher Hellfelduntersuchungen folgte 2010 eine erste große Dunkelfeld-

16 Vgl. dazu z. B. zuletzt wieder Verf., Stellungnahme für die Anhörung durch den Rechts- und Integrationsausschuss des Hessischen Landtags am 21.08.2013 zu dem Gesetzentwurf der SPD für ein Gesetz zur Regelung des Jugendarrestvollzuges in Hessen – Drucks. 18/7179 (www.arthurkreuzer.de/Aktuell).

17 Vgl. z. B. Verf., ZEIT ONLINE v.17.11.2006 (http://www.zeit.de/online/2006/47/Haeftlingsmord-Kommentar/komplettansicht); F. Neubacher, BewHi 58, 2011, 133 ff.

18 W. Wirth, BewHi 54, 2007, S. 185 ff.

19 K. Bennefeld-Kersten, BewHi 56, 2009, S. 396 ff.

studie des Kriminologischen Instituts der Universität Köln zu „Gewalt und Suizid im Jugendstrafvollzug".[20] Sie ist methodisch breit angelegt, nämlich als Längsschnittuntersuchung (Kohorten-Sequenz) mit schriftlichen Befragungen (anfänglich 1.767 Fragebögen bei einer Ausschöpfungsquote um 70 %) und qualitativen Interviews sowie Haftaktenauswertungen bei Jugendstrafgefangenen in drei nordrhein-westfälischen und thüringischen Jugendstrafanstalten, verbunden mit einer Vergleichsuntersuchung bei Bewährungshilfe-Probanden und altersgleichen Personen der „Normalbevölkerung". Die Erhebungsphase ist inzwischen abgeschlossen.

Beide Studien, die des KFN und die des Kölner Instituts, weisen zunächst trotz methodisch unterschiedlichen Vorgehens, unterschiedlicher Zielgruppen (KFN: alle Altersgruppen, beide Geschlechter, Köln: männliche Jugendstrafgefangene) und Messzeiträume (KFN: Referenzperioden von vier Wochen, Köln: drei Monate) viel Übereinstimmung in Ergebnissen auf. Das sei nur stichwortartig und auswahlhaft angedeutet: Gewalt gehört zur alltäglichen, „normalen" Erfahrung in der Haft. Irgendwie ist der größte Teil der Gefangenen von Gewalt betroffen, als Täter, Opfer oder sonst Betroffene. Zu den häufigsten Formen erlebter oder ausgeübter Gewalt gehören solche psychischer oder physischer Art, während sexuelle Übergriffe verhältnismäßig selten sind (2-7 % berichten über solche Vorfälle in der Referenzperiode[21]). Das Gewaltniveau ist erwartungsgemäß am stärksten ausgeprägt im Jugendstrafvollzug. Lediglich ein kleiner Teil des Berichteten gelangt in das Hellfeld inneranstaltlicher Kontrolle und Akten. Dichotomien nach Tätern und Opfern durch Anstalten oder Gutachter verbieten sich angesichts der Befunde, dass die meisten sich als Täter offenbarenden Befragten vergleichbar hohe Werte zu Opfererfahrungen aufweisen. Es bestätigt sich erneut der „Kreislauf der Gewalt", wonach die Gewalttäter selbst in Kindheit und Jugend oftmals Opfer von Gewalt in der Erziehung geworden waren. Die quantitativen Befunde wiesen hohe Übereinstimmung mit vergleichbaren, insbesondere angelsächsi-

20 F. Neubacher et al., BewHi 58, 2011, S. 133 ff; J. Häufle et al., BewHi 60, 2013, S. 20 ff; V. Boxberg, D. Wolter, F. Neubacher, Gewalt und Suizid im Jugendstrafvollzug – Erste Ergebnisse einer Längsschnittstudie, unveröffentlicht, Köln 2012.

21 Der National Survey of Youth in Custody (NSYC) gibt vergleichbare Größenordnungen für die 8.707 befragten Jugendlichen in 326 Haftanstalten an: Für den weitaus längeren Referenzzeitraum von 12 Monaten geben 9,5 % an, Opfer sexueller Gewalt geworden zu sein, davon allerdings nur 2,5 % als Opfer von Mitgefangenen, 7,7 % als Opfer von Bediensteten (U.S. Dep. of Justice, NSYC 2012, NCJ 241708, 2013).

schen Untersuchungen auf. Dies, ebenso wie die entsprechenden Übereinstimmungen innerhalb der beiden Studien, spricht für ihre Verlässlichkeit.

Die KFN-Studie legt darüber hinaus dar, dass Schutz vor (weiterer) Gewalt eher bei Mitgefangenen als bei Bediensteten gesucht wird. Dies bekräftigen Befunde der qualitativen Ansätze in der Kölner Studie, wonach sich junge Gefangene mit zunehmender Haftzeit tendenziell der Subkultur mit ihren gewaltlegitimierenden Normen und Männlichkeitsvorstellungen anzupassen oder in Gruppierungen Gewaltbereiterer überzuwechseln scheinen. Es bestätigt den Bericht einer deutschen Haft-Autobiografie, man müsse sich in einer amerikanischen Haftanstalt einer der rivalisierenden Gang-Formationen anschließen, wenn man nicht schutzlos bleiben wolle.[22]

Beide Arbeiten sind wichtige Schritte auf dem langen Weg der Haftforschung. Man sieht sich eher am Anfang dieses Weges. Manches in diesen zwei Studien Angesprochene bedarf weiterer Überprüfung und Interpretation. Dazu zählt der überraschende Befund des Vergleichs von Anstalts- und Bewährungshilfe-Probanden in der Kölner Untersuchung, die Täter- und Opfererfahrungen zur Gewalt in beiden Stichproben unterschieden sich quantitativ nur wenig; sie seien in Freiheit womöglich noch umfänglicher. Das könnte vordergründig betrachtet die Annahme untermauern, Gewalt in der Haft sei vorrangig Folge der Persönlichkeiten und ihrer Erfahrungswelt außerhalb der Haft („importierte Gewalt"). Die Autoren bieten jedoch auch gegenläufige Erklärungen an.[23] Sie weisen zudem auf unmittelbar der Haft zuzuschreibende gewaltfördernde Faktoren hin und auf bevorstehende weitere Überprüfungen. In jedem Fall wird man in der künftigen Forschung zur Haftgewalt noch stärkere theoretische Fundierung und die Überprüfung der aufgezeigten und weiterer Entstehungsbedingungen für solche Gewalt erwarten müssen. Außerdem darf man sich von weiterer Haftforschung wünschen, dass die in beiden Studien ausgesparte Gewalt von Gefangenen gegen Bedienstete oder Dritte und Gewalt von Bediensteten gegen Gefangene näher untersucht wird. Schließlich darf man in künftiger Forschung auf stärkere Differenzierung erfragter Delikte nach dem konkreten Schweregrad hoffen, denn bekanntlich verbinden Befragte mit vorgegebenen abstrakten Deliktstypen tatsächlich um so schwe-

22 B Heise, A. Lloyd-Jones, Wege nach Georgia, 1999.
23 V. Boxberg et al., a.a.O., S.16 ff.

rere Vorfälle, je erfahrener sie selbst in der Begehung von Straftaten sind.[24]

Wenn es Zweifel an der Notwendigkeit gäbe, solche Forschung weiterzuführen und weiter zu vertiefen, so könnte man sie – das klingt fast zynisch – unter Hinweis auf die sich fortsetzende Kette bekannt werdender aufsehenerregender Fälle von Haftgewalt entkräften. Beispielhaft seien aus jüngster Zeit nur folgende Begebenheiten benannt: Schon eine Weile zurück liegt ein Fall aus einer Hannoveraner Haftanstalt , der erst jetzt bekannt wurde; ein wegen Vergewaltigung verurteilter, später freigesprochener Familienvater war nach der Einlieferung und der Offenlegung des Delikts durch einen Bediensteten entsprechend von zahlreichen Gefangenen feindselig empfangen und im Duschraum misshandelt worden.[25] Mehrere Gefangene müssen sich vor einem Hamburger Gericht verantworten; sie werden beschuldigt, einen 42-jährigen Mitgefangenen Mitte 2012 so geschlagen zu haben, dass er mit Kieferbruch und Hirnblutung in eine Klinik gebracht wurde, ihn Anfang 2013 dann fast zu Tode geprügelt zu haben; auf Geheiß des Personals sollen Tatspuren beseitigt, polizeiliche Ermittlungen behindert worden sein.[26] In einer Braunschweiger Untersuchungshaftabteilung für Jugendliche sollen Mitte 2013 sechs Mitgefangene einen 17-jährigen in der Zelle und im Duschraum wiederholt erniedrigend und entwürdigend geschlagen und sexuell misshandelt haben.[27] Ein 37-jähriger wegen Gewaltdelikte verurteilter Strafgefangener muss sich jetzt vor Gericht verantworten, weil er im September 2013 in der Justizvollzugsanstalt Kassel Wehlheiden seinen 54-jährigen Zellengenossen umgebracht haben soll.[28]

II. Gründe für Gewalt in der Haft

Der bekannte theoretische Streit, ob Ursachen für Gewalt unter Inhaftierten primär in Faktoren zu suchen seien, die außerhalb der Institution liegen – „importierte Gewalt“, Persönlichkeitsausprägungen, Sozialisation, in Jugend-Freizeit-Gruppen erlerntes Verhalten – oder primär in Faktoren

24 Vgl. U. Wittich/T. Görgen/Verf., Wenn zwei das gleiche berichten…1998.
25 NDR Sendung Panorama v. 01.08.2013.
26 Vgl. Hamburger Morgenpost v. 30.07.2013.
27 Vgl. Braunschweiger Zeitung v. 01.08.2013.
28 Vgl. dpa-Meldung, Gießener Allgemeine v. 22.09.2013.

von Inhaftierung, Haftanstaltsstrukturen und Subkultur – „Deprivationsmodell“ – braucht hier nicht erneut ausgetragen zu werden.[29] Belege gibt es – nicht zuletzt in den angesprochenen beiden Studien – dafür, dass es sich bei Gewalt in der Haft um ein komplexes Phänomen handelt, in dem je nach Population, Anstalt, Situation und Besonderheiten Betroffener in jeweils unterschiedlicher Ausprägung und Intensität Faktoren aus beiden Ansätzen in wechselseitiger Verschränkung wirken. Dass dabei auch der Haft und Haftsubkultur große Bedeutung beizumessen ist, bestätigt sich vielfältig. Beispielsweise finden sich in verschiedenen Anstalten gleichen Typs unterschiedliche Niveaus von Gewalt – etwa in miteinander verglichenen Jugendstrafanstalten. Auch darf man den Befund, wonach Sicherungsverwahrte höhere Raten von Viktimisierung aufweisen als Strafgefangene, durchaus auf anstalts-spezifische Bedingungen zurückführen.[30] Allgemein gilt das für Befunde über besondere Tatorte, Tatgelegenheiten und situative Bedingungen (etwa Begehung in Duschräumen oder mehrfach belegten Zellen oder Zeiten fehlenden Personals und mangelnder Kontrolle, Probleme großer, unübersichtlicher Anstalten, ungünstiges Haftklima). Unterstützend lassen sich die genannten Selbstzeugnisse Gefangener in Haftmemoiren anführen. Letztlich ist erneut auf das Stanford-Prison-Experiment hinzuweisen, welches eindrucksvoll nachgewiesen hat, dass auch Menschen ohne vor-institutionelle Gewalterfahrung und „kriminelle Karriere“ unter bestimmten Bedingungen von Haft Formen der Subkultur und Gewalt schaffen. Einzelne Faktoren, besonders solche, die durch Gestaltung der Haft beeinflussbar sind, sollten aber in weiterer Forschung im Blick auf Veränderungen der Haftverhältnisse und Gewaltprävention künftig noch eingehender untersucht werden.

III. Konsequenzen für Kriminalpolitik und Haftvollzugsgestaltung

Anhaltende Gefängnisskandale und die berichtete neuere Haftforschung sollten Kriminalpolitik, Strafjustiz und Strafvollzugverwaltungen veranlassen, ihr Entscheidungsverhalten zu überdenken und soweit möglich dazu beizutragen, Gewalt in Haftanstalten vorzubeugen und entgegen zu wirken. Es gibt dafür keinen „Königsweg“, wohl aber einige Erkenntnisse

29 Dazu z. B. neuerdings S. Suhling, S. Rabold, FS 2013, S. 70, 72 ff m. Nachw.

30 So zutreffend T. Bartsch, D. Baier, G. R. Wollinger, FS 2013, S. 83 ff, 87.

und Empfehlungen, die sich auf die Analyse bisheriger Vorfälle und die berichtete Haftforschung stützen lassen:

Erste Konsequenz sollte es sein, dass verantwortliche Politiker das Phänomen der Gewalt in der Haft als grundsätzliches und strukturelles erkennen und konkrete Gewaltfälle in ihrer Symptomatik verstehen, statt sie als seltene Ausnahmen zu bagatellisieren und das eigentliche Problem zu verdrängen, Ursachen nur bei Einzelnen zu suchen und entsprechend zu reagieren. Massenmedien sind aufgerufen, Gewaltfälle nicht nur zu skandalisieren und öffentliches Empörungspotential zu forcieren; denn das setzt Politiker unter Druck, demonstrativ durch Härte zu reagieren, Haft zu verschärfen, Haftzeiten auszuweiten, den Behandlungsvollzug einem bloß auf Sicherheit bedachten Verwahrvollzug preiszugeben und damit Gewalt in und nach der Haft eher zu forcieren statt ihr entgegen zu wirken. Sie sollten gerade auf diesen Teufelskreis von Gewalt, Härtereaktion und sich verstärkender Gewalt aufklärend eingehen und auf die beschränkten und kurzfristig gemessen teuren, langfristig jedoch gewaltreduzierenden und somit auch kostenreduzierenden Mittel resozialisierender Haftgestaltung und sozialtherapeutisch eingebundener Arbeit mit Straffälligen in Freiheit hinweisen.

Als Zweites müssen sich in Fragen der Haftgestaltung entscheidende Institutionen bewusst werden, dass in allen Einrichtungen, in denen Menschen zwangsweise untergebracht werden, tendenziell subkulturelle Strukturen bestehen mit informellen Normen, Rollen, Machtverhältnissen, verdeckten Märkten und auch Gewalt unter den Insassen sowie zwischen diesen und dem Mitarbeiterstab. Abgesehen von den durch Freiheitsentzug als solchen herrührenden entsozialisierenden, isolierenden, stigmatisierenden Wirkungen gehen negative Wirkungen auf die Insassen auch von der Subkultur aus. Insgesamt wirkt sich also stationärer Freiheitsentzug im Grundsatz immer schädigend auf die Insassen aus. Das kann durch entsprechend gute Gestaltung des Freiheitsentzugs zwar abgemildert, nie aber gänzlich vermieden werden. Damit verbieten sich sowohl realitätswidrige Verständnisse von Chancen des Freiheitsentzugs, denen man gelegentlich noch bei Praktikern begegnet („Man muss schon kriminell werden, um dann im Strafvollzug endlich eine Ausbildung zu bekommen"), als auch euphorische Erwartungen an Erfolge eines auf Resozialisierung ausgerichteten Strafvollzugs. Rückfallquoten lassen sich durch gute Haftgestaltung tendenziell mindern, aber sie werden immer vergleichsweise hoch bleiben.

Weitere Konsequenz aus solchen Einsichten muss es daher sein, Haft, wo immer möglich, zu vermeiden. Haftalternativen ist unbedingt Vorrang einzuräumen, mag dies auch in der Bevölkerung schwer vermittelbar sein. Haft ist auf das unerlässliche Ausmaß zu beschränken. In diesem Sinne hatte der Verfasser bereits 1985 in „kriminalpolitischen Leitsätzen" u. a. postuliert: „Strafvollzug, erst recht die Untersuchungshaft, sind nach Kriterien kriminalpolitischer Mäßigung und Verhältnismäßigkeit, der Menschenwürde und Sozialstaatlichkeit zurückhaltender anzuordnen und dementsprechend inhaltlich auszugestalten. Haftschäden für Gefangene, Angehörige und die Allgemeinheit werden oft unterschätzt, bessernde Wirkungen überschätzt."[31] Um nicht missverstanden zu werden: Das bedeutet keine generelle Absage an Freiheitsentzug im Kontext des Strafrechts, keine Unterstützung der Strategie der „Politics of Abolition"[32]. Ebensowenig bedeutet es eine Absage an das Konzept einer Resozialisierung im Sinne der überzogenen und weitgehend widerlegten früheren resignativen Lehre vom „Nothing Works", die inzwischen eher zu einem „Something Works" zu verändern ist.[33]

Folglich ist am Resozialisierungskonzept für den Strafvollzug festzuhalten und dieses konsequenter und gezielter umzusetzen. Es beseitigt nicht Subkultur und Gewalt, vermag solche Erscheinungen aber zu mindern und gegenläufige Fähigkeiten von Gefangenen zu stärken. Leider ist das Resozialisierungskonzept schleichend ausgehöhlt worden durch ein den Stimmungen in der Gesellschaft entgegenkommendes Sicherheitsdenken. Am Beispiel des drastischen Rückgangs von Vollzugslockerungen sogar im Jugendstrafvollzug aus politischen Gründen stellte Alexander Böhm 2006 fest: „Der Gesichtspunkt des Schutzes der Gesellschaft durch sichere Einsperrung Gefangener wurde zunehmend stärker gewichtet als der Gesellschaftsschutz durch Resozialisierung."[34] Resozialisierungsarbeit ist zudem weitgehend beschränkt auf bestimmte Zeiten und Programme. Sie hat indes nur Erfolg, wenn sie kontinuierlich geschieht, alle Zeiten in der Haft und der sich ihr anschließenden Phase umfasst, insbesondere auch die Abende, Wochenenden und Feiertage. In solchen Zeiten pflegt

31 Verf., in: R. Ellermann, Hrsg., Kriminalpolitik 1984/85, 1987, S. 149 ff, 155; ders., FS Blau, 1985, S. 459 ff, 474 ff.

32 T. Mathiesen, Politics of Abolition", 1974; dazu Verf., FS Blau, a.a.O., S. 474 f.

33 Dazu z. B. F. Dünkel, K. Drenkhahn, in: M. Bereswill, W. Greve, Hrsg., Forschungsthema Strafvollzug, 2001, S. 387 ff.

34 A. Böhm, in: psychosozial 29 Nr. 104, 2006 Heft II, 2006 S. 23 ff, 29.

das Personal auf einen Mindestbestand zu schrumpfen, Gefangene werden in Zellen eingeschlossen oder ihren Gemeinschaften in Wohngruppen überlassen, Subkultur blüht auf. Hier gegenzusteuern, setzt Kämpfe mit Finanzministern und Personalräten voraus. Geldeinsatz für Haftarbeit ist nicht populär, scheint sich nicht „politisch auszuzahlen". Zusätzliches Personal insbesondere im Sozialstab ist jedoch unabdingbar. Namentlich in Wohngruppen junger Strafgefangener gedeihen Subkultur und Gewalt, wenn sie nicht ständig von Mitarbeitern begleitet werden, die Kontrolle ausüben und helfen, Freizeiten und Freiräume zu gestalten. Dass diese Erkenntnis gelegentlich umgesetzt werden kann, beweist ein hessisches, entsprechend personell ausgestattetes Programm für Wohngruppen Jugendstrafgefangener.[35] Nicht alles muss dem Anstaltspersonal überlassen bleiben, wenn gerade an Abenden und Wochenenden ehrenamtliche Helfer Spiel, Sport, Kunstkurse und Gesprächsgruppen anbieten. Großzügig könnten Hochschulen Studierende dafür gewinnen. Anreize könnten sein, solche Tätigkeiten weit mehr als bisher etwa als Praktika oder Seminarleistungen anzuerkennen.

Dringend sind Konsequenzen zu ziehen aus der – alten – Erkenntnis, dass die Mehrfachbelegung von Zellen Gewalt stimuliert. Das Alter mancher Anstalten darf nicht länger Vorwand für gesetzliche Ausnahmen von der Regel des Einzelhaftraums sein. Mehrfachbelegung darf nur seltene Ausnahme sein. Der eigene Haftraum gewährt ein Mindestmaß an Individualität, Intimität, Selbstachtung und Möglichkeit, sich zurückzuziehen auch vor subkulturellen Zumutungen. Der weitere Vorwand, Mehrfachbelegung sei nötig zur Suizidvermeidung, ist weitgehend unhaltbar. Dazu hat der erfahrene Alexander Böhm schon vor langer Zeit zum Jugendstrafvollzug ausgeführt, viele könnten in einem Einzelhaftraum verbleiben, wenn sie tagsüber in Gemeinschaft leben dürften und die erforderliche pädagogische und therapeutische Zuwendung erhielten; wer auch in dieser Lage zu stark gefährdet sei, gehöre in eine Krankenabteilung, unter Umständen in eine Tag und Nacht mit einer Fachkraft besetzte Wachstation; heute habe man zudem die Möglichkeit, akut suizidgefährdete Gefangene in einen Raum mit Kameraüberwachung zu verlegen. Erfahrungen mit grundsätzlicher nächtlicher Einzelunterbringung sind außerordentlich positiv. So sind von fast 200 Jugendstrafgefangenen in der Anstalt Rockenberg lediglich ein Dutzend in Zwei-Mann-Zellen untergebracht. Neuan-

35 T. Puffert, FS 2013, S. 104 f.

kömmlinge werden eingehend untersucht und psychologisch betreut, um Gefährdungen zu erkennen und Nötiges zu veranlassen. Selten legt man vorübergehend einen weiteren Gefangenen, einen sog. Schlafgänger, zu Gefährdeten. Mitgefangenen die Verhütung eines Suizids zuzumuten, kann diese überfordern und birgt neue Risiken. Erst recht darf man sich nicht auf das Argument stützen, die Gefangenen wollten ja oftmals in Gemeinschaft leben.[36]

Ausbildung und Einsatz von Haftbediensteten und Haftanstaltsleitungen samt Kontrolle des Führungsstils müssen stärker in der Schulung und Auswahl des Haftpersonals beachtet werden. „Das Ausmaß, in dem mit Gefangenen fair, human und respektvoll umgegangen und die Art, wie Autorität und Macht durch die Bediensteten ausgeübt wird", entscheidet gleichfalls darüber, ob Gefangene untereinander und mit dem Personal eher kooperativ oder fordernd und gewaltsam umgehen.[37] Alison Liebling weist auf die „moral performance" des Personals und das Gefängnis als „moral institution" – theoretisch und empirisch untermauert – hin.[38] Dem Verfasser sind Beispiele für entsprechende Wirkungen positiver und negativer Führungsstile in diversen Anstalten aus häufigen Besuchen und Gesprächen mit Gefangenen und Bediensteten bekannt. Nur drei seien benannt. In einer großen Männeranstalt wurde durch die Entscheidung des verantwortlichen Ministers, den wegen seines vorbildlichen Führungsstils bei allen geachteten Leiter gegen einen gegenüber Mitarbeitern und Gefangenen autoritär auftretenden, misstrauischen, rigide entscheidenden, nicht gesprächsbereiten Nachfolger auszutauschen, binnen kurzer Zeit das Anstaltsklima drastisch verschlechtert, so dass sich der neue Leiter selbst innerlich und sogar äußerlich nahezu verbarrikadierte und letztlich abberufen werden musste. Der Umschwung schlug sich in Symptomen wie zunehmender Gereiztheit bei allen Gruppen, wachsender Krankmeldungen Bediensteter und Beschwerden Gefangener nieder, vermutlich auch in gewaltsam ausgetragenen Konflikten. In derselben Anstalt pflegen manche Aufsichtsbedienstete noch heute, wie ein Anstaltspsychologe berichtete,

36 Kritisch zu dem Vorschlag einer Neuregelung: Verf., Stellungnahme für die Anhörung, a.a.O, S. 4, zu § 11 des Entwurfs.

37 S. Suhling, S. Rabold, FS 2013, S. 70 ff, 74 m. Angaben zu entsprechenden Studien.

38 A. Liebling, Prison and their moral performance: A study of values, quality and prison life, 2004; dazu auch S. Suhling, S. Rabold, a.a.O., S. 73 f. Den Zusammenhang zwischen Anstaltsklima und Gewalt bzw. Viktimisierung in der Haft belegen D. Baier, M. C. Bergmann, FS 2013, S. 76 ff, 81 f, T. Bartsch et al., FS 2013, S. 83 ff, 87.

Gefangene despektierlich zu „duzen". In der Abteilung für etwa ein Dutzend jugendlicher Mädchen der Untersuchungshaftanstalt Hamburg Mitte mit finsteren Kellerräumen und äußerlich aus heutiger Sicht höchst defizitären Bedingungen um 1970 schaffte es die damalige Sozialarbeiterin, die diese Abteilung leitete, das Klima durch persönliche Aufgeschlossenheit und geradezu mütterliche Zuwendung so angenehm und resozialisierungsfreundlich zu gestalten, dass die Jugendstrafkammer gelegentlich in allseitigem Einverständnis bei der Verurteilung dem Wunsch der Gefangenen entsprach, die Strafe ebenfalls in dieser Abteilung verbüßen zu können.

Eine letzte Konsequenz könnte es sein, wenn in den Ländern die vom Verfasser schon lange vorgeschlagene und erstmals sowie einzig in Nordrhein-Westfalen[39] umgesetzte Idee unabhängiger Ombudsleute als außerordentliche Prüf- und Beschwerdestellen für Haftanstalten aufgegriffen würde. Sie könnte eine Lücke des Vertrauens füllen, welche die Instrumente der förmlichen Rechtsmittel und Rechtsbehelfe, des Petitionsrechts oder der Anstaltsbeiräte hinterlassen.[40] Die Mauer des Schweigens unter Gefangenen, aber auch Bediensteten könnte so ein wenig durchlässiger werden, gestützt auf die Vertraulichkeit der Meldungen an Ombudsleute und deren Verschwiegenheit.

IV. Insbesondere Opferschutz und Gewalt-Prävention in der Haft

Der Opferschutz hat inzwischen gesetzlich den Strafvollzug erreicht.[41] In mehreren Haftvollzugsgesetzen werden einzelne Elemente herausgestellt.[42] So sieht das Hessische Strafvollzugsgesetz von 2010 u. a. in den „Grundsätzen vollzuglicher Maßnahmen" vor, dass die Einsicht des Gefangenen in das Unrecht der Tat und in die beim Opfer verursachten Tatfolgen zu vertiefen sei; außerdem müsse der Vollzugsplan Maßnahmen zum Ausgleich von Tatfolgen benennen; bei der Prüfung „vollzugsöffnen-

39 Vgl. für NRW: M. Walter, Tätigkeitsbericht des Justizvollzugsbeauftragten des Landes Nordrhein-Westfalen 2011, vor S. I.

40 Vgl. Verf., zuletzt in: Stellungnahme zum Entwurf eines Jugendstrafvollzugsgesetzes, öffentliche Anhörung v. 22.08.2007, Hess. Landtag, Ausschussvorlagen RTA/16/70 und UJV/16/21, Teil 2, S. 202 ff.

41 So und mit Ausführungen zur Entwicklung der Opferorientierung in der Gesetzgebung M. Walter, Tätigkeitsbericht a.a.O., 2012, S. 44 ff, 49.

42 Das entspricht zugleich Forderungen des Weißen Rings; Nachw. Bei M. Walter, Tätigkeitsbericht a.a.O., 2013, S. 36 f.

der Maßnahmen“ seien auch die Belange des Opferschutzes in angemessener Weise zu berücksichtigen. Nach dem Zweiten Opferrechtsreformgesetz von 2009 hat der Verletzte zudem gemäß § 406d Abs. 2 Nr. 2 StPO bei berechtigtem Interesse einen Anspruch, über erstmalige Vollzugslockerungen oder Urlaube und die Beendigung einer freiheitsentziehenden Maßnahme informiert zu werden.

Solche gesetzlichen Vorgaben sollen in einem Projekt einer „opferbezogenen Vollzugsgestaltung“ in Nordrhein-Westfalen praktisch umgesetzt werden.[43] Die Grundkonzeption derartiger opferbezogener Vollzugsgestaltung hat Eingang in die „Leitlinien für den Strafvollzug des Landes Nordrhein-Westfalen“ gefunden.[44] Auf diesen Aspekt kann hier nicht weiter eingegangen werden.

So wichtig es ist, Schutzbelange von Opfern der Straftaten im Vollzug einer gegen die Täter verhängten freiheitsentziehenden Sanktion künftig stärker zu beachten, so sehr bedarf es doch einer Ergänzung der gesetzlichen Vorgaben und vollzugspraktischen Umsetzung durch den Aspekt des Schutzes der Gefangenen davor, selbst in der Haft Opfer zu werden. Diesem Aspekt wird bislang nicht ausdrücklich entsprochen. Zwar ist in den Grundsätzen zur Gestaltung im StVollzG des Bundes und in Landesgesetzen vorgesehen, dass schädlichen Folgen des Freiheitsentzugs entgegenzuwirken sei. Diesem „Gegensteuerungsgrundsatz“ kann man den Gedanken zuordnen, der Staat müsse Haft so gestalten, dass prisonisierenden Wirkungen, subkulturell-negativen Einflüssen und namentlich Gewalt durch Mitgefangene und Bedienstete so weit wie möglich begegnet werden kann. Freilich war das als Problembereich seinerzeit den Verfassern des StVollzG gar nicht bewusst. Schon deswegen bedarf es jetzt einer Ergänzung, die den für den Haftvollzug Verantwortlichen ihre besondere Pflicht nahe bringt. Der Staat trägt dezidiert Verantwortung und eine Fürsorgepflicht, weil er Gefangene in Unfreiheit zwangsweise zusammenbringt und sie damit einer Gefahrenquelle aussetzt. Diese Verpflichtung sollte ausdrücklich benannt werden, etwa durch einen Zusatz zum Gegensteuerungsgrundsatz: „Insbesondere sind geeignete Maßnahmen zu ergreifen, die Gefahren abwehren, dass Gefangene innerhalb der Anstalt Opfer von Gewalt oder sonstiger Kriminalität werden.“ Entsprechend sollten

43 Zu Konzeption und Umsetzung: M. Walter, Tätigkeitsbericht a.a.O., 2012, S. 43 ff; 2013, S. 13 ff.

44 M. Walter, Tätigkeitsbericht a.a.O., 2013, S. 318 ff, 343 f.

praktisch Möglichkeiten, den Vollzug so zu gestalten, dass vor allem Gewalt Gefangener untereinander entgegen gewirkt wird, erprobt und allgemein umgesetzt werden. Ansätze solcher Gewaltprävention durch die Gestaltung des Haftvollzugs gibt es bereits.[45]

Der Bevölkerung sollte vermittelt werden, dass solche Arbeit mit Gefangenen, die den Tatopfern gerecht wird und darüber hinaus Gewalt auch in der Haft selbst vorzubeugen sucht, zwar kostenintensiv ist, aber letztlich insgesamt kriminalpräventiv wirkt, also zugleich dem Schutz der Bevölkerung dient.

45 Vgl. z. B. G. Koop, FS 2013, S. 95 ff., sowie die Projektbeispiele zur Gewaltprävention ebenda S. 103 ff.

Kriminologische Forschung als Basis forensischer Sozialarbeit

Rebecca Löbmann, Alexandra Lehmann

Soziale Arbeit als Profession ist in unserer Gesellschaft nicht mehr wegzudenken. Dies liegt nicht zuletzt an deren steigender Heterogenität: Deutschland ist zunehmend ein Land der Gegensätze – zwischen Arm und Reich, Alt und Jung, Deutschen und Migranten. Politische Lösungen dieser Problematiken sind wünschenswert, vorerst liegt die praktische Hilfe vor Ort jedoch bei der Sozialen Arbeit.

Ein wichtiges Arbeitsfeld der Sozialen Arbeit ist dabei der Bereich der Resozialisierung. Hierzu zählt jegliche soziale Arbeit mit delinquenten und/ oder straffällig gewordenen Menschen – Jugendlichen und Erwachsenen. So sind Sozialarbeiter[1] in der Jugendhilfe, der Jugendgerichtshilfe, dem Jugendstrafvollzug und Heimeinrichtungen tätig, aber auch in der Bewährungshilfe, der Straffälligenhilfe, in Einrichtungen betreuten Wohnens, Täterambulanzen, dem Strafvollzug, sozialtherapeutischen Einrichtungen, der Forensischen Psychiatrie und dem Maßregelvollzug sowie in Gewaltschutzzentren (vgl. ECCSW, 2013[2]).

Gleichzeitig gibt es eine rege kriminologische Forschung in Deutschland, welche sich mit den Ursachen von Verhaltensauffälligkeiten, dissozialem Verhalten und Kriminalität befasst. Darüber hinaus liefert sie Erkenntnisse zur Wirkung und Sinnhaftigkeit von Strafe, erhellt das Dunkelfeld von Straftaten und unterstützt bei der korrekten Interpretation von Kriminalstatistiken.

Delinquentes und kriminelles Verhalten ist also einerseits Gegenstand wissenschaftlicher Forschung, andererseits aber auch praktischer Hilfestellungen. Die Kriminologie stellt somit eine wichtige Grundlagenwissenschaft der Sozialen Arbeit im kriminogenen Kontext dar. Der folgende

1 Im Folgenden wird die grammatikalisch männliche Personenbezeichnung verwendet. Weibliche Personen sind hier mit eingeschlossen.

2 http://www.eccsw.eu/about/fachgruppe-forensik.html [16.9.2013] (Fachgruppe Forensische Sozialarbeit)

Beitrag ist daher der Frage gewidmet, wie die kriminologische Forschung für die Praxis der Sozialen Arbeit nutzbar gemacht werden kann: Welche Methoden und Interventionen lassen sich ableiten, um Menschen eine prosoziale Anpassung zu ermöglichen, und welche „Models of good practice" sind für die entsprechenden Einrichtungen zu empfehlen?

I. Soziale Arbeit im kriminogenen Kontext

Forensische Sozialarbeit greift professionell ein, wenn Menschen in Problemlagen in den Fokus des Rechtssystems geraten. Es ist Fachsozialarbeit, die sich auf Prävention, Intervention und Resozialisierung richtet (vgl. SRH, 2013[3]). Zu ihren Aufgabenbereichen gehören einerseits klassisch fürsorgende Tätigkeiten wie die Beratung straffällig gewordener Personen bezüglich Existenzsicherung und Verschuldung, die Unterstützung in der Kommunikation mit Ämtern und Behörden und die Hinführung zu Bildungs- und Freizeitangeboten. Andererseits üben Sozialarbeiter auch immer stärker sozialpädagogisch-psychologische Aufgaben aus wie Suchtberatung, Ausländerberatung, Soziales Training, Anti-Gewalt-Training und Arbeit mit Sexualstraftätern (vgl. Gauer, 2005).

Dies erfordert professionelle Beratungskompetenz, die es ermöglicht, die Hilfsbedürftigkeit der Klienten zu erfassen und sie systematisch und empathisch bei der Bewältigung ihrer Probleme zu unterstützen. Um effektive Lösungsmöglichkeiten zu finden, muss gerade in der forensischen Sozialarbeit Teil dieser Beratungskompetenz das Wissen um die Ursachen von Kriminalität sowie um die Wirksamkeit verschiedener präventiver und intervenierender Maßnahmen in diesem Bereich sein. Das entsprechende Grundlagenwissen hierfür liefert die Kriminologie.

Zusätzlich müssen Sozialarbeiter auch noch in vielen weiteren Grundlagenwissenschaften bewandert sein: In der Arbeit mit straffälligen Jugendlichen sind beispielsweise erziehungswissenschaftliche und entwicklungspsychologische Kenntnisse unverzichtbar. Ein anderes Beispiel sind psychiatrische und klinisch-psychologische Fachkenntnisse, da Menschen mit psychischen Störungen und Abhängigkeitserkrankungen einen nicht

3 http://www.hochschule-heidelberg.de/de/studium/masterstudium/forensische-soziale-arbeit/ [18.10.2013] (Hochschulen Heidelberg: Masterstudiengang Forensische Soziale Arbeit)

unbeträchtlichen Anteil unter den Tätern darstellen. So findet sich bei 20-30 % aller männlichen und mehr als 50 % aller weiblichen Gefangenen eine Drogenproblematik (Stöver, 2002), 46 % aller jugendlichen Strafgefangenen im normalen Vollzug waren zuvor bereits in psychologischer oder psychiatrischer Behandlung (Köhler, 2004), und im Maßregelvollzug befinden sich derzeit in Deutschland rund 10 000 Personen (Statistisches Bundesamt, 2012[4]). Generell sind profunde sozialrechtliche und sozialadministrative Kenntnisse gefordert: Sozialarbeiter müssen die rechtliche Seite der Fälle kennen, analysieren und im Hilfeprozess entsprechend berücksichtigen. Es fallen Beratungen bei Verhandlungen mit Gläubigern, bei familienrechtlichen Fragestellungen (Unterhalt, Sorgerecht) und bei Behördenkontakten an und nicht zuletzt auch im Zusammenhang mit ausländerrechtlichen Fragestellungen. So beträgt beispielsweise unter der Klientel im Strafvollzug der Anteil der Personen mit nicht-deutscher Nationalität derzeit 23% (Statistisches Bundesamt, 2013); hierbei sind Strafgefangene mit deutscher Staatsangehörigkeit, aber anderem kulturellen Hintergrund (z. B. so genannte Russlanddeutsche) noch gar nicht berücksichtigt.

Sozialarbeiter sind also „Zehnkämpfer, die ebenfalls in vielen verschiedenen Wettkampfdisziplinen trainiert sind und sie beherrschen, aber nicht unbedingt die Höchstleistungen bringen – und dennoch [...] sie sind in allen Sportarten bewandert" (Herwig-Lempp, 2003, S. 13). Insofern könnte man methodisch die Soziale Arbeit mit der Kriminologie vergleichen, die ebenfalls interdisziplinär ausgerichtet ist und insbesondere Rechtswissenschaften, Soziologie und Psychologie, aber auch Erziehungswissenschaft und Politologie zu ihren Bezugswissenschaften zählt. Letztlich nehmen sowohl die forensische Soziale Arbeit also auch die Kriminologie einen multiperspektivische Blickwinkel auf kriminogene Problemlagen ein. Insofern erscheint die Kriminologie nicht nur als eine unter vielen Grundlagenwissenschaften forensischer Sozialen Arbeit, sondern bildet gleichsam ihr Zentrum.

4 https://www.destatis.de/DE//Publikationen/Datenreport/ [19.9.2013) (Statistisches Bundesamt: Datenreport 2011: Der Sozialbericht für Deutschland)

II. Die Projekte des Kriminologischen Forschungsinstituts Niedersachsen als Fundus für Soziale Arbeit im kriminogenen Kontext

Die Aufgabe des Kriminologischen Forschungsinstituts Niedersachsen (KFN) ist die „Untersuchung der Kriminalitätsentwicklung im Hell- und Dunkelfeld, der Erforschung der Ursachen von Kriminalität, der Identifikation von Risikogruppen sowie der Untersuchung der Folgen krimineller Handlungen für Opfer, Täter und Gesellschaft“ (KFN, 2013). Insbesondere unter der Ära Christian Pfeiffers wurden Brennpunkte gesellschaftlichen Interesses, die sich in delinquentem Verhalten manifestieren, aufgegriffen, wissenschaftlich untersucht, und die Ergebnisse dann in Politik und Praxis zurückgegeben. Als für die Soziale Arbeit interessant können dabei Ergebnisse aus verschiedensten Projekten des KFN bezeichnet werden (s. Tabelle 1 für eine Zuordnung verschiedener Arbeitsfelder forensischer Sozialarbeiter zu ausgewählten einschlägigen Forschungsarbeiten des Instituts; vgl. KFN, 2013[5]). Der Nutzen der kriminologischen Forschung des KFN für die Soziale Arbeit im kriminogenen Kontext soll im Folgenden anhand zweier konkreter Beispiele illustriert werden.

Tabelle 1: Zuordnung von Projekten des KFN (Auswahl) zu Arbeitsfeldern der Sozialen Arbeit

Projekte des KFN (ab dem Jahr 2000)	Arbeitsfelder der Sozialen Arbeit
Viktimisierung im Vollzug; Justizvollzug als Profession	Strafvollzug
Entwicklungsfolgen der Jugendstrafe; Evaluation des Trainings „Leben ohne Gewalt organisieren“ (LoGo) im Jugendstrafvollzug	Jugendstrafvollzug
Evaluation der Behandlung jugendlicher Sexualstraftäter	Sozialtherapeutische Einrichtungen
Der Einfluss heroingestützter Therapie auf die Delinquenz Drogenabhängiger	Straffälligenhilfe
Evaluation der niedersächsischen Beratungs- und Interventionsstellen (BISS) für Opfer häuslicher Gewalt	Gewaltschutzzentren
Schülerbefragungen	Jugendhilfe, Heimeinrichtungen

5 http://www.kfn/Forschungsbereiche_und_Projekte.htm [19.9.2013] (Kriminologisches Forschungsinstitut Niedersachsen: Forschungsbereiche und Projekte)

Das Projekt „Justizvollzug als Profession"

Die Aufgabe der Sozialen Arbeit kann allgemein beschrieben werden mit dem Angebot einer Hilfestellung, Beratung und Unterstützung für Personen, die eben dies benötigen – die so genannte „Hilfe zur Selbsthilfe". Dabei arbeiten Sozialarbeiter in nicht wenigen Kontexten mit Menschen, die eben diese „Hilfe zur Selbsthilfe" selbst nicht gesucht haben und vielleicht auch nicht wünschen, sondern wo diese von „außen", von anderen Personen oder Instanzen als wichtig erachtet wird (z. B. dem Jugendamt, der Berufsbildung, der Bewährungshilfe). Zu diesen Zwangskontexten kann auch der Justizvollzug – von Goffmann (1973) als „totale Institution" bezeichnet – hinzugezählt werden.

Fragestellung: Das KFN-Projekt „Justizvollzug als Profession", welches vom Niedersächsischen Justizministerium gefördert wurde, widmete sich in den Jahren 2001 bis 2004 den Herausforderungen und Belastungen der Tätigkeit der Mitarbeitenden dieser totalen Institution, ihren Erwartungen an ihre Arbeit im Vollzug und den Realisierungsmöglichkeiten dieser Erwartungen (s. Lehmann/Greve, 2006).

Zugang: Im Rahmen der Studie wurden alle Beschäftigten des niedersächsischen Justizvollzugsdienstes in einer standardisierten, anonymisierten Fragebogenerhebung kontaktiert. An der Erhebung nahmen mit 1.717 Personen etwa 45 % aller damaligen Bediensteten des niedersächsischen Justizvollzuges teil. Dabei machten die Mitarbeitenden der so genannten Fachdienste, zu denen auch der Soziale Dienst im Justizvollzug gehört, knapp 8 % der Befragungsteilnehmer aus. Insgesamt gaben 70 Personen an, dem Sozialdienst im Justizvollzug anzugehören; dies entspricht ca. 4 % der Befragungsteilnehmer. (Zum Vergleich: Aktuell liegt der Anteil der im Sozialdienst Beschäftigen vergleichbar bei 5 % aller Bediensteten des niedersächsischen Vollzugsdienstes, s. Abbildung 1.)

Für die Soziale Arbeit besonders relevante Teilergebnisse: Seit dieser Erhebung sind inzwischen fast zehn Jahre vergangen, und nicht nur in der Gesetzgebung hat es tiefgreifende Veränderungen gegeben, wie beispielsweise die Erklärung des Justizvollzugs zur „Ländersache" mit jeweils eigenen Strafvollzugsgesetzen. Dennoch hat sich die allgemeine Aufgabenstellung der Sozialarbeiter im Justizvollzug nicht wesentlich geändert.

Abbildung 1: Personalsituation im Justizvollzug Niedersachsen – Übersicht über die Anzahl der Beschäftigten im März 2013 (Quelle: Justizministerium Niedersachsen[6])

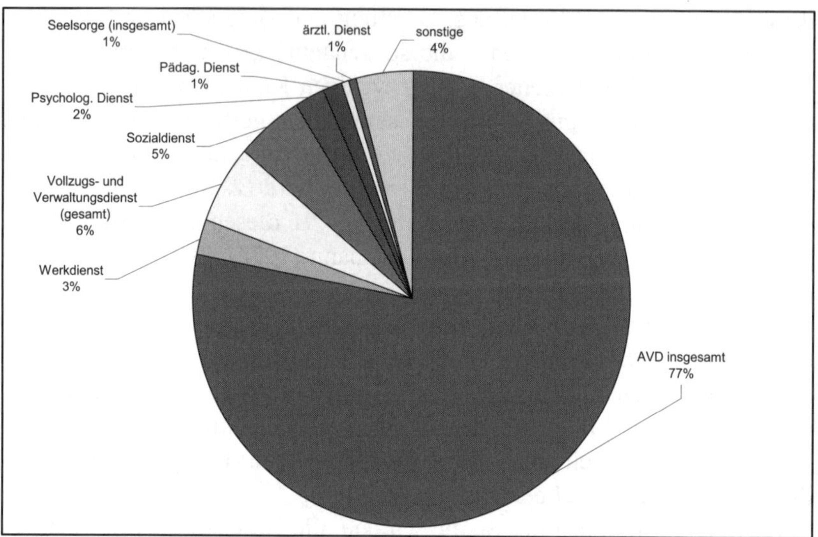

Die Aufgaben des Sozialdienstes im Justizvollzug sind in § 68, 1 NJVollzG festgehalten. Demnach sollen Soziale Hilfen „ […] darauf gerichtet sein, die Gefangene oder den Gefangenen in die Lage zu versetzen, ihre oder seine Angelegenheiten selbst zu ordnen und zu regeln.“ Die Tätigkeiten der Sozialarbeit innerhalb des Justizvollzuges entsprechen dabei – zusätzlich zu den vollzugsspezifischen wie der Entlassungsvorbereitung – prinzipiell dem gesamten Spektrum, das die Soziale Arbeit auch „draußen“ zu bieten hat (s. oben) und damit den Aufgaben, die auch der Deutsche Berufsverband für Soziale Arbeit e. V. (DBSH, 2009) unter anderen nennt:

- „Förderung von Menschen in sozialen Notlagen […],
- Unterstützung Einzelner und Gruppen bei der Überwindung eingeschränkter Lebensbedingungen, […]

6 http://www.mj.niedersachsen.de/portal/live.php?navigation_id=3780&article_id=10515&_psmand=13 [13.10.2013] (Justizministerium Niedersachsen: pdf-Dokument „Justiz in Niedersachsen - Zahlen, Daten, Fakten“)

- Mitwirkung an einer den sozialen, gesundheitlichen und psychischen Bedürfnissen der MitarbeiterInnen gerecht werdenden Organisations- und Personalpolitik in Unternehmen, [...]
- Förderung der Zusammenarbeit aller an der Hilfe beteiligten Personen und Organisationen (Vernetzung und Kooperation), [...]
- öffentlich machen problematischer Entwicklungen im Arbeitsfeld, um auf diese Weise Verantwortlichkeiten neu zu klären und gesellschaftliche Ausgrenzungsprozessen gegenzusteuern, [...]" (ebenda, S. 2).

Wie gut fühlten sich die Sozialarbeiter der Befragung „Justizvollzug als Profession" auf eben diese anspruchsvolle und vielfältige Tätigkeit im Justizvollzug vorbereitet? In der damaligen Befragung gaben zumindest 39 % der teilnehmenden Sozialarbeiter an, sich durch ihre Ausbildung nicht ausreichend auf ihre Tätigkeit im Justizvollzug vorbereitet zu fühlen. Ein Zusammenhang mit dem Dienstalter ließ sich dabei nicht feststellen. Somit weist dieses Ergebnis auf die Bedeutung einer entsprechenden Vertiefung bzw. Schwerpunktsetzung kriminologischer und forensischer Kenntnisse bereits im Studium der Sozialen Arbeit hin.

Von besonderer Wichtigkeit im Zusammenhang mit ihrer Tätigkeit waren für die damals befragten Sozialarbeiter vor allem die Sinnhaftigkeit ihrer Tätigkeit sowie die Möglichkeit, eine Arbeit auszuüben, die den eigenen Fähigkeiten entspricht (s. Abbildung 2). Weisungen zu geben, Anordnungen zu treffen sowie eine Tätigkeit im Öffentlichen Dienst an sich zu haben – mit Ausnahme der Arbeitsplatzsicherheit – wurden dagegen als tendenziell unwichtig eingestuft. Insgesamt gesehen sah ein gutes Drittel der Befragten (36 %) ihre Erwartungen an ihre Arbeit im Justizvollzug genau erfüllt; die restlichen Befragungsteilnehmer fühlten ihre Erwartungen zu etwa gleichen Teilen hier eher weniger erfüllt bzw. mehr als erwartet erfüllt.

Der Kontakt mit den Inhaftierten an sich schien weniger ein Grund für ein besonderes Belastungserleben der Sozialarbeiter zu sein. So bezeichneten nur etwa 16 % von ihnen den Kontakt mit den Inhaftierten als eher angespannt; alle anderen bewerteten diesen als entspannt bzw. als eher entspannt, 22 % indes auch als (eher) unergiebig.

Abbildung 2: Wichtigkeit verschiedener Aspekte im Zusammenhang mit einer Tätigkeit im Justizvollzug (Sozialer Dienst) (Angabe der jeweiligen Mittelwerte; Skala von 1 „gar nicht wichtig“ über 3 „teils/ teils wichtig“ bis 5 „sehr wichtig“)

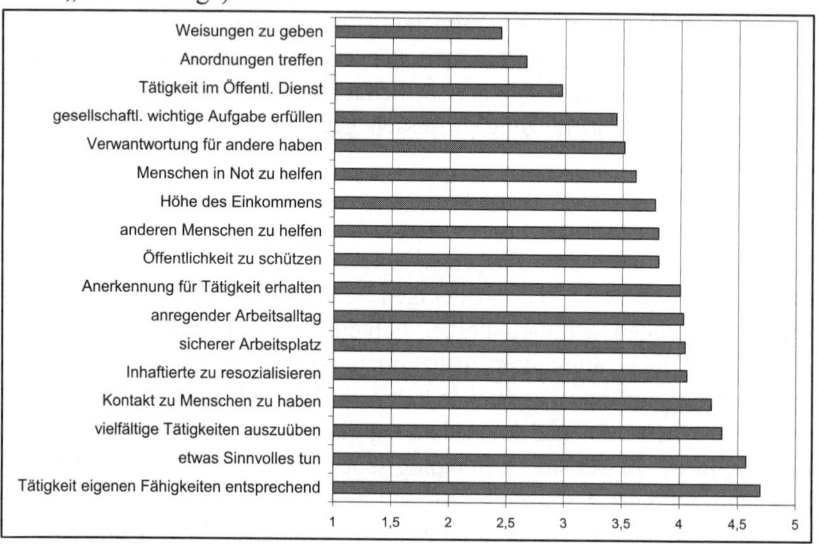

In ihrer Tätigkeit genau richtig gefordert fühlten sich 59 % der Befragungsteilnehmer – allerdings bezieht sich diese Angabe auf inhaltlich-qualitative Anforderungen. In diesem Bereich ging die Tendenz zusätzlich eher in Richtung einer wahrgenommenen Unterforderung. Betrachtet man hingegen die quantitativ-zahlenmäßige Beanspruchung in der Arbeit, gaben nur noch knapp die Hälfte (49 %) der teilnehmenden Sozialarbeiter an, sich genau richtig gefordert zu fühlen – und die Antworttendenz zeigte insgesamt eher in die Richtung einer wahrgenommenen Überforderung denn eines Unterforderungsgefühls. Bei einer aktuellen Belegung der niedersächsischen Haftplätze mit insgesamt 5.498 Inhaftierte im März 2013 (s. Justizministerium Niedersachsen[7]) und bei insgesamt 197 Beschäftigten im Sozialdienst würde dies derzeit einem Verhältnis von etwa 28 Inhaftierten pro Sozialarbeiter entsprechen. Allerdings ist in der Beschäftigtenaufschlüsselung nicht aufgeführt, wie viele der Sozialarbeiter möglich-

7 Justizministerium Niedersachsen: pdf-Dokument „Justiz in Niedersachsen - Zahlen, Daten, Fakten“; Download unter http://www.mj.niedersachsen.de/portal/live.php?navigation_id=3780&article_id=10515&_psmand=13; Download-Datum: 13.10.2013

erweise in Teilzeit arbeiten – das Verhältnis wird also eher bei mehr als 28 Inhaftierten pro Sozialarbeiter liegen. So erhält man ein realistischeres Abbild des Betreuungsverhältnisses, wenn man nicht die Zahl der Beschäftigten, sondern die Personalstellenzahl zugrunde legt. Als Beispiel sollen hier entsprechende Zahlen aus Nordrhein-Westfalen dienen: Hier lag das Betreuungsverhältnis 2012 bei einer Personalstellenzahl von 308 Sozialarbeitern und einer durchschnittlichen Haftplatzbelegung mit 16.644 Inhaftierten bei 1:54 (Justizministerium NRW, 2013a und 2013b.)

Betrachtet man die Zusammenarbeit mit dem Allgemeinen Vollzugsdienst (AVD), so wurde diese von 42 der befragten Sozialarbeiter im Projekt „Justizvollzug als Profession" als „gut" bezeichnet. Umgekehrt stellte allerdings der eine oder andere Bedienstete des AVD fest, dass gerade in großen Anstalten Sozialarbeiter die Aufgaben bearbeiten, die in kleineren Anstalten durch den AVD selbst ausgeführt wurden: „Da gibt es halt einen Abteilungshelfer, da gibt es eine Abteilungsleiterin, ja, und die machen diese Arbeit eigentlich gut. Und eine Sozialarbeiterin, und die erledigen das alles. Und in JVA Sechs waren wir das irgendwie alles in Personalunion" (Aussage eines Bediensteten des AVD im Teilprojekt „Paid Prisoners – Bezahlte Gefangene?!"; s. Lehmann, 2009).

Insgesamt lässt sich feststellen, dass weniger die konkrete Arbeit mit den Inhaftierten die Sozialdienstmitarbeiter zu belasten scheint – für diese Tätigkeit erlernen die Bediensteten bereits im Rahmen ihrer Ausbildung entsprechendes allgemeines Hintergrundwissen (bildlich ausgedrückt z. B. mit der Frage von Conen und Cecchin (2011): „Wie kann ich Ihnen helfen, mich wieder loszuwerden?"). Der Zwangskontext wurde und wird dagegen eher erlebt in der Auseinandersetzung mit den organisatorischen und strukturellen Rahmenbedingungen. Die Herausforderung scheint vor allem die Arbeit mit den Umgebungsfaktoren an sich zu sein: Kollegen, Vorgesetzte, Dienstherr, Erwartungen der Öffentlichkeit, usw. (vgl. Lehmann/Greve, 2006; s. auch Abbildung 3). Strasburger et al. (1997, zit. nach Gretenkord, 1998) bezeichnen den hieraus entstehenden Konflikt als einen zwischen „doing individual good" und "doing social good".[8]

8 „Problems occur when the ethic of healing (doing ‚individual good') collides with the ethic of objectively serving the legal system (doing ‚social good')" (Strasburger et al., 1997, p. 453, zit. nach Gretenkord, 1998, S. 68).

Abbildung 3: Erleben des Zwangskontextes in der Sozialen Arbeit im Justizvollzug (vgl. Russinger/Wagner, 1999). Die Herausforderungen liegen eher in der Zusammenarbeit mit der Organisation an sich als mit der eigentlichen Klientel der Inhaftierten.

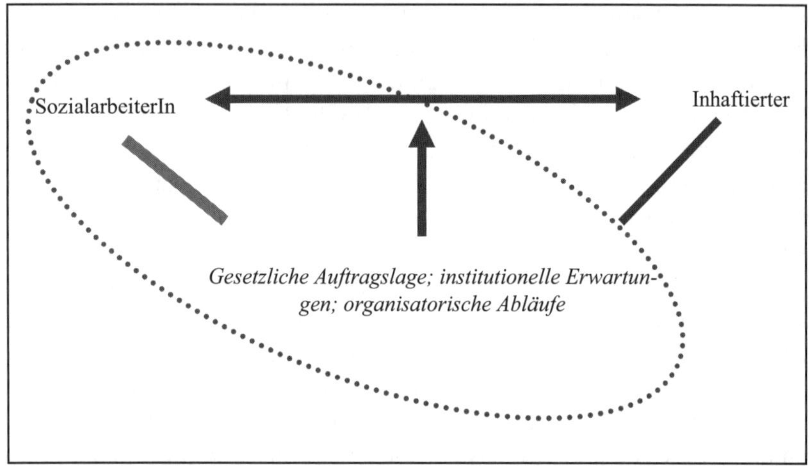

Nicht nur, aber auch aus diesem Grund kommt den Kontakten zu den direkten (Fach-) Kollegen und den fachfremden Mitarbeitern besondere Bedeutsamkeit zu: Für den Sozialarbeiter ist es „[…] wichtig, […] dass ich zu diesem Personenkreis kontinuierlichen Kontakt habe. […] dass die mich kennen, dass ich auf die zugehen kann, weil ich die teilweise brauche, aber umgekehrt, dass die mich nicht vergessen, wenn es um unsere Belange geht" (Kähler, 1999, S. 119/ 120) – bei gleichzeitigem Beachten der eigenen Aufgaben und Rolle: „Ich muss dann sagen, ich bin Sozialarbeiter, habe ich nichts mit zu tun, ist der Job vom Stationsleiter, der ist Psychologe […]" (ebenda, S. 115).

Die Aufgaben der Sozialen Arbeit im Hinblick auf eine „Mitwirkung an einer den sozialen, gesundheitlichen und psychischen Bedürfnissen […] gerecht werdenden Organisations- und Personalpolitik in Unternehmen" sowie der Vernetzung und Zusammenarbeit innerhalb der Organisation (DBSH, 2009, S. 2; s. auch oben) kann dabei durch den Justizvollzug als Arbeitgeber mit der offiziellen Einrichtung von Supervision (extern oder intern) und Intervision („Peergroups") unterstützt werden (Belardi, 2005; Belardi, 2009). Auch dies zeigte sich in der Befragung „Justizvollzug als Profession" – von den 30 Personen, denen damals eine organisierte Beratung und Unterstützung in Form von Supervision zur Verfügung stand, nahmen 20 diese auch wahr; 31 Sozialarbeiter, denen diese Option nicht angeboten wurde, wünschten sich eine eben solche (die übrigen neun verneinten diesen Wunsch bzw. machten hier keine Aussage). Auch hier bereitet das Studium bereits auf die spätere Berufsausübung in den unterschiedlichen sozialen Arbeitsfeldern vor: Die Bedeutung der Möglichkeit, seine eigene Arbeit, Methoden und Bedingungen zu reflektieren, wird bei Studierenden der Sozialen Arbeit bereits im Studium angesprochen. Auf diese Art kann es diesen später dann auch persönlich leichter fallen, sich einen entsprechenden fachlichen und zeitlichen Rahmen zu schaffen und auch einzufordern.

Bedeutung für die Soziale Arbeit: Für den Bereich der Sozialen Arbeit und hier insbesondere für die Ausbildung zum Sozialarbeiter weisen die Ergebnisse des Projekts „Justizvollzug als Profession" auch zehn Jahre nach dessen Durchführung auf die Bedeutsamkeit einer spezialisierten, schwerpunktmäßigen Vorbereitung auf eine Tätigkeit im Sozialen Dienst des Justizvollzugs hin. Neben der Auseinandersetzung mit der speziellen Situation in der Arbeit mit inhaftierter Klientel gilt es hier, die (zukünftigen) Sozialarbeiter auch auf die Zusammenarbeit mit den anderen Diensten und Bediensteten in einer Justizvollzugsanstalt vorzubereiten. Hierfür ist es unerlässlich, dass z. B. die Studierenden der Sozialen Arbeit über Aufbau, Struktur und Aufgabenverteilung im Justizvollzug informiert werden. Gleichzeitig ist die Bedeutung von Supervision und Intervision nicht nur, aber gerade in einer „geschlossenen Institution" nicht hoch genug anzusetzen – auch hier bietet das Studium der Sozialen Arbeit erste Berührungspunkte mit dieser Thematik. Vor allem hier zeigt sich der Erfolg einer frühzeitigen Beschäftigung mit dieser Thematik: Der Umgang mit Belastungen und die Nutzung persönlicher Ressourcen fällt den Bediensteten der Fachdienste deutlich leichter als den Mitarbeitern des Allgemeinen Justizdienstes (ausführlich hierzu vgl. Lehmann/Greve, 2006).

Das Projekt „Evaluation der niedersächsischen Beratungs- und Interventionsstellen (BISS) für Opfer häuslicher Gewalt"

Wie aus Tabelle 1 hervorgeht, sind Sozialarbeiter auch in Gewaltschutzzentren tätig. Hier werden Opfer von Gewalt beraten. Im Gegensatz zu den anderen Bereichen forensischer Sozialarbeit steht hier also nicht der Täter im Vordergrund. Insofern wäre hier treffender von Sozialarbeit im kriminogenen Kontext zu sprechen, um den weiteren Blickwinkel zu verdeutlichen.

Ein besonders wichtiges und in mancher Hinsicht spezielles Problem stellt die sogenannte Häusliche Gewalt dar. Häusliche Gewalt umfasst alle Formen intentionaler physischer, sexueller und/ oder psychischer Misshandlung zwischen erwachsenen Personen, die in einer häuslichen Gemeinschaft leben, wobei Gewalt im Bereich der häuslichen Pflege in dem vorliegenden Projekt von der Definition ausgenommen wurde. Häusliche Gewalt hat vielfältige Erscheinungsformen von Demütigungen, Einschüchterungen und Freiheitseinschränkungen über körperliche Misshandlungen bis hin zu Vergewaltigungen und Tötungen. Selbst nach der Trennung der Partner setzt sich diese Gewalt häufig in Form von Stalking fort (vgl. Löbmann, 2002).

Wie bei allen Gewalthandlungen werden die psychische und physische Integrität des Opfers geschädigt; es erlebt sich als stark bedroht und ausgeliefert, und dies vielleicht bei häuslicher Gewalt umso mehr, da es sich in der Regel um wiederholte, sich über einen langen Zeitraum erstreckende Erfahrungen handelt. In dieser Situation bleiben oft keine Kapazitäten mehr, wichtige Entscheidungen z. B. bezüglich einer Trennung von dem Täter zu treffen und vorzubereiten (Löbmann et al., 2003). Daher wurde 2002 das sogenannte Gewaltschutzgesetz eingeführt: Geschädigte haben dadurch die Möglichkeit, einen Antrag auf Überlassung der gemeinsam genutzten Wohnung oder auf Betretungsverbot, Annäherungsverbot und Kontaktverbot gegenüber dem Täter zu stellen. Wenn die Beteiligten einen auf Dauer angelegten gemeinsamen Haushalt führen, ist das Familiengericht zuständig, in den anderen Fällen (z. B. bei Stalking) die allgemeine Prozessabteilung des Amtsgerichts. Die Polizei ergänzt dieses zivilrechtliche Instrumentarium durch die Wegweisung des Täters. Idealerweise sollen während dieses in den einzelnen Bundesländern zwischen sieben und 20 Tagen andauernden polizeilichen Platzverweises die zivilrechtlichen Schutzanordnungen in Kraft treten. Allerdings ziehen sich die Betroffenen nicht zuletzt aufgrund der gravierenden psychischen Auswirkungen häuslicher Gewalt häufig sozial zurück. Dies führt wiederum dazu, dass sie vergleichsweise selten aus eigener Kraft Hilfe suchen.

Vor diesem Hintergrund wurden in Niedersachsen Anfang des Jahres 2002 als Modellprojekt sogenannte Beratungs- und Interventionsstellen für Opfer häuslicher Gewalt (BISS) in sechs ländlichen Regionen eingerichtet. Im Unterschied zu herkömmlichen Beratungsstellen verfolgen die

BISS einen pro-aktiven Ansatz: Sie erhalten von der Polizei Mitteilung über deren Einsätze bei häuslicher Gewalt, nehmen dann Kontakt mit den Geschädigten auf und bieten ihre Hilfe an. Es wurde vermutet, dass dadurch Frauen erreicht werden konnten, die aus eigenem Antrieb keine Beratungsstelle aufgesucht hätten. Zu den Aufgaben der BISS gehört es, über die rechtlichen Möglichkeiten, die das Gewaltschutzgesetz bietet, zu informieren und die Opfer ggf. bei der Antragstellung zu unterstützen. Die BISS waren also bei ihrer Einführung als Teil einer Interventionskette Polizei-BISS-Gericht gedacht. Darüber hinaus leisten sie psychosoziale Krisenintervention, Sicherheitsplanung für die Opfer und die Begleitung zu Ämtern und Behörden.

Fragestellungen des Projekts: Das Projekt, welches vom Niedersächsischen Ministerium für Soziales, Frauen, Familie, Gesundheit und Integration gefördert wurde, untersuchte die Bewährung dieser damals neu eingeführten Beratungsform in der Praxis. Es sollte in erster Linie geklärt werden, ob die Geschädigten den pro-aktiven Ansatz akzeptieren würden, und wie die Zusammenarbeit mit der Polizei und der Justiz gelang. Hieraus sollten Empfehlungen für die Praxis abgeleitet werden.

Zugang: Die Studie bediente sich eines multi-methodalen Designs auf verschiedenen Stufen des Interventionsprozesses: In die Datenerhebung wurden die Berufsgruppen Polizei, BISS und Justiz sowie die von Gewalt Betroffenen einbezogen. Auf den drei Ebenen Polizei, BISS und Justiz erfolgte dabei zum einen eine umfassende Dokumentation der Fälle. Zum anderen wurden die drei Berufsgruppen sowie die Geschädigten mit standardisierten Fragebögen befragt. Ergänzt wurden diese schriftlichen Erhebungen durch qualitative Interviews mit Vertretern der genannten Berufsgruppen und mit Beratenen. Aus der Kombination dieser Ansätze ergaben sich die in Tabelle 2 dargestellten Erhebungsteile der Studie. Die Informationen aus den verschiedenen Modulen sollten sich dabei gegenseitig validieren und für einzelne Fragestellungen jeweils ein multiperspektivisches Bild zeichnen (vgl. Löbmann/Herbers, 2005).

Tabelle 2: Datenquellen im BISS-Projekt (in Zellen sind Stichprobengrößen aufgeführt)

	Falldokumentation	Befragungen	
		Quantitativ	Qualitativ
Polizei	7098	374	-
BISS	1917	16	6
Beratene	1507	45	17
Justiz	173	59	6

Ergebnisse: Zunächst einmal sollte die Frage beantwortet werden, ob die pro-aktive Beratung von den Beratenen akzeptiert wurde. Die Kontaktversuche durch die BISS-Beraterinnen erfolgten telefonisch, schriftlich oder per Hausbesuch. Wie die Falldokumentation der BISS zeigte, kam bei 81 % dieser Kontaktversuche auch ein Kontakt zustande, und 91 % der Personen, die erreicht werden konnten, nahmen das Beratungsangebot der BISS an. Bei der überwiegenden Mehrheit handelte es sich dabei um Frauen (89 %) im jüngeren und mittleren Erwachsenenalter (58 % zwischen 21 und 40 Jahren). Wie die standardisierte Befragung betroffener Frauen (N = 45), verdeutlichte, hatten 64 % zuvor noch keine professionelle psychosoziale Hilfe erhalten, wobei zu diesem Prozentsatz einschränkend angemerkt werden muss, dass es sich hier nicht um eine repräsentative Stichprobe handelte, sondern vorwiegend um mehrfach face-to-face beratene Frauen. In den qualitativen Interviews mit den Geschädigten (N = 17) ließ sich feststellen, dass die Kontaktaufnahme von ihnen positiv erlebt wurde – „(...) ich war erstaunt und irgendwo auch erleichtert (.) Mensch, da kümmert sich ja jemand um mich (.) da nimmt jemand ernst dass ich geschlagen werde." (beratene Frau, 33 Jahre) – und dass die Beratung ihnen Handlungsalternativen aufzeigte: „(...) klar hätte ich da bestimmt auch anders drauf kommen können, den Schutzantrag zu stellen oder 'ne Anwältin zu suchen oder so, aber wie gesagt, da hatte ich den Kopf auch ganz voll mit anderen Dingen und hätte mich da bestimmt nicht so schnell drum gekümmert und wer weiß, ob's dann nicht schon irgendwie zu spät gewesen wäre (…)" (beratene Frau, 19 Jahre).

Die nächste Frage war, wozu die Frauen die Beratung nutzten. Hier zeigte sich anhand der Falldokumentation, dass die BISS nicht nur zeitnah zu einem gewalttätigen Vorfall berieten, sondern auch 70 % der beratenen Frauen zu anderen Institutionen vermittelten, indem sie für die Beratenen gezielt Kontakte herstellten, bzw. auf Angebote aufmerksam machten. In der Regel betraf dies mehrere Institutionen bzw. Beratungs- und Unterstützungsangebote.

Überraschenderweise war dabei keineswegs zwangsläufig das Familiengericht die nächste Station nach den BISS. So stellten nur 18 % – also jede Fünfte der von den BISS beratenen Frauen – einen Antrag auf Schutzanordnungen. Es gab auch nicht, wie vorher postuliert, nur eine eingleisige Interventionskette Polizei-BISS-Justiz. Vielmehr kamen die Frauen sowohl über die Polizei als auch als Selbstmelderinnen oder über andere Beratungseinrichtungen vermittelt zu den BISS. Von dort erfolgte die Weitervermittlung nicht nur an die Justiz, sondern zugleich oder auch ausschließlich an andere Beratungsangebote und Institutionen (siehe Abbildung 4). Die BISS erwiesen sich somit eine wichtige Schaltstelle im niedersächsischen Hilfsnetzwerk mit der Funktion, Gewaltopfer gezielt und ihren Bedürfnissen entsprechend weiterzuvermitteln. Wie die qualitativen Interviews mit den beratenen Frauen ergänzend zeigten, erweiterte diese Information über die Vielfalt weiterer Verhaltensmöglichkeiten den Handlungsspielraum der von Gewalt betroffenen Frauen und reduzierte dadurch ihr Gefühl der Hilflosigkeit und des Ausgeliefertseins an die Situation: „Ja, ich fühle mich gut beraten, gut informiert und dadurch fühle ich mich […] auf der sicheren Seite. Also ich kenne, wie gesagt, meine Rechte. Das ist einfach so. Und er hat es bisher auch kein einziges Mal geschafft mich irgendwie anzugreifen oder in Panik zu bringen“ (beratene Frau, 38 Jahre).

Abbildung 4: Die BISS als Interventionsschaltstelle

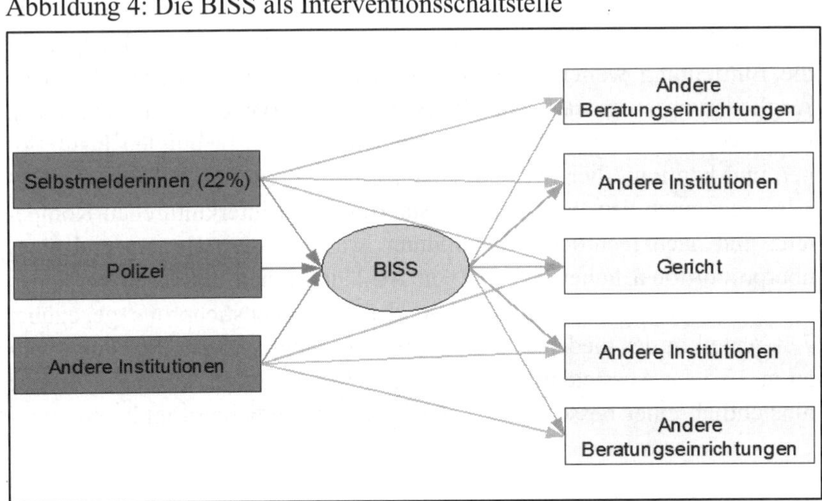

Hinsichtlich der Zusammenarbeit mit Polizei und Justiz lagen auch Informationen aus der Perspektive der jeweiligen anderen Berufsgruppe vor. Zunächst zeigte die Falldokumentation auf Polizeiebene, dass die Polizei die Möglichkeit, Fälle an die BISS weiterzuleiten, sehr stark in Anspruch nahm. 72 % der polizeilich registrierten Fälle wurden an die Beratungsstellen weitergeleitet, 65 % der Fälle bereits am Tag des Vorfalls oder am Folgetag. Die postalische Befragung einer repräsentativen Stichprobe von 374 Beamten des niedersächsischen Einsatz- und Streifendienstes (Rücklaufquote 51 %) zeigte u. a., dass 93 % der Polizeibeamten und Polizeibeamtinnen die BISS als notwendige Ergänzung zur polizeilichen Arbeit ansahen. Die BISS erfüllten mit der psycho-sozialen Unterstützung eine Aufgabe, für die die Beamten nicht ausgebildet waren. Insofern wurde es womöglich als eine Erleichterung der eigenen Arbeit angesehen, ein solches „Back-up"-System zur Verfügung stehen zu haben. Dass sich 80 % der Beamten mehr Rückmeldung von den Beratungsstellen über den weiteren Verlauf der Fälle wünschten, lässt darüber hinaus auf ein großes Interesse der Polizisten an dem Fortgang der Fälle schließen.

Es erfolgte auch eine standardisierte Befragung von rund 60 Familienrichter und -richterinnen (Totalerhebung an den Amtsgerichten der BISS-Regionen, Rücklaufquote 39 %). Zentrale Ergebnisse waren, dass 59 % der Richter eine Fortführung der Beratung begrüßten. 63 % versprachen sich von den Beratungsstellen eine Abklärung der Motivlage der Opfer und daran anschließend dann eine konsequentere Verfolgung der Anträge (Löbmann, 2005).

Schließlich lieferten die qualitativen (N = 6) und quantitativen Befragungen (N = 16) der Beraterinnen auch viele praktische Empfehlungen für die Einrichtung weiterer Beratungsstellen wie zentrale Lage, räumliche Angliederung an gewachsene Hilfesysteme, Intervision der Beraterinnen, intensive Vernetzung mit anderen am Hilfeprozess beteiligten Institutionen und kontinuierliche Öffentlichkeitsarbeit. Weiterhin äußerten die Beraterinnen auch den Wunsch nach Stärkung ihrer interkulturellen Kompetenz und nach rechtlicher Fortbildung, was vor dem Hintergrund eines überproportional hohen Anteils von Ausländerinnen unter den beratenen Frauen (14,4 % Nicht-Deutsche in der Beratenenstichprobe gegenüber 7 % Anteil in der niedersächsischen Bevölkerung im Jahr 2003) und weiteren 12,5 % Aussiedlerinnen verständlich war. Auch wurden Wünsche hinsichtlich einer besseren Vernetzung mit Jugendämtern und Ärzten geäußert: „Mit dem Jugendamt stagniert es (…) da sind Ansätze, aber die haben nicht den Erfolg“ (BISS-Beraterin).

Bedeutung für die Soziale Arbeit: Ein immer wiederkehrendes Thema in der Auseinandersetzung von Sozialarbeitern mit ihrer eigenen Disziplin ist ihr Mangel an beruflicher Identität, was darauf zurückzuführen ist, dass sich die Tätigkeit häufig nicht kurz und knapp definieren lässt, die Aufgaben nicht klar umrissen sind und andere Berufsgruppen wie die Psychologie oder Medizin in den verschiedenen Arbeitsfeldern ein höheres Ansehen genießen (vgl. Gauer, 2005; Gorynia, 2005). Das BISS-Projekt hat nun maßgeblich dazu beigetragen, das berufliche Profil der in diesen Beratungsstellen tätigen Sozialarbeiterinnen zu schärfen: Das schiere Fallaufkommen in den Beratungsstellen und die hohe Akzeptanz unter den Geschädigten bestätigten die Beraterinnen in der Notwendigkeit ihrer Tätigkeit. Die Studie zeigte außerdem die Vielfalt ihrer Aufgaben auf und klärte die Funktion der Beratungsstellen. So wurde gezeigt, dass ihre Hauptbedeutung in ihrer Schaltstellenfunktion im niedersächsischen Hilfesystem lag und sie nicht auf eine bloße Weitervermittlungstätigkeit zur Justiz reduziert werden konnten. Darüber hinaus wurden Möglichkeiten der persönlichen beruflichen Weiterentwicklung (Erwerb vertiefter rechtlicher Kenntnisse, Vertiefung der interkulturellen Kompetenz), aber auch der institutionellen Weiterentwicklung aufgezeigt (weitere Vernetzungserfordernisse). Insgesamt hat die Studie damit zur beruflichen Identitätsbildung der in diesen Beratungsstellen tätigen Sozialarbeiterinnen beigetragen: Es wurde deutlich, welchen Zweck die eigene Arbeit erfüllt, und dass sie geschätzt wird, nicht nur von den Klientinnen, sondern auch von anderen Berufsgruppen. Insofern wurde die Basis für die weitere konstruktive interdisziplinäre Zusammenarbeit mit anderen Berufsgruppen geschaffen.

III. Fazit

Aus der Perspektive der Praxis der Sozialen Arbeit erweist sich die Forschung des KFN als sehr fruchtbar und wichtig: Zahlreiche Projekte führen zu unmittelbar weiterverwertbaren Erkenntnissen für Sozialarbeiter, die im kriminogenen Kontext arbeiten. So liefern einerseits und allgemein betrachtet die großen Surveys des KFN Basisdaten über Täter und Opfer sowie deren Beziehungen. Hieraus lassen sich Schlussfolgerungen hinsichtlich besonders gefährdeter Subgruppen ziehen, was für die präventive und intervenierende Soziale Arbeit unmittelbar relevant ist. Die Evaluation von Behandlungsprogrammen trägt darüber hinaus dazu bei, dass die Soziale Arbeit Interventionen einsetzen kann, deren Wirksamkeit auch empirisch belegt ist. Andererseits liefern die Projekte des KFN immer wieder auch Erkenntnisse zu der Berufsgruppe der Sozialarbeiter selbst. Die entsprechenden Ergebnisse dienen beispielsweise dazu, die Funktion der Sozialen Arbeit in dem entsprechenden kriminogenen Kontext zu klären und gesundheitliche und psychische Belastungen von Sozialarbeitern zu ermitteln – wie hier am Beispiel der beiden Projekte „Justizvollzug als Profession" und „Evaluation der niedersächsischen Beratungs- und Interventionsstellen (BISS) für Opfer häuslicher Gewalt" gezeigt. Dies mündet dann in ganz praktischen Empfehlungen z. B. bezüglich von Fortbildungs- und Supervisionsangeboten, und stärkt somit die Effizienz Sozialer Arbeit an gesellschaftlichen Brennpunkten, wie sie die Kriminalität nun einmal darstellt.

Literatur

Belardi, N. (2005). Supervision. In F. Petermann, H. Reinecker (Hrsg.), Handbuch der Klinischen Psychologie und Psychotherapie (S.738-745). Göttingen: Hogrefe.

Belardi, N. (2009). Supervision. Grundlagen, Techniken, Perspektiven (3. A.). München: C. H. Beck.

Conen, M.-L., Cecchin, G. (2011). Wie kann ich Ihnen helfen, mich wieder loszuwerden? Therapie und Beratung mit unmotivierten Klienten und in Zwangskontexten (3. A.). Heidelberg: Carl Auer.

DBSH (2009). Grundlagen für die Arbeit des DBSH e. V.: Berufsbild. [Download: www.dbsh.de/fileadmin/downloads/Berufsbild.Vorstellung-klein.pdf; Download-Datum: 16.03.2013].

Gauer, D. (2005). Sozialarbeit im Strafvollzug – Profession im Schatten der Gitterstäbe. Forensische Psychiatrie und Psychotherapie, 3, 49-64.

Goffman, E. (1973). Asyle. Über die soziale Situation psychiatrischer Patienten und anderer Insassen. FF/M: Suhrkamp.

Gorynia, M. (2005). Sozialarbeit in der Forensik: Was ist sie, was kann sie und was könnte sie sein? Forensische Psychiatrie und Psychotherapie, 3, 9-22.

Gretenkord, L. (1998). Der Therapeut als Doppelagent. Zum Rollenkonflikt des Psychotherapeuten in einer forensischen Institution. In E. Wagner, W. Werdenich (Hrsg.), Forensische

Psychotherapie. Psychotherapie im Zwangskontext von Justiz, Medizin und sozialer Kontrolle (S. 68-80). Wien: Facultas.

Herwig-Lempp, J. (2003). Welche Theorie braucht Soziale Arbeit? Sozialmagazin, 2, 12-21.

Justizministerium NRW (2013a). Personalübersicht (Stellenzahl) im Justizvollzug. (Download unter http://www.jm.nrw.de/Gerichte_Behoerden/zahlen_fakten/statistiken/justizvollzug/personal/personaluebersicht.pdf; Download-Datum: 13.10.2013).

Justizministerium NRW (2013b). Belegungsfähigkeit der Justizvollzugsanstalten und durchschnittliche Belegung. (Download unter http://www.jm.nrw.de/Gerichte_Behoerden/zahlen_fakten/statistiken/justizvollzug/belegungsdaten/belegungsdaten/belegungsfaehigkeit.pdf; Download-Datum: 13.10.2013).

Kähler, H. D. (1999). Beziehungen im Hilfesystem Sozialer Arbeit. Zum Umgang mit BerufskollegInnen und Angehörigen anderer Berufe. Freiburg im Breisgau: Lambertus.

Lehmann, A. (2009). „Paid Prisoners" – Bezahlte Gefangene?! Entwicklungschancen und -belastungen von Justizvollzugbeamten: Erwartungen und Erwartungserfüllungen. Lingen: Kriminalpädagogischer Verlag.

Lehmann, A., Greve, W. (2006). Justizvollzug als Profession: Herausforderungen eines besonderen Tätigkeitsbereichs. Baden-Baden: Nomos.

Löbmann, R. (2002). Stalking: ein Überblick über den aktuellen Forschungsstand. Monatsschrift für Kriminologie und Strafrechtsreform, 85, 25-32.

Löbmann, R. (2005). Das Gewaltschutzgesetz aus richterlicher Perspektive: Ergebnisse einer empirischen Untersuchung zu Einstellungen und Verhalten von Richterinnen und Richtern in Niedersachsen. Praxis der Rechtspsychologie, 15, 85-98.

Löbmann, R., Greve, W., Wetzels, P., Bosold, C. (2003). Violence against women: conditions, consequences, and coping. Psychology. Crime & Law, 9, 309-331.

Löbmann, R., Herbers, K. (2005). Neue Wege gegen häusliche Gewalt: Pro-aktive Beratungsstellen in Niedersachsen und ihre Zusammenarbeit mit Polizei und Justiz. Baden-Baden: Nomos.

Russinger, U., Wagner, E. (1999). Gewalt – Zwang – System. Zeitschrift für systemische Therapie, 17, 144-156.

Stöver, H. (2002). DrogengebraucherInnen und Drogenhilfe im Justizvollzug – eine Übersicht. Suchttherapie, 3, 135-145.

Frühe Prävention von Delinquenz oder Behandlung von Straftätern? Argumente für eine integrative Perspektive

Friedrich Lösel

Das Wirken von Christian Pfeiffer am Kriminologischen Forschungsinstitut konnte ich durch langjährige Tätigkeit im Fachbeirat und Trägerverein begleiten. Insofern nehme ich gern die Gelegenheit wahr, zu dieser Festschrift beizutragen. Auf die eindrucksvolle Leistung von Christian Pfeiffer als KFN-Direktor sowie seine Beiträge zur Kriminologie und Kriminalpolitik braucht hier nicht näher eingegangen zu werden. Dies ist weithin bekannt. Ich möchte aber auf einen Aspekt aufmerksam machen, der trotz der Präsenz der KFN-Forschung in den Medien leicht aus dem Blick geraten kann: Die große Vielfalt von kriminologischen und anderen sozialwissenschaftlichen Themen, die Christian Pfeiffer als Projektleiter bearbeitet hat. Eine solche Breite ist durch die fortschreitende wissenschaftliche Spezialisierung selten geworden. Gerade die angewandte und interdisziplinäre Forschung sowie der Transfer in die Praxis benötigen aber nicht nur hoch spezialisierte, sondern auch mehr integrative, generalisierende Ansätze. Dieser Aspekt hat mich zum vorliegenden Beitrag angeregt. Er betrifft zwei Themen, die am KFN in Projekten bearbeitet wurden: Die früh in der Entwicklung ansetzende Prävention bzw. Intervention auf der einen Seite, und die Behandlung bzw. Resozialisierung von Straftätern auf der anderen.

Im Rahmen der stark expandierenden Entwicklungskriminologie (vgl. Boers et al., 2010) hat die Forschung und Praxis zur Vorbeugung von Delinquenz, Gewalt und anderen Verhaltensproblemen in letzter Zeit erheblich zugenommen (vgl. Farrington/Welsh, 2007; Lösel, 2012b). In zahlreichen westlichen Ländern wird eine kaum noch überschaubare Vielfalt von Programmen in Familien, Kindertagesstätten, Schulen, sozialen Diensten, Familienbildungsstätten, der Gesundheitsversorgung usw. durchgeführt. Sie reichen von allgemeinen Angeboten der Entwicklungsförderung wie Mutter-Kind-Gruppen, offenen Elterntreffen und Hausbesuchsprogrammen, über Elternkurse zur Förderung eines positiven Erziehungsverhaltens, Trainings der sozialen Kompetenz für Kinder, Anti-Bullying- und Mentorenprogramme, bis hin zu komplexen gemeindebezogenen Programmen, die an den Kindern, Eltern, Lehrkräften und anderen Beteiligten im sozialen System ansetzen. Eine repräsentative Bestandsaufnahme, die sich nur auf familienbezogene Maßnahmen mit Programmcharakter bezog, kam bereits 2006 zu dem Ergebnis, dass in Deutschland ca. 200.000 derartige Aktivitäten pro Jahr durchgeführt werden (Lösel et al., 2006). Natürlich haben viele dieser Maßnahmen allgemeinere Entwicklungsziele und sollen nicht speziell Delinquenz und Gewalt bei Kindern und Jugendlichen vorbeugen, doch sind auch solche spezifischeren Ziele mehr oder weniger explizit enthalten.

Zahlreiche kriminologische Längsschnittstudien verweisen auf eine kleine Teilpopulation von jungen Menschen, deren Delinquenz relativ früh beginnt und lange andauert (Jennings/Reingle, 2012; Piquero et al., 2007). Diese Ergebnisse und eine Reihe anderer Argumente sprechen für eine früh in der Entwicklung ansetzende Prävention bzw. Intervention (vgl. Jungmann/Pfeiffer, 2010; Lösel et al., 2006). Selbst kriminologischen Laien leuchtet es unmittelbar ein, dass es sinnvoller wäre, der Entstehung und Verfestigung einer kriminellen Laufbahn vorzubeugen, als später in die Behandlung und Resozialisierung von Straftätern zu investieren. Diese Argumentation ist nicht nur im Hinblick auf die potentiellen Opfer plausibel, sondern auch auf Grund der hohen Kosten einer lange dauernden dissozialen Entwicklung, die im Einzelfall mehr als eine Million Euro betragen können (z. B. Cohen/Piquero, 2009).

Angesichts des stark expandierenden „Markts" der entwicklungsbezogenen Prävention sollte man sich allerdings an eine ähnliche „Bewegung" in den 1960er und frühen 1970er Jahren erinnern, und zwar die der Straftäterbehandlung. Damals war der Optimismus in diesem Bereich sehr groß und in den westlichen Industrieländern wurden zahlreiche Behandlungsprogramme eingeführt. Kalifornien nahm dabei eine Vorreiterrolle ein (Palmer, 1992). Es zeigt die nicht seltenen kriminalpolitischen Pendelschwingungen, dass gerade dieser US-Staat 1994 die rein punitive Regelung „Three strikes and you are out" einführte. Wenngleich die Kriminalpolitik in Deutschland mehr Kontinuität aufweist, gab es auch hier deutliche Schwankungen. In den 1960er Jahren bestand ein großer Behandlungsoptimismus, der 1969 zur Einführung der Sozialtherapeutischen Anstalt als Maßregel der Besserung und Sicherung führte. Der §65 StGB trat jedoch nie in Kraft und wurde 1984 zu Gunsten der Vollzugslösung nach

§9 StVollzG gestrichen. Über längere Zeit stagnierte die Forschung und Praxis der Sozialtherapie und anderer Behandlungsansätze (vgl. Lösel et al., 1987).

Neben finanziellen, punitiven, etikettierungskritischen und anderen Argumenten waren es vor allem unbefriedigende Evaluationsergebnisse (Lipton et al., 1975), die den pauschalen Behandlungsoptimismus in Pessimismus umschlagen ließen (Stichwort „Nothing works"). Erst vermehrte systematische Evaluationen und vor allem integrative Meta-Analysen trugen dazu bei, dass sich in den 1990er Jahren der empirisch besser fundierte und differenzierte Ansatz des „What works" entwickelte, der schließlich zu einer Renaissance der Straftäterbehandlung in zahlreichen Ländern führte (dazu: Cullen, 2013; Lösel, 1995, 2012a). Die gesellschaftliche Sensibilisierung für Sexualdelikte und schwere Gewaltstraftaten und die Strafrechtsreform von 1998 haben auch hierzulande die Sozialtherapie gestärkt (z. B. Egg/Niemz, 2012). Und selbst in Kalifornien haben die immensen Kosten der Inhaftierung und die finanziellen Engpässe in der Bildungs- und Sozialpolitik dazu beigetragen, dass die Straftäterbehandlung wieder an Bedeutung gewonnen hat (z. B. in der Therapie von Drogentätern). Auch heute stehen die Forschung und Praxis der Straftäterbehandlung aber nur teilweise auf einer soliden Evidenzbasis (vgl. Lösel, 2012a).

Die Parallelen in der aktuellen entwicklungsbezogenen Prävention bestehen darin, dass es ebenfalls viele Aktivitäten, gute Absichten und Erfolgsversprechen gibt, aber die meisten Maßnahmen überhaupt nicht systematisch evaluiert sind (vgl. Lösel et al., 2006). Bei jenen entwicklungsbezogenen Präventionsprogrammen, zu denen methodisch gut fundierte Evaluationsstudien vorliegen, sind diese selten so langfristig angelegt, dass tatsächlich etwas über die Auswirkung auf spätere delinquente Entwicklungen ausgesagt werden kann (Farrington/Welsh, 2013; Lösel et al., 2013). Erst durch solche evidenz-basierten Ansätze kann aber vermieden werden, dass über kurz oder lang ähnliche politische Pendelschwingungen und temporäre Stagnationen eintreten, wie sie in der Täterbehandlung zu beobachten waren.

Darüber hinaus ist es angezeigt, unangemessene Polarisierungen zwischen dem Präventions- und Behandlungsansatz zu vermeiden. So wird in der entwicklungsbezogenen Prävention auch damit argumentiert, dass die Behandlung von Straftätern nicht nur zu spät ansetze, sondern wenig wirksam sei. Natürlich ist es verständlich, dass man in der Öffentlichkeitsarbeit und Einwerbung von Drittmitteln die besondere Relevanz der eigenen

Forschung betont. Es gilt aber auch, einseitige Entwicklungen zu vermeiden, die den Erkenntnisfortschritt behindern können. Diese Gefahr besteht aus meiner Sicht dann, wenn die entwicklungsbezogene Prävention und die Behandlung als zwei grundsätzlich verschiedene Forschungs- und Praxisbereiche oder gar „Paradigmen“ angesehen werden.

Experten, die auf einem Gebiet tätig sind, befassen sich in der Regel nicht mit dem anderen. Es gibt aber gute Gründe für eine mehr integrative Sichtweise: Die Grenzen zwischen Prävention und Behandlung sind fließend. Viele Präventionsprogramme folgen einem indizierten Ansatz, der sich an Kinder oder Jugendliche richtet, die bereits mehr oder weniger ernsthafte Verhaltensprobleme aufweisen. Zahlreiche jugendliche und erwachsene Straftäter haben eine delinquente „Vorgeschichte“ (teilweise im Dunkelfeld). Etliche Programme können in ähnlicher Weise bei gefährdeten, noch nicht verurteilten oder offiziell straffälligen jungen Menschen eingesetzt werden. Auch die erfolgreichsten Präventionsprogramme erreichen nur einen Teil der Risikofälle. Im Fall der Teilnahme sind sie keineswegs generell wirksam. Obwohl die sogenannten „Early starters“ eine besonders wichtige Zielgruppe sind, gibt es andere Entwicklungspfade, die zum Beispiel erst in der Jugend oder im Erwachsenenalter beginnen, aber zu längerfristiger und schwerwiegender führen (Piquero et al., 2007). Auch scheinen zwischen beiden Ansätzen in der Forschung und Praxis Ähnlichkeiten zu bestehen (vgl. Lösel, 2012 a, b), die mehr für eine integrierte Perspektive als für gegensätzliche „Paradigmen“ sprechen. Deshalb werden im Folgenden empirische Befunde in beiden Bereichen verglichen. Dabei wird auf folgende Fragestellungen eingegangen:

- Wie groß sind die typischen Effekte in beiden Bereichen?
- Welche Arten von Programmen sind jeweils mehr oder weniger wirksam?
- Welche Rolle spielen die Kontexte der Interventionen?
- Inwieweit hängen die Effekte von den Zielgruppen ab?
- Welchen Einfluss hat die jeweilige Evaluationsmethodik auf die Effekte?

Die nachfolgende Bearbeitung dieser Fragen baut auf Überlegungen auf, die ich erstmals 2006 auf dem Stockholm Criminology Symposium vorgetragen habe (Lösel, 2007). Teilweise beziehe ich mich auf kürzlich publizierte Wirkungsmodelle zu beiden Bereichen (Lösel, 2012a, b). Dort finden sich auch ausführlichere Literaturverweise. Da ich sowohl zur entwicklungsbezogenen Prävention als auch zur Täterbehandlung forsche, bestehen bei der Beantwortung der Fragen keine Interessenkonflikte.

I. Typische allgemeine Effekte

Seit den 1990er Jahren wurden Dutzende von Meta-Analysen zu Hunderten von Evaluationen der Straftäterbehandlung durchgeführt (Lipsey/Cullen, 2007; McGuire, 2002; Lösel, 2012a). Die untersuchten Programme, Tätergruppen, Methodik, Behandlungskontexte, Wirkungsmaße, Analysemethoden und andere Merkmale der einzelnen Studien variierten erheblich. Trotzdem ergab sich fast in allen Meta-Analysen ein im Durchschnitt erwünschter Effekt gegenüber den unbehandelten Kontrollgruppen, das heißt zumeist eine geringere Rate der offiziellen Rückfälle. Die von Lösel (1995) abgeschätzte mittlere Effektstärke von $r = 0.10 \pm 0.05$ bzw. $d = 0.20 \pm 0.10$ hat sich seither weitgehend bestätigt. Nach der von Cohen (1988) vorgeschlagenen Konvention ist dies zwar statistisch gesehen ein kleiner Effekt, er hat aber gleichwohl praktische Bedeutung. Geht man z. B. von einer Erfolgswahrscheinlichkeit von 50 % aus, so bedeutet $d = 0.20$, dass in der unbehandelten Kontrollgruppe 55 % rückfällig werden und in der Behandlungsgruppe 45 %. Dies ist ein Unterschied von 10 Prozentpunkten oder 18 %. Sind die Basisraten des Rückfalls in der Kontrollgruppe geringer, wie zum Beispiel bei erneuten sexuellen Delikten von Sexualstraftätern, so kann der mittlere Behandlungseffekt größer sein. In einer aktuellen Meta-Analyse von Schmucker und Lösel (2013) beträgt die durchschnittliche Rückfallrate für Sexualdelikte in den Behandlungsgruppen zum Beispiel 9,0 % und in den Kontrollgruppen 12,4 %. Dies entspricht einer Reduktion von 3,4 Prozentpunkten bzw. 27 %. Die offizielle Rückfälligkeit ist nur ein sehr grobes Wirkungskriterium, jedoch politisch und praktisch besonders bedeutsam. In anderen Kriterien (z. B. Rückfallhäufigkeit, selbstberichtete Delinquenz, psychometrische Daten) fallen die Ergebnisse teilweise anders aus; siehe dazu unten den Abschnitt zur Evaluationsmethodik.

Ähnlich wie bei der Straftäterbehandlung liegen auch zur entwicklungsbezogenen Prävention zahlreiche Meta-Analysen zu Hunderten von Evaluationen mit Kontrollgruppen vor (vgl. Farrington/Welsh, 2007; Lösel, 2012b). Die durchschnittlichen Effektstärken variieren hier stärker, z.B. zwischen $d = 0.05$ und 0.65 (Lösel, 2012b). Dies hat unter anderem damit zu tun, dass die Arten der Programme, Kontexte der Durchführung, Wirkungsmaße und Follow-up-Zeiträume vielfältiger sind als in der Straftäterbehandlung. Oft handelt es sich um Berichte der Eltern oder Selbstberichte und noch keine offiziellen Daten zu Straftaten. Auch werden teilweise allgemeinere Kriterien des Sozialverhaltens herangezogen, in die internalisierende Probleme mit einfließen.

Stellt man solche Unterschiede in Rechnung, so fallen die durchschnittlichen Effektstärken zur entwicklungsbezogenen Prävention von Delinquenz mit ca. $d = 0.10 – 0.30$ recht ähnlich aus wie die mittleren Behandlungseffekte (Lösel, 2012b). Auf Grund der oben genannten Vorteile sprechen natürlich selbst ähnliche Effektstärken wie bei der Straftäterbehandlung für die frühe entwicklungsbezogene Prävention. Allerdings kann diese plausible Schlussfolgerung nicht einfach gezogen werden, da die Follow-up-Zeiträume in den Präventionsstudien zumeist recht kurz sind (oft weniger als ein Jahr; Lösel/Beelmann; 2003; Beelmann, 2008). Da trotz gelegentlicher „Sleeper-Effekte“ (größere längerfristige als unmittelbare Wirkung) der generelle Trend in Richtung abnehmender Effekte über die Zeit geht, kann derzeit nicht stichhaltig davon ausgegangen werden, dass die oben genannten durchschnittlichen Effekte tatsächlich auf die Vorbeugung von Kriminalitätslaufbahnen übertragbar sind. Hinsichtlich der Effektstärken scheint somit die frühe Prävention nicht pauschal besser abzuschneiden als die spätere Behandlung.

II. Wirkungsunterschiede zwischen verschiedenen Programmen

Mittlere Effekte in Meta-Analysen sind nur von sehr begrenzter Aussagekraft. Sowohl bei der Straftäterbehandlung als auch der frühen Prävention gibt es erhebliche Unterschiede in den Effektstärken verschiedener Programme. Dies zeigen die folgenden Beispiele: In der frühen Prävention ist das High/Scope Perry Preschool Project besonders bekannt geworden. Das zirka zwei Jahre dauernde Programm setzte bei Vorschulkindern aus Risikofamilien an. Es kombinierte die gezielte kognitive Stimulation und Sozialerziehung in der Einrichtung mit einem Elterntraining und wöchentlichen Hausbesuchen. Die Langzeitevaluation bis ins mittlere Erwachsenenalter zeigte erwünschte Effekte hinsichtlich Kriminalität, Intelligenz, Einkommen und anderen Indikatoren (zusammenfassend: Schweinhart, 2013). Im Gegensatz dazu steht die Cambridge-Somerville Youth Study

(McCord, 2003). Dieses Präventionsprogramm für Kinder im Alter von 5-13 Jahren dauerte fünf Jahre und umfasste regelmäßige Hausbesuche, Familienberatung, spezielle schulische Förderung, medizinische Betreuung, Sommerlager und andere Maßnahmen. Die randomisierte Evaluation dauerte ebenfalls bis ins mittlere Erwachsenenalter. Es ergaben sich hinsichtlich Kriminalität, Alkoholmissbrauch, psychischer Gesundheit und anderen Kriterien keine erwünschten Effekte, sondern sogar etwas mehr Probleme in der Programmgruppe.

Ähnliche erhebliche Unterschiede in Wirkungsstudien gibt es auch bei der Straftäterbehandlung. So zeigten zum Beispiel manche Evaluationen von Programmen für Sexualstraftäter eine erwünschte Wirkung, während andere keinen oder sogar einen tendenziell negativen Effekt erbrachten (Schmucker/Lösel, 2013). Die Ergebnisse einzelner Studien sollten aber weder bei der Prävention noch bei der Behandlung zu sehr generalisiert werden. Wichtiger sind die systematischen Unterschiede, wie sie in Meta-Analysen festgestellt werden.

In der Straftäterbehandlung zeigen theoretisch gut fundierte, multimodale, kognitiv-behaviorale Programme und systemisch orientierte, strukturierte milieutherapeutische Ansätze relativ konsistent erwünschte Auswirkungen auf die Rückfälligkeit (Lipsey/Cullen, 2007; Lösel, 2012a; MacKenzie, 2006). Schwach strukturierte, theoretisch unspezifische und psychodynamische Ansätze haben geringere Wirkung, und rein abschreckende und punitive Maßnahmen scheinen keine oder sogar leicht negative Effekte zu erbringen. Erfolgreiche Programme folgen bestimmten Prinzipien, insbesondere sind sie auf die jeweiligen kriminogenen Bedürfnisse der Straftäter, ihr Risiko des Rückfalls und ihren Lernstil abgestimmt (Risk-Need-Responsivity Modell; Andrews/Bonta, 2010). Darauf aufbauend wurden weitere Merkmale einer angemessenen Straftäterbehandlung herausgearbeitet (Andrews et al., 2011). Derartige Kriterien werden in etlichen Ländern für die Programm-Akkreditierung verwendet, z. B. in England und Wales (Maguire et al., 2010): Klares theoretisches Modell, sorgfältige Risikodiagnostik, Ansatz an dynamischen Risikofaktoren, effektive Methoden, Einüben von konkreten Fertigkeiten, angemessene Abfolge und Intensität, Förderung der Änderungsmotivation, Kontinuität in der Betreuung, Qualitätssicherung der Durchführung und systematische Evaluation.

Selbstverständlich sind Inhalte und Didaktik in der frühen Prävention dem Entwicklungsstand und der Alltagswelt der Kinder/Jugendlichen angepasst. Gleichwohl deutet sich an, dass erfolgreiche Programme ähnliche Merkmale aufweisen wie bei der Dissozialitätsbehandlung. Sie folgen zumeist einem theoretischen Konzept des sozialen Lernens, sind gut strukturiert, haben einen kognitiv-behavioralen Ansatz, zielen auf multiple dynamische Risikofaktoren, üben nicht-deviantes Sozialverhalten und beziehen nach Möglichkeit neben den Kindern/Jugendlichen, ihre Eltern, die Schule und das soziale Umfeld ein (Beelman/Lösel, 2007; Farrington/Welsh, 2007; Lösel, 2012b). Komplexe familienbezogene Programme setzen auch an der zwischenmenschlichen Bindung und eventuell vorhandenen Schutzfaktoren an (Henggeler et al., 2009; Olds et al., 2007). Bei indizierter Prävention erfolgt auch eine detaillierte Problemdiagnose. Ähnlich wie in der Straftäterbehandlung orientiert sich somit eine erfolgreiche entwicklungsbezogene Prävention am spezifischen Bedarf der Zielgruppen und empirisch fundierten Prinzipien für die Auswahl, Durchführung und Qualitätssicherung der Programme (vgl. Beelmann, 2012; Deutsches Forum für Kriminalprävention, 2013).

Sowohl in der Straftäterbehandlung als auch in der entwicklungsbezogenen Prävention hat man jedoch selbst bei demselben oder sehr ähnlichen Programmen unterschiedliche Ergebnisse festgestellt. Beispielsweise fanden Tong und Farrington (2006) in einer Meta-Analyse zu dem kognitiv-behavioralen Behandlungsprogramm „Reasoning and Rehabilitation“ zwar im Mittel einen positiven Effekt, aber eine erhebliche Varianz zwischen den einzelnen Studien. Auch zwischen ähnlichen Programmen der Sexualtäterbehandlung variierten die Effekte deutlich (Schmucker/Lösel, 2013). Im Bereich der entwicklungsbezogenen Prävention erbrachte zwar die Meta-Analyse von Nowak und Heinrichs (2008) einen insgesamt positiven Effekt des „Positive Parenting Program“, doch gibt es auch hier kontrollierte Evaluationen, welche die Wirkung von Triple-P nicht bestätigten (z.B. Eisner et al., 2009). Ähnliches gilt für die „Multisystemic Therapy“, die teilweise gute, aber auch manchmal keine Effekte zeigt (vgl. Littell, 2006; Sundell et al., 2008).

Diese und andere Befunde weisen darauf hin, dass der Inhalt bzw. das Konzept der jeweiligen Programme nur ein Faktor unter vielen ist, die für die Effektivität bedeutsam sind (Lösel, 2012a, b). So spielt in beiden Bereichen auch die Qualität der Durchführung/Implementierung („fidelity“, „integrity“) eine wichtige Rolle (z. B. Durlak/Du Pre, 2008; Goggin/Gendreau, 2006). Damit hängt der Aspekt der Standardisierung zusammen. Da ein gewisses Maß an Standardisierung wichtig für eine zuverlässige

Durchführung ist, basieren viele erfolgreiche Programme in beiden Bereichen auf detaillierten Manualen. Allerdings deutet sich auch an, dass ein gewisser Grad an Individualisierung (nicht Unstrukturiertheit) ebenfalls die Wirkung fördert (Lösel et al., 2006; Schmucker/Lösel, 2013). Hinsichtlich der Programmintensität sprechen die Befunde tendenziell dafür, dass intensivere Maßnahmen mit stärkeren Effekten einhergehen (Durlak/Du Pre, 2008; Lipsey/Landenberger, 2006; Lösel et al., 2006; Wilson/Lipsey, 2007). Dies hängt teilweise damit zusammen, dass solche Programme zumeist für die selektive/indizierte Prävention bei Risikogruppen oder in der Täterbehandlung bei Probanden mit erhöhtem Rückfallrisiko konzipiert sind (siehe den Abschnitt über Zielgruppen).

III. Einflüsse des Kontexts der Programmdurchführung

Der engere und weitere Kontext der Programmdurchführung spielt ebenfalls eine Rolle für die Wirksamkeit von Interventionen. In der frühen Prävention hat sich gezeigt, dass Personalfaktoren wie fachliche Kompetenz, Engagement und Supervision der Mitarbeiterinnen und Mitarbeiter bedeutsam sind (Durlak/DuPre, 2008). Daneben ist die Beziehungsqualität zwischen den Teilnehmenden und dem Personal relevant. Sie wird leider in Evaluationen viel zu selten erfasst, doch sind zum Beispiel die Teilnehmerzufriedenheit und die Rate der Programmabbrecher indirekte Indikatoren dafür. Bei höheren Ausfallraten ergeben sich tendenziell geringere Effekte (Wilson/Lipsey, 2007). Darüber hinaus kann sich das Organisationsklima auf den Programmeffekt auswirken (z.B. klare Regeln, gemeinsame Zielsetzungen oder Offenheit). Es scheint auch wichtig zu sein, nicht nur Risikofaktoren zu vermindern, sondern Schutzfaktoren im Alltag zu stärken (Lösel/Farrington, 2012). Dies wird z.B. bei multi-systemischen Interventionen besonders betont (Henggeler et al., 2009). Der weitere soziale (institutionelle) Kontext kann ebenfalls eine Rolle dafür spielen, ob ein Präventionsprogramm wirksam ist oder nicht. Dazu gehören beispielsweise die Unterstützung durch die Gemeinde, die Zusammenarbeit verschiedener Institutionen oder die Struktur des Präventionssystems (Durlak/DuPre 2008).

Auch bei der Straftäterbehandlung ist der soziale Kontext sehr wesentlich. In etlichen Meta-Analysen ergaben sich größere Effekte bei ambulanten versus stationären Programmen (Koehler et al., 2012; Schmucker/Lösel, 2013). Dies dürfte sowohl auf negative Einflüsse der Inhaftierung zurückzuführen sein (Durlauf/Nagin, 2011) als auch auf Schwierigkeiten der Wiedereingliederung und des Transfers von Lerninhalten in den Alltag. Personalfaktoren spielen ebenfalls eine Rolle. Zum Beispiel ist es wichtig, dass das Personal eine gute Beziehung zu den Probanden aufbaut, sie adäquat bekräftigt, soziale Kompetenz und verwandte Fähigkeiten besitzt (Goggin/Gendreau, 2006). Dementsprechend muss das Personal sorgfältig ausgewählt, geschult und supervidiert werden. Mit den Personalfaktoren hängt das Institutionsklima zusammen. In Gefängnissen, in denen Merkmale wie wechselseitiger Respekt, Unterstützung, Humanität und positive Beziehungen ausgeprägt sind, gibt es zum Beispiel weniger Konflikte, Suizidversuche und andere Probleme (Liebling, 2005). Gerade bei stationären Programmen ist die Kontinuität der Betreuung ein wichtiges Prinzip. So hat sich gezeigt, dass Programme im Gefängnis dann wirksamer sind, wenn zugleich Maßnahmen für den Übergang in die Freiheit, die Nachsorge und die Rückfallvermeidung bereit stehen (Maguire/Raynor, 2006). Schließlich trägt es auch zur Rückfallvermeidung bei, wenn Schutzfaktoren im natürlichen Umfeld der Probanden vorhanden sind oder gefördert werden. Dies zeigt zum Beispiel die Forschung zur Abkehr von Kriminalität („Desistance“; Farrall et al., 2011; Laub/Sampson, 2007) oder allgemeiner zur Resilienz (Lösel/Bender, 2003). Zum Beispiel hängt die Qualität der Beziehung zur Familie vor, während und nach der Inhaftierung mit dem Gelingen der Reintegration zusammen (Lösel et al., 2012).

IV. Einflüsse von Merkmalen der Zielgruppen

Die Meta-Analysen zur entwicklungsbezogenen Prävention und zur Behandlung von Straftätern zeigen, dass Merkmale der Programmteilnehmer ebenfalls zu Unterschieden in den Ergebnissen beitragen. In beiden Bereichen gibt es allerdings viele Studien, in denen detaillierte Daten über die Teilnehmer fehlen. Auch sind die Stichprobengrößen oft zu klein, um homogene Untergruppen zu vergleichen (was z. B. bei der Evaluation der Behandlung von Sexualtätern dringend erforderlich wäre; Lösel/Schmucker, 2014).

In der Prävention zeigt sich, dass der Grad des Risikos der Kinder, Verhaltensprobleme zu entwickeln, mit der Programmwirkung zusammenhängt. Demnach haben selektive und indizierte Programme größere Effekte als universelle Ansätze, die sich an alle Eltern oder Kinder einer Schulklasse oder Gemeinde wenden (Lösel, 2012b; Lösel/Bender, 2012). Dies ist plausibel, da bei universeller Prävention die meisten Beteiligten kein erhöhtes Risiko der Problementwicklung haben und deshalb auch bei wirksamen Programmen gegenüber der Kontrollgruppe keine großen Unterschiede auftreten können. Das heißt nicht, dass universelle Maßnahmen generell inadäquat sind, denn auch Risikogruppen scheinen von universellen Programmen am meisten zu profitieren (Coid, 2003). Eine Rolle spielt zudem die Teilnehmermotivation. Erhöhte Ausfallraten, die eine geringere Motivation anzeigen, gehen mit niedrigeren Effekten einher (Lösel/Beelmann, 2003). Hinsichtlich des Alters der Kinder/Jugendlichen sind die Ergebnisse uneinheitlich, oft besteht kein signifikanter Zusammenhang mit der Effektstärke. Elternzentrierte Maßnahmen scheinen tendenziell bei jüngeren Kindern wirksamer zu sein (Beelmann 2008), bei kindbezogenen bzw. schulischen Programmen deuten sich hingegen bei älteren Kindern etwas größere Effekte an (Lösel/Beelmann 2003), wobei es sich öfter um indizierte Prävention handelt. Auch hinsichtlich des Geschlechts bestehen keine einheitlichen Ergebnisse (z. B. Eckenrode et al., 2010). Hierbei ist zu berücksichtigen, dass Mädchen eher internalisierende Probleme und Jungen mehr externalisierende Probleme entwickeln. Auch weitere demographische Merkmale, wie etwa die sozial Schicht oder die ethnische Zugehörigkeit können einen Einfluss auf die Wirksamkeit haben. Wenn Kinder aus der Unterschicht stärker von Programmen profitieren (z.B. Wilson/Lipsey, 2007), so kann das mit dem erhöhten Risikograd sowie mehr selektiven Präventionsansätzen zusammenhängen.

Ähnlich wie bei der entwicklungsbezogenen Prävention besteht auch bei der Straftäterbehandlung eine Tendenz zu größeren Effekten bei mittlerem bis hohem Risiko (hier des Rückfalls; Koehler et al., 2013; Lösel, 2012a). Zwar könnte man vermuten, dass es leichter ist, das Verhalten von weniger zur Kriminalität neigenden Personen zu ändern. Wie bei der indizierten Prävention sind die Resultate jedoch unter methodischen Gesichtspunkten plausibel: Bei Straftätern mit geringem Rückfallrisiko wird die große Mehrheit auch ohne ein Behandlungsprogramm nicht mehr auffällig. Auf Grund dieses (je nach Sichtweise) „Boden-Effekts" oder „Decken-Effekts" kann sich allenfalls ein sehr kleiner Unterschied zur nicht behandelten Kontrollgruppe ergeben. Allerdings scheinen bei sehr hohem Risiko (z. B. bei psychopathischer Persönlichkeitsstörung) eventuelle Behandlungseffekte wieder unwahrscheinlicher bzw. geringer zu werden, weshalb Lösel (1996) einen umgekehrt U-förmigen Zusammenhang zwischen Effektstärke und Risikograd postuliert hat. Auch andere psychische Dispositionen können eine Rolle spielen, z. B. eine Störung der sexuellen Präferenz (Paraphilie) bei Sexualtätern. Die Behandlungsmotivation ist ebenfalls ein wichtiger Faktor des Erfolgs. Dementsprechend weisen Abbrecher nicht nur erhöhte Rückfallraten auf (Lipsey/Cullen, 2007; Lösel, 1995), sondern schneiden auch schlechter ab als die Kontrollgruppen. Die Therapiemotivation ist aber ein dynamisches und mehrdimensionales Konstrukt (Dahle, 1994) und kann durch Programme gefördert werden (vgl. McMurran, 2002). Zum Alter der Straftäter gibt es kaum vergleichende Forschung. Als Tendenz zeichnet sich ab, dass die Effekte bei Jugendlichen etwas größer sind als bei Erwachsenen (Lipsey/Cullen, 2007; Redondo et al., 2002), was sowohl mit der höhere Rückfall-Basisrate als auch mit einer noch weniger verfestigten Devianz zusammenhängen kann. Was das Geschlecht der Zielgruppen betrifft, scheinen Behandlungsprogramme bei Frauen ähnlich zu wirken wie bei Männern (Dowden/Andrews, 1999), doch betrifft das Gros der Studien nur männliche Probanden. Hinsichtlich eventueller Effekte der ethnischen Zugehörigkeit deuten sich in den USA kaum Unterschiede an (Wilson et al., 2003), doch mangelt es an Studien in anderen Ländern und unter Berücksichtigung von Sprachproblemen.

V. Einflüsse der Evaluationsmethodik

Sowohl in den Behandlungs- als auch in den Präventionsprogrammen haben methodische Aspekte von Evaluationsstudien einen großen Einfluss auf das Ergebnis. Dies scheint nicht in erster Hinsicht davon abzuhängen, ob die Studien ein randomisiertes Kontrollgruppendesign (RCT) verwenden oder ein schwächeres quasi-experimentelles Design. Zwar fanden Weisburd et al. (2001) bei kriminalpräventiven Maßnahmen insgesamt kleinere Effekte in RCTs, doch scheint dies nicht ohne weiteres für die personenbezogenen Programme zuzutreffen. In der Straftäterbehandlung und der entwicklungsbezogenen Prävention fallen die Unterschiede in den Ergebnissen zwischen RCTs und Quasi-Experimenten mit Kontrollgruppen uneinheitlich aus (z. B. Schmucker/Lösel, 2013; Lipsey/Cullen, 2007; Lösel/Beelmann, 2003), mit einer leichten Tendenz zu homogeneren und kleineren Effekten in den RCTs.

Die allgemeine Qualität des Designs ist jedoch häufig mit anderen methodischen Merkmalen verknüpft, die einen Einfluss auf das Ergebnis haben. Dies gilt unter anderem für die Stichprobengröße. Hier zeigen sich zumeist geringere Effekte bei größeren Stichproben, und zwar sowohl bei Evaluationen der entwicklungsbezogenen Prävention (Farrington/Welsh, 2003; Lösel/Beelmann, 2003; Wilson/Lipsey, 2007) als auch der Straftäterbehandlung (Koehler et al., 2013; Lipsey/Cullen, 2007; Lösel/Schmucker, 2005). Dies kann auf eine bessere Implementierung oder eine selektive Publikation von kleinen Studien zurückzuführen sein. In beiden Bereichen zeigt sich auch, dass Modell- bzw. Demonstrationsprojekte größere Effekte erbringen als Evaluationen der Alltagspraxis (z.B. Lösel/Beelmann, 2003; Wilson/Lipsey, 2007; Koehler et al., 2013; Lipsey/Landenberger, 2006; Lösel/Schmucker, 2005). Damit zusammen hängt die Beobachtung, dass Evaluationen, in der die Forscher an der Entwicklung oder Implementierung des Programms beteiligt waren, tendenziell größere Effekte zeigen. Auch dies gilt sowohl für die Straftäterbehandlung (Lipsey/Landenberger, 2006; Petrosino/Soydan, 2005; Lösel/Schmucker, 2005) als auch die entwicklungsbezogene Prävention (z.B. Lösel/Beelmann, 2003; Eisner, 2009). Die Gründe können zum Beispiel in einer besseren Überwachung der Programmdurchführung oder auch Entscheidungen in der Datenauswertung liegen.

Einen besonders wichtigen Einfluss auf die Ergebnisse hat die Art der Wirkungsmessung. Demnach werden bei proximalen Erfolgsmaßen, die sich direkt auf die Inhalte des Programms beziehen, in der Prävention größere Effekte erzielt als bei distalen Indikatoren des Problemverhaltens im Alltag (Beelmann, 2008; Lösel/Beelmann, 2005; Nowak/Heinrichs, 2008). Ähnlich ist es zum Beispiel bei psychometrischen Maßen in der Straftäterbehandlung, die allerdings nur wenig mit der späteren Rückfälligkeit zusammenhängen (Schwedler/Schmucker, 2012). Verschiedene Indikatoren der Straffälligkeit, wie offizieller Rückfall und Selbstbericht, können ebenfalls unterschiedliche Ergebnisse liefern (z. B. Conduct Problems Prevention Research Group, 2010). Schließlich ist auch die Länge des Follow-up-Zeitraums von Belang. In der entwicklungsbezogenen Prävention werden meist bei kurzen Follow-up-Zeiträumen größere Effekte beobachtet als bei langen (Beelmann, 2008; Beelmann/Lösel, 2007; Wilson/Lipsey, 2007), manchmal gibt es aber auch die oben erwähnten „Sleeper-Effekte". Bei der Straftäterbehandlung sind die typischen Follow-up-Zeiträume in der Regel länger als bei der Prävention. Auch hier besteht aber eine Tendenz zu geringeren Effekten nach längerer Zeit (Lösel, 1995, Lösel/Schmucker, 2014).

VI. Schlussfolgerungen

Die obigen Befunde stützen meine früheren Überlegungen zu einer mehr integrativen Sicht auf die Frühprävention und Täterbehandlung (Lösel, 2007). Inzwischen halten auch andere Autoren eine solche Perspektive für sinnvoll (vgl. Cullen, 2013). Da die Entwicklung von gravierender Dissozialität oft ein längerer Prozess ist und Ähnlichkeiten in den Ergebnissen und Problemen in beiden Bereichen bestehen, erscheinen Kontroversen über die Relevanz des einen versus anderen Ansatzes als unnötig. Im Gegenteil, in beiden Feldern sind die Effekte noch nicht so ausgeprägt, dass man nicht voneinander lernen kann. Mehr Aufmerksamkeit für entwicklungsbezogene Risiko- und Schutzfaktoren kann zum Beispiel in der Täterbehandlung dazu beitragen, dass differenziert auf die Kriminalität junger Erwachsener bzw. Heranwachsender reagiert wird (vgl. Lösel et al., 2013). Analog lassen sich bei den Altersgrenzen der Strafmündigkeit die Reaktionen von Jugendhilfe und Strafjustiz inhaltlich besser aufeinander abstimmen. In der Politik und Praxis bedeutet dies freilich auch, dass dysfunktionale Ressort- und Budgetgrenzen überwunden werden müssen, was nach wie vor schwierig ist. Hier sollten mehr Brücken gebaut werden, ähnlich wie dies bereits Pfeiffer (1980) getan hat.

Dass der Effekt von einzelnen Präventions- oder Behandlungsmaßnahmen nicht nur vom jeweiligen Programm, sondern von zahlreichen anderen Faktoren abhängt, legt zum einen nahe, vermehrt auf allgemeine Wirkprinzipien zu achten. Zum andern bedeutet dies, dass breit angelegte (multimodale bzw. systemische) Präventionsstrategien wahrscheinlich erfolgversprechender sind als isoliert durchgeführte Programme. In dieser Hinsicht kann die Forschung zur „Desistance“ den „What works“-Ansatz bereichern. Dadurch werden zum Beispiel natürliche Schutzfaktoren, soziale Beziehungen und potentielle Stärken der Probanden stärker berücksichtigt. Dies bedeutet freilich nicht, dass ein Paradigmenwechsel notwendig wäre (dazu: Lösel, 2012a, McNeill, 2006). Wie bei der Gegenüberstellung von Frühprävention und Täterbehandlung handelt es sich auch beim „Desistance“ vs. „What works“-Ansatz um keine konkurrierenden Paradigmen im Sinne von Kuhn (1962). Während es in der Physik seit Galilei nur wenige echte Paradigmenwechsel gegeben hat spricht man in den Sozialwissenschaften gerne von solchen. Was die Kriminologie betrifft, war dies zum Beispiel beim Labeling Approach plausibel, aber auch dieser ist mit der täterzentrierten Forschung nicht unvereinbar (Lemert, 1967; Lösel, 1978).

Literatur

Andrews, D.A., Bonta, J. (2010). The psychology of criminal conduct, 5th ed. Cincinatti, OH: Anderson.

Andrews, D.A., Bonta, J., Wormith, S. (2011). The Risk-Need-Responsivity (RNR) model: Does adding the Good Lives Model contribute to effective crime prevention? Criminal Justice and Behavior, 38, 735-755.

Beelmann, A. (2008). The effect of parent training programs in the prevention and treatment of antisocial behavior in childhood and adolescence. Paper presented at the 18th European Conference of Psychology and Law, 2-5 July 2008, Maastricht, NL.

Beelmann, A. (2012). The scientific foundation of prevention: The status quo and future challenges for developmental prevention. In T. Bliesener, A. Beelmann, M. Stemmler (Eds.), Antisocial behavior and crime: Contributions of developmental and evaluation research to prevention and intervention (pp. 137-163). New York: Hogrefe Publishing.

Beelmann, A., Lösel, F. (2007). Prävention von externalisierendem Problemverhalten. In Roehrle, B. (Hrsg.), Prävention und Gesundheitsförderung bei Kindern und Jugendlichen (S. 551-588). Tübingen: DGVT-Verlag.

Boers, K., Lösel, F., Remschmidt, H. (2009). Developmental and life-course criminology/ Entwicklungkriminologie und kriminologische Lebenslaufforschung: Editorial. Monatsschrift für Kriminologie und Strafrechtsreform, 92, 97-101.

Cohen, J. (1988). A power primer. Psychological Bulletin, 112, 155-159.

Cohen, M.A., Piquero, A.R. (2009). New evidence on the monetary value of saving a high risk youth. Journal of Quantitative Criminology, 25, 25-49.

Coid, J.W. (2003). Formulating strategies for the primary prevention of adult antisocial behaviour: “High risk” or “population” strategies? In D. P. Farrington, J.W. Coid (Eds.), Early prevention of adult antisocial behaviour (pp. 32-78). Cambridge, UK: Cambridge University Press.

Conduct Problems Prevention Research Group (2010). Fast Track intervention effects on youth arrests and delinquency. Journal of Experimental Criminology, 6, 131-157.

Cullen, F.T. (2013). Rehabilitation: Beyond nothing works. In M. Tonry (Ed.). Crime and justice in America, 1975-2025. Crime and Justice: A Review of Research, vol. 42 (pp. 299-376). Chicago: The University of Chicago Press.

Dahle, K.-P. (1995). Therapiemotivation hinter Gittern. Regensburg: Roderer.

Deutsches Forum für Kriminalprävention (Hrsg.) (2013). Entwicklungsförderung und Gewaltprävention für junge Menschen. Impulse des DFK-Sachverständigenrates für die Auswahl & Durchführung wirksamer Programme. Bonn: DFK.

Dowden, C., Andrews, D.A. (1999). What works for female offenders: A meta-analytic review. Crime and Delinquency, 45, 438-452.

Durlak, J.A., DuPre, E.P. (2008). Implementation matters: A review of research on the influence of implementation on program outcomes and the factors affecting implementation. American Journal of Community Psychology, 41, 327-350.

Durlauf, S.N., Nagin, D.S. (2011). Imprisonment and crime: Can both be reduced? Criminology & Public Policy, 10, 13-54.

Eckenrode, J., Campa, M., Luckey, D.W., Henderson, Jr., C.R., Cole, R., Kitzman, H., Anson, E., Sidora-Arocleo, K., Powers, J., Olds, D. (2010). Long-term effects of prenatal and infancy nurse home visitation on the life course of youths: 19-year follow-up of a randomized trial. Archives of Pediatrics and Adolescent Medicine, 164, 9-15.

Egg, R., Niemz, S. (2012). Die Entwicklung der Sozialtherapie im Justizvollzug im Spiegel empirischer Erhebungen. In B. Wischka, W. Pecher und H. van den Boogaart (Hrsg.), Behandlung von Straftätern (S. 1-19). Herbolzheim: Centaurus.

Eisner, M. (2009). No effects in independent prevention trials: Can we reject the cynical view? Journal of Experimental Criminology, 5, 163-183.

Eisner, M., Ribeaud, D., Jünger, R., Meidert, U. (2007). Frühprävention von Gewalt und Aggression. Zürich: Rüegger.

Farrall, S., Hough, M., Maruna, S., Sparks, R. (Eds.) (2011). Escape routes: Contemporary perspectives on life after punishment. Milton Park, UK: Routledge.

Farrington, D.P., Welsh, B.C. (2003). Family-based prevention of offending: A meta-analysis. Australian and New Zealand Journal of Criminology, 36, 127-151.

Farrington, D.P., Welsh, B.C. (2007). Saving children from a life of crime. Oxford, UK: Oxford University Press.

Farrington, D.P., Welsh, B.C. (2013). Randomized experiments in criminology: What has been learned from long-term follow-ups? In B.C. Welsh, A.A. Braga and G.J.N. Bruinsma (Eds.), Experimental criminology: Prospects for advancing science and public policy (pp. 11-140). New York: Cambridge University Press.

Goggin, C., Gendreau, P. (2006). The implementation and maintenance of quality services in offender rehabilitation programmes. In C. Hollin and E. Palmer (Eds.), Offending behaviour programmes (pp. 209-245). Chichester, UK: Wiley.

Henggeler, S.W., Schoenwald, S.K., Borduin, C.M., Rowland, M.D., Cunningham, P.B. (2009). Multisystemic treatment of antisocial behavior in children and adolescents, 2nd ed. New York: Guilford Press.

Jennings, W.G., Reingle, J.M. (2012). On the number and shape of developmental/life-course violence, aggression, and delinquency trajectories: A state-of-the-art review. Journal of Criminal Justice, 40, 472-489

Jungmann, T., Pfeiffer, C. (2010). Zur Notwendigkeit von Prävention aus kriminologischer Perspektive. In R. Kißgen und N. Heinen (Hrsg.), Frühe Risiken und frühe Hilfen (S. 17-46). Stuttgart: Klett-Cotta.

Koehler, J.A., Lösel, F., Humphreys, D.K., Akoensi, T.D. (2012). A systematic review and meta-analysis on the effects of young offender treatment programs in Europe. Journal of Experimental Criminology, 9, 19-43.

Kuhn, T.S. (1962). The structure of scientific revolutions. Chicago: University of Chicago Press.

Laub, J.H., Sampson, R.J. (2007). Shared beginnings, divergent lives: Delinquent boys to age 70. Cambridge, MA: Harvard University Press.

Lemert, E.M. (1967). Human deviance, social problems, and social control. Englewood Cliffs, NJ: Prentice-Hall.

Liebling, A. (2005). Prisons and their moral performance: a study of values, quality, and prison life. Oxford: Oxford University Press.

Lipsey, M.W., Cullen, F.T. (2007). The effectiveness of correctional rehabilitation: A review of systematic reviews. Annual Review of Law and Social Science, 3, 297-320.

Lipsey, M.W., Landenberger, N.A. (2006). Cognitive-behavioral interventions. In B.C. Welsh, D.P. Farrington (Eds.), Preventing crime: What works for children, offenders, victims, and places (pp. 57-71). Dordrecht, NL: Springer.

Lipton, D. S., Martinson, R., Wilks, J. (1975). The effectiveness of correctional treatment. New York: Praeger.

Littell, J.H. (2006). The case for Multisystemic Therapy: Evidence or orthodoxy? Children and Youth Services Review, 28, 458-472.

Lösel, F. (1978). Über elementare Modelle sozialer Devianz und ihre Beziehung: Ein Beitrag zur Explikation und ein empirischer Prüfversuch. Zeitschrift für Sozialpsychologie, 9, 2-18.

Lösel, F. (1995). The efficacy of correctional treatment: A review and synthesis of meta-evaluations. In J. McGuire (Ed.), What works: Reducing reoffending (pp. 79-111). Chichester, UK: Wiley.

Lösel, F. (1996). Changing patterns in the use of prisons: An evidence-based perspective. European Journal on Criminal Policy and Research, 4, 108-127.

Lösel, F. (2007). It's never too early and never too late: Towards an integrated science of developmental intervention in criminology. Criminologist, 35, 1-8.

Lösel, F. (2012a). Offender treatment and rehabilitation: What works? In M. Maguire, R. Morgan, R. Reiner (Eds.), The Oxford handbook of criminology, 5th ed. (pp. 986-1016). Oxford, UK: Oxford University Press.

Lösel, F. (2012b). Entwicklungsbezogene Prävention von Gewalt und Kriminalität: Ansätze und Wirkungen. Forensische Psychiatrie, Psychologie und Kriminologie, 6, 71-84.

Lösel, F., Beelmann, A. (2003). Effects of child skills training in preventing antisocial behavior: A systematic review of randomized evaluations. The Annals of the American Academy of Political and Social Science, 587, 84-109.

Lösel, F., Beelmann, A. (2005). Social problem-solving programmes for preventing antisocial behaviour in children and youth. In M. McMurran and J. McGuire (Eds.), Social problem solving and offending: Evidence, evaluation and evolution (pp. 127-143). Chichester, UK: Wiley.

Lösel, F., Beelmann, A., Stemmler, M., Jaursch, S. (2006). Prävention von Problemen des Sozialverhaltens im Vorschulalter: Evaluation des Eltern- und Kindertrainings EFFEKT. Zeitschrift für Klinische Psychologie und Psychotherapie, 35, 127-139.

Lösel, F., Bender, D. (2003). Protective factors and resilience. In D.P. Farrington and J. Coid (Eds.), Prevention of adult antisocial behaviour (pp. 130-204). Cambridge, UK: Cambridge University Press.

Lösel, F., Bender, D. (2012). Child social skills training in the prevention of antisocial development and crime. In D.P. Farrington and B.C. Welsh (Eds.), Handbook of crime prevention (pp. 102-129). Oxford, UK: Oxford University Press.

Lösel, F., Bottoms, A.E., Farrington, D.P. (Eds.) (2012). Young adult offenders: Lost in transition? Milton Park, UK: Routledge.

Lösel, F. & Farrington, D.P. (2012). Direct protective and buffering protective factors in the development of youth violence. American Journal of Preventive Medicine, 43, 8-23.

Lösel, F., Köferl, P., Weber, F. (1987). Meta-Evaluation der Sozialtherapie. Stuttgart: Enke.

Lösel, F., Pugh, G., Markson, L., Souza, K., Lanskey, C. (2012). Risk and protective factors in the resettlement of imprisoned fathers with their families. Final research report. Norwich, UK: Ormiston Children and Families Trust.

Lösel, F., Schmucker, M. (2005). The effectiveness of treatment for sexual offenders: A comprehensive meta-analysis. Journal of Experimental Criminology, 1, 117-146.

Lösel, F., Schmucker, M. (2014). Treatment of sex offenders. In D. Weisburd and G. Bruinsma (Eds.), Encyclopedia of criminology and criminal justice (pp. 5323-5332). New York: Springer.

Lösel, F., Schmucker, M., Plankensteiner, B., Weiss, M. (2006). Bestandsaufnahme und Evaluation der Elternbildung. Berlin: Bundesministerium für Familie, Senioren, Frauen und Jugend.

Lösel, F., Stemmler, M., Bender, D. (2013). Long-term evaluation of a bimodal universal prevention program: Effects from kindergarten to adolescence. Journal of Experimental Criminology, 9, 429-449.

MacKenzie, D.L. (2006). What works in corrections? Reducing the criminal activities of offenders and delinquents. Cambridge, UK: Cambridge University Press.

Maguire, M., Grubin, D., Lösel, F., Raynor, P. (2010). 'What works' and the Correctional Services Accreditation Panel: Taking stock from an inside perspective. Criminology and Criminal Justice, 10, 37-58.

Maguire, M., Raynor, P. (2006). How the resettlement of prisoners promotes desistance from crime: Or does it? Criminology and Criminal Justice, 6, 19-38.

McCord, J. (2003). Cures that harm: Unanticipated outcomes of crime prevention programs. The Annals of the American Academy of Political and Social Science, 587, 16-30.

McGuire, J. (2002). Integrating findings from research reviews. In J. McGuire (Ed.), Offender rehabilitation and treatment (pp. 4-38). Chichester, UK: Wiley.

McMurran, M. (2002). Motivation to change: selection criterion or treatment need? In M. McMurran (Ed.), Motivating offenders to change (pp. 3-13). Chichester, UK: Wiley.

McNeill, F. (2006). A desistance paradigm for offender management. Criminology and Criminal Justice, 6, 39-62.

Nowak, A.E., Heinrichs, N. (2008). A comprehensive meta-analysis of Triple P-Positive Parenting Program using hierarchical linear modeling: Effectiveness and moderating variables. Clinical Child and Family Psychology Review, 11, 114-144.

Olds, D.L., Kitzman, H., Hanks, C., Cole, R., Anson, E., Sidora-Arcoleo, K., Luckey, D.W., Henderson, C.R. Jr., Holmberg, J., Tutt, R.A., Stevenson, A.J., Bondy, J. (2007). Effects of nurse home visiting on maternal and child functioning: age-9 follow-up of a randomized trial. Pediatrics, 120, 832-845.

Palmer, T. (1992). The re-emergence of correctional intervention. Newbury Park, CA: Sage.

Petrosino, A., Soydan, H. (2005). The impact of program developers as evaluators on criminal recidivism: results from meta-analyses of experimental and quasi-experimental research. Journal of Experimental Criminology, 1, 435-50.

Pfeiffer, C. (1980). Jugendgerichtshilfe als Brücke zwischen Jugendhilfe und Jugendgerichtsbarkeit - Entwurf für ein Modellprojekt. Zentralblatt für Jugendrecht, 67, 384-395.

Piquero, A. R., Farrington, D. P., Blumstein, A. (2007). Key issues in criminal career research. Cambridge, UK: Cambridge University Press.

Redondo, S., Sánchez-Meca, J., Garrido, V. (2002). Crime treatment in Europe: A review of outcome studies. In J. McGuire (Ed.), Offender rehabilitation and treatment: Effective programmes and policies to reduce re-offending (pp. 113-141). Chichester, UK: Wiley.

Schmucker, M., Lösel, F. (2013). The effects of sexual offender treatment on recdisvism: An international meta-analysis of sound quality studies. (submitted)

Schwedler, A., Schmucker, M. (2012). Verlaufsmessung im sozialtherapeutischen Behandlungsvollzug: Wie sinnvoll sind allgemeine Persönlichkeitsmaße? Monatsschrift für Kriminologie und Strafrechtsreform, 95, 269 - 280.

Schweinhart, L.J. (2013). Long-term follow-up of a preschool experiment. Journal of Experimental Criminology, 9, 389-409.

Sundell, K., Hansson, K., Löfholm, C.A. Olsson, T., Gustle, L.H., Kadesjö, C. (2008). The transportability of multisystemic therapy to Sweden: Short-term results from a randomized trial of conduct-disordered youths. Journal of Family Psychology, 22, 550-560.

Tong, L.S.J., Farrington, D.P. (2006). How effective is the Reasoning and Rehabilitation programme in reducing offending? A meta-analysis of evaluations in four countries. Psychology, Crime and Law, 12, 3-24.

Weisburd, D., Lum, C.M., Petrosino, A. (2001). Does research design affect study outcomes in criminal justice? The Annals of the American Academy of Political and Social Science, 578, 50-70.

Wilson, S.J., Lipsey, M.W. (2007). School-based interventions for aggressive and disruptive behavior: Update of a meta-analysis. American Journal of Preventive Medicine, 33, 130-143.

Wilson, D.B., Lipsey, M.W., Soydan, H. (2003). Are mainstream programs for juvenile delinquency less effective with minority youth than majority youth? A meta-analysis of outcomes research. Research on Social Work Practice, 13, 3-26.

Zu einigen kriminalpräventiven Entwicklungen zwischen 1978 und 2013

Erich Marks

I. Von einigen gemeinsamen Projekten und Begebenheiten

Die erste Begenung zwischen Christian Pfeiffer und mir war am 17. August 1978 in Bielefeld. In meiner Eigenschaft als Initiator und Vorsitzender des „Kreis 74“ hatte ich die WDR-Moderatorin Carmen Thomas mit ihrer beliebten wöchentlichen Radio-Livesendung „Hallo Ü-Wagen“[1] zum Thema Straffälligenhilfe nach Bielefeld eingeladen. Zum Konzept der Sendung gehörte es, dass nicht nur die Einladenden, örtlich Verantwortliche und interessierte Bürger, sondern auch themenbezogene Experten eingeladen wurden. Der zu dieser Sendung eingeladene Münchener Kriminologieprofessor Horst Schüler-Springorum schickte wegen persönlicher Verhinderung seinen Assistenten Christian Pfeiffer zu diesem Termin nach Ostwestfalen. Unsere Statements im Verlauf der Sendung sowie ein kurzer anschließender Gedankenaustausch waren der Start für eine intensive berufliche Kooperation – siehe einige der nachfolgend genannten Wegmarken – und eine persönliche Freundschaft, die beide nunmehr seit über 35 Jahren fortbestehen.

1978 ff: Zunächst stellten wir fest, dass wir beide im Jahr 1973 öffentlichkeitswirksame Initiativen gestartet hatten. Christian Pfeiffer war Rechtsrefrendar in München und gründete die Aktion „Zeitungsabonnement für Strafgefangene“[2] – ich war Oberstufenschüler in Bielefeld und gründete 1972/1973 den „interdisziplinären Arbeitskreis Strafvollzug“ der sich später zum „Kreis 74 – Straffälligenhilfe Bielefeld e.V.“[3] entwickelte. Der Austausch über unsere jeweiligen Erfahrungen als Initiatoren und in Leitungsfunktionen trotz jugendlichem Alter sowie die reformatorischen Notwendigkeiten und die gesamtgesellschaftlichen Chancen von ehren-

1 http://de.wikipedia.org/wiki/Hallo_%C3%9C-Wagen
2 http://www.zeit.de/1973/45/aktion-zeitungsabonnement-fuer-strafgefangene
3 http://www.kreis74.de/index.php?menue=index&inhalt=index&menue_unten=ja

amtlichem und bürgerschaftlichem Engagement waren deshalb unsere wesentlichen Themen der ersten Freundschaftsjahre. 1978 war auch das Gründungsjahr des Projektes/Vereins „BRÜCKE MÜNCHEN“[4] und neue Formen jugendrichterlicher Weisungen als Alternative insbesondere zum Jugendarrest wurden schnell zum neuen beherrschenden Thema unserer nunmehr regelmäßigen Treffen und Telefongespräche.

1979 ff: Nach dem Vorbild der BRÜCKE MÜNCHEN gründet sich das zweite BRÜCKE-Projekt auf Initiative der Jugendschöffin Dr. Angela Kulenkampff in Köln. Ich stehe kurz vor dem ersten Studienabschluss an der Universität Bielefeld und binnen zweier Tage entscheide ich mich, das von Christian Pfeiffer vermittelte Angebot der Kölner Projektmütter und Projektväter anzunehmen und mit sofortiger Wirkung die Aufgabe des Gründungsgeschäftsführers der BRÜCKE KÖLN[5] zu übernehmen.

1980 ff: Das dritte BRÜCKE-Projekt[6] in Bielefeld wird als neuer Arbeitsbereich des Kreis 74 gegründet, dessen Vorsitzender ich zu jener Zeit weiterhin war, und bildet eine weitere Schnittmenge unseres bisherigen und gemeinsamen Engagements.

1980 ff: Enge Zusammenarbeit in verschiedenen Gremien und Projekten der Deutschen Vereinigung für Jugendgerichte und Jugendgerichtshilfen (DVJJ).[7] Christian Pfeiffer war zunächst Geschäftsführer und zwischen 1986 und 1997, als Nachfolger von Prof. Dr. Horst Schüler-Springorum, Vorsitzender der DVJJ. Erich Marks war in diesen Jahren Mitglied des Geschäftsführenden Ausschusses der DVJJ (gemeinsam mit Christian Pfeiffer), Gründungsmitglied und langjähriges Mitglied des Sprecherrates der Bundesarbeitsgemeinschaft ambulante Maßnahmen[8] sowie Mitbegründer und Vorstandsmitglied der Regionalgruppe Nordrhein dser DVJJ (1981-2002).

1981 ff: Am Rande und im Nachgang des 18. Deutschen Jugendgerichtstages in Göttingen haben Christian Pfeiffer und ich mehrfach über Integrationsmöglichkeiten von Opferhilfeansätzen in die Arbeitsfelder Jugendgerichtshilfe, Straffälligenhilfe und neue ambualnate Maßnahmen nach dem Jugendrecht debattiert. In den Folgejahren bis heute haben wir beide verschiedene Projekte initiiert und über Perspektiven und neue An-

4 http://www.bruecke-muenchen.de
5 http://www.bruecke-koeln.de/index.php?menuid=14
6 http://www.kreis74.de/index.php?menue=wir&inhalt=bruecke&menue_unten=ja
7 http://www.dvjj.de
8 Vgl. Marks (2012) mit weiteren Hinweisen.

sätze von Opferhilfe, Täter-Opfer-Ausgleich, Restorative Justice und Parallel Justice.[9] 1982 initiierte Christian Pfeiffer einen Modellversuch „Täter-Opfer-Ausgleich in der Jugendgerichtshilfe in Braunschweig", im Jahr 1990 war er Gründungsmitglied des Vereins Waage Hannover.[10] Für mich waren diese Diskussionen u. a. bedeutsam bei der Gründung/Leitung des Vereins Waage Köln[11] (1986) und des Servicebüros für Täter-Opfer-Ausgleich der DBH[12] (1991).

1982 ff: Drei Freunde von Christian Pfeiffer (Volkart Kreft, Hans-Joachim Plewig und Erich Marks) sorgen sich um die zeitgerechte Fertigstellung seiner Dissertation und um seine vielfältigen und umtriebigen „Nebenaktivitäten" zu Lasten eines zügigen Promotionsverfahrens. Das Freundestrio investiert ein Wochenende und Bahnfahrkarten von Hamburg, Lüneburg und Köln nach München für ein kritisches Gespräch nach dem Motto: gerade unter Freunden ist das offene Wort und auch eine kritische Bewertung der Handlungsweisen des Freundes von besonderer Bedeutung. Christian Pfeiffer hat sich sehr über unseren Besuch gefreut und wollte gern mit uns Skat spielen, fachsimpeln und einen guten Tropfen trinken, verstand jedoch überhaupt nicht unser eigentliches Anliegen bzw. sah keinerlei Anlass, von seinen diversen „Nebentätigkeiten" auf der Basis von Freundesrat zu lassen. An diesem Wochende habe ich eindrucksvoll gelernt, dass man auch einen guten Freund niemals übergriffig beraten, drängen oder überreden darf. In über dreißig Jahren hatten wir beide immer wieder einmal kritische Sichtwiesen, Vorschläge und Anmerkungen füreinander, aber es ist uns – spätestens in einem zweiten Anlauf – gelungen, den jeweils Anderen stets so zu lassen wie er ist und sein möchte und ihn und die persönliche Herangehensweise eben nicht ändern zu wollen.

1983 ff: Die BRÜCKE Köln hat das bisherige Standardangebot der Brückeprojekte erweitert und arbeitet im Rahmen von Entscheidungen gem. § 45 (2) JGG eng und erfolgreich mit der Staatsanwaltschaft Köln zusammen. Ein gemeinsames kleines Forschungsprojekt entsteht; das ursprüngliche Vorhaben zu einer gemeinsamen Bewerbung für den Hermine-Albers-Preis wird jedoch modifiziert. Die nunmehr um den Aspekt von

9 Vgl. hierzu u. a. den Abschlussvortrag von Christian Pfeiffer beim 18. Deutschen Präventionstag (2013) in Bielefeld. http://www.praeventionstag.de/nano.cms/dokumentation/details/2401

10 http://www.waage-hannover.de

11 http://www.diewaagekoeln.de

12 http://www.toa-servicebuero.de

Diversionsmöglichkeiten durch die STA erweiterte Pfeiffer-Dissertation „Jugendgerichtsverfahren und Kriminalprävention“ gewinnt den Preis des Jahres 1983.

1984 ff: Christian Pfeiffer verfasst den Aufsatz „Bewährungshilfe auf falschen Gleisen?“. Erich Marks arbeitet zwischen 1983 und 2001 als Bundesgeschäftsführer des Bundesverbandes für Soziale Arbeit, Strafrecht und Kriminalpolitik (DBH).[13] Auch wenn verschiedene Bemühungen um eine kritische und ergebnisoffene Reform der Bewährungshilfe hin zu einem modernen ambulanten Sozialdienst der Justiz nur bedingt erfolgreich waren, so waren die von Christian Pfeiffer und anderen Kriminologen begonnenen Debatten und Diskurse jedoch von großer Bedeutung und teilweise noch heute aktuell.[14]

2001 ff: Als Niedersächsischer Justizminister ist Christian Pfeiffer auch Präventionsminister und zuständig für den Landespräventionsrat Niedersachsen (LPR). Für eine Reorganisation des LPR nach dem Wechsel der Zuständigkeit vom Innenministerium zum Justizministerium bittet mich Christian Pfeiffer in Abstimmung mit der Gründungsvorsitzenden Sigrid Maier-Knapp-Herbst um die Bewerbung für die Geschäftsführung des LPR. Die Präventionsorientierung im Justizressort wird von den Nachfolgenden, Justizministerin Elisabeth Heister-Neumann, Justizminister Bernd Busemann und Justizministerin Antje Niewisch-Lennartz fortgeführt und ausgebaut.

2005 ff: Die Zusammenarbeit zwischen dem Kriminologischen Forschungsinstitut Niedersachsen (KFN) und dem Landespräventionsrat Niedersachsen (LPR) wird weiter vertieft. Das KFN ist bereits seit vielen Jahren Mitglied des LPR. In 2005 wird Erich Marks als persönliches Mitglied des KFN e.V. berufen und gehört seit 2012 dem KFN-Vorstand an. In 2005 beginnen auch die Vorbereitungen für das Modellprojekt „Pro Kind“. Seit 2006 bilden Christian Pfeiffer und Erich Marks in enger Zusammenarbeit mit PD Dr. Peter Lutz den Vorstand der Stiftung Pro Kind.[15]

2006 ff: Seit dem 11. Kongress (2006 in Nürnberg) ist das Kriminologische Forschungsinstitut Niedersachsen (KFN) Partner des Deutschen Prä-

13 http://www.dbh-online.de

14 Vgl. Denkschrift zur Lage und Zukunft der Bewährungshilfe in Deutschland (2006).

15 http://www.stiftung-pro-kind.de

ventionstages (DPT)[16] und Christian Pfeiffer hat sich seitdem vielfach als Referent und Keynote-Speaker aktiv eingebracht.[17]

II. Zu einigen Arbeitsschwerpunkten des Landespräventionsrates Niedersachsen

„Die Geschichte der institutionalisierten Kriminalprävention in Deutschland beginnt (Schwind, 2008) Anfang der 70er Jahre. Nach ersten Ansätzen zu ressortübergreifender Zusammenarbeit 1972 in Berlin und in Nordrhein-Westfalen 1978 entstand (1978) in Niedersachsen der erste deutsche interministerielle Arbeitskreis „Präventive Kriminalpolitik".“ Der Arbeitskreis hatte die Aufgabe, (Hasenpusch, 1982) „in einer Bestandsaufnahme die verschiedenen kriminalpolitisch bedeutsamen Maßnahmen und Vorgaben der Landesregierung zusammenzufassen und in einem ressortübergreifenden Programm zueinander in Beziehung zu setzen.“ Ein Bericht dieses Arbeitskreises Präventive Kriminalpolitik wurde jedoch nicht veröffentlicht und ebenfalls wurden entsprechende kriminalpolitische und kriminalpräventive Vorschläge politisch nicht umgesetzt. „So wurde eine relativ frühe Chance aufgrund von Ressortegoismen vertan.“ (Hasenpusch, 1982).[18]

Der Landespräventionsrat Niedersachsen (LPR) wurde 1995 per Kabinettsbeschluss der Niedersächsischen Landesregierung gegründet. Er ist ein eigenständiges Beratungsorgan der Landesregierung mit der generellen Zielsetzungen der Reduzierung des Kriminalitätsaufkommens und der Verbesserung des subjektiven Sicherheitsgefühls der Bürgerinnen und Bürger in Niedersachsen. Kommunen sollen bei ihrer Präventionsarbeit unterstützt, Fachleute in ganz Niedersachsen sollen miteinander vernetzt und die Haltung einer gesamtgesellschaftlichen Prävention soll gefördert werden.

16 http://www.praeventionstag.de

17 http://www.praeventionstag.de/nano.cms/experten/autor/149

18 Ausführlich zu den Entwicklungen der nachfolgenden Jahre siehe Hasenpusch (1982), Jäger (1995), Kury (1997), Marks (2006) und Marks (2013).

Aktuelle Arbeitsschwerpunkte (2013) des Landespräventionsrates sind:

- Kommunale Kriminalprävention
- Prävention nach Maß. CTC in Niedersachsen
- Gewaltprävention und Opferschutz
- Prävention von Rechtsextremismus
- Beccaria-Qualitätsinitiative
- Kooperationen in Niedersachsen
- Nationale und internationale Netzwerke

Die Geschäftsstelle gehört seit dem Eintritt von Christian Pfeiffer in das Kabinett Gabriel (2000/2001) zum Niedersächsischen Justizministerium. Das hauptamtliche Team entwickelt Konzepte und koordiniert Maßnahmen, die zur Zielerreichung notwendig sind und stimmt sich hierbei mit dem Vorstand des LPR ab, der die rund 270 Mitgliedsorganisationen des Landespräventionsrates vertritt. Neben den ca. 200 kommunalen Präventionsgremien gehören zu den Mitgliedsorganisationen landesweit tätige Nichtregierungsorganisationen, Ministerien und ihnen nachgeordnete Behörden sowie wissenschaftliche Einrichtungen vertreten. Kriminalprävention ist das aktive Zusammenwirken vieler gesellschaftlicher Kräfte mit dem Ziel, Straftaten vorzubeugen. Bisher sind in über 200 niedersächsischen Städten und Gemeinden sog. kommunale Präventionsgremien entstanden, die sich fachübergreifend über örtliche Kriminalitätsprobleme austauschen sowie konkrete Präventionsmaßnahmen initiieren. Weiterführende Informationen finden sich auch auf den verschiedenen Webseiten des Landespräventionsrates.[19] Die aktuellen General-, Richtungs- und Handlungsziele des Landespräventionsrates Niedersachsen ergeben sich aus der folgenden Zielhierarchie:

19 www.lpr.niedersachsen.de; www.beccaria.de; www.beccaria-standards.net; www.beccaria-portal.org; www.gruene-liste-praevention.de; www.ctc-info.de; www.onlineberatung-niedersachsen.de; www.praevention-im-nordwesten.de; www.zivilcourage.niedersachsen.de

Abbildung 1: Zielhierarchie des LPR Niedersachsen (Stand 11.04.2013)

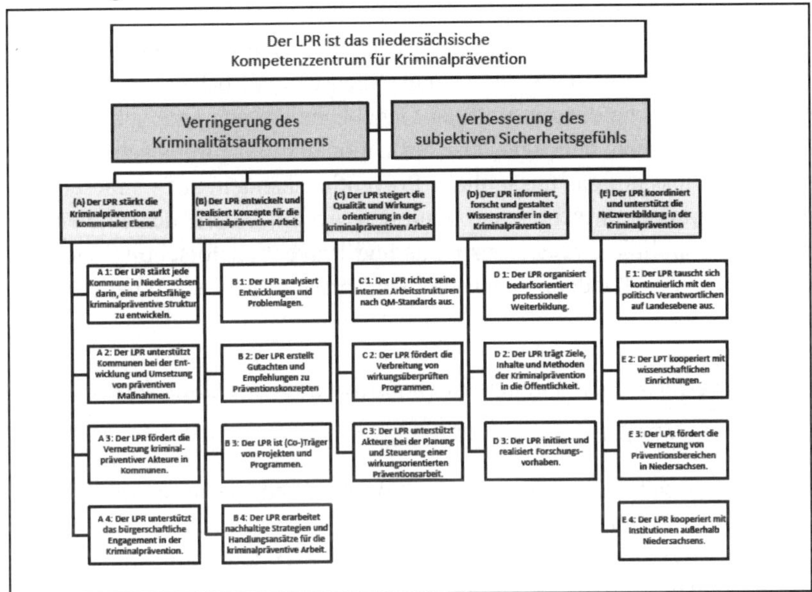

Beispiele erster Bemühungen für eine qualitätsorientierte und evidenzbasierte Präventionspolitik auf der Ebene eines Bundeslandes[20]

Die nachfolgend beschriebenen Maßnahmen skizzieren punktuelle Beispiele und Annäherungen hin zu einer landesweiten Präventionsstrategie, die sich zunehmend orientiert an Wissensbasierung, Qualitätsmanagement, Wirkungsorientierung sowie systematischer Evaluation. Diese Annäherungen an eine evidenzbasierte Kriminalprävention/Kriminalpolitik ist gekennzeichnet durch eine stetige Orientierung an der Nutzung des aktuell jeweils besten verfügbaren Wissens. Zahlreiche grundsätzliche Fragen befinden sich aktuell in einem anregenden Diskurs: Welches Definitionsverständnis von Prävention haben wir? Wie grenzen wir Prävention und Intervention voneinander ab? Sprechen wir z. B. auch von „evidenzbasierter Intervention"? Kann beweisorientierte Kriminalprävention außerhalb von Programmen und Projekten gedacht werden?

20 Vgl. Marks et al. (2013)

Die aktuellen Projekte und Arbeitsschwerpunkte des LPR sind im Wesentlichen pragmatisch gewachsen und beruhen noch nicht auf einer politischen Gesamtstrategie für ein landesweites präventives Handeln, einem ressortübergreifenden Präventionsplan. Nach wie vor haben ressortgebundene Einzelentscheidungen und die Gegebenheiten aus unterschiedlichen Förderprogrammen, beispielsweise auf nationaler und europäischer Ebene, großen Einfluss auf das tatsächliche Präventionshandeln auf Landesebene. Die Kooperation zwischen den zentralen Arbeitsfeldern der Prävention (Präventionspolitik, Präventionspraxis und Präventionsforschung) stecken weiterhin in den Kinderschuhen und sind bislang nicht systematisch entwickelt.[21]

Förderprogramm Kommunale Kriminalprävention des Landespräventionsrates

Seit 2002 gewährt der Landespräventionsrat Niedersachsen im Rahmen eines Förderprogramms Zuwendungen für kriminalpräventive Projekte und wissenschaftliche Untersuchungen insbesondere auf kommunaler Ebene. Seither wurden zahlreiche Maßnahmen realisiert, deren überwiegende Zielgruppen Kinder und Jugendliche waren. Sowohl die einzelnen geförderten Projekte sowie auch die Förderrichtlinie wurden evaluiert. Erstmals mit dem Förderschwerpunkt „Communities that Care – CTC" der Jahre 2013 und 2014 kommen nun gezielt positiv evaluierte Programme zum Einsatz.

Mit Fördermitteln, beispielsweise mit dem Förderschwerpunkt für die Jahre 2015/2016, sollen künftig noch gezielter solche Organisationen und Kommunen gefördert werden, die ihre Präventionsarbeit datenbasiert, qualitätsorientiert und strukturiert durchführen und hierbei gezielt wirkungsüberprüfte Programme einzusetzen. Die jeweiligen Programme und inhaltlichen Prioritäten werden dabei nicht vom Mittelgeber (Landespräventionsrat) vorgegeben sondern „ergeben" sich aus der jeweiligen, wissenschaftlich ermittelten, Datenlage vor Ort.

21 Vgl. hierzu auch das Gutachten von Wiebke Steffen zum Schwerpunktthema des 19. Deutschen Präventionstages (12. & 13. Mai 2014, Karlsruhe) „Prävention braucht Praxis, Politik und Wissenschaft" (www.praeventionstag.de)

Community Coaching in einer förderalen Struktur

Die niedersächsische Landesregierung konstatierte 1995, dass trotz eines allgemeinen Rückgangs der Kriminalität die „Intensivierung der kriminalpräventiven Bemühungen auf Landes- und örtlicher Ebene“ erforderlich sei. Diese Entwicklung korrespondiert mit der Erkenntnis, dass allein mit repressiven Maßnahmen Kriminalität nicht nachhaltig bekämpft werden könne. In Niedersachsen wird die Forderung nach einer „gesamtgesellschaftlichen Prävention“, d. h. die Zusammenarbeit aller Ressorts sowie staatlicher und nichtstaatlicher Institutionen, die zur Prävention beitragen können, zur Realität. Konsequenz hieraus ist die Gründung des Landespräventionsrates Niedersachsen. Die Ursachen für kriminelles Verhalten seien vor allem im engeren sozialen Umfeld von Straftätern zu suchen. Kriminalprävention sei daher vor allem eine kommunale Aufgabe, jedoch habe eine angemessene Unterstützung der kommunalen Akteure durch das Land zu erfolgen.

In dieser Auffassung kommt das Prinzip der Subsidiarität wie es in föderalen Staaten verbreitet ist, zum Tragen. Danach sollten Aufgaben, Handlungen und Problemlösungen so weit wie möglich selbstbestimmt und eigenverantwortlich von kleinen Einheiten unternommen werden. Nur wenn dies nicht möglich ist oder mit erheblichen Hürden und Problemen verbunden ist, sollen sukzessive größere Gruppen, öffentliche Kollektive oder höhere Ebenen einer Organisationsform die Aufgaben und Handlungen subsidiär unterstützen und übernehmen. Auf Kriminalprävention bezogen bedeutet dieses, dass primär Bürgerinnen und Bürger, danach die öffentlichen Kollektive wie Gemeinden, Städten und Landkreise und erst dann Länder und Bund für Kriminalprävention zuständig sein sollen.

In Niedersachsen (wie auch in den anderen Bundesländern) liegt die Kriminalprävention also in kommunaler Hand und soll – sofern erforderlich – vom LPR unterstützt werden. Kommunen sollen hinsichtlich der Gründung von Präventionsgremien sowie der Ausgestaltung der präventiven Arbeit beraten werden. Hieraus hat sich ein Modell der intensiven „Vor-Ort-Beratung“ von Ratsuchenden durch die LPR-Geschäftsstelle entwickelt, welches die Anzahl der Präventionsgremien vor allem in den 90er Jahren sprunghaft ansteigen ließ. Bereits im Jahr 2000 hatte sich die Zahl der vom Landespräventionsrat betreuten kommunalen Präventionsgremien landesweit auf insgesamt 99 erhöht (1995 waren es 33). Seit 2002 verfügt der Landespräventionsrat durch eine Initiative des Justiz- und Präventionsministers Christian Pfeiffer über Mittel zur Förderung von Projekten und unterstützt hiermit kommunale Präventionsprojekte in ganz Niedersachsen.

Die Kommune hat seither als Ort und Handlungsfeld gesamtgesellschaftlicher Prävention erheblich an Bedeutung gewonnen. Aktuell sind in rund 200 Gemeinden mehrere tausend Menschen in kommunalen Präventionsgremien tätig. Kommunale Präventionsgremien arbeiten auf Stadt- und/oder Stadtteilebene (in Großstädten), Samtgemeinde oder Gemeindeebene sowie auf Landkreisebene. Viele Präventionsgremien sind durch einen Ratsbeschluss gegründet worden, etliche sind durch Vertreter von Polizei oder Jugendhilfe entstanden, mancherorts haben engagierte Bürgerinnen und Bürger die Initiative ergriffen.

Kommunale Präventionsgremien zeichnen sich durch eine große Vielfalt von Organisationsformen und eine große Bandbreite in der personellen Zusammensetzung aus. Häufig sind Präventionsräte an die Verwaltung angebunden, in diesem Fall sind oft die (Ober)Bürgermeister oder Landräte Vorsitzende des Gremiums – getreu dem Motto „Prävention ist Bürgermeisterpflicht“. Die Anbindung an die Verwaltung hat sich als besonders effektiv erwiesen. Durch den unmittelbaren und vielfältigen Austausch der verschiedenen Berufsgruppen – Polizei, Schule, Jugendhilfe, Justiz – sind Verständigungs- und Vernetzungsprozesse initiiert worden, die zu mehr Akzeptanz der jeweils anderen Fachlichkeit führen und auch bestimmte Verfahren beschleunigen und vereinfachen. Die Verbesserung des Dialogs und der Zusammenarbeit zwischen den Akteuren ist ein wichtiges Verdienst der kommunalen Kriminalprävention!

Mittlerweile sind erhebliche qualitative Veränderungen in der täglichen Arbeit festzustellen. Bandbreite, Komplexität und Reichweite der Themen sind seit der Entstehung der ersten niedersächsischen Gremien Anfang der 90er Jahre größer und vielfältiger geworden. Hinzu kommt eine zunehmende Akzeptanz und Wahrnehmung der Arbeit kommunaler Präventionsgremien in der Öffentlichkeit.

Die Ansprüche und Erwartungen der Kommunen an das Serviceangebot des LPR sind entsprechend hoch. Die Geschäftsstelle des Landespräventionsrates unterstützt die kommunalen Präventionsgremien nach wie vor durch fachliche Beratung zu inhaltlichen und strukturellen Fragen. Niedersachsen ist ein großes Flächenland mit ca. 1.000 Kommunen. Hinsichtlich der Anzahl der Gremien besteht also noch „Luft nach oben“. Vor allem im ländlichen Raum fehlen Präventionsgremien. Hier erscheint ein proaktiver

Beratungsansatz vonnöten, der bislang aus Ressourcen-Gründen nicht geleistet werden konnte. Beratungsansätze müssen zudem weiter diversifiziert und verbessert werden. Es zeigt sich, dass direktive Beratung aufgrund der individuellen Akteurs- und Problemkonstellationen vor Ort häufig kontraindiziert sind. Es ist neben der individualisierten Beratung zudem sinnvoll, langfristig „Tools" für „klassische Probleme und Fragen" im Bereich der örtlichen Kriminalprävention zu entwickeln, die kommunenübergreifend eingesetzt werden können. Ein Tool, welches in diese Richtung weist, ist das Steuerungsinstrumentarium für die kommunale Prävention „CTC". Dieses eignet sich für den städtischen Raum ebenso wie für den ländlichen Raum. Es basiert auf Erkenntnissen aus der wissenschaftlichen Langzeitforschung zu Risiko- und Schutzfaktoren, setzt aber bei den Anwendern keine wissenschaftliche Ausbildung voraus. Entscheidend ist vielmehr die Implementierungsqualität der Methode. Die Bedeutung von Qualitätsmanagement in der kommunalen Prävention kann daher gar nicht deutlich genug hervorgehoben werden.

Beccaria Standards für Qualität in der Kriminalprävention

Namensgeber der Beccaria-Standards ist der Pionier einer modernen Kriminalpolitik Cesare Beccaria (1738-1794). Die Beccaria-Standards umfassen Maßgaben und Anforderungen an die Qualität der Planung, die Durchführung und die Bewertung kriminalpräventiver Programme und Projekte. Sie bestehen aus sieben zentralen Schritten:

- Problembeschreibung
- Analyse der Entstehungsbedingungen
- Festlegung der Präventionsziele, Projektziele und Zielgruppen
- Festlegung der Maßnahmen für die Zielerreichung
- Projektkonzeption und Projektdurchführung
- Überprüfung von Umsetzung und Zielerreichung des Projekts (Evaluation)
- Schlussfolgerungen und Dokumentation.

Diese sieben Arbeitsschritte bauen jeweils aufeinander auf. Ein punktuelles Herausgreifen oder Nichtberücksichtigen bestimmter Schritte stellt das Qualitätsniveau insgesamt in Frage. Standards als Maßstab zur Überprüfung der Projektplanung und -durchführung sind ein erster Schritt auf dem

Weg zu Wirkungsüberprüfungen kriminalpräventiver Projekte und zu verstärkter Qualitätsorientierung. Sie bieten Entwicklern, Akteuren und anderen Verantwortungsträgern in der Kriminalprävention einen Leitfaden für die Qualitätssicherung ihres Handelns. Die Standards sollen gewährleisten, dass sich

- die Planung, Durchführung und Überprüfung kriminalpräventiver Projekte an den in Wissenschaft und Literatur genannten Qualitätskriterien orientiert,
- Projekte grundsätzlich so konzipiert werden, dass sie evaluierbar sind und
- wissenschaftliche Experten, Gutachter, Auftrag- und Geldgeber (bei Projektanträgen) auf eine fachliche Grundlage zur Einschätzung der Projektqualität zurückgreifen können.[22]

Beccaria-Qualifizierungsprogramm

Seit 2008 bietet der Landespräventionsrat Niedersachsen im jährlichen Turnus das „Beccaria-Qualifizierungsprogramm Kriminalprävention“ an, das dazu beitragen soll, die Qualität der Arbeit zu verbessern. Anlass für die Konzipierung und Implementierung war die steigende Nachfrage nach einer interdisziplinären Präventionsausbildung. Die modulare Qualifizierung zur „Fachkraft für Kriminalprävention“ richtet sich an all diejenigen, die im kriminalpräventiven Bereich tätig sind und ihre Kenntnisse in Kriminologie, Kriminalprävention sowie in Projektmanagement erweitern möchten. Die Weiterbildung besteht aus den vier Modulen: Kriminologie, Kriminalprävention, Projektmanagement und Projektbegleitung.

Die vermittelten Lehrinhalte sind wissenschaftlich fundiert und zugleich anwendungsorientiert. Das erworbene Wissen fließt so in die tägliche Präventionsarbeit ein. Nach Abschluss sind die Teilnehmenden quali-

22 Unter www.beccaria-standards.net stehen die Standards in folgenden Sprachen zur Verfügung: Arabisch, Chinesisch, Deutsch, Kroatisch, Englisch, Französisch, Hindi, Italienisch, Japanisch, Koreanisch, Portugiesisch, Russisch, Spanisch, Schwedisch, Türkisch, Tschechisch, Ungarisch, Litauisch und Polnisch. Ein besonderes Praxis-Angebot sind die „interaktiven Beccaria-Steps“, die online durch alle wichtigen Fragen im Prozess des Projektmanagements führen. Sie sind englischsprachig auf dem Beccaria-Portal www.beccariaportal.org und deutschsprachig unter www.beccaria.de zu finden.

fiziert, kriminologische Theorien und empirische Untersuchungen kritisch zu bewerten, Präventionsprojekte unter Hinzuziehung neuester wissenschaftlicher Erkenntnisse und Daten zu entwickeln sowie umzusetzen, Methoden des Projektmanagements anzuwenden, das gewonnene (kriminologische, kriminalpräventive) Wissen praktisch einzusetzen. Das Qualifizierungsprogramm dauert ein Jahr. Jedes Modul umfasst zwei Wochenenden. Das Angebot ist berufsbegleitend konzipiert. Die Teilnehmerzahl ist auf 25 Personen pro Modul begrenzt. Nach Absolvierung aller vier Module wird das Zertifikat „Fachkraft für Kriminalprävention“ verliehen. Derzeit gibt es über 120 Fachkräfte. Das Qualifizierungsprogramm wurde 2012 erstmals extern evaluiert[23] und 2013 mit dem „Meilenstein der Kriminalprävention“ ausgezeichnet.[24]

Weitere Qualifizierungsangebote und Perspektive für eine Beccaria-Akademie

Mit seinen professionellen Fortbildungsangeboten vermittelt der LPR aktuelles und interdisziplinäres Fachwissen und bildet Akteure bedarfs- und berufsorientiert weiter. Zu den modularen Qualifizierungsmaßnahmen zählen das beschriebene „Beccaria-Qualifizierungsprogramm Kriminalprävention“ die „Qualifizierung Opferberatung im Handlungsfeld rechtsextremer Gewalt“ und die Ausbildung zum/r zertifizierten Trainer/in der Methode „Communities That Care – CTC“. Zudem gestaltet der LPR regelmäßig Praxisseminare und Fortbildungsreihen zu verschiedenen Präventionsthemen.

Langfristiges Ziel ist der Aufbau einer Beccaria-Akademie, unter deren Dach der LPR modulare Qualifizierungen, Praxisseminare, Fortbildungsreihen sowie einen weiterbildenden Masterstudiengang „Kriminalprävention“ bündelt.

23 Buchheit, F. (2012). Evaluationsbericht zur Überprüfung & Optimierung des Programms für den Landespräventionsrat Niedersachsen. http://www.beccaria.de/Kriminalpraevention/de/Dokumente/Evaluationsbericht-Beccaria-Qualifizierungsprogramm-August-2012.pdf

24 http://www.mj.niedersachsen.de/portal/live.php?navigation_id=3745&article_id=119645&_psmand=13

Beccaria-Master und Perspektive für weiterbildenden Masterstudiengang

Im Jahr 2011 startete an der Ostfalia-Hochschule für angewandte Wissenschaften in Wolfenbüttel der konsekutive Masterstudiengang „Präventive Soziale Arbeit mit Schwerpunkt Kriminologie & Kriminalprävention“. Das Konzept für den Studiengang ist aus dem „Beccaria-Projekt: Aus- und Weiterbildung in der Kriminalprävention“ des Landespräventionsrates Niedersachsen hervorgegangen.[25] Der Studiengang (Regelstudienzeit 4 Semester) ist für Studierende geeignet, die ihre fachlichen und beruflichen Qualifikationen durch ein Studium der Sozialen Arbeit (BA oder Diplom) bzw. vergleichbare Studiengänge erworben und ggf. in der Praxis schon vertieft haben. Gemäß dem Verständnis von Prävention als gesamtgesellschaftlicher Querschnittsaufgabe ist der Studiengang interdisziplinär angelegt. Ein anvisiertes Ziel ist das Offerieren eines weiterbildenden Studiengangs „Kriminalprävention“ in Form von Distance Learning, Blended Learning oder Massive Open Online Courses (MOOC) bei dem didaktisch sinnvoll Präsenzveranstaltungen und virtuelles Lernen auf der Basis neuer Informations- und Kommunikationsmedien verknüpft werden.

Systematische landesweite Datenverarbeitung in Vorbereitung

Um die niedersächsischen Kommunen in ihrer Arbeit in der Kriminalprävention zu unterstützen, sollen ihnen vorliegende relevante Datensätze präsentiert und in ihrer Reichweite und Bedeutung aufgeschlüsselt werden. Als Fernziel wird ein jährliches kleinräumiges Monitoring der Kriminalprävention in Niedersachsen angestrebt. Dies würde die Präsentation von aktuellen, validen und kleinräumigen Daten beinhalten, die die Ausgangslage für kriminal- und gewaltpräventive Maßnahmen in Niedersachsen abbilden und die nach der Durchführung auf entsprechende Veränderungen geprüft werden können.

Begonnen wird derzeit mit einer ersten Bestandsaufnahme. Der angestrebte Datenspiegel bezieht sich auf die Kriminalitätsbelastung der Bevölkerung und das subjektive Sicherheitsgefühl der Bewohnerschaft , also auf die Ausgangslage, die bisher in den Präventionsaktivitäten der niedersächsischen Kommunen noch nicht ausreichend systematisch erhoben und dokumentiert wird. Dieser Datenspiegel kann kein vollständiges und kla-

25 www.master-kriminalpraevention.de

res Bild liefern, sondern wird viele blinde Flecken aufweisen. Er soll zeigen, welche Daten wo vorhanden sind und idealerweise regelmäßig aktualisiert werden. Außerdem soll er darstellen, welche Daten in ein Präventionsmonitoring einzubeziehen wären.

Modellprojekt SPIN und landesweite Einführung von „Prävention nach Maß – CTC“

Der Landespräventionsrat hat in einem Modellvorhaben (SPIN: 2009 – 2012) die in den USA entwickelte Methode „Communities That Care – CTC“ adaptiert und erstmals im deutschen Sprachraum eingesetzt. Die Absicht war, den Kommunen und den kommunalen Präventionsgremien ein evidenzbasiertes Planungs- und Steuerungsinstrument für die Prävention zur Verfügung zu stellen. In der Pilotphase ließ sich CTC in den drei Modellstandorten in Niedersachsen erfolgreich implementieren. Als Resultat des Modellversuchs bietet der LPR nun CTC allen interessierten Kommunen in Niedersachsen an. Mit Beginn des Jahres 2013 führen 6 neue Standorte in Niedersachsen CTC ein. Eine landesweite Erhebung mit dem CTC-Schülersurvey in 2013 liefert darüber hinaus erstmals landesweit repräsentative Daten über das Ausmaß von Problemverhaltensweisen von Jugendlichen und ihrer Belastung mit Risikofaktoren, bzw., ihrer Ausstattung mit Schutzfaktoren. Es ist beabsichtigt, den landesweiten CTC-Schülersurvey künftig regelmäßig alle zwei Jahre durchzuführen.

Grüne Liste Prävention

In Deutschland ist eine schwer überschaubare Fülle von Präventionsprogrammen auf dem Markt. Der LPR hat im Rahmen des CTC-Modellprojekts eine Empfehlungsliste evaluierter Präventionsprogramme entwickelt, primär um CTC-Anwendern die Auswahl geeigneter Maßnahmen bei der Entwicklung lokaler Aktionspläne zu ermöglichen.

Die „Grüne Liste Prävention“ will den Stand der Entwicklung von ausgewählten Programmansätzen möglichst genau abbilden. Daher werden die empfohlenen Präventionsprogramme noch einmal in drei Stufen bezüglich des Nachweises ihrer Wirksamkeit eingeteilt: (1) Effektivität theoretisch gut begründet, (2) Effektivität wahrscheinlich und (3) Effektivität nachgewiesen.

Eine Bewertung „Auf der Schwelle“ kommt zustande, wenn nicht alle Kriterien auf der Konzeptebene für ein theoretisch überzeugendes Modell erfüllt sind; wenn nötige Informationen zur Einstufung noch nicht vorliegen oder wenn noch überhaupt keine Evaluation vorgenommen wurde. Die Datenbank „Grüne Liste Prävention“ erlaubt eine gezielte Suche entlang von Kriterien wie z. B. den von den Programmen angegangenen Problemverhalten, dem Alter der Zielgruppe, oder den Einsatzbereich (Institution), um eine Weiterentwicklung von örtlichen Angebotsstrukturen zu befördern.

Die allgemein zugängliche Online-Datenbank „Grüne Liste Prävention“ enthält eine deutschlandweit einmalige Übersicht über evaluierte Präventionsprogramme, differenziert nach einem transparenten Bewertungssystem. Eingerichtet wurde eine regelmäßige Plattform zum Austausch mit den empfohlenen Programmen. Die „Grüne Liste Prävention“ hat eine starke Nachfrage aus der Praxis auch über CTC hinaus gefunden. Geplant sind daher ihre Erweiterung um zusätzliche Präventionsbereiche (z. B. indizierte Programme) und eine Erweiterung des Bewertungssystems um Aspekte der Implementationsqualität von Programmen.[26]

Kooperationen im Bereich Präventionsforschung

Der LPR hat das Ziel entwickelt, den Wissenstransfer in der Kriminalprävention auch durch die Initiierung eigener Forschungsprojekte, bzw. durch Kooperationen mit Forschungseinrichtungen zu befördern. Derzeit besteht beispielsweise eine Kooperation mit der Universität Hildesheim, Institut für Psychologie über die Weiterentwicklung und den Einsatz des CTC-Schülersurveys (s. o.). Auf der Basis der Ergebnisse der landesweiten CTC-Schülerbefragung sollen zukünftig weitere Forschungsfragestellungen entwickelt werden. Für die Zukunft ist es geplant, die Kooperationen im Bereich der Präventionsforschung weiter auszubauen. Regelmäßige Kontakte bestehen auf nationaler Ebene beispielsweise zum Kriminologischen Forschungsinstitut Niedersachsen (KFN)[27], der Stiftungsprofessur Kriminalprävention und Risikomanagement an der Universität Tübingen[28]

26 Zum Themenkomplex der Durchführung wirksamer Präventionsprogramme siehe auch DFK-Sachverständigenrat (2013).

27 http://www.kfn.de/home.htm

28 http://www.jura.uni-tuebingen.de/professoren_und_dozenten/haverkamp

oder dem DPT-Institut für angewandte Präventionsforschung (DPT-i)[29] sowie auf internationaler Ebene beispielsweise zur Society for Prevention Research (SPR)[30] und der European Society for Prevention Research (EUSPR)[31].

Entwicklung von Qualitätsmanagement-Strategien

Ab 2013 sind der Arbeitsbereich „Prävention von Rechtsextremismus"[32] und hier insbesondere das Expert/innen-Netzwerk (landesweiter Zusammenschluss von ca. 60 Personen und Institutionen aus dem Bereich der Arbeit gegen Rechtsextremismus) nach dem Verfahren „Kundenorientierte Qualitätstestierung für Beratungsorganisationen (KQB)"[33] testiert. KQB ist ein Verfahren zur Qualitätsentwicklung und hat seinen Ausgangs- und Bezugspunkt im konkreten Beratungsprozess. In den kommenden Jahren werden sämtliche Beratungsangebote nach testierten Standards durchgeführt, reflektiert, kontrolliert und evaluiert. Neben der „Qualitätstestierung für Beratungsorganisationen (KQB)" wird langfristig eine externe Qualitätstestierung der LPR-Bildungsangebote angestrebt. Mit diesem „LQB-Verfahren"[34] soll die Qualität der Gesamtkonzeption der LPR- Fortbildungsveranstaltungen von einer unabhängigen, neutralen Stelle überprüft und bestätigt werden.

Projekt CTC-Europa[35]

Mit dem Start des CTC-Modellvorhabens hat der LPR auch einen regelmäßigen Austausch der europäischen CTC-Anwender und -Forscher angeregt. Bisher beschränkte sich die Vernetzung auf internationaler Ebene auf einen Erfahrungsaustausch, von einzelnen bilateralen Forschungsprojekten abgesehen (USA – Australien, USA – Niederlande). Von 2013 – 2015 erhält das europäische Netzwerk eine EU-Projekt Finanzierung (die Projekt-

29 http://www.praeventionstag.de/nano.cms/dpt-institut
30 http://www.preventionscience.org
31 http://www.euspr.org
32 http://www.lpr.niedersachsen.de/nano.cms/praevention-von-rechtsextremismus
33 http://www.conflex-qualitaet.de/projektmanagement.html
34 http://www.artset-lqb.de/cms/index.php?id=lqb-leitfaden
35 http://www.ctc-network.eu

partner kommen aus den Ländern: Deutschland, Großbritannien, Kroatien, Niederlande, Österreich, Schweden). Geplant sind

- länderübergreifende Vergleich der Ergebnisse der CTC-Schülersurveys,
- die Entwicklung einer europäischen Datenbank effektiver Präventionsprogramme und
- ein länderübergreifender Vergleich von CTC-Evaluationsstudien mit dem Ziel der Entwicklung eines europäischen CTC-Evaluationsleitfadens.

Kooperationen auf nationaler und internationaler Ebene

Für eine zeitgemäße Arbeit im Feld der Kriminalprävention ist es unerlässlich, Kontakte zu weiteren Akteuren in diesem Handlungsbereich aufzubauen, auszuwerten und auszuweiten. Um die in den einzelnen Arbeitsschwerpunkten des LPR bestehenden nationalen und internationalen Kontakte systematisch zu betrachten und zu pflegen, besteht seit dem Jahr 2008 die sich wöchentlich treffende Arbeitsgruppe „Nationale und internationale Netzwerke". Hier wird die Teilnahme einzelner Mitarbeiterinnen und Mitarbeiter an Tagungen und Kongressen geplant und ausgewertet und die Beteiligungen des LPR an Projekten und Programmen verschiedener nationaler und internationaler Partner koordiniert sowie die Akquise von Drittmitteln auf nationaler und internationaler Ebene vorbereitet. Außerdem werden in dieser Arbeitsgruppe projektübergreifende Fragestellungen und präventionsrelevante aktuelle Entwicklungen diskutiert. Geplant ist eine gezielte Analyse des „Umfeldes" nationaler und internationaler Akteure und der Aufbau weiterer Kontakte auch in angrenzende Präventionsbereiche.

Hereinnahme von weiteren Präventionsbereichen in evidenzbasierte Strategien

Der Arbeitsbereich „Prävention von Rechtsextremismus" setzt zurzeit Landes- und Bundesprogramme um, die auf der einen Seite aufklären und informieren (Zielgruppe sind dabei Interessierte) und auf der anderen Seite in Problemsituationen beraten und helfen (Zielgruppe sind dabei Betroffene). In Zukunft könnten, wenn der Auftrag hierfür formuliert wird, insbesondere primäre und sekundäre bzw. universelle, selektive und indizierte beweisorientierte Präventionsprogramme im Bereich der Vorurteilsbildung und der Aggressionsneigung (als mindestens zwei der wichtigen theoretischen Erklärungsmuster des Rechtsextremismus) modellhaft und kontrolliert an einschlägigen Standorten umgesetzt werden.

Landesweite Projekt-Datenbank NIMAP[36]

Die Datenbank NiMaP (Niedersächsische Maßnahmen der Prävention) wurde 2010 unter Federführung des LPR und gemeinsam mit den Ministerien für Soziales, Justiz, Inneres und Kultus sowie der Staatskanzlei entwickelt. Sie ist ein System zur elektronischen Verwaltung sowie gezielten Recherche spezifischer Daten zu Maßnahmen und Projekten des Landes Niedersachsen in den Handlungsfeldern Gewaltprävention, Kriminalprävention, Suchtprävention, Kinder- und Jugendschutz, Kinder- und Jugendmedienschutz sowie Prävention gegen Extremismus.

Die Datenbank verfolgt folgende Zielsetzungen bietet einer breiten Öffentlichkeit komfortable und umfängliche Recherchemöglichkeiten zu Maßnahmen und Projekten des Landes Niedersachsen. Perspektivisch sollten in dieser Datenbank weitere Präventionsfelder erfasst werden. Auch sollte die vorhandene Informationsbasis besser für einen kontinuierlichen und regelmäßigen Austausch der Ressorts genutzt werden. Im Hinblick auf aktuelle und geplante Maßnahmensollte die Datenbank stärker genutzt werden zur Vernetzung und Zusammenarbeit der Ressorts im Sinne einer effizienten, ressourcenschonenden und interdisziplinär ausgerichteten Präventionsarbeit des Landes Niedersachsen.

Die Erkenntnisse über die Gesamtlage an verfügbaren Maßnahmen führt zu einem lebhaften Austausch der Ressorts hinsichtlich Bedarfen und Parallelstrukturen bzw. Redundanzen. Im Ergebnis werden Mittel zielgerichteter eingesetzt. Der Mittelfluss wird bestimmt durch die Datenlage im Land. Diese wäre vorab als umfängliches „präventionsorientiertes Lagebild“ zu ermitteln.

36 http://www.lpr.niedersachsen.de/nano.cms/nimap

III. Zu einigen zusammenfassenden Einschätzungen und Empfehlungen

Präventionspolitik, Präventionspraxis und Präventionsforschung (Abbildung 2) sind als die zentralen Arbeitsfelder einer ganzheitlichen und nachhaltigen Präventionsorientierung anzusehen. Die Notwendigkeit einer strukturierten und intensiven Zusammenarbeit dieser drei Arbeitsfelder sollte mindestens jeweils auf den Ebenen der Kommunen/Regionen, auf der nationalen Ebene sowie auf der internationalen/globalen Ebene erfolgen.

Abbildung 2: Interdependenzmodell Präventionspolitik, Präventionspraxis und Präventionswissenschaft

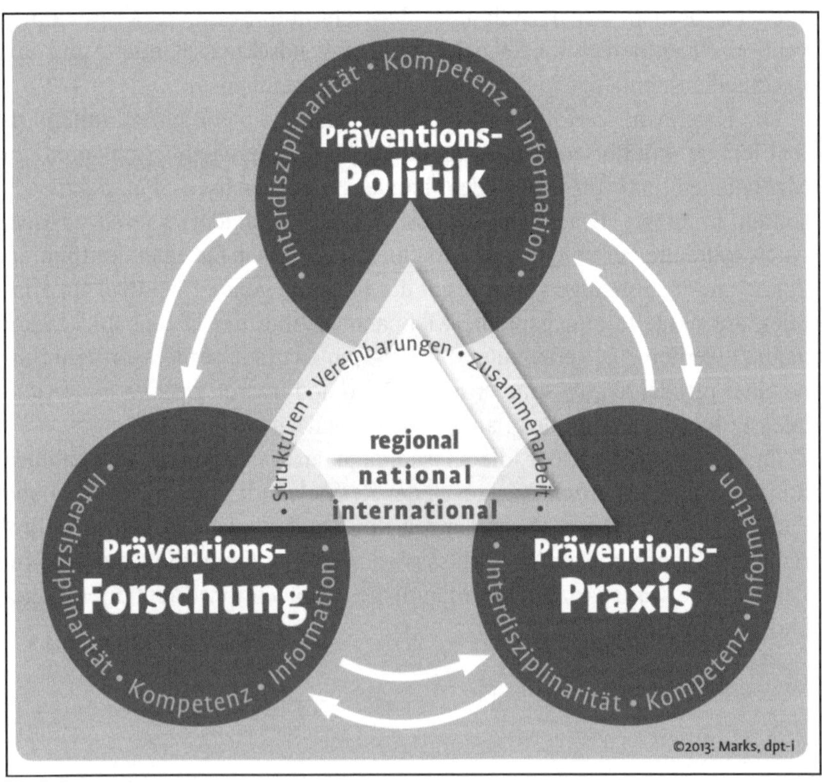

Interdisziplinarität

Interdisziplinäre Zusammenarbeit sollte in jedem Präventions-Arbeitsfeld systematisch organisiert und gewährleistet werden. Im Arbeitsfeld Präventionspolitik sollten Vertreter der politischen Parteien, der Legislative, der verschiedenen Ressorts der Exekutive sowie der Judikative involviert sein. Im Arbeitsfeld Präventionspraxis sollten neben Vertretern der Jugend- und Sozialbehörden und der Polizei auch Nichtregierungsorganisationen sowie Freiwilligenorganisationen repräsentiert sein. Im Arbeitsfeld der Präventionsforschung sollten öffentliche, staatliche und private Forschungsinstitutionen mit den einschlägigen Disziplinen und Teildisziplinen (z. B. Soziologie, Psychologie, Biologie, Medizin, Politikwissenschaft, Rechtswissenschaft, Ökonomie, Kriminologie, Viktimologie, etc.) ebenso beteiligt sein wie Organisationen der Forschungsförderung und wissenschaftliche Fachvereinigungen.

Kompetenz

Eine wichtige Voraussetzung einer erfolgreichen gesamtgesellschaftlichen Präventionsorientierung ist ein klares Selbstverständnis der einzelnen Arbeitsfelder. Definitorische Vorgaben, Selbstverständnisse und Zuständigkeiten sollten jeweils durch Präventionspolitik, Präventionspraxis und Präventionsforschung formuliert werden. Zu klaren Profilen und Portfolios der drei Arbeitsfelder gehören jeweils auch klare Beschreibungen der bestehenden Ressourcen, Leistungsmöglichkeiten und Angebotsstrukturen.

Informationspolitik

Insbesondere sollten die Profile der Arbeitsfelder Präventionspolitik, Präventionspraxis und Präventionsforschung künftig besser und offensiver kommuniziert werden. Jedes Arbeitsfeld sollte sein Profile proaktiv, mit einem hohen Maß an Allgemeinverständlichkeit sowie öffentlich und frei zugänglich machen.

Strukturen

Auf den drei zentralen Kommunikationsebenen, der kommunalen/regionalen Ebene, der nationalen Ebene sowie der internationalen/globalen Ebene, sollten die Präventionsfelder Präventionspolitik, Präventionspraxis und Präventionsforschung gleichberechtigt in dauerhaften Gremienstrukturen kooperieren und dabei eventuell auch noch weitere Partnerorganisationen einbeziehen. Eine solche feste Gremienstruktur können die gegenseitige Information, grundsätzliche agreements und konkrete Kooperationen transparent und nachhaltig realisiert werden.

Vereinbarungen

Neben funktionierenden Kommunikationswegen in und zwischen den jeweiligen Präventionsfeldern und Präventionsebenen wird es zunehmend wichtig, sich über Begriffe, Definitionen, Ziele, Kriterien, Methoden, unterschiedliche Profile und Zuständigkeiten sowie Schwerpunktsetzungen, Strategien und konkrete Projekte und Programme zu verständigen.

Zusammenarbeit

Durch eine formalisierte und stetige Kommunikation zwischen den Arbeitsfeldern Präventionspolitik, Präventionspraxis und Präventionsforschung können schließlich auch gemeinsame Positionen veröffentlicht und konkrete Projektvorhaben vorbereitet, realisiert und evaluiert werden.

Neben den fachlich-methodischen Antworten aus den jeweiligen Sichten der beteiligten Disziplinen und Präventionsakteure sind grundsätzlichere und weitreichendere Strukturveränderungen erforderlich, wenn Präventions- und Interventionsmaßnahmen tatsächlich erfolgreich entwickelt, realisiert und evaluiert werden sollen. Entscheidend ist eine neue Kommunikationskultur zwischen den drei zentral involvierten Präventionsfeldern der Prtäventionspolitik, der Präventionspraxis und der Präventionsforschung, die wechselseitig in hohem Maße auf einander angewiesen sind.

Literatur

Bickel, A., van Heek, A., Kastenhuber, G., Lippenmeier, N., Marks, E., Quadt, T., Rensmann, T., Thörner, W., Wegener, H. (2006). Denkschrift zur Lage und Zukunft der Bewährungshilfe in Deutschland. http://www.dbh-online.de/service/denkschrift_06.pdf

DFK-Sachverständigenrat für die Auswahl & Durchführung wirksamer Programme: Entwicklungsförderung und Gewaltprävention für junge Menschen (2013). http://www.kriminalpraevention.de/images/pdf/2013_dfk_entwicklungsfoerderung.pdf

Hasenpusch, B. (1982). Der interministerielle Arbeitskreis „Präventive Kriminalpolitik". In: Schwind, H.-D., Steinhilper, G. (Hrsg.), Modelle zur Kriminalitätsvorbeugung und Resozialisierung. Heidelberg.

Jäger, J. (1995). Der Rat für Kriminalitätsverhütung in Schleswig-Holstein. In: BewHi.

Kury, H. (1997). Konzepte Kommunaler Kriminalprävention. Freiburg.

Marks, E. (1982). Es geht auch ohne Anklage – Diversionsmöglichkeiten auf der Ebene der Staatsanwaltschaft im Rahmen des Jugendgerichtsgesetzes. Zentralblatt für Jugendrecht und Jugendwohlfahrt.

Marks, E., Rössner, D. (Hrsg.) (1989). Täter-Opfer-Ausgleich. Vom zwischenmenschlichen Weg zur Wiederherstellung des Rechtsfriedens. Bonn.

Marks, E. (1995). Freie Straffälligenhilfe in den neuen Bundesländern. Ziele. Aktivitäten und Erfahrungen der DBH. In: Sozialpädagogik und Strafrechtspflege. Gedächtnisschrift für Max Busch (1922-1993). Pfaffenweiler

Marks, E. (2006). Die Entwicklung des Landespräventionsrates Niedersachsen zwischen 1978 und 2005. In: Feltes, T., Pfeiffer, C., Steinhilper, G. (Hrsg.), Kriminalpolitik und ihre wissenschaftlichen Grundlagen – Festschrift für Professor Dr. Hans-Dieter Schwind zum 70. Geburtstag. Heidelberg.

Marks, E. (2012). Von der Schwierigkeit der Vermessung der Kriminalitäten und den Bemühungen um ihre Prävention. In: Hilgendorf, E., Rengier, R. (Hrsg.), Festschrift für Wolfgang Heinz zum 70. Geburtstag. Baden-Baden.

Marks, E. (2013). Der Deutsche Präventionstag – eine Zwischenbilanz 1993 – 2013. In: Boers, K., Feltes, T., Kinzig, J., Sherman, L., Streng, F., Trüeb, H.-R. (Hrsg.), Kriminologie-Kriminalpolitik-Strafrecht. Festschrift für Hans-Jürgen Kerner zum 70. Geburtstag, Tübingen.

Marks, E., Coester, M., Groeger-Roth, F., Hasenpusch, B., Heinzelmann, C., Meyer, A., Wolter, S. (2013). Some experiences by the Crime Prevention Council of Lower Saxony (CPC) concerning quality-oriented and evidence-based prevention policies. In: Coester, M., Marks, E. (Eds.), International Perspectives of Crime Prevention 5. Contributions from the 6th Annual International Forum 2012 within the German Congress on Crime Prevention. Mönchengladbach.

Pfeiffer, C. (1983). Jugendgerichtsverfahren und Kriminalprävention. Jugendrichterliches Handeln vor dem Hintergrund des Brücke-Projekts. Köln.

Pfeiffer, C. (1984). Bewährungshilfe auf falschen Gleisen?. In: BewHi.

Schwind, H.-D. (2008). Kriminologie. Eine praxisorientierte Einführung mit Beispielen. Heidelberg.

Prävention von Kinderpornografie – eine unlösbare Aufgabe?

Bernd-Dieter Meier

I. Rechtspolitische Entwicklung

Verbreitung, Erwerb und Besitz von Kinderpornografie stehen nicht erst seit der Digitalisierung und der Entwicklung des Internet im Blickpunkt der Kriminalpolitik. Über die Strafbarkeit gab es selbst im Vorfeld des 4. StrRG v. 23.11.1973, das das Sexualstrafrecht in (West-) Deutschland auf eine neue gesetzliche Grundlage stellte, nur vergleichsweise wenig Streit. Die Kinderpornografie gehörte zusammen mit der gewalttätig-sadistischen Pornografie und die Pornografie, die sexuelle Handlungen mit Tieren zum Gegenstand hat, auch in den 1970er und 1980er Jahren zur sog. harten Pornografie, für die ein striktes Verbreitungsverbot bestand; auch das sog. Erzieherprivileg galt hier nicht. Die Strafdrohung lag bei Freiheitsstrafe bis zu einem Jahr oder Geldstrafe (§ 184 Abs. 3 StGB a.F.).

Seither ist in dem Bereich freilich viel Bewegung gewesen und es hat eine grundsätzliche Neubewertung stattgefunden. Der Straftatbestand wurde im 27. StÄG v. 23.7.1993 ausdifferenziert, insbesondere wurden das Sichverschaffen des Besitzes und der Besitz kinderpornografischer Schriften mit Strafe bedroht (§ 184 Abs. 5 StGB a.F.), und die Strafdrohung für die Verbreitung wurde auf Freiheitsstrafe von drei Monaten bis zu fünf Jahren angehoben. Weitere Gesetzesänderungen folgten. Seit dem Gesetz zur Änderung der Vorschriften über die Straftaten gegen die sexuelle Selbstbestimmung v. 27.12.2003 sind alle Regelungen, die sich auf kinderpornographisches Material beziehen, in einer Vorschrift zusammengefasst (§ 184b StGB). Seit einem Gesetz v. 31.10.2008, mit dem ein Rahmenbeschluss der EU umgesetzt wurde, werden in Deutschland auch Verbreitung, Erwerb und Besitz von jugendpornografischen Schriften mit Strafe bedroht (§ 184c StGB). Eine Richtlinie der EU v. 13.12.2011 mahnt weitere Differenzierungen in den Tathandlungen – zusätzlich zu Erwerb und Besitz wird der „bewusste Zugriff mittels Informations- und Kommunikationstechnologie genannt (Art. 5 RL 2011/92/EU) – sowie die europaweite Harmonisierung der Strafdrohungen an.

Dass die neuen Möglichkeiten der Informations- und Kommunikationstechnologie, für die im Folgenden vereinfachend das „Internet“ stehen soll, nicht nur, aber auch im Zusammenhang mit der Verbreitung und dem Erwerb von Kinderpornografie eine herausgehobene Rolle spielen, hat der Gesetzgeber in Deutschland schon vergleichsweise früh erkannt. Durch einen gesetzestechnischen Kunstgriff, nämlich die Aufnahme der „Datenspeicher“ in die Legaldefinition der „Schriften“ (§ 11 Abs. 3 StGB) durch Gesetz v. 22.7.1997, sowie eine ausdehnende, für sich genommen keineswegs unproblematische Rechtsprechung (BGHSt 47, 55, 58 ff.; krit. etwa Popp, 2011, S. 195 f.) wurde das gesamte Pornografiestrafrecht auf digitalisierte Bilder und Filme erstreckt, die ins Internet eingestellt werden, kurz: Das Internet war für kinderpornografisches Material spätestens seit der genannten Entscheidung des BGH im Jahr 2001 kein „(straf-)rechtsfreier Raum“ mehr.

Angesichts der Vielzahl kriminalpolitischer Bemühungen, das Verbot der Kinderpornografie in das allgemeine gesellschaftliche Bewusstsein zu heben und zu schärfen, sei im Folgenden ein etwas genauerer Blick auf die Ratio des Verbots und den Umgang mit der Strafnorm in der Praxis geworfen. Wenn die Verbreitung, der Erwerb und der Besitz von Kinderpornografie Verhaltensformen sind, die vom Gesetzgeber deshalb zu Recht mit Strafe bedroht werden, weil sie in einem erkennbaren Zusammenhang mit dem sexuellen Missbrauch von Kindern stehen, stellt sich zudem die Frage nach der Prävention: Kann der Umgang mit Kinderpornografie, der durch das Aufkommen des Internet eine neue Dimension erlangt hat, zurückgedrängt werden? Was sind hierfür die richtigen Strategien? Zuvor ist allerdings noch ein kurzer Hinweis darauf erforderlich, wie der Begriff der „Kinderpornografie“ in Deutschland vom Gesetzgeber und den Gerichten verstanden wird: Es geht um pornografische Schriften – zu denen auch Ton- und Bildträger, Datenspeicher, Abbildungen und andere Darstellungen gehören –, die sexuelle Handlungen von, an oder vor Kindern zum Gegenstand haben. Unter „Kindern“ werden in Deutschland anders als im europäischen und internationalen Rechtsbereich Personen unter 14 Jahren verstanden (§ 176 Abs. 1 StGB). „Pornographisch“ ist eine Schrift dann, wenn die Gesamttendenz des Werkes ausschließlich oder überwiegend auf die Erregung sexueller Reize zielt (BGHSt 37, 55, 59 f.). Dabei muss es um die Wiedergabe „sexueller Handlungen“ gehen, was hier deshalb erwähnenswert erscheint, weil hierdurch bloße Nacktaufnahmen aus dem Pornografiebegriff ausgeschlossen werden (BGHSt 43, 366, 367). Dies gilt es auch dann zu berücksichtigen, wenn empirische Befunde aus Deutschland mit den Daten aus anderen Ländern, insbesondere aus den USA verglichen werden: Ein Vergleich von Ermittlungsverfahren und „arrest"-Raten ohne die vorherige Analyse der Vergleichbarkeit der rechtlichen Rahmenbedingungen ist methodischen Einwänden ausgesetzt. Im Übrigen gilt es im Blick zu behalten, dass der Begriff der „Kinderpornografie" keineswegs „verharmlosend" ist, wie es ihm gelegentlich unterstellt wird (Neutze et al., 2012, S. 420). Jedenfalls aus rechtlicher Sicht bezeichnet der Begriff eindeutig etwas anderes als sexuellen Missbrauch von Kindern, so dass das Verbot des § 184b StGB von der Deliktsgruppe der §§ 176 ff. StGB auch terminologisch getrennt gehalten werden sollte.

II. Die Ratio des Verbots

Auch wenn es das Bundesverfassungsgericht nicht für erforderlich hält, dass eine Strafnorm durch ein konkretes Rechtsgut legitimiert werden muss, das durch die Norm geschützt werden soll, ist es erforderlich, dass sich ein verfassungslegitimer Zweck angeben lässt, der mit der Norm erreicht werden soll (BVerfGE 120, 224, 239 f., 241 f.). Was also ist der Zweck des Pornografieverbots?

Im Einzelnen ist hier Manches unklar und umstritten, wobei lediglich Einigkeit darüber besteht, dass jedenfalls die bloße Moralwidrigkeit zur Rechtfertigung der Strafnorm nicht genügt. Das Verbreitungsverbot (§ 184b Abs. 1 bis 3 StGB), das auch für die einfache Pornografie gilt (§ 184 Abs. 1 StGB), rechtfertigt sich nach wohl zutreffender Auffassung vor allem aus dem Gedanken des Jugendschutzes, aber auch des Schutzes vor ungewollter Konfrontation mit pornografischen Erzeugnissen. Für die Strafbarkeit des Sichverschaffens des Besitzes und des Besitzes selbst, die es allein im Zusammenhang mit der Kinder- und der Jugendpornografie gibt (§ 184b Abs. 4, § 184c Abs. 4 StGB), kann dieser Gedanke allerdings nicht fruchtbar gemacht werden, da Täter dann diejenigen wären, die vom Gesetz gerade geschützt werden sollen; Täter- und Opferrollen würden vermischt. Nach zutreffender Auffassung geht es beim Verbot der Kinderpornografie – und zwar sowohl bei der Verbreitensvariante als auch beim Erwerb und Besitz – deshalb um etwas Anderes, nämlich um einen Eingriff in ein Marktgeschehen, das reguliert und – um einmal das polizeiliche Vokabular zu benutzen – „bekämpft“ werden soll. Die Kriminalisierung der Verbreitung, des Erwerbs und des Besitzes von Kinderpornografie dient der Zurückdrängung der Belieferung des Marktes für kinderpornografische Produkte und der Reduzierung der Nachfrage nach den Produkten; beide Teilnehmer an diesem Marktgeschehen, Anbieter und Abnehmer, sollen bestraft werden, um den Markt einzudämmen und der Idee nach „auszutrocknen“ (Hörnle, 2012, § 184b Rn. 1; kritisch Popp, 2011, S. 198 ff.). Zielsetzung ist, dass verhindert werden soll, dass für die Aufrechterhaltung des Marktes stets neues Material produziert und hierfür sexuelle Handlungen von, an oder vor Kindern vorgenommen werden müssen. Im Hintergrund des abstrakten Gefährdungsdelikts steht mithin der Schutz der sexuellen Selbstbestimmung derjenigen Kinder, die in immer neuen pornografischen Produkten als Darsteller missbraucht werden (so namentlich die Zielsetzung des 27. StÄG, BT-Drucks. 12/3001, S. 5 f.).

Neben der Absicht, den Markt für kinderpornografische Produkte einzudämmen, nennt der Gesetzgeber als Begründung für die Kriminalisierung der Nachfrageseite noch ein zweites Anliegen: Bei der Strafdrohung für das Sichverschaffen des Besitzes und den Besitz gehe es auch darum, der Gefahr entgegenzuwirken, dass der Betrachter zum eigenen Missbrauch von Kindern angeregt werden könne, kurz: Es geht um die Verhinderung von Nachahmungstaten (BT-Drucks. 12/3001, S. 6). Neben den in den pornografischen Produktionen mitwirkenden Kindern sollen also auch diejenigen Kinder geschützt werden, die außerhalb der Produktionskette stehen und von den Abnehmern in Folge der Betrachtung missbraucht werden können. Diese zweite Zielsetzung überrascht auf den ersten Blick, da diese spezifische Form der Vorverlagerung des Strafrechtsschutzes in der Rechtsordnung singulär ist; jedenfalls bei dem Paralleldelikt, dem Verbreitungsverbot für gewaltverherrlichende oder -verharmlosende Schriften (§ 131 StGB), gibt es keine vergleichbare Regelung: Das Sichverschaffen des Besitzes und der Besitz gewaltverherrlichender oder gewaltverharmlosender Schriften sind nicht mit Strafe bedroht, obwohl die Nachahmungsthese auch insoweit Geltung beanspruchen könnte und das dahinter stehende Rechtsgut nicht minder schützenswert erscheint. Indes relativiert sich die Überraschung, wenn man die empirische Befundlage genauer in den Blick nimmt.

Zur Frage, ob die Rezeption kinderpornografischen Materials die Wahrscheinlichkeit nachfolgenden sexuellen Missbrauchs von Kindern erhöht, ob also den „hands off"-Delikten „hands on"-Delikte folgen, hat es eine Reihe von Studien gegeben. Erwähnenswert sind zwei Studien aus der Schweiz, in denen das Legalverhalten von Personen untersucht wurde, die im Zusammenhang mit einer Polizeiaktion als Abnehmer kinderpornografischen Materials auffällig geworden waren. Die Rückfallquote mit einschlägigen „hands on"- Delikten war äußerst gering: Im Kanton Luzern gab es keine Rückfälle (Frei et al., 2005), in der gesamten Schweiz lag die Rückfallquote nach 6 Jahren für „hand off"-Delikte bei 3,9 % und für „hands on"-Sexualdelikte bei 0,8 % (Endrass et al., 2009). Eine kanadische Metaanalyse, in die neun Studien eingingen, bestätigte diesen Befund: Die Rückfallquote für ein neues Pornografiedelikt lag danach bei 3,4 %, die Rückfallquote für ein Kontakt-Sexualdelikt bei 2,0 %, für ein Gewaltdelikt bei 4,2 % (Seto et al., 2011, S. 135). Bislang eindeutig identifizierter Risikofaktor für die Rückfälligkeit ist die strafrechtliche Vorbelastung mit einem Kontakt-Sexualdelikt (Seto/Eke, 2005; Endrass et al., 2009).

Die vom Gesetzgeber geäußerte Befürchtung, dass es zu Nachahmungstaten kommen könne, erscheint danach übertrieben; die Wahrscheinlichkeit nachfolgender „hand on"-Delikte ist gering. Allerdings sind zwei weitere Befunde beachtenswert, die die geringen Rückfallquoten in einem anderen Licht erscheinen lassen: Zum einen beziehen sich die angegebenen Daten nur auf die Hellfeldkriminalität; im Dunkelfeld sind die Rückfallquoten höher. Dies ist keineswegs nur trivial. In einer Studie, in der die strafrechtliche Vorbelastung von 155 Männern ausgewertet wurde, die wegen eines Internetdelikts mit Kinderpornografie in einem US-Gefängnis für die Dauer von mindestens 6 Monaten an einem Behandlungsprogramm für Sexualstraftäter teilnahmen, zeigte sich, dass zum Zeitpunkt der Verurteilung nur von 26 % der Angeklagten bekannt war, dass sie wegen „hands on"-Delikten vorbestraft waren. Bis zum Ende der sechsmonatigen Behandlung hatten 85 % der Verurteilten angegeben, vor der Verurteilung wenigstens ein solches Delikt begangen zu haben (Bourke/Hernandez, 2009). Sicherlich gibt die Studie zu vielerlei Nachfragen Anlass, nicht nur weil sie retrospektiv angelegt war, sondern auch weil die Bestrafung zu einer wenigstens sechsmonatigen Freiheitsstrafe ohne Bewährung und die Durchführung des Behandlungsprogramms für Sexualstraftäter die Frage nahelegen, wegen welcher weiteren Straftaten die Einsitzenden verurteilt worden waren; dass sie nur wegen eines Pornografiedelikts verurteilt worden wären, erschiene doch sehr erstaunlich. Die Ergebnisse der Studie warnen jedoch davor, sich vorschnell mit Hellfelddaten zufrieden zu geben und die Dimension der unentdeckt bleibenden Kriminalität zu vernachlässigen. Auch die bereits erwähnte kanadische Metaanalyse kam in einem Untersuchungsteil, der sich mit der strafrechtlichen Vorbelastung von „Online Sexualstraftätern" beschäftigte, zu dem Ergebnis, dass in der Gesamtzahl von 24 Studien zwar nur 12 % der Täter offiziell mit einem Sexualdelikt vorbelastet waren, der Anteil in Dunkelfeldbefragungen aber deutlich anstieg: In Befragungen gaben im Mittel gaben 55,1 % der Pornografienutzer an, sie hätten zuvor mit Kindern sexuelle Kontakte gehabt (Seto et al., 2011, S. 132 f.).

Zum anderen mahnen Studien zur Vorsicht, die sich mit den Unterschieden zwischen Tätern, die allein ein Pornografiedelikt begehen, und Missbrauchstätern beschäftigen. Auch hier muss man zwischen Hellfeld- und Dunkelfeldstudien unterscheiden. Eine kanadische Metaanalyse, die auf der Auswertung von 27 Primärstudien beruhte, bei denen es sich weit überwiegend (k = 24) um Hellfeldstudien handelte, machte auf psychologische Besonderheiten der „Online-Täter" aufmerksam: Sie zeigten eine größere Opferempathie, ein größeres Interesse an sexueller Devianz und ein geringeres Maß an impression management. Das größere Interesse an sexueller Devianz bei gleichzeitiger Unauffälligkeit mit „hands on"-Straftaten erklärten die Autoren mit einer größeren Fähigkeit der „Online-Täter" zur Selbstkontrolle (Babchishin et al., 2011). Eine neuere britische Studie ergab zudem, dass „Online-Täter" deutlich größere Quantitäten an pornografischem Material rezipieren als „Offline-Täter" und dies auch über einen längeren Zeitraum hinweg tun, dass sie aber weniger pornografisches Material herunterladen, das sexuelle Handlungen zwischen Kindern und Erwachsenen und sexuelle Handlungen mit Penetration zeigen (Long et al., 2013). In Deutschland sind entsprechende Hellfeldstudien derzeit noch in Vorbereitung (Linz, 2013). Dunkelfeldstudien, die in Deutschland im Umfeld des Präventionsprojekts „Kein Täter werden" angefertigt worden sind, weisen jedoch darauf hin, dass die Unterschiede zwischen „Online-" und „Offline-Tätern" nur gering sind: In den meisten untersuchten psychologischen Dimensionen seien die Gemeinsamkeiten zwischen den beiden Tätergruppen größer als die Unterschiede (Neutze et al., 2011).

Was folgt aus alledem? Die Ergebnisse legen es nahe, die Gruppe der „Online"-Täter nicht allein unter dem formalen Gesichtspunkt zu betrachten, dass eine spätere Verurteilung wegen eines Missbrauchsdelikts eher unwahrscheinlich ist. Interessanter ist die Frage, warum das kinderpornografische Material genutzt wird und in welchem Kontext das Sichverschaffen des Besitzes und der Besitz stehen. Täter, bei denen das Pornografiedelikt in einer Reihe mit anderen Straftaten, auch und insbesondere mit „hands on"-Delikten steht, weisen – bei insgesamt nur geringen Basisraten im Hellfeld – eine höhere Rückfallwahrscheinlichkeit auf als Täter, die ausschließlich mit dem Pornografiedelikt in Erscheinung treten. Die empirischen Befunde stützen mithin im Ergebnis die Position des Gesetzgebers: Zur Reduzierung des Risikos von Nachahmungstaten ist es – auch wenn das Risiko insgesamt nur gering ist – nicht sachwidrig, die Verbreitung, den Erwerb und den Besitz von kinderpornografischem Material unter Strafe zu stellen und zu kontrollieren. Der ggf. nur geringen Wahrscheinlichkeit von „hands on"-Delikten kann im Einzelfall durch die Reaktion der Justiz Rechnung getragen werden.

III. Kinderpornografie aus der Sicht von Polizei und Justiz

Mit der letzten Bemerkung richtet sich der Blick auf die Tätigkeit von Polizei und Justiz im Bereich der Kinderpornografie. Welche Bedeutung hat das Problemfeld in der Praxis? Wie gehen die Strafverfolgungsorgane mit der Strafnorm um?

Befunde aus den Statistiken

Erste Aufschlüsse liefern die amtlichen Statistiken. Beschränkt man sich für die Analyse auf den Zeitraum seit 2004, weil das eingangs erwähnte Gesetz zur Änderung der Vorschriften über die Straftaten gegen die sexuelle Selbstbestimmung am 1.4.2004 in Kraft getreten ist, zeigt sich bei den bekannt gewordenen Fällen zunächst ein enormer Anstieg (Abbildung 1): In dem Dreijahreszeitraum zwischen 2004 und 2007 nahm die Zahl der ermittelten Fälle um mehr als 50 % zu. Seitdem gehen die Fallzahlen kontinuierlich wieder zurück und lagen zuletzt (2012) deutlich unter dem Ausgangswert des Jahres 2004.

Abbildung 1: Verbreitung, Erwerb und Besitz kinderpornographischer Schriften (§ 184b StGB)

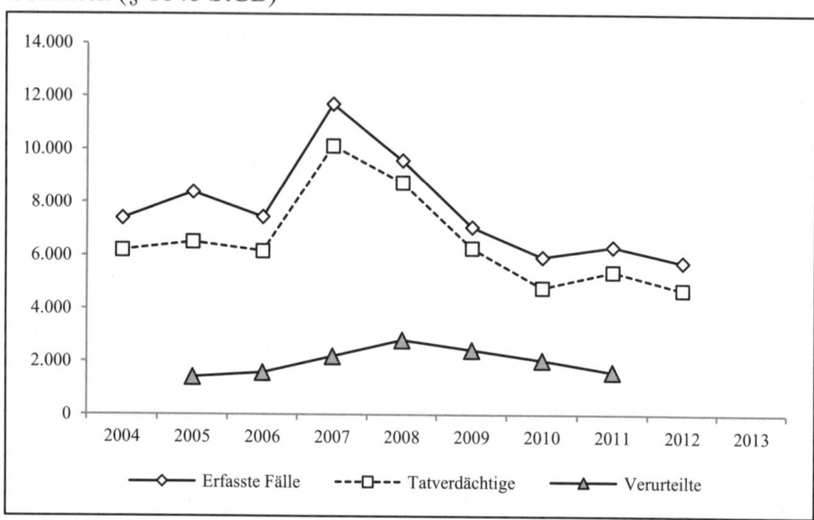

Über die Kriminalitätswirklichkeit sagen diese Zahlen bekanntlich nur wenig aus; sie spiegeln lediglich die Wahrnehmungen der Polizei wider. Dabei ist zu berücksichtigen, dass das Verbreiten und das Sichverschaffen des Besitzes auch nach der Polizeilichen Kriminalstatistik weit überwiegend, nämlich in mehr als zwei Drittel der Fälle, mit dem „Tatmittel Internet" begangen werden (PKS 2012, Tab. 05), wobei man diese Zahl wegen etwaiger Erfassungsfehler als Untergrenze betrachten muss. Zu den allgemeinen Umständen, die die Wahrnehmung von Delikten durch die Polizei beeinflussen (Häufigkeit, Schwere und Versatilität), kommen bei der Kinderpornografie solche Umstände hinzu, die mit der Verbreitung und der Nutzung des Internet in Zusammenhang stehen. Der Anstieg der Fallzahlen bis 2007 dürfte sich deshalb vermutlich in erster Linie daraus erklären, dass der Zugang zum Internet in jener Zeit eine immer breitere Verwendung gefunden hat (van Eimeren/Frees, 2013). Der Rückgang dürfte demgegenüber damit im Zusammenhang stehen, dass mehrere groß angelegte Polizeioperationen, die 2006 und 2007 durchgeführt wurden und über in den Medien breit berichtet wurde (etwa die Operation „Himmel", bei der die Ermittlungsbehörden von 12.000 Beschuldigten allein in Deutschland ausgingen; Gercke, 2009, S. 534), zur Folge hatten, dass sich Pornografienutzer im Internet vorsichtiger bewegten und entweder Anonymisierungssoftware nutzten oder auf geschlossene Benutzergruppen auswichen. Der seit 2007 zu beobachtende Rückgang steht deshalb nicht zwingend für eine geringer werdende Bedeutung des Problemfelds Kinderpornografie.

Die Aufklärungsquote ist bei der Kinderpornografie hoch und liegt in der Regel über 80 %. Viele Straftaten, die mit dem Tatmittel Internet begangen werden, lassen sich wegen der im Netz hinterlassenen Datenspuren vergleichsweise gut aufklären, und die Verstöße gegen § 184b StGB gehören unzweifelhaft dazu. Die Frage stellt sich natürlich, welche Nutzergruppen es sind, die von der Polizei als Tatverdächtige ermittelt werden. Beantwortet werden kann die Frage aus der Statistik nicht, aber allgemein lässt sich immerhin feststellen, dass es wohl überwiegend solche wenig technik-affinen Nutzer sind, die sich der hinterlassenen Datenspuren nicht bewusst sind und die deshalb im Umgang mit kinderpornografischem Material gerade keine technik-basierten Verschleierungsstrategien anwenden. Fragt man nach den einzelnen Tatbestandsvarianten des § 184b StGB, lässt sich der Statistik im Übrigen entnehmen, dass vor allem Rezipienten von Kinderpornografie als Tatverdächtige ermittelt werden: Der Anteil der Nachfrager (Tathandlung: Sich verschaffen und Besitz) steht zum dem Anteil der Anbieter (Tathandlung: Verbreiten) etwa im Verhältnis 2 : 1. Die Nachfrager sind in der Regel (über 95 %) männlich; zwei Drittel von ihnen sind zwischen 30 und 60 Jahre alt.

Nicht alle von der Polizei ermittelten Tatverdächtigen werden von den Staatsanwaltschaften angeklagt und von den Gerichten verurteilt; das ist ein allgemeines Phänomen, zeigt sich aber auch bei der Verfolgung der Kinderpornografie. Wenn man unter Vernachlässigung der methodischen Einwände, die sich gegen einen derartigen Vergleich erheben lassen (namentlich der unterschiedlichen Erhebungszeitpunkte und der unterschiedlichen Zählung von Mehrfachtätern), die Verurteiltenzahlen mit den Zahlen der Beschuldigten in Beziehung setzt, zeigt sich, dass die Verurteilungsquote über die Jahre hinweg angestiegen ist (Abbildung 1): Mussten 2005 nur 21,7 % der Tatverdächtigen mit einer Verurteilung rechnen, stieg dieser Anteil bis 2010 auf 42,7 %, ging in 2011 aber wieder auf 29,9 % zurück. Auch wenn diese Werte wegen der Unterschiedlichkeit der Ausgangszahlen nicht überinterpretiert werden dürfen, drückt sich hierin eine gestiegene Ahndungs- und Verurteilungsbereitschaft der Justiz im Umgang mit Kinderpornografie aus. In dieselbe Richtung weisen die von den Gerichten verhängten Sanktionen: Der Anteil derjenigen Verurteilten, die eine Geldstrafe erhalten, ist über die Jahre hinweg deutlich zurückgegangen: Lag er im Jahr 2005 noch bei 70,5 %, sank er bis zum Jahr 2011 auf 49,9 %. Die gewachsene Bereitschaft zur Verhängung von Freiheitsstrafen ist dabei keineswegs typisch für die Justiz; über alle Straftaten verteilt lag der Anteil der Verurteilungen zu Geldstrafe 2005 bei 81,0 % und 2011 nach wie vor bei 82,1 % (Statistisches Bundesamt, Strafverfolgung, Tab. 3.1 und 3.3). Der Rückgang des Geldstrafenanteils bei § 184b StGB ist also kein Ausdruck einer etwaigen gewachsenen Punitivität der Justiz, sondern drückt aus, dass die Neubewertung des Schweregehalts des Umgangs mit Kinderpornografie, die vom Gesetzgeber in den eingangs genannten Gesetzen vorgenommen wurdet, in der Justiz wahrgenommen und konsequent umgesetzt worden ist.

Untersuchungsergebnisse

Zur weiteren Aufhellung der Kennwerte, die sich aus den Statistiken ableiten lassen, wurde in unserem Institut eine Studie durchgeführt, in der die den Strafverfolgungsbehörden bekannten Informationen weiter ausdifferenziert und systematisiert wurden. Methodisch wurde dabei in der Weise vorgegangen, dass zunächst Experten aus der Fachebene beim Bundeskriminalamt und den Landeskriminalämtern interviewt wurden, um die Vorgehensweise der Polizei bei der Ermittlungstätigkeit kennenzulernen und Hypothesen für den Ablauf des Strafverfahrens zu generieren. Im Anschluss wurde in der niedersächsischen Zentralstelle zur Bekämpfung gewaltdarstellender, pornografischer und sonstiger jugendgefährdender Schriften eine Stichprobe aus den Verfahren gezogen, die wegen des Verdachts einer Straftat nach § 184b StGB durchgeführt worden waren. Das Bezugsjahr war 2008; insgesamt wurden 106 Verfahren ausgewertet. Aus der Vielzahl der dabei gewonnenen Einsichten (Hüneke, 2014; Meier, 2013) seien hier einige, besonders markante Punkte herausgegriffen.

Die Strafverfahren kommen in der Regel durch Ermittlungen von Amts wegen in Gang, sei es dass der Verdacht im Zusammenhang mit einem anderen Ermittlungsverfahren entsteht, so dass es sich im Polizeijargon um „Beifang“ handelt, sei es dass der Verdacht auf anlassunabhängige Recherchen zurückzuführen ist, die vom Bundeskriminalamt oder den Landeskriminalämtern durchgeführt werden. Mehr als drei Viertel der Verfahren (80 %) gingen in der Untersuchung in diesem Sinn auf amtswegige Ermittlungen zurück. Korrespondierend ging der Anfangsverdacht nur in knapp einem Viertel der Fälle (20 %) auf eine Strafanzeige zurück, wobei es sich überwiegend um Anzeigen von Internetprovidern, anderen Surfern, Familienmitgliedern oder auch von Reparaturwerkstätten handelte. Bei diesen auf eine Anzeige hin eingeleiteten Verfahren zeigte sich im weiteren Verfahrensverlauf, dass an den Hinweisen häufig „nichts dran" war, weil der Rahmen dessen, was als „pornografisch" anzusehen ist, von den Anzeigeerstattern anders, nämlich weiter, gezogen wurde als es vom Gesetz vorgesehen ist; insbesondere ist daran zu erinnern, dass es sich bei bloßen Nacktaufnahmen aus der Sicht der Justiz in der Regel noch nicht um pornografisches Material handelt.

Das Material, das die Grundlage der eingeleiteten Verfahren bildete, ist in der Regel sehr umfangreich. Nach der Auswertung durch die Polizei werden in die Strafakte thumbnails aufgenommen, anhand derer sich der sichergestellte Datenbestand rechtlich beurteilen lässt; bei Filmen werden zusätzlich zu den Ausdrucken Beschreibungen der einzelnen Sequenzen beigefügt. In der Untersuchung des Kriminalwissenschaftlichen Instituts wurden auch diese Bilder ausgewertet. Dabei zeigte sich ein deutliches Übergewicht von weiblichen Kindern (83,1 %) sowie von Kindern im Alter zwischen 9 und 13 Jahren (77,6 %); Kleinstkinder im Alter von unter drei Jahren waren nur sehr selten Gegenstand einer Abbildung (2,0 %). Zwei Drittel der Abbildungen (68,8 %) waren dem strafrechtlich eindeutigen Missbrauchsbereich zuzuordnen. Bewertete man das Material nach der im internationalen Raum gebräuchlichen 10-stufigen COPNE-Skala (Taylor/Quayle, 2003, S. 31 ff.), bewegten sich diese Darstellungen wenigstens auf der Stufe 7; am häufigsten waren die Bilder auf der Stufe 9 einzuordnen (Oral-, Anal- oder Vaginalverkehr mit einem Erwachsenen). Gegenstand der Strafverfahren sind mithin keine Petitessen. Von einer „Überreaktion" der Strafverfolgungsorgane kann keine Rede sein.

Eine der auch aus kriminologischer Sicht sicherlich spannendsten Fragen gilt der Herkunft des pornografischen Materials. Insoweit gibt es viele Vermutungen, die von der Digitalisierung schon älterer Bilder aus den 1970er und 80er Jahren über den Missbrauch der eigenen Kinder bis hin zu gewerbsmäßigen und arbeitsteiligen Strukturen reichen, die ihren Sitz im Ausland haben und schlagwortartig meist als „Kinderpornoindustrie" bezeichnet werden. Validieren lassen sich diese Vermutungen indes nur schwer. Jedenfalls im Jahr 2008, in dem die ausgewerteten Strafverfahren durchgeführt wurden, beschränkten sich die Ermittlungen der Polizei meist auf den Vorwurf des § 184b StGB; zu sexuellem Missbrauch wurden Ermittlungen entweder gar nicht erst aufgenommen oder verliefen vielfach auch im Sande. Anhand der in unserer Untersuchung ausgewerteten Strafverfahrensakten ließ sich die Herkunft des Materials dementsprechend nicht rekonstruieren. Festzustellen war lediglich, dass der weit überwiegende Teil der Bilder unentgeltlich verbreitet oder – deutlich häufiger – erworben worden war; nur in einer kleinen Zahl der Fälle (ca. 15 %) konnte den Erwerbern nachgewiesen werden, dass sie die Bilder entgeltlich erworben hatten. Bei den Marktstrukturen, die in der kriminalpolitischen Diskussion eine große Rolle spielen und die, wie zu Beginn ausgeführt, zur Rechtfertigung der Strafnorm herangezogen werden, handelt es sich dementsprechend im Kern nicht um einen auf Gewinnerzielung ausgerichteten Markt, sondern eher um einen Tauschhandel, bei dem Angebot und Nachfrage durch die Befriedigung von pädosexuellen Interessen bestimmt werden. Allerdings dürften bei diesem Marktgeschehen auch die mit unterschiedlich hohen Zugangshürden verbundenen Funktionsbereiche des Internet eine Rolle spielen. Anzunehmen ist, dass geschlossene Foren und Benutzergruppen diejenigen Bereiche sind, in dem neue, den Ermittlungsbehörde bislang unbekannte Bilder erstmals im Internet platziert werden; Zugang erhalten hier nur diejenigen Nutzer, die eigenes neues, in der Regel selbst produziertes Material vorweisen können. Von hier aus diffundieren die Bilder allmählich in die anderen Bereiche des Internet, insbesondere in peer-to-peer-Netzwerke und Newsgroups, bis sie zuletzt im world wide web landen, in dem sie von technikunerfahrenen Nutzern auf „paysites" heruntergeladen werden (Meier, 2013, S. 387 f.).

Wer sind die Täter und wie reagiert die Justiz? In der hier dargestellten Untersuchung waren die Beschuldigten, so wie es sich auch aus der Statistik ergibt, weit überwiegend männlich und typischerweise in einem Alter zwischen 25 und 60 Jahren. Alle Berufsgruppen waren vertreten, allerdings ließ sich eine leichte Häufung bei Berufen im Informations- und Kommunikationsbereich feststellen; etwa 10 % der Beschuldigten waren erwerbslos. Vorbestraft waren ca. 20 % der Beschuldigten; jeder 20. Beschuldigte (ca. 5 %) wiesen bereits 5 oder mehr Vorstrafen auf. Nach den Ergebnissen der weiter oben erwähnten Metaanalyse war der Anteil der Vorbestraften in der Untersuchung damit auffällig hoch. Die Beschuldigten waren mehrheitlich ledig oder geschieden; in der Regel hatten sie die deutsche Staatsangehörigkeit.

Es wurde bereits festgestellt, dass die Verfahren von der Justiz sehr ernst genommen werden. Hierzu steht es nicht im Widerspruch, dass in der Untersuchung festgestellt wurde, dass mehr als drei Viertel der eingeleiteten Verfahren (78,8 %) von den Staatsanwaltschaften eingestellt wurden. Die meisten dieser Einstellungen erfolgten nach § 170 Abs. 2 StPO, also deshalb, weil die hinreichende Verurteilungswahrscheinlichkeit nicht gegeben war. Am häufigsten spielte dabei der Gesichtspunkt eine Rolle, dass der Tatnachweis aus der Sicht der Staatsanwaltschaft nicht zu führen war. Häufig lag der Grund hierfür darin, dass es sich bei dem sichergestellten Material nicht um „pornografisches" Material im Sinne des Gesetzes handelte, oder darin, dass das Verfahren gegen den Anschlussinhaber einer IP-Adresse geführt worden war, dem die Tathandlungen aber nicht nachgewiesen werden konnten, weil der Anschluss auch von anderen Personen genutzt wurde. Eine nennenswerte Rolle spielten darüber hinaus die Fälle der „Doppelverfolgung", bei denen gegen den Beschuldigten von unterschiedlichen Staatsanwaltschaften mehrere Verfahren geführt wurden. Eine Opportunitätseinstellung erfolgte in etwa jedem fünften Fall (22,0 %); dabei dominierten Einstellungen gegen die Erfüllung einer Weisung oder Auflage nach § 153a StPO. Die Verurteilungsquote lag etwas geringer als im Bundesdurchschnitt (21,2 %; im Bundesdurchschnitt 2008: 32,1 %). Dabei war auffällig, dass die Staatsanwaltschaft in der Regel Anklage erhob und nicht auf das den Beschuldigten weniger stigmatisierende Strafbefehlsverfahren auswich. Auffällig war auch, dass der Geldstrafenanteil der Urteile lediglich bei 48 % und die Dauer der verhängten Freiheitsstrafe im Durchschnitt bei 7,1 Monaten lag. Verallgemeinernd kann mithin von einer recht harten Verfolgungspraxis gesprochen werden.

IV. Konsequenzen für die Prävention

Wenn es nach alledem sinnvoll ist, die Verbreitung, den Erwerb und den Besitz von kinderpornografischem Material mit Strafe zu bedrohen, und wenn die Durchsetzung des Verbots von der Justiz augenscheinlich auch sehr ernst genommen wird, bleibt die Frage, welche Möglichkeiten es gibt, um den Umgang mit Kinderpornografie in der Gesellschaft weiter zurückzudrängen und hierdurch einen Beitrag zum präventiven Schutz vor sexuellem Missbrauch von Kindern zu leisten. Aus den dargestellten Untersuchungsergebnissen verdienen insoweit vor allem zwei Befunde Aufmerksamkeit: zum einen das Ergebnis, dass es für kinderpornografisches Material einen Markt gibt, für den das Internet einen Gelegenheitsraum bietet;

der Handel mit Kinderpornografie vollzieht sich über Angebot und Nachfrage, aber dabei geht es in erster Linie nicht um kommerzielle, sondern um pädosexuelle Interessen und die Suche nach neuen pädosexuellen Reizen. Zum anderen das Ergebnis, dass das Verbot der Kinderpornografie ein Kontrolldelikt ist. Die Strafverfahren kommen typischerweise durch Ermittlungen von Amts wegen in Gang, nicht deshalb, weil der Verletzte oder sein Umfeld eine Strafanzeige erstatten; die abgebildeten Kinder, die ein unmittelbares Interesse an der Strafverfolgung haben könnten, bleiben typischerweise unbekannt.

Der erste Befund bietet Anlass, die Bemühungen um die Eindämmung der Nachfrage nach kinderpornografischen Produkten aufrechtzuerhalten und wenn möglich zu verstärken. Wie jeder Markt lebt auch der Markt für kinderpornografische Erzeugnisse von der Nachfrage; wo es keine Interessenten gibt, gibt es der Idee nach auch keine Anbieter und keine Produzenten von neuem, die Nachfrage befriedigenden Material. In Deutschland existiert seit nunmehr zehn Jahren ein gut eingeführtes präventives Therapieangebot für Menschen mit pädophilen und/oder hebephilen, also auf Jugendliche gerichteten sexuellen Neigungen, die bislang noch nicht in den Fokus der Strafverfolgungsorgane geraten sind. Seit 2009 ist das Präventionsprogramm um eine Komponente erweitert, die sich gezielt an die Nutzer von kinderpornografischen Darstellungen wendet (Beier/Neutze, 2009; Neutze et al., 2012). Unabhängig von den sexualmedizinischen Interessen, die hinter dem Programm stehen, weist der Ansatz aus kriminologischer Sicht in die richtige Richtung und verdient Unterstützung. Über die Ausdehnung des Therapieangebots in den Bereich der indizierten, tertiären Prävention für entdeckte und verfolgte Nutzer sollte nachgedacht werden.

Der zweite Befund verweist auf die Instrumente des Strafrechts und – vor allem – des Strafprozessrechts. Die Eindämmung und weitere Zurückdrängung des Umgangs mit Kinderpornografie können auch repressiv, also durch die Aufrechterhaltung und ggf. weitere Erhöhung des strafrechtlichen Kontrolldrucks erreicht werden. Die Ansatzpunkte hierfür sind vielfältig, und sie setzen keineswegs zwingend Aktivitäten des Gesetzgebers voraus. Eine besondere Rolle spielt für die Praxis die Verbesserung der rein faktischen Gegebenheiten im Bereich der Online-Ermittlungen, also die Verbesserung der personellen und technischen Ausstattung bei Polizei und Justiz, aber etwa auch die weitere Effektivierung der Verfolgungstechnik durch weiteren Ausbau der Automatisierung. Ermittlungen in den verschlüsselten Bereichen des Internet, dem Darknet, sind möglich, aber sie werden von der Polizei als sehr aufwendig beschrieben. Auch die Verbesserung der internationalen Zusammenarbeit bleibt eine Aufgabe, da die Ermittlungen häufig grenzüberschreitenden Charakter haben. Die Zusammenarbeit mit den Polizeien anderer Länder scheint zwar überwiegend keine Probleme zu bereiten, aber dem Vernehmen nach gibt es immer wieder auch Fälle, in denen sich die Zusammenarbeit mit einzelnen Ländern schwierig gestaltet und erfolgreiche Ermittlungen behindert werden. Aktivitäten des Gesetzgebers sind im Zusammenhang mit der Sicherung der im Netz hinterlassenen Datenspuren für die weiteren Ermittlungen erforderlich; aus der Sicht der Praxis ist die Vorratsdatenspeicherung ein nach wie vor unerledigtes Desiderat. Insoweit muss freilich mit den gegenläufigen Interessenlagen abgewogen werden; ein „Supergrundrecht" auf Sicherheit, hinter dem das Grundrecht auf informationelle Selbstbestimmung in jedem Fall zurückzustehen hat, gibt es bekanntlich nicht.

Bei allen Bemühungen um die Prävention darf die Begrenztheit dieser Ansätze nicht übersehen werden. Sexuelle Neigungen wie die Ansprechbarkeit auf den kindlichen Körper sind, gleich ob man eher auf präventive oder eher auf repressive Mittel setzt, in der Breite nur schwer zu beeinflussen. Wenn davon auszugehen ist, dass die Lebenszeitprävalenz für Pädophilie in der männlichen Allgemeinbevölkerung etwa bei 0,5 % liegt (Mokros et al., 2012, S. 355), wird man wohl ebenfalls davon ausgehen müssen, dass es einen – internetbasierten – Markt für kinderpornografisches Material auf Dauer geben wird. Ein „Austrocknen" dieses Markts kann deshalb, so wie es die Überschrift zu diesem Beitrag andeutet, eine „unlösbare Aufgabe" sein. Einen Versuch in diese Richtung zu unternehmen ist es aber allemal wert.

Literatur

Babchishin, K.M. et al. (2011). The Characteristics of Online Sex Offenders: A Meta-Analysis. Sexual Abuse, 92 – 123.

Beier, K.M., Neutze, J. (2009). Das neue „Präventionsprojekt Kinderpornografie" (PPK): Erweiterung des Berliner Ansatzes zur therapeutischen Primärprävention von sexuellem Kindesmissbrauch im Dunkelfeld. Sexuologie, 66 – 74.

Bourke, M. L , Hernandez, A. E. (2009). The 'Butner Study' Redux: A Report of the Incidence of Hands-on Child Victimization by Child Pornography Offenders. Journal of Family Violence, 183 – 191.

Endrass, J. et al. (2009). The consumption of internet child pornography and violent and sex offending. BMC Psychiatry 9.

Frei, A. et al. (2005). Paedophilia on the Internet – a study of 33 convicted offenders in the Canton of Lucerne. Swiss Med Wkly, 488 – 494.

Gercke, M. (2009). Die Entwicklung des Internetstrafrechts im Jahr 2008, Zeitschrift für Urheber- und Medienrecht, 526 – 538.

Hörnle, T. (2012). § 184b StGB. In: Joecks, W., Miebach, K. (Hrsg.), Münchener Kommentar zum Strafgesetzbuch. Bd. 3, 2. Aufl. München: C. H. Beck.

Hüneke, A. (2014). Herstellung und Verbreitung von Kinderpornographie im Internet. Jur. Diss. Hannover.

Linz, S. (2013). Kriminologische Erkenntnisse zu Konsumenten von Kinderpornographie. In: Dölling, D., Jehle, J.-M. (Hrsg.), Täter – Taten – Opfer. Grundlagenfragen und aktuelle Probleme der Kriminalität und ihrer Kontrolle. Mönchengladbach: Forum Verlag Godesberg, 392 – 402.

Long, M. L. et al. (2013). Child Pornography and Likelihood of Contact Abuse: A Comparison between Contact Child Sexual Offenders and Noncontact Offenders. Sexual Abuse, 370 – 395.

Meier, B.-D. (2013). Kinderpornographie im Internet. Ergebnisse eines Forschungsprojekts. In: Dölling, D., Jehle, J.-M. (Hrsg.). Täter – Taten – Opfer. Grundlagenfragen und aktuelle Probleme der Kriminalität und ihrer Kontrolle. Mönchengladbach: Forum Verlag Godesberg, 374 – 391.

Mokros, A. et al. (2012). Pädophilie. Prävalenz, Ätiologie und Diagnostik. Nervenarzt, 355 – 358.

Neutze, J. et al. (2011). Predictors of Child Pornography Ooffences and Child Sexual Abuse in a Community Sample of Pedophiles and Hebephiles. Sexual Abuse, 212 – 242.

Neutze, J. et al. (2012). Der Nutzung von Missbrauchsabbildungen therapeutisch vorbeugen. Erweiterungen des Berliner Ansatzes zur Präventon sexuellen Kindesmissbrauchs im Dunkelfeld. Kriminalistik, 420 – 426.

Popp, A. (2011). Strafbarer Bezug von kinder- und jugendpornopgraphischen "Schriften". Zeit für einen Paradigmenwechsel im Jugendschutzstrafrecht? Zeitschrift für Internationale Strafrechtsdogmatik, 193 – 203.

Seto, M. C., Eke, A. W. (2005). The Criminal Histories and Later Offending of Child Pornography Offenders. Sexual Abuse, 201 – 210.

Seto, M. C . et al. (2011). Contact Sexual Offending by Men with Online Sexual Offences. Sexual Abuse, 124 – 245.

Taylor, M., Quayle, E. (2003). Child pornography: an Internet crime. Hove, New York: Brunner-Routledge.

van Eimeren, B., Frees, B. (2013). Rasanter Anstieg des Internetkonsums – Onliner fast drei Stunden täglich im Netz. Media Perspektiven, 358 – 372.

Aktuelle empirische Befunde der deutschen Kriminologie zur Gewalt unter Gefangenen

Frank Neubacher

I. Einleitung

Der Gefangenensubkultur, diesem oft beschriebenen inoffiziellen Set an Normen und Regeln, fühlen sich, wenn auch nicht alle Gefangenen, so doch viele von ihnen verpflichtet. Die Geltung der subkulturellen Normen (z. B. „männlich zu sein", „sich selbst zu helfen", die „Hackordnung" anzuerkennen, keine Mitgefangenen „zu verzinken") beruht zum Teil auf Überzeugung, zum Teil auch auf Furcht vor Sanktionierung durch Mitgefangene im Falle der Regelverletzung. Üblicherweise nehmen solche Sanktionen die Form von Gewalt an. Es sind also schon deswegen nicht nur die problematischen Einstellungen und Verhaltensweisen, die die Gefangenen ins Gefängnis mitbringen (sog. Importation), die Gewalt unter Gefangenen erklären können, sondern auch und gerade haftspezifische Umstände, zu denen Autonomieverlust, Subkultur und Besonderheiten einzelner Anstalten (etwa das „Anstaltsklima") zu zählen sind.

Während im angloamerikanischen Sprachraum das Phänomen der Gefängnisgewalt schon des öfteren beforscht (Allard et al., 2008; Ireland/Ireland, 2008; Mears et al., 2013) und in den USA 2003 sogar ein „Prison Rape Elimination Act" verabschiedet wurde (s. Struckman/Struckman, 2013; Wittmann, 2012), ist die Forschungssituation in Deutschland bislang recht dünn gewesen (s. Überblick bei Suhling/Rabold, 2013). Sicher nicht zuletzt wegen des schrecklichen Häftlingsmordes 2006 in der Justizvollzugsanstalt Siegburg, dem ein ähnliches, aber weniger beachtetes Verbrechen 2001 in der Jugendstrafanstalt in Ichtershausen vorausging, haben sich Wissenschaft, Landesjustizverwaltungen und Anstalten dem Phänomen zugewandt. Die allerorts festzustellende Sensibilisierung für die Problematik hat auch die beiden Forschungsprojekte in Hannover und Köln ermöglicht, von denen im Folgenden die Rede sein soll. Eines davon leitet der verehrte Jubilar, dem die Kriminologie nicht nur zur Gefängnisgewalt wichtige Studien zu brennenden kriminalpolitischen Fragen verdankt. Es darf sicher als hervorstechendes Markenzeichen von Christian Pfeiffer bezeichnet werden, dass er mit großer Zielsicherheit klärungsbedürftige Fragen ausmacht, dabei vor tatsächlichen oder vermeintlichen Tabuthemen nicht zurückschreckt und die diskussionswürdigen Themen furchtlos in eine breite Öffentlichkeit trägt. Eines ist gewiss: Ohne Christian Pfeiffer wären die deutsche Kriminologie und ihre Themen bei weitem nicht so sichtbar wie das tatsächlich der Fall ist. Dafür gebührt ihm gerade in Zeiten, in denen sich die Fachleute um die Zukunft der Kriminologie sorgen[1], Dank und Anerkennung.

Dass die beiden Forschungsprojekte in Hannover und Köln[2] praktisch zeitgleich angegangen wurden, drängt geradezu nach einer vergleichenden Betrachtung, die nach weiteren Gemeinsamkeiten, aber auch nach Unterschieden in Vorgehensweise und Ergebnissen fragt. Ohne hier zu viel vorwegzunehmen, sei vorab konstatiert, dass sich die beiden Projekte in methodischer Hinsicht ergänzen, dass sich ihre Ergebnisse gegenseitig stützen und dass sie im Ganzen ein recht stimmiges Gesamtbild des Phänomens zeichnen.

II. Die Studie des Kriminologischen Forschungsinstituts Niedersachsen (KFN), Hannover

In den Jahren 2011 und 2012 befragte das KFN in den fünf beteiligten Bundesländern (Brandenburg, Bremen, Niedersachsen, Sachsen und Thüringen) jeweils einmalig Gefangene in 48 Justizvollzugsanstalten. Betroffen waren schwerpunktmäßig Strafvollzugsanstalten mit erwachsenen Männern; mit dem Fragebogen wurden aber auch einige Jugendstrafgefangene, weibliche Inhaftierte sowie Untersuchungshaftgefangene erreicht. Insgesamt nahmen 5.983 Inhaftierte teil, die Rücklaufquote betrug 50,3 %. Ein im Sommer 2012 vorgelegter Forschungsbericht bezifferte

1 Siehe das „Freiburger Memorandum zur Lage der Kriminologie in Deutschland", abgedruckt in: Monatsschrift für Kriminologie und Strafrechtsreform, 2012, S. 385 ff. und Neue Kriminalpolitik, 2013, S. 10 ff.

2 Das Forschungsprojekt am Institut für Kriminologie der Universität zu Köln wird seit Mai 2010 von der Deutschen Forschungsgemeinschaft finanziell unterstützt. Zum Forschungsteam zählen u.a die wiss. Mitarbeiterinnen bzw. Mitarbeiter (in alphabetischer Reihenfolge) Verena Boxberg, André Ernst, Jenny Häufle geb. Oelsner, Holger Schmidt und Daniel Wolter. Allen möchte ich an dieser Stelle herzlich danken.

den Anteil der Gefangenen, die jeweils in den vier Wochen vor der Befragung eine „indirekte Viktimisierung" (inkl. „Gerüchte verbreiten", „Lustigmachen") erlitten hatten, mit 50 %, den Anteil derer, die „körperliche Übergriffe" erlebt hatten, auf 25,7 %. Im Jugendstrafvollzug war die Prävalenzrate für mindestens einen „physischen Übergriff" danach mit 49 % fast doppelt so hoch (Bieneck/Pfeiffer, 2012, S. 10). Dabei ist jedoch zu berücksichtigen, dass in die Kategorie der „physischen Viktimisierung" auch zwei Items[3] fielen, die man dort nicht ohne weiteres vermuten würde und die das Ergebnis beeinflusst haben könnten.

Eine nachfolgende Publikation (Baier/Bergmann, 2013) beschränkte sich im Wesentlichen auf die Befunde zu den 4.436 männlichen Gefangenen im Erwachsenenvollzug (v.a. Straf- und U-Haft). Diese hatten den Fragebogen, der in viele Sprachen übersetzt worden war, in mehr als drei Vierteln der Fälle in ihrem eigenen Haftraum ausgefüllt; bei den anderen erfolgte die Befragung im Gemeinschaftshaftraum oder an einem anderen Ort. Zum Zeitpunkt der Befragung waren die Gefangenen durchschnittlich 36 Jahre alt und wiesen zu gut einem Viertel (26,6 %) einen Migrationshintergrund auf. 77 % der Befragten waren vorbestraft, 59 % hatten keinen oder nur einen Hauptschulabschluss und die Quote derer, die wegen eines Gewaltdelikts in Haft waren, betrug 32,5 % (Sexualdelikte: 11 %).

Die Ergebnisse der kombinierten Täter- und Opferbefragung wurden nur für Verhaltensweisen berichtet, die als körperliche Gewalt, also Gewalt in einem engeren Sinne, einzustufen waren. Als Opfer „physischer Gewalt"[4] (Täterraten in Parenthese) gaben sich demnach 16,8 % (10,6 %) der Gefangenen im Männervollzug, 11,4 % (9,6 %) im Frauenvollzug und 32,4 % (31,2 %) im Jugendvollzug[5] zu erkennen. Die Prävalenzraten betrugen, wiederum für einen vier-Wochen-Zeitraum, bei der „Erpressung"[6] 11,4 % (6,1 %) im Männervollzug, 12,7 % (4,0 %) im Frauenvollzug und

3 „Mitgefangene haben mir gedroht, mich zu schlagen" und „Mein Eigentum/meine Sachen wurden absichtlich beschädigt".

4 „Mit Absicht gestoßen", „mit der Hand/Faust geschlagen oder getreten", „gequält/gefoltert" und „mit einem Gegenstand geschlagen".

5 Faktisch handelt es sich überwiegend um Vollzug an Heranwachsenden und jungen Erwachsenen im Alter bis 24 Jahre.

6 „Mitgefangenen Einkauf bezahlen", „Familie/Freunde bitten, Mitgefangenen Geld zu schicken" „Mitgefangenen Geld schicken, wenn ich rauskomme", „von meinem Einkauf abgeben" und „Mitgefangenen meine Telefonkarte/meinen PIN-Code zu geben".

19,6 % (17,9 %) im Jugendvollzug. Bei sexueller Gewalt[7] bewegten sie sich durchgehend unter 4 %, wobei der Jugendstrafvollzug auch hier herausstach. Allgemein scheint demnach der Jugendstrafvollzug besonders von Gewalt betroffen zu sein, während das für den Männervollzug etwas weniger und für den Frauenvollzug deutlich eingeschränkt gilt. Formen körperlicher Gewalt kommen am häufigsten vor, sexuelle Gewalt ist anscheinend ein eher seltenes Geschehen. Außerdem ist der offene Vollzug vergleichsweise wenig mit Gewalt belastet. In nennenswerter Weise erhöht sind dagegen die Täterprävalenzraten in Bezug auf physische Gewalt bei jungen Inhaftierten, bei Gewaltdelinquenten, bei Gefangenen, die bereits einmal inhaftiert waren, und bei Gefangenen mit Migrationshintergrund (Baier/Bergmann, 2013, S. 78). Die Berichte der Gefangenen lassen außerdem darauf schließen, dass mehr als ein Drittel der Übergriffe selbst dann nicht an eine Vertrauensperson weitergegeben oder angezeigt werden, wenn die Vorfälle subjektiv als gravierend empfunden werden („schlimmste Erfahrung“). Viele Gefangene räumten ein, im Gefängnis bestimmte Orte zu meiden, um Gefahren aus dem Weg zu gehen. Am meisten benannt wurden in diesem Zusammenhang andere Hafträume und der Hof während der Freistunde.

Im Rahmen eines multivariaten Erklärungsmodells gingen signifikante Einflüsse auf das Gewaltverhalten der Gefangenen von den folgenden vier Faktoren aus: erlebte elterliche Gewalt in der Kindheit (47 % haben häufiger leichte oder schwere elterliche Gewalt erlebt), Drogenkonsum, Gewaltaffinität sowie die Viktimisierung durch physische Gewalt in Haft. Zusätzlich erwies sich ein negatives Verhältnis zwischen Inhaftierten und Bediensteten als gewaltfördernd (Baier/Bergmann, 2013, S. 81). Darüber hinaus hatten aber auch anstaltsbezogene Merkmale Erklärungskraft. In Anstalten, in denen die Gefangenen den Einsatz von Gewalt subkulturell wertschätzten und wenig angezeigt wurde, griffen die Inhaftierten nämlich unabhängig davon, ob sie selbst diesen subkulturellen Ansichten zustimmten, häufiger zur Gewalt. Dieser Befund konnte als Bestätigung des Einflusses der Subkultur gedeutet werden. Der Anteil der Drogenkonsumenten in einer Anstalt stand in keiner direkten Beziehung mit dem Gewaltverhalten. Doch übten Gewaltaffinität und individueller Drogenkonsum

7 „Mitgefangene mit dem Mund befriedigen“, „zum Geschlechtsverkehr/Analverkehr gezwungen“.

einen deutlichen Einfluss aus (Baier et al., 2014). Zusammenhänge mit der Subkultur liegen ebenfalls nahe.

III. Das Forschungsprojekt des Instituts für Kriminologie der Universität zu Köln

Anlage der Untersuchung und Beschreibung der Teilnehmer

Wenn im Folgenden das Kölner Forschungsprojekt ein wenig ausführlicher dargestellt wird, dann geschieht das deshalb, weil der Geehrte sein eigenes Hannoveraner Projekt schon kennt und sich sein Interesse daher stärker auf das Projekt der südlichen Nachbarn aus Nordrhein-Westfalen richten dürfte. Denen ging es darum, in einem „mixed methods approach“ quantitative und qualitative Forschungsmethoden zu kombinieren und die Studie längsschnittlich anzulegen (s. Neubacher et al., 2011; Neubacher et al., 2012).

Für die Studie wurde der geschlossene Jugendstrafvollzug in Nordrhein-Westfalen und Thüringen ausgewählt. Ein wesentlicher Teil der Daten wurde über einen gut vierzig Seiten starken Fragebogen erhoben, für dessen Beantwortung die Gefangenen zwischen 45 und 90 Minuten benötigten. Die Befragung erfolgte in Gruppen von je 10-15 Gefangenen in einem Schulungsraum der Anstalten oder einem anderen geeigneten Raum. Bedienstete waren nicht anwesend, es standen aber zwei Mitglieder des Forschungsteams bereit, um etwaige Fragen zu beantworten und einen gleichförmigen Ablauf sicherzustellen. Die Befragung wurde insgesamt viermal, nämlich jeweils im Abstand von drei Monaten (Mai 2011, August 2011, November 2011, Februar 2012), in den beteiligten Anstalten (Heinsberg, Herford, Ichtershausen mit Zweigstelle Weimar) durchgeführt. Als Kontrollgruppe dienten 212 Bewährungsprobanden, die mit dem gleichen Fragebogen ebenfalls viermal befragt wurden – allerdings auf postalischem Wege. Die vielfältigen Facetten von Gewalt (z. B. psychische Gewalt, physische Gewalt, sexuelle Gewalt, Zwang/Erpressung) wurden bei der Bildung von 24 Items berücksichtigt, die der DIPC-Scaled (Ireland/Ireland, 2008) entsprechend nachgebildet waren. Der gesamte Fragebogen war im Oktober 2010 mit Jugendstrafgefangenen der JVA Siegburg einem Pretest unterzogen worden.

Zusätzlich wurden insgesamt 36 problemzentrierte Interviews geführt. Diese fanden unter vier Augen in den Anstalten statt. Die mit Wissen und

Zustimmung der Gefangenen aufgezeichneten Gespräche (insgesamt über 60 Stunden) wurden später transkribiert und so bearbeitet, dass Rückschlüsse auf einzelne Interviewpartner ausgeschlossen sind. Sofern die Gefangenen auch hierin schriftlich einwilligten, wurden ihre Gefangenenpersonalakten analysiert. Die Teilnahme an der Untersuchung war selbstverständlich freiwillig. In den beteiligten Anstalten gaben in der ersten Welle 386 Gefangene, in der zweiten Welle 430 Gefangene, in der dritten Welle 453 Gefangene und in der vierten Welle 500 Gefangenen ihren ausgefüllten Fragebogen ab. Damit stieg die Teilnahmequote von zunächst 62 % über 67 % und 70 % auf zuletzt 74 % an. Darüber hinaus erklärten sich 62 % aller Gefangenen mit einem Interview einverstanden, 91 % willigten in die Auswertung ihrer Akte ein. Was die Interviews betraf, so wurden die Gesprächspartner ausgelost. Von den Akten konnten aus Zeitgründen lediglich 223 ausgewertet werden.

Die 882 Gefangenen, die an der Studie teilnahmen, waren zum Zeitpunkt der Befragung zwischen 15 und 24 Jahren alt; das Durchschnittsalter betrug 20 Jahre. Der Anteil der Nichtdeutschen belief sich auf 18,3 %, weitere 29,5 % waren deutsche Staatsangehörige mit Migrationshintergrund. 53 % der Befragten verfügte über keinen Schulabschluss, 70 % waren wegen eines Gewaltdelikts in Haft, meistens wegen Körperverletzungs- und Raubdelikten. 99 % der Befragten wiesen eine oder mehrere Vorstrafen auf. Zum Zeitpunkt der Inhaftierung waren ein Drittel arbeitssuchend; 59 % der Befragten konsumierten vor ihrer Inhaftierung „täglich" oder „fast täglich" illegale Drogen, hauptsächlich Cannabis. Ohne Übertreibung lässt sich im geschlossenen Jugendstrafvollzug also von einer „Problemklientel" sprechen, die den Vollzug vor besondere Herausforderungen stellt.

Ergebnisse der Untersuchung

Wesentliche Ergebnisse der Befragung lassen sich aus unten stehender Tabelle 1 ersehen, die die Angaben zu Häufigkeit (Prävalenz) und Art von Gewaltvorkommnissen über alle vier Messzeitpunkte wiedergibt. Die Gefangenen waren danach gefragt worden, ob sie eine von 24 Gewaltformen in den zurückliegenden drei Monaten selbst ausgeübt haben bzw. ob sie ihnen selbst widerfahren ist. In der Tabelle sind diese Verhaltensformen zu sechs Kategorien von Gewalt zusammengefasst worden. Beispielsweise verbergen sich hinter „psychischer Gewalt" Verhaltensweisen wie „Ich habe jemanden absichtlich ignoriert oder ausgeschlossen" oder „Ich habe Mitgefangene gegen andere Gefangene aufgehetzt", während unter „physischer Gewalt" die Anwendung („Ich habe einen anderen Gefangenen getreten oder geschlagen") oder Drohung mit physischer Gewalt („Ich habe anderen Gefangenen Gewalt angedroht") verstanden wurde. Um die graduellen Abstufungen möglichst trennscharf erfassen zu können, wurde eine Kategorie gebildet (in Tabelle 1 „Körperverletzung"), die durchaus auch in einem strafrechtlichen Sinne als (versuchte oder vollendete) Körperverletzung zu bewerten ist und die ausschließlich die beiden folgenden Items umfasste: „Ich habe einen anderen Gefangenen getreten oder geschlagen" sowie „Ich habe einen anderen Gefangenen absichtlich verletzt".[8]

Tabelle 1: Häufigkeit und Art von Gewaltvorkommnissen

	Welle 1 (N = 386)		Welle 2 (N = 430)		Welle 3 (N = 453)		Welle 4 (N = 500)	
	Opfer N (%)	Täter N (%)	Opfer N (%)	Täter N (%)	Opfer N (%)	Täter N (%)	Opfer N (%)	Täter N (%)
Gesamtskala	303 (79)	347 (90)	332 (77)	369 (86)	327 (72)	392 (87)	345 (69)	432 (86)
psychische Gewalt	287 (74)	338 (87)	315 (73)	362 (84)	310 (69)	377 (83)	328 (66)	422 (84)
physische Gewalt	196 (51)	265 (69)	180 (42)	266 (62)	183 (40)	291 (64)	197 (39)	317 (63)
Körperverletzung	*113 (29)*	*176 (46)*	*95 (22)*	*201 (47)*	*99 (22)*	*208 (46)*	*118 (24)*	*216 (43)*
Sexuelle Gewalt	8 (2)	2 (1)	17 (4)	8 (2)	15 (3)	6 (1)	24 (5)	19 (4)
Materielle Schädigung	113 (29)	180 (47)	104 (24)	201 (47)	112 (25)	225 (50)	112 (22)	239 (48)
Zwang/ Erpressung	59 (15)	153 (40)	49 (11)	177 (41)	48 (11)	172 (38)	68 (14)	196 (39)

Täter- und Opferangaben der Inhaftiertenstichprobe von der ersten bis zur vierten Welle (Querschnitt); dichotomisiert, DIPC-scaled

Erwartungsgemäß sind Formen psychischer Gewalt (z. B. Ignorieren, Hetzen, Lästern) weit verbreitet. Ausweislich der Täterangaben waren es – je nach Messzeitpunkt – zwischen 80 und 90 % der Gefangenen, die einräumten, in den drei Monaten vor der Befragung ein entsprechendes Verhalten an den Tag gelegt zu haben. Auf Formen physischer Gewalt hatten zwischen 62 % und 69 % der Befragten, also rund zwei Drittel, zurückgegriffen. Diese Zahlen sprechen für eine große Verbreitung diverser Facetten der Gewalt. Es ist sicher nicht zu weit hergeholt, wenn man davon

8 Eine Aufstellung aller Items wird auf Wunsch gerne zur Verfügung gestellt.

spricht, dass Gewalt in ihren unterschiedlichen Formen ein alltägliches Phänomen im Jugendstrafvollzug ist. Diese Aussage wird man selbst dann aufrechterhalten müssen, wenn man sich der Gewalt im engsten Sinne zuwendet und sie auf manifeste Körperverletzungen beschränkt. Fast jeder zweite Gefangene (zwischen 43 % und 47 %) gab sich insoweit – bezogen auf die letzten drei Monate – als Täter zu erkennen. Auch der Anteil von 38 % bis 41 % der Gefangenen, die „Zwang“ oder „Erpressung“ einräumten, ist beträchtlich. Immerhin wurden unter dieser Kategorie Verhaltensweisen gefasst, die für eine funktionierende Gefangenensubkultur typisch sind (z. B. „Abziehen“; einen anderen Gefangenen zur Abgabe seines Einkaufs veranlassen; einen Mitgefangenen Arbeiten verrichten lassen; einen Gefangenen zwingen, für jemanden zu lügen). Sexuelle Gewalt (einschl. sexueller Belästigung) tritt offenbar vergleichsweise selten auf. Hier lagen die Täterangaben zwischen 1 % und 4 %.

Die Inzidenz (Häufigkeit) einschlägiger Vorfälle wurde durch die Antwortkategorien „nie“, „selten“, „manchmal“ und „oft“ erfasst. Obwohl wie gesehen sehr viele Gefangene eigene Gewaltausübung einräumten, geschah das im jeweiligen Zeitraum nicht oft. Die Gefangenen wählten jedenfalls zum ganz überwiegenden Teil die Kategorie „selten“. Wenn man also zu Recht von der Alltäglichkeit der Gewalt im Jugendstrafvollzug spricht, muss man sie dahingehend präzisieren, dass sie zwar täglich um einen Gefangenen herum geschieht und insoweit auch nicht ohne Eindruck auf ihn bleiben wird, dass er sie aber nicht selbst in eigener Person täglich erleidet. Eine weitere Relativierung ergibt sich daraus, dass die Kontrollgruppe der Bewährungsprobanden, selbst bei Parallelisierung der Vergleichsgruppen (im Wege des propensity score matching) durchgehend stärker mit Gewalt belastet war als die Gefangenengruppe (s. Boxberg et al., 2013). Das Forschungsteam interpretiert diesen Befund vor dem Hintergrund unterschiedlicher Tatgelegenheitsstrukturen auf eine zunächst paradox anmutende Weise. Denn obwohl alles dafür spricht, dass die Situation in Haft mit dafür sorgt, dass gewaltaffine Gefangene aufeinander treffen und dann auch aufeinander losgehen, gelingt es den Vollzugsbediensteten gleichzeitig, durch ein relativ hohes Maß an Aufsicht und Kontrolle die Gelegenheiten zu reduzieren und gleichsam „den Deckel draufzuhalten“. Davon kann bei vergleichbaren jungen Männern auf freiem Fuß, die weitgehend ungehindert ihre Kreise ziehen, nicht die Rede sein.

Der Umstand, dass sich die Möglichkeit von Gewalt im Jugendgefängnis jederzeit realisieren kann, führt bei einem großen Teil der jungen Inhaftierten nachvollziehbar zu Verunsicherung. Die Aussage „Ich fühle mich vor Übergriffen sicher" bejahten zum ersten Messzeitpunkt 47 % aller Befragten. Im Umkehrschluss darf man davon ausgehen, dass sich rund jeder zweite Jugendstrafgefangene nicht sicher fühlt. Brennpunkte der Gewalt sind bedingt festzustellen. Auf die offene Frage nach den Orten der erlebten Gewalt benannten die Gefangenen mit Abstand am häufigsten die Freistunde und den Haftraum. Dahinter rangierten Angriffe während der Arbeit, im Duschraum, auf dem Flur (der Abteilung) und während des Sports. Ziemlich selten wurden dagegen Schulräume, der Besucherraum, das Wartezimmer beim Arzt und ein Transport erwähnt. Andererseits macht die Aufzählung deutlich, dass sich Gewalt letztlich überall ereignen kann.

Besonders fiel ins Auge, dass die Gruppe derer, die sowohl Täter- als auch Opferangaben machten (d. h. für die zurückliegenden drei Monate mindestens jeweils ein Täter- und ein Opferitem bejahten), mit 70 % sehr groß ist. Die Gruppe der „reinen Täter" ist hingegen nur 17 % groß, jene der „reinen Opfer" noch kleiner. Am kleinsten ist mit rund 5 % die Gruppe der Nichtinvolvierten, das sind jene, die weder Täter- noch Opfererfahrungen berichteten. Eine schematische Betrachtungsweise, die trennscharf nach Tätern und Opfern unterscheidet, geht an der offenbar komplexeren Realität vorbei. Wer gestern noch anderen seinen Willen aufzwingen konnte, wird morgen vielleicht schon auf einen Stärkeren treffen und selbst unterworfen. Jeder muss also damit rechnen, taxiert und auf die Probe gestellt zu werden. Jeder muss auch bereit sein, sich selbst zu behaupten, um „seine Ruhe" zu haben, wie eine oft zu hörende Redewendung der Gefangenen lautet. Das Geschehen ist in jedem Fall äußerst dynamisch, ein Wechsel zwischen den einzelnen Gruppen ist die Regel. Dabei erweist ein Vergleich zwischen Tätern und Opfern, dass mit Gewaltausübung in der Tätergruppe erwartungsgemäß bestimmte Einstellungen einhergehen, die Gewalt begünstigen, nämlich Akzeptanz von Gewalt, Männlichkeitsvorstellungen sowie eine positive Einstellung zu subkulturellen Werten und Verhaltensweisen (Häufle et al., 2013, S. 30).

Die qualitativen Interview-Daten stützen und erweitern die Erkenntnisse aus den Fragebögen (dazu eingehend Schmidt, 2013). Sie bestätigen die subjektive Notwendigkeit, sich mit den erforderlichen Mitteln zu „beweisen", damit die anderen „nicht auf einem rumhacken" und man endlich „seine Ruhe hat". Sie belegen überdies die Wirkmächtigkeit subkultureller Normen. Denn die Gefangenen haben das Gebot, keinen anderen Gefangenen zu „verzinken“, mehrheitlich verinnerlicht („sagt man nicht“, „sowas klärt man unter sich“). Wie sich aus den Interviews ergibt, ist das Unter-Beweis-Stellen physischer Stärke die häufigste Selbstbehauptungsstrategie – und auch jene, die den eigenen Status wahrt. Das würden die meisten Gefangenen von der Alternative, sich in einer „geschützten Abteilung“ unterbringen zu lassen, hingegen nicht sagen, die eher als stigmatisierend und der eigenen Reputation abträglich angesehen wird. Die Interviews offenbaren – wie die Fragebögen auch – ein erschreckend hohes Maß an „im familiären Kontext erlittenen Ohnmachts- und Missachtungserfahrungen“ (Schmidt, 2013), von denen annähernd 60 % der Gefangenen betroffen sind. Im Unterschied zu der oft als überfallartig und zunächst unerklärlich geschilderten Gewalt in Kindheit und Jugend erleben und beschreiben die Inhaftierten die Gewalt hinter Gittern als normal, berechenbar und regelgeleitet. Ihrer Aussage nach weiß man, „wie Haft läuft“.

Um die Hellfeld-Dunkelfeld-Relation näher zu bestimmen, wurden durch Los 202 Gefangenenpersonalakten von Gefangenen (Hellfeld) gezogen und mit den Fragebögen derselben Gefangenen (Dunkelfeld) abgeglichen. Um den Untersuchungsgegenstand möglichst präzise einzugrenzen, erfolgte eine Beschränkung auf drei Items aus dem Fragebogen, die sich alle auf strafrechtlich relevante Vorfälle bezogen („einen anderen Gefangenen absichtlich verletzt“, „einen anderen Gefangenen getreten oder geschlagen“, „absichtlich eine Schlägerei angefangen“). Die Häufigkeit der im Fragebogen berichteten Taten ließ sich dabei nicht exakt bestimmen, weil die Antwortvorgaben die Häufigkeit nur ungefähr bezeichneten („nie“, „selten“, „manchmal“, „oft“). Die Antwort „selten“ wurde deshalb als eine Tat gezählt, bei der Antwort „manchmal“ oder „oft“ wurde von zwei Taten ausgegangen. Es kann also gesagt werden, dass wir bei der Abschätzung der Hellfeld-Dunkelfeld-Relation sehr konservativ vorgegangen sind. Im Ergebnis gaben sich 84 der Gefangenen als Täter zu erkennen, von denen 24 als solche in den Akten erfasst waren. Das entspricht einer Relation von 1 zu 3,5, d. h. auf einen bekannt gewordenen Täter kommen 3,5 unerkannt Gebliebene. Bei den Taten bzw. Vorfällen ist das Dunkelfeld noch größer: Hier entfielen auf 32 bekannt gewordene Fälle bei – wie gesagt: sehr zurückhaltender – Bestimmungsweise mindestens 148 Fälle von Gewalt, so dass die Relation mit 1 zu 4,6 anzusetzen ist.

Naturgemäß macht die Zusammenballung so vieler Gefangener (70 %), die wegen Gewaltdelikten verurteilt wurden, einen Teil des Gewaltproblems aus. Insofern ist nicht zu leugnen, dass Gefangene Probleme in den

Vollzug hereinbringen (Importation). Darüber dürfen jedoch Einflüsse des Strafvollzugs nicht aus dem Blick geraten. In unserer Untersuchungsgruppe weisen diejenigen Gefangenen, die infolge einer Vorinhaftierung bereits hafterfahren sind, eine erhöhte Wahrscheinlichkeit auf, zu physischer Gewalt zu greifen und gegen Mitgefangene Zwang auszuüben bzw. sie zu erpressen. Da sie zugleich ein geringeres Risiko haben, von anderen attackiert zu werden, und sich auch vor Übergriffen sicherer fühlen, spricht alles für Gewöhnungs- und Lerneffekte im Hinblick auf Gewalt. Besonders signifikante Zusammenhänge waren zwischen den einzelnen Gewaltformen und der Deprivation der Gefangenen festzustellen. Das gilt für den Autonomieverlust, der über Items wie die folgenden erfasst wurde: „Selbst über Kleinigkeiten kann man hier als Insasse nicht selbst entscheiden“, „Eigentlich ist im Knast alles verboten“, Der Insasse ist hier so abhängig und hilflos wie ein Kind“, „Ich fühle mich der Anstalt hier völlig ausgeliefert“. Aber auch im Hinblick auf sexuelle Deprivation sowie die Angst vor körperlichen Übergriffen zeigten sich, wenn auch in geringerem Maße, Zusammenhänge mit Gewalt. Diese Befunde stützen die Annahmen der Deprivationsthese, wonach es die Lebensumstände in Haft sind, die die vollzugstypischen Verhaltensprobleme, gleichsam als kompensatorische Reaktion auf erlittene Entbehrungen, erzeugen. Bemerkenswert ist, dass die wahrgenommene Verfahrensgerechtigkeit[9] über das Autonomieerleben eine deutlich reduzierende Wirkung auf alle Formen der Gewalt hat. Dieser Befund, der im Einzelnen noch weiter analysiert werden wird, sendet ein deutliches Signal an die Vollzugsbehörden, dass sie den Gewaltphänomenen gegenüber nicht machtlos sind und über Aufsicht und Kontrolle hinaus durch faire Verfahrensweisen das Gewaltproblem weiter einhegen können.

IV. Unterschiede und Gemeinsamkeiten

In der Zusammenschau beider Forschungsprojekte fallen zunächst einige Gemeinsamkeiten ins Auge. In beiden Fällen wurden die Gefangenen mit-

9 Beispielitems: „Die Bediensteten behandeln die Gefangenen mit Respekt“, „Die Gefangenen werden von den Bediensteten fair behandelt“, „Die Bediensteten erklären den Gefangenen ihre Entscheidungen“, „Die Bediensteten nehmen sich Zeit, den Gefangenen zuzuhören“.

tels Fragebogen sowohl nach ihren Täter- als auch nach ihren Opfererfahrungen im Zusammenhang mit Gewalt gefragt (Dunkelfeldbefragung). Dabei wurde der Kreis der in Betracht kommenden Verhaltensweisen in Anlehnung an die Arbeiten von Ireland und Ireland weit gezogen. Das ist der Problematik durchaus angemessen, weil bullying, mobbing und andere Formen des „Herumschubsens" und sozialen Ausgrenzens einerseits selbst aggressive Verhaltensweisen darstellen und andererseits auch beim Gegenüber Aggressionen auslösen. Es gibt insoweit eine stufenweise Eskalation, bei der direkte oder indirekte Gewalt zunächst mit weniger verfänglichen Formen der Missachtung beginnt und sich dann über gravierendere Herabsetzungen steigern kann. Junge Gefangene, die, wie aus den Interviews zu erfahren war, sehr auf ihre Position unter den Mitgefangenen bedacht sind und darüber wachen („Respekt"), reagieren eben auch deshalb mit körperlicher Gewalt, weil sie sich „beweisen" und mit Wirkung für die Zukunft einen Statusverlust verhindern wollen. Die Verwendung eines weiten Gewaltbegriffs ermöglicht außerdem den Anschluss an internationale Studien. Freilich wird man bei der Darstellung einzelner Prävalenzraten die erfassten Gewaltformen sorgfältig zu benennen haben.

Größere Unterschiede zeigen sich darin, wie die Studien angelegt wurden. Das KFN zielte auf eine einmalige (querschnittliche) Befragung möglichst vieler Gefangener in fünf Bundesländern ab. Dabei wurden unterschiedliche Vollzugsformen einbezogen. Im Unterschied dazu führte das Kölner Forschungsteam eine längsschnittliche Studie in zwei Bundesländern durch, die ausschließlich auf den geschlossenen Jugendstrafvollzug fokussierte. Auf diese Weise wurden zwar deutlich weniger Gefangene einbezogen, dafür kamen mit Interviews, Personalakten und Kontrollgruppen weitere methodische Zugänge zum Einsatz. Was diese Breite bzw. Tiefe des Studiendesigns betrifft, ergänzen sich die Studien in auffälliger Weise. Die zahlenmäßige Begrenzung der Kölner Studie hat dazu beigetragen, dass die für alle Befragten identische Situation bei der Beantwortung des Fragebogens durch die anwesenden Mitarbeiter gut kontrolliert werden konnte, während in der KFN-Untersuchung im Einzelnen unbekannt blieb, unter welchen konkreten Umständen die Gefangenen den Fragbogen ausfüllten. Die unterschiedliche Befragungssituation und die Möglichkeit kurzer Erläuterungen sind der Grund dafür, warum die Kölner auf Übersetzungen des Fragebogens verzichten konnten. Nennenswerte Unterschiede in der Ausschöpfung der Gruppe der Nichtdeutschen bzw. Befragten mit Migrationshintergrund sind dadurch offensichtlich nicht aufgetreten. In der KFN-Studie beträgt der Anteil von Befragten mit Migrationshintergrund (nichtdeutsche Staatsangehörige sowie deutsche Staatsangehörige mit Migrationshintergrund) 26,6 %, in der Kölner Studie 47,8 %. Dabei ist aber zu berücksichtigen, dass drei der vom KFN beforschten Bundesländer im Osten liegen, wo der Anteil von Migranten deutlich niedriger ist als in den westlichen Bundesländern. Und außerdem bereitet ausgerechnet ein Teil der jungen Migranten Probleme im Zusammenhang mit Delinquenz, so dass ein erhöhter Migrantenanteil wegen des Fokus der Kölner Studie auf den Jugendstrafvollzug zu erwarten war.

Eine letzte methodische Bemerkung bezieht sich auf den Umstand, dass in der Untersuchung des KFN die Opferprävalenzraten fast durchweg die Täterprävalenzraten übersteigen, während das in der Kölner Studie umgekehrt ist. Inwieweit das möglicherweise auf die unterschiedliche Befragungssituation zurückzuführen ist, in der Gefangene in Anwesenheit anderer Gefangener Hemmungen haben, Opfererfahrungen mitzuteilen, kann hier nicht weiter geklärt werden. Es entspricht jedoch dem Forschungsstand und unseren Eindrücken aus Gesprächen mit Bediensteten und Gefangenen, dass ein maßgeblicher Teil der im Vollzug verübten Gewalt von einer Mehrzahl von Gefangenen gegen ein einzelnes Tatopfer gerichtet wird. Eine solche Tat hinterlässt mehrere Gefangene als Täter, aber nur ein Opfer. In unserem Fragebogen gaben etwa 20-25 % der Gefangenen an, bei der Beantwortung der Fragen zur eigenen Viktimisierung an eine „bestimmte Gruppe von Gefangenen“ gedacht zu haben.

Wir sind damit bei den Forschungsergebnissen angelangt, bei denen wiederum die Gemeinsamkeiten überwiegen. So ist körperliche Gewalt unter Gefangenen alles andere als selten. Im Jugendstrafvollzug ist damit zu rechnen, dass – je nach Zeitraum (vier Wochen in der KFN-Studie, zwölf Wochen in der Kölner Studie) – zwischen einem Drittel und der Hälfte der Gefangenen körperliche Gewalt gegen Mitgefangene einsetzt. Dies ist sicher das wichtigste und übereinstimmende Ergebnis der beiden Studien. Sexuelle Gewalt ist hingegen eher eine Ausnahmeerscheinung. Persönlich bin ich davon überzeugt, dass sexuelle Gewalt nicht etwa aus methodischen Gründen systematisch unterberichtet ist, denn in einer groß angelegten amerikanischen Studie („National Survey of Youth in Custody“), die insofern besonders sensibel vorging und auf Selbstinterviews der Gefangenen setzte, wurden sexuelle Attacken von jungen männlichen Gefangenen nicht häufiger angegeben als in den beiden deutschen Studien (Allen et al., 2013, S. 20, dazu Wittmann, 2012, S. 287). Die Studien aus

Hannover und Köln stimmen ebenfalls darin überein, dass der Haftraum sowie der Hofgang in der „Freistunde“ Brennpunkte der Gewalt in Haftanstalten darstellen. Subkulturelle Einflüsse in einer Anstalt verstärken das Gewaltproblem, ein positives Verhältnis zwischen Gefangenen und Bediensteten sowie das Maß der wahrgenommenen Verfahrensgerechtigkeit verringern es. Dieses bedeutsame Ergebnis, zu dem beide Forschungsprojekte gelangt sind, wurde unlängst auch durch ein niederländisches Forschungsteam (van der Laan/Eichelsheim, 2013) bekräftigt.

Justizvollzug, und mehr noch: Gewalt im Justizvollzug, ist ein politisch heikles Thema. Die Sensibilität, um nicht zu sagen: Empfindlichkeit, ist deswegen auf allen Seiten hoch, sei es im Ministerium, in den Anstalten oder bei den Medien. Von der Unruhe, die Forschungsergebnisse manchmal auslösen, können beide Forschungsteams berichten. Viel wichtiger scheint mir jedoch, dass Vollzugseinrichtungen und Wissenschaft begreifen, dass sie Verbündete sind, wenn es darum geht, unvoreingenommen Schwachpunkte zu identifizieren und der Politik abzutrotzen, was notwendig ist, um die erforderlichen Veränderungen anzustoßen.

V. Kriminalpolitische Folgerungen

Die Gefangenensubkultur ist ein Dauerproblem des Strafvollzugs und scheint vom Wechsel der handelnden Personen, seien es Gefangene, seien es Bedienstete, weitgehend unabhängig. Der Jugendstrafvollzug ist daher vor das Paradoxon gestellt, die Gefangenen in einem Klima von Gewalt und Einschüchterung zu einem selbstbestimmten und gewaltfreien Leben zu befähigen. Wie soll das gehen? Zunächst darf es keine Option sein, sich mit vermeintlich unabänderlichen Gegebenheiten zu arrangieren. Der Strafvollzug ist es den Gefangenen und sich selbst gegenüber schuldig, die Initiative zu ergreifen und nötigenfalls immer wieder neue Wege und Instrumente auszuprobieren, bis das Problem wenigstens zurückgedrängt ist. Mit Rücksicht auf die etwa 30 % Jugendstrafgefangenen, die nicht wegen Gewaltdelikten inhaftiert wurden und deswegen als gefährdet einzuschätzen sind, müssen Möglichkeiten der Haftvermeidung über ambulante jugendkriminalrechtliche Sanktionen konsequent genutzt werden. Wo das nicht möglich ist, muss eine Unterbringung im Jugendstrafvollzug in freien Formen oder im offenen Vollzug Vorrang haben, weil dort subkulturelle Erscheinungen nicht so stark ausgeprägt sind. Der seit einigen Jahren anhaltende Trend zu großen Vollzugsanstalten mit 400, 500 oder mehr Haftplätzen muss umgekehrt werden; stattdessen sind kleine Anstalten mit übersichtlichen Einheiten vorzusehen, die einem anonymen Anstaltsklima entgegenwirken. Bei der Belegung ist dem Problem der Unterdrückung durchgehend Rechnung zu tragen. Allen Gefangenen, und das gilt natürlich besonders für in der Entwicklung stehende Jugendstrafgefangene, sind hinreichend Ausbildungs-, Arbeits-, Freizeit- und Sportangebote zu machen, letztere auch an Wochenenden.

Weil die Macht der Subkultur nur dadurch zurückgedrängt werden kann, dass die Gefangenen mehr Zutrauen in die Problemlösungsfähigkeit der Anstalt als in jene der Subkultur haben, müssen Transparenz, Fairness und Berechenbarkeit des vollzuglichen Handelns vergrößert werden. Hierzu dürfte ein Anti-Gewalt-Konzept beitragen, das nicht notwendigerweise Strafanzeige und/oder Disziplinarmaßnahme als Standardreaktion vorsehen muss. Entscheidend wird sein, dass die Gefangenen nicht mehr Gewalt, sondern gewaltfreies Verhalten als Statusgewinn erfahren. Die Bediensteten müssen hierfür geschult und ihre Handlungssicherheit muss erhöht werden. In diesem Sinne liegt die Lösung des Gewaltproblems sicherlich eher in „weichen" Faktoren wie der Verbesserung des Anstaltsklimas als in technischen Sicherungsmaßnahmen. Das muss die videogestützte Überwachung von schwer einsehbaren Brennpunkten der Gewalt im Bereich von Gemeinschaftsflächen (also außerhalb des Haftraums) nicht ausschließen, aber zu viel sollte man sich davon auch nicht versprechen. Es sind gerade die Gewaltdelikte, bei denen Abschreckung durch Videoüberwachung an Grenzen stößt (s. Allard et al., 2008, S. 414). Und nicht zuletzt muss in den jungen Gefangenen die Hoffnung genährt werden, dass noch nicht alles verloren ist, dass auch sie möglicherweise das Zeug haben, ein straffreies Leben zu führen und ihre Wünsche an die Zukunft zu erfüllen. Hierfür bedarf es einer realistischen Perspektive, zu der die Einsicht gehört, dass nur objektive und subjektive Faktoren gemeinsam zum Ziel führen werden, nämlich günstige objektive Bedingungen nach der Entlassung sowie eine große Entschlossenheit des Gefangenen.

Literatur

Allard, T.J., Wortley, R.K., Stewart, A.L. (2008). The effect of CCTV on prisoner misbehavior. The Prison Journal, 88, 404-422.

Baier, D., Bergmann, M.C. (2013). Gewalt im Strafvollzug – Ergebnisse einer Befragung in fünf Bundesländern. Forum Strafvollzug, 62, 76-83.

Baier, D., Pfeiffer, C., Bergmann, M.C. (2014). Beeinflussen Merkmale von Justizvollzugsanstalten das Gewaltverhalten der Gefangenen? In: Neubacher, F., Kubink, M. (Hrsg.), Festschrift für Michael Walter. Berlin: Duncker & Humblot 2014 (im Erscheinen).

Beck, A.J., Cantor, D., Hartge, J., Smith, T. (2013). Sexual victimization in juvenile facilities reported by youth 2012. National Survey of Youth in Custody 2012. Washington: U.S. Department of Justice, Bureau of Justice Statistics (www.bjs.gov).

Bieneck, S., Pfeiffer, C. (2012). Viktimisierungserfahrungen im Justizvollzug. KFN-Forschungsbericht Nr. 119. Hannover: Kriminologisches Forschungsinstitut Niedersachsen.

Boxberg, V., Wolter, D., Neubacher, F. (2013). Gewalt und Suizid im Jugendstrafvollzug – Erste Ergebnisse einer Längsschnittstudie. In: Dessecker, A. (Hrsg.), Justizvollzug in Bewegung. Wiesbaden: Kriminologische Zentralstelle (im Erscheinen).

Häufle, J., Schmidt, H., Neubacher, F. (2013). Gewaltopfer im Jugendstrafvollzug – Zu Viktimisierungs- und Tätererfahrungen junger Strafgefangener. Bewährungshilfe, 60, 20-38.

Ireland, J.L., Ireland, C.A. (2008). Intragroup Aggression among Prisoners: Bullying Intensity and Exploration of Victim-Perpetrator Mutuality. Aggressive Behavior, 34, 76-87.

Mears, D.P., Stewart, E.A., Siennick, S.E., Simons, R.L. (2013). The code of the street and inmate violence: Investigating the salience of imported belief systems. Criminology, 51, 695-728.

Neubacher, F., Oelsner, J., Schmidt, H. (2013). Gewalt und Suizid im Jugendstrafvollzug – Ein Zwischenbericht. In: Dölling, D., Jehle, J.-M. (Hrsg.), Täter - Taten - Opfer. Grundlagenfragen und aktuelle Probleme der Kriminalität und ihrer Kontrolle. Schriftenreihe der Kriminologischen Gesellschaft, Band 114. Mönchengladbach: Forum Verlag Godesberg, S. 672-690.

Neubacher, F., Oelsner, J., Boxberg, V., Schmidt, H. (2012). Kriminalpolitik unter Ideologieverdacht – Wunsch und Wirklichkeit jugendstrafrechtlicher Sanktionierung. In: Rengier, R., Hilgendorf, E. (Hrsg.), Festschrift für Wolfgang Heinz. Baden-Baden: Nomos, S. 452-464.

Neubacher, F., Oelsner, J., Boxberg, V., Schmidt, H. (2011). Gewalt und Suizid im Strafvollzug – Ein längsschnittliches DFG-Projekt im thüringischen und nordrhein-westfälischen Jugendstrafvollzug. Bewährungshilfe, 58, 133–146.

Neubacher, F. (2008). Gewalt hinter Gittern. Möglichkeiten und Grenzen der Kriminalprävention im Strafvollzug. Jenaer Schriften zum Recht, Band 37. Stuttgart u. a.: Boorberg.

Neubacher, F. (2008). Gewalt unter Gefangenen. Neue Zeitschrift für Strafrecht, 28, 361-366.

Schmidt, H. (2013). „Er war halt der Meinung, er kann mich vollquatschen“ – Gewaltkarrieren junger Strafgefangener vor und während des Freiheitsentzuges. Soziale Probleme, 24 (im Erscheinen).

Struckman-Johnson, C., Struckman-Johnson, D. (2013). Stopping prison rape: The evolution of standards recommended by PREA's National Prison Elimination Commission. The Prison Journal, 93, 335-354.

Suhling, S., Rabold, S. (2013). Gewalt im Gefängnis – Normative, empirische und theoretische Grundlagen. Forum Strafvollzug, 62, 70-75.

van der Laan, A., Eichelsheim, V. (2013). Juvenile adaptation to imprisonment: feelings of safety, autonomy and well-being, and behaviour in prison. European Journal of Criminology, 10, 424-443

Wittmann, W. (2012). Sexuelle Viktimisierung von Jugendlichen in amerikanischen Haftanstalten (Teil 1). Zeitschrift für Jugendkriminalrecht und Jugendhilfe, 23, 281-295.

Gewalt im Kontext. Demokratische Teilhabe und moralische Selbstbindung

Gertrud Nunner-Winkler, Bettina Doering

I. Einleitung

Weltweit werden 92 % aller Morde von Männern begangen (Pinker, 2012, S. 111). Ist Gewalt also männlich? In der Tat weisen Männer höhere Werte physischer Aggression auf (Hyde, 2005). Dafür bietet die gegenwärtig so prominente Evolutionstheorie eine scheinbar zwingende Erklärung: Selektionsprozesse setzen nicht (wie bei Darwin) an der Art, sondern am Individuum, genauer gesagt, an seinen Genen an. Alle lebenden Organismen haben „erfolgreiche" Gene geerbt, sofern ihre Vorfahren über Jahrmillionen hinweg den harten Konkurrenzkampf um knappe Ressourcen überlebt haben (Dawkins, 1996). Erfolgskriterium ist die Maximierung der Reproduktionschancen der eigenen Gene. Dazu nutzen Männer und Frauen unterschiedliche Fortpflanzungsstrategien: Männer können deutlich mehr Kinder zeugen als Frauen Kinder gebären. Für sie zahlt es sich daher aus, auf Quantität zu setzen, zumal sie sich darauf verlassen können, dass die Frauen sich um ihre wenigen Kinder intensiv kümmern, denn nur so können sie die hohen Investitionskosten (lange Schwangerschafts- und Stillzeiten) ertragreich machen. Selektionsvorteile genossen unter diesen Bedingungen Männer mit starkem Durchsetzungswillen und hoher Aggressivität, die im Kampf um knappe paarungsbereite Weibchen Rivalen eher ausstechen konnten (Bischof-Köhler, 2002, S. 245).

Allerdings ist gewalttätiges und aggressives Verhalten zur Konfliktlösung innerhalb der Menschheitsgeschichte immer stärker in das gesellschaftliche Abseits gedrängt worden.

In vorstaatlichen Gesellschaften lagen gewalttätige Tötungen im dreistelligen (jährlich mehrere Hundert pro 100.000), in mittelalterlichen Gesellschaften im zweistelligen (20-80), in modernen westlichen Staaten im einstelligen Bereich (z. B. in Deutschland knapp unter 1) (Pinker, 2012, UNODOC/Gibbons, 2011). Nicht der männliche Hormonhaushalt hat sich in dieser Zeitspanne gewandelt – verändert haben sich die Institutionen. Die Zentralisierung von Gewalt macht Blutrache und Ehrenmoral, die unmittelbare Retaliation zur Abschreckung erfordert hatten, überflüssig und Rechtsstaatlichkeit unterbindet staatliche Gewalt gegen Bürger. Diesen institutionellen Innovationen entsprechen individuelle Lernprozesse – Einübung in Affektkontrolle (Elias, 1978) und Aneignung einer Haltung wechselseitiger Achtung. Diese beiden Momente erklären den Rückgang der Gewalt innerhalb der Menschheitsgeschichte. Sie erklären auch die erheblichen Niveauunterschieden im Gewaltaufkommen zwischen verschiedenen Nationalstaaten, Kulturen und Regionen sowie im sozialen Nahbereich zwischenmenschlicher Beziehungen. Besser als über einen Rekurs auf die Evolutionsgeschichte der menschlichen Gattung wird Gewalt also durch den sozialen Kontext auf Mikro-, Meso- und Makroebene erklärt. Der entscheidende Faktor – so die im Folgenden zu belegende These – ist dessen demokratische Gestaltung. Das wollen wir am Beispiel von Familie, Schule, Nachbarschaft und der kulturellen Geschlechtsrollenkonstruktion belegen.

II. Familiäre Beziehungen

Das Eltern-Kind-Verhältnis hat sich im 20. Jahrhundert in Deutschland stark gewandelt. Die hierarchischen Beziehungen, in denen eine extreme Ungleichheit zwischen Kind und Eltern herrschte, sind Strukturen gewichen, in denen das Kind Gestaltungsmöglichkeiten besitzt. Viele Studien belegen, dass die Demokratisierung des Erziehungsstils sich auf die Entwicklung von Kindern und Jugendlichen positiv auswirkt. Autoritär ebenso wie permissiv erzogene Kinder und Jugendliche zeigen häufiger Problemverhalten, wohingegen demokratisch – autoritativ erzogene Kinder erheblich häufiger unauffällig und seltener aggressiv sind (für einen Überblick vgl. Beelmann/Raabe, 2007; Dornes, 2012). Ein Grund hierfür liegt in der Verbindung von Wärme und Kontrolle. Während autoritäre Eltern ihre Kinder durch Zwangsmaßnahmen und Sanktionen zu Konformität zwingen und permissive Eltern keinerlei Regeln vorgeben, erklären demokratisch-autoritativ erziehende Eltern ihren Kindern den Sinn bestehender Regeln, sind bei widerstreitenden Interessen – sofern nicht unverbrüchliche moralische Normen betroffen sind – zu Aushandlungen bereit und gestehen Kindern ein Mitspracherecht bei Familienangelegenheiten zu (Reuband, 1997; Nucci/Weber, 1995). Regeln, die als willkürlich wahrgenommen werden, werden seltener akzeptiert. Da Eltern die bedeutsamsten Rollenmodelle für Konfliktbewältigung sind, kommt ihnen eine wichtige Vorbildfunktion zu. Diese zeigt sich insbesondere in Bezug auf gewalttätiges Verhalten der Eltern gegenüber ihren Kindern.

In einer repräsentativen, deutschlandweiten Befragung im Jahr 2007/2008 durch das Kriminologische Forschungsinstitut Niedersachsen gaben lediglich 42,1 % der Jugendlichen an, in ihrer Kindheit (bis 12 Jahre) keine innerfamiliären Gewalterfahrungen gemacht zu haben (Baier et al., 2009). 15,3 % berichteten von schweren innerfamiliären Gewalterfahrungen (z. B. Schlagen mit einem Gegenstand, mit der Faust). Kinder mit innerfamiliären Gewalterfahrungen wiesen ein etwa dreimal höheres Risiko auf, selbst Gewalttäter und ein fünfmal höheres Risiko, Mehrfachtäter zu werden als Jugendliche ohne innerfamiliäre Gewalterfahrungen.

Dieser Befund erklärt sich aus dem Zusammenspiel unterschiedlicher Lernprozesse: Eltern, die ihre Kinder schlagen, bieten ein Modell erfolgreicher gewalttätiger Durchsetzung der eigenen Interessen und versäumen zugleich, gewaltfreie Konfliktlösungsmodi vorzuleben. Das Erleben eigener Ohnmacht kann sich durch die Identifikation mit dem Aggressor in aktiv ausgeübte Kontrolle verkehren – die Psychoanalyse spricht von Wiederholungszwang. Gewalt mag dann sogar euphorisieren, weil sie die frühen Erfahrungen von Wertlosigkeit, Wut, Vernichtungsangst, Demütigung in den Triumph physischer Überlegenheit verwandelt (Sutterlüty, 2002). Umgekehrt bauen Kinder im Kontext gleichachtend warmer Beziehungen die Bereitschaft auf, jene Normen freiwillig zu befolgen, deren Sinn für ein gutes Zusammenleben sie verstehen.

Die Einsicht in diese Zusammenhänge ist auch in gesetzliche Regelungen überführt worden, die bereits Wirkungen gezeitigt haben: Wie vergleichende Viktimisierungsbefragungen belegen, ist seit der Verabschiedung des Gesetzes zur Ächtung von Gewalt in der Erziehung im Jahre 2000 innerfamiliäre Gewaltausübung deutlich zurückgegangen. Allerdings ist festzuhalten: Nicht alle misshandelten Kinder werden zu Gewalttätern und auch Kinder aus „normalen“ Familienverhältnissen üben zuweilen Gewalt aus. Dabei spielen spätere Erfahrungen und Kontextbedingungen eine Rolle. Darum geht es in den nächsten Abschnitten.

III. Schule

Ein wichtiger Faktor für die Gewalterklärung im Jugendalter ist das soziale Umfeld, insbesondere das Schulmilieu. Bei 200 14-15 Jährigen, je zur Hälfte männlich und weiblich, aus Ost und West, aus Gymnasium und Hauptschule, wurden Gewalthandlungen und -einstellungen sowie die Qualität der Familienerfahrung erhoben (Nunner-Winkler et al., 2006). In Übereinstimmung mit vielen Befunden fanden sich höhere Gewaltraten bei männlichen Jugendlichen, bei Hauptschülern und bei Jugendlichen, die von den Eltern häufiger körperlich gezüchtigt wurden und/oder von elterlichem Desinteresse und fehlender Wärme berichteten. Die Gewaltbelastung der 8 untersuchten Schulen variierte erheblich von im Schnitt weniger als einer berichteten Gewalttat pro Schüler und Jahr bis zu fast 4. Die Einstellung zur Gewalt wurde u. a. durch bewertende Stellungnahmen zu Vignetten erhoben, in denen Gewalt faktisch vorkommt oder als rechtfertigbar gelten könnte (z. B. Gewalt gegen Ausländer; Verteidigung eines Mitschülers gegen Mobbing). Für die Indexbildung „Gewaltablehnung" erhielten Antworten, in denen Gewalt aus prinzipiellen (z. B. „Alles auf der Welt kann ohne Gewalt geregelt werden") oder aus pragmatischen Gründen abgelehnt wurde (z. B. „Gewalt gegen Gewalt bringt immer Gewalt"), hohe Punktwerte; mittlere Punktwerte erhielten Antworten, in denen Gewalt nur bedingt, in Notwehr oder als letzte Lösung akzeptiert wurde (z. B. „Wenn jemand den Erstschlag führt"; „Als letztes Mittel, wenn andere sich schlagen und man sie anders nicht auseinander bringt"); keinen Punkt erhielten Antworten, in denen Gewalt generell akzeptiert wurde (z. B. „Gewalt ist berechtigt, wenn er mich nervt"). Um die relative Bedeutung eines pazifistischen Schulmilieus (bemessen am Prozentsatz gewaltablehnender Schüler) im Vergleich zu den bekannten relevanten Einflussfaktoren Familienerfahrungen und Geschlecht zu ermitteln, wurde eine schrittweise lineare Regression berechnet. Alle untersuchten Variablen tragen zur Aufklärung der Gewalt bei. Bemerkenswert aber war der Befund, dass das Schulmilieu den höchsten Erklärungsbeitrag leistete: Selbst Befragte mit guten Familienerfahrungen begingen in gewaltbejahenden Milieus etliche Gewalttaten. Befragte mit schlechten Familienerfahrungen begingen in pazifistischen Schulkontexten fast keine, in gewaltbereiten Milieus hingegen überproportional viele Gewalttaten (vgl. auch Sturzbecher et al., 2002; Tillmann et al., 2000). Kurz: Entscheidender als die Individualmerkmale – Geschlecht, biographische Erfahrungen

– sind die Konstellationen auf der Organisationsebene: Gewalt wird umso häufiger eingesetzt, je eher die physische Auseinandersetzung als legitimer Konfliktlösungsmechanismus gilt und je weniger gewaltablehnende Schüler es gibt, die bereit (und fähig) sind, selbst gewaltfreie Aushandlungsverfahren zu praktizieren, den Einsatz von Gewalt zu diskreditieren und als Vermittler zwischen Konfliktparteien zu fungieren und anerkannt zu werden.

Geteilte Normen können also die Gewaltbereitschaft dämpfen. Detaillierter lassen sich gewaltmindernde Kontextmerkmale an Kohlbergs „just communities" erläutern. In diesen an Schulen und in Gefängnissen erprobten Organisationsstrukturen werden nach dem demokratischen Prinzip „one man one vote" gemeinsam die das Zusammenleben bestimmenden Normen festgelegt und Übertretungen sanktioniert. Solch gerecht organisierte Gemeinschaften weisen deutlich niedrigere Raten von Gewalt und Vandalismus und höhere Werte für wechselseitige Solidarität und Hilfsbereitschaft auf als normale Schulen (Higgins et al., 1984; Kohlberg, 1985; Oser/Althoff, 2001). Dabei wirken mehrere Mechanismen zusammen, die auf der Mikroebene die historisch erzielten Effekte der Machtmonopolisierung und rechtsstaatlicher Gerichtsbarkeit widerspiegeln.

Gemeinsame Normfestlegungen stellen sicher, dass jeder weiß, welche Regeln gelten und dass alle anderen dies auch wissen. Dies hebt das Problem der pluralistischen Ignoranz auf. So erklären in Umfragen große Mehrheiten, bestimmte Normen seien für sie selbst verbindlich, bezweifeln aber, dass andere sie auch anerkennen. Bei dem Gebot „du sollst nicht töten" etwa gaben 88 % an, es gälte für sie, nur 47 % aber erwarteten, das andere ebenso urteilten (Noelle-Neumann/Köcher, 1997). Ein im Schulkontext relevantes Beispiel verdeutlicht das Problem (Nunner-Winkler, 1997): 200 10-11-Jährige hatten Mobbingverhalten in der Klasse (Verspotten eines stotternden Mitschülers) zu bewerten. Fast alle verurteilten es mit moralisch angemessen Gründen – aus Empathie (z. B. „der leidet"), unter Rückgriff auf die goldene Regel (z. B. „die würden sich an seiner Stelle auch unwohl fühlen") oder auf geltende Normen (z. B. „das tut man nicht"). Befragt, wie sie sich in der Rolle eines passiven Zuschauers fühlen würden, sagten über zwei Drittel, sie würden sich schlecht fühlen, weil das Verhalten nicht richtig ist und sie eigentlich verpflichtet wären einzugreifen. Die Folgefrage: „Ein Kind sagte mir, es habe sich gut gefühlt. Kannst du das verstehen?" bejahten drei Viertel aller Kinder (z. B. „man ist froh, dass man nicht selbst das Opfer ist"; „man fühlt sich gut, wenn man Teil der Gruppe ist“). Nun sind aber die verurteilenden Zuschauer faktisch in der Mehrheit. Wüssten alle darum, so erforderte die moralisch gebotene Intervention nicht individuellen Heldenmut – wer eingriffe, könnte mit Unterstützung oder zumindest mit der Billigung der anderen rechnen.

Auch die Transparenz im Umgang mit Verfehlungen spielt eine wichtige Rolle. Viele Gewalttaten sind „moralisch“ motiviert – sie sanktionieren Unrecht. Dabei kommen allerdings verzerrende Wahrnehmungen zum Tragen: Der Täter bagatellisiert die Folgen der Tat, schwächt deren Böswilligkeit ab und plädiert dafür, den Blick auf die Zukunft zu richten; das Opfer hingegen betont die Kosten der Tat, schätzt sie als unverzeihlich ein und kultiviert die Erinnerungen (Pinker, 2013, S. 721ff). Stillwell und Baumeister (1997) lieferten dafür einen experimentellen Beleg: Probanden sollten eine vorgegebene Geschichte, in der der Protagonist sein Versprechen, einen Studienkollegen zu unterstützen, aus mehreren Gründen bricht, möglichst genau in der ersten Person nacherzählen – die Hälfte aus der Perspektive des Täters, die andere aus der des Opfers. Eine Kontrollgruppe hatte die Geschichte in der dritten Person zu erzählen. Im Vergleich zu der Vorgabe und der Nacherzählung aus der dritten-Person-Perspektive verzerrten sowohl Opfer wie Täter die Geschichte in gleichem Umfang, aber in entgegengesetzter Richtung. Jeder ließ einige Details weg, schmückte andere aus und zwar stets so, dass die Handlungsweise der vertretenen Partei vernünftiger und die der anderen weniger vernünftig wirkte. Obwohl also für die Beteiligten nichts auf dem Spiel stand, fielen sie der Neigung zu positiver Selbstdarstellung anheim.

Rechtsprechung auf gesamtgesellschaftlicher Ebene bzw. Konfliktverhandlung in vorbereiteten Schulversammlungen bringt die – fast unvermeidbaren – perspektivischen Akzentuierungen von Anklägern und Verteidigern zu Tage und ermöglicht den Urteilenden, die Diskrepanzen aus der Unparteilichkeitsperspektive aufzulösen. Darüber hinaus bieten sie ein Forum, in dem erfahrenes Leid öffentlich anerkannt wird und der Täter die Chance erhält, um Verzeihung zu bitten. Die Erfahrung mit Wahrheitskommissionen zeigt, dass sich so selbst bei gravierenden Vergehen Kooperationsbereitschaft wieder herstellen lässt.

Darüber hinaus machen öffentliche Verhandlungen auch eine rein strategisch motivierte Vergeltung überflüssig: Der Betroffene muss nicht zurückschlagen, um den Täter von einer Wiederholung abzuschrecken und den eigenen Ruf als jemand, der sich nichts gefallen lässt, abzusichern.

Insofern dämpft eine verfahrensgerechte Urteilsfindung in einem als unparteilich anerkannten Gremium Vergeltungsimpulse selbst dann, wenn der konkrete Schiedsspruch nicht als völlig fair empfunden wird.

IV. Nachbarschaft und regionale Kontexteigenschaften

Auf gesamtgesellschaftlicher Ebene, etwa im internationalen Ländervergleich, zeigt sich: Je höher die soziale Ungleichheit, desto höher die Gewaltrate (Karstedt, 1999). Auf der Individualebene gilt dies nicht: Arme oder Arbeitslose üben nicht per se häufiger Gewalt aus. Entscheidend ist die Bedingungskonstellation auf der mittleren Ebene – die Konzentration stark belasteter Personen in benachteiligten Nachbarschaften. Dort erschweren Armut, Arbeitslosigkeit, hohe Mobilität und familiale Instabilität die Wirksamkeit informeller Kontrollen; Banden bzw. Gangs und Drogenhandel werden angelockt; es entbrennt ein Kampf um Territorien und Märkte; es entwickelt sich eine „culture of violence“ mit gewaltbejahenden Normen; offizielle Kontrollinstanzen ziehen sich tendenziell zurück; private Investoren werden abgeschreckt. So wird ein sich selbst verstärkender Teufelskreis in Gang gesetzt. Mit anderen Worten: Individuelle Armut und Zugehörigkeit zu den unteren Schichten setzen sich nicht direkt in Gewaltbereitschaft um. Solche Individualmerkmale stehen vielmehr für das Risiko, dass belastete Personen sich in Milieus konzentrieren, in denen dann die beschriebenen Folgeprobleme auftreten – der Zusammenbruch informeller sozialer Kontrollen, die Entstehung von Gewaltmärkten, der Rückzug der politischen Instanzen, letztlich die Ausgliederung des Viertels aus der demokratisch-rechtsstaatlich gesicherten gesellschaftlichen Ordnung (Crutchfield/Wadsworth, 2002).

Umgekehrt können Nachbarschaften und regionale Besonderheiten die Gewaltbereitschaft einzelner deutlich reduzieren. Innerhalb einer Untersuchung im Landkreis Emsland im Jahr 2010 wurden repräsentativ etwa 3.000 Jugendliche der neunten Jahrgangsstufe befragt. Dabei zeigte sich: Im Vergleich zu anderen westdeutschen Landkreisen und im Gesamtvergleich mit Deutschland weist das Emsland erheblich niedrigere Gewaltraten auf. Die 12-Monats-Prävalenz innerhalb der neunten Jahrgangsstufe lag bei 6,7 %. In den insgesamt 44 westdeutschen Landkreisen der bundesweiten Repräsentativbefragung lag die niedrigste Prävalenz bei 8,1 % (die höchste bei 18,2 %) (Doering/Baier, 2011). Worin gründet nun die besondere Stellung des Emslandes im Vergleich mit dem restlichen Bundesgebiet? Wie bereits oben angedeutet kann die Akkumulation von risikoförderlichen Individualmerkmalen (z. B. Armut) innerhalb eines Gebietes zu einer „culture of violence" führen. Im Emsland hingegen leben im Vergleich zum westdeutschen Durchschnitt von 11,6 % nur 7,5 % von staatlichen Transferleistungen. Auch existiert ein Ausbildungspakt, der auch Jugendlichen mit schlechterem Schulabschluss positive Zukunftsperspektiven eröffnet. Darüber hinaus zeigt sich eine Kohäsion der „emsländischen" Bevölkerung innerhalb von Vereinen und religiösen, d. h. katholischen Gruppen. Die Einbindung in das Gemeindeleben im Vergleich zu keiner bestehenden Religionszugehörigkeit reduziert das Risiko für gewalttätiges Verhalten erheblich (Doering/Baier, 2011). Schließlich werden Kinder im Emsland deutlich seltener Opfer von innerfamiliärer Gewalt: Nur 29,2 % haben leichte Gewalt in der Kindheit erfahren. Bundesweit liegt dieser Wert bei 42,8 %. Von schweren Gewalterfahrungen berichten 10,7 % der Jugendlichen im Emsland und 15,4 % der Jugendlichen bundesweit (Doering/Baier, 2011).

Wie diese Daten zeigen, kann die Zugehörigkeit zum Landkreis Emsland im Allgemeinen als Schutzfaktor betrachtet werden. Schutzfaktoren senken die Wahrscheinlichkeit, auf bestehende Risikofaktoren mit Problemverhalten zu reagieren (Beelmann/Raabe, 2007). Im Landkreis Emsland gelingt es offenbar, Risiken aufgrund negativer Individualmerkmale, (z. B. schwieriges Temperament, niedrige Selbstkontrolle) durch hohe soziale Kohäsion, die Einbindung in normorientierte Gruppen und eine auf Chancengerechtigkeit abzielende Sozialpolitik deutlich abzuschwächen.

V. Kultur – die Konstruktion von Geschlechterrollen

Ein häufig diskutierter Kontextfaktor, der Gewaltaffinität innerhalb von bestimmten Gruppen erklären soll, sind eine „Kultur der Ehre" und gewaltlegitimierende Männlichkeitsnormen. Insbesondere die höhere Gewaltbereitschaft türkischer Jugendlicher wird so erklärt (Baier et al., 2009). Dabei entsteht ein zentrales Problem: Die Zustimmung zur „Kultur der Ehre" wird zumeist nur bei in Deutschland lebenden Türken untersucht und nicht in der Türkei selbst. Dort könnte man durchaus geringere Gewaltprävalenzen antreffen, da u. a. die innerfamiliäre und soziale Kontrolle sowie die soziale Einbindung der Jugendlichen größer sind. In

Deutschland hingegen zeigen die jungen, insbesondere männlichen Türken deutlich häufiger gewalttätiges Verhalten als ihre deutschen Altersgenossen (Baier et al., 2009). Enzmann et al. (2004) zeigen in ihrer Untersuchung, dass junge Türken verstärkt gewaltlegitimierende Männlichkeitsnormen affirmieren. Dies variiert allerdings mit der Staatsbürgerschaft der Jugendlichen. Im Vergleich der Jugendlichen mit und ohne deutsche Staatsbürgerschaft zeigen Jugendliche ohne deutschen Pass eine stärkere Gewalttätigkeit. Enzmann et al. (2004) schlussfolgern daraus, dass die Zustimmung zu gewaltlegitimierenden Normen und einer „Kultur der Ehre" als Bewältigungsstrategie der jungen Migranten angesehen werden muss, wenn sie mangels Bildungsintegration oder prekärer Lebensverhältnisse nicht von der Aufnahmekultur akzeptiert werden. In diesem Moment entsteht die bereits angesprochene „culture of violence". Wie weitere Analysen mit multivariaten Modellen zeigen, kann die höhere Gewaltprävalenz von Jugendlichen mit Migrationshintergrund durch soziale Merkmale und die Zustimmung zu gewaltlegitimierenden Männlichkeitsnormen aufgeklärt werden (Enzmann et al., 2004). Dies spricht dafür, dass die deutsche Gesellschaft verstärkt auf Partizipation und Integration setzen muss. Die Umsetzung und Übermittlung der Idee, dass in einer Demokratie jeder eine gleichgültige Stimme hat, kann dabei als zentraler Bestandteil kontextbezogener Prävention und Intervention gewertet werden.

In der „Kultur der Ehre" sind die Männlichkeitsnormen besonders klar pointiert, aber in abgeschwächter Form fundieren sie auch das Konzept der „hegemonialen Männlichkeit". Dessen Grundlage ist der Erfolg der neuzeitlichen Naturalisierungsstrategie von Geschlechterdifferenzen. In der geburtsständischen Ordnung waren Ungleichheitsverhältnisse, auch die Unterordnung der Frau unter den Mann, durch den Stand bestimmt und von Gott gewollt („das Weib sei dem Manne untertan"). Mit der Industrialisierung erfolgte die Trennung von Produktions- und Reproduktionsaufgaben. Der Frau wurde die Hausarbeit zugewiesen; der Mann übernahm die Berufs- und Bürgerrolle und eignete sich den öffentlichen Raum an. Der Aufklärung zufolge galt jedoch: „Von Natur sind alle Menschen gleich". Damit ließ sich die Ungleichbehandlung von Frauen nicht länger unter Berufung auf Gottes Willen rechtfertigen. Condorcet benannte das Problem, als er forderte, man möge ihm einen „natürlichen Unterschied zwischen Männern und Frauen (zeigen), der den Ausschluss der Frauen vom (Wahl-) Recht legitimieren könne" (zit. nach Alder, 1992, S. 69). Sogleich machte sich die Medizin daran Gehirne zu wiegen und das der Frauen für zu leicht zu befinden, sowie Geschlechtsorgane zu vermessen und dann der Frau das „Muköse“ – „das Dunkle, Schleimige, Enge“ – zuzuweisen (Honegger, 1989).

Damit galten Frauen und Männer als „von Natur aus“ verschieden. Die zugeschriebenen Wesensmerkmale entsprechen evolutionsbiologischen Erklärungen. Nach einer in 30 Ländern aus allen Kontinenten durchgeführten Untersuchung gelten Frauen als demütig, emotional, empathisch, zugewandt, Männer als aggressiv, dominant, konkurrenzorientiert, ehrgeizig, selbstbewusst (Williams/Best, 1990; Best, 2001). Diese Charakterisierungen kontrastieren eine weibliche Orientierung an interpersoneller Integration mit einer männlichen Orientierung an individualistischer Zielverwirklichung (Eckes, 2010). Dass es sich dabei jedoch um (interessegeleitete) soziale Konstruktionen handelt, zeigen historische Vergleiche. So wurde im Mittelalter in kirchennahen Kreisen über die Frau gesagt, sie stifte Hader und Streit, zerrütte Familien und zettle Kriege zwischen den Völkern an (Rennes, 1992), sie sei raffgierig, habsüchtig, und liebesunfähig (Capellanus, 1960), boshaft, lügnerisch und sexuell unersättlich (Hexenhammer 1481; Kramer, 2003). In der bäuerlichen Bevölkerung galt sie als durchsetzungsfähig und kämpferisch (Honegger/Heinz, 1984), als wild, frech, aufrührerisch und ungebärdig (Bock/Duden, 1977). Und von den Männern erwartete man in der Antike starke Emotionen und deren offenen Ausdruck. So schreibt Homer über Telemachos und Odysseus, sie schrien ihre Klage laut heraus, und Plato berichtet von ungehemmten Tränenausbrüchen treuer Freunde, als Sokrates den Schierlingsbecher trank.

Der Nachweis, dass die herrschenden Vorstellungen „natürlicher“ Männlichkeit und Weiblichkeit soziale Zuschreibungen sind, hebt ihre Wirkmächtigkeit nicht auf. Dies wollen wir im Folgenden an Geschlechtsunterschieden in der moralischen Motivation zeigen, i. e. an der Bereitschaft, das als richtig Erkannte auch unter persönlichen Kosten zu tun. Männer und Frauen unterscheiden sich nicht – wie die These einer „weiblichen Moral“ unterstellte (Gilligan, 1984; Gilligan/Wiggins, 1993) – in ihren inhaltlichen Moralvorstellungen (Jaffee/Hyde, 2000), aber sie unterscheiden sich in ihrer Bindung an Moral. So maßen 10-, 13- und 15jährige Mädchen moralischen Eigenschaften deutlich mehr persönliche Wichtigkeit zu als Jungen und die 13jährigen und noch deutlicher die 15jährigen Mädchen übertrafen ihre männlichen Altersgenossen in der Stärke der moralischen Motivation (Doering, 2013a). Dass Mädchen höhere moralische Motivation aufweisen, und zwar deutlich erst ab der Adoleszenz – der Lebensphase, in der die Identitätsbildung ansteht – deckt sich mit anderen Forschungsergebnissen (Malti/Buchmann, 2010; Nunner-Winkler et al., 2006; Nunner-Winkler, 2008). Diese Unterschiede lassen sich durch das Zusammenspiel der Inhalte kulturell geteilter Geschlechterstereotype und der differentiellen Identifikation mit dem eigenen Geschlecht erklären. Männern werden überwiegend moralabträgliche – an Erfolg und Durchsetzungsfähigkeit orientierte – Eigenschaften zugeschrieben (z. B. „gehen über Leichen im Beruf", „sind rücksichtslos", „wollen gerissener sein als andere"), Frauen überwiegend moralförderliche (z. B. „sind verständnisvoll", „bereit, eigene Bedürfnisse auch mal zurückzustellen"). Probanden mit gering ausgeprägter Geschlechtsidentifikation („auch wenn ich ein Mädchen/ein Junge wäre, wäre ich die gleiche Person") unterscheiden sich nicht in ihrer moralischen Motivation, aber unter hoch geschlechtsidentifizierten Probanden sind Jungen mit niedriger moralischer Motivation deutlich überrepräsentiert (Nunner-Winkler, 2008; Nunner-Winkler et al., 2006). Entscheidend im vorliegenden Kontext ist der Befund, dass Probanden mit niedriger moralischer Motivation deutlich höhere Deliktraten aufweisen (Krettenauer et al., 2013; Doering, 2013b) und – selbst bei Kontrolle weiterer zentraler Einflussfaktoren (niedrige Selbstkontrolle, delinquente Peers, innerfamiliäre Gewalterfahrung) – auch entschieden häufiger Gewalttaten begehen (Doering, 2013b).

VI. Fazit

Im vorliegenden Text wurde dargestellt, dass der Gewaltrückgang auf der Makroebene auf die als legitim anerkannte Tabuisierung privater Gewaltausübung und die Institutionalisierung einer fairen Gerichtsbarkeit zurückgeht, und auf der Mesoebene der Sicherung wirksamer formeller und informeller sozialer Kontrollen, auf der Mikroebene der Etablierung eines gewaltablehnenden Milieus zu verdanken ist. Generell gilt auf allen Ebenen, dass die Demokratisierung der Lebenswelt eine der zentralen Einflussfaktoren auf Gewaltverhalten ist. Auf familiärer Ebene zeigt sich dies an den positiven Auswirkungen eines demokratisch-autoritativen Erziehungsstils und dem Rückgang innerfamiliärer Gewalt. Auf der Ebene von Organisationen zeigt es sich an den Effekten einer gerechten Schulstruktur. Auf nachbarschaftlicher und regionaler Ebene zeigt sich, dass die starke Kohäsion einer sozialen Gemeinschaft und die gemeinsame Gestaltung der sozialen Umwelt die Gewaltbereitschaft Einzelner mindern kann. Wichtig sind dabei insbesondere die soziale Unterstützung und die Partizipationsmöglichkeiten. In Bezug auf kulturelle Kontextmerkmale wurde die abträgliche Wirkung der Aneignung der vorherrschenden Geschlechterstereotypen durch männliche Jugendliche diskutiert, die geeignet sind, die tradierte Geschlechterungleichheit naturalistisch zu legitimieren und damit zu stabilisieren.

Wie kann aber die Zustimmung zu gemeinsamen Regeln und Normen, zu Gewaltmonopolisierung und gerechten Prinzipien begründet werden? Rawls‘ (1972) Theorie der Gerechtigkeit schlägt ein zunächst abstraktes Verfahren zur Begründung von gerechten Gemeinschaften vor. Gültig sind demnach genau jene Normen, denen unter dem Schleier der Unwissenheit alle frei zustimmen könnten. Dieses Verfahren operationalisiert die Grundprinzipien eines säkularen Moralverständnisses, nach dem Normen nicht länger aus Vorgegebenem – Gottes Wort, geheiligten Traditionen, naturrechtlichen Vorstellungen – abgeleitet werden können, sondern sich allein „in unser aller Wollen“ (Tugendhat, 1993) fundieren: Gleichheit – die Konsensforderung gesteht jedem ein gleiches Vetorecht zu; Unparteilichkeit - unter dem „Schleier des Nichtwissens“ weiß keiner um die eigenen askriptiven Merkmale (z. B. Mann oder Frau), persönliche Begabungen oder Präferenzen (z. B. religiöse oder sexuelle Orientierung); Schadensminimierung – jeder ist daran interessiert, dass er selbst oder ihm Nahestehende keinen Schaden erleiden, wobei im säkularen Verständnis, das nicht auf jenseitigen Ausgleich setzt, die Achtung vor dem individuellen Leben und die Sicherung gerechter Chancen für jedermann im Zentrum stehen. Aus der autonomen Setzung erwächst den Normen bindende Kraft: Wer Normen frei bejaht, weil er sie als gleichachtend-gerecht versteht und erkennt, dass sie seinem eigenen wohlverstandenen Interesse an der Sicherung dauerhafter fairer Kooperationsbeziehungen dienen, geht – auch aus Konsistenzgründen – eine Selbstverpflichtung ein. Umgekehrt stellt Willkürherrschaft auf jeder Ebene – innerhalb der Familie, Schule und Gesamtgesellschaft – einen Vulnerabilitätsfaktor für gewalttätiges Verhalten dar.

Eine demokratische und gerechte Beziehungsgestaltung innerhalb der Familie, Schule, Nachbarschaft und auf gesamtgesellschaftlicher Ebene unterstützen Jugendliche auf einem normativen Entwicklungsweg: Sie erwerben universell rechtfertigbare Normen und bauen eine intrinsisch motivierte Bereitschaft zur Normbefolgung auf – eine freiwillige Selbstbindung an Moral. Wie in diesem Text gezeigt wurde, vermag dies auch Risikofaktoren auf den unterschiedlichen Ebenen oder bei den individuellen Merkmalen aufzufangen.

Literatur

Alder, D. (1992). Die Wurzel der Polaritäten. Geschlechtertheorie zwischen Naturrecht und Natur der Frau. Frankfurt aM: Campus.

Baier, D., Pfeiffer, C., Simonson, J., Rabold, S. (2009). Jugendliche in Deutschland als Opfer ud Täter von Gewalt: Erster Forschungsbericht zum gemeinsamen Forschungsprojekt des Bundesministeriums des Inneren und des KFN. Hannover: KFN.

Beelmann, A., Raabe, T. (2007). Dissoziales Verhalten von Kindern und Jugendlichen. Göttingen: Hogrefe.

Best, D. L. (2001). Cross-cultural gender roles. In J. Worrell (Ed.), Encyclopedia of gender. San Diego, Ca: Academic Press.

Bischof-Köhler, D. (2002). Von Natur aus anders. Die Psychologie der Geschlechtsunterschiede. Stuttgart: W. Kohlhammer.

Bock, G., Duden, B. (1977). Arbeit aus Liebe - Liebe als Arbeit. Zur Entstehung der Hausarbeit im Kapitalismus. Frauen und Wissenschaft. Beiträge zur Berliner Sommeruniversität für Frauen Juli 1976.

Capellanus, A. (1960). The Art of Courtly Love (Parry, John Jay ed.). New York: Columbia Press.

Crutchfield, R. D., Wadsworth, T. (2002). Armut und Gewalt. In W. Heitmeyer, J. Hagan (Hrsg.), Internationales Handbuch der Gewaltforschung (pp. 83-103). Wiesbaden: Westdeutscher Verlag.

Dawkins, R. (1996). Das egoistische Gen. Reinbek: Rowohlt.

Doering, B. (2013a). The development of moral identity and moral motivation in childhood and adolescence. In K. Heinrichs, F. Oser, T. Lovat (Eds.), Handbook of Moral Motivation: Theories, Models, and Applications (pp. 289-307). Rotterdam: Sense Publishers.

Doering, B. (2013b). Die Bedeutung moralischer Motivation bei der Erklärung delinquenten Verhaltens im Jugendalter. In D. Dölling, J.-M. Jehle (Hrsg.), Täter-Taten-Opfer. Grundlagenfragen und aktuelle Probleme der Kriminalität und ihrer Kontrolle: Neue Kriminologische Schriftenreihe. (pp. 451-472). Mönchengladbach: Forum Verlag Godesberg.

Dornes, M. (2012). Die Modernisierung der Seele: Kind - Familie - Gesellschaft. Frankfurt/M.: S. Fischer.

Eckes, T. (2010). Geschlechterstereotype: Von Rollen, Identitäten und Vorurteilen. In R. Becker, B. Kortendieck (Hrsg.), Handbuch der Frauen- und Geschlechterforschung (pp. 178-189). Wiesbaden: VS.

Elias, N. (1978). Über den Prozeß der Zivilisation. Band 1 und 2. Frankfurt a. M: Suhrkamp.

Enzmann, D., Brettfeld, K., Wetzels, P. (2004). Männlichkeitsnormen und die Kultur der Ehre. In D. Oberwittler S. Karstedt (Eds.), Soziologie der Kriminalität. Wiesbaden: VS.

Gilligan, C. (1984). Die andere Stimme. Lebenskonflikte und Moral der Frau. München: Piper.

Gilligan, C., Wiggins, G. (1993). Die Ursprünge der Moral in den frühkindlichen Beziehungen. In H. Nagl-Docekal, H. Pauer-Studer (Hrsg.), Jenseits der Geschlechter Moral. Beiträge zur feministischen Ethik (pp. 69-104). Frankfurt a. M: Fischer.

Higgins, A., Power, C., Kohlberg, L. (1984). The relationship of moral atmosphere to judgments of responsibility. In W. M. Kurtines, J. L. Gewirtz (Eds.), Morality, moral behavior, and moral development (pp. 74-106). New York et al: John Wiley.

Honegger, C. (1989). Frauen und medizinische Deutungsmacht im 19. Jahrhundert. In A. Labisch, R. Spree (Hrsg.), Medizinische Deutungsmacht im sozialen Wandel (pp. 181-206). Bonn: Psychiatrie-Verlag.

Honegger, C., Heintz, B. (1984). Listen der Ohnmacht. Zur Sozialgeschichte weiblicher Widerstandsformen. Frankfurt a.M.: Europäische Verlagsanstalt.

Hyde, J. S. (2005). The gender similarities hypothesis. American Psychologist, 60, 581-592.

Jaffee, S., Hyde, J. S. (2000). Gender Differences in Moral Orientation: A Meta-Analysis. Psychological Bulletin, 126, 703-726.

Karstedt, S. (1999). Individualisierung, Individualismus und Gewalt - ein Blick über die Grenzen. Kultur und Gesellschaft im internationalen Vergleich. In C. Honegger, S. Hradil, F. Traxler (Hrsg.), Grenzenlose Gesellschaft? Verhandlungen des 29. Kongresses der Deutschen Gesellschaft für Soziologie, Freiburg iBr. 1998 (pp. 258-273). Opladen: Leske + Budrich.

Kohlberg, L. (1986). Der Just Community-Ansatz der Moralerziehung in Theorie und Praxis. In F. Oser, R. Fatke, O. Höffe (Hrsg.), Transformation und Entwicklung. Grundlagen der Moralerziehung (pp. 21-55). Frankfurt: Suhrkamp.

Kramer, H. I. (2003). Der Hexenhammer. Malleus maleficarum. München: Dtv.

Krettenauer, T., Asendorpf, J., Nunner-Winkler, G. (2013). Moral Emotion Attributions and Personality Traits as Long Term Predictors of Antisocial Conduct in Early Adulthood: Findings from a 20 Year Longitudinal Study. International Journal of Behavioral Development, 27, 192-201.

Noelle-Neumann, E., Köcher, R. (Hrsg.). (1997). Allensbacher Jahrbuch der Demoskopie 1993-1997. Band 10. München: K.G. Saur.

Nucci, L. P., Weber, E. K. (1995). Social interactions in the home and the development of young children's concepts of the personal. Child Development, 66, 1438-1452.

Nunner-Winkler, G. (1997). Reibereien oder Gruppenterror? Ein Kommentar zum Konzept Bullying. Empirische Pädagogik, 11, 423-438.

Nunner-Winkler, G. (2008). Die Entwicklung moralischer Motivation von der Kindheit bis zum frühen Erwachsenenalter. In W. Schneider (Hrsg.), Entwicklung vom frühen Kindes- bis zum frühen Erwachsenenalter. Befunde der Längsschnittstudie LOGIC. Weinheim: Beltz.

Nunner-Winkler, G., Meyer-Nikele, M. Wohlrab, D. (2006). Integration durch Moral. Moralische Motivation und Ziviltugenden Jugendlicher. Wiesbaden: Verlag für Sozialwissenschaften.

Oser, F., Althof, W. (2001). Die Gerechte Schulgemeinschaft: Lernen durch Gestaltung des Schullebens. In W. Edelstein, F. Oser, P. Schuster (Hrsg.), Moralische Erziehung in der Schule (pp. 233--268). Weinheim und Basel: Beltz.

Pinker, S. (2013). Gewalt. Frankfurt: Fischer TB.

Rawls, J. (1972). A theory of justice. London/Oxford/NY: Oxford University Press.

Rennes, M. d. (1992). Liber Decem Capitularum Kap. 3 De Meretrice. In A. Blamires (Ed.), Medieval Texts (pp. 100-101). Oxford: Clarendon Press.

Reuband, K. H. (1997). Aushandeln statt Gehorsam. Erziehungsziele und Erziehungspraktiken in den alten und neuen Bundesländern im Wandel. In L. Böhnisch, K. Lenz (Hrsg.), Familien. Eine interdisziplinäre Einführung (pp. 129-153). Weinheim/München: Juventa.

Stillwell, A. M., Baumeister, R. F. (1997). The construction of victim and perpetrator memories: Accuracy and distortion in role-based accounts. Personality and Social Psychology Bulletin, 23, 1157-1172.

Sturzbecher, D., Hess, M., Them, W. (2002). Jugendgewalt und Reaktionen des sozialen Umfelds. In D. Sturzbecher (Hrsg.), Jugendtrends in Ostdeutschland: Bildung, Freizeit, Politik, Risiken. Längsschnittanalysen zur Lebenssituation und Delinquenz 1999-2001. (pp. 182-209). Opladen: Leske + Budrich.

Sutterlüty, F. (2002). Gewaltkarrieren. Frankfurt/Main: Campus Verlag.

Tillmann, K.-J., Holler-Nowitzki, B., Holtappels, H. G., Meier, U., Popp, U. (Hrsg.) (2000). Schülergewalt als Schulproblem. Weinheim/München: Juventa.

Tugendhat, E. (1993). Vorlesungen über Ethik. Frankfurt a.M.: Suhrkamp.

UNODOC, Gibbons, J. (Hrsg.) (2011). Global Study on Homicide: United Nations Office on Drugs and Crime.

Williams, J. E., Best, D. L. (1990). Measuring Sex Stereotypes. A Multination Study (Vol. 6). London: SAGE.

Wissen Sie einen guten Arzt? Anmerkungen aus der Praxis der Wiener Patientenanwaltschaft

Sigrid Pilz

Die Wiener Pflege-, Patientinnen- und Patientenanwaltschaft (WPPA) wurde im Jahr 1992 mit dem Gesetz über die Wiener Patientenanwaltschaft gegründet. Die öffentliche Stelle ist in Wien sehr gut bekannt und wird von den PatientInnen rege beansprucht. So wandten sich im Jahr 2012 knapp 12.000 Menschen schriftlich, telefonisch oder persönlich an die unabhängige und weisungsfreie Einrichtung. In 3.350 Fällen wurden konkrete Beschwerden erhoben. 37 % bezogen sich auf die Behandlung in Spitälern oder bei niedergelassenen ÄrztInnen. Behauptete Medizinfehler, Befundurgenzen, Kommunikationsprobleme, Wartezeiten, Kosten, Entlassungsprobleme und andere Themen werden in der WPPA von einem 24-köpfigen Team bearbeitet. Der folgende Beitrag ist einigen Bereichen der Vertretung der PatientInnenrechte und der damit verbundenen Probleme aus der Sicht der Praxis der WPPA gewidmet.[1]

I. Qualität im Gesundheitswesen – ein dringendes Erfordernis zum Schutz der PatientInnen

Gesundheitsversorgung und Pflege stehen erst in jüngster Zeit auf dem Prüfstand der Qualitätskontrolle und Fehlerbearbeitung. In der Vergangenheit konnten die MedizinerInnen davon ausgehen, dass ihre PatientInnen Diagnose und Therapie in der Regel nicht in Frage stellen würden.

1 Die Autorin dieses Beitrages wurde im Juli 2012 vom Bürgermeister der Stadt Wien für eine Amtsperiode von fünf Jahren als Pflege- , Patientinnen- und Patientenanwältin bestellt. Jährlich legt sie einen Tätigkeitsbericht für den Wiener Landtag (www.patientenanwaltschaft.wien.at).

Nur wenn offenkundig ein Gesundheitsschaden eingetreten war, beschwerten sich Betroffene bei den Patientenanwälten oder strebten eine gerichtliche Lösung an.

Die Thematisierung von vermuteten Fehlern ist für individuelle PatientInnen jedoch nicht einfach. Nach wie vor sind kranke Menschen im Gesundheitswesen kommunikativ und strukturell in der unterlegenen Position. Wer Schmerzen und vielleicht sogar Angst hat, erlebt sich als bedürftig und will keine Konflikte heraufbeschwören, die das Vertrauensverhältnis zum behandelnden Arzt unterminieren. Selbst gut ausgebildete Menschen, die sich beispielsweise bei einem Reiseveranstalter, der seine Zusagen nicht eingehalten hat, lautstark beschweren würden, wollen als PatientInnen Loyalität beweisen und verzichten bei Unklarheiten auf Nachfragen oder sehen über Mängel hinweg.

Gleichzeitig ist das Wissen über Krankheiten und ihre Behandlung nicht länger eine exklusive Machtbastion für ÄrztInnen. Es hilft auch nicht, wenn MedizinerInnen ihre PatientInnen abschätzig mit der Feststellung zurechtweisen, dass „Dr. Google" nur Unsinn bereit hält und man statt im Netz zu surfen, ihren Auskünften und Anweisungen folgen sollte. Die Möglichkeit, als interessierte Bürger selbständig an Informationen heranzukommen, sich mit anderen Betroffenen auszutauschen und abweichende Fachmeinungen zur Diskussion zu stellen, ändert die Gesprächssituation in der Ordination grundlegend. Ob die Behandlung nach dem Stand der Wissenschaft erfolgt, ob es Alternativen gibt, und wer schlussendlich entscheidet, was gemacht wird, steht zwischen ÄrztInnen und PatientInnen zur Verhandlung.

Häufig wenden sich PatientInnen mit folgenden Fragen an die WPPA: „Können Sie mir eine gute Ärztin oder einen guten Arzt für meinen Fall empfehlen? Welches Spital ist das Beste für meine bevorstehende Operation?" Das Anliegen ist nachvollziehbar und sehr verständlich, insbesondere wenn es sich um PatientInnen handelt, die schlechte Erfahrungen gemacht oder einen gesundheitlichen Schaden erlitten haben. Wer behandlungsbedürftig ist, will sicher sein, dass sie oder er in gute Hände kommt.

Die Ärzteschaft ist rechtlich verpflichtet, den Qualitätsstandard ihrer jeweiligen Disziplin einzuhalten. Dies soll auf dem Niveau durchschnittlicher, ordentlicher, gewissenhafter und pflichttreuer VertreterInnen ihres Faches erfolgen. Im modernen Gesundheitswesen hängt die Qualität der Versorgung jedoch nicht ausschließlich von der Sorgfalt des medizinischen Personals ab. Fehler und Qualitätsmängel in Spitälern entstehen oft auch durch eine Verkettung mehrerer Irrtümer, systemischer Versäumnisse oder Fehleinschätzungen. Erst in der Kombination und durch das Versagen von Sicherungssystemen können sich Qualitätsmängel zu gravierenden Schäden für PatientInnen auswachsen. Die Aufarbeitung von Qualitätsmängeln muss daher dieser komplexen Struktur Rechnung tragen. Schuldzuweisungen an einzelne ÄrztInnen sind vor diesem Hintergrund selten sinnvoll. Außerdem besteht moderne Medizin nicht allein im Wirken der ÄrztInnen. Der Erfolg steht und fällt mit der Qualität der Teamarbeit aller involvierten ExpertInnen (Pflege, andere Gesundheitsberufe, Medizin-Technik, Ärzteschaft). Trainierte Teams, die sich auf Leitlinien verpflichten und partnerschaftlich zusammenarbeiten, sollen im 21. Jahrhundert die „Eminenz-Orientierung“ in der Medizin endlich ersetzen.

Handlungsbedarf zur Steigerung der PatientInnensicherheit ist dringend gegeben: Die Stiftung für Patientensicherheit (Zürich) spricht von 7,5 % der PatientInnen, denen im Spital ein unerwünschtes Ereignis widerfährt. 37 % dieser Fälle wären durch gute Qualitätsarbeit vermeidbar. Schon einfachste Vorkehrungen würden enorme Effekte bringen, betont die Stiftung: Studien zufolge nehmen 30 – 40 % des Personals keine ausreichende Händedesinfektion vor und erhöhen damit das Infektionsrisiko für PatientInnen beträchtlich.

In den Spitälern des Wiener Krankenanstaltsverbundes (KAV) wurde vor einigen Jahren das Critical Incident Reporting System (CIRS), ein Berichtsystem für kritische Zwischenfälle, eingeführt, das ermöglicht „Beinahe“-Fehler anonym zu melden. Dieses Instrument stellt jedoch einen Zufallsbefund dar, der überdies auch von der Subjektivität der Person, die meldet, dominiert ist, und ersetzt deshalb nicht eine strukturierte und standardisierte Fehlervermeidung und Qualitätssicherung. PatientInnen erhalten durch das CIRS keine Rückmeldung, auch eine interdisziplinäre, standortübergreifende Aufarbeitung ist nicht vorgesehen. Noch wesentlich weniger Anstrengungen zur Qualitätssicherung als in den Wiener Spitälern werden im niedergelassenen Bereich unternommen. Es ist für PatientInnen völlig unmöglich, an objektiviertes Wissen über die Güte der Leistungen, die in den Ordinationen geboten wird, heran zu kommen.

Einen Versuch, zumindest den Entwicklungsstand der Qualitätssysteme in österreichischen Krankenanstalten zu dokumentieren, unternimmt das Bundesinstitut für Qualität im Gesundheitswesen (BIQG). Es hat den Ist-Stand der Qualitätsstrukturen und der Qualitätsarbeit im Jahr 2010 mittels Befragung erhoben. Leider gibt es in Wien, im Gegensatz zu Tirol und

Kärnten, keine ausdrückliche Verpflichtung zur Qualitätsberichterstattung seitens der Krankenhäuser. Kritisch ist außerdem zu bemerken, dass die Rücklaufquote der Fragebögen seitens der privaten Belegspitäler wesentlich schlechter war als jene der privaten gemeinnützigen Spitäler.

Mit Jahresbeginn 2012 hat das Bundesministerium für Gesundheit ein Projekt zur bundesweit einheitlichen Ergebnisqualitätsmessung aus Routinedaten gestartet: Im Austrian Inpatient Quality Indicators (A-IQI) werden für stationäre PatientInnen die tatsächlichen Todesfälle den statistisch zu erwartenden Todesfällen gegenüber gestellt. Auch die Intensivhäufigkeit und Komplikationen werden betrachtet. Mittels Selbst- und Fremdanalyse sollen bei auffälligen Ergebnissen qualitätsverbessernde Maßnahmen in den Spitälern gesetzt werden.

Die Beschwerdestatistik, die die WPPA jährlich erstellt, gibt einen wichtigen Überblick über von PatientInnen beanstandete Mängel, aber sie ist kein geeignetes Instrument, das es erlauben würde, gültige Aussagen über Qualität zu treffen. Die Beschwerden sind weit gefächert, vom Ärger über die kalte Suppe, Klagen über unfreundliches Personal bis zum vermuteten Medizinschaden. Außerdem gibt es medizinische Fächer, bei denen – unabhängig von der konkreten Qualität des Gesundheitsdienstleisters – traditionell mehr Beschwerden eingehen, etwa die Unfallchirurgie, die Geburtshilfe, die Zahnmedizin u. a. Vergleiche, die diesen Faktor unberücksichtigt lassen, sind daher weder gerecht noch aussagekräftig. Der legitime Wunsch der PatientInnen nach Informationen über die Qualität der Gesundheitsdienstleister muss daher solange unbeantwortet bleiben, bis sich der Gesetzgeber dazu entschließt, valide und unabhängige Bewertungen zu veranlassen und zu veröffentlichen.

Die WPPA nützt ihre Möglichkeiten zu Qualitätsverbesserung: In den Gesprächen mit den Krankenhäusern werden jene Beschwerden und Behandlungsfehler konkret besprochen, die Anlass zu der Vermutung geben, dass systemische Qualitätsprobleme vorliegen. Mit der Ärztekammer werden jene Fälle konkret aufgearbeitet, bei denen wiederkehrende gravierende Beschwerden Hinweise auf Qualitätsprobleme in einzelnen Ordinationen geben. Allerdings sind die Interventionsmöglichkeiten im niedergelassenen Bereich zu wenig wirkungsvoll. Die als Aufsichtsbehörde zuständige Magistratsabteilung prüft sanitäre Missstände, hat aber in Bezug auf mangelhafte Behandlungsqualität keine Handhabe. Die Ärztekammer verfügt über standesrechtliche Disziplinarmaßnahmen, die allerdings kaum zum Einsatz kommen. Außerdem ist stark anzuzweifeln, dass das Disziplinarrecht ausreicht, wirksame Qualitätssicherung und Qualitätsverbesserung im niedergelassenen Bereich zu erreichen. Eine forcierte strukturierte und überprüfbare Qualitätsoffensive ist unbedingt notwendig.

Deutschland geht in seinem Bemühen, die Ergebnisqualität in den Krankenhäusern zu steigern wesentlich weiter als Österreich. „Gesetzliche Krankenkassen und private Anbieter informieren in Sachen Qualität mit speziellen Internetportalen, Krankenhausführer bilden Qualitätsergebnisse von Kliniken vor Ort ab und der Gemeinsame Bundesausschuss hat eigens für medizinische Laien eine leicht verständliche Lesehilfe für Krankenhaus-Qualitätsberichte veröffentlicht“, so Dr. Josef Siebig, Vorsitzender des Gemeinsamen Bundes-Unterausschusses Qualitätssicherung im Bericht des Jahres 2009. Bei auffälligen Ergebnissen wird von der Bundesgeschäftsstelle Qualität mit dem betroffenen Krankenhaus ein sogenannter „Strukturierter Dialog“ geführt und es werden klare Zielvereinbarungen getroffen, die im Folgejahr auf ihre Umsetzung beobachtet werden.

In Österreich wurde die gesetzlich verordnete Qualitätssicherung an die Österreichische Ärztekammer delegiert, die auf diese Anforderungen sehr zögerlich und mit unzureichenden Instrumenten reagiert: So wurde mit der Österreichischen Gesellschaft für Qualitätssicherung und Qualitätsmanagement in der Medizin GmbH (ÖQMED) eine Institution, die die Ärztekammer selbst eingerichtet hat, mit der Qualitätssicherung im niedergelassenen Bereich beauftragt. Kritikwürdig ist an dieser Konstruktion, dass es die Ärzteschaft selbst ist, die die Qualitätskontrolle in den eigenen Reihen vornimmt. Damit prüft ausschließlich die Standesvertretung ihre eigenen Mitglieder – und dies noch dazu mit wenig wirksamen Methoden. Der Erkenntnisgewinn aus dieser Qualitätsüberprüfung für die PatientInnen selbst ist äußerst unbefriedigend. Es werden lediglich statistische Ergebnisse veröffentlicht. Vergleichswerte oder gar Resultate aus einzelnen Ordinationsüberprüfungen sucht man vergeblich. Auch erfährt die Öffentlichkeit nicht, ob eine Ordination aufgrund von gravierenden Qualitätsmängeln geschlossen wurde oder ob es andere Sanktionen gibt. Man stelle sich vor, ein Flugzeughersteller würde sich selbst die Tauglichkeit der eigenen Produkte bescheinigen, oder das Marktamt würde in die Hände der Lebensmittelhersteller gelegt. Die Ärztefunktionäre beharren aber auf ihrer behördlichen Zuständigkeit und wollen nicht verstehen, dass sie mit dieser Zuständigkeit selbst für ein Glaubwürdigkeitsproblem sorgen.

Die Qualitätsprüfung, die ÖQMED vornimmt, besteht im Wesentlichen in einer „Selbstevaluation“. Die Ärzte sind veranlasst, einen internetbasierten Fragebogen auszufüllen. Da wird beispielsweise gefragt: „Sind Sie über die theoretischen und praxisbezogenen Veränderungen und Fortschritte in Diagnostik und Therapie Ihres ausgeübten Fachgebietes nach dem aktuellen Stand der Medizin informiert?“ Oder zum Thema Patientensicherheit: „Werden unerwünschte Ereignisse dokumentiert und mit dem (potentiell) beteiligten Personal besprochen?“ Ein Nein löst einen Mängelbehebungsauftrag aus – so teilt der Fragebogen vorsorglich mit. Die Angaben im Rahmen dieser Selbstevaluation werden lediglich stichprobenartig überprüft. Der Bericht aus dem Jahr 2012 weist rund 20.000 mittels Fragebogen überprüfte Ordinationen aus, davon wurden ca. 1.200 Ordinationen in der Stichprobe besucht, 19 Anzeigen wurden beim Disziplinaranwalt eingebracht. Fazit: das Risiko, bei unkorrekten Angaben bemerkt und zur Verantwortung gezogen zu werden, ist durchaus überschaubar.

Es verwundert also nicht, dass Fälle von notorisch schlechter Qualität unter diesen Bedingungen nicht geahndet werden. Exemplarisch ist der Fall einer Abtreibungsärztin in Wien: Seit Jahrzehnten sind die Vorgänge in deren berüchtigter Ordination der Ärztekammer bekannt. Bereits in den 80er Jahren des vergangenen Jahrhunderts erschienen einschlägige Medienberichte und Hausbewohner informierten die Ärztekammer über Frauen, die blutend und in schlechtem Gesundheitszustand durch das Stiegenhaus taumelten. Kurzzeitige Ordinationsschließungen erfolgten in der Vergangenheit nur aufgrund hygienischer Mängel und bewirkten keine Verbesserungen der medizinischen Qualität. In den letzten Jahren wandten sich Frauen, die Verletzungen erlitten hatten, an die Patientenanwaltschaft. Da sich die Ärztin weigerte, zu kooperieren, schaltete die WPPA im Herbst 2012 die Ärztekammer ein. Trotz der eindringlichen Aufforderung, endlich wirksam gegen die Zustände vorzugehen, beschränkten sich die Anstrengungen der Kammer in den Folgemonaten auf weitere Hygieneüberprüfungen, die am Hauptproblem – der schlechten Behandlungsqualität – nichts änderten. Nicht nur das: Der Ärztin wurde von der ÖQMED ein positives Qualitätszertifikat ausgestellt! Als im Sommer 2013 in der WPPA ein weiterer gravierender Fall bekannt wurde – bei einer Frau, war die Gebärmutter perforiert und auch Arterienäste waren verletzt worden – ging die Autorin dieses Beitrages an die Öffentlichkeit. In der Folge wurde die Ordination geschlossen und die Ärztekammer entzog der Medizinerin die Berufsberechtigung.

Seither ist die Frage, welche Instanz die Behandlungsqualität in den Ordinationen überprüfen sollte, auf der Tagesordnung der Gesundheitspolitik. Der Vorschlag der österreichischen Patientenanwälte – die Einrichtung einer unabhängigen Behörde, die unangemeldet und umfassend die niedergelassenen ÄrztInnen prüft – wird von der Ärztekammer zurückgewiesen. Der Gegenvorschlag des österreichischen Präsidenten der Ärztekammer ist besorgniserregend: er plädiert für die Beibehaltung der eingeschränkten Prüfungstätigkeit durch ÖQMED und verweist im Übrigen auf die Strafbehörden. „Sollten die Patientenanwälte auf Missstände stoßen, dann müssen sie das bei den zuständigen Stellen wie der Strafbehörde melden.“ Der Ruf nach dem Strafrichter ersetzt für den obersten Ärztefunktionär offensichtlich die längst notwendigen Qualitätskontrollen bei Mängeln in den Ordinationen.

Wenn die Ärztekammer, statt ihre eigene Kontrolltätigkeit kritisch zu hinterfragen, Fragen der Qualitätssicherung künftig vor allem durch den Strafrichter geklärt haben will, nimmt sie in Kauf, dass in manchen Ordinationen so lange riskante Medizin betrieben werden darf, bis Tod, Körperverletzung oder die Gefährdung der körperlichen Sicherheit durch eine strafbare Handlung eingetreten sind, denn nur dafür ist das Strafrecht zuständig. Alle Fehler die weniger gravierend sind, können nicht strafrechtlich verfolgt werden. Die Behandlungssicherheit kann somit mit dem Vorschlag des Präsidenten kaum erhöht werden, denn ca. 90% aller Fehler im Medizinbetrieb haben ihre Ursache in leichter Fahrlässigkeit. Es ist also widersinnig, hier die Strafbehörden zu bemühen. In erster Linie nach dem Strafrichter zu rufen, würde zudem das Arzt-Patient-Verhältnis, das ganz besonders auf Vertrauen gegründet sein muss, vergiften und massiv durch dieses Misstrauen belasten. Ärztliches Handeln ist per se risikogeneigt. Gute Qualität kann nicht durch das Damoklesschwert des Strafgesetzes herbei gezwungen werden. Moderne Qualitätssicherung zeichnet sich dadurch aus, dass regelmäßig mit nachvollziehbaren Kriterien mögliche Fehlerquellen und Systemschwächen von unabhängigen fachlich versierten Instanzen überprüft werden. Die konstruktive Aufarbeitung der Ergebnisse mit dem Geprüften soll eine Verbesserung sicherstellen.

II. Recht auf Entschädigung – eine nachvollziehbare Forderung der Patientinnen und Patienten

Komplikationen und Behandlungsfehler gibt es immer wieder – aber nicht in jedem Fall Hilfe und Entschädigung. PatientInnen sind allzu oft auf sich allein gestellt, eine Solidarhaftung der Gesundheitsdienstleister fehlt. Wenn sich PatientInnen mit einem vermuteten Behandlungsfehler, der einen Gesundheitsschaden verursacht hat, an die Wiener Patientenanwältin wenden, ist oft die resignative Feststellung: „Ich würde ja klagen, doch das Risiko zu verlieren, kann ich mir finanziell nicht leisten." zu hören. Dem ist schwer zu widersprechen: Die Beweislast liegt bei den Geschädigten, komplexe Vorgänge wie Operationen sind für Laien kaum zu beurteilen, und zumeist kann man dank der Narkose vor dem Richter nicht erzählen, was vor sich gegangen ist. Sachverständigengutachten sind teuer, und wer verliert, bezahlt auch noch die Prozesskosten. Damit der Patient doch zu einer Entschädigung kommt, kann er aber die zuständige Patientenanwaltschaft beauftragen, mit den Versicherungen des Spitals oder des niedergelassenen Arztes Verhandlungen über eine außergerichtliche Schadensabgeltung zu führen. Die Patientenanwaltschaft ist unabhängig, wird von der Stadt Wien finanziert und ist für die PatientInnen kostenfrei.

Häufig liegt aber kein Behandlungsfehler vor, sondern eine Komplikation. Wer hilft in diesem Fall? Österreich hat ein nachahmenswertes Modell in allen Bundesländern eingeführt: Am 1. Jänner 2001 wurde der Wiener Patientenentschädigungsfonds (PF) eingerichtet. PatientInnen, die in einer öffentlichen oder privaten gemeinnützigen Krankenanstalt in Wien einen Schaden erlitten haben, kann eine Entschädigung zuerkannt werden, wenn eine Haftung des Rechtsträgers der Krankenanstalt nicht eindeutig gegeben ist, wenn also vor allem der Nachweis der Kausalität oder des Verschuldens erhebliche Schwierigkeiten bereitet. Ist ein Schaden auf ein zweifelsfreies Verschulden zurückzuführen, scheidet eine Ersatzleistung aus dem Fonds aus. Eine Entschädigung ist auch dann möglich, wenn es sich um eine bislang unbekannte oder zwar seltene, zugleich aber auch schwerwiegende Komplikation handelt, die zu einer erheblichen Schädigung geführt hat. Davon erfasst sind auch (schwere) Komplikationen, über welche der Patient aufgeklärt wurde. Derartige Komplikationen bilden die weitaus größte Zahl der Entschädigungsfälle. Keine Anwendung findet das Modell auf nicht gemeinnützige Privatkrankenanstalten und auf den Bereich der niedergelassenen Ärzteschaft.

Ein Rechtsanspruch auf Entschädigung besteht nicht. Eine Überprüfung der Entscheidung im Rechts- oder Verwaltungsweg ist ausgeschlossen. Nachträglich ist das Einbringen einer Klage bei Gericht möglich, wobei im Fall einer Entschädigung im Wege eines gerichtlichen Urteils oder auch eines gerichtlichen oder außergerichtlichen Vergleiches der aus dem Fonds ausbezahlte Betrag grundsätzlich zurückzuzahlen ist. Im Einzelfall kann jedoch von der Verpflichtung zur Rückzahlung – auch teilweise – abgesehen werden.

Gespeist wird der PF von den PatientInnen, die in einer öffentlichen oder privaten gemeinnützigen Krankenanstalt in Wien stationär aufgenommen werden. Zusätzlich zum Kostenbeitrag wird von diesen Personen ein Betrag von € 0,73 /Tag (für maximal 28 Belegtage pro Kalenderjahr) eingehoben, welcher der WPPA für den PF zur Verfügung zu stellen ist. Für diese Beträge wurde ein gesondertes Bankkonto eingerichtet und es wurden entsprechende Vereinbarungen über die Form der Abführung der Beträge auf dieses Konto mit allen Rechtsträgern der betroffenen Wiener Krankenanstalten abgeschlossen. Die Auszahlung erfolgt über Anweisung der Wiener Patientenanwältin durch den Magistrat der Stadt Wien. Die Gewährung von Entschädigungen erfolgt nach Prüfung der Voraussetzungen durch den bei der WPPA eingerichteten Beirat, dessen Mitglieder ehrenamtlich tätig sind. Das Verfahren beim Beirat selbst soll 3 Monate nicht übersteigen; dies wird auch durchgehend eingehalten. Die WPPA verständigt regelmäßig auch das Qualitätsmanagement der betroffenen Spitäler, wobei zu erwarten ist, dass diese Mitteilungen einer Prüfung und Beurteilung mit allfälligen Konsequenzen unterzogen werden. Im Jahr 2012 wurden in 186 Fällen finanzielle Entschädigungen aus dem Patientenentschädigungsfonds im Gesamtbetrag von € 1.556.438,50 zugesprochen.

PrivatpatientInnen der Wiener Belegspitäler sind, wie erwähnt, beim Fonds der WPPA nicht antragsberechtigt. PatientInnen in Ordinationen oder therapeutischen Einrichtungen gehen ebenfalls leer aus, wenn sich ein Behandlungsfehler nicht oder schwer beweisen lässt, beziehungsweise sich eine schicksalhafte schwere Komplikation ereignet hat. Das ist fatal, denn heutzutage werden viele minimalinvasive Eingriffe wie die Koloskopie unter Narkose in Ordinationen durchgeführt, ohne dass eventuelle Komplikationen entschädigt werden können. Kritikwürdig ist auch, dass nur die PatientInnen selbst die Länder-Fonds finanzieren, und zwar durch ihre Beiträge beim Spitalsaufenthalt. Ärzte, Spitäler, Versicherungen, Pharmaindustrie und Medizinprodukthersteller tragen nichts bei.

Die Patientenanwälte fordern daher schon seit Jahren eine gerechtere Dotierung, Ausweitung der Zuständigkeit auf alle Gesundheitsdienstleister, sowie eine Vereinheitlichung der Strukturen der Entschädigungskommissionen. Maximalentschädigungen variieren in den neun Bundesländern außerdem von 22.000 bis 100.000 Euro. Vordenker des Medizinrechts wie der Innsbrucker Univ.-Prof. Dr. Heinz Barta gehen noch einen wichtigen Schritt weiter. Mit dem Medizinhaftungsgesetz schlägt Barta ein Modell vor, das die PatientInnenrechte entscheidend stärken und der Komplexität und Gefahrengeneigtheit medizinischen Handelns wesentlich besser Rechnung tragen würde. Eine Solidarhaftung, vergleichbar der Unfallversicherung, soll verschuldensunabhängig Medizinschäden abgelten. Mitglieder dieser Risikogemeinschaft wären alle Gesundheitsdienstleister, die PatientInnen, die einschlägige Industrie und die Versicherungen. Der Anspruch der Geschädigten würde sich gegen diese Gemeinschaft und nicht länger gegen einzelne ÄrztInnen oder Spitäler richten. Der Vorteil für alle Beteiligten liegt auf der Hand: Der Druck zur Defensivmedizin, die nicht zum Nutzen der PatientInnen und ein entscheidender Kostentreiber ist, würde von den Schultern der ÄrztInnen genommen. PatientInnen wären nicht gezwungen, durch eine zivilrechtliche Klage, bei der ihnen die Beweislast aufgebürdet ist, einen Behandlungsfehler nachzuweisen. Dass dadurch weniger Sorgfalt von der Ärzteschaft eingefordert würde, muss man nicht fürchten: Bei grober Fahrlässigkeit – rund zehn Prozent der Fälle – würde gegen den Arzt/die Ärztin, beziehungsweise das Spital regressiert.

III. Gesundheitsdaten – notwendige aber sensible Daten

Die Erhebung von aussagekräftigen Gesundheitsdaten ist eine unverzichtbare Voraussetzung für gute Gesundheitsplanung. Bei den Gesundheitsgesprächen 2013 des Europäischen Forums Alpbach waren die Experten daher überzeugt, dass die österreichische Gesundheitspolitik und die Gesundheitsdienstleister auf detaillierte Kenntnisse nicht verzichten können, um das Angebot bedarfsgerecht zu steuern. Man war sich ebenfalls einig, dass die Datenlage in Österreich in vielen Bereichen sehr schlecht ist. Um sinnvoll Geldmittel an den „best point of service“, also an jene Einrichtungen, die die PatientInnen am besten und kosteneffizient versorgen können, umzuschichten, müssen die Gesundheitsplaner über gute Statistiken aus den Spitälern und Ordinationen verfügen. Insbesondere angesichts der geplanten Gesundheitsreform ist es von großer Bedeutung etwa genaue Aussagen über die Verbreitung und Entwicklung chronischer Krankheiten, über die Wartezeiten bei Psychotherapie oder zum Medikamentenverbrauch in der Onkologie tätigen zu können.

Die Debatte die im Herbst 2013 in Deutschland und Österreich aus Anlass von missbräuchlicher Weitergabe von Gesundheitsdaten begonnen wurde, darf daher nicht dazu führen, dass seriöse Forschung und Planung behindert werden. Die unzulässige Weitergabe von Patientendaten zur kommerziellen Verwertung bedient ein völlig anderes Interesse: es ist zu vermuten, dass es in erster Linie darum geht, Patientenprofile zu erheben, die es den Marktteilnehmern erlauben, ihre Produkte zielgerichtet an die Konsumenten zu bringen. Viele Pharmafirmen sehen mittlerweile nicht mehr nur Ärzte und Spitäler als ihre zentrale Adresse für Produktwerbung, sondern sie wenden sich direkt an die PatientInnen. Bekannte Mediziner – sogenannte „Mietmäuler" – halten honorierte Fachvorträge und publizieren in einschlägigen Medien. Selbsthilfegruppen, denen die öffentliche und damit unabhängige Finanzierung vorenthalten wird, werden von Firmen unterstützt.

Betroffene melden sich bei der Wiener Patientenanwaltschaft mit bemerkenswerten Erfahrungen: Ein Herr wurde wegen eines Fußleidens vom Orthopäden behandelt, die verordnete Einlage anschließend durch den Bandagisten hergestellt, und im physikalischen Institut wurde therapiert. Wenige Wochen später bekam der Patient ungefragt Post von einem Hotel, das mit teuren Behandlungen für den schmerzgeplagten Bewegungsapparat wirbt. Auf Nachfrage dementierten alle drei Dienstleister Daten weitergegeben zu haben. Sehr besorgniserregend ist der zweite Fall: Ein insulinpflichtiger Diabetiker hat vor Jahren ein Programm für den Computer erworben, mit dem er seinen Insulinbedarf selbst – ohne Einbeziehung Dritter – einstellen konnte. Seit einem Jahr steht das Programm nicht mehr zur Verfügung. Die neue Generation der Insulinpumpen wird stattdessen mit Hilfe einer Applikation im Internet durch die Anbieterfirma in den USA selbst gesteuert. Name, Geschlecht, Alter, Gewicht und Essgewohnheiten müssen vom Patienten eingegeben werden und stehen damit der Firma für die personenbezogene Auswertung zur Verfügung. Der Patient hat keine Alternative zur Selbstentblößung, denn auf die Insulinpumpe kann er nicht verzichten. Dass das Programm kostenlos angeboten wird, dient offenkundig als Rechtfertigung und ist ein sehr bitterer Trost. „Es muss niemand bestochen werden, damit ich mein letztes Hemd vor der Firma ausziehe. Mein Arzt hat auch keine andere Lösung für mich!“, so der Patient.

Die behandelnden MedizinerInnen wissen also offenkundig Bescheid, dass mit der ausweglosen Not der PatientInnen Datengeschäfte gemacht werden. Die Österreichische Ärztekammer ist um Schadensbegrenzung bemüht, droht mit standesrechtlichen Konsequenzen und kündigt eine Verordnung an, die die Weitergabe künftig unterbinden soll. Es ist allerdings zu befürchten, dass die bekannt gewordenen Missstände nur die Spitze des Eisbergs darstellen. Tatsache ist, dass seit vielen Jahren in Ordinationen und Spitälern Patientendaten auf unterschiedlichsten Servern mit teilweise fragwürdigem Sicherheitsstatus gespeichert sind. Wer hier zugreift oder weitergibt, bleibt den PatientInnen derzeit verborgen.

Es erweist sich einmal mehr, dass die Ärztekammer nicht die richtige behördliche Instanz ist, Patienten vor Qualitätsmängeln wie im Fall der berüchtigten Abtreibungsärztin zu schützen, oder zu verhindern, dass einige Kammermitglieder Patientendaten unrechtmäßig verkaufen. Es braucht eine unabhängige Behörde, die unangemeldet prüfen kann, ob die Behandlungsqualität Standards entspricht, die hygienischen Zustände stimmen und niemand unberechtigt auf PatientInnendaten zugreifen kann. Der Gesundheitsminister sollte handeln.

IV. Ärztliche Aufklärung – ein unveräußerliches Desiderat moderner Medizin

Die Anforderungen an die Kommunikation zwischen Gesundheitspersonal und PatientInnen haben sich in den letzten Jahren, vor allem durch die Nutzung des Internets, stark verändert. Befragungen zeigen, dass PatientInnen über die Risiken ihrer Behandlung vollständig aufgeklärt werden wollen. Bei einer Auswertung von 650.000 Fragebögen (Deutschland, Österreich, Schweiz) haben sich über 99 % der Befragten dafür ausgesprochen.

Das ärztliche Aufklärungsgespräch stellt eine unabdingbare Voraussetzung für eine rechtswirksame Einwilligung zu einer medizinischen Behandlung dar. Laut Ärztegesetz sind die ÄrztInnen verpflichtet, einerseits Aufzeichnungen über die Beratungen oder die Behandlungen zu führen, andererseits „der zu beratenden oder zu behandelnden oder zu ihrer gesetzlichen Vertretung befugten Person alle Auskünfte zu erteilen". Erfolgen soll die Aufklärung in einer Art, die den Umständen angemessen ist und der Persönlichkeit und Bildung der PatientInnen entspricht.

Die Anforderungen an die Qualität des ärztlichen Aufklärungsgespräches sind stark gestiegen. Ein Großteil der PatientInnen erwartet sich, dass die gegebenen Informationen relevant und evidenzbasiert sind und dass sie den PatientInnen eigenständiges Handeln ermöglichen. PatientInnen wollen (mit)entscheiden, vor allem wenn es um medizinische Maßnahmen mit fraglichem Nutzen-Schadenverhältnis geht. Beim Einsatz neuer Therapiemethoden (z. B. neu zugelassene Medikamente bei onkologischen Erkrankungen, rheumatoider Arthritis, Multipler Sklerose) wollen sie auch von den Ergebnissen klinischer Studien verständlich unterrichtet werden, um so eine informierte Entscheidung für oder gegen die Behandlung treffen zu können.

Dem Wunsch der PatientInnen nach einer zufriedenstellenden Kommunikation und verständlichen Informationsgesprächen mit ÄrztInnen wird laut internationalen Untersuchungen in der klinischen Realität allerdings zu selten nachgekommen. Studien zeigen, dass die meisten PatientInnen nur einen Bruchteil dessen verstehen, was der Arzt ihnen im Gespräch erklärt. Nach einer am AKH Wien durchgeführten Analyse können Personen mit Herz-Kreislauferkrankungen nur ca. 60 % dessen verstehen, was ihnen während einer Visite erklärt wird. Bei Menschen mit nicht perfekten Deutschkenntnissen liegt dieser Wert bei nur 30 bis 40 %.

Fehlende oder nicht verstandene Aufklärung führt dazu, dass ca. ein Drittel aller verordneten Medikamente nicht oder falsch eingenommen werden. Die persönlichen und volkswirtschaftlichen Kosten dieser fehlenden bzw. ineffizienten Kommunikation sind hoch: Geschätzte 10 % aller Spitalsaufenthalte werden durch fehlende oder unzureichende Compliance (Therapietreue) verursacht. Amerikanische Studien ergaben, dass die Falscheinnahme von Medikamenten das US-Gesundheitssystem jährlich ca. 100 Milliarden US Dollar kostet. Auf Österreich umgerechnet würde der volkswirtschaftliche Schaden dadurch bis zu einer Milliarde Euro betragen.

ÄrztInnen und medizinische Institutionen müssen sich für eine verständliche, evidenzbasierte und entscheidungsaktivierende Kommunikation auf Augenhöhe verantwortlich fühlen. Das Gesundheitssystem reagiert bislang äußerst mangelhaft auf diese Erfordernisse:

- Es fehlen entsprechend aufbereitete, verständliche Informationsmaterialien.
- Es fehlt an ÄrztInnen, die die nötige Zeit und die für eine patientenorientierte Gesprächsführung nötigen Kenntnisse aufbringen können.
- Es fehlt an Gesundheitsfachpersonal (z. B. community nurses, patient educators), das das Arzt-Patient Gespräch durch strukturierte Vor- und Nachbereitung entlasten kann.

Dabei würde ein informierter Patient die Qualität des ärztlichen Gespräches verbessern und nicht nur zeitlich entlasten. Gerade bei chronischen Erkrankungen würden die ÄrztInnen auf PatientInnen treffen, die Kompetenz im Selbstmanagement ihrer Krankheit erworben haben und damit Co-Produzenten ihrer Gesundheit sein können. Fehlende, unverständliche oder paternalistische Kommunikation führt dagegen zu mangelhafter Compliance, einem gestörten Vertrauensverhältnis, schlechteren Behandlungsergebnissen, häufigem Arztwechsel und zu hohen persönlichen und volkswirtschaftlichen Kosten. Zahlreich sind die Beschwerden in der WPPA von PatientInnen, die sich über ihre Behandlung, deren Folgen und Risiken, mögliche alternative Behandlungsmethoden, sowie über die durch die Behandlung entstehenden Kosten mangelhaft bzw. falsch aufgeklärt fühlten.

Ein besonders tragischer Fall, verursacht durch fehlende/mangelhafte und unverständliche Aufklärung sei hier erwähnt: Ein 14-jähriger Patient wurde wegen akuter Parotitis (Entzündung der Ohrspeicheldrüse) im Jahr 2007 auf einer HNO-Abteilung eines öffentlichen Krankenhauses aufgenommen. Bei der Laboruntersuchung wurde ein pathologischer Nierenwert festgestellt. Bei einer Routineblutuntersuchung Jahre später – im Rahmen der Stellungskommission im Jahr 2011 – wurden hochpathologische Nierenwerte sowie ein niedriger Hämoglobinwert festgestellt. Der Zustand des jungen Mannes führte zu einer sofortigen Krankenhauseinweisung. Die Sonographie des Abdomens ergab beiderseits Schrumpfnieren, so dass der Patient umgehend dialysiert werden musste und sich mittlerweile auf der Warteliste für eine Nierentransplantation befindet. Die HNO-Abteilung gab auf Anfrage der WPPA an, „dass die überhöhten Nierenwerte den Eltern des Patienten 2007 sicherlich mitgeteilt worden wären". Es gibt hierzu jedoch keinen Vermerk in der Dokumentation. Es existierte auch keine Sicherheitsschleife im Spital, durch die bemerkt worden wäre, dass der junge Patient offenkundig die Folgen, die seine unbehandelte Nierenerkrankung nach sich ziehen würde, falsch einschätzen würde.

V. Projekte guter Praxis

Viele ÄrztInnen fühlen sich auf die Kommunikation mit PatientInnen schlecht vorbereitet. Gerade wenn über eine schwere Erkrankung, belastende Diagnosen und Therapien aufgeklärt werden muss, stellt das eine extrem schwierige Situation für alle Beteiligten dar. Es gibt allerdings einige Projekte guter Praxis im Bereich Kommunikation und Aufklärung. Sie tragen dazu bei, ÄrztInnen für die anspruchsvolle Aufgabe einer verständlichen und umfassenden Kommunikation mit PatientInnen und Angehörigen zu rüsten:

Ein Projekt am Wiener AKH (Innere Medizin II) setzt auf multimediale und multikulturelle Informationsvermittlung. Das Konzept geht davon aus, dass die bislang im Spital eingesetzten Kommunikationsmittel – schriftliche Aufklärung und ärztliches Gespräch – nicht optimal sind, um PatientInnen verständlich über ihre Erkrankung, Prognose, Therapie, Behandlungsalternativen und unterstützende gesundheitsrelevante Maßnahmen zu mehr Compliance zu motivieren. Deshalb wurde ein in mehreren Sprachen verfügbares Aufklärungsvideo für Herz-Kreislauf-Erkrankte zum besseren Verständnis ihrer Krankheit, deren Behandlungsmöglichkeiten und der notwendigen Eigenverantwortlichkeit produziert. Das Konzept ist einfach: Die Erkrankten erhalten während ihres Spitalaufenthaltes einen Tablet-Computer. Darauf wird der informative Film entweder auf Deutsch, Türkisch oder Bosnisch/Serbisch/Kroatisch gezeigt. EDV Kenntnisse sind zur Betrachtung der Videos nicht notwendig. Die Auswahl der richtigen Sprache übernimmt das speziell geschulte Gesundheitspersonal. Neben verbal kommunizierten Inhalten gibt es zur Veranschaulichung animierte Bilder und Comicsequenzen, die zum Beispiel über die Funktion des Herzens aufklären.

An der Medizinischen Universität Wien wird als Teil des Medizin-Curriculums für Studierende seit 2010 mit SchauspielpatientInnen die Kunst eines guten Arzt-Patientgespräches trainiert. Vielen angehenden MedizinerInnen fällt es schwer, sich auf die PatientInnen einzustellen, ihre Sprache zu treffen, ihnen Zeit zu geben eigene Fragen zu formulieren, weniger Fachbegriffe zu verwenden und gezielt nachzufragen, inwieweit das Gesagte verstanden wurde. Angehende MedizinerInnen werden als Teil ihres Studiums darin geschult, Erkrankte durch eine empathische Arzt-Patient-Kommunikation in ihrem Krankheitsverständnis zu stärken. ÄrztInnen werden über Kommunikationsformen unterrichtet, die PatientInnen befähigen sollen, eine informierte Entscheidung treffen zu können. Durch mehr Verständnis für Diagnostik, Therapie und Lebensgestaltung können PatientInnen bessere Behandlungsergebnisse und eine höhere Lebensqualität erreichen.

Seit November 2012 werden in Wien 26 Personen mit Migrationshintergrund im Projekt „MiMi-GesundheitslotsInnen in Wien“ zu MultiplikatorInnen im Bereich Gesundheit und Integration ausgebildet. Das Ziel des Projekts ist, MigrantInnen einen besseren Zugang zum Österreichischen Gesundheitssystem zu ermöglichen. Ihre Aufgabe ist es, Informationsveranstaltungen zu Gesundheitsthemen in Migranten-Communities zu organisieren und das Erlernte in der jeweiligen Muttersprache und in einer kultursensiblen Art und Weise weiterzugeben. Der Zugang zu den verschiedenen Migrantengruppen soll so verbessert und Nachhaltigkeit gewährleistet werden. Geplant ist auch ein mehrsprachiger Wegweiser mit Informationen zur grundlegenden gesundheitlichen Versorgung in Österreich, der den Lotsinnen und Lotsen zur Verfügung stehen wird. Die Vernetzung mit Gesundheitseinrichtungen und sozialen Einrichtungen ist ein weiterer wichtiger Bestandteil des Projekts.

Die österreichische Plattform Patientensicherheit startete gemeinsam mit dem Institut für Ethik und Recht in der Medizin und dem Bundesministerium für Gesundheit das erste österreichische Projekt zum Thema „Videodolmetschen im Gesundheitsbereich“. Im Rahmen dieses eineinhalb jährigen Projekts wurde eine zentrale Stelle für Österreich geschaffen, wo für jeweils drei Sprachen (Türkisch, Bosnisch, Kroatisch, Serbisch) ein speziell für den Gesundheitsbereich geschulter Dolmetscher in der Zeit von 6.00 bis 22.00 Uhr über Computer erreichbar ist und videodolmetschen kann. 10 Ambulanzen und 10 niedergelassene ÄrztInnen (Gynäkologie/Pädiatrie/Allgemeinmedizin) nehmen teil. Dabei stehen Dolmetscher für 2 Sprachen für 16 Stunden pro Tag zur Verfügung, die technisch unkompliziert jedem Arzt-Patient-Gespräch per Video zugeschaltet werden können.

Im Rahmen der wissenschaftlichen Begleitstudie des Pilotprojekts wird untersucht, inwiefern die Etablierung von Videodolmetschern einen

Mehrwert für das involvierte Gesundheitspersonal, die Patientensicherheit und in weiterer Folge auch für das Gesundheitswesen hinsichtlich langfristiger Reduzierung der Kosten bringt. Ziel ist es, dem Gesundheitspersonal ein Tool zur Verfügung zu stellen, mit welchem die Kommunikation und Behandlung von PatientInnen mit marginalen Deutschkenntnissen oder eingeschränkter verbaler Kommunikationsfähigkeit vereinfacht und professionell bewerkstelligt werden kann. Besonderes Augenmerk soll hier auf die Verbesserung der Arbeitssituation und des Arbeitsalltags der MitarbeiterInnen aber auch der Personen mit eingeschränkter verbaler Kommunikationsfähigkeit gelegt werden, um mehr Sicherheit (insbesondere auch rechtlicher Natur) im Umgang mit diesen meist schwierigen und heiklen Situationen zu schaffen.

VI. Rechtliche Rahmenbedingen

Die Vertretung von Patienteninteressen ist in Österreich durch die Patientencharta festgelegt, in der grundlegende Patientenrechte ausführlich beschrieben sind. Die Patientencharta ist eine Vereinbarung gemäß Art. 15a des Bundesverfassungsgesetzes (BV-G), die zwischen Bund und Ländern abgeschlossen wurde. Darin verpflichten sich die Vertragspartner, die Patientenrechte in Gesetzgebung und Vollziehung sicherzustellen. Die Patientenrechte selbst sind in zahlreichen Bundes- und Landesgesetzen verankert. Diese stellen die eigentlichen Rechtsgrundlagen dar. Die vier wichtigsten Eckpfeiler der Patientencharta sind: Patientenwürde, Selbstbestimmung, Information und Unterstützung der Patienten.[2]

Die Tätigkeit der neun Patientenanwaltschaften in Österreich ist in Art. 29 und 30, BV-G geregelt:

Artikel 29:

(1) Zur Vertretung von Patienteninteressen sind unabhängige Patientenvertretungen einzurichten und mit den notwendigen Personal- und Sacherfordernissen auszustatten. Die unabhängigen Patientenvertretungen sind bei ihrer Tätigkeit weisungsfrei zu stellen und zur Verschwiegenheit zu verpflichten. Es ist ihnen die Behandlung von Be-

2 vgl. https://www.gesundheit.gv.at/Portal.Node/ghp/public/content/patientenrechte_patientencharta.html

schwerden von Patienten und Patientinnen und Angehörigen, die Aufklärung von Mängeln und Missständen und die Erteilung von Auskünften zu übertragen. Patientenvertretungen können Empfehlungen abgeben.

(2) Die unabhängigen Patientenvertretungen haben mit Patientenselbsthilfegruppen, die Patienteninteressen wahrnehmen, die Zusammenarbeit zu suchen.

(3) Patienten und Patientinnen haben das Recht auf Prüfung ihrer Beschwerden und auf Vertretung ihrer Interessen durch die unabhängigen Patientenvertretungen. Sie sind vom Ergebnis der Überprüfung zu informieren. Die Inanspruchnahme der Patientenvertretungen ist für die Patienten und Patientinnen mit keinen Kosten verbunden.

Artikel 30:

(1) Es ist sicherzustellen, dass unabhängigen Patientenvertretungen Gelegenheit geboten wird, vor Entscheidungen in grundlegenden allgemeinen patientenrelevanten Fragen ihre Stellungnahme abzugeben. Dies gilt insbesondere vor der Errichtung neuer stationärer und ambulanter Versorgungsstrukturen, für die öffentliche Mittel eingesetzt werden, für die Durchführung von Begutachtungsverfahren zu Gesetzes- und Verordnungsentwürfen sowie für grundlegende Planungsvorhaben.

(2) Dachorganisationen von Patientenselbsthilfegruppen ist Gelegenheit zu geben, in Begutachtungsverfahren zu patientenrelevanten Gesetzes- und Verordnungsentwürfen gehört zu werden.

„Wenn Mehmet mit Max im Sandkasten spielt…“ Zum Einfluss interethnischer Freundschaften auf das Gewaltverhalten deutscher und nichtdeutscher Kinder und Jugendlicher

Susann Prätor, Dirk Baier

I. Einleitung

Christian Pfeiffer ist bekannt dafür, dass er komplexe Forschungsbefunde einem kriminologisch unerfahrenen Publikum anschaulich vermitteln kann. Dies gilt einmal mehr für das Thema der sozialen Vernetzung von einheimischen Deutschen und Migranten, zu dem Christian Pfeiffer Folgendes formulierte: „Wenn Mehmet mit Max und Moritz im Sandkasten aufwächst, lernt er spielend Deutsch, wird sozial schnell integriert und sitzt in der ersten Grundschulklasse neben seinen deutschen Kumpels“ (Süddeutsche Zeitung vom 17.05.2010). Die Formulierung taucht in weiteren Varianten auf, z. B. „Wenn Mehmet mit Max Fußball spielt“ (Frankfurter Rundschau vom 22.11.2005); die Aussage im Titel dieses Beitrags trifft den Kern der Botschaft aber am besten. Das kriminologisch entscheidende an dieser Aussage ist, dass die frühe soziale Vernetzung als ein wichtiger Einflussfaktor des Gewaltverhaltens betrachtet wird, wie Christian Pfeiffer in seinem Beitrag in der Frankfurter Rundschau insofern bestätigt, als er von der sozialen Integration als einem Präventionsfaktor spricht. Uns, die Autoren dieses Beitrags, hat die Aussage „Wenn Mehmet mit Max ...“ während unserer Arbeit am Kriminologischen Forschungsinstitut Niedersachsen (KFN) intensiv begleitet; wir können sogar behaupten, dass wir nicht ganz unbeteiligt an ihrer Entstehung sind. In diesem Beitrag möchten wir daher versuchen, die empirischen Befunde, die zu ihrer Formulierung geführt haben, auszugsweise vorzustellen. Ausgangspunkt ist dabei die Frage, inwieweit es überhaupt Unterschiede zwischen Deutschen und Migranten hinsichtlich des Gewaltverhaltens gibt. Im Anschluss daran möchten wir die theoretischen Grundlagen erläutern, aus denen sich ein gewaltreduzierender Effekt der sozialen Vernetzung ableiten lässt. Schließlich sollen diese Sicht bestätigende, empirische Befunde aus KFN-Studien vorgestellt werden.

II. Unterschiede im Gewaltverhalten zwischen Deutschen und Migranten

Das Ausmaß der Unterschiede im Gewaltverhalten lässt sich über zwei Datenquellen untersuchen. Mit der jährlich veröffentlichen Polizeilichen Kriminalstatistik (PKS) lassen sich Erkenntnisse über das Hellfeld kriminellen Verhaltens gewinnen. Diese Daten beziehen sich auf polizeilich registrierte Taten und stellen insofern nur einen Ausschnitt des Kriminalitätsaufkommens dar. Die zweite Datenquelle, die ihrem Anspruch nach die Gesamtheit kriminellen Verhaltens erfasst, sind Dunkelfeldbefragungen. Hierbei werden auf dem Wege von in der Regel Opfer- bzw. Täterbefragungen Personen zu ihren erfahrenen bzw. selbst ausgeführten kriminellen Handlungen in einem bestimmten Referenzzeitraum (z. B. letzte 12 Monate) befragt (vgl. auch Prätor, im Erscheinen).

Befunde des kriminalstatistischen Hellfeldes

Der Polizeilichen Kriminalstatistik ist zu entnehmen, dass im Jahr 2012 18,9 % der jugendlichen Tatverdächtigen (14 bis unter 18 Jahre) keine deutsche Staatsangehörigkeit besaßen, obwohl ihr Anteil der Bevölkerung nur ca. zehn Prozent beträgt. Insofern ergibt sich eine überproportional hohe Kriminalitätsbelastung der nichtdeutschen Jugendlichen. Im Bereich der Gewaltkriminalität (schwere/gefährliche Körperverletzung, Raub, Mord/Totschlag, Vergewaltigung) sind die Unterschiede zwischen deutschen und nichtdeutschen Jugendlichen besonders ausgeprägt. Im Jahr 2012 übersteigt die Tatverdächtigenbelastungszahl (TVBZ) der nichtdeutschen Jugendlichen, also die Zahl der Tatverdächtigen pro 100.000 der entsprechenden Gruppe, die der deutschen um das 2,8fache. Die TVBZ beträgt bei deutschen Jugendlichen 716, bei den nichtdeutschen Jugendlichen liegt sie bei 2.029. In anderen Deliktsbereichen wie dem Ladendiebstahl sind die Unterschiede geringer ausgeprägt. Bei der Sachbeschädigung liegt die TVBZ der nichtdeutschen Jugendlichen sogar etwas unterhalb der TVBZ von deutschen Jugendlichen. Entsprechend dieser Befunde ist daher der Schluss gerechtfertigt, dass Migrantenjugendliche in höherem Maße Gewaltverhalten zeigen als einheimische deutsche Jugendliche.

Allerdings sind gerade mit Blick auf das Gewaltverhalten die Daten der PKS zurückhaltend zu interpretieren. Wir wissen, dass die Anzeigebereitschaft in diesem Deliktsbereich stark mit der Herkunft variiert (vgl. Baier et al., 2009). Trifft ein deutsches Opfer auf einen deutschen Täter, werden nur 19,5 % der Gewalttaten angezeigt, trifft ein deutsches Opfer dagegen auf einen nichtdeutschen Täter, beträgt die Anzeigequote 29,3 %. Insofern wird die TVBZ der nichtdeutschen Jugendlichen durch die herkunftsspezifische Anzeigebereitschaft künstlich erhöht. Dieses Problem kann zusätzlich durch eine selektive Kontrollpraxis der Polizei verstärkt werden. Ein weiteres Problem der PKS betrifft die ausschließliche Differenzierung entlang der Staatsangehörigkeit. Dies führt dazu, dass nicht nur die relativ große Gruppe der (Spät-)Aussiedler, sondern auch viele eingebürgerte Jugendliche mit nichtdeutscher Herkunft zur Gruppe der Deutschen gezählt werden und dadurch die TBVZ der Deutschen verzerrt ist.

Befunde aus Dunkelfeldbefragungen

Die in den letzten Jahren in Deutschland durchgeführten Dunkelfeldbefragungen kommen fast durchgängig zu dem Ergebnis, dass nichtdeutsche Jugendliche nach eigenen Angaben häufiger als Gewalttäter in Erscheinung treten als ihre deutschen Altersgenossen (Baier et al., 2009; Block, Brettfeld/Wetzels, 2007; Feltes/Goldberg, 2006; Fuchs et al., 2005; Oberwittler, 2003; Babka von Gostomski, 2003; Wilmers et al., 2002; Wetzels et al. 2001). Nur in einer einzigen Studie wird dies nicht bestätigt (Boers et al., 2006), was die Autoren mit Besonderheiten der Untersuchungsregion begründen, in der es einen sehr hohen Anteil insbesondere türkischer Migranten gibt. Obwohl in den verschiedenen Befragungen unterschiedliche Kriterien zur Bestimmung der Herkunft der Jugendlichen und zur Erfassung des Gewaltverhaltens verwendet wurden sowie verschiedene Regionen und Befragungszeitpunkte zugrunde liegen, erweist sich der Befund einer höheren Gewaltbelastung Nichtdeutscher damit als sehr stabil; hinsichtlich anderer Delikte ergeben sich hingegen keine konsistenten Unterschiede zwischen den Herkunftsgruppen.

Dunkelfelddaten haben gegenüber Hellfelddaten den Vorteil, dass sie nicht nur nach der Staatsangehörigkeit, sondern auch nach dem Migrationshintergrund differenzieren können. Das Problem eines durch selektive Anzeigehäufigkeiten verzerrten Abbildes der Kriminalitätsbelastung von deutschen und nichtdeutschen Jugendlichen besteht ebenfalls nicht, da dem Anspruch nach alle kriminellen Verhaltensweisen erfasst werden. Ein wesentlicher Vorteil von Dunkelfeldstudien besteht darüber hinaus darin, dass sie auch die Frage nach den Ursachen der Höherbelastung beantworten können (s.u.).

Problematisch bei dieser Datenquelle ist, dass nicht alle Bevölkerungsgruppen gleichermaßen gut erreicht werden. Nur bei Befragungen im Schulklassenkontext kann dieses Problem als nachrangig betrachtet werden, da die Teilnahmeverweigerung insgesamt gering ist und der Anteil nichtdeutscher Schüler unter den am Befragungstag abwesenden Jugendlichen nicht überproportional hoch ausfällt (Baier/Pfeiffer, 2008, S. 77). Zu beachten ist aber eine möglicherweise differentielle Validität der Angaben. Internationale wie nationale Studien finden Hinweise auf eine geringere Bereitschaft von nichtdeutschen Jugendlichen, Fragen zur eigenen Delinquenz wahrheitsgemäß zu beantworten. Diese Jugendlichen verschweigen in Befragungen häufiger Angaben zum eigenen delinquenten Verhalten, was u. a. in einer geringeren Übereinstimmung zwischen Polizei- und Selbstberichtangaben bzw. in einem höheren Anteil fehlender Angaben zum Ausdruck kommt (u. a. Baier/Pfeiffer, 2008; Köllisch/Oberwittler, 2004; Maxfield et al., 2000). Insofern ist davon auszugehen, dass die auf Basis von Dunkelfeldstudien ermittelten Unterschiede in der Gewaltbelastung eher eine Unterschätzung darstellen. Sie würden wahrscheinlich etwas höher ausfallen, wenn nichtdeutsche gleichermaßen verlässlich ihr Verhalten berichten würden wie deutsche Jugendliche.

Eine Stärke der Dunkelfeldstudien ist, wie erwähnt, dass sie Hinweise auf Ursachen für die höhere Gewaltbelastung von Migranten liefern können. In der Vergangenheit wurden dabei vor allem folgende drei Faktoren identifiziert:

- die soziale Benachteiligung, die sich in der geringen schulischen Integration von Migranten sowie einer höheren Armutsquote niederschlägt (Babka von Gostomski, 2003; Wetzels et al., 2001);
- die innerfamiliäre Erziehung, die in Migrantenfamilien deutlich häufiger gewaltsam erfolgt als in einheimisch deutschen Familien (Baier/Pfeiffer, 2007; Wetzels et al., 2001);
- eine sozial und (familien-)kulturell bedingte, stärkere Befürwortung des Gewalteinsatzes z. B. in Form von Gewalt legitimierenden Männlichkeitsnormen (Enzmann et al., 2004).

Je nach Studie gelingt es durch Berücksichtigung dieser Faktoren die höhere Gewaltbelastung vollständig oder aber nur teilweise zu erklären. Die Identifikation weiterer Einflussfaktoren ist in dieser Hinsicht ein wichtiges Anliegen der Forschung. Zusätzlich ist auch zu fragen, welche außerfamiliären Einflussfaktoren die Männlichkeitsnormen haben. An dieser Stelle kommt der Faktor der sozialen Vernetzung von Migranten mit einheimischen Deutschen ins Spiel, der davon ausgeht, dass nicht (allein) individuelle Eigenschaften, sondern auch das Umfeld (d. h. Merkmale der Freundesgruppe, des Wohnumfeldes und der Institutionen) beeinflusst, welche Haltungen und Einstellungen eine Person entwickelt und welches Verhalten sie letztlich zeigt. Im englischsprachigen Raum finden sich bereits Hinweise, dass die Zusammensetzung der Freundesgruppe Einfluss auf Unterschiede im Gewaltverhalten zwischen Jugendlichen verschiedener Herkunft hat (Haynie/Payne, 2006). Für den deutschsprachigen Raum standen entsprechende Untersuchungen noch aus.

III. Theoretische Grundlagen

Dass die Freundesgruppe ein Erklärungsfaktor für gewalttätiges Verhalten im Allgemeinen und für herkunftsspezifische Unterschiede im Besonderen eine Rolle spielt, lässt sich vor allem mit Hilfe von lern- und kontrolltheoretischen Überlegungen begründen.

Die Theorie des differentiellen Lernens (Akers, 1998; Sutherland, 1968) geht davon aus, dass sowohl abweichende als auch konforme Verhaltensweisen in sozialen Interaktionen erlernt werden. Ob eine Person sich abweichend verhält oder nicht, hängt im Wesentlichen von den abweichenden und konformen Einstellungen und Verhaltensweisen ab, mit denen sie im Laufe ihrer Lebensgeschichte (z. B. der Familie, später der Freundesgruppe) in Berührung gekommen ist. Überwiegen deviante Vorbilder gegenüber normenkonformen Vorbildern, ist die Ausübung abweichenden Verhaltens wahrscheinlicher. Die Theorie nimmt an, dass innerhalb einer Gesellschaft nicht alle Personen die gleichen Einstellungen vertreten, sondern bestimmte Subkulturen existieren, die abweichendes Verhalten positiv bewerten. Hat eine Person überwiegend Kontakte zu diesen „Subkulturen", wird ein Prozess des Lernens durch Beobachtung und des positiven Bewertens von Abweichung ausgelöst, an dessen Ende die selbst ausgeführte Abweichung stehen kann (vgl. Haynie, 2001; Thornberry et al., 2003). Umgekehrt führt der vermehrte Kontakt zu normenkonformen Vorbildern dazu, dass abweichendes Verhalten weniger wahrscheinlich wird.

Verschiedene Studien belegen, dass nichtdeutsche Jugendliche häufig Beziehungen zu Personen derselben Herkunft und in geringem Maße Freundschaften zu Deutschen unterhalten (vgl. Haug, 2003, Kecskes, 2003). Deutsche Freunde sollten allerdings mit größerer Wahrscheinlichkeit positive, Gewalt ablehnende Rollenvorbilder darstellen, da sie seltener als nichtdeutsche Freunde innerfamiliäre Gewalt erfahren, eine geringere Zustimmung zu Gewalt legitimierenden Männlichkeitsnormen zeigen, bessere schulische Leistungen aufweisen und höhere Schulformen besuchen (Baier/Pfeiffer, 2007, S. 28). Ferner gibt es Hinweise darauf, dass deutsche Jugendliche sich in ihrer Freizeit seltener als ihre nichtdeutschen Altersgenossen in unstrukturierten, der Kontrolle von Erwachsenen teilweise entzogenen Orten (wie Parks, Discos, Jugendzentren) aufhalten (Wikstroem/Svensson, 2008; Pfeiffer et al., 2008). Da all diese Faktoren mit Gewalt assoziiert sind, ist davon auszugehen, dass die Konzentration von Nichtdeutschen in den Freundesgruppen von nichtdeutschen Kindern und Jugendlichen bzw. der fehlende Kontakt zu gleichaltrigen Deutschen und damit das Fehlen positiver Rollenvorbilder in der Freundesgruppe mit einer erhöhten Gewaltbereitschaft einhergeht und damit das höhere Ausmaß der Gewalt von nichtdeutschen Kindern und Jugendlichen im Vergleich zu gleichaltrigen Deutschen zu erklären hilft.

Auch in der Theorie der informellen Sozialkontrolle von Sampson und Laub (1993) ergeben sich Hinweise auf den Stellenwert der Freundesgruppen. Ausgangspunkt ist die Annahme, dass die Einbindung in verschiedene Gruppen Einfluss auf die soziale Kontrolle ihrer Mitglieder hat. Durch die Verhaltenserwartungen der Akteure eines sozialen Beziehungsnetzwerkes wird informelle Sozialkontrolle erzeugt, was eine Form des Sozialkapitals darstellt (Coleman, 1988). In der Regel wird ein Individuum als Teil dieses Beziehungsnetzwerkes diese Verhaltensanforderungen erfüllen, um die Bindungen und damit einhergehend die Verfügbarkeit bestimmter Ressourcen nicht zu verlieren. Vor dem Hintergrund einer unterschiedlichen Befürwortung bspw. von Gewalt legitimierenden Männlichkeitsnormen bei deutschen und nichtdeutschen Jugendlichen ist davon auszugehen, dass sich Verhaltenserwartungen in durch überwiegend deutsche Freunde gekennzeichneten Freundesgruppen anders darstellen als in durch nichtdeutsche Personen dominierten Freundesgruppen. Entsprechend kann angenommen werden, dass sich gruppenbezogene Prozesse (wie Konformitätsdruck) zwischen den Freundesgruppen Deutscher und Nichtdeutscher unterscheiden und gewalttätiges Verhalten der Gruppenmitglieder mehr oder weniger wahrscheinlich ist.

Zusammengefasst kann unter Bezug auf die genannten Theorien davon ausgegangen werden, dass der Anteil an deutschen Freunden einen Indikator für die Häufigkeit des Kontakts zu positiven Rollenvorbildern darstellt. Da deutsche Kinder und Jugendliche seltener bestimmten Risikofaktoren gewalttätigen Verhaltens ausgesetzt sind, sollten Freundschaften zu Deutschen mit höherer Wahrscheinlichkeit Kontakte zu positiven Vorbildern sein. Es ist deshalb auch davon auszugehen, dass sich unter Berücksichtigung von Merkmalen der Freundesgruppe, die ihrerseits mit Gewalt im Zusammenhang stehen (z. B. Gewalttätigkeit der Freunde, Befürwortung Gewalt legitimierender Männlichkeitsnormen, Gewaltbilligung), der Effekt der interethnischen Freundschaften zumindest teilweise erklären lässt. Nicht die Herkunft der Freunde per se ist also der Einflussfaktor für die Unterschiede im Gewaltverhalten, sondern die damit in der Regel im Zusammenhang stehenden Einstellungen und Verhaltensweisen.

VI. Forschungsbefunde aus KFN-Schülerbefragungen

Befunde der Schülerbefragung 2005

Welche Rolle der Kontakt von Migrantenkindern zu gleichaltrigen deutschen Kindern für das Risiko gewalttätigen Handelns spielt, konnte erstmals im Rahmen der Schülerbefragung 2005 analysiert werden. In insgesamt neun Landkreisen und kreisfreien Städten wurden Schülerinnen und Schüler[1] der vierten Klasse (N = 5.529) u. a. danach gefragt, wie häufig sie in den vergangenen vier Wochen andere Schüler geschlagen oder verprügelt haben. Ferner wurde den Kindern die Frage gestellt, von welchen anderen drei Kindern sie in der letzten Zeit zum Geburtstag eingeladen wurden. Hier sollten sie die Vornamen der drei Kinder notieren sowie, ob sie mit den genannten Kindern in dieselbe Klasse gehen und welcher nationalen Herkunft diese Kinder sind (vgl. Baier et al., 2006, S. 56). Je

1 Aus Gründen der einfacheren Darstellung wird im Text die männliche Form verwendet, wenngleich sowohl weibliche als auch männliche Personen gemeint sind.

mehr Geburtstagseinladungen von Freunden deutscher Herkunft ausgesprochen wurden, umso höher fällt die soziale Integration aus.

Während 96,3 % der deutschen Kinder davon berichten, von mindestens einem deutschen Kind eingeladen worden zu sein, trifft dies bei türkischen Kindern auf gerade einmal 51,7 % zu. Kinder einer anderen nichtdeutschen Herkunft wurden zu 64,3 % von einem deutschen Kind zum Geburtstag eingeladen (Baier et al., 2006, S. 99). Die türkischen Kinder sind somit nicht nur im Vergleich zu deutschen Kindern, sondern auch zu solchen mit einer anderen Herkunft schlechter sozial integriert.

Um die Zusammenhänge zwischen der sozialen Integration und dem Gewaltverhalten zu untersuchen, wurde ein Pfadmodell berechnet (Baier et al., 2006, S. 102). Dabei zeigen sich insgesamt eher geringe, aber dennoch signifikante Effekte des Kontakts zu gleichaltrigen Deutschen (in Form der erhaltenen Geburtstagseinladungen) auf das schulische Gewaltverhalten. Ein stärkerer Effekt ist bezüglich der schulischen Leistungen festzustellen, die besser ausfallen, wenn ein Kind in deutsche Freundesgruppen eingebunden ist. Je besser die Schulleistungen eines Kindes sind, umso geringer ist wiederum die eigene Gewaltbereitschaft. Insofern kann der präventive Effekt der sozialen Integration nicht nur direkt, sondern zusätzlich indirekt (d. h. vermittelt über die Schulleistungen) bestätigt werden.

Ob man von deutschen Kindern zum Geburtstag eingeladen wird, hängt maßgeblich von den strukturellen Gegebenheiten in einer Klasse ab. In Klassen, in denen der Migrantenanteil hoch ist, sinkt die Wahrscheinlichkeit von Geburtstagseinladungen durch deutsche Kinder. Migranten befinden sich den Analysen zufolge häufiger in solchen Schulklassen. Sie haben zudem seltener einen Kindergarten besucht, was mit unzureichenden deutschen Sprachkenntnissen einhergeht. Diese schlechten Deutschkenntnisse verringern wiederum die Chance, von deutschen Kindern zum Geburtstag eingeladen zu werden. Vermutlich erschweren unzureichende Deutschkenntnisse die Kommunikation mit gleichaltrigen Deutschen und damit den Aufbau von Freundschaften zu deutschen Kindern.

Befunde der Schülerbefragung 2007/2008

Im Rahmen einer in den Jahren 2007 und 2008 deutschlandweit repräsentativen Schülerbefragung des KFN in der neunten Jahrgangsstufe (N = 44.610) wurde sich ebenfalls der Frage nach der Bedeutung interethnischer Freundschaften für gewalttätiges Verhalten gewidmet (vgl. hierzu ausführlicher Rabold, 2011; Rabold/Baier, 2011).[2]

Tabelle 1 zeigt in Übereinstimmung mit den bisherigen Forschungsbefunden, dass die Gewaltbereitschaft von nichtdeutschen Jugendlichen höher ausfällt als die der deutschen Jugendlichen (vgl. Rabold, 2011, S. 191). Von den deutschen Jugendlichen haben nach eigenen Angaben 10,9 % mindestens einmal im vergangenen Jahr (Prävalenz) eine Gewalttat (leichte/schwere Körperverletzung, Raub oder Erpressung) begangen, der Anteil der Mehrfachtäter (mindestens fünf Taten im Referenzzeitraum) beträgt in dieser Gruppe 2,3 %. Die nichtdeutschen Jugendlichen berichten zu 17,5 % von mindestens einer Gewalttat im letzten Jahr; jeder 20. gibt an, entsprechendes Verhalten sogar mindestens fünfmal in diesem Zeitraum gezeigt zu haben. Besonders hohe Gewaltraten finden sich bei südeuropäischen, italienischen, arabischen/nordafrikanischen und türkischen Jugendlichen. Einzig die asiatischen Jugendlichen bilden eine Ausnahme, insofern diese seltener als (Mehrfach-)Gewalttäter in Erscheinung treten. Der Befund einer höheren Gewaltbelastung nichtdeutscher Jugendlicher lässt sich auch in verschiedenen Subgruppen (Geschlecht, Schulform, Stadt/Land) nachweisen (vgl. Rabold, 2011, S. 192). Tabelle 1 kann weiter entnommen werden, dass auch das Ausmaß von Freundschaften zu deutschen Jugendlichen mit der Herkunft der Jugendlichen variiert.[3] In den Freundesgruppen der deutschen Jugendlichen befinden sich zu 89 % deutsche Personen, was angesichts des Stichprobenanteils von 70 % dieser Herkunftsgruppe auf eine ausgeprägte Tendenz zu homophilen Freundschaften der deutschen Jugendlichen hindeutet. Am niedrigsten fällt der Anteil an deutschen Freunden bei türkischstämmigen Jugendlichen aus

2 Für die nachfolgenden Analysen werden Angaben von insgesamt 26.131 Jugendlichen berücksichtigt. Diese Stichprobe ist gegenüber der Gesamtzahl an Befragten reduziert, da auf Grund eines modularisierten Aufbaus des Fragebogens nur ein Teil der Schüler vertiefende Fragen zur Zusammensetzung ihrer Freundesgruppe erhielt. Ferner werden nur westdeutsche Befragte (inkl. Berlin) einbezogen, da in Ostdeutschland nicht nur insgesamt deutlich weniger Migranten leben, sondern diese sich auch in ihrer Zusammensetzung deutlich von den Migrantengruppen in den alten Bundesländern unterscheiden (vgl. Statistisches Bundesamt, 2009, S. 48). Hinzu kommt, dass auf Grund datenschutzrechtlicher Bedenken in zwei Bundesländern Ostdeutschlands keine detaillierte Abfrage der eigenen Herkunft erfolgen konnte, sondern nur sehr grob zwischen deutschen und nicht-deutschen Jugendlichen differenziert werden kann.

3 Aus den Angaben der Jugendlichen zur Herkunft ihrer fünf besten Freunde wurde eine Summe der deutschen Freunde ermittelt und durch die Anzahl an Freunden (maximal fünf) geteilt, um den relativen Anteil an Freundschaften zu Deutschen zu bestimmen.

(33 %); er ist nur halb so hoch wie entsprechend des Anteils an Deutschen in der Gesamtstichprobe zu erwarten wäre. Eine geringe soziale Vernetzung mit deutschen Altersgenossen ergibt sich auch für die Jugendlichen mit ehemals jugoslawischer/albanischer, arabischer/nordafrikanischer und russischer Herkunft. Einzelne Migrantengruppen (wie nord-/westeuropäische, nordamerikanische und osteuropäische Jugendliche) sind hingegen deutlich besser sozial integriert, insofern sich hier hohe Anteile an deutschen Jugendlichen in ihren Freundesgruppen feststellen lassen.

Tabelle 1: Gewalttäterschaft und interethnische Freundschaften nach Herkunft (in % bzw. Mittelwert)

	Gewaltprävalenz (mind. einmal)	Gewaltmehrfachtäter (mind. fünfmal)	Anteil deutsche Freunde (Mittelwert)
Deutschland	10,9	2,3	0.89
Türkei	19,2	6,3	0.33
Russland/ehemalige SU	16,4	4,5	0.45
Polen	16,1	4,3	0.66
Arabien/Nordafrika	19,6	7,4	0.42
Ehemaliges Jugoslawien/Albanien	18,0	7,3	0.41
Italien	21,0	5,0	0.56
Nord-/Westeuropa	12,7	3,3	0.77
Südeuropa	22,6	5,0	0.51
Asien	9,7	1,7	0.61
Osteuropa	15,8	4,5	0.72
Nordamerika	18,8	5,0	0.73
Andere	17,5	2,6	0.64
Nichtdeutsch gesamt	17,5	5,1	0.50
Gesamt	12,8	3,1	0.78

Doch nicht nur im Hinblick auf die Gewaltbereitschaft und den Anteil an deutschen Freunden ergeben sich deutliche Unterschiede zwischen deutschen und nichtdeutschen Jugendlichen. Auch für die bislang in der Forschung diskutierten Faktoren, die zur Erklärung der herkunftsspezifischen Gewaltbereitschaft beitragen können (soziale Lage, elterliche Gewalt und Männlichkeitsnormen), zeigen sich große Unterschiede zwischen den Herkunftsgruppen, mit dem Ergebnis, dass – bis auf wenige Ausnahmen – alle Risikofaktoren gewalttätigen Handelns häufiger in der Gruppe der Migranten zu finden sind (Rabold, 2011, S. 197ff.).

Zusätzlich zu diesen Faktoren zeigt sich, dass die soziale Vernetzung in starkem Maße das Gewaltverhalten beeinflusst. Mit einem zunehmenden Anteil an deutschen Jugendlichen in einer Freundesgruppe geht eine geringere Gewaltbereitschaft einher, was allerdings nicht nur für Jugendliche mit einer nichtdeutschen Herkunft, sondern auch für deutsche Jugendliche gilt (Rabold, 2011, S. 217ff.). Abbildung 1 verdeutlicht diesen Zusammenhang grafisch. Berücksichtigt man in einem multivariaten Modell zusätzlich Merkmale der Freundesgruppe wie deren Gewaltverhalten, deren (Miss-)billigung von Gewalthandlungen und die (von der Freundesgruppe nicht unabhängige) Zustimmung zu Gewalt legitimierenden Männlichkeitsnormen, reduziert sich der Effekt der interethnischen Freundschaften auf die Gewaltbereitschaft (Rabold, 2011, S. 220). Dies deutet darauf hin, dass – wie bereits angedeutet – nicht die deutsche Herkunft der Freunde per se, sondern die in diesen Freundesgruppen mit höherer Wahrscheinlichkeit anzutreffenden gewaltablehnenden Haltungen den die Gewaltbereitschaft reduzierenden Effekt bewirken. Die Aufnahme weiterer Faktoren wie die soziale Lage oder die Erfahrung innerfamiliärer Gewalt führt nochmals zu einer Reduktion des (dennoch weiterhin signifikanten) Effekts interethnischer Freundschaften auf das Gewaltverhalten.

Abbildung 1: Gewaltprävalenz nach Anteil an deutschen Freunden (in %)

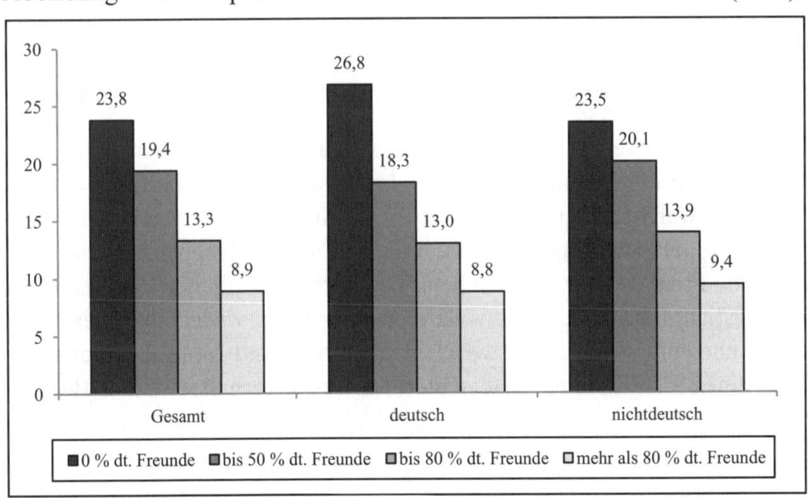

Neben dem direkten Effekt auf das Gewaltverhalten von Jugendlichen ergeben die Befunde multivariater Analysen zudem, dass bei Berücksichtigung des Anteils an deutschen Freunden keine höhere Gewaltbelastung der nichtdeutschen Jugendlichen mehr festzustellen ist (Rabold, 2011, S. 217). Abbildung 2 verdeutlicht, wie sich die Gewaltrate der beiden größten Migrantengruppen, der türkischen und russischen Jugendlichen, gegenüber der der gleichaltrigen Deutschen verändert, wenn die Gruppen einen vergleichbar hohen Anteil an deutschen Freunden aufweisen (mindestens 70 % der Freunde haben eine deutsche Herkunft).[4]

Abbildung 2: Gewaltprävalenz deutscher, türkischer und russischer Jugendlicher unter verschiedenen Bedingungen (in %, gewichtete Daten; in Klammern: N)

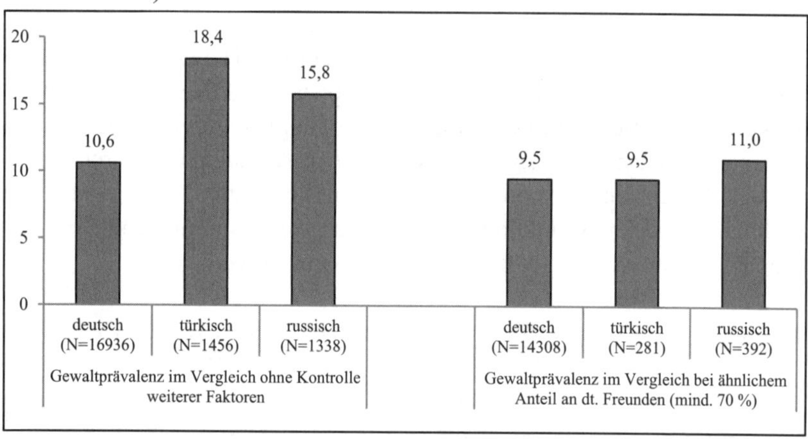

Werden keine weiteren Merkmale der Freundesgruppe (oder andere Aspekte) kontrolliert, sind türkische und russische Jugendliche im Hinblick auf ihr Gewaltverhalten jeweils signifikant höher belastet als deutsche Jugendliche.[5] Haben hingegen beide in ihren Freundesgruppen etwa so viele deutsche Freunde, wie entsprechend des durchschnittlichen Anteils in der Jugendstichprobe zu erwarten wäre, dann gibt es weder zwischen deutschen und türkischen noch zwischen deutschen und russischen Jugendlichen einen signifikanten Unterschied im Gewaltverhalten. Unter Berück-

4 Ein Anteil von 70 % würde etwa dem Stichprobenanteil der deutschen Jugendlichen entsprechen.

5 Die Gewaltraten weichen geringfügig von den weiter oben berichteten ab, weil nur Befragte berücksichtigt wurden, die einen gültigen Wert beim Anteil deutscher Freunde aufweisen.

sichtigung der Zusammensetzung der Freundesgruppe und weiterer individueller und familiärer Merkmale, ist sogar eine gegenüber Deutschen signifikant geringere Gewaltbereitschaft türkisch- und russischstämmiger Jugendlicher festzustellen (Rabold, 2011, S. 220).

Ein wichtiger Zusatzbefund der Schülerbefragung 2007/2008

In den bisherigen Auswertungen wurde die Perspektive der Migranten eingenommen. Dies ist damit zu begründen, dass sie höhere Gewaltraten aufweisen und diese Höherbelastung begründungsbedürftig ist. Wie stellt sich aber die Situation aus der Perspektive der deutschen Jugendlichen dar? Auch für diese zeigt sich ja, dass mit steigendem Anteil deutscher Jugendlicher im Freundesnetzwerk die Gewaltbereitschaft sinkt. Interethnische Vernetzung kann aber nicht derart funktionieren, dass deutsche häufiger mit deutschen Jugendlichen und nichtdeutsche Jugendliche ebenfalls häufiger mit deutschen Jugendlichen Kontakt haben. Wenn sich nichtdeutsche Jugendliche stärker mit deutschen Jugendlichen vernetzen sollen, dann müssen sich zwangsläufig deutsche Jugendliche stärker mit nichtdeutschen Jugendlichen vernetzen, was zur Folge haben könnte, dass sich deren Gewaltverhalten erhöht. Dieses Dilemma lässt sich möglicherweise im Rahmen eines Schwellenwertmodells lösen. Bislang haben wir hierzu keine Berechnungen durchgeführt; es ist aber davon auszugehen, dass die Zusammenhänge nicht derart linear sind, wie in den vorangegangenen Auswertungen angedeutet wurde. Stattdessen dürfte erst bei Erreichen einer bestimmten Schwelle ein für Migranten positiver Effekt, bei Deutschen ein negativer Effekt aufzufinden sein. Läge dieser bspw. bei 70:30, dann bestünde genügend Spielraum für eine Vernetzung, von der Migranten profitieren, Deutsche zugleich nicht negativ betroffen sind. Siebzig zu dreißig bedeutet, dass bei Migranten sieben von zehn Freunden eine deutsche Herkunft haben, bei Deutschen drei von zehn Freunden eine nichtdeutsche Herkunft. Detaillierte Analysen zu solchen Schwellenwerten stehen derzeit noch aus.

Ein anderer Befund ist an dieser Stelle ebenfalls zu erwähnen, wenn über die Vernetzung deutscher mit nichtdeutschen Jugendlichen gesprochen wird. Im Rahmen der Schülerbefragung 2007/2008 haben wir erstmals in sehr elaborierter Weise Rechtsextremismus unter deutschen Jugendlichen erfasst. Dabei wurde unter Rückgriff auf Einstellungs- und Verhaltensindikatoren ein Anteil von 5,2 % unter deutschen Jugendlichen ermittelt, die als rechtsextrem einzustufen sind (Baier, 2009). Die Analyse der Bedingungsfaktoren von Rechtsextremismus hat in Übereinstimmung mit vielen anderen Untersuchungen ergeben, dass der Kontakt mit nichtdeutschen Freunden einen der stärksten Präventivfaktoren bildet. Wird also die abhängige Variable getauscht und nicht Gewaltverhalten allgemein, sondern gegen Ausländer gerichtetes Gewaltverhalten im Besonderen betrachtet, dann ist von einem ausgesprochen positiven Einfluss der Freundschaftsvernetzung mit Migranten auszugehen. Alles in allem kann also davon ausgegangen werden, dass auch deutsche Jugendliche vom Kontakt zu Migranten profitieren; es handelt sich also um eine Win-Win-Situation.

V. Fazit

Die dargestellten Befunde aus Schülerbefragungen des KFN bilden die empirische Basis für Christian Pfeiffers Bonmot über Mehmet und Max. Wenn Mehmet mit Max im Sandkasten spielt oder besser, wenn sich Mehmet mit Max anfreundet, steigt u. a. die Wahrscheinlichkeit, dass über den intensivierten Kontakt die Kultur des Gegenübers kennen gelernt und geschätzt wird, mit der Folge, dass Mehmet weniger zu Gewalt greift und Max weniger fremdenfeindlich ist. Bleiben Mehmet und Max dagegen unter ihresgleichen, werden negative Normen und Werte und in deren Folge auch negative Verhaltensweisen stabilisiert.

Auf eine methodische Einschränkung zu diesen Befunden ist allerdings an dieser Stelle explizit hinzuweisen. Bislang konnten all die genannten Zusammenhänge in den KFN-Studien nur im Querschnitt belegt werden, mit dem streng genommen keine Kausalaussagen möglich sind. Möglicherweise hat Mehmet ja gerade deshalb so wenig deutsche Freunde, weil er so gewalttätig ist. Um solche Selektionseffekte ausschließen zu können, wäre es notwendig, die Entwicklung der Freundschaftsnetzwerke bereits sehr früh (d. h. im Kindesalter) zu verfolgen, um dann im Längsschnitt (unter Kontrolle weiterer Faktoren) prüfen zu können, welche Rolle der Grad der Vernetzung mit einheimischen Deutschen für das Gewaltverhalten im Jugendalter spielt. Wenngleich eine solch umfassende Längsschnittstudie für den deutschsprachigen Raum noch aussteht, erscheint es vor dem Hintergrund verschiedener Forschungsarbeiten zur Frage des Einflusses von delinquenten Freunden auf delinquentes Verhalten naheliegend, dass die Freundesgruppe mit den in ihnen vertretenen Einstellungen und Werthaltungen insbesondere im Jugendalter einen wichtigen Sozialisationskontext für die dazugehörigen Mitglieder darstellt und damit die von Christian bzw. uns unterstellte Wirkrichtung die richtige ist.

Die Befunde, die Christian Pfeiffer sehr treffend zur Aussage „Wenn Mehmet mit Max im Sandkasten spielt“ verdichtet hat, liefern für die Praxis konkrete Hinweise auf Maßnahmen, die zur Reduktion von Gewaltverhalten beitragen können. Der Verdienst von Christian Pfeiffer ist in Bezug auf die Debatte um Migration und Kriminalität insofern auch darin zu sehen, dass er auf Grund seiner Fähigkeit, komplexe Zusammenhänge in unzähligen Vorträgen, Diskussionsrunden und Stellungnahmen prägnant zu präsentieren, dazu beigetragen hat, das Bild des „kriminellen Migranten“, das in der Öffentlichkeit nicht selten zu finden ist, zu relativeren. Es sind in erster Linie soziale Gründe, die zu einer erhöhten Gewaltbereitschaft von Migranten führen; und diese sozialen Gründe lassen sich beeinflussen.

Literatur

Akers, R. L. (1998). Social Learning and Social Structure. A General Theory of Crime and Deviance. Boston: Northeastern University Press.

Baier, D. (2009). Aktuelle Erkenntnisse einer Dunkelfeldstudie. In: Hochschule der Polizei Hamburg (Hrsg.), Aktuelle Entwicklungen im Rechtsextremismus. Frankfurt: Verlag für Polizeiwissenschaft, S. 14-41.

Baier, D., Pfeiffer, C., Simonson, J., Rabold, S. (2009). Jugendliche in Deutschland als Opfer und Täter von Gewalt: Erster Forschungsbericht zum gemeinsamen Forschungsprojekt des Bundesministeriums des Innern und des KFN. Hannover: KFN-Forschungsberichte Nr. 107

Baier, D., Pfeiffer, C. (2008). Türkische Kinder und Jugendliche als Täter und Opfer von Gewalt. In M. Brumlik (Hrsg.), Ab nach Sibirien – Wie gefährlich ist unsere Jugend (S. 62-104). Weinheim/Basel: Beltz Verlag.

Baier, D., Pfeiffer, C. (2007). Gewalttätigkeit bei deutschen und nichtdeutschen Jugendlichen - Befunde der Schülerbefragung 2005 und Folgerungen für die Prävention. KFN: Forschungsberichte Nr. 100.

Baier, D., Pfeiffer, C., Windzio, M., Rabold, S. (2006). Schülerbefragung 2005: Gewalterfahrungen, Schulabsentismus und Medienkonsum von Kindern und Jugendlichen. Abschlussbericht über eine repräsentative Befragung von Schülerinnen und Schülern der 4. und 9. Jahrgangsstufe. KFN: Unveröffentlichter Forschungsbericht.

Babka von Gostomski, C. (2003). Gewalt als Reaktion auf Anerkennungsdefizite? Eine Analyse bei männlichen deutschen, türkischen und Aussiedler-Jugendlichen mit dem IKG-Jugendpanel 2001. Kölner Zeitschrift für Soziologie und Sozialpsychologie, 55, 253-277.

Block, T., Brettfeld, K., Wetzels, P. (2007). Umfang, Struktur und Entwicklung von Jugendgewalt und -delinquenz in Hamburg 1997-2004. Ergebnisse wiederholter repräsentativer Befragungen von Schulklassen allgemeinbildender Schulen der 9. Jahrgangsstufe. Hamburg.

Boers, K., Walburg, C., Reinecke, J. (2006). Jugendkriminalität - Keine Zunahme im Dunkelfeld. Monatsschrift für Kriminologie und Strafrechtsreform, 89, 63-87.

Coleman, J. S. (1988). Social Capital in the Creation of Human Capital. American Journal of Sociology, 94, 95-120.

Enzmann, D., Brettfeld, K., Wetzels, P. (2004). Männlichkeitsnormen und die Kultur der Ehre. In Oberwittler, D.; Karstedt, S. (Hrsg.), Soziologie der Kriminalität (S. 240-263). Wiesbaden: VS Verlag..

Feltes, T., Goldberg, B. (2006). Selbstberichtete Delinquenz, Viktimisierung und Verbrechensfurcht bei Schülern mit und ohne Migrationshintergrund. In: Obergfell-Fuchs, J.; Brandenstein, M. (Hrsg.), Nationale und internationale Entwicklungen in der Kriminologie. Festschrift für Helmut Kury zum 65. Geburtstag (S. 203-237). Frankfurt: Verlag für Polizeiwissenschaft.

Fuchs, M., Lamnek, S., Luedtke, J., Baur, N. (2005). Gewalt an Schulen: 1994 - 1999 - 2004 (1. Auflage). Wiesbaden: Verlag für Sozialwissenschaften.

Frankfurter Rundschau (22.11.2005). „Wenn Mehmet mit Max Fußball spielt". Nr. 272.

Haug, S. (2003). Interethnische Freundschaftsbeziehungen und soziale Integration. Unterschiede in der Ausstattung mit sozialem Kapital bei jungen deutschen und Immigranten. Kölner Zeitschrift für Soziologie und Sozialpsychologie, 55, 716-736.

Haynie, D. L., Payne, D. C. (2006). Race, Friendship Networks, and Violent Delinquency. Criminology, 44, 775-805.

Haynie, D. L. (2001). Delinquent peers revisited: Does network structure matter? American Journal of Sociology, 106, 1013-1057.

Kecskes, R. (2003). Ethnische Homogenität in sozialen Netzwerken türkischer Jugendlicher. Zeitschrift für Soziologie der Erziehung und Sozialisation, 23, S. 68-84.

Köllisch, T., Oberwittler, D. (2004). Wie ehrlich berichten Jugendliche über ihr delinquentes Verhalten? Ergebnisse einer externen Validierung selbstberichteter Delinquenz auf Individual- und Aggregatdatenebene. Kölner Zeitschrift für Soziologie und Sozialpsychologie, 56, 708-735.

Maxfield, M. G., Weiler, B. L., Widom, C. S. (2000). Comparing Self-Reports and Official Records of Arrests. Journal of Quantitative Criminology, 16, 87-110.

Oberwittler, D. (2003). Geschlecht, Ethnizität und sozialräumliche Benachteiligung - überraschende Interaktionen bei sozialen Bedingungsfaktoren von Gewalt und schwerer Eigentumsdelinquenz von Jugendlichen. In: Lamnek, S.; Boatca, M. (Hrsg.), Geschlecht - Gewalt - Gesellschaft (Bd. 4, S. 269-294). Opladen: Leske + Budrich.

Pfeiffer, C., Rabold, S., Baier, D. (2008). Sind Freizeitzentren eigenständige Verstärkungsfaktoren der Jugendgewalt? Zeitschrift für Jugendkriminalrecht und Jugendhilfe, 258-268.

Prätor, S. (im Erscheinen). Ziele und Methoden der Dunkelfeldforschung. Ein Überblick mit Schwerpunkt auf Dunkelfeldbefragungen im Bereich der Jugenddelinquenz. In: Eifler, S.; Pollich, D. (Hrsg.), Empirische Forschung über Kriminalität. Perspektiven und Herausforderungen. Wiesbaden: Springer VS.

Rabold, S. (2011). Zum Einfluss interethnischer Freundschaften auf Gewaltverhalten deutscher und nichtdeutscher Jugendlicher. Eine empirische Analyse unter besonderer Berücksichtigung sozialräumlicher Bedingungen. Baden-Baden: Nomos.

Rabold, S., Baier, D. (2011). Why Are Some Ethnic Groups More Violent Than Others? The Role of Friendship Network's Ethnic Composition. Journal of Interpersonal Violence, 26, 3127-3156.

Sampson, R. J., Laub, J. H. (1993). Crime in the Making. Pathways and Turning Points Through Life (Second Edition). Harvard: University Press.

Süddeutsche Zeitung (17.05.2010). „Die kulturellen Schranken der Gewalt verschwinden“. Abrufbar unter: http://www.sueddeutsche.de/politik/jugendgewalt-die-kulturellen-schranken-der-gewalt-verschwinden-1.303356

Sutherland, E. H. (1968). Die Theorie der differentiellen Kontakte. In Sack, F.; König, R. (Hrsg.), Kriminalsoziologie (S. 395-399). Frankfurt a.M.

Thornberry, T. P., Krohn, M. D., Lizotte, A. J., Smith, C. A., Tobin, K. (2003). Gangs and Delinquency in Developmental Perspective. Cambridge University Press.

Wetzels, P., Enzmann, D., Mecklenburg, E., Pfeiffer, C. (2001). Jugend und Gewalt: Eine repräsentative Dunkelfeldanalyse in München und acht anderen deutschen Städten. Baden-Baden: Nomos.

Wikstroem, P.-O., Svensson, R. (2008). Why are English Youths More Violent than Swedish Youths? A Comparative Study of the Role of Crime Propensity, Lifestyles and Their Interactions in Two Cities. European Journal of Criminology 5, 309-330.

Wilmers, N., Brettfeld, K., Enzmann, D., Schaefer, D., Herbers, K., Greve, W., Wetzels, P. (2002). Jugendliche in Deutschland zur Jahrtausendwende: Gefährlich oder gefährdet? Ergebnisse wiederholter, repräsentativer Dunkelfelduntersuchungen zu Gewalt und Kriminalität im Leben junger Menschen 1998 - 2000. Baden-Baden: Nomos.

Über Hannover nach Amerika – und zu neuen Horizonten. Kriminologie der Menschenrechte

Joachim J. Savelsberg

Christian Pfeiffer ist ein streitbarer Kollege, der Auseinandersetzungen nicht scheut. Dies zu ehren, will ich hier, nach kurzen und wohl konsensfähigen persönlichen Bemerkungen, eine Kritik an der gegenwärtigen Kriminologie formulieren und darauf einige Vorschläge aufbauen. Vor allem geht es darum, dass Kriminologie – in ihrem traditionellen Bündnis mit Leviathan -- sich erst spät und nach wie vor all zu zögerlich Leviathans eigenen Verbrechen zugewandt hat, Verbrechen, die im Verlauf der Geschichte weit mehr Leiden verursacht haben als alle Strassenkriminalität zusammen.

Drei einleitende persönliche Bemerkungen sind durch meine Beobachtungen als Mitarbeiter und (zusammen mit Margit Oswald) stellvertretener Direktor der KFN (1986-89) und durch gelegentliche Kontakte mit Christian in den inzwischen verstrichenen Jahrzehnten informiert. Erstens, während es Christian wichtig war, welche Themen seine Mitarbeiter behandelten, liess er ihnen alle Freiheit bei der Ausführung der Forschung. Zweitens, während er darauf bestand, dass seine Mitarbeiter das Wohl des KFN durch hervorragende Leistungen förderten, wollte er gleichzeiting die Förderung derer Interessen und wissenschaftlicher Laufbahnen, auch und gerade über das KFN hinaus. Nicht zufällig war die Arbeit am KFN ein Sprungbrett für Viele auf Professorenstellen in Deutschland und an ausländischen Institutionen. Meine eigene Laufbahn mag als Beispiel dienen: Christian erlaubte mir, ein Jahr nach meiner Einstellung am KFN ein „leave of absence“ zu nehmen, um ein John F. Kennedy Memorial Fellowship an der Harvard Universität annehmen zu können (1987-88). Er wusste gewiss ebenso wie ich, dass dies eine Brücke für eine Karriere in den USA werden könnte, hat aber den möglichen Verlust des eben gewonnen Mitarbeiters nicht gescheut. Dafür bin ich ihm nach wie vor dankbar. Drittens hat Christian sich – bei aller Einmischung in deutsche Angelegenheiten – immer weltoffen gezeigt. Treffen am Rande der Jahrestagungen der American Society of Criminology und Christians aus frühen Erfahrungen am Vera Institute of Justice herrührende Freundschaft mit Jeremy Travis, dem späteren Direktor des amerikanischen National Institute of Justice und heutigen Präsidenten des John Jay College of Criminal Justice in Manhattan, sind nur Illustrationen.

Gewiss war auch meine thematischem Ausrichtung in den amerikanischen Jahzehnten zunächst durch Erfahrungen am KFN inspiriert. Strafzumessung war doch ein grosses Thema, nachdem Christian Pfeiffer das KFN übernommen hatte (Pfeiffer/Oswald, 1987), und meine Hinwendung zum Thema der amerikanischen sentencing guidelines war gewiss nicht unabhängig von dieser Schwerpunktsetzung. Auch lag mir das Thema der Strafgefangenraten seit den KFN-Jahren am Herzen, und der amerikanische Exzeptionalismus des Strafen, der nach den 1970er Jahren eine verfünffachung der Strafgefangenenrate beinhaltete, wurde darum nicht zufällig zu einem meiner zentralen Themen. Dabei interessierten mich vor allem die politisch-institutionellen Bedingungen, unter denen sich strukturelle und kulturelle Herausforderungen in solch massive Veränderungen der Praxis des Strafens übersetzten.

Freilich wohnt dem Thema amerikanischen Strafens eine allgemeinere Warnung inne. Zwar hat sich die Kriminologie nicht ganz zu Unrecht auf die Perspektive des Staates als des Hobbeschen Leviathans festgelegt, wenn wir an historische Studien zur Reduktion zivilgesellschaftlicher Gewalt seit der frühen Moderne denken. Dennoch lässt uns der amerikanische Trend der letzten Jahrzehnte innehalten, um Leviathan auch und gerade als Kriminologen mit einem gesunden Mass an Misstrauen zu bedenken. Könnte es nicht sein, dass der, zudessen Gunsten wir Rechte aufgeben und an den wir massive Gewaltpotentiale delegieren, diese missbraucht?

Diese Frage hätte Kriminologen freilich früher und in viel dramatischerer Form in den Sinn kommen müssen. Hatten sie doch den Nürnberger Kriegsverbrecherprozess beobachten können, und zwar zu einer Zeit, als Edwin Sutherland sein kriminologisches Auge bereits auf die Kriminalität der Mächtigen gelenkt hatte. Auch wachten Kriminologen nicht auf, als die Aera des kalten Krieges ihnen die Kriegsverbrechen in Vietnam, Verbrechen gegen die Menschlichkeit in Argentinien oder Chile, und gar Völkermorde in Ländern wie Kambodscha, Ost Timor (Indonesien), Kongo (Zaire) und Guatemala vorführte. Erst mit dem Ende des kalten Krieges und der Einrichtung neuer Gerichtshöfe zur Ahndung schwerster Menschenrechtsverletzungen, begannen Kriminologen, sich dem Thema zuzuwenden. In den USA etwa untersuchte John Hagan (2003) die Entwicklung des International Tribunal for the Former Yugoslavia und ein wenig später den Genozid in der Darfur-Region des Sudan (Hagan/Rymond-Richmond, 2008).

In der Tat hätte es der Kriminologie angestanden, sich früher dem Leviathan und seinen Agenten nicht nur als möglichen Schützern vor zivilgesellschaftlicher Gewalt zuzuwenden, sondern auch als potentiellen Verbrechern. Schliesslich ist die Zahl der durch staatliche Gewalttaten Ermordeten im 20. Jahrhundert etwa zehn mal so hoch, wie die durch Gewaltkriminalität in der Zivilgesellschaft getöteten Menschen (Kriegstote sind nicht berücksichtigt). Dabei meine ich Gewaltaten, die vor allem im Verlauf des 20. Jahrhunderts kodifiziert worden sind: Kriegsverbrechen (im Sinne der Genfer Konventionen), Verbrechen gegen die Menschlichkeit (z. B. Gewohnheitsrecht im Sinne der Nürnberger Militärtribunale und des internationalen Tribunals für das frühere Jugoslavien), und Völkermord (Konvention über die Verhütung und Bestrafung von Völkermord). Schliesslich sind all diese Verbrechen im „Rome Statute" von 1998 kodifiziert, der Grundlage des 2002 ins Leben gerufenen Internationalen Strafgerichtshofs. Kriminologen sind also gefordert: Konstruktivisten, die wissen möchten, warum solche Gewalttaten im 20. Jahrhundert zunehmend als Verbrechen etikettiert wurden; Ätiologen, die an den kausalen Bedingungen interessiert sind, die diesen Verbrechen zugrunde liegen; und schliesslich strafrechtssoziologisch orientierte Kriminologen, die an den Bedingungen und Folgen strafrechtlicher Interventionen (und ihrer Alternativen) interessiert sind. Forscher und Praktiker in anderen Bereichen wiederum sind auf kriminologische Beiträge angewisen: vor allem diejenigen, die sich um das Thema Menschenrechte kümmern, und die wenig an dem Wissensvorrat über die Bedingungen, Folgen und Kontrolle von Kriminalität teilhaben, den die Kriminologie im Verlaufe des zurückliegenden Jahrhunderts angehäuft hat.

Die notwendige Begrenzung der Seitenzahl erlaubt mir, meinen Festschriftbeitrag mit nur wenigen Worten zur Konstruktion und zur Ätiologie von Menschenrechtsverbrechen, gefolgt von einigen Paragraphen zu Bedingungen und Folgen strafrechtlicher Intervention abzuschliessen. Ausführlicher habe ich dies in zwei jüngeren Bänden getan (Savelsberg, 2010; Savelsberg/King, 2011).

Die Rechtswissenschaftlerin Martha Minow von der Harvard Universität hat einmal bemerkt, dass das 20. Jahrhundert sich nicht durch die massiven Verstösse gegen Menschenrechte auszeichnet (da hat es viel Konkurrenz in vorherigen Jahrhunderten), sondern dadurch, dass Gesellschaften und Staaten zum ersten Mal ernsthafte Schritte zur Kontrolle solcher Gewalt unternommen haben. Zu diesen institutionellen Innovationen gehören, neben Wiedergutmachungsprogrammen und Wahrheitskommissionen auch strafrechtliche Reaktionen. Warum im 20. Jahrhundert? Welche strukturellen und kulturellen Bedingungen haben den Wahrnehmungswandel verursacht? Gewiss gehören die zunehmend globale Verflechtung der Nationalstaaten und ihrer Wirtschaften sowie der Aufbau internationaler Organisationen wie die Vereinten Nationen zu diesen Bedingungen. Daneben haben Politikwissenschaftler auf die Bedeutung von „transnational activist networks“ (Keck/Sikkink, 1998) hingewiesen – über Ländergrenzen miteinander verflochtene Nicht-Regierungsorganisationen, mit anderen Worten den Aufbau einer globalen Zivilgesellschaft. Erst in diesem Kontext konnten besondere und historisch einmalige Ereignisse wie der Holocaust ihre volle kulturelle Wirkung entfalten und zu der von Minow kommentierten Umorientierung beitragen.

Nun befreien uns konstruktivistische Einsichten nicht von der Verpflichtung, die Ätiologie massiver Menschenrechtsverletzungen zu untersuchen. Hier wartet das gesamte Arsenal klassischer und neuerer kriminologischer Theorien darauf, auf ihrer Anwendbarkeit auf die hier interessierenden Tatbestaende geprüft zu werden. Der Leser mag jede der folgenden Fragen auf ihre Relevanz etwa für den Siegeszug des Nationalsozialismus und die Durchführung der Holocaust zu beantworten suchen:

- Welche Rolle spielen strukturelle Barrieren im Zugang zu legitimen Mitteln, auf die Robert Merton uns hinwies, vor allem wenn sie gesamte Bevölkerungsgruppen betreffen?
- Unter welchen Bedingungen tragen blockierte Zugänge zu legitimen Opportunitäten zur Bildung oppositioneller Kulturen bei, an denen Albert Cohen interessiert war?
- Welche Rolle spielt der Aufbau sozialen Kapitals im Kontext krimineller Organisation, auf die Edwin Sutherland unsere Aufmerksamkeit lenkte?
- Unter welchen Bedingungen entwickeln deviante Gruppen „movement frames“ in denen sie als gute Opfer und andere als Verkörperung des Bösen interpretiert werden, eine Frage die Ross Matsueda eindringlich gestellt hat?

- Wie trägt solches „framing“ zur Herausbildung von „collective efficacy“ bei, ein Phänomen, das in jüngeren Jahren Robert Sampson auf dem Begriff gebracht hat?
- Welche Risiken resultieren, wenn ein kriminelles Regime sich mit kriminellen Bewegungen oder Organisationen verbündet – oder aus ihnen erwächst (Everett Hughes dachte im Deutschland in den unmittelbaren Nachkriegsjahren über diese Frage nach)?
- Was sind die Folgen einer radikalen Umverteilung innerhalb der institutionellen Machtbalance hin zum politischen System (im Abwandlung von Steven Messners und Richard Rosenfelds Theorie der „institutional anomie“) oder des Aufbaus von massivem „control surplus“ (Charles Tittle) zugunsten des politischen Systems?
- Welche Rolle spielt schliesslich der Aufbau krimineller Organisationen innerhalb autokratischer oder totalitärer Regime, vor allem die materielle und ideologische Ausstattung solcher Organisationen (siehe Diane Vaughan allgemein zu „deviant organizations“ und John Hagan und Wenona Rymond-Richmond spezifisch zu den Janjawid des Sudan) für die Generierung von Gelegenheitsstrukturen zur Ausübung organisierter und spontaner Gewalt (innerhalb derer sich auch Randall Collins „forward panics“ entfalten)?

Auch auf der Seite der Reaktionsforschung sind Kriminologie und Strafrechtssoziologie gefragt. So tobt etwa in den Politikwissenschaften seit Jahren eine heftige Debatte über die Folgen der Androhung strafrechtlicher Sanktionen gegen staatliche Machthaber, die unter dem Verdacht stehen, schwere Menschenrechtsvergehen begangen zau haben. Die (typischerweise konservativen) Gegner strafrechtlicher Eingriffe argumentieren, dass Strafrecht in diesem Bereich nutzlos und möglicherweise sogar gefährlich ist. Es könnte etwa Machthaber motivieren, sich angesichts drohender Demütigung und Bestrafung an der Macht festzuklammern. In der Tat können solche Skeptiker auf Einzelfälle hinweisen, in denen der Übergang zu demokratischen und menschenrechtswürdigen Bedingungen verzögert wurde, da Machthabern im Falle eines Regimwechsels strafrechtliche Sanktionierung drohte. Allerdings finden systematische statistische Analysen neuerer Datensätze zu Regimewechseln eine positive statistische Beziehung zwischen „transitional justice“ und verbesserten Demokratie- und Menschenrechtsbedingungen in der Zeit nach dem Regimewechsel (Sikkink, 2011). Die positive Wirkung ist dabei besonders intensiv, wo sowohl strafrechtliche Verfahren als auch „truth commissions“ zum Zuge kamen. Aber auch die Beschränkung auf Strafverfahren schien zumindest keine negative Wirkungen zu generieren.

Freilich lassen solch optimistische Diagnosen wichtige Fragen unbeantwortet. Könnte es zum Beispiel dritte Faktoren geben, die sowohl die Durchführung von „transitional justice“ als auch positive Trends in den Bereichen Menschenrechte und Demokratie bedingen? Und selbst wenn es sich bei der statistischen Beziehung tatsächlich um eine kausale Beziehung handelt, welche kausalen Mechanismen liegen dieser Beziehung zugrunde? Sikkink und andere Befürworter von „transitional justice“ haben typischerweise mit einem Abschreckungsargument aufgewartet: Gegenwärtige Machthaber werden Vorsicht walten lassen, wenn sie wissen, welche Strafen ihre Vorgänger nach schweren Menschenrechtsverstössen zu gewärtigen hatten. Andere besinnen sich auf kulturelle Mechanismen. Sie argumentieren, dass Strafverfahren durch ihre rituelle Kraft dazu beitragen, vergangene Missetaten und ihren verabscheuungswürdigen Charaker im kollektiven Gedächtnis festzuschreiben und damit für zukünftige Generationen zu delegitimieren. Letztere können sich auf Emile Durkheims klassischen soziologischen Argumente zur Kraft von Ritualen ebenso berufen wie auf die Hoffnungen von Juristen wie dem amerikanischen Richter am Supreme Court und Chefankläger am Nürnberger Militärgericht Robert Jackson, der erklärte: “Unless we write the record of this [NS] movement with clarity and precision, we cannot blame the future if in days of peace it finds incredible the accusatory generalities uttered during the war. We must establish incredible events by credible evidence” (nach Landsman, 2005, S. 6f). Präsident Franklin D. Roosevelt dachte ähnlich, wenn wir den Notizen seines Vertrauten, des Richters Samuel Rosenman Glauben schenken: “[Roosevelt] was determined that the question of Hitler’s guilt – and the guilt of his gangsters – must not be left open to future debate. The whole nauseating matter should be spread out on a permanent record under oath by witnesses and with all the written documents” (nach Landsman, 2005, S. 6). Hier erscheint der Strafprozess als ein Verfahren der Geschichtsschreibung. Strafrechtssoziologisch orientierte Kriminologen werden freilich erheblichen Spielraum für zukünftige Forschung erkennen. Sie werden gleichzeitig sehen, dass Kriminologie Inspirationen aus wissenschaftlichen und praktischen Menschenrechtsdebatten ziehen kann.

Gleiches gilt auch, wenn wir den Optimisten der Strafverfahren mit soziologischer Vorsicht begegnen. Schliesslich wohnt Strafverfahren nicht nur eine gewisse rituelle Kraft inne, sondern auch eine institutionelle Logik, die der durch Rechtsverfahren geschriebenen Geschichte eine spezifische Prägung gibt. So konzentriert sich das Strafverfahren beispielsweise auf die Vergehen von Individuen, wo soziologische Analysen die Erklärungskraft breiterer struktureller und kultreller Mechanismen ins Visir nehmen würden. Auch ist das Strafverfahren durch Verfahrensregeln auf bestimmte Beweismaterialien beschränkt, spart darum so manche Evidenz aus, die Historiker berücksichtigen würden. Weiterhin liegt dem Strafverfahren eine binäre Logik zugrunde, bei der es um Urteile über Schuld versus Unschuld geht, gewiss eine Vereinfachung aus sozialpsychologischer Perspektive. Die „shades of grey" über die Primo Levi gerade mit Blick auf den von ihm überlebten Holocaust so beindruckend geschrieben hat, werden dabei ausgeblendet.

Eine Fallstudie aus unserem 2011 veröffentlichtem Band über American Memories ist gut geeignet, die Selektivität strafrechtlich organisierter Geschichtsschreibung zu illustrieren (Savelsberg/King, 2011). Dabei geht es um ein 1968 von einer amerikanischen Kompanie in dem Ort My Lai im Nordosten des damaligen Südvietnams begangenes Massaker. Die Aufarbeitung dieses Ereignisses dient uns als ein natürliches Experiment, da sie gleichzeitig in drei unterschiedlichen institutionellen Kontexten durchgeführt wurde: einer Kommission der U.S. Army under Leitung eines General Peers; dem Buch eines Journalisten, Seymour Hersh, das mit einem Pullitzer-Preis ausgezeichnet wurde und einem Verfahren vor einem Militärgericht. Dabei sind sich die Peers Report und der journalistische Bericht nicht unähnlich, auch wenn in diesem die Opferzahl noch höher als in jenem eingeschätzt und auf die allgemein brutaliserenden Folgen des Krieges hingewiesen wird (das letzte Kapitel ist mit dem klagenden Zitat der Mutter eines Soldaten betitelt: „I gave them a good son."). Die strafrechtliche Aufarbeitung generierte dagegen ein Narrativ, das erheblich von den anderen abwich. Die Aufmersamkeit richtete sich am Ende auf den einen einzelnen Leutnant, der auf Grund der Evidenz schuldig gesprochen werden konnte. Die Verantwortung, die der Peers-Report und Seymour Hersh vielen anderen, auch höherrangigen Militärs zugeschrieben hatten, geriet aus dem Blickfeld. Während eine Verurteilung wegen des zentralen, vor vielen Augenzeugen auf Kommando durchgeführten Masskers erreicht wurde, blieben viele „spontaneous massacres" die im ganzen Dorf begangen wurden, ungesühnt. Die Zahl der Opfer, die der Anklage, und dann vor allem der Verurteilung zugrunde gelegt wurden, war um ein Vielfaches geringer als die in den anderen Berichten notierte. Uns war vor allem wichtig, wie diese unterschiedlichen Berichte das amerikanische kollektive Gedächtnis beeinflusst hatten. Darum untersuchten wir eine Stichprobe von über 100 amerikanischen Geschichtsbüchern, wie sie in „high schools“ (9.-12. Klasse) benutzt werden. Dabei zeigte sich, dass die Textbuchversion, die Geschichte an neue Generationen von Amerikanern weitergibt, sehr viel mehr Ähnlichkeit mit dem strafrechtlichen als mit den anderen Narrativen aufweist, ein Tatbestand, der möglicherweise auf die besondere Legitimität des strafrechtlichen Verfahrens zurückzuführen ist.

Entscheidend ist erstens, dass Strafverfahren in Fällen schwerer Menschenrechtsverletzungen einerseits eine institutionelle Option sind, die öffentliche Aufmersamkeit auf die Taten zu lenken und durch die rituelle Kraft des Strafverfahrens das Verwerfliche solcher Taten blosszustellen. Auch unsere gegenwärtige Forschung zu Interventionen der Internationalen Strafgerichtshof im Fall Darfur bestätigen dies (Savelsberg/Nyseth, 2012). Andererseits produzieren Strafverfahren eine durch ihre institutionelle Logik bedingte verzerrte Version historischer Wirkichkeit und tragen somit dazu bei, dass gerade diese Version sich ins kollektive Gedächtnis einprägt (siehe Jardim, 2012 zu den Dachauer Strafverfahren und Pendas 2006 zum Frankfurter Auschwitzprozess). Bei all diesen Untersuchungen handelt es sich freilich um Einzelfallstudien. Gerade bei historisch spezifischen Fällen sind aber viele Kontingenzen mit im Spiel, und weitere, vor allem vergleichende Forschung ist dringend gefragt.

Entscheidend ist, dass eine Kriminologie schwerer Menschenrechtsverletzungen lange überfällig ist. Konstruktivisten, Ätiologen und strafrechtssoziologisch orienterte Kriminologen haben hier ein weites Arbeitsfeld. Gleichzeitig können sie auf Inspiration aus anderen Wissenschafts- und Praxisbereichen hoffen, die ihrerseits auf kriminologische Einsichten angewiesen sind. Zu all dem braucht es freilich Mut, auch den Leviathan als potentiellen Verbreche anzugehen, die Art von Mut, die der in diesem Band geehrte während seiner Laufbahn vielfach unter Beweis gestellt hat.

Literatur

Hagan, J. (2003). Justice in the Balkans. Chicago: University of Chicago Press.

Hagan, J., Rymond-Richmond, W. (2008). Darfur and the Crime of Genocide. Cambridge: Cambridge University Press.

Jardim, T. (2012). The Mauthausen Trial: American Military Justice in Germany. Cambridge, MA: Harvard University Press.

Keck, M.E., Sikkink, K. (1998). Activists Without Borders: Advocacy Networks in International Politics. Ithaca, NY: Cornell University Press.

Landsman, S. (2005). Crimes of the Holocaust: The Law Confronts Hard Cases. Philadelphia: University of Pennsylvania Press.

Pendas, D. (2006). The Frankfurt Auschwitz Trial, 1963-65. Cambridge University Press.

Pfeiffer, C., Oswald, M. (Hrsg.) (1989). Der Prozess der Strafzumessung. Stuttgart: Enke.

Savelsberg, J.J. (2010). Crime and Human Rights: Criminology of Genocide and Atrocities. London: Sage.

Savelsberg, J.J., King, R.D. (2011). American Memories: Atrocities and the Law. New York: Russell Sage Foundation.

Savelsberg, J.J., Nyseth, H. (2012). "Collective Representations of Atrocities and National Identity: The Case of Darfur." In: M. Hadler, F. Höllinge (Eds.), National and Transnational Identities. Frankfurt/New York: Campus, S. 149-176.

Sikkink, K. (2011). Justice Cascade: How Human Rights Prosecutions are Changing World Politics. New York: W.W. Norton.

„Parallel Justice“ für Kriminalitätsopfer in Deutschland

Heinz Schöch

I. Einleitung

Vor drei Jahren hat mir Christian Pfeiffer das kurz zuvor erschienene Buch „Parellel Justice for Victims of Crime“[1] von Susan Herman, einer Professorin für Criminal Justice an der Pace University New York, geschenkt. Ihre Erfahrungen aus mehr als 30 Jahren praktischer Opferhilfe in den USA haben mich so beeindruckt, dass ich sie als Leitmotiv für meinen Vortrag bei der Tagung der Kriminologischen Gesellschaft, der wissenschaftlichen Vereinigung deutscher, österreichischer und schweizerischer Kriminologen, im September 2011 gewählt habe. Ich habe dies folgendermaßen zusammengefasst:[2]

Die Strafjustiz sei verpflichtet, nicht nur dem Täter ein faires Strafverfahren und eine angemessene Sanktion zuteilwerden zu lassen, sondern auch dem Opfer Gerechtigkeit widerfahren zu lassen. Sie müsse versuchen, die Wunden zu heilen, die das Verbrechen verursacht habe, sie müsse sich bemühen, den Opfern Schutz zu gewähren und sie zu befähigen, wieder vollständig am Gemeinschaftsleben teilzunehmen. Im Strafverfahren müsse das Opfer erleben können, dass ihm Unrecht widerfahren sei.[3] Opferschutz dürfe nicht nur der Caritas oder dem Verwaltungsermessen überlassen werden, sondern sei ein zentrales Anliegen für die Justiz.[4]

Umso erstaunter war ich als ich im März 2013 in einem Aufsatz der deutschen Rechtsanwältin Dr. Margarete Gräfin von Galen deren Rezeption der „Parallel Justice“ gelesen habe:[5] Die Verbindung von Strafverfah-

1 Hermann, S. (2010). Parallel Justice for Victims of Crime, Washington, DC.

2 Schöch, H. (2013). Opferschutz im Strafverfahren. In: Dölling, D., Jehle, J.-M. (Hrsg.), Täter, Taten, Opfer. Grundfragen und aktuelle Probleme der Kriminalität und ihrer Kontrolle. Mönchengladbach, S. 217-233.

3 Hermann, FN 1, S. 2 f.

4 Hermann, FN 1, S. 6.

5 von Galen, M.G. (2013). „Parallel Justice“ für Opfer von Straftaten – ein Verfahren mit „Opfervermutung“ außerhalb des Strafrechts. StV, 171-178.

ren und Opferinteressen führe in eine Sackgasse.[6] Der richtige Ansatz für die Opferhilfe sei ein opferorientiertes Verwaltungsverfahren, in dem das Opfer unabhängig von einer Bestrafung des Täters staatliche Entschädigung für materielle und immaterielle Schäden erhalte.[7] Der finanzielle Aufwand in Fällen, in denen der Staat die erbrachten Leistungen nicht beim Täter beitreiben könne, solle zumindest teilweise durch die Abschaffung der Nebenklage und der damit verbundenen Ausgaben für Prozesskostenhilfe kompensiert werden.[8] Außerdem würden die Verfahren kürzer dauern, wenn Nebenkläger bzw. Nebenklagevertreter mit eigenem Antrags- und Fragerecht wegfielen.[9] Hinzu komme, dass die Haftstrafen im Verfahren mit Nebenklägerbeteiligung höher ausfielen als im Verfahren ohne Nebenklägerbeteiligung, weshalb auch durch kürzere Freiheitsstrafen Kosten eingespart werden könnten.[10]

Eine derartige Verrechnung der außerstrafrechtlichen Opferhilfe mit Einbußen des Opferschutzes im Strafverfahren konnte ich bei Susan Herman an keiner Stelle finden. Natürlich findet sich bei ihr kein Hinweis auf die Nebenklage, da es diese prozessuale Stellung des Verletzten so im amerikanischen Strafverfahren nicht gibt. Aber sie weist an mehreren Stellen auf die Verdienste der „victim advocates" hin, die mit beträchtlichem Erfolg versucht hätten, die Erlebnisse der Kriminalitätsopfer bei den staatlichen Gerichten zu verbessern.[11] Ihnen sei es im Wesentlichen zu verdanken, dass die Partizipationsrechte der Opfer im Strafverfahren verbessert worden seien und dass die „philosophy of restorative justice" als alternative Erledigungsstrategie in die Strafverfahren Eingang gefunden habe.[12] Außerdem hätten sie dazu beigetragen, dass Opferrechte verfassungsrechtlich und gesetzlich verankert worden seien, insbesondere Informations-, Anwesenheits- und Anhörungsrechte.[13]

Aber das alles reiche nicht aus, um den vielfältigen und differenzierten Bedürfnissen der Kriminalitätsopfer Rechnung zu tragen. Die Opfer, bei

6 von Galen, FN 5, S. 178.
7 von Galen, FN 5, S. 175.
8 von Galen, FN 5, S. 176.
9 von Galen, FN 5, S. 176 hierzu und zum Folgenden unter Hinweis auf die Untersuchung von Barton, S., Flotho, C. (2010). Opferanwälte im Strafverfahren. Baden-Baden, 87 ff.
10 von Galen, FN 5, S. 176.
11 Hermann, FN 1, S. 41, 43, 45 ff.
12 Hermann, FN 1, S. S. 41.
13 Hermann, FN 1, S. S. 45-49.

denen der Täter nicht ermittelt oder angeklagt werde, gingen leer aus.[14] Manche Opfer bleiben blieben weitgehend unbeachtet, z. B. Opfer in Gefängnissen, Krankenhäusern, psychiatrischen Anstalten, Heimen, beim Militär oder Obdachlose.[15] Einige prozessuale Verbesserungen beträfen nur Opfer von Gewalt und Sexualdelikten, nicht aber die Opfer von Eigentums- und Vermögensdelikten.[16] Selbst bei den im Strafprozess betreuten Opfern seien Hilfsangebote über das Verfahren hinaus unverzichtbar. Sicherheit und Gerechtigkeit für alle Opfer seien in einem besonderen Verfahren zu gewähren, das den Strafprozess nicht ersetze, sondern „parallel“ dazu verlaufe.[17] Aufgabe dieses Verfahrens sei es festzustellen, dass dem Opfer Unrecht widerfahren ist sowie das Opfer gegen erneute Viktimisierung zu schützen und ihm zu helfen, die Folgen der Straftat zu bewältigen und sein Leben wieder zu ordnen.[18] Das gelte für alle Opfer in gleicher Weise und auch unabhängig davon, ob der Täter ermittelt oder verurteilt wurde.[19]

II. „Parallel Justice“ bei Christian Pfeiffer

Erfreulicherweise ist es nicht bei der eingangs erwähnten selektiven Interpretation von Herman's Konzeption der „Parallel Justice for Victims of Crime“ durch von Galen geblieben. In seinem fulminanten Schlussvortrag zum Deutschen Präventionstag 2013 in Bielefeld hat Christian Pfeiffer die wesentlichen Grundzüge des Modells zusammengefasst und – wie es für ihn typisch ist – anschießend auch einige praktische Umsetzungsvorschläge für Opferschutz und Opferhilfe in Deutschland vorgetragen.[20]

Akteure von „Parallel Justice“ seien zunächst alle Menschen, „die beruflich im Rahmen der Strafverfolgung oder im Kontext von Schule, Jugendhilfe, Opferhilfe oder Sozialarbeit mit der Tatsache konfrontiert sind,

14 Hermann, FN 1, S. S. 40.
15 Hermann, FN 1, S. 36.
16 Hermann, FN 1, S. 35, 52.
17 Hermann, FN 1, S. 53.
18 Hermann, FN 1, S. 58 ff.
19 Hermann, FN 1, S. 59 f.
20 Pfeiffer, C. (2013). Parallel Justice - warum brauchen wir eine Stärkung des Opfers in der Gesellschaft? Ansprache im Abschlussplenum des 18. Deutschen Präventionstages am 23.4.2013 (http://www.kfn.de/home/18_Deutscher_Praeventionstag.htm - Stand 25.11.2013), S. 13 ff.

dass jemand Opfer einer Straftat geworden ist. Zum anderen sollten sich aber auch all diejenigen angesprochen fühlen, die im Alltag mit einer solchen Situation konfrontiert werden – also beispielsweise der Nachbar, der mitbekommen hat, dass da jemand Opfer eines Einbruchs oder einer Schlägerei geworden ist. Sie alle und wir alle können und sollten im Sinne der gerade dargestellten Handlungsstrategien zur Stabilisierung des Opfers beitragen.“[21]

Für die Polizei bedeute das – unabhängig davon, ob es ihr gelinge, zu der bekanntgewordenen Straftat einen Täter zu ermitteln – auch die Aufgabe, sich dem Opfer zuzuwenden und eben als erstes eine klare Botschaft zu vermitteln: „Du bist nicht Leidtragender eines Unglücks geworden. Nein, Dir ist durch einen Täter Unrecht widerfahren. Das wird von uns nicht akzeptiert.“[22] Dabei sollte die Polizei jedem Opfer mit Respekt, Sensibilität und Empathie gegenübertreten und sie sollte grundsätzlich jedes Opfer als glaubwürdig behandeln. Nur wenn es konkrete Hinweise darauf gebe, dass Zweifel angebracht seien, gelte diese Regelung nicht.

Aufgabe der Polizei sei es anschließend, sehr detailliert zu klären, wie groß der entstandene Schaden ist. „Das ist später gerade dann von hoher Bedeutung, wenn es ihr nicht gelingen sollte, einen Täter zu ermitteln. Ferner kommt es bei diesem ersten Kontakt zur Polizei ganz entscheidend darauf an, dass das Opfer sofort zu zwei wichtigen Punkten detaillierte Informationen erhält. Zum einen sollte es erfahren, was es im Strafverfahren zu erwarten hat. Zum anderen sollte die Polizei ihnen umfassende und sehr konkrete Informationen dazu bieten, welche Unterstützungsangebote zur Verfügung stehen – vom WEISSEN RING angefangen über eine etwaige staatliche Opferhilfe bis hin zu den spezifischen Unterstützungsangeboten, wie sie etwa für Opfer sexueller Gewalt, innerfamiliärer Gewalt oder des Stalking zur Verfügung stehen.“[23] Das gelte auch für Migranten, die Opfer einer Straftat geworden sind, für Strafgefangene, für Obdachlose, für angetrunkene Opfer und solche, die emotional stark erregt seien und schwer ansprechbar erscheinen.[24]

Für die umstrittene Frage der Verjährung bei sexuellem Missbrauch von Kindern könne es bei der bisherigen strafrechtlichen Regelung bleiben,

21 Pfeiffer, FN 20, S. 16.
22 Pfeiffer, FN 20, S. 16.
23 Pfeiffer, FN 20, S. 16 f.
24 Pfeiffer, FN 20, S. 17.

wenn unabhängig davon ein Verfahren zur Feststellung, dass jemand Opfer einer derartigen Straftat geworden ist zur Verfügung stünde. Hierfür könne man erwägen, die Verjährungsfrist auf 30 Jahre festzulegen oder gar völlig aufzuheben.[25] In dem kurz danach verabschiedeten Gesetz zur Stärkung der Rechte von Opfern sexuellen Missbrauchs (STORMG vom 26.06.2013), das am 01.09.2013 in Kraft getreten ist, wurde im Wesentlichen diese Lösung realisiert: Gemäß § 197 Abs. 1 Nr. 1 BGB verjähren Schadensersatzansprüche, die auf der vorsätzlichen Verletzung des Lebens, des Körpers, der Gesundheit, der Freiheit oder der sexuellen Selbstbestimmung beruhen, erst in 30 Jahren (früher in 3 Jahren), während die strafrechtliche Verjährung unverändert bei 20 Jahren in den Fällen schweren sexuellen Missbrauchs und 10 Jahren in den Fällen sexuellen Missbrauchs von Kindern blieb (§ 78 Abs. 2 Nr. 2, 3 StGB). Lediglich das Ruhen der Verjährung wurde von der Vollendung des 18. Lebensjahres bis zur Vollendung des 21. Lebensjahres verlängert (§ 78b Abs. 1 Nr. 1 StGB).[26]

III. Ansätze und Perspektiven zur Verwirklichung in Deutschland

Es gibt verschiedene Ansätze in Deutschland, die der Idee der „Parallel Justice" nahekommen oder sie gar schon verwirklichen. Einen wichtigen Beitrag hierzu hat Christian Pfeiffer bereits als niedersächsischer Justizminister geleistet, als er 2001 die „Stiftung Opferhilfe Niedersachsen" gründete, deren Ziel es ist, „Opfern von Straftaten außerhalb der gesetzlichen Leistungen und über die Hilfe anderer Opferhilfeeinrichtungen hinaus materielle Hilfe zu gewähren und die Opferhilfe als gesamtgesellschaftliche Aufgabe zu fördern."[27] Hierfür wurden bei allen elf niedersächsischen Landgerichten regionale Opferhilfe Büros eingerichtet, die „mit hauptamtlichen Fachkräften die notwendige respektvolle Unterstützung und Hilfe von Opfern in enger Zusammenarbeit mit anderen freien Trägern der Opferhilfe sowie mithilfe von Polizei, Sozialbehörden, Jugendämtern, Rechtsanwältinnen und Rechtsanwälten" organisieren. „Zent-

25 Pfeiffer, FN 20, S. 17.

26 Diese Lösung entsprach auch den Stellungnahmen des Weissen Ringes bei den Anhörungen im Gesetzgebungsverfahren.

27 http://www.mj.niedersachsen.de/portal/live.php?navigation_id=3795&article_id=10489&_psmand=13

raler Partner ist dabei der WEISSE RING e.V."[28] Tatsächlich hat sich trotz anfänglicher Skepsis eine fruchtbare Zusammenarbeit zwischen den insgesamt hauptamtlichen 23 Mitarbeitern und Mitarbeiterinnen der staatlichen Opferhilfe und den ehrenamtlichen Opferhelfern des WEISSEN RINGES entwickelt.[29]

Einen weiteren Beitrag leistete Christian Pfeiffer durch die Gründung der WAAGE Hannover e. V., die seit 1992 als gemeinnützige Fachstelle für Täter-Opfer-Ausgleich im Rahmen von Strafverfahren gegen Jugendliche und Erwachsene arbeitet und inzwischen auch außergerichtliche Konfliktklärung und Mediation (Konfliktvermittlung) anbietet. Schließlich finden sich in den Forschungen des Kriminologischen Forschungsinstituts Niedersachsen (KFN) zahlreiche empirische Untersuchungen zu Viktimisierungserfahrungen in der Jugend,[30] im Alter[31] und in verschiedenen Lebensbereichen.[32] Derzeit ist eine groß angelegte quantitative und qualitative Studie über Opfer von schweren Gewaltdelikten geplant, die stationär im Krankenhaus ärztlich behandelt werden. Neben Vorgeschichte, Ablauf der Gewalttat sowie ihren Folgen soll dabei auch erforscht werden, wie die Opfer das Geschehen verarbeitet haben und in welchem Ausmaß es ihnen gelungen ist, Hilfe von Opferhilfeeinrichtungen oder Entschädigung nach dem OEG zu erhalten.[33] Damit könnte der – bisher defizitäre[34] – Er-

28 Stiftung Opferhilfe Niedersachsen (FN 27).

29 Schriftliche Mitteilung des Landesvorsitzenden des Weissen Ringes in Niedersachsen (Ltd. Kriminaldirektor Rainer Bruckert) an den Verfasser.

30 Beispielhaft sei hingewiesen auf Baier, D., Pfeiffer, C. (2011). Jugendliche als Opfer und Täter von Gewalt in Berlin. Hannover (KFN-Forschungsbericht, Nr. 114).

31 Greve, W., Hosser, D., Wetzels, P. (1996). Bedrohung durch Kriminalität im Alter. Kriminalitätsfurcht älterer Menschen als Brennpunkt einer Gerontoviktimologie. Baden-Baden.

32 Ellrich, K., Baier, D., Pfeiffer, C. (2012). Polizeibeamte als Opfer von Gewalt. Ergebnisse einer Befragung von Polizeibeamten in zehn Bundesländern. Baden-Baden; Bieneck, S., Pfeiffer, C. (2012). Viktimisierungserfahrungen im Justizvollzug. Hannover, (KFN-Forschungsbericht, Nr. 119); Ohlemacher, T. (1998). Verunsichertes Vertrauen? Gastronomen in Konfrontation mit Schutzgelderpressung und Korruption. Baden-Baden.

33 Mitteilung von Christian Pfeiffer bei der Mitgliederversammlung des KFN am 2.11.2013 in Hannover.

34 Steffen, W. (2013). Opferzuwendung in Gesellschaft, Wissenschaft, Strafrechtspflege und Prävention: Stand, Probleme, Perspektiven. Gutachten für den 18. Deutschen Präventionstag 22./23. April 2013 in Bielefeld, S. 26 ff. (http://www.praeventionstag.de/html/GetDokumentation.cms?XID=1469).

kenntnisstand zu den wirklichen Bedürfnissen und Erfahrungen der Opfer verbessert werden.[35]

Die von Pfeiffer mit Recht kritisierte oftmals lange Dauer der Verfahren nach dem Opferentschädigungsgesetz,[36] kann bei entsprechender Aufgeschlossenheit der Sachbearbeiter des Versorgungsamtes wesentlich verkürzt werden. Insbesondere wenn es um psychotherapeutische Behandlung wegen schwerer Gewalttaten geht, die möglichst bald nach der Tat erfolgen sollte, kann nämlich durch sofortige Bewilligung gem. §§ 10 Abs. 8 und 18c Abs. 3 Bundesversorgungsgesetz Heilbehandlung vor förmlicher Anerkennung eines Versorgungsanspruchs gewährt werden. Der WEISSE RING fordert deshalb, §§ 10 Abs. 8 und 18c Abs. 3 Bundesversorgungsgesetz als zwingende Vorschriften für die Versorgungsverwaltung auszugestalten.[37]

Die nach dem Modell der „Parallel Justice“ gebotene Feststellung der Rechtsgemeinschaft, dass dem Opfer Unrecht geschehen ist sowie die gebotene Hilfe bei der Bewältigung der Folgen der Straftat soll für alle Opfer in gleicher Weise gelten, unabhängig davon, ob der Täter ermittelt oder verurteilt wurde. Das ist insbesondere bei Opfern sexuellen Missbrauchs in der Jugend relevant, die oft erst als Erwachsene die Kraft finden, die Tat zur Anzeige zu bringen. Weil solche Taten oft im familiären Umfeld geschehen, erfolgt unmittelbar nach der Tat weder eine Strafanzeige noch stehen Zeugen zur Verfügung. Der WEISSE RING hat deshalb in seinen Grundsätzen für die Opferhilfe verankert, dass für eine finanzielle Hilfe des Vereins keine Strafanzeige erforderlich ist.[38] Nach dem Opferentschädigungsgesetz können Leistungen „versagt werden, wenn der Geschädigte es unterlassen hat, das ihm Mögliche zur Aufklärung des Sachverhalts und zur Verfolgung des Täters beizutragen, insbesondere unverzüglich Anzeige bei einer für die Strafverfolgung zuständigen Behörde zu erstatten“ § 2 Abs. 2 OEG. Die fehlende Strafanzeige ist also ein fakultativer Versa-

35 In diesem Sinne auch die „Bielefelder Erklärung des 18. Deutschen Präventionstages“ (http://www.praeventionstag.de/kriminalpraevention/Module/Media/Medias/Bielefelder-Erklaerung_283.pdf).

36 Pfeiffer, FN 20, S. 16.

37 Sozialrechtspolitische Forderungen des Weissen Ringes zur Verbesserung der Entschädigung für Opfer von Gewalttaten Nr. 2. (https://www.weisser-ring.de/internet/standpunkte/sozialrechtspolitische-forderungen/index.html).

38 WEISSER RING, Handbuch der Vereinsarbeit, 2. Aufl. 2009, S. 52; Standards für die Opferhilfe im WEISSEN RING, Nr. 2 (ttps://www.weisser-ring.de/internet/standpunkte/opferhilfe-standards/index.html).

gungsgrund. Es ist jedoch zweifelhaft, ob diese Einschränkung Bestand haben wird, weil die „Richtlinie 2012/29/EU des Europäischen Parlaments und des Rates vom 25.10.2012 über Mindeststandards für die Rechte, die Unterstützung und den Schutz von Opfern von Straftaten“ in Art. 8 Abs. 5 verlangt, dass die Mitgliedstaaten sicherstellen, „dass der Zugang zu Opfer-Unterstützungsdiensten nicht davon abhängig ist, ob ein Opfer eine Straftat einer zuständigen Behörde förmlich angezeigt hat.“ Gemäß Art. 27 Abs. 1 der EU-Richtlinie vom 26.10.2012 müssen die Mitgliedstaaten bis 16.11.2015 die Rechts- und Verwaltungsvorschriften in Kraft setzen, die erforderlich sind, um dieser Richtlinie nachzukommen. Ein Ermessen der Mitgliedstaaten im Sinne eines fakultativen Versagungsgrundes sieht die Richtlinie nicht vor.

IV. Partizipation des Opfers am Strafprozess

Aus den bisherigen Ausführungen ergibt sich nicht, dass nach dem Modell der „Parallel Justice“ der Verletzte im Strafprozess auf die Rolle eines bloßen Zeugen ohne aktive Beteiligungs- und Informationsrechte zu verweisen wäre und deshalb die Nebenklage abgeschafft werden müsste, wie es von Galen fordert.[39] Nach der Stellungnahme des Strafrechtsausschusses des Deutschen AnwaltVereins zum Entwurf der EU-Richtlinie, bei der von Galen Berichterstatterin war, sollte sogar bis zur Rechtskraft des Urteils der Begriff Opfer ersetzt werden durch die Formulierung „Zeuge, der eine Straftat […] zu seinen Lasten angezeigt oder berichtet hat“.[40]

Die eingangs zitierten Stellungnahmen von Susan Herman machen vielmehr deutlich, dass aus ihrer Sicht die Beteiligung des Opfers am Strafverfahren ein wesentliches Element bei der Bewältigung der Straftatfolgen darstellt und damit neben den neuen Wegen der „Parallel Justice“ bestehen bleiben muss. Die Opferhilfe müsse den Wunsch vieler Betroffener im Auge haben „irgendwie zurückzuschlagen und den tief sitzenden Frust über die demütigenden Opfererfahrungen aggressiv zu bewältigen.“[41]

39 von Galen, FN 5, S. 171-178.

40 Deutscher AnwaltVerein, Stellungnahme Nr. 65/2011 im Dezember, S. 5 (http://anwaltverein.de/interessenvertretung/stellungnahmen/archiv-2011+23).

41 So die Interpretation von Pfeiffer, FN 20, S. 15.

Zutreffend weist Weigend darauf hin, dass Genugtuung für das Opfer nicht als „emotionaler Wunsch nach Rache", sondern als psychologisches Faktum und Bedürfnis des Opfers nach einer offiziellen Reaktion auf die verübte Straftat verstanden werden müsse.[42] Im modernen Verständnis des Opferschutzes dürfen daher Genugtuungsinteressen des Verletzten nicht mehr mit besonders rigiden Straferwartungen gleichgesetzt werden. Verletzte wollen im Strafverfahren ernst genommen werden. In der Hauptverhandlung wollen sie erleben, dass es hier auch um den Ausgleich ihrer persönlichen Rechtsverletzung geht und nicht nur um die Erfüllung abstrakter staatlicher Strafzwecke. Vor allem müssen sie vor sekundärer Viktimisierung geschützt werden.

Jan Philipp Reemtsma war in dem mehrmonatigen Prozess gegen den Haupttäter des an ihm verübten erpresserischen Menschenraubs bis auf die Urteilsverkündung vollständig als Nebenkläger anwesend, nicht aus Rachebedürfnis, sondern – wie er es bezeichnete – „zur Abwendung weiteren Schadens"[43] für ihn selbst und um zu erfahren, dass „der Sozialverband sich in der Bestrafung (symbolisch) mit ihm" als Opfer „gegen den Täter solidarisiert".[44] Darum geht es den meisten Opfern. Zur Nebenklage sagt Reemtsma treffend: Das Gericht ist keine therapeutische Anstalt. Für das Opfer in der Zeugenrolle kann es nur Schutz – Schutz in Grenzen – anbieten und gewähren. [...] Es gibt aber eine Rolle, in der das Opfer diesen Status transzendieren kann: die des Nebenklägers"[45].

V. Kritik an der Nebenklage

Trotz dieses überzeugenden Plädoyers für die Rolle der Nebenklage im modernen Strafverfahren hat die Kritik an ihr in den letzten Jahren zugenommen. Schünemann meint, die Nebenklage sei nun endgültig als Instrument des Rachebedürfnisses des Opfers gravierender Personendelikte etabliert worden, ungeachtet der für die Wahrheitsfindung schädlichen

42 Weigend, T. (2010). „Die Strafe für das Opfer"? – Zur Rennaissance des des Genugtuungsgedankens im Straf- und Strafverfahrensrecht, RW, 39, 43, 57.

43 Reemtsma, J.P. (1999). Das Recht des Opfers auf die Bestrafung des Täters – als Problem, S. 27.

44 Reemtsma, FN 44, S. 21.

45 Hassemer, W., Reemtsma, J.P. (2002). Verbrechensopfer - Gesetz und Gerechtigkeit, S. 145.

Konsequenzen der Anerkennung des Opferzeugen als Partei.[46] Bung spricht von einer „Entfesselung der Nebenklage“, die einen „Paradigmenwechsel im Strafverfahren“ markiere.[47] Und Jahn sieht sogar die Errungenschaft der Aufklärung in Form eines genuin staatlichen Strafanspruchs bedroht und das Ziel einer rationalen Konfliktverarbeitung im Strafverfahren erschwert oder gar vereitelt.[48] Der Strafrechtsausschuss der Bundesrechtsanwaltskammer meinte in seiner Stellungnahme zum Entwurf des 2. Opferrechtsreformgesetzes, dass durch die Nebenklage „eine rationale und entemotionalisierte Konfliktverarbeitung als Ziel des rechtsstaatlichen Strafverfahrens [...] zunehmend erschwert, wenn nicht im Einzelfall sogar vereitelt“ werde.[49]

Dabei wird nicht ausreichend berücksichtigt, dass die Nebenklage bereits durch die Streichung des Strafmaßrechtsmittels im Opferschutzgesetz 1986 einen Funktionswandel erfahren hat und heute als Abwehr- und Schutzinstrument für Opfer schwerer Gewalttaten sowie für missbrauchte Kinder unverzichtbar ist; dasselbe gilt für die daraus abgeleiteten Verletztenbeistandsbefugnisse im Ermittlungsverfahren (§ 406g StPO).

Missbräuche der Nebenklage durch Schüren eines aggressiven Verhandlungsklimas oder durch Zeugenmanipulationen, wie sie über manche dubiose Opferhelfer berichtet werden, sind jedenfalls äußerst selten. Sie rechtfertigen ebenso wenig eine Einschränkung von Rechten des Verletzten wie gelegentlich vorkommende Missbräuche von Verteidigungsrechten deren Abschaffung legitimieren. Die im Münchner NSU-Prozess deutlich gewordene Problematik der großen Zahl der mit einem Tötungsopfer verwandten Nebenkläger sollte durch gesetzliche Begrenzung auf den jeweils nächsten Verwandten gelöst werden.

Die gesamte Opferschutzgesetzgebung seit 1986 hat ebenso wie die Neugestaltung der Nebenklage nichts daran geändert, dass der Beschuldigte sich weiterhin mit den ihm vom Prozessrecht eingeräumten Befugnissen

46 Roxin, C., Schünemann, B. (2013). Strafprozessrecht, 27. Aufl., 13. Kapitel, Rn. 4.

47 Bung, J. (2009). Zweites Opferrechtsreformgesetz: Vom Opferschutz zur Opferermächtigung, StV, S. 430, 435.

48 Jahn, Schriftliche Stellungnahme zum Entwurf des 2. Opferschutzgesetzes für die öffentliche Anhörung im Rechtsausschuss des Deutschen Bundestages am 13.5.2009, S. 29, in: Deutscher Bundestag, 16. Wahlperiode, Rechtsausschuss, Protokoll Nr. 142, S. 70 ff., 80.

49 BRAK-Stellungnahme-Nr. 9/2009, S. 7 (http://www.brak.de/zur-rechtspolitik/stellungnahmen-pdf/stellungnahmen-deutschland/2009/maerz/stellungnahme-der-brak-2009-09.pdf).

verteidigen darf, selbst wenn dies für den Verletzten belastend ist. Es liegen auch keine empirischen Anhaltspunkte dafür vor, dass die Stärkung der Verletztenrechte die Wahrheitsfindung im Strafprozess beeinträchtigt hat.[50] Rein „faktische Veränderungen der früheren Situation, die teilweise durch eine unzureichende Berücksichtigung der Verletzteninteressen gekennzeichnet war, sind" „in gewissem Umfang hinzunehmen."[51] Es gibt kein Recht des Beschuldigten, einem hilflosen, uninformierten oder verängstigten Verletzten gegenüber zu treten, der seine Interessen nicht in angemessener Form artikulieren kann.

Christian Pfeiffer vermisst zu Recht eine empirische Evaluierung der Opferschutzgesetzgebung der letzten Jahrzehnte, auch im Hinblick auf die „von vielen Kritikern [...] vorgetragene Sorge, diese würde eine effektive Strafverteidigung behindern."[52] Rechtstatsächlich ist nämlich – entgegen einer verbreiteten Annahme – auch durch die 2010 veröffentlichte empirische Untersuchung von Barton/Flotho nicht nachgewiesen, dass die Nebenklage zu einer ungerechtfertigten Benachteiligung des Angeklagten führt.

In 38 Interviews mit Nebenklage-Anwälten und bei der Auswertung von 184 Verfahrensakten mit Nebenklage und 64 Verfahrensakten ohne Nebenklage aber mit Nebenklageberechtigung haben Barton und Flotho festgestellt, dass Verfahren mit Nebenklage länger dauern und zu höheren Strafen führen.[53]

Diese Ergebnisse können jedoch nicht als gesichert gelten. Denn nach dem Untersuchungsdesign kann nicht ausgeschlossen werden, dass die Verfahrensverlängerung und die schwerere Bestrafung darauf beruhen, dass der Anschluss als Nebenkläger im Gesamtbereich der nebenklagefä-

50 Böttcher, R. (2010). Wie viel Opferschutz verträgt der rechtsstaatliche Strafprozess? In: Dölling, D., Götting, B., Meier, B.-D., Verrel, T. (Hrsg.), Verbrechen – Strafe – Resozialisierung. Festschrift für Heinz Schöch zum 70. Geburtstag, S. 929, 941; Kühne (2006). In: Löwe-Rosenberg, StPO - Großkommentar, 26. Aufl., Band 1, Einl. Abschn. J Rn. 115; AK-StPO/Rössner, Vor § 374 Rn. 89; AK-StPO/Schöch, Vor § 406d Rn. 20.

51 Rieß (1998). In: Löwe-Rosenberg, StPO - Großkommentar, 25. Aufl., Band 1, Einl. Abschn. I, Rn. 118.

52 Pfeiffer, FN 20, S. 14.

53 Barton/Flotho, FN 9, S. 87 f., 94 f., 131 f., 239; s. auch Barton, S. (2011). Nebenklagevertretung im Strafverfahren. StraFo, S. 161, 164. Es handelt sich um Verfahren vor den Landgerichten 1. Instanz des Jahres 2004 im OLG-Bezirk Hamm. Die geplante Stichprobe von 200 Verfahren mit und 100 Verfahren ohne Nebenklage konnte wegen Fehlern bei der Registrierung und wegen beschränkten Rücklaufquoten bei der Aktenanforderung nicht erreicht werden

higen Delikte überwiegend in komplexeren Verfahren und solchen mit schwereren Straftaten erfolgt, die natürlich zu längerer Verfahrensdauer und zu höheren Strafen führen. So wurden im Jahr 2010 in Deutschland insgesamt 14.521 Verfahren mit Nebenklägern durchgeführt (9.970 bei Amtsgerichten, 2.384 bei Landgerichten in 1. Instanz und 2.167 bei Landgerichten in 2. Instanz).[54] Demgegenüber gab es im Jahr 2010 allein nach dem obligatorischen Nebenklagekatalog des § 395 I Nr. 1-5 StPO ca. 129.000 Aburteilungen wegen nebenklagefähiger Delikte.[55] Zwar lassen sich diese wegen der insoweit fehlenden statistischen Differenzierung nicht den Land- oder Amtsgerichten zuordnen, es entspricht aber der praktischen Erfahrung, dass die Nebenklage überwiegend bei schwereren Delikten und komplizierten Verfahren erhoben wird, zumal das mit der Beauftragung eines Nebenklageanwalts verbundene Kostenrisiko bei Zahlungsunfähigkeit des Verurteilten nur in den gravierenden Fällen des § 397a Abs. 1 StPO vom Staat übernommen wird.

Gegen die behauptete Erhöhung der Strafen und die Verlängerung der Verfahren infolge der Nebenklage spricht also die These, dass diese nicht durch die Nebenklage, sondern erstere vor allem durch die intervenierende Variable der Tatschwere und letztere durch komplexere Sachverhalte verursacht wurde. Diese These lässt sich auch anhand der Untersuchungsergebnisse belegen. Das durchschnittliche Strafmaß betrug bei den Verfahren ohne Nebenklage 41,1 Monate, bei denen mit Nebenklage 50,3 Monate.[56] Dabei ist zu berücksichtigen, dass bei den Verfahren mit Nebenklage drei vollendete Morde mit lebenslanger Freiheitstrafe (umgerechnet in jeweils 240 Monate) und ein versuchter Mord mit 60,8 Monaten in die Berechnung eingegangen sind, während bei den Verfahren ohne Nebenklage weder ein Mord noch ein Mordversuch mit Freiheitsstrafe geahndet wurde. Zieht man die vier Verurteilungen wegen vollendeten und versuchten Mordes ab, so ergibt sich nur noch eine Durchschnittsstrafe von 47,1 Monaten bei den Nebenklagedelikten, also eine Differenz von 6 Monaten, die bei dieser Stichprobengröße nicht mehr statistisch signifikant ist. Hinzu kommt, dass die mit besonders hohen Strafen geahndeten Fälle des schweren sexuellen Missbrauchs von Kindern (§§ 176 a, b StGB) bei den Ver-

54 Schöch, FN 2, S. 226 m.w.N.

55 Bundesamt für Justiz, Strafverfolgung 2010, Tab. 2.1 (https://www.bundesjustizamt.de/DE/Themen/Buergerdienste/Justizstatistik/Strafverfolgung/Strafverfolgung_node.html)

56 Hierzu und zu den folgenden Daten Barton/Flotho, FN 9, S. 89.

fahren mit Nebenklage deutlich überrepräsentiert sind (mit 17,9 % gegenüber denen ohne Nebenklage mit 7,8 %). Bei Vergewaltigung (§ 177 Abs. 2 StGB), die bei Nebenklagen am häufigsten vertreten ist, liegt die Durchschnittsstrafe mit 46,5 Monaten sogar niedriger als in den Fällen ohne Nebenklage (55,2 Monate). Im Übrigen sind die Unterschiede bei den einzelnen Delikten so gering, dass wegen der geringen Fallzahlen keine statistische Signifikanz vorliegt.

Die Verfahren dauern von der Einleitung des Ermittlungsverfahrens bis zur ersten Hauptverhandlung ohne Nebenklage 41,78 Wochen, mit Nebenklage 59,71 Wochen.[57] Dieser Unterschied ist statistisch signifikant, während bei der Zahl der Sitzungstage kein signifikanter Unterschied vorliegt (2,50 / 2,94 Tage).[58] Die Vermutung, dass die längere Verfahrensdauer auf vermehrten psychiatrischen oder psychologischen Sachverständigengutachten beruht, kann allerdings zurückgewiesen werden, da derartige Gutachten in Verfahren ohne Nebenklage fast häufiger zu finden sind. Dagegen kommt es den Verfahren mit Nebenklage öfter zu psychologischen Mehrfachbegutachtungen (21 %) als in solchen ohne Nebenklage (7,5 %).[59] Nicht widerlegt werden kann dagegen die Vermutung, dass die Sachaufklärung in den Nebenklagefällen zeitaufwändiger ist, z. B. wegen Tatmehrheit bei den besonders schweren sexuellen Missbrauchsfällen oder schwerer körperlicher oder psychischer Schäden bei den Opfern.

VI. Ausblick

„Parallel Justice" hat den Blick auf die Bedürfnisse der Opfer geweitet, insbesondere bei denjenigen, die sich aus nachvollziehbaren Gründen nicht zu einer Anzeige entschließen können oder deren Taten nicht ermittelt werden. Dies ändert nichts daran, dass die Opfer, die im Strafverfahren als Zeugen benötigt werden, eines besonderen Schutzes bedürften. Dieser wird am besten durch die Nebenklage in der Hauptverhandlung und den qualifizierten Verletztenbeistand im Ermittlungsverfahren gewährleistet. Beide dienen nicht der Rache und Vergeltung, sondern dem Schutz des Opfers vor unberechtigten Schuldzuweisungen und vor sekundärer Viktimisierung.

57 Barton/Flotho, FN 9, S. 96.
58 Barton/Flotho, FN 9, S. 97.
59 Barton/Flotho, FN 9, S. 92.

„Illegaler Aufenthalt“, Visa-Erschleichung und Menschenhandel. Aktuelle Trends in der Migrationspolitik der Europäischen Union

Tilmann Schott-Mehrings

Die gemeinsame Visa-, Asyl- und Migrationspolitik der Europäischen Union (EU) lässt eine Reihe von Innovationen erkennen, die darauf gerichtet sind, die Stellung illegal aufhältlicher Drittstaatsangehöriger zu stärken. Mit der EU-Rückführungsrichtlinie, der dazu ergangenen Rechtsprechung des Gerichtshofes der Europäischen Union (EuGH) und der EU-Opferschutzrichtlinie für Menschenhandel wurde eine neue Dimension des Anwendungsvorranges europäischen Rechts eröffnet. Im Widerspruch dazu steht die Schwerfälligkeit der deutschen Gesetzgebung mit der Schnelllebigkeit des EU-Rechts Schritt zu halten.

I. Einführung

Der Einreise- und Aufenthaltsstatus Drittstaatsangehöriger unterliegt einem komplexen System europäischer und innerstaatlicher Regelungen. Unter Drittstaatsangehörigen sind Personen zu verstehen, die weder die Staatsangehörigkeit eines EU-Staates noch eines der an das EU-Freizügigkeitsrecht assoziierten Staaten Island, Liechtenstein, Norwegen oder der Schweiz besitzen noch freizügigkeitsberechtigte Familienangehörige sind. Seit einigen Jahren stärkt das Unionsrecht die Stellung gerade illegal aufhältlicher Drittstaatsangehöriger und sucht nach einem Ausgleich zwischen Durchsetzung der Aufenthaltsbeendung und Individualinteressen. Die innerstaatliche Gesetzgebung setzt EU-Richtlinien jedoch oft zu spät und nicht immer vollständig um. An den Beispielen dreier Personengruppen versucht der Autor darzustellen, dass mehr Innovationsbereitschaft erforderlich ist, um mit der Schnelllebigkeit des EU-Rechts Schritt zu halten: Illegal aufhältliche Drittstaatsangehörige, Inhaber erschlichener

Visa im legendierten Aufenthalt und Opfer von Menschenhandel ohne legalen Status.

II. Illegaler Aufenthalt von Drittstaatsangehörigen

Forschungsstand

Empirische Erhebungen zur Migration sind dem Risiko ausgesetzt, infolge der Schnelllebigkeit europäischer Entwicklungen kurzfristig ihre Aktualität zu verlieren. Allein die EU-Erweiterungen zwischen 2004 und 2013 waren mit dem Erwerb des Freizügigkeitsrechts durch vormalige Drittstaatsangehörige verbunden, womit ein illegaler Status ausgeschlossen ist. Umgekehrt entstanden Visapflichten und denkbare Formen von Illegalität für ehemals visumfreie Drittstaaten: Russen, Ukrainer und Weißrussen wurden in Polen visumpflichtig ebenso wie sich Staatsangehörige der Republik Moldau der Visumpflicht im ethnisch verwandten Rumänien ausgesetzt sehen. Dafür wurden die Westbalkanstaaten mit Ausnahme der Republik Kosovo 2009 und 2010 im Schengen-Raum visumfrei gestellt.

Darüber hinaus beziehen sich empirische Studien entweder auf amtlich registrierte legale Zuwanderungen (Erpen, 2012) oder müssen sich in Bezug auf irreguläre Migration oder andere Straftaten grundsätzlich auf eine Hellfeldselektion beschränken (Pfeiffer et al., 2005; Steinbrenner, 2005; Trietz, 2007). Der Erhebungszeitraum der BZR- und Aktenanalyse von Steinbrenner (2005) liegt zwischen 1995 und 1999 und damit kurz nach Zerfall der früheren Republik Jugoslawien und vor den EU-Erweiterungen. Die Untersuchung von Trietz (2007) betrifft ausschließlich die deutsch-polnische Grenze und besteht aus einer statistischen Auswertung der Jahre 1996 bis 2003 sowie einer Aktenanalyse von Verfahren aus dem Landgerichtsbezirk Frankfurt/Oder und der Wojewodschaft Lubuskie (Polen) aus den Jahren 2000 und 2001. Die Erhebung war geprägt vor allem von sozioökonomisch motivierter Migration aus der Republik Moldau, Russland und der Ukraine und der Einreise Asylsuchender aus Afghanistan, Armenien, Aserbaidschan, Sri Lanka und Vietnam (Trietz, 2007, S. 158). Die Daten stammen jedoch aus den Zeiten Polens als Drittstaat. Inzwischen aber haben sich die Schwerpunkte irregulärer Migration von den Ostgrenzen weg verlagert zu Süd-Nord-Bewegungen mit den Zielstaaten Dänemark und Schweden (Schott, 2011, S. 78f).

Schwerpunktmäßig auf die Situation illegal aufhältlicher Drittstaatsangehöriger geht die Leipziger Untersuchung (Alt, 1999, 2003) ein. Die Erhebung wurde im Wege einer qualitativen Befragung von Migranten und Kontaktpersonen durchgeführt und vermeidet damit die mit einer Aktenanalyse unvermeidbar verbundene Hellfeldselektion. Neben sozialen und demografischen Merkmalen akzentuiert die Studie vor allem die psychische Zwangslage illegal aufhältlicher MigrantInnen. Diese sehen sich ihrer Erpressbarkeit wegen ihres Aufenthaltsstatus und einem von Angst und materieller Abhängigkeit geprägten Verhältnis zum Schleuser ausgesetzt, ethnische Solidarität ist der einzige Garant eines sozialen Netzes (1999, S. 348, 350).

Die psychische Zwangslage wird bestätigt durch die Berichte zur „Migrantenmedizin“ (Lehmann, 2008), keine empirische Erhebung, sondern ein rechtlicher Beitrag, dessen Ausführungen plausibel und durchaus verallgemeinerungsfähig erscheinen. Bei „Migrantenmedizin“ handelt es sich um ein Netzwerk von Ärzten, Krankenhäusern, Apotheken, Optikern und Psychotherapeuten, die Anlaufstellen für Menschen bieten, die bisher aus Angst vor Entdeckung und mangels Krankenversicherungsschutzes auf medizinische Versorgung verzichtet hatten. Die Notlage zeigt sich darin, dass viele Patienten medizinische Hilfe erst in Anspruch nehmen, wenn die Erkrankungen so weit fortgeschritten sind, dass eine erhebliche Gefahr für den Gesundheitszustand vorliegt.

Illegaler Aufenthalt nach der EU-Rückführungsrichtlinie und im deutschen Recht

Die EU-Rückführungsrichtlinie RL 2008/115/EG[1] ist auf eine vereinheitlichte Rückführungspolitik der Staaten des Schengen-Raumes gerichtet und definiert den illegalen Aufenthalt derart, dass die im Schengener Visa- und Einreisesystem geregelten Einreise- und Aufenthaltsvoraussetzungen des Art. 5 Abs. 1 der Verordnung (EG) Nr. 562/2006[2] oder andere Einreisevoraussetzungen nicht oder nicht mehr erfüllt sind. Schengen-

1 Richtlinie 2008/115/EG des Europäischen Parlaments und des Rates vom 16.12.2008 über gemeinsame Normen und Verfahren in den Mitgliedstaaten zur Rückführung illegal aufhältlicher Drittstaatsangehöriger; ABl.-EU L 348/98 vom 24.12.2008.

2 Verordnung (EG) Nr. 562/2006 des Rates der EU vom 15.03.2006 über einen Gemeinschaftskodex für das Überschreiten von Grenzen durch Personen, ABl. EU L 105/1 vom 13.04.2006.

Vollanwenderstaaten sind alle EU-Staaten mit Ausnahme von Irland und Großbritannien. Der Schengen-Vollanwenderbeitritt von Bulgarien, Rumänien und Zypern ist in Planung, der Zeitpunkt ungewiss. Für Dänemark gilt das Schengen-Recht aufgrund dessen Vorbehalts im Beitrittsvertrag nicht als EU-Recht, sondern als umgesetztes innerstaatliches Recht. Dasselbe gilt für die nicht der EU angehörigen Schengen-assoziierten Staaten Island, Liechtenstein, Norwegen und Schweiz.

Die Rückführungsrichtlinie stellt die Aufforderung zur eigens initiierten selbständigen Ausreise des Drittstaatsangehörigen aus dem Schengen-Raum in den Vordergrund und sieht die zwangsweise Abschiebung als nachrangiges Mittel, die Abschiebungshaft nur als „ultima ratio" vor (Bast, 2012; Deibel, 2012; Habbe 2011). Die Rückführungsrichtlinie sah eine Umsetzungsfrist von zwei Jahren bis 24. Dezember 2010 vor, tatsächlich umgesetzt wurde sie elf Monate später mit Inkrafttreten des Zweiten Richtlinienumsetzungsgesetzes am 26.11.2011. In der Umsetzung blieben zwei wichtige Vorgaben der Richtlinie unberücksichtigt – das Erfordernis einer Rückkehrentscheidung nach Art. 6 RL und die Umstellung des kraft Gesetzes eintretenden Einreiseverbotes (§ 11 AufenthG) auf eine durch Verwaltungsakt zu erlassende Einzelfallentscheidung nach Art. 11 RL (Franßen-de la Cerda, 2009, S. 20).

Das deutsche Recht spricht nicht vom „illegalen Aufenthalt", sondern in § 50 Abs. 1 des Aufenthaltsgesetzs (AufenthG) vom Eintritt der Ausreisepflicht. Falsch ist es daher selbstverständlich von „Illegalen" zu sprechen, auch wenn dieser Begriff unverändert in Urteilsgründen[3] und Medienberichterstattungen[4] zu finden ist. Die Ausreisepflicht setzt voraus, dass kein Aufenthaltstitel und keine Visabefreiung vorliegen. Von der Visumpflicht befreit sind Drittstaatsangehörige nach der Verordnung (EG) Nr. 539/2001 für einen Aufenthalt von drei Monaten, Inhaber von Reiseausweisen für Flüchtlinge von visumbefreiten Staaten, Inhaber von Diplomatenpässen bestimmter Staaten und Inhaber nationaler Aufenthaltstitel anderer Schengen-Staaten nach Art. 21 des Schengener Durchführungsübereinkommens. Auch insoweit ist das EU-Recht sehr schnelllebig. Zuletzt wurden die Staatsangehörigen der Westbalkanstaaten (mit Ausnahme der Republik Kosovo) und Inhaber von Diplomatenpässen von Georgien,

3 BayObLG NStZ-RR 2003, 275 (276).

4 Auch dort, wo man es nicht erwartet: Von Appen, „Kein Knast für Illegale", Die Tageszeitung, taz.de vom 09.05.2011.

der Republik Moldau und der Ukraine von der Visumpflicht befreit. Ist ein solches visafreies Einreise- und Aufenthaltsrecht erloschen, tritt ebenso Ausreisepflicht ein wie nach dem Ablauf eines Aufenthaltstitels.

Der Aufenthalt unter Missachtung vollziehbarer Ausreisepflicht wird als Straftat verfolgt, wenn eine behördlich gesetzte Ausreisefrist abgelaufen ist oder eine solche nicht gewährt wurde und weiterhin keine Aussetzung der Abschiebung („Duldung") vorliegt (§ 95 Abs. 1 Nr. 2 AufenthG). Mit der EU-Rückführungsrichtlinie und der dazu ergangenen Rechtsprechung des EuGH ist diese Strafvorschrift nur noch eingeschränkt anwendbar.

Die EuGH-Entscheidungen „El Dridi", „Achughbabian" und „Sagor"

Die EuGH-Rechtssache „El Dridi" befasste sich mit einem illegal nach Italien eingereisten Drittstaatsangehörigen, der vom Tribunale di Trento wegen Nichtbefolgens der Aufforderung zur Ausreise zu einer Freiheitsstrafe von einem Jahr verurteilt wurde. Nach einem Vorlagebeschluss des italienischen Berufungsgerichts entschied der EuGH, dass die Regelungen der Rückführungsrichtlinie über die Abschiebungshaft diese als letztes Mittel zur Durchsetzung der Ausreisepflicht und ihre Höchstdauer abschließend regeln (Art. 15, 16 RL 2008/115/EG) und eine die Rückführung verzögernde Freiheitsstrafe nicht zulassen[5].

Diese Rechtsauffassung wurde durch das EuGH-Urteil in der Sache „Achughbabian" bestätigt. Danach ist im Falle festgestellter Ausreisepflicht ein Rückkehrverfahren im Sinne der RL 2008/115/EG innerhalb kürzester Zeit durchzuführen. Dem würde es entgegen stehen, wenn vor Vollstreckung einer Rückkehrentscheidung oder vor deren Erlass ein Strafverfahren durchgeführt würde, das mit einer Freiheitsstrafe verbunden sein kann[6]. In dieselbe Richtung weist der EuGH in der Sache „Sagor" in Bezug auf einen Hausarrest, sofern kein Vorrang der Rückführung in dieser Vorschrift vorgesehen ist[7].

5 EuGH, Urt. v. 28.04.2011 – Rs Cs-61/11.
6 EuGH, Urt. v. 06.12.2011 – C-329/11 (Rdnr. 45, 46).
7 EuGH, Urt. v. 06.12.2012 – C-430/11 (Rdnr. 44, 45, 46).

Zurückdrängung der Kriminalisierung oder der Pönalisierung des Aufenthaltes

Nach der EuGH-Rechtsprechung und den Zielen der Rückführungsrichtlinie setzt die Strafbarkeit nach § 95 Abs. 1 Nr. 2 AufenthG voraus, dass Rückkehrverfahren vollständig eingehalten wurde, und dass der Drittstaatsangehörige sich durch Untertauchen der Aufsicht der Ausländerbehörde entzieht und damit außerhalb des Rückkehrverfahrens gestellt hat[8]. Damit erfährt der Anwendungsbereich dieses Straftatbestandes eine erhebliche Einschränkung: Nicht der illegale Aufenthalt als bloßer Verstoß gegen verwaltungsrechtliche Genehmigungsvorbehalte erfüllt den Straftatbestand, sondern nur der Umstand, dass ein Ausreisepflichtiger sich dem Rückkehrverfahren entzieht (Hörich/Bergmann, 2012, S. 3340, 3343).

Unklar ist dabei jedoch, ob diese Einschränkung über eine Entkriminalisierung durch Reduktion des Tatbestandes zu erreichen oder im Wege der Entpönalisierung durch Annehme eines Strafausschließungsgrundes zu behandeln ist. Diese Frage hat Auswirkung auf die Reichweite des Schleusertatbestandes: § 96 Abs. 1 Nr. 2 AufenthG erfasst als Schleuserkriminalität neben der Einreisebeihilfe auch die gewinnorientierte Aufenthaltsunterstützung in Form der bezugstatakzessorischen Beihilfe im Sinne von § 27 StGB zu einem unerlaubten Aufenthalt. Mit der Tatbestandslösung entfiele auch die Anwendbarkeit des Schleusertatbestandes, bei Annahme eines Strafausschließungsgrundes nicht – vergleichbar mit der unveränderten Strafbarkeit des Schleusens von Flüchtlingen, denen selbst der Strafausschließungsgrund des Art. 31 Abs. 1 der GFK zur Seite steht.

Die Rechtsprechung hat sich inzwischen auf die EuGH-Entscheidungen eingestellt. Insoweit besteht aber auch Bedarf an einer klarstellenden Regelung des Gesetzgebers – den Tatbestand des § 95 Abs. 1 Nr. 2 AufenthG an die Vorgaben des EuGH anzupassen und den Schleusertatbestand von der Beihilfehandlung auf eine bezugstatunabhängige Unterstützungshandlung umzustellen.

8 OLG Hamburg, Beschl. v. 25.01.2012 – 3 – 1/12 (Rev) – 1 Ss 196/11; KG Berlin, Beschl. v. 26.03.2012 – (4) 1 Ss 393/11 (20/12).

EU-widrige Regelung für Dublin II-Rückkehrer

Nicht in den Anwendungsbereich der Rückführungsrichtlinie gehört das Sachgebiet der Dublin-II-Verordnung (EG) Nr. 343/2003, die die Zuständigkeit für die Durchführung von Asylverfahren in den Hoheitsgebieten der EU- und Schengen-Staaten regelt. Die Dublin II-Verordnung verhindert in aller Regel die Zuständigkeit eines der häufig als Zielstaaten Asylsuchender festzustellenden Staaten wie Schweden und begründet in aller Regel die Zuständigkeit eines der peripher im Mittelmeerraum gelegenen Staaten. Wegen nicht GFK- und EU-konformer Asylverfahren wurden Dublin II-Rückführungen in Bezug auf Griechenland vollständig ausgesetzt[9], in Bezug auf Italien sind einzelfallbezogene Rückführungsverbote festzustellen[10]. Entscheidend ist hier aber, dass das deutsche Recht für Dublin II-Rückkehrer nur die zwangsweise Zurückschiebung oder Abschiebung kennt (§ 57 Abs. 2, 2. Halbsatz AufenthG, §§ 18 Abs. 3, 34a AsylVfG). Diese ist aber nur eine von drei denkbaren Möglichkeiten der Rückkehr: Die Dublin II-Durchführungsverordnung (EG) Nr. 1560/2003 sieht vorrangig die eigens initiierte Ausreise, nachrangig die begleitete Ausreise und erst als letztes Mittel die zwangsweise Überstellung vor. Die Dublin II-Rückkehr ist danach eine Maßnahme eigener Art. Dieser Rechtsgedanke findet sich im deutschen Recht in keiner Weise wieder.

III. Legendierter Aufenthalt von Drittstaatsangehörigen mit erschlichenen Visa

Der Schleuser-Fall „Minh Khoa Vo“

Der Schleuser-Fall „Minh Khoa Vo“ gibt – zehn Jahre nach der „Visa-Affäre“ – Anlass, die Reichweite der Anwendungsbereiche der deutschen Straftatbestände zum legendierten Aufenthalt nach einer Visaerschlei-

9 BVerfG, Beschluss vom 13.11.2009 – 2 BvR 2603/09; VG Berlin, Beschluss vom 27.02.2009 – VG 34 L 57.09; VG Würzburg, Urteil vom 10.03.2009 – W 4 K 08.30122.; VG München, Beschluss vom 19.09.2008 – M 16 E 08.60052; BGH, Beschluss vom 25.02.2010 – V ZB 172/09.

10 OVG Münster, Beschluss vom 01.03.2012 – 1 B 234/12.A; VG Darmstadt, Beschluss vom 11.01.2011 – 4 L 1889/10.DA.A; VG Regensburg, Beschluss vom 27.03.2012 – RN 9 K 11.30441; VG Berlin, Beschluss vom 24.02.2011 – 34 L 38.11A.

chung zu überdenken. Während in den Vorgängen zur „Visa-Affäre" viel dafür spricht, dass Deutschland nicht Zielstaat, sondern Transitland war (Pfeiffer, 2005, S. 218) und deutsche Visa den Schengen-Raum für die Weiterreise nach Italien, Portugal und Spanien geöffnet hatten[11], war es im Fall „Minh Khoa Vo" umgekehrt. In dem vor dem Landgericht Berlin durchgeführten Verfahren wurde der Angeklagte zwei Banden zugerechnet, die mit Falschangaben in der ungarischen Auslandsvertretung in Vietnam die Ausstellung von Touristenvisa und in der Auslandsvertretung von Schweden die Erteilung von Saisonarbeiter- und Erntehelfervisa erschlichen haben. Die Einreisen über die Schengen-Außengrenzen erfolgten in Ungarn und Schweden. In Wahrheit wurde die Absicht eines langfristigen Aufenthaltes in Deutschland verfolgt (Schott, 2013, S. 86). Aufgrund einer Vorlage zum EuGH entschied dieser, dass das EU-Recht einer im innerstaatlichen Recht vorgesehenen Strafbarkeit wegen Einschleusens von Drittstaatsangehörigen, die über ein durch arglistige Täuschung erlangte Visa verfügen, nicht entgegen steht[12].

Das Schengener Visa- und Einreisesystem und legendierte Aufenthalte

Kein illegaler, sondern ein legendierter Aufenthalt liegt nach der Systematik des Schengener Visa- und Einreisesystems vor, wenn sich der Inhaber eines erschlichenen Visums im Schengen-Raum befindet.

Die Verordnung (EG) Nr. 810/2009 (EU-Visakodex)[13] regelt die Erteilung des Schengen-Visums Typ C für Einreisen zum Zweck eines Aufenthaltes von bis zu 90 Tagen innerhalb eines Halbjahresbezugszeitraumes in den Schengen-Vollanwenderstaaten. Diese setzt insbesondere voraus, dass eine Risikoanalyse die Gefahr rechtswidriger Zuwanderung ausschließt und die rechtzeitige Ausreise aus dem Hoheitsgebiet der Schengen-Staaten gesichert erscheinen lässt. Erleichterte Voraussetzungen für den Nachweis des Aufenthaltszwecks, eine geringere Visagebühr und die Visumbefreiung für Diplomatenpassinhaber sehen die Abkommen über die Erleichterung der Visaerteilung vor, die die EU mit Georgien, Republik Moldau, Russischer Föderation und Ukraine geschlossen hat.

11 LG Köln, Urteil vom 09.02.2004 – B. 109-32/02.

12 EuGH, Urteil vom 10.04.2012 – C-83/12 PPU, NJW 2012, 1641.

13 Verordnung (EG) Nr. 810/2009 des Rates vom 13.07.2009 über einen Visakodex der Gemeinschaft, ABl. EU L 243/1 vom 15.09.2009.

Inzwischen wurden mehrere Datenbanken eingerichtet, um den Verdacht von Visaerschleichungen durch Falschangaben bereits bei der Antragstellung zu erkennen, seit Oktober 2011 das Visa-Informationssystem und die seit Mitte 2013 eingerichtete Visawarndatei beim Bundesverwaltungsamt, um Falschangaben und Vielfacheinlader zu identifizieren (Mehrings, 2012).

Aufenthaltsstatus vor Visa-Annullierung

Wird bei der Einreisekontrolle oder im Inlandsaufenthalt der begründete Verdacht einer Visa-Erschleichung festgestellt, ist das Visum zu annullieren. Bis dahin ist das Visum unverändert gültig, so dass keine Ausreisepflicht besteht und kein unerlaubter Aufenthalt. Im Widerspruch dazu hat der deutsche Gesetzgeber eine Kriminalisierung des legendierten Aufenthaltes geschaffen. Wird das Visum wie im Fall „Minh Khoa Vo" infolge von Einreisen ins Bundesgebiet nicht über eine Schengen-Außengrenze, sondern über Schengen-Binnengrenzen (hier aus Frankreich und Schweden) nicht vorgelegt, ist der Straftatbestand der Vorlage eines mit Falschangaben beschafften Visums nach § 95 Abs. 2 Nr. 2 AufenthG nicht anwendbar. Diese Lücke schließt die 2007 eingeführte Ausdehnung der Strafbarkeit des unerlaubten auf den mit erschlichenen Visa legendierten Aufenthalt nach § 95 Abs. 6 AufenthG – allerdings ohne auf die weiteren in § 95 Abs. 1 Nr. 2 a), b) und c) AufenthG genannten Tatbestandsvoraussetzungen einzugehen. Diese bestehen insbesondere im Vorliegen vollziehbarer Ausreisepflicht. Der Aufenthalt mit einem erschlichenen Visum vor dessen Annullierung ist aber gerade nicht mit dem Vorliegen einer Ausreisepflicht verbunden. Dem BGH zufolge hindert das Fehlen der Erwähnung der vollziehbaren Ausreisepflicht nicht die Anwendbarkeit des § 95 Abs. 6 AufenthG[14]. Eine gesetzgeberische Klarstellung wäre dennoch wünschenswert.

Widerspruch zur EuGH-Rechtsprechung

Einer vollständigen Gleichstellung des legendierten mit dem unerlaubten Aufenthalt steht aber die EuGH-Rechtsprechung in den Sachen „El Dridi"

14 BGH, Beschluss vom 10.01.2012 – 5 StR 351/11; BGH, Beschluss vom 24.05.2012 – 5 StR 567/11.

und „Achughbabian“ entgegen, wonach die Strafbarkeit nach § 95 Abs. 1 Nr. 2 AufenthG voraussetzt, dass das Rückkehrverfahren nach der Rückführungsrichtlinie vollständig eingehalten wurde und der Drittstaatsangehörige sich durch Untertauchen der Aufsicht der Ausländerbehörde entzieht und damit außerhalb des Rückkehrverfahrens gestellt hat. Im Fall eines legendierten Aufenthaltes kann es bis zur Visa-Annullierung (noch) gar kein Rückkehrverfahren geben. Daher lässt sich dieses Tatbestandsmerkmal nicht fingieren (Schott, 2013, S. 90). Allerdings hat der BGH nicht nur die die Bedenken gegen das Nichterwähnen der vollziehbaren Ausreisepflicht zurückgewiesen, sondern in Kenntnis der EuGH-Rechtsprechung das fehlende Rückkehrverfahren nicht angesprochen und nicht problematisiert. Befriedigend geklärt ist diese Frage dennoch nicht. Denn im EuGH-Urteil in der Sache „Minh Khoa Vo“ wird ausgeführt, dass vor Annullierung der Visa nicht in das Reiserecht von Visainhabern eingegriffen werden darf[15], was einer Strafbarkeit des legendierten Aufenthaltes entgegensteht und diese unverändert als Systembruch erscheinen lässt (Schott, 2011, S. 276, 282; Schott, 2012; Stoppa, 2010). Zugleich hat der EuGH aber die Strafverfolgung des Einreise- und Aufenthaltshelfers als Schleuser für zulässig erklärt. Danach müsste der Gesetzgeber die Tatbestandserweiterung nach § 95 Abs. 6 AufenthG aufgeben und dafür den Schleusertatbestand in dieser Hinsicht nicht bezugstatakzessorisch, sondern unabhängig von einer Bezugstat fassen.

IV. Der Aufenthalt von Opfern von Menschenhandel

Forschungsstand

Einen besonderen ungesicherten Aufenthaltsstatus nehmen drittstaatsangehörige Opfer von Menschenhandel ein. Insoweit liegen vor allem qualitative Opferbefragungen (Geisler, 2005) und Prozessbeobachtungen zur Sekundärviktimisierung in Zeugenbefragungen (Koelges et al., 2002) wie auch Aktenanalysen und Expertenbefragungen (Herz/Minthe, 2006; Minthe, 2007) vor. Menschenhandel (§§ 232-233a StGB) ist geschlechtsneutral und herkunftsunabhängig, Opfer sind jedoch überwiegend nichtdeutsche Frauen (Herz/Minthe, 2006). Herkunftsstaaten sind nach einer

15 EuGH a.a.O., Rdnr. 45.

Zusammenfassung der BKA-Lageberichte (Schott, 2011, S. 71ff) die EU-Staaten Bulgarien und Rumänien und die Drittstaaten Nigeria und Thailand sowie Republik Moldau, Russland, Türkei und Ukraine.

EU-Opferschutzrichtlinie und Rückführungsrichtlinie in Bezug auf Menschenhandel

Zunehmend wird im europäischen Recht die Viktimisierung akzentuiert (Pati, 2011; Schott, 2011, S. 80). Während die zweite EU-Opferschutzrichtlinie RL 2011/36/EU[16] sich auf Unterstützung und Vermeidung von Sekundärviktimisierungen bezieht, sieht die ältere RL 2004/81/EG[17] für drittstaatsangehörige Opfer die Erteilung eines Aufenthaltstitels vor, wenn sie den Kontakt zum Täter abbrechen und zur Zeugenaussage bereit sind (Art. 3 Abs. 1 RL). Die Umsetzung erfolgte mit zwei Jahren Verspätung. Die RL sieht vor, dass die Betroffenen durch die Behörden Gelegenheit erhalten, sich dem Einfluss des Täters zu entziehen, sich psychisch und physisch von ihrer Viktimisierung zu erholen und in ein normales soziales Leben zurückzukehren. Im deutschen Recht wurde diese Erholungs- und Bedenkzeit in Form einer Ausreisefrist geregelt, die zunächst nur auf einen Monat, seit 26.11.2011 für die Dauer von mindestens drei Monaten festgesetzt wurde (§ 59 Abs. 7 AufenthG).

Darüber hinaus verbietet die EU-Rückführungsrichtlinie das grundsätzlich mit einer Abschiebung verbundene Einreiseverbot für Opfer von Menschenhandel, die unter den Opferschutz fallen (Art. 11 Abs. 3 Satz 2 RL). Eine Umsetzung sucht man im Aufenthaltsgesetz vergebens.

Alternativvorschlag für die Erholungs- und Bedenkzeit

Die Erholungs- und Bedenkzeit, auf psychische Stabilisierung des Opfers und Vorbereitung auf die Zeugenrolle gerichtet, als Ausreisefrist zu regeln wird der Intention vom Opferschutz nicht gerecht. Eine Ausreisefrist ist verbunden mit dem Druckmittel einer drohenden Abschiebung im Falle

16 Richtlinie RL 2011/36/EU vom 05.04.2011 zur Bekämpfung des Menschenhandels, zum Schutz der Opfer und zur Ersetzung des Rahmenbeschlusses des Rates der EU 2002/629/JI; ABl.-EU L 101/1 vom 15.04.2011.

17 Richtlinie RL 2004/81/EG vom 29.04.2004 über die Erteilung von Aufenthaltstiteln für Drittstaatsangehörige, die Opfer des Menschenhandels sind und die mit den zuständigen Behörden koperieren; ABl.-EU 2004 L 261/19 vom 06.08.2004.

nichtfristgemäßer Ausreise. Damit wird dem Opfer der denkbar schwächste Aufenthaltsstatus zugeschrieben. Mit der durch Gewalterfahrung und Zwangsprostitution verbundenen Viktimisierung ist das unvereinbar. Für andere Gruppen wird der Aufenthaltsstatus in Vorbereitung auf eine zu erwartende Aufenthaltserlaubnis als legaler Status ausgestaltet. Dazu gehören die Erlaubnisfiktion im Antragsverfahren, die Aufenthaltsgestattung des Asylsuchenden und wiederum die Erlaubnisfiktion des Asylberechtigten in der „Übergangszeit“ zwischen Aufenthaltsgestattung und Aufenthaltserlaubnis. Naheliegend wäre, die Erholungs- und Bedenkzeit für Opfer von Menschenhandel nicht als Ausreisefrist, sondern ebenfalls als legalen Status nach Art einer Erlaubnisfiktion auszugestalten.

Anwendung der EU-Opferschutzrichtlinie auf eingeschleuste Drittstaatsangehörige

Nicht umgesetzt wurde bisher die in der Opferschutzrichtlinie fakultativ vorgesehene Möglichkeit, auch für Drittstaatsangehörige, die nicht Opfer von Menschenhandel sind, aber mit Hilfe von professionellen Einreisehelfern eingeschleust worden sind, eine vergleichbare Aufenthaltserlaubnis zu schaffen (Art. 3 Abs. 2 RL). In Anbetracht des oft schwer nachweisbaren Menschenhandels und des einfacher anzuwendenden Schleusertatbestandes (Koelges et al., 2002, S. 11) wie auch der Abhängigkeitsverhältnisse des Geschleusten zum Schleuser und der damit einhergehenden Viktimisierung wäre ein solcher Aufenthaltsstatus kriminalpolitisch diskussionswürdig (Schott, 2011, S. 81, 464).

V. Ausblick

In den drei hier kurz vorgestellten Sachgebieten hat das innerstaatliche Recht verspätet und unprofessionell auf Vorgaben des Unionsrechts reagiert. EU-Richtlinien sind nach Art. 288 AEUV[18] umzusetzen. Erforschenswert wäre die rechtliche Situation in anderen Schengen-Staaten, aber auch die Realität der Situation illegal aufhältlicher Drittstaatsangehöriger. Der Jubilar ist in seinem Schaffen stets für einen fortschritts- und

18 Vertrag über die Arbeitsweise der Europäischen Union; konsolidierte Fassung: ABl.-EU C 326/1, 47 vom 26.10.2012.

integrationsorientierten Umgang mit MigrantInnen eingetreten. Im Sinne dieses Engagements entstehende neue Forschungsprojekte zu den hier vorgestellten Problemkreisen könnten die Brücke zwischen den Vorgaben aus Brüssel und den für die Umsetzung Verantwortlichen in Berlin sein – für ein innovatives und EU-konformes Aufenthaltsrecht.

Literatur

Alt, J. (1999). Illegal in Deutschland. 1999. Karlsruhe: Loeper Literaturverlag.

Alt, J. (2003). Problemkomplex illegale Migration. Zeitschrift für Ausländerrecht und Ausländerpolitik, 23, 406-411.

Bast, J. (2012). Illegaler Aufenthalt und europarechtliche Gesetzgebung. Zeitschrift für Ausländerrecht und Ausländerpolitik, 32, 1-6.

Deibel, K. (2012). Die Neuregelung des Aufenthaltsrechts durch das Zweite Richtlinienumsetzungsgesetz. Zeitschrift für Ausländerrecht und Ausländerpolitik, 32, 148-154.

Erpen, D. (2012). Die Migrations- und Integrationspolitik in Deutschland und Schweden. Saarbrücken: Akademikerverlag.

Franßen-de la Cerda, B. (2009). Die Vergemeinschaftung der Rückführungspolitik – das Inkrafttreten der Rückführungsrichtlinie. Zeitschrift für Ausländerrecht und Ausländerpolitik, 29, 17-21.

Geisler, A. (2005). Gehandelte Frauen. Menschenhandel zum Zweck der Prostitution mit Frauen aus Osteuropa. Berlin: Trafo Verlag.

Habbe, H. (2011). Bundesrepublik verfehlt europäische Vorgaben zur Abschiebungshaft. Zeitschrift für Ausländerrecht und Ausländerpolitik, 31, 286-292.

Herz, A., Minthe, E. (2006). Straftatbestand Menschenhandel. Neuwied: Luchterhand.

Hörich, C. (2011). Die Rückführungsrichtlinie: Entstehungsgeschichte, Regelungsgehalt und Hauptprobleme. Zeitschrift für Ausländerrecht und Ausländerpolitik, 31, 281-286.

Hörich, C., Bergmann, M. (2012). Das Ende des illegalen Aufenthaltes. Neue Juristische Wochenschrift, 65, 3339-3343.

Koelges, B., Thoma, B., Welter-Kaschub, G. (2002). Probleme der Strafverfolgung und des Zeuginnenschutzes in Menschenhandelsprozessen – eine Analyse von Gerichtsakten. Boppard: SOLWODI e.V.

Lehmann, J. (2008). Ärztliche Hilfe für „Illegale": eine Straftat nach dem Aufenthaltsgesetz? Zeitschrift für Ausländerrecht und Ausländerpolitik, 28, 24-27.

Mehrings, C. (2012). Kommentierung § 29 BPolG. In: Heesen, D., Hönle, J., Peilert, A., Martens, H. (Hrsg.). Bundespolizeigesetz. Kommentar. Hilden: Verlag Deutsche Polizeiliteratur.

Minthe, E. (2007). Zur Rechtstatsächlichkeit des Straftatbestandes Menschenhandel. Monatsschrift für Kriminologie, 90, 374-387.

Pati, R. (2011). Der Schutz der EMRK gegen Menschenhandel. Neue Juristische Wochenschrift, 64, 128-131.

Pfeiffer, C. (2005). Der Visa-Erlass und die Kriminalität von Ukrainern in Deutschland. Kriminalistik, 59, 217-220.

Pfeiffer, C., Kleimann, M., Petersen, S., Schott, T. (2005). Migration und Kriminalität. Ein Gutachten für den Zuwanderungsrat der Bundesregierung. Baden-Baden: Nomos.

Schott, T. (2011). Einschleusen von Ausländern. 2. Auflage. Frankfurt: Verlag für Polizeiwissenschaft.

Schott, T. (2012). Visa-Erschleichung – zur Reichweite des § 95 Abs. 6 des Aufenthaltsgesetzes. Zeitschrift für Ausländerrecht und Ausländerpolitik, 32, 276-281.

Schott, T. (2013). Visaerschleichung und Schleuserkriminalität. Das Schengener Visa-System und der Schleuser-Fall „Minh Khoa Vo“. Kriminalistik, 67, 86-91.

Steinbrenner, C. (2005). Zur Verurteilungspraxis deutscher Gerichte auf dem Gebiet der Schleuserkriminalität. Reihe Kriminologie und Praxis, Band 48. 2005. Wiesbaden: Kriminologische Zentralstelle.

Stoppa, E. (2010). Kommentierung §§ 95, 96 AufenthG. In Huber, Bertold. Aufenthaltsgesetz. Kommentar. München: Beck.

Erinnerungen an die Entstehung des KFN

Hans-Dieter Schwind, Gernot Steinhilper

Nach Franz von Liszt, dem Altmeister der Kriminalpolitik (aus dem vorletzten Jahrhundert), „bleibt jeder Kriminalpolitiker Dilettant, wenn ihm die feste wissenschaftliche Grundlage fehlt, die er nur in der genauesten und umfassendsten Kenntnis der Tatsachen gewinnen kann".[1] Aber erst nach dem 1. Weltkrieg wurden spezielle kriminologische Institute bzw. Lehrstühle gegründet: Zuerst in Heidelberg (1959), dann in Tübingen (1962) und schließlich bis in die 70er Jahre des letzten Jahrhunderts an fast allen Universitäten und (Fach-)Hochschulen,[2] auch an der Polizeiführungsakademie (PFA) in Münster.[3]

In der Kriminologie ergab sich zwischen Praxis und Wissenschaft eine deutliche Kluft.[4] Kriminalpolitik und Praxis der Strafrechtspflege waren nur selten durch objektive Befunde empirischer Erhebungen abgesichert.[5] Die Praktiker warfen dabei der Wissenschaft ab den 70er Jahren verstärkt vor, empirische Forschung sei zu wenig an den Bedürfnissen der Praxis orientiert, ihr Praxisertrag daher gering.[6] Auch Kaiser[7] räumte ein, dass es

1 Strafrechtliche Aufsätze und Vorträge (Band. 1), Berlin 1905, 202. Speziell zu „Empirischer Forschung und Strafvollzug" s. erg. die gleichnamige Publikation von Müller-Dietz, Frankfurt 1976.

2 Ausführlich Störzer, „Staatskriminologie" – Subjektive Notizen, in: Kriminologie – Psychiatrie – Strafrecht (Festschrift für Leferenz), Heidelberg 1983, S. 81 ff.

3 Heinz, Ausbildung und Einsatzmöglichkeiten von Kriminologen, in: Kriminologisches Bulletin Nr. 1/Juni 1984, 10.

4 S. z. B. Wolff, in: KZfSS 1974, 301 ff.; Quensel, in: KrimJ 1970, 66 ff.

5 Kaiser, weist allerdings schon damals auf die Grenzen wissenschaftlicher Fundierung der Kriminalpolitik hin (Kriminalpolitik ohne kriminologische Grundlage?, in: Gedächtnisschrift für Horst Schröder, München 1978, 481 ff.).

6 Leferenz: „Unzulänglicher Praxisbezug" (nach Streng/Störzer, in: MschrKrim 1982, 36); Stümper, Forderungen der Praktikers an die Forschung, in: PFA (Hrsg.) Möglichkeiten und Grenzen kriminalistisch-kriminologischer Forschung, Hiltrup 1974, S. 108; zu den Möglichkeiten der Zusammenarbeit zwischen Praxis und kriminologischer Wissenschaft s. auch die einer gleichnamigen Tagung an der PFA (Hiltrup) 1974. Speziell zum Strafvollzug s. Müller-Dietz, Empirische Forschung und Strafvollzug, Frankfurt 1976.

7 Kriminologie als angewandte Wissenschaft, in: SchwZStW 94/1977, 516.

„mit Leistung der Kriminologie, mit ihren Befunden unmittelbar etwas anfangen zu können, noch nicht gut bestellt“ sei. Den Mangel sollte u. a. behördeninterne Forschung beheben, die sich in der Bundesrepublik Deutschland in den 70er Jahren etablierte. So wurde die Auswertung der Erfahrungen der kriminalpolizeilichen Praxis 1972 einem „Kriminalistischen Institut“ (KI) des Bundeskriminalamtes (BKA) in Wiesbaden übertragen.[8] 1973 erstand im Bundesministerium der Justiz in Bonn das „Referat Kriminologie“. 1977 verpflichtete das Strafvollzugsgesetz (§ 166 StVollzG) die Bundesländer zum Aufbau „Kriminologischer Dienste“ im Strafvollzug.[9] 1979 wurde im niedersächsischen Ministerium der Justiz (MJ) die Referatsgruppe „Planung und Forschung“ (PF)[10] eingerichtet; kurz danach entstand die „Kriminologischen Forschungsgruppe der Bayerischen Polizei“ (München).[11] Auch die Gründung des „Kriminologischen Forschungsinstituts Niedersachsen“ (KFN) in Hannover fällt in diese Zeit (1979). Parallel dazu wurde die Gründung der „Kriminologischen Zentralstelle“ (KZSt) in Wiesbaden als eingetragener Verein als gemeinsame Einrichtung von Bund und Ländern vorbereitet.[12]

8 Zu den Anfängen der kriminalistisch-kriminologischen Forschung im BKA s. BKA (Hrsg.), Kriminologentreffen (12.10.1973), Wiesbaden 1973; Steinhilper, Möglichkeiten und Grenzen kriminalistisch-kriminologischer Forschung, in: Kriminalistik 1975, 58 ff.; Herold, Forschung als Mittel der Verbrechensverhütung, in: PFA (Hrsg.), Arbeitstagung vom 27. -29.11.1974, S. 133 ff; Gemmer, in: Öffentliche Sicherheit 1977, Heft 7, S. 6 ff.- Einen Überblick über die vielfältigen anschließenden Forschungsprojekte des BKA und deren Ergebnisse gibt die vom BKA herausgegebene Forschungsreihe.

9 Zur Entstehung und den ersten Erfahrungen beim Aufbau des „Kriminologischen Dienstes“ s. Steinhilper, Kommentierung zu § 166 StGB, in: Schwind/Böhm (Hrsg.), Strafvollzugsgesetz, 1983 mwN. und Steinhilper, Der Kriminologische Dienst (§ 166 StGB), in: Kerner/Göppinger/Streng (Hrsg.), Kriminologie – Psychiatrie – Strafrecht (FS für Leferenz), Heidelberg 1983, S. 91 ff. Zur Entstehung und den ersten Projektüberlegungen s. auch Riemenschneider, in: MschrKrim 1961, 85 ff. Zum heutigen Stand s. die Kommentierung zu § 166 StGB von Jehle, in: Schwind/Böhm/Jehle/Laubenthal (Hrsg.), Strafvollzugsgesetz, 6. Aufl. Berlin 2013. – Kritisch zu den bisherigen Erfolgen des Kriminologischen Dienstes, der in den Ländern sehr unterschiedlich ausgestaltet ist, s. Laubenthal, Strafvollzug, 6. Aufl. Berlin 2011, Rdnr. 298.

10 Zu Aufbau und Projekten der Referatsgruppe PF (später PFS) s. Steinhilper, Kriminologische Forschung und Planung im Niedersächsischen Justizministerium, in: Schwind/Steinhilper (Hrsg.), Kriminologische Forschung (Schriftenreihe des Niedersächsischen Ministeriums der Justiz), Band 3, Heidelberg, 1982, S. 13 ff.

11 Leitung: Dr. Wiebke Steffen. S. Steffen, Kriminologische Forschungsgruppe der Bayerischen Polizei, in: Polizei in Bayern, 1979, 17 ff.

12 Grundlage dieser länderübergreifenden Einrichtung mit Koordinierungsaufgaben: Beschluss der 52. Justizministerkonferenz. Gründung: 1981. Zur KZSt s. Roth, in: Kriminologische Gegenwartsfragen (Band 11), Stuttgart 1974, 201 ff., ferner Oberthür, Kri-

Beide Verfasser dieses Beitrages waren an der Entstehung des KFN maßgeblich beteiligt: Schwind als damaliger Landesjustizminister Niedersachsens, Steinhilper als Leiter der Referatsgruppe „Planung und Forschung" im niedersächsischen Ministerium der Justiz.

I. Zur Gründung der KFN (1979)

Die Geschichte des KFN beginnt mit der Regierungserklärung des niedersächsischen Ministerpräsidenten (MP) Dr. Ernst Albrecht vom 28. Juni 1978 im niedersächsischen Landtag. Darin wird unter den justizpolitischen Zielen auch der Aufbau einer eigenen Forschungsabteilung genannt, „die Untersuchungen zur Erfolgskontrolle durchführen und ein Kriminalitätsbekämpfungsprogramm entwickeln soll".[13]

Zur Regierungserklärung des niedersächsischen Ministerpräsidenten

Die Ernennung zum Landesjustizminister hatte der MP mit der Erwartung verbunden, dass Schwind seine präventionsorientierten kriminalpolitischen Vorstellungen, die Albrecht bekannt waren, in Niedersachsen umsetzen würde. Deshalb wurden die entsprechenden Vorschläge grundsätzlich (wörtlich) in die Regierungserklärung übernommen. Dazu zählen z. B. auch[14] die Entwicklung und Förderung kriminalpräventiver Praxisprojekte, die Konzentration der Wiedereingliederungsbemühungen auf jugendliche Straftäter und mit Freiheitsstrafe erstbestrafte Erwachsene, der Ausbau der Entlassungsvorbereitung, der Aufbau der Anlaufstellen für entlassene Straftäter und die Verbesserung der Situation der Bewährungshilfe.[15] Die Opposition im niedersächsischen Landtag zeigte sich irritiert,

minologie in der Strafrechtspflege. Kriminologischer Dienst und Zentralinstitut für Kriminologie, Stuttgart 1976; Jehle/Egg, Die Kriminologische Zentralstelle, Wiesbaden 1995. – Kritisch zur KZSt z. B. Brusten, in: KrimJ 1981, 1 ff.

13 Pressestelle der niedersächsischen Landesregierung: „Zur Sache" vom 22.09.1978, Nr. 13, S. 2.

14 „Zur Sache" a.a.O.

15 Schwind, Zu den Ergebnissen in der niedersächsischen Justizpolitik in den letzten vier Jahren, in: Nieders. Rechtspflege Nr. 3, 1982, 49: Schwind/Steinhilper (Hrsg.): Modelle zur Kriminalitätsvorbeugung und Resozialisierung – Beispiele praktischer Kriminalpolitik aus Niedersachsen (Schriftenreihe des Niedersächsischen Ministeriums der Justiz, Band 2), Heidelberg 1982.

(„neue Töne"), weil der neue Minister Themen besetzte, die die SPD für sich reklamierte. Teilen der eigenen Fraktion (CDU) behagte der angestrebte neue Kurs aber auch nicht, weil er vermeintlich vom rechten Weg abwich.

Kabinetts-Beschlüsse zur Umsetzung der Regierungserklärung

Im Rahmen dieses Beitrages interessieren nur die Kabinettsberatungen, die sich mit der anvisierten „Forschungsabteilung" im MJ befasst haben. Die Einrichtung wurde kontrovers diskutiert. Zu den Befürwortern der Idee gehörten außer dem MP der Wissenschaftsminister (Prof. Dr. Pestel) und der Sozialminister (Schnipkoweit). Als hilfreich erwies sich auch die Unterstützung durch den stellvertretenden MP (Hasselmann), den Finanzminister (Leisler Kiep) und den Vorsitzenden des Haushaltsausschusses des niedersächsischen Landtags (Detlev Drape).[16]

Von den Bedenkenträgern im Kabinett wurde allerdings nicht der neue Kurs in Frage gestellt, wohl aber der beabsichtigte Umfang: „Geht´s nicht eine Nummer kleiner?". Befürchtet wurde wohl auch, die geplanten Aktivitäten könnten eventuell scheitern. Immerhin: Bis dahin lagen nur wenige Erfahrungen aus anderen Bundesländern vor; behördeninterne kriminologische Forschung war Neuland.

Nach den Protokollen der Kabinettssitzungen vom 22.05.1979 (38. Sitzung) und 19.06.1979 hat sich das Kabinett im Ergebnis für eine Doppellösung ausgesprochen: Errichtung einer Planungs- und Forschungsgruppe im MJ und Gründung eines eigenen unabhängigen Forschungsinstituts, beide Institutionen interdisziplinär und praxisorientiert. Es war die Geburtsstunde des KFN. Ohne die Betonung der Praxisorientierung hätten weder die Referatsgruppe „Planung und Forschung" noch das KFN eine Chance gehabt. Das wird mitunter vergessen. Für die Kabinettsentscheidung hat nicht zuletzt eine Rolle gespielt, dass eine Forschungskommission des MWK die Einrichtung des geplanten Forschungsinstituts ausdrücklich begrüßte.

16 Im Rückblick hält es der Erstverfasser dieses Beitrages für möglich, dass auch kameradschaftliche Verbundenheit eine Rolle gespielt haben könnte: die meisten der Befürworter waren – wie der neue Minister – Reserveoffiziere, die dem Reservistenverband angehörten.

Die neue Zweiteilung (Referatsgruppe im Ministerium und organisatorisch davon getrenntes selbständiges Forschungsinstitut) gefiel auch dem damaligen Staatssekretär im Justizministerium (Rehwinkel)[17].

II. Umsetzung der Regierungsbeschlüsse

Das KFN wurde am 15. September 1979 als Verein mit Sitz in Hannover in das Vereinsregister des Amtsgerichts Hannover (Registergericht) unter der Nr. VR 4622 eingetragen.[18] Zum Fortgang der Arbeit heißt es im Sachbericht des KFN für das Haushaltsjahr 1980 S. 1 wörtlich: „Sämtliche Arbeiten zum Aufbau des KFN oblagen den in Nebentätigkeit (Anmerkung: Haupttätigkeiten im MJ) dem Institut angehörenden Herren Dr. Steinhilper (stellv. Direktor) und Österreich (Geschäftsführer). So waren neben der Ausarbeitung der Satzung, der Geschäftsordnung, der Einrichtung der Bibliothek und der Büroräume (bis hin) zur Personalbeschaffung, zur Sichtung der zahlreichen Bewerbungen (usw.) Entscheidungen zu treffen". Ausgeschrieben waren insbesondere Stellen für (forschungs- und methodenerfahrene) Psychologen und Sozialwissenschaftler.

Einzelne Maßnahmen

Die Verfasser dieses Beitrages haben auch die Satzung des KFN entworfen, in der als Zweck festgeschrieben wurde, interdisziplinäre Eigenforschung auf dem Gebiet der praxisorientierten Kriminologie zu betreiben und zu fördern. Satzungsgemäß soll die Forschung in einem unabhängigen Forschungsinstitut der Kriminalpolitik dienen. Am 11. Oktober 1979 wurde mit der NKK-Bank ein Mietvertrag für gewerbliche Räume in der Ihmepassage Nr. 3 in Hannover geschlossen. Danach standen dem KFN ab 1. Januar 1980 Büroräume (490 qm) zur Verfügung.[19] An der Gründungsversammlung am 15. September 1979 nahmen Wissenschaftlerinnen und Wissenschaftler sowie Praktiker aus verschiedenen Bereichen teil. Die

17 Zuvor hatte er deutliche Bedenken gegen eine (größere) Forschungseinheit im niedersächsischen Ministerium der Justiz geäußert („Fremdkörper").

18 Zit. nach dem Sachbericht des KFN für das Haushaltsjahr 1980, S.1.

19 Sachbericht des KFN für das Haushaltsjahr 1980, S. 1.

Vorschläge für die Einladungen stammten von den Verfassern dieses Beitrages.

Nach der Satzung bestanden die Gremien des KFN aus dem Vorstand, der Mitgliederversammlung und aus einem wissenschaftlichen Fachbeirat (Kuratorium zur Beratung des Vorstandes). Die Forschungsplanung des Vorstandes wurde mit den Mitgliedern des Kuratoriums abgestimmt und in der Mitgliederversammlung diskutiert. Die Mitgliederversammlung hat fortan auch jährlich die Arbeit des Vorstandes und der Geschäftsführung geprüft. So ist es grundsätzlich bis heute geblieben.

Zum Vorstand und ersten Direktor des KFN wurde (noch 1979) der Psychologe Dr. Helmut Kury (aus dem Freiburger Max-Planck-Institut) berufen. Dr. Steinhilper schied zugleich als stellv. Direktor aus; seine Stelle wurde auf Vorschlag von Kury (ab 1. Oktober 1981) mit der Assessorin Eva Zimmermann besetzt. Am 1.1.1980 nahmen die ersten wissenschaftlichen Mitarbeiter (aus Psychologie, Pädagogik Soziologie und Rechtswissenschaft) ihre Tätigkeit im KFN auf.[20] Einige wissenschaftliche Hilfskräfte unterstützten die Forschungsarbeit.

Die ersten Projekte beschäftigten sich mit den Themen Jugendgerichtshilfe (Braunschweig), der Bewährungshilfe und der Präventionsarbeit in schulischen Bereichen samt der Evaluation.[21] Enge Verbindung[22] zur universitären Forschung entstanden bereits dadurch, dass fast alle Mitglieder des Kuratoriums Leiter eigener universitärer Forschungseinrichtungen waren. Im Zusammenhang mit seinen Forschungsaufgaben bildet das KFN auch wissenschaftlichen Nachwuchs aus (§ 2 der Satzung); so konnten ab 1990 24 Habilitationen und zahlreiche Promotionen abgeschlossen werden (Stand Juli 2013).

Finanzierung des KFN

Finanziert werden sollte das KFN zunächst für fünf Jahre mit Mitteln des niedersächsischen „Vorabs“ der Stiftung Volkswagenwerk. Diese Anfangsfinanzierung sollte nach einer positiven Evaluation durch den Wis-

20 Kury/Zimmermann (Hrsg.): Das Kriminologische Forschungsinstitut Niedersachsen (KFN), Hannover 1983, S. 10.

21 Zu den Forschungsprojekten und Forschungsergebnissen s. die Berichte in der „KFN-Forschungsreihe“ (bisher 121 Bände) und die Reihe „Interdisziplinäre Beiträge zur kriminologischen Forschung“ des NOMOS-Verlages (bisher: 42 Bände).

22 Kury/Zimmermann a.a.O., S. 22.

senschaftsrat durch eine Etatisierung im niedersächsischen Landeshaushalt abgelöst werden.[23]

III. Evaluierung der Arbeit des KFN

Die Evaluierung durch den Wissenschaftsrat fiel 1984 grundsätzlich positiv aus; es gab jedoch auch Kritikpunkte; diese betrafen aber nur wenige organisatorische Rahmenbedingungen. In den Landeshaushalt wurde die Finanzierung des KFN am 05.12.1984[24] übernommen mit maßgeblicher Unterstützung des schon erwähnten Vorsitzenden des Haushaltsausschusses (Detlef Drape).

Ein Jahr später (1985) wurde der Jurist und Kriminologe Dr. Christian Pfeiffer (unser Jubilar[25]) von der Mitgliederversammlung in den Vorstand des KFN gewählt. Unter seiner Leitung nahm das Institut mit ergänztem wissenschaftlichem Team neue Fahrt auf. In Verbindung mit seiner Berufung auf eine Professur für Kriminologie, Jugendstrafrecht und Strafvollzug wurde zwischen dem KFN und der Universität Hannover ein Kooperationsvertrag geschlossen.

Eine zweite Evaluierung durch ein vom MWK eingesetztes „Visiting Committee" fand 1994 auch zu der Frage statt, ob die Empfehlungen des Wissenschaftsrates aus der Evaluation von 1984 inzwischen umgesetzt worden waren.

Im Ergebnis attestierte das Committee dem KFN unabhängig von der Überprüfung des Landesrechnungshofes im Vergleich zu „nationalen und internationalen Standards [...] ein ausgesprochen hohes, in einem Großteil der Projekte höchstes wissenschaftliches Niveau erreicht" zu haben (Bericht des Committee 1994, S.79): Eine Auszeichnung für unseren Jubilar und sein Team.

Die dritte Evaluation (2004) wiederholt das positive Resultat der zweiten. Es heißt dort, dass das KFN (unter Leitung seines Direktors Christian Pfeiffer) „keinen Vergleich mit anderen Einrichtungen und Universitäten im deutschsprachigen Raum zu scheuen" braucht.[26] Mit „dem KFN (spie-

23 Kury/Zimmermann a.a.O., S. 12 und Sachbericht des KFN zum Haushalt 1980, S. 2.

24 Vgl. Protokoll der MV der KFN vom 05. Dezember 1984.

25 Zu seinen Veröffentlichungen s. die Übersicht in dieser Festschrift.

26 Vgl. z. B. auch die Übersicht „Gegenwärtige und geplante Forschungsprojekte des KFN" (Stand: 5.11.2012: 27 laufende Untersuchungen).

le) das Land Niedersachsen (so die Gutachter) sozusagen in der ersten Liga der kriminologischen Forschung mit. Das Institut (sei) unbedingt förderungswürdig; seiner finanziellen Sicherung (solle) auch in der gegenwärtigen angespannten Haushaltssituation höchste Priorität eingeräumt werden."

IV. Aktuelle Anmerkungen zum Streit um sog. „Staatsforschung"

In diesem Zusammenhang soll nicht unerwähnt bleiben, dass der Wert und die Unabhängigkeit behördeninterner oder auch nur behördennaher Forschung damals (also zur Zeit der Gründung der BKA-Forschungsgruppe, der Referatsgruppe PFS des niedersächsischen Justizministeriums, des KFN, und der KZSt) immer wieder in Frage gestellt worden ist. Speziell gegen polizeiinterne Forschung[27] wandte sich z. B. Manfred Brusten.[28] Abgeleitet war seine Kritik aus der „kritischen Kriminologie"[29], die von Fritz Sack unter dem Begriff „labeling approach"[30] aus den USA in die wissenschaftliche Diskussion nach Deutschland gebracht worden ist, und vor allem selektive Normgebung und selektive Strafverfolgung kritisierte.[31]

Sieht man von polemischen Ängsten ab („Staatsforschung"[32]), konzentrierten und konzentrieren sich die Befürchtungen vor allem auf fol-

27 Innerhalb der Polizei gab es anfangs kritische Stimmen gegen diesen Ansatz (z. B. Ender, hessische polizeirundschau 1976, Heft 3, S. 76); Herold setzte sich aber konstruktiv mit dem Thema auseinander (z. B. Herold, Recht und Politik 1974, 24).

28 Staatliche Institutionalisierung kriminologischer Forschung, in: Kury (Hrsg.): Perspektiven und Probleme kriminologischer Forschung, Köln 1981, 135-182; s. auch Brusten,, in: KrimJ 1980, 69; ferner Gipser/Klein-Schoenfeldt, in: KrimJ 1980, 199 (dagegen Jäger, KrimJ 1980, 228).

29 S. dazu u. a. Kaiser, Was ist eigentlich kritisch an der „kritischen Kriminologie"?, in: Warda u. a. (Hrsg.), FS für R. Lange zum 70. Geburtstag, 1976, 521 ff.

30 S. statt aller Sack, Selektion und Justiz, in: Kritische Justiz 1971, 384; Sack, KrimJ 1972, 3; Sack, vorgänge 1973, Heft 1, S. 55. – Generell zum labeling approach u. a. Fest/Blankenburg, Die Definitionsmacht der Polizei, 1972; Blankenburg,in: KrimJ 1975, 36; Moser, Psychoanalyse und labeling approach, in: Psychoanalyse und Justiz, 1974, 22; Rüther, Abweichendes Verhalten und labeling approach, 1975, jeweils mwN.

31 Gefordert worden war zum Ausgleich strukturell vorgegebener Ungleichbehandlungen u. a. ein „kompensatorischer Gesetzesvollzug" (s. z. B. Schünemann, DRiZ 1974, 278).

32 Zum damaligen kontroversen Meinungsstand s. statt aller die Beiträge in Brusten/Häußling/Malinowski (Hrsg.), Kriminologie im Spannungsfeld von Kriminalpolitik und Kriminalpraxis, Stuttgart 1986.

gende Fragen: Kann eine in eine hierarchisch strukturierte Bürokratie eingebettete Forschungsgruppe bei vorgegebener Forschungsfrage im Hinblick auf die Bearbeitung dieser Frage unabhängig bleiben? Oder wollen die Behörden die Kriminologie nur „unter Kontrolle bekommen?“[33] Bedeutet Praxisorientierung Praxisunterwerfung?[34] Besteht die Gefahr inhaltlicher Einflussnahme?[35] Trocknet eine staatliche Institutionalisierung der Kriminologie die Hochschulforschung aus?[36]

Diese z. T. vehement vorgetragenen Befürchtungen und Unterstellungen haben sich nicht bestätigt, weder beim KFN, noch in anderen behördeneigenen oder –nahen kriminologischen Forschungseinrichtungen. In Gesetzgebungsverfahren der Kriminalpolitik und bei personellen und/oder organisatorischen Entscheidungen der Justizverwaltung wird erfreulicherweise immer häufiger auf Ergebnisse solcher Forschung Bezug genommen. Das Gleiche gilt für Entscheidungen bei der Polizei. Das Niedersächsische Justizministerium griff auch nach dem Ausscheiden von Christian Pfeiffer als Minister für viele Entscheidungen auf Erkenntnisse des KFN zurück. Das KFN seinerseits nutzt den Kontakt zum Ministerium für praxisnahe empirische Erhebungen ununterbrochen, insbesondere für Forschungen im und zum Justizvollzug.

Ein Paradebeispiel für die Unabhängigkeit der Forschung des KFN bilden aus jüngster Zeit die Versuche der katholischen Kirche zur Disziplinierung und Kontrolle des KFN. Im Streit um die Durchführung einer Studie zum Missbrauch (von jungen Menschen) in der katholischen Kirche verlangte der Verband der Diözesen Deutschland (VDD) noch nach der Vertragsunterzeichnung Veränderungen, die auf eine Kontrolle der Forschungsarbeit des KFN hinausliefen. Einen solchen „Maulkorb“ hielten aber auch Mitgliederversammlung und wissenschaftlicher Beirat für „unannehmbar“. Pfeiffer wurde in seiner Position öffentlich unterstützt. Mitgliederversammlung und wissenschaftlicher Beirat betonten einmütig, „dass die grundgesetzlich geschützte Freiheit der Wissenschaft jede nicht

33 Brusten, in: KrimJ 1980, 69-72. S. auch schon Brusten, Prozess der Kriminalisierung, 1972.

34 S. dazu Steffen, Rückzug in die Schneckenhäuser - kriminologische Forschung und polizeiliche Praxis in der Bundesrepublik Deutschland, in: Kriminalistik 1984, 70.

35 Brusten, a.a.O. 1981, 152. Sack sah die Gefahr der „Praxisunterwerfung“ jeglicher Kriminologie (Probleme der Kriminalsoziologie, in: König (Hrsg.), Handbuch der empirischen Sozialforschung (Band 12), Stuttgart 1978, S. 221).

36 Eser/Schumann (Hrsg.), Forschung im Konflikt mit Recht und Ethik, Stuttgart 1976; s auch Brusten u. a., Freiheit der Wissenschaft – Mythos oder Realität?, Frankfurt 1981.

von sachlichem Forschungsinteresse getragene Einflussnahme ausschließt…von welcher Seite und aus welchen Gründen auch immer."

V. Schlussbemerkung über den Jubilar

Unter Kriminologen gilt Christian Pfeiffer als einflussreich und wirkungsvoll. Wer seinen Namen hört, denkt aber nicht nur an seine thematisch breit gestreuten interdisziplinären Forschungsarbeiten im KFN, sondern auch an seine vielfältigen anderen Aktivitäten, insbesondere im sozialen Bereich[37] und in der Kultur.[38] Dabei gelang und gelingt es unserem Jubilar immer wieder, Politiker, Justiz- und Polizeipraxis für kriminologische Themen zu interessieren bzw. in verständlicher Form in Presse, Funk und Fernsehen zu kriminologischen Themen in der Öffentlichkeit Stellung zu nehmen.[39] Er fällt nicht durch dicke Lehrbücher mit abstrakten Texten auf, sondern überzeugt durch aufrüttelnde Interviews, lebhafte Vorträge, z. T. mit Vereinfachungen, aber stets wirkungsvoll. Aufmerksamkeit ist ihm überall sicher; viele macht er nachdenklich. Viele Entscheidungen Dritter beruhen auf seinen Überlegungen.

Margot Käßmann hat ihn einmal kokett-charmant als „Querulant mit der leichten Tendenz zum Nerven" bezeichnet.[40] Wer Christian Pfeiffer kennt, sieht über diese Attribute hinweg, weil er weiß, dass Pfeiffer in seiner Art etwas bewegt; und wenn er etwas beginnt, will er es auch zu Ende bringen. Seine Wirkung nach außen beeindruckt; seine Schwächen wiegen im Vergleich dazu gering.

Nicht unerwähnt bleiben soll, dass Christian Pfeiffer bei all seinen Ämtern und Aufgaben viel Unterstützung von seiner Familie erfahren hat und noch heute bekommt. Dort wird viel diskutiert. Als Minister konnte er manche lange Diskussion mit dem Satz beenden: „Aber Anna hat gesagt!"

37 Förderung zur Gründung von „Bürgerstiftungen".

38 Für seine „besonderen Verdienste um die Förderung der Kultur, der Sprache und des Lesens" hat ihm z. B. der Börsenverein des Deutschen Buchhandels am 26. August 2013 die Theodor-Fuendeling-Plakette verliehen.

39 Zu nennen sind insbesondere Diskussionen in Talkshows etc. zu Themen wie Ausländerintegration, Erziehungsfragen, Wirkung von Medien auf Verhalten von Jugendlichen etc.

40 Bei der Verleihung einer Ehrenplakette (s. oben FN 38). Über seine Zeit als Justizminister in Niedersachsen kursieren ähnliche Bezeichnungen.

Die Verfasser dieses Beitrages fühlen sich Christian Pfeiffer seit Jahrzehnten freundschaftlich verbunden und gratulieren ihm zu seinem 70. Geburtstag. Möge er auch weiterhin ein kritischer und wacher Geist, ein Mahner bleiben![41]

41 Wie konsequent Pfeiffer diesen Weg weiterhin gehen wird, zeigt sein neuester aufrüttelnder Beitrag „Martin Luther und die Reichspogromnacht“ (veröffentlicht in „Cicero – Magazin für politische Kultur“).

Restorative Justice, TOA und Mediation. Grundlagen, Praxisprobleme und Perspektiven

Thomas Trenczek

Vorbemerkung: Für Christian Pfeiffer ist nicht nur die Wissenschaft, sondern immer auch deren Wirkung in der Praxis von großer Bedeutung; sein Engagement für den sog. Täter-Opfer-Ausgleich und die Mediation war für ihn ein wichtiges Anliegen.[1] So verbindet mich mit Christian nicht nur die gemeinsame Zeit bei der DVJJ, sondern auch die Gründung der Waage Hannover e.V., die seit 25 Jahren (nicht nur) in strafrechtlich relevanten Konflikten vermittelt. Aber was ist eigentlich ein sog. Täter-Opfer-Ausgleich (TOA)? Wo liegen seine Wurzeln? Welche Bedeutung hat die Idee der Restorative Justice auf der einen und der Mediation auf der anderen Seite? Dieser Beitrag skizziert die konzeptionellen Grundelemente, macht Verbindungslinien und Abgrenzungen deutlich und möchte Perspektiven für die ausgleichende und friedensstiftende Bearbeitung (nicht nur) von strafrechtlich relevanten Konflikten aufzeigen.

I. Notwendige Begriffsdefinitionen

Der Begriff Restorative Justice (RJ) wird auf unterschiedlichen Ebenen mit unterschiedlichen Inhalten verwendet. Zunächst bezieht er sich auf ein die traditionelle Vergeltungslogik (retributive justice) und Strafphilosophien überwindendes Gerechtigkeitskonzept.[2] Danach soll das aus der Be-

1 Z. B. Pfeiffer, C. (Hrsg.) (1997). Täter-Opfer-Ausgleich im Allgemeinen Strafrecht. Baden-Baden.

2 Zehr, H. (1985). Retributive Justice - Restorative Justice. Elkart; ders. (2002). Changing Lenses. A new focus on Crime and Justice; Harald Press/Scottdale. Mit dem Begriff „Konzept“ wird eine Sammlung von Leitgedanken verstanden, eine Idee, die sich zu einer Philosophie verdichten und die Vorstufe einer Theorie bilden kann. Teilweise wird RJ bereits als Theorie, Philosophie oder gar als „Paradigma“ bezeichnet. In diesem Text werden diese Begriffe etwas zurückhaltender verwendet, wobei anzuerkennen ist, dass „philosophy“ in der englischen Sprache auch im Sinne von „Gedankengut“, Ideen und Einstellung gebraucht wird.

gehung von Unrecht erfahrene Leid soweit wie möglich ausgeglichen und die als gerecht akzeptierte Ordnung in einer sozialen Gemeinschaft (wieder) hergestellt (to restore justice) werden (zu den Grundelementen s. Kap. 2). Innerhalb dieses auf Ausgleich und Wiedergutmachung gerichteten Ansatzes findet sich eine Vielfalt von Theorie- und Praxismodellen unterschiedlicher Reichweite.[3] Wichtig anzumerken ist, dass der RJ-Ansatz nicht auf strafrechtlich relevantes Verhalten begrenzt ist, sondern alle mit Unrecht und persönlichem Leid verbundene Störungen von Beziehungen bzw. des Gemeinwesens umfasst. International werden RJ-Verfahren nicht nur im strafrechtlichen, sondern vor allem auch bei Konflikten am Arbeitsplatz, im Schulbereich und öffentlichen Einrichtungen angewandt.

In der deutschen Sprache hat sich – nicht zuletzt aufgrund der unterschiedlichen Theorie- und Praxisansätze – ein Begriff, der Inhalt und Konzeption von RJ entsprechen würde (z. B. „ausgleichende bzw. wiederherstellende Gerechtigkeit“, „ausgleichsorientierte Justiz“), bislang nicht durchgesetzt.[4] Der Tat- bzw. sog. Täter-Opfer-Ausgleich[5] (TOA) bezieht sich lediglich auf einen Teilausschnitt der RJ-Idee (hierzu Kap. 3). Abzugrenzen ist der TOA auch von der Vermittlung (Mediation) in strafrechtlich relevanten Konflikten. Mit Blick auf das (deutsche) Mediationsgesetz kann mit TOA nur noch die strafrechtliche Entscheidung (Rechtsfolge

3 Vgl. Domenig, C. (2012). Restorative Justice, TOA-Infodienst Nr. 41, 24 ff; Johnstone, G., van Ness, D. (Hrsg.) (20079. Handbook of Restorative Justice; Cullompton/UK: Willan, 5 ff.; Matt, E. (2002). Verantwortung und (Fehl-)Verhalten. Für eine restorative justice; Münster; Pelikan, C., Trenczek, T. (2006). Victim Offender Mediation and Restorative Justice - the European landscape. In: Sullivan, D., Tifft, L. (Eds.), Handbook of Restorative Justice: A Global Perspective; London (UK), 63 ff.; Trenczek, T. (2013). Beyond Restorative Justice to Restorative Practice. In: Blad et al. (Eds.), Civilizing Criminal Justice, Hook/Hampshire (UK), 409 ff.; vgl. auch UN Economic and Social Council - ECOSOC Resolution 2002/12: “Basic principles on the use of restorative justice programmes in criminal matters” sowie Committee of Ministers of the Council of Europe: Recommendation No. R (99) 19, Sept. 15th, 1999 “Mediation in Penal Matters”.

4 Mag man „to restore“ noch relativ klar mit „wiederherstellen“, „zurückgeben“ (aber auch mit „erneuern“) und „restorative“ mit „restaurativ“ und „stärkend“ ins Deutsche übersetzen, gelingt dies im Hinblick auf den schillernden Begriff „justice“ nicht. „Justice“ beinhaltet, ja kombiniert mehrere verschiedene Ebenen: Gerechtigkeit, Gerichtsbarkeit, Justiz, Recht. Vgl. aber Hagedorn, O., Lummer, R. (2012). Restorative Justice – auch das Unübersetzbare braucht klare Begriffe, TOA-Infodienst 45, 28 ff.

5 Da die weitaus meisten Ausgleichsverfahren im Rahmen der Diversion durchgeführt werden, verbietet es sich aufgrund der Unschuldsvermutung (Art. 6 EMRK) im rechtlichen Sinne von „Tätern“ zu sprechen. Der in Deutschland übliche Begriff „Täter-Opfer-Ausgleich“ ist schon deshalb problematisch.

bzw. ein Kriterium der Strafzumessung) bezeichnet werden, während Mediation das Verfahren und methodische Vorgehen der Konfliktbearbeitung beschreibt.

II. Wesenselemente der Restorative Justice

Restorative Justice wurzelt in zentralen Elementen auf verschiedenen Traditionen historischer und indigener Gesellschaften und deren Umgang mit abweichenden Verhalten.[6] Ein Beschuldigter konnte den „gebrochenen Frieden" durch Zahlung eines an die Opfer oder seiner Sippe zu leistenden bot (Buße) oder - bei Tötung des Opfers - wer (Wergeld) „zurückkaufen". Nur wenn er das verweigerte, konnte er als „Rechtsloser" (outlaw) geächtet und für „friedlos" erklärt werden. Von Bedeutung ist allerdings, dass sich die Kompositionssysteme nicht auf die rein materielle Schadensregelung (Restitution) beschränkten, sondern dass die Einbindung der Entschädigung in ein kommunikatives System des Aushandelns und der Leistungserbringung kennzeichnend war. Restitutive Elemente waren in allen frühhistorischen und indigenen Konfliktregelungssystemen in „rituals of recociliation" eingebunden.[7] Die Kompensationsleistungen waren nicht

6 Diamond, A. (1971). Primitive Law, Past and Present; 3rd edition. London; Fogel, D., Galaway, B., Hudson, J. (1972). Restitution in Criminal Justice, Criminal Law Bulletin, 8, 681 (684 f.); Frehsee, D. (1987). Schadenswiedergutmachung als Instrument strafrechtlicher Sozialkontrolle. Berlin, 12 ff; Jacob, B. R. (1970). Reparation or restitution by the criminal offender to his victim: Applicability of an ancient concept in the modern correctional process. Journal of Criminal Law, Criminology and Police Science, 61, 152-167; Katende, J. (1967). Why were punishments in pre-European East Africa mainly compensative rather than punitive? Dar Es Salaam Law Journal, 2, 122 ff.; Laster, R. (1970). Criminal restitution. A survey of its past history and an analysis of its present usefulness; University of Richmond Law Review, 5, 71-98.; Nader, L. (1975). Forums for justice: A cross-cultural perspective. Journal of Social Issues, 31, 151-170; Pfohl, S. (1981). Labeling Criminals. In: Ross, H.L. (Hrsg.) Law and Deviance; Sage, Beverly Hills, Cal., 65-97; Trenczek, T.(1996), Restitution – Wiedergutmachung, Schadensersatz oder Strafe? Baden-Baden, 33 ff.; Weigend (1989). Deliktsopfer und Strafverfahren. Berlin, 24 ff. Zur Restorative Justice in Neuseeland zwischen Tradition und Moderne s. Trenczek, T. (2013). Restorative Justice in Neuseeland. Neue Kriminalpolitik 2013, 268 ff.

7 Pfohl, FN 6, 65 u. 81; Zehr, FN 2, 97.

das Ziel, sondern lediglich Instrument des Ausgleichsverfahrens.[8] Die Wiedergutmachung diente vor allem durch die Kanalisierung der Konfliktaustragung der Erhaltung des sozialen Rechtsfriedens. Ziel war in diesen Systemen allerdings nicht die Konfliktlösung im „westlich-modernen“ Sinn, sondern die Sicherstellung des Zusammenhalts des Sippenverbandes (soziale Kohäsion). Der Ablauf der Konfliktregelung orientierte sich u. a. am Status der Teilnehmenden, hierarchischen Anordnungen von Redebeiträgen sowie kulturellen und mitunter spirituellen Riten und weniger aus der Logik der „modern-westlichen“ Kommunikations- und Konfliktforschung.[9] Die Konfliktregelungssysteme basierten letztlich auf einem Ausmaß und einer Form sozialer Kontrolle, die für den „modernen“ Rechtsstaat nicht mehr passend ist. Gleichwohl geben die historischen oder indigenen „Vorbilder“ Anlass darüber nachzudenken, ob und ggf. wie einzelne Elemente dieser Regelungssysteme in adaptierten Formen genutzt werden können. Die „zeitgemäße“ RJ-Idee basiert im Wesentlichen auf der Wiederbelebung der Opferperspektive (aktive Teilhabe/Partizipation und Wiedergutmachung) sowie andererseits auf der Einbeziehung des Gemeinwesens.[10]

Wiederbelebung der Opferperspektive: Partizipation und Wiedergutmachung

Nach dem „modernen“ Strafrechtsverständnis westlicher Staaten handelt es sich bei einer Straftat (normativ) um eine Verletzung einer strafrechtlichen Rechtsnorm. Das Strafrecht bezweckt den Rechtsgüterschutz: bestimmte Verhaltensweisen werden dadurch verboten, dass der Staat Strafen für ihre Begehung androht. Allein der Staat ist für die strafrechtliche Sozialkontrolle verantwortlich (staatliches Gewaltmonopol), einerseits soll durch die Strafverfolgung (insb. mittels Schuldfeststellung und Sanktio-

8 Trenczek, FN 6, 34 u. 219; ebenso Lutz, T. (2010). Wiedergutmachung statt Strafe? – Restorative Justice und Täter-Opfer-Ausgleich. In: Dollinger, Schmidt-Semisch (Hrsg.), Handbuch Jugendkriminalität. Wiesbaden, 406.

9 Mayer, C.-H. (2013). Kulturpsychologische und ethnologische Einsichten. In: Trenczek, T. et al. (Hrsg.), Mediation und Konfliktmanagement. Baden-Baden, Kap. 2.3 Rn 14; Trenczek, FN 6, 269.

10 UN ECOSOC Resolution 2002/12; Council of Europe: Recommendation No. R (99) 1999; Pelikan/Trenczek, FN 3, 63 (65); Zehr, FN 2. Die mitunter als Grundelemente genannten Aspekte der Ermächtigung (Empowerment) und der (gewaltfreien) Kommunikation lassen sich aus dem Partizipationsprinzip ableiten.

nierung) die Unverbrüchlichkeit und Weitergeltung der Norm bekräftigt werden (positive Generalprävention), andererseits dient sie dem Schutz der Beschuldigten vor ungerechter Verfolgung, Selbstjustiz und (Blut-) Rache. Die Funktion der strafrechtlichen Sozialkontrolle besteht also vor allem im Rechtsschutz. Das staatliche Gewaltmonopol ist eine der großen Errungenschaften des Rechtsstaats, allerdings fühlen sich die Opfer von Straftaten aufgrund der nahezu ausschließlichen Täterorientierung von den staatlichen Instanzen zumeist „außen vor gelassen" und missachtet.[11] Anstatt dass ihnen – nachdem das Strafrecht im konkreten Fall bzgl. des Opferschutzes versagt hat – nun Hilfe und Unterstützung zu teil wird, kommen Opfer im Strafverfahren in der Regel nur als Zeugen und damit als Beweismittel vor. In dieser Rolle werden sie nicht selten reviktimisiert.

Ausgangspunkt für die Entwicklung der Restorative Justice Idee ist eine differenzierte Wahrnehmung und Definition von Unrechts- und Straftaten im Sinne des symbolischen Interaktionismus. RJ platziert das Opfer (wieder) in das Zentrum des Geschehens und definiert Unrecht nicht nur als Normbruch, sondern in erster Linie (phänomenologisch) als Verletzung des Rechtsträgers und legt den Fokus dabei auf das erlittene Leid. Straftaten sind nicht nur (abstrakt-normative) Rechtsverletzungen, sondern werden (mit Ausnahme der sog. „opferlosen" Delikte) zunächst als emotionale oder materielle Verletzungen durch ein konkretes Opfer wahrgenommen. Es handelt sich für die Beteiligten um die Ärgernisse und Lebenskatastrophen.[12] Straftaten sind in diesem Sinne nichts anderes als Ursache, Ausdruck und Folge von menschlichen Konflikten, die zu weiteren Konflikten und Eskalationen führen (können), wenn sie nicht angemessen bearbeitet werden.[13] Hierauf hat vor allem Nils Christie in seinem berühmten Aufsatz „Conflicts as Property" hingewiesen: „Criminal conflicts are [...] taken away from the directly involved parties. Criminal Conflicts have either become other peoples' property – primarily the property of lawyers – or it has been in other people's interest to define conflicts away. [...] It is the conflict itself that represents the most interesting property taken away,

11 Wright, M. (1977). Nobody came: criminal justice and the need of victims, Howard Journal, 16, 22-31.

12 Hanak, G., Stehr, J., Steinert, S. (1989). Ärgernisse und Lebenskatastrophen. Über den alltäglichen Umgang mit „Kriminalität". Bielefeld.

13 Vgl. Kuhn, A. et al. (1989). „Tat-Sachen" als Konflikt – Täter-Opfer-Ausgleich in der Jugendstrafrechtspflege, Bonn; Trenczek, FN 3, 409 ff.

not the goods originally taken away from the victim."[14] Offensichtlich ist dies zunächst in Beziehungsdelikten, bei denen die strafrechtlich relevanten Handlungen häufig am Ende der fehlgeschlagenen Kommunikation stehen. Aber auch in den sog. situativen Konflikten, in denen die Beteiligten sich erstmals antagonistisch gegenüberstehen, geht es um die Verletzung, den Ärger, die Wut und die Interessen der Opfer, z. B. im Hinblick auf den Verbleib gestohlener Güter oder auf Schadensersatz und Schmerzensgeld, ohne deren Ausgleich die Wiederherstellung des sozialen Rechtsfriedens nicht möglich ist.[15]

RJ wendet sich andererseits im Hinblick auf den Täter gegen die traditionelle Strafe als bewusste, Passivität und Stigmatisierung fördernde Übelszufügung. RJ geht über die (auferlegte) Verantwortungsübernahme durch eine kompensatorische Restitution hinaus und beinhaltet zur Wiederherstellung von Gerechtigkeit eine interaktionistische Komponente. Auch die deutschen Begriffe „Wiedergutmachung" und „Ausgleich" beinhalten sowohl eine inhaltlich-materielle wie prozessual-kommunikative Komponente. Gerechtigkeit ist ja kein Zustand. „Gerechtigkeit ist ein menschliches Konstrukt; und es steht keineswegs fest, dass sie nur auf eine einzige Weise hergestellt werden kann".[16] Gerechtigkeit wird, wenn überhaupt, dann in der Interaktion von Menschen hergestellt. Für John Rawls war ein faires Verfahren die Grundlage für die Gerechtigkeit und das Recht schlechthin.[17] Die normativen Aspekte des Gerechtigkeitskonstrukts müssen dabei unterschieden werden von seinem subjektiv, psychologischen Gehalt.[18] Wenn fair gespielt und das Verfahren als fair erlebt wird, wenn keine Regeln verletzt werden, kann das Ergebnis als gerecht akzeptiert werden.[19] Empörung, Frustration, Trauer, Wut, das Gefühl der Ohnmacht ebenso wie der Wunsch nach Vergeltung entstehen, wenn un-

14 Christie, N. (1977). Conflicts as Property. British Journal of Criminology, 1 – 15.

15 Zu den (traumatischen) Folgen von Einbruchsdiebstählen auf die Opfer vgl. Maguire, M. (1980). The impact of burglary upon victims. British Journal of Criminology, 261–275.

16 Walzer, M. (1994). Sphären der Gerechtigkeit. Frankfurt, 30.

17 Rawls, J. (1958). Justice as Fairness, The Philosophical Review, vol. LXVII, 164 ff; vgl. auch ders. (1971). A Theory of Justice.

18 Klinger, E., Bierbrauer, G. (2006). Verfahrensgerechtigkeit – Schlüssel für erfolgreiches Konfliktmanagement. ZKM, 36 ff. 71 ff.; Montada, L. (1999). Gerechtigkeit als Gegenstand der politischen Psychologie. Zeitschrift für politische Psychologie, 3 ff.

19 Montada, L. (2009). Mediation Pfade zum Frieden. Erwägen – Wissen - Ethik (EWE), 501 – 511.

fair gehandelt und das Vertrauen in die Regeln verletzt wurde. Konflikte können nicht gelöst werden, wenn das subjektiv empfundene Unrecht nicht geäußert, die unterschiedlichen normativen Überzeugungen sowie die über die Rechtspositionen hinausreichenden Interessen und Bedürfnisse der Betroffenen nicht in einem fairen Verfahren verhandelt werden.[20]

Wesentlich ist hierfür die aktive Mitwirkung (Partizipation) der Betroffenen.[21] Unrechtshandlungen können nur dann angemessen bewältigt werden, wenn die konkret am Geschehen Beteiligten, Opfer und Täter, an der Aufarbeitung beteiligt werden. Im Rahmen eines Gerichtsverfahrens ist allerdings die Mitwirkung der Konfliktbeteiligten im Vergleich zu den am Verfahren beteiligten Juristen nicht nur marginal, sondern sie dienen als Beschuldigte bzw. Zeuge funktional nicht ihrem, sondern dem Verfahrensinteresse der Justiz. In einem solchen (kontradiktorischen) Setting ist es zwangsläufig, dass die Beteiligten unterschiedliche Interessen verfolgen. Sie kämpfen, um zu gewinnen (um nicht verurteilt zu werden), nicht um das Problem, den Konflikt, zu lösen. Im Urteil entscheidet der Richter als Dritter, ohne dass den Beteiligten die Gründe immer klar werden. Restorative Justice bezieht sich nicht nur oder gar primär auf einen (materiellen) Schadensausgleich (Restitution), sondern ebenso auf den Prozess der Wiedergutmachung, in dem insb. auch die sozialen, emotionalen und psychischen Folgen und Verletzungen des Unrechts bearbeitet werden können.

Gemeinwesenansatz – Community

RJ geht es nicht nur um den individuellen Ausgleich zwischen den unmittelbaren Konfliktbeteiligten, insb. Geschädigten und Verursacher, sondern auch um den Ausgleich der Störungen des Zusammenlebens in der sozialen Gemeinschaft. Gerade in diesem Punkt knüpft die (moderne) RJ-Idee an historisch überlieferte Vorbilder bzw. die Regelungssysteme indigener Gemeinschaften an, in denen Unrechtshandlungen nicht nur das konkret verletzte Opfer, sondern die gesamte Großfamilie und Sippe, also die so-

20 Montada, FN 19, 503 ff.

21 Netzig, L., Trenczek, T. (1996). Restorative justice as participation: theory, law, experience and research. In: Galaway, B, Hudson, J. (eds.), Restorative justice: international perspectives, 241–260. Monsey NY.

ziale Gemeinschaft beider, also Opfer wie Täter, beeinträchtigt.[22] Da die soziale Gemeinschaft als solche geschädigt wurde, musste sie folgerichtig auch bei der Konfliktbearbeitung mit einbezogen werden, weshalb eine Versammlung („conference") mit allen relevanten Angehörigen der Großfamilie durchgeführt wurde. Die Verhandlungen waren eingebettet in eine alten Traditionen folgenden Zeremonie mit spirituellen Elementen.

Der Konfliktbegriff des RJ-Ansatzes geht also über den mikro-sozialen Konflikt hinaus – wenn auch nicht so weit abstrahiert wie die Rechtsnormverletzung im Sinne des Strafrechts – und bezieht Personen mit ein, die durch das Unrecht mittelbar betroffen sind. RJ wird deshalb häufig als gemeinwesenorientierter Konfliktregelungsansatz bezeichnet. Der im angelsächsischen Sprachraum verwendete Begriff „Community" [23] ist allerdings diffus.[24] Was soll damit gemeint sein? Ist es „die" Gesellschaft oder der Stadtteil, die Nachbarschaft? Es scheint mitunter gar so, dass die „community" dort, wo sie am meisten beschworen wird, am wenigsten anzutreffen ist. „Community" muss freilich nicht als regionaler Ort definiert, sondern kann als soziale Gemeinschaft von persönlichen Beziehungen verstanden werden.[25] Allerdings lässt sich die Existenz einer sozialen Gemeinschaft – entgegen der zum Teil euphemistischen Deklarationen – in der „modernen" westlichen Gesellschaft nicht per se voraussetzen. Die örtliche Gemeinschaft hat in den stark regional geprägten Gesellschaften z. B. Neuseelands und Norwegens (beides in Entfernungen sehr ausgedehnte Länder mit z. T. sehr abgelegenen Gemeinden mit z. T. indigenen Wurzeln, sei es der Maori oder der Sami) eine andere, noch aktuelle Bedeutung als in urban geprägten (anonymen) Gesellschaften in Mitteleuropa.[26] Zudem wird in Berichten über die Conferencing-Verfahren zumeist

22 Ausführlich zu den indigenen Wurzeln des Restorative Justice in Neuseeland Trenczek, FN 6, 268 ff.

23 McCold, P. (1996). Restorative justice and the role of the community. In: Galaway, B., Hudson, J. (eds.), Restorative Justice. International Perspectives; Monsey N.Y: Criminal Justice Press, pp. 85-101.

24 Kreissl, R. (1987). Die Simulation sozialer Ordnung, Kriminologisches Journal, 269-302; Hanak, G. (1996). Die Community als Simulation und Realität., In: Trenczek, T., Pfeiffer, T. (Hrsg.), Kommunale Kriminalprävention. Paradigmenwechsel und Wiederentdeckung alter Weisheiten. Bonn, 54 ff.

25 McCold, P., Wachtel, T. (1998). Community is not a place. A new look at Community Justice Initiatives. Contempory Justice Review, 71-85.

26 Zur gemeinwesenorientierten Streitvermittlung in anderen Kulturen vgl. Götz/Schäfer FN 28, 20.

übersehen, dass diese sich mit der Implementation in das staatliche Justizsystem mittlerweile stark von ihren früheren Wurzeln entfernt haben.[27]

Im deutschsprachigen Europa verzichten die Initiativen zur Informalisierung der Streitregelung auf die Community-Romantik und verstehen den sozialen Nahraum als Möglichkeit, einen niedrig-schwelligen Zugang zur Konfliktregelungsangeboten in einer Bürger- und Zivilgesellschaft zu organisieren.[28] Kennzeichen hierfür sind vor allem die Bereitstellung von Mediationsdienstleistungen durch gemeinnützige Organisationen und die Einbeziehung von Freiwilligen („volunteers"/„ehrenamtlichen" Mitarbeitern) im Rahmen der Konfliktbearbeitung.[29]

Reintegrative Shaming

Teilweise werden auch die Arbeiten des australischen Kriminologen John Braithwaite über das sog. „Reintegrative Shaming"[30] mit der RJ-Idee verknüpft.[31] Braithwaite hat in vielen Schriften seit Ende der 1980er Jahre versucht, die Elemente der Scham-Kultur indigener Völker (insb. auch der Maori in NZ) für die Resozialisierung junger Straftäter nutzbar zu machen. Nach Braithwaite seien intakte Gesellschaften mit einem hohen Potential an Zusammenhalt und niedrigen Kriminalitätszahlen dadurch gekennzeichnet, dass sie bei einem („über die Strenge schlagenden", rebellischen) Fehlverhalten von Jugendlichen auf Erziehungsmethoden zurück-

27 Trenczek, FN 6, 283 ff.

28 Hierzu Trenczek, FN 50, 3 ff. Zu Gemeinwesenorientierten Vermittlungsangeboten s. Götz, M., Schäfer, C. (Hrsg.) (2008). Mediation im Gemeinwesen. Hohengehren; Trenczek, T. (2013). Vermittlung im Gemeinwesen. In: Trenczek et al. (Hrsg.), Mediation und Konfliktmanagement. Baden-Baden, 607 ff. Splinter, D. (2005). Gemeinwesenmediation – Projektlandschaft und state of the art. Spektrum Mediation, 14 ff; Shonholtz, R. (1984). Neighborhood Justice Systems, Work, Structure, and Guiding Principles, Mediation Quarterly, 3 ff.

29 Trenczek FN 28; Waage Hannover e.V. (Hrsg.) (2006). Bürgerschaftliches Engagement im Rahmen sozialraumnaher Schlichtung - Modellprojekt der Waage Hannover e.V., Hannover.

30 Braithwaite, J. (1989). Crime, Shame and Reintegration; Sydney; ders. (1993). Juvenile Offending: New Theory and Practice. In: Atkinson, L, Gerull, S. (eds.), National Conference Juvenile Justice. Australian Institute of Criminology, Conference Proceedings No. 22; Canberra, 39 ff.; Braithwaite, J., Mugford, S. (1994). Conditions of Sucessful Reintegration Ceremonies: Deeling with Juvenile Offenders. British Journal of Criminology, 139-171.

31 Zuletzt Kersten, J. (2012). „Restorative Justice" Innovative Ansätze im Umgang mit Konflikten und Gewaltereignissen". ZJJ, 168 ff.

greifen, die von ihnen auf der einen Seite Reue erwarten und gleichzeitig ein Angebot der Wiedereingliederung machen. Nicht ein Schuldspruch, sondern die empfundene Scham über das begangene Unrecht mache eine Reintegration erst möglich. Jugendliche sollen in einem selbst-reflexiven, reinigenden Läuterungsprozess ihr Fehlverhalten bekennen, Scham empfinden und Reue zeigen. Reue und Scham sind hierbei notwendige Bestandteile eines kathartischen Heilungsprozesses, ohne die eine wirkliche Wiederaufnahme in die Gemeinschaft (reintegration) nicht möglich sei.

Was den „reintegrative shaming"-Ansatz mit RJ verbindet, ist die hervorgehobene Bedeutung der Wiedergutmachung und der Anspruch auf Reintegration des Übeltäters in die soziale Gemeinschaft. Ebenso wenig sollen auf individueller (psychologischer) Ebene die positiven, entwicklungsfördernden Aspekte von echten Scham- und Reuegefühlen, bezweifelt werden. Nicht harte Strafen, sondern „die Fähigkeit zur Perspektivenübernahme ist zusammen mit Bildung […] einer der stärksten Aggressionshemmer in allen menschlichen Gemeinschaften. [...] Ohne die maßvolle Vermittlung von Schamgefühlen für ein Handeln, das Opfer hinterlassen hat und ohne die damit zusammenhängende persönliche Übernahme von Verantwortung und die Bereitschaft zur Wiedergutmachung des entstandenen Schaden wird dies nicht möglich sein. Bestrafung ist keine Möglichkeit, dieses Ziel zu erreichen."[32] So richtig diese sanktionskritische Perspektive ist, der Shaming-Ansatz war nicht davor gefeit, in sein Gegenteil verkehrt zu werden. Was im Hinblick auf indigene Verantwortungs- und Versöhnungstraditionen, (Scham)Kultur und (kollektive) Strukturen sinnstiftend sein mag, lässt sich nicht so einfach in die westlich geprägte, die individuelle Verantwortung des Menschen notwendigerweise voraussetzende Schuldkultur bzw. die Rechtsordnungen westlicher Gesellschaften übertragen.[33]

Der nicht am Unrecht, sondern eher an einem individuellen Gefühl ansetzenden Schamkultur fehlt es auf gesellschaftlicher Ebene an der notwendigen Verbindlichkeit: „was verboten ist, ist weniger strittig als was beschämend wirkt."[34] Wesentlich ist aber, dass anders als im liebevollen Miteinander einer Familie (bzw. der Großfamilie und Sippe in indigenden

32 Kersten, FN 31, 174.

33 Hierzu Schirrmacher, T., Müller, K. (2006). Scham- und Schuldorientierung in der Diskussion. Kulturantropologische, missiologische und theologische Einsichten. Nürnberg.

34 Hilgers, M. (2006). Scham, Gesichter eines Affekts. 3. Aufl. Göttingen, 20.

Stammesstrukturen) es in unserer (modernen) Gesellschaft an den – für eine positive Schamkultur konstitutiven – tragfähigen Sozialbeziehungen fehlt. Braithwaite et al. differenzieren nicht hinreichend zwischen den unterschiedlichen Ebenen der Sozialkontrolle (Familie – Staat) und sehen infolgedessen eine enge (auch polizeiliche) Kontrolldichte offenbar als unproblematisch positiv. Dem Ansatz liegt ein Idealbild von sozialer Kohäsion zugrunde und ist anfällig für eine rigide Erziehungsideologie. Im Vordergrund steht nicht das „nicht herabwürdigende Vermitteln von Einsicht in eigenes Fehlverhalten" und Förderung der „Perspektivenübernahme" – beides zentrale Aspekte der RJ-Idee[35] - sondern es geht um Beschämung und Buße. Von hier aus ist nicht mehr weit zur Disziplinierung und Bestrafung.[36] Braithwaite et al. mögen stigmatisierende und herabwürdigende Beschämungstraditionen nicht im Sinn gehabt haben,[37] in den Youth Conferencing Projekten in Australien, die sich auf den „reintegrative shaming"-Ansatz beriefen, ging dieses Konzept aber einher mit der Ausweitung sozialer Kontrolle und Verstärkung der Vergeltungslogik.[38]

Zudem macht der Fokus auf die Sozialkontrolle von Jugendlichen das „reintegrative shaming" zu einem Ansatz von begrenzter (minderjährigenspezifischen) Reichweite, der trotz seiner intensiven Rezeption im Literaturkreislauf selbst in Australien kaum praktische Relevanz hat. Auch in Neuseeland haben die heutigen RJ-Programme nur noch wenig mit den indigenen Vorläufern zu tun.[39]

RJ als neues Konfliktregelungsparadigma?

Im Zusammenhang mit RJ wird mitunter von einem neuen „Konfliktregelungsparadigma" gesprochen.[40] Ob man tatsächlich von einem neuen „Pa-

35 Kersten, FN 31, 174.

36 Zum Verhältnis Erziehung, Disziplinierung und Bestrafung vgl. Plewig, H.-J. (2014). Das Strafproblem in der Erziehung. ZJJ, 240 sowie die Beiträge des ZJJ-Themenschwerpunkt Erziehung und Strafen der ZJJ 3/2014.

37 Kersten, FN 31, 169.

38 Zur Kritik zum australischen Conferencing Modell als „TOA mit erhobenen Zeigefinger" vgl. Trenczek, ZJJ 2002, 393 ff. Mitunter agierte in diesen Programmen die Polizei sogar selber Anbieter von Conferencing-Verfahren, womit eine vertrauliche, die Konflikte bereinigende Vermittlung unmöglich wurde.

39 Trenczek, FN 6.

40 Zehr, FN 2, 4; Vgl. auch Sessar, K., Beurskens, A., Boers, K. (1986). Wiedergutmachung als Konfliktregelungsparadigma. Kriminologisches Journal, 86.

radigma“ im Sinne von Thomas Kuhn[41] sprechen kann, sei einmal dahingestellt. Es lassen sich aber deutliche Unterschiede zwischen dem herkömmlichen in das Justizsystem implementierten Reaktionsschema und RJ feststellen. Im Wesentlichen geht es RJ nicht um vergangenheitsorientierte wie individualisierende Schuldzuschreibungen, sondern um zukunftsgerichtete, ganzheitliche Konfliktlösungen, die sich idealtypisch in den nachfolgenden Wesensmerkmalen darstellen lassen.[42]

Tabelle 1: Perspektiven und Wesensmerkmale herkömmlicher bzw. restorativer Gerechtigkeitskonzeptionen

Konventionelle, retributive (Straf-)Rechtskonzeption	Restorative Justice
Straftat definiert als Verletzung der Rechtsnorm	Straftat definiert als Verletzung einer (natürlichen) Person
Fokus auf individueller und vergangenheitsorientierter Schuldzuschreibung	Fokus auf Problemlösung (in der Zukunft), auf Verantwortung und Wiedergutmachung
Die soziale Gemeinschaft wird durch den Staat repräsentiert	Mitverantwortung und Einbindung der Sozialen Gemeinschaft für die Konfliktlösung
Fokus auf Rechtsverstöße, Fakten, Beweisführung	Fokus auf Emotionen, Sorgen und andere Interessen/Bedürfnisse
Kontradiktorisches, auf Gegnerschaft ausgerichtetes Verfahren	Direkte Kommunikation, Dialog
Verfahrensführung durch die Akteure der Justiz	Einbeziehung der durch das Unrecht Betroffenen als Akteure
Verfahren basiert auf Macht/Autorität des Dritten mit Entscheidungsgewalt	Verfahren basiert auf Partizipation und Kommunikation der Betroffenen, Konsens
Sanktion als Übelszufügung	Wiedergutmachung und Wiederherstellung der Beziehungen
Sanktion wird erduldet, „abgesessen“	Aktive Verantwortungsübernahme
Stigmatisierung des Beschuldigten/Täters; Sanktion führt zum (temporären) Ausschluss	Verfahren zielt auf Inklusion und Empowerment auf beiden Seiten, Opfer wie Täter

Der RJ-Idee gelingt es, zwei unterschiedliche Perspektiven miteinander zu verknüpfen. Zum einen geht es um (viktimologisch begründete) Forderungen der Opferbewegung, zum anderen um sog. strafrechtskritische Ansätze, die angesichts des Versagens[43] der strafrechtlichen Sozialkontrolle im

41 Kuhn, T. (1970). The Structure of Scientific Revolutions, 2nd ed. Chicago.

42 Zehr, FN 2, Appendix; s. Tab. 1.

43 In diesem Beitrag wird auf der Grundlage der RJ-Idee konsequent darauf verzichtet, Vergleiche zur Wirkungsforschung, insb. sog. Rückfallverhinderung darzulegen. Das

Hinblick auf die Prävention sozialschädlichen Verhaltens eine Alternative zu den traditionellen Sanktionen (Diversion[44]) oder gar zum Strafrecht als solchem (Abolitionismus) propagierten.[45] Der Fokus auf das Leid der von Unrecht betroffenen Opfer und die Stärkung der Opferrolle im Verfahren müssen nicht mit einer Verschärfung des Strafrechts und einem Abbau rechtsstaatlicher Beschuldigtenrechte einhergehen.[46] Anders als bei der staatlichen Sanktion liegt in der Übernahme der Wiedergutmachungsverantwortung keine Übelszufügung. Während Strafe zur sozialen Ausgrenzung führt, zielt RJ auf die soziale (Re)Integration beider, Opfer wie Täter, in die Gesellschaft bzw. soziale Gemeinschaft.[47]

Abweichendes Verhalten, auch Delinquenz, wird nicht nur als individuelles Fehlverhalten gedeutet, sondern betrifft als soziales Phänomen die soziale Gemeinschaft als Ganzes und verweist in diesem Sinne auf die in dieser bestehenden sozialen Konflikte. Die RJ-Idee ist nicht nur strafrechtskritisch, sondern impliziert auch die Notwendigkeit für Veränderungen in sozialen Räumen, von lokalen Gegebenheiten oder gar der Rechts- und Sozialpolitik.[48] RJ-Anbieter sind überall in der Welt maßgebliche Akteure und Initiatoren von (Gewalt-)Präventions- und anderen (kriminalpolitischen, sozialen, …) Programmen zur Verbesserung der sozialen Infrastruktur. Allerdings scheint RJ überfrachtet zu werden, wollte man sie

Versagen, die negativen Auswirkungen traditioneller, insb. freiheitsentziehender Sanktionen sind ausreichend belegt (Kersten, FN 31, 174; z. B. Heinz, W. (2012). Jugendstrafrechtliche Sanktionierungspraxis auf dem Prüfstand. ZJJ, 129; Walter, M., Neubacher, F. (2011). Jugendkriminalität, 4. Aufl., 207 ff.), die Legalbewährung nach einem TOA auf keinen Fall schlechter, weshalb dieser bereits aus Gründen des Rechtsstaatsprinzips (Verhältnismäßigkeitsgebots) vorrangig ist.

44 Insbesondere die ATA-Programme in Österreich sowie die ersten TOA-Programme im Bereich des Jugendstrafrechts in Deutschland verstanden sich explizit als Diversionsprojekt im Rahmen der §§ 45, 47 JGG. Mittlerweile wird in Österreich auf das Adjektiv „außergerichtlich“ verzichtet und nur noch von Tatausgleich (TA) gesprochen, um dessen Anwendungsbereich im gerichtlichen Verfahren zu vergrößern.

45 Bianchi, H. (1974). Das Tsedeka-Modell als Alternative zum konventionellen Strafrecht. Zeitschrift für evangelische Ethik, 89 ff.; Christie, N. (1981). Limits to Pain. London; Sessar, K. (1992). Wiedergutmachen oder Strafen.Pfaffenweiler; Temme, G. (2008). Restorative Justice – ein Gegenmodell im Sinne des Absolutismus. Kriminologisches Journal, 83 -96.

46 Vgl. Kerner, H.-J. (1985). Die Wiedereinsetzung des Opfers als Subjekt des Strafrechts. In: Jannsen, H., Kerner, H.-J. (Hrsg.), Verbrechensopfer, Sozialarbeit und Justiz, Bonn, 495-521; Blad et al., FN 3; Crawford, A., Goodey, J. (eds.) (2000). Integrating a Victim Perspective within Criminal Justice. International debates. Aldershot.

47 Walgrave, L. (2002). Restorative Justice and the Law, Portland (USA), 25.

48 Matt, FN 3, 200.

auch als politische Theorie zur Überwindung ungerechter Verhältnisse ansehen.

III. Mediation und Täter-Opfer-Ausgleich

Das RJ-Konzept ist aufgrund seines partizipativen Charakters eng mit der Mediation als Konfliktlösungsverfahren verknüpft.[49] Ziel einer Mediation ist eine einvernehmliche Regelung der für die Konfliktparteien relevanten Fragen (Konsens). Wesentlich ist die aktive Teilhabe und i.d.R. die direkte Kommunikation der Konfliktbeteiligten. Im Unterschied zum staatlichen Gerichtsverfahren soll der Selbstbestimmung der Betroffenen Raum eingeräumt werden (Autonomie), ohne dass die Schutzmechanismen des Rechtsstaats (Gewaltmonopol, s. o.) verloren gehen. Das Recht garantiert weiterhin den Handlungs- und Schutzraum in dem die einvernehmliche Konfliktklärung stattfinden kann.[50] Autonomie basiert freilich auf der Annahme "that full participation in the process of mediation requires the capacity of both victim and offender to stand up for oneself and one's interests, to speak out und to be able to 'agree and to disagree'".[51] Von Autonomie kann man also nur sprechen, wenn die beteiligten Personen über die notwendige Handlungsfreiheit (Handlungsoptionen) und Handlungskompetenzen verfügen. RJ geht über die Bereitstellung von Handlungsspielräumen hinaus und beinhaltet die Förderung der Entwicklung von sozialkonstruktiven Handlungskompetenzen (Empowerment), womit – ganz im Sinne von Nils Christie (s. o.) – im Unterschied zum (gerichtlichen) Drittentscheidungsverfahren eine Rückaneignung der Konflikte stattfinden kann.

49 Pelikan/Trenczek, FN 3, 63 ff.; Wright, M., Galaway, B. (Hrsg.) (1989). Mediation and Criminal Justice, London 1989. Die UN-Resolution zu Restorative Justice aus dem Jahr 2002 (UN Economic and Social Council - ECOSOC Resolution 2002/12: "Basic principles on the use of restorative justice programmes in criminal matters" und vor allem die ihr vorausgehende Empfehlung R (99) 19 des Europarats von 1999 „Mediation in Penal Matters" hebt die Vermittlung (Mediation) in strafrechtlich relevanten Konflikten als eine lösungsorientierte Ergänzung bzw. Alternative zum Strafverfahren hervor. Zu den Wesenmerkmalen der Mediation s. Trenczek, T. (2013). Außergerichtliche Konfliktregelung (ADR) – Verfahren, Prinzipien und Modelle. In: Trenczek, T. et al. (Hrsg.), Mediation und Konfliktmanagement, Baden-Baden, 1 ff, Rn 34 ff.

50 Zur Mediation „im Lichte des Rechts" und dessen Schutzfunktion s. Trenczek, T. (2005). Streitregelung in der Zivilgesellschaft. Zeitschrift für Rechtssoziologie, 3 (17f.).

51 Pelikan/Trenczek, FN 3, 63 ff (66).

Der TOA ist das in Deutschland und Europa vorherrschende Praxismodel der „Restorative Justice“ Idee[52] – auch wenn nicht überall RJ drin ist, wo RJ drauf steht. Ungeachtet der strafrechtlichen Bewertung – eine Opfer-Täter-Thematik ist nahezu in allen eskalierten Konflikten vorhanden. Anders als in einer („zivilen“) Mediation ist die Vermittlung im RJ-Ansatz allerdings nicht völlig ergebnissoffen, die Rollen der Beteiligten sind zunächst klar verteilt. Der Beschuldigte hat seine Verantwortung dem Grunde nach eingeräumt (ein formelles Geständnis ist nicht erforderlich); das Opfers soll nicht befürchten müssen, reviktimisiert zu werden. Im Übrigen unterscheidet sich die Vermittlung in strafrechtlich relevanten Konflikten nicht wesentlich von der Mediation in anderen Arbeitsfeldern.[53] Beschuldigten (Tätern[54]) wie Geschädigten (Opfern) wird das Angebot gemacht, mit Hilfe eines Vermittlers eine von allen Beteiligten akzeptierte und mitgetragene Regelung zu finden, die geeignet ist, Konflikte, die zwischen ihnen bestehen und zu der Tat geführt haben bzw. durch sie verursacht wurden, beizulegen oder zumindest zu entschärfen. Allerdings war die Verknüpfung von Mediation und TOA vor allem im Hinblick auf den Zwangskontext des Strafrechts nicht unumstritten. In der Tat ist nicht überall Mediation drin, wo TOA drauf steht. Andererseits nimmt das Mediationsgesetz an keiner Stelle bestimmte Anwendungsfelder von seinen Regelungen aus.[55] Die Vorschriften des Mediationsgesetzes knüpfen nach § 1 Abs. 2 MediationsG an einen fuktionalen Mediatorenbegriff an und sind damit für alle Mediatoren verbindlich unabhängig davon, in welchem Arbeitsfeld sie tätig sind. Das Mediationskonzept basiert auf einer klaren Verantwortungsteilung: Die Parteien sind für Inhalt des Konflikts (bzw. der zu klärenden Fragen) und das Ergebnis seiner Bearbeitung verantwort-

52 Neben der Mediation in strafrechtlich relevanten Konflikten finden sich international (weniger in Deutschland und Europa) im Rahmen von RJ-Programmen auch sog. Conferencing oder auch Circle-Verfahren, in die nicht nur die unmittelbar am Konflikt beteiligten, sondern weitere Personen einbezogen werden; vgl. Pranis, K., Stuart, B., Wedge, M. (2003). Peacemaking Circles. From Crime to Community; St. Paul. Zu Ansätzen in Deutschland Hagedorn, O. (2007). Gemeinschaftskonferenzen in Elmshorn. In: TOA-Infodienst Nr. 33, 44-45. Zur RJ- und Conferencing Praxis in Neuseeland Trenczek, FN 6, 268 ff.

53 Vgl TOA Servicebüro, BAG TOA (2009). Standards Täter-Opfer-Ausgleich. Köln; Trenczek, Delattre (2004). Spektrum der Mediation, 14 ff.

54 Vgl. Anm. FN 5.

55 Hartmann, A., Steengrafe, F. (2012). Das Mediationsgesetz und der Täter-Opfer-Ausgleich, TOA-Infodienst 43, 30 f.; Trenczek, T. (2013). Restorative Justice in der Praxis: Täter-Opfer-Ausgleich und Mediation in Deutschland, TOA-Magazin.

lich (Konflikt- und Ergebnis-„Herrschaft“), die Mediatoren für die Verfahrensgestaltung, die Strukturierung der Kommunikation und die Unterstützung der Medianten (Prozessherrschaft).[56]

TOA und Mediation in strafrechtlichen Konflikten sind allerdings nicht deckungsgleich. Nach der strafrechtlichen Legaldefinition des TOA reicht es aus, dass der Beschuldigte sich ernsthaft bemüht, einen Ausgleich mit dem Verletzten zu erreichen und dabei seine Tat ganz oder zum überwiegenden Teil wieder gut zu machen oder deren Wiedergutmachung zu erstreben (§ 153a Abs. 1 Nr. 5 StPO).[57] Im Hinblick auf seine strafrechtliche Berücksichtigung erfordert ein TOA zwar über die Schadenswiedergutmachung hinaus eine kommunikative Einbeziehung des Opfers, nicht erforderlich ist aber, dass ein Vermittler zur Konfliktregelung eingeschaltet wird.[58] Die Vermittlungspraxis in strafrechtlichen Konflikten berührt mithin zwei voneinander unabhängige, sich aber überschneidende Regelungsbereiche. In den strafrechtlichen Normen geht es um die strafrechtliche Bewertung bzw. Anerkennung eines Ausgleichs im Rahmen der Verfahrensentscheidung (StPO, JGG) bzw. Strafzumessung (StGB, JGG) durch die Strafjustiz; das Mediationsgesetz befasst sich mit der verfahrensmäßigen Ausgestaltung der Mediation und ist für die Mediatoren verbindlich.

IV. RJ und die Strafrechtspraxis – Ausblick

Mit dem TOA werden höchst unterschiedliche (rechtspolitische) Ziele verfolgt. Dabei geht es u. a. um die Humanisierung der Strafrechtspflege durch die Berücksichtigung der materiellen wie immateriellen Opferinteressen, die kriminalpräventive Wirkung der Wiedergutmachung sowie zum anderen um die Entlastung der Justiz durch informelle Erledigung des strafrechtlichen Verfahrens (Diversion) und Kostenreduzierung.

56 Zur Rolle und Aufgaben der Vermittler ausführlich Trenczek, T. (2013). Aufgaben, Funktionen und Kompetenzen von Mediatoren. In: Trenczek, T. et al. (Hrsg.), Mediation und Konfliktmanagement. Baden-Baden, 179 ff.

57 Im Hinblick auf § 46a Nr. 1 StGB setzt allerdings ein erfolgreicher Täter-Opfer-Ausgleich grds. voraus, dass das Opfer die Leistungen des Täters als friedensstiftenden Ausgleich akzeptiert (BGH 31. 5. 2002 – 2 StR 73/02, NStZ 2002, 646).

58 BGH 7.12.2005 – 1 StR 287/05 - NStZ 2006, 275; BGH StV 2003, 274; BGH StV 2002, 651.

Das deutsche Strafrecht hat dem Ausgleichsgedanken vor allem durch §§ 46, 46a StGB Rechnung getragen und im Rahmen der Diversion eine besondere Bedeutung zugemessen.[59] Gleichwohl ist der TOA eine in der Praxis extrem selten genutzte Verfahrensalternative. In Ermangelung einer offiziellen Fallstatistik schätzt man in Deutschland die Zahl der von den etwa 350 TOA-Anbietern durchgeführten Verfahren derzeit auf etwa 25.000 – 30.000 Fälle, von denen allerdings nur etwa die Hälfte mediativ bearbeitet werden.[60] Selbst nach den optimistischsten Schätzungen liegt die Quote der TOA-Verfahren im Vergleich zu den anklagefähigen Verfahren unter 1 %.[61]

Aber nicht nur quantitativ, sondern auch in qualitativer Hinsicht muss man eher ernüchternd feststellen, dass der TOA zumeist zur Bearbeitung der organisatorisch den Amtsanwälten obliegenden „minderschweren" Kriminalität genutzt wird, wobei diese justizielle Bewertung nichts über die Bedeutung des Konflikts für die Konfliktbeteiligten aussagt. Allerdings lassen weder Deliktsschwere noch strafrechtliche Vorbelastungen des Täters Prognosen über die Erfolgsaussichten einer Vermittlung und eines TOA zu. Die insgesamt sehr hohe Teilnehmerbereitschaft der Beteiligten[62] wird nicht von der strafrechtlichen Bewertung des zugrundeliegenden Delikts beeinflusst. Vor allem ist es angesichts der Interessenlage

59 Vgl insb. §§ 45, 47 JGG, § 153a Abs. 1 Nr. 5, § 155a StPO. Der TOA ist allerdings sowohl im Jugend- als auch im allgemeinen Strafrecht nicht nur im Rahmen der Diversion, sondern zT auch als Sanktion bzw als Auflage vorgesehen; vgl § 10 Abs. 1 S 3 Nr. 7 JGG; § 56a Abs. 2 Nr. 1 StGB. Zu den rechtlichen Grundlagen s. Rössner, in: Dölling, Duttke, Rössner (2011). Gesamtes Strafrecht, 2. Aufl., § 46a Rn 10 ff. Zum TOA im Strafvollzug Hartmann et al. (2012). TOA Info 44, 26 ff.

60 Die 33 sich in Deutschland an der „bundesweiten" TOA-Statistik beteiligten Einrichtungen bearbeiten etwa 5.000 Verfahren im Jahr; vgl. Kerner, H.-J., Eikens, Hartmann (2012). Täter-Opfer-Ausgleich in Deutschland. Auswertung der bundesweiten Täter-Opfer-Ausgleichs-Statistik für den Jahrgang 2010; hrsg. vom BMJ, Berlin, 6 ff.

61 BMI, BMJ (Hrsg.) (2006). Zweiter Periodischer Sicherheitsbericht. Berlin, 593. Anderen Untersuchungen zufolge kämen bei einer konservativen Einschätzung etwa 20 % bis 1/3 der strafrechtlichen Verfahren, also mehr als 500.000 für einen Ausgleich in Betracht, vgl. Wandrey/Weitekamp, Die organisatorische Umsetzung des Täter-Opfer-Ausgleichs in der Bundesrepublik Deutschland – eine vorläufige Einschätzung der Entwicklung im Zeitraum von 1989–1995, In: Dölling et al. (1998). Täter-Opfer-Ausgleich in Deutschland. Bestandsaufnahme und Perspektiven, Bonn, 121 (142 f.).

62 In den sich an der TOA-Statistik des TOA-Servicebüros beteiligten Projekten sind mehr als 75 % der Beschuldigten (bis über 90 % der jungen Beschuldigten und etwa 75–85 % der erwachsenen Beschuldigten) sowie etwa 55 % der Opfer bereit, an einem TOA teilzunehmen, in etwa 20 % der Fällen werden Opfer nicht erreicht oder lehnten die Beschuldigten zuvor einen TOA ab.

geschädigter Opfer nicht gerechtfertigt, bestimmte Tatbestände oder Vorstrafen belastete Täter von dem Versuch eines Konfliktausgleichs auszugrenzen. Nur selten findet man aber in der Justiz die Überzeugung, dass bei der Anwendung des TOA keine Einschränkung im Deliktsbereich erfolge.[63]

Der TOA kann (nicht nur) in Deutschland – ungeachtet der in den konkreten Einzelfällen positiven Ergebnisse für Geschädigte wie Beschuldigte – sein von allen Seiten gelobtes Potential und den mit der RJ-Idee formulierten Anspruch nicht einlösen. Die Versuche, die Wiedergutmachung neben Strafe und Maßregel als dritte Spur des Strafrechts oder gar als Strafzweck zu verorten, haben die Sache nicht besser gemacht.[64] Denn auch damit wird die Wiedergutmachung bzw. die RJ-Idee für ihr wesensfremde Sanktionszwecke cooptiert[65], entspringen sie doch den dem Strafrecht vorgelagerten Grundsätzen der konsensualen Konfliktregelung (s. o.).[66] Das Strafrechtssystem scheint „so impregnated with self-interests, so adaptive that it takes in any new idea, molds it, changes it until is suits the system's own purposes".[67] Eine solche selbstreferentielle Kooptierung und letztlich der (bewusste oder unbewußte) Boykott bedrohlich erscheinender Alternativen ist freilich aus systemtheoretischer Perspektive geradezu notwendig. Es kann deshalb nicht verwundern, dass der TOA als (mehr oder weniger) sinnvoller Sanktionsannex für die minder schweren Fälle nichts an der bisherigen Strafrechtspraxis ändert. Die Implementation der RJ-Idee in das strafrechtliche Entscheidungsprogramm hat zur Folge, dass der Fallzugang und die Ergebnisse der Praxisprojekte von den Rationalitäten der Strafjustiz dominiert, der TOA zumeist als funktionales Äquivalent zur Strafe genutzt und im Jugendbereich mitunter als „erziehe-

63 Evers, A. (2002). Falleignungskriterien aus der Sicht der Justizpraxis. TOA-Infodienst Nr. 16, 36. Immerhin lässt sich aus der TOA-Statistik der letzten Jahre entnehmen, dass der Anteil der Körperverletzungsdelikte bundesweit relativ stabil bei über 50 % liegt, in manchen Programmen z. T. deutlich darüber.

64 Vgl. z. B. Baumann, J. u. a. (1992). Alternativ-Entwurf Wiedergutmachung (AE-WGM); München; Schöch, H. (Hrsg.) (1987). Wiedergutmachung und Strafrecht. München.

65 Trenczek, T. (2002). Victim-offender-reconciliation: The danger of cooptation and a useful reconsideration of law theory, Contemporary Justice Review, 23-34.

66 Vgl. selbst BMI, BMJ (Hrsg.) (2006). Zweiter Periodischer Sicherheitsbericht. Berlin, 590: „Er [der TOA] ist konzeptionell keine Strafe, nicht einmal eine eigentliche Sanktion."

67 Zehr, FN 2, 3; vgl. Feeley, M. (1979). Court reform on trial. Why simple solutions fail. New York.

rische Draufgabe“ missbraucht werden.[68] Prozess und Ergebnis eines (mittels einer Mediation erzielten) friedensstiftenden Ausgleichs scheinen in der Praxis aufgrund der Anforderungen und Sichtbegrenzungen des Strafrechtssystems nicht angemessen wahrgenommen werden zu können. Die RJ-Idee ist verschenkt, wollte man sie nur im Gewande des TOA zur Ergänzung des strafrechtlichen Instrumentariums nutzen. Eine Rückbesinnung auf die Wesensmerkmale von RJ hat deshalb einige Initiativen dazu bewogen, ihr Vermittlungsangebot nicht ausschließlich justiznah, sondern inhaltlich breiter und gemeinwesennah auszugestalten. Im internationalen Raum wird mittlerweile nicht mehr nur von RJ, sondern von Restorative Practice gesprochen, um sich von der vereinnahmenden Definitionsmacht des Strafrechts zu lösen.[69]

68 Vgl. Pelikan, C. (2012). Restorative Justice – (m)ein Weg, TOA-Infodienst 43, 21 (SB RJ 19-26); Trenczek, T (2003). Mediation im Strafrecht, ZKM, 104 ff.

69 Brookes, D., McDonough, I. (2006). The Differences between Mediation and Restorative Justice. Scottish Centre for Restorative Justice, 16 f.; Trenczek, T. (2013). Beyond Restorative Justice to Restorative Practice. In: Blad et al. (Eds.), Civilizing Criminal Justice; Wachtel, T. (2011). Restorative Practices. Creating a Unified Strategy for Democratizing Social Care, Education and Criminal Justice. Utrecht.

Der Kriminologische Dienst als wissenschaftliche Einrichtung des Justizvollzuges

Stefan Suhling, Susann Prätor

„In der Tat kann man Menschen einsperren, ohne dieses Geschäft wissenschaftlich zu begleiten und hinterfragen." (Gratz, 2010, S. 275)

I. Einleitung

Die Kriminologischen Dienste erleben derzeit einen Aufschwung: Während zuvor vielerorts Ministerialbeamte der Justizvollzugsabteilungen mit einem geringen Anteil ihrer Arbeitszeit für kriminologische Forschung zuständig waren, wächst seit einigen Jahren die Zahl der Bundesländer mit eigenständigen Forschungseinrichtungen im Justizvollzugsbereich, und auch die Zahl der Mitarbeiterstellen ist gestiegen.

Niedersachsen hatte zunächst eine 1979 von Prof. Schwind gegründete Referatsgruppe „Planung und Forschung". Nach deren Auflösung 1986 gab es seit 1995 einen Kriminologischen Dienst. Die Investition in eine wieder auch empirische Studien durchführende Arbeitseinheit erfolgte aber erst durch Christian Pfeiffer in seiner Zeit als niedersächsischer Justizminister. Im September 2002 gründete er die Projektgruppe „Forschung im Justizvollzug", die am 1.9.2004 auch namentlich die Nachfolge des bis dahin existierenden Kriminologischen Dienstes übernahm.

Zunächst waren in dieser Gruppe ausschließlich VollzugspraktikerInnen um die zuvor als Anstaltsleiterin tätige Psychologin Dr. Katharina Bennefeld-Kersten tätig. In die Amtszeit von Christian Pfeiffer fällt auch die Erweiterung der Projektgruppe: Anfang 2003 wurde vor dem Hintergrund der neuen Gesetzgebung zur Sozialtherapie und dem damit verbundenen Wunsch nach Evaluation der Behandlungsmaßnahmen eine weitere Stelle im höheren Dienst geschaffen.

Christian Pfeiffer hat den heutigen Kriminologischen Dienst des niedersächsischen Justizvollzugs aber nicht nur als Justizminister durch die Gründung der Projektgruppe „Forschung im Justizvollzug" geprägt, sondern indirekt auch durch sein Wirken am Kriminologischen Forschungsinstitut Niedersachsen (KFN): Katharina Bennefeld-Kersten hospitierte dort 2002, und sowohl Erstautor als auch Zweitautorin dieses Aufsatzes waren zuvor dort tätig und konnten sich durch ihre gute Ausbildung am KFN im Bewerbungsverfahren für den Kriminologischen Dienst qualifizieren.

Im vorliegenden Beitrag wird zunächst die Frage diskutiert, ob es überhaupt sinnvoll ist, den Strafvollzug wissenschaftlich zu beforschen. Nach einer positiven Antwort werden Vor- und Nachteile vollzugsinterner (vs. vollzugsexterner) Forschung abgewogen. Anschließend wird ein knapper Überblick über die Kriminologischen Dienste und deren Arbeitsschwerpunkte gegeben. Schließlich werden Desiderate für die zukünftige Forschung im Justizvollzug skizziert.

II. Warum sollte man Forschung im Justizvollzug betreiben?

Die Frage nach dem Sinn und der Begründung der Erforschung des Justizvollzugs ist keineswegs trivial. Immerhin gibt es genügend Ansätze, die die Wirksamkeit dieser Institution, mithin gar ihre Existenz, kritisch hinterfragen. Foucault (1977) sieht das Gefängnis als modernes Instrument zur Disziplinierung und zur Durchsetzung von Machtinteressen. Nach Rusche und Kirchheimer (1939) und anderen marxistisch geprägten Ansätzen erfüllen Strafe und Gefängnis in kapitalistischen Gesellschaften die Funktion, Arbeitskräfte und -märkte zu regulieren. Wacquant (2000) beispielsweise sieht den Anstieg der Gefangenenzahlen in den USA in den 1980er und 1990er Jahren als Indiz für die Marginalisierung und Kriminalisierung der Armen und für die liberalisierten und globalisierten Märkte Untauglichen und kritisiert das Gefängnis vor dem Hintergrund einer immer prominenter werdenden Sicherheitsideologie als Instrument zur Ausgrenzung solcher Randgruppen. Diese sozialphilosophischen Ansätze (vgl. auch Garland, 1990; Simon/Sparks, 2013) beeinflussten die auch im Rahmen der sozialen Bewegungen der 1960er und 1970er diskutierten Ideen zur Abschaffung des Straf- und Gefängnissystems (vgl. z. B. Mathiesen, 1974; Scheerer, 1991).

Auch sozialwissenschaftliche Ansätze wie der Labeling-Approach (z. B. Becker, 1963) sehen das Gefängnis als eine – für das bestrafte Individuum – schädliche Institution an, weil die Gefängnisstrafe zu sozialer Ausgrenzung und Stigmatisierung führe und damit die Chancen auf ein straffreies Leben reduziere. Tatsächlich lassen die wenigen guten Studien, die es zum Vergleich stationärer und ambulanter Sanktionen gibt, den Schluss zu, dass der Gefängnisaufenthalt in seiner Wirkung auf die Rückfälligkeit entweder keinen Vorteil hat oder gar höhere Rückfallquoten nach sich zieht (z. B. Albrecht et al., 1981; Cullen et al., 2011; Häßler, 2012). In der bislang womöglich besten Studie zu dieser Frage verglichen Bales und Piquero (2012) die Rückfälligkeit von Straftätern ohne Freiheitsstrafe (mit „intensive supervision") mit solchen, die eine Freiheitsstrafe verbüßt hatten. Die Autoren waren in der Lage, im Hinblick auf die Merkmale Geschlecht, Rasse (Ethnizität), Alter, aktuelles Delikt, Vorstrafen, Vorinhaftierungen und Bewährungsversagen vergleichbare Probanden zu identifizieren. Diese sich sehr ähnlichen Gruppen unterschieden sich insofern, als die Rückfallquote der Inhaftierten um 8 – 12 % höher lag als die der Probanden mit Bewährung. Legen diese Überlegungen und Befunde nahe, dass man sich mit dem, was im Strafvollzug geschieht, nicht mehr wissenschaftlich befassen sollte, weil dieser scheinbar nur schädlich sein kann?

Auf der anderen Seite ist bislang keine entwickelte Gesellschaft bekannt, die ohne die Institution „Gefängnis" auskommt. Sicherlich ist es möglich, durch Veränderungen der Kriminalpolitik, Diversion, Ansätze der restaurativen Gerechtigkeit, den Ausbau ambulanter Sanktionen und durch die Verbesserung der ambulanten Nachbetreuung sowie des Übergangsmanagements das Ausmaß der Nutzung des Gefängnisses zu reduzieren – skandinavische Länder haben dies vorgemacht (z. B. Uglevik/Dullum, 2012). Wiederholte und/oder schwere Straftaten und Straftäter, die ein hohes Rückfallrisiko in Bezug auf schwere Straftaten in sich tragen, rechtfertigen indes sowohl aus retributiver wie aus präventiver Perspektive die Existenz des Justizvollzugs: Zum einen würden wahrscheinlich das allgemeine Gerechtigkeitsempfinden und das Ansehen der Justiz leiden, wenn schwere Straftaten nicht auch eingriffsintensive Sanktionen nach sich ziehen würden: Studien zeigen, dass das Empfinden der Menschen über die angemessene Strafe vornehmlich retributiven Strafzwecken folgt (Carlsmith et al., 2002). Zum anderen hat der Staat eine Schutzfunktion gegenüber seinen Bürgern, so dass er verpflichtet ist Menschen, die in Gefahr stehen, schwere Straftaten zu begehen, an diesem Handeln zu hindern. Kurzum: Der Strafvollzug ist derzeit grundsätzlich wohl ohne Alternative.

Gleichzeitig dürfte kaum zu bestreiten sein, dass die eingriffsintensive Strafe „Freiheitsentzug" einer besonderen Rechtfertigung bedarf, nicht nur normativ, sondern auch empirisch: Da die Freiheitsstrafe nicht zweckfrei, nicht aus sich heraus gerechtfertigt, sondern mit Zielen verbunden ist, erhebt sich notwendigerweise die Frage, ob sie die Zwecke auch erfüllt (z. B. Jehle, 1999). Der Strafvollzug hat gesetzlich zum Ziel, den Gefangenen zu befähigen, künftig in sozialer Verantwortung ein Leben ohne Straftaten zu führen (§ 2 Strafvollzugsgesetz), und es ist zu belegen, dass er dies, wenn schon nicht im Haupteffekt, so doch zumindest für einige Gruppen bewerkstelligt. Auch die Erfüllung der Aufgabe des Schutzes der Allgemeinheit, der in vielen Bundesländern mittlerweile zum Vollzugsziel avanciert ist, lässt sich empirisch überprüfen.

Für den Jugendstrafvollzug gibt es seit 2006 auch eine klare Forderung nach entsprechender Forschung. Das Bundesverfassungsgericht weist in seinem Urteil zum Jugendvollzug vom 31. Mai 2006 (– 2 BvR 1673/04 –2 BvR 2402/04) darauf hin, dass die Ausgestaltung des Vollzuges auf Annahmen und Prognosen über die Wirksamkeit unterschiedlicher Vollzugsgestaltungen und Behandlungsmaßnahmen beruhen muss. Die Prognosen und Annahmen sollen dabei sorgfältig ermittelt sein. Der Gesetzgeber ist zur Beobachtung und ggf. Nachbesserung verpflichtet. Das Bundesverfassungsgericht legt die „Erhebung aussagefähiger, auf Vergleichbarkeit angelegter Daten" nahe, die „eine Feststellung und Bewertung der Erfolge und Misserfolge des Vollzuges – insbesondere der Rückfallhäufigkeiten – sowie die gezielte Erforschung der hierfür verantwortlichen Faktoren ermöglichen." Alle Bundesländer haben diese Forderung nach Evaluationsforschung in ihren Jugendstrafvollzugsgesetzen umgesetzt. In den Bundesländern, die auch schon den Strafvollzug an Erwachsenen eigenständig gesetzlich geregelt haben, wurde ebenfalls eine Evaluationsforderung aufgenommen, die spezifischer als die Formulierung des § 166 im Strafvollzugsgesetz ist. Im Musterentwurf, den zehn Bundesländer für ihre Strafvollzugsgesetze erarbeitet haben, sind in §92 sowohl die regelmäßige Evaluation von Behandlungsprogrammen als auch Forschung zur Gestaltung des Strafvollzugs normiert. Auch in den Sicherungsverwahrungsvollzugsgesetzen der Länder, die am 1.6.2013 in Kraft getreten sind, ist Evaluationsforschung festgeschrieben.

Diese Neuerungen und klaren Positionierungen der Gesetze stehen im Kontext einer allgemeinen gesellschaftlichen Entwicklung, die von den unterschiedlichen Sparten und Ressorts des öffentlichen Sektors „Wirkungsorientierung", „Accountability" und „Qualitätssicherung" fordert – auch angesichts der Kosten, die Institutionen wie der Strafvollzug verursachen.

Das Urteil des BVerfG vom 31.5.2006 und die angesprochenen Gesetze fokussieren stark auf die Frage der Wirksamkeit des Strafvollzugs, also das Ausmaß, in dem er seine gesetzlich formulierten Ziele erreicht (vgl. dazu ausführlicher Obergfell-Fuchs/Wulf, 2008; Suhling, 2012; Wirth, 2012a). Als Ziel der Kriminologischen Dienste kann demnach gesehen werden, die Justizvollzugsanstalten und das Justizministerium bei der stetigen Qualitätssteigerung des Strafvollzugs im Sinne einer in diesem Sinne wirksamen Organisation zu unterstützen, indem sie relevante wissenschaftliche Kenntnisse gewinnen und vermitteln.

Aus der internationalen Wirksamkeitsforschung zu Behandlungsmaßnahmen ist bekannt, dass Straftäterbehandlung, auch im Strafvollzug, erfolgreich sein kann (z. B. Lösel, 2012), der Vollzug der Freiheitsstrafe also umso wirksamer ist, je mehr angemessene Behandlungsprogramme in angemessenen Settings implementiert werden. Dabei lassen sich sowohl auf der institutionellen Seite als auch auf der Seite der Behandelnden und der Behandelten Merkmale identifizieren, die die Wahrscheinlichkeit einer rückfallsenkenden Wirkung der Behandlung erhöhen. Die Frage nach der Interaktion dieser Merkmale, also danach, was für wen unter welchen Bedingungen wirkt (z. B. Steller, 1994), ist damit aber noch lange nicht beantwortet. Auch die Übertragbarkeit der internationalen Ergebnisse auf Deutschland ist nicht ohne weiteres möglich; bislang gibt es hierzulande viel zu wenige qualitativ hochwertige Studien (vgl. Lösel, 2013). Zudem möchte man ja prinzipiell auch in Bezug auf jede einzelne (durchgeführte) Maßnahme wissen, ob sie wirksam war und nicht nur, ob sie das Potential dazu besitzt. Überdies beschäftigen den Strafvollzug neben der Frage nach seiner Zielerreichung oder die Zielerreichung einzelner Behandlungsmaßnahmen viele weitere Einzelthemen, die den Alltag in Haft berühren, etwa die Prävalenz von Gewalt oder Drogenkonsum, Behandlungsmöglichkeiten von besonders „schwierigen" Gefangenen, den Nutzen von Diagnose- und Prognoseinstrumenten, Möglichkeiten der Suizidprävention usw. Diese Themen tangieren mitunter freilich im weiteren Sinne ebenfalls Wirksamkeitsaspekte, berühren aber auch die in § 3 Strafvollzugsgesetz normierten Angleichungs- und Gegenwirkungsgrundsätze. Daneben sind auch organisationale und arbeitsbezogene Themen, die die Bediensteten im Justizvollzug betreffen (z. B. berufliche Erwartungen, Arbeitszufriedenheit,

Stress, Gesundheit) wissenschaftlich weitgehend unbearbeitet (Greve, 2002; Rehn/van den Boogart, 2012), obwohl die Bediensteten den Kern der Resozialisierungsarbeit ausmachen und wesentlich auch die Schutzfunktion des Strafvollzugs gewährleisten. Im Übrigen sind auch die Zusammenhänge zwischen Anstaltskultur, Wohlbefinden der Bediensteten und Gefangenen sowie den Auswirkungen auf die Wirksamkeit des Strafvollzugs in Deutschland nicht erforscht.

Mit anderen Worten gibt es eine Vielzahl an Themen und Fragestellungen im Justizvollzug, die wissenschaftlich-kriminologisch zu bearbeiten wären. Die Ausstattung der Kriminologischen Dienste ist angesichts dessen trotz der Verbesserungen in den letzten Jahren jedoch dürftig (Jehle, 2013; Rehn/van den Boogart, 2012). Auch das Interesse der Universitäten und Forschungseinrichtungen am Strafvollzug hält sich insgesamt in Grenzen, was auch an der problematischen Lage der Kriminologie in Deutschland liegen dürfte (vgl. dazu Albrecht et al., 2013; Koop, 2013).

Nachfolgend wird ausführlicher auf die Arbeit der Kriminologischen Dienste eingegangen, wozu auch eine Gegenüberstellung von Vor- und Nachteilen vollzugsinterner bzw. -externer Forschung gehört.

III. Vor- und Nachteile einer vollzugsinternen Forschungseinrichtung

Kriminologische Dienste stellen auf Grund ihrer Anbindung an den Vollzug vollzugsinterne Forschungseinrichtungen dar. Im Unterschied zu externen Forschungseinrichtungen (wie Universitäten, dem Kriminologischen Forschungsinstitut Niedersachsen oder dem Max-Planck-Institut für ausländisches und internationales Strafrecht) stehen sie damit in unmittelbarer Nähe zu, wenn nicht sogar mitten in ihrem Forschungsgegenstand: dem Strafvollzug. Diese vollzugliche Nähe kann dabei Fluch und Segen zugleich sein.

Einerseits bietet sie gegenüber externer Forschung den Vorteil, dass Abläufe und Bedingungen des Strafvollzuges sehr gut bekannt sind, man dadurch oftmals „die gleiche Sprache spricht" und die forschenden Personen den zu beforschenden vollzuglichen Einrichtungen in der Regel bekannt sind (vgl. Andreas, 2004, S. 137). Diese Aspekte können den Zugang zum Feld z. B. in Form der Bereitstellung von „sensiblen" Dokumenten (wie Gefangenenpersonalakten) und Daten erleichtern, wenn nicht gar überhaupt erst ermöglichen. Längsschnittstudien lassen sich zudem durch interne Forschungseinrichtungen leichter realisieren, da im Unterschied zu externen Forschungseinrichtungen durch die in der Regel unbefristeten Arbeitsverträge der MitarbeiterInnen in den Kriminologischen Diensten eine gewisse personelle Kontinuität gewährleistet werden kann und der Druck nicht so hoch ist, Qualifikationsarbeiten möglichst schnell abzuschließen.[1] Die Anbindung an die Praxis macht es überdies leichter, innovative Projekte ohne aufwändige Abstimmungs- und Genehmigungsverfahren durchzuführen. Auch liegt der Fokus vollzugsinterner Forschung vor allem auf der Ableitung konkreter handlungspraktischer Empfehlungen für den Vollzug, während externe Forschungseinrichtungen mitunter darauf konzentriert sein müssen, möglichst hochrangige Publikationen bzw. wissenschaftliche Qualifikationsarbeiten auf Basis der erhobenen Daten zu verfassen. Davon nicht ganz unabhängig ist auch die Verbindlichkeit der Ergebnisse für die Praxis, die mit Blick auf die interne Forschung höher ausfallen dürfte als für externe Forschungseinrichtungen.

Allerdings geht damit auch der Nachteil einher, dass die Praxis vor allem von den „internen“ Evaluierenden eine klare, eindeutige Position bzw. Handlungsempfehlung mit den Ergebnissen „mitgeliefert“ bekommen möchte – was tendenziell im Widerspruch zur Wissenschaftsfreiheit steht. Vollzugsexterne Einrichtungen können sich in diesem Aspekt eher zurücknehmen; vielleicht gelingt es ihnen aus der unabhängigen Position auch besser, klare Positionen einzunehmen. Ihnen mag es auch besser gelingen, eine kritische Analyse des Vollzuges vorzunehmen und unbequeme Ergebnisse vorzutragen. MitarbeiterInnen Kriminologischer Dienste sind dagegen oftmals weisungsgebunden und damit nicht nur hinsichtlich der Wahl der Forschungsthemen, der Rahmenbedingungen und Zielvorgaben, sondern auch der Interpretation/Präsentation der Forschungsbefunde weniger frei als WissenschaftlerInnen externer Forschungseinrichtungen (vgl. Wottawa/Thierau, 2003, S. 37). Insofern bewegen sich vollzugsinterne Forschungseinrichtungen regelmäßig auf einem schmalen Grat zwischen Wissenschaftsfreiheit auf der einen und Weisungsgebundenheit auf

1 Die Entfristung von Arbeitsverträgen wird in der Wissenschaft zuweilen auch negativ bewertet, da unterstellt wird, dass die Befristung von Verträgen zu höherer Arbeitsmotivation bzw. -produktivität führt. Diese Annahme lässt sich empirisch allerdings nicht bestätigen. Vielmehr zeigt sich, dass die zeitliche Befristung für WissenschaftlerInnen ein besonders demotivierender Faktor ist (Grühn et al., 2009, S. 40) und die Arbeitsproduktivität eines Unternehmens weder positiv noch negativ durch Befristungen beeinflusst wird (Nielen/Schiersch, 2012).

der anderen Seite. Zudem werden externe Forschungseinrichtungen im Hinblick auf Projekte im Bereich der Grundlagenforschung größere Aussicht auf Erfolg (z. B. im Rahmen von Drittmittelanträgen) haben als Kriminologische Dienste, die mit den zur Verfügung stehenden Geldern vorrangig Projekte durchführen sollen, die für den Vollzug unmittelbar praktische Relevanz besitzen. Vorrangig handelt es sich bei diesen Forschungsprojekten vollzugsinterner Forschungseinrichtungen um Evaluationen vollzuglicher Maßnahmen; allgemeine Fragestellungen zum Thema Strafvollzug sind hingegen weniger bedeutsam (s.u.). Vorteilhaft kann für externe Forschungseinrichtungen schließlich sein, dass sie von Seiten der Beforschten (Gefangene, Bedienstete) bei bestimmten Fragestellungen einen gewissen Vertrauensvorschuss genießen, während bei vollzugsinternen Einrichtungen möglicherweise eher eine Gefahr der De-Anonymisierung gesehen wird und die Beteiligungsquoten darunter leiden können.

Zusammengefasst gibt es sowohl für die Einrichtung leistungsstarker Kriminologischer Dienste als auch für die Durchführung von Forschungsarbeiten durch vollzugsexterne Institutionen gute Argumente. Stärker als vollzugsexterne Forschung ist der Kriminologische Dienst der „Nutzbarkeit" der Ergebnisse für die Bemühungen des Strafvollzugs, seine Ziele zu erreichen, verpflichtet. Gleichzeitig sollte seine Arbeit auch wissenschaftlichen Kriterien genügen und sollte es auch sein Bestreben sein, seine Erkenntnisse der Wissenschaftsgemeinde zur Verfügung zu stellen. Je nach Themengebiet, Fragestellung, politischer Relevanz sowie finanziellem und personellem Aufwand dürfte für die Beauftragung mit einem Forschungsprojekt eher die interne oder die externe Lösung nahe liegen. Wünschenswert wäre in jedem Fall, wenn die Kriminologischen Dienste mit externen ForscherInnen kooperieren würden. Dies wird derzeit meist über Praktika oder Bachelor- bzw. Masterarbeiten realisiert; „echte" Kooperationsprojekte sind bislang noch eine Seltenheit.

IV. Die Kriminologischen Dienste: ein kurzer Überblick

Wie schon erwähnt, haben sich im Bereich der Kriminologischen Dienste in den letzten Jahren Entwicklungen ergeben, die selbst in den neuesten Auflagen der Kommentare (z. B. Jehle, 2013; Rehn/van den Boogart, 2012) nicht aktuell beschrieben werden. Kriminologische Dienste mit eigenen Ressourcen und mindestens zwei MitarbeiterInnen gibt es heute in Baden-Württemberg, Bayern, Berlin, Brandenburg, Hessen, Niedersachsen, Nordrhein-Westfalen, Sachsen, Sachsen-Anhalt und Thüringen. In Bremen, Mecklenburg-Vorpommern und Rheinland-Pfalz ist jeweils eine Person hauptamtlich für den Kriminologischen Dienst zuständig und in Hamburg, dem Saarland und Schleswig-Holstein wird der Kriminologische Dienst noch durch eine Referentin bzw. einen Referenten der Strafvollzugsabteilung mit „abgedeckt". Neben diesem mittlerweile seltenen „Ministeriumsmodell" sind die Kriminologischen Dienste entweder an vollzugliche Bildungseinrichtungen oder an Justizvollzugsanstalten/-krankenhäuser angebunden. Auffällig ist dabei, dass in den Kriminologischen Diensten mit eigenen Ressourcen immer seltener MitarbeiterInnen aus der Vollzugspraxis vertreten sind und dass unter ihnen keine JuristInnen sind. Mit der Einstellung von Personen, die eine Ausbildung in Methoden der empirischen Sozialforschung vorweisen können, hat eine Professionalisierung stattgefunden.

Ein maßgeblicher Motor für die Erweiterung der Dienste war das angesprochene Urteil des Bundesverfassungsgerichts zum Jugendstrafvollzug und den darauf folgenden Beschluss des Strafvollzugsausschusses der Länder, eine regelmäßige, bundesländerübergreifende Evaluation des Jugendstrafvollzugs zu initiieren. Eine Arbeitsgruppe der Kriminologischen Dienste hat Erhebungsinstrumente zur stichtagsbezogenen Dokumentation von Strukturmerkmalen der Jugendstrafanstalten sowie zur fallbezogenen Dokumentation der Gefangenenmerkmale und ihres Haftverlaufs entwickelt und erstmals 2012 einen „Werkstattbericht" vorgelegt (vgl. dazu Lobitz et al., 2012; Lobitz et al., 2013).

Darüber hinaus zeichnet sich ein weiteres gemeinsames Projekt ab: Es gibt aktuell einen Beschluss des Strafvollzugsausschusses, auch in der Sicherungsverwahrung eine länderübergreifende Basisevaluation durchzuführen. Auch für diesen Bereich wurden von einer Arbeitsgruppe struktur- und fallbezogene Erhebungsinstrumente entwickelt, die anfallende Datensammlung soll durch die Kriminologischen Dienste koordiniert und die gemeinsamen Daten später durch die Kriminologische Zentralstelle ausgewertet werden (Dessecker, 2013).

Die Arbeits- und Forschungsschwerpunkte der Kriminologischen Dienste umfassen neben der Evaluation des Jugendstrafvollzugs (vgl. dazu auch Giebel, 2012; Stelly/Thomas, 2012) die berufliche Bildung und Reintegration (z. B. Wirth, 2012b) und das Übergangsmanagement (z. B.

Bieschke, 2012 mit dem Akzent auf die Bewährungshilfe/Führungsaufsicht; Matt, 2012; Stelly, 2012 mit dem Akzent auf der freien Straffälligenhilfe), die sozialen Lebenslagen von Gefangenen (Stelly/Thomas, 2011), den Jungtätervollzug (Steitz, 2011), den Jugendarrest (z. B. Endres/Breuer, im Druck), die Sicherungsverwahrung (z. B. Ansorge, 2013; Endres/Breuer, 2011; Suhling/Wischka, 2013) sowie allgemein die (sozialtherapeutische) Behandlung von Gefangenen (Suhling, 2006, 2011; Suhling/Wischka, 2008) und die Rückfälligkeit spezieller Gefangenengruppen (z. B. Rabold, 2013; Rehder/Suhling, 2008) und Fragen der Diagnostik und Prognostik im Strafvollzug (Endres et al., 2012). Auch die Verbreitung des Drogenkonsums (Wirth, 2002) oder von Gewalt in Haft (vgl. für einen Überblick Suhling/Rabold, 2013) sind wichtige Themen. Mitunter werden auch Studien durchgeführt, deren Ergebnisse nicht veröffentlicht werden, auch wenn die Veröffentlichung von Erkenntnissen aus den eigenen Untersuchungen gerade angesichts der oftmals einzigartigen und für externe wenig zugänglichen Daten sehr wichtig erscheint.

Ein weiteres zentrales Standbein der Kriminologischen Dienste betrifft die wissenschaftliche Beratung der Justizvollzugsanstalten und der Aufsichtsbehörde. Zumindest in Niedersachsen ist der Kriminologische Dienst regelmäßig in Arbeitsgruppen vertreten, die der Weiterentwicklung des Justizvollzugs dienen, z. B. im Hinblick auf die Messung seiner Wirksamkeit, die Fortentwicklung von Behandlungsmaßnahmen bzw. oder die Entwicklung von Konzepten. In diesen Kontexten, aber auch im Rahmen der Teilnahme an regelmäßigen Arbeitstreffen (etwa der Leitungen der sozialtherapeutischen Abteilungen oder der Fachbereiche für Behandlung oder Bildung) kann der Kriminologische Dienst wissenschaftliche Kompetenz und auch nationale und internationale Erkenntnisse der Strafvollzugsforschung einbringen, für deren Aneignung die Praxis in der Regel während der regulären Arbeitszeit keine Zeit hat. Kommentatoren wie Rehn und van den Boogart (2012) halten diese Aufklärungsfunktion der Kriminologischen Dienste für besonders wichtig, wenn sie feststellen, dass „[…] zwischen dem, was über einen eingliederungstauglich strukturierten und ausgestatteten Strafvollzug nicht erst seit heute gewusst wird […] und seiner tatsächlichen Verfassung […] - trotz vieler Fortschritte […] noch immer Welten“ liegen (S. 915) und dass es Anliegen der Kriminologischen Dienste sein müsse, „durch prononcierte Aufklärung dazu beizutragen, die Lücke zwischen dem Gewussten und dem auf Praxis Angewendeten Schritt für Schritt zu schließen“ (S. 919).

Eine weitere wichtige und im Umfang nicht zu unterschätzende Aufgabe, die die MitarbeiterInnen der Kriminologischen Dienste wahrnehmen, besteht in der Beratung, Genehmigung und Koordination von wissenschaftlichen Projekten bzw. Studien, die von justizexternen Einrichtungen durchgeführt werden. Dabei ist häufiger auch das Ministerium zu beraten, wenn es um die Genehmigung von kriminal- oder vollzugspolitisch besonders bedeutsamen Projekten oder die Aufarbeitung und Kommentierung entsprechender Studien für die Verwaltung und die Politik geht.

Weitere mögliche Aufgaben der Kriminologischen Dienste umfassen die Organisation und Durchführung von Fachtagungen und Fortbildungsveranstaltungen, die Mitwirkung bei der Ausbildung der Bediensteten im Allgemeinen Vollzugsdienst, der Austausch mit anderen wissenschaftlichen Einrichtungen sowie die Öffentlichkeitsarbeit. Auch innovative vollzugliche Projekte im Rahmen der Qualifizierung der Gefangenen und des Übergangsmanagements (Wirth, 2009) oder der Suizidprävention (Bennefeld-Kersten, 2011) werden hin und wieder von den Kriminologischen Diensten initiiert.

V. Desiderate für Forschung im Justizvollzug

Angesichts der Vielfalt der Themen und Fragestellungen rund um den Justizvollzug, von denen vorliegend nur einige angedeutet werden konnten, ist in Deutschland ein Mangel an Forschungsarbeiten zu beklagen, die sich diesen Themen und Fragen widmen - auch wenn es seit Jahren Zeichen für eine Annäherung zwischen Wissenschaft und dieser „verschlossenen" Institution gibt (Greve, 2002). Die Kriminologischen Dienste könnten weiter ausgebaut werden, und das Interesse vollzugsexterner Forschungseinrichtungen könnte zunehmen. Hier soll abschließend überlegt werden, was sich im Strafvollzug verbessern könnte, damit auch die Bedingungen für Forschung in diesem speziellen Kontext günstiger werden.

Wünschenswert wäre es zunächst, wenn das „Sich-Selbst-Hinterfragen" zum vollzuglichen Selbstverständnis auf allen Ebenen gehörte und somit die Evaluation und Qualitätssicherung grundsätzlich als notwendig und sinnvoll erachtet würden. Die Wahrnehmung der Bedeutung wissenschaftlicher Forschung im Strafvollzug würde dann idealiter auch die Bereitschaft erhöhen, (standardisierte) Dokumentation von Merkmalen der Gefangenen und ihres Haftverlaufs zu akzeptieren, wobei solch eine Dokumentation so gut wie möglich in die Alltagsprozesse der Bediensteten zu integrieren wäre und diese auch unmittelbar in ihrer Tätigkeit (z. B. durch Strukturierung) unterstützen sollte. Schließlich wäre hilfreich, wenn sich EvaluatorInnen niemals als Kontrolleure, sondern als fachkundige UnterstützerInnen der Praxis verstünden. Die Bedeutung der Praxis für Forschungsprojekte im Vollzug sollte beispielsweise auch dadurch zum Ausdruck kommen, dass jede (Evaluations-)Untersuchung im Vorfeld von einer mit WissenschaftlerInnen und PraktikerInnen besetzen Arbeitsgruppen intensiv vorbereitet wird. Die Ergebnisse der Untersuchungen sollten ebenfalls in und mit der Praxis diskutiert werden (vgl. zur Einbeziehung von „stakeholders" Wakaj et al., 2009). Ferner sollten Forschungsergebnisse sowohl „von innen" als auch „von außen" produziert werden, z. B. durch kooperative Zusammenarbeit bei Forschungsprojekten.

Vermutlich hat Christian Pfeiffer genau diese Vorstellungen von Forschung im Justizvollzug gehabt, als er dem Kriminologischen Dienst Niedersachsen 2002 neue Impulse gab. Wie schön wäre es, wenn sich die skizzierten Vorstellungen und Bedingungen realisieren ließen!

Literatur

Albrecht, H.-J., Dünkel, F., Spieß, G. (1981). Empirische Sanktionsforschung und die Begründbarkeit von Kriminalpolitik. Monatsschrift für Kriminologie und Strafrechtsreform, 64, 310-326.

Albrecht, H.-J., Quensel, S., Sessar, K. (Hrsg.) (2013). Zur Lage der Kriminologie in Deutschland. Beiträge der Tagung vom 28. bis 30. Juni 2012 am Max-Planck-Institut in Freiburg. Monatsschrift für Kriminologie und Strafrechtsreform, 96, 71-290.

Andreas, N. (2004). Kriminologische Forschung und Evaluation. In W. Pecher (Hrsg.), Justizvollzugspsychologie in Schlüsselbegriffen (S. 130-143). Stuttgart: Kohlhammer.

Ansorge, N. (2013). Sicherungsverwahrung in Zahlen. Daten zur Gruppe der Untergebrachten und der Strafgefangenen mit angeordneter oder vorbehaltener Maßregel. Kriminalpädagogische Praxis, 49, 39-47.

Bales, W.D. , Piquero, A.R. (2012). Assessing the impact of imprisonment on reoffending. Journal of Experimental Criminology, 8, 71-101.

Becker, H.S. (1963). Outsiders: Studies in the sociology of deviance. New York: Free Press.

Bennefeld-Kersten, K. (2011). (Hrsg.). Ein Jahr Telefonseelsorge für Gefangene in niedersächsischen Justizvollzugsanstalten. Celle: Kriminologischer Dienst im Bildungsinstitut des niedersächsischen Justizvollzugs.

Bieschke, V. (2012). Evaluation der Differenzierten Leistungsgestaltung bei den Sozialen Diensten der Justiz M-V: 4. Zwischenbericht; deskriptive Ergebnisse der Aktenanalyse. Güstrow: Fachhochschule für öffentliche Verwaltung, Polizei und Rechtpflege, Mecklenburg-Vorpommern.

Carlsmith, K.M., Darley, J.M , Robinson, P. (2002). Why do we punish? Deterrence and just deserts as motives for punishment. Journal of Personality and Social Psychology, 83, 284-299.

Cullen, F.T, Jonson, C.L., Nagin, D.S. (2011). Prisons do not reduce recidivism. The high cost of ignoring science. The Prison Journal, 91, 48-65.

Dessecker, A. (2013). Länderübergreifende Erhebung zum Vollzug der Sicherungsverwahrung und der vorgelagerten Freiheits- und Jugendstrafe. Vortrag auf dem bundesweiten Forum Sicherungsverwahrung in Göttingen am 19.11.

Endres, J., Breuer, M. (im Druck). Warnschuss oder Wegweiser? Konzeptionelle Überlegungen zur Ausgestaltung des Jugendarrests nach § 16a JGG. Zeitschrift für Jugendkriminalrecht und Jugendhilfe.

Endres, J., Breuer, M. M. (2011). Sicherungsverwahrung: Das Behandlungskonzept des bayerischen Justizvollzugs. Forum Strafvollzug, 60, 286 – 297.

Endres, J., Schwanengel, M. F., Behnke, M. (2012). Diagnostische und prognostische Beurteilung in der Sozialtherapie. In B. Wischka, W. Pecher, H. van den Boogaart (Hrsg.). Behandlung von Straftätern: Sozialtherapie, Maßregelvollzug, Sicherungsverwahrung. Freiburg: Centaurus, 101-122.

Foucault, M (1977). Überwachen und Strafen. Die Geburt des Gefängnisses. Frankfurt: Suhrkamp.

Garland, D. (1990). Punishment and modern society: A study in social theory. Chicago: University Press.

Giebel, S., Ritter, S. (2012). Rückfalluntersuchung im Jugendstrafvollzug in Thüringen. Forum Strafvollzug, 61, 302-305.

Gratz, W. (2010). Fünf Gründe oder Anlässe, sich im Strafvollzug mit Wissenschaft zu befassen. In H. Preusker, (Hrsg.), Das Gefängnis als Risiko-Unternehmen (S. 275-290). Baden-Baden: Nomos.

Greve, W. (2002). Forschungsthema Strafvollzug. Aussichten für wissenschaftliche Zugänge zu einer verschlossenen Institution. Kriminalpädagogische Praxis, 41, 25-31.

Grühn, D., Hecht, H., Rubelt, J., Schmidt, B. (2009). Der wissenschaftliche „Mittelbau" an deutschen Hochschulen. Zwischen Karriereaussichten und Abbruchtendenzen. Berlin: ver.di.

Häßler, U. (2012). Gefängnisse produzieren Rückfall. Über die langfristigen und kostspieligen Folgen wissenschaftliche Ergebnisse nicht zu berücksichtigen. Forum Strafvollzug, 61, 334-340.

Jehle, J.-M. (1999). Strafvollzug und Empirie. In W. Feuerhelm et al. (Hrsg.), Festschrift für Alexander Böhm (S. 235-249). Berlin: deGruyter.

Jehle, J.-M. (2013). Kriminologische Forschung im Strafvollzug. Kommentierung zu § 166 Strafvollzugsgesetz. In H.-D. Schwind, A. Böhm, J.-M. Jehle, K. Laubenthal (Hrsg.), Strafvollzugsgesetz - Bund und Länder: Kommentar (S. 1168-1180). Berlin: deGruyter.

Koop, G. (2013). Fragen an die Kriminologie… aus Sicht des Strafvollzuges. Monatsschrift für Kriminologie und Strafrechtsreform, 96, 201-206.

Lobitz, R., Giebel, S., Suhling, S. (2013). Strukturelle Merkmale des Jugendstrafvollzuges in Deutschland – erste Ergebnisse einer länderübergreifenden Bestandsaufnahme durch die Kriminologischen Dienste. Forum Strafvollzug, 62, 341-345.

Lobitz, R., Steitz, T., Wirth, W. (2012). Evaluationen im Jugendstrafvollzug. Perspektiven einer empirischen Maßnahme- und Falldatenanalyse. Bewährungshilfe, 59, 163-174.

Lösel, F. (2013). Erziehen - Strafen - Helfen: Kommentar des Autors nach zwanzig Jahren. Zeitschrift für Jugendkriminalrecht und Jugendhilfe, 24, 267-269.

Matt, E. (Hrsg.). (2012). Bedingte Entlassung, Übergangsmanagement und die Wiedereingliederung von Ex-Strafgefangenen: Justizvollzugsanstalt, Strafvollstreckungskammer und das Zusammenspiel der Institutionen. Münster: Lit.

Nielen, S., Schiersch, A. (2012). Befristete Beschäftigung hat keinen Einfluss auf die betriebliche Arbeitsproduktivität. DIW Wochenbericht, 79, 14-17.

Obergfell-Fuchs, J., Wulf, R. (2008). Evaluation des Strafvollzugs. Forum Strafvollzug, 57, 231-236.

Rabold, S. (2013). Legalbewährung ehemals inhaftierter Frauen. Befunde der niedersächsischen Basisdokumentation im Frauenvollzug. Justiznewsletter, 10, 2-6.

Rehder, U., Suhling, S. (2008). Rückfälligkeit haftentlassener Sexualstraftäter. Monatsschrift für Kriminologie und Strafrechtsreform, 91, 250-268.

Rehn, G., van den Boogart, H. (2012). Kriminologische Forschung im Strafvollzug. Kommentierung zu § 166 Strafvollzugsgesetz. In J. Feest, W. Lesting (Hrsg), Strafvollzugsgesetz: Kommentar (6. Aufl.). Köln: Heymanns.

Rusche, G., Kirchheimer, O. (1939). Punishment and social structure. New York: Columbia University Press.

Scheerer, H.-J. (1991). Abolitionismus. In R. Sieverts, A. Elster, H. Lingemann (Hrsg.), Handwörterbuch der Kriminologie (Bd. 5, S. 287-301). Berlin: de Gruyter.

Simon, J., Sparks, R. (Eds.). (2013). The Sage handbook of punishment and society. London: Sage.

Steitz, T. (2011). Heranwachsende im Justizvollzug: am Beispiel Rheinland-Pfalz. Bewährungshilfe, 58, 225-231.

Steller, M. (1994). Behandlung und Behandlungsforschung – Einführung. In M. Steller, K.-P. Dahle, M. Basqué (Hrsg), Straftäterbehandlung. Argumente für eine Revitalisierung in Forschung und Praxis (S. 3-12). Pfaffenweiler: Centaurus

Stelly, W. (2012). Übergangsmanagement durch die Freie Straffälligenhilfe - Das Nachsorgeprojekt Chance in Baden-Württemberg. In Fachverband für Soziale Arbeit, Strafrecht und Kriminalpolitik e.V. (Hrsg.), Übergangsmanagement für junge Menschen zwischen Strafvollzug und Nachbetreuung (S. 185-198). Köln: Herausgeber.

Stelly, W., Thomas, J. (2011). Die sozialen Lebenslagen von Jugendstrafgefangenen. In W. Stelly, J. Thomas (Hrsg.), Erziehung und Strafe. Symosium zum 35-jährigen Bestehen der JVA Adelsheim (S. 127-142). Mönchengladbach: Forum Verlag Godesberg.

Stelly, W., Thomas, J. (2012). Strukturevaluation des Jugendstrafvollzugs in Baden-Württemberg. Bewährungshilfe, 59, 134-147.

Suhling, S. (2006). Zur Untersuchung der allgemeinen und differentiellen Wirksamkeit sozialtherapeutischer Behandlung im Justizvollzug. Konzepte aus Niedersachsen. Bewährungshilfe, 43, 240 – 259.

Suhling, S. (2011). Behandlung „gefährlicher" und „schwieriger" Gefangener. Forum Strafvollzug, 60, 275-280.

Suhling, S., Rabold, S. (2013). Gewalt im Gefängnis – Normative, empirische und theoretische Grundlagen. Forum Strafvollzug, 62, 70-76.

Suhling, S., Wischka, B. (2008). Indikationskriterien für die Verlegung von Sexualstraftätern in eine sozialtherapeutische Einrichtung. Monatsschrift für Kriminologie und Strafrechtsreform, 91, 210-226.

Suhling, S., Wischka, B. (2013). Behandlung in der Sicherungsverwahrung. Kriminalpädagogische Praxis, 41, 48-62.

Ugelvik, T., Dullum, J. (Eds.). (2012). Penal exceptionalism? nordic prison policy and practice. London: Routledge.

Wacquant, L. (2000). Elend hinter Gittern. Konstanz: UVK Universitätsverlag.

Wakaj, S., Shelton, D., Trestman, R.L., Kesten, K. (2009). Conducting research in corrections: Challenges and solutions. Behavioral Sciences and the Law, 27, 743-752.

Wirth, W. (2002). Das Drogenproblem im Justizvollzug. Zahlen und Fakten. Bewährungshilfe, 49, 104-122.

Wirth, W. (2009). Aus der Haft in Arbeit oder Ausbildung: das Übergangsmodell MABiS.NeT in Nordrhein-Westfalen. Bewährungshilfe, 56, 156-164.

Wirth, W. (2012a). Evaluation im Strafvollzug: ein (zu) weites Feld? Forum Strafvollzug, 61, 84-89.

Wirth, W. (2012b). Übergangsmanagement zur Arbeitsmarktintegration: Erfahrungen und Perspektiven im nordrhein-westfälischen Strafvollzug. In Fachverband für Soziale Arbeit,

Strafrecht und Kriminalpolitik e.V. (Hrsg.), Übergangsmanagement für junge Menschen zwischen Strafvollzug und Nachbetreuung (S. 121-138). Köln: Herausgeber.

Wottawa, H.,Thierau, H. (2003). Lehrbuch Evaluation (3. Aufl.). Bern: Huber.

Jugendliches Verhalten im Internet und elterliche Kontrolle. Problemaufriss und Präventionsmöglichkeiten

Melanie Wegel, Holger Stroezel, Hans-Jürgen Kerner

I. Einleitung

Digitale Medien sind inzwischen integraler Bestandteil in der Lebenswelt von Kindern und Jugendlichen. Gängige Studien belegen, dass der überwiegende Teil aller Kinder, zumindest ab dem 10. Lebensjahr, über ein eigenes Handy/Smartphone verfügt bzw. Zugang zu einem eigenen oder dem familieneigenen PC hat.[1] In schulischen Curricula werden die Nutzung und der Einsatz von Programmen des sog. „e-learning" bereits in unterschiedlicher Reichweite verankert; bei Primarschülern in den Grundzügen, bei Mittel- bzw. Oberstufen bis hin zur Recherche zu bestimmten Themen. Medienkompetenz wird von Seiten der Schulen sowie wachsenden Teilen der Elternschaft als Schlüsselkompetenz betrachtet. In den Schulen mangelt es jedoch noch vielfach an einer adäquaten medienpädagogischen Aus- bzw. Fortbildung der Lehrpersonen. Eltern scheinen weithin darauf zu vertrauen, dass eben gerade ihre eigenen Kinder sorgsam mit den Medien umgehen; auf diese Weise werden Erziehungschancen vertan, junge Menschen auf ihrem Weg in die Selbständigkeit im Sinne eines positiven Monitorings unterstützend zu stärken.[2]

In dem vorliegenden Beitrag interessieren uns weniger die vielfältigen positiven Optionen, die sich für junge Menschen und namentlich Schülerinnen wie Schüler durch die neuen Medien auftun. Vielmehr geht es uns um die Erörterung von drohenden Gefahren und darum, wie diesen im

1 Vgl. dazu Wegel, M. (2013). Mobbing im Internet und Nutzung neuer Medien bei Jugendlichen. In: Dölling, D., Jehle, J. M. (Hrsg.), Täter, Taten, Opfer. Grundlagenfragen und aktuelle Probleme der Kriminalität und ihrer Kontrolle, Godesberg, S. 298-308.

2 Siehe dazu jüngst die übergreifenden Befunde (auch) des Jubilars zur gegenwärtigen elterlichen Erziehungswirklichkeit. Baier, D., Pfeiffer, C., Thoben, D. (2013), Elterliche Erziehung in Deutschland, Entwicklungstrends und Auswirkungen auf Einstellungen und Verhaltensweisen. Zeitschrift für Jugendkriminalrecht und Jugendhilfe, 24, 128-137.

Rahmen des im Erziehungskontext Möglichen vorgebeugt bzw. nach Schadenseintritt begegnet werden kann. Erziehungswissenschaftler und Medienpädagogen thematisieren zum Teil dramatisch die Gefahren, die sich für Kinder und Jugendliche schon ganz allgemein bezüglich intellektueller und emotionaler sowie sozialer Kompetenzen auftun, beispielsweise anhand des Zusammenhangs zwischen Computerspielen und Konzentrationsdefiziten oder aber Gewaltakzeptanz.[3] Kriminologisch gewendet erweist sich das Internet, spezifisch über das bei jungen Menschen weit verbreitete Instrument der Smartphones, als verlockende Plattform für Belästigungen und Möglichkeiten anderen Fehlverhaltens.[4] Nicht zuletzt aufgrund der hohen Anonymität verleiten die elektronischen Medien viele Jugendliche zu ihrer Nutzung als Tatmittel. Sie machen andere, meist Gleichaltrige, zu Opfern durch bildliche Bloßstellung oder beispielsweise auch üble Nachrede. Problembewusstsein stellt sich manchmal lange nicht so recht ein, jedoch spätestens dann, wenn sich, bildhaft gesprochen, das Netz rächt und die „Täter" selber zum „Opfer" von Angriffen auf Ehre und Identität werden. Phänomene wie „Happy-slapping" und „Cybermobbing" breiten sich bevorzugt über Schülernetzwerke aus. Eltern erfahren, auch wenn sie nicht gleichgültig eingestellt sind, vom Handeln oder Erleiden ihrer Kinder oft schon aus dem einfachen Grunde nichts oder mindestens sehr spät bis zu spät etwas, dass diese wissen, sich in erzieherisch „unerwünschten Bereichen" aufzuhalten und deshalb, ggf. auch aus besonderer Scham, die Probleme verschweigen.

Im Folgenden sollen zunächst die Bedeutung der neuen Medien für Kinder und Jugendliche und ihr Umgang mit ihnen etwas näher beleuchtet werden. Sodann sollen Befunde zum elterlichen Kontrollverhalten und das Angebot gängiger Präventionsmodelle knapp diskutiert werden. Auf der Basis der Erwägung, dass Aufklärung, Unterstützung und Kontrolle in dieser Reihenfolge angesagt sind, werden die Erörterung auf die folgenden drei Fragen fokussiert: Welche Bereiche sind inhaltlich im Bereich „Inter-

3 Vgl. etwa Spitzer, M. (2012). Digitale Demenz. Wie wir uns und unserer Kinder um den Verstand bringen. München.

4 Über diese und andere wichtige Fragen, einschließlich Mediengewalt und aktuelle eigene Gewalt junger Menschen sowie schulischen Misserfolg, hat der Jubilar seit vielen Jahren, vor allem im Rahmen großer Studien des KFN, grundlegende Befunde erarbeitet. Zuletzt sei beispielsweise hingewiesen auf: Baier, D., Pfeiffer, C. (2012). Medienkonsum als Ursache des schulischen Misserfolgs und der Jugendgewalt. Ergebnisse von Längsschnittstudien. In: Stompe, T., Schanda, H. (Hrsg.), Delinquente Jugendliche und forensische Psychiatrie. Berlin, S. 69-90.

net" für Präventionsangebote sinnvoll? Welche Altersgruppen sollen als adäquate Zielgruppen im Präventionsbereich konzentriert beachtet werden? Welches sind die idealen Voraussetzungen für eine nachhaltige Prävention?

II. Forschungsstand zu Mediennutzung und Problemverhalten im Überblick

Bei einer Durchsicht des aktuellen Forschungsstandes zur kindlichen bzw. jugendlichen Mediennutzung und den daraus resultierenden Probleme findet man länderübergreifend ähnliche Befunde. Im Rahmen einer besonders beachtlichen Langzeitstudie des MEDIA AWARENESS NETWORK[5] wurden in Kanada in einem Zeitraum von mehr als zehn Jahren über 5.200 Schüler im Alter von 4 bis 11 Jahren zu ihrem Medienkonsum und ihren Einstellungen zu Medien befragt.[6] Ergänzende Zusatzerhebungen richteten sich an die Eltern sowie die Lehrer und deren Einschätzung über die Mediennutzung von Kindern. Der Einstieg in das Internet startet danach bei den 8 bis 10jährigen Schülern; zu 48 % nutzen sie es mindestens eine Stunde am Tag. Von den befragten Eltern gaben rund 71 % an, Kenntnis von den einschlägigen Aktivitäten ihrer Kinder zu haben oder sogar mit ihnen darüber zu sprechen; von den befragten Kindern teilten allerdings nur 38 % eine solche Einschätzung!

Die Funktionsweisen des Netzes erarbeiteten sich die kanadischen Kinder vordringlich autodidaktisch oder fragten ihre Freunde um Rat und Hilfe; Eltern und Schulen/Lehrer wurden nur zu jeweils 20 % als Berater genannt. Bevorzugte Meinung auf Elternseite war, die Kinder würden das Netz für Recherchen zu schulischen Aufgaben nutzen. Bei den Kindern selbst nahm diese Aktivität jedoch den letzten Rang der Nennungen ein. Das Ranking begann bei interaktiven Spielen und setzte sich fort mit dem Herunterladen von Musik, mit E-Mail-Kommunikation, mit Surfen, mit Downloaden von Spielen und schließlich mit Chatten. Was die Gefahren betrifft, so erklärten rund 60 % der Schüler, auch solche Seiten im Netz zu besuchen, die sie „eigentlich" aus der Sicht der Erwachsenen nicht nutzen

5 http://www.media-awareness.ca/english/research/YCWW/index.cfm

sollten, und überdies im Netz auch ihre persönlichen Daten preiszugeben. Rund 43 % der 5.682 Jugendlichen gaben Kontakte zu Personen an, die sie aufgefordert hatten, persönliche Daten oder Bilder ins Netz zu stellen. Ein Viertel der Befragten war von einem Chat-Freund zu einem Treffen aufgefordert worden, und jeder Zweite erklärte, darauf eingegangen zu sein. Rund 34 % der befragten Schüler gaben an, im Internet bereits gemobbt worden zu sein, und 12 % berichteten von sexueller Belästigung.

Von vergleichbaren Studien aus dem deutschen Sprachraum, welche ähnliche Befunde widerspiegeln, seien zunächst die seit dem Jahr 1999 im Auftrag des Medienpädagogischen Forschungsverbandes Südwest im jährlichen Turnus durchgeführten Befragungen hervorgehoben. Es handelt sich um Schülerbefragungen zu Medienkonsum und Verhalten im Internet. Bei den sog. KIM-Studien[7] werden jeweils 1.200 Kinder im Alter zwischen 8 und 13 Jahren befragt; die analogen JIM-Studien[8] richten sich jeweils an 1.000 Jugendliche im Alter zwischen 12 und 19 Jahren. Eine regelmäßige Nutzung des Internets wird mittlerweile von 43 % der Kinder und 90 % der Jugendlichen berichtet. Ergänzend befragte Eltern äußerten sich zu 81 % dahin gehend, das Internet für gefährlich zu halten. Aktive Kontrolle des kindlichen Nutzerverhaltens fand aber weithin nicht statt, was mit der geäußerten Ansicht korrespondiert, dass ihre Kinder eher auf sicheren Seiten surften, d. h. eher harmlose Spiele spielten oder sich auf speziellen Kinderportalen tummelten. Dazu passt der Befund, dass zwar knapp 60 % der befragten Eltern meinten, Kinder sollten so früh wie möglich mit dem Internet vertraut gemacht werden, jedoch 78 % als den passenden Ort des Lernens, wie man sich im Netz verhält, die Schule benannten. Unter den jungen Befragten selbst war mit rund 24 % bereits ab dem 10. Lebensjahr ein beachtlicher Nutzungsgrad des Internets erreicht. Die häufigsten Nennungen waren, in dieser Reihenfolge, Schülerforen, YouTube-Seiten und Dienste von Suchmaschinen. Strukturell vergleichbare Ergebnisse für schweizerische Kinder und Jugendliche kann man einer Studie der Fachhochschule Nordwestschweiz entnehmen.[9]

7 Medienpädagogischer Forschungsverband Südwest: http://www.mpfs.de/index.php?id=270.

8 Medienpädagogischer Forschungsverband Südwest: http://www.mpfs.de/index.php?id=270.

9 Fachhochschule Nordwestschweiz (2011). Medienkompetenz und medienerzieherisches handeln von Eltern. http://www.fhnw.ch/ppt/content/prj/s246-0031/gesamtbericht-pdf.

Als Fazit dieser beiden repräsentativen Wiederholungsstudien bleibt festzuhalten: Kinder und Jugendliche nutzen das Internet bei weitem nicht so, wie es deren Eltern einschätzen. Eltern delegieren die sozialisatorischen Aufgaben, das Netz betreffend, überwiegend an die Schulen.

III. Ausgewählte Forschungsbefunde in der Literatur zu Internet und Opferwerdung

Konzentriert auf die Gefahrenperspektive liefert eine Studie des Kriminologischen Forschungsinstituts Niedersachsen, die der Jubilar geleitet hat, zunächst für Deutschland den Ausgangs-Befund, dass mittlerweile über 50 % aller jugendlichen Befragten einen eigenen Internetanschluss im Zimmer haben.[10] Im Übrigen nutzen 4 von 5 Jugendlichen das Netz, um für die Schule oder auch privat zu recherchieren. Beim Herunterladen von Spielen oder Filmen, insbesondere von solchen mit gewalttätigem oder mit sexuellem Inhalt, stechen die Jungen mit 23 % gegenüber den Mädchen mit nur rund 5 % deutlich hervor. Knapp 44 % beider Geschlechter gaben an, schon in einem Chat bereits geflirtet zu haben. Immerhin ein Drittel der Chat-Bekanntschaft soll Versuche zu einem persönlichen Treffen mit den Jugendlichen unternommen haben; speziell Mädchen berichteten (zu knapp 18 %) von sexueller Belästigung; dazu gehörte die Aufforderung, Nacktbilder von sich ins Netz zu stellen oder sich vor der Webcam auszuziehen.

Zu letzterem passt für unser Nachbarland Schweiz gut der folgende Befund: Aufgrund einer anonymen Anzeige bei der Stadtpolizei in Zürich, in der es um Kontaktanzeigen aus der pädophilen Szene ging, ermittelten die Mitarbeiter der Fachgruppe Kinderschutz verdeckt in einem Chatroom. Es zeigte sich, dass der Chatroom tatsächlich dazu benutzt wurde, Kontakt zu Kindern herzustellen, um pornographische Bilder von diesen zu erhalten, aber auch um mit Ihnen sexuell verkehren zu können. Infolge der Ermittlungen konnten die Beamten in verschiedenen Kantonen 17 Männer ver-

10 Details können hier dahin stehen, schon um dem Jubilar das Wieder-Lesen der eigenen Befunde zu ersparen. Insgesamt siehe Baier, D., Pfeiffer, C., Rabold, S., Simonson, J., Kappes, C. (2010). Kinder und Jugendliche in Deutschland: Gewalterfahrungen, Integration, Medienkonsum. Zweiter Bericht zum gemeinsamen Forschungsprojekt des Bundesministerium des Innern und des KFN. Forschungsbericht; Nr. 109. Hannover.

haften, die im Bereich der Kinderpornographie bzw. bei pädosexuellen Handlungen auffällig waren.[11]

Im Hinblick auf Gewalt und insbesondere das Erleben gewalttätiger Inhalte bzw. Szenen gibt es diverse nachdenklich stimmende Befunde. Zu Deutschland wurden beispielsweise im Rahmen einer repräsentativen Studie zu Gewalt im Internet der Universität München[12] 804 Kinder und Jugendliche im Alter zwischen 12 und 19 Jahren mittels telefonischen Befragungen und ausgewählten qualitativen Interviews zu den Gründen befragt, welche und weshalb Jugendliche Webseiten mit gewalttätigem Inhalt frequentieren und welche Erfahrungen sie damit gemacht hatten. Informationen zu solchen Webseiten kamen zu rund 70 % von Freunden. Rund 42 % der Befragten gaben dabei an, bereits Fotos oder Filme über Hinrichtungen, Folter oder aber Kriegsszenen im Netz gesehen zu haben; rund 9 % berichteten über Filmmaterial zu Vergewaltigungen. Rund 38 % hatten im Übrigen auch Bilder/Filme mit rechtsradikalem oder nationalsozialistischem Bezug angeklickt. Rund 11 % berichteten über Prügel-Videos betreffend ihnen bekannte Personen.

Mit Blick auf die erfragten Nutzungsmotive der objektiv problematischen Seiten stehen bei rund 70 % der jugendlichen Konsumenten einerseits „Langeweile“, andererseits das „Mitredenwollen“ im Vordergrund. Rund 60 % berichten sodann von „Spass haben“ und rund 52 % geben an „was Tolles sehen zu wollen“, was konkret betrachtet oft bedeutet, dass man bewusst nach Internetseiten mit gewalttätigem Inhalt sucht. In einer qualitativen Ergänzungsstudie zu den Details der Motive konnten die Forscher im Ergebnis zusammenfassend zwischen sozialen und identitätsbezogenen Nutzern unterscheiden. Die erste Gruppe frequentierte die einschlägigen Seiten hauptsächlich um in der peer-group dazuzugehören, die zweite Gruppe wollte demgegenüber eine Führungsrolle unter ihren Peers einnehmen. Was die Eltern betrifft, so wurde hier bei der Gruppe der aktiven Nutzer des Internets (N = 535) nur von 30 % von Kontrolle oder gar Limitierung berichtet.

Ergänzend dazu ist auf europäischer Ebene folgendes bemerkenswert: Im Rahmen einer von der Europäischen Kommission in Auftrag gegebe-

11 Rüegger, P., Nägeli, R. (2006). Chatrooms: Ein Tummelplatz für pädosexuelle Straftäter. Kriminalistik, S. 404 – 414.

12 Grimm, P., Rhein, S., Clausen-Muradian, E. (2008). Gewalt im Web 2.0. Hannover.

nen Studie zum Thema „Safer Internet for Children“[13] gaben die befragten Kinder beispielhaft an, beim Surfen im Netz auch Seiten mit Hinrichtungen (wie z. B. die Saddam Husseins) oder Videos von realen Prügeleien gesehen zu haben. Die jüngeren Kinder erklärten überwiegend, diese Szenen als verstörend und schockierend empfunden zu haben, während die älteren berichteten, diese durchaus als lustig erlebt zu haben.

Im Blick auf das im Übrigen verbreitete Phänomen des Cybermobbings ist ein Befund aus einer Studie der Universität Köln an 1.700 Schülerinnen und Schülern aufschlussreich. Im Rahmen des Kernanliegens, das Verhalten von Schülern beim „Chatten“ zu erkunden[14], wurde der Zusammenhang zwischen der Täterschaft bei herkömmlichem Mobbing im direkten Kontakt mit der Täterschaft im virtuellen Raum untersucht. Es ergab sich eine hohe Wahrscheinlichkeit dergestalt, dass Schüler, die in der Realität mobben, auch häufig im virtuellen Raum mobben. Strukturell der gleiche Befund ergab sich für das Opferwerden. Es gaben 32 % der befragten Jungen und Mädchen an, gelegentlich – namentlich „alle paar Monate“ – im Chatraum beleidigt, beschimpft oder geärgert worden zu sein. Gemäss der Definition von Mobbing, die auf ein wiederholtes oder sogar häufiges Ärgern abstellt, gaben noch zwischen 2,2 bis 7,3 % Schüler an, mehrmals im Monat, im Extremfall sogar mehrmals pro Woche das Opfer von Attacken geworden zu sein.

Vergleichsweise weit geblickt zeigte sich bei einer amerikanischen Studie zum Cybermobbing[15], dass rund 32 % der 935 befragten Teenager, die sich täglich im Internet aufhielten, schon Opfer von Cybermobbing-Attacken geworden waren. Dabei war die Gruppe der Mädchen zwischen 15 und 17 Jahren am häufigsten betroffen; rund 17 % dieser Mädchen berichteten davon, dass private Nachrichten bspw. an Dritte weitergeleitet worden seien. Rund 15 % berichteten, bedrohende oder aggressive Nachrichten erhalten zu haben oder von der Verbreitung von Gerüchte betroffen gewesen zu sein. Rund 7 % hatten nach ihrer Aussage die Verbreitung

13 European Commission (2007): Safer Internet for Children: Qualitative Study in 29 European Countries – Summary Report. Versailles. Im Netz unter: http://ec.europa.eu/information_society/activities/sip/surveys/index_en.htm

14 Katzer, C., Fechtenhauer, D. (2007). Cyberbullying: Aggression und sexuelle Viktimisierung in Chatrooms. In: Gollwitzer, M. et. al. (Hrsg.), Gewaltprävention bei Kindern und Jugendlichen. Göttingen, S. 123-138.

15 PEW Internet American Life Project, Cyberbullying and Online Teens. http://www.pew-internet.org/Presentations/2010/May/Cyberbullying-2010.aspx

von peinlichen Bildern erlebt. Die Jungen der gleichen Altersgruppe lagen im Schnitt bei allen Mobbingarten um ca. 5 Prozentpunkte niedriger als die Mädchen. Die Studie kommt zu dem zusammenfassenden Befund, dass die Phänomene Schulmobbing und Mobbing im Internet häufig miteinander zusammen hängen.

IV. Die dritte Tübinger Schülerstudie: Befunde auch zu möglichen Präventionseffekten im Rückblick auf frühere Ergebnisse

Als Datenbasis der dritten Tübinger Schülerstudie, über die einige Befunde zum Teil auch vergleichend dargestellt werden sollen, dienten schriftliche Befragungen von Schülerinnen und Schülern im Alter zwischen 6 und 17 Jahren im Sommer 2011. Sie wurden an Schulen, welche als sog. Startschulen im Anti-Gewalt- und Anti-Mobbing-Präventionsprogramm des Kultusministeriums Baden-Württemberg mitwirkten, im Klassenverband unter Anleitung von Mitarbeitern des Tübinger Instituts für Kriminologie durchgeführt. Das Programm stand unter dem Motto „stark, stärker, wir"! Als Startschulen waren solche Schulen zur Teilnahme aufgefordert, die bereits Erfahrung in der Implementierung und der Durchführung von Präventionsprojekten aufweisen konnten. Für die Grundschüler der 1. Klassenstufe galt, dass die Fragebögen teils gemeinsam gelesen, teils von einzelnen Schülern, die bereits lesen konnten, für alle anderen vorgelesen wurden. Durch die breite Altersspanne sollte die Möglichkeit gegeben sein, das Verhalten von Kindern und Jugendlichen im Internet sowie die elterlichen Reaktionen altersabhängig auswerten zu können.

Insbesondere für die Kinder an den Grundschulen waren länge Vorläufe eingeplant, um mit ihnen den Sinn und Zweck der Erhebung kindgerecht diskutieren zu können. Der schließlich ausgegebene Fragebogen setzte sich im Kern zum einen aus Fragen der Leymann-Mobbing-Skala und zum anderen aus Fragen spezifisch zum Cybermobbing zusammen; ergänzend wurde nach ausgewählten Details zur psychischen Befindlichkeit, zu den erlebten elterlichen Erziehungsstilen, zum Freizeitverhalten und dem Verhalten im Internet, schließlich nach der Akzeptanz von schulischen Präventions- und Hilfsangeboten sowie den gängigen Strukturdaten gefragt.

88 % aller befragten Schüler ab der 1. Grundschulklasse berichteten, über ein eigenes Handy zu verfügen, und 65 % von einem eigenen PC. Zum Nutzungsverhalten im Netz befragt, bejahten die 6 bis 12jährigen

vordringlich noch das Spielen von Computerspielen. Ab etwa dem 11. Lebensjahr und deutlich ab dem 12. Lebensjahr tritt ersichtlich ein Wendepunkt ein. Hier betonten zunächst rund 40 % die Bedeutung von sozialen Netzwerken und des „Chattens"; bis zum 16. Lebensjahr stieg der Wert auf 92 % an. Hinzu kommt das zunehmende Herunterladen von Musik und Filmen, wobei in Hinsicht auf legales Verhalten der nicht durch die Daten selbst weiter aufklärbare Befund bemerkenswert erscheint, dass nur 30 % der Befragten angaben, im Netz „einzukaufen". Die Verläufe sind im nachfolgenden Abbildung 1 verdeutlicht.

In Bezug auf die Opferseite in den sozialen Netzwerken gaben 16,5 % der Befragten an, schon geärgert worden zu sein, nämlich im Wesentlichen sowohl durch subtiles Mobbing als auch durch explizite Beleidigungen oder das Kursieren-Lassen „peinlicher" Bilder. Rund 20 % der Befragten waren bereits von einem Chat-Freund zu einem Treffen eingeladen worden, und 11 % waren einer solchen Einladung auch nachgekommen.

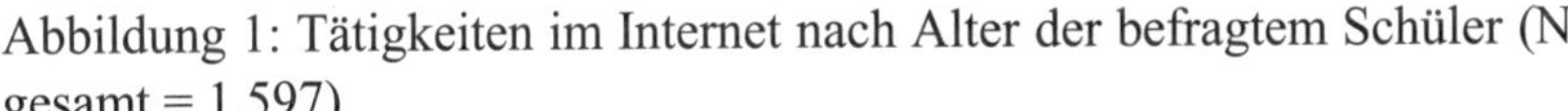
Abbildung 1: Tätigkeiten im Internet nach Alter der befragtem Schüler (N gesamt = 1.597)

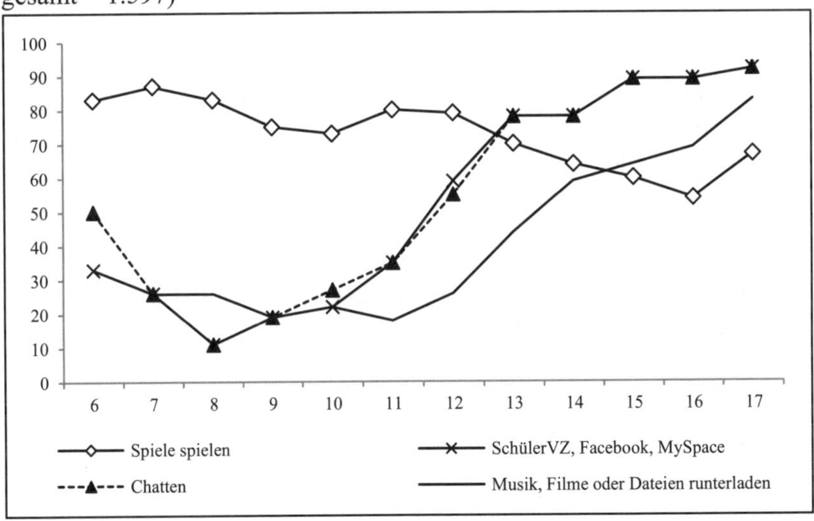

Im Verlauf der ersten beiden Tübinger Schülerstudien, die mit einer Gesamtzahl von über 5.500 weiblichen und männlichen Schülern an unterschiedlichen Schularten, mit einer Rücklaufrate von über 95 %, durchgeführt worden waren, konnte eine Mobbingrate über einen Gesamtindex aller Mobbingformen, ausgehend von der Leymann-Mobbing-Skala, von rund 20 % gemessen werden. Dies entspricht dem internationalen Forschungsstand, wonach die Prävalenzraten sich zwischen 20 % und 30 % zu bewegen pflegen.[16] Die Angaben variieren neben dem Alter der Befragten vor allem nach der Schulart. Bei der zweiten Tübinger Befragung nahm die Prävalenzrate mit steigender Schulform leicht ab; die höchsten Werte ergaben sich mit 29 % an den Förderschulen, d. h. um 9 Prozentpunkte über den Hauptschulen und Gymnasien liegend. Im Hinblick auf die Form des „Ärgerns" variierten hauptsächlich die Handgreiflichkeiten mit dem Alter; sie waren bei Primarschülern eher zu beobachten als bei älteren Schülern. In allen Schulformen dominierten im Übrigen andere Formen des Mobbens, entweder durch konkludentes Handeln oder durch explizite verbale Aktivitäten, wie ausgrenzen, hinterrücks lästern oder direkt beleidigen.

Bei der dritten Tübinger Befragung ausschließlich an solchen Schulen, die wie erwähnt bereits Anti-Mobbing-Prävention in ihren Schul-Curricula verankert hatten und auch praktisch umsetzten, konnte – ebenfalls von der Leymann-Mobbing-Skala ausgehend – über den Gesamtindex hinweg eine Prävalenzrate von nur rund 10 % gemessen werden. Es zeigte sich somit ein deutlicher positiver Präventionseffekt.[17] Der Hypothese, dass tatsächlich Wirkungen durch praktisches Handeln erzielt werden können, soll im letzten Abschnitt des Beitrages anhand einer Begleitforschung in jüngerer Zeit erprobt werden.

V. Ausgewählte Befunde aus einer Begleitstudie zu einem gezielt präventiv ausgelegten Praxisprojekt im Bereich der digitalen Medien: „Facebook und Co."

Angebote zu praktischer Prävention bei dem Umgang mit digitalen Medien sind bis heute generell noch selten, und namentlich die nachhaltige

16 Olweus, D. (2002) Gewalt in der Schule: Was Lehrer und Eltern wissen sollten – und tun können. Bern.

17 An allen diesen Schulen wurde explizit das Thema „Verhalten und Gefahren im Internet" durchgenommen. An einer besonders kreativen Schule wurde ein „Internetführerschein" angeboten, wo die Schüler sich mit den korrekten Verhaltensweisen im Netz auseinandersetzten konnten, namentlich bezogen auf den Umgang mit persönlichen Daten, auf das Verhalten im Fall von Attacken in Schülerforen und auf die Aufklärung über altersadäquate Seiten im Netz.

Implementierung steckt noch in den Anfängen. Daher wurde die Chance gern genutzt, insbesondere durch Melanie Wegel als nunmehrige Mitarbeiterin eines Teams der Universität Zürich ein Präventionsprojekt forschend zu begleiten. Es geht dabei um die Evaluation der Implementierung von Medien-Workshops für Schüler und Eltern in der Rhein-Neckar Region, mit dem speziellen Ziel, neue Erkenntnisse über die Selbsteinschätzung der Adressaten – also Teilnehmern der Workshops – in Sachen Medienkompetenz sowie zudem deren Erwartungen an die Veranstaltungen sowie deren Erfahrungen in bzw. mit der Umsetzung erlangen.[18] Dafür wurde ein selbst entwickelter standardisierter Fragebogen eingesetzt; von April bis August 2013 wurden insgesamt 6 Angebote begleitet und dabei insgesamt 155 Personen befragt. Die Workshops waren in allen Zielgruppen ähnlich strukturiert. Am Beginn stand eine Befragung über den Umgang mit bzw. die Nutzung von sozialen Netzwerken. Sodann wurden anhand eines konkreten „Chat"-Beispiels Probleme des Verhaltens in Netzwerken allgemein sowie der Preisgabe von persönlichen Daten speziell erläutert, einschließlich des Bereichs des Cybermobbings. In einem dritten Teil wurden schliesslich diverse Sicherheitseinstellungen sowie rechtliche Aspekte diskutiert. Im Nachgang wurden vier Lehrpersonen und drei Elternteile noch mit Hilfe qualitativer Interviews vertiefend befragt: Themen waren die Medienerziehung sowie Umsetzung der Workshops.

Von der Gesamtgruppe der befragten Workshop-Teilnehmer gaben knapp 79 % an, Mitglieder in sozialen Netzwerken zu sein. Eine Altersabhängigkeit ergab sich namentlich dahin gehend, dass die unter 16jährigen fast ausschließlich auf „Whatsapp" aktiv waren, während die älteren Teilnehmer mit zunehmendem Alter hauptsächlich Aktivitäten auf „Facebook" berichteten. Die Übereinstimmungen in den Detailantworten zeigen nach unserer Ansicht, dass die Daten trotz des geringen N von 155 durchaus valide sind. In Sachen Medienkompetenz verhielt es sich beispielhaft so, dass die Schüler und Schülerinnen während des morgendlichen Workshops über ihren Umgang mit sowie ihre Kommunikationsformen auf „Whatsapp" berichteten, und dass quasi parallel dazu die Eltern der Kin-

18 Wegel, M., Barriguette, T., Moetteli, C. (2014, im Druck). „Facebook und Co.". Noch unveröffentlichter Forschungsbericht zur Evaluation des Workshops „Facebook & Co." Ein Präventionsangebot der Präventionsvereine Kommunale Kriminalprävention Rhein-Neckar e.V. und Sicherheid.de.

der im abendlichen Workshop der Meinung waren, ihre Kinder hielten sich nicht in „Facebook“ oder ähnlichen sozialen Netzwerken auf, sondern kommunizierten fast ausschließlich auf „“Whatsapp“. Den allermeisten Eltern wurde erst durch die Hinweise im Rahmen der Veranstaltung richtig klar, dass „Whatsapp“ zwar an der Oberfläche über nahezu dieselben Möglichkeiten verfügt wie jedes andere soziale Netzwerk, jedoch mit dem ganz entscheidenden Unterschied, dass das Programm über keinerlei Angebot für Sicherheitseinstellungen verfügt, und dass die Nutzer mit der Akzeptanz der allgemeinen Geschäftsbedingungen im sozusagen Kleingedruckten jegliche Rechte an versendeten Texten oder Bildern abtreten. Dieser Umstand beleuchtet die Notwendigkeit, Präventionsprojekte im schulischen Bereich nicht nur für Kinder und Jugendliche anzubieten, sondern auch für die Erwachsenen, namentlich die Pädagogen und die unmittelbaren Erziehungspersonen.

Im Vergleich zu jüngeren Kindern und älteren Jugendlichen sowie Erwachsenen schätzte die Gruppe der 13 bis 15 jährigen die eigene Kompetenz im Umgang mit den digitalen Medien mit am höchsten ein. Aber auch die Erwartungen im Sinne von Aufklärung über Gefahren im Netz sowie Informationen zur rechtlichen Situation und dem legitimen Verhalten im Netz, z. B. „illegale Downloads“ betreffend, waren bei dieser Altersgruppe am höchsten, gefolgt von den Erwachsenen.

Die Lehrpersonen hatten sich im Vorfeld nicht mit den Schülern über die möglichen Inhalte abgestimmt, sich auch relativ wenige Gedanken über die Gewichtung einzelner Bereiche gemacht. Im Rahmen der qualitativen Befragung kam von ihnen nachträglich ein Einwand gegen das Präventionsprojekt dahin gehend, dass die Inhalte mit den Projektanbietern schon im Vorfeld genau abgesprochen werden müssten, namentlich ein Schwerpunkt entweder auf den Bereich Cybermobbing oder auf das Verhalten im Netz allgemein oder aber auf die rechtlichen Aspekte gelegt werden müsse. Aufgrund der relativ knappen zeitlichen Ressourcen von 2 bis 3 Zeitstunden kann in der Tat umso effektiver gearbeitet werden, je genauer die Thematik im Vorfeld abgestimmt wird. Die Präventionsvereine „Kommunale Kriminalprävention Rhein-Neckar e.V.“ sowie „Sicherheid.de“ verfügen über ein breites Spektrum von differenzierten Angeboten für Workshops, und sind somit ihrerseits auf eine Auseinandersetzung mit der Thematik von Seiten der „Konsumenten“, in diesem Fall der Schulen beziehungsweise der Fachlehrer für eine effektive Nutzung der zur Verfügung stehenden Zeit angewiesen.

Die beteiligten Schüler und Eltern waren ohne Vorbehalte mit den Erfahrungen sehr zufrieden, die sie machen durften. Am Ende bewerteten insgesamt 86 % von ihnen die Veranstaltungen des Präventionsprojekts als erfolgreich, erneut mit einer Spitzenbewertung des erlebten Nutzens durch die 13-15jähren, gefolgt von den Erwachsenen.

Bei dieser Form der Prävention handelt es sich um eine institutionell organisierte Präventionsart, die schwerpunktmäßig aufklären, informieren und warnen möchte. Den Schulen als solchen und den dort beschäftigten Pädagogen sowie Sozialarbeitern sind für Präventionsaktivitäten im Rahmen ihres Aufgabenspektrums bestimmte Grenzen gesetzt, die ohne eine neue Gesamtlösung auch durch die Aufsichtsbehörden nur bedingt verändert werden können. Ergänzend kommt hinzu, dass für das Ausmaß und die Intensität der (Nicht)Nutzung von informativen Angeboten auch das soziale Herkunftsmilieu der Schüler entscheidend ist, welches unter anderem durch die jahrelang familiär vermittelten Erziehungsstile die überdauernden und gegen Veränderung ziemlich hartnäckig resistenten Persönlichkeitsmerkmale von Kindern und Jugendlichen mit prägt. Folgen prägen sich auch im Hinblick auf Täterschaft und Opferwerdung bei Fehlverhalten aus, was im Folgenden noch kurz angerissen werden soll.

VI. Zusammenhänge und Unterschiede von Mobbingtätern und Mobbingopfern in unterschiedlichen Lebensmilieus.

Bezüglich der Täterrolle legen empirische Befunde die recht sichere Annahme nahe[19], dass Kinder, die Andere und insbesondere in der Schule Gleichaltrige drangsalieren, häufig selbst Opfererfahrungen mitbringen, typischerweise eingebettet in einen ausgeprägt autoritären Erziehungsstil, innerhalb dessen körperliche Strafen als legitimes und ggf. sogar völlig unerlässliches Erziehungsmittel gelten.[20] Vergleichbare Folgen zieht ein inkonsistenter Erziehungsstil nach sich. Übergreifend betrachtet kommen die (jungen) Täter tendenziell häufiger aus sogenannten Multiproblemfamilien.

19 Olweus, D. (1996) a. a. O.

20 Wegel, M., Kerner, H.-J., Stroezel, H. (2011). Resilienz und Opferwerdung bei Mobbing. Kriminalistik, S. 526–532.

Nach einer Studie von Junger-Tas und Van Kesteren[21] in den Niederlanden beeinflusst ein geringer Grad an elterlicher Unterstützung vor allem das Täterverhalten von Mädchen qua Delinquenz im Vergleich zu Jungen ganz allgemein negativ, spezifisch bei Schülern an Hauptschülern und älteren Schülern. Opfererfahrung wirkt sich grundsätzlich negativ bei allen Jungen auf deren Mobbingverhalten aus, besonders aber bei sehr jungen männlichen Schülern, jedoch kaum auf deren sonstige Delinquenz. Den bislang stärksten Nachweis eines Effekts zwischen elterlichem Erziehungsverhalten und Mobbingverhalten der Kinder konnte Farrington für England führen.[22] Er erfasste dabei deutliche intergenerationale Effekte beispielsweise dergestalt, dass die Eltern von jungen Mobbing-Tätern rückblickend im gleichen Alter ebenfalls Mobbing-Täter gewesen waren.

Bezüglich der Opferrolle lassen sich risikoerhöhende Bedingungen verstärkt bei solchen Schülern feststellen, die zu Hause einen überbehüteten und restriktiven Erziehungsstil erfahren.[23] Gewalttätigkeit durch Eltern oder andere Erziehungsberechtigte in der Erziehung hat nicht notwendig nur die häufig thematisierte Folge, dass Kinder auch im Sinne des sog. „Kreislaufs der Gewalt“ Gewalttätigkeit erlernen und weitergeben, vielmehr kann die Folge je nach den Umständen auch umgekehrt sein, dass sie in eine erduldende Rolle sozialisiert werden. Auch in primär nicht gewaltbehafteten Varianten der restriktiven Erziehung wird häufig keinerlei Widerspruch geduldet und geben stets die Stärkeren die Handlungsweisen vor.[24] Opfer solcher langfristig grundlegenden Erfahrungen werden verbreitet mit Bezeichnungen charakterisiert wie ängstlich, unsicher, empfindsam und still bzw. mit nur geringem Selbstwertgefühl ausgestattet. verfügen. Bei Jungen wirkt sich eine unmittelbar erkennbare körperlich Schwäche im Kontakt mit allfällig zu Mobbing tatbereiten Gleichaltrigen zusätzlich problemverschärfend aus. In geringer Zahl scheinen zudem ausgesprochen passiv bleibende schwächliche Jungen von Mobbingtätern

21 Junger-Tas, J., Van Kesteren, J. (1999). Bullying and Delinquency in a Dutch School Population. Leiden.

22 Farrington, D., West, D. (1990). The Cambridge Study in Delinquent Development: A Long-term Follow-up of 411 London Males. In: Kerner, H.J., Kaiser, G. (Eds.), Criminality: Personality, Behavior and Life History. Berlin.

23 Lösel, F., et.al. (1999). Erlebens- und Verhaltensprobleme von Tätern und Opfern. In Holtappels, H.G. et al. (Hrsg.), Forschung über Gewalt an Schulen: Erscheinungsformen und Ursachen, Konzepte und Prävention (2. Aufl.). Weinheim, S. 137-154.

24 Farrington, D. et al. (1998). Parenting influences on bullying and victimization. Legal and Criminological Psychology, 237-254.

im Sinne eines „provozierenden Opfertypus“ wahrgenommen zu werden.[25] Alles in allem handelt es sich schon bei mittleren Ausprägungen von Mobbing um alles andere als nur um ein harmloses Kräftemessen und selbst um heftig handgreifliche Schulhofraufereien zur Bestimmung der Rangordnung, um nicht zu sagen der Hackordnung unter Altersgleichen. Vielmehr geht es um eine Machtdemonstration in Konstellationen, bei denen von Anfang an ein Ungleichgewicht besteht: Beispielsmuster sind Ältere gegen Jüngere, physisch Stärkere gegen Schwächere oder auch Viele gegen den Einen bzw. die Eine. Varianzen kommen vor im Hinblick darauf, ob auf Schwächen oder Defizite bewusst und gezielt geachtet wird oder ob sich die Dynamik, analytisch gemeint, quasi naturwüchsig gemäß sozialpsychologisch gut beschriebenen Abläufen entfaltet, etwa den Interaktionssequenzen in und zwischen Kleingruppen.

Für die genauere Untersuchung von Zusammenhängen und Unterschieden zwischen Opfern und Tätern bietet es sich zudem an, deren Einbettung in gleiche oder nur ähnliche oder umgekehrt auch ganz unterschiedlicher Lebensmilieus zu erforschen. Solche Milieus werden im Rahmen unserer eigenen Studien definiert als Gruppen von Personen, die sozialstrukturell ähnlich verortet sind und vergleichbare Einstellungen bzw. Werte haben und vergleichbare überdauernde Verhaltensmuster oder sogar Lebensstile pflegen. Das Konzept kann hier nicht weiter entfaltet und belegt werden; zu anderen kriminologischen Studien in dieser Richtung sei exemplarisch auf diejenigen von Schulze[26] sowie von Boers und Kurz verwiesen.[27] Sowohl in einem theoretischen als auch im empirischen Sinne hat die Verwendung unterschiedlicher Merkmale zur Konstruktion von Milieus erhebliche Auswirkungen auf das jeweilige Ergebnis. Bei den Tübinger Studien haben wir neben dem Alter und dem Geschlecht der Befragten deren alltäglichem Verhalten im Schulalltag und in der Freizeit eine milieukonstituierende Funktion zugesprochen. Bei primär auf Lebensstil-Milieus ausgerichteten Studien wie der unseren, wo die Intention des Milieubegriffs auf eine möglichst präzise Erklärung von spezifisch kriminologisch problembezogenen Handlungsunterschieden zwischen Gruppie-

25 Olweus, D. (2002) a.a.O.

26 Schulze, G. (1996). Die Erlebnisgesellschaft: Kultursoziologie der Gegenwart. 6. Aufl. Frankfurt/M., S.384.

27 Boers, K., Kurz, P. (1997). Kriminalitätseinstellungen, soziale Milieus und sozialer Umbruch. In: Boers, K., Gutsche, G., Sessar, K. (Hrsg.), Sozialer Umbruch und Kriminalität in Deutschland. Opladen, S. 187-254.

rungen von Schülerinnen und Schülern mit ähnlichen äussern Lebensbedingungen hinausläuft, darf man die verfügbare Auswahl von Faktoren als hinreichende Basis für weitergehende und weiterführende Untersuchungen betrachten. Bei Studien, die auf weiter ausgreifende bzw. komplexere Milieus abstellen, müssten demgegenüber schon im Kern noch andere Faktoren mit einbezogen werden, die über das Individuelle bzw. das engere Umfeld der Betroffenen hinausreichen.[28]

Insgesamt wurden in die empirische Konstruktion von verschiedenen Täter und Opferschülermilieus bei den von uns Befragten die folgenden Merkmale einbezogen:

- Strukturmerkmale (Alter und Geschlecht),
- Lebensstile aus dem Freizeitbereich (Internetnutzung, Computerspiele betreiben und Fernsehen, Bücher lesen und Spielen),
- die negative vs. positive Beurteilung der eigenen Leistungsfähigkeit in der Schule,
- das Bedürfnis nach mehr Fairness der Schule („Fairness spielt in meiner Schule eine große Rolle“ und „in unserer Schule sollte mehr für ein faires Miteinander getan werden“),
- Körperliche Probleme (Kopfschmerzen haben, sich Sorgen machen, Probleme als Einzelgänger thematisieren, oft unglücklich und niedergeschlagen sein),
- Mobbingtäterschaft („Ich habe mich selbst schon über Mitschüler lustig gemacht“, „Ich habe Mitschülern schon Schimpfworte und Spitznahmen nachgerufen“. „Ich habe Mitschülern schon mit körperlicher Gewalt gedroht“),
- Mobbingopfererfahrung („Mitschüler lassen mich nicht zu Wort kommen“, „Andere machen sich über meine Familie/Herkunft lustig“, „Ich werde bei der Notengebung ungerecht beurteilt“, „Mitschüler haben mit Schimpfworte nachgerufen“, „Ich musste persönliche Sachen hergeben“, „Mitschüler haben Lügen und Gerüchte über mich erzählt“),

28 Siehe dazu etwa Hradil, S. (1992). Alte Begriffe und neue Strukturen: Die Milieu-, Subkultur- und Lebensstilforschung der 80er Jahre. In: Derselbe (Hrsg.), Zwischen Bewusstsein und Sein. Die Vermittlung „objektiver“ Lebensbedingungen und „subjektiver“ Lebensweisen. Opladen, S.15-55.

- Geärgert worden im Internet („Es wurden peinliche Bilder von mir eingestellt", „Es wurde schon über mich gelästert" und „Es hat schon jemand Lügen über mich erzählt"),
- Wiederholter Aufenthalt im Internet („Ich bin auf Schüler-VZ, Facebook, My Space" etc.), und
- Gewalttätigkeit und Diebstahl („Ich schlage mich häufig, ich kann andere zwingen zu tun was ich will", „Ich nehme Dinge, die mir nicht gehören").

Um die Merkmale für eine weitergehende Analyse zugänglich zu machen, wurden im Vorfeld jeweils Faktorenanalysen berechnet (Hauptkomponentenanalyse mit orthogonaler und zur Kontrolle zusätzlich mit schiefwinkliger Rotation). Um in einem nächsten Schritt jeweils Unterschiede oder Ähnlichkeiten zwischen Mobbingtätern und Mobbingopfern aufzeigen zu können, wurden zur empirischen Prüfung sämtliche Merkmale in ein Strukturgleichungsmodell eingebunden. Bei Vorliegen einfacher Dependenzzusammenhänge bei direkt messbaren Variablen stellt die Regressionsanalyse eine klassische Prüfmethodik dar; dabei kann aber nur der Effekt mehrerer unabhängiger Variablen auf eine abhängige Variable betrachtet werden. Bei unserem komplexen Modell ging es allerdings darum, Effekte mehrerer abhängiger Variablen, bei denen untereinander ebenfalls kausale Zusammenhänge postuliert werden, wechselseitig zu testen. Daher mündet unser Modell in ein Mehrgleichungssystem mit mehreren Regressionsmodellen, das eine simultane Prüfung aller Beziehungen voraussetzt.

Das anschliessende Abbildung 2 stellt die Ergebnisse zu diesem Strukturgleichungsmodell vor. Die jeweiligen Pfeile in dem Modell sind die geschätzten standardisierten Koeffizienten zwischen einzelnen Variablen/Dimensionen und bilden die Erklärungsrichtung ab. Die positiven und die negativen Vorzeichen geben die Erklärungsrichtung wieder; sie gehen auf die Codierung der eingegeben Variablen zurück.

Abbildung 2: Strukturgleichungsmodell zu Cybermobbing

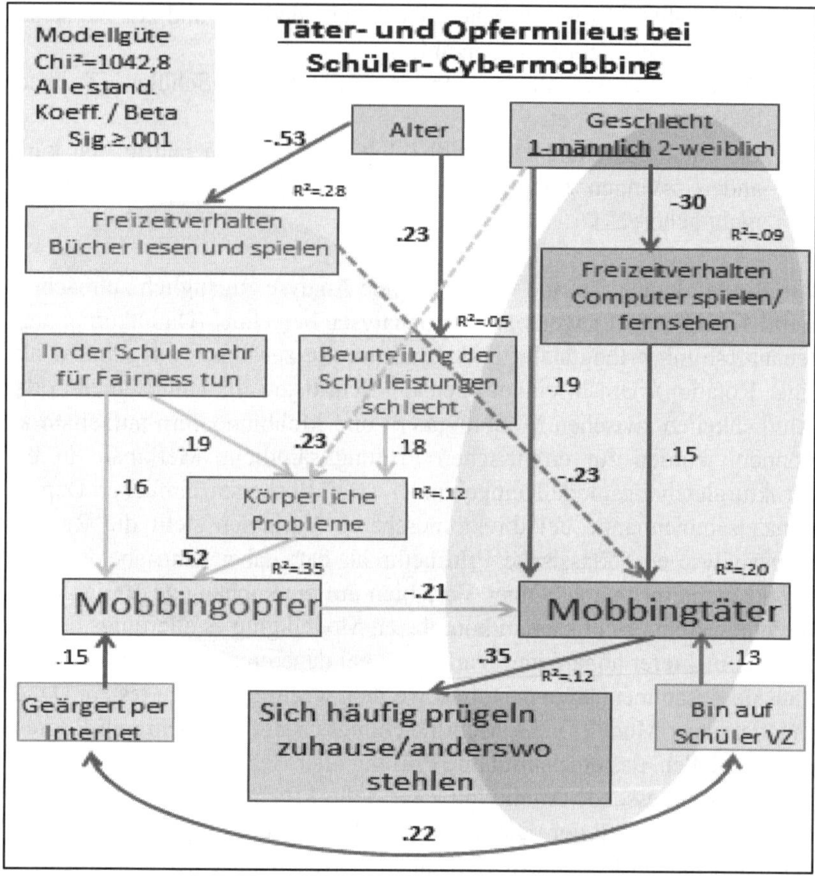

Dieses Strukturgleichungsmodells zeigt, dass sich Mobbingtäter und Mobbingopfer hinsichtlich des Alters, ihres Freizeitverhaltens, der Selbstsicherheit (Beurteilung der eigenen Schulleistungen), des Wunschs nach Fairness in der Schule und schließlich des Ausmaßes eigener körperlicher Probleme unterscheiden. Je jünger die Kinder sind, umso eher spielen sie noch physische Spiele und lesen Bücher. Mit zunehmendem Alter wandelt sich das Freizeitverhalten hin zum Spielen am Computer oder zum Fernsehen; allerdings reduziert sich zugleich verstärkt bei Mobbingopfern das Selbstbewusstsein, und die eigenen Schulleistungen werden tendenziell als schlechter beurteilt. Auch zeigen sich bei Mobbingopfern im Gesamtkontext ein größerer Bedarf nach Fairness in der Schule sowie eine sehr bedeutsame Rolle von körperlichen Problemen, wobei Schülerinnen hiervon besonders betroffen sind.

Männliche Befragte unterscheiden sich von den weiblichen dadurch, dass sie häufiger fernsehen und in ihrer Freizeit mit dem Computer spielen. Dieses Freizeitverhalten kennzeichnet in stärkerem Maße die Mobbingtäter als die Mobbingopfer. Für Schülerinnen als Täter hat dabei die am Computer verbrachte Zeit vorwiegend eine andere Funktion hat als für Schüler. Die Jungen befassen sich in erster Linie mit Onlinespiele am PC, während die Mädchen das Internet primär für die Kommunikation in sozialen Netzwerken benutzen. Die Frage nach den Onlinekommunikationsformen zeigt, über welche Kanäle Mobbing in Internet im stattfindet: dies sind im Rahmen unserer Studie die sozialen Plattformen „Schüler VZ", „Facebook" und „My Space". Darüber hinaus zeigt das Modell, dass es zwischen der Täterschaft von Mobbing und Gewaltverhalten allgemein sowie auch dem Begehung von Diebstahldelikten einen deutlichen Zusammenhang gibt. Abschliessend zeigt der negative Pfadkoeffizient zwischen Mobbingopfern und Mobbingtätern, dass es keinen Täter-Opfer Statuswechsel gibt. Pointierter formuliert: „entweder man ist in der Schule Mobbingtäter oder man ist und bleibt das Mobbingopfer".

Alle Ergebnisse zeigen, dass das Internet als ein integraler Bestandteil kindlicher/jugendlicher Lebenswelten geworden ist und insofern vor allem wegen der möglichen positiven Effekte akzeptiert werden muss. Aufgrund der hohen Anonymität und deren Gefahren muss hier bei dem Monitoring in Elternhaus und Schule der Fokus in besonderem Maße auf die Einübung und Stärkung eigenständigen normkonformen Verhaltens gelegt werden. Kennzeichnend für die weiter zu bearbeitende Problemlage ist beispielsweise, dass die in beiden Studie befragten Schüler sich über die Brisanz etlicher Tätigkeiten infolge spezieller Aufklärung und Präventionsanstrengungen kognitiv gesehen durchaus bewusst waren. Verhaltensbezogen gaben sie jedoch beispielhaft zu rund 26 % an, im Netz Namen von Anderen (im Chat) preisgegeben zu haben, zu rund 23 % im Netz Lügen verbreitet zu haben; gut 11 % hatten unbefangen ihre Adresse weiter gegeben, und 7,5 % hatten erleben müssen, dass peinliche Bilder von ihnen durch Andere ins Netz gestellt wurden.

VII. Resümee

Die Daten aus der dritten Tübinger Schülerbefragung zum kindlichen/jugendlichen Verhalten im Internet spiegeln die Befunde aus dem gängigen Forschungsstand wieder. Des Weiteren werden diese Daten durch die Erhebungen im Rahmen der wissenschaftlichen Begleitforschung bezüglich der Brisanz und des Bedarfs an Präventionsangeboten bestätigt. Die Daten aus der Begleitevaluation zeigen zudem einen großen Wunsch nach Information und Aufklärung. Ein Präventionsprojekt nach Art von „Facebook & Co." Kann dem grundsätzlich sinnvoll nachkommen. Die Teilnehmer wissen nach den Workshops mehr über Gefahren, Sicherheitseinstellungen und Verhaltensweisen im Internet. Ihnen werden die Risiken verdeutlicht, die dieser Lebensraum birgt, aber es wird auch auf die Ressourcen und den Mehrwert des Netzes verwiesen. Die Auswertungen belegen darüber hinaus die Verantwortung der Eltern in Sachen kindlicher/jugendlicher Lebensstil und Medienerziehung. Eine Vielzahl von Eltern gehört nach wie vor nicht zu den sog. Digital Natives, üben die Medienerziehung im Internet aber nicht allein deswegen nur rudimentär aus. Auch wenn sie mit den Kompetenzen ihrer Kinder im Netz nicht Schritt halten können, sind mit Blick auf die Medienerziehung nicht nur „Know how" und Kontrolle qua Internet von Bedeutung; vielmehr geht es um das Monitoring des Freizeitverhaltensgenerell. Auch hier besteht die beste Prävention in einer Kombination aus Vertrauen und begründend lenkender Kontrolle. Eine Dominanz von Punitivität und Verboten in der Erziehung steht einer vertrauensvollen und nachhaltig wirkenden Medienerziehung diametral gegenüber. Auf detaillierte Vertiefung muss hier verzichtet werden.

Umfang und Entwicklung intoleranter, exkludierender Haltungen unter Jugendlichen in Bremen 2008 – 2011

Peter Wetzels

I. Vorbemerkung und Einführung

Christian Pfeiffer hat sich als Kriminologe, aber auch als Kriminal- und Justizpolitiker wie als sozial engagierter Mitbegründer und Aktivist in Vereinen, Verbänden und Stiftungen stets für Toleranz, Verständigung und ein Bemühen um die Sicherung gesellschaftlichen Zusammenhalts eingesetzt. Eines der (Minen)Felder, in dem er sich – auch öffentlich in den Medien – immer wieder – auch kritisch – zu Wort gemeldet hat, betrifft Rechtsextremismus und Ausländerfeindlichkeit. Dies ist auch Gegenstand des folgenden Beitrags.

Dabei greife ich – anknüpfend an Forschungstraditionen aus meiner Zeit der Zusammenarbeit mit Christian Pfeiffer am KFN (vgl. z. B. Pfeiffer/Wetzels, 1999a, 1999b; Wetzels et al., 2001) – auf Daten aus Schülerbefragungen zurück. Dieser mittlerweile weit ausdifferenzierte Forschungsstrang ist eng mit seinem Namen verbunden. Er ist entstanden im Jahr 1997 auf seine maßgebliche Initiative hin, nach umfänglichen Hellfeldanalysen zur Entwicklung der Jugendgewalt u. a. in Hamburg nun endlich auch das Dunkelfeld umfassender und näher zu beleuchten. Die erste derartige Untersuchung aus dem KFN wurde 1998 in Hamburg durchgeführt. Dort wurden auf dem 24. Deutschen Jugendgerichtstag auch erstmals Ergebnisse einer breiteren Öffentlichkeit vorgestellt (vgl. Pfeiffer et al., 1998), was ganz erhebliche Resonanz und Aufregung nach sich zog.

Einige Jahre später, nachdem einer Reihe weiterer regionaler Schülerbefragungen in Deutschland aber auch in ausländischen Städten vom KFN aus durchgeführt worden waren und Eingang in den ersten periodischen Sicherheitsbericht gefunden hatten und nach meinem Wechsel an die Universität Hamburg im Jahr 2002, konnte ich dort diese Art von Erhebungen mit thematischen Ausweitungen und Differenzierungen am hiesigen Institut für Kriminologie weiter führen. Mittlerweile wurden sie hier – parallel zu Befragungen mit regionalen norddeutschen Bezügen – auch auf eine breitere internationale Ebene ausgedehnt (vgl. Enzmann 2012, 2010). Parallel kam es in Hannover zu einer ganz enormen Ausweitung dieser Forschungstradition im KFN, vor allem durch Dirk Baier und Christian Pfeiffer (vgl. Baier et al., 2009, 2010). Durch Christian Pfeiffer wurde also in diesem Feld vor nunmehr 16 Jahren eine Forschungslinie begründet, die sich in mehrfacher Hinsicht ausgeweitet und als fruchtbar wie auch einflussreich erwiesen und auf verschiedene weitere Studien ausgewirkt und auch selbst weiter ausgedehnt hat.

Insoweit verbindet sowohl mich persönlich als auch den Lehrstuhl, an dem ich aktuell arbeite, neben anderen Dingen auch dieser Forschungsstrang der Schülerbefragung als Ansatz für kriminologische Dunkelfeldforschung seit vielen Jahren mit Christian Pfeiffer und dem KFN. Es bietet sich daher an, aus diesem Feld eine Thematik und empirische Befunde aufzugreifen, die für den Jubilar hoffentlich interessant und aufschlussreich sein können. Er selbst hat sich jedenfalls in jüngerer Zeit auch dieses Themas auf Basis bundesweiter Daten angenommen (vgl. Rabold et al., 2009). Dass ich mich dabei exemplarisch auf Daten und Erhebungen aus meinem Wohnort beziehe, die Stadt und das Land Bremen, die mir und meiner Familie seit Jahrzehnten zur Heimat geworden sind, ist dabei eine eher den Zufälligkeiten des Forschungsverlauf geschuldete, dennoch aber auch persönliche Note, verbunden mit den allerbesten Wünschen zum Geburtstag aus Bremen und Hamburg.

II. Ökonomisierung, Ellbogenmentalitäten und Intoleranz junger Menschen

Ein Ausgangspunkt der Analysen sind in den letzten 10-15 Jahren zu registrierende gesellschaftliche Veränderungen und deren kriminologisch-theoretische Reflexion. Es ist eine zunehmende Etablierung von Leistungs- und Verwertungsorientierungen in verschiedensten gesellschaftlichen Sphären zu erkennen, verbunden mit einer Entwicklung „ökonomistischer Einstellungen“. Diese scheint einherzugehen mit Tendenzen zur Exklusion von Minderheiten und Schwächeren auf verschiedensten Ebenen (Heitmeyer/Endrikat, 2008; Groß et al., 2010; für das Strafrecht vgl. Singelnstein/Stolle, 2012; Garland, 2013). Die gesellschaftliche Lage ist gekennzeichnet durch Phänomene, die als „Entsicherung“ bezeichnet werden (Heitmeyer, 2012b). Solche gesellschaftlichen Phänomene auf der Makroebene können auf individueller Ebene Ängste und Bedrohungsgefühle auslösen und sozialen Zusammenhalt in Frage stellen (Grau et al., 2012). Wesentlich sind aus kriminologischer Sicht die Wirkungen solcher Veränderungen gesellschaftlicher Leitvorstellungen und Werte für die Funktionsfähigkeit sogenannter intermediärer Institutionen (z. B. Schule, Familie, Vereine etc.) die für das Erlenen von Normen und informelle soziale Kontrolle eine zentrale Bedeutung besitzen.

Die Auswirkungen solcher Prozesse auf der Makroebene werden in der Kriminologie von der Theorie der institutionellen Anomie aufgegriffen. Messner und Rosenfeld (2007) nehmen darin den „American Dream", die Leitvorstellung des individuellen Erfolgs für alle im Wege der Durchsetzung im Wettbewerb sowie die Bewertung des Individuums am Maßstab dieses primär in materiellen Erträgen auszudrückenden Erfolges, kritisch in den Blick. Sie nehmen Effekte im Sinne gesellschaftlicher Desintegration und anomischer Zustände im Gefolge solcher Entwicklung an. So sehen sie die Gefahr, dass die sozial-integrative Kraft von Bildung, Erziehung, aber auch von Kultur ebenso wie die sozialisierende Wirkung von Familien, Vereinen und Nachbarschaften, verloren gehen könnte, wenn diese Sphären von einer ihnen eigentlich fremden Marktlogik der Verwertbarkeit und wirtschaftlichen Nützlichkeit bzw. der Maxime der Durchsetzung des Stärkeren durchdrungen werden (vgl. Messner, 2012).

Diese Annahmen desintegrierender Prozesse struktureller Veränderungen lassen sich auch auf Deutschland übertragen (Heitmeyer, 2012a). Betroffen sind zum einen Bildung und Erziehung, z. B. Schulen und Universitäten. Vergleichbare Wandlungen finden sich aber auch in anderen Feldern, in denen es um Gemeinwesenarbeit und Kultur geht. Reduzierungen der Bereitschaft zu wohlfahrtsstaatlichen Leistungen, der Integration von Schwächeren, gehören ebenso dazu wie Veränderungen im Umgang mit Langzeitarbeitslosen, Obdachlosen oder allgemein der Haltungen zu Menschen, die von Sozial- und Transferleistungen abhängig sind. All dies geschieht vor dem Hintergrund der Priorisierung ökonomischer Nützlichkeitskalküle.

III. Untersuchungsleitende Fragen und theoretische Annahmen

Eine leitende kriminologisch-theoretische Annahme der vorliegenden Studie lautet, dass unter Bedingungen zunehmender Ökonomisierung Institutionen der Sozialisation und der Herstellung von sozialer Integration ihre

Funktionsfähigkeit – zumindest partiell – einbüßen und für die Absicherung von Werten wie Solidarität und Fairness, Toleranz, Fürsorge und Anteilnahme, weniger zur Verfügung stehen. In einer solchen Konstellation droht auf individueller Ebene die vermehrte Entwicklung von Einstellungen und Werten, die man als „Ellbogenmentalität" bezeichnen kann. Diese folgen dem Motto, dass der Erfolg alles, der Weg dahin aber nichts und die im Durchsetzungsprozess ausgestochenen „Opfer" des Wettbewerbs, unbedeutend, unwichtig sind. Dem liegen „Ungleichwertigkeitsideologien" zugrunde, die basale zivilisatorischen Einsichten in die Gleichheit von Menschen, deren allgemeinen Freiheitsrechte und Würde, nicht teilen und Gemeinschaftsbezüge vermissen lasse. Solche Ungleichwertigkeitsvorstellungen liegen im Kern jenen Haltungen zugrunde, die im Folgenden als Fremdenfeindlichkeit und autoritaristische, demokratiedistante Einstellungen thematisiert werden.

Auf Grundlage von Daten aus Schülerbefragungen im Land Bremen wird der Frage nachgegangen, in welchem Maße Fremdenfeindlichkeit und Demokratiedistanz unter Bremer Jugendlichen verbreitet sind. Weiter wird untersucht, wie verbreitet die Kombination solcher Formen der Intoleranz mit Gewaltbereitschaft im Sinne einer Gewaltakzeptanz auf der Einstellungsebene ist. Schließlich wird geprüft, inwieweit Einstellungen im Sinne der genannten „Ellbogenmentalitäten", über mögliche Effekte sozialstruktureller Merkmale wie Bildung, und über die Wirkungen einer allgemeinen Gewaltakzeptanz hinaus, für die Erklärung von Fremdenfeindlichkeit sowie Intoleranz und demokratiedistanten Orientierungen multivariat einen wichtigen Erklärungswert besitzen. Abschließend wird thematisiert, inwieweit sich zwischen 2008 und 2010 Veränderungen des Umfangs der Verbreitung solcher Haltungen für das Land Bremen erkennen lassen.

IV. Erhebungsmethode und Stichproben

Die Daten für diese Studie stammen aus einem Forschungsvorhaben, das in Bremen als kriminologische Dunkelfeldstudie in Form standardisierter Befragungen in zwei Wellen durchgeführt wurde (vgl. Wetzels/Brettfeld, 2012; Brettfeld/Wetzels, 2013). Im Rahmen der ersten Welle wurden bei Schülerinnen und Schülern der 7. und 9. Jahrgangsstufe Ende 2008/Anfang 2009 Daten zu Opfererfahrungen, Anzeigeverhalten, Tathandeln,

Einstellungen zu Normen und Werten, sowie familiäre Hintergründe und sozialer Lage junger Menschen erhoben. Begrenzt auf Jugendliche der 9. Jahrgangsstufe erfolgte darin integriert auch eine Befragung zu fremdenfeindlichen Einstellung sowie der Haltungen zu Demokratie, Rechtsstaatlichkeit und Freiheitsrechten. Im Jahr 2011 wurde diese Studie wiederholt. In der ersten Welle wurden 2008/2009 in den 9. Jahrgangsstufen N = 1.364 Schülerinnen und Schüler erreicht (vgl. Wetzels/Brettfeld 2009). In der zweiten Welle wurden N = 1.432 Schülerinnen und Schüler befragt (vgl. dazu im Einzelnen Wetzels/Brettfeld, 2012, Brettfeld/Wetzels, 2012).

V. Die Erfassung von Ellbogenmentalitäten: Das Konzept des hierarchischen Selbstinteresses

Nach den theoretischen Vorüberlegungen sollten individualistische, die eigene rücksichtslose Durchsetzung favorisierenden Einstellungen im Sinne von „Ellbogenmentalitäten" ein wesentlicher Aspekt der Beförderung von Ungleichwertigkeitsideologien sein, darunter auch fremdenfeindliche Haltungen sowie demokratiedistante, autoritaristische Einstellungen. Hagan et al. (1998) haben zur Erfassung solcher Haltungen ein Konstrukt vorgeschlagen, das sie als „Hierarchisches Selbstinteresse" (HSI) bezeichnen (siehe auch Hadjar, 2004). Sie definieren HSI als eine Dominanzideologie, die mehrere Dimensionen individueller Orientierungen im Sinne eines Faktors zweiter Ordnung zusammenfasst: Konkurrenzorientierung, Leistungs- und Erfolgsorientierung sowie Individualismus im Sinne sozial desintegrativer Ignoranz gegenüber den Interessen anderer Menschen. Als vierte Dimension hat Hadjar (2004) Machiavellismus vorgeschlagen, d. h. instrumentelle Erfolgsorientierung, Dominanzstreben und Egoismus (s.a. Thome/Birkel, 2007, S. 346). Es konnte gezeigt werden, dass HSI mit Delinquenz, anomischer Amoralität und der Akzeptanz von Ungleichheit korreliert ist (Hagan et al., 1998). Weiter finden sich Zusammenhänge zwischen Machiavellismus und egoistischem Individualismus einerseits und Gewaltakzeptanz andererseits (vgl. Thome/Birkel, 2007). Hadjar (2004) berichtet für Deutschland einen Zusammenhang zwischen HSI und Fremdenfeindlichkeit. Im Einklang damit konnten auch Baier et al. (2009) zeigen, dass hierarchisches Selbstinteresse signifikant positiv mit Rechtsextremismus und Fremdenfeindlichkeit assoziiert war (siehe auch Rabold et al., 2009).

Zur Messung des hierarchischen Selbstinteresses waren den Jugendlichen in der Bremer Erhebung Fragen vorgelegt worden, die sich auf die Dimensionen Machiavellismus, Konkurrenzorientierung, Leistungsorientierung und Durchsetzung zu Lasten Schwächerer (Sozialdarwinismus) beziehen. Die Items stammen zum Teil aus den Studien von Hagan et al. (1998), Hadjar (2004) sowie Baier et al. (2009). Einige Items wurden vor dem Hintergrund theoretischer Überlegungen sowie früherer Studien (Brettfeld/Wetzels, 2007) selbst entwickelt. Die folgenden Analysen werden auf die beiden Subskalen Machiavellismus und Sozialdarwinismus, die theoretisch einen Bezug zu Ausgrenzung und Fremdenfeindlichkeit aufweisen sollten.

„Machiavellismus" wurde mit fünf Items erfasst. Gemessen wird ein Einstellungsmuster, das dadurch gekennzeichnet sind, dass persönlicher Erfolg und Nutzen höher eingestuft werden als die Einhaltung von Regeln und Gesetzen (vgl. Tabelle 1).

Tabelle 1: Verteilung der Items der HSI-Subskala „Machiavellismus" (Bremen 2008)

	stimme gar nicht zu	stimme eher nicht zu	teils/ teils	stimme eher zu	stimme völlig zu	MW
Ich will viel Geld machen, selbst wenn ich dafür manchmal die Regeln brechen muss.	22,9 %	31,1 %	23,1 %	11,4 %	8,4 %	2.45
Unehrlich zu sein ist in Ordnung, wenn man damit Erfolg hat.	35,5 %	31,1 %	21,5 %	6,7 %	5,2 %	2.15
Es ist wichtiger im Leben weiter zu kommen, als nach den Regeln zu spielen.	21,6 %	27,6 %	27,9 %	13,6 %	9,4 %	2.62
Es ist nicht wichtig wie man gewinnt, sondern dass man gewinnt.	26,6 %	29,0 %	26,5 %	9,4 %	8,5 %	2.44
Es ist in Ordnung auch mal das Gesetz zu brechen, wenn es einem persönlich wirklich nützt.	29,7 %	28,1 %	23,6 %	10,7 %	7,8 %	2.39

Die damit gebildete Skala erweist sich als einfaktoriell und intern konsistent (α = .86). Der Mittelwert der Skala liegt bei MW = 2.41 (SD = .97). 13,1 % (N = 157) der Jugendlichen erreichen hier einen Wert von über 3.5, was als einer stark ausgeprägte Einstellung im Sinne einer rücksichtslosen Durchsetzungsbereitschaft zu bezeichnen ist.

Zur Erfassung von „Sozialdarwinismus" wurden vier Items verwendet. Diese thematisieren soziale Ausgrenzung von Schwachen und deren Schädigung mit Verweis auf deren vermeintlichen inferioren Status. Es finden sich hier deutlich niedrigere Zustimmungsraten als zum Machiavellismus (vgl. Tabelle 2).

Tabelle 2: Verteilung der Items der HSI-Subskala „Sozialdarwinismus" (Bremen 2008)

	stimme gar nicht zu	stimme eher nicht zu	teils/ teils	stimme eher zu	stimme völlig zu	MW
Es ist für alle gut, wenn sich nur die Besten und die Stärksten durchsetzen.	35,1 %	29,0 %	28,4 %	3,5 %	4,0 %	2.12
Ich finde es richtig, wenn die Starken siegen und die Schwachen verlieren	48,8 %	28,1 %	15,6 %	4,4 %	3,0 %	1.85
Dumme verdienen es, wenn andere sie ausnutzen.	44,5 %	27,2 %	17,8 %	5,5 %	5,0 %	1.99
Wer sich von anderen ausnutzen lässt, ohne es zu merken, verdient kein Mitleid.	29,6 %	30,2 %	27,0 %	7,3 %	6,0 %	2.30

Die aus diesen Items gebildete Skala ist eindimensional und mit $\alpha = .75$ zufriedenstellend reliabel. Die Skala hat einen Mittelwert von MW = 2.07 (SD = .83), ist also nach links verschoben in Richtung auf eher geringere Zustimmung. Eindeutig hohe Werte (Skala > 3.5) weisen in dieser 5-stufigen Skala 6,6 % (N = 79) der Stichprobe auf.

VI. Einstellungen zu Gewalt: Zum Potenzial Gewalt akzeptierender Jugendlicher

Im Hinblick auf die Frage, in welchem Umfang die in dieser Studie fokussierten Phänomene von Fremdenfeindlichkeit und Demokratiedistanz in Verbindung mit Gewaltbereitschaft auftreten, wurden auch Daten zu Gewalteinstellungen in die Analysen einbezogen. Es wurden drei Facetten der Einstellungen zu Gewalt fokussiert. Die (1) Akzeptanz eines instrumentellen Einsatzes von Gewalt, (2) Gewalt als Form des Lustgewinns, d. h. als „Gewalt aus Spaß". Eine weitere Form der Einstellungen zu Gewalt, wird anknüpfend an Anderson (1999), (3) als „Code of the Street" (CoS) bezeichnet. Anderson (1999) postuliert, dass unter bestimmten sozial prekären Bedingungen Gewalt zu einer überlebenswichtigen Ressource werden kann. Das Konzept „Ehre" bzw. das Insistieren auf „Respekt" stellt unter solchen Bedingungen eine subjektive Legitimation dar, nicht nur defensiv sondern auch präventiv physische Gewalt zu praktizieren. Im Einklang damit konnte mehrfach gezeigt werden, dass positive Bewertungen von Gewalt in besonderem Maße bei jungen Männern zu finden sind, die mit Bedingungen von Perspektivlosigkeit, sozialer Exklusion und der Erfahrung, in der Gesellschaft kaum Anerkennung finden zu können, konfrontiert sind (Enzmann et al., 2004; Baier et al., 2010).

Zur Erfassung von CoS wurde eine aus sieben Items bestehende Einstellungsskala verwendet (Tabelle 3). Es handelt sich um eine eindimensionale Skala, die mit α = .85 zufriedenstellend reliabel ist. Die Skala hat einen Gesamtmittelwert von MW = 2.08 (SD = .72).

Tabelle 3: Einstellungsskala „Code of the Street" (CoS) (Bremen 2008)

	stimme gar nicht zu	stimme eher nicht zu	stimme eher zu	stimme völlig zu	MW
Jemand, der sich nicht traut, seine Rechte mit körperlicher Gewalt zu verteidigen, verdient keinen Respekt.	62,0 %	24,3 %	8,2 %	5,5 %	1.57
Wenn man verächtlich behandelt wird, muss man mit körperlicher Gewalt klarmachen, dass man respektiert werden möchte.	41,7 %	30,3 %	20,1 %	7,8 %	1.94
Wenn man den Leuten nicht zeigt, dass man hart im Nehmen ist, wird man von ihnen ausgenutzt.	31,2 %	29,3 %	25,9 %	13,7 %	2.22
Wer hart und aggressiv ist, wird von anderen respektiert.	40,5 %	24,2 %	22,9 %	12,4 %	2.07
Wenn jemand Gewalt gegen einen anwendet, ist es wichtig, das mit gleicher Münze zurückzuzahlen, um es nicht auf sich sitzen zu lassen.	32,9 %	30,1 %	22,9 %	14,0 %	2.18
Manchmal ist es nötig, andere zu bedrohen, damit sie einen fair behandeln.	46,3 %	29,4 %	17,9 %	6,3 %	1.84
Es ist wichtig, anderen zu zeigen, dass man sich nicht einschüchtern lässt.	16,0 %	20,9 %	34,7 %	28,4 %	2.76

Die Skala „expressive Gewalt" (Gewalt aus Spaß, Tabelle 4) besteht aus sieben Items. Auch diese Skala ist einfaktoriell sowie mit α = .87 zufriedenstellend reliabel. Die Gesamtskala hat einen Mittelwert von MW = 1.74 (SD = .67).

Tabelle 4: Einstellungsskala „expressive Gewalt“ (Bremen 2008)

	stimme gar nicht zu	stimme eher nicht zu	stimme eher zu	stimme völlig zu	MW
Man muss zu Gewalt greifen, weil man nur so beachtet wird.	56,7 %	30,3 %	10,0 %	2,9 %	1.59
Ohne Gewalt wäre alles viel langweiliger.	53,9 %	27,5 %	14,0 %	4,7 %	1.70
Es ist in Ordnung, wenn Jugendliche sich aus purer Lust und Laune mal gegenseitig prügeln.	47,3 %	28,9 %	16,4 %	7,4 %	1.84
Ein bisschen Gewalt gehört einfach dazu, um Spaß zu haben.	49,4 %	28,0 %	17,3 %	5,3 %	1.79
Es ist ein geiles Gefühl, jemanden einfach so aus Spaß mal zusammenzuschlagen.	73,7 %	18,0 %	5,9 %	2,4 %	1.37
Auge um Auge, Zahn um Zahn, so ist nun mal das Leben.	37,3 %	30,9 %	19,2 %	12,6 %	2.07
Wenn ich zeigen muss, was ich drauf habe, würde ich auch Gewalt anwenden.	48,0 %	28,2 %	14,8 %	9,0 %	1.85

Schließlich wurde aus zwei Items eine Kurzskala zur Erfassung von Einstellungen bezogen auf aneignungsmotivierte, instrumentelle Gewalt gebildet (Tabelle 5). Der Mittelwert dieser Kurzskala liegt bei MW = 1.48 (SD = .70)

Tabelle 5: Einstellung zu „instrumenteller Gewalt“ (Bremen 2008)

	stimme gar nicht zu	stimme eher nicht zu	stimme eher zu	stimme völlig zu	MW
Um an Reichtum zu kommen, muss man auch bereit sein, Gewalt anzuwenden.	66,3 %	22,4 %	7,7 %	3,5 %	1.49
Wenn es gar nicht anders geht, darf man auch mal zu Gewalt greifen, um an Geld zu kommen.	66,1 %	23,2 %	7,0 %	3,8 %	1.48

Zur Einschätzung des Potenzials der Gewaltbereitschaft im Sinne klar gewaltakzeptierender Einstellungen wurden die Skalen verteilungsunabhängig an ihrem absoluten Skalenmittelpunkt (Skalenwert >= 2.5) dichotomisiert. Danach erweisen sich 6,8 % als klar instrumentelle Gewalt akzeptierend, 14,0 % als expressive Gewalt akzeptierend und 29,2 % als Gewaltlegitimationen im Sinne des Code of the Street vertretend. 31,4 % aller Jugendlichen sind in mindestens einer der drei untersuchten Skalen als gewaltakzeptierend einzustufen (Jungen 39,5 %; Mädchen 21,5 %).

VII. Demokratiedistanz und Autoritarismus bei Bremer Jugendlichen 2008

Mit elf Fragen wurden Einstellungen zu Demokratie, Rechtsstaatlichkeit und Toleranz erhoben (Tabelle 6). Auf Grundlage dieser Items wurde eine Skala Autoritarismus/Demokratiedistanz gebildet. Diese weist eine zufriedenstellende interne Konsistenz auf ($\alpha = .75$). Sie kann theoretisch Werte zwischen 1 und 4 einnehmen. Der Mittelwert liegt bei MW = 2.02 (SD = .50). Dichotomisiert man diese Skala an ihrem absoluten Mittelpunkt (Skalenwert 2.5) so finden sich 17 % der Gesamtstichprobe mit Werten von 2.5 und größer, die als klar demokratiedistant/autoritaristisch eingestuft werden können.

Tabelle 6: Skala „Demokratiedistanz, Autoritarismus " (Bremen 2008)

	stimme gar nicht zu	stimme eher nicht zu	stimme eher zu	stimme völlig zu	MW
In der heutigen Zeit brauchen wir einen starken politischen Führer, der mit harter Hand regiert.	37,5 %	32,8 %	19,7 %	10,1 %	2.02
An den vielen Kriminellen in diesem Land sieht man, wohin Demokratie führt.	30,1 %	34,8 %	27,5 %	7,6 %	2.13
Der Staat sollte Zeitungen und Fernsehen kontrollieren, um Moral und Ordnung sicherzustellen.	43,8 %	32,1 %	17,8 %	6,3 %	1.87
Der Staat sollte berechtigt sein, schwere Verbrechen mit dem Tod zu bestrafen.	51,1 %	21,8 %	14,9 %	12,2 %	1.88
Die Jugend braucht heute am nötigsten strenge Disziplin.	25,6 %	35,6 %	28,1 %	10,7 %	2.24
Streiks und Demonstrationen gefährden die öffentliche Ordnung und sollten verboten werden.	44,2 %	38,5 %	13,1 %	4,3 %	1.77
Mir ist es total wichtig, die Ehre meines Vaterlandes hochzuhalten.	20,8 %	31,1 %	27,6 %	20,5 %	2.48
Mein Volk ist anderen Völkern grundsätzlich überlegen.	41,6 %	34,8 %	16,1 %	7,4 %	1 89
Jeder Bürger soll das Recht haben, für seine Überzeugung auf die Straße zu gehen.	7,5 %	14,0 %	40,8 %	37,7 %	3.09
Auch Minderheiten sollten das Recht haben, ihre Meinung frei zu äußern.	5,7 %	9,5 %	38,4 %	46,3 %	3.25
Trotz aller Probleme, ist die Demokratie die bestmögliche Regierungs- und Verfassungsform.	12,1 %	26,4 %	34,7 %	26,8 %	2.76

An Förderschulen und Sekundarschulen finden sich signifikant erhöhte Raten autoritaristischer Haltungen. Diese Rate ist an den Sekundarstufen etwa um den Faktor 5 höher als an den Gymnasien. Dieser Befund findet sich in nahezu allen Studien, die sich mit Autoritarismus befassen (vgl. Wetzels et al., 2001; Brettfeld/Wetzels, 2007; Baier et al., 2010).

In multivariaten, hierarchischen Regressionsmodellen wurde weiter geprüft, ob die Ellbogenmentalität, wie theoretisch postuliert, einen Beitrag zur Vorhersage von Demokratiedistanz/Autoritarismus zu leisten vermag. Im Modell 1 wurden zunächst nur Bildungsniveau und Geschlecht einbezogen. In Modell 2 wurden zusätzlich die Gewalteinstellungen als Prädiktor berücksichtigt. In Modell 3 wurde die schließlich Skala zur Messung von Ellbogenmentalität einbezogen. Es zeigen sich deutlich auch multivariate Effekte dieses Konstrukts auf die Ausprägung von Autoritarismus/Demokratiedistanz.

Tabelle 7: Hierarchische Regression von Autoritarismus/Demokratiedistanz auf soziodemo-graphische Merkmale, Gewalteinstellungen und „Ellbogenmentalität (HSI)

	Modell 1		Modell 2		Modell 3	
	β	p	β	p	β	p
Geschlecht (0=weiblich)	.001	n.s.	-.084	**	-.123	***
Schulform (0=Gymnasium)						
FS	.179	***	.178	***	.164	***
SEK	.471	***	.410	***	.382	***
GS	.215	***	.196	***	.177	***
Gewaltbefürwortung						
instrumentelle Gewalt			.047	n.s.	-.045	n.s.
Code of Streets			.254	***	.150	***
Ellenbogenmentalität						
Machiavellismus					.147	***
Sozialdarwinismus					.215	***
F	67.82 ***		68.26 ***		71.93 ***	
R^2	18,7 %		25,8 %		32,8 %	

Diese Ergebnisse stützen die eingangs formulierten Annahmen. Mit Zunahme der Akzeptanz von Konkurrenzorientierung und Ideologien der rücksichtslosen Durchsetzung auf individueller Ebene steigt das Risiko, dass auch Intoleranz zunimmt, wie sie sich hier in der vermehrten Ablehnung von Freiheitsrechten und Vielfalt im Sinne des Konstrukts Autoritarismus/ Demokratiedistanz zeigt.

VIII. Fremdenfeindliche Haltungen unter deutschen Jugendlichen in Bremen 2008

Zur Messung von Fremdenfeindlichkeit wurden acht Items verwendet (Tabelle 8). Diese lassen sich unterteilen in Aussagen, die (1) ethnozentrische Überzeugungen zum Ausdruck bringen oder (2) geringe Aufnahme- und Integrationsbereitschaft sowie Toleranz gegenüber Fremden erfassen. Erfasst werden weiter (3) negative ethnische Zuschreibung, d. h. Ausländer als Sündenböcke für negative wirtschaftliche Entwicklungen und schließlich (4) extreme, explizit ausländerfeindliche, exkludierende Äußerungen. Diese Daten wurden begrenzt auf einheimische Jugendliche ausgewertet.

Tabelle 8: Skala „Fremdenfeindlichkeit“ (Bremen 2008 einheimische Jugendliche, N = 713)

	stimme gar nicht zu	stimme eher nicht zu	stimme eher zu	stimme völlig zu	MW
Ethnozentrische Überzeugungen					
Andere Nationen sind nicht so leistungsfähig wie die Deutschen.	50,1 %	33,6 %	12,1 %	4,2 %	1.70
Aufnahme und Integrationsbereitschaft					
Auf dem Arbeitsmarkt sollten Zuwanderer und Deutsche gleiche Chancen haben (r)	6,9 %	13,6 %	36,3 %	43,2 %	3.16
Wer sich in Deutschland nicht anpassen kann, sollte das Land wieder verlassen.	16,4 %	24,3 %	30,5 %	28,8 %	2.72
Negative ethnische Zuschreibungen					
Die Ausländer haben Schuld an der Arbeitslosigkeit in Deutschland.	47,2 %	36,6 %	12,6 %	3,6 %	1.73
Die meisten Kriminellen sind Ausländer.	26,1 %	33,2 %	30,5 %	10,3 %	2.25
Die meisten Zuwanderer wollen sowieso nur die Deutschen ausnutzen.	46,4 %	35,4 %	14,0 %	4,2 %	1.76
Explizite Ausländerablehnung					
Deutschland den Deutschen – Ausländer raus.	70,8 %	18,3 %	7,4 %	3,5 %	1.44
Ich finde Ausländer muss man "aufklatschen" und "raushauen".	73,0 %	19,1 %	4,9 %	3,0 %	1.38

Eine Faktoranalyse führte zu einer einfaktorielle Lösung. Die Skala hat eine zufriedenstellende interne Konsistenz von (α = .87). Wenn die Trennlinie für eine Dichotomisierung verteilungsunabhängig beim numerischen Skalenmittelwert >= 2.5 gezogen wird, sind 16,6 % der Gesamtstichprobe im Jahr 2008 als fremdenfeindlich eingestellt einzustufen.

Eine genauere Betrachtung der Verteilung nach soziodemographischen Variablen zeigt, dass Fremdenfeindlichkeit bei männlichen Jugendlichen stärker verbreitet ist (Tabelle 9). Weiter ist ein Effekt der Bildung zu erkennen: Je niedriger das Bildungsniveau, desto höher die Rate Jugendlicher mit fremdenfeindlicher Haltung.

Tabelle 9: Zustimmung zu fremdenfeindlichen Aussagen (Skalenwert >= 2.5) nach soziodemographischen Merkmalen (Bremen 2008)

	MW	Test	% >=2.5	Test
Geschlecht		$t = 2.69$; $df = 709$; $p < .01$		$\chi^2 = 6.56$; $df = 1$; $p < .01$
männlich	1.91		19.8%	
weiblich	1.78		12.7%	
Schulform		$F_{[3,713]} = 10.95$; $p < .001$		$\chi^2 = 10.09$; $df = 3$; $p < .05$
FS	2.19[a]		29.4%	
Sek	2.05[a]		22.8%	
GS	1.78[b]		16.2%	
GYM	1.77[b]		12.8%	
Arbeitslosigkeit/ Sozialhilfebezug		$t = -1.43$; $df = 70.5$; $p =$ n.s.		$\chi^2 = 3.79$; $df = 1$; $p = .051$
Nein	1.84		15.8%	
Ja	1.97		24.7%	

Regressionsanalysen zeigen auch im Hinblick auf Fremdenfeindlichkeit ganz erhebliche multivariate Effekte der Ellbogenmentalität (Tabelle 10).

Im Modell 1 finden sich Effekte von Geschlecht und Bildungsniveau. In Modell 2 zeigt sich, dass Gewalt als Ausdruck von Dominanzstreben (CoS) einen weiteren erheblichen Anteil der Fremdenfeindlichkeit zu erklären vermag. Im Modell 3 konkretisieren sich diese Zusammenhänge weiter. Hier kommt neben dem Bildungsniveau ansonsten nur noch der „Ellbogenmentalität" im Sinne der hier einbezogenen Subdimensionen des Hierarchischen Selbstinteresses ein signifikanter Effekt zu. Effekte der Gewalteinstellungen entfallen nun; sie sind insoweit vollständig durch Ellbogenmentalitäten vermittelt.

Dieses dritte Modell klärt mit 23,9 % einen ganz erheblichen Anteil der Varianz der Fremdenfeindlichkeit auf. Insoweit erfahren die theoretischen Überlegungen auch in dieser Hinsicht empirische Abstützung.

Tabelle 10: Hierarchische Regression der Fremdenfeindlichkeit auf Gewalteinstellungen, soziodemographische Merkmale und Ellbogenmentalität

	Modell 1		Modell 2		Modell 3	
	β	p	β	p	β	p
Geschlecht (0=weiblich)	.103	**	.022	n.s.	-.038	n.s.
Schulform (0=Gymnasium)						
FS	.084	*	.082	*	.067	*
SEK	.188	***	.137	***	.104	**
GS	-.012	n.s.	-.019	n.s.	-.027	n.s.
Gewaltbefürwortung						
instrumentelle Gewalt			.043	n.s.	-.072	n.s.
Code of Streets			.237	***	.084	n.s.
Ellenbogenmentalität						
Machiavellismus					.163	***
Sozialdarwinismus					.317	***
F	9.94 ***		24.12 ***		56.43 ***	
R^2	5,3 %		11,4 %		23,9 %	

IX. Fremdenfeindlichkeit, Autoritarismus und Gewaltakzeptanz: Überlappungsbereiche und Größenordnung von Risikogruppen

Zur der Einschätzung der Verbreitung der verschiedenen Formen der Intoleranz und ihrer Kombination mit Gewaltbereitschaft wurde eine mengentheoretische Illustration vorgenommen (Abbildung 1). Dargestellt werden die Größenordnung wie auch die Überlappung der Teilgruppen jener, die über den jeweiligen numerischen Skalenmittelpunkten liegende Fremdenfeindlichkeit, Demokratiedistanz/Autoritarismus sowie hohe Gewaltakzeptanz (in mindestens einer der drei Skalen der Gewalteinstellung) erkennen lassen. Die Analyse wurde begrenzt auf einheimische deutsche Jugendliche, weil nur für diese auch Daten zu Fremdenfeindlichkeit vorliegen.

Abbildung 1: Überlappung von Fremdenfeindlichkeit, Autoritarismus/Demokratiedistanz und Gewaltakzeptanz in Bremen, Mengentheoretische Darstellung, Flächen entsprechen den Anteilen; Angabe in Prozent der gültigen n (Bremen, 2008)

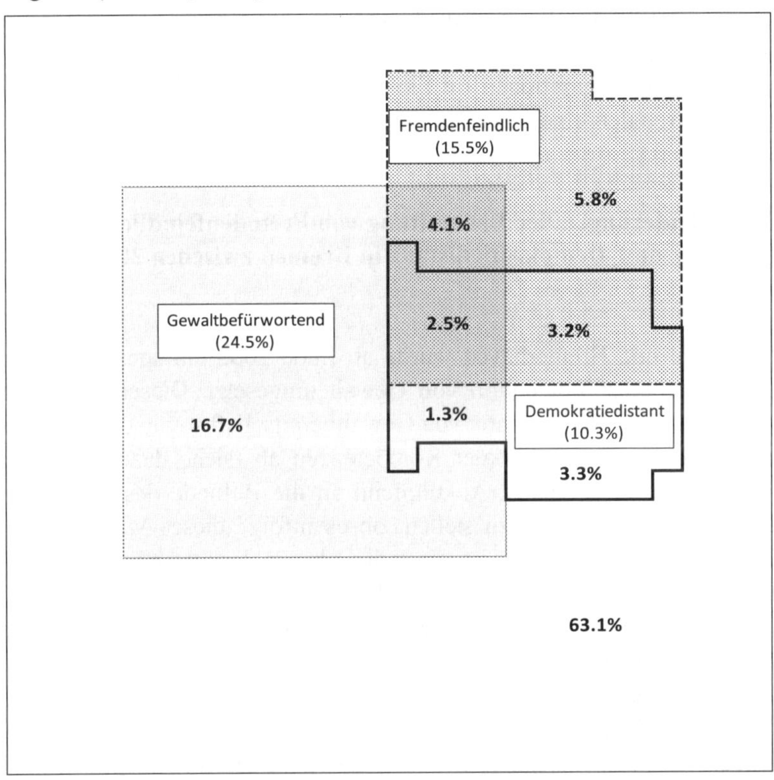

Im Ergebnis sind bei knapp unter zwei Drittel (63,1 %) der Jugendlichen weder Fremdenfeindlichkeit noch Autoritarismus oder Gewaltakzeptanz zu erkennen. 2,5 % sind sowohl fremdenfeindlich als auch demokratiedistant und zugleich auch gewaltbereit. 4,1 % sind, ohne demokratiedistant zu sein, sowohl fremdenfeindlich als auch gewaltbereit und weitere 1,3 % sind demoktriedistant/autoritaristisch und gewaltakzeptierend, ohne in erhöhtem Maße fremdenfeindlich zu sein. In der Summe sind danach Kombinationen von Gewaltakzeptanz und Intoleranzformen – die sich entweder als Fremdenfeindlichkeit oder Autoritarismus darstellen – in Bremen 2008 bei etwa 7,9 % der einheimischen Jugendlichen anzutreffen.

Abseits von einer etwaigen Gewaltbereitschaft umfasst das Potential für ausgeprägte Intoleranz – im Sinne von Autoritarismus und/oder Fremdenfeindlichkeit – etwa ein Fünftel (20,2 %) der hier betrachteten einheimisch-deutschen Jugendlichen. Betrachtet man die Zahlen mit dem Fokus auf den Gewalteinstellungen, dann sind für knapp unter einem Drittel der 24,6 % gewaltakzeptierender Jugendlicher zugleich auch problematische Einstellungskonfigurationen im Sinne von Intoleranz, Demokratiedistanz und/oder fremdenfeindlichen Haltungen zu verzeichnen.

X. Veränderungen der Verbreitung von Fremdenfeindlichkeit, Intoleranz und Demokratiedistanz in Bremen zwischen 2008 und 2011

In Bremen und Bremerhaven wurde ab Ende 2008 ein spezielles Handlungskonzept zur Prävention von Gewalt umgesetzt. Dieses zielte unter anderem auf die Reduzierung von Gewaltbereitschaft sowie die Förderung sozialen Lernens und sozialer Kompetenzen ab (siehe dazu auch Brettfeld/Wetzels 2012, 2013). Anknüpfend an die Befunde des Jahres 2008 bietet sich an die Frage zu stellen, ob es infolge dieser Maßnahmen zu Veränderungen gekommen ist, die sich – abseits der fokussierten Bereiche der Delinquenz und Gewalt junger Menschen – auch im Bereich der Einstellungen junger Menschen zu Demokratie und Rechtsstaatlichkeit einerseits sowie der Verbreitung von Fremdenfeindlichkeit andererseits niedergeschlagen haben.

Im Hinblick auf die Verbreitung von Demokratiedistanz/Autoritarismus zeigen die Daten des Jahres 2011 für das Land Bremen insgesamt keine relevante Veränderung der Verbreitung der Zustimmung zu solchen Haltungen (2008/09: 17 %; 2010/11: 16,9 %). Es findet sich allerdings eine leicht unterschiedliche Tendenz zwischen Bremen und Bremerhaven. Die Quote derartiger demokratiedistanter Haltungen ist in Bremerhaven deutlich höher als in der Stadt Bremen. Während in Bremen ein leichter, nicht signifikanter Anstieg von 15,4 % auf 16,9 % zu verzeichnen ist, ist in Bremerhaven ein leichter, nicht signifikanter Rückgang von 22,4 % auf 21,8 % zu erkennen.

Abbildung 2: Rate der Jugendlichen mit eindeutig zustimmenden Haltungen zu Autoritarismus/Demokratiedistanz in Bremen und Bremerhaven im Zeitvergleich

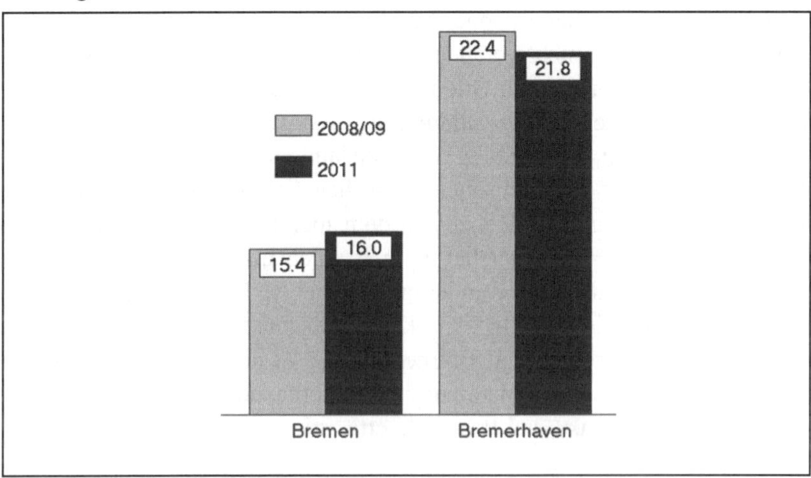

Eine weitere Differenzierung nach Schulformen offenbart, dass das Potenzial demokratiedistanter Haltungen an den Sekundarschulen wie auch an den Gesamtschulstandorten nach wie vor besonders stark ausgeprägt ist. An den Gesamtschulstandorten ist es sogar noch angewachsen.

Abbildung 3: Prozent Jugendlicher mit hoher Ausprägung von Autoritarismus/Demokratiedistanz im Land Bremen nach Schulform im Zeitvergleich (Förderschulen ausgenommen)

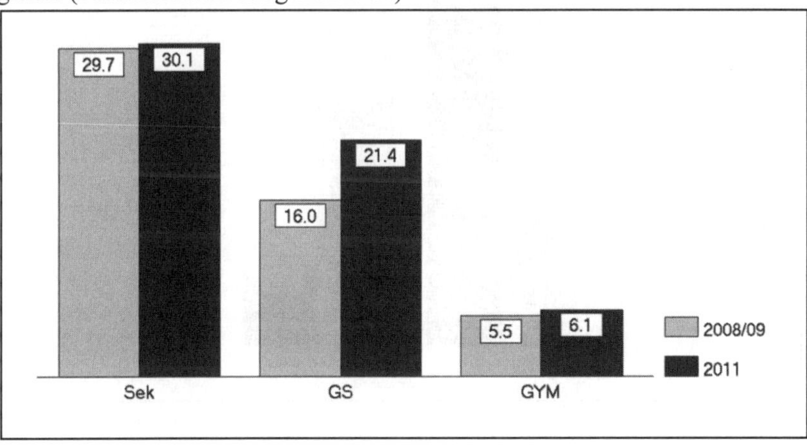

Besonders bedeutsam sind aus pädagogischer Sicht die Sekundarschulen. Eine Quote von nahezu einem Drittel deutlich demokratiedistant/autoritaristisch eingestellter Schülerinnen und Schüler, die sich zudem in den zwei vergangenen Jahren nicht verändert hat, ist ein nachdrücklicher Beleg dafür, dass ein entsprechende Bildungs-, Aufklärungs- und Präventionsbedarf vor allem in den unteren Bildungsstufen besteht.

Hinsichtlich der Verbreitung von Ausländerablehnung und Fremdenfeindlichkeit unter einheimischen deutschen Schülerinnen und Schülern sind die feststellbaren Tendenzen in dem hier fokussierten zweijährigen Zeitraum ähnlich. Auch hier hat es in Bremen insgesamt auf den ersten Blick keine bedeutsamen Veränderungen gegeben. Die Quoten stellen sich 2008 (16,6 %) und 2011 (16,8 %) kaum verschieden dar. Eine getrennte Betrachtung für Bremen und Bremerhaven lässt aber ganz unterschiedliche Tendenzen erkennen. Während in Bremerhaven die Quote 2011 ganz deutlich rückläufig ist, sich fast halbierte, stieg sie in Bremen leicht an. Auch wenn die Teilstichprobe für Bremerhaven klein und daher die Teilbefunde für diese Stadt mit Vorsicht zu betrachten sind, ist ein solcher signifikanter Unterschied Anlass, im Rahmen der weiteren Forschung nach Hintergründen zu suchen.

Abbildung 4: Prozentrate Jugendlicher mit eindeutig zustimmenden Haltungen zu fremdenfeindlichen, ausländerablehnenden Haltungen in Bremen und Bremerhaven im Zeitvergleich

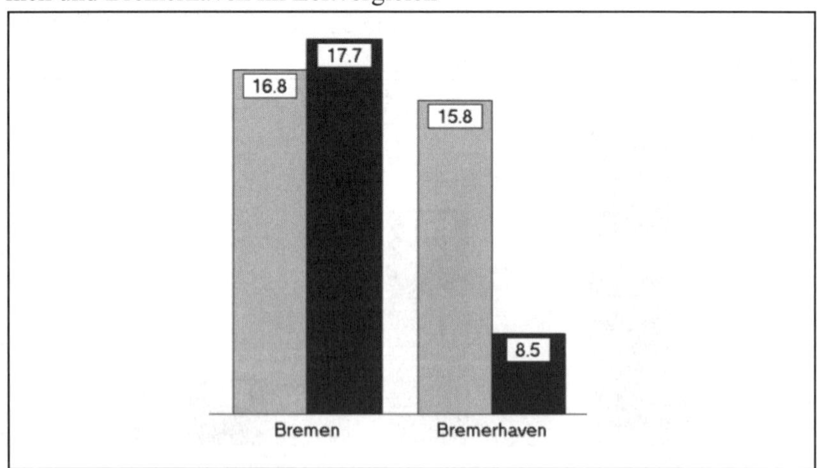

Ein Vergleich nach Schulformen bietet weitere wichtige Informationen. Danach sind in den unteren Bildungssegmenten keinesfalls positive Tendenzen zu erkennen, sondern eher leichte Problemverschärfungen, während auf der gymnasialen Ebene die ohnehin geringe Rate Jugendlicher mit ausgeprägter Fremdenfeindlichkeit weiter zurückgegangen ist.

Abbildung 5: Prozentrate Jugendlicher mit hoher Ausprägung von Autoritarismus/Demokratiedistanz im Land Bremen nach Schulform im Zeitvergleich (Förderschulen ausgenommen)

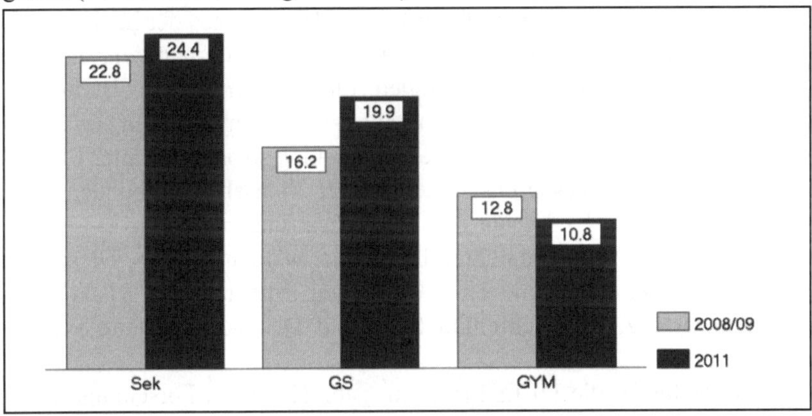

XI. Zusammenfassung und Schlussfolgerungen

Die Ergebnisse zeigen, dass unter Jugendlichen in Bremen ein Anteil von etwa einem Fünftel der Jugendlichen intolerante Haltungen und Ideologien der Ungleichwertigkeit vertritt, die autoritaristische/demokratiedistante Haltungen und/oder fremdenfeindliche Einstellungen beinhalten. Bei einem nicht unwesentlichen Teil von ihnen sind solche Einstellungen zudem mit der Bereitschaft zu bzw. der Akzeptanz von Gewalt kombiniert. Bezogen auf einheimische Jugendliche betraf dies 2008 etwa 8 % die eine Kombination intoleranter Einstellungen mit hoher Gewaltakzeptanz erkennen ließen.

Die Ergebnisse der zwei Jahre später erneut durchgeführten Erhebungen zeigen in diesem Feld in Bremen kaum nennenswerte positive Veränderungen. Insbesondere in den unteren Bildungsstufen sind die Potenziale demokratiedistanter und/oder fremdenfeindlicher Haltungen recht ausgeprägt und haben zum Teil im Untersuchungszeitraum noch zugenommen. Dies stellt sicherlich eine Herausforderung für die Arbeit mit jungen Menschen dar, sei dies nun im schulischen Kontext, im Rahmen der Gemeinwesenarbeit auf Stadtteilebene oder auch in der außerschulischen Jugendarbeit.

In Zeiten, in denen schulische Bildungsmaßnahmen wie auch Jugendarbeit und Prävention über Maßnahmen der Jugendhilfe in den Sog eines ökonomistischen Denkens zu geraten drohen, in denen insoweit für die Arbeit mit Außenseitern und Normabweichlern nicht ohne weiteres Ressourcen bereitgestellt werden, verweisen die hier vorgelegten Ergebnisse zudem auf eine fatale Verknüpfung: Im Einklang mit aus der institutionellen Anomietheorie abgeleiteten Annahmen zeigte sich nämlich, dass die Übernahme von Konkurrenzideologien, die Etablierung von Haltungen, die eine Durchsetzung des Stärkeren favorisieren, mit höchst unerwünschten Ergebnissen im Hinblick auf die Entwicklung sozial relevanter Einstellungen und Verhaltensbereitschaften junger Menschen verbunden sind. Solche Ideologien der Leistung und Durchsetzung befördern Einstellungen, die als Ellbogenmentalitäten bezeichnet werden können. Diese sind auf individueller Ebene mit einer deutlichen Erhöhung des Risikos von Gewaltakzeptanz, Fremdenfeindlichkeit und Demokratiedistanz verbunden.

Diese Befunde, die im Einklang mit ganz ähnlichen Forschungsergebnissen aus dem KFN stehen (vgl. Rabold et al., 2009; Baier et al., 2010) zeigen, dass aller Anlass besteht, sich mit Nachdruck um den Erhalt sowie auch den Ausbau von Optionen sozialen Lernens in der Schule und der Förderung von Zusammenhalt und Begegnung auf Ebene der Stadtteile und Ortsteile zu bemühen. Es wird wichtig sein darauf zu achten, dass eine erwartbare spätere Konkurrenz am Arbeitsmarkt, die ökonomischen Verwertbarkeit von Lernen und Ausbildung, nicht mit zu großer Dominanz und verfrüht Eingang in den Bildungs- und Ausbildungssektor halten.

Eine zu starke Ökonomisierung in diesem Bereich, eine unreflektierte Leistungs- und Verwertungsideologie, sind für die Entwicklung der sozialen Einstellungen und Werte junger Menschen nachteilig und dürften für gesellschaftlichen Zusammenhalt insoweit ungünstige Folgen haben. Die Bereitstellung von Möglichkeiten der interkulturellen Verständigung und des sozialen Lernens, werden in den kommenden Jahren eine wichtige Aufgabe sein. Diese Themen sind jedoch – im Hinblick auf schulische Pädagogik wie auch Jugendarbeit – immer wieder in der Gefahr, im Rahmen eines auf Ökonomie und Verwertung orientierten Denkens an den Rand zu geraten, bzw. allenfalls nur dann und zumeist auch nur sporadisch aufgegriffen zu werden, wenn es zu spektakulären Einzelfällen der Realisierung latenter Risiken kommt, wie sie hier skizziert wurden.

Was folgt daraus? Dass in dem hier beschriebenen Feld, gerade für Jugendliche aus unteren Bildungsstufen, ein Bedarf an Projekten zur Vermittlung von Toleranz und politischer Aufklärung besteht sowie Modelle der Prävention von fremdenfeindlicher sowie durch politische Intoleranz motivierter Gewalt junger Menschen benötigt werden, wurde mehrfach, hier nun für Bremen, eindrücklich gezeigt. Gebraucht werden Maßnahmen, die in diesem wenig von evidenzbasierten Konzepten gekennzeichneten Feld von Beginn an gepaart werden mit methodisch ausgereifter Begleitforschung, die fundierte Aussagen über Effekte zu erbringen und so Konzeptentwicklungen zu befördern vermag. In dieser Hinsicht, der Etablierung evidenzbasierter Modelle und der Absicherung einer praxisorientierten und zugleich methodisch fundierten Evaluationsforschung im Sinne echter Wirkungsanalysen, ist in dem hier angesprochenen Themenfeld in Deutschland ein Defizit zu konstatieren, das es anzugehen gilt.

Und der Jubilar? Wie betrifft ihn das? Wer weiß, wer weiß? Auch im Alter jenseits der 70 Jahre wird Christian Pfeiffer, so wie wir ihn kennen, vermutlich kaum ruhig sein. Er wird höchstwahrscheinlich weiterhin viele Menschen treffen, Ideen austauschen, öffentlich und medial präsent sein, Unterstützer aquirieren und soziale Projekte vorantreiben, die Missstände angehen und kreative Ideen umsetzen. Dies hier könnte vielleicht eines der Felder sein, in dem das stattfindet. Wie auch immer: Nochmals herzlichen Glückwunsch und viele weitere aktive und erfüllte Jahre!

Literatur

Anderson, E. (1999). Code of the Street: Decency, Violence, and the Moral Life of the Inner City. New York: W. W. Norton.

Baier, D., Pfeiffer, C., Rabold, S., Simonson, J., Kappes, C. (2010). Kinder und Jugendliche in Deutschland: Gewalterfahrungen, Integration und Medienkonsum. Zweiter Bericht zum gemeinsamen Forschungsprojekt des Bundesministeriums des Innern un des KFN. KFN-Forschungsbericht Nr. 109.

Baier, D., Pfeiffer, C., Simonson, J., Rabold, S. (2009). Jugendliche in Deutschland als Opfer und Täter von Gewalt. KFN-Forschungsbericht Nr. 107.

Block, T. (2010). Jugendkriminalität und staatliche Reaktion in Hamburg 1997 – 2007. Entwicklungen und Hintergründe. Berlin: Wissenschaftlicher Verlag Berlin.

Brettfeld, K., Wetzels, P. (2007). Muslime in Deutschland. Integration, Integrationsbarrieren, Religion und Einstellungen zu Demokratie, Rechtsstaat und politisch-religiös motivierter Gewalt. Ergebnisse von Befragungen im Rahmen einer multizentrischen Studie in städtischen Lebensräumen. Berlin: Bundesministerium des Inneren

Brettfeld, K., Wetzels, P. (2012a) Gewalt und Delinquenz junger Menschen in Bremen 2008-2010. Zweiter Bericht zu Ergebnissen der Wiederholungsbefragungen (2. Welle) repräsentativer Stichproben von Schülerinnen und Schülern der 7. und der 9. Jahrgangsstufen und der für sie zuständigen Lehrkräfte in Bremen und Bremerhaven. Hamburg: Universität Hamburg.

Brettfeld, K., Wetzels, P. (2013) Gewalt und Delinquenz junger Menschen in Bremen 2008-2010. Opfererlebnisse, Tathandeln, Risikofaktoren, Reaktionen sowie Präventionsmaßnahmen und deren Veränderungen zwischen 2008 und 2010. Kurzbericht über zentrale Ergebnisse wiederholter repräsentativer Befragungen von Schülerinnen und Schülern sowie Lehrkräften der 7. und 9. Jahrgangsstufen in Bremen und Bremerhaven. Hamburg: Universität Hamburg.

Enzmann, D. (2010). Germany. In Junger-Tas, J., Marshall, I.H., Enzmann, D., Killias, M., Steketee, M., Gruszczyńska, B. (Eds.), Juvenile Delinquency in Europe and Beyond: Results of the Second International Self-Report Delinquency Study (ISRD2) (pp. 47-64). New York: Springer.

Enzmann, D. (2012). Social responses to offending. In Junger-Tas, J., Marshall, I.H., Enzmann, D., Killias, M., Steketee, M., Gruszczyńska, B. (eds.), The Many Faces of Youth Crime: Contrasting Theoretical Perspectivies on Juvenile Delinquency across Countries and Cultures (pp. 143-182). New York: Springer.

Enzmann, D., Brettfeld, K., Wetzels, P. (2004). Männlichkeitsnormen und die Kultur der Ehre. In D. Oberwittler, S. Karstedt (Hrsg.), Soziologie der Kriminalität, Sonderheft 43 der Kölner Zeitschrift für Soziologie und Sozialpsychologie (S. 264-287).

Garland, D. (2013). Penalty and the Penal State. Criminology, 51, 475-517.

Grau, A., Groß, E., Reinecke, J. (2012). Abgehängte Sozialräume. Die Bedeutung von Jugendarbeitslosigkeit für Orientierungslosigkeit und Fremdenfeindlichkeit. In W. Heitmeyer (Hrsg.), Deutsche Zustände (Folge 10), (S. 129-150). Frankfurt/M.: Suhrkamp.

Groß, E. Gundlach, J., Heitmeyer, W. (2010). Die Ökonomisierung der Gesellschaft. In W. Heitmeyer (Hrsg.), Deutsche Zustände (Folge 8), (S. 131-156). Frankfurt/M.: Surhkamp.

Hadjar, A. (2004). Ellenbogenmentalität und Fremdenfeindlichkeit bei Jugendlichen. Die Rolle des Hierarchischen Selbstinteresses. Wiesbaden: VS Verlag.

Hagan, J., Hefler, G., Classen, G., Boehnke, K. (1998). Subterranean sources of subcultural delinquency: Beyond the American Dream. Criminology, 36, 309-341.

Heitmeyer, W. (2009). (Hrsg.). Deutsche Zustände (Folge 7). Frankfurt/M.: Suhrkamp.

Heitmeyer, W. (2012a) (Hrsg.). Deutsche Zustände. (Folge 10). Frankfurt/M.: Suhrkamp.

Heitmeyer, W. (2012b). Gruppenbezogene Menschenfeindlichkeit (GMF) in einem entsicherten Jahrzent. In W. Heitmeyer (Hrsg.), Deutsche Zustände (Folge 10) (S. 15-41). Frankfurt/M.: Suhrkamp.

Heitmeyer W., Endrikat, K. (2008). Die Ökonomisierung des Sozialen. Folgen für «Überflüssige» und «Nutzlose». In W. Heitmeyer (Hrsg.), Deutsche Zustände (Folge 6) (S. 55-72). Frankfurt/M.: Suhrkamp

Klein, A., Heitmeyer, W. (2012). Demokratie auf dem rechten Weg? Entwicklungen rechtspopulistischer Orientierungen und politischen Verhaltens in den letzten zehn Jahren. In W. Heitmeyer (Hrsg.), Deutsche Zustände (Folge 10) (S. 87-104). Frankfurt/M.: Suhrkamp.

Messner, S.F. (2012). Morality, markets, and the ASC: 2011 Presidential Address to the American Society of Criminology. Criminology, 50, 5-25.

Messner, S.F., Rosenfeld, R. (2007). Crime and the American Dream. 4th ed. Belmont: Wadsworth.

Pfeiffer, C., Delzer, D., Enzmann, D., Wetzels, P. (1998). Ausgrenzung, Gewalt und Kriminalität im Leben junger Menschen: Kinder und Jugendliche als Opfer und Täter. Sonderdruck des DVJJ-Journals zum 24. Deutschen Jugendgerichtstag vom 18.-22. September in Hamburg.

Pfeiffer, C., Wetzels, P. (1999a). Keine deutschen Chancen. Erziehung und Wissenschaft, 51 (9), 10-13.

Pfeiffer, C., Wetzels, P. (1999a). Zur Struktur und Entwicklung der Jugendgewalt in Deutschland. Aus Politik und Zeitgeschichte, (Beilage zur Wochenzeitschrift Das Parlament), B 26/99, 3-22.

Rabold, S., Baier, D., Pfeiffer, C. (2009). Ausländerfeindlichkeit und Rechtsextremismus unter deutschen Jugendlichen – Erkenntnisse einer deutschlandweiten Repräsentativbefragung. Forum Kriminalprävention, 3, S. 2-8.

Singelnstein, T., Stolle, P. (2012). Die Sicherheitsgesellschaft. Soziale Kontrolle im 21. Jahrhundert. 3. Aufl. Wiesbaden: VS-Verlag.

Thome, H., Birkel, C. (2007). Sozialer Wandel und Gewaltkriminalität. Deutschland, England und Schweden im Vergleich 1950 bis 2000. Wiesbaden: VS Verlag.

Wetzels, P., Brettfeld, K. (2009). Gewalt und Delinquenz junger Menschen in Bremen 2008-2010. Erster Zwischenbericht. Zielsetzung, Methode, Stichproben und ausgewählte

Ergebnisse der ersten Erhebungen in Bremen und Bremerhaven 2008. Hamburg: Universität Hamburg.

Wetzels, P., Brettfeld, K. (2011). Gewalt und Delinquenz junger Menschen in Bremen 2008-2010. Zweiter und abschließender Bericht über die Ergebnisse der ersten Erhebungswelle in Bremen und Bremerhaven 2008. Hamburg: Universität Hamburg.

Wetzels, P., Brettfeld, K. (2012). Gewalt und Delinquenz junger Menschen in Bremen 2008-2010. Erster Zwischenbericht zur zweiten Erhebungswelle: Durchführung, Methode und Rücklauf der Wiederholungsbefragungen in Bremen und Bremerhaven 2011. Hamburg: Universität Hamburg.

Wetzels, P., Enzmann, D., Mecklenburg, E., Pfeiffer, C. (2001). Jugend und Gewalt. Eine repräsentative Dunkelfeldanalyse in München und acht weiteren deutschen Städten. Baden-Baden: Nomos.

Wetzels, P., Fabian, T., Danner, St. (2001). Fremdenfeindliche Einstellungen unter Jugendlichen in Leipzig. Münster: LIT.

II.
Politisches und Persönliches

Für Christian Pfeiffer zum 70. Geburtstag

Günther Beckstein

Es ist nicht meine Aufgabe – auch nicht meine Kompetenz, Christian Pfeiffer wissenschaftlich zu würdigen. Aber als ein Mann, der sich fast 40 Jahre mit Fragen der Inneren Sicherheit beschäftigt hat, davon allein 14 Jahre als Bayerischer Innenminister und 5 Jahre als Staatssekretär in diesem Ministerium, will ich versuchen, einige Anmerkungen zum Schaffen und der Persönlichkeit von Professor Pfeiffer zu machen.

Als Praktiker der Sicherheitspolitik gibt es nicht viele Wissenschaftler, die mir einfallen, wenn ich gefragt werde, wer Einfluß auf die praktische Arbeit der Sicherheitsbehörden genommen hat. Aber Christian Pfeiffer fällt mir sofort ein – und mit einer ganzen Reihe von Fragen, die eine wichtige Grundlage von Entscheidungen meiner Arbeit geworden sind. Und auch wenn ich weiß, dass dies wissenschaftlichen Kriterien nicht entspricht, will ich ohne Zitieren von Belegen meine Anmerkungen aus der Erinnerung tätigen.

Das Problem jugendlicher Intensivtäter ist für die Praxis vom KFN und von Professor Pfeiffer erkannt worden. Vorher wurde allgemein von steigender Jugendkriminalität gesprochen. Pfeiffer untersuchte, was an der These, die Jugend wird immer schwieriger, dran ist. Und mit der Vergröberung, die notwendig ist, damit eine wissenschaftliche These in der Praxis wirksam wird, habe ich seinen Untersuchungen entnommen, dass die große Anzahl an Straftaten junger Menschen von wenigen Tätern begangen werden, die jeweils eine sehr große Zahl einzelner Straftaten begehen. Dabei fallen sofort einige Besonderheiten auf: in den meisten Fällen beginnt die kriminelle Karriere vor dem 14. Lebensjahr und damit vor der Schuldfähigkeit; die Täter halten sich nicht an die Spezialisierung, die wir früher im Bereich polizeilicher Ermittlungen hatten, die an den Straftatengruppen des Strafrechts orientiert war.

Die Thesen Pfeiffers wurden bei Besprechungen mit krimalpolizeilichen Praktikern sofort als zutreffend bestätigt. Und daraus wurden Konsequenzen gezogen: die Ermittlungsarbeit wurde nicht mehr straftaten- sondern täterbezogen durchgeführt. Sicherheitsstrategisch war sofort klar, wenn es gelingt, die wichtigsten jugendlichen Intensivtäter von weiteren

Straftaten abzuhalten, dann wird das auf die Sicherheitslage großen Einfluß haben, während die Aufklärung von Episoden- oder Gelegenheitstätern mit sehr viel Personaleinsatz nur wenig Wirkung zeigt.

Aus der Tatsache, dass viele „Karrieren" jugendlicher Intensivtäter als strafunmündige Kinder beginnen, wurde sofort klar, dass der eigentliche Schlüssel gegen die steigende (wie weit tatsächlich dies stimmt oder nur wahrnehmungsbedingt ist, sei hier dahingestellt) Jugendkriminalität in der Schule und im Elternhaus liegt.

Dabei tauchen völlig unterschiedliche Phänomene auf: es gibt Eltern, bei denen die Kriminalität der Kinder auf Versagen der Erziehung beruht, bei anderen ist es Folge der Erziehung.

Dass „Klaukinder" von bestimmten Erwachsenen gezielt eingesetzt werden, da sie als strafunmündige Werkzeuge nur geringeren Sanktionen ausgesetzt sind als die Eltern, hatte für die Kriminalpolizei zur Folge, die Kinder oder Jugendlichen nicht als die eigentlichen Täter anzusehen, sondern alles daran zu setzen, die Leute zu entdecken, die die jungen Menschen zu kriminellen Handlungen anzuhalten und gegen diese Erwachsenen vorzugehen.

In anderen Fällen „vererbt" sich die Problematik der Eltern: im Bereich der Drogenabhängigkeit oder beim Scheitern der Eltern (oder des alleinerziehenden Elternteils), sich in die Gesellschaft zu integrieren.

Eine dritte Gruppe ist es, die einfach mit der Erziehung überfordert sind, und deren Kinder von den Eltern nicht so erzogen werden können, dass sie sich an die Regeln des Zusammenlebens halten. Hier ist zunächst die Hilfe für die Eltern bei der Erziehung wichtig, oft aber bei weitem nicht ausreichend. Welche Rolle spielen dabei Migration der Eltern und deren oft mangelnde Integration? Auch das hat das KFN sorgfältig untersucht und dadurch aufgezeigt, welche Defizite das deutsche Bildungswesen trotz aller Anstrengungen hier aufweist.

Selbstverständlich hat dabei die Schule eine besondere Bedeutung, vor allem die Persönlichkeit des Lehrers oder häufiger der Lehrerin.

Eine noch so herausragend pädagogisch befähigte Lehrkraft kann nicht viel ausrichten, wenn der Schüler (sehr viel häufiger als die Schülerin) einfach nicht zur Schule kommt. Die Bedeutung des Schulschwänzens als Frühwarnanzeichen einer scheiternden Erziehung hat Professor Pfeiffer in einer faszinierenden Weise herausgearbeitet. Für mich war das eine ganz zentrale Motivation ein polizeiliches Programm gegen Schulschwänzer zu entwickeln. Und Pfeiffer belegte wissenschaftlich, dass es Zusammenhänge zwischen der Häufigkeit von Schulschwänzen und der Höhe der Kriminalität gibt.

Welchen Einfluss haben Computerspiele auf junge Menschen? Es soll gar nicht bestritten werden, dass heute der Umgang mit dem Computer eine der lebensnotwendigen Grundfertigkeiten für junge Menschen darstellt. Dass dabei auch Computerspiele eine wichtige Funktion haben, ist evident. Dass es aber auf der anderen Seite problematisch für die Entwicklung junger Menschen werden kann, wenn sie stundenlang am Computer spielen, so dass keine Zeit für das Lernen und für Sport oder Spiele mit Gleichaltrigen bleibt, ebenfalls. Diese Problematik verstärkt noch die Art der Spiele, wenn Egoshooter und virtuelle Gewalt die Lebenswirklichkeit prägen.

Professor Pfeiffer hat dabei viele Erkenntnisse gewonnen und öffentlich sehr offensiv vertreten, die nicht von vorneherein auf die Gegenliebe der Medien stießen. Und trotzdem wußte jeder nur halbwegs Informierte und nicht völlig Böswillige, dass es Pfeiffer nicht um Stigmatisierung einzelner Bevölkerungsgruppen geht, sondern darum, wie den Menschen geholfen werden kann, mit schwierigen Lebensumständen bestmöglich fertig zu werden.

Und an eine Untersuchung erinnere ich mich noch sofort: welchen Einfluss hat die religiöse Bindung auf mögliche Kriminogenität? Das für mich überraschende Ergebnis war, dass die katholische Kirche es besser schafft, jungen Menschen (z. B. als Messdiener) eine prägende Beheimatung zu geben als meine evangelische Kirche.

Wenn Christian Pfeiffer das liest, wird er sofort sagen, das ist viel komplizierter. Und trotzdem hat er mir gegenüber akzeptiert, dass sicherheitspolitische Praxis mit Vereinfachungen arbeiten muss, wenn sie wirksam werden will. Dass sie dabei aber nicht einfach auf Vorurteilen aufbaut, sondern sorgfältigen differenzierten Forschungen, das ist das Verdienst von Pfeiffer.

Meine Zusammenfassung lautet: Professor Christian Pfeiffer ist eine herausragende Persönlichkeit der Wissenschaft, die vielleicht durch den Ausflug in die Politik aber gelernt hat, wie wichtig es ist, dass gerade in der Kriminologie nicht der Elfenbeinturm der Wissenschaft das wichtigste Ziel ist, sondern die positive Veränderung der Realität.

Am Rande sei vermerkt: dass es auch menschlich Freude bereitet, mit Pfeiffer hoch engagiert über die Arbeit zu reden, manchmal auch zu streiten, da er in der Zusammenarbeit absolut verläßlich ist, und Vertrauliches nie bei einem seiner vielen öffentlichen Auftritten verwendet.

Als ein Mensch, der vor kurzem seinen 70. Geburtstag hinter sich hat, wünsche ich Christian Pfeiffer nicht besinnliche Ruhe, sondern weiter die Neugier auf Erkenntnisse und das brennende Herz, die Realität insbesondere junger Menschen zu verbessern.

Eine Zugfahrt mit Christian Pfeiffer

Rudolf Egg

Wenn ich an Christian Pfeiffer denke, fallen mir sehr viele Begegnungen mit ihm ein. Etliche wissenschaftliche Fachtagungen und Arbeiten, zahlreiche Besprechungen und Sitzungen, nicht zuletzt die Treffen der Mitgliederversammlung des KFN, in der ich seit dem Jahre 2001 mitwirken darf. Natürlich denke ich auch an die vielen wissenschaftlichen Studien und Publikationen, die ich von ihm kenne und für deren Gestaltung und Durchführung und nicht zuletzt für deren hervorragende Präsentation ich ihn schon immer bewundert habe. Das gilt auch für die leider unvollendet gebliebene Studie über Missbrauchsfälle in der katholischen Kirche. Christian hat sich hier bis an den Rand seiner eigenen körperlichen und seelischen Belastbarkeit nachhaltig dafür eingesetzt, dass eine Studie realisiert werden kann, die den Regeln und Gepflogenheiten der empirischen Wissenschaft entspricht, dennoch konnte trotz aller Bemühungen kein Konsens erreicht werden. Immerhin gibt es jetzt nach rund einem Jahr so etwas wie Burgfrieden zwischen dem ehemaligen Auftraggeber, der Kirche also, und dem Auftragnehmer, dem KFN. Christian Pfeiffer und die Kirche haben sich darüber verständigt, dass sie sich in mehreren entscheidenden Fragen des Projektes eben nicht einigen konnten. Für die dabei gezeigte Haltung zolle ich ihm großen Respekt, da er bis zuletzt nie den Mut und die Hoffnung auf eine einvernehmliche Lösung aufgegeben hat.

Ich denke selbstverständlich auch an die vielen Interviews in Rundfunk und Fernsehen, die ich von ihm gehört und gesehen habe und bei der sein stets klarer, pointierter Standpunkt immer großen Eindruck auf mich gemacht hat, auch wenn ich vielleicht nicht jedes Mal derselben Meinung war wie er. Aber so ist das eben in der Wissenschaft und auch sonst im Leben: der Diskurs, das gemeinsame Ringen um die richtige Lösung, um die Wahrheit, das ist das, worauf es letzten Endes ankommt. Eine Wissenschaft oder gar eine Welt, in der alle jederzeit derselben Meinung sind, wäre schließlich ein Albtraum.

Von all diesen Dingen soll hier aber nicht die Rede sein, denn wenn ich an Christian Pfeiffer denke, dann habe ich spontan vor allem zwei Begegnungen mit ihm vor Augen. Beide liegen zwar schon eine Weile zurück, sie sind für mich aber untrennbar mit der Person des Jubilars dieser Festschrift verbunden und sollen deshalb hier berichtet werden.

Der 26. April 2002 war ein Freitag. An diesem Tag hatte ich beruflich in Berlin zu tun gehabt und machte mich am frühen Nachmittag auf den Heimweg. Ich freute mich auf das bevorstehende Wochenende. Der Wetterbericht versprach zwar nichts Gutes, bedeckter Himmel mit vielen Regenschauern, typisches Aprilwetter halt, obwohl es an Ostern drei Wochen vorher bereits sonniges und frühlingshaft mildes Wetter gegeben hatte. Egal! Ich fuhr also mit der U-Bahn zum Bahnhof Zoo, von dem aus man damals noch in den Westen abfahren musste. Weil ich noch etwas Zeit hatte, konnte ich in der Bahnhofsgaststätte eine Kleinigkeit zu mir nehmen. Im Hinausgehen auf dem Weg zum Bahnsteig traf ich unverhofft auf: Christian Pfeiffer. Er war in jener Zeit (vom 13.12.2000 bis 04.03.2003) Justizminister in Niedersachsen und hatte, wenn ich mich recht entsinne, an diesem Tag eine Rede im Bundesrat gehalten.

Wir begrüßten uns freundlich und plauderten über dies und das. Dabei erwähnte ich auch, dass ich wenige Minuten vorher einen Anruf von einem privaten Fernsehsender erhalten hatte. Man wollte von mir wissen, ob ich heute noch Zeit hätte für ein kurzes Interview. In Erfurt, so hieß es, habe es am Vormittag eine Schießerei an einer Schule gegeben. Die Polizei sprach von mindestens vier Toten, Genaueres wisse man noch nicht. Man versprach aber, mir sobald wie möglich weitere Einzelheiten mitzuteilen. Christian hatte zu diesem Zeitpunkt noch nichts davon gehört und war ebenso überrascht wie ich.

Wir stiegen schließlich beide in den ICE nach Frankfurt am Main ein. Christian durfte als Minister selbstverständlich in der 1. Klasse reisen, ich musste wegen der üblichen Sparzwänge in der 2. Klasse Platz nehmen. Weil wir uns aber noch etwas weiter unterhalten wollten, verabredeten wir uns zu einem Treffen im Speisewagen. So geschah es dann auch. Nach etwa einer halben Stunde saßen wir gemeinsam im Bordrestaurant der Deutschen Bahn, tranken einen Kaffee und erzählten uns gegenseitig von unseren aktuellen Arbeiten und Aufgaben. Ich berichtete ihm über die neuesten Entwicklungen an der KrimZ und Christian sprach voller Engagement von seiner Tätigkeit als Justizminister in Niedersachsen. Er war nach meiner Wahrnehmung ganz und gar in dieser für ihn neuen Aktivität aufgegangen. Anders hätte ich es von ihm auch gar nicht erwartet. Von seiner früheren Beschäftigung am KFN sprach er stets in der Vergangenheitsform. Er sah sich anscheinend gar nicht mehr als Kriminologe, jedenfalls nicht in erster Linie, sondern hatte sein Amt als Politiker und Chef einer großen Landesbehörde mit Leidenschaft angenommen.

Zwischendurch klingelte immer wieder mal mein Mobiltelefon und ich erfuhr Neues über die Situation in Erfurt. Inzwischen wusste man mehr. Der 19-jährige Robert Steinhäuser, ein ehemaliger Schüler des Gutenberg-Gymnasiums in Erfurt, war am späten Vormittag in die Schule gekommen und hatte mit einer Pistole und einer Pumpgun zwölf Lehrer, eine Sekretärin, zwei Schüler und einen Polizisten erschossen. Anschließend hatte er sich selbst getötet. Ein entsetzliches Ereignis. Nie zuvor hatte sich in Deutschland ein ähnlich schrecklicher Mordfall ereignet, der von den Medien sogleich als „Amoklauf von Erfurt" bezeichnet wurde. Streng genommen war dies zwar nicht ganz richtig, denn ein Amoklauf meint eigentlich eine blindwütige Attacke einer gewissermaßen außer Rand und Band geratenen Person: Robert Steinhäuser aber hatte seine Tat, wie später zu erfahren war, sorgfältig geplant und ruhig und präzise durchgeführt. Das Wort „Amok" war freilich kurz und griffig und damit mediengerecht.

Unser Gespräch im Speisewagen wandte sich durch diese Anrufe unwillkürlich mehr und mehr jenem grauenvollen Geschehen in Erfurt zu und ich glaube, Christian war damals genauso ratlos wie ich. Schließlich hatte es so etwas an einer deutschen Schule vorher noch nicht gegeben und ob die kriminologischen Erkenntnisse über ähnliche „school shootings" in den USA mit den Ereignissen in Erfurt wirklich vergleichbar waren, konnte zu diesem Zeitpunkt noch niemand so recht sagen. Christian und ich wussten selbstverständlich einiges über den Amoklauf an der Columbine High School im US-Bundesstaat Colorado. Fast auf den Tag genau drei Jahre vorher, am 20. April 1999, wurden damals zwölf Schüler und ein Lehrer das Opfer der beiden Schüler Eric Harris und Dylan Klebold, 18 und 17 Jahre alt. Auch diese hatten sich am Ende selbst erschossen. Viele hatten damals gemeint, dass die Ursachen dieser Tat vor allem in US-amerikanischen Verhältnissen zu suchen seien und hatten deshalb gehofft, dass so etwas bei uns nicht geschehen könne. Die Tat von Erfurt hatte uns alle eines Besseren belehrt.

Wie die meisten Menschen an diesem Tag, waren auch wir beide, Christian und ich, tief betroffen von dieser Bluttat und wussten zunächst nicht so recht, was wir dazu sagen sollten. Allerdings verlangten noch während dieser Zugfahrt manche Medien bereits erste Auskünfte von uns, doch mehr als allgemeine Begriffsdefinitionen und den freundlichen Hinweisen, dass man zunächst doch bitteschön die Ergebnisse der polizeilichen Ermittlungsarbeit abwarten sollte, war zu diesem Zeitpunkt nicht möglich. Nach etwa einer Stunde trennten wir uns wieder, jeder ging in sein Abteil zurück. Immer wieder klingelte auch dort mein Handy und man versorgte mich mit den neuesten Nachrichten, bei Christian dürfte es nicht anders gewesen sein. Nach einiger Zeit war allerdings der Akku meines Telefons völlig entladen und ich konnte mir bis zum Zielbahnhof etwas Ruhe gönnen.

Ich lehnte mich zurück, schloss die Augen und dachte an eine andere Begegnung mit Christian, etwa anderthalb Jahre vorher, am 19.11.2000, einem Sonntag. Wir waren damals beide Mitglieder eines Gremiums, das den Ersten Periodischen Sicherheitsbericht der Bundesregierung vorbereiten sollte. Christian als Kriminologe und Leiter des KFN, ich als Vertreter der KrimZ. Weil Christian Pfeiffer im Dezember 2000 als Nachfolger von Wolf Weber Justizminister im Kabinett von Sigmar Gabriel werden sollte, konnte er nicht mehr länger Mitglied dieses Gremiums sein. Das Amt eines Landesministers war mit der Tätigkeit in einem Gremium der Bundesregierung nicht vereinbar. Wenige Tage vor diesem Amtswechsel hatte das Gremium aber noch eine Wochenend-Sitzung in Wiesbaden durchgeführt, wie üblich in den Räumen des BKA. Ich wusste zu diesem Zeitpunkt bereits, dass Christian sehr bald sein neues Amt übernehmen würde und wollte die Gelegenheit nutzen, ihn in einer dringenden Angelegenheit der KrimZ zu sprechen. Ich lud ihn deshalb nach der Sitzung am Sonntagnachmittag in die KrimZ ein, führte ihn durch unsere an diesem Tag natürlich leeren Räumlichkeiten, zeigte ihm unsere Bibliothek und wir gingen schließlich in mein Büro. Dort erzählte ich ihm ausführlich davon, dass seine Vorvorgängerin in der Leitung des niedersächsischen Justizministeriums, Frau Heidrun Merk, die damals noch Alm-Merk hieß, am 16. April 1996 den Austritt des Landes Niedersachsen aus der Kriminologischen Zentralstelle erklärt hatte. Sie hatte uns geschrieben:

„Zu meinem großen Bedauern sehe ich mich gezwungen, den Austritt des Landes Niedersachsen aus dem Verein Kriminologische Zentralstelle e.V. zum Ende des Geschäftsjahres 1997 zu erklären. Die Haushaltslage des Landes Niedersachsen nötigt mich leider zu diesem Schritt. Ich verkenne dabei nicht die möglichen Auswirkungen auf den Bestand der Kriminologischen Zentralstelle, mit der Niedersachsen als Mitglied seit Gründung der Stelle in hervorragender Weise zusammengearbeitet hat. Ich bedauere die Notwendigkeit meines Schrittes umso mehr, als er sich möglicherweise für Sie als Vorstände und die Mitarbeiterinnen und Mitarbeiter der Zentralstelle auch persönlich auswirken kann. Ich hoffe jedoch sehr, dass der Verein von den übrigen Mitgliedern weiter getragen wird."

Das war ein herber Schlag für uns. Ausgerechnet Niedersachsen, das doch so maßgeblich an der Gründung der KrimZ beteiligt war und uns immer unterstützt hatte, wandte uns nun den Rücken zu. Schließlich war es der damalige niedersächsische Justizminister Hans-Dieter Schwind gewesen, unter dessen Leitung die KrimZ auf der Justizministerkonferenz 1981 in Celle als ein von Bund und allen (damaligen) Bundesländern getragener Verein ins Leben gerufen wurde. Dabei hatten wir die Unterstützung der Landesjustizverwaltungen 1996 mehr als nötig gehabt, denn die Finanzverwaltungen der Länder hatten seit einiger Zeit versucht, die „gemeinsame Finanzierung der KrimZ" aufzugeben, was eine Schließung dieser Forschungs- und Dokumentationseinrichtung bedeutet hätte. Und jetzt kam auch noch der von der Justizseite ausgesprochene Austritt eines Mitgliedslandes hinzu. Ich machte mir große Sorgen um die Zukunft unseres kleinen Instituts und, ja, das möchte ich an dieser Stelle nicht verschweigen, auch um meine eigene berufliche wie private Zukunft.

Zum Glück konnte zwar der Vorstoß der Finanzverwaltungen durch einen Beschluss der Ministerpräsidenten der Länder auf deren Jahreskonferenz vom 23.-25.10.1996 in Erfurt (sic!) abgewendet werden. Die Regierungschefs der Länder erklärten dabei, dass sie „die weitere gemeinsame Finanzierung der Kriminologischen Zentralstelle e.V. angesichts ihres Gewichts als Forschungs- und Dokumentationseinrichtung für die Strafrechtspflege für notwendig" halten. Niedersachsen hatte allerdings durch eine Protokollnotiz nochmals auf seinen bereits ausgesprochenen Austritt hingewiesen. Die Lage war und blieb also für uns weiterhin bedrohlich, denn es wurde bereits gemunkelt, dass bald ein oder zwei weitere Länder dem Beispiel Niedersachsens folgen könnten; knappe Haushaltskassen gab und gibt es schließlich nahezu immer und überall. Eine Bund-Länder-Einrichtung, in der nicht wirklich alle Länder vertreten sind, ist jedoch eine irgendwie misslungene Institution und wahrscheinlich langfristig zum Scheitern verurteilt.

Daran änderte auch die Tatsache nichts, dass wir nicht – wie ursprünglich befürchtet – durch den Austritt Niedersachsens finanzielle Einbußen hinzunehmen hatten. Bund und Länder teilen sich regelmäßig hälftig die Finanzierung unseres Wirtschaftsplans, also der laufenden Kosten. Die Anteile für die einzelnen Länder werden dabei nach dem sog. Königsteiner Schlüssel berechnet, eine seit 1949 bestehende Regelung, die das

Steueraufkommen und den Bevölkerungsanteil jedes Landes berücksichtigt. Nach dem Austritt Niedersachsens wurde bei diesen Berechnungen nun einfach der Anteil Niedersachsens ausgeklammert und alles neu gewichtet. Anders gesagt: Die übrigen Länder finanzierten gemeinsam den von Niedersachsen eingesparten Betrag weiter. Das war zwar ein Glück für uns, machte aber die Sache nicht wirklich besser, weil dadurch der ohnedies befürchtete Druck auf andere Länder, die KrimZ ebenfalls zu verlassen, noch weiter ansteigen konnte.

Alle Versuche, den schon beschlossenen Austritt Niedersachsens doch noch einmal abzuwenden, waren am Widerstand der Justizministerin gescheitert und auch ein sehr flehentliches Schreiben an den damaligen Staatssekretär Horst Henze, den ich seit den 1970er Jahren von den Treffen der sozialtherapeutischen Einrichtungen am Bielefelder Zentrum für interdisziplinäre Forschung (ZiF) und meiner dortigen Tätigkeit von 1980-82 sehr gut kannte und den ich außerordentlich schätzte, führte zu keinem Ergebnis. Er ließ mich zwar wissen, „dass dem Land dieser Schritt nicht leicht gefallen" sei, er sei aber, „nach reiflicher Überlegung, leider unvermeidbar und unaufschiebbar."

So kam es schließlich, dass Niedersachsen ab 1998 nicht mehr Mitglied der KrimZ war. Auch Wolf Weber, ab März 1998 Nachfolger von Frau Alm-Merk im Amt des niedersächsischen Justizministers, konnte oder wollte daran nichts ändern.

All dies erklärte ich Christian Pfeiffer bei unserem Gespräch in der KrimZ am Nachmittag des 19.11.2000 sehr ausführlich. Er zeigte sich interessiert und aufgeschlossen und wollte danach von mir alle wichtigen Details schriftlich haben. Dies sagte ich ihm zu und wenige Tage später erhielt er von mir ein umfangreiches Paket mit einer genauen Aufschlüsselung der Chronologie der Ereignisse, mit einer Übersicht über unsere Finanzen und den von den Ländern jeweils zu tragenden Anteilen. Ich sandte ihm auch Kopien aller wichtigen Schreiben, die im Verlauf der Abwehrversuche gegen diesen für uns unglücklichen Austritt Niedersachsens von und nach Hannover gesandt worden waren. Auch der damalige Bundesjustizminister Schmidt-Jortzig als „Hauptaktionär" der KrimZ und der hessische Justizminister von Plottnitz als Vertreter unseres „Sitzlandes" hatten sich seinerzeit nachhaltig, aber letztlich vergeblich für einen Verbleib des Landes Niedersachsen in der KrimZ ausgesprochen gehabt.

Es dauerte zwar eine Weile, doch meine bzw. unsere Argumente müssen Christian Pfeiffer wohl überzeugt haben, denn am 21. Juni 2001, ausgerechnet an meinem Geburtstag, schrieb er mir Folgendes:

„Ich freue mich, mitteilen zu können, dass Niedersachsen – vorbehaltlich der Zustimmung des Haushaltsgesetzgebers – mit Wirkung vom 01.01.2002 der Kriminologischen Zentralstelle e.V. wieder beitreten wird."

Was für ein wunderbares Geburtstagsgeschenk! Der Haushaltsgesetzgeber, also der Niedersächsische Landtag, gab später wie erhofft seine Zustimmung zu diesem Wiedereintritt; seither darf sich die KrimZ wieder uneingeschränkt als Einrichtung des Bundes und aller Länder bezeichnen. Ich weiß nicht, wen Christian für diesen Schritt mit welchen Argumenten überzeugen konnte und was er damals alles für uns getan hatte, doch es spricht für ihn, dass er das genaue Prozedere und die wahrscheinlich vertraulichen Gespräche, die dabei zu führen waren, stets für sich behalten hat und uns lediglich das höchst erfreuliche Ergebnis seiner Bemühungen mitteilte. Das war es schließlich auch, was letztlich für uns zählte.

Diese wohltuende Rücknahme der unglücklichen Entscheidung von Frau Alm-Merk war für uns ein lebenswichtiger, zukunftsweisender Schritt, für den ich Christian für immer dankbar sein werde. Ohne ihn und sein mutiges Eintreten für unser Anliegen wäre die Entwicklung der KrimZ wahrscheinlich in den Jahren danach anders verlaufen, um es einmal milde auszudrücken. Wenn ich mich recht entsinne, habe ich diesen Dank auch während jener Zugfahrt im April 2002 noch einmal zum Ausdruck gebracht. Wenn nicht, dann soll dies hier in aller Form nachgeholt werden.

Der Zug kam schließlich pünktlich in Frankfurt am Main an. Beim Aussteigen traf ich Christian noch einmal ganz kurz am Bahnsteig. Er teilte mir mit, dass ihn die ARD für den kommenden Sonntagabend in die Talkrunde von Frau Sabine Christiansen eingeladen hatte. Der Amoklauf von Erfurt war inzwischen das Gesprächsthema Nr. 1 in den Medien und wohl auch in der Bevölkerung geworden. Christian schlug mir vor, dass wir vor der Sendung noch einmal telefonieren sollten und ich versprach ihm, in der Zwischenzeit in unserer KrimZ-Bibliothek nachzusehen, welche Erkenntnisse über die Amoktaten an US-amerikanischen Schulen dort zu finden seien. Es gab damals zwar noch nicht viel Literatur zu dieser Thematik, doch ich konnte Christian bei dem versprochenen Telefonat zumindest ein paar wichtige Punkte mitteilen.

Eine bemerkenswerte Feststellung war, dass es für Amoktäter anscheinend kein eindeutiges, festes Täterprofil gibt, so dass sie nicht einfach durch Tests oder Checklisten im Sinne einer Früherkennung vorab identifiziert werden können. Die meisten kündigten ihre Taten auch nicht direkt an, es gab in etlichen Fällen allenfalls vage Andeutungen der größtenteils lange und gründlich geplanten Taten, sog. „leakings", die jedoch oft nicht richtig gedeutet wurden. Dies führte zu der Empfehlung, dass Mitschüler, Lehrer und Eltern aufmerksam zuhören sollten, wenn solche meist versteckten Drohungen geäußert werden. Die Begeisterung für Schusswaffen und deren Verfügbarkeit wurden in der Literatur ebenfalls als kritische Warnzeichen bezeichnet („Waffennarren"). Auch die intensive Nutzung gewaltbezogener Computerspiele durch die späteren Amoktäter wurde immer wieder als Risikofaktor thematisiert, zwar nicht als eigentliche Ursache, aber doch ein die Gewaltbereitschaft und die Tat fördernder Umstand; ein Thema, mit dem sich Christian Pfeiffer und das KFN in der Folgezeit noch recht intensiv befassen sollten. Sehr viel mehr konnte ich an diesem Wochenende zum Thema „Amok an Schulen" in unserer Bibliothek und im Internet nicht finden. Unser Telefonat am Sonntag war deshalb nicht besonders lang.

Am Sonntagabend bewunderte ich dann Christian Pfeiffer in der Sendung von Frau Christiansen. Er trug seine Argumente sehr sachlich und überlegt vor und verwendete dabei auch einige der Punkte, über die wir zuvor am Telefon gesprochen hatten. Andere Gesprächsteilnehmer wollten sich jedoch anscheinend gar nicht erst mit einer sachlichen Analyse abgeben, sondern fragten gleich sehr aufgeregt nach dem oder den Schuldigen und boten bereits scheinbar perfekte Lösungsvorschläge an. Es war gut, dass Christian in dieser Runde vertreten war; er trug durch seine Worte zumindest ein wenig zur Versachlichung und Beruhigung der aufgeheizten Stimmung bei. Die von verschiedenen Seiten damals immer wieder geäußerte Sorge, nun würden bald „amerikanische Verhältnisse" an unseren Schulen einkehren, womit gemeint war, dass wir in Zukunft mit einer wahren Welle von derartigen Amoktaten rechnen müssten, bewahrheitete sich, wie wir heute wissen, zum Glück nicht. Amokläufe an Schulen sind bislang in Deutschland und Europa seltene, wenngleich außerordentlich leidvolle Gewaltverbrechen geblieben.

Sicherlich war es purer Zufall, dass Christian Pfeiffer genau zu jenem Zeitpunkt Justizminister in Hannover wurde, als wir in der KrimZ seine Hilfe in diesem Amt am nötigsten brauchen konnten. Auch dass wir beide genau an jenem Tag, an dem sich eine der schrecklichsten Gewalttaten an einer deutschen Schule ereignet hatte, mit ein und demselben Zug von Berlin nach Frankfurt am Main gefahren sind und uns vorher am Bahnsteig ohne jegliche Verabredung getroffen hatten, war absolut zufällig, obwohl es für uns beide einen ähnlichen Zufall niemals zuvor und auch nicht nachher gegeben hat.

Es könnte freilich auch sein, dass das Schicksal oder wer auch immer hier ein wenig nachgeholfen hatte, dass es also so sein sollte. Doch das sind Überlegungen, die jenseits dessen liegen, worüber sich ein empirischer Wissenschaftler ernsthaft Gedanken machen sollte. Jedenfalls waren es ausgesprochen glückliche Begegnungen für mich und es fällt mir deshalb sehr leicht, diese positiven Erinnerungen wieder in mein Gedächtnis zu rufen, wenn ich an Christian Pfeiffer denke.

Ich freue mich auf weitere Treffen mit ihm und wünsche ihm von Herzen alles Gute zu seinem 70. Geburtstag!

„Liebe als Grundsatz und Ordnung als Grundlage; Fortschritt als Ziel“ (August Comte) Christian Pfeiffer zum 70. Geburtstag

Sigmar Gabriel

Christian Pfeiffer hat viele Verdienste. So viele, dass diese Festschrift zu seinem 70. Geburtstag wahrscheinlich auch nur einen ansatzweisen Überblick darüber geben wird, was es alles zu würdigen gilt: Aus einem Leben eines renommierten Wissenschaftlers, eines ausgezeichneten Politikers, einer über die Landesgrenzen hinaus respektierten Koryphäe an der Spitze des Kriminologischen Forschungsinstituts Niedersachsen, eines praktizierenden (mitunter auch predigenden) Christen und - eines gestandenen Sozialdemokraten.

Anstrengend, seine Zuhörer nie schonend, dabei immer die Veränderung zum Besseren im Blick. „Ihr nervt, ihr Sozis!“ Hörte auch ich zuletzt immer wieder. „Warum könnt ihr Euch nicht damit begnügen, wie es ist und wie es doch zurzeit ganz gut läuft?“ Wer mir so etwas sagt, hat nichts verstanden von dem, was uns seit über 150 Jahren antreibt. Gut ist es erst, wenn es für alle gut ist. Und dann wollen wir es noch besser. Nicht für einige wenige, sondern für alle. Davon sind wir noch meilenweit entfernt. Außenstehende könnten auf die Idee kommen, dies sei ein Fluch. Doch das ist das Gegenteil von Unheil. Wir Sozialdemokraten wissen, „der Kampf gegen Gipfel vermag ein Menschenherz auszufüllen“ (Albert Camus in seinem „Mythos des Sisyphos“).

In diesem Sinne wird auch Christian Pfeiffer nicht müde, große und kantige Steine auf steile Berge zu rollen. Seine Wege und Stationen legen dar, dass Wissenschaft selbstverständlich politisch und Politik selbstverständlich wissenschaftlich sein kann und beide sogleich voneinander profitieren. Es gehöre zu den Merkwürdigkeiten der Wissensgesellschaft, schrieb Stefan Dietrich vor ein paar Jahren in der FAZ, dass gerade in der Wissensgesellschaft sich Wissenschaft und Politik auseinander gelebt haben – jedenfalls weiter voneinander entfernt sind als in der Industriegesellschaft oder gar davor. Egal, ob sie sich jeweils anderen Partner zugewendet haben oder ein Single-Dasein bevorzugen, Christian Pfeiffer verkörpert diese Liaison aus Wissenschaft und Politik. Aus der Zeit? – mitnichten!

Als ich ihn seinerzeit als Justizminister in Niedersachsen berief, rümpften einige im Elfenbeinturm reflexhaft die Nase und in der Politmaschinerie schüttelten manche überheblich den Kopf. Wie kann man sich auch mit der Institution einlassen, die letztendlich aus Theorie Praxis werden lässt. Beziehungsweise, wie kann man einen vermeintlichen Theoretiker mit der Lösung realer Probleme des Lebens beauftragen. Mein Auftrag an Christian Pfeiffer hingegen war klar. Ich habe ihn auch öffentlich geäußert: Das Querdenken nicht sein lassen und auf keinen Fall stromlinienförmig werden. Das habe ich bestellt, das habe ich bekommen. Ein Stück weit auf den Punkt brachte es im Dezember 2000 die ZEIT (und die Überschrift wird Christian Pfeiffer gefallen haben): „Wissen wird Macht". So hörte beides auch schnell auf, das Gerümpfe, wie das Geschüttel (sofern es nicht sowie so zwanghaft war und ist).

Dabei ist Christian Pfeiffer immer schon ein Mann des Denkens und des Handelns. Seine Vita ist voll davon, dass er sich mit widrigen Umständen systematisch-wissenschaftlich auseinandersetzt und sodann durch praktisches Handeln versucht zum Besseren zu verändern. Als Student kümmert er sich als ehrenamtlicher Bewährungshelfer um straffällige Jugendliche. Wenig später verschaffte er mit eingeworbenen Zeitungsabonnement vielen Strafgefangenen eine Möglichkeit mit der Welt „da draußen" in Kontakt zu bleiben – unterstützt unter anderem vom damaligen Bundesjustizminister und späteren Bundespräsident Gustav Heinemann. Hinzu gekommen sind unzählige Initiativen und Projekte, die Gründung von Opferhilfe Vereinen, vielfach kopierten Bürgerstiftungen. Auch mit den Untersuchungen seines Kriminologischen Forschungsinstituts will er nicht in erster Linie Ergebnisse für wissenschaftliche Proseminare liefern (sicher auch), sondern aktive, gekonnt zugespitzte Beiträge für dringende gesellschaftspolitische Diskussionen und Grundlagen für nötige politische Entscheidungen. Dabei spielt er auf der Klaviatur der Soziologie und des Rechts gleichermaßen. Gemäß dem Motto des Pioniers der Soziologie August Comte: „Liebe als Grundsatz und Ordnung als Grundlage; Fortschritt als Ziel".

Herausforderungen für eine gewaltfreie Gesellschaft

Christian Pfeiffers Hauptthema, wenn man das überhaupt derart einschränkend sagen darf, ist das Thema Gewalt. Wie ein roter Faden zieht sich insbesondere das Thema Jugendgewalt durch sein Leben. Warum wird ein jugendlicher Mensch gewalttätig? Was sind die Präventionsmechanismen, die geeignet sind, Gewalt zu verhindern?

Sein Ausgangspunkt ist die Utopie einer gewaltfreien Gesellschaft. Der fortwährende Versuch, sie zu erreichen, muss unser aller Wille sein. Was Gewalt ist und welche Herausforderungen hier zu bestehen sind, dazu gibt es vielfältige Einlassungen. Ich möchte eine herausgreifen. Oskar Negt ist sich sicher, „dass ein auf ausgleichende Gerechtigkeit beruhendes System gesellschaftlicher Arbeit, in dem Balance von Lohn und Leistung bewahrt wird, ein guter Nährboden für innergesellschaftlicher Friedenssicherung ist.“ Ein System, in dem „die Selbstwertgefühle der Menschen bestärkt werden, ohne dass sie mit der Entwertung des Anderen einhergehen“. Nur so sei zu erwarten, dass die Suche nach Anerkennung nicht über die Gewalt verläuft.

Wenn es dieses „auf ausgleichende Gerechtigkeit beruhendes System gesellschaftlicher Arbeit“ ist, das Frieden sichert und Gewalt verhindert, dann schrillt eine Alarmglocke in Europa. Auf dem reichsten Kontinent der Erde finden durch die Finanz- und Wirtschaftskrise gewaltigen Umbrüche statt. Bei uns in Deutschland, aber noch viel radikaler in einzelne Mitgliedstaaten. Es ist das Alarmsignal der Jugendarbeitslosigkeit, dass mich nicht los lässt: Seit sechs Jahren ist die Zahl der erwerbslosen Jugendlichen beinahe unaufhörlich gestiegen. Rund 5,5 Millionen Arbeitslose unter 25 Jahren gibt es mittlerweile in der EU. In zwölf europäischen Ländern hat die Quote die 25-Prozent-Marke schon überschritten. In Griechenland und Spanien ist mehr als jeder zweite zwischen 15- bis 24 Jahren der nach Arbeit sucht ohne Beschäftigung.

Wirft man nur einen Blick auf die Schlaglichter der letzten Zeit, so sehen wir, wie die Krise in Griechenland den ausländerfeindlichen, antisemitischen und faschistischen Ideen der Partei „Goldene Morgenröte“ (Chrysi Avgi) Zulauf verschafft. Bei der griechischen Parlamentswahl im Jahr 2012 errangen die Rechtsextremisten fast sieben Prozent, bei Umfragen hatten sie zwischenzeitlich schon die 10 Prozent-Marke überschritten und setzen sich als drittstärkste Partei fest. Welches Gewaltpotential sich hier in der griechischen Gesellschaft aufbaut, zeigt der Mord an dem Musiker und linken Aktivisten „Killah P“, alias Pavlos Fyssas, im letzten September. 15 Rechtsextremisten attackierten den landeweit bekannten Rapper, einer von ihnen stach ihn mit einem Messer nieder. Er starb noch auf dem Weg ins Krankenhaus. Dem nicht genug schlug das extremistische Pendel prompt zurück: Als Reaktion auf den Mord erschossen Unbekannte Anfang November zwei Chrysi Avgi-Anhänger. Die Angreifer hatten von einem Motorrad aus auf eine Gruppe gefeuert, die vor der Parteizentrale der Partei „Goldene Morgenröte“ standen. Ein weiterer Mensch wurde durch die Schüsse schwer verletzt. Auch der Blick nach Spanien, das eine fast ebenso hohe Jugendarbeitslosigkeit verzeichnet wie Griechenland, zeigt in den vergangenen Monaten einen beunruhigenden Anstieg von Gewaltakten links- und rechtsextremer Gruppierungen.

Die Situation dieser Jugendlichen und jungen Erwachsenen ist paradox: Sie haben eigentlich alles richtig gemacht: gute Schulbildung, fundierte Berufsausbildungen, immer mehr von ihnen haben oder machen Hochschulabschlüsse. Manche gleich mehrere. Am Ende gab es noch nie eine besser ausgebildete Generation in Europa. Nie hatte eine Generation mehr Berufs- und Hochschulabschlüsse. Nie gab es so viele, die im Grunde sofort in der Lage sind, hochqualifizierte Jobs zu machen. Doch, anstatt dass diese jungen Menschen in ihrem Selbstwertgefühl bestärkt werden, stehen sie in einem Behauptungskampf, in dem es zurzeit viele Verlierer und nur wenige Gewinner gibt. Wie sonst, als Entwertung, sollen sie die Situation empfinden. Wenn über 50 Prozent von ihnen in akuter existentielle Angst leben, dann verschiebt sich das Grundklima einer Gesellschaft.

Schon bezeichnet man sie als „verlorene Generation“, als „lost generation“. Mir schaudert, diese jungen Menschen so zu bezeichnen. Schon einmal wurde eine Generation als „lost generation“ bezeichnet. Das waren die gegen Ende des 19. Jahrhunderts Geborenen, die durch die großen Entbehrungen vor und nach dem Ersten Weltkrieg als zynisch, desillusioniert und als verloren galten. Welches schwarze Kapitel diese Generation ausgehend von Deutschland in der ersten Hälfte des 20. Jahrhunderts in das kollektive Gedächtnis der Menschheit schrieb, wissen wir.

Für die Zukunft unseres Kontinents darf es nie wieder eine verlorene Generation in Europa geben! Deshalb versuchen seit Beginn der Krise Sozialdemokraten und Sozialisten in Europa dem Kampf gegen die Jugendarbeitslosigkeit die nötige dringende Priorität zu geben. Die Konservativen und Liberalen in Europa haben das Thema lange ignoriert und viel zu lange wirksame Maßnahmen blockiert. Mit der „europäische Jugendgarantie“

und den dafür bisher vorgesehenen rund 6 Milliarden bis 2020 wurde ein erster wichtiger Schritt gemacht, um einen Prozess anzustoßen, der allen Jugendlichen eine Beschäftigung, Ausbildung oder ein Praktikum garantiert. Doch das ist ein Schritt, dem noch viele folgen müssen. Die dringende Herausforderung, die Arbeitslosigkeit junger Menschen in ganz Europa zu bekämpfen, ist eine Herkulesaufgabe für die nächsten Jahre.

Fest steht: Vieles ist in Deutschland und Europa aus dem Lot geraten in den vergangenen Jahren. Auch wenn wir in Deutschland bisher mit einem blauen Auge durch die Krise gekommen sind – die Menschen spüren auch bei uns, dass sich unser Land auseinanderentwickelt in immer mehr Ärmere auf der einen Seite und immer mehr Superreiche auf der anderen. Die Mittelschicht dazwischen muss jeden Tag härter kämpfen, um ihren erarbeiteten Wohlstand zu behalten. Und selbstverständlich haben auch wir ein Problem mit Jugendgewalt. Es gehört dazu darauf hinzuweisen, dass die Delinquenz an sich rückläufig ist. Jedoch mehren sich die Exzesse. Wer die Bilder der Überwachungskameras gesehen hat etwa in der Münchner oder auch Berliner U-Bahn, der bekommt sie nicht mehr aus dem Kopf. Junge Menschen schlagen, treten völlig enthemmt, auf hilflose Opfer ein. Unmenschlich überschreiten sie jede Grenze menschlicher Empathie.

Es sind vor allem solche Anlässe, die uns – und dann stets aufgeregt – über Jugendgewalt diskutieren lässt. Es sind die Anlässe, die die ganze Talkshow-Maschinerie in Deutschland anspringen lassen. Wer je in eine solche populistisch initiierten Debatte hineingeraten ist, der weiß, wie unglaublich schwer es ist, diese auf den tatsächlichen Kern (falls es einen gibt) zu lenken. Schnell trifft man auf das Niveau, das schon vor dreitausend Jahre auf Tonkrügen in Babylon verewigt wurde: „Unsere Jugend ist verdorben bis auf den Grund des Herzens, böse und faul. Sie werden nie wie wir früher waren und können unsere Kultur nicht erhalten“. Wie gesagt, mindestens dreitausend Jahre alt ist der falsche Mantra, dass unsere Jugend immer schlimmer werde.

Wenn diese Debatten einsetzen, dann bin ich froh, dass Christian Pfeiffer immer mit dabei ist. Ich kann mich an 2007 erinnern, als Roland Koch den eben erwähnten brutalen Übergriff von zwei jungen Männern türkischer bzw. griechischer Abstammung zum Anlass missbrauchte, eine Neuauflage seines populistischen Ausländerwahlkampfes zu imitieren. Ein Grund – es gab sicher mehrere, warum die Schmutzkampange nicht wie 1999 verfing, waren die öffentlichen Auftritte von Christian Pfeiffer. Er blieb mir als einziger in Erinnerung, der in allen Situationen mit zugespitzten Erkenntnissen seiner Studien dem perfiden Populismus etwas entgegenhalten konnte. Es waren flammende Plädoyers gegen Gewalt und gleichzeitig herzliche Plädoyers für unsere Jugend. Als ich sah, dass nicht Koch und seine Helfer in den Talkshows den Applaus bekamen, sondern er, da wuchs schnell die Hoffnung, dass die tragischen Vorkommnisse vielleicht doch auch Anlass sein können, eine gerechtfertigte Debatte sachlich zu führen.

Christian Pfeiffer kennt die Gewalterfahrungen von Jugendlichen. Seit Jahren forscht er hier im Dunkelfeld. Seit Jahren redet er nicht über Jugendliche, sondern mit ihnen. Er fragt sie nicht nur danach, ob sie selber gewalttätig gegenüber anderen waren. Er fragt sie insbesondere auch danach, ob sie selbst Opfer von körperlicher Gewalt waren und wer die Täter. Nach vielen tausend Interviews mit Jugendlichen ist für ihn in gewohnt provozierender Weise klar, dass nicht die Schul- und Bahnhöfe die eigentlichen Tatorte sind, sondern die Kinderzimmer in den Familien. Er weist nach, dass es einen klaren Zusammenhang zwischen dem gezüchtigten Kind und dem späteren gewalttätigen Jugendlichen gibt. Der Klaps schadet sehr wohl, die anderslautende Stammtisch-Plattitüde ist als falsch überführt.

Es ist deshalb ein gesellschaftlicher Meilenstein (wenn die Maßeinheit hierfür überhaupt ausreicht), dass das Züchtigungsrecht der Eltern gegenüber ihren Kindern im Jahr 2000 abgeschafft wurde. Auch hieran hat Christian Pfeiffer einen nicht wegzudenkenden Anteil. „Kinder haben ein Recht auf gewaltfreie Erziehung. Körperliche Bestrafungen, seelische Verletzungen und andere entwürdigende Maßnahmen sind unzulässig.“ So heißt es seit 2000 im neugefassten § 1631 BGB. Um Eltern gleichwohl nicht allein zu lassen und um den neuen Ansatz mit mehr Wirkung auszustatten, wurde im selben Jahr die gezielte Förderung der Erziehungsarbeit in der Familie vorangebracht. Sie soll „dazu beitragen, dass Mütter, Väter und andere Erziehungsberechtigte ihre Erziehungsverantwortung besser wahrnehmen können. Sie sollen auch Wege aufzeigen, wie Konfliktsituationen in der Familie gewaltfrei gelöst werden können.“ (§ 16 SGB VIII). Der Weg im Kampf gegen die Gewaltdelinquenz von Jugendlichen beginnt also bei den Eltern.

Um wirksame Konzepte zur Kriminalitätsbekämpfung entwickeln zu können, braucht die Politik eine verlässliche, in regelmäßigen Abständen aktualisierte Bestandsaufnahme der Kriminalitätslage, die über die bloße

Analyse der Kriminalstatistik und der Strafverfolgungsstatistiken hinausgeht. Ich hoffe, dass Christian Pfeiffer noch viele Jahre diese Bestandsaufnahmen liefert und mit seinen Analysen und Handlungsempfehlungen verknüpft. Seine und unsere gemeinsame Arbeit werden wir unseren Jugendlichen regelrecht ansehen können. Es ist der aufrechte Gang kommender Generationen.

Essen soll nicht Teil der Strafe sein

Dietmar Hagen

Lieber Christian,
ich weiß nicht, was dich dazu bewogen hat, vor 22 Jahren bei deinem Aufenthalt in einem anthroposophischen Gesundheitszentrum in Vorarlberg meinen Kochkurs zu besuchen. Warst du hungrig vom Heilfasten? Hattest Du in dem Bergdorf ausnahmsweise mal Langeweile? Oder warst Du einfach neugierig? So haben wir uns kennengelernt. Ich war damals 23 und du 47 Jahre alt.

Meine Leidenschaft fürs genussvolle Kochen in Verbindung mit gesunder Ernährung hat dich dann auf eine Idee gebracht: Essen ist ein hervorragendes Medium, um Beziehung zu schaffen und könnte jungen Gefangenen in Jugendanstalten helfen, besser mit sich und anderen in Kontakt zu kommen, ein sinnliches Erlebnis zu haben und Wertschätzung zu erfahren. Und gemeinsames Kochen könnte eine sehr gute Maßnahme zur Reintegration sein.

Aus diesem Impuls heraus entwickelten wir gemeinsam ein Konzept für einen Modellversuch mit dem Ziel, die Ernährungssituation im Strafvollzug zu verbessern und eine Esskultur zu schaffen. Das ganzheitliche Konzept beinhaltete die Entwicklung eines ernährungsphysiologisch ausgewogenen Verpflegungsangebotes, die Umsetzung wirtschaftlicher und arbeitsorganisatorischer Optimierungsmaßnahmen in den Küchen – unter Einbeziehung des Küchenteams und der Insassen mit ihrem soziokulturellen Hintergrund –, sowie die Durchführung von Kochkursen zur Etablierung des gemeinsamen Kochens in den Wohngruppen.

Um das Modellprojekt durchführen zu können, hast du zunächst einmal im Justizministerium ein Bewusstsein und Interesse dafür geschaffen und dann bei Stiftungen Mittel zur Finanzierung akquiriert. Nachdem dies gelungen war, erwies es sich zunächst als ausgesprochen schwierig eine Jugendanstalt zu finden, die bereit war, sich auf ein neues Verpflegungskonzept einzulassen. Die Sorge bei den Gefängnisverantwortlichen war, dass ein gesundes Essen mit weniger Fleischanteil, Einsatz von Bio-Lebensmitteln etc. eine Revolte bei den Gefangenen auslösen könnte.

Doch 1993, zwei Jahre nach unserem Kennenlernen in Vorarlberg, konnten wir unseren Modellversuch in der Göttinger Jugendanstalt starten und anschließend wurde das Projekt in der Jugendanstalt Hameln weitergeführt.

Die Insassen reagierten sehr positiv auf die Veränderungen, weil sie vom ersten Tag an am eigenen Leib erlebten, dass das Essen mit Hinwendung zubereitet und angerichtet wurde und ihr Wohlbefinden steigerte. Weitere positive Wirkungen waren, dass sich beim Wohngruppen-Kochen die „Macho-Kultur" sehr schnell verändert hat: die zurückhaltenden und unterdrückten Jugendlichen konnten sich oftmals sehr gut beim Kochen ausdrücken und bekamen dafür Anerkennung. Und die dabei mit einbezogenen Psychologen konnten über das gemeinsame Tun mit den Jugendlichen ganz neu in Kontakt kommen und ihr Vertrauen gewinnen. Das gemeinsame Tischdecken, Essen und Sich-dabei-Unterhalten war für viele eine neue positive Erfahrung. Außerdem erweiterten die aus vielen verschiedenen Kulturen stammenden Gefangenen über das Kochen und Essen ihr Verständnis für andere Kulturen. Einige Kurzzeit-Gefangene haben sich durch das Kochen für ihre Resozialisierung qualifiziert und nach ihrer Freilassung eine Beschäftigung in der Gastronomie gesucht.

Doch als dann die damalige Justizministerin Heidi Alm Merk in den Medien unser Projekt und das Essen in der Göttinger und Hameler Jugendanstalt lobte, bekamen wir heftigen Gegenwind aus der Bevölkerung: Warum sollten Gefangene besseres Essen bekommen als z. B. Patienten in einem Krankenhaus? Muss man erst straffällig werden um ein frisches und gut zubereitetes Essen zu bekommen?

Für Fachleute war das Projekt insofern bedeutend, als es ein Bewusstsein dafür schuf, dass das Thema „Essen" eine viel umfassendere Bedeutung hat, als nur die Grundversorgung, um satt zu werden. Und dass es eine Grundlage für physische und psychische Gesundheit der Insassen ist und ein großes verbindungsschaffendes und integrationsförderndes Potential in sich trägt.

Diese Erfahrungen und Inhalte einer neu definierten Qualität rund um das Thema „Essen" sollten einige Jahre später, als du Justizminister von Niedersachsen wurdest, flächendeckended in den Justizvollzugsanstalten zur Umsetzung gebracht werden. Es wurden im Ministerium bereits Arbeitsgruppen gebildet und an einigen Pilot-Standorten mit der Umsetzung begonnen. Doch bereits zwei Jahre später, als es in Niedersachsen einen Regierungswechsel gab, wurde dieses Thema von der Agenda genommen.

Während der Zeit unseres Modellversuchs hatte ich mit Freigängern aus den Jugendanstalten des Öfteren in Unternehmerkreisen gekocht und dort über die Bedeutung von einer schmackhaften und gesunden Ernährung im Berufsalltag gesprochen. Dabei lernte ich Herrn Bahlsen kennen, der mich dann als Berater in seinem Unternehmen für die Küche und Produktentwicklung engagierte. Somit blieb ich in Hannover und wohnte einige Jahre in unmittelbarer Nachbarschaft von dir.

Lieber Christian, ich bin Dir und Anna sehr dankbar dafür, dass ich damals Teil eurer Familie wurde. Beinahe jeden Sonntag aßen wir gemeinsam zu Mittag, und wir unternahmen viele gemeinsame Spaziergänge wie auch gemeinsame Reisen.

Du hast mein Leben entscheidend geprägt. Du hast mein Denken und meine Haltung im sozialen Kontext erweitert. Von dir habe ich gelernt, dass am Anfang allen Handelns eine Vision steht und dass man am besten damit beginnt, sie bei einer Tasse Tee anderen mitzuteilen und gemeinsam zu durchdenken. Ich bin sehr froh darüber, in dir einen Partner für so einen Austausch zu haben. Es macht viel Freude, gemeinsam Ideen zu entwickeln, die einer guten Sache bzw. den Menschen dienen und sich einzubringen, um in einem ganzheitlichen, sozialen Kontext etwas zu erreichen.

Ich schätze es sehr an dir, dass du sowohl im Kleinen zu jeder Zeit hilfsbereit bist und nie den einzelnen Menschen vergisst, als auch im Großen Anstöße gibst und Projekte initiierst, die gesellschaftlichen Veränderungen dienen. Und dass du dabei immer mehr Menschen dazu motivierst, neu zu denken und selbst tätig zu werden.

Herzlichen Glückwunsch zum 70. Geburtstag! Gesundheit, Frohsinn und Zeit für Muße mögen Dir den Rahmen für ein weiterhin glückliches Leben geben.

Eine Überraschung auf dem Postweg

Andor Izsák

Meine Geschichte beginnt mit einer ganz normalen Fahrt zur Post – einer Fahrt wie jeden Tag, um das Postfach zu leeren. Ich wurde auf ein ungewöhnliches, merkwürdiges Klirren aufmerksam. Mein Handy klingelte, und das war wirklich ungewöhnlich zu jener Zeit, da meine Telefonnummer auf dem mobilen Apparat damals nur drei Damen bekannt war: meiner Frau, meiner Schwester in Budapest und meiner Mitarbeiterin. Als eine sehr offiziell klingende, weibliche Stimme in scharfem bürokratischem Ton sagte: „Hier ist das Büro des Justizministers", erschrak ich. Verzweifelt schaute ich mich um. Hatte ich vielleicht eine rote Ampel übersehen? Oder war ich zu schnell gefahren? Mein erster Gedanke war: Ich musste doch einen Fehler begangen haben!

Als diese und ähnliche Gedanken in ihrer Turbulenz etwas nachließen, konnte ich die Fortsetzung der Botschaft aus dem Justizministerium apperzipieren: „Herr Minister Pfeiffer möchte Sie sprechen". Der Klang des Namens löste die heftige Spannung auf in ein fröhliches Lächeln auf meinem Gesicht. Gelassenheit simulierend, antwortete ich der Dame: „Ja bitte, gerne!"

In der Zwischenzeit parkte ich mein Auto in einer eben entdeckten Parklücke. Dann hörte ich die vertraute, warme Stimme des Ministers, der mich auf seine freundliche Art fragte: „Wo bist du?" Ich antwortete: „Momentan vor einer Postfiliale." „Kannst du in 10 Minuten zu Hause sein?"

„Ja", habe ich geantwortet, nicht ahnend, worum es überhaupt ging. Fragen wollte ich nicht, da ich die Grenzen der Höflichkeit gegenüber einer für mich so hochgestellten Persönlichkeit nicht verletzen wollte. „Okay", hörte ich aus dem Telefon, „dann in 10 Minuten bei dir zu Hause."

Und es war tatsächlich so: Kurze Zeit später kam er, mit einem ziemlich ramponierten Blatt Papier in der Hand, setzte sich zu mir und zeigte mir das Papier. Eigentlich ein kurzer Satz, was mich überraschte, der aber durch die spontane Art, wie die Botschaft mich erreichte, eine überwältigende Freude auslöste: Diesem spartanischen Text entnahm ich, dass der

Ministerpräsident Sigmar Gabriel mir die höchste niedersächsische Auszeichnung, das Große Verdienstkreuz des Niedersächsischen Verdienstordens, verliehen habe und dass er den Justizminister Christian Pfeiffer bitte, die Laudatio zu halten.

Eigentlich wäre meine Geschichte hier zu Ende, denn auf diese Art und Weise eine spannungsgeladene Situation hervorzurufen, ist typisch für Christian Pfeiffer. Aber auf die erste Überraschung folgte das zweite Kapitel unserer Geschichte, das den Charakter Christian Pfeiffers ebenfalls gut widerspiegelt. Er fragte mich: „Und was soll ich über dich sagen?"

Er konfrontierte mich mit einer Frage, die mich in einer wichtigen und dramatischen Phase meines Lebens mitten ins Herz traf. Was sollte ich ihm sagen? In dieser Zeit steckte ich in den Vorbereitungen für das 10jährige Jubiläum meines Europäischen Zentrums für Jüdische Musik. Eine solche Veranstaltung, die 10jährige Geschichte des EZJM Revue passieren zu lassen, auf der Bühne, vor einem prominenten Publikum, das beschäftigte mich sehr. Das EZJM, das ich schon damals als mein Lebenswerk verstand, hatte bereits eine bewegte Geschichte hinter sich. Ich erzählte über die Gründung des Institutes im Jahr 1988, noch an der Universität Augsburg, anlässlich des 50. Jahrestages der schrecklichen Pogromnacht. Und über die Übersiedlung nach Hannover im Jahr 1992, an die Musikhochschule. Er fragte mich: „Warum nach Hannover?" Ich antwortete: „Cherchez la femme!" Da lächelte er. Er wusste, dass meine Frau als Professorin für Klavier an die hannoversche Musikhochschule berufen worden war.

Die Landesregierung hatte entschieden, so sagte er mir, dass die Laudatio bei der Festveranstaltung im großen Konzertsaal der Musikhochschule, dem heutigen Richard Jakoby Saal, gehalten werden sollte. Ich hatte richtig Lampenfieber, als ich mich auf diesen Festakt vorbereitete. Ich guckte auf die Namensschilder in den ersten Reihen: Bundesinnenminister Schily, Bundesbildungsministerin Bulmahn, Mitglieder der niedersächsischen Landesregierung und des niedersächsischen Landtages, der katholische Bischof von Hildesheim und die evangelische Bischöfin aus Hannover. Vor diesem hohen Kreis sollte die Laudatio erklingen.

Ja, eigentlich müsste ich die Geschichte jetzt wirklich beenden. Alles, was danach kam, konnte nur – wie wir Musiker sagen – eine Coda sein. Und diese Coda fiel auch nicht aus. Dramaturgisch entspricht diese Szene dem zweiten Finale von Don Giovanni. Mozart hatte die Oper bei der Uraufführung in Prag mit der Höllenfahrt von Don Giovanni in tragischem d-

Moll enden lassen. Für die Aufführung in Wien musste er dann aber ein zweites Finale komponieren – in fröhlicher Dur-Tonart, da das Wiener Publikum nicht ohne Happy End aus der Oper nach Hause gehen wollte.

So kam es auch bei der Laudatio von Christian Pfeiffer, der bei meiner Ehrung nicht nur, wie üblich, mich, sondern auch meine Frau auf die Bühne rief. In diesem Moment verstand ich sein Lächeln, seine Reaktion auf mein „Cherchez la femme“: Er kannte und er verteidigte den Satz, dass hinter jedem erfolgreichen Mann eine starke Frau steht. Ja, die kleinformatige Auszeichnung erhielt ich, aber den riesengroßen, beeindruckenden Blumenstrauß bekam meine Frau.

Erst später erfuhr ich – überrascht, dass Dinge in seiner Laudatio erwähnt wurden, die ich ihm gar nicht erzählt hatte – dass er ohne mein Wissen auch meine Frau um einen Termin und um Hilfe bei der Vorbereitung der Laudatio gebeten hatte.

Diese kleine Geschichte lehrt mich, das Weitwinkelobjektiv zu verstehen, das die Sichtweise Christian Pfeiffers kennzeichnet: Er entdeckt in dem männlichen Wesen auch das, was wir männlichen Kreaturen von dem faszinierenden weiblichen Geschlecht geschenkt bekommen.

Wirtschaft und Ethik

Martin Kind

Lieber Herr Pfeiffer, lieber Christian,
Sie beschäftigen sich als Kriminologe mit dem Verhalten und Motiven von Menschen, die sich nicht an gesetzliche Regeln halten und gegen moralische Grundsätze verstoßen. Ich bin Unternehmer.

Einige Gedanken zur Wirtschaft

Politische Parteien klagen über ungleiche Vermögensverteilung, mangelnde Chancengleichheit, plädieren für die Einführung von Mindestlöhnen, sichere Arbeitsplätze, auskömmliche Renten nach einem arbeitsreichen Leben. Die Forderungen sind recht, allerdings nicht billig. Sie müssen bezahlbar sein. Moral und Wirtschaft – das sind unterschiedliche Aufgaben und Ziele in zwei verschiedenen Welten, die sich nicht ohne weiteres zur Deckung bringen lassen.

Das Grundgesetz garantiert Eigentum. Auch das ist eine moralische Norm. Zugleich setzt es ihm aber Schranken. Eigentum verpflichtet, sein Gebrauch soll zugleich zum Wohle der Allgemeinheit dienen. Das ökonomische Prinzip ist keine Erfindung von hartherzigen Neoliberalen, sondern Grundprinzip allen Lebens. Arten, die im Wettbewerb unterlagen, weil sie es nicht schafften, mit Wenigem auszukommen, sind ausgestorben. Im Wettbewerb um knappe Güter siegt der Bessere, der Schnellere, der Innovativere, der Kreativere oder der Stärkere. Freier Markt und Wettbewerb sind ökonomisch effizient.

Um die ethischen Normen durchzusetzen, sind andere Kräfte, Kräfte außerhalb der Wirtschaft notwendig.

Unser Wirtschaftssystem wird als „Soziale Marktwirtschaft" firmiert. Damit wird zum Ausdruck gebracht, dass ethische Prinzipien wesentliche Elemente des Ordnungsrahmens sind, innerhalb dessen die Märkte agieren.

Seit 2002 existiert in Deutschland ein Corporate Governance Kodex, in dem „die" Wirtschaft beschreibt, was eine gute Unternehmensführung ausmacht und wie sich leitende Organe eines Unternehmens verhalten sollen.

Demokratie und Marktwirtschaft, politische und wirtschaftliche Freiheit gehören zusammen. Diese Erkenntnis stammt nicht aus theoretischen Überlegungen, sondern ist eine Erfahrung aus der Geschichte. Im täglichen Leben gibt es jedoch zwischen Ökonomie und Ethik ein Spannungsverhältnis, das schwer auszutarieren ist. Einerseits gilt es, Effektivität und Dynamik zu bewahren, die sich aus dem Wirken der Märkte ergibt. Wettbewerb ist der Motor jedes Fortschritts. Andererseits muss es Regeln geben, dass der Wettbewerb dem Wohle der Allgemeinheit dient.

Nun zu Christian Pfeiffer – Christian Pfeiffer ist eine Persönlichkeit mit einer interessanten Lebensbiografie. Studium der Rechtswissenschaften, Promotion zu dem Thema „Kriminalprävention im Jugendgerichtsverfahren“. Er hatte den Vorsitz der Deutschen Vereinigung für Jugendgerichte und Jugendgerichtshilfen.

Christian Pfeiffer ist ein anerkannter Kriminologe, Gesprächs- und Interviewpartner – kritisch, offen aber immer konstruktiv.

Darüber hinaus hat er sich durch viele wissenschaftliche Arbeiten und Veröffentlichungen einen hohen Respekt in Deutschland und weltweit erarbeitet. Er ist Konflikten nicht aus dem Weg gegangen. Er hat vielfältige Auszeichnungen verdientermaßen erhalten.

Ich persönlich habe Christian Pfeiffer als einen Mann mit klaren Positionierungen in der Politik und auch in der Kriminologie, aber insbesondere als liebenswürdigen Menschen kennen und schätzen gelernt. Wir haben in der Zwischenzeit viele anregende Gespräche geführt und fröhliche Stunden miteinander verbracht. Wir spielen regelmäßig Skat zusammen.

In diesem Sinne gratuliere ich und wünsche Christian Pfeiffer für das nächste Lebensjahrzehnt weiterhin so viel Engagement, Freude und Erfolg bei seiner Arbeit und ihm persönlich Glück, Zufriedenheit und Gesundheit. Ich danke für die Freundschaft.

Ein auslösender Moment

Jochen Kölsch

Wie ist das Besondere angelegt in einem Menschen, wie kommt es zum Vorschein, zum Durchbruch, was sind die Faktoren, die ein außergewöhnliches Leben entstehen lassen?

Das gilt eigentlich für jeden Menschen, es wirken viele Einflüsse, die wesentlichen in der Kindheit, die Eltern, die Geschwister, die Beziehungen zu Freunden, Lehrern, Menschen in der eigenen Lebenswelt, die eine Weichenstellung verkörpern, wichtige Ereignisse.

Und so kommt es manchmal, dass man selbst als ein solcher kleiner Faktor irgendwann bei einem Freund im Leben eine Rolle spielt, vielleicht auch nur als Katalysator, ohne dass es einem im Moment des Geschehens bewusst wird, wenn es geschieht.

Eine der aufregendsten Formen zwischen Männern ist es, mit einem anderen Mann zusammenzutreffen, wenn beide dieselbe Frau attraktiv finden. Christiane, so hieß die Angebetete, sie studierte Englisch und Latein auf Lehramt, Tochter eines bekannten Münchner Bildhauers, war eigentlich schon seit einiger Zeit mit mir liiert, so meinte ich zumindest, bis ich eines Abends bei ihr eintraf und einen anderen Studenten kennenlernen durfte, Jurist, den sie in der Mensa kennengelernt hatte. Ich bemühte mich, nichts Böses zu denken, sie servierte uns Spaghetti und Rotwein besänftigte etwaige Unruhe. So ging der Abend mit fröhlichem Geplauder dahin, bis Christiane irgendwann so müde war, dass sie sich zurückzog, uns noch eine Flasche hinstellte und wir dann zu zweit da saßen.

Was machen Männer, wenn das Objekt ihrer Begierde verschwindet und sie mit sich alleingelassen sind? Nichts war geklärt, und nur noch der Rotwein sollte für Anregung sorgen. Was machen dann rationale, deutsche Männer, geprägt vom protestantischen Arbeitsethos, an der Kante vom studentischen zum richtigen Erwachsenenleben, nicht so recht wissend, wo es jetzt hingehen soll, weder mit den Frauen, noch mit dem eigenen, bisher unentdeckten Genie. Wir waren also sehr alleine mit uns.

Christian der Jurist und ich der Journalist, wo waren da die Schnittmengen? Er erzählte von seinen Erfahrungen mit dem Strafvollzug und wie schlecht es Gefangenen ginge, er war gerade als ehrenamtlicher Bewährungshelfer tätig und hatte erfahren, wie abgeschnitten man sich fühle von der Welt, von den Medien, dass es nicht mal Zeitungen im Knast gebe, man also ahnungslos vor sich hindämmern müsse dort.

Und so redeten wir, steigerten uns immer temperamentvoller in kühne Gedanken, bis schließlich die notwendige „Tat“ im Raume stand, wir würden eine Initiative gründen. Natürlich mit höchster Wirksamkeit und gesellschaftspolitisch genau den Geist der Zeit aufgreifend. Man schrieb das Jahr 1973 und der Aufbruch in eine offenere, menschlichere Welt schien unaufhaltsam.

So phantasierten wir, dass es ja einfach sein müsse, Zeitungen in Gefängnisse zu bringen, die Zeitungshäuser würden kostenlos die Anzeigen stellen, Prominente selbstlos sich mit ihrem guten Beispiel platzieren lassen und die Leser spenden. Die Idee „Zeitungsabonnements für Gefangene“ war geboren, nach zwei größeren Flaschen Rotwein.

Am nächsten Tag war der Rausch verflogen, nicht aber die Idee. Sehr schnell war klar, da waren wir naiv genug, dass wir das höchste Niveau anstreben würden, zwar sollten es nur die Münchner Zeitungen und Gefängnisse sein, aber dennoch kam für uns nur die tollste Prominenz in Frage.

Bei unseren Telefonaten mit den Zeitungen stellte sich rasch heraus, dass tatsächlich eine große Bereitschaft da war, mitzuspielen. Und bei den Promis fanden wir ebenfalls Resonanz, es passte in die Zeit. Unsere Größenphantasie stellte sich als realisierbar heraus, die Laune eines Abends begann sich unaufhaltsam fortzuentwickeln.

Und so, jugendlich unbefangen wie wir waren, gelang es uns tatsächlich zu unserer eigenen Überraschung, alle gewünschten Prominenten zu bekommen für unsere Anzeigen:

Der Abgeordnete Richard von Weizsäcker musste nicht lange nachdenken, ebenso der damalige Bundespräsident Gustav Heinemann, der Außenminister Walter Scheel war relativ schnell mit dabei, so dass wir in der ersten Anzeige tatsächlich neben dem damals aktuellen auch noch die nächsten beiden Bundespräsidenten auf unserer Anzeigen-Liste hatten. Die beiden Großschriftsteller Heinrich Böll, damals schon, und Günther Grass, später dann Nobelpreisträger, unterstützen uns ebenfalls. Dass mit dem Kardinal Julius Döpfner und dem evangelischen Bischof Johannes Lilje auch die beiden Kirchen maximal prominent vertreten waren rundete das Bild ab. Irgendwie hatten wir da die richtige Nase, und mit dieser Liste war natürlich München als einziger Ort für unsere Aktion viel zu klein.

Es musste schon das ganze Bundesgebiet sein, das wir dann flächendenkend mit zahllosen Zeitungen und unseren Anzeigen erreichten.

Die Zahl der Abos in der ersten Kampagne war vierstellig, und so war die rauschhafte Nacht zweier erst mal enttäuschter Jung-Männer letztlich dann doch irgendwie ein Erfolgserlebnis, wenn auch der anderen Art.

Die Fortsetzung der Kampagne in den folgenden Jahren, die Gründung eines Vereins „Die Brücke“, die kluge Akquise von Stiftungsgeldern, die wissenschaftliche Begleitung, das wurde dann im Laufe der folgenden Jahre immer mehr Christians Sache, es war sein Gebiet, er konnte mit dem Projekt seine berufliche Laufbahn mit der Promotion fortsetzen, seine Mischung aus Klugheit, Professionalität und Überzeugungskraft wirkte bahnbrechend, und so war mein Part dann ausgespielt, zwei kleine Kinder, Beruf und eine berufstätige Frau forderten mich zu sehr.

Christian aber blieb über die Jahrzehnte ein – manchmal arbeitsbedingt natürlich eher ferner – guter Freund, der mich heute noch genauso in Gesprächen mit aufregenden Projekten begeistern kann, wie damals, als das erste große Gemeinsame entstanden war.

Der bisher letzte gemeinsame öffentliche Auftritt war ein tiefergehendes Fernsehgespräch für BR-Alpha zu Christians 65. Geburtstag, zu dem uns die ahnungslose Redakteurin zusammengewürfelt hatte, die nichts von unserer alten Verbindung wusste: die Begründung war, dass wir beide so gut zusammen passen würden als Gesprächspartner – fast vierzig Jahre nach unserem ersten Kennenlernen.

Begegnungen mit Christian Pfeiffer

Gerd Koop

Ich freue und es ehrt mich, dass ich zu der Festschrift zum siebzigsten Geburtstag von Christian Pfeiffer etwas beitragen darf. Dies umso mehr, weil meine Begegnungen und die gemeinsamen Erfahrungen mit diesem außergewöhnlichen Menschen seit 28 Jahren stets fruchtbar und innovativ sind. Aber auch, weil Christian Pfeiffer für mich eine Persönlichkeit ist, die mich als Vollzugspraktiker und Präventionsratsbegeisterter lange und immer wieder in besonderen und schwierigen Situationen begleitet hat und unterstützte. Oft machte er mir Mut und stärkte mich. Seine Visionsfähigkeit, sein ungeheurerer Ideenreichtum, aber auch seine streitbare Art, seine Aufgeregtheit und Provokationen haben mich tief beeindruckt. Die vielen verschiedenen Eigenschaften von Christian Pfeiffer sind für einen Kriminologen, Wissenschaftler und Politiker keine Selbstverständlichkeit. Aus der gemeinsamen Zeit möchte ich über einige Begegnungen berichten.

I. Ein ungewöhnliches Kennenlernen – Die ersten Sekunden entscheiden

Ein wunderschöner lauer Sommerabend 1987. Steinhilpers luden zu einem Gartenfest ein. Ich gehörte dazu, weil ich seit kurzem ein Gastspiel in der Abteilung für Planung und Forschung des niedersächsischen Justizministeriums geben durfte, die Gernot Steinhilper leitete und in der Monica Steinhilper beschäftigt war. Sie war es auch, die mich zu der Gartenparty einlud. Für mich als 36-jähriger Vollzugspraktiker war es ein außergewöhnliches Fest und das erste mit so vielen Persönlichkeiten. Ich lernte an diesem Abend Menschen aus Politik, Forschung und Wissenschaft kennen, unter anderem die spätere niedersächsische Justizministerin Heidi Merk. Als letzter Gast zu dem Fest erschien ein Mann, der ohne etwas Besonderes zu sagen, sofort die gesamte Aufmerksamkeit der anderen Gäste auf sich zog. Es handelte sich um Christian Pfeiffer, dem damaligen stellvertretenden Direktor des Kriminologischen Forschungsinstituts Niedersachsens.

Allein die Präsenz von Cristian Pfeiffer, sein Auftreten, seine Fähigkeit, sofort Beziehungen herzustellen und reihenweise Leute um sich zu scharen, verwirrten und beeindruckten mich. Im Laufe des Abends lernten wir uns persönlich kennen. Ich war überrascht, dass sich dieser scheinbar besondere Mann für einen so unbedeutenden Gast wie mich interessierte, nachfragte und persönlich wurde. Im Nachhinein finde ich es besonders spannend, mit Christian Pfeiffer und Heidi Merk gleich zwei spätere Justizminister auf einer Party kennengelernt zu haben. Meine damalige Freundin und heutige Ehefrau war ebenfalls beeindruckt von der offenen Art und den Tanzkünsten des Christian Pfeiffer. Es sollte der Beginn einer langen Begegnung werden.

II. Stapelfelder Tagungen

Seit 33 Jahren leite und moderiere ich die inzwischen bundesweit renommierten und erfolgreichen Stapelfelder Fachtagungen zum Thema Strafvollzug. Diese sind nicht nur bekannt wegen ihres interdisziplinären Charakters und der Eigenschaft, viele Experten aus Wissenschaft, Politik, Medien und Praxis zusammen zu bringen, sondern auch wegen des Rahmenprogrammes. Christian Pfeiffer hat mich bei diesen Tagungen häufig begleitet, sei es als Referent, als Justizminister oder auch nur, weil er im Hintergrund die entscheidenden Tipps für einen erfolgreichen Tagungsverlauf gab. Hierzu ein Beispiel. Bei der Fachtagung „Hauptsache ist, dass nichts passiert? – Selbstbild und Außendarstellung des Justizvollzuges in Deutschland" im Jahr 2005 schaffte es Christian Pfeiffer gemeinsam mit Martin Klingst, damals Chef der Politikredaktion bei „Die ZEIT", in einem kritischen Dialog vor 170 Strafvollzugsexperten „gemeinsam den Stein ins Rollen bringen", so hieß der Titel eines Streitgesprächs der zwei Alphamenschen. Martin Klingst hatte zuvor den Strafvollzug mit seinem Vortrag „Der Griff ins Dunkel – Der Strafvollzug im Spiegel der Medien" heftig unter die Lupe genommen. Christian Pfeiffer stellte sich nicht nur dieser Kritik, sondern fing den kritischen Journalisten Klingst so ein, dass sich dieser kurze Zeit später für vier Tage in die damals noch neue Justizvollzugsanstalt Oldenburg einsperren ließ, um danach in einem zweiseitigen Artikel in der ZEIT über seine Erfahrungen mit dem Titel „Der Hüter der Schlüssel" dem Strafvollzug ein neues, modernes, öffentliches Gesicht zu geben. Bei der gleichen Tagung begann mutmaßlich auch die persönliche Beziehung zwischen dem damaligen Vorsitzenden des Unterausschusses Strafvollzug und späteren Wissenschaftsminister Lutz Stratmann (CDU). Unvergessen ist ebenfalls das rauschende Tagungsfest. Martin Klingst, Lutz Stratmann und Christian Pfeiffer prägten diesen Abend durch ihren Witz, durch ungeheure Tanzkünste und durch Ausdauer bis zum frühen Morgen.

III. Mein Justizminister und Krisenkünstler

Der umtriebige Direktor des Kriminologischen Forschungsinstituts Christian Pfeiffer wurde im Dezember 2000 Justizminister in Niedersachsen und damit mein politischer Chef. Ich stand noch unter dem Eindruck des schmerzvollen Rausschmisses seines im Strafvollzug beliebten Amtsvorgängers Wolf Weber (SPD) durch den damaligen Ministerpräsidenten Sigmar Gabriel, der am Tag der Bekanntgabe seiner Entlassung die von mir mitgeplante und geleitete neue Justizvollzugsanstalt Oldenburg einweihte.

Wie wurden wir von Außenstehenden bedauert. Christian Pfeiffer als Justizminister. Für viele war das ein Alptraum. Gerade der mit dem kritischen Blick auf den Strafvollzug hat jetzt das Zepter in der Hand. Einige meiner Zunft sahen schon den Untergang des Strafvollzuges auf sich zukommen, sahen geschlossene Gefängnisse, bewährte Strukturen verschwinden und hatten Sorge, sein Stil (auch Führungsstil) könnte den gesamten niedersächsischen Justizvollzug ersticken. Nichts davon ist eingetreten. Allerdings forderten uns seine Geschwindigkeit im Denken und Handeln, sein analytischer scharfsinniger Blick und seine atemberaubende Geschwindigkeit, Dinge umsetzen zu wollen. Dennoch wurde nicht täglich eine neue S… durchs Dorf getrieben. Der Medienkünstler Christian Pfeiffer lenkte aber die geballte politische und öffentliche Aufmerksamkeit auf den Strafvollzug. Hierdurch konnte vieles verändert werden. In seiner Amtszeit forderte er uns viel ab, schuftete aber auch bis zur – nein, natürlich nicht bis zur Erschöpfung. Solche Worte sind Christian Pfeiffer fremd. Er arbeitete einfach nur viel und erwartete dies natürlich auch von anderen. Als Anstaltsleiter merkte man dies besonders an der Aufgeregtheit der Strafvollzugsabteilung im Justizministerium. Die relativ kurze Amtszeit von Christian Pfeiffer brachte uns im Ergebnis die Planung für eine weitere neue Justizvollzugsanstalt (Sehnde), die Schaffung des Gesundheitszentrums sowie die Einrichtung der Führungsakademie, beides bis heute integraler Bestandteil des Bildungsinstituts des niedersächsischen Justizvollzuges.

Ein für mich persönlich in meiner bisherigen beruflichen Laufbahn als Anstaltsleiter einmaliger Vorgang war sein Beistand und seine Unterstützung in zwei außergewöhnlichen Krisenfällen. Bereits kurz nach der Inbetriebnahme flüchtete aus der als ausbruchssicher geltenden und in der Öffentlichkeit als das „Alcatraz des Nordens“ bezeichneten neuen Justizvollzugsanstalt Oldenburg ein hochkarätiger Betrüger, der im Übrigen immer noch einsitzt, mit Hilfe eines Justizvollzugsbeamten in einem „Bollerwagen“ aus der Anstalt. Ein Skandal war damit vorprogrammiert. Christian Pfeiffers Krisenmanagement war beeindruckend. Er ließ keinen Zweifel an der Sicherheit des niedersächsischen Strafvollzuges und schenkte, als nach einer Woche der Geflüchtete wieder gefasst werden konnte, den Oldenburger Polizisten nach einer Pressekonferenz Blumen. Das war eine starke Geste.

Der zweite Fall spielte sich in der zur JVA Oldenburg gehörenden großen Abteilung des offenen Vollzuges in Wilhelmshaven ab. Dort entfachte ein relativ harmlos wirkender Strafgefangener wegen einer gescheiterten Beziehung ein Inferno. Er schloss sich am 15. September 2002 als Hausarbeiter in die Wäscherei der Abteilung ein, durchtrennte die Gasleitung zu einer Industriewaschmaschine, zündete ein Feuerzeug und löste damit eine katastrophale Explosion aus, die Teile des Verwaltungsgebäudes samt Anstaltsküche und den medizinischen Bereich zerstörten und Bedienstete und Polizisten schwer verletzte. Ich befand mich zu diesem Zeitpunkt auf einer Geburtstagsfeier eines Kollegen in Lingen. Als ich die Nachricht von der Explosion erhielt, fuhr ich sofort die ca. 150 km mit meinem Fahrzeug nach Wilhelmshaven. Unterwegs informierte ich per Handy Christian Pfeiffer von dem Vorgang. Er war tief betroffen und bot sofortige Hilfe an. An diesem Abend und in der Nacht telefonierten wir mehrfach miteinander und berieten uns. Schon am nächsten Morgen war Christian Pfeiffer in Wilhelmshaven vor Ort, um Trost zu spenden, Bedienstete aufzusuchen und die Öffentlichkeit über das Ereignis zu informieren. Es tut dem Vollzugspersonal gut, wenn ein Justizminister in so einer Situation präsent ist und planvoll und lösungsorientiert Handlungsfähigkeit zeigt.

Aber auch im Vollzugsalltag zeigte Christian Pfeiffer stets Präsenz. Einige Male besuchte er mich in meiner Anstalt und beteiligte mich an seinen Ideen. Das war gelegentlich anstrengend. Manchmal führte sein ständiger Veränderungswille aber auch dazu, dass man lieber zurückhaltend wurde. Zu groß war die Gefahr, dass die Geschwindigkeit, mit der die Umsetzung von Projekten erfolgen sollte, einem den Boden unter den Füßen wegschlug. Christian Pfeiffer ist kein Mann der Langsamkeit und Geduld.

IV. Neid, Eifersucht oder Spott – Die Konkurrenz hat ihn auf dem Schirm

Durch die häufig von mir durchgeführten bundesweiten Tagungen, die Herausgabe der Fachzeitschrift „Kriminalpädagogische Praxis", die Mitwirkung in der Redaktion „Forum Strafvollzug", durch meine mehrjährige Mitarbeit im Ziethener Kreis und durch die Teilnahme an so manchen kriminologischen Kongressen war immer wieder zu spüren, welche Welle der Name Christian Pfeiffer auslöst. Seine oft polarisierenden und medial wirksamen öffentlichen Auftritte, die Präsentation von Forschungsergebnissen des KFN und seine Medienpräsenz bei besonderen Gewaltereignissen waren und sind so manchem seiner Wissenschaftskollegen ein Dorn im Auge. Zu hören sind aus diesen Kreisen Äußerungen wie arroganter Selbstdarsteller, Medienkünstler, oberflächlicher Wissenschaftler, Schauspieler und Vielredner. Zudem wird beklagt, dass, wo Christian Pfeiffer auftritt, kein Platz sei für Andere. Andererseits wird gelobt, dass er die Kriminologie wie wohl kein anderer aus dem Elfenbeinturm herausholt, durch seine Präsenz der Kriminologie ein Gesicht gibt und die Kriminologie durch ihn wahrgenommen wird. Ich finde es schade, dass bei manchen renommierten Wissenschaftlern zu schnell Kritik an Christian Pfeiffer geäußert wird, ohne selbstkritisch zu hinterfragen, warum eigene Forschungsergebnisse, die eigene Darstellung und der eigene Ansatz und Stil so wenig Aufmerksamkeit erhalten. Die kriminologische Forschung hat Christian Pfeiffer viel zu verdanken. Sein unermüdliches Eintreten für die Kriminologie, die Strafvollzugsforschung und Prävention haben dazu beigetragen, dass der Elfenbeinturm der Wissenschaft mehr Praxisnähe erhalten hat.

V. Kriminalprävention und Bürgerstiftungen

Das Thema Kriminalprävention beschäftigt mich seit vielen Jahren. Seit 13 Jahren bin ich in verschiedenen verantwortlichen Positionen, davon viele Jahre als Vorsitzender im Präventionsrat Oldenburg engagiert. So blieb es nicht aus, auch im Bereich der Präventionsarbeit Christian Pfeiffer immer wieder zu treffen. Sei es beim Landespräventionsrat in Niedersachsen, bei den Deutschen Präventionstagen oder bei Tagungen und Vorträgen. In Oldenburg merkten wir schnell, welchen Einfluss Christian Pfeiffer auf die Präventionsbewegung in Deutschland hat. So luden wir ihn im Rahmen einer kriminologischen Regionalanalyse zu uns ein. Nach einem herausragenden Vortrag in der Universität Oldenburg schlug er uns vor, in Oldenburg mit Hilfe des Präventionsrates eine Schülerbefragung durchzuführen, um Einblicke in deren Lebenswelt, insbesondere zu ihrem Umgang mit neuen Medien, zu erhalten. Nach der Einbindung der Stadtverwaltung wurde diese an mehr als 2200 Schülerinnen und Schüler aller 4.- und 9 Jahrgänge in Oldenburg im Jahr 2005 erfolgreich durchgeführt. Diese Befragung hat nicht nur zu vielen Konsequenzen in der Schule und Stadt geführt, sondern die Ergebnispräsentation vor mehr als 1000 Gästen führte noch zu einer ganz anderen Entwicklung. Christian Pfeiffer berichtete während der Präsentation, die vom Fernsehen übertragen wurde, darüber, welche Kraft Bürgerstiftungen entfalten können. Er regte an, eine solche Stiftung auch in Oldenburg ins Leben zu rufen und bot hierfür gleich seine Mithilfe an. Aus der damaligen Idee ist inzwischen eine von allen Seiten beachtete Bürgerstiftung in Oldenburg gewonnen, die mit herausragenden Köpfen besetzt ist, die viel Aufmerksamkeit auf sich lenkt und immer mehr soziale und kulturelle Projekte durchführt.

VI. Ein ganz persönliches Fazit

Ein paar Schilderungen aus den vielen Begegnungen mit Christian Pfeiffer sind meine Zeitzeugen im Umgang mit einem außergewöhnlichen Menschen. Ich könnte noch viel mehr schreiben, zum Beispiel davon berichten, wie er die Zeit durcheinander bringt, wenn er mal eben aus New York, München oder Basel anruft, weil er eine ganz bestimmte Information braucht oder mich für Projekte begeistern möchte. Ich habe mich immer wieder in all den Jahren gefragt, woher die Kraft stammt, so ein Dauerfeuer veranstalten zu können. Ich bin kein bisschen Schlauer geworden.

Ich weiß, er predigt gerne, vielleicht betet er auch häufig. Gesundheit? Zu diesem Thema kamen wir nie. Alter? Den Begriff kennt er nicht. Familie? Das ist seine Bank. Wie leidenschaftlich kann er von seinen Kindern Antonia und Robert erzählen. Was macht die Persönlichkeit von Christian Pfeiffer aus, der jetzt 70 Jahre alt ist und dem ich von Herzen zum Geburtstag gratuliere. Ich ende meinen Beitrag einfach damit, dass man nicht alles wissen muss.

Ich freue mich, dass ich dich, lieber Christian, kennenlernen durfte. Ich danke dir für deine vielen Impulse. Ich beneide dich für deine Kraft und Entschlussfreudigkeit. Ich bin froh, damals bei Steinhilpers gewesen zu sein. Sonst hätte ich echt etwas verpasst.

Anstifter, Grenzgänger und Brückenbauer. Christian Pfeiffer zum 70. Geburtstag

Wilhelm Krull

„Wo die Tat nicht spricht, da wird das Wort nicht viel helfen."
Friedrich Schiller, Die Braut von Messina.

Wer ist Christian Pfeiffer? In Anbetracht einer so vielfältig begabten und engagierten Persönlichkeit ist es schwierig, sie in wenigen Worten zu charakterisieren. Denn wer Christian Pfeiffer auf eine Rolle festlegt, läuft Gefahr, viele andere zu vernachlässigen. Um diesen Fallstricken zu entgehen, will ich einen anderen Ansatz wählen – und Christian Pfeiffer als multiplen Anstifter, Grenzgänger und Brückenbauer zu fassen versuchen. Er ist jemand, der keine Berührungsängste kennt, dem es gelingt, nicht nur auf heimischem Parkett zu glänzen, sondern auch auf vielen anderen Bühnen. Ich denke, sein Geheimnis besteht am Ende in der unnachahmlichen Fähigkeit, fremde Bühnen zu seinen eigenen machen zu können.

Als studierter Psychologe und promovierter Jurist ist Pfeiffer zuvorderst Wissenschaftler. Als Kriminologe hat er sich immer wieder dem Themenkomplex „Recht und Verhalten" zugewandt. Mit seiner doppelten Expertise war und ist er ein gefragter Gutachter und Ratgeber. Zudem machte er sich mit seinen – vielfach von der VolkswagenStiftung geförderten – Forschungsergebnissen und deren Vermittlung in die Öffentlichkeit einen Namen, der im ganzen Land bekannt ist. Seine Bekanntheit begründet sich auch in persönlichen Eigenschaften, die es ihm erleichtern, diesen Status souverän auszufüllen: Weder scheut er das grelle Rampenlicht – wenn er von etwas begeistert ist, entwickelt er schließlich ein gewaltiges Sendungsbewusstsein – noch neigt er dazu, seine Meinung hinter diplomatischen Worthülsen zu verstecken. Damit polarisiert er des Öfteren und schreckt auch nicht davor zurück, Heiße Eisen anzufassen, etwa in den 1990er Jahren beim Täter-Opfer-Ausgleich oder erst jüngst, als er sich an das Thema Kindesmissbrauch wagte.

Dieser Mut, bisweilen auch mal kräftig anzuecken, hat sich am Ende vielfach als hilfreich erwiesen. Dabei kann es schon mal vorkommen, dass er die Medien mit seinen Thesen und Forschungsergebnissen tagelang beschäftigt. In diesem Sinne hat Christian Pfeiffer schon lange auch Politik gemacht; Themen auf die Agenda gesetzt, das Handeln von Politikern beeinflusst. Als er im Jahr 2000 für die SPD in Niedersachsen selbst das Justizministerium übernahm, konnte er zudem beweisen, auch die Klaviatur des Politikers zu beherrschen. Was bei all diesen medienwirksamen Rollen des Wissenschaftlers, Ratgebers und Politikers jedoch häufig unter den Tisch fällt: Christian Pfeiffer war und ist zugleich ein zentraler Akteur der Bürgerstiftungsbewegung.

Aus Sicht des Bundesverbandes Deutscher Stiftungen ist Christian Pfeiffers ehrenamtliches Engagement besonders zu würdigen. Große Anerkennung gebührt ihm für seinen Einsatz für einzelne Bürgerstiftungen wie für die ganze Bürgerstiftungsbewegung. 2012 hat er daher auch die Auszeichnung „Vorbildlicher Bürgerstifter" erhalten – eine Ehrung, die Menschen zuteilwird, die mit außerordentlichem Engagement über einen langen Zeitraum das Bürgerstiftungswesen geprägt und unterstützt haben, deren Rolle also von immenser Bedeutung für das Gedeihen der Bürgerstiftungen in Deutschland war und ist.

Christian Pfeiffer hat die deutsche Bürgerstiftungsbewegung mitbegründet und auf essentielle Weise geprägt. Doch selbst dann, wenn es darum geht, seine Verdienste für die deutschen Bürgerstiftungen zu würdigen, scheint es unmöglich, sich auf nur einen treffenden Begriff festzulegen. Zu vielfältig sind auch auf diesem Feld seine Rollen. Daher möchte ich auf drei Facetten näher eingehen: Erstens – als Ideenbringer – verhalf Christian Pfeiffer beim Thema Bürgerstiftungen einer alten amerikanischen Idee in Deutschland zu neuem Flug. Er war und ist, zweitens, ein unwiderstehlicher Anstifter. Und drittens zeigt er sich als ein beherzter Mann der Tat.

I. Der Ideenbringer

Um deutlich zu machen, wie Christian Pfeiffer das deutsche Stiftungswesen beflügelt hat, ist ein Rückblick in die 1990er Jahre nötig. 1995 war Christian Pfeiffer in den Vereinigten Staaten unterwegs, informierte sich über Projekte gegen innerfamiliäre Gewalt, suchte nach Methoden und Strukturen, die geeignet sind, diesem Problem wirksam zu begegnen. In New York stieß er auf viele Ansätze, die ihm bedenkens- und nachahmenswert erschienen. Was ihn jedoch besonders faszinierte, war, dass die meisten dieser Projekte von einer einzigen Organisation finanziert wurden: dem New York Community Trust. Dieser Trust, eine community foundation, also Bürgerstiftung, ist eine zentrale Schaltstelle für Leistungen, die dem Gemeinwohl in New York zugutekommen. Mit einem Milliardenvermögen ausgestattet, speist dieser Trust jährlich hunderte Millionen Dollar in die Brennpunkte der Gesellschaft. Dank dieses Geldsegens können Bedürftige unterstützt werden, fließen Mittel in den Aufbau von Strukturen, die dem sozialen Ausgleich dienen. Außerdem bildet er eine Art Schirm für tausende von Treuhandstiftungen.

In Deutschland gab es zu diesem Zeitpunkt noch keine Bürgerstiftungen, die mit den US-amerikanischen community foundations vergleichbar gewesen wären. Pfeiffer war begeistert und fasste den kühnen Plan, diese Idee nach Deutschland zu transferieren. Zurück in Hannover quittierte er zunächst seinen Posten als Vorsitzender der Deutschen Jugendgerichtsvereinigung, um Zeit zu haben, diese Idee zu verwirklichen. Dabei zeigte sich ein weiteres Wesensmerkmal: Wenn Pfeiffer etwas beginnt, tut er das mit der nötigen Entschlossenheit. Halbe Sachen liebt er nicht. Und so begann er, seine Begeisterung umzumünzen in das tatkräftige Werben für eine Idee, deren Zeit ihm längst reif erschien. Das tat er zunächst vor allem in seinen persönlichen Netzwerken. Er trommelte Leute zusammen, von denen er ahnte, dass sie mitziehen, die als Multiplikatoren wirken können und die nicht ohne Einfluss sind, um exemplarisches Gelingen zu ermöglichen.

So begann 1995 der unaufhaltsame Weg zur Gründung der ersten Bürgerstiftung in Deutschland, die auch bereits den später entwickelten zehn Merkmalen für das Erlangen des Gütesiegels einer Bürgerstiftung entsprechen sollte. Als die Bürgerstiftung Hannover 1997 das nötige Kapital, eine von der Stiftungsaufsicht genehmigte Satzung und ausreichend engagierte Unterstützer mobilisiert hatte, war zwar kurz zuvor mit der Stadt Stiftung Gütersloh schon die erste Bürgerstiftung gegründet worden. In Gütersloh handelte es sich jedoch um eine top-down-Bürgerstiftung, die Reinhard Mohn 1996 anlässlich seines 75. Geburtstags ins Leben gerufen hatte. Die Bürgerstiftung Hannover indes war von unten gewachsen, wie es dem Ideal einer Stiftung von Bürgern für Bürger angemessen ist – langsam, aber von vielen Schultern getragen, mit einem guten Standing vor Ort und mit den Ohren nah an den Bedürfnissen der heimischen Bevölkerung.

Festzuhalten ist: Die Idee wurde beispielhaft umgesetzt und verbreitete sich ob ihres überzeugenden Gelingens recht schnell – bis heute und wohl auch in Zukunft: ein Erfolgsmodell.

II. Der Anstifter

Doch Christian Pfeiffer hatte nicht nur eine gute Idee erkannt und über den Atlantik gebracht, indem er dafür sorgte, dass in seiner Heimatstadt auch eine Bürgerstiftung und damit etwas ganz Neues entsteht. Wichtig war ihm von Anfang an, dass Bürgerstiftungen ihre gesellschaftliche Wirksamkeit nur dann entfalten und ihre Potentiale ausschöpfen können, wenn es sie im ganzen Land gibt. Aus den wenigen Bürgerstiftungen, die Ende des ausgehenden 20. Jahrhunderts in Deutschland existierten, sollte eine Bewegung werden, die es ermöglicht, dass sich Menschen überall ohne große Hürden für ihre Belange und die Interessen ihrer Mitbürger einsetzen können. Pfeiffer verfolgte die Vision einer sozialliberalen Bürgerkultur, in der Bürgerstiftungen eine zentrale Funktion zukommen sollte.

Dafür hat er vor allem in seinen Reden geworben. Das fällt ihm leicht; denn es gefällt ihm, mit seinen starken Argumenten im Mittelpunkt zu stehen. Gerne registriert er, wie die Menschen an seinen Lippen hängen, sich von seiner Begeisterung anstecken lassen. Und sicherlich genießt er es, wie seine Ratschläge befolgt und seine Ideen, von denen er stets felsenfest überzeugt ist, aufgegriffen werden.

Seine Zuhörer schätzen ihn wegen seiner Überzeugungskraft. Pfeiffer weiß mit seinen Vorträgen zu inspirieren. Er gibt den Menschen das (berechtigte) Gefühl, dass sie wirklich etwas verändern können, dass sie gestalten können, dass es an ihnen selbst liegt, ob irgendwo etwas vorangeht oder nicht. Zu Hilfe kam und kommt ihm dabei stets seine Gabe, zunächst abstrakt erscheinende Visionen so plastisch zu entfalten, dass man sie schon in greifbarer Nähe wähnt. Durch seine mitreißende Art versteht er es, in den Menschen einen Gestaltungsdrang zu aktivieren. Man kann wohl sagen: Er versteht es, stets auf Neue seinen Ideen- und Tatendrang auf andere zu übertragen.

In all den Jahren war Christian Pfeiffer insbesondere von einem Gedanken beseelt: dem Initiieren einer Bürgerstiftungsbewegung. Jede Bürgerstiftung ist angewiesen auf das Engagement vieler Menschen. Mit ungebremstem Enthusiasmus hat er über Jahre immer wieder für das Modell der Bürgerstiftung geworben, hat von den Vorzügen berichtet und mit seinen Erfolgsbeispielen potentielle Bürgerstifterinnen und Bürgerstifter regelrecht elektrisiert.

Mehr als 60 Bürgerstiftungen sind so auf seine Initiative hin gegründet worden, darunter auch so renommierte wie die Bürgerstiftung Berlin. Der Einfluss, den Christian Pfeiffer auf die Stiftungslandschaft ausübte, reicht aber weit über die Szene der Bürgerstiftungen hinaus. Tatsächlich hat er einen maßgeblichen Anteil an der Demokratisierung des Stiftungswesens, das er geöffnet hat für die Beteiligung der Bevölkerung. Das liegt nur zum Teil am bottom-up-Prinzip der Bürgerstiftung Hannover. Ein wesentlicher Schritt ist seinem Zitat zu entnehmen: „Wenn sich in Städten und Landkreisen die Ideen-Reichen, die Zeit-Reichen und die Geld-Reichen unter dem Dach von Bürgerstiftungen zusammenfinden, dann entsteht von unten die Kraft, die wir zur Bewältigung der aktuellen Krisen so dringend brauchen." Der Slogan von den Geld-, Zeit- und Ideen-Reichen hat das Stiftungswesen spürbar weiterentwickelt. Sich stifterisch zu engagieren ist seitdem nicht mehr allein wohlhabenden Bürgerinnen und Bürgern vorbehalten, sondern jede und jeder kann sich mit den Ressourcen beteiligen, die ihr oder ihm zur Verfügung stehen. Gerade dieses niedrigschwellige Angebot zum eigenen Engagement macht viel von der Popularität der Bürgerstiftungen aus.

So ist die eindrucksvolle Entwicklung des deutschen Bürgerstiftungswesens ganz entscheidend auch als Frucht von Christian Pfeiffers Engagement zu betrachten. Noch immer sind Bürgerstiftungen der dynamischste Teil des Stiftungswesens. Und seit einigen Jahren sind Bürgerstifterinnen und Bürgerstifter die größte lebende Gruppe von Stiftern. 23.000 Menschen haben sich seit 1996 finanziell an einer Bürgerstiftung beteiligt. Mittlerweile tragen in Deutschland 259 Bürgerstiftungen das Gütesiegel des Bundesverbandes Deutscher Stiftungen. Die Gesamtsumme ihres Kapitals ist zwar mit aktuell 216 Millionen Euro noch lange nicht auf dem Niveau, von dem Pfeiffer in den 1990er Jahren geträumt hat, ihm schwebten am Ende Milliarden vor, ganz wie in den Vereinigten Staaten. Doch dafür, dass vor weniger als 20 Jahren Bürgerstiftungen in Deutschland noch gänzlich unbekannt waren, ist es doch eine beachtliche Leistung der tausenden von Bürgerstifterinnen und Bürgerstiftern, von denen viele eben auch von Christian Pfeiffer inspiriert wurden. Und immerhin: 2012 haben die deutschen Bürgerstiftungen rund 18 Millionen Euro aufgebracht, um damit vor Ort Gutes zu tun: Um Schulkindern gesundes Essen zu ermöglichen, um hochbetagten Menschen durch organisierte Besuche etwas Abwechslung zu verschaffen oder um Brücken zu bauen zwischen Menschen aus verschiedenen sozialen oder kulturellen Milieus. Wie sich anhand der vielen Projekte und Arbeiten der Bürgerstiftungen zeigt, geht es häufig gar nicht so sehr um die Summe, die ausgegeben wird. Viel entscheidender und nachhaltiger ist oftmals, dass Menschen aktiviert werden, dass sie erkennen, wo sie sich einbringen können und auch bemerken, wer in der Gesellschaft vielleicht besondere Unterstützung nötig hat.

III. Der Mann der Tat

Christian Pfeiffer macht Dampf in vielen Gassen. Bewundernswert ist daran, dass ihm am Ende gelingt, was er anpackt. Von Sprints allerdings hält der passionierte Sportvermeider, der Schach als seine einzige diesbezügliche Neigung bezeichnet, wenig. Doch wenn er schon eine weitere Grenze überschreitet und sich sportlich betätigt, dann mit dem Ehrgeiz eines Marathonläufers, der natürlich nicht auf halber Strecke über Seitenstechen und Krämpfe klagt, sondern sich so vorbereitet hat, dass er sicher über die Ziellinie kommt. Was Christian Pfeiffer dabei antreibt, sind seine Träume und Visionen von einer sozial gerechteren Gesellschaft. Ich stelle mir vor, wie er sich ganz konkret ausmalt, die Dinge zum Positiven zu verändern, wenn er nur genügend Mitstreiter findet. Aus dieser Motivation zieht er große Kraft und Energie. „Erst die Möglichkeit, einen Traum zu verwirklichen, macht unser Leben lebenswert", heißt es in „Der Alchimist" von Paulo Coelho.

Und einen Traum hat sich Christian Pfeiffer gerade erst wieder 2012 verwirklicht: Er unternahm eine fünfwöchige Fahrradtour, die ihn kreuz und quer durch Deutschland zu insgesamt 36 Bürgerstiftungen führte. 1.500 Kilometer legte Pfeiffer auf dem Rad zurück, unterstützt und vor Ort jeweils begleitet von zahlreichen Bürgerstiftungsakteuren. Sein Ziel war, die Idee der Bürgerstiftung durch diese öffentlichkeitswirksame Aktion noch bekannter zu machen.

Doch dahinter lag noch eine weitere Absicht: Wohin Christian Pfeiffer auch kam, überall hielt er einen Vortrag, stets zum selben Thema: der Leistungskrise der Jungen. Die komme vor allem darin zum Ausdruck, dass Jungen deutlich häufiger die Klasse wiederholen müssten als Mädchen, häufiger die Schule abbrächen, und seltener eine Gymnasialempfehlung erhielten. Pfeiffers These: Der Leistungsabfall hänge vor allem mit exzessivem Computerspielen zusammen. Viele Jungen verbrachten und verbringen jeden Tag mehrere Stunden mit teilweise brutalen Spielen. Auf die zugespitzte Frage „Wie retten wir unsere Söhne?“ gab Pfeiffer sogleich die Antwort, dass besonders Bürgerstiftungen hier eine Menge leisten könnten. Er erinnerte an erfolgreiche Partnerschaften zwischen Bürgerstiftungen und Ganztagsschulen, verwies auf die zahlreichen Mentoren-Programme und schwärmte von den vielen Lesepatenprojekten, die es mittlerweile in Deutschland gibt.

Pfeiffers Credo lautete: Bürgerstiftungen können gerade auch den Jungen wieder andere Perspektiven bieten, als die Zeit vor dem Computer totzuschlagen, sie müssten dafür nur eins tun – Lust auf Leben wecken!

Bei dieser Aktion, die auch in enger Abstimmung mit der Initiative Bürgerstiftungen erfolgte, demonstrierte Christian Pfeiffer seine Entschlossenheit. Abermals half ihm sein Sensorium für gute Öffentlichkeitsarbeit: Er griff ein seiner Meinung nach zu wenig beachtetes Thema auf und ersann einen Weg, es kampagnenartig in der Öffentlichkeit zu platzieren. In Bürgerstiftungen erkannte er geeignete Organisationen, um das Problem zu mindern. Er aktivierte seine Netzwerke, was dazu führte, dass ihn drei Dutzend Bürgerstiftungen zu sich einluden. Vor Ort wusste er dann abermals seine Zuhörer zu begeistern. Sie konnten erleben, wie Christian Pfeiffer ein positives Zukunftsszenario entwarf, wie er die Menschen anregte, indem er ihnen ihre Gestaltungsmöglichkeiten vor Augen führte. So schlug er gleich mehrere Fliegen mit einer Klappe: Über Wochen berichteten die Medien im ganzen Land über seine Tour, sie erwähnten, beleuchteten und porträtierten die einzelnen Bürgerstiftungen und ihre Potentiale. Nicht nur die Medien, sondern auch zahlreiche Bürgermeister, Unternehmer und Bürgerstiftungsakteure setzten sich auf diese Weise mit der Situation männlicher Jugendlicher auseinander. So verlief die Aktion ganz nach Pfeiffers Geschmack: Sie entpuppte sich als geglückter Coup, der vor Augen führte, dass Grenzgänger zugleich auch hervorragende Brückenbauer sein können.

Mögen uns seine Wortgewandtheit und seine Tatkraft noch lange erhalten bleiben. Angesichts der großen Herausforderungen, vor denen unsere Gesellschaft steht, brauchen wir auf jeden Fall mehr davon!

Wie der Bürger zu sich selber kommt. Konkretes Tun im Alltag ist für die Gesellschaft fruchtbarer als alles Reden über Plebiszite

Robert Leicht

Es gehört zu den fast standardisierten – und kaum kritisch hinterfragten – Klagen über die moderne Demokratie, dass das einmalige Wählengehen alle vier oder fünf Jahre der demokratischen Mitwirkung nicht genug sei. Dabei ist dies alles zunächst einmal eine Frage der Perspektive. Karl Popper hatte einmal gesagt, der eigentliche Vorzug der Demokratie liege darin, dass man die gegenwärtig Regierenden auf unblutige Weise loswerden könne. Mag uns dieser schroffe Befund in unseren Breiten auch etwas karg vorkommen, so gibt es jederzeit Gegenden auf dieser Welt, in denen man dieses Vorzuges nur allzu gerne teilhaftig werden würde – von der Ukraine bis nach Thailand und um das ganze südliche Mittelmeer herum, um nur einige Beispiele zu nennen. Das krasse Gegenmodell liefe auf die Forderung hinaus, dass es keine politische Entscheidung geben dürfe, die nicht jederzeit von allen Bürgern gemeinsam getroffen werde. Ein solches radikales Total-Modell der Demokratisierung hebe letztlich den Begriff des Politischen insgesamt aus der Angel, denn das Wesen der Politik besteht nun einmal darin, zu Entscheidungen zu kommen, obwohl eben nicht alle alles gleichzeitig gemeinsam entscheiden können und obwohl selbst das schönste Mehrheitsprinzip nichts daran ändern kann, dass die Ansichten der bei einer Mehrheitsentscheidung Übergangenen schlicht unter den Tisch fallen. Ihnen bleibt in der Tat nur die vage Chance, die gegenwärtig Regierenden bei nächster oder fernster Gelegenheit auf unblutige Weise loszuwerden.

Jedenfalls hat es sich hierzulande geradezu eingebürgert, im Instrument des Volksentscheides eine patente Möglichkeit zu sehen, das (vermeintliche) Defizit der repräsentativen parlamentarischen Demokratie zu kompensieren. Es soll an dieser Stelle nicht darum gehen, in Abrede zu stellen, dass unter bestimmten Umständen die Institutionalisierung von Volksentscheiden auch auf der deutschen Bundesebene sinnvoll sein kann[1], obschon die jüngsten Koalitionsverhandlungen nicht ohne Grund in dieser Sache keinen Schritt weiter geführt haben. Vielmehr soll der Mythologisierung[2] der direkten Demokratie entgegengewirkt und die Frage aufgeworfen werden, ob die Beschwörung von Volksentscheiden wirklich viel an den angeblichen Defiziten der repräsentativen Demokratie zu ändern vermag und ob nicht andere Beteiligungsformen viel besser geeignet sind, die zivilgesellschaftlicher[3] Partizipation mit Gestaltungsmöglichkeiten anzureichern.

Wenn ein Bürger unter 80 Millionen Bürgern darüber enttäuscht ist, dass seine individuelle Stimme in einem riesigen Kollektiv aggregiert wird zu einer Wahlentscheidung, die dann für einige Jahre eine Regierung und eine Opposition installiert – wieso soll er dann glauben, dass in einer Volksentscheidung seine individuelle Stimme nicht ebenso in der Masse untergeht, freilich so, dass eine bestimmte Entscheidung getroffen wird,

1 Bei einer solchen Gelegenheit müsste natürlich auch der föderativen Struktur der Bundesrepublik Rechnung getragen werden. Mit anderen Worten: Eine einfache Mehrheit aller Bürger würde nicht ausreichen, sondern mindestens in einer ausreichenden Zahl von Bundesländern müssten je nach dem Gegenstand der Gesetzgebung Mehrheiten zu Stande kommen - um nur eine der Komplikationen zu nennen.

2 Ähnlich fragwürdig wie die Mythologisierung der direkten Demokratie ist allerdings auch ihre schlichte Verteufelung, zumal wenn sie unter historisch falschen Begründungen erfolgt. Natürlich hat das Grundgesetz der Bundesrepublik nicht deshalb von Volksentscheiden abgesehen, weil etwa die Weimarer Republik und deren Niedergang dafür warnende Beispiele geboten hätte, die es ja gar nicht gab; viel eher befürchtete man in der als durchaus provisorisch verstandenen Verfassungsgebung der Jahre 1948/1949, dass der kommunistischen Propaganda die Möglichkeit geboten würde, mit plebiszitär-nationalistischen Parolen auf eine Neutralisierung Deutschlands und auf den Verzicht der Westbindung hinzuwirken.

3 Der Begriff der Zivilgesellschaft wird an dieser Stelle nur einmal und durchaus ironisch verwendet. Er hat in unserem politischen Diskurs nur aus zwei irregeleiteten Motiven Eingang gefunden. Zum einen hat man etwas naiv und philologisch unkorrekt die Begriffe der „civil society“/ „civil disobedience“ gerne übernommen, weil man glaubte, dabei habe man es mit einer nicht-militärischen Gesellschaft, mit einem sozusagen waffenlosen Widerstand zu tun, einer ganz und gar zivilen Gesellschaft also. Hätte man etwas genauer hingehört und übersetzt, so wäre aus der „civic society“ nämlich im Deutschen nichts anderes geworden als die bürgerliche Gesellschaft; aber vom Bürgertum zu sprechen war damals aus ideologischen Gründen nicht stubenrein gewesen. In Wirklichkeit jedoch ist sowohl die so genannte „Zivilgesellschaft“ als auch die „Bürgergesellschaft“ ein banaler Pleonasmus, denn aus was anderem sollen sich Gesellschaften schon zusammensetzen, wenn nicht aus Bürgern?

allerdings eben nur eine Entscheidung in einer Zahl von Jahren, die möglicherweise den Abstand zwischen zwei Wahlen deutlich übersteigt?[4]

In unserer Parteiendemokratie muss ohnehin damit gerechnet werden, dass Volksentscheidungen in der Regel von politischen Parteien entweder unterstützt oder aber „gekapert" werden. Es kommt hinzu, dass mitunter nur sehr geringe Quoten für die Gültigkeit eines Volksentscheides erreicht werden müssen, so dass der Ausgang am Ende von relativ kleinen Minderheiten, gerechnet auf die Gesamtbevölkerung, abhängt.

Wenn nun an zwei jüngsten Volksentscheiden – freilich auf Länderebene – einige Fragwürdigkeiten dargestellt werden sollen, ist folgendes vorauszuschicken: Die Sinnhaftigkeit oder Problematik einer bestimmten Sachentscheidung spricht noch nicht als solche gegen das Verfahren der Entscheidungsfindung. Auch in der ganz normalen repräsentativen parlamentarischen Demokratie werden Entscheidungen getroffen, die von vielen Beobachtern oder gar von allen sachkundigen Beobachtern für sachlich unsinnig gehalten werden – das ist aber noch lange kein Grund, die parlamentarische Demokratie abzuschaffen. Im Übrigen können solche Fehlentscheidungen ja durchaus korrigiert werden – entweder durch die ursprüngliche Mehrheit Kraft höherer Einsicht oder Notwendigkeit, oder (nach unblutigem Austausch) durch eine andere Mehrheit.[5] Dennoch darf gefragt werden, was in den beiden zu nennenden Beispielen auch im Lichte der Ergebnisse von Volksentscheiden zu halten ist.

So hat sich in Hamburg ein Volksentscheid knapp durchgesetzt, der vom Senat verlangt, die in Hamburg tätigen Versorgungswerke zu 100 Prozent zurück zu erwerben, obwohl der Senat sich mit 25 Prozent plus einer Aktie, also mit der unternehmerisch wichtigen Sperrminorität, zufrieden geben wollte. (Dass ein gleichgerichtetes Volksbegehren im Bundesland Berlin gescheitert ist, soll hier nur als Zufallsergebnis festgehalten werden.) Doch die Initiatoren des Hamburger Volksbegehrens waren naturgemäß nicht im Stande, der schon längst hoch verschuldeten Freien und

4 Wir ersparen uns hier guten Gewissens den Hinweis auf die Schweiz mit ihren relativ häufigen Volksentscheiden: Man kann nicht einzelne Elemente eines gänzlich anderen Verfassungssystems und einer anderen politischen Kultur selektiv adaptieren.

5 Bei Volksentscheiden hingegen müsste kraft Verfassung oder Gesetzes beizeiten geregelt werden, wie die Ergebnisse von Volksentscheiden korrigiert werden können, sei es durch einen neuerlichen Volksentscheid, sei es durch den ordentlichen Gesetzgeber – durch diesen eventuell erst nach Ablauf bestimmter Fristen. Jedenfalls darf das Ergebnis eines Volksentscheides letztlich nicht stärker versteinert werden als die Ergebnisse der ordentlichen Gesetzgebung.

Hansestadt zu sagen, woher sie das Geld nehmen sollte, den Vollerwerb der Versorgungswerke zu finanzieren – ganz abgesehen davon, dass in diesem Zusammenhang dann notwendigerweise die Frage zu beantworten wäre, welche übrigen Ausgaben der Stadtstaat denn zur Erleichterung seiner Schuldenlast streichen sollte. Doch der Witz bei dieser ganzen Angelegenheit liegt in folgenden Umstand: Selbst die Entscheidungs-Mehrheit des Volksentscheides hatte es gar nicht in der Hand, der Stadt alle Anteile an den Versorgungswerken zu verschaffen, denn die Freie und Hansestadt Hamburg kann in einem EU-weiten offenen Bieterverfahren nur einer der Kaufinteressenten sein und hat es selber nicht in der Hand, zu entscheiden, an wen die Anteile schließlich fallen. Und ganz gewiss konnten die Initiatoren des Volksentscheides nicht verlangen, dass die Stadt schlechthin jeglichen Mitbieter zu Lasten ihrer Handlungsfähigkeit im übrigen á tout prix überbietet.

In diesem Zusammenhang auch einige Bemerkungen zu dem baden-württembergischen Volksentscheid in Sachen „Stuttgart 21". Die Ausgangslage war ja die, dass der Baden-Württembergische Landtag, hätte er in freier Abstimmung sich immer wieder des Themas annehmen können, er jedes Mal mit mehr als zwei Dritteln, ja mit fast drei Vierteln seiner Stimmen seine Zustimmung zu dem Bahnhofsprojekt bekräftigt haben würde. Denn sowohl die CDU als auch die FDP als auch die SPD waren entschlossen für dieses Projekt. Nur die Koalitionsnotwendigkeit der durch Fukushima plötzlich aufgetauchten grün-roten Koalition haben die neuerliche Aktualisierung dieser überwältigenden repräsentativ-parlamentarischen Zustimmung verhindert.

Nun hat letztlich der Volksentscheid, das muss man ja zugeben, wiederum eine plebiszitäre Mehrheit zu Tag gebracht, sogar in der angeblich so aufgeheizten Stuttgarter Stadt. Was aber kaum jemand wahrgenommen hat, war die ausgesprochen irreführende, wenn nicht gar verlogene Fragestellung des Volksentscheids, die den Bürgern vorgelegt wurde. Die wurden nämlich nicht gefragt: Seid Ihr für den Bahnhof oder dagegen? – das wusste ja jeder, dass diese Frage gesetzlich gar nicht zulässig war –, sondern die Bürger wurden gefragt, ob das Land Ausstiegsmöglichkeiten aus den Verträgen wahrnehmen solle oder nicht. Die nackte Lebenslüge lag in der Insinuierung, es habe in den zugrundeliegenden Verträgen überhaupt Ausstiegsmöglichkeiten für das Land gegeben. Die gab es gar nicht. Es wurde also gefragt: Wollt Ihr Ausstiegsmöglichkeiten wahrnehmen, Klammern auf (die es gar nicht gibt) Klammern zu.

Man kann in verfassungspolitisch langfristiger Sicht nicht wirklich glücklich darüber sein, dass ausgerechnet ein so unehrlich aufgezogenes plebiszitäres Manöver tatsächlich zur zwischenzeitlichen Befriedigung im Lande beigetragen hat. Und natürlich ist diese hinterlistige Frage des Volksentscheids nicht etwa von aufgebrachten Wutbürgern ausgedacht worden, sondern von ausgebufften Experten in den Bürokratien, die mit Zustimmung ihrer sozialdemokratischen Minister und wohl auch mit der verhohlenen Duldung des grünen Ministerpräsidenten das Bahnhofsprojekt durch die Hintertür retten wollten.

Dies alles war ein rein taktisches, als solches vielleicht sogar verständliches, letztlich aber nicht legitimes Opfer auf dem Hausaltar der so genannten Wutbürger.

Dadurch, dass gedankenlose Politiker, Publizisten und Medien mit dem „Wutbürger“ eine potenziell mehr als bedenkliche, um nicht zu sagen gefährliche Kategorie in den politischen Diskurs eingeführt haben, denn der so genannte Wutbürger ist eben um keinen Deut rationaler und verantwortlicher als irgendein dahergelaufener gewählter Populist, wie wir ihn derzeit ja glücklicherweise nicht haben: Mit dem Begriff der freischwebenden oder gar irrationalen Wut wurde eine Dynamik in den politischen Diskurs geholt, die uns eines Tages noch zu schaffen machen könnte. Denn wie weit ist es von dem Wutbürger zu dem Spruch: „Macht kaputt, was Euch kaputt macht“?

Man kann also auch mit schierem opportunistischem Gerede über die angeblich unzureichende repräsentative Demokratie das politische und verfassungspolitische Geschirr beschädigen, von dem wir noch lange essen wollen.

Noch einmal sei dies ausdrücklich betont: Man kann durchaus in ausgeruhter rationaler Diskussion für gewisse plebiszitäre Elemente auch auf der Bundesebene optieren, und sei es nur, um gegenüber der entgegen dem Grundgesetz weit ausgeweiteten Parteien-Herrschaft ein Antidot zu gewinnen mindestens als „Abschreckungsmittel“. Man sollte sich dabei aber weder einer oberflächlichen De-Legitimierung der repräsentativ-parlamentarischen Demokratie befleißigen noch der Illusion anhängen, erst mit der Einführung (gelegentlicher) Plebiszite gewinne unser Grundgesetz eine ernsthafte demokratische Legitimität.

Nun bleibt aber die Frage: Gibt es andere Möglichkeiten, mit denen die Bürger jenseits der vierjährigen Legislaturperiode und – pro futuro – der gelegentlichen Volksentscheide[6] ihren Wunsch nach bürgerlicher Partizipation betätigen können? Liegt es nicht geradezu auf der Hand, dass die breiten Formen und Gestaltungsmöglichkeiten des Ehrenamtes sowie die anwachsende Zahl von Initiativen und Stiftungen, nicht zuletzt der Bürgerstiftungen, an deren Zu-Stande-Kommen Christian Pfeiffer besondere Verdienste hat, in weitaus stärkerem Maße dem Bürger die Chance geben, an der gesellschaftlichen Entwicklung mitzuwirken, und zwar erstens konkreter und zweitens aktiver als dies bei einer doch einigermaßen passiven Stimmabgabe im Zuge eines Plebiszits möglich ist?

Die Frage zu stellen, heißt sie bereits positiv zu beantworten. Um dies an einem Gedankenexperiment zu belegen: Man stelle sich vor, die breiten ehrenamtlichen Aktivitäten und die Förderungsarbeit der Stiftungen würde eingeschränkt oder ausgetrocknet und im Gegenzug das Grundgesetz um ein Plebiszit-Verfahren erweitert – wer käme hier auf den Gedanken, dass das Letztere das Erstere kompensieren könnte?

Es besteht an dieser Stelle keine weitere Notwendigkeit, auf Möglichkeiten der zusätzlichen Förderung des Ehrenamtes und der Stiftungstätigkeit im Detail einzugehen. Prinzipiell sei jedoch noch auf zwei Gedanken hingewiesen: Das bürgerliche Engagement sowie die Tätigkeit von Stiftern, großen wie kleinen, darf nicht vom Staat verstanden werden als eine Lückenfüllung in Zeiten knapper Haushalte (obschon diese viel länger dauern werden, als wir uns dies derzeit wohl vorstellen) – Lückenfüllung aber eben auch in dem Sinne, dass der Staat im Grunde von seiner relativen Allmacht nichts abzugeben bereit ist, sondern darauf hofft, in eben besseren Zeiten wieder zur schönsten Größe zu erblühen. Nein, ein kluger Staat sollte durchaus bereit sein, seinen Bürgern Gestaltungsmöglichkeiten abzutreten, die – von den Bürgern selbst vorgenommen – zumeist viel schneller und unbürokratischer zu Ziel und Nutzen führen.[7] Der zweite

6 Um das Bild zu vervollständigen, müsste man aber auch die Kommunalwahlen, die Landtagswahlen (nicht zuletzt die Europawahlen - wenngleich diese etwas schwächer) und schließlich die kommunal-und Landesplebiszite einbeziehen; lauter Partizipationsakte, bei denen die zuweilen sehr niedrige Wahlbeteiligung auch einiges Wasser in den süßen Wein der ständigen Mitwirkungsbereitschaft träufelt.

7 Es erübrigt sich, an dieser Stelle im Detail auszuführen, wie oft die staatliche Bürokratie solchen Initiativen mit schematischen Vorschriften das Leben schwer macht oder gar die Betätigung blockiert, ohne dass dadurch für irgendjemanden praktisch etwas gewonnen wird. Jeder der mit diesen Dingen zu tun hat, kann davon ein garstiges Lied singen, wobei sich in der bürokratischen Engherzigkeit nicht selten die Furcht vor dem

Gesichtspunkt betrifft die immer wieder geforderte stärkere steuerliche Förderung von Stiftungen aller Art. Eigentlich müsste ein Stifter (oder Spender), der sich entreichern will, bereit sein, dieses brutto für netto zu tun und nicht erst auf die Abzugsfähigkeit bei künftigen Steuern zu setzen. Man könnte ja auch auf den Gedanken kommen, zu fragen, ob denn ein Stifter oder Spender wirklich verlangen kann, dass jene Projekte, für die er sich aus eigener Initiative einsetzen will, tatsächlich vom Fiskus, mithin von der Gesamtheit der Steuerzahler mitfinanziert werden, und zwar ohne Rücksicht darauf, ob der Fiskus oder die Steuerzahler nun ihrerseits das Lieblingsprojekt des Förderers sich wirklich persönlich zu eigen machen wollen. Gewiss, man kann zunächst darauf setzen, dass die Vielzahl der Steuervorteile sich letztlich untereinander, was die Intentionen angeht, neutralisieren. Aber schließlich wirkt das Schielen auf Steuervorteile mitunter so, als gehe es den Förderern nicht ausschließlich um das Wohl Dritter, sondern auch um die Dekoration des eigenen Egos – womit keineswegs irgendjemand unter jenen kritisiert werden soll, die wirklich nicht nur unter Hingabe des eigenen Vermögens, sondern auch unter Einsatz eigener Einfalls- und Arbeitskraft (und Lebenszeit) ihre gemeinnützigen Zwecke verfolgen. Erst dadurch nämlich bekommt das Wort Wohltätigkeit seinen vollen Sinn.

amtlichen Machtverlust stärker zur Geltung bringt als die Fürsorge für die Menschen, um die sich die Initiativen kümmern wollen.

Begegnungen

Matthias Miersch

Es gibt Begegnungen, die man nicht vergisst. Das kann an den äußeren Umständen liegen, an den Inhalten oder aber an Personen, denen man begegnet. Eine dieser Begegnungen, die ich nicht vergessen werde, fand vor 25 Jahren im Sommersemester 1989 an der rechtswissenschaftlichen Fakultät der Universität Hannover statt.

I. Kriminologie im Hanomaggebäude

In einem ehemaligen Gebäudekomplex der Hanomag ging es um Kriminologie. Mein Jura-Studium hatte ich gerade begonnen. Sozialisiert in einem Sozialarbeiterhaushalt merkte ich schnell, dass der Mann da vorne am Pult mit seinen Thesen mein Interesse weckte: es war Christian Pfeiffer, der über sein Projekt „Die Brücke" in München berichtete und über den Unsinn, Menschen einfach nur wegzusperren. So lernte ich etwas über die Wechselwirkung der in der Kindheit geprügelten Menschen und den damit verbundenen Folgen für das spätere Leben. Aber auch die geringe Aussagekraft der Kriminalstatistik, die doch in der medialen Welt häufig Anlass ist, härtere Sanktionen zu fordern, ohne nach den tatsächlichen Ursachen für die Zunahme bestimmter Delikte oder dem Anzeigeverhalten zu fragen. Kurzum, die Vorlesung vermittelte mir das „Leben hinter den Paragraphen". Christian Pfeiffer habe ich damals nur aus der „Ferne" erlebt, doch das Interesse an den von Ihm vermittelten Inhalten war vollends geweckt.

Es war auch diese zuvor beschriebene Vorlesung, die mich motivierte, neben dem Jurastudium bei einem Knast-Kontakt-Projekt in der Jugendanstalt Hameln-Tündern teilzunehmen, welches ein befreundeter Berufsschulpastor mit einer Gruppe von Berufsschülern initiiert hatte. Der Blick hinter die Gefängnismauern wurde zum realen Praktikum des theoretisch aufgenommenen Wissens. Die Faszination für das Strafrecht, für die Hintergründe von Straftaten und vor allem für die Notwendigkeit, im Rahmen des Rechtsstaates in konkreten Prozessen entsprechende Zusammenhänge aufzuzeigen, begann in dieser Zeit. Sie steigerte sich noch weiter durch ein Praktikum und durch das anschließende Referendariat bei meiner späteren Sozia Hela Rischmüller-Pörtner. Ich kenne bis heute keine Strafverteidigerin, die ihren Beruf mehr lebt, als Sie.

Als Praktikant verfolgte ich einen Strafprozess, bei dem ein Tötungsdelikt verhandelt wurde. Eine Frau hatte die Freundin ihres Vaters mit mehreren Beilschlägen erschlagen. In den hannoverschen Medien wurde der Fall groß thematisiert. Worüber jedoch leider nicht berichtet wurde, war die Prozessentwicklung. Am Ende des Prozesses wies die Tochter der Getöteten darauf hin, dass sie nach all den Verhandlungstagen verstehen könne, wie es zu der Tat gekommen sei. Unsere Mandantin sei zutiefst verletzt gewesen, weil sie feststellen musste, dass ihr Vater deren Mutter mit ihrer Mutter betrogen habe. Die medialen Schlagzeilen produzieren eben nicht die Grundlage für gerechte Entscheidungen. Jeder von uns kann zum Täter werden und jeder von uns kann auf die Hilfe des Rechtsstaates angewiesen sein. Diese Überzeugung führte mich zum Erlangen des Fachanwalts für Strafrecht. Christian Pfeiffer war daran mit seiner Vorlesung nicht ganz unbeteiligt.

II. Die Fußnote Nr. 1023

Das nächste Aufeinandertreffen zwischen Christian und mir fand Ende der 90er Jahre statt. Ich saß an meiner Dissertation „Der sogenannte référé législatif", eine Untersuchung zum Verhältnis Gesetzgeber, Gesetz und Richteramt seit dem 18. Jahrhundert.[1] Der Grundsatz, wonach Richter unabhängig und nur dem Gesetz unterworfen sind, war und ist keine Selbstverständlichkeit. So waren Richter bis ins 20. Jahrhundert hinein zur Rückfrage beim Gesetzgeber z. B. bei unklaren Gesetzesstellen verpflichtet. In einer Wechselwirkung zwischen verschiedenen Elementen kamen unterschiedliche Ausprägungen dieses référé législatif genannten Verfahrens vor. Die wichtigsten Faktoren für die Entstehung und Aufhebung des référé, wie die unterschiedlichen Gesetzesbegriffe, die Richterbilder, die verschiedenen Vorstellungen über die Rolle der Exekutive und Legislative

1 Miersch, M. (2000). Der sogenannte référé législatif. Eine Untersuchung zum Verhältnis Gesetzgeber, Gesetz und Richteramt. Fundamenta Juridica, Bd. 36. Baden-Baden: Nomos.

analysiere ich in der Arbeit ebenso, wie die differenzierten verfassungshistorischen Hintergründe. Die Frage, inwieweit ein Richter befugt ist, eine Interpretation von Gesetzen in anhängigen Verfahren vorzunehmen, ist eine, die faktisch seit dem Bestehen von Gesetzen immer wieder gestellt wurde und auch heute noch gestellt wird. Sie reicht zurück zu den Kommentier- und Auslegungsverboten der römischen Antike und wurde insbesondere im Rahmen der großen Kodifikationen in Preußen, Österreich und Frankreich im 18. und 19. Jahrhundert häufig gestellt. Es geht um zentrale verfassungspolitische und verfassungsrechtliche Fragestellungen. Sie reichen bis in das 20. und 21. Jahrhundert hinein, so dass die Dissertation auch die NS-Zeit und das Rechtssystem der DDR einbezieht. Hier gab es z. B. die sogenannten Wochenmeldungen, in denen Richter der Instanzgerichte auch über Auslegungsprobleme an höhere Instanzen berichten mussten. Durch die Recherchearbeit in den verschiedenen Archiven kam ich zu der Erkenntnis, dass diese Wochenmeldungen auch in ganz konkret anhängigen Verfahren erfolgten, die schließlich zu „konkreten Leitungsmaßnahmen" noch vor dem eigentlichen Entscheidungstermin durch das Oberste Gerichte der DDR und des Ministeriums der Justiz führten (FN 1, S. 253; S. 278f.).

Das Spannungsfeld zwischen dem Willen des Gesetzgebers und der Unabhängigkeit der Justiz hat bis heute an Bedeutung nicht verloren. Unter Bezugnahme auf die Forschungsergebnisse von Christian Pfeiffer lege ich beispielsweise in meiner Arbeit dar, dass die unterschiedliche richterliche Bewertung und Gesetzesanwendung im Bereich des Strafrechts bei der Strafzumessung und die damit verbundene Strafungleichheit ein Problem darstellt, welches auch in unserem heutigen Verfassungssystem Gegenstand der rechtspolitischen Diskussion sein muss.[2] Der Wille des Gesetzgebers, der zum Beispiel in einem Tatbestand des Strafgesetzbuches abgebildet ist, führt im Rahmen der Rechtsanwendung durch unabhängige Richter nicht immer zu identischen Urteilen – selbst, wenn diesen Richtern identische Fallkonstellationen vorgelegt werden. Natürlich haben wir in unserem Rechtssystem beispielsweise durch den geregelten Instanzenzug hierfür Vorkehrungen getroffen. Natürlich wollen wir auch keinen

2 Vgl. FN 1, S. 295f. sowie unter Verweis auf Pfeiffer, C., Oswald, M. (1996), Strafzumessung: empirische Forschung und Strafrechtsdogmatik im Dialog. Stuttgart: Nomos.

Richter als „Richterkönig oder Subsumtionsautomaten" haben.[3] Dennoch bleibt mit Blick auf die unterschiedlichen Urteile stets die Frage nach der Gerechtigkeit in der Rechtsanwendung. Diese wird immer wieder beleuchtet werden müssen. Christian Pfeiffer hat mit seinen vielfältigen empirischen Forschungsarbeiten wichtige Beiträge zu dieser notwendigen Diskussion gerade im Bereich des Strafrechts geleistet.

Meine Arbeit endet schließlich mit einem Blick auf die Rechtsprechungstätigkeit des Bundesverfassungsgerichts. Betrachtet man die teilweise hoch kontroversen und polemischen Reaktionen von politischen Repräsentanten auf Entscheidungen des Bundesverfassungsgerichts, so zeigt sich immer wieder ein tiefes Misstrauen gegenüber „denen in Karlsruhe".[4] Wenn Entscheidungen des Bundesverfassungsgerichts in Beschimpfungen münden, die durch Aussagen, wie „Obergesetzgeber", „Konterkapitäne von Karlsruhe", „Hineinregieren in Einzelheiten" oder in „Außenpolitik nach Anweisung des Bundesverfassungsgerichts" bzw. „Ursurpation von evidenten Aufgaben des Gesetzgebers" gekennzeichnet sind, dann zeigt sich das Ringen um Souveränität der unterschiedlichen Gewalten in unserem Verfassungsstaat.

Ein zentrales Ergebnis meiner Arbeit ist dann auch, dass vor allem die Aufgabe der Legislativen und Exekutiven ist, im Rahmen der Gewaltenbalancierung Rücksicht auf die Judikative zu nehmen. Gerade die Legislative muss ihrer Aufgabe und Verantwortung nachkommen, große gesellschaftspolitische Fragen zu klären und sie nicht dem Verfassungsgericht oder anderen Europäischen Gerichten zu überlassen. Andernfalls droht eine Debatte, die in der Vergangenheit immer wieder zu Einschränkungen der richterlichen Unabhängigkeit geführt hat. Möglicherweise waren es bei Christian Pfeiffer und mir in der Folge ähnliche Motivlagen, die dazu führten, im Bereich der Legislativen bzw. der Exekutiven Verantwortung zu übernehmen.

3 Ogorek, R. (1986). Richterkönig oder Subsumtionsautomat. Zur Justiztheorie im 19. Jahrhundert. Frankfurt am Main.

4 Ebd., S. 296; z. B. die Aussagen des damaligen Ministerpräsidenten Stoiber über das Kruzifix-Urteil.

III. Unsere Kandidaturen für den Nds. Landtag im Jahre 2003

Das erste „politische Aufeinandertreffen“ zwischen Christian und mir fand dann im Jahr 2002 statt. Ich hatte mich inzwischen seit 1997 als Fachanwalt für Strafrecht in Hannover etabliert und einen weiteren Schwerpunkt meiner anwaltlichen Tätigkeit auf das Recht an Pflanzensorten, dazu später noch einiges mehr, gelegt. Parteipolitisch engagierte ich mich zudem seit 1991 für die SPD im Rat der Stadt Laatzen. Alles hing irgendwie mit allem zusammen. Meine jahrelange ehrenamtliche Tätigkeit im Fußballverein und im CVJM sowie meine Erkenntnisse auch aus der Zeit des Knast-Kontakt-Projektes in Tündern verstärkten meinen Wunsch, auch an politischen Weichenstellungen aktiv mitzuwirken und auch konkret Rahmenbedingungen verändern zu können. Die Einrichtung eines Jugendparlaments in Laatzen, die Schaffung eines Fetenraums für die Jugendlichen, deren Eltern nicht über einen Partykeller verfügten oder aber auch der Kampf um den Erhalt einer Kinderkantine im sozialen Brennpunkt waren Projekte, die mir zeigten, dass sich politisches Engagement lohnt. Engagierte ich mich als Ratsherr und inzwischen als Fraktionsvorsitzender in Laatzen vor allem im Bereich der Jugend- und Schulpolitik, traf ich im Rahmen der anwaltlichen Tätigkeit auf justizpolitische Aspekte. So war es wohl dann auch eine logische Konsequenz, „den Hut in den Ring zu werfen“, nachdem der Laatzener Landtagswahlkreis vakant geworden war.

Mein „Nachbar“ im Wahlkreis war Christian Pfeiffer, erfolgreicher niedersächsischer Justizminister seit dem Jahr 2000. Er kandidierte als „Neuling“ im Wahlkreis Hemmingen, Ronnenberg, Wennigsen und Springe. Für mich war es damals sehr aufregend, an einem Samstagmorgen beim heutigen Regionspräsidenten und damaligen Laatzener Bürgermeister Hauke Jagau mit Christian zu frühstücken, um unsere Landtagskandidaturen zu besprechen. Dies war unsere erste intensive Begegnung und ich habe bis heute den Eindruck, dass dieses Aufeinandertreffen auch den Beginn unserer Freundschaft markierte. Wir hatten uns einfach etwas zu erzählen, waren an den unterschiedlichen Blickwinkeln des jeweils anderen interessiert und ließen uns aufeinander ein. Christian unterstützte mich in der Folge z. B. durch eine Veranstaltung zum Thema Jugendkriminalität und Prävention. Es waren tolle Begegnungen mit Ihm. Leider ganz im Gegenteil zu dem Ausgang der Landtagswahl, die für die niedersächsische SPD zu einem Desaster wurde. Wir schafften beide den Einzug in den Landtag nicht. Diese Wahlniederlage war eine bittere Erfahrung, die jedoch glücklicherweise nicht zu einer Trennung unserer Wege führte. Vielmehr besteht seit dieser Zeit ein enger Kontakt, wenngleich die persönlichen Treffen aufgrund unserer Aktivitäten leider nur eingeschränkt möglich sind.

Dankbar bin ich Christian dafür, dass er es versteht, Geburtstage oder auch andere Zusammenkünfte zu organisieren, bei denen Menschen aus ganz unterschiedlichen gesellschaftlichen Bereichen aufeinandertreffen. Es sind Menschen, die alle viel zu erzählen haben – Menschen, die aber auch ein Interesse daran haben, die Sichtweisen anderer kennen zu lernen und sich auszutauschen. Und es sind eben diese Menschen, die Träume haben und die teils „traumhafte“ Dinge angestoßen und erreicht haben. Wie Christian vor kurzem in einem Interview mit der Zeitschrift Nobilis ausgeführt hat, sind es genau diese „traumhaften“ Dinge, zum Beispiel der Kampf um die Abschaffung des Züchtigungsrechts bei Kindern, der Aufbau der Bürgerstiftung oder die Schaffung eines Zeitungs-Abonnements für Strafgefangene in frühen Zeiten als Referendar, die Ihn immer wieder antreiben.[5] Zusammenfassend könnte man sagen, es treffen sich Menschen, die ein Motto eint „Geht nicht, gibt`s nicht“.

IV. Die Niederlage als Chance

Zu einer positiven Lebenseinstellung gehört auch, Niederlagen als Chancen zu begreifen. So widmete sich Christian nach der verlorenen Landtagswahl wieder dem Kriminologischen Forschungsinstitut Niedersachsens und ich führte meinen ersten Prozess am Europäischen Gerichtshof in Luxemburg, da inzwischen ein Rechtsstreit, der im Jahr 1999 begann, über die unterschiedlichen Instanzen nach Luxemburg gelangte. Hintergrund war, dass im Jahr 1998 zwei Landwirte „unsere“ Kanzlei aufsuchten, die wir bislang in strafrechtlichen Verfahren - aufgrund von Treckerblockaden gegen die Castortransporte im Wendland - verteidigt hatten. Sie schilderten uns Änderungen im Bereich des Sortenschutzes, von dem ich bis dato noch nie etwas gehört hatte. Meine „älteren“ Kollegen hatten nur wenig Interesse daran, sich in dieses Rechtsgebiet einzuarbeiten, so dass die Wahl auf mich fiel. Wie sich später herausstellte, war diese Vertretung für einen Anwalt nicht finanziell aber beruflich ein „Sechser im Lotto“. Wo-

5 Nobilis 6/2013. S. 64. Hannover: Schlütersche Verlagsgesellschaft.

rum ging es? Bislang bezogen Landwirte Saatgut, für das sie eine Lizenz entrichten mussten. Es war eine Jahrhunderte alte Praxis, einen Teil der Ernte für eine erneute Aussaat zurückzubehalten, den sogenannter Nachbau. Nach jahrelangen Diskussionen wurde im Jahr 1991 im Rahmen eines internationalen Abkommens dieser „freie Nachbau“ eingeschränkt. Die Bundesrepublik Deutschland und die Europäische Union verpflichteten sich, dieses Abkommen umzusetzen, so dass die entsprechenden Rechtsgrundlagen 1995 und 1997 geändert wurden. Ein Landwirt durfte demnach zwar noch Nachbau betreiben, musste nun aber eine „angemessene Entschädigung“ für diesen Nachbau entrichten. Problem war und ist bis heute, dass einer Pflanzensorte nicht angesehen werden kann, ob sie aus dem ersten Anbau oder aus dem Nachbau stammt. Fraglich war auch, wie das Anbau- und Nachbauverhalten von ca. 500.000 Landwirten überhaupt erfasst werden sollte. Deshalb beschloss die GEMA der Züchter, die Saatguttreuhandverwaltungs GmbH in Bonn, Ende der 90er Jahre alle in Deutschland erfassten Landwirte anzuschreiben, um diese mit einem pauschalen Fragebogen im Auftrag von ca. 70 Züchtern zu verpflichten, Auskunft über ihren Nachbau zu geben.

Eine pauschale Auskunftspflicht beziehungsweise eine „Ausforschung“ gibt es im gewerblichen Rechtsschutz an sich jedoch nicht, so dass die Zweifel meiner Mandanten an der Rechtmäßigkeit des Vorgehens der Züchter durchaus plausibel erschienen. Wie würden Verbraucher reagieren, wenn zum Beispiel Siemens plötzlich alle Haushalte anschreiben würde, um zu erfragen, ob möglicherweise der im Haushalt befindliche Kühlschrank Gegenstand einer patentrechtlichen Verletzungshandlung sein könnte. Die Züchter interpretierten allerdings die einschlägigen Gesetzesstellen als ausreichende Anspruchsgrundlage. So stand dort schließlich der Satz: „Landwirte, die von der Möglichkeit des Nachbaus Gebrauch machen, sowie von ihnen beauftragte Aufbereiter sind gegenüber den Inhabern des Sortenschutzes zur Auskunft über den Umfang des Nachbaus verpflichtet“.[6]

Es handelt sich tatsächlich um eine sehr spezielle Materie. Unabhängig von der Höhe der meist sehr geringen Streitwerte, sind entsprechende Rechtsstreitigkeiten deshalb bei Spezialkammern der Landgerichte in den einzelnen Bundesländern anhängig. Der Einstieg in den Instanzenzug er-

6 SortSchG 1985-Einzelnorm; §10 a (3) Beschränkung der Wirkung des Sortenschutzes (1997).

folgte somit gleich bei einer meist mit drei Berufsrichtern besetzten Kammer, die häufig sehr selbstbewusst den Rechtsstreit mit einem für ihre sonstigen Verfahren äußerst läppischen Gegenstandswert kommentierten. Ich werde nie vergessen, wie ein Vorsitzender Richter am Landgericht mir in einer mündlichen Verhandlung erklärte, mein Begehren sei völlig aussichtslos. Ich solle doch den Justizapparat nicht mit überzogenen verfassungsrechtlichen Argumentationsketten belasten. Der Auskunftsanspruch stünde im Gesetz und meine Mandanten sollten ihren völlig überflüssigen Widerstand aufgeben. Und plötzlich war sie wieder da, die Motivation nach dem Motto: „Geht nicht, gibt`s nicht".

Es bildete sich eine Interessengemeinschaft von über 1.000 Landwirten und es dauerte nicht lange, bis das Landgericht Braunschweig zumindest für das nationale Sortenschutzrecht (eine Sorte kann national und/oder nach EU-Recht geschützt sein) Zweifel anmeldete und schließlich nach ein paar Jahren das Oberlandesgericht Braunschweig und der Bundesgerichtshof diese Auffassung bestätigten und die pauschale Auskunftspflicht verneinten.[7] Nachdem das Oberlandesgericht Düsseldorf diese Zweifel auch auf das europäische Recht ausdehnte, kam es zur Vorlage beim Europäischen Gerichtshof, der schließlich auch „unsere" Rechtsauffassung bestätigte. Eine pauschale Auskunftspflicht sei auch im Europäischen Recht nicht vorgesehen. Vielmehr müsse der Sortenschutzinhaber darlegen, dass zwischen ihm und dem Landwirt eine Rechtsbeziehung existiere. Dieses könne dadurch erfolgen, dass beispielweise der Kauf seiner Sorte als Anhaltstatsache vorgetragen wird. Allerdings habe dann jedoch lediglich dieser Sortenschutzinhaber und nicht alle weiteren einen Anspruch gegenüber dem Landwirt. Es folgten zahlreiche Grundsatzentscheidungen über die Auskunftsverpflichtung, die Höhe einer angemessenen Entschädigung und über Fragen eines möglichen Schadensersatzes bei Verletzungshandlungen, die für Interessierte sicherlich spannend zu lesen sind.[8]

7 BGH GRUR 2002, S. 238. Siehe hierzu auch: Gesamtkomplex Keukenshrijver. In FS Ullmann, E. (2006). Das „Landwirteprivileg" im nationalen und gemeinschaftlichen Sortenschutzrecht". S. 465 ff. Clenze: Agrimedia Erling Verlag. Sowie Krieger, E. (2001). Der Nachbau von geschützten Pflanzensorten in Deutschland. Dissertation.

8 EuGH, Rs. C-305//00, Slg. 2003, I-03525, Rn. 59 f. = GRUR 2003, 868, 873; EuGH, Rs. C-182/01, Slg. 2004, I-2286=GRUR 2004, 587; EuGH, Rs. C-336/02, Slg. 2004, I-9818=GRUR 2005, 236 ff.; EuGH, Rs. C-7/05-C-9/05, Slg. 2006, I-5045=GRUR 2006, 750; EuGH, Rs. C-509/10=GRUR 2012, 1013.

Nicht nur Christian war an diesen Fällen interessiert. Vor allem seine Frau Anna und deren Mutter waren fantastische Zuhörer- und Unterstützerinnen. Man merkte schnell, dass die Nachbauproblematik nur einen kleinen Aspekt in einer sehr komplexen Problematik darstellte. Im Kern geht es um globale und nationale Gerechtigkeitsfragen. Es geht um die Frage, wer die Macht über die Ernährung der Menschen besitzt. Ich habe seitdem zahlreiche Fälle in diesem Bereich vertreten, so auch den Fall um die Kartoffelsorte Linda. Der Sortenschutz – also das Schutzrecht, das der Züchter aufgrund seiner Leistung erhält – ist zeitlich begrenzt. In dieser Zeit darf der Züchter über die Verwendung seiner Sorte entscheiden und für die Verwendung Lizenzen fordern. Bei Kartoffeln besteht der Sortenschutz 30 Jahre lang. Danach soll die Allgemeinheit uneingeschränkt von der Züchtung profitieren. Hintergrund dafür ist, dass auch der Züchter aus dem Gut der Allgemeinheit schöpft. Eine neue Kartoffelsorte fällt nicht vom Himmel, sondern wird aus vorhandenem Material gezüchtet. An dieser Stelle trat jedoch ein Problem auf. Die Kartoffelsorte Linda war nach 30 Jahren immer noch sehr beliebt. Der Züchter hatte allerdings inzwischen eine neue Sorte entwickelt, die er am Markt etablieren wollte und versuchte nun, die Zulassung kurz vor Ablauf der Schutzdauer zurückzuziehen. Landwirte, die für den Züchter Saatgut produzierten, wurden verpflichtet, das gesamte Material an den Züchter herauszugeben. Als diese sich weigerten, kam es zur Beschlagnahme und Versiegelung von Kartoffellagern.[9]

Der Fall erregte bundesweit Aufmerksamkeit. Selbst Ulli Wickert beschäftigte sich in den Tagesthemen mit diesem Problem. Plötzlich erkannten die Bürgerinnen und Bürger, dass es Schutzrechte auf Pflanzensorten gibt. Folgend drehte sich das Gespräch mit dem Händler auf dem Wochenmarkt um genau dieses Problem. Es kam zu einer regelrechten Bewegung. Juristisch bedurfte es aber noch einige Zeit. Schließlich konnte die Wiederzulassung durch den Landwirt Karsten Ellenberg u. a. in Großbritannien erreicht werden. Diese führte aufgrund der europäischen Harmonisierungsgrundsätze auch zur erneuten Zulassung in Deutschland. Die Bewegung gegen derartige Eingriffe besteht bis heute. Sie kämpft gegen die „Grüne Gentechnik“ und gegen die Patentierung von Pflanzen und Tiere.

9 Jessen, E.. Online-Ausgabe Hamburger Abendblatt vom 27.08.05: „Linda beschlagnahmt und versiegelt“. http://www. abendblatt.de/region/norddeutschland/article760577 /Linda-beschlagnahmt-und-versiegelt.html.

Sie tritt zudem vor allem auch in Entwicklungs- und Schwellenländern dafür ein, das Saatgut frei verwendet werden darf. Gerade Kleinlandwirte sind auf den freien Nachbau angewiesen. Heilsversprechen der großen Saatgutkonzerne bringen sie viel zu häufig in existentielle Notlagen und Abhängigkeiten. Nicht zuletzt auch aufgrund des Falls um die Kartoffelsorte Linda kam es auf europäischer Ebene zu einer Erhaltungssortenregelung, deren Zulässigkeit ebenfalls durch das höchste europäische Gericht bestätigt werden musste.[10]

Dass gerade die Grundlagen für derart zentrale Eingriffe im Rahmen von internationalen Abkommen geschlossen werden, bedeutet zugleich eine Entmachtung nationaler Parlamente. Die Souveränität wird bewusst untergraben, um den Widerstand der Bevölkerung zu umgehen. Ein aktuelles Beispiel hierfür dürfte das geplante Freihandelsabkommen mit den USA sein. Wasser, Energie und Ernährung sind Bereiche, die alle Menschen zum Leben benötigen. Henry Kissinger wird der Satz zugeschrieben: „Beherrsche die Energie, und du beherrscht die Nationen, beherrsche die Nahrung, und du beherrscht die Menschen“. Diese Aussage illustriert die Bedeutung all der Auseinandersetzungen um den freien Zugang zu Nahrungsmitteln sowie zu deren Grundlagen in Form des Saatguts. So werden an dieser Stelle elementare Fragen der Gerechtigkeit tangiert. Die Härte der Auseinandersetzung konnte ich in den Prozessen vor dem Europäischen Gerichtshof erleben. So ist es dem damaligen Generalanwalt zu verdanken, dass er in einem seiner Schlussanträge offengelegte, wie die Europäische Züchterlobby versucht hat, hinter dem Rücken der übrigen Prozessbeteiligten eine Veränderung seiner Rechtsauffassung zu erreichen, die er in einem früheren Verfahren geäußert hatte.[11] Der Versuch blieb glücklicherweise erfolglos. So bringt der Schlussantrag das Unverständnis des Generalanwalts gegenüber dieser Handlungsweise der Züchterseite zum Ausdruck, wenn dieser von einer „kunstreichen List“ spricht und an den „Grundsatz der prozessualen Redlichkeit“ erinnert.

Die Problematik hat an Aktualität nicht verloren. Zurzeit gibt es umfangreiche Diskussionen über die Sortenvielfalt und den Umgang mit alten sowie regionalen Sorten. Die bereits zuvor beschriebene Erhaltungssortenregelung steht aktuell zur Diskussion. Eine europäische Harmonisierung

10 Richtlinie 98/95/EG des Rates vom 14.12.1998; EuGH, Rs. C-59/11=GRUR 2012, 898.

11 Colmar, D. R.-J., Schlussanträge vom 07.11.2002, EuGH, Rs. C-182/01, Slg. 2004, Rn. 29 f.)

mit nationalen Rechtsgrundlagen soll erfolgen.[12] Eine Harmonisierung der Rechtsgrundlagen darf jedoch nicht zu einer weiteren Einschränkung von Sortenvielfalt und dem Zugang zu natürlichen Ressourcen führen. Dieser Absicht muss auf allen Ebenen mit Entschiedenheit begegnet werden.[13] Es ist richtig und wichtig, dass der aktuelle schwarz-rote Koalitionsvertrag die Fragen des Saatguts, der Biopatentierung, der „Grünen Gentechnik" und der Sortenvielfalt in einer Weise anspricht, die ich bislang in dieser Form noch nicht kannte. Es waren gerade auch die Vertreter der CSU, die aufgrund ihrer agrarstrukturellen und politischen Erfahrung in unserer Verhandlungsgruppe SPD-Positionen unterstützten. So lässt sich wohl eine weitere Gemeinsamkeit festhalten, die ich mit Christian teile: Jurist und Politiker zu sein.

V. Justiz und Politik

Häufig wird darüber geklagt, es gäbe zu viele Juristen in der Politik. Klar, über die Zusammensetzung von Kabinetten und Parlamenten sollte ordentlich gerungen und gestritten werden. Unabhängig von der Frage der Ausbildung, sollte jedoch für alle Parteien die berufliche Erfahrung der politisch Aktiven von zentraler Bedeutung sein. Christian hat diese Erfahrung beispielsweise als Justizminister gemacht. Ich dagegen mache sie seit dem „Erringen" des Bundestagsmandats im Jahr 2005. Wir erleben heute eine Vielzahl an Menschen, die noch nie in ihrem Leben außerhalb der Politik gearbeitet haben und dennoch „enorme" Verantwortung im Rahmen politischer Entscheidungen übernehmen. Gerade in der letzten Bundesregierung saßen Minister am Kabinettstisch, die vielleicht auf der einen Seite erfrischend jung wirkten, doch woher nahmen sie ihre Erfahrung, um solche Entscheidungen treffen zu können? Ich bin der festen Überzeugung, dass die Menschen sehr schnell merken, ob es eine breite Basis für

12 Siehe hierzu: Vorschlag für eine Verordnung des Europäischen Parlaments und des Rates über die Erzeugung von Pflanzenvermehrungsmaterial und dessen Bereitstellung auf dem Markt, COM (2013) 262 final.

13 Siehe hierzu: EuZW 2013, 403; Pressemitteilung Save Our Seeds vom 06.05.13 sowie http://www.saveourseeds.org/dossiers/neue-eu-saatgutverordnung.html (zuletzt abgerufen am 12.08.13 um 16.28 Uhr; Diekmann: Online-Ausgabe des Spiegel vom 06.05.13: http://www.spiegel.de/wirtschaft/service/widerstand-gegen-entwurf-der-eu-kommission-fuer-saatgut-verordnung-a-898411.html (zuletzt abgerufen am 12.08.13 um 17.02 Uhr.).

eine politische Entscheidung gibt oder eben nicht. Auch an solchen Entscheidungen und Verhaltensweisen kann Glaubwürdigkeit erkannt werden. Meiner Meinung nach resultiert gerade aus einer soliden beruflichen Grundlage ein gewisser Grad an Unabhängigkeit. Natürlich fesseln die politische Einflussnahmemöglichkeit und der Genuss bestimmter Privilegien als Abgeordneter oder Minister. Eine entscheidende kontroverse Diskussion lässt sich jedoch leichter aushalten, wenn die Möglichkeit besteht, auch wieder in eine Welt zurückkehren zu können, in der man vor seinem politischen Leben gerne gewirkt hat. Genau das ist bei Christian tatsächlich der Fall. Ich nehme für uns beide in Anspruch, dass uns dieses eint. Auf politisch etablierte Kreise wirken genau diese Typen von Menschen möglicherweise arrogant, egozentrisch oder besserwisserisch. Vielleicht könnte man auch einfach nur „unbequem" sagen.

Ich weiß noch genau, wie es mir kurz nach der Wahl 2005 ergangen ist, nachdem die Große Koalition nach jahrelangen Verhandlungen die „Föderalismusreform I" auf den Weg bringen wollte. Damals war das Kooperationsverbot zwischen Bund und Ländern im Bildungsbereich ein Kernelement. Die Ministerpräsidenten wollten keine Einflussnahme der Bundesebene auf den Bildungssektor. Daher forderten sie als Gegenleistung für Zugeständnisse in anderen Bereichen „die" verfassungsrechtliche Absicherung. Lange Debatten folgten in den Fraktionen von SPD und CDU/CSU. Am Ende gab es in den Medien keine Diskussion mehr über Inhalte. Es wurde lediglich die Frage aufgeworfen, ob die Große Koalition in der Lage sei, die „größte Verfassungsreform" aller Zeiten durchzusetzen. Es war erschreckend, die öffentliche Debatte mit anzusehen, wenn man bedenkt, an wie vielen Stellen der Bildungsbereich in der Bundesrepublik unterfinanziert und von einer „jämmerlichen" Kleinstaaterei geprägt ist. Für mich sind Verfassungsfragen immer auch Gewissensfragen nach Artikel 38 des Grundgesetzes. Deshalb berief ich mich auch auf diesen Artikel und kündigte beim damaligen Fraktionsvorsitzenden Peter Struck pflichtgemäß am Dienstag vor der folgenden freitäglichen Abstimmung mein von der Fraktionsmehrheit abweichendes Stimmverhalten an. Schlaflose Nächte folgten, da die Solidarität mit der Fraktion auf der einen und die tiefe Überzeugung auf der anderen Seite gegeneinander standen. Zudem meldeten sich offenbar viele Abgeordnete, denen es ähnlich wie mir ging, so dass die notwendige Zweidrittelmehrheit in Gefahr war und es zur „Mund-zu-Mund-Beatmungen" mit den Fraktionsvorsitzenden kam, die durchaus emotional nicht einfach waren, um es vorsichtig auszudrücken. Als dann am Freitag vor der Abstimmung Kollegen sogar noch aus dem Krankenhaus in den Fraktionssaal geschoben wurden und diese darauf hinwiesen, dass sie erscheinen müssten, da einige offenbar ihr Gewissen entdeckt hätten, wurde die innere Zerrissenheit Vieler auf die Spitze getrieben. Die Zweidrittelmehrheit wurde erreicht, das Kooperationsverbot in die Verfassung aufgenommen und die größte Verfassungsreform von allen Seiten gefeiert. Heute werden dagegen die Folgen problematisiert. Von vielen Seiten wird inzwischen die Abschaffung des Kooperationsgebots gefordert, da andernfalls die dringend notwendigen Investitionen und Reformen in die Bildung nicht realisiert werden können. Problematisch wird jetzt jedoch wieder das Erreichen der Zweidrittelmehrheit im Bundestag und Bundesrat. Ich bin wirklich froh, damals gegen diese Reform gestimmt zu haben.

Ich schreibe diese Geschichte nicht, um besserwisserisch auf die Vergangenheit zu blicken. Ich schreibe sie, weil die Parteiendemokratie nur funktioniert und Akzeptanz finden kann, wenn die politisch Handelnden auch ein gewisses Maß an Unabhängigkeit und Kenntnis mitbringen. Das ist die große Verantwortung der Parteien, wenn sie Kandidatinnen und Kandidaten für Parlamente benennen. Natürlich kann die Kenntnis aus den unterschiedlichsten Berufen und Erfahrungen erwachsen. Jurist zu sein, kann jedoch auch nicht schaden. Die Ausbildung lehrt ein strukturiertes Denken und Arbeiten. Sie ermöglicht es, sich sehr schnell in komplexe Sachverhalte hineinzudenken und die Gesetzgebung effektiv zu begleiten. Diese Erfahrung wird Christian genauso erlebt haben wie ich.

Somit bin ich am Ende dieses kleinen Aufsatzes, den ich Christian widme. Uns verbindet nicht nur unsere Sozialisation als Juristen. Uns verbindet vielmehr das politische Engagement, und es verbindet uns die Sehnsucht, Dinge anzustoßen und verändern zu wollen. Dazu kommt, dass wir unsere Aufgaben nicht nur als Beruf, sondern als „Berufung" empfinden. Gleichzeitig erkennen wir unser Glück im privaten Bereich, so dass von einem „traumhaften Dasein" gesprochen werden kann, wie es Christian im Nobilis-Interview ausgedrückt hat. Ich hoffe sehr, dass all das Vorangegangene die Basis ist, für viele weitere Stunden, in denen geträumt, gegrübelt und gelacht werden kann.

Christian Pfeiffer: Ein Grenzgänger zwischen Politik und Wissenschaft

Thomas Oppermann

Herbst 2000: In Niedersachsen stand zur Halbzeit der Legislaturperiode eine Regierungsumbildung an. Nach einem guten Jahr im Amt wollte Ministerpräsident das 1998 noch von Gerhard Schröder berufene Kabinett erneuern und war auf der Suche nach interessanten und geeigneten Personen. Das war die Gelegenheit für mich, ihm während einer USA-Reise mit einer großen Wirtschafts-Delegation, die uns nach Boston und ins Silicon Valley führte, einen überraschenden Vorschlag für das Justizressort zu machen – nämlich Christian Pfeiffer.

Sigmar Gabriels erste Reaktion war skeptisch. Er hatte Zweifel, ob sich der Direktor des Kriminologischen Forschungsinstituts Niedersachsen (KFN) auf das Abenteuer einlassen würde, in die Politik zu gehen. Als renommierter Wissenschaftler, ausgezeichnet mit dem Bundesverdienstkreuz am Bande und dem Bul de Meritè des Bundes Deutscher Kriminalbeamter, besaß Christian Pfeiffer alle denkbaren Freiheiten. Für die Medien war er ein gefragter Talkshowgast und Interviewpartner, mit ca. 160 Auftritten pro Jahr. Parteiübergreifend wurde er von der CDU bis hin zu den Grünen als Ratgeber geschätzt.

Hinzu kam, dass der Wechsel aus der akademischen Welt in die politische Praxis nach wie vor als exotisch gilt. Anders als in den USA, wo herausragende Köpfe der Ivy League-Universitäten regelmäßig in Schlüsselressorts berufen werden, bleibt die Schnittstelle zwischen Politik und Wissenschaft in Deutschland zu häufig eine Leerstelle.

Aber Sigmar Gabriel erkannte trotz dieser Bedenken sofort auch den Charme des Vorschlags und stimmte zu, bei Christian Pfeiffer vorzufühlen, ob er zum Wechsel in die Politik bereit sei. Dieser war immer schon ein sehr politischer Kopf, der durch seine Gutachten manche Debatten ausgelöst hatte. Als sich Ende der 1990er Jahre rechtsextreme Übergriffe häuften, wurden Pfeiffers Studien über die Ursachen der Gewalt und des fremdenfeindlichen Hasses intensiv diskutiert. Er scheute sich nie, kontroverse Themen aufzugreifen. Als einer der ersten forschte und publizierte er zu den Ursachen des lange Zeit unterschätzten Problems sexuellen Missbrauchs an Kindern. Der Gruppenantrag im Deutschen Bundestag, mit dem 1997 der Straftatbestand der Vergewaltigung in der Ehe gegen den Widerstand der Konservativen durchgesetzt wurde, stützte sich maßgeblich auf ein Gutachten des KFN.

Zu unserer Freude zögerte Christian Pfeiffer nicht lange und sagte zu, sich als Minister vereidigen zu lassen. Ihn reizte die Chance, sich „nach so vielen Jahren des geduldigen Konzepte-Schreibens selbst um die Umsetzung“ seiner Ideen zu kümmern, sagte er in einem Interview. Und schon wenig später kommentierte er seine neue Tätigkeit im Ministerium mit den Worten: „Es ist jeden Tag eine Freude, in dieses Haus zu gehen.“

Der SPD-Landesregierung in Hannover war mit der Berufung Christian Pfeiffers ein Coup gelungen, der überregional Wellen schlug. Die ZEIT titelte anerkennend: „Wissen wird Macht.“

In seinem neuen Amt nutzte Christian Pfeiffer vor allem seine Gabe als großartiger Kommunikator: Er versteht es, komplexe Forschungsergebnisse zu Themen wie Jugendkriminalität, Rechtsextremismus oder Medienkonsum auch für ein breites Publikum anschaulich darzustellen. Wenn er seine mit statistischen Daten gespickten PowerPoint-Folien auflegt und seine pointierten Thesen vorträgt, sind die Säle voll. Auch ein fachfremdes Publikum versteht er in seinen Bann zu schlagen, was sich nicht nur seiner glänzenden Qualifikation, sondern auch seinen hohen rhetorischen Fähigkeiten und dem „Hang zur Zuspitzung“, den ihm die FAZ bescheinigte, verdankt.

Er startete voller Tatendrang. Seine Amtszeit dauerte zwar nur knapp zwei Jahre, die Projekte, die er anstieß, hätten allerdings für gute sieben Jahre gereicht. Dabei beschränkte er sich nicht auf die Rechtspolitik.

Nach dem „Pisa-Schock“ war klar, dass unsere Schul- und Bildungspolitik auf den Prüfstand gestellt werden musste. Gemeinsam mit seiner Frau Anna Maier-Pfeiffer stieß er mit seinen „10 Thesen zur Orientierungsstufe“ eine Debatte an, die hohe Wellen schlug und die SPD an den Rand einer Zerreißprobe führte. Beide kritisierten, dass die Orientierungsstufe von enormem Leistungsdruck geprägt sei und zu einer „Winner-Loser-Kultur“ führe. Die Schüler spürten ständig die Angst vor der weiteren Laufbahnempfehlung im Nacken: Schaffen sie es auf das Gymnasium oder die Realschule – oder bleibt ihnen nur die zur „unattraktiven Restschule entwertete“ Hauptschule übrig? Ein weiteres Problem war, dass diese Schulform „soziale Herkunft zementierte“ und die Guten nicht richtig gut, die

Schlechten aber auch nicht besser machte, wie es Sigmar Gabriel griffig zusammenfasste. Er warb vehement für Pfeiffers Vorschlag, statt der Orientierungsstufe die Förderstufe einzuführen. Pfeiffer und Gabriel ließen sich auch nicht von den 2.000 Demonstranten bei einem Sonderparteitag in Hannover beeindrucken und setzten die Schulreform gegen den Widerstand von Lehrerverbänden und die Opposition aus CDU und Grünen durch.

In der Rechtspolitik sorgte Christian Pfeiffer für einen Paradigmenwechsel, der die Opfer von Straftaten stärker in den Fokus rückte: Im Jahre 2001 gründete er mit einem Startkapital von zwei Millionen D-Mark die „Stiftung Opferhilfe Niedersachsen“. In allen Landgerichtsbezirken wurden Opferhilfebüros eingerichtet; Staatsanwälte sollten nun in ihrer Ausbildung auch Gutachten über Ansprüche der Opfer zu verfassen lernen. Außerdem wollte er nach dem Vorbild mehrerer US-Bundesstaaten den Opferschutz als Staatsziel in der Landesverfassung verankern.

Besonders sympathisch ist mir Christian Pfeiffers Idee der Bürgerstiftungen. Schon früh erkannte er, wie wichtig das ehrenamtliche Engagement für unser Gemeinwesen ist: 1985 gründete er in Hannover nach einer sehr überzeugenden Grundidee die erste „Bürgerstiftung“: „Wenn sich in Städten und Landkreisen die Ideen-Reichen, die Zeit-Reichen und die Geld-Reichen unter dem Dach von Bürgerstiftungen zusammenfinden, dann entsteht von unten die Kraft, die wir zur Bewältigung der aktuellen Krisen so dringend brauchen.“

Christian Pfeiffer versteht es, Menschen zu begeistern und ihnen das positive Gefühl zu vermitteln, gemeinsam mit anderen etwas für die Gemeinschaft und den sozialen Zusammenhalt tun zu können. Er hat es geschafft, dass nach diesem Vorbild mittlerweile 320 weitere lokale Stiftungen, die von 18.000 Menschen getragen werden und regionale Projekte in den Bereichen Jugend, Kultur, Soziales und Umwelt ermöglichen, begründet worden sind.

Mir gefällt, dass er bei seinem leidenschaftlichen Einsatz für seine Stiftungs-Idee, für die die er zum Beispiel im Sommer 2012 auf einer bundesweiten, mehrere Wochen dauernden Fahrradtour warb, ganz auf Pathos und ideologische Welterklärungs-Formeln verzichtet. In nüchternem Pragmatismus geht es ihm darum, die Menschen für ehrenamtliches Engagement zu begeistern und konkrete Veränderungen vor Ort anzustoßen.

Mit diesem Stil und seiner pointierten Rhetorik würde Christian Pfeiffer auch gut in die USA passen, wo die hohe Bedeutung des zivilgesellschaftlichen Engagements zur nachhaltigen Stärkung des Sozialkapitals schon lange erkannt worden ist. Christian Pfeiffers Gesellschaftsbild unterscheidet sich aber an einem Punkt fundamental von amerikanischen Modellen: In den USA wurden viele Stiftungen gegründet, die es verhindern sollten, dass zu viele Menschen durch ein soziales Netz fallen, das wesentlich weitmaschiger als in Europa gestrickt ist. Die Staatsskepsis ist dort im vergangenen Jahrzehnt noch einmal dramatisch gewachsen, wie nicht zuletzt die Attacken der Tea Party gegen Barack Obamas Gesundheitsreform zeigen. Christian Pfeiffer würde hingegen niemals auf die Idee kommen, den Sozialstaat gering zu schätzen. Als Sozialdemokrat, der sich aus den bescheidenen Verhältnissen eines Einödhofs bei Altötting hochgearbeitet hat, tritt Pfeiffer entschieden dafür ein, unseren vorsorgenden Sozialstaat zu bewahren und zu stärken: Wer nach Krankheit oder Unfall nicht mehr leistungsfähig ist, benötigt eine Sozialversicherung. Wer am Beginn oder im Verlauf seines Lebens mit einem Handicap zu kämpfen hat, braucht Hilfe. Wer keine Erbschaft erwartet oder finanzielle Sorglosigkeit in die Wiege gelegt bekommen hat, wer eingewandert ist und zu Hause kein Deutsch hört, benötigt die Hilfe des Sozialstaates, genau wie derjenige, der hier geboren wurde, dessen Eltern aber nicht schon fließend Englisch und Französisch sprechen und im Zweifelsfall auch hohe Gebühren für Privatschulen zahlen können. Um Chancengleichheit herzustellen, benötigen wir öffentliche Kitas und Schulen; die minder privilegierten Kreise unserer Gesellschaft benötigen Unterstützung, Zuspruch, Förderung auch außerhalb der Familie. Dies alles muss der Staat zu garantieren in der Lage sein. Unsere Demokratie wird aber nur dann ein stabiles Gemeinwesen und eine lebendige Zivilgesellschaft sein, wenn sich viele Menschen ebenso begeistert ehrenamtlich engagieren, wie Christian Pfeiffer das tut.

Für besondere Aufmerksamkeit und zum Anstoß eines gerade heute eminent wichtigen gesellschaftlichen Diskurses sorgte auch das 2002 von Christian Pfeiffer geprägte Schlagwort „Medienverwahrlosung". Er erkannte früh, dass insbesondere Jugendliche ihre ethisch-moralischen Wertvorstellungen einem unkritischen und vor allem unkontrollierten Umgang mit den modernen Massenmedien, namentlich dem Internet verdanken. Er war einer der Ersten, der auf fatale soziale und gesellschaftliche Folgen eines unreflektierten Medienkonsums hinwies, wobei er selbstverständlich zu keinerlei Verteufelungen der modernen Medien neigte. Aber er zeigte uns, dass und warum Staat und Gesellschaft schon in der frühkindlichen Bildung für einen sorgfältigen Umgang mit den Medien sorgen müssen, um Schulversagen, Jugendkriminalität und eine medial korrumpierte Sozialkompetenz verhindern zu können. Auch hier verdanken wir Christian Pfeiffer einen eigentlich etwas außerhalb seiner juristischen Kernkompetenzen liegenden Denkanstoß von großer Bedeutung, der auch heute wegweisend für die Politik sein muss. Tellerränder sind Christian Pfeiffers Sache nicht.

So war und ist Christian Pfeiffer nicht nur ein Theoretiker, sondern ein entschiedener Pragmatiker, der durch sein ganz persönliches Engagement und seinen selbstlosen Einsatz ein überaus erfolgreiches Vorbild ist. Er war und ist niemals entweder nur Wissenschaftler oder nur Politiker. Das sind für ihn zwei untrennbar miteinander verbundene Bereiche, die er stets zu einer für beide Seiten der Medaille wegweisenden Synthese zu führen weiß. So hat er sich folgerichtig auch nach seinem Ausscheiden aus dem Ministeramt niemals von der Politik verabschiedet. Immer wieder hat er sich eingemischt; er hat sich immer Gehör für seine Theorien und Ratschläge zu verschaffen gewusst. Und oft ist man seinen Ratschlägen gefolgt.

Ich wünschte mir, wir hätten mehr Menschen, die seinem Vorbild folgen würden – dem Vorbild eines unbequemen, gradlinigen Querdenkers zwischen den Feldern Politik und Wissenschaft, dem wir nicht nur in Niedersachsen viel zu verdanken haben.

Gerade die letzten Monate vor dem Erscheinen dieser Festschrift haben zum Glück bewiesen, dass wir noch viele notwendige Impulse von ihm erwarten dürfen. Ich erinnere beispielhaft nur an seinen mutigen, offensiven Beitrag zur Aufklärung der Kindsmissbrauchsfälle in der katholischen Kirche, die seinen kirchlichen Auftragsgebern ja viel zu weit ging. Aber Christian Pfeiffer ließ sich auch in diesem Fall nicht korrumpieren, ließ sich keinen Maulkorb verpassen.

Das wird sich auch in Zukunft nicht ändern.

Interdisziplinäre Forschung ist (manchmal) keine Sackgasse

Margit E. Oswald

Thematische Ausrichtungen einer Wissenschaftlerin/eines Wissenschaftlers innerhalb ihres/seines Faches sind oft von Zufällen geprägt. So wurde ironischer Weise ein unter anderem von mir verfasster Aufsatz prägend für meine spätere wissenschaftliche Arbeit, dessen Anwendungsgebiet damals eine gewisse Beliebigkeit für mich hatte. Wie ist das zu verstehen?

Ich arbeitete als Assistentin von Martin Irle, einem Professor für Sozialpsychologie, der damals einen grossen Forschungsschwerpunkt der Deutschen Forschungsgemeinschaft (DFG) über Entscheidungstheorie leitete.[1] In einem dieser Projekte beschäftigte man sich mit der Multiattributen Nutzentheorie, der sogenannten MAUT, einem mathematischen Ansatz, der in verschiedenen Alltagsbereichen, wie der Städteplanung oder der Medizin, zur Optimierung von Entscheidungsprozessen dienen soll. Dabei werden für die möglichen Ausgänge der verschiedenen Wahlalternativen der jeweilige Nutzen und die Wahrscheinlichkeit ihres Auftretens bewertet oder geschätzt und multiplikativ miteinander verknüpft, um die Alternative mit dem grössten Erwartungswert zu ermitteln.

In diesem Projekt gehörte ich zur „Grundausstattung", war also eine assoziierte Mitarbeiterin, die nicht von der DFG, sondern von der Universität angestellt war. Grund für diese Mitarbeit war u. a. mein damals stark ausgeprägtes Interesse an mathematischen Modellen. Da man ein weiteres Anwendungsfeld für diese MAUT suchte, begab ich mich auf die Suche und kam auf die Idee, keine Ahnung warum, dass die richterliche Strafrestaussetzung vorzüglich passen könnte. Ich suchte Kontakt zu Juristen der Universität, machte mich über die rechtlichen Voraussetzungen der Strafrestaussetzung kundig und studierte in der Folge zahlreiche Akten über solche Entscheidungen, in denen über die Aussetzung des letzten

1 Es handelte sich um den Sonderforschungsbereich 24 „Wirtschafts- und sozialpsychologische Entscheidungsforschung".

Drittels einer unbedingten Freiheitsstrafe entschieden wurde.[2] Wesentlich ging es darum, die zentralen Variablen zu identifizieren und deren Gewicht zu bestimmen, mit der sie die richterliche Entscheidung beeinflussen. Von der Analyse dieser systematischen Aktenstudie handelte also dieser besagte Aufsatz.

Meine Dissertation schrieb ich jedoch zu einem anderen Thema, und nach dem Abschluss der Doktorandenzeit ging ich mit einem Stipendium der DFG an die Universität von Kalifornien in La Jolla (San Diego). Dort arbeitete ich am Zentrum für menschliche Informationsverarbeitung und war im Rahmen der kognitiven Wende innerhalb der Psychologie vor allem daran interessiert, mehr über die Unterscheidung zwischen deklarativem Wissen (gespeichertes Faktenwissen) und prozeduralem Wissen (kognitive Mechanismen, wie z. B. Prozeduren, die es uns ermöglichen, grammatikalisch richtige Sätze zu äussern, motorische Fertigkeiten auszuüben oder Denkprobleme zu lösen) zu erforschen.

Nach meiner Rückkehr aus den USA hatte ich gerade ein Habilitationsstipendium von der DFG erhalten, als ich auf die Stellenausschreibung einer interessanten Stelle am Kriminologischen Forschungsinstitut Niedersachsen (KFN) in Hannover aufmerksam wurde. Meine Bewerbung verfasste ich nur sehr zögerlich, da zum einen an dem Institut verschiedene Wissenschaftsdisziplinen vertreten waren und zum anderen meine dortige Forschungsarbeit kein genuin sozialpsychologisches Thema sein sollte. Beides zusammen nährte die Befürchtung, dass ich meine Anbindung an die Psychologie verlieren und mir somit eine mögliche Universitätskarriere verbauen könnte. Gleichwohl schickte ich meine Bewerbung ab, und es kam zu einem Vorstellungsgespräch im alten KFN-Gebäude in der Leisewitzstrasse, das von dem damals stellvertretenden Direktor Professor Dr. Christian Pfeiffer geleitet wurde. Interessant an diesem Vorstellungsgespräch war, dass sehr offen über mögliche Forschungsfelder der Kriminologie diskutiert wurde, und ich auch gleich meinen potentiellen Teamkollegen, den Soziologen Joachim Savelsberg, kennen und schätzen lernte. Trotz dieser positiv verlaufenden Vorstellungsrunde lehnte ich aus Sorge um den Verlust meiner Identität als Psychologin zunächst ab. Dabei hatte ich jedoch nicht mit der Hartnäckigkeit von Christian Pfeiffer gerechnet,

2 Aufsattler, W., Oswald, M. E., Geisler, W., Graßhoff, U. (1982). Eine Analyse richterlicher Entscheidungen über die Strafrestaussetzung nach § 57 I StGB. Monatsschrift für Kriminologie und Strafrechtsreform, 6, 305-317.

denn er suchte mich unvermittelt in meinem Mannheimer Büro auf, und bei diesem Gespräch wurde ich erstmals Zeuge seiner unnachahmlichen Überzeugungskraft, die ich dann später noch so oft bewundern konnte.

Was aber sollte meine Forschungsarbeit sein und warum wollte mich Christian Pfeiffer unbedingt engagieren? Es ging um die Leitung eines Projekts über das richterliche Strafverhalten, speziell über die Frage der intra- und intergerichtlichen Unterschiede bei der Strafzumessung. Da hatten wir es: Mein vor mehreren Jahren verfasster Artikel über das Entscheidungsverhalten bei der richterlichen Strafrestaussetzung hatte mich „eingeholt". In den Augen des Direktors prädestinierte er mich für die fragliche Forschungsarbeit.

Die letzten Endes positive Entscheidung für diese Stelle hatte ausser mit der Hartnäckigkeit von Christian auch etwas damit zu tun, dass ich wissen wollte, ob mein bisher erworbenes Wissen ausserhalb der eigenen Disziplin von Nutzen sein kann und anerkannt wird. Die Entscheidung war zudem mit zwei Privilegien verbunden: Die DFG sicherte mir zu, dass ich innerhalb eines Jahres jederzeit auf mein Habilitationsstipendium zurückgreifen könne, und bei der 100%-Stelle des Forschungsinstituts wurde mir die Möglichkeit eingeräumt, neben der dortigen Forschungsarbeit gleichzeitig an dem begonnenen Habilitationsthema „Einfluss von Metakognitionen auf Emotion, Kognition und Verhalten" weiter zu forschen. Relativ bald musste ich jedoch erkennen, dass diese Zweiteilung meiner thematischen Ausrichtung kaum von Erfolg gekrönt sein würde und so entschloss mich dazu, innerhalb des Strafzumessungsprojekts auch meine Habilitationsschrift anzufertigen. Nebenbei hielt ich jedoch regelmässig Lehrveranstaltungen an der nahegelegenen Universität Braunschweig. Meine Kollegen am Forschungsinstitut kamen tatsächlich aus verschiedenen Disziplinen. So waren dort nicht nur Juristen und Psychologen, sondern auch Soziologen und Pädagogen vertreten. Die Juristen waren besonders wichtig für mich, da es innerhalb recht kurzer Zeit galt, mir möglichst viel Fachwissen über die Prozesse der Strafzumessung anzueignen. Es war ausserordentlich beglückend, bei jedem fachlichen Problem nur an der Tür des Nachbarbüros klopfen zu müssen, um Rat und Unterstützung von einem sympathischen und fachlich sehr kompetenten Juristen zu erhalten. Bei diesem Kollegen handelte es sich um Hartmut Pfeiffer, weder verwandt noch verschwägert mit Christian Pfeiffer. Überhaupt waren wir eine tolle Gruppe von Pionieren, angetrieben von unserem charismatischen Direktor mit grossem sozial-politischen Engagement.

Ausser den bereits erwähnten Kollegen Joachim Savelsberg (Soziologe) und Hartmut Pfeiffer (Jurist) gab es noch Wolfgang Bilsky (Psychologe), Wolfgang Langer (Soziologe) und Regine Drewniak (Erziehungs- und Sozialwissenschaftlerin). Regine arbeitete mit mir zusammen in einem Forschungsprojekt der DFG, in dem es speziell um das Strafzumessungsverhalten von Strafrichterinnen und Strafrichtern ging. In diesem Projekt hat Regine dann auch promoviert. Mit der Programmierarbeit waren insbesondere Gunter Link und Wolfgang Friedrich betraut. Wolfgang Friedrich hat mich über Jahre und mit sehr grossem Engagement bei der Datenaufbereitung meines Strafzumessungsprojekts unterstützt, wofür ich ihm sehr dankbar bin. Zu den Kollegen und Kolleginnen, die im administrativen Bereich arbeiteten, gehörten Helga Born, ehemals Wendrich (Bibliothekarin), die beiden Sekretärinnen Johanna Mietzner und Doris Habenicht und unser Finanzverwalter Heinz Barth. Letzterer ist insbesondere erwähnenswert, da er uns sehr genau auf die Finger schaute, aber so viel Humor hatte, dass man ihm die Bürokratie nicht weiter übel nahm. Wir alle liebten Heinz Barth.

Auf dem im Jahr 1987 entstandenen Foto (Abbildung 1) ist meines Wissens das allererste Team des KFN zu sehen, das unter der Leitung von Christian arbeitete. Zu meiner Schande muss ich gestehen, dass ich die Namen von zwei Personen auf dem Foto nicht mehr erinnere. Anlass für das Foto war übrigens die Idee, eine nette Glückwunsch-Fotokarte zur Hochzeit einer der Mitarbeiterinnen des KFN zu gestalten. Aber wer genau geheiratet hat, ist unklar. Heinz Barth ist fest davon überzeugt, dass wir Helga Born zu ihrer Heirat gratulieren wollten. Ich hingegen kann mir einfach nicht vorstellen, dass man diejenige Person mit auf das Foto nimmt, der man gratulieren möchte. Nun, auch andere Kollegen und Freunde, die ich gefragt habe, konnten sich nicht mehr erinnern und so harren wir der Lösung des Problems.

An diesem Institut war ich insgesamt sieben Jahre. Was meine Strafzumessungsforschung anging, so betrachtete ich sie aus theoretischer wie methodischer Sicht als einen Bereich der angewandten Sozialpsychologie. Ich erhielt sogar die Gelegenheit, auch das tatsächliche Verhalten der untersuchten Probanden zu erfassen, was in der sozialpsychologischen Forschung äusserst selten der Fall ist. So konnte ich auf Daten des Bundeszentralregisters in Berlin zugreifen und über diese Daten richterindividualisierend ihre Strafzumessungsentscheidungen über mehrere Jahre ermitteln. Dies war ein Privileg, das ich sicherlich niemals im Rahmen einer Arbeit an einem Institut für Psychologie erhalten hätte. Auch der persönliche Zugang zu den Strafrichterinnen und Strafrichtern an drei grossen Amtsgerichten in Deutschland wäre kaum denkbar ohne die Verankerung an einem interdisziplinär ausgerichteten Institut, das von einem engagierten und weit vernetzten Juristen, wie Christian Pfeiffer, geleitet wird.

Abbildung 1: Personen auf dem Foto von links nach rechts und von der oberen zur unteren Reihe: Christian Pfeiffer, Joachim Savelsberg, Wolfgang Bilsky, Margit Oswald, Gunter Link, Name der Person unbekannt, Wolfgang Langer, Regine Drewniak, Hartmut Pfeiffer, Helga Born, Name der Person unbekannt, Wolfgang Friedrich, Johanna Mietzner, Heinz Barth und Doris Habenicht

Noch bevor ich habilitiert war, erhielt ich bei Bewerbungen um eine Professur für Sozialpsychologie mehrere zweite Listenplätze und dann auch einen Ruf an eine sächsische Universität in Deutschland (TU Chemnitz). Die interdisziplinäre Forschungsarbeit hatte sich also nicht als Sackgasse herausgestellt, aber rückblickend betrachtet, hätte es sehr leicht auch schief gehen können. Ein Ausspruch von einem Kollegen, der mir berichtet wurde, blieb mir lange im Ohr: Wir wollen eine Sozialpsychologin und keine Kriminologin! Später in Bern habe ich mich nach einigen Jahren auf meine wissenschaftliche Auseinandersetzung mit rechtspsychologischen und kriminologischen Themen zurück besonnen. Neben dem Studienschwerpunkt Sozialpsychologie initiierte ich Rechtspsychologie als einen von den Studierenden stark nachgefragten zweiten Schwerpunkt und im Jahr 1999 wurde meine ursprüngliche Professur für Sozialpsychologie umgewidmet in eine Professur für Sozialpsychologie und Rechtspsychologie. Forschung und Lehrangebote, die sich auch an Themen der Rechtspsychologie orientierten, waren die Folge. Dies alles, wenn man so will, war ursächlich und auf Umwegen mit meinem sozialpsychologischen Interesse an Entscheidungsprozessen und der Suche nach einem passenden Anwendungsbereich für ein mathematisches Entscheidungsverfahren verknüpft.

Christian Pfeiffer hat übrigens in einer sehr berührenden Rede, die er bei der Abschiedsfeier von Wolfgang Bilsky und mir am KFN gehalten hat, sehr weise bemerkt, dass zum Erfolg nicht nur die eigenen Fähigkeiten beitragen, sondern auch die Förderung durch wichtige Bezugspersonen und schlicht ein grosses Quäntchen Glück. Nachträglich ist zu sagen, dass ich mich damals glücklicher Weise für das KFN entschieden habe und in beträchtlichem Umfang durch Christian Pfeiffer gefördert wurde. So wie ich haben es übrigens erstaunlich viele Wissenschaftlerinnen und Wissenschaftler des KFN mit Glück und Förderung durch Christian geschafft, die Hürden der Interdisziplinarität zu überwinden.

Abgrund des Versagens. Der NSU und der gewalttätige Rechtsextremismus. Warum man die Zivilgesellschaft braucht. Und ganz zum Schluss: Warum die Zivilgesellschaft Leute braucht wie Christian Pfeiffer

Heribert Prantl

Erstaunlich schnell sind Politik und Sicherheitsbehörden zum Alltag übergegangen. Das Entsetzen über die Verbrechen der NSU hat sich gelegt. Die Aufregung ist abgeflaut, der Ruf nach Konsequenzen nur noch leise. Der Bundesinnenminister hat ein paar Spitzenbeamte ausgewechselt, das war es dann. Manchmal hört man makabre Nachrichten aus den Untersuchungsausschüssen über das unsägliche Versagen der Sicherheitsbehörden; deren Vertreter reden das dann schön. Manchmal gibt es kleine öffentliche Aufwallungen, wenn bekannt wird, dass einschlägige Akten vom Verfassungsschutz vernichtet wurden. Und manchmal erinnert man sich dann an die Erregung, die das ganze Gemeinwesen zurzeit der RAF-Morde erfasste, und man wundert sich über die allgemeine Gelassenheit von heute.

Der alltägliche gewalttätige Rassismus in Deutschland ist kein großes Thema geworden. Die Bürger, die sich Neonazis entgegenstellen, erhalten nach wie vor wenig Hilfe. Wenn Neonazis couragierten Leuten zur Einschüchterung das Auto demolieren, wird das von der Polizei wie eine ganz normale Sachbeschädigung behandelt. Die Morde der NSU haben keine neue Sensibilität der Behörden ausgelöst. Es gibt keine Anweisungen, gegen braune Gewalt mit aller Energie vorzugehen. Es gibt keine neuen Prioritäten in der Politik der inneren Sicherheit. Es gibt keine Indizien für neue Verve, neue Tatkraft, neue Courage im Kampf gegen den Rechtsextremismus. Man tut so, als seien die NSU-Morde das eine – und die alltäglichen Gewalttätigkeiten gegen Ausländer etwas ganz anderes.

Diejenigen Politiker, die Neonazis engagiert entgegentreten, erleben merkwürdige Dinge. Gegen sächsische Abgeordnete, die an Protesten gegen einen Neonazi-Aufmarsch teilgenommen hatten, ermittelt die Staatsanwaltschaft in Dresden wegen „Sprengung" einer genehmigten Versammlung. Das Parlament hat deswegen ihre Immunität aufgehoben. Sind das die Zeichen, die wir brauchen?

Seit der Aufdeckung der zehn Neonazi-Morde und seit den Erkenntnissen über braune verbrecherische Netzwerk – seitdem ist klar, dass ein berühmter Satz von Berthold Brecht nicht nur Bedeutung hat für den Deutschunterricht an Gymnasien. Seit fünfzig Jahren kennen die Deutschen diesen Satz: „Der Schoß ist fruchtbar noch, aus dem das kroch“. Er steht im Epilog des Theaterstücks „Der aufhaltsame Aufstieg des Arturo Ui“, das die Hitlerei und den Nazismus in die Welt des Gangstertums transferiert. Es ist dies, so hat sich grausam gezeigt, ein Satz von kriminalistischer Wahrheit. Ralph Giordano hat auf der Jahrestagung des Bundeskriminalamts festgestellt, die Bundesrepublik sei bei der Aufdeckung der NSU-Verbrechen „aus allen Wolken ihrer Ahnungslosigkeit gefallen“. Und er fügte fragend hinzu, was gewesen wäre, wenn die von den Neonazis Ermordeten nicht kleine Leute mit Migrationshintergrund gewesen wären, sondern stattdessen hochkarätige Vertreter aus Politik, Wirtschaft, Kirche oder Wissenschaft wie damals, in den Mordzeiten der RAF? Die Frage beantwortet sich von selbst.

Mord und Mord und Mord und Mord. Es ist unbegreiflich und unendlich verstörend: Jahrelang konnte eine rassistische Terrorbande durch Deutschland ziehen und Einwanderer exekutieren. Sie konnte Anschläge planen, Bomben bauen und werfen. Sie konnte all das auch deswegen tun, weil Polizei, Staatsschutz und Staatsanwaltschaft rassistische Motive überwiegend ausgeschlossen haben. Die Verbrechen wurden als Terrorakte nicht erkannt, es hieß, es handele sich um Einzeltaten, sie seien nicht zusammengehörig, angeblich nicht politisch motiviert.

Diese Fehlbeurteilung erinnert an weit zurückliegende Verbrechen. Mörderische Flammenzeichen gab es schon früh: Schon 1980, also lang vor der deutschen Einheit, kamen bei Anschlägen neonazistischer Gruppen 17 Menschen ums Leben. Im August 1980 starben in Hamburger Ausländerlager zwei vietnamesische Flüchtlinge nach einem rechtsextremistischen Attentat. Im September 1980 folgte das Bombenattentat des Rechtsextremisten Köhler auf dem Münchner Oktoberfest – 13 Tote, 200 Verletzte. Im Dezember 1981 wurden in Erlangen in jüdischer Verleger und seine Lebensgefährtin umgebracht. Später brannten die Ausländerwohnheime. Viele Ermittler dachten damals erstens „Kurzschluss“, zweitens „Zigarette“ und drittens: „Die bringen sich ja gegenseitig um.“ Es dauerte ziemlich lange, bis sich das änderte, bis es Verfolgungsdruck gab und ein

Mord auch dann als Mord galt, wenn Flüchtlinge und Einwanderer ermordet wurden. Erst 1994, erst nach dem Brandanschlag von Hünxe, nach dem dreifachen Feuermord in Mölln und dem fünffachen von Solingen korrigierte der Bundesgerichtshof eine unerträglich nachlässige Rechtsprechung.

Ausländerfeindliche Verbrechen sind zu oft und zu lange mit bagatellisierenden Vokabeln belegt worden – das waren „Vorkommnisse", das war „Randale". Vielleicht muss man das als trauriges Vorspiel sehen, wenn man fragt, wie es sein konnte, dass brauner Terror unentdeckt blieb – und auch noch weiter unentdeckt geblieben wäre, wenn zwei Täter sich nicht selbst umgebracht hätten. Die Mordserie, derer sie sich in einem Video brüsten, mag an RAF-Zeiten erinnern. Aber es ist dies eine falsche Erinnerung. Von der Existenz der RAF wusste jeder. Von der braunen „Zelle Zwickau" wusste keiner, ausgenommen vielleicht der thüringische Verfassungsschutz. Die RAF wurde mit gewaltiger staatlicher Anstrengung verfolgt. Von solch gewaltiger Anstrengung bei der Verfolgung des Rechtsterrorismus ist nichts bekannt.

Nostra Culpa. Unser aller Schuld. Unser Gemeinwesen, unser Staat hat die braune Gewalt nicht ernst genommen. Jahrzehntelang war es so: Linksextreme galten als hochgefährlich, Rechtsextremisten tat man mit einer Handbewegung ab. Umtriebe von rechts wurden als Kinderei und Blödheit entschuldigt.

Vor gut zwanzig Jahren hat man die frevlerische staatliche Indolenz drei Tage und fünf Nächte lang ganz krass beobachten können. Vor gut zwanzig Jahren wurde die Drohkulisse aufgestellt, die dazu geführt hat, dass Ostdeutschland bis heute weitgehend ausländerfrei ist. Es war im August 1992. Seit den Ausschreitungen von Rostock-Lichtenhagen wissen Ausländer, dass es besser ist, wenn sie nicht im deutschen Osten leben. Die Drohkulisse steht bis heute: In Ostdeutschland gibt es nur ein Prozent sichtbare, also nicht weiße Minoritäten. Ostdeutschland, Berlin ausgenommen, ist weitgehend ausländerfrei. Der größte Erfolg der Neonazis in Deutschland ist nicht ihre Präsenz in Landesparlamenten, sondern dieses Faktum: Unter den Migranten gilt Ostdeutschland als No-go-Area. Staat und Politik haben es in zwei Jahrzehnten nicht geschafft, das Klima zu wenden.

Die Historiker Etienne François und Hagen Schulze haben ein beliebtes dreibändiges Werk herausgegeben, das „Deutschlands Erinnerungsorte" heißt. Man findet darin die Paulskirche und den Reichstag, die Wartburg und das Bauhaus, das Bürgerliche Gesetzbuch und den Volkswagen, den Schrebergarten, den Führerbunker und Neuschwanstein. Rostock-Lichtenhagen findet man darin nicht.

Rostock-Lichtenhagen ist ein Erinnerungsort besonderer Art, weil er nicht nur für Vergangenheit, sondern auch für Gegenwart steht. Der Ort erinnert an ein anhaltendes Versagen deutscher Politik. Rostock-Lichtenhagen steht zum einen für die schwersten rassistischen Ausschreitungen der deutschen Nachkriegszeit – als fünf Nächte lang Hunderte Neonazis vor einem Ausländerheim randalierten, ohne dass die Polizei eingriff; im Gegenteil, als das Haus angezündet wurde, zog die Polizei ab, unter dem Beifall der begeisterten Zuschauermenge. Rostock-Lichtenhagen steht daher zweitens auch für eine Politik des Wegschauens und Wegduckens, für eine Politik, die Fremdenfeindlichkeit und Ausländerhass nicht ernst nimmt. Rostock-Lichtenhagen war und ist drittens ein Exempel dafür, wohin es führt, wenn demokratische Parteien das Vokabular und die Themen der Rechtsextremisten übernehmen, um ihnen angeblich so das Wasser abzugraben.

Die frühen Neunzigerjahre: Es waren die Jahre der hohen Asylbewerberzahlen, (168 023 waren es im Jahr 1992), es waren die Jahre der hysterischen Debatte über das Asylgrundrecht, das damals noch kurz, stolz und bündig so im Grundgesetz stand: „Politisch Verfolgte genießen Asylrecht“. Seit 1989, seit der deutschen Einheit, waren die politischen Angriffe auf dieses Asylrecht immer massiver geworden. Zugleich nahmen die Gewalttaten zu. Als die Rechtsaußen-Partei „Die Republikaner“ 1989 in Berlin mit einer extrem ausländerfeindlichen Kampagne und der Titelmelodie des Westerns „Spiel mir das Lied vom Tod“ im Wahlspot acht Prozent der Wählerstimmen errungen hatte, wurde das Wort „Asylmissbrauch“ zum beliebtesten Wort deutscher Politiker.

Die Angst vor der „Überfremdung“, die Angst vor den „Flüchtlingsmassen“ wurde von da an politisch so gefördert, wie früher die Angst vor dem Kommunismus gefördert worden war. Ausländer wurden zum Angstgegenstand. Die Politik glaubte, diese Affekte steuern zu können, indem sie das Asylgrundrecht zum Symbol für die angebliche Überfremdung machte – und die öffentliche Zerschlagung dieses Symbols ankündigte. Die Gewalttäter aber ließen sich davon nicht bremsen und erschlugen die Schutzbefohlenen des Grundrechts.

Im Oktober 1990 attackierten jugendliche Randalierer Wohnheime von Vietnamesen in Schwedt. Im November 1990 griff ein rechtsradikaler

Mob in Eberswalde Afrikaner an, der Angolaner Amadeu Antonio wurde derart malträtiert, dass er elf Tage später starb. Am Ostersonntag 1991 stießen Skinheads in Dresden den Mosambikaner Jorge Gomondai aus der Straßenbahn, er erlag seinen Verletzungen. In Wittenberge warfen Jugendliche zwei Namibier aus dem vierten Stock ihrer Unterkunft. In Friedrichshafen wurde ein Angolaner erstochen. Beim Brandanschlag auf seine Asylbewerberunterkunft kam ein Ghanaer in Saarlouis ums Leben. In Hoyerswerda belagerten rechtsradikale Jugendliche die Wohnungen von Asylbewerbern und Gastarbeitern; die Ausländer wurden unter Polizeischutz aus der Stadt gebracht. Ausschreitungen gegen Asylbewerberheime in Eisenhüttenstadt und Elsterwerda. Brandanschlag auf das Asylbewerberheim in Hünxe. Deutsche Flüchtlingshelfer brachten 70 Flüchtlinge zum Schutz in eine Kirche bei Hamburg; die Staatsanwaltschaft ermittelte daraufhin wegen des Verdachts auf „politisches Kidnapping" gegen die Flüchtlingshelfer.

Nach der Jagd auf Ausländer in Hoyerswerda standen die Reporter des ARD-Brennpunkts in einer johlenden Menge auf dem Marktplatz der sächsischen Stadt. Sie haben fassungslos gefragt und bekamen Antworten wie diese: Der Terror gegen Ausländer müsse sein, „bis alle verjagt sind". Man hätte meinen können, der Schock würde den Politikern die Stimme verschlagen. Man hätte meinen können, die brennenden Asylbewerberheime würde sie zur Zurückhaltung mahnen. Man hätte hoffen können, das Thema Asyl würde jetzt zurückhaltender behandelt. Aber so war es nicht. Der damalige bayerische Innenminister Edmund Stoiber forderte im August 1991, aus dem Asylgrundrecht „eine Art Gnadenrecht" zu machen, weil ansonsten „rechtsradikale Organisationen erheblichen Aufwind bekommen". Aus dem Asylartikel 16 müsse ein „abstraktes" Grundrecht werden, auf das sich ein Flüchtling „nicht mehr ohne Rücksicht auf andere Interessen berufen" könne. Die Bevölkerung müsse vor einer „totalen Überforderung" durch Flüchtlinge geschützt werden. In einer rigorosen Flüchtlings- und Abschiebungspolitik sah er einen Beitrag zur Bekämpfung der Rechtsradikalen. Das war zunächst die Meinung der CSU, dann der CDU, dann von Oskar Lafontaine, dann auch der Mehrheit von SPD und FDP.

Wer das Grundrecht erhalten wollte, wurde beschimpft. Wer Flüchtlinge Schmarotzer nannte, konnte mit Applaus rechnen. Die Politik tat zunehmend so, als sei das Asylgrundrecht ein Privileg für sogenannte „Asylschwindler" und ein gefundenes Fressen für alle Armen dieser Welt. Man machte diesen Artikel zum Sündenbock. Artikel 16 und die Flüchtlinge waren an allem Schuld, sogar daran, dass die Asylbewerberheime brannten.

Der Berliner CDU-Fraktionschef Klaus-Rüdiger Landowsky sprach in einem Interview von Ausländern, die „bettelnd, betrügend, ja messerstechend durch die Straßen ziehen, festgenommen werden und nur, weil sie das Wort „Asyl" rufen, dem Steuerzahler in einem siebenjährigen Verfahren auf der Tasche liegen". CDU-Generalsekretär Volker Rühe verschickte Muster-Presseerklärungen an alle CDU-Kreisverbände, forderte dazu auf, die Asylpolitik in den Städten, Gemeinden und Kreisen zum Thema zu machen. Das Ergebnis konnte man in den Lokalteilen der Zeitungen nachlesen. Eine titelte: „Wie viele Asylbewerber verträgt eine Kläranlage?" Allüberall gab es Artikelserien à la: „Zauberwort Asyl/aus allen Himmelsrichtungen strömen Ausländer nach Deutschland." Siebter und letzter Teil einer solchen Serie in einem bayerischen Blatt, im August 1991: „Rascher Griff in fremde Taschen."

Mit einer Aufkleberaktion forderten die deutschen Zeitungsverleger im Februar 1993 ihre Leserinnen und Leser auf, sichtbar zum Ausdruck zu bringen, dass sie „gegen Ausländerhass und Rassismus ..." – ein Leser ergänzte, per Rücksendung des Aufklebers an die Redaktion, „ ... und ein deutsches Arschloch" sind. „Wir haben nichts gegen Ausländer. Aber dürfen wir als Deutsche kein Selbstbewusstsein haben", stand in einer anderen Zuschrift, die auf die Rückseite eines solchen Aufklebers gekritzelt war. Oder: „Da kommen ein paar Scheißtürken ums Leben, da wird ein Zirkus aufgeführt. Und in den türkischen Gefängnissen wird gefoltert".

Die überfallenen Flüchtlinge wurden von der Politik nicht als Opfer, sondern als Störer betrachtet. Wie mit Störern umzugehen ist, kann man in den Polizeiaufgabengesetzen nachlesen: Es muss ein Platzverweis erteilt werden. Der Platz, um den es dann ging, war die Bundesrepublik Deutschland. Immer mehr Politiker taten so, als seien die Ausschreitungen, jedenfalls in ihrer ersten Phase bis 1992/93, die Folge eines übergesetzlichen Notstands: In Rostock-Lichtenhagen sei, sozusagen, so lautete das Fazit vieler Erklärungen, eine Störung durch Ausländer von den Behörden nicht rechtzeitig beseitigt worden. Aus dieser Sicht waren die Ausschreitungen eine Art Notwehrexzess; nicht zu rechtfertigen, aber doch irgendwie zu entschuldigen. Kommunalpolitiker entschuldigten sich bei den Bewohnern von Rostock-Lichtenhagen für die Unbill und die öffentliche Kritik, die sie hätten erleiden müssen.

In einer Bundestagsrede vom November 1992 stellte Bundeskanzler Helmut Kohl die Verbrechen an Ausländern in eine Reihe mit alltäglichem Raub und Diebstahl, er passte die Gewalttaten der Neonazis ein in den allgemeinen kriminellen Trend. Die Morde, die Brandstiftungen – sie waren für Kohl ein Zeichen der allgemeinen Zunahme von Gewalt. Damit nahm er dem rechtsextremen Terror seine besondere Dimension der Gefährlichkeit.

In Mölln fielen drei türkische Frauen einem Brandanschlag zum Opfer; es folgte eine Welle von Brandanschlägen in ganz Deutschland. Am 6. Dezember protestierte eine Demonstration in München, Lichterkette genannt, gegen die Ausschreitungen. Der damalige SZ-Redakteur Giovanni di Lorenzo war einer der Organisatoren dieser ersten Lichterkette, die in vielen Städten wiederholt wurde. Was man mit solchen Veranstaltern und Journalisten machen muss, wusste in einer Leserzuschrift Doktor G. aus Leipzig: „Pickel und Schaufel in die Hand drücken, zur wahrhaftigen Arbeit."

Am 26. Mai 1993, neun Monate nach Rostock, wurde dann zum ersten Mal in der Geschichte der Bundesrepublik ein Grundrecht beseitigt: Das alte Asylgrundrecht wurde durch eine lange, komplizierte neue Vorschrift ersetzt – mit den Stimmen der CDU/CSU, mit den Stimmen der FDP und einer Stimmenmehrheit der SPD. Die Änderung wurde geschrieben im Schein der brennenden Häuser von Rostock und Mölln. Drei Tage nach der Grundgesetzänderung zündeten dann in Solingen junge Brandstifter das Wohnhaus der türkischen Familie Genc an. Zwei Frauen und drei Mädchen kamen ums Leben.

Man müsse alles vermeiden, was „Wasser auf die Mühlen der Rechtsradikalen leitet". Mit diesem Argument stellte sich der damalige Außenminister und FDP-Vorsitzende Klaus Kinkel nach den Brandmorden von Solingen gegen die Einführung der doppelten Staatsbürgerschaft. Während Migranten in Deutschland vor Angst zitterten, kümmerten sich Politiker um die Empfindlichkeiten des rechten Spektrums. Eine „Offensive des Rechtsstaats", wie sie oft angekündigt wurde, war das nicht; ein „Aufstand der Anständigen", wie er dann später von der Regierung Gerhard Schröder vergeblich propagiert wurde, war das auch nicht. Das geltende Asylrecht aus dem Jahr 1993 trägt ein Brandzeichen.

Bundesinnenminister Manfred Kanther (CDU) sagte 1994 im SZ-Interview zum neuen Asylrecht: „Jetzt kommen nicht mehr 30 000, sondern 10 000 Flüchtlinge. Das ist immerhin etwas. Dieses Ergebnis bestätigt die Richtigkeit unserer Politik. Sie wäre nicht erzielbar gewesen ohne die öffentliche Auseinandersetzung – die natürlich auch Hitzegrade erzeugt hat." Er sagte tatsächlich „Hitzegrade"!

Nach Rostock, nach Mölln, nach Solingen, nach vielen Gewalttaten ohne staatliche und gesellschaftliche Gegenwehr begannen braune Kameradschaften, sich zu radikalisieren. Und jetzt sind wir wieder beim Ausgangspunkt meines heutigen Vortrages: Eine von ihnen, eine von diesen braunen Kameradschaften, die sich damals zu radikalisieren begannen, ist der Nationalsozialistische Untergrund NSU, die Dreierbande, die zehn Menschen ermordet hat.

Bundeskanzlerin Angela Merkel erklärte bei der Gedenkstunde für die NSU-Opfer in Berlin, „wie wichtig Sensibilität und ein waches Bewusstsein" dafür sind, „wann Abwertung beginnt". Die meisten Politiker hatten diese Sensibilität und dieses Bewusstsein nicht; die Medien auch nicht. Und diejenigen, die es besaßen, hatten die Kraft nicht, etwas zu ändern und die öffentliche Stimmung zu wenden.

15 Jahre lang, das begann Mitte der achtziger Jahre, lebten die deutschen Wahlkämpfe von der angeblichen Überfremdung Deutschlands. Welche Verwüstungen haben sie ausgelöst? „Aus Worten können Taten werden", klagt die Kanzlerin nun. Man erinnert sich an das Wort von der „durchrassten Gesellschaft" und an die Leserbriefe, die sich über das „Getue um ein paar tote Türken" empörten: Die Ausländer in Deutschland hätten doch „schon viel mehr Deutsche umgebracht". Ist es nur Zufall, dass die NSU-Rechtsextremisten von Zwickau in einem solchen Klima zu Rassisten und Mördern heranwuchsen? Fünfzig Jahre lang hat die deutsche Politik über die Köpfe der Einwanderer hinweg darüber gestritten, ob Deutschland nun ein Einwanderungsland ist oder nicht. Die sogenannte Ausländerpolitik wurde nicht für die Neubürger gemacht, sondern für die eingesessenen deutschen Wähler; sie waren die alleinigen Adressaten. Und im Umschlag mit der falschen Adresse steckte auch noch eine falsche Politik, eine, die den Einwanderer vor allem als Sicherheitsrisiko beschrieb.

Erst 2005 trat das Zuwanderungsgesetz in Kraft, das aus lauter Vorsicht nicht Einwanderungsgesetz heißen durfte. Es hätte eigentlich einen großen bunten Teppich weben sollen, auf dem Integration stattfinden kann. Es wurde nur ein Topflappen daraus. Aber damit wurden seitdem, immerhin, die Probleme angepackt. Es sind neue Zeiten angebrochen, begleitet von elenden Leitkulturdebatten und törichten Sarrazinismen. Die Gedenkfeier war da eine Mahnung. Die Kanzlerin warb für Toleranz. Vielleicht ist ein anderes Wort noch besser: Respekt. Integration basiert auf dem Respekt der Alt- und der Neubürger voreinander und füreinander. Dass der Respekt der Alt- für die Neubürger so lange auf sich warten ließ, ist „Nostra culpa".

Der Fahndungsdruck, den die Sicherheitsbehörden nach der Aufdeckung der NSU-Verbrechen – gleichermaßen zu Recht wie zu spät – entfalten, war und ist auch ein Ausdruck des schlechten Gewissens. Das schlechte Gewissen muss gutes Handeln zur Folge haben: Die Vorstellung des ersten Verfassungsschutzberichts nach der braunen Mordserie im Juli 2012 war eine abgestumpfte, kalte Veranstaltung. Die Selbstkritik war homöopathisch. Ich hatte mir das ganz anders vorgestellt: viel weniger routiniert, weniger abgeklärt, weniger dickfellig. Der Verfassungsschutz und die für ihn zuständigen Politiker müssen ja nicht unbedingt in Sack und Asche laufen; aber die Gemütsruhe und die Indolenz, mit der sie auftreten, ist erschreckend. Bundesinnenminister Friedrich agierte bei der Vorstellung des ersten Verfassungsschutzberichtes nach der Entdeckung der rechtextremistischen Mordserie wie immer – Routine, Routine. Gar nichts ist Routine. Jedes Atomkraftwerk wird nach einem Unfall vom Netz genommen. Der Inlandsgeheimdienst aber (der für die innere Sicherheit das ist, was ein AKW für die Energieversorgung ist) – er machte nach dem GAU einfach so weiter wie vorher.

Uwe Mundlos und Uwe Böhnhardt, die beiden Rechtsterroristen sind tot, sie haben sich umgebracht, gegen Beate Zschäpe, die Dritte im braunen Bunde, wird in München verhandelt. Die Anklage gegen sie ist mehr als nur eine dicke Anklageschrift. Sie ist eine Entschlossenheitserklärung – eine ernste, strenge, klare und entschiedene juristische Bewertung der rechtsextremistischen Verbrechen. Die Bundesanwaltschaft hat so gearbeitet, wie man sich das auch von den anderen Sicherheitsbehörden gewünscht hätte: tatkräftig, energisch und akribisch. Diese Anklageschrift ist auch eine Schutzschrift ist. Sie schützt den türkischstämmigen Teil der deutschen Bevölkerung; sie zeigt dieser, wie ernst die Bundesanwaltschaft die ungeheure Verunsicherung nimmt, die von den Mordtaten ausgegangen ist. Diese Ernsthaftigkeit vermisst man bei den anderen Staatsgewalten. Die Öffentlichkeit wartet bisher vergeblich darauf, dass die Politik ihre Ankündigungen wahr macht, die sie im ersten Entsetzen gemacht hatte: dass sie Stein für Stein bei den Sicherheitsbehörden umdreht und deren grundlegende Reform anpackt. Nichts ist passiert; die Kanzlerin hat zwar die Opfer um Verzeihung gebeten. Aber von tätiger Reue der Regierung hat man nichts vernommen. Allein die Bundesanwaltschaft hat, unterstützt vom BKA, funktioniert. Insofern ist die Anklage auch eine Hoffnungsschrift; sie hält die Hoffnung am Leben, dass auch bei anderen Behörden nicht Hopfen und Malz verloren sein möge.

Diese Anklage begnügt sich nicht damit, Beate Zschäpe, die mutmaßliche Terroristin und einzig Überlebende des braunen Trios, wegen bloßer Beihilfe zum Mord anzuklagen. Das wäre billig gewesen. Die Frau wird als Mittäterin angeklagt: Mittäterin an zehn Morden, Mittäterin an 15 Raubüberfällen – obwohl sie nicht persönlich dabei, obwohl sie nicht selbst an den Tatorten war. Aber sie hatte nach den Erkenntnissen Organisationsmacht, war für die Hintergrund-Logistik zuständig, gab der braunen Bande, so die Anklage, den Anschein von Normalität und Legalität. Darauf eine Mittäterschaft zu stützen ist mutig – aber die Anklage findet noch weitere Tatbeiträge, die sich zur Mittäterschaft Zschäpes addieren: Beteiligung bei der Beschaffung von Waffen, Tatfahrzeugen und falschen Papieren; dazu kommt die Verwaltung der Beute aus den Raubüberfällen.

Man muss eine Tat nicht eigenhändig begehen, um Mittäter zu sein; es genügt ein wesentlicher Tatbeitrag, der sich einfügt in die gemeinschaftliche Tat und ins gemeinschaftliche Wollen. Dies zu beweisen, ist die Hauptaufgabe der Anklage im Prozess werden.

An dieser Stelle darf man auf einen anderen Prozess eingehen, auf einen, über den unendlich viel diskutiert wird. Beim Bundesverfassungsgericht ist ein zweiter Anlauf unternommen worden, die NPD verbieten zu lassen, Viele sagen, das rentiere sich nicht Viele sagen, die NPD sei nicht mehr gefährlich – für gefährlich halten diejenigen, die das sagen, die NPD erst dann wieder, wenn sie neuerlich wieder in die Landtage gewählt wird, in womöglich mehr Landtage als heute. Aber: Die Gefährlichkeit der NPD kennt keine Fünf-Prozent-Klausel.

Gewiss: So ein Verbotsantrag funktioniert nicht wie die Fernbedienung beim Fernsehen: Man drückt da nicht einfach drauf – und schon hat man ein neues Bild und ein neues, besserer Programm. Ein Verbot ist kein demokratischer Exorzismus, man kann mit so einem Verbot nicht den Neonazismus austreiben. Das Parteiverbot ist auch kein Lästigkeitsschutz für die Demokratie. Und schon gar nicht wollte das Grundgesetz Politikern mit dem Parteiverbot nach Artikel 21 Gelegenheit geben, auf wenig anstrengende Weise Aktivität zu demonstrieren. Das Thema Parteiverbot ist für Prahlerei und Großspurigkeit zu ernst. Eine kräftige Demokratie muss eigentlich in der Lage sein, selbst eine solche Partei auszuhalten. Ginge es nur um braune Ideologie – die deutsche Demokratie müsste mit der NPD leben. Streitbare Demokratie streitet nämlich, solange es irgend geht, mit Argumenten, nicht mit Verboten. Der Demokratie der frühen fünfziger Jahre, die gegen diesen Satz verstoßen hat – sie hat die KPD verboten - kann man zugutehalten, dass sie jung war und unerfahren. Sie hatte Angst, und Angst macht unsicher. Nach über fünfzig Jahren ist die deutsche Demokratie aber stabil, souverän und selbstbewusst; es passt nicht zu diesem Selbstbewusstsein, vor der Auseinandersetzung mit Neonazis zu kneifen.

Mit Argumenten aber kann man die Menschen nicht schützen, die von Rechtsextremisten geschlagen, gehetzt und getötet werden. Zum Schutz dieser Opfer vor Schlägern und Mördern, nicht zum Schutz der Demokratie vor Spinnern, ist die NPD zu verbieten. Beim Verbot der NPD geht es also nicht darum, dass es sich der Staat mit seinen Gegnern leichtmacht, sondern darum, dass er alles tut, um die Menschenwürde zu sichern und Menschen zu schützen. Ein Parteiverbot ist vorbeugender Opferschutz, wenn eine Partei als Trainingsraum für handgreiflichen und gewalttätigen Rassismus funktioniert. Die potentiellen Opfer der rechtsextremen Gewalt werden es danken.

Wie bekämpft man Rechtsextremismus? Es gibt, auch bei aufrechten Demokraten, einen merkwürdigen Glauben daran, dass es genügt, die richtige Gesinnung zu haben. Aber: Moral allein genügt noch nicht. Es genügt auch nicht der neue Verbotsantrag gegen die NPD beim Bundesverfassungsgericht. Was braucht man wirklich, um Rechtsextremismus zu bekämpfen? Man braucht Leute, nicht hunderte, sondern tausende und zehntausende von Menschen die sich trauen, die in mühseliger Alltagsarbeit in die Schulen gehen, in die Jugendzentren, in die Behörden und zur Polizei. Man braucht Leute, man braucht Projekte, ob diese nun „Wehret den Anfangen" heißen, oder „Buntes Leben"; man braucht die Leute, die Workshops, Demonstrationen, Konzerte, Aufklärungskampagnen machen, man braucht Leute, die einer braunen Alltagskultur offensiv entgegentreten.

Dabei dürfte es diesen Leuten manchmal fast im Wortsinn so ergehen, wie es in einem berühmten Film- und Buchtitel steht: Allein gegen die Mafia. In dieser Situation zu bestehen ist ein Akt hoher Zivilcourage. Wo die Mitte der Gesellschaft braun schillert, gilt oft als Nestbeschmutzer nicht der, der das Nest beschmutzt, sondern der, der es säubert.

Vor fünfzehn Jahren bin ich mit Leoluca Orlando, dem damaligen Bürgermeister von Palermo und Gründer der Anti-Mafia-Partei La Rete, durch Sizilien gefahren; Die Zeitungen nannten und nennen den Mann den „Mafia-Jäger". Leoluca Orlando ging mit mir, es war im Herbst 1996, durch das berühmte Mafia-Nest- Corleone, seinem Geburts- und Heimatort. Soeben hatte in Florenz der große Prozess gegen die Mafia, gegen die Corleonesi, begonnen. Wir hatten in Imbraica, im Innenhof seines Bauernhofs zu Abend gegessen, bewacht von bewaffneter Polizei, dann zeigte er in den nachtblauen Himmel, hinauf zum Franziskaner-Kloster, das wie eine Bastion auf dem höchsten Felsvorsprung von Corleone, dem Ort der Paten, sitzt. Er wollte mit mir Frau Paolo und die anderen Patres besuchen.

Die Leibwächter wurden nervös, sicherten den Weg. Leoluca Orlando ließ die gepanzerten Wagen stehen, lief zu Fuß den Berg hoch, durch die steilen Gassen von Corleone, als wolle er mit mir ein Fitness-Programm absolvieren. Auf dem Weg schaute er hier in eine Kneipe, dort in einen Barbier-Salon, er suchte geradezu manisch den Kontakt mit den Leuten. Man müsse, sagte er, zeigen, dass man sich nicht fürchtet vor „denen", dass man keine Angst hat, dass man nicht den öffentlichen Raum „denen" überläßt. Nicht „denen"- das waren damals die, die ein paar Jahre vorher Orlandos Freunde, den Staatsanwalt Falcone und den Richter Borsellino, ermordet hatten.

Den öffentlichen Raum nicht „denen" überlassen: in Ostdeutschland sind es rechte Kameradschaften, die den öffentlichen Raum besetzen. In ganzen Städten und Städtchen ist der Rechtsextremismus zur dominanten Jugendkultur geworden. Auf den Schulhöfen zumal der Berufsschulen dominieren kahlgeschorene junge Männer das Bild. Die NPD sitzt im Landtag und in den Kreis- und Gemeindeparlamenten, und die rechtsextremen Cliquen sitzen in den Kneipen und an den Tankstellen, bei Sportveranstaltungen und Stadtfesten. Wenn Neonazis immer wieder „ausländerfreie" oder „national befreite" Zonen proklamieren, dann sagt das sehr genau, worum es gehen muss: Um die Verteidigung oder die Rückeroberung des öffentlichen Raums für die Werte der Demokratie und der Toleranz. Das gilt nicht nur im Osten, sondern auch im Westen. Die besonderen Probleme in Ostdeutschland verleiten im Westen bisweilen dazu, sich sehr pharisäerhaft zu gerieren – als ob Zivilcourage und Verantwortungsgefühl nicht auch im Westen Mangelware wären.

Verwahrlosung des öffentlichen Raums kann so viele Ursachen haben. In Sizilien heißt das, was das Gemeinwesen zerstört, Mafia. In Deutschland heißt es Neonazismus. Es heißt Antisemitismus. Es heißt Ausländerfeindlichkeit. Es heißt Desintegration. Es heißt Ausgrenzung, Jugendarbeitslosigkeit, Zerfall des sozialen Zusammenhalts. Es heißt Sprachlosigkeit zwischen Ausländern und Deutschen, zwischen Altbürgern und Neubürgern in diesem Land. Es heißt Rückzug der Ausländer in die eigene Ethnie. Es heißt Verantwortungsdiffusion. Mafia in Deutschland hat also andere Namen, eine andere, eine braune Geschichte, sie funktioniert anders – aber sie richtet vergleichbares Unheil an: Hier wie dort macht sie Gesellschaft und Kultur kaputt.

Neonazismus, Rassismus, Ausländerfeindlichkeit, Antisemitismus: Das ist die Pest für eine freiheitliche Gesellschaft. Es ist, wenn es etwa gegen den Antisemitismus geht, nicht damit getan, Auschwitzlüge und Volksverhetzung unter Strafe zu stellen, die Synagogen zu bewachen, ein paar als verrückt apostrophierte Neonazis aus dem Verkehr zu ziehen und den Zentralrat der Juden zu beruhigen. Der Antisemitismus ist nämlich nicht nur ein Angriff auf eine Minderheit in Deutschland, auf eine, der man aus historischen Gründen besonders verpflichtet ist. Er ist ein Angriff, der die Gesellschaft insgesamt bedroht. Der Antisemitismus ist kein Minderheitenthema, kein Thema, bei dem es nur um das Verhältnis zu den Juden in Deutschland geht; er ist ein zentrales Thema der deutschen Gesellschaft.

Es ist sicher so, dass sich das offizielle Deutschland bemüht. Es gab Wiedergutmachung. Es gibt die Woche der Brüderlichkeit, Jahr für Jahr ist der Bundespräsident ihr Schirmherr. Christlich-jüdische Gemeinschaften sind entstanden, Synagogen sind restauriert und neu errichtet worden, Gedenkstätten werden gepflegt, Denkmäler errichtet. Spitzenpolitiker schreiben Grußworte zu den jüdischen Feiertagen und bei den Großfeiern der Republik sitzen die Vorsitzenden der Jüdischen Gemeinde in der ersten Reihe. Das offizielle Deutschland fühlt sich in der Rolle des ehemaligen Alkoholikers, der weiß, was passiert, wenn er wieder zur Flasche greift. Abseits der offiziösen Anlässe dagegen, und zwar nicht nur an den Stammtischen, greift man immer wieder zum alten Fusel. Man hat sich hierzulande leider daran gewöhnt, dass jüdische Einrichtungen ausschauen müssen wie Festungen und dass jüdische Gräber geschändet werden. Soll man sich jetzt auch noch daran gewöhnen müssen, dass Kindern in der S-Bahn oder im Omnibus der Davidstern vom Halskettchen gerissen wird – und die Politik Israels als Entschuldigungsgrund herhalten muss?

„Vor dem Antisemitismus ist man nur noch auf dem Monde sicher“, hat Hannah Arendt einmal voller ironischem Pessimismus gesagt. Das gilt für Rassismus und Ausländerfeindlichkeit genauso. Vor Rassismus und Ausländerfeindlichkeit ist man nur noch auf dem Monde sicher. Umso wichtiger sind die Versuche, den Mond auf die Erde zu holen.

Das ist die Aufgabe der Zivilgesellschaft.

Christian Pfeiffer, und das ist sein großes Verdienst, seine Gabe, sein Talent, sein Genie, dieser Christian Pfeiffer ist seit Jahrzehnten ein Organisator, ein Manager, ein Befruchter dieser Zivilgesellschaft. Er hat Brücken gebaut zwischen der Gesellschaft und denen, die am Rand dieser Gesellschaft stehen. Immer wieder, mit nie ermüdender Geduld, immer wieder, mit immer neuer Phantasie. In den Bürgerstiftungen, die er gegründet und die er hat aufblühen lassen, lebt die Summe seines Lebens, lebt sein Engagement, lebt seine Tatkraft. Wenn dieser Titel nicht für den Papst in Rom reserviert wäre: Christian Pfeiffer ist ein Pontifex Maximus, ein Brückenbauer von größter Kunstfertigkeit.

Christian Pfeiffer zum 70. Geburtstag

Dirk Rossmann

Ich habe drei enge Freunde, die Christian heißen: einer ist Landwirt, einer Politiker, der dritte, der Älteste – wird schon 70 – ein Ex-Politiker. Drei Jahre war er Justizminister des Landes Niedersachsen und ist Deutschlands bekanntester Kriminologe.

Während ich mit den anderen Freunden lachen, Wein trinken, zum Fußball gehen und lustig sabbeln kann, sind mit Christian darüber hinaus auch Gespräche über Literatur und Psychologie möglich.

Einmal, es ist schon einige Jahre her, sagte Christian in seiner begeisternden Art: „Ich habe ein ganz tolles Buch gelesen. Das musst du auch unbedingt lesen.“ Es ging um Yaloms „Die Schopenhauer-Kur“. Darauf ich: „Du bist vielleicht ein zerstreuter Professor. Ich war es, der dir dieses Buch vor einem halben Jahr zum Geburtstag geschenkt hat.“

Einige Monate später, auf einer Heidewanderung, erzählte ich Christian den Anfang von „Und Nietzsche weinte“. Die junge, blitzgescheite und verdammt gut aussehende Petersburger Generalstochter Lou Salomé (Nietzsche – Freundin, später auch Geliebte von Liszt und Rilke und Schülerin von Sigmund Freud), spielt am Anfang des Romans eine große Rolle. Ich fragte also Christian: „Sagt dir der Name Lou Salomé etwas?“ Darauf Christian: „Natürlich kenne ich Lou Salomé. Der Bruder meines Vaters, also mein Onkel, war in den letzten zehn Jahren ihres Lebens, die sie in Göttingen verbrachte, ihr engster Weggefährte und bester Freund. Und er war Erbe hunderter Briefe von Freud, Liszt und Rilke. Leider hat er, da er dringend Geld brauchte, diesen unschätzbaren Schatz bereits 1951 in New York für 70.000 DM verkauft.“

Der im Februar 1944 geborene Christian war das jüngste von vier Kindern. 1952 floh die Familie aus einem kleinen Brandenburger Dorf, ohne viel mitnehmen zu können, zunächst nach Westberlin. Später zog die Familie nach Süddeutschland. Christian erzählte, dass er von allen Seiten verwöhnt wurde und am längsten auf dem Schoß seiner Mutter und Tante Doras sitzen durfte. Eine Nachbarin sagte mal kritisch zur Mutter, dass Christian zu sehr verwöhnt werde. Darauf erwiderte die Mama: „Aber

Verwöhnung mit Mutterliebe, das gibt es doch gar nicht. Davon kann man nicht genug kriegen."

Christian berichtete, dass Ulli, der Älteste, ihn immer verlässlich beschützt habe. Auch den Vater hat er stets als liebevoll erlebt. Bis auf eine ganz seltene Ohrfeige wurde grundsätzlich nie geschlagen. Die Eltern pachteten einen Bauernhof in Süddeutschland und bestritten damit ihren Lebensunterhalt. Bereits mit 13 Jahren entdeckte Christian durch die wunderbaren Novellen von Theodor Storm, welche Faszination Bücher haben können. In Erinnerung sind ihm aber auch gelegentliche Häme und Lieblosigkeit mancher Nachbarn gegenüber den Flüchtlingen geblieben.

Körperliche Züchtigung war im Schulunterricht der 50er Jahre keine Seltenheit. Ein Lehrer schlug zum Beispiel mit dem Stock. Bei den Mädchen auf die Innenseite der Finger, bei den Jungen auf den Körper. Dazu musste man sich erst die Lederhose ausziehen. Der Hintern war dann nur noch durch die Unterhose geschützt.

In den Religionsstunden – er war das einzige Kind evangelischen Glaubens unter den katholischen Mitschülern – wurde die Angst vorm Fegefeuer geschürt. Der Lehrer zeigte die Fotografie eines Gemäldes, auf dem schreiende Menschen – von Flammen umzingelt – grausige Qualen erleiden müssen. Den Kindern sollte suggeriert werden, welche Strafen „Sündern" drohen.

Lebensbejahende, selbstbewusste, kritische und erwachsene Menschen waren weder Ziel noch Resultat einer solchen Erziehung. Der Nährboden für Angst und Anpassung dieser finsteren Pädagogik unterschied sich nicht wesentlich vom Drill Nazideutschlands.

Nach Abi und Bundeswehr konnte Christian mit 26 Jahren für ein Jahr nach London gehen. Er hatte diese Möglichkeit durch ein Stipendium der „Studienstiftung des Deutschen Volkes" bekommen. Schon damals verfügte Christian neben Intelligenz und Gradlinigkeit auch über eine gute Portion Mut. A.S. Neills „Summerhill" – ein Buch über antiautoritäre Pädagogik – wurde in vielen Ländern der Erde mit großer Begeisterung gelesen. Christian hatte keine Scheu, immer wieder im Sekretariat des Internates in Summerhill anzurufen, bis er endlich einen persönlichen Termin mit dem weltberühmten Pädagogen bekam.

Es gab in den 50-er Jahren neben der überwältigenden Zahl Deutscher, für die der wirtschaftliche Aufstieg des Landes das Einzige und absolut Wichtigste war, auch viele Menschen, die Scham über das unselige Leid empfanden, dass die Deutschen anderen Völkern zugefügt hatten. Die Werke von Sartre und Camus, ethische Fragen, die Frage – Was muss geschehen, damit sich Holocaust und Kriege nicht wiederholen? – beschäftigten viele junge Menschen. Möglich, dass dies Christians Entscheidung, Rechtswissenschaft und Sozialpsychologie zu studieren beeinflusst hat. Der ewig lesende, dazulernende, diskutierfreudige, fröhliche, für manche gelegentlich auch ein wenig eitel erscheinende Christian entdeckte sehr früh sein Interesse an psychologischen Fragen und entsprechender Literatur. Für Christian waren die Bücher von Alice Miller von enormem Erkenntnisgewinn. Er hat dadurch gelernt, dass die Schuld eines Menschen oder die Schuldfähigkeit eines Angeklagten zutiefst problematische Fragen aufwirft.

Bereits 1980 beschreibt Miller in „Am Anfang war Erziehung" das Leben des brutalen Gewaltverbrechers Jürgen Bartsch. Bartsch, der selbst in seiner Kindheit oft geschlagen wurde und nie Wärme und Emphatie erleben durfte, hatte in dieser grausamen Kälte nur wenig Chancen, ein intaktes Selbstwertgefühl zu entwickeln. Christian wurde deutlich, dass hinter jedem Verbrecher die Tragödie eines Menschen steht, dem in seiner Kindheit in aller Regel selbst übel mitgespielt wurde. Er hat gelernt, den Hintergrund und die Tragik zum Beispiel eines Mörders zu sehen, ohne die Grausamkeit seines Verbrechens und die Gefährlichkeit zu verkleinern.

Neben den beschriebenen Verhältnissen können auch genetische Faktoren das Verhalten eines Menschen bestimmen. Grundsätzlich gilt aber, dass Eltern, die ihre Kinder nicht wahrnehmen, ihnen nicht zuhören, sie verspotten oder ins Lächerliche ziehen, nicht wissen, welchen grausamen Schaden sie in der zarten Seele eines Kindes damit anrichten. Gequälte und häufig geschlagene Kinder erleben ihre Welt als eine Welt, in der es Täter und Opfer gibt. Vertrauen, Liebe, Wärme und Empathie kommen in ihrer Welt nicht vor. Es sind für sie nur Worte, deren Bedeutung und Inhalt wenig oder gar nicht zu verstehen sind. In diesem Täter-Opfer-Dualismus entwickelt sich nicht selten der Wille, lieber Täter als Opfer zu sein.

Ein gesundes Selbstbewusstsein kann sich kaum entwickeln, wenn ein Kind häufig gedemütigt und erniedrigt wird und dabei gleichzeitig unter dem Gebot steht, die Person, die ihr das antut zu respektieren, zu lieben und seinen Schmerz auf keinen Fall zu zeigen. In späterer Abfolge wird das verfolgte Kind selbst zum Verfolger. In der psychoanalytischen Behandlung spielt sich das Erlebte innerhalb der Übertragung und Gegenübertragung ab.

Zwangsläufig musste Christian aus dem Erlernten irgendwann die Erkenntnis gewinnen, dass Prävention und Therapie zumindest gleichberechtigt neben Strafe stehen sollten.

Bereits als Student kam er auf die Idee, dass es doch gut wäre, wenn Gefangene die Möglichkeit hätten, jeden Tag eine Tageszeitung zu lesen. Christian wäre nicht Christian, wenn er das Gedachte nicht in die Tat umgesetzt hätte: bald war eine Stiftung gegründet und waren Menschen mit Geld gefunden, die das Ganze unterstützten. Irgendwie kam auch ein persönlicher Termin beim damaligen Bundespräsidenten Heinemann zustande, der das Projekt hochoffiziell vorantrieb und befeuerte. Kein Jahr war vergangen, da hatten schon mehrere Tausende Einsitzende ihre Tageszeitung.

1997 gründete Christian mit Freunden die „Bürgerstiftung Hannover“. Hintergrund war die Hilfsbedürftigkeit von Millionen Menschen mit den unterschiedlichsten Problemen und Anliegen. Christian hielt mehr als 200 Vorträge in Deutschland, wobei es ihm gelang, nicht nur seine Idee rüber zu bringen, sondern auch fast immer gleich eine „Bürgerstiftung“ mit Teilnehmern der Veranstaltung am jeweiligen Ort zu gründen. Er appellierte an alle Bürger. Dabei unterschied er zwischen Ideen-Reichen, Zeit-Reichen und Geld-Reichen und verstand es schnell, viele in ihrem Herzen anzusprechen. So konnten sich auch alle die einbezogen fühlen, die wenig oder kein Geld hatten.

Heute gibt es deutschlandweit mehr als 320 Bürgerstiftungen. Förderschwerpunkte sind Projekte aus den Bereichen Kultur, Jugend, Soziales und die Integration von Kindern aus benachteiligten Verhältnissen. Dabei ist die professionelle Umsetzung der Projekte eine wichtige Voraussetzung für die nachhaltige Wirkung der Mittel. Dazu wurde und wird ein Netzwerk aus gemeinsamen Einrichtungen und Initiativen aufgebaut und gepflegt.

Eines der ersten Projekte, das die „Bürgerstiftung Hannover“ unterstützte, war die Idee der Leselernhelfer. Allein in der Region Hannover lesen heute mehr als 1.600 Menschen wöchentlich mit Kindern mit Migrationshintergrund. Johanna und Otto Stender, die 2003 „Mentor Lesen“ gründeten, haben durch ihre Initiative – nicht nur in Hannover – ganz entscheidend dazu beigetragen, dass die Kriminalitätsrate in den Städten, in denen „Mentor Lesen" umfangreich angeboten wird, deutlich sinkt. Durch Statistiken des Kriminologischen Instituts lässt sich dies belegen. Diese Arbeit ist von unschätzbarem Wert, macht sie doch für alle den Zusammenhang von Prävention, Gewalt und Kriminalität deutlich.

Aber Christian gibt sich nicht nur mit dem Erreichten zufrieden. Um immer wieder Menschen zu motivieren, selbst in ihrer Region Bürgerstiftungen zu gründen oder mitzuarbeiten, brachte er im Frühjahr 2012 mit einer 1.456 km langen Fahrradtour viele Leute zugunsten der Bürgerstiftungen in Bewegung und lud zum Mitfahren ein. Während der Tour besuchte er u. a. die Stiftung „Aktionsbündnis Amoklauf Winnenden", die nach dem Amoklauf 2009 gegründet wurde und sich für die Prävention gegen Jugendgewalt engagiert.

Auch mit 70 arbeitet Christian täglich noch mit Freude und Energie an seinem großen Lebensthema: Was kann ich dazu beitragen, um unser Gemeinwesen gerechter und mitfühlender zu machen? Was kann ich dazu beitragen, damit aus Vorurteilen Verstehen erwächst?

Der „Centaur", das neunmal im Jahr erscheinende Kundenmagazin meines Unternehmens, mit rund 3 Millionen Lesern, erscheint selten ohne einen Beitrag von Prof. Christian Pfeiffer. Hier nutzt Christian die Gelegenheit, weit verbreitete Irrtümer in der Bevölkerung anzusprechen. So zeigen beispielsweise alle Statistiken, dass Gewaltverbrechen in Deutschland signifikant zurückgehen. Das gilt besonders für die Jugendkriminalität. Raubdelikte sind in den letzten 15 Jahren um 37 % gesunken, schwere Körperverletzungen unter Jugendlichen um 27 % zurückgegangen und die Anzahl der Opfer von Jugendkriminalität, die stationär behandelt werden mussten, nahm sogar um 56 % ab.

Dieser Rückgang hängt vor allem damit zusammen, dass Eltern ihre Kinder immer weniger schlagen und dass die Gesellschaft gelernt hat, dass Prävention und Therapie der Täter dazu beitragen, zukünftige Straftaten weniger wahrscheinlich zu machen.

Wenn dennoch in der Öffentlichkeit der Eindruck vorherrscht, dass Verbrechen immer mehr zunehmen, ist dies darauf zurück zu führen, dass heute in den Medien fünf- bis zehnmal mehr über Gewalttaten berichtet wird als von 20 Jahren.

Durch den Auftrag der katholischen Bischofskonferenz an das Kriminologische Forschungsinstitut Niedersachsen, die sexuellen Missbrauchsvorwürfe in der katholischen Kirche zu untersuchen, ist die Arbeitsbelastung Christians in den letzten Jahren, teilweise bis an die Grenze seiner Leistbarkeit, gewachsen.

Heute ist Prof. Pfeiffer weltweit einer der gefragtesten Experten, wenn es um Prävention von Verbrechen und Gewalt geht. Ein Höhepunkt seiner Arbeit waren sicherlich die vielbeachteten Reden auf Einladung der englischen Regierung im Londoner Unter- und Oberhaus. Kein Zweifel, Prof. Pfeiffer ist ein wichtiger Aufklärer und Humanist in unserer Zeit. Nicht nur Hannover, auch Deutschland kann stolz auf sein Wirken und Tun sein.

Ich umarme meinen bewunderten Wander-, Skat-, Schach- und Diskussionsbruder und sage auch Dank an Christians Frau Anna und seine Kinder Antonia und Robert, die Christian immer liebend begleitet und unterstützt haben.

ALLES GUTE ZUM 70.!

Mein lebenslanger Freund Christian

Henning Scherf

Möglich ist, dass wir uns schon während unserer Studentenjahre begegnet sind. Jedenfalls war Christians Doktorvater Schüler-Springorum in Hamburg bei Sieverts, der wiederum mein Doktorvater war. Herzlich vertraut wurden wir über unsere gemeinsamen Fischerhude-Freunde. Ilse van der Ende, Anna und Christian Modersohn, die Heinrichs-Familie, die Meybodens und viele andere mehr haben uns regelmäßig in deren Künstlerdorf in der Nähe Bremens, und nicht zu verwechseln mit Worpswede, gezogen. Das waren mehr als Künstlerfreunde. Wir wollten gemeinsam durch unsere Initiativen die Welt verändern. Wir verstanden uns als Teil der Friedensbewegung und der Menschenrechtsbewegung. Damals hat mich Christian für sein Brücke-Projekt begeistert, indem er u. a. täglich Gefangene mit Zeitungen versorgte und daraus eine angesehene Entlassenarbeit entwickelte. Das hat mir später in meiner Justizsenatorenzeit geholfen. Ihm war Gefängnisvermeidung wichtiger als immer neue Gefängnisse zu bauen. Das aber ging nur, wenn qualifizierte Alternativangebote vorhanden waren. Also haben wir in Bremen ganz im Sinne Christians einen Schwerpunkt auf Ersatzmaßnahmen im Strafvollzug gelegt und das mit durchgängigem Erfolg und das nicht nur im Jugendstrafvollzug.

Das Schlüsselerlebnis unserer lebenslangen Beziehungsgeschichte hatten wir in München-Schwabing. Christian hatte mich während des SPD-Parteitags bei sich beherbergt. Abend für Abend habe ich mit ihm die Debatten vorbereitet, selbstkritisch geübt und viel dabei gelernt. Dann, schon gegen Mitternacht, haben wir auch über unsere Herzallerliebsten geredet. Ich war schon jahrelang verheiratet und Vater dreier Kinder und Christian lebte immer noch ungebunden, allerdings sehr verliebt in Anna. Ich habe ihn heftig bedrängt und geraten, noch in dieser Nacht Anna einen Heiratsantrag zu machen. Ich war und bin bis heute überzeugt, eine Bessere für Ihn gibt es nicht auf der Welt. Und tatsächlich, Christian hat es in der gleichen Nacht noch gewagt und Erfolg gehabt! Was war das für eine herrliche Hochzeit in Zwiefalten! Ich fühle mich seit dieser Erfahrung als Teil der Pfeiffer-Familie. Auch Christian ist auf die gleiche Art und Weise zu einem Teil unserer großen Scherf-Familie geworden. So hat er es fertig gebracht, sowohl unseren Sohn Christian wie auch unsere Jüngste vom Jura-Studium zu überzeugen. Ich selber hatte da schon mit Ratschlägen längst aufgegeben.

Dann wurde er Chef des KFN und zog mit seiner Familie nach Hannover. Hier habe ich mehrere große Projekte begleitet. Christian quoll jedes Mal über vor Ideen, schnellen Schlussfolgerungen und immer neuen medienrelevanten Empfehlungen. Als er dann mein Kollege als Justizminister wurde, legte er noch einmal zu mit Reforminitiativen. Ich habe ihn dabei, so gut es ging, als Kollege unterstützt. Manchmal war ich in der Rolle des langjährig politisch Erfahrenen und muss wohl darum wie ein Spezialprogramatiker auf Ihn gewirkt haben. Er tat uns in der Justizminister-Konferenz, im Richterwahlausschuss und immer wieder öffentlich argumentierend gut. Mit ihm wurde sichtbar, wie politisch und öffentlich wirksam Justizpolitik sein kann. Ich habe sein Ausscheiden aus dieser Arbeit sehr bedauert.

Dass ihm nicht nur der Politikbetrieb im Bann hielt sondern dass ihn ebenso intensiv die Zivilgesellschaft beschäftigte, belegt sein unglaubliches Engagement für die Bürgerstiftung-Bewegung. Er hat mit seinem unermüdlichen Fleiß einen großen Stein ins Rollen gebracht. Überall begegnete ich von ihm angestoßenen Bürgerstiftungen mit ihren segensreichen Projekten. So haben wir auch in Bremen ganz in seinem Sinne eine lebhafte, sehr ins öffentliche Bewusstsein gedrungene Bürgerstiftung, die Jahr für Jahr neue Anstöße, neue Projekte präsentiert.

Dann kehrte er zurück ins KFN und weitete das Programm weltweit aus. Christian auf allen Kanälen – das hat mich sehr beeindruckt. Dass dann die Bischofskonferenz sich mit ihm aus ihrer Schieflage befreien wollte, hat mich positiv überrascht und umso mehr enttäuscht, als sie die Zusammenarbeit mit ihm abbrach. Christian hat sich auch da nicht verbiegen lassen. Er hat der Justiz und der sie tragenden Aufklärung in einer Großauseinandersetzung zu weiterer Glaubwürdigkeit verholfen. Ich danke Christian für sein Lebenswerk und wünsche ihm und Anna noch viele gute gemeinsame Jahre, an denen ich – hoffentlich – weiter teilnehmen darf.

Ein Unruhegeist sucht neue Abenteuer

Uwe Schwarz

Christian Pfeiffer feiert im Februar 2014 seinen siebzigsten Geburtstag. Wer das nicht weiß und den umtriebigen Chef des KFN erlebt, hält das für schlicht unmöglich. In einer Zeit, in der in Deutschland lebhaft und emotional über verlängerte Lebensarbeitszeiten gestritten wird, wo die angestrebte Rente mit 67 Jahren im Rahmen der Agenda 2010 ausgerufen wurde und dies eine große Volkspartei in eine nachhaltige Krise gestürzt hat, soll oder muss Christian Pfeiffer in den Ruhestand. Unvorstellbar, vor allem für ihn selbst, aber auch für alle, die ihn kennen.

Aus Anlass der Verleihung des Sozialistenhutes an Christian Pfeiffer im Jahr 2013 stellte dieser in seiner Dankesrede fest: „Erstens: Es müssen wieder mehr Frauen, die teilweise sehr gut ausgebildet sind, im Beruf stehen. Dazu müssen Familie und Beruf miteinander verknüpft werden, wozu man Topkrippen braucht. Und zweitens: Den Alten sollte die Möglichkeit eingeräumt werden, länger zu arbeiten, wenn sie wollen".

Er selbst ist ein lebendes Beispiel dafür, dass ein Renteneintrittsalter keine starre Grenze sein kann, sondern stark von der eigenen Kraft, Einstellung und Gesundheit abhängt und natürlich auch von der individuellen Erwerbsbiografie. Menschen bis 67 in Arbeit zu zwingen, die schon mit 63 physisch und/oder psychisch kaputt sind, ist sozialpolitisch und volkswirtschaftlich genauso unsinnig, wie Menschen mit 65 oder 67 zwangsweise in Rente oder Pension zu schicken. Christian Pfeiffer ist für die zweite Variante ein exzellentes Beispiel. Wir werden Flexibilität beim Renteneintrittsalter mehr und mehr brauchen, um angesichts des dramatisch ansteigenden Fachkräftemangels vorhandene Ressourcen nicht unnötig zu vergeuden. Menschen, die 45 oder vielleicht auch 40 Jahre Erwerbstätigkeit hinter sich haben, müssen abschlagsfrei ihren Renteneintritt bestimmen können. Wenn sie länger arbeiten, sollte dieses mit Zuschlägen belohnt werden. Wer mit seinem 30. Lebensjahr ins Berufsleben tritt, der kann im Normalfall nicht mit dem 60. oder 65. Lebensjahr abschlagsfrei gehen (über unterschiedliche Fälle der Erwerbsunfähigkeit will ich hier nicht reden). Wer aber mit seiner Power und seinem Tatendrang im Ruhestand ohnehin nicht klar kommen würde und selbst mit noch so vielen Ehrenämtern unterfordert wäre, den sollten wir auch dringend weiter einbinden und fordern. Das ist eine klassische Win-Win-Situation.

Christian Pfeiffer kannte ich bis 2000 nur aus den Medien, wo er mit starker Überzeugungskraft und wortgewaltig zu öffentlichen Vorfällen Stellung bezog. Ja, ich wusste noch nicht einmal, dass Christian seit 1969 SPD-Mitglied war. Das änderte sich mit seiner Berufung zum Justizminister ins Niedersächsische Landeskabinett unter Ministerpräsident Sigmar Gabriel. In einer seiner ersten Landtagsreden stellte Christian Pfeiffer auch gleich fest: „Ich strebe an, mindestens siebeneinhalb Jahre Justizminister zu sein, und, wenn es geht, darüber hinaus".

Sein im Dezember 2000 im Landtag vorgestelltes Arbeitsprogramm war nicht die Erledigung von Kleinkram, sondern das Anpacken von sehr grundsätzlichen Aufgaben: „Ich möchte mit zwei Schlagwörtern beginnen, erstens der Modernisierung der Justiz und zweitens der Gewährleistung der berechtigten Sicherheitsinteressen der Bürgerinnen und Bürgern. Wir brauchen eine umfassende Justizreform. Wir brauchen die Einführung betriebswirtschaftlicher Steuerungselemente an Gerichten und in den Justizvollzugsanstalten unter Wahrung hoher Qualitätsansprüche, einen zeit- und sachgerechten Mitteleinsatz sowie die Schärfung des Kostenbewusstseins. Drittens, den Einsatz neuer Kommunikationstechnologien. Viertens, zu einer modernen Justiz zählen aber nicht nur eine effektive Gestaltung der Strafrechtspflege, sondern auch die Stärkung der Stellung von Opfern von Verbrechen sowie die intensive Zusammenarbeit in der Präventionsarbeit. Deshalb werden zukünftig die Arbeit des Landespräventionsrates im Justizministerium angesiedelt und die Mittel für den Täter-Opfer-Ausgleich erhöht. Ein Schwerpunkt wird dabei die Hilfe für Opfer innerfamiliärer Gewalt sein. Ein weiterer Schwerpunkt wird die Prävention von Jugendgewalt und von rechtsextremer Gewalt sein. Wir wissen, je früher erkannt wird, dass ein Kind oder ein Jugendlicher zu Hause misshandelt wird, je früher Hilfe für Kinder und Eltern organisiert wird, umso größer sind die Chancen, dass sich eine spätere kriminelle Karriere dieses Kindes vermeiden lässt. Wir wissen aber auch: Nur jedes zwanzigste Kind in Deutschland, das misshandelt wird, findet den Weg zum Jugendamt oder zum Kinderschutzbund. Deutschland mag ein gutes Tierschutzland sein, ein gutes Kinderschutzland sind wir leider noch nicht." Soweit die Ausführungen des damaligen Justizministers in der Haushaltsdebatte des Landestages im Dezember 2000.

Viele dieser Themen hat Christian Pfeiffer als Minister angepackt. Viele seiner Themen sind gleichzeitig wichtige Themen und Aufgabenfelder der Sozialpolitik; im Kern sind es gesellschaftspolitische Querschnittsthemen. Auf alle Fälle gab es viele Bereiche, in denen wir politische Berührungspunkte und zudem viele inhaltliche Gemeinsamkeiten hatten. Er als Minister und ich als sozialpolitischer Sprecher der SPD-Landtagsfraktion. Wir lernten uns kennen, und es entwickelte sich Freundschaft daraus, für die ich sehr dankbar bin.

Wenn die Politik übrigens endlich einmal Ressortegoismen und Ressortdenken, zumindest bei einigen Themen, überwinden könnte, dann kämen wir in manchen Aufgabenbereichen schneller voran.

Leider konnte Christian nicht alle seiner Vorhaben als Minister zu Ende führen. Im Januar 2003 kam es bekanntlich anders als geplant, was weder an Sigmar Gabriel noch am Justizminister lag. Massive bundespolitische Rahmenbedingungen fegten die SPD-Landesregierung aus dem Amt, und das nicht nur in Niedersachsen. Christian Pfeiffers Themen sind jedoch geblieben, und er bearbeitet sie intensiv und nachhaltig weiter, auch in anderer Funktion. Sicher ist, wenn Christian Pfeiffer sich zu etwas äußert, dann erzeugt das bundesweit erhebliche Aufmerksamkeit.

Auch unser Gedankenaustausch hat seine Ministerzeit überdauert und weiterhin zu wichtigen Impulsen in der Landespolitik beigetragen. Sozialpolitisch will ich nur stichwortartig folgende gemeinsame Themenbereiche nennen, ohne dass die Aufzählung ein inhaltliches Ranking darstellt:

- Kinderschutz, Prävention, Kinderschutzgesetz
- Kann das verbindliche Einladungswesen zu Vorsorgeuntersuchungen eine Maßnahme des Kinderschutzes sein?
- niederschwellige Angebote, aufsuchende Familienhilfe, Familienhebammen
- das Modell „Pro Kind“
- Rechtsextremismus unter Jugendlichen, Ursachen und Folgerungen
- Folgen des Medienkonsums (lt. Pfeiffer: Medienverwahrlosung, Killerspiele)
- Maßnahmen der Jugendhilfe, geschlossene Heimunterbringung (z. B. in Lohne durch die ehemalige CDU/FDP-Landesregierung)
- Situation der Heimkinder in den Jahren 1949 bis 1972, Missbrauch in kirchlichen und freigemeinnützigen Einrichtungen
- Sogenannte Auslandspädagogik für Jugendliche

Gerade die drei zuletzt genannten Punkte haben auch landespolitisch in den vergangenen Jahren eine gewichtige Rolle gespielt, und die Aufgaben sind noch nicht erledigt. Ich will hier nicht näher auf die Auseinandersetzung zwischen der katholischen Kirche und Christian Pfeiffer eingehen, nachdem ihm der ursprüngliche Auftrag zur Erstellung einer Studie zum Missbrauch in der katholischen Kirche Deutschlands im Januar 2013 von der Deutschen Bischofskonferenz wieder gekündigt wurde.

Wer allerdings wissenschaftliche Aufträge erteilt und hinterher Gefälligkeitsgutachten im Sinne des Auftragstellers erwartet, der ist bei Pfeiffer mit Sicherheit nicht an der richtigen Adresse. Er redet nicht um die Themen herum, sondern bevorzugt eine unzweideutige Sprache, die auch komplizierte Sachverhalte verständlich „rüber bringt". Christian weiß, dass er mit mancher Aussage provoziert und nutzt diese Möglichkeit bewusst, um Themen rhetorisch geschickt und mitreißend der Öffentlichkeit ins Bewusstsein zu bringen. Sicherlich eines seiner Markenzeichen.

In der vergangenen Legislaturperiode befasste sich der Sozialausschuss des Niedersächsischen Landtages mit „intensivpädagogischen Einzelmaßnahmen im Ausland". Hinter dieser wohlklingenden Formulierung versteckt sich nichts anderes als die Abschiebung von Jugendlichen von den für sie zuständigen Jugendämtern, wenn sie mit den Jugendlichen nicht klar kommen. Dann gilt offensichtlich die Maxime „aus den Augen, aus dem Sinn".

Aufgrund mehrerer schwerwiegender Vorwürfe gegen diese Praxis einzelner Jugendämter hatte die SPD-Landtagsfraktion Christian Pfeiffer als Sachverständigen in den zuständigen Ausschuss gebeten. Auch hier redete er Klartext:

„Zwei Drittel der befragten Kinder und Jugendlichen wurde gegen ihren Willen in diese Maßnahmen gesteckt, die weitgehend in einem rechtsfreien Raum stattfinden, und zwar überwiegend durch nicht pädagogisch ausgebildete oder regelmäßig supervidierte Fachkräfte. Ich halte es für eine koloniale Attitüde, dass wir uns vorstellen, es ist rechtens, Kinder nach Rumänien, nach Kirgisien, nach Hinterindien oder sonst wohin zu exportieren, die uns Riesenschwierigkeiten machen, die Autos klauen, die Crashkids sind, vor denen wir uns fürchten, die wir nicht im Griff halten. Wir exportieren diese Kinder irgendwo hin und beten, dass alles gut geht, und verlieren jegliche Kontrolle darüber, was mit diesen Kindern abläuft. Wir exportieren einfach, aber wir holen uns keine. Das wäre ja auch noch schöner, wenn wir uns hier mit irgendwelchen kriminellen Kindern aus

Kirgisien herumschlagen müssten. Das würden wir uns verbitten. Aber wir muten es anderen zu. Mit welchem Recht eigentlich? Ich sehe dafür keine Rechtfertigung. […] Deutsche Behörden zahlen dafür bis zu 5.000 Euro im Monat, bei Einkommensverhältnissen von 500 Euro für Richter, 300 Euro für Lehrer. Wer wird dort mit unseren Kindern steinreich? Niemand hat überprüft, was da an Korruption läuft und was am Ende bei dem Menschen ankommt, der konkret die Betreuungsarbeit für dieses Kind leistet. Aber unsere Jugendämter zahlen Riesensummen an irgendwelche obskuren Vereine.

Meine Basis wäre, dass ein Gesetz existiert, welches jedes Jugendamt, das ein Kind irgendwohin schickt, verpflichtet, dem jeweiligen Landesjugendamt zu melden, von wann bis wann das Kind wo ist. […] Es wäre ein Billigprojekt, das KFN zu beauftragen, für alle niedersächsischen Kinder anhand ihrer Namen und Geburtstage zwei Jahre, nachdem sie aus einer solchen Maßnahme entlassen worden sind, eine Überprüfung durchzuführen, wie oft sie in Deutschland wieder rückfällig geworden sind. Das wäre eine ganz simple, schnelle Erfolgskontrolle. [...] Ich bin also nicht generell gegen „Erlebnispädagogik". Aber was da läuft, sind schlichte Arbeitsmaßnahmen. Die Kinder gehen dort nicht zur Schule, weil sie nicht die Sprache sprechen, sondern arbeiten von früh bis spät beim Holzhacken, auf dem Feld, beim Schweinefüttern und sonst wo. Das mag alles ganz sinnvoll sein, aber ob dieses allerdings mit 12- oder 13-Jährigen sinnvoll ist, wage ich sehr zu bezweifeln. Das Ganze kann doch nicht Pädagogik sein, die Kinder irgendwo in die Einsamkeit zu schicken! Das ist im Grunde genommen die Bankrotterklärung der Pädagogik."

2010 haben die Aussagen von Christian Pfeiffer leider nicht zu politischen Konsequenzen geführt, aber dafür haben sie sich jetzt in der Koalitionsvereinbarung von SPD und Grünen in Niedersachsen niedergeschlagen. Die Wiedereinführung des Landesjugendhilfeausschusses und die Verpflichtung, dass das Land endlich seine Aufgaben als überörtlicher Träger der Jugendhilfe wieder ernst nimmt, sind ebenso festgeschrieben wie das Stichwort zur „Auslandspädagogik".

Christian Pfeiffer hat und wird sich bei seinen Aussagen nicht verbiegen lassen, auch oder gerade dann, wenn es ihm Ärger einhandeln könnte. „Als Flüchtlingskind war ich ängstlich bemüht, nirgends anzuecken", wie er selbst sagt. Er weiß aus der eigenen Vita, was es heißt, nicht auf der Sonnenseite des Lebens zu stehen. Als Kind von acht Jahren war er mit den Eltern und Geschwistern auf der Flucht. Er weiß, was Entbehrungen sind und was es bedeutet, in Armut zu leben, zurückzustehen, wenn Klassenkameraden sich etwas leisten können, wofür zu Hause das Geld fehlt. Dafür hatte Christian ein richtig gutes Verhältnis zu seinen Eltern. „Die Mutter hat uns immer mit Liebe und Fürsorge verwöhnt, und am Vater schätze ich seine Wärme, seine Courage und seine Gradlinigkeit“, stellt Christian freimütig fest.

So etwas ist prägend für das ganze Leben, auch dann, wann man es selbst „geschafft und sich durchgebissen hat“. Manche verlieren dann die Bodenhaftung. Andere aber nutzen sie als Grundlage für ihre Arbeit und verstehen sie als „Berufung“. Für Christian Pfeiffer gilt die zweite Variante, und das kann ich gut nachvollziehen. Als er im Frühjahr dieses Jahres aus Anlass eines Jubiläums eine Laudatio für mich hielt, machte er auf einige Parallelen unserer Kindheiten aufmerksam, die trotz unserer vierzehn Jahre Altersunterschied bestehen.

Während ich allerdings seit 1986 über das Dasein des (inzwischen dienstältesten) Abgeordneten der SPD-Landtagsfraktion nicht hinaus gekommen bin, gehört Christian zu den renommierten Wissenschaftlern Deutschlands, die u. a. das KFN weit über die Landesgrenzen hinaus zu einem Begriff gemacht haben. Wenn er nun nach mehr als 25 Jahren als Direktor das Kriminologische Forschungsinstitut verlässt, dann hinterlässt er auf der einen Seite große Spuren, und auf der anderen Seite bedeutet das mit Sicherheit nicht „Ruhestand“.

Neue Aufgaben und Abenteuer warten schon auf ihn, teilweise auf der anderen Seite des „großen Teiches“. Das ist mit Sicherheit sowohl für seine Gesundheit als auch für seine unmittelbare Umgebung die bessere Variante. Man ist so alt, wie man sich fühlt, und das hat immer weniger mit dem tatsächlichen Lebensalter zu tun. Christian Pfeiffer wird uns als engagierter und kämpferischer Zeitgeist erhalten bleiben, als jemand, der sich zu Wort meldet und nicht stromlinienförmige Antworten präsentiert. Aber auch als jemand, der interessiert zuhört, hilfsbereit und ein wichtiger persönlicher Ratgeber ist.

In diesem Sinne wünsche ich Dir, lieber Christian, auch weiterhin viel Schaffenskraft, Lebensfreude, Zeit für Bücher, Zeit für Anna und die Kinder und vor allem gute Gesundheit.

Ressourcen der Zivilgesellschaft

Rupert Graf Strachwitz

I. Einführung

Vorgefaßte Meinungen, Vorurteile ebenso wie Legenden, die sich als immer wiederkehrende Zitate durch die Literatur ziehen, haben oft genug auf die öffentliche Meinung, den politischen Diskurs und sogar die Entscheidungsfindung einen stärkeren Einfluß als Ergebnisse seriöser Forschung – von unvoreingenommener Beobachtung ganz zu schweigen. Dieser Zustand wird immer wieder beklagt; ausrottbar scheint er nicht zu sein. Er gilt in besonderem Maß in einem Bereich, der unterforscht ist und als unbekannt, nicht definierbar und gelegentlich als unheimlich gilt, durch das ganze 20. und wohl auch schon das 19. Jahrhundert hindurch im Schatten der Nationenbildung gestanden hat und von den Protagonisten einer Verabsolutierung der Nation auch nach Kräften marginalisiert worden ist: die Summe der selbstermächtigten und selbstorganisierten, oft genug aus einem nicht oder supranationalen Kontext hervorgegangenen Akteure, Bewegungen, Initiativen und Organisationen, die sich aus freiem Willen zusammenschließen, um kollektiv und öffentlich das allgemeine Wohl zu befördern, ohne sich in das System und die Hierarchie eines Staatsverbandes ein- oder sich dieser gar unterzuordnen.

Heute wissen wir, dass diese Akteure eine unverzichtbare Gelingensbedingung der Gesellschaft darstellen: Ohne selbstermächtigtes Handeln sind sozialer Wandel und sozialer Friede nicht zu haben. Ohne das mal integrierende, mal anschiebende[1], aber auch mal subversive Handeln engagierter Bürgerinnen und Bürger fehlen der Gesellschaft die Fermente, das Wissen, die Konzepte und die Persönlichkeiten, die notwendig sind, um in einem weithin nicht organisierbaren Prozeß das Vorhandene ständig zu prüfen und das Neue zu entwickeln. Die Arena der Zivilgesellschaft stellt der Gesellschaft insgesamt Ressourcen zur Verfügung, die keine an-

1 Thaler, R. H., Sunstein, C. R. (2009). Nudge. Wie man kluge Entscheidungen anstößt. Berlin.

dere Arena – also weder Staat noch Markt – zur Verfügung stellen könnte: soziales Kapital ebenso wie aus der Deliberation erwachsende Lösungen. Diese Ressourcen bilden die Voraussetzung dafür, dass sich eine echte Bürgergesellschaft entwickelt. Insoweit verfügt die Zivilgesellschaft und verfügen die Akteure in ihr über singuläre Ressourcen, die im Übrigen auch in großem Umfang angeboten und zur Verfügung gestellt werden.

Soll alle Staatsgewalt tatsächlich vom Volk, das heißt von den Bürgerinnen und Bürgern ausgehen[2], so ist damit impliziert, dass sich diese zur Ausübung ihrer Vorrangstellung in vielerlei Weise verfassen können und müssen. Dies tun sie im Hinblick auf die res publica vornehmlich nicht im Kontext des Staates selbst; vielmehr lebt dieser, wie Ernst-Wolfgang Böckenförde schon 1976 angemerkt hat, wesentlich von Voraussetzungen, die er selbst nicht schaffen kann.[3] Dies bedeutet, dass die Akteure ihrerseits auf Ressourcen angewiesen sind, ohne die sie ihren bürgegesellschaftlichen Auftrag nicht erfüllen können. Reicht, so ist daher zu fragen, der Input an Ressourcen hin, um den notwendigen Output sicherzustellen? Dabei geht es, wohlgemerkt, keineswegs nur um einen materiellen Input und schon gar nicht um einen materiellen Output! Die im politisch-administrativen System beliebte Reduktion der Rolle der Zivilgesellschaft auf – dank „Ehrenamt“ billige – Dienstleistungen verkennt insoweit sowohl demokratietheoretisch den grundgesetzlich fixierten Rangunterschied zwischen „Volk“ (principal) und Staat (agent) als auch praktisch den Ressourcenschatz, den es hier zu heben gilt. In Zeiten besonderer Herausforderungen, wie sie für die heutige historische Situation zweifellos konstatiert werden können, erscheint dies besonders gefährlich und kurzsichtig. Nicht die Abschottung vor dem Bürger, seine Reglementierung und Überwachung, wie sie mit fadenscheinigen Sicherheitsargumenten zunehmend praktiziert werden, sondern genaues Hinhören auf seine Stimme (voice), tiefer Respekt vor seiner Freiheit und Ermutigung zu politischem Handeln in der Zivilgesellschaft erscheinen dagegen als kluge Handlungsmaximen. Um die Dichotomie der angebotenen Ressourcen einerseits und der benötigten und vorhandenen andererseits soll es im Folgenden gehen.

2 Art. 20 GG

3 Böckenförde, E.-W. (1976). Die Bedeutung der Unterscheidung zwischen Staat und Gesellschaft im demokratischen Sozialstaat der Gegenwart. In: ders. (Hrsg.), Staat, Gesellschaft, Freiheit. Frankfurt/Main.

II. Zivilgesellschaft

In der Arena der Zivilgesellschaft bewegen sich höchst unterschiedliche Akteure. Radikale Protestbewegungen, kurzlebige Bürgerinitiativen und kleine, eher selbstbezogene Gruppen tummeln sich darin ebenso wie Jahrhunderte alte Stiftungen, noble Kunstvereine und große Wohlfahrtsverbände mit Hunderttausenden von Mitarbeitern. Diese Unterschiede werden gelegentlich zum Anlaß dafür genommen, der Arena jede Kohärenz abzusprechen. Bis heute erfassen etwa die amtlichen Statistiken in Deutschland – im Gegensatz zu vielen anderen Ländern – die Zivilgesellschaft nicht gesondert und gemeinsam. Dabei sind die anderen Arenen in sich nicht weniger heterogen. Zwischen einer kleinen ländlichen Gemeinde, dem Bundesgerichtshof und der Europäischen Kommission, den gesetzlichen Sozialversicherungsträgern, dem Staatstheater und dem staatlichen Pferdezuchtbetrieb sind die Unterschiede mindestens ebenso ausgeprägt, und doch gehören sie alle zur Arena des Staates. Ebenso müssen sich auch der kleinste Handwerksbetrieb, die Volkswagen AG, die genossenschaftliche Bank und der global operierende Hedge-Fonds alle der Arena des Marktes zuordnen lassen, obwohl nicht nur die Umsatzzahlen, sondern auch der Bezug der Allgemeinheit höchst unterschiedlich sind. So erbringt der Bäcker, der für das tägliche Brot in seinem Umfeld sorgt, einen Beitrag zum gemeinen Wohl, der dem mancher „gemeinnütziger“ Akteure zumindest nicht nachsteht. Die Genossenschaften dienen ausdrücklich nicht nur ihren Eigentümern, sondern auch der Allgemeinheit. Es kommt also bei der Zuordnung zu einer der Arenen nicht auf den normativen Anspruch oder dessen Einlösung, sondern auf zunächst recht formale Kriterien an, darunter wesentlich die Priorität des ideellen Ziels vor eventuellen wirtschaftlichen Erwägungen, den subjektiven Gemeinwohlbezug, das strikte Verbot der Ausschüttung von Überschüssen an Mitglieder oder Eigentümer und die Freiwilligkeit in der Konstituierung der Organisation selbst und der Gewinnung von Mitgliedern und Förderern. Dass diese Definition von Zivilgesellschaft mit älteren Begrifflichkeiten nicht unbedingt identisch und auch nicht universell gebräuchlich ist, muss an dieser Stelle erwähnt werden.

Besonders das letzte Kriterium unterscheidet zivilgesellschaftliches Handeln prinzipiell von staatlichem. Dort ist, nach unserem Grundverständnis auf der Basis demokratisch verfaßter Strukturen („no taxation without representation“) alles versammelt, wozu Bürgerin und Bürger gezwungen werden können, kurz die hoheitliche Gewalt, deren Hoheit eine abhängige ist. Dass es dieses Hoheitsmonopols, einer Errungenschaft des modernen Staates bedarf, steht dabei außer Frage. Diese Einteilung begründet freilich kein System, aus dem alles erklärbar oder ableitbar ist, sondern ein Modell, das dienlich erscheint, um einige Phänomene unserer Gesellschaft zu erklären. Allerdings: „Es scheint, als läge in der Figur des Dritten überhaupt das Betriebsgeheimnis von Gesellschaften verborgen."[4]

Hierzu gehört insbesondere, dass das Gewaltmonopol eben nicht ein Handlungs- und Gestaltungsmonopol und schon gar nicht ein Monopol der politischen Deliberation beinhaltet, so gern dies manche auch sähen. Rechte und Verantwortung der Bürgerinnen und Bürger beginnen und enden nicht an der Wahlurne (vote), sondern bestehen wesentlich darin, sich zu allen öffentlichen Angelegenheiten zu äußern (voice), mehr noch, sie permanent mit zu entwickeln. Einem sich äußernden Bürger oder einer bürgerschaftlichen Organisation die Legitimation abzusprechen („Dürfen die denn das?")[5] zeugt daher von einem in hohem Grade defizitären Demokratieverständnis.[6] Wie sich der einzelne Bürger dieser Verantwortung stellt und seine Rechte ausübt, bleibt ihm selbst überlassen. Unbeschadet der normativen Wünschbarkeit kollektiver Aktion[7] bleibt es das gute Recht des Einzelnen, sich im Einzelfall oder auch insgesamt an Wahlen, Abstimmungen und anderen Bürgeraktionen nicht zu beteiligen. Wenn heute oft die sinkende Wahlbeteiligung beklagt wird, geht dies zum einen an der Natur der Bürgerrechte vorbei, blendet aber vor allem die Tatsache aus, dass sich Beteiligung heute aus vielen guten Gründen immer mehr in die Zivilgesellschaft verlagert. 80 % des bürgerschaftlichen Engagements finden in der Zivilgesellschaft statt.

In der so definierten Zivilgesellschaft werden heute sieben unterscheidbare Funktionen wahrgenommen. Fast jede Organisation und Bewegung nimmt mehr als eine wahr. Im Blickpunkt stehen zunächst in der Tat die Dienstleistungen; Engagement beinhaltet nun einmal überwiegend den Wunsch, etwas Konkretes zu tun, sei es auf dem sozialen, kulturellen,

4 Koschorke, A. (2010). in: E. Eßlinger, T. Schlechtriemen, D. Schweitzer, A. Zons, Die Figur des Dritten – ein kulturwissenschaftliches Paradigma. Berlin 2010

5 Strachwitz, R.G. (2010). Die Stiftung – ein Paradox. Zur Legitimität von Stiftungen in einer politischen Ordnung. Stuttgart.

6 Khanna, P. (2011). Wie man die Welt regiert. Berlin.

7 Hinze, K. (2013). Kooperationen und die Intention zum Wir. Ansätze einer kooperativintentionalen Handlungstheorie. Berlin.

Umwelt-, Entwicklungs-, Naturschutz- oder Nachbarschaftsfeld oder einem der vielen anderen Felder, auf denen sich Menschen engagieren. Außenstehenden wird allerdings oft nicht deutlich, dass schon damit vielfach eine Themenanwaltschaft (advocacy) verknüpft ist, eine öffentliche Stellungnahme für die Thematik. Im Blickpunkt stehen eher die Organisationen wie etwa Greenpeace, deren Schwerpunkt auf dem Kampf für ein konkretes gesellschaftliches Ziel liegt. Vor einer Generation noch argwöhnisch beäugt, sind Themenanwälte heute aus der gesellschaftlichen Wirklichkeit nicht mehr wegzudenken. Nah verwandt aber nicht deckungsgleich sind die Wächter (watchdogs), die sich die Prüfung und Überwachung des Handelns anderer Akteure zur Aufgabe gemacht haben. Sie wachen über das Einhalten von Menschen- und Bürgerrechten ebenso wie über das verfassungskonforme Handeln von Staatsorganen. In einer Zeit enger Kooperation zwischen Staat und Markt, wie sie seit den 1990er Jahren gewachsen ist, erscheint vielen diese Aufgabe als die vordringlichste der Zivilgesellschaft überhaupt.[8] Eine weitere Funktion mit großer Tradition ist die der Selbsthilfe. Sie wird beispielsweise von Patientenselbsthilfen wahrgenommen, aber auch von jedem Sportverein. An dieser Funktion läßt sich besonders gut ablesen, wie differenziert man das oft prominent, aber wenig sachkundig vorgetragene Postulat des Altruismus betrachten muss. Fremdbezogene und selbstbezogene Motive spielen in jedes gemeinnützige Handeln hinein; von einer Kollektivierung selbstbezogenen Handelns hat die Gesellschaft den Gewinn. Denn dieser Selbsthilfe nah verwandt ist die Funktion der Gemeinschaftsbildung, die vor allem anderen für den sozialen Kitt sorgt, dessen die Gesellschaft bedarf, den Staat und Markt aber nicht erzeugen können.[9] Die vielfach belächelten, vom Staat aus der steuerlichen Sonderstellung als „Freizeitbeschäftigungen“ ausgeklammerten, Karnevals- und Schützenvereine, Laienchöre und Laienorchester erbringen diesen zivilgesellschaftlichen Mehrwert in exemplarischer Weise.[10] Die sechste Funktion beinhaltet ausdrücklich die politische Deliberation. Sie trägt der weitgehenden Entstaatlichung von Politik Rechnung. Insoweit sich die Parteien der Zivilgesellschaft zurechnen lassen, bezieht sich diese Funktion auf sie, aber keineswegs auf sie

8 Crouch, C. (2011). Das befremdliche Überleben des Neoliberalismus. Berlin.

9 Putnam, R. (1994). Making Democracy Work. Princeton.

10 Groschke, A., Gründinger, W., Holewa, D., Schreier, C., Strachwitz, R.G. (2009). Der zivilgesellschaftliche Mehrwert. Berlin.

allein. Nicht nur haben es sich einige große Stiftungen in neuester Zeit zum Anliegen gemacht, Orte der deliberativen Demokratie[11] zu sein. Der ihnen gemachte Vorwurf, es handle sich dabei um Lobbyismus zugunsten von Positionen, die außerhalb der Zivilgesellschaft stehen, trifft keineswegs immer zu. Auch viele andere kollektive Akteure der Zivilgesellschaft sind heute Netzwerkzentren des ergebnisoffenen Diskurses zu aktuellen Herausforderungen und Lösungsansätzen. Gelegentlich werden sie als vorparlamentarischer Raum bezeichnet, was insofern zutrifft, als die Erörterung hier regelmäßig vor der in den Parlamenten einsetzt, aber irreführend sein kann, wenn die Parlamente daraus eine Überlegenheit ableiten. Nur wenn es zu für alle verbindlichen Beschlüssen kommt, haben diese das letzte Wort. Schließlich ist noch die Funktion der Mittler zu nennen, die vornehmlich von Dachverbänden und Förderstiftungen ausgeübt wird, welche nicht selbst als Akteure tätig werden, sondern das Agieren anderer ermöglichen. Es ist nicht zu übersehen, dass der Rückzug in die reine Mittlerfunktion von den Beteiligten immer häufiger als unbefriedigend angesehen und jedenfalls teilweise weitere Funktionen aufgenommen oder angestrebt werden. Deutlich wird dies etwa an den deutschen Bürgerstiftungen, die, anders als ihre amerikanischen Vorläufer, zum einen alle zumindest teilweise selbst Projekte durchführen, sich zum anderen aber auch immer häufiger mit Positionen zur res publica Gehör verschaffen.

Der funktionale Betrachtungsansatz macht deutlich, dass Zivilgesellschaft eben nicht nur einen „Co-Produzent sozialer Dienstleistungen“ darstellt, wie es Berufspolitiker gelegentlich ausdrücken, sondern für die Entwicklung unserer Gesellschaft eine ganze Palette von Ressourcen bereithält. Dazu gehören neben den unmittelbaren Arbeitsergebnissen, meritorischen Gütern wie kulturellen Angeboten, der Linderung von Not, Beiträgen zur Volksgesundheit usw. auch die „Produktion von öffentlichen Gütern oder Allmenden[12], etwa die Bereitstellung von Einsatzmöglichkeiten für bürgerschaftliches Engagement, die Schaffung von Bewusstsein für

11 Habermas, J. (1992). Drei normative Modelle der Demokratie: Zum Begriff deliberativer Demokratie. In: H. Münkler (Hrsg.), Die Chancen der Freiheit. Grundprobleme der Demokratie. München und Zürich 1992.

12 Ostrom, E. (2009). Gemeingütermanagement – eine Perspektive für bürgerschaftliches Engagement [Governing a Commons from a Citizen's Perspective]. In: S. Helfrich, Heinrich-Böll-Stiftung (Hrsg), Wem gehört die Welt? Zur Wiederentdeckung der Gemeingüter. München.

neue Themen (Beispiel: Umweltbewußtsein), der Schutz von Werten (Beispiel: Menschenrechte), die Vertretung von Gemeinwohlinteressen, welche der Staat nur marginal, der Markt überhaupt nicht anzubieten hat. Noch sehr viel wertvoller ist jedoch die Ressource des zivilgesellschaftlichen Mehrwerts, die sich aus Elementen wie Inklusion, Integration, Reputation, Partizipation – Schule der Demokratie, sozialem Kapital, Beitrag zum sozialen Wandel, Förderung des sozialen Friedens, Subsidiarität und Eigenverantwortung zusammensetzt, allesamt unverzichtbare Voraussetzungen einer positiven Entwicklung.

Eines allerdings ist nicht zu übersehen: Eine so aufgestellte Zivilgesellschaft bildet im gesamtgesellschaftlichen Gefüge einen Machtfaktor, der die Ausübung von Macht durch die zahllosen Organe und Agenturen, Behörden und Vertreter des Staates in Frage stellt. Kann es also sein, so fragt sich der Beobachter, dass es nicht Unkenntnis oder Gedankenlosigkeit, nicht eine mangelhafte Beschäftigung mit moderner Gesellschaftstheorie, schon gar nicht die immer beschworene „angespannte Haushaltslage" ist, die die Inhaber der Macht davon abhalten, die Zivilgesellschaft mit den Ressourcen auszustatten, die sie ihrerseits braucht, um sich zu entfalten? Es gibt, so kann man zumindest vermuten, ein klares Bewusstsein dafür, dass eine aktive, starke Zivilgesellschaft eine Bedrohung der Macht von Politik und Verwaltung darstellt. Dass nicht einmal die Erfassung, für die freilich eine Transparenzpflicht erforderlich wäre, geschweige denn eine adäquate Erforschung oder systematisch und modern aufgebaute gesetzliche Rahmenbedingungen, dem Staat ein Anliegen zu sein und diesem, zumindest an den Werktagen des politischen und administrativen Geschäfts eher an einer fortdauernden Marginalisierung gelegen zu sein scheint, ist jedenfalls hierfür ein Indikator.

III. Ressourcen

Zivilgesellschaft ist, so hat es Francois Perroux schon 1960 definiert, die Arena des Geschenks[13], die sich durch dieses Attribut von den Arenen der Gewalt (dem Staat) und des Tauschs (dem Markt) unterscheidet. Das

13 Offe, C. (2002). Reproduktionsbedingungen des Sozialvermögens. In: Enquete-Kommission Zukunft des bürgerschaftlichen Engagements, Deutscher Bundestag (Hrsg.), Bürgerschaftliches Engagement und Zivilgesellschaft. Opladen.

heißt, sie treibt weder zwangsweise Steuern ein, noch lebt sie wesentlich von der Bezahlung ihrer Dienstleistungen, letzteres schon deswegen nicht, weil in sechs von sieben Funktionen kein Leistungsaustausch im wirtschaftlichen Sinne stattfindet. Perroux spricht denn auch von drei Logiken[14], die sich im Grunde gegenseitig ausschließen. Daraus ließe sich ableiten, die Zivilgesellschaft könne und müsse allein von der Kraft ihrer Ideen und dem unentgeltlichen Engagement ihrer Akteure leben, aber dies widerspricht der Realität. Ebenso wie jeder einzelne Bürger und jedes einzelne Unternehmen, jede staatliche Agentur ist auch jede zivilgesellschaftliche Organisation ein Marktteilnehmer, der Güter und Dienstleistungen in Anspruch nehmen und diese auch bezahlen muss. Darüberhinaus sind viele Organisationen sehr wohl Anbieter von Dienstleistungen, durch die sie unmittelbar die eigenen gemeinwohlorientierten Ziele zu erfüllen trachten (related business). Jedes zweite Krankenbett in Deutschland steht bspw. in einem sogenannten frei-gemeinnützigen, das heißt der Zivilgesellschaft zuzurechnenden Krankenhaus. Dort werden Umsätze in vielfacher Millionenhöhe gemacht. Aber auch viele andere Organisationen unterhalten, oft unter anderem, derartige Betriebe. Andererseits wird gemeinnütziges Handeln gemeinhin gern mit Geldspenden assoziiert, zumal wenn spektakuläre Spendenaktionen erfolgreich sind.

Die materiellen Ressourcen der Zivilgesellschaft setzen sich aus einer Vielzahl von Elementen zusammen. Öffentlich-rechtliche Vereinbarungen und private Kontrakte bilden den größten Anteil. Das heißt, auch in der Zivilgesellschaft findet ein Leistungsaustausch durchaus statt. Das gemeinnützige Krankenhaus erhält für seine Leistungen das gleiche Entgelt wie das öffentliche oder private. Eine ebenso große Bedeutung haben quantitative Subventionen aus öffentlichen Mitteln. Sie werden auf allen Ebenen der öffentlichen Haushalte gewährt, führen jedoch regelmäßig in eine Abhängigkeit vom politischen Willen der gewährenden Stelle und den Vorlieben der beteiligten Verwaltungen. Sponsoringleistungen und Spenden von Unternehmen sind oft willkommen, bedingen jedoch nicht selten tiefe Verbeugungen vor den Unternehmenszielen. Zuwendungen fördernder Stiftungen sind diesbezüglich leichter zu ertragen, doch auch diese können von so individuellen Wünschen der Fördermittelgeber begleitet sein, dass sie im Einzelfall sogar abgelehnt werden müssen. Dies

14 Perroux, F. (1961). Zwang, Tausch, Geschenk – Zur Kritik der Händlergesellschaft. Stuttgart.

gilt gelegentlich auch für Spenden, die mit unerfüllbaren Auflagen verbunden sind; im allgemeinen jedoch spenden Bürgerinnen und Bürger auf der Basis des Vertrauens, das sie in eine Organisation und deren Protagonisten haben und erwarten Botschaften, die sie in ihrem Vertrauen bestärken. Allerdings stagniert das Spendenaufkommen trotz einer Zunahme der Zahl der Bürger (durch die Wiedervereinigung Deutschlands), einer erheblichen Zunahme des Vermögens in privater Hand, eines professionalisierten Fundraising-Gewerbes und einer deutlich verbesserten Berichterstattung durch die Empfänger selbst seit rd. 25 Jahren. Kleine Aufwärtstrends sind in der Regel die Folge außergewöhnlicher Ereignisse (bspw. des Tsunamis 2005) und sind nicht nachhaltig. Überdies verteilt sich das Spendenaufkommen auf immer mehr potentielle Empfänger. Zurzeit sollen es knapp 400.000 (von insgesamt rd. 800.000 zivilgesellschaftlichen Organisationen) sein.

Schließlich sind als materielle Ressource noch Erträge eigenen Vermögens und aus nicht zur Zielstellung der Organisation gehörenden eigenen Wirtschaftsunternehmen zu nennen (unrelated business). Für viele, aber keineswegs alle Stiftungen, ist dies die einzige Art, materielle Ressourcen für die Verfolgung der ideellen Ziele zu gewinnen, aber auch andere Organisationen können, bspw. infolge von Erbschaften, gelegentlich auf derartige Ressourcen zurückgreifen. Gerade die letztgenannten Optionen, die in der Praxis nur wenigen zivilgesellschaftlichen Organisationen eröffnet werden, lassen freilich gern vergessen, dass eine weit überwiegende Zahl von Akteuren in einem systemisch bedingten Prekariat lebt und nur im Wege der ständigen Selbstausbeutung in der Lage ist, ihre Ziele zu verfolgen. Dass dies insbesondere auf kleinere, damit aber auch oft auf besonders ideenreiche und aktive Organisationen zutrifft, ist offensichtlich. Die fördernden Stiftungen und andere Mittlerorganisationen haben daher eine besondere Verantwortung, ihre „nächsten Verwandten", das heißt, in der selben Arena operierende Akteure, zu unterstützen, anstatt, wie es noch allzuoft geschieht, den dank Einnahmen von rd. 1 Billion Euro keineswegs armen Staat zusätzlich mitzufinanzieren.

Eine indirekte materielle Ressource besonderer Art stellt die Freistellung gemeinwohlorientierten Handelns von Ertrags- und Vermögensteuern und die Gewährung von Steuernachlässen an Spender und Stifter dar, die seit über 100 Jahren zum festen Attribut zivilgesellschaftlichen Handelns gehören. Es ist demokratietheoretisch unrichtig und im Grunde auch unlauter, dies als Steuerprivileg, „Steuerbegünstigung" oder „Steuervergünstigung“ zu bezeichnen, wie es selbst in den offiziellen Texten der staatlichen Verwaltung geschieht, denn der moderne Verfassungsstaat hat keine Privilegien zu gewähren, sondern entscheidet nur, was zu besteuern ist und was nicht. Dass gemeinwohlorientiertes Handeln der Bürger in gesetzlich normiertem Umfang der Besteuerung nicht unterliegt, ergibt sich wesentlich aus übergeordneten Gesichtspunkten, beispielsweise dem erbrachten zivilgesellschaftlichem Mehrwert. Allerdings ist nicht zu bestreiten, dass es hier eine Einengungsnotwendigkeit gibt; ob sie so ausfallen muss, wie es die deutsche Gesetzgebung und vor allem Verwaltungspraxis handhabt, sei dahingestellt.

Angesichts dieser breiten Palette von Möglichkeiten gerät indes neben dem systemischen Prekariat vieler Akteure die Handlungslogik der Zivilgesellschaft, ihr Eigensinn, leicht aus dem Blick. Immer wieder sind Tendenzen zu beobachten, die sie zum Para-Staat oder Para-Markt werden lassen könnten; einerseits werden manche Organisationen überhaupt nur gegründet, um an irgendwelchen staatlichen Förderprogrammen partizipieren und damit ein paar Arbeitsplätze für die Gründer schaffen zu können; andererseits laufen seit vielen Jahren gewerbliche Wettbewerber gegen tatsächliche oder angebliche Wettbewerbsverzerrungen Sturm, die durch aktiv gewährte Subventionen oder durch steuerliche Privilegierung entstehen würden. Sie sind damit insbesondere bei der Europäischen Kommission immer wieder erfolgreich, denn diese ist durch die Verträge, die ihre Daseinsberechtigung begründen, verpflichtet, solche Verzerrungen zu prüfen und ggf. zu ahnden. In die Defensive gedrängt, haben allerdings die Betroffenen erst vor Kurzem begonnen, eine zivilgesellschaftliche Handlungslogik in ihre Verteidigung einzubeziehen. Über lange Zeit haben sie im Wesentlichen nur das Argument der Bestandswahrung vorgetragen.

In der Tat bedingt die zivilgesellschaftliche Handlungslogik, dass eine Beschreibung der Ressourcen der Zivilgesellschaft keinesfalls auf die materiellen Ressourcen beschränkt bleiben darf. Bemüht man noch einmal den Begriff des Geschenkes als definitorisches Attribut dieser Arena, so lassen sich mindestens sechs Formen identifizieren, in denen diese Geschenke erbracht werden. An erster Stelle steht dabei gewiss die Empathie, die zugleich ein Geschenk an einen konkreten Mitmenschen und an die Gesellschaft insgesamt gesehen werden kann. Ohne Empathie wäre jede Gesellschaft zum Untergang verurteilt. In den 1990er und 2000er Jahren, als der homo oeconomicus endgültig zum Leitbild eines angeblich siegreichen Kapitalismus zu avancieren schien und man in den Arenen des Marktes und des Staates unablässig das verkündete, was angeblich Adam Smith zur Grundlage des Wohlstands der Nationen erkoren hatte, kam man, wie sich ab 2007 erwies, diesem Untergang gefährlich nah. Die Sorge war aber unbegründet, denn, so hatte Adam Smith tatsächlich gesagt, „How selfish soever man may be supposed, there are evidently some principles in his nature, which interest him in the fortune of others, and render their happiness necessary to him, though he derives nothing from it except the pleasure of seeing it."[15]

Empathie gehört in der Tat zu den Grundkonstanten menschlicher Existenz und richtet sich auch keineswegs nur auf die Mitglieder der eigenen Familie oder auf die Partnerin, sondern auch auf entfernter stehende Menschen.[16] Allein als Arena der Empathie hätte die Zivilgesellschaft schon ihre Daseinsberechtigung.

Geschenkt wird jedoch auch in weiteren Formen. Auch wirtschaftlich bedeutend ist zweifellos das Schenken von Zeit, früher meist Ehrenamt genannt, heute in der Regel durch den Begriff des bürgerschaftlichen Engagements ausgedrückt. Dieser umfaßt zwar auch die übrigen Formen, nimmt das Zeitengagement ebenso besonders in den Fokus wie die politische Komponente, indem er Engagement mit einem Bürgerbegriff assoziiert, der im modernen Verständnis von materiellem Wohlstand ebenso unabhängig ist, wie von der Zugehörigkeit zu Bildungs- und anderen Eliten. Schon vor 15 Jahren wurde im damals bahnbrechenden Johns Hopkins Comparative Nonprofit Sector Project ermittelt, dass materielles Spenden den deutschen gemeinnützigen Sektor zwar insgesamt nur zu rd. 3 % finanziert; würde allerdings das Spenden von Zeit monetarisiert werden, würde sich der Anteil auf über 30 % verzehnfachen.[17] In einer vergleichenden Untersuchung für den Bundestag wurde berechnet, dass über das Zeitspenden der Bürger als Spender nach dem Bürger als Konsumenten der zweitwichtigste Kulturfinanzierer in Deutschland ist – weit vor dem Bürger als Steuerzahler.[18] Noch wichtiger erscheint allerdings das bürgerschaftliche Engagement als wesentliches Element gerade in den zivilge-

15 Smith, A. (1759). The Theory of Moral Sentiments.

16 Armstron, K. (2006). The Great Transformation. New York.

17 Zimmer, A., Priller, E. (2000). Der deutsche Nonprofit-Sektor im gesellschaftlichen Wandel – Zu ausgewählten Ergebnissen der deutschen Teilstudie des international vergleichenden Johns-Hopkins-Projekts. Münster.

18 Sprengel, R., Strachwitz, R.G. (2008). Private Spenden für Kultur. Stuttgart.

sellschaftlichen Funktionen, die nicht mit Dienstleistungen verbunden sind, aber regelmäßig den größten zivilgesellschaftlichen Mehrwert erbringen. Hinzu treten weitere Geschenke in Form von Kreativität, Know-How und Reputation, allesamt überaus wichtig und regelmäßig und in großem Umfang erbracht. Wenn relativ beständig und mit eher steigender Tendenz konstatiert wird, dass sich 23 Millionen deutscher Bürgerinnen und Bürger irgendwo und irgendwie engagieren, so erscheint die anthropologische Grundkonstante des Schenkens – von Biologen übrigens auch bei Säugetieren beobachtet – ebensowenig gefährdet zu sein, wie das Aufkommen an zivilgesellschaftlichem Mehrwert. Es verlagert sich allerdings, dem allgemeinen Trend der Abkehr von Großorganisationen folgend, immer stärker zu kleinen, jungen Initiativen, in denen Partizipation und Inklusion besonders ausgelebt werden kann. Nimmt man hinzu, dass auch im Markt die Zahl derer zunimmt, die als social entrepreneurs, Sozialunternehmer, in Genossenschaften oder an anderen Stellen im Hybrid-Bereich zwischen Markt und Zivilgesellschaft die Logik des Tauschs mit der des Geschenks zu verknüpfen bemüht sind, so läßt sich daraus durchaus Optimismus ableiten. Jedenfalls, so scheint es, verfügt die Zivilgesellschaft außerhalb des Materiellen über genügend Ressourcen, um eine starke Stimme zu haben, anders gesagt, um den Mächtigen im Staat und Markt Angst einzuflößen. Zivilgesellschaft ist, so läßt sich zusammenfassen, in der Praxis stärker als Politik, Verwaltung, Wirtschaft, Forschung und Medien zugeben wollen. Beispiele aus anderen Ländern, aber gelegentlich auch aus Deutschland zeigen, wieviel Kraft sie entfalten kann.[19]

IV. Komplizen

Komplizenschaft, in der Definition des deutschen Strafrechts Mittäterschaft im Schmieden einer Idee und deren Umsetzung, ist auch im allgemeinen Sprachgebrauch begrifflich für die reserviert, die kollektiv illegales im Schilde führen. Die Hamburger Kulturwissenschaftlerin Gesa Ziemer hat jüngst herausgearbeitet, dass er durchaus auch legale und vor allem legitime Handlungen umfassen kann und heute als innovativer Ansatz kollektiven Handelns erscheint.[20] Einzelne Bürger handeln hochgradig af-

19 Strachwitz, R.G. (i.E.). Achtung vor dem Bürger.
20 Ziemer, G. (2013). Komplizenschaft – Neue Perspektiven auf Kollektivität. Bielefeld.

fektiv, verbindlich gemeinsam, aber nur temporär, dabei durchgehend individuell, zielorientiert und dennoch erfinderisch-kreativ. In diesem Konzept scheint Poppers „Offene Gesellschaft“[21] auf, eine wandlungsfähige Heterarchie[22], in der die Stärke der Ideen das Rennen macht. Diese Stärke der Ideen, die in offenen, kreativen, kontroversen, chaotischen, unorganisierten Prozessen und Diskursen entstehen, sich formen, beeinflussen und erledigen, sind die entscheidende Ressource, die die Zivilgesellschaft einbringen kann. Nicht technische Innovationen oder messbare Erfolge („Impact“), sondern der nie abkühlende Hexenkessel, in dem immer neue Akteure zu Komplizen der älteren werden, sind letztlich auch die entscheidende Ressource der Zivilgesellschaft selbst. Die Komplizen an ihrer „Selbstausbeutung“ zu hindern, ist ein Akt der Borniertheit und Unvernunft, sie dazu zu ermutigen hingegen ein Akt der Klugheit und Weitsicht. Die Wagenburg eines überkommenen politisch-administrativen Systems zu errichten, um sich gegen diese Komplizen zu verteidigen, ist darüber hinaus sinnlos: „On résiste à l'invasion des armées; on ne résiste pas à l'invasion des idées.“ („Man kann der Invasion von Armeen Widerstand leisten, aber keiner Invasion von Ideen“[23])

Wer für solchen Widerstand Ressourcen des Staates einsetzt, veruntreut Mittel, die ihm die Bürgerinnen und Bürger anvertraut haben. Mit diesen Ressourcen hingegen den Dialog mit den Komplizen zu führen, ihre Ideen zu befördern, die Ressourcen in diesem Sinne zu nutzen und den vordergründigen Verlust an bürokratischer Macht zu akzeptieren, gereicht dem Staat des 21. Jahrhunderts und seinen Vertretern zur Ehre und bringt die Gesellschaft voran.

21 Popper, K. (1945). Die offene Gesellschaft und ihre Feinde.

22 Dreher, J. (2013). Formen sozialer Ordnungen im Vergleich: Hierarchien und Heterarchien in Organisation und Gesellschaft. Berlin.

23 Hugo, V. (1877). Histoire d'un crime – Déposition d'un Témoin.

Christian Pfeiffer wird 70

Carmen Thomas

Unsere Bekanntschaft stammt aus den frühen siebziger Jahren. Mit der Aktion „Zeitungen für den Knast“ war es Christian Pfeiffers Initiative, Abos für Gefangene sponsern zu lassen. Neben anderen öffentlichen Menschen warb er auch mich zum Mitmachen, eine der ersten Frauen aus der WDR-Politk-Moderatorinnen-Riege, die als erste Deutsche beim BBC-TV einen Jahresvertrag hatte und dann erste Moderatorin einer deutschen Sportsendung wurde.

Diese Aktion war typisch für seine Handlungsweise: Promis und Arme kombinieren – zum Nutzen für alle Zielgruppen. Die einen praktisch und aufwertend. Die anderen fürs Image. Tabu-berühren Erleichtern durch die Hochkarätigkeit der Prominenten, die sich dabei auch gegenseitig schützten und gemeinsam stärker waren. Ganz nebenbei auch selbst Kontakte in jede Richtung knüpfen, die nutzen können. So aktiv zu neuen und anderen Lösungen beitragen, in Bereichen, in denen es brennt.

„Was schafft die Wissenschaft“ war Titel einer Sendung Hallo Ü-Wagen im Jahr 1982. Die Idee der Person, die die Sendung angeregt hatte, war, wie super sie es fände, wenn jede in monate-, ja jahrelanger Arbeit hergestellte Diplom- oder Doktorarbeit zumindest einem Menschen außerhalb der Universität eine Einsicht oder Erkenntnis bescherte oder gar einen praktischen Nutzen. Mit dem Effekt, Wissenschaft mit denen zu verzahnen, die den Betrieb ja finanzieren, mit den Bürger-innen. Und: Alltagsbedürfnisse und Alltagserfahrungen wirkungsvoller mit „innovativer Forschung und Wissenschafts-Ritual-Tralala“ – wie die Person es nannte – verknüpfen. Dabei Beziehungen und Images gegenseitig – praxisgespeist - stetig verbessern.

Ein Jahrgang aller Universitäten wurde angeschaut. Bei Durchsicht von ca. 10.000 Doktorarbeitstiteln schwankte die Effizienz zwischen „Veränderungen von Nasenknorpeln bei Mäuse-Embryonen“ in der Kategorie scheinbar „Abseitigstes“ bis hin zu „Penis-Verletzungen bei der Masturbation mit Staubsaugern“ als „Handfestestes“. Die meisten Arbeiten wirkten von außen tatsächlich eher wie reine Wissenschafts-Arabesken ohne praktischen Nährwert außer dem Titel – es sei denn, sie waren (mit)finanzierte Auftragsarbeiten für die Industrie.

Christian Pfeiffers Forschungs- und Verfahrensansätze dagegen wirkten von Anfang an klar zielgerichtet. Er wollte Wirkung. Er zog Konsequenzen aus der Einsicht, dass Kriminalität nicht vom Himmel fällt. Er sah ihre Ursachen immer klar identifizierbar: in den Rahmenbedingungen, auch in der Persönlichkeit, in der Kindheit. Und genau dort setzte er von Beginn bei einer wichtigen Wurzel zum Bessern an. Entsprechend konkret waren seine Herangehensweisen stets auf konkretes frühes Einwirken gerichtet – anders als das Jura-Betriebs-Systems, das auf viele so unverständlich phantasielos-perpetuierend wirkt. Alternativen schaffen, statt Schwieriges ewig mit bekannten Knast-Folgen noch weiter zu versauen: Menschen nicht allein lassen mit ihren Überforderungen und Nöten, die Elend brüten. Fehlende Bildungs- und Berufschancen als Dauer-Falle begreifen und ändern. Stattdessen von Beginn an Hilfestellung, Begleitung, Vertrauen schaffen. Situationen ändern, die vorhersehbar Katastrophenbegünstigen: bei reichen und bei armen Bio-Deutschen ebenso wie bei der wachsenden Anzahl entwurzelter Neo-Deutscher.

Tapfer und unerschrocken hat er oft an Tabus gerührt. Er hat sich getraut, kriminologisch zu belegen, worauf jeder durch schlichtes Nachdenken kommen kann, aber lieber durch Wegschauen lösen möchte: dass Entwurzelte Wut haben, Sprachlose Angst bekommen und all das zwangsläufig mehr Aggressionen schüren muss und tut. Mit dauerhaft verheerenden Folgen.

Auch dem Missbrauch schon so früh Raum zu geben, war eins seiner Verdienste. Dabei integer endlich auch die Rolle der Opfer in den Mittelpunkt zu stellen, war eine seiner vorbildlichen Leistungen.

Immer wollte Christian Pfeiffer praktischer und wirkungsvoller, ja Wirkungsbewusster und Wirkungsverantwortlicher agieren.

Stets war da dieser Alltagsbezug, der bereit war, politische und gesellschaftliche Verantwortung auch bei scheinbar privaten Themen und Missständen zu übernehmen – ermutigend auch für den Wandel in der Wissenschaft zu wirken.

Experten, die ihm auf der Suche nach den Schattenseiten Narzissmus vorwerfen, anerkennen und schätzen seine Leistungen hoch. Er sei so beherzt und entschlossen, dass es an ein Wunder gegrenzt hätte, wenn die katholische Kirche – mit ihrer von vielen beklagten dauerhaften Verheimlichungs-Philosophie, die eigentlich als Strafvereitelung strafbar sein müsste – mit einem so unbeugsamen Denker und freiheitlichen Akteur klar gekommen wäre.

Wie schön, dass hier noch einmal überdeutlich wurde, wie unterschiedlich Wahrheiten je nach Zielgruppe sind. Und wie schwer es ist, sich schlicht zu trauen, die Unterschiedlichkeit ans Tageslicht kommen zu lassen.

Außer selbst intelligent, flexibel, lernbereit da anpacken, wo Not ist, unterschied ihn noch etwas: Er hatte einen besonders frühen und besonders großen Respekt vor der Unterschiedlichkeit von Frauen und Männern. Mit einem sicheren Gespür, dass Lösungsansätze, die Frauen einfallen können und dürfen, oft auch eine andere Qualität haben.

Das ist sicher auch mit seiner Frau geschuldet. Selten habe ich einen Menschen so wertschätzend, liebevoll und anerkennend über seine Liebe und seinen Respekt vor seiner Frau und von Frauen-Herangehensweisen reden hören wie Christian Pfeiffer. Da früh erkennen und ausdrücken, dass Männer und Frauen nicht nur verschieden aussehen sondern auch grundverschieden sind. Da war er einer der ersten, an die ich mich erinnern kann, der das Platonsche Modell von den zwei Hälften, die erst zusammen ein Ganzes bilden, lebte. Und das zu Zeiten, als viele der 68iger-Revolutionäre zwar Änderungen in der Gesellschaft aber weniger andere Bedingungen für Frauen wollten.

Jetzt wird ein Evolutionär 70. Einer der schon viel geschafft und geleistet hat, durch Dranbleiben, gut Vernetzt-sein und langen Atem: auch seine zielführende Bürgerstiftungs-Idee zeugt von seinem unermüdlichen Engagement. Deshalb: Meine herzlichsten Glückwünsche mit der Hoffnung, das aktiv und flexibel und hartnäckig bleiben noch ganz lange währt.

Celebrating Christian Pfeiffer. The Transatlantic Johnny Appleseed

Jeremy Travis, Susan Herman

We are honored to join the many friends and colleagues of Christian Pfeiffer who have contributed memories, analysis and scholarly perspectives to this Festschrift in his honor. What a richly deserved tribute to a towering intellectual who has brought the power of research to the public discussion of some of the most difficult issues of our time. There can be no question that Christian Pfeiffer has left an indelible mark on our understanding of sentencing policy, organized crime, child abuse, the role of the police in our society, the impact of video games and other media on young people, and the challenges of social inclusion of immigrant groups into European society.

Christian Pfeiffer is more than an accomplished scholar. He belongs to that rare breed of human beings – the public intellectual. These are individuals who can bring the qualities of intellectual integrity, scholarly independence and objective analysis to provide distinctive perspectives on contemporary public debates. An effective public intellectual must possess a special set of communications skills – an ability to understand the dynamics of the public mood, be willing to define an issue not yet on the public radar screen, and then articulate a point of view in concise, understandable, honest yet respectful words. A free society should treasure its public intellectuals and our era has been enriched by Christian's contributions to the public's understanding of the issues of our time.

Our perspective on the life and times of our friend Christian Pfeiffer is different than the perspectives of others who have contributed to this volume. We consider ourselves among Christian's global network of practitioners, policy makers and scholars interested in issues of crime and justice. We also consider ourselves to be among Christian's closest friends. We treasure our times with Christian and Anna, Robert and Antonia, as our families have traveled around the world together, spending memorable vacations in Germany, New York, Ireland, Italy, Sweden and Greece. Our daughters and the Pfeiffer children consider themselves best friends and we consider this one of the greatest legacies of our close and loving relationship with Christian and Anna.

In considering our contribution to this Festschrift, we decided to present a perspective that mixes the professional and the personal, one that draws on our many years hosting Christian in our home at least once a year and our many late night talks about ways to change the world for the better. The metaphor we use to capture this dimension of Christian's life is that he has been a Transatlantic Johnny Appleseed. In American folklore, Johnny Appleseed was a legendary figure. He was a real person – named Jonathan Chapman – who was born in Massachusetts in 1775. He earned his nickname because he planted apple trees and small apple orchards during his travels as he walked across 100,000 square miles of wilderness and prairie across the Midwestern part of the United States. Each year, he traveled hundreds of miles, on foot, carrying apple seeds and planting seedling apple trees everywhere he went. He was passionately committed to this mission, with a missionary zeal, knowing that apple trees would bring beauty, food and prosperity to the American frontier.

In our experience, Christian Pfeiffer has been a modern-day Johnny Appleseed in the area of criminal justice, particularly carrying ideas across the Atlantic from the United States to Germany. We are quick to recognize that this was a two-way process – often Christian would bring ideas from Germany to the US – and that Christian's Johnny Appleseed activities often involved bringing ideas from other countries to Germany. But the Transatlantic pathway for his tree-planting activities was particularly strong, and effective.

We would cite, as evidence, four ideas that Christian has advanced that have benefited from the trans-Atlantic dialogue – the role of a criminal justice research institute, mediation, community foundations, and early childhood programs. In each case, Christian spent time in the US during his frequent visits, learning from our experiences, speaking with the scholars and experts working in these areas, and then adapting these ideas to the German context.

Christian's first visit to the United States came about because of a dinner conversation. The German Marshall Fund, which was established by the German Government in 1972 on the 25 anniversary of the Marshall Plan, had provided financial support for the Vera Institute of Justice to work with criminal justice reformers in Germany. Vera had been established in 1961 and already earned a well-deserved reputation for research-based innovation in the criminal justice domain. To celebrate this new partnership between American and German justice reform leaders, the German Marshall Fund invited Herb Sturz, the founder of the Vera Institute of Justice, to come to Germany in the early 1970s. At the final dinner, Mr. Sturz was seated next to a young law professor named Christian Pfeiffer. Christian had just achieved national prominence for creation of The Bridge, a pioneering program that connected German citizens with prisoners in German prisons – initially through a campaign to provide newspaper subscriptions then as a transitional program for people leaving prison. As both Herb and Christian recount the conversation, it soon became clear that they were like-minded individuals. At some point in the evening, Herb said to Christian, "You should come to New York and learn more about the work of the Vera Institute of Justice." With the financial assistance of the German Marshall Fund, Christian made his first trip to New York City in 1975, where he met Jeremy Travis, then the director of the Victim/Witness Assistance Project, and became part of the Vera family of criminal justice reformers.

The most important lesson from this trip – and one that Herb and Christian intended – was that an independent research institute with close ties to the agencies of the criminal justice system could be a powerful instrument for change. Undoubtedly this exposure to the Vera Institute of Justice – which was then only slightly more than a decade old – influenced Christian as he set about to create the Kriminologische Forschungsinstitut Niedersachen (KFN) in 1979. The KFN was created in close partnership with the then-Justice Minister of Lower Saxony, Hans-Dieter Schwind, much as the Vera Institute of Justice had established very close relationships with the leaders of New York City and its criminal justice agencies, and had been supported by the U.S. Attorney General Robert F. Kennedy. Others in this volume will undoubtedly trace the impressive record of scholarly contributions of the KFN, its staff, and its leader, Christian Pfeiffer, but we represent the proud New Yorkers, and members of the extended family of the Vera Institute of Justice, who celebrate the successes of our partner institution, KFN, and see a strong family resemblance to Vera itself. It is with particular fondness that we note the continuing friendship between Christian Pfeiffer and Herb Sturz who meet regularly in New York and always find themselves passionately and energetically engaged in the issues and ideas of the day.

The second idea that has benefited from the work of our Transatlantic Johnny Appleseed is mediation. This concept is both an old and a new concept. From time immemorial, individuals have found ways to resolve their conflicts without the intervention of the state. In some cases – and particularly in some cultures – this dispute resolution process relies on the assistance of a third party. But the western institutions of the criminal justice system – with prosecutors, defense lawyers, and judges – have operated under a different model that relies on legal definitions of evidence, adversarial proceedings, and a reliance on punitive sanctions. But in the last half century, a body of practice and research has evolved that is designed to introduce mediation practices into the workings of the formal criminal justice system, as an alternative to those more legalistic processes.

In one of his visits to the United States, Christian became fascinated with the mediation model. He visited several programs that were implementing this model – some sponsored by the Vera Institute of Justice – and quickly grasped the enormous potential of mediation for achieving a greater level of satisfaction for the parties involved in the dispute. Then Christian made a decision that speaks volumes about his character – he decided that he wanted to be trained to become a mediator. He was accepted into the program sponsored by the Center for Mediation in Law at Harvard University and had an opportunity to study with some of the pioneers of the mediation movement, including Jack Himmelstein.

Based on his interest in finding more effective alternatives to the traditional adversarial justice system, and his personal experience at Harvard, Christian became a "Johnny Appleseed" for mediation throughout Germany. Now, looking back over the past quarter century since his interest was first expressed, Christian and the other pioneers in mediation and dispute resolution can certainly be proud of their accomplishments. Mediation is now offered as a regular part of case disposition alternatives in many parts of Germany. Many lawyers and judges have been trained in mediation practices. Thousands of individuals who have brought their conflicts to German courts for resolution have seen those disputes resolved in ways that are more just and more equitable. There is a final coda to this story. Years ago, Christian's son Robert came to New York City to study mediation at John Jay College of Criminal Justice. In one workshop on mediation techniques he had the honor of meeting Jack Himmelstein and could convey personally the impact that the Harvard workshop had on his father and, by extension, on him.

On another trip to New York City, Christian became fascinated with another American institution, the "community foundation." In the American context, community foundations are created to promote the common good. Individuals contribute money to the community foundation which, in turn, decides to support programs that will improve the community. Many individuals decide to leave their financial assets to the community foundation upon their death, thereby creating a personal legacy and giving back to the community which made possible their financial success.

As with the topic of dispute resolution, Christian became a relentless student of the role, structure, business model and cultural understanding of community foundations. He spent hours at the Foundation Center in New York City, looking at their materials describing community foundations. He met with executives and trustees of these foundations to understand the motivation for making these philanthropic donations. He researched the tax laws of the United States and compared them to their German counterparts to see whether the tax laws in Germany supported this type of charitable donations.

The rise of community foundations in Germany has been so rapid that it has been called a "movement." The first two community foundations were created in Guetersloh (1996) and, with the leadership of Christian Pfeiffer, in Hannover in 1997. According to a report by Aktive Buergerschaft, as of August 31, 2008, a short twelve years after the first community foundation, there were 237 community foundations in Germany, with total assets of about 110 million Euros. The assets of the community foundations are doubling every two years. As of 2006, there was a community foundation in every German state. By 2008, there were 21 community foundations in East Germany. Approximately 40% of all Germans now live in an area that is covered by a community foundation. This is a remarkable story of the rapid spread of a new idea throughout an entire country and culture.

More important than the financial and organizational success has been the role of the community foundations in promoting the well-being of these communities, through youth-oriented programs, initiatives working with immigrants, support for elderly citizens, and other important initiatives. These foundations are making a real difference in the lives of community residents and play a quiet role in building a strong sense of connection. In a very real way, this remarkable story is a tribute to our favorite Transatlantic Johnny Appleseed, Christian Pfeiffer, who has given countless speeches in community forums across Germany promoting this idea. Indeed, when he decided to engage in his now-famous bike ride throughout Germany, its purpose was to visit the cities that had sponsored community foundations, and to continue to build public support for this revolutionary idea.

The fourth idea we would consider as illustrative of Christian Pfeiffer as a disseminator of ideas is the concept of nurse-family partnerships. Many years ago, Dr. David Olds, a pioneering professor of pediatrics at the University of Colorado, Denver, tested the idea that providing the assistance of nurses to young pregnant mothers from the time of their pregnancy to early infancy could result in better outcomes – health, intellecttual, social development and others – for poor children. This idea has now been rigorously tested in many cities around the US with impressive results.

On one of his visits to the United States, Christian read about this program in the Sunday edition of the New York Times, and exclaimed, "I must find a way to bring this program to Germany!" Within a few short months, the idea of ProKind was born, and a home nurse visitation program was being designed in Germany. The ProKind program was led by Christian's wife, Anna Maier, who brought her own blend of intellectual rigor, organizational savvy, and deep human values to this exciting project. She and her team made several trips to the US to visit with Dr. Olds and his colleagues in Colorado and succeeded in adapting this idea to the German environment. While the end of this story is not yet written, what we already know is that the exposure to the research of David Olds has had enormous influence on policy discussions in Germany about the best ways to help children born to poor families get a good head start on life. There is perhaps no more important ambition.

So in the spirit of a Festschrift, we have written these words to celebrate one aspect of the remarkable life of our very good friend, Christian. We have witnessed firsthand his unique ability to engage in lively debate about the issues of our times and we thank him for challenging our thinking in fundamental ways. Of particular note, Christian has been admirably relentless in challenging the American support for corporal punishment for children. He has taken every opportunity to raise awareness about the great damage attributable to this practice. Similarly, he has spoken passionately about the harms caused by violent video games, has written to the Attorney General of the United States about the excesses of prison sentences in this country and inhumane prison conditions. He has also been critical of "zero tolerance" policies in the U.S, whether carried out in our schools or by the police on our streets.

We marvel at his successes at bringing ideas from one side of the Atlantic to the other. This is perhaps the ultimate challenge of the modern, global era, when the internet and television have destroyed national boundaries and individuals, universities and organizations are explicitly global in their focus. We need lessons in the fine art of planting new trees in foreign soil, in fostering orchards of ideas far away from home, in finding ways to bring the fruits of life to those who are hungry for their freshness and in need of their sustenance. We celebrate you, Christian, and look forward to many, many more late night talks and long walks along the rivers of the world.

Christian Pfeiffer und das Jugendkriminalrecht

Horst Viehmann

Am 22. November 1984 bin ich Christian Pfeiffer zum ersten Mal begegnet. Anlass war das Bielefelder Symposium des Bundesministeriums der Justiz zu den neuen Ambulanten Maßnahmen nach dem Jugendgerichtsgesetz. Ich hatte gerade die Leitung des Referats für Jugendstrafrecht im Bundsminsterium der Justiz übernommen, war also Neuling in Sachen Jugendstrafrecht. Von Christians Vortrag zu den kriminalpolitischen Perspektiven war ich beeindruckt. Er zeichnete ein Bild der künftigen jugendstrafrechtlichen Sanktionsentwicklung unter dem viel versprechenden Einfluss der informellen Erledigungen im Jugendstrafrecht, wie es sich bald nach dem Syposium und der Verbreitung der dort vertretenen Meinungen in kaum für möglich gehaltener Dimension verwirklichte. Die neuen ambulanten Maßnahmen der Betreuungsweisungen, der Arbeitsweisungen, der Sozialen Trainingskurse und des Täter-Opfer-Ausgleichs wurden neben den Einstellungen ohne zusätzliche Belastungen zu den Eckpfosten der kriminalpolitischen Entwicklungen im Jugendstrafrecht bis in die jüngste Vergangenheit. Erst die Koalition aus CDU/CSU und FDP von 2009 bis 2013 erlag den jahrelangen Versuchen konservativer Kräfte, die diese Politik der sanften Reaktionen auf jugendliches Fehlverhalten als kriminalpolitischen Irrweg denunzierten. Warnschussarrset und Erhöhung der Höchststrafe auf 15 Jahre für Heranwachsende wurden im Jahr 2012 als Gesetz beschlossen. Für die FDP, die sich bis dahin stets den Weg der erzieherischen Reaktionen zu Eigen gemacht hatte, ein Armutszeugnis liberaler Politik.

Christian Pfeiffers Vision einer jugendgemäßen Jugendgerichtspraxis war nach dem Bielefelder Symposium für lange Jahre Realität geworden. Wieviel Jugendlichen und Heranwaschenden dadurch der Gang in Arrestanstalten und Jugendgefängnisse erspart geblieben ist, weiß man nicht. Es sind sicherlich mehrere Tausend. Eine kleine kriminalpolitische Revolution, eine humanitäre Großtat für junge Straffällige, für jeden von Freiheitsentzug verschonten einzelnen Menschen eine Chance, sich aus krimineller Verstrickung zu befreien, eine kriminologische und menschliche Erfolgsgeschichte für Christian.

Natürlich hatte Christian Pfeiffer in seinem Bemühen um ein jugendgemäßes Strafrecht kriminologische und kriminalpolitische Helfer. Wolfgang Heinz etwa, Michael Walter, Frieder Dünkel, Klaus Sessar und Max Busch, um nur diese aus der Wissenschaft zu nennen. Holle Löhr, Ruth Herz, Elisabeth Auchter-Mainz, Hans-Jörg Adam, Peter Brandler, Cornelius von Bernstorff und Hans-Joachim Plewig aus der jugendstrafrechtlichen Staatsanwaltschaft und Richterschaft. Aus der Jugendhilfe Petra Peterich, Doris Meyer, Werner Possinger, Hermann Matenaer. Und – sozusagen als Übervater – Horst Schüler-Springorum. Sie alle waren in Bielefeld damals vertreten und entfachten das Flämmchen der ambulanten Maßnahmen mit Forschungsergebnissen und Praxiserkenntnissen zu einer lodernden kriminalpolitischen Flamme.

Und Christian Pfeiffer war ein segensreicher Brandstifter. Er war nicht unumstritten. Manche hielten ihm Schnellschüssigkeit vor. Einer nannte ihn sogar einen kriminologischen Amokläufer. Aber niemand brachte die Problematik des Jugendstrafrechts so vehement und so wirkungsvoll in die gesellschaftliche und kriminalpolitische Diskussion ein wie Pfeiffer. Ich habe meine Arbeit im Bundesministerium der Justiz in vielen Bereichen, insbesondere an dem von Hermann Bietz entworfenen 1. Gesetz zur Änderung des JGG, an den Arbeiten und Ratschlägen Pfeiffers orientiert. In dem fast zehnjährigen Bemühen um eine Reformierung des Jugendgerichtsgeseztes waren Pfeiffers Ideen durch zahlreiche Aufsätze sowie durch Diskussionen und Gespräche mit Praktikern der Gerichtsbarkeit und der Jugendhilfe so erfolgreich, dass die Intention des geplanten Gesetzes, den Erziehungsgedanken im JGG stärker zum Tragen zu bringen, von den Staatsanwaltschaften und Jugendgerichten bereits in die Sanktionspraxis übernommen worden war, bevor das Gesetz im Jahr 1990 in Kraft trat. Nach einer Diskussionsveranstaltung in Hamburg mit Schüler-Springorum, Hans-Jürgen Kerner und Christian Pfeiffer sagte mir der Vertreter der Hamburger Justizverwaltung Mitte der 80er Jahre, ein Gesetz sei gar nicht mehr erforderlich; die dreitägige Diskusionsveranstaltung mit dem Hamburger Bezirksjugendgericht habe die Entscheidungen der Hamburger Justiz fast völlig im Sinne des künftigen Getzes geändert. Erst der unselige Hamburger Justizsenator Roger Kusch hat mit der Zerschlagung des Bezirksjugendgerichts dieser Hamburger Erfolgsgeschichte der ambulanten Maßnahmen im Jugendkriminalrecht 2004 schweren Schaden zugefügt. Dennoch – „Jugendgerichtsreform durch die Praxis“ wurde zu einem Synomym der positiven Veränderungen in der Praxis der Jugendgerichte. Ein

Symposium der Universität Konstanz und des Bundesministeriums der Justiz zog im Jahre 1988 eine hoffnungsvolle Zwischenbilanz der damaligen Entwicklung und unterstützte die Praxis der Jugendstaatsanwälte und der Jugendgerichte sowie den Fortschritt der Gesetzgebungsarbeiten nachhaltig. Bei der Verabschiedung des Ersten Gesetzes zur Änderung des Jugendgerichtsgesetzes im Bundestag im Jahre 1990 gab es keine Gegenstimme. Vielmehr wurde die Bundesregierung aufgefordert, alsbald in einem zweiten Gesetz die Reformierung fortzusetzen. Die Deutsche Vereinigung und ihre Turbulenzen, die auch in der Jugendgerichtsbarkeit virulent wurden, verhinderte diesen Auftrag.

Pfeiffer hatte maßgeblichen Anteil am Gelingen des Gesetzes und der Veränderung der Jugendgerichtspraxis in der Bundesrepublik Deutschland. Als ich ihn kennen lernte war er Geschäftsführer der Deutschen Vereinigung für Jugendgerichte und Jugendgerichtshilfen (DVJJ). 1986 wurde er auf dem Jugendgerichtstag in Köln als Nachfolger von Schüler-Springorum zum Vorsitzenden der DVJJ gewählt. Nach 10 Jahren Vorsitz ist er dann wohl zu der Einsicht gekommen, dass seine Mission im Jugendstrafrecht zu Ende sei und er sich anderen Aufgaben zuwenden sollte. Im Jahre 1997 trat er als Vorsitzender der DVJJ zurück und wandte sich dem Stiftungsgedanken und dessen Umsetzung in Deutschland zu. Unsere enge Zusammenarbeit in der Kriminalpolitik zum Jugendkriminalrecht, die uns zu Freunden hat werden lassen, endete damit auch.

Ich hatte die Ehre und das Vergnügen, die Laudatio für ihn und seine Leistungen als Vorsitzender der DVJJ auf dem Hamburger Jugendgerichtstag im September 1998 halten zu dürfen. Ich wiederhole sie hier als kleinen Festschriftbeitrag, weil mir zahlreiche Kollegen und Freunde damals versicherten, meine Lobrede sei eine zutreffende Würdigung der Arbeit Christian Pfeiffers für das Jugendkriminalrecht und für die benachteiligten straffällig gewordenen jungen Menschen. Sie umfasste seinen Lebensabschnitt intensiven Engagements für das Wohlergehen dieser Jugendlichen und Heranwachsenden und lautete wie folgt:

„Meine Damen und Herren, liebe Freundinnen und Freunde,
als Ihr Vorsitzender, Professor Sonnen, mich vor einiger Zeit in Magdeburg fragte, ob ich es übernehmen wolle, einige Worte zum Lobe und zur Würdigung der Verdienste von Christian Pfeiffer anläßlich der Mitgliederversammlung auf dem Hamburger Jugendgerichtstag zu sprechen, habe ich sofort zugesagt. Als es dann konkret wurde, und ich meine Gedanken

zu ordnen und Formulierungen zu Papier zu bringen versuchte, merkte ich, wie ambivalent ein solches Unterfangen ist und wie schwer es ist, Leistungen und Erfolge, Stärken und Schwächen eines Menschen angemessen zu würdigen. Gleichwohl – und auch trotz der mit solchen Anlässen natürlich verbundenen Wehmut des Abschieds – freue ich mich, vor Ihnen das bekunden zu dürfen, was Christian Pfeiffer zukommt: Dank und Anerkennung, Respekt und Bewunderung, Zuneigung und Liebe, ja – Liebe ist es auch!

Vor einem Monat etwa hatte ich die Gelegenheit, anläßlich eines Kongresses zur Jugendkriminalität in Düsseldorf mit Wilhelm Heitmeyer aus Bielefeld am Mittagstisch mich über ein Problem unterhalten zu können, das mir schon lange Unbehagen bereitet. Es ist das Problem der mangelnden Aufmerksamkeit, ja der Interessenlosigkeit der Menschen, insbesondere auch der Medien für problematische Entwicklungen in Politik und Gesellschaft. Man braucht sich beispielsweise nur die ins Feuilleton oder in die Rubrik „Aus aller Welt“ verbannten Meldungen zur Erwärmung der Erde und demgegenüber Titelseitenschlagzeilen über die Suche nach einem neuen Bundestrainer vor Augen zu führen, um die Bedeutungsverzerrungen von Medienberichten wahrzunehmen. In unserem Zusammenhang gilt dieser Mangel an Aufmerksamkeit und Problembewußtsein den Bedingungen von Kriminalität und Gewaltbereitschaft junger Menschen, obwohl solide empirische Erkenntnisse insoweit schon mehr als bloße Menetekel offenlegen. Ich erinnere nur an die Eröffnungsvorträge unseres Gerichtstages von Christian Pfeiffer zu der innerfamiliären Gewalt und von Herrn Schumann zu der erwartbaren gesellschaftlichen Entwicklung, wenn wir dem Ruf folgen: weiter so, Deutschland.

Diesen Mangel an Aufmerksamkeit zu überwinden, ist deshalb so wichtig, weil nur über Erkenntnisse der Entstehungsbedingungen es uns möglich sein wird, die richtigen Wege aus der Problematik zu finden und auch in der politischen Diskussion durchzusetzen. In Düsseldorf nun konnte man erleben, wie der eher spekulierende Vortrag des Präsidenten des Landeskriminalamtes NRW über die demographischen Entwicklungen jenseits der Jahrtausendwende und über den – wie er meinte – daraus sich ergebenden weiteren starken Anstieg der Jugendkriminalität von der anwesenden Presse begierig aufgenommen wurde und am nächsten Tag die Medien beherrschte. Die beiden Vorträge von Heitmeyer und Wetzels über die Desintegrationsmechanismen unserer Gesellschaft und über die Gewaltphänomene innerhalb deutscher und nichtdeutscher Familien, die geradezu von aufrüttelnder Eindringlichkeit waren, fanden in den Presseveröffentlichungen so gut wie keinen Niederschlag, jedenfalls kam die Dramatik der Befunde nirgends zum Ausdruck. Was für Schlagzeilen hätten das sein können!

In dem erwähnten Gespräch mit Heitmeyer am Mittagstisch brach es aus dem sonst so ruhig wirkenden Wissenschaftler entsprechend dem festlich-barocken Ambiente einer Düsseldorfer Nobelherberge fast leidenschaftlich heraus: diese Ignoranz von Politik und Gesellschaft, von Medien und Bevölkerung sei ein manifester gesellschaftlicher Autismus!

Einen Augenblick lang war ich erschrocken über die Schärfe des Vorwurfs: Autismus, ein schreckliches Krankheitsbild! Aber dann begriff ich: das war es, das war das Wort, das mein Unbehagen, meine Sorge kennzeichnete und die fast krankhaft zu nennende Unfähigkeit der Gesellschaft treffsicher geißelte, bedrohliche Entwicklungen rechtzeitig wahrzunehmen und Gegenstrategien zu entwickeln. Autismus der demokratischen Gesellschaft. Autismus bei Journalisten, Autismus bei Kriminalpolitikern, Autismus bei der Bevölkerung!

Warum, wird der eine und andere von Ihnen sich fragen, warum sagt der das, warum sagt der das in einem Beitrag, der dem Lobe von Christian Pfeiffer zugedacht ist?

Nun – der Grund ist einfach: Ich glaube, dass es das größte Verdienst des Christian Pfeiffer als Vorsitzender der DVJJ gewesen ist, diesen Autismus der Gesellschaft ein Stück weit aufgebrochen zu haben. Nie zuvor ist die Jugendkriminalität so sehr in der öffentlichen Diskussion gewesen wie heute. Nie zuvor hat es so viele Fragen zu Ursachen des Elends junger Menschen und Strategien gegen dieses Elend gegeben wie heute. Nie zuvor ist der kriminelle Jugendliche aus der Bodensatzszene so sehr ins Licht der Normalität gehoben worden wie heute.

Vordergründig scheinen diese drei Aussagen in Widerspruch zu meiner Klage über die mangelnde Aufmerksamkeit zu stehen. Es ist aber nur ein scheinbarer Widerspruch, denn diese öffentliche Diskussion rückt zu sehr das Phänomen der Kriminalität der Jugend in den Vordergrund und interessiert sich noch viel zu wenig für Hintergründe und Ursachen.

Vielleicht mag der eine oder andere von Ihnen diese Öffentlichkeit und ihre zum Teil eher furchterregende Diskussion um die Verschärfung des Jugendstrafrechts auch gerade als unser aktuelles Problem sehen. Indes – eine bloße Insiderdiskussion, also ohne Kontrolle von Öffentlichkeit, eine solche „stille Behandlung“ dieser „Bodensatzproblematik“ könnte ganz andere Gefahren mit sich bringen. Wir kennen das aus der Vergangenheit, auch aus unserer bundesrepublikanischen, zur Genüge.

Wie Christian Pfeiffer den Autismus überwunden hat, das ist eine lange Geschichte. Sie reicht noch in seine Referendarzeit zurück und würde den Rahmen dieser kleinen Würdigung sprengen, wollte ich sie vollständig erzählen.

Statt langer Ausführungen will ich deshalb nur ein paar Stichworte nennen, die die Dimension Pfeifferscher Umtriebigkeit markieren: Brückeprojekte in vielen Städten, „Jugendarrest – für wen eigentlich?", 80 % Rückfall nach Verbüßung von Jugendstrafe, Ubiquität und Episodenhaftigkeit von Jugenddelinquenz, ambulante Bewegung, Diversion, Reduzierung von Freiheitsentzug als Sandhaufeneffekt, Lüchow-Dannenberg-Syndrom und vieles mehr. Und seit Freitag nach Deinem Eröffnungsreferat des Jugendgerichtstages, lieber Christian: das Ende der „Max und Moritz"-Konstellationen und die „Winner-Looser"-Kultur. Alles Schlagworte, hinter denen ganze Bibliotheken kriminalpolitischer Glaubenssätze und Erfahrungswerte stehen und die zahlreiche Bundesminister und noch mehr Landesminister in Unruhe und Aktivitäten versetzt haben.

Und dann die Statistik: Mit dem Hinweis auf die Steigerungsraten im Zehnjahreszeitraum 72/82 von 66,9 % gegenüber solchen von 13,7 % im Zeitraum 82/92 und mit der überraschenden, aber plausiblen Begründung für die gesellschaftliche Gelassenheit der 70iger Jahre, dass es damals andere Feindbilder als die Jugendkriminalität gab – Stichworte: Ölkrise, sowjetische SS 20-Raketen, Natodoppelbeschluß – , mit diesem Hinweis hast Du, lieber Christian, die Öffentlichkeit 1993 in ihrem Nachwende-Steigerungswahn geradezu geschockt und ihr, wenigstens ein Stück weit, die Augen geöffnet. Das war eine regelrechte Pfeiffersche Paulus-Kampagne, wie es Michael Walter einmal in einem freundschaftlichen Disput mit Dir über die Rolle der polizeilichen Kriminalstatistik zum Ausdruck gebracht hat.

Ich halte es in diesem Zusammenhang für einen genialen taktischen Zug der Polizei, dass sie Dich im Anschluß an dieses Referat der „Aufforderung zur Behutsamkeit" aus – wie ich meine – binnenpolizeilichen Beweggründen zu umgarnen begann, Dir 1993 mit der Verleihung des Ordens „Bul le merit" ein quasi reziprokes Damaskuserlebnis bescherte und Dich gewissermaßen vom Paulus – allerdings nur scheinbar – zum Saulus der polizeilichen Kriminalstatistik machte.

Manche verstanden die Welt des Christian Pfeiffer nicht mehr, und auch ich – wie Du weißt – hatte Zweifel über die Verantwortbarkeit dieses scheinbaren Wechsels Deiner Öffentlichkeitspolitik. Du hast aus der wissenschaftlichen Verpflichtung zur Datenveröffentlichung die Notwendigkeit dieser Öffentlichkeitsarbeit hergeleitet. Wie es auch sei, immer hast Du die statistischen Daten zur Mobilisierung des öffentlichen Bewußtseins über die Ursachen der Kriminalitätsbelastung benutzt und auf die Verantwortung der Gesellschaft, ihrer Gruppierungen und ihrer Politiker hingewiesen und sie auch eingefordert.

Du hast dabei, auch das möchte ich gerne sagen, eine geradezu atemberaubende Überzeugungskraft entwickelt, die auf der ungewöhnlichen Dimension Deines Wissens gründet und die ihre besondere Wirkung aus Deinem Charme und Deiner Liebenswürdigkeit erfährt. Dabei bist Du durchaus ein Mensch, an dem sich auch die Geister scheiden können, der polarisiert und der provoziert. Das hat auch sein Gutes, das klärt Fronten, das schafft Nachdenklichkeit und das gibt Gelegenheit, sich wieder zusammenzuraufen.

Und noch eine Eigenschaft darf nicht unerwähnt bleiben: Obwohl Du nie von Phantasiedeppen und Kreativtrotteln umgeben warst und bist – solche würde und würden Dein Temperament nicht ertragen – bist Du doch, seit ich Dich kenne, immer die treibende Kraft, immer der spiritus rector, immer der Chefvisionär!

By the way, ich bin gespannt darauf, was die Pfeiffersche Vision für das nächste Jahrtausend sein wird, von der ich annehme, dass sie kommen wird so sicher, wie das Amen in der Kirche. Eine solche Mega-Wende-Gelegenheit läßt Du Dir bestimmt nicht entgehen, lieber Christian!

Zum Schluß möchte ich Dir einen persönlichen Dank sagen. Vom Bielefelder Symposium im Jahre 1984, als wir uns das erste Mal sahen, bis heute habe ich immer von Dir hilfreiche und wegweisende Ratschläge zur Kriminalrechtspolitik erhalten, manchmal in ausführlichen Gesprächen, wie zum Beispiel in Rio de Janeiro, manchmal in kurzen Telefonaten, machmal in Blitzaktionen wie jener, als Du mich aus dem Zug nach Koblenz anriefst, mich einludst in Bonn zuzusteigen, was ich auch tat, und mir dann während der halbstündigen Fahrt in Umrissen erklärtest, welchen neuen Befund Du in Koblenz gleich vortragen würdest.

Regelmäßig war Dein fast missionarisches Drängen spürbar. Immer aber war es eingebettet in ein freundschaftliches Bemühen, zu überzeugen und mich einzubinden in Deine Überlegungen zur Verbesserung der Umstände. Und so hast Du mich, den älteren, manchmal, obwohl ich mich innerlich dagegen gewehrt habe, zu einem Deiner Jünger gemacht, jedenfalls immer aber zu einem Bewunderer, der Dir freundschaftlich gewogen war und es immer noch ist.

Ganz in Deinem Sinne von Verantwortungsbewußtsein, von Phantasie und Umsetzungsbeharrlichkeit hast Du Dich mit Deiner enormen Arbeitskraft seit einiger Zeit der Idee einer Bürgerstiftung verschrieben. Du hast die Notwendigkeit erkannt, den ungeheuren privaten Vermögensberg für gesellschaftlich fruchtbare und Demokratie stabilisierende Projekte, besonders für junge Menschen, nutzbar zu machen.

Und wie es so Deine Art ist, hast Du Erfolg. Kürzlich berichtete eine große Zeitung in einem Beitrag zur Lage der Nation über neue Aktionsformen zur Förderung des Gemeinsinns. Anstiftung zur Bürgerpower beschrieb sie die Idee der Stiftungsinitiative und nannte als „Beispiel Christian Pfeiffer, der Mann, der quasi von Berufs wegen gewohnt ist, neue Wege zu gehen." Eine große Auszeichnung!

Neue Wege, lieber Christian, ist das Stichwort, zum Anlaß dieser kleinen Lobrede zurückzukommen. Du bist einen neuen Weg gegangen, hast den Vorsitz der DVJJ abgegeben, weil Du realistisch gesehen hast, dass beides, DVJJ-Vorsitz und Bürgerstiftung, neben der hauptberuflichen Tätigkeit über eines Menschen Arbeitskraft weit hinausgeht. Du hast die DVJJ, die Du zu einem schlagkräftigen Verband mit zahlreichen Regionalverbänden weiterentwickelt und die Du auf gutem Wege gesehen hast, in andere Verantwortung geben wollen.

Der Gemeinsame Ausschuß ist Deinem Vorschlag gefolgt und hat Bernd-Rüdeger Sonnen zu Deinem Nachfolger gewählt. Die Mitgliederversammlung, die Dich in Potsdam 1995 erneut zum Vorsitzenden gewählt hatte, konnte Dir bislang noch keinen Dank für Deine geleistete Arbeit abstatten und konnte Dir noch nicht sagen, dass Du Dich in hohem Maße um die DVJJ und die jungen Menschen in unserem Lande verdient gemacht hast."

Diese Lobrede, besonders dieser letzte Satz, wurde mit lang anhaltendem Beifall aufgenommen und zeigte eindrucksvoll die Zustimmung der Mitgliederversammlung der DVJJ. Du hast mir, lieber Christian, im Anschluss an diese Rede gestanden, dass Dir Tränen gekommen seien. Das hatte ich zwar nicht beabsichtigt, empfand aber Freude darüber, zeigte Deine Rührung doch, dass ich ins Schwarze getroffen hatte.

Nun – am Beginn Deiner beamtenrechtlichen Pensionsgrenze würde ich Dir gerne einen angenehmen Ruhestand wünschen. Du hast ihn nach all Deinen Mühen für andere Menschen und deren Wohlergehen nachdrücklich verdient. Doch – wie ich Dich kenne – werden Dein Forscherdrang und Deine Überzeugung, die Menschen aufklären zu müssen, dies nicht zulassen. Ich wünsche Dir trotzdem Mut zu Ruhe und Gelassenheit, aber auch Kraft für Deinen nimmer ruhenden Geist.

Sozialdemokratische Kriminalpolitik

Stephan Weil

"Law and order is a Labour issue", so lautete ein Kernsatz der Labour-Party in Großbritannien unter Tony Blair. Damit sollte zum Ausdruck gebracht werden, dass „New Labour" eine klare innenpolitische Grundausrichtung hatte und insbesondere auch für die Durchsetzung des staatlichen Strafanspruches in einer Weise stehen sollte, die konservativen Vorstellungen nicht nachstand. Für die Bundesrepublik Deutschland und die hiesige Schwesterpartei von Labour, die SPD, gibt es keine vergleichbare Überschrift. „Law and Order" wäre auch schwer vorstellbar als eine Konsens stiftende und akzeptierte Formel für die sozialdemokratische Kriminalpolitik. Aber worin besteht die sozialdemokratische Kriminalpolitik? Immerhin geht es um eine Kernfunktion des demokratischen Rechtsstaats, um einen wesentlichen Bereich der Gesellschaftspolitik und nicht zuletzt auch um ein praktisch besonders relevantes Beispiel des zugrunde liegenden Staatsverständnisses.

Der Frage nach einer sozialdemokratischen Kriminalpolitik nachzugehen, bietet sich nicht zuletzt in einer Festschrift an, mit der Christian Pfeiffer die Referenz erwiesen werden soll. Pfeiffer ist ein profilierter und streitbarer Wissenschaftler, er ist aber auch mindestens zwischenzeitlich ein verantwortlicher Politiker gewesen, nämlich als Justizminister des Landes Niedersachsen zwischen 2000 und 2003. Pfeiffer ist ein bekennender und unabhängiger Freigeist, zugleich aber auch ein treuer Sozialdemokrat, der mal mit mehr, mal mit weniger Freude seit Jahrzehnten Mitglied der SPD ist. Die Frage nach einer sozialdemokratischen Kriminalpolitik kommt somit nicht umhin, sich mit einer Vielzahl von Themen auseinanderzusetzen, die Christian Pfeiffer in den langen Jahren seines Wirkens zur Diskussion gestellt hat. Dass dies, obendrein von nichtwissenschaftlicher Seite, im Rahmen des nachfolgenden Beitrages nicht umfassend geleistet werden kann, bedarf kaum der näheren Erklärung. Gleichwohl sollen einige grundsätzliche Anmerkungen zum Verständnis einer spezifischen sozialdemokratischen Kriminalpolitik folgen. Dies geschieht in Abgrenzung zu einer oft zu beobachtenden populistisch betriebenen Kriminalpolitik. Oft genug wird dieses Feld missbraucht, indem scheinbar einfache Lösungen propagiert werden. Der regelmäßig auftauchende Ruf nach schärferen Gesetzen gehört dazu – ungeachtet der Tatsache, dass schärfere Gesetze typischerweise wenig zur Vermeidung von Straftaten beitragen können. Kriminalitätsphänomene bestimmter einzelner Gruppen hervorzuheben, ist ebenso immer wieder ein probates Mittel der politischen Auseinandersetzung, obwohl im Zweifel auch deren Propagandisten wissen, wie vordergründig und unverantwortlich sie damit handeln, wenn einzelne Gruppen an den gesellschaftlichen Pranger gestellt werden. So nützlich diese Methoden im politischen Tagesgeschäft gelegentlich sein können, zur strukturellen Lösung von Problemen tragen sie nichts bei. Eine solche Politik wird im Übrigen auch der Realität nicht gerecht: Mit guten Gründen hat Christian Pfeiffer auch immer wieder darauf hingewiesen, dass die Kriminalitätsbelastung insgesamt seit langem sinkt.

I. Sozialdemokratische Grundwerte und kriminalpolitische Positionen

Seit vielen Jahrzehnten existiert in sozialdemokratischen Grundsatzprogrammen eine Werte-Trias, die für das Verständnis dieser Partei tatsächlich prägend ist: Freiheit, Gerechtigkeit und Solidarität. Es handelt sich um Grundwerte, die in vielerlei Hinsicht Schnittstellen zueinander haben und dennoch, auch für sich genommen, besondere Akzente setzen.

1) Nicht ohne Grund ist als erster Grundwert die Freiheit genannt. Historisch gesehen hat die SPD von Anfang an die persönliche und politische Freiheit mit allem Nachdruck vertreten, allerdings nicht ohne auch immer Einschränkungen durch berechtigte Belange der Allgemeinheit zu akzeptieren. Freiheit ist eben nicht das Recht, zu tun und zu lassen, was immer einem beliebt, Freiheit muss auch die Freiheitsrechte der anderen und Belange der Gemeinschaft beachten. Bei näherer Betrachtung folgen daraus grundsätzliche kriminalpolitische Zugänge. Straftaten sind für die Opfer in der Regel tiefe Eingriffe, häufig gravierend und auch für die Zukunft traumatisierend. Die Opfer von Sexualstraftaten, Wohnungseinbrüchen und vieler anderer Delikte werden dauerhaft und nachhaltig in ihrer Freiheit eingeschränkt, künftig unbeschwert und angstfrei leben zu können. Deswegen muss die Opfer-Perspektive ein prägendes Element der sozialdemokratischen Kriminalpolitik sein. Es ist eine Kernforderung an den demokratischen Rechtsstaat, so gut wie möglich dafür zu sorgen, dass es

keine Straftaten gibt und damit aktiver Freiheitsschutz betrieben wird. Der Auftrag zu einer präventiven Politik folgt somit unmittelbar aus diesem Wert der Freiheit, und dabei geht es bei weitem nicht nur um spezial- oder generalpräventive Maßnahmen gegenüber potentiellen Straftätern.

Vor diesem Hintergrund zeigt sich auch, warum das subjektive Sicherheitsgefühl ein relevanter politischer Faktor ist. Dieses Sicherheitsgefühl ist häufig stärker beeinträchtigt, als dies die objektive Sicherheitslage begründet. Dieser Umstand ändert allerdings nichts daran, dass Freiheit von Angst und das Gefühl von Sicherheit im Kern berechtigte Forderungen von Bürgerinnen und Bürgern gegenüber ihrem Staat sind und sie dies in vielen Fällen sogar als Kernanforderung sehen. Das Anliegen, sich im öffentlichen Raum sicher aufhalten und bewegen zu können, ist ein Beispiel dafür, wie daraus konkrete politische Aufgaben und Diskussionen folgen.

Unter diesen Bedingungen sollte es obligatorisch sein, dass der Staat alle Anstrengungen übernimmt, die Bedrohungen seiner Bürgerinnen und Bürger durch Straftaten so gut wie möglich zu kennen. Tatsächlich ist dies alles andere als selbstverständlich und die Sicherheitslage wird trotz zahlreicher Schwächen nach wie vor im Wesentlichen aus der polizeilichen Kriminalstatistik abgeleitet. Immer wieder hat Christian Pfeiffer darauf aufmerksam gemacht, dass mit der polizeilichen Kriminalstatistik spezifische Schwächen verbunden sind, weil in dieser Statistik nun einmal naturgemäß nur diejenigen Straftaten auftauchen können, die den Strafverfolgungsbehörden bekannt sind und auf der anderen Seite die Aufklärungsquote in hohem Maße durch Anzeigendelikte bzw. Schwerpunktsetzung der Polizei bestimmt sind.

Das Dunkelfeld derjenigen Straftaten, die gerade nicht bekannt werden, ist unverändert groß, wie eine Befragung des Landeskriminalamtes Niedersachsen zur Kriminalität und Sicherheit im Jahr 2012 („Dunkelfeldstudie“) eindrucksvoll bestätigt hat. Danach sind etwa 30 % der Einwohnerinnen und Einwohner Niedersachsens in diesem Jahr Opfer einer Straftat gewesen. Damit wird die Opferrate der polizeilichen Kriminalstatistik weit übertroffen. Vielfach überraschend dürfte auch das Ergebnis sein, dass Delikte im Zusammenhang mit der IT-Nutzung am weitesten verbreitet sind. Dass Männer deutlich häufiger Kriminalitätsopfer sind als Frauen, Jüngere häufiger Opfer sind als ältere Menschen und folglich auch deutlich mehr Angst vor Kriminalität haben, sind weitere Teilergebnisse, die in der Öffentlichkeit Überraschung ausgelöst haben. Sicher liefert eine derartige Dunkelfeldstudie keine letzten Antworten, sie gibt aber auch deutliche Hinweise darauf, dass die Erkenntnisse zum Umfang von Kriminalität und Angst vor Kriminalität noch längst nicht so ausgeprägt sind, wie vielfach unterstellt wird. Ohne diese Kenntnis indessen stößt eine rationale Kriminalität von Anfang an auf Schwierigkeiten.

Aus dem Grundwert der Freiheit folgt eine weitere und ebenfalls grundlegende Ableitung. Freiheit des Individuums bedeutet zugleich auch immer eine Einschränkung allumfassender staatlicher Aktivitäten. Es handelt sich dabei um den klassischen bürgerlichen Freiheitsbegriff, der gerade auch in Abgrenzung zu einem Staat entstanden ist, der unter Bezugnahme auf allgemeine staatliche Belange die individuelle Freiheit eingeschränkt hat. Dieses klassische liberale Freiheitsrecht ist in vielen Staaten der Welt immer noch von überragende Bedeutung und hat in der Bundesrepublik unter der Geltung des Grundgesetzes zu der Herausbildung einer Staatlichkeit geführt, die immer und überall zwischen individueller Freiheit und staatlichen Belangen abwägt, den individuellen Grundrechten aber eine herausragende Bedeutung beimisst. Dies gilt gerade auch mit Blick auf die Vorbeugung und die Verfolgung von Straftaten. Für ein freiheitlichen Rechtsstaat ist es prägend, dass er sich immer und überall der mühsamen Abwägung stellt, wie weit und wie tief staatliche Maßnahmen in individuelle Grundrechtsbereiche eingreifen dürfen. Als der Fingerabdruck in die Praxis der Strafverfolgungsbehörden eingeführt wurde, gab es noch nicht die Diskussion über den Datenschutz, heute wird über die Vorratsdatenspeicherung genau unter diesen Gesichtspunkten intensiv gestritten. Darin besteht vielleicht der größte Unterschied zwischen der (deutschen) sozialdemokratischen Kriminalpolitik und der eingangs zitierten (britischen) Proklamation von „Law and Order" durch New Labour. Nimmt man Freiheit als Ausgangspunkt eines Staates aus sozialdemokratischer Sicht, gibt es keine Alternative zu entsprechenden Abwägungsprozessen.

2) Gerechtigkeit wird als zweiter Grundbestandteil der sozialdemokratischen Werte-Trias hervorgehoben. Sowohl den berechtigten Belangen von Opfern gerecht zu werden, aber auch Belange der Täter mitzubedenken, widerspricht wiederum schlichten Schwarz-Weiß-Betrachtungen. Fundamental als Ausgangspunkt ist dabei sicherlich die Forderung an den Staat, Straftaten so gut wie möglich aufzuklären und Täter zur Rechenschaft zu ziehen. Aber was ist das Ziel dieser Rechenschaft? In der strafrechtlichen Praxis dominiert nach wie vor der staatliche Strafanspruch, der damit spezial – und generalpräventiv künftigen Straftaten vorbeugen soll. Die Inte-

ressen der Opfer stehen dabei nicht unbedingt im Vordergrund. Zwar gibt es zum Beispiel über den Täter-Opfer-Ausgleich zunehmend auch Möglichkeiten, die Interessen der Opfer im Zusammenhang mit den Sanktionen einzubeziehen. Dass die Strafverfolgungspraxis aber optimal die Belange von Opfern mit berücksichtig, lässt sich sicherlich nicht behaupten, so dass unter dem Gesichtspunkt der Gerechtigkeit sicherlich noch mancherlei Möglichkeiten bestehen.

Dass eine Sanktion der jeweiligen Schuld angemessen sein muss und damit ein Kernanliegen des Rechtsstaates verwirklicht wird, bedarf kaum der Diskussion. Das Schuld-Prinzip nicht nur als Grundlage der Bestrafung als solches, sondern auch als Ausgangspunkt für die Bestimmung der Sanktion ist im Geltungsbereich des Grundgesetzes fundamental. Einem unreflektierten Sühne-Strafrecht steht also der Grundwert der Gerechtigkeit entgegen.

Die Umsetzung von Gerechtigkeit betrifft schließlich auch einen ganz anderen Aspekt. Der staatliche Anspruch, dass die von ihm gesetzten Straftatbestände gegenüber jedermann und in gleicher Weise geltend gemacht werden, entspricht einem Uranliegen des Gerechtigkeitsprinzips. Theoretisch ist dies auch kein Problem, faktisch hingegen sehr wohl. Ob Angeklagte die Möglichkeit haben, die Erhebung einer Anklage durch Zahlung einer Geldbuße abzuwenden, dürfte in vielen Fällen auch von ihren materiellen Möglichkeiten abhängig sein. Ob eine Strafaussetzung zur Bewährung sowie die Verurteilung zur Zahlung eines hohen Geldbetrages erfolgt, wie zum Beispiel in Wirtschaftsstrafverfahren häufig zu beobachten ist, hängt letztlich von den materiellen Möglichkeiten des Angeklagten ab. Und schließlich gibt es etwa bei Steuerdelikten eine Kriminalität von Wohlhabenden, die sich ihren Verpflichtungen gegenüber der Gemeinschaft illegal entziehen und am Fiskus vorbei lenken, vornehmlich in das Ausland. Die dadurch der Staatskasse entgehenden Beträge werden alljährlich auf hohe Milliardensummen geschätzt. Ob der Staat bei Gesetzesverstößen Gerechtigkeit walten lässt oder nicht, beurteilen viele Menschen völlig zu Recht auch anhand der Frage, ob der Staat Verfehlungen mit dem gleichen Nachdruck verfolgt, wenn sie von materiell gut gestellten Menschen begangen worden. Deswegen ist gerade im Bereich von Wirtschafts- und Steuerstrafrecht eine effektive Strafverfolgung auch ein nachhaltiger Beitrag zum Gebot der Gerechtigkeit und muss eine entsprechende Bedeutung in der Praxis haben.

3) Schließlich verbleibt der letzte Bestandteil aus dem sozialdemokratischen Kanon der Grundwerte, die Solidarität. Dass Empathie mit und Interessenvertretung für die Opfer von Straftaten ein praktischer Ausdruck dieses Gebotes ist, bedarf keiner näheren Begründung. Aber wie verhält es sich mit den Tätern? Haben sie ebenfalls Anspruch auf Solidarität in diesem Sinne? Oder schließt die Solidarität mit den Opfern eine ähnliche Haltung gegenüber den Tätern aus? Angesprochen ist damit eine durchaus grundlegende Frage des dahinterstehenden Menschenbildes. Dass man Tätern gerecht zu werden hat und bei der Sanktionsfindung auch mildernde Umstände in die Erwägung einbezieht, ist bereits vorstehend ausgeführt worden. Der Gedanke der Solidarität reicht allerdings weiter. Dahinter steht auch der grundlegende Gedanke, dass kein Mitglied der Gesellschaft ganz und gar aufgegeben werden darf, sondern sich die Gesellschaft verpflichtet fühlt, so gut wie möglich Menschen zu helfen, künftig regelkonform zu leben. Bezogen auf Straftäter darf dies nicht mit einer Parteinahme zu Lasten von Opfern verwechselt werden und muss selbstverständlich den Schutz vor weiteren Straftaten mit bedenken. Gleichzeitig folgt aber daraus, dass jeder Mensch im Grundsatz eine zweite Chance verdient und häufig noch öfter. Der grundlegende Anspruch der Wiedereingliederung, der zum Beispiel der Straffälligenhilfe zugrunde liegt, ist auch eine praktische Ausprägung des Solidaritäts-Prinzips.

4) Die Grundsätze Freiheit, Gerechtigkeit und Solidarität geben also in all ihrer Abstraktheit durchaus auch Orientierung für eine an diesen Grundsätzen orientierte Kriminalpolitik. Gelegentlich und womöglich nicht selten stehen sie untereinander in einem Spannungsverhältnis, das nur durch sorgfältige Abwägung und verantwortungsbewusste Entscheidung aufgelöst werden kann. Das Gesellschaftsbild von freien Individuen, die sich einer Gemeinschaft verpflichtet fühlen, und einer Gemeinschaft, die sich ihren einzelnen Mitgliedern verpflichtet fühlt, ist aber durchaus auch auf das Feld der Kriminalpolitik ohne weiteres ableitbar.

II. Sozialdemokratisches Staatsverständnis

Da sich die Kriminalpolitik über den Staat den Bürgerinnen und Bürgern vermittelt, ist ein sozialdemokratischer Blick auf die Kriminalpolitik ohne das dahinterstehende Staatsverständnis unvollständig. Häufig entscheiden sich an dieser Stelle politische Richtungen, denn die an den Staat gerichteten Erwartungen differieren gelegentlich auch dann sehr stark, wenn ihnen letztlich ähnliche Grundwerte zugrunde liegen. Das Bild eines Wohlfahrts-Staates, der sich zur Regelung womöglich der meisten Lebensverhältnisse im Sinne seiner Bürgerinnen und Bürger berufen fühlt, damit aber auch der Versuchung der Bevormundung unterliegt, steht in einem extremen Gegensatz zu einer betont liberalen Betrachtung, die den Staat letztlich auf seine Schutzverpflichtung beschränken möchte und weitergehende Überlegungen von Anfang an mit Skepsis betrachtet. Recht betrachtet sind beide Vorstellungen wenig geeignet, auf Dauer eine erfolgreiche gesellschaftliche Entwicklung zu gewährleisten. Dass ein allzu bevormundender Staat die Entfaltung von individuellen Potentialen, aber auch die Selbstbestimmung seiner Bürgerinnen und Bürger zu blockieren droht, ist ebenso gut begründbar wie der Hinweis darauf, dass faktisch Ungleichheit und Ungerechtigkeit auf Dauer fortgeschrieben wird, wenn sich der Staat auf seine Schutzfunktion beschränkt. „Nur die Starken können sich einen schwachen Staat erlauben", lautet eine alte sozialdemokratische Faustformel.

1) Der modernen sozialdemokratischen Programmatik liegt ein gewissermaßen vermittelndes und die Vorzüge beider Konzepte verbindendes Staatsverständnis zugrunde, das man als Modell eines aktiven Staates bezeichnen kann.

Ein aktiver Staat ist in diesem Sinne durchaus ein starker Staat. Bezogen auf den Bereich der Kriminalpolitik heißt dies, dass ein effektiver Schutz vor Straftaten und eine effektive Strafverfolgung selbstverständlicher Teil staatlichen Handelns sein müssen. Ein Staat, der diese Kernfunktionen gegenüber seinen Bürgerinnen und Bürgern nicht glaubwürdig gewährleisten kann, muss mit einer deutlichen Erosion des in ihn gesetzten Vertrauens rechnen. Das gilt erst recht für einen Staat, der Freiheit und Gerechtigkeit zu den wesentlichen Zielen seines Handelns rechnet. Vor diesem Hintergrund ist es nachvollziehbar, warum Polizei und Justiz im Bereich der Sozialdemokratie mit einem positiven Vorverständnis betrachtet werden und durchaus auf einen Vertrauensvorschuss rechnen können. Sie sind die wesentlichen Instrumente bei der Umsetzung von grundlegenden Werten im Bereich der Kriminalpolitik.

Dies gilt indessen nur im Rahmen eines Rechtsstaates, der seinen Strafverfolgungsorganen von vornherein Bindungen auferlegt. Der aktive Staat ist kein Selbstzweck, er soll Freiheit und Selbstentfaltung seiner Bürgerinnen und Bürger ermöglichen und fördern, nicht jedoch ersticken. Deswegen ist der Rechtsstaat eine conditio sine qua non des aktiven Staates. Staatliche Eingriffe bedürfen einer gesetzlichen Ermächtigung, Eingriffe in Grundrechte sind nur in engen Grenzen statthaft und bedürfen auch im Einzelfall der Abwägung mit den bürgerlichen Grundrechten. Ein vorurteilsfreies Handeln, dass alle Umstände bezogen auf Tat und Täter würdigt, ist deswegen prägend für rechtsstaatliche Strafverfolgung. Durch die Verbindung eines aktiven Staates und eines Rechtsstaates wird gerade im Bereich der Kriminalpolitik ein spezifisches Staatsverständnis aus sozialdemokratischer Sicht deutlich.

Dass die Effektivität der Verhütung und Verfolgung von Straftaten einerseits und die rechtsstaatliche Bindung des Staates andererseits immer wieder miteinander abzuwägen sind, zeigt zum Beispiel die aktuelle Diskussion um die Einführung einer Vorratsdatenspeicherung. Aus Sicht einer effektiven Strafverfolgung ist es von Vorteil, wenn Daten für eine gewisse Zeit gespeichert werden müssen, um ggf. für Ermittlungen zur Verfügung zu stehen. Das gilt umso mehr, als elektronische Daten in der Praxis der Strafverfolgung heute eine zentrale Bedeutung haben und obendrein die Cyber-Kriminalität drauf und dran ist, sich zu einem Massenphänomen zu entwickeln. Auf der anderen Seite ist dies aus grundrechtlicher Sicht und damit der Perspektive des aktiven Freiheitsschutzes jedenfalls dann bedenklich, wenn im Einzelfall keinerlei Hinweise auf ein Verbindung mit Straftaten besteht und eine Speicherung von Daten eben nur zum Vorrat erfolgt. Das ist um so bedenklicher, wenn damit die staatliche Kenntnis darüber vorhanden sein kann, wer wann auf welche Weise höchstprivate Inhalte ausgetauscht hat. Das Spannungsverhältnis von zwei berechtigten Anliegen lässt sich nicht leugnen, umso wichtiger ist eine sorgfältige Abwägung. Dabei wird im Einzelnen nachzuweisen sein, für die Ermittlung welcher Straftaten der praktische Nutzen einer solchen Vorratsdatenspeicherung tatsächlich nachweisbar ist und mit welchen prozeduralen Einschränkungen, wie zum Beispiel Richtervorbehalten und Löschungsfristen, Grundrechtseingriffe auf ein zwingend notwendiges Maß begrenzt werden können. Vor diesem Hintergrund ist es nicht überraschend, dass die Einschätzung der Vorratsdatenspeicherung auch innerhalb der SPD streitig ist und erst anhand konkreter Regelungsvorschläge entschieden werden kann.

2) Der aktive Staat hat aus sozialdemokratischer Perspektive eine weitere Dimension, die über das Klischee des „starken Staates“ weit hinausreicht. Dass für die Sozialdemokratie das Bekenntnis zum Sozialstaat und dessen Verwirklichung von herausragender Bedeutung ist, und gewissermaßen den Markenkern dieser Partei darstellt, ist hinlänglich bekannt. Wesentlich ist jedoch, dass sich das Verständnis vom Sozialstaat über die Jahrzehnte hinweg stark verändert hat. Traditionell bedeutet Sozialstaatlichkeit das Einstehen für die Schwächeren in einer Gesellschaft, insbesondere umfasst es das Engagement für gute Arbeitsbedingungen und eine angemessene soziale Absicherung. Deswegen sind Arbeitsmarkt und Gesundheitswesen, Altersversorgung und Behindertenpolitik selbstverständliche Bestandteile des sozialstaatlichen Verständnisses. Häufig handelt es sich dabei um den Ausgleich von ungleichen Lebensbedingungen und Chancen, also gewissermaßen den Versuch einer Reparatur bereits entstandener Ungleichheit. Entsprechende Bemühungen im Bereich der Kriminalpolitik sind zum Beispiel im Rahmen des Strafvollzuges und der Straffälligenhilfe gängige Praxis.

So notwendig dieser Ansatz auch heute noch ist und angesichts einer wachsenden Schere zwischen arm und reich in unserer Gesellschaft auch bleiben wird, so sehr muss die ausgleichende Funktion des Sozialstaats doch durch eine präventive Dimension ergänzt werden. Wenn es gelingt, Vorkehrungen dafür zu treffen, dass zu einem späteren Zeitpunkt gar nicht erst ein sozialstaatlicher Steuerungsbedarf entsteht, ist dies in jeder Hinsicht von Vorteil. Das gilt für die Betroffenen, die gar nicht erst Empfänger sozialstaatlicher Hilfsleistungen werden müssen, und das gilt nicht minder für den Staat selbst, übrigens insbesondere auch unter finanziellen Aspekten. Fehlgeschlagene Lebensläufe bergen für den Staat auch hohe Risiken bezogen auf Transferleistungen, die sich über Jahrzehnte hinweg auf unterschiedlicher Basis zu gewaltigen Summen aufsummieren können.

Diese Ableitung ist für die sozialdemokratische Programmatik prägend und seit dem Hamburger Programm aus dem Jahr 2007 ist der „vorsorgende Sozialstaat“ auch in theoretischer Hinsicht eine der wesentlichen Eckfeiler von sozialdemokratischen Grundsatzüberlegungen. Dort heißt es: „Um dieses Versprechen von Sicherheit und Aufstieg in unserer Zeit zu erneuern, entwickeln wir den Sozialstaat weiter zum vorsorgenden Sozialstaat. Er bekämpft Armut und befähigt die Menschen, ihr Leben selbstbestimmt zu meistern. Vorsorgende Sozialpolitik fördert Existenz sichernde Erwerbsarbeit, hilft bei der Erziehung, setzt auf Gesundheitsprävention. Sie gestaltet den demographischen Wandel und fördert eine höhere Erwerbsquote von Frauen und älteren Männern. Sie verhindert Ausgrenzung und erleichtert berufliche Integration. Sie entlässt niemanden aus der Verantwortung für das eigene Leben. Der vorsorgende Sozialstaat begreift Bildung als zentrales Element der Sozialpolitik."

Welche Bedeutung ein solcher Ausgangspunkt für den Bereich der Kriminalpolitik hat, bedarf kaum einer näheren Erläuterung. Die Prävention von Straftaten findet unter diesen Gesichtspunkten nicht nur im Vorfeld mehr oder weniger konkretisierter Straftaten statt, sondern ist Teil einer ganzheitlichen staatlichen Strategie von Anfang an. Gerade Christian Pfeiffer hat immer wieder auf die Bedeutung der frühkindlichen Förderung aufmerksam gemacht. Das gilt für die Entfaltung der eigenen individuellen Talente als Grundlage späterer erfolgreicher Bildungsanstrengungen und einem Eintritt in das Erwerbsleben. Das gilt nicht minder für gesellschaftliche Teilhabe und Integration, die von Anfang an gepflegt werden müssen und einer späteren Ausgrenzung vorbeugt. Insbesondere eine gute Bildung und eine Integration in das Arbeitsleben dürften besonders wirksame Instrumente sein, um einer Straffälligkeit von Anfang an vorzubeugen.

In diesem Zusammenhang hat Christian Pfeiffer auch engagiert darauf aufmerksam gemacht, dass die elektronische Revolution zu einer zentralen Herausforderung für die Entwicklung junger Menschen avanciert ist und sich der Staat intensiv um einen verantwortungsbewussten Umgang mit Medien zu bemühen hat, wenn spätere problematische Lebensverläufe gar nicht erst entstehen sollen.

Kriminalpolitik als integraler Bestandteil einer allgemeinen sozialstaatlichen Strategie unter dem Vorzeichen der Prävention ist somit ein spezifisch sozialdemokratischer Zugang zur Kriminalpolitik. Wie auch alle anderen Präventionsmaßnahmen handelt es sich um letztlich nur langfristig wirkende Ansätze, die obendrein wenig spektakulär sind. Umso nachhaltiger ist ein solcher Ansatz und verspricht, zur Prävention von Straftaten möglicherweise mehr beizutragen, als der Ruf nach schnell wirkenden Patentrezepten.

Gerade vor diesem Hintergrund ist schließlich auf die große Bedeutung zivilgesellschaftlicher Anstrengungen hinzuweisen – ein ebenfalls von Christian Pfeiffer immer wieder hervorgehobener Ansatz. Natürlich ist der Schutz vor Straftaten und die Verfolgung von Straftaten zu fördern, ist eine staatliche Aufgabe. Da die Ursachen von Kriminalität aber größtenteils in der gesellschaftlichen Entwicklung und Einbindung zu suchen sind, liegt es auf der Hand, dass staatliches Engagement alleine häufig zu kurz greifen wird, sondern durch zivilgesellschaftliche Anstrengungen unterstützt werden muss. Der Sozialstaat setzt auch eine starke und lebendige Bürgergesellschaft voraus, deren Mitglieder nicht allein auf den Staat warten, sondern auch von sich aus Verantwortung für andere übernehmen. Ein aktiver Staat und eine aktive Bürgergesellschaft bilden erst gemeinsam die Gewähr für eine gute gesellschaftliche Entwicklung.

III. Kriminalpolitik und Gesellschaftspolitik

Es ist also eine Verbindung von Grundwerten und eines spezifischen Staatsverständnisses, dass den Kern einer sozialdemokratischen Kriminalpolitik ausmachen. Abgeleitet von den Prinzipien Freiheit, Gerechtigkeit und Solidarität und umgesetzt durch das Verständnis eines aktiven, vorsorgenden Sozialstaates ist eine so verstandene Kriminalpolitik ein wichtiger Teil der allgemeinen gesellschaftspolitischen Konzeption der SPD. Dass diese Quellen kein sozialdemokratisches Monopol darstellen und man auch von anderen philosophischen, ethischen oder politischen Ansätzen aus zu denselben Schlussfolgerungen gelangen kann, soll ausdrücklich betont werden. Insofern ist die Sozialdemokratie seit ihrer Entstehung auch Teil einer um Aufklärung und Gerechtigkeit bemühten breiten politischen Bewegung.

Im recht verstandenen Sinne ist und bleibt Kriminalpolitik Teil der Gesellschaftspolitik. Soll es gelingen, Straftaten nachhaltig vorzubeugen, bedarf es einer umfassenden Analyse und eines aktiven wertgebundenen Engagements in ganz unterschiedlichen politischen Bereichen. Dafür hat Christian Pfeiffer selbst das beste Beispiel gegeben.

Wie wir delinquent wurden und Christian die Sache klärte

Michael Windzio

Das Handeln von Personen erzeugt potenziell negative Externalitäten für andere – für andere Personen, Gruppen oder für ein abstraktes Kollektiv, wie dem Souverän im demokratischen Staat. Negative Externalitäten sind im Alltag völlig normal. Neulich wachte ich an einem Sonntag um 7 Uhr auf, weil mein tags zuvor verreister Nachbar vergaß, den Wecker auszustellen. Ich hätte ihn würgen können. Nun möchte ich das Thema der alltäglichen menschlichen Abgründe nicht weiter vertiefen. Außerdem war mein Nachbar ohnehin nicht da. Zudem hätten sich die Staatsanwälte vermutlich für meinen durchgeschüttelten Nachbarn interessiert, nicht aber für meine durch Anti-Snooze Funktionen völlig ruinierten Nerven. Also war ich allein das arme Opfer.

Wir haben es im Alltag also ständig mit dem Strafrecht zu tun. Und sei es nur darum, weil wir diffus erahnen, dass die Wahl einer bestimmten Handlungsalternative irgendwie nicht richtig wäre, weshalb wir diese verwerfen. Sicher, auch die Moral spielt eine Rolle. Das Recht ist nicht völlig unabhängig von gesellschaftlichen Normen und Werten konstruiert. Aber glücklicherweise setzt sich das Recht hin und wieder gegen allgemeine, und insbesondere gegen partikulare, Moralvorstellungen durch. Die für ein effizientes und modernes Rechtsystem erforderliche Differenzierung von Recht und Moral schließt nicht aus, dass beide Systeme aneinander gekoppelt sind. Andernfalls würden Rechtsnormen vermutlich keine gesellschaftliche Legitimität – im Sinne einer Anerkennung bei Max Weber – erhalten können.

Das Rechtssystem kann nur beobachten, so Niklas Luhmann, was kommunikativ in das System eingegeben wird, z. B. im Strafrecht durch eine Anzeige oder als Ermittlungsergebnis. Dann aber beobachtet es Handlungen von Personen mittels der binären Unterscheidung von „Recht und Unrecht". Wenn Sie einen Text als glaubwürdigen Tatsachenbericht vor sich haben, können Sie auch diesen Text, genauer: die Sinnreferenzen der Mitteilungshandlung des Autors, durch den binären Filter von „Recht und Unrecht" beobachten. Bisher habe ich wohl nichts Unrechtes gesagt, z. B. niemanden so richtig beleidig. Das Strafrecht liefert ein „Programm", mit dem das Rechtsystem über die Zuweisung einer der beiden Seiten der Unterscheidung „Recht und Unrecht" entscheidet.

Keine Sorge, lieber Christian, ich habe alles im Griff, bin doch Profi! Auch wenn es im Folgenden um eine eventuelle gemeinschaftliche Delinquenz von Christian und mir geht, wird man in diesem Text nicht Belastbares finden. Aber genau darum geht es ja. Wie kamen wir damals eigentlich so glimpflich aus der Sache raus? Übrigens hingen Christiane B. und Matthias K. auch mit drin (die Namen wurden redaktionell zwecks Anonymisierung gegenseitig ausgetauscht, Anm. Dirk Baier). Die beiden haben sich aber rechtzeitig vom Kern der Gruppe ferngehalten, so dass man ihnen nichts anhängen konnte. Außerdem will ich die beiden nicht anschwärzen, sonst bekomme ich ernste Schwierigkeiten.

Nun zur Sache: Christiane B., Matthias K., Christian und ich flogen im Jahr 2005 nach Philadelphia zum Weltkongress der Kriminologie. Ich hielt dort einen Vortrag über Gewalt im Jugendstrafvollzug, der vor Banalität nur so strotzte, was aber scheinbar niemand bemerkte. Dies nur am Rande. Christian war die ganze Zeit über gut gelaunt. Als Christiane B., Matthias K. und ich uns eine äußerst unappetitliche Lebensmittelvergiftung einfingen und bettlägerig im Wohnheimappartement bleiben mussten, versorgte Christian uns mit Medikamenten und Lebensmitteln. Auch das hat noch nichts direkt mit unserer mutmaßlichen Delinquenz zu tun, deutet aber schon auf das Dilemma hin. Christian war hilfsbereit und fürsorglich, was in diesem Fall problemlos war, sich aber in einer späteren Situation als strafrechtsrelevant hätte herausstellen können.

Zu dieser Situation kam es auf dem Rückflug von Philadelphia. Christiane B., Matthias K. und ich hatten die economy class gebucht. Heute könnte ich vermutlich an irgendein „Diversity Managment" der Fluggesellschaft appellieren, das sie verpflichtet, Fluggästen mit langen Beinen besondere Plätze zuzuweisen (Hüftspeck hatte ich damals auch schon). Zu dieser Zeit, 2005, herrschte aber noch Diversity-Mittelalter. Warum greift das Strafrecht hier eigentlich nicht? Economy Class ist mindestens Nötigung: Ich muss dringend auf die Toilette, stecke aber im Sitz fest. Auch unter Betrug könnte man das prüfen: man zahlt für einen Sitzplatz, bekommt aber eine Quetschfurche. Und natürlich Körperverletzung. Kennt jemand die Bedeutung des Wortes „verzapft"? Zimmerleute haben früher Holz mit Holzzapfen und Zapfloch verbunden, also weder genagelt noch geleimt. Das ist möglich bei hohem Reibungswiderstand durch extremen Kompressionsdruck, der auf den Holzzapfen ausgeübt wird. Wie ich in die Quetschfurche gelangt bin, weiß ich nicht mehr genau. Vielleicht wurde ich ohnmächtig, als man mich mit einschlägigem Werkzeug bearbeitete. In jedem Fall steckte ich richtig in der Klemme.

Christian war das Problem aus eigener Erfahrung sicherlich bekannt – natürlich nicht wegen des Hüftspecks, sondern wegen der Beinlänge. Vermutlich kam er damit gerade noch zurecht. Auf dem Rückflug stand er plötzlich neben unserer Quetschfurchenreihe im Gang und erzählte etwas von einem Upgrade in die Business Class, das er aufgrund von dienstlichen Bonusmeilen erhalten habe. Ha, Bonusmeilen! Darüber sind schon ganz andere gestolpert! Anderseits: wir befanden uns ja tatsächlich auf einer Dienst- und nicht auf einer Urlaubsreise. Das beweist schon alleine das Reiseziel: Philadelphia! Im 18. Jhrdt. versammelten sich dort die subversiven Elemente, um Revolution zu machen. Besichtigen kann man dort heute unter anderem den Knast von Al Capone. Na super. Man hat sehr schnell begriffen, dass Philadelphia für die Hauptstadtrolle der USA völlig untauglich ist, und baute schnell Washington D.C. auf. Verleugnen konnte man diese Stadt aber nicht mehr, denn die subversiven Elemente blieben dort wohnen. Vermutlich ging die Sache mit Christians Upgrade in die Business Class also tatsächlich in Ordnung. Als er zu uns in die Economy Class herabstieg, bemerkte er, dass etwas mit mir nicht stimmte. Kunststück: Ich war violett angelaufen und meine Augen quollen hervor. Und auf der Toilette war ich auch noch nicht.

Nun kommt es: Es war schon spät, viele Fluggäste schliefen. Christian fragte mich, ob ich schon mal die Business Class eines großen Flugzeuges gesehen hätte. Mit letzter Kraft zwängte ich mich aus dem Sitz und ging mit ihm eine Wendeltreppe hinauf zur oberen Ebene. Dort angekommen gingen wir zu seinem Platz. Anstelle der Quetschfurchen waren dort richtige Sessel, die man sogar in kleine Betten umwandeln konnte. Nun war doch tatsächlich neben Christians Schlafsessel ein Platz unbesetzt. Wir redeten kurz über den unterschiedlichen Komfort, und über das Joch der Klassengesellschaft bei Transatlantikflügen. Mir war jedoch nicht nach Revolution zumute, nun war ich ja obenauf. Business Class! Christian forderte mich auf, den freien Schlafsessel mal auszuprobieren, nur um wissen, wie schön das ist, was ich auch sofort tat. Liegen, Beine ausstrecken, Rücken begradigen, Leben kehrt in die Gliedmaßen zurück. Grenzenlose Freiheit über den Wolken.

Als ich aufwachte, redete Christian mit einer Stewardess. Die Umgebungsgeräusche waren so laut, dass ich, noch im Halbschlaf, nichts verstehen konnte. Sie schien eigentlich eine überaus angenehme Person zu sein, schaute aber ziemlich grimmig und zeigte mehrmals auf mich. Warum nur? Ich hatte vermutlich einige Stunden geschlafen, d. h. Körper und Geist die überlebensnotwendige Erholung zukommen lassen. Aber, jetzt dämmerte es sogar mir: ich tat dies am falschen Ort! Gleich wird sich die Stewardess mir zuwenden und mir eine satte Beförderungserschleichung vorwerfen. Economy bezahlt und in Business geschlafen, so, so. Wir müssen Sie jetzt leider mitnehmen. Ist auch eine Anklage wegen Betrugs möglich? Im Strafrecht finden wir die einschlägigen Paragraphen in der Umgebung von § 263 bis § 265. Erschleichung von Leistungen, § 265, Absatz (1) – bis zu einem Jahr Knast!

„(1) Wer die … Beförderung durch ein Verkehrsmittel … in der Absicht erschleicht, das Entgelt nicht zu entrichten, wird mit Freiheitsstrafe bis zu einem Jahr oder mit Geldstrafe bestraft...“

Für unsere Situation nicht weniger einschlägig ist der Absatz (2), denn man könnte ja argumentieren, ich hätte vorsätzlich ein Economy-Ticket erworben, aus dem niederen Bewegrund, mich in die Business Class einzuschleichen:

„(2) Der Versuch ist strafbar.“

Wir befanden uns gerade über dem Nordmeer, nahe Grönland, aber über neutralem Gewässer. War unser Flugzeug exterritoriales Hoheitsgebiet der USA? Gilt deutsches oder U.S. Strafrecht? Werde ich in Philadelphia im Knast sitzen, in der Nachbarzelle von Al Capone? Muss ich in eines dieser Bootcamps, wo man sich nicht mit den Füßen, sondern meisten auf den Augenbrauen fortbewegt, mit dem Stiefel eines Aufsehers im Nacken? Oder werde ich gnadenhalber über den Schottischen Highlands ausgesetzt? Je nach Sichtweise ist die Sache insofern etwas pikant, als letztlich Christian, mein verehrter Chef, mich anstiftete, diese delinquente Handlung auszuführen – die aus meiner Sicht nur darin bestand, Körper und Geist die überlebensnotwendige Erholung zukommen zu lassen. Aus der Sicht des Rechtssystems stellt sich das potenziell allerdings als „Anstiftung zur Beförderungserschleichung“ dar, was auf die Seite des Unrechts fällt. Gibt es dafür ein Strafmaß? Christian, Christian, wie konnte es nur soweit kommen. Dir hat es doch an nichts gefehlt, alle Möglichkeiten standen Dir offen!

Aber man konnte ihm nichts nachweisen. Er ist eben Jurist, sogar Kriminologe, also ziemlich ausgebufft. Genau betrachtet hatte er mich ja auch nicht direkt aufgefordert, einzuschlafen und den halben Flug in einem ebenso gemütlichen wie unbezahlten Bett zu verbringen. Er wollte nur meinen beschränkten Horizont erweitern, was in einem Forschungsinstitut wie dem KfN durchaus der Fürsorgepflicht eines Vorgesetzten entspricht. Nun wusste ich endlich, dass die Reichen es sich da oben bequem machen, vermutlich noch subventioniert mit Steuergeldern, während wir hier unten eingepfercht und verzapft werden. Oje, dachte ich, er ist aus der Sache raus, mir dagegen hängen sie was an.

Aber dann sah ich, wie Christian auf die Stewardess einredete. Er schien trotz allem noch immer gut gelaunt zu sein. Je länger er mit der Stewardess sprach, desto entspannter wurde ihr Gesichtsausdruck. Jetzt rutschte ihr plötzlich ein Lächeln heraus. Zwei Sätze später schien sie sogar verlegen zu kichern. Was um Himmels Willen hatte er ihr erzählt? Der Schlawiner. Er hatte es anscheinend geschafft, seine Interaktionspartnerin in einer überaus brenzlichen Situation umzustimmen. Erst wollte sie uns wohl anzeigen, nun war sie ihm voll und ganz gewogen. Was ich hier beobachten durfte, war die formvollendete Leistung eines Großmeisters auf dem komplexen Gebiet der inter-sexuellen Kommunikation. Dass es ganz und gar nicht einfach ist, Gesprächspartnerinnen z. B. durch ein nettes Kompliment für sich zu gewinnen, entsprach meinen Erfahrungen. In der Terminologie der sozialen Austauschtheorie kann man das folgendermaßen ausdrücken: Ego (in diesem Fall Christian) muss Alter strategisch-instrumentell Wertschätzung signalisieren, ohne dass Alter (in diesem Fall die Stewardess) merkt, dass Ego nur strategisch-instrumentell Wertschätzung signalisiert. Alter muss sich geschmeichelt fühlen, zugleich muss Ego an seinem eigentlichen Ziel festhalten – ein äußerst schmaler Grat zwischen Zuneigung und Verdammnis.

Ich habe es übrigens nach einer endlosen Reihe von Fehlschlägen auf diesem Gebiet einmal anders versucht: ohne groß drum herumzureden erklärte ich mal einer Gesprächspartnerin, wie diese Ego-Alter Interaktionen eigentlich funktionieren. Immerhin war ich damals fleißiger Soziologie-Student und schon im 2. Semester. Wir könnten doch offen darüber reden, wer welche Ziele verfolgt und die ganzen formalen Aspekte, die ohnehin nur soziales Nebengeräusch erzeugen, abkürzen. Ich verwies auf das Gefangenendilemma der Spieltheorie, bei dem die Nicht-Kooperation der beiden verhörten Delinquenten untereinander dadurch zustande kommt, dass sie nicht die Möglichkeit zur Abstimmung einer gemeinsamen Strategie haben – die dort idealerweise darin besteht, zu schweigen. Aber anstatt dass beide dicht halten und dann nach Hause gehen können, verpfeifen sie sich gegenseitig, weil Geständnisse strafmildernd wirken. Befinden sich in unserer sozial-normativ überregulierten Welt Mann und Frau, die beide den Wunsch hegen, sich einander anzunähern, nicht irgendwie auch in einer Gefangendilemma-Situation? Wir beide aber, meine Gesprächspartnerin und ich, so mein Argument damals, könnten offen miteinander kommunizieren, eine gemeinsame Strategie abstimmen, und so den „Pay-Off" der Interaktion (wie man in der Spieltheorie sagt) für beide maximieren. Fand ich zumindest. Diesen Ansatz habe ich anschließend verworfen. Schade, dass ich nicht hören konnte, wie der Großmeister in der Flugzeugsituation taktisch vorgegangen ist. Dies wäre tatsächlich mal eine Horizonterweiterung gewesen.

Nun kommt mir ein furchtbarer Gedanke: Hätten sie Christian und mich in separate Zellen gesperrt und dann einzeln verhört – hätten wir beide, d. h. untereinander, kooperiert und geschwiegen? Außer der Stewardess gab es keine weiteren Zeugen, denn alle anderen Fluggäste der Business Class schliefen tief in ihren teuren Schlafsesseln. Deswegen waren sie ja hier, genau wie ich. Der Versuch, durch konsequentes und aufrechtes Dichthalten aus der Sache herauszukommen, hätte sich somit gelohnt. Trotzdem führen Gefangendilemma-Situationen in der Regel in die Katastrophe. Nehmen wir folgendes an: hätte ich geschwiegen, Christian aber gestanden, hätte ich die maximale Haftdauer von einem Jahr vor mir, und als Bett eine 1,80 m kurze Pritsche. Anderes Szenario: als Belohnung für ein Geständnis meinerseits hätten mir die Peiniger strafmindernd die halbe Haftdauer erlassen und ein richtiges Bett – wie es dem Standard einer modernen Zivilisation entspricht (2,10 m) – in Aussicht gestellt. Wie hätte ich mich nun verhalten? Wie? Wie fühlten sich die Probanden des berühmten Milgram-Experimentes (das Lernexperiment mit den vermeintlichen Stromstößen), nachdem sie einsehen mussten, zu welchen Schandtaten sie fähig waren? Gar nicht erst darüber nachdenken. Die Gefangendilemma-Situation blieb uns erspart. Ich bin so dankbar, dass der Christian die Sache auf seine Weise klären konnte und wir glimpflich davon kamen.

Demokratische Beteiligungsmodelle und Zeitgeist. Bemerkungen über ein Politikkonzept aus dem Geist des Common Sense

Frank Woesthoff

Die Klagen über den Verfall der politischen Kultur in unserem Land scheinen in letzter Zeit erstmals nach längerer Zeit abgenommen zu haben. Es ist, als ob die publizistische Klasse voller Erschrecken über den Zustand des eigenen Spielfelds ein wenig innehalten würde, ein wenig erleichtert über eine nicht ganz so desaströse Wahlbeteiligung bei der letzten Bundestagswahl oder auch mit klammheimlichem Schuldbewusstsein über das bei dieser Gelegenheit weiter beschleunigte Verschwinden des organisierten Liberalismus. Zu den Gründungsinsignien der Bonner Republik gehörig, beteiligte sich seine Pennystock-Betreibergesellschaft F.D.P. intensiver als andere am Berliner Mediendiskurs, der sich immer weniger an inhaltlicher Relevanz denn an Erscheinungsfrequenzen und Lufthoheit in den jeweiligen Funkzellen orientierte. Auch andere – einzelne Spitzenkandidaten und auch ganze Führungsgremien politischer Parteien – erliegen zunehmend der Selbstauslöschung aus Mangel an Relevanz.

Ihnen gegenüber oder vielmehr ihnen im Nacken: ein politischer Tagesjournalismus, dessen Selbstverständnis sich in den vergangenen Jahren der mobil-digitalen Revolution unter dem wirtschaftlichen Druck schwindender Printauflagen oder selbstverordnetem Quotendruck zu einer Art Discount-Mentalität gewandelt hat: Schnellstmöglicher Abverkauf günstigst (will sagen unter Verzicht auf übertriebene Recherche) beschaffter Informationsware. Volumen statt über den Tag hinaus verantwortbare Qualität, könnte man ein Konzept überschreiben, das fast nur noch auf kontrastreiche Action-Shots, nicht tiefenscharfe Langzeitbelichtungen setzt. Dieses Abbildungskonzept ist dem Sportjournalismus entlehnt. Die Funktion der Tabelle übernimmt dabei die Demoskopie, und deren Unsicherheit gegenüber der tatsächlichen Wählerentscheidung wird durch grobkörnige Berichterstattung mit besonderem Fokus auf personengebundene Anlässe, gerne Skandale oder Vorstufen davon minimiert.

Das eigentliche Sachthema von Gesetzgeber und Verwaltung, die Gestaltung der Lebensumstände auf den verschiedenen Organisationsebenen des Landes, gerät dabei in den Hintergrund. So unübersichtlich und kräftezehrend, wie das öffentliche und private Leben durch globalen Wettbewerb, informationelle Transparenz, Compliance, Demographie und andere Komplexitätssteigerungen seit dem Verschwinden der Abschottungen des Kalten Krieges geworden ist, so anstrengend erscheinen vielen inzwischen auch die Anforderungen der repräsentativen Demokratie – nicht zuletzt deren Kandidaten selbst. Konzeptgetriebene Veränderungen anzugehen ermüdet die mit deren Umsetzung Beauftragten inzwischen genauso sehr wie den politischen Souverän. Auch dieser möchte sich zu komplexen Problemstellungen kaum noch eine Meinung bilden. Eine Öffentlichkeit auf der anderen Seite, die sich auf der Basis medialer Disposition gerade noch in der Lage sieht zu einer minimalen Meinungs-Trennschärfe, wie sie im Facebook-Daumen prototypisch zum Ausdruck kommt, erlaubt sich Phänomene des soziokulturellen Wandels möglichst entspannt zu sehen.

Die zurückgehende Bereitschaft der nachwachsenden Generation beispielsweise zu einer Ausbildung in mathematisch-technischen Fächern wird auf quantitativ-abstrakter Ergebnisebene analysiert, was ihre Folgenlosigkeit antizipiert. Damit ist niemand – zum Beispiel Eltern oder Lehrer – persönlich betroffen und in der Pflicht, Maßnahmen zu ergreifen. Die Medien unterstützen nach Kräften dabei, keinen potentiellen Abonnenten, Banner-Klicker oder GFK-Probanden an seine persönliche Verantwortung für die Gegenwart der Gesellschaft zu erinnern. Ausnahmen bilden ein Portfolio von sogenannten „Personen der Zeitgeschichte" (Westerwald-Bischöfe, FC Bayern-Präsidenten), denen individuell ein wenig nähergetreten werden kann, ohne Rückschlüsse auf eine breite Öffentlichkeit befürchten zu müssen.

Für fast jede intersubjektiv negativ empfundene Beeinträchtigung der eigenen Existenz hat man sich inzwischen angewöhnt, Amtshaftung einzuklagen. Dies gilt sogar für einen eher klandestinen Sektor wie die Justizberichterstattung. Ein extremes Beispiel ist der Skandal um die sogenannten NSU-Morde. Wie auf ein geheimes Kommando wurde so etwas wie die alleinige Gesamtverantwortung für die Taten dem Kreis der zu Ermittlung unwilligen oder unfähigen Behörden zugewiesen. Natürlich hat das OLG München die üblichen Standardsituationen der Medienarbeit in geradezu lehrbuchhafter Weise erst einmal vermasselt, und immerhin genießen die Angehörigen der Opfer nun endlich einmal mehr Aufmerksamkeit als die mutmaßlichen Täter, aber die rechtsradikale Szene bleibt deutschlandweit weiterhin von nahezu jedem Recherchedruck verschont. Der gesellschaftliche Diskurs zu dem Thema unterbleibt weiterhin, wer gerne immer noch wegsehen möchte, kann das tun. Es ist nicht ganz klar, ob dieser antiaufklärerische Trend in den Medien auf ein Geheiß von Controllern oder Rechtsabteilungen zurückzuführen ist. Mehr noch ist sicherlich eine Sonderform der gesamtgesellschaftlichen Bequemlichkeit im Spiel. Warum aufwendig „investigativ" (die inländische Form von Kriegsberichterstattung) recherchieren, wenn man doch die nächstbeste Fachbehörde zu Recht oder Unrecht allein in die Pflicht nehmen kann, auch wenn sie in den meisten medienrelevanten Einzelfällen nicht die alleinige oder zentrale Verantwortung trägt.

Medienschelte ist seit je, aber inzwischen nur noch aus falsch verstandenem Sportsgeist ein No-Go für die Politik und den gesamten öffentlichen Raum. Die Tagesberichterstattung ruht sich auf dieser bequemen Immunität aus, und Reformdruck ist nicht zu erwarten. Denn Politiker sind die einzigen, die ihn ausüben müssten und fachlich könnten, es aber aufgrund der zuvor geschilderten Mechanismen und Trends nicht tun.

Nun herrscht das Übel freilich niemals in ganz Gallien. Es gibt auch diesmal ein Dorf, für deren Bewohner eine halbaufgeklärte, scheinkritische Bequemlichkeit ein Graus ist. Sie strengen sich unverdrossen an, die wirklichen Wahrheiten hinter den scheinbar einfach abzuhakenden Phänomenen zu finden, und sie finden die tatsächlich einfachen Problemlösungen, die aber dafür die Mühe – oder das Vergnügen – eines handfesten sozial-politischen Zusammenlebens kosten. Es ist wohl schon immer ein eher kleines Dorf gewesen, und da es keine Palisade braucht, wächst es auch nicht gerade. Der Bürgermeister dieses Dorfes heißt Christian Pfeiffer.

Seine aktive Zeit in politischem Amt und Würden war zwar nicht von sehr langer Dauer, aber von nachhaltiger Wirkung. Vor zehn Jahren konnte ich zum 60. Geburtstag vermerken: „Zunächst einmal ist die grundsätzliche Frage zu stellen, ob diese Amtszeit nicht in Wahrheit noch andauert." Daran hat sich dem Grunde nach nicht viel geändert.

Die Anwendungsbereiche Menhire, Zaubertrank, Römer und Wildschweine finden sich in übertragenem Sinn auch in Pfeiffers rechts- und bürgerpolitischem Programm. Schwere Brocken der Justizpolitik, magische Kräfte gegenüber den Medien, stete Streitlust gegenüber einer kleinen Gruppe konkurrierender Fachkollegen der Kriminologie und ein nie versiegender Appetit auf neue Forschungsgebiete fallen einem als Analogien zu diesem Topos ein. Aber das ist äußerlich. Christian Pfeiffers Ansatz ist weit entfernt davon, nur eine Attitude zu sein. Es ist ein Lebensentwurf, der sich nicht in den Vordergrund drängt, sondern der sich vor allem anderen stets in der tatsächlichen Wirksamkeit erfüllt. So hat er aus seiner langjährigen Mitgliedschaft in der SPD erst dann „etwas" gemacht, als Sigmar Gabriel ihn bat, in seinem neu gebildeten Kabinett das Justizressort zu übernehmen. Eine schwierige Phase: Fachliche und persönliche Skandale der Vorgängerregierung forderten etwas radikal Neues, mindestens Anderes – vor allem aber Glaubwürdiges.

Aber wir müssen noch ein wenig weiter zurück. Qua Geburtsdatum eigentlich ein Kern-68er, verlief sein Weg doch anders. Keine Rebellion gegen ein in deutscher Vergangenheit verstricktes Elternhaus wie bei vielen Altersgenossen, sondern ein schwieriger Start als brandenburgisches Flüchtlingskind in der oberbayerischen Provinz. Kein überschießender Protest und nachfolgender Rückfall in bequeme Bürgerlichkeit, sondern ein ebenso geradliniger wie glückhafter Weg. Bauernfamilie mit starkem Zusammenhalt unter äußerer Bedrohung. Preußisch-protestantisches Ethos, das unter dem Einfluss der typischen Zeitthemen nicht in der Rebellion versank, sondern sich diesen in der Konkretisierung persönlicher Krisen widmete. Jugendkriminalität: Wahrscheinlich auch ein Modethema damals, auch wegen der überfälligen Reformen im Jugendstrafrecht. Der Jurastudent Christian Pfeiffer unterstützt Strafgefangene, erprobt sich als Bewährungshelfer. Er lebt in einer WG mit dem Edel-Bankräuber Burkhard Driest, macht Erfahrungen mit den Grauzonen von öffentlich und veröffentlicht, von Meinung und Wahrheit. Er wird erstmals bekannt mit einem Projekt, das Zeitungsabonnements für Häftlinge vermittelt, und legt damit einen Grundstein zu dem besonderen Vertrauensverhältnis mit den Medien, vielmehr guten Journalisten, das sich in seinen ausstrahlungsstarken Projekten immer wieder als wichtiger Faktor erweisen sollte. Wer sich in Fragen rechtlicher Normen und ihrer Übertretung die Nahtstelle zwischen Privatestem und Allgemeinstem bearbeitet, läuft Gefahr, sich in Extremen zu verfangen. So zählt die Justiz zu den treuesten Mietern des Elfenbeinturms mit starker Aktenbock-Armierung, und die Justiz-, wenn nicht Rechtsberichterstattung im allgemeinen beliefert andererseits die Stammtische unter Gewährung großzügiger Rabatte auf Differenziertheit.

Beides ist Christian Pfeiffers Sache nie gewesen. Beiden Seiten das Ihre zu liefern war sein Konzept: Das Interesse am „Fall" bekommt von ihm proaktive Kommunikation, das kostbare Gut der Rechtsstaatlichkeit muss im Gegenzug aber nicht auf höchstmögliche Wissenschaftlichkeit in der Analyse verzichten. Diese Chance nehmen Journalisten immer mit Freuden an und revanchieren sich bei aller Unbestechlichkeit der Recherche mit einer Extraportion Empathie – herrührend aber eigentlich aus dem tieferen Verständnis der Dinge dank umfassenderer Information durch den forschenden Kriminologen. Mir scheint der Pfeiffersche Ansatz einer gesellschaftlich wirksamen Delikt- und Delinquenzforschung durchverfolgbar zu sein bis in die Raison d'être des Kriminologischen Forschungsinstituts Niedersachsen. Der weitsichtige Ansatz des einstigen niedersächsischen Justizministers Schwind, der das KFN als unabhängige, interdisziplinäre Instanz gründete, verwirklichte sich erst mit der Übernahme der Leitung durch Christian Pfeiffer in den 80er Jahren. Die Themenschwerpunkte bildeten sich schnell in den Bereichen, in denen die staatlichen Institutionen keine ausreichende Vernetzung darstellen konnten, um das gesellschaftliche und individuelle Erleben von wesentlichen Normenübertretungen zu erklären und politische Handlungsoptionen aufzuzeigen.

Das setzte natürlich ein Politikverständnis voraus, das überhaupt auf aktive Bearbeitung von Problemzonen abzielt. In den Flächenländern der Vorwende-BRD waren dagegen neben den großen rechtspolitischen Reformprojekten in der Verwaltungspraxis häufig Restriktion und eine Art von Kommunikationswissenschaften „Zwischenlager-Mentalität" die Standardreaktion auf aggressive Phänomene am sozialen Rand. Hier setzte das KFN unter Pfeiffer an. Aus seinem frühen Faible für die kreativ-experimentellen Ansätze anglo-amerikanischer Sozialforscher konzentrierte er sich auf die Hell- und insbesondere auch Dunkelfelder von Themenbereichen, die der öffentlichen Debatte verborgen waren: Strafvollzug, Schule und Jugend, Opfer und Viktimisierung. Sein oben erwähnter persönlicher Hintergrund führte Pfeiffers Forschungsansätze stets zur Sozialverantwortlichkeit – die allerdings erst ein gutes Jahrzehnt später mit einem Ministeramt zur „offiziellen" Wirksamkeit kommen sollte. Zuvor etablierte sich der KFN-Direktor und Hannoveraner Professor in der Stadt seines Wirkens erst einmal als prägende Instanz in der Bürgerschaft. Mit der ebenfalls aus dem westlichen Ausland aufgegriffenen Idee der Bürgerstiftung schuf er eine Art bürgerliche Nichtregierungs-Organisation und gleichzeitig sich selbst ein politisches Trainingscamp. Gleichzeitig allerdings öffnete sich mit der deutschen Vereinigung eine einzigartige

Laborsituation mit dem Aufeinanderprallen besonderer sozialer Differenzen, die das KFN mit Projekten aufgriff.

Zwei davon wurden für den Direktor zu drastischen Lerneinheiten über Messers Schneide als Grenzlinie zwischen Common Sense und Stammtisch: „Töpfchen“ und „Sebnitz“. Die mit der nur auf den ersten Blick steilen These vom verordneten Töpfchengang in DDR-Kitas aufgerissene Diskussion über die Charakter und Folgen der frühkindlichen Betreuungskonzepte im repressiven Realsozialismus wurde in der notwendigen Tiefe bis heute nicht geführt – siehe die Eingangsbemerkungen zum NSU-Prozess. Die Kleinstadt S. am Rande Sachsens dagegen ist noch immer ein Synonym für die ambivalente Verlockung, die Macht der Medien für Aufklärung und Forschung einzusetzen. Die NSU-Morde zeigen, dass Pfeiffer mit seinem Gutachten auch Recht gehabt haben könnte.

Bald nach diesen einprägsamen Vorfällen Ende der 90er Jahre kam der Ruf von Gabriel. Ohne dass Pfeiffer je wirklich polarisiert hätte, dazu war sein Auftreten stets zu authentisch und seriös, aber unter diesen Umständen stand der im Zuge eines klassischen Justizministerrücktritts ins Amt Gekommene wie sein Vorgänger sofort unter verschärfter Beobachtung von Medien und Opposition: Würde Pfeiffer ein Sicherheitsrisiko sein? Ob ein Justizminister persönlich vor Zellentüren Wache schieben soll und ob das etwas nützt – darum ging es nicht, sondern dass da jemand das große Schlüsselbund und die mehr oder minder direkte Aufsicht über die Justizbehörden die Hand nahm, der immer wieder sagte: Ich freue mich vor allem darüber, dass ich nun praktisch beeinflussen kann, was viele Jahre lang nur Gegenstand meiner theoretischen Forschungen war.

Pfeiffer ahnte früh, dass seine Amtszeit bemessen sein würde angesichts eines noch nicht ausgereift agierenden Ministerpräsidenten, und so startete er durch mit einem Innovationsfeuerwerk – von Aussteigerprogramm bis Zivilgesellschaft waren so viele Kern- (und gelegentlich auch persönliche des Ministers) Themen aus dem justizpolitischen Alphabet dabei, dass die jetzige Landesregierung drei Legislaturen später diese Agenda noch gut gefüllt übernehmen konnte. Sein Tempo und seine Kultur des Einmischens und beharrlichen Nachfragens hat nicht wenige davon betroffene Akteure überfordert und gelegentlich nervlich belastet, keine Frage. Viele Medienvertreter dagegen haben erstaunlich spät verstanden, dass sie zu Komplizen gemacht wurden, indem der Innovationsminister ihnen anscheinend nur gab, was sie wollten, sie aber tatsächlich vor allem auf sein Konzept einzahlen ließ: Eine aus der Lebenswirklichkeit heraus auch den Nutzern von sogenannten „Unterschichtenmedien“ breit verständliche, pragmatische und effiziente Politik. Und das ist keine Aufgabe, der sich der politische Journalismus in seiner Mehrheit verpflichtet sähe.

Nicht ganz so gut hat die Symbiose mit den Medien nach Pfeiffers Ministerzeit funktioniert, als ihn ein bereits früher angelegtes KFN-Thema in eine Art Mini-Kreuzzug führte. „Medienverwahrlosung“ wählte er als generalisierendes Schlagwort, wo eigentlich exzessive Gewaltdarstellung gemeint war, und wahrscheinlich führte die aus Sicht der Medien selbst unerträgliche Unschärfe des Begriffs dazu, dass sie ihm diesmal die Unterstützung weitgehend verweigerten. Das war nicht mal nur ein ökonomisch induziertes Verdikt – das Problem lag darin, dass diese These Pfeiffers nicht mehr mal eben im medialen Standardgeschäft als quasi trojanische Botschaft versteckt werden kann. Hier könnte es um grundlegende Freiheitsrechte gehen, für deren Beschränkung auch Totalverweigerer von Splattermovies oder Tötungsspielen nicht auf die Barrikaden zu bringen sind.

Aber das ist kein Vorwurf an den politischen Kriminologen Christian Pfeiffer. Es ist vielmehr ein Defizit der Gesellschaft (und der politischen Klasse, die doch aus ihr hervorzugehen hat), dass sie nicht mehr solcher Kümmerer hervorbringt, die den Spagat zwischen persönlichem Fachinteresse und Umsetzung in gesamtstaatlicher Dimension vollbringen wollen und können. Im Bereich der Sozial- und Rechtspolitik ist es in seiner Generation möglicherweise überhaupt nur dieser eine. Vielleicht sind wir eben insgesamt gerade alle etwas müde und schauen uns lieber die medial sublimierte Version des Ganzen an, am Sonntagabend zwischen ProSieben und Günther Jauch. In der Folge könnten wir dann wählen, ob wir individuell mit der Waffe Amok laufen oder die Durchsetzung des eigenen Wunsch-Schicksals vorm Verwaltungsgericht einklagen wollen.

Nein, ganz so ist es es glücklicherweise nicht. Auch dank Menschen wie Christian Pfeiffer, die in einem einzigartigen Weg der öffentlichen Wirksamkeit dazu beigetragen haben, dass viele das Richtige Wissen und Gutes tun. Möge er noch lange Bürgermeister des gallischen Dorfes sein!

Veröffentlichungen von Christian Pfeiffer (Stand: Dezember 2013)

Nachfolgend werden die wissenschaftlichen Veröffentlichungen Christian Pfeiffers unterschieden nach Monografien, Beiträgen in Zeitschriften und Sammelbänden sowie Forschungsberichten aufgeführt. Veröffentlichungen in Tages- oder Wochenzeitungen o. Ä. werden nicht aufgeführt. Diese Liste beansprucht keine Vollständigkeit, weshalb auf eine Nummerierung verzichtet wurde. Die Veröffentlichungen sind absteigend nach dem Erscheinungsjahr geordnet. Wenn innerhalb eines Jahres mehrere Veröffentlichungen vorliegen, werden sie alphabetisch nach Titeln sortiert. Die Forschungsberichte werden mit absteigender Nummerierung wiedergegeben.

I. Monografien

Polizeibeamte als Opfer von Gewalt. Ergebnisse einer Befragung von Polizeibeamten in zehn Bundesländern. (Interdisziplinäre Beiträge zur kriminologischen Forschung, Band 41). Baden-Baden: Nomos Verl.-Ges., 2012. (mit Ellrich, K., Baier, D.)

Migration und Kriminalität. Ein Gutachten für den Zuwanderungsrat der Bundesregierung. (Interdisziplinäre Beiträge zur kriminologischen Forschung, Band 27). Baden-Baden: Nomos Verl.-Ges., 2005. (mit Kleimann, M., Schott, T., Petersen, S.)

Jugend und Gewalt. Eine repräsentative Dunkelfeldanalyse in München und acht anderen deutschen Städten. (Interdisziplinäre Beiträge zur kriminologischen Forschung, Band 17). Baden-Baden: Nomos Verl.-Ges., 2002. (mit Wetzels, P., Enzmann, D., Mecklenburg, E.)

Täter-Opfer-Ausgleich im Allgemeinen Strafrecht: Die Ergebnisse der Begleitforschung des WAAGE-Projekts Hannover. (Interdisziplinäre Beiträge zur kriminologischen Forschung, Band 7). Baden-Baden: Nomos Verl.-Ges, herausgegeben 1997.

Forschungsthema „Kriminalität“. Festschrift für Heinz Barth. (Interdisziplinäre Beiträge zur kriminologischen Forschung, Band 5). Baden-Baden: Nomos Verl.-Ges., 1996. (herausgegeben mit Greve, W.)

Kriminalität im Leben alter Menschen. Eine altersvergleichende Untersuchung von Opfererfahrungen, persönlichem Sicherheitsgefühl und Kriminalitätsfurcht. Stuttgart: Kohlhammer, 1995. (mit Wetzels, P., Greve, W., Mecklenburg, E., Bilsky, W.)

Fear of Crime and Criminal Victimization. Stuttgart: Enke, 1993. (herausgegeben mit Bilsky, W., Wetzels, P.)

Rechtssysteme in der DDR und Bundesrepublik. Probleme der deutsch-deutschen Rechtsangleichung. Loccumer Protokolle 32. Rehburg-Loccum: Evang. Akad. Loccum, Protokollstelle, 1990. (herausgegeben mit Greve, W.)

Strafzumessung: empirische Forschung und Strafrechtsdogmatik im Dialog. Internationales Symposium, 9.-12. März 1988 in Lüneburg. (Interdisziplinäre Beiträge zur kriminologischen Forschung). Stuttgart: Enke, 1989. (herausgegeben mit Oswald, M.)

Jugendrichter und Jugendstaatsanwälte in der Bundesrepublik Deutschland. (Kriminologische Forschungsberichte aus dem Max-Planck-Institut für ausländisches und internationales Strafrecht; 24). Freiburg i. Br.: Max-Planck-Institut für ausländisches und internationales Strafrecht, 1986. (mit Adam, H.J., Albrecht, H.-J.)

Kriminalprävention im Jugendgerichtsverfahren: jugendrichterliches Handeln vor dem Hintergrund des Brücke-Projekts. Köln: Heymann, 1983.

Die Kriminalisierung junger Ausländer. Befunde und Reaktionen sozialer Kontrollinstanzen. München: Juventa Verlag, 1979. (mit Albrecht, P.-A.)

II. Beiträge in Zeitschriften und Sammelbänden

Elterliche Erziehung in Deutschland: Entwicklungstrends und Auswirkungen auf Einstellungen und Verhaltensweisen. Zeitschrift für Jugendkriminalrecht und Jugendhilfe, 24, 128-137, 2013. (mit Baier, D., Thoben, D.F.).

Erscheinungsformen und aktuelle Entwicklungen des Rechtsextremismus bei jungen Menschen. Jugendhilfe, 51, 335-344, 2013. (mit Baier, D.)

Geschlechterunterschiede im kriminellen Verhalten und bei den Schulleistungen. Erklärungsansätze auf der Grundlage von Befragungsstudien. In: Dessecker, A., Sohn, W. (Hrsg.), Rechtspsychologie, Kriminologie und Praxis. Festschrift für Rudolf Egg zum 65. Geburtstag. Wiesbaden: Eigenverlag Kriminologische Zentralstelle e.V., S. 447-464, 2013. (mit Baier, D.)

Jugendgewalt: Entwicklung und Ursachen. In: Betram, H. (Hrsg.), Reiche, kluge, glückliche Kinder? Der UNICEF-Bericht zur Lage der Kinder in Deutschland. Weinheim: Beltz, S. 213-228, 2013. (mit Baier, D.)

Rückgang der Jugendkriminalität: Ausmaß und Erklärungsansätze. Zeitschrift für Jugendkriminalrecht und Jugendhilfe, 24, 279-288, 2013. (mit Baier, D., Hanslmaier, M.)

Wohnungseinbruchsdiebstahl – Aktuelle Befunde und Skizze eines Forschungsvorhabens. Kriminalistik, 67, 473-477, 2013. (mit Bartsch, T., Wollinger, G.R., Dreißigacker, A., Baier, D.)

Zensur versus Forschungsfreiheit. Ein Fallbeispiel aus der kriminologischen Forschung. Datenschutz und Datensicherheit, 37, 428-433, 2013. (mit Mößle, T., Baier, D.)

Der Einfluss der Medien auf die Schulleistung. In: Möller, C. (Hrsg.), Internet- und Computersucht. Ein Praxishandbuch für Therapeuten, Pädagogen und Eltern. Stuttgart: Kohlhammer, S. 68-78, 2012. (mit Mößle, T., Bleckmann, P., Rehbein, F.)

Der Einfluss der Religiosität auf das Gewaltverhalten von Jugendlichen. Ein Vergleich christlicher und muslimischer Religiosität. In: Schneiders, T.G. (Hrsg.), Verhärtete Fronten. Der schwere Weg zu einer vernünftigen Islamkritik. Wiesbaden: VS Verlag, S. 217-242, 2012. (mit Baier, D.)

Gewalt und Medien. In: Möller, C. (Hrsg.), Internet- und Computersucht. Ein Praxishandbuch für Therapeuten, Pädagogen und Eltern. Stuttgart: Kohlhammer, S. 45-54, 2012. (mit Mößle, T., Roth, C., Rehbein, F.)

Prävention durch Religion? Delinquentes Verhalten von katholischen und evangelischen Jugendlichen im Landkreis Emsland und in 44 weiteren Regionen Westdeutschlands. In: E. Hilgendorf, R. Rengier (Hrsg.), Festschrift für Wolfgang Heinz zum 70. Geburtstag. Baden-Baden: Nomos-Verlag, S. 222-238, 2012. (mit Baier, D.)

Predictors of binge drinking in adolescents: ultimate and distal factors – a representative study. BMC Public Health, 12, 2012. (mit Donath, C., Gräßel, E., Baier, D., Bleich, S., Hillemacher, T.)

Viktimisierungserfahrungen in der Bevölkerung – Wohnungseinbruchdiebstahl und Körperverletzungen im Vergleich. Teil 1: Befunde der Polizeilichen Kriminalstatistik. Kriminalistik, 66, 637-644, 2012. (mit Baier, D., Rabold, S., Bartsch, T.)

Viktimisierungserfahrungen in der Bevölkerung – Wohnungseinbruchdiebstahl und Körperverletzungen im Vergleich. Teil 2: Befunde des KFN-Viktimsurvey 2011. Kriminalistik, 66, 730-738, 2012. (mit Baier, D., Rabold, S., Bartsch, T.)

7 Thesen zur Gewalt gegen Polizeibeamte. In: Möllers, M.H.W., van Ooyen, R.C. (Hrsg.), Jahrbuch Öffentliche Sicherheit 2010/2011. Erster Halbband. Frankfurt: Verlag für Polizeiwissenschaft, S. 309-314, 2011. (mit Ellrich, K., Baier, D)

Alcohol consumption and binge drinking in adolescents: comparison of different migration backgrounds and rural vs. urban residence – a representative study. BMC Public Health, 11, 2011. (mit Donath, C., Gräßel, E., Baier, D., Karagulle, D., Bleich, S., Hillemacher, T.)

Computerspielen als Ursache von Schulversagen? Was ist zu tun? In: Wernstedt, R., John-Ohnsorg, M. (Hrsg.), Hätte Kant gesurft? Wissen und Bildung im Internet-Zeitalter. Berlin: Friedrich-Ebert-Stiftung, S. 22-34, 2011.

Der Einfluss der Medien auf die Schulleistung. In: Möller, C. (Hrsg.), Internet- und Computersucht bei Jugendlichen und Heranwachsenden. Ein Praxishandbuch für Therapeuten, Pädagogen und Eltern. Stuttgart: Kohlhammer, S. 68-78, 2011. (mit Mößle, T., Bleckmann, P., Rehbein, F.)

Devianz bei Jugendlichen. In: de Bruin, A., Höfling, S. (Hrsg.), Es lebe die Jugend! Vom Grenzgänger zum Gestalter. München: Hanns-Seidel-Stiftung e.V., S. 165-176, 2011. (mit Baier, D.)

Gewalt und Medien. In: Möller, C. (Hrsg.), Internet- und Computersucht bei Jugendlichen und Heranwachsenden. Ein Praxishandbuch für Therapeuten, Pädagogen und Eltern. Stuttgart: Kohlhammer, S. 45-54, 2011. (mit Mößle, T., Roth, C., Rehbein, F.)

Jugendgewalt in Familie und Schule. Pädagogische Führung, 22, 89-92, 2011. (mit Baier, D.)

Junge Muslime und Gewalt. Ergebnisse einer repräsentativen Erhebung in Deutschland. In: Löffler, R. (Hrsg.), Nationale Identität und Integration. Herausforderungen an Politik und Medien in Frankreich und Deutschland. Freiburg: Herder, S. 158-172, 2011.

Medienkonsum als Ursache des schulischen Misserfolgs und der Jugendgewalt. Ergebnisse von Längsschnittstudien. In: Stompe, T., Schanda, H. (Hrsg.), Delinquente Jugendliche und forensische Psychiatrie. Epidemiologie, Bedingungsfaktoren, Therapie. Berlin: Medizinisch Wissenschaftliche Verlagsgesellschaft, S. 69-90, 2011. (mit Baier, D.)

Mediennutzung als Ursache der schlechteren Schulleistungen von Jungen. In: Hadjar, A. (Hrsg.), Geschlechtsspezifische Ungleichheiten. Wiesbaden: VS Verlag, S. 261-284, 2011. (mit Baier, D.)

Sexueller Missbrauch von Kindern und Jugendlichen. In: Vereinigung katholischer Schulen in Ordenstradition Ordensdirektorenvereinigung (Hrsg.), Gebrechlichkeit und Macht. Referate und Berichte zur 55. Jahrestagung der ODIV. Heilbad Heiligenstadt: Cordier DruckMedien GmbH, S. 12-31, 2011.

Wenn Opfer nicht zu Tätern werden. Beeinflussen Bedingungen der Schulklasse den Zusammenhang von innerfamiliären Gewalterfahrungen und eigener Gewalttäterschaft? Trauma und Gewalt, 5, 6-19, 2011. (mit Baier, D.)

Christentum und Islam als Einflussfaktor der Integration und des abweichenden Verhaltens Jugendlicher. In: Huinink, J., Windzio, M. (Hrsg.), Migration und regionale Entwicklung. Oldenburg: Universitätsverlag Isensee, S. 67-90, 2010. (mit Baier, D.)

Die Selbst-Delegitimierung legitimer Kritik. Replik auf den Beitrag von Walter Fuchs. Kriminologisches Journal, 42, 143-151, 2010. (mit Baier, D., Rabold, S.)

Gewalt durch Jungen und Mädchen. In: Dölling, D., Götting, B., Meier, B.-D., Verrel, T. (Hrsg.), Verbrechen – Strafe – Resozialisierung. Festschrift für Heinz Schöch zum 70. Geburtstag am 20.8.2010. Berlin: de Gruyter, S. 69-80, 2010. (mit Baier, D.)

Junge Menschen im Abseits. In: Pfeiffer, U. (Hrsg.), Eine neosoziale Zukunft. Wiesbaden: VS Verlag, S. 168-179, 2010.

Kirsten Heisigs Irrtümer. Zeitschrift für Jugendkriminalrecht und Jugendhilfe, 21, 323-325, 2010.

Media Use and School Achievement – Boys at Risk? British Journal of Developmental Psychology, 28, 699-725, 2010. (mit Mößle, T., Kleimann, M., Rehbein, F.)

Peers und delinquentes Verhalten. In: Harring, M., Böhm-Kasper, O., Rohlfs, C., Palentien, C. (Hrsg.), Freundschaften, Cliquen und Jugendkulturen. Peers als Bildungs- und Sozialisationsinstanzen. Wiesbaden: VS Verlag, S. 309-338, 2010. (mit Baier, D., Rabold, S.)

Regionale Unterschiede im Rechtsextremismus Jugendlicher. Zeitschrift für Jugendkriminalrecht und Jugendhilfe, 21, 135-145, 2010. (mit Baier, D.)

Zur Notwendigkeit von Prävention aus kriminologischer Perspektive. In: R. Kißgen, N.Heinen (Hrsg.), Frühe Risiken und frühe Hilfen. Stuttgart: Klett-Cotta, S. 17-46, 2010. (mit Jungmann, T.)

Ausländerfeindlichkeit und Rechtsextremismus unter deutschen Jugendlichen – Erkenntnisse einer deutschlandweiten Repräsentativbefragung. Forum Kriminalprävention, 3, 2-8, 2009. (mit Rabold, S., Baier, D.)

Jugendgewalt in Deutschland. Befunde aus Hell- und Dunkelfelduntersuchungen unter besonderer Berücksichtigung von Geschlechterunterschieden. Kriminalistik, 63, 323-333, 2009. (mit Baier, D., Rabold, S.)

Jugendliche in Deutschland als Opfer und Täter von Gewalt. Die Polizei 8/2009, 217-220, 2009. (mit Baier, D., Simonson, J., Rabold, S.)

Jugendliche in Deutschland als Opfer und Täter von Gewalt – Erkenntnisse einer deutschlandweiten Repräsentativbefragung. Zeitschrift für Jugendkriminalrecht und Jugendhilfe, 20, 112-119, 2009. (mit Baier, D., Simonson, J., Rabold, S.)

Prävention durch bürgerschaftliches Engagement. In: Marks, E., Steffen, W. (Hrsg.), Engagierte Bürger – sichere Gesellschaft, Ausgewählte Beiträge des 13. Präventionstages 2008. Mönchengladbach: Forum Verlag, S. 73-110, 2009.

Problematische Nutzungsaspekte von Computerspielen. In: Bitzer, E. M., Walter, U. Lingner, H., Schwartz, F.-W. (Hrsg.), Kindergesundheit stärken. Vorschläge zur Optimierung von Prävention und Versorgung. Berlin: Springer-Verlag. Versorgung, S. 201-208, 2009. (mit Mößle, T., Kleimann, M., Rehbein, F.)

Rechtsextremismus Jugendlicher – wirklich so bedrohlich? Der Kriminalist, 41, 22-23, 2009.

Turkish Children and Teenagers as Perpetrators and Victims of Violence. In: Coester, Marc, Marks, Erich (Eds.), International Perspectives of Crime Prevention 2: Contributions from the 2nd Annual International Forum 2008 within the German Congress on Crime Prevention. Mönchengladbach: Forum Verlag Godesberg, S. 5-32, 2009. (mit Baier, D.)

Besser als ihr Ruf. Zur Kriminalitätsentwicklung bei nichtdeutschen und deutschen Jugendlichen. Vorgänge, 183, 89-103, 2008. (mit Baier, D.)

Defizite in der Medienerziehung. Befunde und Konsequenzen der KFN-Schülerbefragung 2005 zur Nutzung von Computerspielen durch Grundschüler. In: W. Möhring, W. J. Schütz, D. Stürzebecher (Hrsg.), Journalistik und Kommunikationsforschung. Festschrift für Beate Schneider. Berlin: VISTAS Verlag, S. 337-346, 2008. (mit Mößle, T., Rehbein, F., Kleimann, M.)

Die PISA-Verlierer und ihr Medienkonsum. Eine Analyse auf der Basis verschiedener empirischer Untersuchungen. In: Schneider, M., Schwanebeck, A. (Hrsg.), Schlagkräftige Bilder. Jugend, Gewalt, Medien, München: Verlag Reinhard Fischer, S. 37-69, 2008. (mit Mößle, T., Kleimann, M., Rehbein, F.)

Die PISA-Verlierer und ihr Medienkonsum. Eine Analyse auf der Basis verschiedener empirischer Untersuchungen. In: Dittler, U., Hoyer, M. (Hrsg.), Aufwachsen in virtuellen Medienwelten. Chancen und Gefahren digitaler Medien aus medienpsychologischer und medienpädagogischer Perspektive. München: Kopaed, S. 275-305, 2008. (mit Mößle, T., Kleimann, M., Rehbein, F.)

Drogenkonsum und Gewalt im Jugendalter. In: Möller, C. (Hrsg.), Sucht im Jugendalter. Verstehen, vorbeugen, heilen. Göttingen: Vandenhoeck & Ruprecht, S. 112-130, 2008. (mit Baier, D., Schulz, S.)

Eine Folge mangelnder sozialer Integration. Zur Gewalttätigkeit junger Migranten. Treffpunkt: Magazin für Migration und Integration, S. 21-28, 2008. (mit Baier, D.)

Erhöhte Gewaltbereitschaft bei nichtdeutschen Jugendlichen – Ursachen und Präventionsvorschläge. In: Ittel, A., Stecher, L., Merkens, H., Zinnecker, J. (Hrsg.), Jahrbuch Jugendforschung. Wiesbaden: VS Verlag, S. 229-254, 2008. (mit Baier, D.)

Fördert der Besuch von Freizeitzentren die Jugendgewalt? Eine Erwiderung auf die Kritik von Hafeneger und Kollegen, Zeitschrift für Jugendkriminalrecht und Jugendhilfe, 19, 366-368, 2008. (mit Rabold, S., Baier, D.)

Jugendgewalt als Wahlkampfthema. Eine kriminologische Analyse zum hessischen Landtagswahlkampf des Jahres 2008. In: Görgen, T. et al. (Hrsg.), Interdisziplinäre Kriminologie. Festschrift für Arthur Kreuzer zum 70. Geburtstag. Frankfurt am Main: Verlag für Polizeiwissenschaft, S. 550-574, 2008. (mit Baier, D.)

Mediennutzung, Schulerfolg und die Krise der Jungen. In: Dessecker, A., Egg, R. (Hrsg.), Gewalt im privaten Raum: Aktuelle Formen und Handlungsmöglichkeiten. Wiesbaden: KrimZ, S. 201-232, 2008. (mit Mößle, T., Kleimann, M., Rehbein, F.)

Medienwelten und Schule. Wirkung exzessiver Bildschirmmediennutzung auf Kinder und Jugendliche. Pädagogik, 60, 30-33, 2008. (mit Mößle, T., Kleimann, M.)

Schlechte Noten für hohen Medienkonsum, Schule NRW, Amtsblatt des Ministeriums für Schule und Weiterbildung, 60, S. 223-225, 2008. (mit Mößle, T.)

Sind Freizeitzentren eigenständige Verstärkungsfaktoren von Gewalt? Zeitschrift für Jugendkriminalrecht und Jugendhilfe, 19, 258-268, 2008. (mit Rabold, S., Baier, D.)

Türkische Kinder und Jugendliche als Täter und Opfer. In: Brumlik, M. (Hrsg.), Ab nach Sibirien? Wie gefährlich ist unsere Jugend? Weinheim: Beltz, S. 62-104, 2008. (mit Baier, D.)

Hauptschulen und Gewalt. Aus Politik und Zeitgeschichte, 28, 17-26, 2007 (mit Baier, D.)

Kriminalprävention durch frühe Förderung. In: H. Schöch (Hrsg.) Recht gestalten – dem Recht dienen: Festschrift für Reinhard Böttcher. Berlin: De Gruyter, S. 337-356, 2007. (mit Maier-Pfeiffer, A.)

Mediennutzung, Schulerfolg und die Leistungskrise der Jungen. In: AFET-Bundesverband für Erziehungshilfe (Hrsg.), 100 Jahre AFET – 100 Jahre Erziehungshilfe, Bd. II.: AFET-Veröffentlichung Nr. 67, S. 73-91, 2007. (mit Kleimann, M., Mößle, T., Rehbein, F.)

Mediennutzung von Kindern und Jugendlichen: Stellenwert für Schule, Familie und Freizeit. Zeitschrift für Literaturwissenschaft und Linguistik, 37, 47-66, 2007. (mit Mößle, T., Kleimann, M.)

Verbot von „Killerspielen"? Thesen und Vorschläge zur Verbesserung des Jugendmedienschutzes, Zeitschrift für Rechtspolitik, 40, 91-94, 2007. (mit Höynck, T.)

Elf Vorschläge zur Gewaltvorbeugung und sozialen Integration. In: Heitmeyer, W., Schröttle, M. (Hrsg.). Gewalt. Beschreibungen, Analysen, Prävention. Bonn: Bundeszentrale für politische Bildung, S. 276-290, 2006. (mit Windzio, M., Baier, D.)

Gewalt gegen alte Menschen – ein Thema für das Familienrecht? In: Deutscher Familiengerichtstag e.V. (Hrsg.). Sechzehnter Deutscher Familiengerichtstag vom 14. bis 17. September 2005 in Brühl. Bielefeld: Gieseking, S. 29-56, 2006. (mit Görgen, T., Höynck, T.)

Innerfamiliäre Gewalt gegen Kinder und Jugendliche. Aktuelle Befunde aus der KFN-Schülerbefragung 2005. Hamburger Ärzteblatt, 60, 194-196, 2006. (mit Baier, D.)

Jugendliche mit Migrationshintergrund als Opfer und Täter. In: Heitmeyer, W., Schröttle, M. (Hrsg.). Gewalt. Beschreibungen, Analysen, Prävention. Bonn: Bundeszentrale für politische Bildung, S. 240-268, 2006. (mit Baier, D., Windzio, M.)

Kriminalitätsentwicklung und Kriminalpolitik: Das Beispiel Jugendgewalt. In: Kriminalpolitik und ihre wissenschaftlichen Grundlagen: Festschrift für Prof. Dr. Hans-Dieter Schwind zum 70. Geburtstag, Heidelberg: Müller, S. 1095-1129, 2006. (mit Wetzels, P.)

Medienkonsum, Schulleistungen und Jugendgewalt. tv diskurs, 2, 42-47, 2006. (mit Kleimann, M.)

Mediennutzung, Schulerfolg, Jugendgewalt und die Krise der Jungen. Zeitschrift für Jugendkriminalrecht und Jugendhilfe, 3, 295-309, 2006. (mit Mößle, T., Kleimann, M., Rehbein, F.)

Mediennutzung, Schulerfolg und die Leistungskrise der Jungen. In: Josting, P., Hoppe, H. (Hrsg.). Mädchen, Jungen und ihre Medienkompetenzen. München: Kopaed, S. 26-49, 2006. (mit Kleimann, M., Mößle, T., Rehbein, F.)

Ausweitung von DNA-Analysen auf der Basis einer kriminologischen Gefährlichkeitsprognose. Zeitschrift für Rechtspolitik, 38, 113-117, 2005. (mit Höynck, T., Görgen, T.)

Der Visa-Erlass und die Kriminalität von Ukrainern in Deutschland, Kriminalistik, 59, 217, 2005.

Media Use and its Impacts on Crime Perception, Sentencing Attitudes and Crime Policy. European Journal of Criminology, 2, 259-285, 2005. (mit Windzio, M., Kleimann, M.)

Prävention durch Frühförderung - Modellversuch zur Prävention von Krankheit, Armut und Kriminalität für Kinder aus sozial benachteiligten Familien. IKK-Nachrichten, 1-2, 52-54, 2005. (mit Hosser, D., Maier-Pfeiffer, A., Jungmann, T.)

Die Medien, das Böse und wir. Zu den Auswirkungen der Mediennutzung auf Kriminalitätswahrnehmung, Strafbedürfnisse und Kriminalpolitik.

Monatsschrift für Kriminologie und Strafrechtsreform, 6, 415-435, 2004. (mit Windzio, M., Kleimann, M.)

Männliche Aussiedler - Nach wie vor eine Problemgruppe mit hoher Kriminalitätsbelastung? POLIZEI-heute, 6, 196-200, 2004. (mit Kleimann, M.)

Zur Kriminalität junger Aussiedler. Aktuelle Befunde und Erklärungsansätze. Zeitschrift für Jugendkriminalrecht und Jugendhilfe, 4, 378-384, 2004. (mit Kleimann, M.)

Der Kronzeuge – Sündenfall des Rechtsstaats oder unverzichtbares Mittel der Strafverfolgung? Zeitschrift für Rechtspolitik, 33, 121-127, 2000. (mit Mühlhoff, U.)

Gewalt im Leben Münchner Jugendlicher. Ergebnisse einer repräsentativen Dunkelfeldbefragung von Schülern der 9. Jahrgangsstufe und des Berufsvorbereitungsjahres. Neue Praxis, 30, 423-426, 2000. (mit Hirschauer, P. A., Wetzels, P.)

Integrationsprobleme junger Spätaussiedler und die Folgen für ihre Kriminalitätsbelastung. In: Friedrich Ebert Stiftung (Hrsg.), Neue Wege der Aussiedlerintegration: Vom politischen Konzept zur Praxis. Bonn: Friedrich Ebert Stiftung, S. 27-55, 2000. (mit Wetzels, P.)

Junge Türken als Täter und Opfer von Gewalt. DVJJ-Journal, 11, 107-113, 2000. (mit Wetzels, P.)

Ausgrenzung, Gewalt und Kriminalität im Leben junger Menschen; Kinder und Jugendliche als Opfer und Täter. In: DVJJ (Hrsg.), Kinder und Jugendliche als Opfer und Täter: Prävention und Reaktion; Dokumentation des 24. Deutschen Jugendgerichtstages vom 18. bis 22. September 1998 in Hamburg. Mönchengladbach, Forum Verl., S. 58-184, 1999. (mit Delzer, I., Enzmann, D., Wetzels, P.)

Die Auswirkungen von Strafhaft auf junge Gefangene. Konzeption eines Forschungsprojektes. In: H. Hof, G. LübbeWolf (Hrsg.), Wirkungsforschung zum Recht I. Baden-Baden: Nomos Verl.-Ges., S. 195-208, 1999.

Youth Violence in Germany: A Study of Victimisation and Delinquency in Four Major Cities. In: G. J. N. Bruinsma, C. D. van der Vijver (Eds.), Public Safety in Europe. Enschede: International Police Institute Twente, University of Twente, pp. 93-109, 1999. (mit Enzmann, D., Wetzels, P.)

Wird die Jugend immer brutaler? In: Feuerhelm, W., Schwind, H.-D., Bock, M. (Hrsg.). Festschrift für Alexander Böhm zum 70. Geburtstag. Berlin: de Gruyter, S. 701-720, 1999. (mit Delzer, I.)

Zur Struktur und Entwicklung der Jugendgewalt in Deutschland. Aus Politik und Zeitgeschichte: Beilage zur Wochenzeitschrift „Das Parlament", B26/99, 3-22, 1999. (mit Wetzels, P.)

Zusammenfassung der Forschung des KFN zur Jugendgewalt. In: Grimm, A. (Hrsg.), Kriminalität und Gewalt in der Entwicklung junger Menschen: Forschungsbefunde, Praxiserfahrungen, politische Konzepte. Loccum: Evangelische Akademie Loccum. S. 170-176, 1999. (mit Wetzels, P.)

Juvenile Crime and Juvenile Violence in Europe. In: M. Tonry (ed.), Crime and Justice: A Review of Research, Vol. 23. Chicago: University of Chicago Press, pp. 255-328, 1998.

Sieben Thesen zur Jugendgewalt. Betrifft Minderheiten. Zeitschrift der Ausländerbeauftragten des Landes Niedersachsen, 4, 4-7, 1998. (mit Wetzels, P.)

Sieben Thesen zur Jugendgewalt. Neues Archiv für Niedersachsen, 2, 1-21, 1998. (mit Wetzels, P.)

Children as offenders and victims of violent acts: Criminological perspectives. Pediatrics an Related Topics, 38, 293-301, 1997. (mit Wetzels, P.)

Im Blickpunkt: Gewalt. Neue Forschungsergebnisse zur Gewalt im sozialen Nahbereich. In: Niedersächsisches Frauenministerium (Hrsg.), Männergewalt in der Familie. Hannover: Niedersächsisches Frauenministerium, S. 7-15, 1997. (mit Wetzels, P.)

In Konfrontation mit Schutzgelderpressung und Korruption? Eine bundesweite Befragung von deutschen und ausländischen Gastronomiebetreibern. Aus Anlaß einer aktuellen Studie des Kriminologischen Forschungsinstituts Niedersachsen. Kriminalistik, 51, 470-474, 1997. (mit Ohlemacher, T.)

Kinder als Täter und Opfer. Eine Analyse auf Basis der PKS und einer repräsentativen Opferbefragung. DVJJ-Journal, 8, 346-366, 1997. (mit Wetzels, P.)

Kindheit und Gewalt: Täter- und Opferperspektiven aus Sicht der Kriminologie. Praxis der Kinderpsychologie und Kinderpsychiatrie, 46, 143-152, 1997. (mit Wetzels, P.)

Anstieg der Jugendkriminalität? In: Friedrich-Ebert-Stiftung (Hrsg.), Kinder- und Jugendkriminalität in Deutschland. Ursachen, Erscheinungsformen, Gegensteuerung. Berlin, S. 101-125, 1996.

Crisis in American Criminal Policy? Questions and Comments. A Letter to Mrs J. Reno, Attorney General of the United States of America. European Journal on Criminal Policy and Research, 4, 119-139, 1996.

Regionale Unterschiede der Kriminalitätsbelastung in Westdeutschland: Zur Kontroverse um ein Nord-Süd-Gefälle der Kriminalität. Monatsschrift für Kriminologie und Strafrechtsreform, 79, 386-405, 1996. (mit Wetzels, P.)

Steigt die Jugendkriminalität wirklich? In: Pfeiffer, C., Greve, W. (Hrsg.), Forschungsthema „Kriminalität“: Festschrift für Heinz Barth. Baden-Baden: Nomos Verl.-Ges., S. 19-53, 1996. (mit Brettfeld, K., Delzer, I., Link, G.)

Strafrecht und organisierte Kriminalität. In: Landesgruppe Österreich der Internationalen Strafrechtsgesellschaft (Hrsg.), Strafrecht und organisierte Kriminalität. Grundsatzfragen und Lösungsansätze. Wien: Landesgruppe Österreich der Internationalen Strafrechtsgesellschaft (AIDP), S. 5-44, 1996.

Anstieg der (Gewalt-)Kriminalität und der Armut junger Menschen. Gibt es einen Zusammenhang? In: Lamnek, S. (Hrsg.), Jugend und Gewalt. Opladen: Leske und Buderich, S. 259-277, 1995. (mit Ohlemacher, T.)

Subjektive Wahrnehmung von Kriminalität und Opfererfahrung. In: Kriminologische Opferforschung: neue Perspektiven und Erkenntnisse, Teilband II: Verbrechensfurcht und Opferwerdung – Individualopfer und Verarbeitung von Opfererfahrungen. Heidelberg: Kriminalistik Verlag, S. 73-106, 1995. (mit Bilsky, W., Wetzels, P., Mecklenburg, E.)

„Die Explosion des Verbrechens" hat nicht stattgefunden. universitas, 49, 919-923, 1994.

„Die Explosion des Verbrechens?" Zu Missbrauch und Fehlinterpretationen der Polizeilichen Kriminalstatistik. Neue Kriminalpolitik, 6, 32-39, 1994. (mit Wetzels, P.)

Der Kriminalitätsanstieg in den neuen und alten Bundesländern. Fakten, Erklärungen und Folgerungen. In: Friedrich-Ebert-Stiftung, Bonn (Hrsg.), Innere (Un)Sicherheit in den alten Bundesländern, S. 22-41, 1994.

Der Lauschangriff in den USA und in Deutschland: Empirische Befunde und kriminalpolitische Folgerungen zu Überwachungsmaßnahmen der Strafjustiz. Zeitschrift für Rechtspolitik, 27, 7-17, 1994. (mit Böttger, A.)

Tatort Deutschland. In: Gössner, R. (Hrsg.), „Mythos Sicherheit". Baden-Baden: Nomos Verl.-Ges., S. 27-38, 1994. (mit Klingst, M.)

Telefongespräche im Visier der elektronischen Rasterfahndung. Zeitschrift für Rechtspolitik, 27, 253-255, 1994.

Verbrechen und Verbrechensursachen bekämpfen - Strafverfolgung verbessern. In: Friedrich-Ebert-Stiftung (Hrsg.), Den Rechtsstaat erneuern, S. 158-202, 1994.

Victimization Surveys: Recent Developments and Perspectives. European Journal of Criminal Policy and Research, 2, 14-35, 1994. (mit Wetzels, P., Ohlemacher, T., Strobl, R.)

Zur Zusammenarbeit zwischen Nachrichtendiensten und Polizei in den USA und in Deutschland. In: Nachrichtendienste, Polizei und Verbrechensbekämpfung im demokratischen Rechtsstaat, Friedrich-Ebert-Stiftung (Hrsg.), S. 55-61, 1994.

Brauchen wir ein härteres Jugendstrafrecht? DVJJ-Journal, 143, 212-214, 1993.

Der „große Lauschangriff" in den USA. In: Hassemer, W., Statsacher, K. (Hrsg.), Organisierte Kriminalität – geschützt vom Datenschutz? Baden-Baden: Nomos Verl.-Ges., S. 64-71, 1993.

Opferperspektiven, Wiedergutmachung und Strafe aus der Sicht der Bevölkerung. In: Albrecht, P.-A. et al. (Hrsg.), Festschrift für Horst Schüler-Springorum. Köln: Heymanns, S. 53-80, 1993.

Forschung zum Täter-Opfer-Ausgleich im Allgemeinen Strafrecht als Beispiel interdisziplinärer Forschung. In: L. Weingart; H. Kummer, H. Hof (Hrsg.), Verhaltensgrundlagen des Rechts. Opladen. Westdeutscher Verlag. S. 37-55, 1992.

Kann man der Strafverfolgungsstatistik trauen? In: Bundesministerium der Justiz und der KrimZ (Hrsg.), Die Zukunft der Personenstatistiken im Bereich der Strafrechtspflege. Wiesbaden: Eigenverlag KrimZ, S. 107-135, 1992. (mit Strobl, R.)

Rückblick auf den 22. Deutschen Jugendgerichtstag. DVJJ-Journal, 140, 292-295, 1992.

Täter-Opfer-Ausgleich – Das trojanische Pferd im Strafrecht? Kriminalpolitische Überlegungen und Vorschläge zur Integration des neuen Konzepts in das JGG und das StGB. Zeitschrift für Rechtspolitik, 25, 338-346, 1992.

Wo wird am härtesten gestraft? Die Entdeckung gravierender Fehler der Strafverfolgungsstatistik führt zu neuen Antworten auf eine alte Frage. DVJJ-Journal, 139, 250-259, 1992. (mit Strobl, R.)

Abschied vom Jugendarrest? DVJJ-Journal, 134, 35-46, 1991. (mit Strobl, R.)

Die Sanktionspraxis nach Jugendstrafrecht und allgemeinem Strafrecht. Überprüfung der gegen die Forschungsergebnisse vorgebrachten Einwände. DVJJ-Journal, 136, 273-274, 1991.

Mehr Transparenz in der Strafjustiz: Der Prozeß des Strafens im Blickpunkt kriminologischer Forschung. In: Greive, W. (Hrsg.), Loccumer Protokolle 1990/3, S. 8-40, 1991.

New forms of conflict management in juvenile law: a comparative evaluation of the Brunswick Victim-Offender-Reconciliation-Program. In: Kaiser, G, Kury, H, Albrecht, H.-J. (Eds.), Victims and Criminal Justice. Victims and the Criminal Justice System. (Kriminologische Forschungsberichte; 51), Freiburg Max-Planck-Institut für ausländisches und internationales Strafrecht, pp. 507-539, 1991. (mit Bilsky, W., Trenczek, T.)

Steigt die Kriminalität in den alten Bundesländern? Die deutsche Einheit und die Kriminalitätsentwicklung. DVJJ-Journal, 137, 317-320, 1991.

Unser Jugendstrafrecht - Eine Strafe für die Jugend? Die Schlechterstellung junger Straftäter durch das JGG – Ausmaß, Entstehungsgeschichte und kriminalpolitische Folgerungen. DVJJ-Journal, 135, 114-130, 1991.

Wir brauchen ein neues Jugendstrafrecht! Das bisherige führt zu einer gravierenden Schlechterstellung junger Straftäter. Betrifft Justiz, 28, 172-179, 1991.

Wird nach Jugendstrafrecht härter gestraft? Forschungsbefunde, kritische Einwände der Praxis, kriminalpolitische Perspektiven. Strafverteidiger, 11, 363-370, 1991.

Auf dem Weg zu einem neuen Jugendstrafrecht. Erste gemeinsame Tagung der JGSH und der DVJJ. DVJJ-Journal, 132, 71-73, 1990.

Der schwierigere Weg zur Rechtseinheit: Probleme der Rechtsangleichung DDR-Bundesrepublik. Deutsche Richterzeitung, 68, 150-152, 1990.

Die jugendstrafrechtliche Praxis gegenüber mehrfach Auffälligen. Regionale und tätergruppenbezogene Vergleichsanalysen. In: DVJJ (Hrsg.), Mehrfach Auffällige – Mehrfach Betroffene: Erlebnisweisen und Reaktionsformen; Dokumentation des 21. Deutschen Jugendgerichtstages vom 30.9. bis 4.10.1989 in Göttingen. Bonn: Forum Verlag, S. 614-638, 1990.

Doch eine „Sogwirkung" leerer Zellen? Die Strafverfolgungsstatistik 1988 gibt Anlaß zu kritischen Fragen. DVJJ-Journal, 132, 26-35, 1990.

Gewaltkriminalität und Strafverfolgung. In: Schwind, H.-D., Baumann, J. (Hrsg.), Ursachen, Prävention und Kontrolle von Gewalt: Analysen und Vorschläge der Unabhängigen Regierungskommission zur Verhinderung und Bekämpfung von Gewalt (Gewaltkommission), Band III: Sondergutachten (Auslandsgutachten und Inlandsgutachten). Berlin: Duncker & Humbolt, S. 397-502, 1990. (mit Schöckel, B.)

Glasnost in der Strafjustiz. Empirische Forschung auf der Suche nach Strafzumessungsgerechtigkeit. Deutsche Richterzeitung, 68, 441-445, 1990.

Jugendkriminalität und jugendstrafrechtliche Praxis: Eine vergleichende Analyse zu Entwicklungstendenzen und regionalen Unterschieden. In: Sachverständigenkommission 8. Jugendbericht (Hrsg.), Risiken des Heranwachsens: Probleme der Lebensbewältigung im Jugendalter. Materialien zum 8. Jugendbericht, Band 3. München: DJI, S. 153-291, 1990.

Praxis der Konfliktregulierung im Rahmen des Modellprojekts Täter-Opfer-Ausgleich in Braunschweig. In: DVJJ (Hrsg.), Mehrfach Auffällige - Mehrfach Betroffene. Erlebnisweisen und Reaktionsformen. Dokumentation des 21. Deutschen Jugendgerichtstages vom 30.9. bis 4.10.1989 in Göttingen. Bonn: Forum Verlag, S. 505-519, 1990. (mit Bilsky, W.)

Stellungnahme zur geplanten Reform des Jugendstrafrecht: Öffentliche Anhörung, Rechtsausschuss des Deutschen Bundestages 16.2.1990. DVJJ-Rundbrief, 130, 15-17, 1990.

Strafe als Selbstzweck? In England soll aufgerüstet werden. Neue Kriminalpolitik, 4, 26-29, 1990.

Täter-Opfer-Ausgleich in Theorie und Praxis. der städtetag 5, 1990. (mit Gröttrup, B.)

Weniger Jugendstrafen – weniger kriminelle Karrieren? DVJJ-Journal, 133, 5-11, 1990. (mit Strobl, R.)

Anordnung von Untersuchungshaft bei Jugendlichen und Heranwachsenden. Untertitel: Analysen – Tendenzen – Interpretationen. In: Verein zur Förderung von Jugendwohnmodellen e.V. Frankfurt (Hrsg.), Berger Gespräche, 3: Vermeidung bzw. Reduzierung von Untersuchungshaft bei Jugendlichen und Heranwachsenden. Alternativen – Strategien. Frankfurt/Main, S. 13-37, 1989.

Die Gewaltkriminalität sinkt – aber die Innenminister wollen offenbar nicht, dass wir es merken. Neue Kriminalpolitik, 3, 4-5, 1989.

Diversion - Alternativen zum Freiheitsentzug, Entwicklungstrends und regionale Unterschiede. In: Bundesministerium der Justiz (Hrsg.), Jugendstrafrechtsreform durch die Praxis – Konstanzer Symposium. Bonn: Forum Verlag. S. 74-101, 1989.

Glasnost in der Strafjustiz. Neue Kriminalpolitik, 1, 22-25, 1989.

Jugendkriminalität und jugendstrafrechtliche Praxis in Baden-Württemberg und der Bundesrepublik Deutschland – Entwicklungstrends und regionale Unterschiede. In: Innenministerium Baden-Württemberg (Hrsg.), Jugend und Kriminalität, S. 181-211, 1989. (mit Oswald, M.)

Mehrfach Auffällige – mehrfach Betroffene – warum dieses Thema für den nächsten Jugendgerichtstag? Bewährungshilfe, 36, 195-202, 1989.

Regionale und altersgruppenbezogene Unterschiede der Strafzumessung. In: Pfeiffer, C., Oswald, M. (Hrsg.), Strafzumessung. Empirische Forschung und Strafrechtsdogmatik im Dialog. S. 17-43, 1989. (mit Savelsberg, J.J. (1989).

Strafzumessungsforschung mit Daten des Bundeszentralregisters und der Statistischen Ämter. In: J.-M. Jehle (Hrsg.), Datensammlungen und Akten in der Strafrechtspflege. Wiesbaden: KrimZ, S. 213-231, 1989. (mit Oswald, M.)

Experts and Rationalities in the Making of Criminal Law. Law and Policy, 10, pp. 215-252, 1988.

Institutionen und Entscheidungen. Das neue Forschungsprogramm des Kriminologischen Forschungsinstituts Niedersachsen. In: Kaiser, G., Kury, H., Albrecht, H.-J. (Hrsg.), Kriminologische Forschung in den 80er Jahren. Freiburg, S. 175-199, 1988.

Untersuchungen zur Rezeption prosozialer Dilemmata – Versuche angewandter Altruismusforschung. In: Bierhoff, H.W., L. Montada (Hrsg.), Altruismus. Göttingen: Hogrefe, S. 55-78, 1988.

Die Zukunft der Kriminologie: Zukunftsperspektiven kriminologischer Forschung in der Bundesrepublik Deutschland in den 90er Jahren. Ein DFG Kolloquium. Monatsschrift für Kriminologie und Strafrechtsreform, 70, 89-111, 1987.

Kriminalitätsbelastungszahl – ein irreführender Begriff. Kriminalistik, 41, 578-579, 1987.

The Making of Criminal Law Norms in Welfare States: Economic Crime in West Germany. Law and Society Review, 21, pp. 529-562, 1987.

Und wenn es künftig weniger werden – die Herausforderung der geburtsschwachen Jahrgänge, Schlußreferat zu den Arbeitsergebnissen des 20. Deutschen Jugendgerichtstages. In: Deutsche Vereinigung für Jugendgerichte und Jugendgerichtshilfen e. V. (Hrsg.), Bericht über die Verhandlungen des 20. Deutschen Jugendgerichtstages in Köln vom 6.-10.1986. München: Selbstverlag der DVJJ, S. 474-481, 1987.

Und wenn es künftig weniger werden – die Herausforderung der geburtsschwachen Jahrgänge, Teil 1 (Eröffnungsreferat zum 20. Deutschen Jugendgerichtstag). In: Deutsche Vereinigung für Jugendgerichte und Jugendgerichtshilfen e. V. (Hrsg., Bericht über die Verhandlungen des 20. Deutschen Jugendgerichtstages in Köln vom 6.-10.1986. München: Selbstverlag der DVJJ, S. 9-52, 1987.

Vom Aufbruch zur Resignation. Kriminalistik, 41, 242-246, 1987.

Weniger Jugendliche - mehr Kriminalisierung. Recht und Politik, 23, 223-230, 1987.

Kriminologie und gesellschaftliche Verwertungsinteressen. In: Löschper, G., Manke, G., Sack, F. (Hrsg.), Kriminologie als selbständiges, interdisziplinäres Hochschulstudium. Pfaffenweiler: Centaurus-Verlagsgesellschaft, S. 215-229, 1986.

Zur Strafschärfung bei Rückfall – strafrechtsdogmatische Prämissen, kriminologische Befunde, kriminalpolitische Schlussfolgerungen. In: Schwind, H.-D., Berz, U., Geilen, G., Herzberg, R. D., Warda, G. (Hrsg.), Festschrift für Günter Blau zum 70. Geburtstag am 18. Dezember 1985. Berlin: De Gruyter, S. 291-308, 1985.

Die Arbeitsauflage nach § 10 Abs. 1 Ziff. 4 JGG – verfassungsrechtlich zulässige Weisung oder Grundrechtsverletzung? Gutachterliche Stellungnahme für das Bundesverfassungsgericht aus Anlass einer dort anhängigen Verfassungsbeschwerde; erarbeitet im Auftrag der Deutschen Vereinigung für Jugendgerichte und Jugendgerichtshilfen e. V. In: Bewährungshilfe (Hrsg.), Perspektiven der gemeinnützigen Arbeit als strafrechtliche Sanktion, Bonn. S. 75-90, 1984. (mit Maier, A.)

Bewährungshilfe auf falschen Gleisen? Bewährungshilfe, 31, 66-73, 1984.

Erwiderung auf Ulf Köpkes Kritik der Brücke-Projekte. Kriminologisches Journal, 15, 210-221, 1983.

Jugendrichterliche Handlungsstile als Gegenstand praxisorientierter Forschung. In: Schüler-Springorum, H. (Hrsg.), Jugend und Kriminalität. Frankfurt: Suhrkamp, S. 141-157, 1983.

Justiz und Kriminalprävention. Das BRÜCKE-Projekt als Erprobungsfeld für Diversionsstrategien. In: Schüler-Springorum, H. (Hrsg.), Jugend und Kriminalität. Frankfurt: Suhrkamp, S. 128-130, 1983.

Jugendarrest - für wen eigentlich? Arrestideologie und Sanktionswirklichkeit. Monatsschrift für Kriminologie und Strafrechtsreform, 64, 28-52, 1981.

Jugendgerichtshilfe als Brücke zwischen Jugendhilfe und Jugendgerichtsbarkeit - Entwurf für ein Modellprojekt. Zentralblatt für Jugendrecht, 67, 384-395, 1980.

Thesen zur Zusammenarbeit des Jugendrichters mit dem jugendpsychiatrisch-psychologischen Sachverständigen. Monatsschrift für Kriminologie und Strafrechtsreform, 63, 54-60, 1980. (mit Focken, A.)

Weisungen nach § 10 JGG – erweiterte Möglichkeiten der Hilfe im Vorfeld der Jugendstrafe. Bewährungshilfe, 27, 58-63. (1980)

Kulturkonflikt oder soziale Mangellage? Bewährungshilfe, 26, 105-118, 1979. (mit Albrecht, P.-A.)

Das Projekt der BRÜCKE e. V., München – ein Beitrag zur „inneren Reform“ des Jugendkriminalrechts und zur Sanktionsforschung im Bereich der Weisungen und Zuchtmittel. Kriminologisches Journal, 11, 261-282, 1979.

Arbeit als Konzept der Resozialisierung – Bericht über eine Studienreise zu umstrittenen Projekten der anglo-amerikanischen Sozialarbeit. Bewährungshilfe, 25, 334-346, 1978.

Gemeinnützige Arbeit statt Strafe. Theorie und Praxis der Sozialen Arbeit, 29, 343-348, 1978.

Reaktionen sozialer Kontrollinstanzen auf Kriminalität junger Ausländer in der Bundesrepublik. Monatsschrift für Kriminologie und Strafrechtsreform, 61, 268-296, 1978. (mit Albrecht, P.-A., Zapka, K.)

Die Auskunft über Beschäftigungsverhältnisse von Probanden an Bewährungshelfer. Zulässige Amtshilfe der Allgemeinen Ortskrankenkassen oder Verletzung von Privatgeheimnissen? Bewährungshilfe, 24, 249-261, 1977.

Probleme der Jugendgerichtshilfe in Bayern. Zentralblatt für Jugendrecht, 64, 383-393, 1977.

III. Forschungsberichte

MEDIA PROTECT: Medienpädagogische Elternberatung in der Grundschule; Konzeptbeschreibung und formative Evaluation. (KFN-Forschungsberichte, Nr. 121). Hannover: KFN, 2012. (mit Bleckmann, P., Seidel, M., Mößle, T.)

Viktimisierungserfahrungen im Justizvollzug (KFN-Forschungsberichte, Nr. 119). Hannover: KFN, 2012. (mit Bieneck, S., Peiffer, C.)

Repräsentativbefragung sexueller Missbrauch. (KFN-Forschungsberichte, Nr.118). Hannover: KFN, 2012. (mit Stadler, L., Bieneck, S.)

Kriminalitätsfurcht, Strafbedürfnisse und wahrgenommene Kriminalitätsentwicklung Ergebnisse von bevölkerungsrepräsentativen Befragungen aus den Jahren 2004, 2006 und 2010. (KFN-Forschungsberichte, Nr. 117). Hannover: KFN, 2011. (mit Baier, D., Kemme, S., Hanslmaier, M., Doering, B., Rehbein, F.)

Jugendliche als Opfer und Täter von Gewalt in Berlin. (KFN-Forschungsberichte, Nr. 114). Hannover: KFN, 2011. (mit Baier, D.)

Kinder und Jugendliche in Deutschland: Gewalterfahrungen, Integration, Medienkonsum: Zweiter Bericht zum gemeinsamen Forschungsprojekt des Bundesministeriums des Innern und des KFN. (KFN-Forschungsberichte, Nr. 109). Hannover: KFN, 2010. (mit Baier, D., Rabold, S., Simonson, J., Kappes, C.)

Jugendliche in Deutschland als Opfer und Täter von Gewalt: Erster Forschungsbericht zum gemeinsamen Forschungsprojekt des Bundesministeriums des Innern und des KFN. (KFN-Forschungsberichte, Nr. 107). Hannover: KFN, 2009. (mit Baier, D., Simonson, J., Rabold, S.)

Jugendgewalt und Jugenddelinquenz in Hannover: Aktuelle Befunde und Entwicklungen seit 1998. (KFN-Forschungsberichte, Nr. 105). Hannover: KFN, 2008. (mit Rabold, S., Baier, D.)

Kriminalitätswahrnehmung und Punitivität in der Bevölkerung – Welche Rolle spielen die Massenmedien? Ergebnisse der Befragungen zu Mediennutzung, Kriminalitätswahrnehmung und Strafeinstellungen 2004 und 2006. (KFN-Forschungsberichte, Nr. 103). Hannover: KFN, 2007. (mit Windzio, M., Simonson, J., Kleimann, M.)

Jugendmedienschutz bei gewalthaltigen Computerspielen. Eine Analyse der USK-Alterseinstufungen. (KFN-Forschungsberichte, Nr. 101). Hannover: KFN, 2007. (mit Höynck, T., Mößle, T., Kleimann, M., Rehbein, F.)

Gewalttätigkeit bei deutschen und nichtdeutschen Jugendlichen. Befunde der Schülerbefragung 2005 und Folgerungen für die Prävention. (KFN-Forschungsberichte, Nr.: 100). Hannover: KFN, 2007. (mit Baier, D.)

Kriminalität und Gewalt im Leben alter Menschen: Opfererfahrungen, Sicherheitsgefühl und Kriminalitätsfurcht älterer Menschen im alltäglichen Lebensumfeld und in häuslichen Pflegekontexten – Antrag an das Bundesministerium für Familie, Senioren, Frauen und Jugend auf Förderung eines Forschungsprojekts, (KFN-Forschungsberiche, Nr. 94). Hannover: KFN, 2004. (mit Görgen, T., Greve, W., Tesch-Römer, C.)

Junge Türken als Täter und Opfer von Gewalt: Erweiterte Fassung eines Zeitungsartikels, erschienen in der FAZ am 30.03.2000, S.14. Synopse in türkischer und deutscher Sprache. (KFN-Forschungsberichte, Nr. 81). Hannover: KFN, 2000. (mit Wetzels, P.).

Innerfamiliäre Gewalt gegen Kinder und Jugendliche und ihre Auswirkungen. (KFN-Forschungsberichte, Nr. 80). Hannover: KFN, 1999. (mit Wetzels, P., Enzmann, D.)

The structure and development of juvenile violence in Germany. (KFN-Forschungsberichte, Nr. 76). Hannover: KFN, 1999. (mit Wetzels, P.)

Gewalterfahrungen und Kriminalitätsfurcht von Schülerinnen und Schülern. Konzeption einer multizentrischen Dunkelfeldstudie zu Umfang und Struktur der Gewalt im Jugendbereich. (KFN-Forschungsberichte, Nr. 70). Hannover: KFN, 1997. (mit Wetzels, P.)

Jugendkriminalität und Jugendgewalt in europäischen Ländern. (KFN-Forschungsberichte, Nr. 69). Hannover: KFN, 1997.

Kinder als Täter und Opfer. Eine Analyse auf der Basis der PKS und einer repräsentativen Opferbefragung. (KFN-Forschungsberichte, Nr. 68). Hannover: KFN, 1997. (mit Wetzels, P.)

Jugenddelinquenz und jugendstrafrechtliche Praxis in Hamburg. (KFN-Forschungsberichte, Nr. 67). Hannover: KFN, 1997. (mit Brettfeld, K., Delzer, I.)

Die KFN-Geschäftsleute-Erhebung. Deutsche und ausländische Gastronomen in Konfrontation mit Schutzgelderpressung und Korruption: Erste Befunde der Hauptuntersuchung. (Projektbericht 3). (KFN-Forschungsberichte, Nr. 61). Hannover: KFN, 1997. (mit Ohlemacher, T., Gabriel, U., Mecklenburg, E.)

Kriminalität in Niedersachsen – 1985 bis 1996. Eine Analyse auf der Basis der Polizeilichen Kriminalstatistik. (KFN-Forschungsberichte, Nr. 60). Hannover: KFN, 1997. (mit Brettfeld, K., Delzer, I.)

Kriminalität in Niedersachsen - eine Analyse auf der Basis der Polizeilichen Kriminalstatistik 1988-1995. (KFN-Forschungsberichte, Nr. 56). Hannover: KFN, 1996. (mit Brettfeld, K., Delzer, I.)

Wissenschaftliche Begleitung und Beurteilung des geplanten Spritzentauschprogramms im Rahmen eines Modellversuchs der Freien und Hansestadt Hamburg. Konzeption eines empirischen Forschungsprojekts. (KFN-Forschungsberichte, Nr. 54). Hannover: KFN, 1996. (mit Pape, U., Böttger, A.)

Regionale Unterschiede der Kriminalitätsbelastung in Westdeutschland: Zur Kontroverse um ein Nord-Süd-Gefälle der Kriminalität. (KFN-Forschungsberichte, Nr. 52). Hannover: KFN, 1996. (mit Wetzels, P.)

Die KFN-Geschäftsleuteerhebung: Pretest, Sampling- und Instrumentenentwicklung (Projektbericht 1). (KFN-Forschungsberichte, Nr. 50). Hannover: KFN, 1995. (mit Gabriel, U., Mecklenburg, E., Ohlemacher, T.)

Kriminalität junger Menschen im vereinigten Deutschland. Eine Analyse auf der Basis der Polizeilichen Kriminalstatistik 1984 - 1994. (KFN-Forschungsberichte, Nr. 47). Hannover: KFN, 1995.

Organisierte Kriminalität. Empirische Erkenntnisse und Erkenntnismöglichkeiten, Perspektiven ihrer Bekämpfung. Veröffentlicht im gleichnamigen Tagungsband der PFA Münster. (KFN-Forschungsberichte, Nr. 43). Hannover: KFN, 1995.

Das Problem der sogenannten „Ausländerkriminalität". Empirische Befunde, Interpretationsangebote und (kriminal-)politische Folgerungen. (KFN-Forschungsberichte, Nr. 42). Hannover: KFN, 1995.

Sexuelle Gewalt gegen Frauen im öffentlichen und privaten Raum – Ergebnisse der KFN-Opferbefragung 1992 (KFN-Forschungsberichte, Nr. 37). Hannover: KFN, 1995. (mit Wetzels, P.)

Kriminalität in Niedersachsen – 1988 bis 1994. (KFN Forschungsberichte, Nr. 36). Hannover: KFN, 1995. (mit Ohlemacher, T.)

Viktimisierung und Systemvertrauen. Geschäftsleute in Konfrontation mit allgemeiner Kriminalität, Korruption und Schutzgelderpressung. Projektantrag (Neuantrag) zur Vorlage der Volkswagen-Stiftung im Schwerpunkt „Recht und Verhalten". (KFN-Forschungsberichte, Nr. 22). Hannover. KFN, 1994. (mit Ohlemacher, T.)

Persönliches Sicherheitsgefühl, Angst vor Kriminalität und Gewalt, Opfererfahrung älterer Menschen. Deskriptive Analysen krimineller Opfererfahrungen (Teil III): Opfererfahrung in engen sozialen Beziehungen.

KFN-Opferbefragung 1992. (KFN-Forschungsberichte, Nr. 21). Hannover. KFN, 1994. (mit Wetzels, P., Mecklenburg, E., Bilsky, W.)

Der Lauschangriff in den USA und in Deutschland. Empirische Befunde und kriminalpolitische Folgerungen zu Überwachungsmaßnahmen der Strafjustiz. (KFN-Forschungsberichte, Nr.18). Hannover: KFN, 1993. (mit Böttger, A.)

Persönliches Sicherheitsgefühl, Angst vor Kriminalität und Gewalt, Opfererfahrung älterer Menschen. Deskriptive Analysen krimineller Opfererfahrungen (Teil II): Subjektiv schwerste Opfererfahrung und Prävalenz stellvertretender Opferwerdung. (KFN-Forschungsberichte, Nr. 16). Hannover: KFN, 1993. (mit Wetzels, P., Bilsky, W., Mecklenburg, E.)

Kriminalitätsfurcht und kriminelle Viktimisierung im Leben älterer Menschen in den alten und neuen Bundesländern. Zwischenbericht zur KFN-Opferbefragung 1992. (KFN-Forschungsberichte, Nr. 15). Hannover: KFN, 1993. (mit Bilsky, W., Mecklenburg, E., Wetzels, P.)

Persönliches Sicherheitsgefühl, Angst vor Kriminalität und Gewalt, Opfererfahrung älterer Menschen. Erhebungsinstrument der Ergänzungsstudie zur KFN-Opferbefragung 1992: Alten- und Altenpflegeheime. (KFN-Forschungsberichte, Nr. 9). Hannover: KFN, 1993. (mit Bilsky, W., Wetzels, P.)

Feeling of Personal Safety, Fear of Crime and Violence and the Experience of Victimization amongst Elderly People. Research Instrument of the KFN Victim Survey 1992, Translation. (KFN-Forschungsberichte, Nr. 8). Hannover: KFN, 1993. (mit Bilsky, W., Wetzels, P.)

Persönliches Sicherheitsgefühl, Angst vor Kriminalität und Gewalt, Opfererfahrung älterer Menschen. Deskriptive Analysen krimineller Opfererfahrungen (Teil III): Opfererfahrung in engen sozialen Beziehungen. KFN-Opferbefragung 1992. Erhebungsinstrument der KFN-Opferbefragung 1992. (KFN-Forschungsberichte, Nr. 5). Hannover: KFN, 1992. (mit Bilsky, W., Wetzels, P.)

Autorenverzeichnis

Dirk *Baier*, Dr., Kriminologisches Forschungsinstitut Niedersachsen, Hannover

Günther *Beckstein*, Ministerpräsident a.D.; Bayerischer Innenminister a.D.

Wolfgang *Bilsky*, Prof. Dr., Westfälische Wilhelms-Universität Münster

Thomas *Bliesener*, Prof Dr., Christian-Albrechts-Universität zu Kiel

Axel *Boetticher*, Dr., Richter am Bundesgerichtshof a.D.

Andreas *Böttger*, Prof. Dr., Gottfried Wilhelm Leibniz Universität Hannover

Klaus *Breymann*, OStA a.D., Magdeburg

Dieter *Dölling*, Prof. Dr., Karl-Rupprechts-Universität Heidelberg

Bettina *Doering*, Dipl.-Psych., Gottfried Wilhelm Leibniz Universität Hannover

Frieder *Dünkel*, Prof. Dr., Ernst-Moritz-Arndt-Universität Greifswald

Roland *Eckert*, Prof. Dr., Universität zu Trier

Rudolf *Egg*, Prof. Dr., Direktor der Kriminologischen Zentralstelle e.V., Wiesbaden

Sigmar *Gabriel*, SPD-Parteivorsitzender und Bundesminister

Ute *Gabriel*, Prof. Dr., Norwegian University of Science and Technology, Trondheim

Bernd *Geng*, M.A., Ernst-Moritz-Arndt-Universität Greifswald

Thomas *Görgen*, Prof. Dr., Deutsche Hochschule der Polizei Münster

Werner *Greve*, Prof. Dr., Stiftung Universität Hildesheim

Dietmar *Hagen*, Gründer und Geschäftsführer der Essenszeit GmbH/Hannover

Wolfgang *Heinz* , Prof. Dr., Universität Konstanz

Susan *Herman*, Prof. Dr., Pace University, New York

Thomas *Hestermann*, Prof. Dr. Macromedia Hochschule für Medien und Kommunikation, Hamburg und Berlin; Leiter der Redaktion der Talkreihe Tacheles

Daniela *Hosser*, Prof. Dr., Technische Universität Braunschweig

Theresia *Höynck*, Prof. Dr., Universität Kassel

Gerald *Hüther*, Prof. Dr., Georg-August-Universität Göttingen

Andor *Izsák*, Prof., Hochschule für Musik Theater und Medien Hannover

Jörg-Martin *Jehle*, Prof. Dr. Dr. h.c., Georg-August-Universität Göttingen

Tanja *Jungmann*, Prof. Dr., Universität Rostock

Susanne *Karstedt*, Prof. Dr., University of Leeds

Hans-Jürgen *Kerner*, Prof. Dr., Dr., Eberhard Karls Universität Tübingen

Martin *Kind*, Unternehmer und Präsident von Hannover 96, Hannover

Jochen *Kölsch*, Journalist und Moderator

Gerd *Koop*, Leiter der Justizvollzugsanstalt Oldenburg

Barbara *Krahé*, Prof. Dr., Universität Potsdam

Arthur *Kreuzer*, Prof. Dr., Justus-Liebig-Universität Gießen

Wilhelm *Krull*, Dr., VolkswagenStiftung, Hannover

Alexandra *Lehmann*, Prof. Dr., Evangelische Fachhochschule RWL, Bochum

Robert *Leicht*, Prof. Dr. h.c., Journalist und Honorarprofessor an der Universität Erfurt

Rebecca *Löbmann*, Prof. Dr., Hochschule für Angewandte Wissenschaften Würzburg-Schweinfurt

Friedrich *Lösel*, Prof. Dr., University of Cambridge

Peter F. *Lutz*, PD Dr., Gottfried Wilhelm Leibniz Universität Hannover

Erich *Marks*, Geschäftsführer des Landespräventionsrats Niedersachsen, Hannover

Bernd-Dieter *Meier*, Prof. Dr., Gottfried Wilhelm Leibniz Universität Hannover

Matthias *Miersch*, Dr., Mitglied des deutschen Bundestages

Thomas *Mößle*, PD Dr., Kriminologisches Forschungsinstitut Niedersachsen, Hannover

Frank *Neubacher*, Prof. Dr., Universität zu Köln

Sabine *Nowak*, M.A., Deutsche Hochschule der Polizei Münster

Gertrud *Nunner-Winkler*, Prof. Dr., Ludwig-Maximilians-Universität München

Thomas *Oppermann*, Mitglied des deutschen Bundestages

Margit E. *Oswald*, Prof. Dr., Universität Bern

Nina *Palmowski*, Ass. iur., Georg-August-Universität Göttingen

Sigrid *Pilz*, Dr., Wiener Pflege-, Patientinnen- und Patientenanwältin

Susann *Prätor*, Dr., Kriminologischer Dienst im Bildungsinstitut des niedersächsischen Justizvollzuges, Celle

Heribert *Prantl*, Dr., Süddeutsche Zeitung, München

Lars *Riesner*, Dipl-Psych., Christian-Albrechts-Universität zu Kiel

Dirk *Rossmann*, Unternehmer und Mitbegründer der Stiftung Weltbevölkerung, Hannover

Joachim J. *Savelsberg*, Prof. Dr., University of Minnesota, Minneapolis

Henning *Scherf*, Dr., ehemaliger Bürgermeister von Bremen

Tilmann *Schott-Mehrings*, Prof. Dr., Fachhochschule des Bundes für öffentliche Verwaltung, Lübeck

Heinz *Schöch*, Prof. Dr., Ludwig-Maximilians-Universität München

Uwe *Schwarz*, Mitglied des niedersächsischen Landtags, stellv. Vorsitzender der SPD-Landtagsfraktion

Hans-Dieter *Schwind*, Prof. Dr., Ruhr-Universität Bochum

Frithjof *Staude-Müller*, Christian-Albrechts-Universität zu Kiel

Gernot *Steinhilper*, Dr., Rechtsanwalt, Justiziar a.D.

Rupert Graf *Strachwitz*, Dr., Humboldt-Universität zu Berlin

Holger *Stroezel*, Dr., Eberhard Karls Universität Tübingen

Stefan *Suhling*, Dr., Kriminologischer Dienst im Bildungsinstitut des niedersächsischen Justizvollzuges, Celle

Anabel *Taefi*, Dipl.-Soz., Deutsche Hochschule der Polizei Münster

Carmen *Thomas*, Journalistin

Thomas *Trenczek*, Prof. Dr., Ernst-Abbe-Fachhochschule Jena

Jeremy *Travis*, Prof. Dr., John Jay College, New York

Horst *Viehmann*, Prof., Universität zu Köln

Melanie *Wegel*, Dr., Universität Zürich

Stephan *Weil*, Ministerpräsident des Landes Niedersachsen, Hannover

Peter *Wetzels*, Prof. Dr., Universität Hamburg

Michael *Windzio*, Prof. Dr., Universität Bremen

Frank *Woesthoff*, Dr. Euromobil-Geschäftsführer